DIREITO PENAL

DIDÁTICO

PARTE ESPECIAL

FÁBIO ROQUE ARAÚJO

DIREITO PENAL DIDÁTICO

PARTE ESPECIAL

2ª edição | revista atualizada e ampliada

2021

EDITORA JusPODIVM
www.editorajuspodivm.com.br

EDITORA
*Jus*PODIVM
www.editorajuspodivm.com.br

Rua Território Rio Branco, 87 – Pituba – CEP: 41830-530 – Salvador – Bahia
Tel: (71) 3045.9051
• Contato: https://www.editorajuspodivm.com.br/sac

Capa: Marcelo S. Brandão *(santibrando@gmail.com)*

Diagramação: Lupe Comunicação e Design *(lupecomunicacao@gmail.com)*

A658c Araújo, Fábio Roque.
Curso de Direito Penal Parte Especial / Fábio Roque Araújo. – 2 ed. rev., atual. e ampl. – Salvador: JusPodivm, 2021.
1.264 p.

Bibliografia.
ISBN 978-65-5680-438-5.

1. Direito penal. I. Araújo, Fábio Roque. II. Título.

CDD 341.5

Para Ethan, Gabriel e Raphael: meus filhos, minha vida

"Every time I look at you
I see myself
And I´m so proud of you
For you help make me what I am
A better man
I am just so proud of you
I´m here and I´ll be if I can
A father and a friend".
(Alain Clark)

Para a minha Carol: com todo amor que houver nessa vida

"Você é um pedaço em mim,
Eu quero viver em seus braços pra sempre
Pra sempre".
(Roberta Campos)

SUMÁRIO

TÍTULO I

DOS CRIMES CONTRA A PESSOA

Os crimes contra a pessoa estão contidos entre os artigos 121 e 154-A do nosso Código Penal. Eles abrangem:

a) Crimes contra a vida (art. 121 a art. 128, CP);

b) Lesões corporais (art. 129, CP);

c) Periclitação da vida e da saúde (art. 130 a art. 136, CP);

d) Rixa (art. 137);

e) Crimes contra a honra (art. 138 a art. 145, CP);

f) Crimes contra a liberdade individual (art. 146 a art. 149-A, CP).

I

DOS CRIMES CONTRA A VIDA

O direito à vida está previsto no art. 5º, *caput*, da Constituição Federal de 1988. Trata-se de direito fundamental, de extrema relevância, sobretudo porque a titularidade dos demais direitos pressupõe o direito à vida. Nada obstante, nem mesmo este direito está revestido por um caráter absoluto.

Com efeito, há determinadas situações em nosso ordenamento jurídico nas quais a vida pode ser retirada de forma lícita. Basta recordarmos as situações nas quais temos um homicídio (fato típico) praticado em legítima defesa (art. 25, CP) ou qualquer outra excludente de ilicitude. Demais disso, a própria Constituição relativiza o direito à vida, quando permite a pena de morte, em caso de guerra declarada (art. 5º, XLVII, *a*). Há ainda, outros casos previstos na parte especial do Código Penal, como os casos de aborto permitido (art. 128, CP).

No Código Penal, os crimes contra a vida são:

a) Homicídio (art. 121, CP);

b) Induzimento, instigação e auxílio ao suicídio (art. 122, CP);

c) Infanticídio (art. 123, CP);

d) Aborto (art. 124 a art. 128, CP).

Vale recordar que os crimes dolosos contra a vida são processados e julgados perante o Tribunal do Júri (art. 5º, XXXVIII, CF). Tendo em vista que o homicídio (art. 121, CP) é o único crime contra a vida que possui modalidade culposa, podemos asseverar que o homicídio culposo é o único dos crimes contra a vida que não irá a Júri.

1. HOMICÍDIO

Homicídio simples

Art. 121. Matar alguém:

Pena – reclusão, de seis a vinte anos.

Caso de diminuição de pena

§ 1º Se o agente comete o crime impelido por motivo de relevante valor social ou moral, ou sob o domínio de violenta emoção, logo em seguida a injusta provocação da vítima, o juiz pode reduzir a pena de um sexto a um terço.

Homicídio qualificado

§ 2° Se o homicídio é cometido:

I - mediante paga ou promessa de recompensa, ou por outro motivo torpe;

II - por motivo fútil;

III - com emprego de veneno, fogo, explosivo, asfixia, tortura ou outro meio insidioso ou cruel, ou de que possa resultar perigo comum;

IV - à traição, de emboscada, ou mediante dissimulação ou outro recurso que dificulte ou torne impossível a defesa do ofendido;

V - para assegurar a execução, a ocultação, a impunidade ou vantagem de outro crime:

Pena - reclusão, de doze a trinta anos.

Feminicídio

VI - contra a mulher por razões da condição de sexo feminino:

VII - contra autoridade ou agente descrito nos arts. 142 e 144 da Constituição Federal, integrantes do sistema prisional e da Força Nacional de Segurança Pública, no exercício da função ou em decorrência dela, ou contra seu cônjuge, companheiro ou parente consanguíneo até terceiro grau, em razão dessa condição:

Pena - reclusão, de doze a trinta anos.

§ 2°-A Considera-se que há razões de condição de sexo feminino quando o crime envolve:

I - violência doméstica e familiar;

II - menosprezo ou discriminação à condição de mulher.

Homicídio culposo

§ 3° Se o homicídio é culposo:

Pena - detenção, de um a três anos.

Aumento de pena

§ 4° No homicídio culposo, a pena é aumentada de 1/3 (um terço), se o crime resulta de inobservância de regra técnica de profissão, arte ou ofício, ou se o agente deixa de prestar imediato socorro à vítima, não procura diminuir as consequências do seu ato, ou foge para evitar prisão em flagrante. Sendo doloso o homicídio, a pena é aumentada de 1/3 (um terço) se o crime é praticado contra pessoa menor de 14 (quatorze) ou maior de 60 (sessenta) anos.

§ 5° - Na hipótese de homicídio culposo, o juiz poderá deixar de aplicar a pena, se as consequências da infração atingirem o próprio agente de forma tão grave que a sanção penal se torne desnecessária.

§ 6° A pena é aumentada de 1/3 (um terço) até a metade se o crime for praticado por milícia privada, sob o pretexto de prestação de serviço de segurança, ou por grupo de extermínio.

§ 7° A pena do feminicídio é aumentada de 1/3 (um terço) até a metade se o crime for praticado:

I - durante a gestação ou nos 3 (três) meses posteriores ao parto;

II - contra pessoa menor de 14 (catorze) anos, maior de 60 (sessenta) anos, com deficiência ou portadora de doenças degenerativas que acarretem condição limitante ou de vulnerabilidade física ou mental; (Redação dada pela Lei n° 13.771, de 2018)

> III - na presença física ou virtual de descendente ou de ascendente da vítima; (Redação dada pela Lei nº 13.771, de 2018)
>
> IV - em descumprimento das medidas protetivas de urgência previstas nos incisos I, II e III do caput do art. 22 da Lei nº 11.340, de 7 de agosto de 2006. (Incluído pela Lei nº 13.771, de 2018).

1.1. Topografia do art. 121

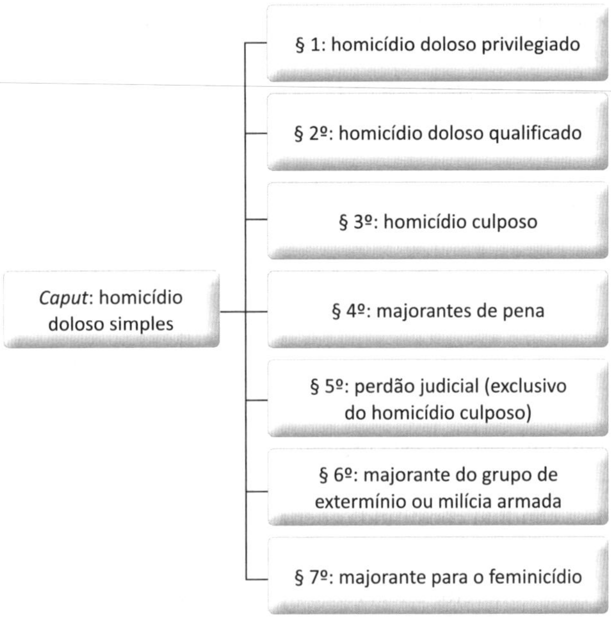

1.2. Considerações iniciais

O art. 121 nos apresenta o primeiro tipo penal do nosso Código. Seguindo a linha traçada pela larga maioria das legislações no mundo, o Código Penal brasileiro inaugura a sua parte especial com o crime de homicídio.

Etimologicamente, a expressão "homicídio" remonta às expressões latinas "*hominis*" (homem) e "*excidium*" (exterminar, destruir). Logo, o homicídio retrata a destruição de um ser humano por outro. Durante muito tempo, as legislações conviveram com modalidades específicas de homicídios, em relação aos quais haveria um tratamento diferenciado. Podemos citar como exemplo o parricídio (matar o pai), matricídio (matar a mãe), fratricídio (matar o irmão), regicídio (matar o monarca) etc. atualmente, a única categoria de homicídio mais específica que existe entre nós é o infanticídio, que estudaremos ao abordar o art. 123, CP.

1.3. Modalidades de homicídio

O crime de homicídio possui modalidade dolosa e culposa.

É importante recordar que o nosso Código Penal, em seu art. 18, parágrafo único, aderiu ao critério da excepcionalidade do crime culposo, de modo que só existe a modalidade culposa quando a lei assim dispuser expressamente. No caso do crime de homicídio, a modalidade culposa está prevista no art. 121, §1º, CP, além de possui previsão também na legislação extravagante, haja vista o disposto no Código de Trânsito Brasileiro. A propósito, vale registrar que o crime de homicídio é o único entre os crimes contra a vida que admite a modalidade culposa.

Em sua modalidade dolosa, o crime de homicídio possui as seguintes modalidades: **simples, privilegiado e qualificado.**

Podemos visualizar as modalidades do crime de homicídio da seguinte forma:

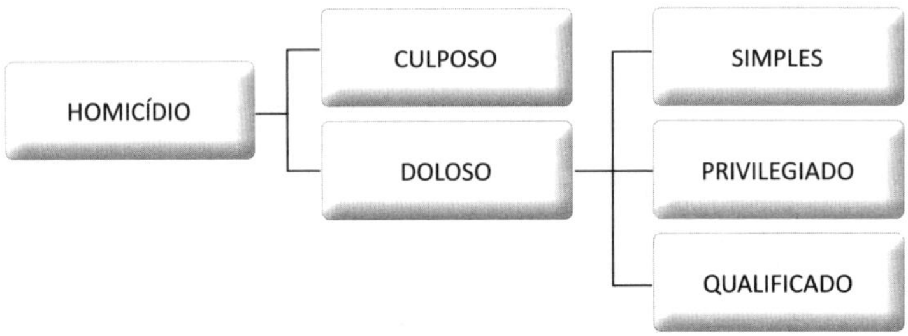

O crime de homicídio simples está previsto no art. 121, *caput* do Código Penal. Trata-se da modalidade mais básica do crime e, também, da redação mais sintética entre todos os tipos penais, sendo a conduta constituída apenas das expressões: "matar alguém". Para esta modalidade de crime, o legislador previu a pena de reclusão de 6 (seis) a 20 (vinte) anos.

À luz de um caso concreto, chegaremos à conclusão de que o crime de homicídio será enquadrado em sua modalidade simples quando estiverem ausentes as hipóteses que caracterizam o homicídio privilegiado ou o qualificado. Por outras palavras, chegamos à ideia de homicídio simples por exclusão.

As hipóteses de homicídio privilegiado encontram-se presentes no art. 121, §1º do Código Penal. Em verdade, a expressão "privilegiado" não é correta, sob o ponto de vista da melhor técnica penal e apuro terminológico. Com efeito, para que se tratasse de uma modalidade privilegiada do crime, seria necessário que as penas mínima e/ou máxima previstas em abstrato para o tipo penal básico (homicídio simples) fossem diminuídas na própria lei (no caso, no art. 121, §1º, CP).

Contudo, não é isto que acontece. O art. 121, §1º, CP apenas nos traz uma causa especial de diminuição de pena, que deve ser levada em consideração pelo julgador na terceira fase da dosimetria. No art. 121, §1º., CP temos, portanto, um homicídio com causa de diminuição de pena, e não um homicídio privilegiado. Todavia, não podemos deixar de perceber que é larga a aceitação da expressão "homicídio privilegiado" em nossa doutrina e jurisprudência, razão pela qual continuaremos a nos valer do vocábulo, a despeito das importantes ressalvas que acabamos de fazer.

Por outro lado, as hipóteses de homicídio qualificado encontram-se dispostas no art. 121, § 2º do Código Penal. São sete os incisos que contemplam as qualificadoras do crime de homicídio. Para estas condutas, a pena passa a ser de 12 (doze) a 30 (trinta) anos. Tendo em vista que as penas mínima e máxima são exasperadas no próprio texto legal, concluímos, facilmente, que, realmente, trata-se de modalidade qualificada do crime, e não mera causa de aumento de pena.

Trataremos de forma pormenorizada das modalidades de homicídio privilegiado e de homicídio qualificado em tópicos próprios.

1.4. Tipicidade objetiva

A conduta consiste em "matar" (exterminar a vida humana extrauterina). Esta conduta recai sobre "alguém" (qualquer pessoa humana).

1.5. Sujeitos

O sujeito ativo do crime de homicídio pode ser qualquer pessoa. Trata-se, portanto, de crime comum, pois não há a exigência de qualquer qualidade especial do agente.

No que diz respeito ao sujeito passivo, também poderá ser qualquer pessoa, isto é, qualquer ser humano. Não se exige, então, qualquer condição especial também do sujeito passivo do crime. Tendo em vista que não há necessidade de capacidade de sobrevivência para que se possa falar em homicídio, bastando haver vida, podem figurar como sujeitos passivos do crime pessoas desenganadas pela medicina, como doentes em estágio terminal ou bebês com anencefalia.

A depender da situação, a condição especial da vítima poderá fazer incidir alguma qualificadora ao crime. É o que ocorre no feminicídio e no homicídio funcional, previstos nos incisos VI e VII do art. 121, §2º, respectivamente. Trataremos de tais hipóteses ao abordarmos as modalidades qualificadas do crime.

1.6. Objetos

O **objeto jurídico é a vida humana extrauterina**, que começa a partir do início do parto. Antes disto, falaríamos em vida humana intrauterina, que é objeto jurídico dos crimes de aborto, em suas inúmeras modalidades.

O início do parto normal ocorre com a dilatação do colo do útero ou rompimento da bolsa que contém o líquido amniótico. Por outro lado, o início do parto cesáreo, o início se dará com as incisões dos instrumentos cirúrgicos nas camadas abdominais. Tendo havido o início do parto, já poderemos falar em vida humana extrauterina[1], independentemente de haver a capacidade de sobrevivência do bebê.

Objeto material é a própria pessoa contra a qual recai a conduta do agente.

1. Em sentido diverso, diferenciando o início do parto e a vida humana extrauterina, GRECO, Rogério. *Curso de Direito Penal: parte especial.* 15.ed. Niterói: Impetus, 2018, p.15. Contudo, o autor conclui, na senda da doutrina

1.7. Elemento subjetivo

Elemento subjetivo é o dolo (direto ou eventual), compreendido como a vontade consciente de matar alguém (*animus necandi* ou *animus occidendi*), isto é, exige-se do agente o consciente desejo de querer ceifar, acabar, dar fim à vida de outro ser humano e que ele conduza suas ações de forma a atingir o resultado pretendido.

Não se exige dolo específico, isto é, uma especial finalidade no agir, para caracterizar o crime de homicídio. Esta especial motivação na conduta até pode fazer incidir alguma qualificadora, mas não é imprescindível para a consumação do crime em sua modalidade simples.

Por expressa disposição do art. 121, 3º, **o crime de homicídio também admite a modalidade culposa**. Trata-se, já o dissemos, da única modalidade de crime contra a vida que possui previsão para a conduta perpetrada a título de culpa.

1.8. Consumação e tentativa

Consuma-se o crime quando o agente efetivamente atinge o resultado esperado, ou seja, a morte da pessoa. Em nosso ordenamento jurídico, a cessação da vida humana ocorre com a chamada "morte encefálica", prevista no art. 3º da Lei n. 9.434/97.

Não podemos deixar de recordar que nosso Código Penal adotou, em relação ao tempo do crime, a teoria da atividade (art. 4º, CP), de modo que deve ser levado em consideração o momento da ação ou omissão criminosa, independentemente do efetivo momento do resultado.

Deste modo, quando o agente deflagra disparos na vítima, ainda que ela somente venha a óbito dias ou meses depois, já poderemos falar em homicídio. Se imaginarmos uma situação na qual o agente fosse menor por ocasião dos disparos, já tendo atingido a maioridade quando do óbito da vítima, deveria ele ser tratado como inimputável, incidindo na hipótese o regramento do Estatuto da Criança e do Adolescente.

Por outro lado, devemos recordar que esta regra do art. 4º, CP não se aplicaria para a contagem do prazo prescricional, porquanto o art. 111, CP adota a teoria do resultado, determinando o início da fluência deste prazo a partir do dia em que o crime se consumou (inciso I) ou, em se tratando de tentativa, do dia em que cessou a atividade criminosa (inciso II).

A tentativa é admitida quando a conduta é dolosa, pois estamos diante de crime plurissubsistente, isto é, compatível com o fracionamento do *iter criminis*. Na hipótese de nos encontrarmos diante de crime culposo, não haverá que se falar em tentativa, haja vista a incompatibilidade deste instituto com a culpa. A exceção fica por conta da possibilidade de tentativa em caso de crime praticado mediante culpa imprópria (por extensão ou por equiparação), que é decorrente de erro.

---

majoritária, que pode haver homicídio a partir de quando se inicia o parto, malgrado não considere já haver vida humana extrauterina em tal momento.

1.9. Ação Penal

A ação penal é de iniciativa pública incondicionada.

1.10. Homicídio privilegiado

Conforme já mencionamos, o chamado "homicídio privilegiado" nada mais é do que uma **causa de diminuição de pena** que deve incidir no crime de homicídio, nas hipóteses especificadas no 1º do art. 121, CP. Essa diminuição da pena irá variar de 1/6 (um sexto) a 1/3 (um terço), e, como toda minorante, deverá incidir na terceira fase da dosimetria da pena.

Em que pese o art. 121, §1º, CP expressamente mencionar que "o juiz *pode* reduzir a pena", trata-se de verdadeira obrigação, na medida em que constitui direito subjetivo do condenado. Melhor teria andado o legislador se mencionasse que o juiz *deve* diminuir a pena. Este, aliás, o entendimento pacífico entre nossos doutrinadores, além de não encontrar resistência em nossa jurisprudência.

Não se pode imaginar, com isto, que a adoção de tal entendimento conduziria à diminuição ou supressão da liberdade do julgador na condução do processo criminal e na valoração do feito. Ora, o julgador preserva sua margem de discricionariedade para valorar as circunstâncias do caso concreto e concluir se está presente ou não qualquer das situações que ensejariam a diminuição da pena. O que não se admite é que o julgador reconheça a presença de qualquer de tais hipóteses e, mesmo assim, recuse ao condenado o benefício da diminuição.

Importa destacar que a causa de diminuição de pena do art. 121, §1º, CP possuem **caráter subjetivo**, e não constituem elementar do crime de homicídio. Por esta razão, não se comunicam aos coautores e partícipes. Deste modo, se tivermos dois agentes praticando o crime, mas apenas um deles agiu impelido por motivo de relevante valor moral, apenas ele fará jus à minorante.

Tendo em vista o caráter de menor censurabilidade que ostenta, **o homicídio privilegiado não é considerado crime hediondo**.

Consoante o §1º, do art. 121, CP, haverá a causa de diminuição de pena (homicídio privilegiado) se o agente comete o crime: a) impelido por motivo de relevante valor social ou moral; b) sob o domínio de violenta emoção, logo em seguida a injusta provocação da vítima. Passemos à análise de cada uma das hipóteses.

1.10.1. *Motivo de relevante valor social ou moral*

O relevante valor social é aquele que diz respeito à coletividade, não se adstringindo aos interesses do homicida. Na dicção da doutrina clássica, haveria um homicídio praticado em razão de relevante valor social na conduta do homem que mata o traidor da pátria, em defesa dos interesses da nação. Ou, ainda, o sujeito que mata um político corrupto, com a pretensão de preservar os mesmos interesses.

Já o motivo de relevante valor moral corresponderia aos interesses individuais do homicida. O exemplo mais emblemático trazido pela doutrina é o caso do homem que mata o estuprador da sua filha.

Outra possível situação de homicídio privilegiado por motivo de relevante valor moral é o caso da eutanásia. Neste sentido, podemos imaginar o caso da mãe que, não suportando o tenebroso sofrimento de seu filho – doente em estado terminal, com patologia incurável – atende ao seu pleito de desligar os aparelhos que o mantêm vivo. Trata-se, sem dúvida alguma, de um homicídio praticado por força do sentimento de piedade, que constitui um valor moral.

Seja no caso do motivo de valor moral, seja no motivo de valor social, o agente atua de forma menos ignóbil do que nos demais tipos de homicídio. Pelo menos assim entendeu o legislador, ao contemplar a causa de diminuição de pena para estes crimes. Não se está, naturalmente, com isto, pretendendo que estas condutas sejam destituídas de reprovabilidade. Não. Se assim fosse, não haveria culpabilidade e, portanto, os agentes não poderiam ser punidos.

Ao revés, há punição prevista expressamente na legislação em vigor. O que ocorre, porém, é que estas condutas são consideradas de menor reprovabilidade, o que justifica a incidência da causa de diminuição de pena.

1.10.2. *Sob o domínio de violenta emoção, logo em seguida à injusta provocação da vítima*

Inicialmente, cumpre não confundir a situação do agente que está sob o domínio de violenta emoção com a daquele que está, apenas, sob a influência da emoção. A distinção possui significativa importância prática, na medida em que, a influência da emoção constitui uma circunstância atenuante, prevista no art. 65, III, *c*, CP, ao passo que, no caso do homicídio, estar sob o domínio da violenta emoção pode configurar a causa de diminuição de pena do art. 121, §1º, CP.

Estar sob o domínio da emoção significa dizer que o agente se encontra completamente "fora de si", isto é, perdeu o controle, momentaneamente, sobre a sua conduta. Não se deve cogitar que isto implica qualquer modalidade de inimputabilidade, porquanto ausente a doença mental, exigida pelo art. 26, CP.

Não existe uma definição precisa para identificar o lapso temporal abrangido pela expressão "logo em seguida". A rigor, a expressão significa uma relação de proximidade entre a provocação da vítima e a reação homicida do agente. Trata-se de uma situação de imediatidade, razão pela qual não se admite como privilegiado um crime de homicídio praticado horas ou dias após a provocação[2].

Importa destacar, por fim, que o dispositivo legal em comento exige a injusta provocação, e não a agressão (exigida para a caracterização da legítima defesa, prevista no art. 25, CP). Desta forma, poderíamos imaginar um homicídio privilegiado na situação em que o agente mata a vítima que lhe ofendera verbalmente. Também podem ser consideradas provocações as "brincadeiras de mau gosto", os chistes, as piadas ofensivas e as perturbações de outras naturezas.

2. JESUS, Damásio E. *Direito Penal: parte especial. Vol. II*. 31. ed. São Paulo: Saraiva, 2011, p. 96.

De toda sorte, é possível perceber que o legislador pátrio considerou as situações de homicídio "privilegiado" como hipóteses de diminuta censurabilidade, quando comparadas às demais hipóteses de homicídio. Por esta razão, a Lei n. 8.072/90 não contemplou o homicídio privilegiado no rol dos crimes hediondos.

1.11. Homicídio qualificado

As qualificadoras do crime de homicídio estão previstas no §2º do art. 121. Nestes casos, as penas previstas irão variar de 12 (doze) a 30 (trinta). Conforme podemos inferir, trata-se, realmente, de situações que podem ser consideradas como "qualificadoras", e não meras causas de aumento de pena, porquanto as penas (mínima e máxima) previstas em abstrato são exasperadas, quando comparadas ao tipo penal básico (homicídio simples).

As circunstâncias que qualifi cam o crime de homicídio podem ser dividias em quatro grupos. Deste modo, teremos qualificadoras que dizem respeito aos:

a) **Motivos:** relaciona-se com as razões que impelem o homicida à prática da conduta. É o que ocorre, por exemplo, nas qualificadoras dos incisos I (motivo torpe), II (motivo fútil), VI (feminicídio) e VII (homicídio funcional);

b) **Meios:** diz respeito aos instrumentos empregados na prática do crime de homicídio, e está presente no inciso III (emprego de veneno, fogo, explosivo, asfixia, tortura ou outro meio insidioso ou cruel de que possa resultar perigo comum);

c) **Modos (forma):** corresponde à forma como o crime é praticado. É a qualificadora do inciso IV (quando o homicídio é cometido à traição, de emboscada, ou mediante dissimulação ou outro recurso que dificulte ou torne impossível a defesa do ofendido).

d) **Fins (conexão com outros crimes):** refere-se à finalidade pretendida com o homicídio. Diz respeito à qualificadora do inciso V (quando o homicídio é cometido para assegurar a execução, a ocultação, a impunidade ou vantagem de outro crime).

Passemos à análise de cada uma das qualificadoras.

1.11.1. *Paga, promessa de recompensa ou outro motivo torpe (inciso I)*

Na primeira hipótese de qualificadora prevista no art. 121, §2º, o legislador trouxe o homicídio praticado mediante "paga, promessa de recompensa ou outro motivo torpe".

Aqui, percebemos que o legislador lançou mão do recurso da interpretação analógica. Isto significa dizer que o legislador, por meio do dispositivo de lei em apreço enuncia disposições casuísticas ("paga ou promessa de recompensa"), seguidas de uma formulação genérica ("ou outro motivo torpe"). Por outras palavras, o legislador deixa claro que "paga ou promessa de recompensa" constituem modalidade de "motivo torpe", mas outras formas de praticar o crime impelido por tal motivo também devem ser consideradas para a incidência da qualificadora.

Passemos à análise dessas hipóteses descritas no inciso I:

a) **Paga ou promessa de recompensa**

O crime com esta qualificadora é chamado de **"homicídio mercenário"**.

Tanto a "paga" quanto a "promessa de recompensa" pressupõem a obtenção de alguma vantagem, seja ela de caráter patrimonial ou de outra natureza. A distinção reside no momento em que se concretizam, pois na "paga" esta vantagem já foi auferida pela agente, ao passo que na "promessa de recompensa", tal vantagem somente será obtida após a consumação do homicídio. Para que ocorra o homicídio qualificado, não importa se ocorrerá o efetivo adimplemento da promessa realizada, pois a qualificadora diz respeito aos motivos que conduziram o executor a agir.

Na prática, nada impede que o crime ocorra e o mandante faça o pagamento de uma parte do valor acordado, deixando outra parte para o momento posterior à consumação. Em um caso como este, teríamos um crime praticado mediante "paga" e "promessa de recompensa" concomitantemente, o que, evidentemente, não faria qualquer diferença para a incidência da qualificadora.

A despeito de algumas divergências doutrinárias, estamos com a doutrina majoritária, no sentido de que a vantagem obtida ou prometida não é, necessariamente, patrimonial. Deste modo, haverá a qualificadora se a "paga" ou "promessa de recompensa" consistir em favor sexual, promessa de casamento, de emprego, título honorífico etc[3].

Tema sempre polêmico e que devemos enfrentar diz respeito à incidência desta qualificadora para o mandante do crime. Que a qualificadora deve ser aplicada ao executor, não há qualquer dúvida, pois é ele quem pratica o crime mediante a "paga" ou "promessa de recompensa". Mas, e o mandante? Também deve incidir a qualificadora para ele?

Acreditamos que não. Ora, a qualificadora em comento diz respeito aos "motivos determinantes" para a prática do crime. Conforme mencionamos, o próprio legislador, fazendo uso da interpretação analógica, enumera a "paga" e a "promessa de recompensa" como modalidades de "motivo torpe". Pois bem. A "paga" e a "promessa de recompensa" apenas são motivos para o executor praticar o crime. Para o mandante, o pagamento ou recompensa constituem, tão-somente, meio para concretizá-lo. Podemos, ainda, acrescentar que o mandante poderá, inclusive, estar impelido por um motivo de relevante valor social ou moral.

No âmbito da nossa jurisprudência, também o Superior Tribunal de Justiça vem entendendo que "o reconhecimento da qualificadora da 'paga ou promessa de recompensa' (inciso I do § 2º do art. 121) em relação ao executor do crime de homicídio mercenário não qualifica automaticamente o delito em relação ao mandante, nada obstante este possa incidir no referido dispositivo caso o motivo que o tenha levado a empreitar o óbito alheio seja torpe"[4].

b) **Outro motivo torpe**

Conforme já procuramos elucidar, a "paga ou promessa de recompensa" é modalidade de motivo torpe. Motivo torpe é o abjeto, repugnante, que produz asco, enfim, o motivo

---

3. No sentido de ser possível incidir a qualificadora quando estivermos diante de vantagem de qualquer natureza, JESUS, Damásio E. *Direito Penal: parte especial. Vol. II.* 31. ed. São Paulo: Saraiva, 2011, p. 98.
4. STJ, REsp 1.209.852-PR, **rel. Min. Rogerio Schietti Cruz, julgado em 15/12/2015, DJe 2/2/2016.**

de maior reprovabilidade. São crimes perpetrados pela exasperação ostensiva dos instintos mais primitivos. Entram neste rol os emblemáticos casos em que filhos matam os pais para ficar com herança ou pessoas matam cônjuges para receber o prêmio do seguro de vida.

A questão ainda controversa reside na admissibilidade da incidência desta qualificadora em hipóteses como o **homicídio praticado por ciúmes e por vingança**. Acerca disto, o STJ já decidiu que "o ciúme, por si só, sem outras circunstâncias, não caracteriza o motivo torpe"[5]. Ademais, conforme assentou o STF, a vingança, por si só, não consubstancia o motivo torpe, que há de ser aferida à luz do contexto do fato[6].

1.11.2. *Motivo fútil (inciso II)*

Trata-se do motivo banal, irrelevante, desproporcional. Refere-se à pequeneza do motivo. É o caso do sujeito que mata a vítima porque, por exemplo, ela torcia por outro time de futebol, ou por uma dívida de valor irrisório.

Não se deve confundir o motivo fútil com o motivo injusto. Com efeito, todo crime é injusto, e isto, por óbvio, não seria suficiente para qualificá-lo. De igual sorte, não podemos confundir o motivo fútil com o motivo torpe, e sequer conciliá-los, pois o mesmo motivo não pode ser torpe (abjeto, repulsivo) e fútil (irrelevante, banal) ao mesmo tempo, embora qualquer das duas modalidades enseja a incidência de uma qualificadora para o homicídio.

Discute-se se haveria a qualificadora em tela em caso de homicídio praticado sem motivo algum. Sobre o tema, a doutrina se manifesta de forma diversa. Há quem defenda que sim, pois seria um contrassenso que o legislador punisse com pena mais grave o agente que comete um homicídio por um motivo banal e não fizesse o mesmo com aquele agente que o fizesse sem motivo algum. Noutro passo, a doutrina majoritária defende que a ausência de motivos não qualifica o crime, tão somente por falta de previsão legal. Ademais, a intenção de comparar a ausência de motivos a motivo fútil seria analogia *in malam partem*.

De nossa parte, acreditamos que não existe crime sem motivo. Todo crime possui uma motivação. Em verdade, o chamado "crime sem motivo" corresponde a um crime em que a investigação não conseguiu lograr êxito em desvendar a motivação do criminoso, ou algum crime em que o motivo era tão banal (fútil) que sequer foi considerado.

No primeiro caso (não conseguiu descobrir o motivo do crime), a qualificadora não deverá incidir, pois o ônus de provar a existência da qualificadora é da acusação, e ante a ausência de prova, prepondera a técnica de julgamento do *in dúbio pro reo*. Na segunda hipótese (motivo tão banal que é considerado "crime sem motivo"), resta evidente que deverá incidir a qualificadora do motivo fútil.

Palmilhando a trilha da doutrina majoritária, entende o STJ que "motivo fútil não se confunde com ausência de motivos, de tal sorte que se o crime for praticado sem nenhuma razão, o agente somente poderá ser denunciado por homicídio simples"[7].

5. STJ, HC 123.918/MG, rel. Min. Felix Fischer.
6. STJ, REsp 785.122-SP, rel. Min. Og Fernandes.
7. STJ, HC 152.548/MG, rel. Min. Jorge Mussi.

Ainda na esteira de alguns entendimentos consagrados pela nossa jurisprudência, que não há motivo fútil quando, a partir de um fato sem importância, surge uma briga[8]. Neste caso, haveria uma **futilidade mediata**, e não **imediata**, o que afastaria a incidência da qualificadora. Contudo, a discussão anterior entre autor e vítima não afasta, por si só, a qualificadora, o que significa dizer que caberá ao julgador analisar o caso concreto[9]. Também não há que se falar em motivo fútil na hipótese em que o homicídio é praticado durante um "racha"[10].

Questão mais delicada diz respeito à possibilidade de se conciliar com o motivo fútil com o dolo eventual. Neste tema, não há consenso jurisprudencial, porquanto duas correntes de pensamento disputam a primazia. Para uma primeira corrente, é possível a incidência da qualificadora no dolo eventual, pois "o dolo do agente, direto ou indireto, não se confunde com o motivo que ensejou a conduta"[11]. Uma segunda corrente de pensamento rechaça a possibilidade de se conciliar a qualificadora do motivo fútil com o dolo eventual, "tendo em vista a ausência de elemento volitivo"[12].

1.11.3. *Com emprego de veneno, fogo, explosivo, asfixia, tortura ou outro meio insidioso ou cruel, ou de que possa resultar perigo comum*

Mais uma vez, o legislador se vale da possibilidade de interpretação analógica, ao enunciar uma regra específica e concluir a expressão de forma genérica ("outro meio insidioso ou cruel de que podia resultar perigo comum").

Meio insidioso é aquele ministrado pelo agente por meio de algum estratagema, de modo que a vítima não tome conhecimento. É o conhecido exemplo em que o agente sabota o veículo automotor que será conduzido pela vítima, retirando-lhe os freios.

Por sua vez, **meio cruel** é aquele que produz sofrimento excessivo, desproporcional. Podemos recordar o exemplo de alguém que mata a vítima desferindo-lhe inúmeros golpes, lentamente. Evidentemente, somente estará presente a qualificadora se o meio cruel foi empregado para a prática do homicídio. Por outras palavras, não há que se qualificar o crime quando o agente consuma o crime para, em seguida, agir contra o cadáver mutilando-o, por exemplo. Em casos como esse, a depender do dolo do agente, poderemos estar diante de algum outro crime como a "destruição, subtração ou ocultação de cadáver" (art. 211, CP) ou o "vilipêndio a cadáver" (art. 212, CP), mas não a qualificadora do homicídio.

O Superior Tribunal de Justiça tem entendido que o dolo eventual é compatível com o homicídio praticado por meio cruel[13].

---

8. STJ, ArRg no REsp 1.113.364-PE, rel. Min. Sebastião Reis Jr., julgado em 06/08/2013.
9. STJ, ArRg no REsp 1.113.364/PE, rel. Min. Sebastião Reis Jr., Quinta Turma, julgado em 06/08/2013.
10. STJ, HC 307.617/SP, rel. Min. Nefi Cordeiro, redator p/ acórdão Min. Sebastião Reis Jr., Quinta Turma, julgado em 19/04/2016.
11. STJ, REsp 912.904/SP, rel. Min. Laurita Vaz, Quinta Turma, julgado em 06/03/2012.
12. STJ, HC 307.617/SP, rel. para acórdão Min. Sebastião Reis Jr., Sexta Turma, julgado em 19/04/2016.
13. STJ, REsp 1.829.601-PR, Rel. Min. Nefi Cordeiro, Sexta Turma, por unanimidade, julgado em 04/02/2020, DJe 12/02/2020.

Por fim, **meio de que possa resultar perigo comum** é aquele que pode afetar um número indeterminado de pessoas. É o caso em que o agente deflagra inúmeros disparos contra a vítima em via pública. Não há necessidade de ocorrência de efetivo perigo para que incida a qualificadora. O próprio texto legislativo deixa isso evidenciado quando dispõe sobre meio "de que possa resultar" perigo comum. Basta, portanto, a aptidão para produção do perigo comum. Seguindo essa linha de raciocínio, alguns doutrinadores sustentam a tese de que, se ocorrer o efetivo perigo, o agente poderia ser responsabilizado pelo homicídio qualificado em concurso formal com algum crime de perigo comum (arts. 251 a 259, CP)[14].

Conforme já asseveramos, na qualificadora em comento, o legislador utilizou-se da interpretação analógica, empregando fórmulas casuísticas seguida de uma fórmula genérica. Com isto, fica fácil percebermos que "veneno, fogo, explosivo, asfixia, tortura" constituem modalidades de "meio insidioso ou cruel, ou de que possa resultar perigo comum". Passemos à análise de cada hipótese.

a) Veneno: é a substância química ou biológica, que deteriora o organismo, conduzindo a vítima à morte. O homicídio praticado mediante emprego de veneno é também conhecido como **venicídio**. Ainda sob o prisma etimológico, importa mencionar que o ato de envenenar alguém é chamado de **venefício.**

O veneno pode ser encontrado em sua forma liquida, sólida ou gasosa. Algumas substâncias são consideradas veneno em seu sentido mais genérico porque conduzem qualquer indivíduo à morte. Outras, contudo, poderão ser consideradas veneno, para fins de incidência da qualificadora em apreço, a depender do caso concreto. Deste modo, haverá a qualificadora do venicídio quando o agente ministra uma dose excessiva de uma substância em relação a qual a vítima possui forte reação alérgica. Outro exemplo seria a injeção de considerável dose de glicose à vítima com acentuado grau de diabetes.

Nestes casos mencionados, o agente somente responderá pela qualificadora do venicídio se tiver consciência dos efeitos deletérios e letais que referida substância produz naquela vítima. Ora, como sabemos, as qualificadoras do homicídio somente incidem na sua modalidade dolosa. Deste modo, para que haja a qualificadora, é necessário que o dolo também recaia sobre a sua existência. Se o dolo é constituído do binômio consciência (elemento intelectivo) e vontade (elemento volitivo), somente falaremos na qualificadora do venicídio se houver a consciência da situação de saúde da vítima (alergias à substância, diabetes etc) aliada à vontade de produzir a sua morte por meio do emprego da substância.

A qualificadora do emprego de veneno deve caracterizar meio insidioso ou cruel. Será meio insidioso quando o veneno é ministrado de forma sub-reptícia, sem o conhecimento da vítima. Lado outro, será considerado meio cruel quando ministrado mediante violência. De um modo geral, a demonstração da qualificadora dependerá de exame pericial, que aponte a presença da substância tóxica no corpo da vítima.

b) Fogo: a qualificadora estará presente quando o agente matar a vítima mediante o emprego do fogo. Por óbvio, não há que se falar em homicídio com tal qualificadora

14. Neste sentido, JESUS, Damásio E. *Direito Penal: parte especial. Vol. II.* 31. ed. São Paulo: Saraiva, 2011, p. 101.

quando o agente mata a vítima de alguma outra forma e utiliza o fogo apenas para queimar o cadáver. Quando se emprega o fogo, estamos diante de modalidade de meio cruel. A depender da forma como praticado, também poderíamos mencionar tratar-se de caso de "meio de que possa resultar perigo comum". Isto, evidentemente, dependerá da facilidade de o fogo alastrar-se.

c) Explosivo: conforme o Decreto n. 3.665/2000, em seu art. 3º., inciso LI, explosivo é um tipo de matéria que, quando iniciada, sofre decomposição muito rápida em produtos mais estáveis, com grande liberação de calor e desenvolvimento súbito de pressão. Artefato incendiário, como o próprio nome está a indicar, é aquele idôneo à produção de incêndios, tais como, por exemplo, o chamado "coquetel Molotov". Como regra, caracteriza uma espécie de "meio de que possa resultar perigo comum". Seria a hipótese de o agente colocar uma bomba no carro da vítima, por exemplo.

Pode acontecer de o homicídio mediante emprego de explosivos produzir destruição em bens alheios. Neste caso, deveria também o homicida responder pelo crime de dano (art. 163, CP)? Não. O tipo penal do dano é categórico ao prever a sua modalidade qualificada quando praticado "com emprego de substância inflamável ou explosiva, se o fato não constitui crime mais grave" (art. 163, parágrafo único, II, CP). Ora, no caso em comento, resta evidenciado que o homicídio é crime mais grave, que afastaria a caracterização do crime de dano qualificado.

Por outro lado, se, no lugar de o explosivo produzir dano em coisa, provocar alguma lesão em outra pessoa, estaremos diante do concurso formal de crimes (art. 70, CP).

d) Asfixia: corresponde à supressão da respiração. **A asfixia pode ser mecânica ou tóxica.**

A asfixia mecânica pode ser enforcamento, estrangulamento, esganadura, sufocação, soterramento, imprensamento ou afogamento. Já a asfixia tóxica pode ser por confinamento ou pelo uso de gás asfixiante, como o óxido de carbono[15].

A asfixia pode caracterizar meio cruel (ex.: soterramento), insidioso (ex.: submissão da vítima à inalação de gás tóxico de difícil percepção ou imperceptível) ou de que possa resultar perigo comum (ex.: difusão do gás tóxico com ampla probabilidade de alcançar muitas pessoas), a depender do caso.

e) Tortura: No dia 10 de dezembro de 1984, a Assembleia Geral das Nações Unidas aprovou a Convenção contra a Tortura e Outros Tratamentos ou Penas Cruéis, Desumanos

15. Ao tratar das modalidades de asfixia, descreve Magalhães Noronha que ela pode ser tóxica e mecânica. E prossegue: "Esta oferece as modalidades do *enforcamento* (constrição do pescoço por um laço acionado pelo peso da vítima); *estrangulamento* (constrição do pescoço por um laço acionado pela força muscular da vítima ou de terceiro); *esganadura* (constrição da parte anterior do pescoço pela mão); *sufocação* (impedimento respiratório direto ou indireto, o primeiro com oclusão dos orifícios respiratórios com o uso de certos objetos, v. g. um travesseiro, ou com oclusão das vias respiratórias, pela penetração de substância externas, alimentos, líquidos, ou substâncias endógenas, como o sangue, pus, etc.); *soterramento* (asfixia realizada pela permanência do indivíduo em um meio sólido ou semi-sólido, de modo que as substâncias aí contidas penetram na árvore respiratória, impedindo a penetração do ar); *afogamento* (ocorre quando a vítima, estando total ou parcialmente num meio líquido, este penetra em suas vias respiratórias)". NORONHA, E. Magalhães. *Direito penal*: introdução e parte geral. 4. ed. São Paulo: Saraiva, 1967. v. I, p.299.

ou Degradantes. O Congresso Nacional brasileiro aprovou a referida Convenção por meio do Decreto Legislativo n. 04, de 23 de maio de 1989, ela foi ratificada no dia 28 de setembro de 1989 e entrou em vigor no dia 28 de outubro de 1989. No dia 15 de fevereiro de 1991, finalmente, é aprovado o Decreto n. 40, dando efetividade à implementação da Convenção.

A Convenção define a tortura no seu art. 1º, nos seguintes termos: "Para fins da presente Convenção, o termo 'tortura' designa qualquer acto pelo qual dores ou sofrimentos agudos, físicos ou mentais, são infligidos intencionalmente a uma pessoa a fim de obter, dela ou de terceira pessoa, informações ou confissões; de castigá-la por ato que ela ou terceira pessoa tenha cometido ou seja suspeita de ter cometido; de intimidar ou coagir esta pessoa ou outras pessoas; ou por qualquer motivo baseado em discriminação de qualquer natureza; quando tais dores ou sofrimentos são infligidos por um funcionário público ou outra pessoa no exercício de funções públicas, ou por sua instigação, ou com o seu consentimento ou aquiescência. Não se considerará como tortura as dores ou sofrimentos que sejam consequência unicamente de sanções legítimas, ou que sejam inerentes a tais sanções ou delas decorram. O presente artigo não será interpretado de maneira a restringir qualquer instrumento internacional ou legislação nacional que contenha ou possa conter dispositivos de alcance mais amplo".

A tortura, crime equiparado a hediondo (art. 5º, XLIII, CF) está definido na Lei n. 9.455/97, e pode ser de natureza física e moral. Em seu art. 1º, §3º, a Lei n. 9.455/97 prevê como modalidade qualificada do crime de tortura a morte da vítima. Como, então, diferenciarmos os crimes de homicídio qualificado pela tortura (art. 121, §2º, III, CP) e tortura qualificada pela morte (art. 1º, §3º, Lei n. 9.455/97)? A diferença reside no **elemento subjetivo.**

Com efeito, na Lei de Tortura, temos um crime preterdoloso ou preterintencionais. Nestes, há dolo no antecedente (conduta) e culpa no consequente (resultado)[16]. Deste modo, em tais crimes, o agente possui o dolo de torturar, mas não pretendia produzir o resultado qualificado (lesão grave, gravíssima ou morte). Em contrapartida, se o agente possuía o dolo de matar, e a tortura é apenas o meio empregado para a prática do crime, estaremos diante do crime de homicídio qualificado pela tortura, conforme previsão do art. 121, §2º, III, CP.

Pode ocorrer, ainda, de o agente possuir os dois dolos distintos, quais sejam, o de torturar e matar. Basta vislumbrar a hipótese de dolos sucessivos. Assim, o criminoso pretende, por exemplo, torturar a vítima para obter a confissão; uma vez obtida, o criminoso cessa a tortura, mas, com receio de que a vítima o denuncie à Polícia, pratica o homicídio contra ela. Neste caso, houve dolos distintos e sucessivos, pois originariamente o agente pretendia torturar e, somente depois, resolve matar a vítima.

À primeira vista, estamos diante de uma hipótese em que há dois crimes distintos, com dolos distintos, que deveriam, portanto, ser punidos com as regras do concurso material

16. Em sentido contrário, minoritário em doutrina, Guilherme Nucci entende que o crime deste artigo pode conter o dolo na conduta e também no resultado (NUCCI, Guilherme de Souza. *Leis penais e processuais penais comentadas. v. II.* 6. ed. São Paulo: RT, 2012, p. 690-691).

de delitos (art. 69, CP). Porém, recorrendo-se à ideia de **progressão criminosa**, é possível reconhecer, na hipótese, a existência do crime de homicídio qualificado pela tortura.

1.11.4. *À traição, de emboscada, ou mediante dissimulação ou outro recurso que dificulte ou torne impossível a defesa do ofendido (inciso IV)*

Mais uma vez, o legislador recorre à interpretação analógica para descrever uma qualificadora do crime de homicídio. Deste modo, o enunciado legislativo inicia com uma fórmula casuística ("à traição, de emboscada, ou mediante dissimulação") para encerrar uma fórmula genérica ("ou outro recurso que dificulte ou torne impossível a defesa do ofendido"). Logo, concluímos que traição, emboscada e dissimulação constituem, na visão do legislador, modalidades de recursos que dificultam ou tornam impossível a defesa do ofendido.

Traição é a falta de lealdade, a violação da confiança. A traição pode ser **física**, como no clássico exemplo do agente que atira pelas costas, ou **moral**, como no exemplo do agente que leva a vítima a erro, fazendo-a cair de um despenhadeiro. O homicídio qualificado pela traição é chamado de *homicidium proditorium*[17].

É importante diferenciar o ataque "pelas costas" do ataque "nas costas". O primeiro, certamente, caracterizará a traição, porquanto impossibilita a defesa da vítima. Por outro lado, o ataque "nas costas" não conduzirá, necessariamente, a essa qualificadora. Como se percebe, um ataque "nas costas" pode ocorrer justamente no decorrer de uma briga (ex.: agente e vítima ingressam em luta corporal e o primeiro consegue acertar as costas do segundo com um golpe de punhal) ou de uma fuga (ex.: a vítima percebe que será atingida, empreende fuga e é atingida por um disparo em suas costas). Não incide a qualificadora em casos como este, pois não há que se falar em traição ou impossibilidade de defesa da vítima.

Se é verdade que a possibilidade de fuga da vítima descaracteriza a qualificadora em apreço, devemos perceber que, por outro lado, até mesmo um ataque frontal poderá dar ensejo à modalidade qualificada. Basta imaginar um ataque frontal de surpresa, de inopino, perpetrado por alguém em quem a vítima confiava.

Para que exista a traição, é necessário haver uma relação de confiança entre autor e vítima. Daí porque podemos identificar essa modalidade de homicídio qualificado como um **crime próprio**, vale dizer, que exige uma qualidade especial do agente. No caso, a qualidade diz respeito à relação de confiança entre autor e vítima. Se desde o início o agente aproximou-se da vítima com a finalidade de criar uma relação de confiança, mas já com a pretensão de matá-la, não falaremos em traição, mas sim em dissimulação, que também fará incidir a qualificadora do inciso IV.

E o que acontece, por exemplo, quando há um "tiro pelas costas", mas não havia relação de confiança entre agente e vítima? Neste caso, não falaremos em traição, pois ninguém pode ser traído por alguém em quem não confia. Contudo, também teremos a incidência

17. HUNGRIA, Nelson. *Comentários do Código Penal. Volume V*, 3.ed. Rio de Janeiro, Forense, 1955, p. 166.

da qualificadora do inciso IV, porquanto incidirá a fórmula genérica dos "recursos que dificulte ou torne impossível a defesa da vítima".

Emboscada é a cilada, a tocaia, quando o agente, ocultando-se, aguarda a vítima para atingi-la de surpresa. É conhecido como *homicidium ex-insidiis.*

A **dissimulação** ocorre quando o agente disfarça sua real intenção criminosa, ao fingir, por exemplo, uma boa intenção de reaproximação. Nestes casos, falaremos em **dissimulação moral**. Por outro lado, teremos a **dissimulação material** na hipótese em que o agente se vale de algum instrumento para a dissimulação, como uma farda, um crachá, um documento de identificação etc.

Como se percebe, são meios que reduzem a capacidade de resistência da vítima. A qualificadora ainda ocorre, além destes casos expressos no Código, quando há **"algum outro recurso que dificultou ou tornou impossível a defesa do ofendido"**. Tomemos como exemplo o agente que ministra algum poderoso sonífero à vítima, que adormece indefesa.

Trata-se, como se vê, da qualificadora em virtude do fator **surpresa.** Ou seja, não há que se falar na presença desta qualificadora por força de eventual desproporção de forças entre agente e vítima, a sua idade e compleição física ou mesmo em virtude do emprego de arma, quando da conduta. A alusão a recurso que dificulta ou impossibilita a defesa do ofendido refere-se, efetivamente, ao elemento surpresa.

Essa exigência da surpresa torna esta modalidade de qualificadora incompatível com o dolo eventual[18]. Sem embargo, não faria sentido tratar a ideia do dolo eventual no contexto de tal qualificadora, que exige a direção da vontade de modo a surpreender a vítima.

1.11.4.1. *Homicídio procustiano e homicídio teseuniano*

Em doutrina, há quem utilize a expressão "homicídio procustiano" para se referir à qualificadora do inciso IV. A expressão remonta à figura mitológica de Procusto. Conforme as tradições da mitologia grega, Procusto residia em uma região na floresta, no caminho que conduzia a Atenas. Mostrando-se de forma bastante solícita, Procusto oferecia abrigo aos viajantes que chegavam por aquela região exaustos.

Em determinado momento, Procustodopava seus hóspedes e os fazia deitar em seu leito. O leito de Procusto era uma cama de ferro que possía exatamente as duas dimensões. Os hóspedes que não cabiam no leito de Procusto eram mortos de forma bárbara. Aqueles que fossem menor do que Procusto tinham seu corpo esticado até que coubesse nas dimensões do leito, e aqueles que fossem maior do que ele tinham partes do corpo decepados para que ali se amoldassem. Em qualquer dos dois casos, a morte era certa e extremamente dolorosa.

Muitos denominam esta modalidade de homicídio qualificado como procustiano por conta dos elementos "traição" e "dissimulação". Procusto era uma pessoa que aparentava ser amiga, solícita, bondosa e confiável. Mas se aproveitava do confiança recém conquistada de suas vítimas para mata-las de forma cruel. E justamente por tal razão, há quem defenda

18. STF, HC 111.442/RS, rel. Min. Gilmar Mendes, Segunda Turma, julgado em 28/08/2012.

a ideia de que o homicídio procustiano também designaria a hipótese de qualificadora do inciso III (homicídio por meio cruel).

Ainda consoante a mitologia, Teseu teria matado Procusto da mesma forma cruel com que ele matava suas vítimas, fazendo-o deitar no próprio leito e decepando partes de seu corpo. A partir daí, a expressão "homicídio teseuniano" passou a designar o homicídio praticado mediante vingança.

Importante lembrar que nosso Código Penal não previu qualificadora especificamente para a vingança. A depender do caso concreto, o homicídio por vingança pode caracterizar alguma hipótese de homicídio qualificado (motivo torpe, por exemplo) ou, até mesmo, homicídio "privilegiado" (como no exemplo do pai que mata o estuprador de sua filha).

1.11.5. *Para assegurar a execução, a ocultação, a impunidade ou vantagem de outro crime (inciso V)*

A qualificadora do inciso V é de caráter subjetivo, porquanto diz respeito à finalidade pretendida pelo agente. As situações descritas no inciso reportam uma **conexão** entre crimes. Teremos uma conexão **teleológica** ou **consequencial.**

Na conexão teleológica, o agente pratica a conduta para assegurar a execução de outro crime. A qualificadora em análise haverá de incidir, ainda que o agente pratique o homicídio para assegurar a execução de crime que não chegue a ser executado, ou que venha a ser executado por outro agente.

Na hipótese de o agente praticar o homicídio para executar algum outro crime e efetivamente consumá-lo, deverá responder pelos dois crimes (homicídio qualificado e o segundo crime) em concurso material. Neste caso, não há *bis in idem* pelo fato de haver a qualificadora e o segundo crime. E isto porque, conforme estamos percebendo, a qualificadora não depende da efetiva prática do segundo crime.

Outro ponto importante é recordar que o agente responderá com esta qualificadora, ainda que desista, posteriormente, de executar o segundo crime. Devemos analisar as circunstâncias do tempo da ação (ou omissão) do agente, pois este é tempo do crime, conforme a teoria da atividade, adotada no art. 4º, CP). Se, como no nosso exemplo, ao tempo da ação ou omissão, o agente pratica o homicídio para executar outro crime, estará presente a qualificadora, mesmo que desista posteriormente desse segundo crime.

A conexão consequencial existe quando o agente pratica o homicídio para assegurar a ocultação, impunidade ou vantagem de outro crime.

Na pretensão de ocultação, o agente pretende que o outro crime praticado não seja descoberto (ex.: mata a única testemunha do crime). Na pretensão de impunidade, o agente pratica o homicídio para evitar a punição por algum outro crime (ex.: após haver praticado o crime de estupro de vulnerável, o agente mata a vítima para que ela não revele a sua identidade). Por fim, na pretensão de assegurar vantagem, o agente pratica o homicídio para assegurar o produto, objeto ou proveito do crime (ex.: coautor do crime de roubo mata o comparsa para ficar com todo o objeto do crime).

Importante destacar que o homicídio será qualificado pela conexão consequencial, ainda que o homicida não seja o responsável pelo outro crime. Assim, da mesma forma que teremos homicídio qualificado quando o agente mata a pessoa que testemunhou seu crime, teríamos também essa qualificadora se o agente matar a pessoa que testemunhou o crime praticado pelo seu filho. De toda forma, o imprescindível é que haja a finalidade de assegurar a ocultação, impunidade ou vantagem de algum outro crime.

Restará qualificado o crime de homicídio ainda que para assegurar a ocultação ou impunidade de crime prescrito, ou cuja punibilidade esteja extinta por outra razão, ou, ainda, que tenha sido cometido por outro agente.

Esta qualificadora não incidirá se o homicídio for praticado para assegurar a execução, ocultação, impunidade ou vantagem de contravenção penal ou ilícito extrapenal, porquanto constituiria analogia *in malam partem*, sabidamente vedada no Direito Penal.

Além das modalidades de conexão que estudamos – teleológica e consequencial – há quem se refira, em doutrina, à **conexão ocasional.** Nela, um crime é cometido na ocasião da prática de algum outro crime. É o exemplo de alguém que invade uma casa para praticar um furto, e, ao se dar conta de que se trata da residência de seu desafeto, aproveita o ensejo para matá-lo. Neste caso de conexão ocasional, não haverá a qualificadora do inciso V, haja vista a ausência de previsão legal[19].

1.11.6. *Contra a mulher por razões da condição de sexo feminino: feminicídio (inciso VI)*

A Lei n. 13.104/15 criou mais uma modalidade de homicídio qualificado, intitulada de "feminicídio". Para que ocorra esta qualificadora, é imprescindível que o homicídio ocorra, por razões de sexo feminino. E, para que não remanescesse qualquer dúvida em relação ao enquadramento da conduta, a mesma Lei acrescentou ao art. 121 do Código Penal o § 2º-A, estabelecendo que: "Considera-se que há razões de condição de sexo feminino quando o crime envolve: I – violência doméstica e familiar; II – menosprezo ou discriminação à condição de mulher".

O "feminicídio" não deve ser confundido com o "femicídio", uma vez que este último trata do homicídio cuja vítima é uma mulher, mas não exige que a conduta criminosa tenha sido motivada exclusivamente pelas razões de condição de sexo feminino, que implica em menosprezo ou discriminação (feminicídio).

Como se vê, não basta que se tenha por vítima uma mulher para que se possa falar em feminicídio. E é exatamente por isso que o Código Penal exige, à sua configuração, que o crime ocorra mediante "violência doméstica e familiar" ou por "menosprezo ou discriminação à condição de mulher". Passemos à análise de tais hipóteses:

a) Violência doméstica e familiar: sobre o tema, importante recordarmos que a Lei n. 11.340/06 (Lei Maria da Penha) utiliza alguns parâmetros para a definição de violência doméstica e familiar. Conforme o art. 5º da referida Lei, devemos considerar, para fins de caracterização da violência doméstica e familiar, como:

19. MASSON, Cléber. *Direito Penal Esquematizado: parte especial, vol. II,* 7. Ed. São Paulo: Método, 2015, p.40.

a) Âmbito da unidade doméstica: o espaço de convívio permanente de pessoas, com ou sem vínculo familiar, inclusive as esporadicamente agregadas;

b) Âmbito da família: a comunidade formada por indivíduos que são ou se consideram aparentados, unidos por laços naturais, por afinidade ou por vontade expressa;

c) Relação íntima de afeto: situação na qual o agressor conviva ou tenha convivido com a ofendida, independentemente de coabitação.

À vista destas situações, nossa jurisprudência tem entendido ser possível falarmos em violência doméstica e familiar contra a mulher quando temos, por exemplo, agressão contra a mãe, filha, sogra, avó, esposa ou ex-esposa, companheira ou ex-companheira, namorada ou ex-namorada etc. É importante esclarecer que o sujeito ativo do feminicídio pode ser um homem ou uma mulher. Ademais, consoante o disposto no verbete n. 600 da súmula de jurisprudência do Superior Tribunal de Justiça:

> **Súmula n. 600/STJ:** "Para a configuração da violência doméstica e familiar prevista no art. 5º da Lei n. 11.340/06 (Lei Maria da Penha) não se exige a coabitação entre autor e vítima".

b) Menosprezo ou discriminação à condição de mulher: trata-se da caracterização do crime de feminicídio ante um acentuado grau de misoginia, que conduz o indivíduo a ceifar a vida da vítima. Neste caso, a aferição da conduta deve primar pela observância da motivação do agente, o que denota o aspecto subjetivo da qualificadora, quando tratamos desta modalidade.

Há uma fundada divergência doutrinária em torno da possibilidade de o transexual ser vítima do feminicídio. Como vimos, somente pode ser vítima desta modalidade de homicídio qualificado a mulher. A dúvida, portanto, cinge-se a saber se a pessoa transexual, que possui estrutura biológica masculina e psique feminina, poderia ser considerada como mulher para fins de incidência da qualificadora.

Existem três critérios para analisar o tema: **biológico, psicológico e jurídico**.

Se o critério adotado for o biológico, a pessoa transexual não poderá ser considerada como mulher, pois não possui estrutura biológica feminina, independentemente de ter ou não se submetido à cirurgia de transgenitalização. Se o critério adotado for o psicológico, em contrapartida, deverá ser tratada como mulher, pois sua psique é feminina. Por fim, para quem opta pelo critério jurídico, exige a alteração do gênero da pessoa em seu registro de nascimento, como forma de trazer maior segurança jurídica à questão[20].

Seguindo a linha do entendimento majoritário, acreditamos não haver a necessidade de alteração do documento de identificação da vítima para que se possa falar em feminicídio em relação ao transexual. Para tanto, seria necessário que o agente, sob o ponto de vista psicológico, tivesse a psique feminina, e, além disto, assim fosse considerada pelo agente. Ora, se o agente do crime não considerava a vítima como mulher, não poderemos falar em feminicídio, pois o seu dolo não abrangia a condição de sexo feminino. Neste caso,

20. Neste sentido, GRECO, Rogério. V.II, *ob. cit.* p.44.

podemos até falar em algum outro tipo de preconceito, o que poderia qualificar o crime de homicídio pelo motivo torpe, mas não pelo feminicídio.

1.11.6.1. *Causa de aumento de pena no feminicídio*

A pena do feminicídio deve ser aumentada de um terço até a metade se o crime for praticado em alguma das seguintes situações, previstas nos incisos do §7º do artigo 121, CP.

a) Durante a gestação ou nos 3 (três) meses posteriores ao parto (inciso I): a causa de aumento de é plenamente justificada, haja vista a maior vulnerabilidade em que se encontra a vítima, quando da gestação ou no período imediatamente posterior ao parto. Na hipótese de gestação, nada impede que o agente, desde que haja dolo, também seja responsabilizado pelo aborto provocado. Não há que se falar em *bis in idem*, pois são situações distintas. Com efeito, a majorante do feminicídio sequer pressupõe o aborto, mas sim a gestação da vítima.

b) Contra pessoa menor de 14 (catorze) anos, maior de 60 (sessenta) anos, com deficiência ou portadora de doenças degenerativas que acarretem condição limitante ou de vulnerabilidade física ou mental (inciso II): no que se refere à hipótese da vítima portadora de doenças degenerativas que acarretem condição limitante ou de vulnerabilidade física ou mental, trata-se de inovação legislativa promovida pela Lei n. 13.771/18. Assim como ocorre na primeira causa de aumento de pena, também temos uma majorante que justifica pela maior reprovabilidade da conduta daquele que age contra vítima que se encontra em situação de maior vulnerabilidade.

c) Na presença física ou virtual de descendente ou de ascendente da vítima (inciso III): na situação da presente causa de aumento de pena, não temos uma situação de maior vulnerabilidade da vítima do infanticídio por conta de alguma questão biológica. Contudo, há uma maior reprovabilidade na conduta do criminoso, mormente por força dos graves traumas produzidos nos familiares, obrigados a presenciar o crime hediondo.

Com o advento da Lei n. 13.771/18, foi alterada a redação do art. 121, §7º, III, CP, esclarecendo que a presença do descendente ou ascendente da vítima pode ser física ou virtual. Possível, portanto, incidir a causa de aumento de pena quando o criminoso pratica o feminicídio e o ascendente ou descendente da vítima acompanhava a cena via *Skype* ou ligação de vídeo de outra natureza.

d) Em descumprimento das medidas protetivas de urgência previstas nos incisos I, II e III do caput do art. 22 da Lei n. 11.340, de 7 de agosto de 2006: A Lei Maria da Penha (Lei n. 11.340/06) estabelece algumas medidas protetivas de urgência, que são medidas cautelares pessoais que objetivam, sobretudo, a preservar a vida e a integridade física e moral da mulher, vítima de violência doméstica e familiar, e de seus familiares. A Lei n. 13.104/15 já havia tornado crime a conduta consistente em descumprir a medida protetiva de urgência imposta. A partir do advento da Lei n. 13.771/18, foi acrescido ao art. 121, §7º, CP o inciso IV, que traz, como causa de aumento de pena do feminicídio, a atuação em descumprimento das medidas protetivas de urgência contidas nos incisos I, II e III do *caput* do art. 22 da Lei Maria da Penha[21].

Se o feminicídio ocorrer mediante o descumprimento de alguma das medidas protetivas mencionadas nos três primeiros incisos do *caput* do art. 22 da Lei Maria da Penha, o agente deverá ser responsabilizado por este crime, com a respectiva causa de aumento, e não pelo crime do descumprimento. Neste caso, não há que se falar em concurso de crimes, sob pena de se caracterizar o *bis in idem*. Ou o descumprimento da medida é valorado como causa de aumento do feminicídio ou como crime autônomo, mas valorá-lo duplamente não é possível.

Assinale-se que, em todos os casos, o dolo deve alcançar as referidas circunstâncias que caracterizam as causas de aumento de pena do art. 121, §7º, CP ou seja, o agente deve estar consciente da existência das circunstâncias que estão descritas.

1.11.7. *Contra autoridade ou agente descrito nos arts. 142 e 144 da Constituição Federal, integrantes do sistema prisional e da Força Nacional de Segurança Pública, no exercício da função ou em decorrência dela, ou contra seu cônjuge, companheiro ou parente consanguíneo até terceiro grau, em razão dessa condição: homicídio funcional (inciso VII)*

Trata-se de uma hipótese de **homicídio funcional**, que constitui qualificadora, criada pela Lei n. 13.142, do dia 06 de julho de 2015. O dispositivo, conforme se depreende de sua leitura, faz alusão aos arts. 142 e 144 da Constituição Federal. São artigos que se referem às matérias "forças armadas" e "segurança pública", respectivamente.

Consoante o art. 142 da Constituição: "Forças Armadas, constituídas pela Marinha, pelo Exército e pela Aeronáutica, são instituições nacionais permanentes e regulares, organizadas com base na hierarquia e na disciplina, sob a autoridade suprema do Presidente da República, e destinam-se à defesa da Pátria, à garantia dos poderes constitucionais e, por iniciativa de qualquer destes, da lei e da ordem".

E o art. 144 estabelece que: "A segurança pública, dever do Estado, direito e responsabilidade de todos, é exercida para a preservação da ordem pública e da incolumidade das pessoas e do patrimônio, através dos seguintes órgãos: I – polícia federal; II – polícia rodoviária federal; III – polícia ferroviária federal; IV – polícias civis; V – polícias militares e corpos de bombeiros militares".

21. A redação do dispositivo legal é a seguinte:
"Art. 22. Constatada a prática de violência doméstica e familiar contra a mulher, nos termos desta Lei, o juiz poderá aplicar, de imediato, ao agressor, em conjunto ou separadamente, as seguintes medidas protetivas de urgência, entre outras:
I – suspensão da posse ou restrição do porte de armas, com comunicação ao órgão competente, nos termos da Lei nº 10.826, de 22 de dezembro de 2003;
II – afastamento do lar, domicílio ou local de convivência com a ofendida;
III – proibição de determinadas condutas, entre as quais:
a) aproximação da ofendida, de seus familiares e das testemunhas, fixando o limite mínimo de distância entre estes e o agressor;
b) contato com a ofendida, seus familiares e testemunhas por qualquer meio de comunicação;
c) frequentação de determinados lugares a fim de preservar a integridade física e psicológica da ofendida;"

Registre-se que os guardas municipais e os agentes de trânsito (art. 144, §§ 8º e 10 da Constituição Federal), de acordo com parte considerável da doutrina, também podem figurar como sujeitos passivos no homicídio funcional, haja vista serem considerados auxiliares da Segurança Pública, previstos também no art. 144, CF, em seus §§7º e 10, respectivamente. Por outro lado, não ingressam como vítimas da qualificadora aqueles que atuam na magistratura ou no Ministério Público, pois não se incluem nos artigos constitucionais a que se reporta o Código Penal.

Além dos militares e dos membros das carreiras descritas no art. 144, CF, o homicídio também é qualificado quando dirigido aos agentes do sistema prisional (agentes carcerários, diretores do estabelecimento penal, membros do conselho penitenciário, da comissão técnica de classificação, da comissão de exame criminológico etc.) e membros da Força de Segurança Nacional. Como se vê, se o crime for contra cônjuge, companheiro ou parente consanguíneo até o terceiro grau, haverá a qualificadora. Obviamente, para tanto, imprescindível que o crime tenha vinculação com a função pública exercida.

Deste modo, se um agente mata o irmão de um policial sem que sequer soubesse da existência dessa relação de parentesco, não haverá que se falar da existência de tal qualificadora. Se, contudo, o fizer para vigar-se do policial porque havia sido preso por ele, incidirá a qualificadora em apreço. Como se vê, neste caso, há um nexo entre o crime de homicídio e a função pública.

Ainda em relação ao parentesco, devemos chamar a atenção para o fato de que o Código Penal refere-se apenas ao vínculo consanguíneo. Logo, não há a qualificadora quando a vítima é um parente por afinidade do agente público, como sogros, cunhados, genros etc.

Lamentavelmente, o legislador andou na contramão da mais moderna doutrina civilista, que atualmente reconhece a família como socioafetiva e não apenas a biológica. Deste modo, se a vítima do homicídio for um filho adotivo de um policial, não teríamos a referida qualificadora, pois não há, entre pai e filho, o vínculo consanguíneo, a despeito de a Constituição equiparar esta relação de paternidade à biológica. E não poderíamos chegar a outra conclusão, sob pena de incorrermos em uma analogia *in malam partem*.

1.11.8. *Outras questões*

O rol das qualificadoras, que analisamos acima, é taxativo. Por esta razão, não há, por exemplo, que se falar em qualificadora do homicídio pela premeditação, pelo vínculo de parentesco, pela proximidade com a vítima, pela existência de dívida de gratidão etc. Evidentemente, tais situações poderão, à luz do caso concreto, dar ensejo à existência de alguma das qualificadoras previstas no §2º, e acima enunciadas.

1.12. Homicídio qualificado-privilegiado

É possível vislumbrar situação em que o crime de homicídio seja qualificado, mas, ao mesmo tempo, incida a causa de diminuição de pena (homicídio privilegiado). Isto será possível quando a **qualificadora for objetiva**, isto é, não disser respeito aos motivos ou finalidades do homicídio.

De fato, não seria razoável imaginar um homicídio praticado por motivo torpe e, ao mesmo tempo, motivo de relevante valor moral, por exemplo. Em contrapartida, é plenamente possível imaginar a hipótese de um homicídio qualificado-privilegiado, no caso, por exemplo, do homem que mata o estuprador de sua filha, ministrando-lhe veneno.

Por óbvio, haverá situações em que até mesmo a qualificadora objetiva se mostrará incompatível com a causa de diminuição de pena. Vamos imaginar uma minorante do homicídio praticado sob o domínio de violenta emoção logo após à injusta provocação da vítima com a qualificadora da emboscada ou da dissimulação. Parece-nos evidente ser muito difícil poder conciliar o fato de alguém estar dominado pela emoção e ainda conseguir arquitetar uma emboscada ou premeditar uma dissimulação.

O crime de homicídio privilegiado não é considerado hediondo. Assim, já decidiu reiteradamente o STJ que, ainda que seja o homicídio qualificado-privilegiado, não haverá que se falar em caráter hediondo do crime[22]. Com efeito, não seria razoável que se considerasse hediondo um crime praticado, por exemplo, por motivo de relevante valor moral ou social. Em suma, **o homicídio qualificado-privilegiado não é crime hediondo.**

1.13. Pluralidade de qualificadoras

No caso concreto, pode acontecer de estar presente mais de uma qualificadora. Ex.: o agente pratica o crime de homicídio por motivo torpe (art. 121, §2º, I, CP) e mediante o emprego de veneno (art. 121, § 2º, III, CP).

É comum ouvirmos, expressões como "duplamente qualificado" ou "triplamente qualificado". Estas expressões não existem, estão completamente equivocadas, na perspectiva da dogmática penal. Não se qualifica o crime mais de uma vez, e não se pode levar em consideração mais de uma qualificadora na dosimetria da pena. Então, qual será a solução jurídica para um caso como este. Há três correntes de pensamento a respeito do tema:

Primeira corrente: adota o entendimento de acordo com o qual uma das circunstâncias será valorada como qualificadora e a(s) outra(s) como circunstância agravante, se estiver prevista como tal (artigos 61 e 62, CP). Se não houver previsão como circunstância agravante, deverá ser valorada como circunstância judicial (art. 59, CP) desfavorável ao réu. **Esta é a teoria amplamente acolhida na doutrina e na jurisprudência.**

Segunda corrente: as demais qualificadoras devem ser consideradas como circunstância judicial, independentemente de haver ou não previsão como circunstância agravante. Esta teoria não merece prosperar, pois, as circunstâncias judiciais possuem natureza residual, vale dizer, apenas são valoradas quando não caracterizarem circunstância legal.

Terceira corrente: as demais qualificadoras deveriam ser desprezadas, não podendo ser valoradas negativamente a qualquer título. Esta corrente teórica também não procede, porquanto a completa desconsideração de uma circunstância prevista em lei como idônea a exasperar a pena não faz qualquer sentido. Constituiria afronta ao princípio da legalidade.

22. STJ, HC 43.043/MG, rel. Min. Hamilton Carvalhido.

1.14. Homicídio qualificado e crime hediondo

Conforme expressa previsão da nossa Lei de Crimes Hediondos (Lei n. 8.072/90), o crime de homicídio será hediondo quando for:

a) Praticado em atividade típica de grupo de extermínio, ainda que cometido por um só agente;

b) Qualificado.

Conforme já afirmamos, se o homicídio qualificado for, também, privilegiado, perderá a natureza hedionda.

1.15. Incomunicabilidade das qualificadoras

Assim como a causa de diminuição de pena do art. 121, §1º, CP (homicídio privilegiado), as qualificadoras também não se comunicam aos coautores e partícipes. Devemos recordar que para que haja a comunicabilidade de uma condição pessoal do agente, deveremos estar diante de uma elementar do crime. As qualificadoras, contudo, são meras circunstâncias, e não elementares. Ou seja, são dados acessórios, satelitários, que não são imprescindíveis à caracterização do crime. Por esta razão, não se comunicarão.

Pode, portanto, haver situação na qual dois agentes cometam o mesmo crime de homicídio, mas um deles agiu impelido por motivo torpe (homicídio qualificado), ao passo que o outro agiu impelido por motivo de relevante valor moral (homicídio privilegiado).

1.16. Causas de aumento de pena no homicídio doloso

Em seus §§4º e 6º, o art. 121 do Código Penal previu hipóteses de causas de aumento para o crime de homicídio doloso. Estas causas de aumento (majorantes) devem ser aplicadas na terceira fase da aplicação da pena, e conduzirão à exasperação da pena em patamares que podem chegar a 1/3 (um terço) – na hipótese contemplada no §4º – ou variar de 1/3 (um terço) até a metade – no caso do §6º.

Estas causas de aumento de pena são aplicáveis a qualquer hipótese de homicídio doloso, isto é, tanto em suas modalidades simples, quanto privilegiada e qualificada. Ademais, aplicam-se ao homicídio consumado e também ao tentado. Quando houver a incidência de qualquer dessas hipóteses de causa de aumento de pena, falaremos em **homicídio doloso majorado ou homicídio doloso circunstanciado**.

Passemos à análise de tais causas de aumento de pena.

1.16.1. *A pena é aumentada de 1/3 (um terço) se o crime é praticado contra pessoa menor de (quatorze) ou maior de 60 (sessenta) anos (art. 121, §4º, CP)*

A primeira majorante do crime de homicídio doloso diz respeito à idade da vítima. Neste caso, a pena poderá ser aumentada em até 1/3 (um terço).

Para que se venha aferir a possibilidade de incidência da causa de aumento, é necessário analisar o momento da conduta (ação ou omissão) do agente, pouco importando o momento do resultado, pois o nosso Código Penal, quanto ao tempo do crime, adotou a teoria da atividade (art. 4º). Deste modo, se, por exemplo, o agente deflagra disparos na vítima quando ela possuía 13 (treze) anos de idade, mas o óbito somente ocorre após o advento do seu aniversário de 14 (quatorze) anos, estaremos diante de um homicídio doloso majorado.

Ademais, é importante que o agente possua consciência acerca da idade da vítima. E isto porque estamos diante de hipóteses de homicídio doloso. Como já salientamos e reiteramos no decorrer desta obra, o dolo pressupõe a consciência (elemento intelectivo) fática e a vontade (elemento volitivo). Se o agente não possuir consciência da idade da vítima, não poderá receber uma reprimenda exasperada por conta disso.

A incidência das causas de aumento de pena afastará a possibilidade de aplicação das agravantes que existem no art. 61, II, *h*, CP, quando se refere ao crime praticado contra criança (pessoa com idade até doze anos incompletos) ou maior de 60 (sessenta) anos. Se assim não fosse, incorreríamos em *bis in idem*, pois o réu seria penalizado duas vezes pela mesma causa.

O Superior Tribunal de Justiça já teve oportunidade de decidir que "a tenra idade da vítima é fundamento idôneo para a majoração da pena-base do crime de homicídio pela valoração negativa das consequências do crime"[23]. Tenra idade, no caso, conforme o STJ, seria vítima com idade entre 14 (quatorze) e 17 (dezessete) anos. E isto porque, se a vítima tiver idade inferior a 14 (quatorze) anos, incidirá a causa de aumento de pena em comento, e não a valoração negativa por ocasião das circunstâncias judiciais.

1.16.2. *A pena é aumentada de 1/3 (um terço) até a metade se o crime for praticado por milícia privada, sob o pretexto de prestação de serviço de segurança, ou por grupo de extermínio (art. 121, §6º, CP)*

Na causa de aumento de pena do §6º. Do art. 121, podemos vislumbrar duas situações que se assemelham, mas não são idênticas. Referimo-nos à prática do homicídio por milícia privada e por grupo de extermínio.

1.16.2.1. *Prática do homicídio por milícia privada*

Com o advento da Lei n. 12.720/12 que o homicídio praticado por milícia privada passa a figurar como causa de aumento de pena. Mas a Lei não deixou a cargo da doutrina a conceituação da milícia – o que, seguramente, violaria a necessidade de uma lei certa e precisa, como apregoado pelo princípio da Legalidade –, tipificando a conduta de "constituição de milícia privada" no art. 288-A, CP, que passa a contar com a seguinte redação: "Constituir, organizar, integrar, manter ou custear organização paramilitar, milícia

23. STJ, AgRg no REsp 1.851.435-PA, Rel. Min. Sebastião Reis Júnior, Terceira Seção, por maioria, julgado em 12/08/2020, DJe 21/09/2020.

particular, grupo ou esquadrão com a finalidade de praticar qualquer dos crimes previstos neste Código".

Não há dúvida de que o novo tipo sobreveio como forma de resposta jurídico-penal ao crescimento vertiginoso de grupos armados privados que, substituindo o monopólio estatal da violência, passou a perpetrar crimes a pretexto de promover a segurança. Este fenômeno social tornou-se presente em muitas metrópoles brasileiras e foi muito bem retratado pelo cinema nacional, no filme "Tropa de Elite 2".

Importante recordar que a causa de aumento trazida com a Lei nº 12.720/12 aplica-se a qualquer tipo de homicídio doloso (simples, "privilegiado" ou qualificado), tanto em sua modalidade consumada quanto tentada. Na prática, contudo, será muito difícil a prática de um crime de homicídio praticado por milícia privada que não se enquadre em alguma das qualificadoras do §2º do art. 121, CP. Mais difícil ainda será a ocorrência de um homicídio praticado por milícia privada que se amolde às hipóteses de homicídio "privilegiado".

Obviamente, trata-se de lei penal que prejudica o réu, razão pela qual só pode ser aplicada aos casos ocorridos após seu advento. Nada obsta que os crimes praticados antes da Lei sejam enquadrados no art. 288, CP (quadrilha ou bando[24]), cuja pena é de 01 (um) a 03 (três) anos, bem menor, portanto, do que a pena do crime do art. 288-A – 04 (quatro) a 08 (oito) anos.

Assim, se membros de uma milícia privada, a pretexto de promoverem a segurança, mataram alguém antes de 28 de setembro de 2012, devem ser punidos pelo crime de homicídio sem a causa de aumento de pena e pelo crime de "quadrilha ou bando". Se, porém, atuaram após aquela data, deverão ser punidos pelo crime de homicídio com a causa de aumento de pena do §6º do art. 121, combinado com o crime do art. 288-A, ambos do CP.

Vale registrar que não se trata de *bis in idem*, pois o homicídio e a constituição de milícia privada configuram crimes distintos, com requisitos próprios e distintos bens jurídicos a serem tutelados.

É importante perceber, porém, que **o fato de haver um homicídio praticado por milícia privada não torna o crime hediondo, por si só**. A causa de aumento de pena do §6º do art. 121, CP, é muito clara ao fazer menção ao homicídio praticado por milícia privada ou grupo de extermínio. São duas situações distintas, portanto. Veja-se, porém, que **hediondo é o homicídio praticado "em atividade típica de grupo de extermínio", e não necessariamente pelo grupo de extermínio.**

No homicídio praticado pela milícia privada, podemos vislumbrar as seguintes situações: a) homicídio praticado por milícia privada em atividade típica de grupo de extermínio; b) homicídio praticado por milícia privada que configura qualquer das hipóteses de qualificadora; c) homicídio praticado por milícia privada sem ocorrência de qualquer das duas hipóteses anteriores.

Como se percebe, nos dois primeiros casos, teremos um crime hediondo; no terceiro caso, não. Por isso, vale reiterar: o fato de haver um homicídio praticado por milícia privada não torna o crime hediondo, por si só.

24. Que, com o advento da Lei n. 12.850/13, passou a se chamar "associação criminosa".

1.16.2.2. *Prática do homicídio por grupo de extermínio*

A prática do homicídio por grupo de extermínio dará ensejo à causa de aumento de pena prevista no art. 121, §6º, CP. Além disso, o homicídio, ainda que em sua modalidade simples, caracterizará crime hediondo, quando praticado em atividade típica de grupo de extermínio, ainda que por um só agente, nos termos da Lei n. 8.072/90 (Lei de Crimes Hediondos).

Na prática, dificilmente teremos um homicídio praticado em atividade típica de grupo de extermínio e que não incida em alguma hipótese de qualificadora. Por outras palavras, um homicídio em tais condições seguramente será qualificado, o que, de per si, já constituiria crime hediondo.

Por isso, acreditamos que o legislador não se valeu da melhor opção ao transformar em hediondo o crime de homicídio simples praticado em atividade típica de grupo de extermínio, na medida em que seria mais razoável transformar esta conduta em crime de homicídio qualificado – com a consequente caracterização da hediondez. O maior problema da redação da Lei n. 8.072/90 neste ponto, porém, reside na ausência de delimitação conceitual em torno da expressão "grupo de extermínio".

Expressões vagas em sede de enunciados normativos que incriminam (ou recrudescem incriminações já existentes) podem trazer consequências indesejáveis à intervenção punitiva. Talvez por isto, o legislador tenha adotado cautelas na definição de expressões como "funcionário público" (art. 327, CP) ou conceituação de condutas com conotação ampla, tais como "associação criminosa" (art. 288, CP) ou milícia privada (art. 288-A, CP).

A expressão "grupo de extermínio" possui o condão de tornar mais rígida a intervenção punitiva no crime de homicídio, pois pode caracterizar um crime hediondo. Mas a Lei não definiu o que seria grupo de extermínio, ou, mesmo, o que seria a "atividade típica de grupo de extermínio", relegando à doutrina e jurisprudência essa missão.

Em sede jurisprudencial, não houve um posicionamento reiterado acerca do tema que pudesse espancar as dubiedades da expressão. Posicionamentos jurisprudenciais derivam de casos concretos e, como já salientamos, a hipótese de um homicídio simples em atividade típica de grupo de extermínio é de dificílima ocorrência prática. Em casos que tais, seguramente, haverá uma ou mais qualificadoras no homicídio – o que já tornaria o crime hediondo.

Em sede doutrinária, as controvérsias são inúmeras. Inicialmente, discute-se qual é a quantidade de pessoas necessária para se configurar um "grupo". Sobre a questão, firmaram-se duas correntes doutrinárias.

a) Primeira corrente: assevera que deve ser empregada a mesma quantidade apta a caracterizar o crime de associação para o tráfico (art. 35, Lei n. 11.343/06), isto é, 02 (duas) pessoas[25].

---

25. É o entendimento de CAPEZ, Fernando. *Curso de direito penal: legislação penal especial. v. 4.* São Paulo: Saraiva, 2010, p. 199.

b) Segunda corrente: é a corrente majoritária. Consoante esta linha de pensamento, deveria ser empregada como parâmetro a quantidade de pessoas necessária para configurar o crime de quadrilha ou bando (art. 288, CP), isto é, 04 (quatro) pessoas. Obviamente, com a alteração legislativa promovida pela Lei n. 12.850/13, o crime de quadrilha ou bando deixou de existir, sendo substituído pelo crime de associação criminosa, cuja consumação pressupõe, tão-somente, 03 (três) pessoas.

É razoável entender-se, então, que a existência de um grupo pressupõe a presença de, pelo menos, três pessoas, aplicando-se, como parâmetro, o crime de associação criminosa (art. 288, CP).

Neste diapasão, importante perceber que a quantidade de pessoas apta a caracterizar o crime de associação para o tráfico está no bojo de uma legislação específica, pertinente às drogas. Não é razoável que se entenda que esta regulamentação espraia seus efeitos para a identificação de um grupo, como exigido pela Lei de Crimes Hediondos.

Por fim, é importante anotar que a redação dúbia da Lei n. 8.072/90 pode ensejar controvérsia em torno da necessidade de existência do grupo. Se o dispositivo legal faz menção à "atividade típica de grupo de extermínio, ainda que cometido por um só agente", é possível indagar: e se apenas um agente, não integrante de qualquer grupo, pudesse se valer de uma atividade típica de grupo? Por outras palavras, se um agente, atuando por si só, se valesse das execuções sumárias que caracterizam um grupo de extermínio, teríamos o crime hediondo.

Nossa doutrina tem se inclinado pela resposta negativa. Com efeito, para que se possa falar em crime hediondo, será necessária a existência do grupo (ao menos três pessoas, portanto), ainda que apenas um integrante deste grupo execute a ação homicida[26].

Por outro lado, não se exige quantidade mínima de vítimas para a caracterização deste crime. É verdade que o extermínio, entendido como o morticínio generalizado perpetrado por questões de ordem impessoal, é praticado, regra geral, contra uma pluralidade de vítimas. Ocorrendo, porém, em relação a apenas uma vítima, estaremos diante de um crime hediondo.

1.17. Homicídio culposo

1.17.1. *Considerações iniciais*

Culpa é a inobservância de um dever objetivo de cuidado. Assim, conduta culposa constitui um comportamento descuidado. Esta inobservância de um dever de cuidado poderá se dar por meio de imprudência, negligência ou imperícia. Deste modo, teremos:

a) Imprudência: é a **modalidade ativa** de culpa, caracterizada por um fazer, um agir, atuar, uma ação. Exige uma conduta positiva (ação). Imprudente é aquele que faz o que não deveria ter sido feito. Em suma, o dever objetivo de cuidado impunha uma abstenção

26. Neste sentido, LIMA, Renato Brasileiro de. *Legislação especial criminal comentada*. 2. ed. Salvador: Juspodivm, 2014, p. 36.

(não fazer), e o agente deixa de respeitar esse limite ao praticar uma ação. Exemplo: motorista que ultrapassa o limite de velocidade permitido, produzindo um choque entre veículos que lesiona outras pessoas.

b) Negligência: é a **modalidade passiva** de culpa (*culpa in omitendo*), caracterizada por uma omissão, inação, um não fazer, não agir. Exige uma conduta negativa (omissão). Negligente é, portanto, aquele que **não faz o que deveria ter sido feito**. Por outras palavras, o dever objetivo de cuidado impunha um agir, que não foi respeitado. A negligência ocorre previamente ao início da conduta omissiva. Exemplo: pai esquece a arma ao alcance do seu filho menor de idade, que com ela se acidenta.

c) Imperícia: é a inobservância do dever objetivo de cuidado no exercício de arte, ofício ou profissão. Justamente por exigir que o agente esteja atuando no exercício de arte, ofício ou profissão, é chamada, também, de "culpa profissional" ou de "imprudência qualificada". Exemplo: médico que, na sala de cirurgia, deixa de adotar cuidados mínimos ao manusear seus instrumentos de trabalho, produzindo lesões no paciente.

O nosso Código Penal, em seu art. 18, adotou o critério da excepcionalidade do crime culposo, deixando claro que somente haverá modalidade culposa para o crime quando a lei fizer previsão expressa neste sentido. O homicídio é o único dos crimes contra a vida que admite a modalidade culposa.

1.17.2. *Modalidades de homicídio culposo: Código Penal e Código de Trânsito Brasileiro*

O Código Penal previu o homicídio culposo, em seu art.121, §3º, com uma pena de detenção de 1 (um) a 3 (três) anos. Por outro lado, há outra modalidade de homicídio culposo, previsto no Código de Trânsito Brasileiro (CTB), em seu art. 302, cuja pena é de "detenção, de dois a quatro anos, e suspensão ou proibição de se obter a permissão ou a habilitação para dirigir veículo automotor".

Em se tratando de homicídio culposo na direção de veículo automotor, deve ser aplicado o CTB. Para as demais hipóteses de homicídio culposo, aplica-se o Código Penal.

1.17.3. *Causas de aumento de pena no homicídio culposo (art. 121, §4º, CP)*

Conforme o art. 121, §3º, CP, "no homicídio culposo, a pena é aumentada de 1/3 (um terço), se o crime resulta de inobservância de regra técnica de profissão, arte ou ofício, ou se o agente deixa de prestar imediato socorro à vítima, não procura diminuir as consequências do seu ato, ou foge para evitar prisão em flagrante".

Como dito, são causas de aumento de pena (majorantes) e, portanto, devem incidir na terceira fase da dosimetria da pena. As majorantes mencionadas são específicas para o crime culposo, e somente se aplicam aos crimes que estão previstos no Código Penal, isto é, não se aplicam aos casos previstos no art. 302 do Código de Trânsito Brasileiro – crime de homicídio culposo na direção de veículo automotor.

Passemos à análise de cada uma das hipóteses que autorizam a majoração.

a) **Inobservância de regra técnica de profissão, arte ou ofício:**

Há fundadas divergências em torno da relação dessa causa de aumento de pena com a imperícia. Podemos constatar a existência de duas correntes de pensamento a respeito.

a.1) Primeira corrente: a despeito das semelhanças, não podemos confundir esta causa de aumento de pena com a imperícia, uma das modalidades de conduta culposa. Na imperícia, o agente demonstra falta de aptidão para o desempenho da arte, ofício ou profissão. É o exemplo, lembrado em que um médico ortopedista provoca a morte do paciente ao realizar nele uma cirurgia cardíaca[27]. Já na causa de aumento de pena, o agente demonstra capacidade técnica para o desempenho da atividade, mas deixa de observar alguma regra técnica. Seria o exemplo de um médico cirurgião que, quando da realização do procedimento cirúrgico, deixa de observar as regras para tanto.

a.2) Segunda corrente: a causa de aumento de pena relaciona-se com a imperícia, pois somente ao agir de forma imperita o agente incidirá na majorante. Por outro lado, poderá haver a imperícia sem que ocorra a majorante, pois o agente poderá observar as regras técnicas da arte, ofício ou profissão, mas não com a habilidade necessária[28]. Em suma, a majorante em apreço somente se aplica à imperícia, mas nem toda imperícia ensejará a incidência da majorante.

Esta segunda teoria parece-nos a mais razoável pois, conforme procuramos conceituar acima, imperícia é, justamente, a inobservância de dever de cuidado relacionado à prática de arte, ofício ou profissão. Se tal inobservância se der em relação a regra técnica, teremos a causa de aumento; se, por outro lado, se der em relação a algum outro aspecto da atividade, haverá imperícia, mas não a causa de aumento.

Concluímos que a causa de aumento de pena em estudo somente se aplica ao profissional, isto é, aquele que deve conhecer e seguir as regras técnicas de sua arte, ofício ou profissão, e não o faz.

A partir do exemplo que trouxemos, é possível perceber ser plenamente possível a aplicação da causa de aumento de pena prevista no art. 121, §4º, CP quando se trata de homicídio culposo praticado por médico e decorrente do descumprimento de regra técnica da sua profissão. Neste caso, conforme tem decidido nossos Tribunais, não haveria que se falar em *bis in idem*[29].

b) **Se o agente deixa de prestar imediato socorro à vítima**

A causa de aumento de pena ocorre quando o agente pratica uma conduta culposa e, posteriormente, deixa de prestar socorro à vítima. Vale recordar que se a conduta culposa se der na direção de veículo automotor, deveremos aplicar a causa de aumento de pena do art. 302, §1º, III, CTB, e não do art. 121, §4º, CP. Por outro lado, se o agente não houver praticado qualquer conduta culposa anterior, e simplesmente deixa de prestar socorro à

27. Nesse sentido, MASSON, Cléber. *Direito Penal Esquematizado: parte especial, vol. II,* 7. Ed. São Paulo: Método, 2015, p.51.
28. Nesse sentido, GRECO, Rogério. *Curso de Direito Penal: parte especial.* 15.ed. Niterói: Impetus, 2018, p.56-57.
29. STJ, HC 181.847/MS, Quinta Turma, rel. Min. Marco Aurélio Belizze, red. para acórdão Min. Campos Marques (Desembargador convocado do TJ/PR), julgado em 04/04/2013.

vítima, dolosamente, podendo fazê-lo, estaremos diante do crime de omissão de socorro (art. 135, CP).

Em sede doutrinária, prepondera a tese no sentido de não ser possível a incidência da majorante em caso de morte instantânea da vítima. E isto porque a finalidade da majorante é, justamente, exasperar a reprimenda daquele que deixa de prestar socorro à vítima, deixando-a ao desamparo, afrontando o sentimento de solidariedade humana. Contudo, a morte instantânea somente afastará a causa de aumento quando for evidente, perceptível por qualquer pessoa[30].

Outro tema relevante diz respeito à possibilidade de incidência da causa de aumento de pena quando o socorro é prestado por terceiro. Em casos como este, se o agente da conduta culposa percebe que a vítima já está sendo socorrida, e abstém-se de intervir, não há razão para que incida a majorante, pois, conforme mencionamos, a finalidade do dispositivo é justamente evitar que o ofendido reste desamparado, o que não ocorreria. Contudo, se, por outro lado, o agente nega socorro à vítima, deixando-a desamparada e uma terceira pessoa vem a socorrê-la, sem que sequer o agente tome ciência disso, a majorante deverá incidir.

c) **Se o agente não procura diminuir as consequências do seu ato**

Esta causa de aumento de pena ocorreria em situações como a que o agente não procura minorar o sofrimento da vítima moribunda arcando com os custos do seu tratamento médico, muito embora fosse possível fazê-lo ou ainda quando, mesmo não tendo prestado socorro à vítima por haver sido ameaçado por populares, deixa de informar o fato à autoridades[31].

d) **Se o agente foge para evitar a prisão em flagrante**

Trata-se de situação em que o agente foge do local para evitar a sua prisão em flagrante. Evidentemente, não incidiria a causa de aumento na hipótese em que o agente foge do local para não sofrer represálias de populares. Este, inclusive, um argumento muito utilizado, no caso concreto.

Em sede doutrinária discute-se a constitucionalidade do dispositivo ante eventual afronta ao princípio da não autoincriminação[32]. A discussão, todavia, não tem reverberado nos Tribunais. Contudo, tratando de tema similar, o STF decidiu, em sede de controle concentrado de constitucionalidade, ser constitucional o art. 305 do Código de Trânsito Brasileiro, que criminaliza a fuga do local. Entendeu a Corte Suprema que não há violação ao princípio da não autoincriminação[33].

1.17.4. *Perdão judicial*

O art. 121, §5º, CP prevê uma hipótese de perdão judicial para o crime de homicídio culposo. Vale recordar que ocorre o perdão judicial quando a lei permite ao juiz deixar

30. STJ, HC 269.038/SP, Sexta Turma, rel. Min. Maria Thereza de Assis Moura, julgado em 16/02/2012.
31. GRECO, Rogério. *Curso de Direito Penal: parte especial.* 15.ed. Niterói: Impetus, 2018, p.58.
32. GONÇALVES, Victor Eduardo Rios. *Direito Penal Esquematizado: parte especial.* 8.ed. São Paulo: Saraiva, 2018, p.137.
33. STF, ADC 35/DF, rel. orig. Min. Marco Aurélio, red. p/ o ac. Min. Edson Fachin, julgamento virtual em 9.10.2020.

de aplicar a pena, mesmo reconhecendo a prática de uma infração penal. Trata-se, então, de situação na qual existe fato típico, ilicitude e culpabilidade, mas a lei permite ao juiz declarar a extinção da punibilidade.

E, com efeito, dispõe o art. 121, 3º, CP que: "na hipótese de homicídio culposo, o juiz poderá deixar de aplicar a pena, se as consequências da infração atingirem o próprio agente de forma tão grave que a sanção penal se torne desnecessária". Ou seja, trata-se de situação em que ocorre o crime, mas não haverá como aplicar-se a pena.

O perdão judicial somente se aplica à modalidade culposa do homicídio.

Muito embora seja certo que somente é possível falarmos em perdão judicial nos casos expressos em lei, há determinadas situações que podem ser supridas pela analogia *in bonam partem*. É o que ocorre, por exemplo, no caso do crime de homicídio culposo na direção de veículo automotor (art. 302, CTB). O Código de Trânsito Brasileiro não previu o perdão judicial neste caso, mas tem sido aceito, com facilidade, a possibilidade de se aplicar o perdão judicial previsto no Código Penal para o crime de homicídio culposo. Aliás, a própria exposição de motivos do veto presidencial ao perdão judicial para este crime admite que uma das razões que orientaram o veto foi o fato de a matéria já se encontrar regulada no Código Penal.

Por outro lado, seria possível falarmos em analogia *in bonam partem* para aplicarmos esse instituto ao homicídio doloso. Como sabemos, a analogia pressupõe a existência de situações fáticas análogas, o que ocorre quando falamos do homicídio culposo previsto no Código Penal e o homicídio culposo na direção de veículo automotor, regido pelo Código de Trânsito Brasileiro. Contudo, não existem situações fáticas similares quando falamos em homicídio culposo, de um lado, e homicídio doloso, de outro.

O perdão judicial enseja uma causa de extinção da punibilidade (art. 107, IX, CP). Neste sentido, também, o verbete n. 18 da súmula de jurisprudência do Superior Tribunal de Justiça, com o seguinte teor:

> **Súmula n. 18/STJ:** "A sentença concessiva do perdão judicial e declaratória da extinção da punibilidade, não subsistindo qualquer efeito condenatório".

O perdão judicial é concedido unilateralmente pelo juiz. Ou seja, ao contrário do perdão do ofendido, o perdão judicial não depende da concordância do réu para que surta efeitos e conduz à extinção da punibilidade.

A concessão do perdão judicial, uma vez reconhecido o preenchimento dos seus requisitos, constitui **direito subjetivo do réu**. Deste modo, o julgador possui ampla margem de discricionariedade para afirmar se tais requisitos encontram-se ou não presentes. Mas, uma vez reconhecendo esta presença, não poderá deixar de conceder o perdão.

O perdão judicial no crime de homicídio culposo existe quando "as consequências da infração atingirem o próprio agente de forma tão grave que a sanção penal se torne desnecessária" (art. 121, §3º, CP). Isto pode acontecer quando o próprio agente sofre as consequências diretamente da sua conduta (ex.: agente provoca um acidente que provoca a morte da vítima e ele próprio fica tetraplégico) ou a vítima é uma pessoa que lhe é muito próxima (ex.: o agente, acidentalmente, mata um ente querido).

Por outro lado, não haverá que se falar em perdão judicial se o agente "embora atingido moralmente de forma grave pelas consequências do acidente, não tinha vínculo afetivo com a vítima nem sofreu sequelas físicas gravíssimas e permanentes"[34].

1.17.5. *Suspensão condicional do processo*

O benefício da suspensão condicional do processo (*sursis* processual) está previsto no art. 89 da Lei n. 9.099/95 e se aplica aos crimes cuja pena mínima não ultrapassar 1 (um) ano, quer se encontrem ou não no catálogo das infrações de menor potencial ofensivo. É o caso do crime de homicídio culposo. Em suma, **é possível a suspensão condicional do processo no crime de homicídio culposo.**

1.18. Outras questões

Existem outras questões em torno do crime de homicídio que também merecem referência. Vamos a elas.

1.18.1. *Homicídio na Lei de Segurança Nacional*

A Lei n. 7.170/83 (Lei de Segurança Nacional), em seu art. 29, pune com pena de reclusão de 15 (quinze) a 30 (trinta) anos a conduta consistente em matar qualquer das seguintes autoridades públicas: Presidente da República, do Senado Federal, da Câmara dos Deputados ou do Supremo Tribunal Federal.

Como se vê, em qualquer dessas hipóteses, deixaremos de aplicar o art. 121, CP, haja vista o fato de Lei de Segurança Nacional constituir lei especial. Importante recordar que os crimes catalogados na Lei n. 7.170/83 são considerados "políticos" e, por esta razão, julgados pela Justiça Federal, nos termos do art. 109, IV, CF.

1.18.2. *Homicídio no caso de irmãos xifópagos*

Há um tema absolutamente destituído de relevância prática, pois de dificílima ocorrência – mas que desperta há muito tempo, a curiosidade de nossa doutrina. Trata-se da situação em que irmãos xifópagos (irmãos siameses) se envolvem em um caso no qual um deles mata a vítima, sem que o segundo irmão tenha contribuído com a prática criminosa.

Em um caso como este, o irmão assassino não poderia ser obrigado a cumprir eventual pena que lhe fosse imposta, porquanto acarretaria o cumprimento de pena do irmão inocente, o que não se concebe. O intrincado caso seria resolvido em prol da liberdade. Seguindo a mesma linha de raciocínio, se ambos os irmãos forem condenados pelo crime de homicídio, mas um deles tiver a pena menor por qualquer circunstância, assim que terminar o cumprimento da sua pena, deverá ser posto em liberdade, o que beneficiaria o seu irmão, cuja pena deveria ser mais gravosa.

34. STJ, REsp 1.455.178/DF, Sexta Turma, rel. Min. Rogério Schietti Cruz, julgado em 05/06/2014.

Mas pode acontecer ainda de termos os irmãos siameses como vítimas do crime de homicídio. Neste caso, se o agente atuou com dolo em relação a ambos, deverá responder pelos dois homicídios, em concurso de crimes.

E o que acontece se o homicida pretendia matar apenas um dos irmãos? Em se tratando de irmãos xifópagos, inseparáveis até mesmo por procedimento cirúrgico, a morte de um deles ensejará, inevitavelmente, a morte do segundo. Deste modo, o agente responderá pelo homicídio consumado das duas vítimas, tento agido como dolo direto de primeiro grau em relação àquele que pretendia matar e dolo de segundo grau em relação ao segundo[35]. Na improvável hipótese de um dos irmãos sobreviver, sendo separado cirurgicamente, o agente deverá responder pelos crimes de homicídio consumado e tentado[36].

1.18.3. *Crime não transeunte*

O homicídio é um crime que deixa vestígios materiais (chamado doutrinariamente de crime não transeunte). Por esta razão, será indispensável a realização do exame de corpo de delito (exame cadavérico), direito ou indireto, conforme estabelece o art. 158, CPP. A confissão do acusado não poderá suprir a falta do exame de corpo de delito.

Todavia, pode acontecer situação em que se torna impossível realizar o exame de corpo de delito. É o que acontece, por exemplo, no caso em que o corpo da vítima jamais foi encontrado. Em casos como este, é possível provar o homicídio por outros meios[37], como prova testemunhal, por exemplo (art. 167, CPP).

1.18.4. *Homicídio e execução*

Quanto à forma de execução, o crime de homicídio é tido como "**de forma livre**". Isto significa dizer que não há uma estabelecida pela lei para a consumação do crime. Logo, o homicídio poderá, por exemplo, ser praticado em sua forma comissiva ou omissiva. Na modalidade omissiva, basta imaginarmos que o agente é garantidor (art. 13, 2º, CP), isto é, possui obrigação de evitar o resultado.

Ademais, em relação aos meios de execução para o crime de homicídio, eles podem ser: a) diretos; b) indiretos; c) materiais; d) morais.

Sobre o tema, assevera Rogério Greco: "podemos citar como exemplos de meios *diretos* do homicídio o disparo de arma de fogo, a esganadura etc.; *indiretos*, o ataque de animais açulados pelo dono, loucos estimulados; os meios *materiais* podem ser mecânicos, químicos, patológicos; os meios *morais* são, por exemplo, o susto, o medo, a emoção violenta"[38].

---

35. Devemos recordar que, no dolo direto de segundo grau, o agente não deseja o resultado, mas pratica a conduta sabendo que ele é inevitável.
36. No mesmo sentido, GRECO, Rogério. *Ob. cit., v. II*, p. 12-13.
37. STJ, HC 170.507/SP, Sexta Turma, tel. Min. Maria Thereza de Assis Moura, julgado em 16/02/2012.
38. GRECO, Rogério. *Ob. cit., v. II*, p. 18.

1.18.5. *Homicídio, eutanásia e institutos correlatos (distanásia, ortotanásia e mistanásia)*

A eutanásia, etimologicamente, remonta às expressões gregas "eu" (bom, belo) e "thanatos" (morte). Assim, eutanásia significaria algo como a "morte boa, "morte bela", mas também é tida como "morte doce", "morte suave", "morte piedosa". Em suma, diz respeito à antecipação da morte de alguém que se encontra em situação de sofrimento físico atroz.

Justamente por força desse sentimento de piedade, de comiseração, que impele a pessoa que antecipa a morte do moribundo, a eutanásia será considerada como modalidade de homicídio privilegiado, pois o agente atua impelido por motivo de relevante valor moral. Neste ponto, estamos nos referindo à eutanásia ativa, aquela em que o agente efetivamente mata a vítima. Se, por outro lado, estivermos nos referindo à eutanásia passiva, em que o agente auxilia a vítima a suicidar-se, estaremos diante do crime do art. 122, CP (induzimento, instigação ou auxílio ao suicídio).

Não podemos confundir a eutanásia – que, como vimos, pode caracterizar o crime de homicídio privilegiado ou de induzimento, instigação ou auxílio ao suicídio – com a distanásia, ortotanásia e mistanásia. Tendo em vista que falamos sobre a eutanásia, vejamos estes outros institutos.

a) **Distanásia:** ao contrário da eutanásia, em que o agente antecipa a morte da vítima, na distanásia temos o processo inverso, isto é, o agente prolonga de forma indevida o processo de mortificação da vítima. Trata-se de situação na qual a vida da vítima é mantida artificialmente sem qualquer possibilidade de sobrevida, e em terríveis condições.

b) **Ortotanásia:** trata-se da morte no tempo correto. Ou seja, não se antecipa a morte do paciente (como na eutanásia) e também não se prolonga a todo custo o processo que conduz à morte (distanásia). A ortotanásia ocorre, por exemplo, quando são desligados os aparelhos de alguém que se encontra em processo irreversível de morte, sofrendo de modo cruel. A ortotanásia não constitui crime.

c) **Mistanásia:** trata-se da morte em condições miseráveis. Podemos citar como exemplo as pessoas que morrem à fome, como vítima de genocídios, em situações de extrema pobreza etc.

1.18.6. *Homicídio e competência para julgamento*

Conforme disposto no art. 5º, XXXVIII, CF, compete ao Tribunal do Júri processar e julgar os crimes dolosos contra a vida. Deste modo, se estivermos diante de situação na qual tenhamos o crime de homicídio em sua modalidade dolosa, a competência para o julgamento será do Júri. Por outro lado, se estivermos diante de hipótese em que haja um homicídio culposo, a competência será do juiz singular. Também serão de competência do Tribunal do Júri os crimes conexos ao crime doloso contra a vida.

Importa mencionar que não haverá competência do Júri em crimes que não sejam dolosos contra a vida, ainda que tenham o resultado qualificado pela morte. Por isso, não há competência do júri em crimes como o estupro qualificado pela morte, a tortura qualificada pela morte, o roubo qualificado pela morte (latrocínio) etc. esta a razão do verbete n. 603 da súmula de jurisprudência do STF, nos seguintes termos:

Súmula n. 603/STF: "A competência para o processo e julgamento de latrocínio é do juiz singular e não do tribunal do júri".

1.18.7. *Homicídio e crime continuado*

É possível falarmos em crime continuado nos crimes de homicídio e outros crimes contra a vida? O STF chegou a editar a súmula n. 605 com o seguinte teor: Não se admite continuidade delitiva nos crimes contra a vida". A súmula é anterior à Lei n. 7.209/84, que deu a atual redação ao art. 71, parágrafo único do Código Penal. O referido artigo admite falarmos em continuidade delitiva nos crimes contra a vida e também em outros crimes dolosos com violência ou grave ameaça à pessoa. A diferença é que, nestes casos, a pena será elevada até o triplo, e não até dois terços[39].

1.18.8. *Transmissão dolosa de HIV*

Se o agente transmite a outra pessoa dolosamente o vírus do HIV, poderemos falar em crime de homicídio tentado? A discussão centra-se no fato de a ciência ainda não ter desenvolvido a cura para a AIDS, doença produzida pelo referido vírus – em que pese a evolução cientifica dos últimos anos já ter alcançado muitos avanços no que concerne ao tratamento da doença e manutenção de melhorias na qualidade de vida dos enfermos.

Tanto o STF[40] quanto o STJ[41] têm reconhecido que não haverá crime doloso contra a vida neste caso de transmissão dolosa do HIV.

1.19. Penas

A pena para o crime, em sua modalidade simples é de reclusão de seis a vinte anos. Na modalidade qualificada, a pena será de doze a trinta anos. A partir desta constatação, podemos concluir que:

a) Não é possível a obtenção da transação penal (art. 76 da Lei n. 9.099/95), pois não se trata de infração penal de menor potencial ofensivo (a pena máxima supera, em muito, o patamar de dois anos de privação de liberdade).

b) Não é possível a suspensão condicional do processo (*sursis* processual), pois a pena mínima ultrapassa um ano (art. 89 da Lei n. 9.099/95).

---

39. Art. 71, CP: "*Nos crimes dolosos, contra vítimas diferentes, cometidos com violência ou grave ameaça à pessoa, poderá o juiz, considerando a culpabilidade, os antecedentes, a conduta social e a personalidade do agente, bem como os motivos e as circunstâncias, aumentar a pena de um só dos crimes, se idênticas, ou a mais grave, se diversas, até o triplo, observadas as regras do parágrafo único do art. 70 e do art. 75 deste Código*".
40. STF, HC 98.712/SP, rel. Min. Marco Aurélio, Primeira Turma, julgado em: 05/10/2010.
41. STJ, RHC 58.563/RJ, Rel. Min. Sebastião Reis Júnior, Sexta Turma, julgado em 23/08/2016, DJe 08/09/2016.

c) Não é possível a substituição da pena privativa de liberdade por pena restritiva de direitos, pois a pena efetivamente imposta pelo juiz deve ultrapassar quatro anos. Ademais, trata-se de crime praticado mediante violência ou grave ameaça. Contudo, em se tratando da modalidade culposa, seria possível a substituição da pena, observados os demais requisitos do art. 44, CP.

1.20. Classificação

O crime de homicídio pode ser classificado como:

a) **Comum** (pode ser praticado por qualquer pessoa);

b) **Material** (a consumação exige a produção de um resultado naturalístico);

c) De **forma livre** (a Lei não estabelece exigência para a forma de execução);

d) **Simples** (tutela apenas um bem jurídico);

e) **Comissivo** (em regra) **ou omissivo** (quando ocorre omissão imprópria);

f) **Unissubjetivo** (pode haver ou não concurso de pessoas);

g) **Instantâneo de efeitos permanentes** (consuma-se de imediato, mas os efeitos se protraem no tempo);

h) **Plurissubsistentes** (a conduta pode ser fracionada, e por isso admite a tentativa);

i) De **dano** (a consumação enseja violação ao bem jurídico, e não mera exposição a perigo);

j) **Não transeunte** (o crime deixa vestígios);

k) **Doloso** (em regra) ou **culposo.**

1.21. Quadro sinótico

HOMICÍDIO		
Topografia do Art. 121	Caput: homicídio doloso simples § 1: homicídio doloso privilegiado § 2º: homicídio doloso qualificado § 3º: homicídio culposo § 4º: majorantes de pena § 5º: perdão judicial (exclusivo do homicídio culposo) § 6º: majorante do grupo de extermínio ou milícia armada § 7º: majorante para o feminicídio	1
Considerações Iniciais	O homicídio retrata a destruição de um ser humano por outro.	2

<table>
<tr><td>Modalidades de Homicídio</td><td colspan="3">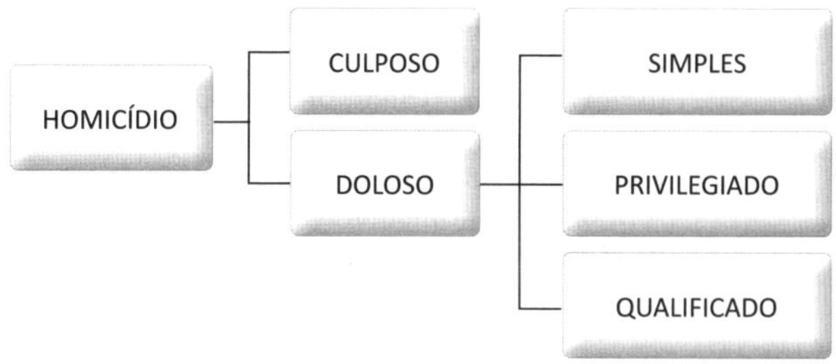
</td><td>3</td></tr>
<tr><td>Tipicidade Objetiva</td><td colspan="3">A conduta consiste em “matar” (exterminar a vida humana extrauterina). Esta conduta recai sobre “alguém” (qualquer pessoa humana).</td><td>4</td></tr>
<tr><td>Sujeitos</td><td colspan="3">Os sujeitos ativo e passivo do crime de homicídio podem ser qualquer pessoa, isto é, qualquer ser humano.</td><td>5</td></tr>
<tr><td>Objetos</td><td colspan="3">O objeto jurídico é a vida humana extrauterina, que começa a partir do início do parto. Já o objeto material é a própria pessoa contra a qual recai a conduta do agente.</td><td>6</td></tr>
<tr><td>Elemento Subjetivo</td><td colspan="3">Elemento subjetivo é o dolo (direto ou eventual), compreendido como a vontade consciente de matar alguém (animus necandi ou animus occidendi). Por expressa disposição do art. 121, 3º, o crime de homicídio também admite a modalidade culposa.</td><td>7</td></tr>
<tr><td>Consumação e Tentativa</td><td colspan="3">Consuma-se o crime quando o agente efetivamente atinge o resultado esperado, ou seja, a morte da pessoa. A tentativa é admitida quando a conduta é dolosa, pois estamos diante de crime plurissubsistente, isto é, compatível com o fracionamento do iter criminis. Na hipótese de nos encontrarmos diante de crime culposo, não haverá que se falar em tentativa, haja vista a incompatibilidade deste instituto com a culpa. A exceção fica por conta da possibilidade de tentativa em caso de crime praticado mediante culpa imprópria (por extensão ou por equiparação), que é decorrente de erro.</td><td>8</td></tr>
<tr><td>Ação Penal</td><td colspan="3">A ação penal é de iniciativa pública incondicionada.</td><td>9</td></tr>
<tr><td rowspan="2">Homicídio Privilegiado</td><td rowspan="2">É uma causa de diminuição de pena que irá variar de 1/6 a 1/3, que deve incidir no crime de homicídio se o agente comete o crime:</td><td>Impelido por motivo de relevante valor social ou moral</td><td>O relevante valor social é aquele que diz respeito à coletividade. Já o motivo de relevante valor moral corresponderia aos interesses individuais do homicida.</td><td>10.1</td></tr>
<tr><td>Sob o domínio de violenta emoção, logo em seguida à injusta provocação da vítima</td><td>Estar sob o domínio da emoção significa dizer que o agente se encontra completamente “fora de si”, isto é, perdeu o controle, momentaneamente sobre sua conduta.</td><td>10.2</td></tr>
</table>

Homicídio Qualificado

As qualificadoras do crime de homicídio estão previstas no § 2º do art. 121. Nestes casos, as penas previstas irão variar de 12 (doze) a 30 (trinta) anos. Deste modo, teremos qualificadoras que dizem respeito aos:

a) **Motivos:** relaciona-se com as razões que impelem o homicida à prática da conduta;
b) **Meios:** diz respeito aos instrumentos empregados na prática do crime de homicídio;
c) **Modos:** corresponde à forma como o crime é praticado;
d) **Fins:** refere-se à finalidade pretendida com o homicídio.

São elas: **1) Paga, promessa de recompensa ou outro motivo torpe (Inciso I):** Paga e promessa de recompensa pressupõem a obtenção de alguma vantagem, seja ela de caráter patrimonial ou de outra natureza. Outro motivo torpe: é o abjeto, repugnante, que produz asco, enfim, o motivo de maior reprovabilidade. São crimes perpetrados pela exasperação ostensiva dos instintos mais primitivos;

2) **Motivo fútil (inciso II):** refere-se à pequeneza do motivo;

3) **Com emprego de veneno, fogo, explosivo, asfixia, tortura ou outro meio insidioso ou cruel, ou de que possa resultar perigo comum:** Meio insidioso é aquele ministrado pelo agente por meio de algum estratagema, de modo que a vítima não tome conhecimento; Meio cruel é aquele que produz sofrimento excessivo, desproporcional; Meio de que possa resultar perigo comum é aquele que pode afetar um número indeterminado de pessoas;

4) **À traição, de emboscada, ou mediante dissimulação ou outro recurso que dificulte ou torne impossível a defesa do** 11
ofendido (inciso IV): trata-se da qualificadora em virtude do fator surpresa;

5) **Para assegurar a execução, a ocultação, a impunidade ou vantagem de outro crime (inciso V):** Na conexão teleológica, o agente pratica a conduta para assegurar a execução de outro crime. A conexão consequencial existe quando o agente pratica o homicídio para assegurar a ocultação, impunidade ou vantagem de outro crime;

6) **Contra a mulher por razões da condição de sexo feminino: feminicídio (inciso VI)**: Para que ocorra esta qualificadora, é imprescindível que o homicídio ocorra, por razões de sexo feminino. Entretanto, não basta que se tenha por vítima uma mulher para que se possa falar em feminicídio, uma vez que o ao art. 121 do Código Penal o § 2º-A, estabelece que se considera que há razões de condição de sexo feminino quando o crime envolve:

   a) **Violência doméstica e familiar:** âmbito da unidade doméstica; âmbito da família; relação íntima de afeto;

   b) **Menosprezo ou discriminação à condição de mulher:** trata-se da caracterização do crime de feminicídio ante um acentuado grau de misoginia, que conduz o indivíduo a ceifar a vida da vítima;

   6.1. **Causa de aumento de pena no feminicídio:** A pena do feminicídio deve ser aumentada de um terço até a metade se o crime for praticado: durante a gestação ou nos 3 (três) meses posteriores ao parto (inciso I); Contra pessoa menor de 14 (catorze) anos, maior de 60 (sessenta)

Homicídio Qualificado	anos, com deficiência ou portadora de doenças degenerativas que acarretem condição limitante ou de vulnerabilidade física ou mental (inciso II); Na presença física ou virtual de descendente ou de ascendente da vítima (inciso III); Em descumprimento das medidas protetivas de urgência previstas nos incisos I, II e III do caput do art. 22 da Lei n. 11.340/2006; **7) Contra autoridade ou agente descrito nos arts. 142 e 144 da Constituição Federal, integrantes do sistema prisional e da Força Nacional de Segurança Pública, no exercício da função ou em decorrência dela, ou contra seu cônjuge, companheiro ou parente consanguíneo até terceiro grau, em razão dessa condição: homicídio funcional (inciso VII):** imprescindível que o crime tenha vinculação com a função pública exercida.	11
Homicídio Qualificado-Privilegiado	É possível vislumbrar situação em que o crime de homicídio seja qualificado, mas, ao mesmo tempo, incida a causa de diminuição de pena (homicídio privilegiado). Isto será possível quando a qualificadora for objetiva, isto é, não disser respeito aos motivos ou finalidades do homicídio. O homicídio qualificado-privilegiado não é crime hediondo.	12
Pluralidade de Qualificadoras	No caso concreto, pode acontecer de estar presente mais de uma qualificadora. Não se qualifica o crime mais de uma vez, e não se pode levar em consideração mais de uma qualificadora na dosimetria da pena. Então, qual será a solução jurídica para um caso como este. Há três correntes de pensamento a respeito do tema: **Primeira corrente:** uma das circunstâncias será valorada como qualificadora e a(s) outra(s) como circunstância agravante, se estiver prevista como tal (artigos 61 e 62, CP). Se não houver previsão como circunstância agravante, deverá ser valorada como circunstância judicial (art. 59, CP) desfavorável ao réu. Esta é a teoria amplamente acolhida na doutrina e na jurisprudência; **Segunda corrente:** as demais qualificadoras devem ser consideradas como circunstância judicial, independentemente de haver ou não previsão como circunstância agravante; **Terceira corrente:** as demais qualificadoras deveriam ser desprezadas, não podendo ser valoradas negativamente a qualquer título.	13
Homicídio Qualificado e Crime Hediondo	Conforme a Lei de Crimes Hediondos (Lei n. 8.072/90), o crime de homicídio será hediondo quando for: **a) Praticado em atividade típica de grupo de extermínio, ainda que cometido por um só agente; b) Qualificado.**	14
Incomunicabilidade das Qualificadoras	As qualificadoras são meras circunstâncias, e não elementares. Ou seja, são dados acessórios, satelitários, que não são imprescindíveis à caracterização do crime. Por esta razão, não se comunicarão.	15
Causas de aumento de pena no homicídio doloso	- A pena é aumentada de 1/3 (um terço) se o crime é praticado contra pessoa menor de (quatorze) ou maior de 60 (sessenta) anos (art. 121, §4º, CP); - A pena é aumentada de 1/3 (um terço) até a metade se o crime for praticado por milícia privada, sob o pretexto de prestação de serviço de segurança, ou por grupo de extermínio (art. 121, §6º, CP).	16

Homicídio Culposo	**Considerações Iniciais:** Culpa é a inobservância de um dever objetivo de cuidado. Assim, conduta culposa constitui um comportamento descuidado. Esta inobservância de um dever de cuidado poderá se dar por meio de imprudência (modalidade ativa de culpa), negligência (modalidade passiva de culpa) ou imperícia (inobservância do dever objetivo de cuidado no exercício de arte, ofício ou profissão).	17.1
	Modalidades de homicídio culposo: Código Penal e Código de Trânsito Brasileiro: Em se tratando de homicídio culposo na direção de veículo automotor, deve ser aplicado o CTB. Para as demais hipóteses de homicídio culposo, aplica-se o Código Penal.	17.2
	Causas de aumento de pena no homicídio culposo (art. 121, §4º, CP): Conforme o art. 121, §3º, CP, no homicídio culposo, a pena é aumentada de 1/3 (um terço), se o crime resulta: **a) Inobservância de regra técnica de profissão, arte ou ofício: Primeira corrente:** a despeito das semelhanças, não podemos confundir esta causa de aumento de pena com a imperícia, uma das modalidades de conduta culposa;	17.3
Homicídio Culposo	**Segunda corrente:** a causa de aumento de pena relaciona-se com a imperícia, pois somente ao agir de forma imperita o agente incidirá na majorante. Esta segunda teoria parece-nos a mais razoável pois imperícia é, justamente, a inobservância de dever de cuidado relacionado à prática de arte, ofício ou profissão; **b) Se o agente deixa de prestar imediato socorro à vítima:** A causa de aumento de pena ocorre quando o agente pratica uma conduta culposa e, posteriormente, deixa de prestar socorro à vítima; **c) Se o agente não procura diminuir as consequências do seu ato; d) Se o agente foge para evitar a prisão em flagrante.**	17.3
	Perdão judicial: dispõe o art. 121, 3º, CP que: "na hipótese de homicídio culposo, o juiz poderá deixar de aplicar a pena, se as consequências da infração atingirem o próprio agente de forma tão grave que a sanção penal se torne desnecessária". Ou seja, trata-se de situação em que ocorre o crime, mas não haverá como aplicar-se a pena.	17.4
Outras Questões	**Homicídio na Lei de Segurança Nacional** — A Lei n. 7.170/83 (Lei de Segurança Nacional), em seu art. 29, pune com pena de reclusão de 15 (quinze) a 30 (trinta) anos a conduta consistente em matar qualquer das seguintes autoridades públicas: Presidente da República, do Senado Federal, da Câmara dos Deputados ou do Supremo Tribunal Federal.	17.5
	Homicídio no caso de irmãos xifópagos — Em um caso como este, o irmão assassino não poderia ser obrigado a cumprir eventual pena que lhe fosse imposta, porquanto acarretaria	17.6

Outras Questões	**Homicídio no caso de irmãos xifópagos**	o cumprimento de pena do irmão inocente, o que não se concebe.	17.6
	Crime não transeunte	O homicídio é um crime que deixa vestígios materiais (chamado doutrinariamente de crime não transeunte), sendo indispensável a realização do exame de corpo de delito (exame cadavérico). Todavia, pode acontecer situação em que se torna impossível realizar o exame de corpo de delito, sendo é possível provar o homicídio por outros meios, como prova testemunhal, por exemplo (art. 167, CPP).	17.7
	Homicídio e execução	Crime "de forma livre", ou seja, não há uma forma estabelecida pela lei para a consumação do crime. Ademais, em relação aos meios de execução para o crime de homicídio, eles podem ser: a) diretos; b) indiretos; c) materiais; d) morais.	17.8
	Homicídio, eutanásia e institutos correlatos (distanásia, ortotanásia e mistanásia)	Eutanásia diz respeito à antecipação da morte de alguém que se encontra em situação de sofrimento físico atroz (modalidade de homicídio privilegiado). Se, por outro lado, estivermos nos referindo à eutanásia passiva, em que o agente auxilia a vítima a suicidar-se, estaremos diante do crime do art. 122, CP (induzimento, instigação ou auxílio ao suicídio).	17.9
	Homicídio e competência para julgamento	Compete ao Tribunal do Júri processar e julgar os crimes dolosos contra a vida. Por outro lado, se estivermos diante de hipótese em que haja um homicídio culposo, a competência será do juiz singular. Também serão de competência do Tribunal do Júri os crimes conexos ao crime doloso contra a vida.	17.10

Outras Questões	**Homicídio e crime continuado**	O art. 71, parágrafo único do Código Penal admite falarmos em continuidade delitiva nos crimes contra a vida e também em outros crimes dolosos com violência ou grave ameaça à pessoa.	17.11
	Transmissão dolosa de HIV	Tanto o STF, quanto o STJ têm reconhecido que não haverá crime doloso contra a vida neste caso de transmissão dolosa do HIV.	17.12
Penas	A pena para o crime, em sua modalidade simples é de reclusão de seis a vinte anos. Na modalidade qualificada, a pena será de doze a trinta anos.		18
Classificação	O crime de homicídio pode ser classificado como: **a) Comum** (pode ser praticado por qualquer pessoa); **b) Material** (a consumação exige a produção de um resultado naturalístico); **c) De forma livre** (a Lei não estabelece exigência para a forma de execução); **d) Simples** (tutela apenas um bem jurídico); **e) Comissivo** (em regra) ou **omissivo** (quando ocorre omissão imprópria); **f) Unissubjetivo** (pode haver ou não concurso de pessoas); **g) Instantâneo de efeitos permanentes** (consuma-se de imediato, mas os efeitos se protraem no tempo); **h) Plurissubsistentes** (a conduta pode ser fracionada, e por isso admite a tentativa); **i) De dano** (a consumação enseja violação ao bem jurídico, e não mera exposição a perigo); **j) Não transeunte** (o crime deixa vestígios); **k) Doloso** (em regra) ou **culposo**.		19

1.22. Súmulas aplicáveis

1.22.1. *STJ*

600. Para a configuração da violência doméstica e familiar prevista no art. 5º da Lei n. 11.340/06 (Lei Maria da Penha) não se exige a coabitação entre autor e vítima.

18. A sentença concessiva do perdão judicial e da extinção da punibilidade, não subsistindo qualquer efeito condenatório.

1.22.2. *STF*

603. A competência para o processo e julgamento de latrocínio é do juiz singular e não do tribunal do júri.

1.23. Questões de Concursos Públicos

01. (CESPE/ TJ-PR/ Juiz Substituto - 2019) A respeito de crimes contra a pessoa, é correto afirmar que

(A) responderá pela prática de crime contra a vida o agente que anuncia produtos ou métodos abortivos.

(B) responderá por homicídio qualificado o agente que matar para assegurar a execução, ocultação, impunidade ou vantagem de uma contravenção penal.

(C) o crime de homicídio admite interpretação analógica no que diz respeito à qualificadora que indica meios e modos de execução desse crime.

(D) o agente que matar sua empregadora por ter sido dispensado sem justa causa responderá por feminicídio, haja vista a vítima ser mulher.

02. (IBADE/ PC - AC/ Delegado de Polícia Civil - 2017) Horácio, traficante de drogas, é integrante de uma facção criminosa instalada em certa comunidade carente. Lucinda, ao seu turno, mora em comunidade dominada por facção criminosa rival. Devido ao preço do aluguel, Lucinda se muda para a mesma comunidade de Horácio, que, ao descobrir a origem de Lucinda, decide matá-la. Assim, usando uma arma de fogo adquirida exclusivamente para aquela finalidade, Horácio vai à casa de Lucinda e derruba a porta. Após percorrer alguns cômodos, Horácio descobre o quarto de seu alvo, encontrando Lucinda sentada em uma cadeira de rodas. Só então descobre que a mulher é tetraplégica. Não obstante, Horácio coloca em prática sua intenção criminosa e mata a vítima com um tiro na testa. Considerando apenas as informações contidas no enunciado, pode-se dizer que Horácio praticou crime de:

(A) feminicídio majorado

(B) homicídio qualificado pelos motivos determinantes e pelo modo de execução.

(C) homicídio qualificado pelos motivos determinantes.

(D) homicídio qualificado pelo modo de execução.

(E) Feminicídio.

03. (FAPEMS / PC - MS/ Delegado de Polícia) Segundo Busato (2014), "o homicídio é uma violação do bem jurídico vida como tal considerado a partir do nascimento". E para Hungria (1959), esse crime constitui "a mais chocante violação do senso moral médio da humanidade civilizada". (*BUSATO. Paulo César. Direito Penal: parte especial, l.ed. São Paulo: Atlas, 2014, p. 19. HUNGRIA, Nelson. Comentários ao código penal. 4.ed. Rio de Janeiro: Forense, 1959, p. 25*). O Código Penal Brasileiro, em seu artigo 121, apresenta três modalidades de tipos penais de ação homicida, em que os elementos que o compõem podem ou não aparecer conjugados. Acerca das modalidades do crime de homicídio, variantes e caracterização, assinale a alternativa correta.

(A) É caracterizada como homicídio a morte de feto atingido por disparo de arma de fogo, quando ainda no ventre da mãe.

(B) O infanticídio é modalidade do homicídio qualificado pelo resultado, quando a mãe mata o próprio filho logo após o parto, sob a influência do estado puerperal, cuja pena é agravada.

(C) O latrocínio, por se tratar de espécie complexa de homicídio qualificado previsto no artigo 121 do Código Penal, não é julgado pelo Tribunal do Júri por envolver questões patrimoniais.

(D) A eutanásia, ou o homicídio piedoso, é reconhecida como conduta praticada por relevante valor moral, caracterizadora do homicídio privilegiado.

(E) O homicídio pode ser considerado qualificado /privilegiado quando praticado por relevante valor moral motivado por vingança.

04. (FUNDEP/ DPE-MG/ Defensor Público - 2019) Sobre os crimes dolosos contra a vida, analise as afirmativas a seguir.

I. De acordo com o STJ, a qualificadora do feminicídio pode coexistir com a qualificadora do motivo torpe, pois o feminicídio tem natureza objetiva, o que dispensa a análise do animus do agente, enquanto o motivo torpe tem natureza subjetiva, já que de caráter pessoal.

II. O homicídio qualificado-privilegiado, nos termos da jurisprudência predominante do STJ, é considerado crime hediondo, porque a qualificadora prepondera sobre o privilégio, pois este é mera causa de diminuição da pena.

III. De acordo com entendimento firmado no Superior Tribunal de Justiça, responde por homicídio simples aquele que pratica o delito sem motivo, não se admitindo a incidência da qualificadora do motivo fútil pelo simples fato de o delito ter sido praticado com ausência de motivos.

IV. A qualificadora do chamado homicídio funcional, de acordo com o texto legal, só abrange o vínculo consanguíneo, de forma que ela não incide se a vítima for o filho adotivo do agente de segurança.

V. É possível o homicídio qualificado-privilegiado desde que a qualificadora tenha natureza objetiva, já que todas as causas de privilégio são de natureza subjetiva.

Está incorreto o que se afirma em

(A) III e IV, apenas.

(B) II e IV, apenas.

(C) II, apenas.

(D) I e V, apenas.

05. (CONSULPLAN/ TJ-MG/ Juiz de Direito Substituto- 2018) Fulano, querendo matar Beltrano, efetua um disparo de revólver contra este, mas erra o alvo, vindo a atingir Sicrano, ferindo este último levemente no braço. Nessa situação hipotética, conforme legislação aplicável ao caso, Fulano deverá responder por

(A) homicídio tentado contra Sicrano.

(B) homicídio tentado contra Beltrano.

(C) lesões corporais leves contra Sicrano.

(D) lesões corporais culposas contra Sicrano.

06. (IBFC - 2018 - TRF - 2ª REGIÃO - Juiz Federal Substituto) Sobre o crime de homicídio qualificado, é possível assinalar apenas como afirmativa correta:

(A) São meios de execução que o qualificam: o veneno; a emboscada; a asfixia ou outro meio insidioso ou cruel.

(B) São formas de execução que o qualificam: a traição; a dissimulação; a tortura ou outro recurso que dificulte ou tome impossível a defesa da vítima.

(C) O motivo fútil consiste numa escala de desvalor que vai da desproporção entre o crime e a causa, passando pela insignificância, até a ausência de motivo.

(D) O fogo é um meio cruel para a execução do homicídio, e também pode resultar perigo comum conforme as circunstâncias.

(E) A superioridade de armas e a força física, são circunstâncias que sempre qualificam o homicídio, como meios que dificultam a defesa da vítima.

07. (MPE-SP - 2017 - MPE-SP - Promotor de Justiça Substituto) A condenação por homicídio privilegiado qualificado é possível na hipótese em que:

(A) o crime for cometido com emprego de fogo.

(B) o crime for qualificado pela motivação fútil.

(C) o crime for qualificado pela vingança.

(D) o agente embriagado agir por motivo irrelevante.

(E) a vítima atingida for pessoa diversa da que se pretendia matar por questão de ódio.

08. (VUNESP - 2018 - PC-SP - Delegado de Polícia) Maria e Mariana, ambas nascidas com genitais femininos, auto-identificadas e socialmente reconhecidas como mulheres, convivem em união estável e monogâmica. Ocorre que Maria, às escondidas, passa a manter relações sexuais com José. Mariana flagra Maria em ato sexual com José e, nesse contexto, Maria provoca injustamente Mariana, dizendo a José, em tom de escárnio, que Mariana é "xucra, burra e ruim de cama", e que, além disso, Mariana "gosta de ser traída e não tomará qualquer atitude, por ser covarde e medrosa". Embora nunca tenha praticado ato de violência doméstica, Mariana é tomada por violenta emoção e dispara projétil de arma de fogo contra a cabeça de Maria, que morre imediatamente.

É correto afirmar que Mariana praticou:

(A) ato típico, mas amparado por causa excludente de ilicitude.

(B) homicídio qualificado, por meio insidioso.

(C) feminicídio.

(D) homicídio privilegiado.

(E) homicídio qualificado, por motivo torpe.

09. (UEG - 2018 - PC-GO - Delegado de Polícia) De acordo com o Código Penal, há homicídio qualificado quando for cometido:

(A) por grupo de extermínio.

(B) para assegurar a impunidade de outro crime.

(C) estando o ofendido sob a imediata proteção da autoridade.

(D) contra pessoa menor de quatorze ou maior de sessenta anos.

(E) por milícia privada, sob o pretexto de prestação de serviço de segurança.

10. (Instituto Acesso - 2019 - PC-ES - Delegado de Polícia) Mélvio é instrutor de escaladas, membro da Associação Capixaba de Escaladas (ACE). Sua especialidade é escalar picos com alto grau de dificuldade. Em comemoração aos seus 10 (dez) anos como instrutor, resolveu promover uma escalada em Afonso Claudio, cidade do Espírito Santo, na Pedra de Lajinha, que está entre os cinco picos mais altos do Brasil. Montou um grupo nas redes sociais e convocou amigos e escaladores. No dia marcado para a subida, havia previsão de chuva e ventos, que poderiam ocorrer na metade do trajeto. No pé do pico, lugar de início da subida, foi colocada uma placa indicando que não era seguro escalar em função das condições climáticas. Como a escalada era muito longa, ele foi orientado por colegas instrutores que não promovesse a escalada. Três amigos de Mélvio, que não tinham experiência nessa prática esportiva, foram fazer a escalada para prestigiar Mélvio. Um deles, ao ouvir a fala dos demais instrutores, resolveu não subir, mas os outros dois cederam à insistência de Mélvio, que considerava a subida fácil, apesar de longa. Feliz, Mélvio disse que, apesar da chuva e do vento previstos, nada iria derrubá-los na escalada e que tudo estava sob controle, afirmando que muitas vezes tais previsões estavam erradas. Mesmo sabendo que não era 100% seguro fazer a escalada, principalmente para os iniciantes, Mélvio se colocou como responsável por seus amigos, garantindo-se em seus 10 anos de experiência. Não obstante, a previsão se confirmou. Com a chegada do vento e da tempestade, Mélvio não conseguiu dar o suporte prometido para seus amigos, que acabaram sendo arremessados, pelo vento e chuva, para baixo. Com a queda os dois amigos vieram a falecer.

Sabendo-se que:

I. restou comprovado que o material de escalada de Mélvio era compatível com os níveis de segurança exigidos para escaladas nas condições acima expostas;

II. o instrutor possuía autonomia e registro para a promover escaladas, com experiência no tipo de subida proposto e reconhecido pela ACE;

III. o percentual de acertos de tais previsões do tempo, para as próximas horas, era de 95% em relação ao local da escalada, como estava exposto na placa;

IV. os amigos de Mélvio que caíram, somente subiram com a garantia de segurança do instrutor;

É correto afirmar que Mélvio:

(A) deve responder por homicídio doloso em sua forma direta, devido a sua condição de agente garantidor.

(B) deve responder por homicídio culposo, devido a sua condição de agente garantidor.

(C) não deve responder por homicídio, uma vez que seus amigos aceitaram sua garantia para subir.

(D) não deve responder pela prática de homicídio, uma vez que o mau tempo era alheio a sua vontade.

(E) deve responder por homicídio doloso, considerando o dolo eventual, porque, mesmo sem a intenção de matar, não levou em consideração os avisos dos demais instrutores.

GABARITO: *As respostas destes testes encontram-se no final do livro.*

1.24. Questões discursivas com comentários

01. XXXII Concurso MP/RJ - 2ª fase - Promotor de Justiça - 2011) - Ao sair de uma boate de madrugada andando por uma rua deserta e mal iluminada, Vespúcio viu cruzar a esquina e caminhar em sua direção Caio, antigo desafeto e autor de inúmeras ameaças pretéritas de morte. Tão logo avistou Vespúcio, Caio colocou a mão direita dentro de seu paletó com um sorriso nos lábios. Apavorado e supondo estar na iminência de ser mortalmente agredido, Vespúcio sacou seu revolver cal. 38, do qual tinha regular registro e autorização para porte, com o qual efetuou um único disparo contra seu desafeto, atingindo-o na coxa direita e fazendo-o tombar ao solo. Após o disparo, Vespúcio aproximou-se de Caio e constatou que, na verdade, seu declarado inimigo estava desarmado e que o objeto que pretendia tirar do bolso de seu paletó era um lenço branco, destinado a selar simbolicamente a paz entre

os dois, conforme lhe foi dito pelo próprio ferido. Nada obstante a essa surpreendente constatação e à revelia das súplicas de Caio por socorro, Vespúcio, dominado pelo rancor acumulado durante os longos anos de rivalidade, resolve abandoná-lo à própria sorte, deixando o local, embora fosse perfeitamente possível prestar-lhe assistência ou, no mínimo, solicitar socorro pelo telefone celular que portava. Sem qualquer assistência médica, Caio agonizou na rua deserta, vindo a falecer em consequência de grave hemorragia, por ruptura da artéria femoral. Quais serão as consequências jurídico -penais para Vespúcio, decorrentes do episódio narrado? RESPOSTA OBJETIVAMENTE JUSTIFICADA.

COMENTÁRIOS

Não obstante as circunstâncias do caso concreto tornem o erro de Vespúcio sobre a existência dos pressupostos objetivos de uma causa de justificação, a conduta de Vespúcio encerra omissão imprópria, quando, já ciente de seu erro, prefere deixar Caio à própria sorte, assumindo o risco da superveniência do resultado morte. Sendo assim, a conduta de Vespúcio é caso de omissão imprópria, quando, já ciente de seu erro, prefere deixar Caio à própria sorte, assumindo o risco da superveniência do resultado morte. Logo, responderá pelo crime de homicídio doloso consumado qualificado por motivo torpe.

1.25. Questões para treinar (sem comentários)

01. (MPE-SC - 2019 - MPE-SC - Promotor de Justiça - Matutina) O crime de disparo de arma de fogo (art. 15 da Lei n. 10.826/2003) se configura na modalidade preterdolosa se for praticado como meio para a execução de um homicídio (tipificado no art. 121, "caput", do CP).

( ) Certo

( ) Errado

02. (INSTITUTO AOCP - 2019 - PC-ES - Investigador) Assinale, dentre as alternativas a seguir, a única que NÃO majora de 1/3 até a metade a pena para o autor do delito de feminicídio.

(A) Praticar o crime nos 5 meses posteriores ao parto.

(B) Praticar o crime contra pessoa menor de 14 anos.

(C) Praticar o crime contra pessoa com deficiência.

(D) Praticar o crime na presença física ou virtual de descendente ou de ascendente da vítima.

(E) Praticar o crime contra pessoa maior de 60 anos.

03. (INSTITUTO AOCP - 2019 - PC-ES - Escrivão de Polícia) No tocante aos crimes contra a vida, é circunstância qualificadora do crime

(A) a reincidência.

(B) ser contra mulher por razões da condição de sexo feminino.

(C) o abuso de poder ou violação de dever inerente a cargo, ofício, ministério ou profissão.

(D) ser contra ascendente, descendente, irmão ou cônjuge.

(E) o estado de embriaguez preordenada.

04. (INSTITUTO AOCP - 2019 - PC-ES - Escrivão de Polícia) Quando um sujeito dispara um projétil de arma de fogo contra um indivíduo, mas acaba ferindo mortalmente apenas o sujeito que se encontrava ao lado, ele responderá por

(A) homicídio consumado e por tentativa de homicídio.

(B) duplo homicídio.

(C) homicídio culposo.

(D) homicídio por dolo eventual.

(E) homicídio como se tivesse acertado o destinatário pretendido.

05. (NUCEPE - 2019 - Prefeitura de Teresina - PI - Guarda Civil Municipal) Sobre o Crime de Homicídio, assinale a alternativa INCORRETA.

(A) Se o agente age sob o domínio de violenta emoção, logo em seguida a injusta provocação da vítima, ele comete homicídio privilegiado.

(B) Sendo doloso o homicídio, a pena é aumentada se o crime é praticado contra pessoa menor de 14 (quatorze) ou maior de 60 (sessenta) anos.

(C) No homicídio culposo, a pena é aumentada, se o crime resulta de inobservância de regra técnica de profissão, arte ou ofício, ou se o agente deixa de prestar imediato socorro à vítima, não procura diminuir as conseqüências do seu ato, ou foge para evitar prisão em flagrante.

(D) O perdão judicial pode ser aplicado em caso de homicídio culposo ou privilegiado.

(E) A pena do feminicídio é aumentada se o crime for praticado na presença de descendente ou de ascendente da vítima.

GABARITO: *As respostas destes testes encontram-se no final do livro.*

2. INDUZIMENTO, INSTIGAÇÃO OU AUXÍLIO A SUICÍDIO

Induzimento, instigação ou auxílio a suicídio ou a automutilação

Art. 122. Induzir ou instigar alguém a suicidar-se ou a praticar automutilação ou prestar-lhe auxílio material para que o faça: (Redação dada pela Lei nº 13.968, de 2019)

Pena - reclusão, de 6 (seis) meses a 2 (dois) anos. (Redação dada pela Lei nº 13.968, de 2019)

§ 1º Se da automutilação ou da tentativa de suicídio resulta lesão corporal de natureza grave ou gravíssima, nos termos dos §§ 1º e 2º do art. 129 deste Código: (Incluído pela Lei nº 13.968, de 2019)

Pena - reclusão, de 1 (um) a 3 (três) anos. (Incluído pela Lei nº 13.968, de 2019)

§ 2º Se o suicídio se consuma ou se da automutilação resulta morte: (Incluído pela Lei nº 13.968, de 2019)

Pena - reclusão, de 2 (dois) a 6 (seis) anos. (Incluído pela Lei nº 13.968, de 2019)

§ 3º A pena é duplicada: (Incluído pela Lei nº 13.968, de 2019)

I - se o crime é praticado por motivo egoístico, torpe ou fútil; (Incluído pela Lei nº 13.968, de 2019)

II - se a vítima é menor ou tem diminuída, por qualquer causa, a capacidade de resistência. (Incluído pela Lei nº 13.968, de 2019)

§ 4º A pena é aumentada até o dobro se a conduta é realizada por meio da rede de computadores, de rede social ou transmitida em tempo real. (Incluído pela Lei nº 13.968, de 2019)

§ 5º Aumenta-se a pena em metade se o agente é líder ou coordenador de grupo ou de rede virtual. (Incluído pela Lei nº 13.968, de 2019)

§ 6º Se o crime de que trata o § 1º deste artigo resulta em lesão corporal de natureza gravíssima e é cometido contra menor de 14 (quatorze) anos ou contra quem, por enfermidade ou deficiência mental, não tem o necessário discernimento para a prática do ato, ou que, por qualquer outra causa, não pode oferecer resistência, responde o agente pelo crime descrito no § 2º do art. 129 deste Código. (Incluído pela Lei nº 13.968, de 2019)

§ 7º Se o crime de que trata o § 2º deste artigo é cometido contra menor de 14 (quatorze) anos ou contra quem não tem o necessário discernimento para a prática do ato, ou que, por qualquer outra causa, não pode oferecer resistência, responde o agente pelo crime de homicídio, nos termos do art. 121 deste Código. (Incluído pela Lei nº 13.968, de 2019)

2.1. Considerações iniciais

O art. 122, CP sofreu uma substancial alteração, com o advento da Lei n. 13.968/19. Até então, o crime dizia respeito ao induzimento, instigação ou auxílio ao suicídio. A referida alteração legislativa acrescentou as condutas atinentes à automutilação.

O suicídio consiste na destruição voluntária da própria vida. Por esta razão, também é chamado de **autocídio** ou autoquíria. O suicídio pressupõe a voluntariedade do agente. Deste modo, não poderemos falar em suicídio, mas sim em homicídio, quando a pessoa destrói a própria vida por haver sido conduzido a erro (ex.: ingeriu veneno sem o saber, porque foi induzido ao erro).

Por sua vez, a automutilação diz respeito à autodestruição da integridade física, sem que haja a intenção de dar fim à própria vida. Na automutilação, o agente pode estar, por exemplo, imbuído da pretensão de castigar-se, exteriorizar um sentimento de culpa que o massacra, atingir terceiros com seu gesto etc.

Modernamente, as legislações não costumam punir as condutas suicidas e de automutilação. E no Brasil não é diferente. E a razão é muito simples: não pode punir o suicídio ou o autor da automutilação porque isto constituiria uma flagrante violação ao **princípio da alteridade,** de acordo com o qual, não se pode criminalizar condutas autolesivas. Ora, se o suicida atenta contra a própria vida (e o autor da automutilação contra a própria integridade física) e, portanto, contra bem jurídico próprio, não poderemos admitir que tal conduta seja objeto de tutela do Direito Penal.

Chamamos a atenção, portanto, para o fato de que não podemos fundamenta a atipicidade do suicídio apenas no fato de que o sujeito morreu. Em primeiro lugar, vamos recordar que a morte do agente extingue a punibilidade (art. 107, I, CP)[42], não atingindo, portanto, os elementos do crime (fato típico, ilicitude e culpabilidade). Ademais, se apenas nos valêssemos do argumento de que o suicídio não é crime porque o sujeito morreu, poderíamos considerar como crime o suicídio tentado, e isto não ocorre. Não ocorre, vale repetir, porque criminalizar condutas autolesivas constituiria afronta ao princípio da alteridade.

Para além do princípio da alteridade, não podemos deixar de reconhecer que a punição da conduta suicida não faria sentido. Sob o ponto de vista de política criminal. Sob o ponto de vista repressivo, não haveria como punir o suicídio consumado e

42. Houve época na história da humanidade em que o suicídio era considerado ilícito, punido, sob a influência do Direito Canônico, com a vedação à sepultura cristã (privação de honras fúnebres) e o confisco de bens aos familiares. Sobre o tema, HUNGRIA, Nelson. *Comentários do Código Penal. Volume V*, 3.ed. Rio de Janeiro, Forense, 1955, p. 219.

questões humanitárias desaconselhariam a sanção àquele que tentou a conduta. sob a ótica preventiva, não haveria como intimidar uma pessoa que já não consegue reconhecer qualquer valor à própria vida[43].

A impossibilidade de se criminalizar o suicídio possui, como dito, relação com o princípio da alteridade. Portanto, não possui qualquer relação com a indisponibilidade do bem jurídico "vida humana". A vida é, sim, bem jurídico indisponível, mas se alguém atenta contra a própria vida, não poderá sofrer as consequências do Direito Penal, porquanto não são punidas as condutas autolesivas.

Todavia, o suicídio continua a ser um ilícito extrapenal. E justamente por tal razão o Código Penal estabelece que não constitui crime de constrangimento ilegal a coação exercida para impedir o suicídio (art. 146, §3º, II, CP).

Também por força da indisponibilidade do bem jurídico "vida humana" que o Código Penal considera crime as condutas consistentes em induzir, instigar ou prestar auxílio ao suicídio. Ora, se o bem jurídico é indisponível, o consentimento da vítima (o suicida) é indiferente, razão pela qual haverá a conduta criminosa.

Quanto à automutilação, a conduta não é considerada criminosa pelas mesmas razões: impossibilidade de se criminalizar condutas autolesivas. Por esta razão, pune-se, apenas, as condutas consistentes em induzir, instigar ou prestar auxílio à automutilação.

2.2. Tipicidade objetiva

As condutas consistem em:

a) **Induzir:** significa criar a ideia do suicídio da mente de outrem.

b) **Instigar: é** incentivar o suicida a executar o ato, cuja intenção já existia. Equivale, portanto, a reforçar a ideia.

c) **Prestar auxílio: d**iz respeito aos préstimos dados, a ajuda material que o agente fornece a vítima. É a conduta, por exemplo, do agente que entrega a arma de fogo ao suicida.

As condutas acima mencionadas são, como regra, modalidade de participação em outros crimes. No caso do art. 122, evidentemente, isto não acontece, pois são as condutas principais do tipo. Logo, aquele que praticar qualquer destas condutas será autor do crime, e não mero partícipe.

Para que ocorra o crime do art. 122, CP, é imprescindível que a conduta do agente não conduza diretamente à morte da vítima ou à sua mutilação. Ou seja, a morte ou mutilação devem, de fato, ser produzidas pela própria vítima, e o agente deve ter contribuído apenas de forma secundária. Assim, se, por exemplo, "A" entrega a arma de fogo municiada para "B", sabendo que ele pretende cometer o suicídio, mas ante a inaptidão de "B" no manuseio da arma, o próprio "A" efetua os disparos contra a vítima, não falaremos em auxílio ao suicídio, mas sim em crime de homicídio (art. 121, CP).

---

43. Em sentido similar, HUNGRIA, Nelson. *Comentários do Código Penal. Volume V*, 3.ed. Rio de Janeiro, Forense, 1955, p. 281-219.

Passemos a um segundo exemplo, similar, embora um pouco mais sutil: "A" entrega uma corda para que "B" cometa o suicídio mediante enforcamento. "B" coloca a corda no pescoço, prende a sua extremidade no teto e sobe uma cadeira, pretendendo pular. Ocorre que ele não consegue livrar-se da cadeira e pede a ajuda de "A", que, prontamente, puxa a cadeira, fazendo com que "B" morra enforcado. Assim como aconteceu no primeiro exemplo, também aqui há um homicídio. De fato, ao puxar a cadeira, "A" foi o responsável direto pela morte de "B", executando o verbo "matar".

O crime do art. 122, CP é de **conteúdo variado (crime de ação múltipla ou tipo penal misto)**, porquanto possui mais de um núcleo. Trata-se de **tipo penal misto alternativo**, ou seja, a realização de mais de uma conduta, no mesmo contexto e com o mesmo objeto material, dará ensejo a apenas um crime, e não a concurso de crimes.

Assim, vamos imaginar que "A" induz "B" ao suicídio; poucas hortas depois, percebendo a recalcitrância de "B" em praticar o ato fatal, "A" reforça a ideia que já havia incutido, ou seja, ele instiga "B" ao suicídio. Não contente com tais condutas, "A" entrega a "B" a dose de veneno para que ele cometa o suicídio. Vamos imaginar que "B" efetivamente comete o suicídio. Neste caso, "A" responderia por apenas um crime, malgrado tenha praticado três condutas. E isto ocorre, justamente porque foram três condutas no mesmo contexto, com o mesmo objeto material.

2.3. Sujeitos

Qualquer pessoa pode ser sujeito ativo do crime em estudo (**crime comum**).

O sujeito passivo pode ser qualquer pessoa que possua capacidade de autodeterminação.

Os menores e os inimputáveis poderão ser vítimas do crime, desde que possuam capacidade de autodeterminação em relação ao extermínio da própria vida ou à automutilação. Para que exista referida capacidade de autodeterminação, imprescindível que a vítima possua consciência e vontade. De forma mais clara, consciência de que está atentando contra a própria vida (ou integridade física), aliada à vontade de fazê-lo.

Logo, é razoável que um menor com 17 (dezessete) anos possa ser vítima de tal crime, mas não uma criança de 2 (dois) anos. Se, por acaso, alguém induz uma criança nessa faixa etária a pular de um edifício, estaremos diante de um crime de homicídio (art. 121, CP). A criança em tenra idade não possui discernimento para compreender e muito menos querer o suicídio. De igual sorte, no que toca aos portadores de enfermidade mental, seria necessário analisar o caso concreto para que se possa aquilatar o grau de discernimento que possui e, a partir daí, saber se possuía consciência e vontade acerca da conduta suicida.

A ausência de discernimento (capacidade de autodeterminação) já existe quando a vítima é menor de 14 (catorze) ou quando não pode oferecer resistência (§§ 6º e 7º).

2.4. Objetos

O objeto juridicamente tutelado é a vida humana extrauterina e a integridade física.

O objeto material é a pessoa, a vítima contra a qual o agente dirige a sua conduta delitiva.

2.5. Elemento subjetivo

O elemento subjetivo exigido pelo tipo penal é o dolo, pois se exige do agente a vontade consciente de produzir o resultado (morte do suicida ou automutilação).

Não há previsão para a modalidade culposa. Se, por exemplo, alguém sugere a outrem, em tom de pilhéria, o suicídio, não restará caracterizado o crime, ainda que a conduta suicida efetivamente se consume.

2.6. Consumação e tentativa

Neste ponto, houve uma alteração de muito relevo promovida no tipo penal pela Lei n. 13.968/19. Antes da entrada em vigor desta Lei, o crime somente se consumaria quando da tentativa de suicídio resultasse, ao menos, lesão corporal de natureza grave. Tratava-se, à toda evidência de crime material, pois exigia a produção de resultado naturalístico.

Após a entrada em vigor da Lei n. 13.968/19, o cenário foi bastante alterado, e já não se exige a produção de resultado material para a consumação do crime. Por tal razão, basta que o agente tenha induzido, instigado ou prestado auxílio à vítima, para que venha a cometer o suicídio ou a automutilação e o crime já estará consumado, ainda que a vítima sequer chegue a tentar tais condutas.

É possível a tentativa. Basta imaginar, por exemplo, alguém que tente induzir outrem ao suicídio por escrito, mas tal escrito nunca chegue ao destinatário.

2.7. Ação penal

A ação penal é de iniciativa pública incondicionada.

2.8. Qualificadoras

Os §§ 1º e 2º trazem modalidades qualificadas do crime. São elas:

a) Se da automutilação ou da tentativa de suicídio resulta lesão corporal de natureza grave ou gravíssima, nos termos dos §§ 1º e 2º do art. 129 deste Código: conforme mencionamos anteriormente, antes da alteração promovida Lei n. 13.968/19, o resultado lesão corporal de natureza grave era o mínimo exigido para que houvesse a consumação do crime. Após a mudança legislativa, a produção de tais resultados dá ensejo a uma qualificadora, fazendo com que a pena prevista passe a ser de reclusão de 1 (um) a 3 (três) anos.

b) Se o suicídio se consuma ou se da automutilação resulta morte: trata-se de mais uma qualificadora do crime do art. 122, CP. Na hipótese em que o suicídio se consuma, temos uma conduta dolosa da vítima. Na segunda conduta descrita neste § 2º (se da automutilação resulta morte) temos uma conduta preterdolosa, pois a vítima pretendia ofender a própria integridade física, mas não extirpar a sua vida. Em qualquer dos casos, a pena para o agente que induziu, instigou ou prestou auxílio passa a ser de reclusão de 2 (dois) a 6 (seis) anos.

2.9. Aumento de pena

O art. 122, § 3º previu três situações – distribuídas em apenas dois incisos – nas quais as penas seriam duplicadas. Os §§ 4º e 5º também trouxeram causas de aumento de pena. São elas:

a) Se o crime é praticado por motivo egoístico, torpe ou fútil (inciso I): são, portanto, três os motivos de maior reprovabilidade que permitem a causa de aumento de pena. São eles:

a.1.) Motivo egoístico: trata-se de situação em que o agente atua impelido por motivo excessivamente mesquinho. É o caso de alguém que induz um menor à automutilação para se vingar do seu pai.

a.2.) Motivo torpe: é o motivo abjeto, repugnante, de maior reprovabilidade. Podemos citar como exemplo o agente que, aproveitando-se de quadro depressivo acentuado de um familiar, acaba por induzi-lo ao suicídio, objetivando amealhar a fortuna oriunda da herança.

a.3.) Motivo fútil: é o motivo banal, irrelevante, insignificante. É o caso de alguém que induz o outro ao suicídio pela mera satisfação de ver a tragédia.

b) Vítima menor (inciso II, primeira parte): conforme mencionamos, ao tratarmos dos sujeitos do crime, é possível que a vítima seja menor, desde que possua capacidade de discernimento que lhe faculte consciência e vontade em torno do suicídio. Em sede doutrinária, tem-se adotado a idade de 14 (catorze) anos como um parâmetro a partir do qual a pessoa poderia ser considerada vítima desse crime. Neste caso, seria aplicado, por analogia, o critério previsto para a vulnerabilidade sexual, pois a pessoa menor de catorze anos é considerada incapaz para consentir no ato sexual (art. 217-A, CP).

Contudo, devemos anotar que, como este critério etário não foi adotado pela nossa legislação para o crime do art. 122, CP (ao contrário do que acontece para os crimes sexuais), ele deve ser visto apenas como um critério, que pode balizar o aplicador da lei, mas poderá, de igual modo, ser afastado, no caso concreto. Ou seja, poderá, por exemplo, ser vítima do crime uma pessoa de 13 (treze) anos, desde que reste demonstrado que possuía consciência e vontade em torno do suicídio.

De toda sorte, se o menor puder ser vítima desse crime, incidirá a causa de aumento de pena a que se refere o art. 122, parágrafo único, II, CP.

c) Vítima tem diminuída, por qualquer causa, a capacidade de resistência: trata-se de vítima maior de 18 (dezoito) anos – pois se assim não o fosse já haveria a causa de aumento de pena proveniente da sua idade – que se encontra em situação de maior vulnerabilidade. Esta diminuição na capacidade de resistência pode se dar por alguma patológica física ou mental, distúrbio psicológico, efeito de álcool ou droga de outra natureza etc.

Podemos imaginar a situação de uma pessoa, com tendência suicidas e acometida por um profundo quadro depressivo que é instigada pelo seu próprio psiquiatra.

d) Rede mundial de computadores, redes sociais ou transmissão em tempo real. O § 4º do art. 122 traz mais uma hipótese de causa de aumento de pena. Neste caso, conforme a literalidade legislativa: "A pena é aumentada até o dobro se a conduta é realizada por meio da rede de computadores, de rede social ou transmitida em tempo real".

Esta última causa de aumento de pena foi introduzida na nossa legislação pela Lei n. 13.968/19, e se originou a partir da constatação de que este tipo de evento estava cada vez mais comum. Com efeito, a rede mundial de computadores tornou-se um ambiente em que se disseminou bastante a propagação de ideias suicidas e a criação de grupos com pessoas mal intencionadas, que se aproveitam das fragilidades emocionais momentâneas de algumas pessoas para conduzi-las ao suicídio ou à automutilação.

e) O agente é líder ou coordenador de grupo ou de rede virtual: neste caso, a pena será aumentada em metade, conforme previsão do § 5º do art. 122, CP.

2.10. Vítima menor de 14 (quatorze) anos, com deficiência mental ou sem discernimento

Já antecipamos, ao tratar do sujeito passivo do crime, que é necessário que a vítima possua discernimento para a prática das condutas (suicídio ou automutilação). Se assim não for, não poderá ser vítima do crime do art. 122, CP, mas sim de algum outro crime.

Assim, se a pessoa sem discernimento é induzida à automutilação, o responsável pelo induzimento deverá ser punido pela lesão corporal (art. 129, CP) provocada, e não pelo art. 122, CP. Na mesma linha de intelecção, se a vítima sem discernimento comete o suicídio, o responsável pela conduta (aquele que induziu, por exemplo) deverá ser responsabilizado pelo crime de homicídio (art. 121, CP).

Os §§ 6º e 7º que nos esclarecem que não podem ser vítima do crime do art. 122, CP:

a) Menor de 14 (quatorze) anos:

b) Por enfermidade ou deficiência mental não tem o necessário discernimento para a prática do ato;

c) Por qualquer outra causa, não pode oferecer resistência.

2.11. Outras questões

Existem algumas questões complementares, sobejamente discutidas em sede doutrinária, sobre as quais devemos tecer algumas considerações. Passemos a elas.

2.11.1. *Pacto de morte*

O pacto de morte pode caracterizar o **ambicídio**. Evidentemente, se estivermos diante de situação na qual duas ou mais pessoas celebram um pacto de morte e todas efetivamente suicidam-se, isto é, das condutas não resta qualquer sobrevivente, não haverá qualquer repercussão penal relevante, pois, como sabemos, a morte a tudo apaga (*mors omnia solvit*), na medida em que conduz à extinção da punibilidade do agente (art. 107, I, CP).

O pacto de morte portanto somente ganha relevância na hipótese em que, das condutas suicidas, restam sobreviventes. Vamos imaginar uma situação em que um casal de namorados decide acabar com a própria vida, e ambos ingerem veneno. Ocorre que um deles sobrevive. O sobrevivente deverá ser responsabilizado por algum crime? Sim, e será este crime do art. 122, CP.

É fácil compreendermos a razão dessa imputação. Ora, as pessoas que participam de um pacto de morte, no mínimo induziram ou instigaram alguém ao suicídio. A pessoa que apresentou a ideia do pacto e convenceu outra a participar, é responsável pelo induzimento; por sua vez, a pessoa que aceita o pacto instiga o primeiro participante, pois reforça a ideia que ele trouxe.

É importante mencionar que para que responda pelo crime do art. 122, CP, é imprescindível que o sobrevivente não tenha praticado atos de execução da morte do outro. Se isto correr, deverá ser responsabilizado pelo crime de homicídio (art. 121, CP). Deste modo, vamos retornar ao exemplo do pacto de morte celebrado pelo casal de namorados, imaginando que o sobrevivente tenha atirado contra o outro e posteriormente deflagrado disparo contra a própria cabeça. Se ele sobrevive, responde pelo crime de homicídio da pessoa contra quem atirou. Neste caso, resta evidenciado que o agente realizou o verbo "matar", núcleo do tipo do art. 121, CP.

Em resumo, no que toca ao pacto de morte teremos as seguintes situações:

a) Se não há sobreviventes, não há relevância penal (*mors omnia solvit*).

b) Se um deles sobrevive e não praticou ato de execução na morte do outro, será responsabilizado pelo crime do art. 122, CP.

c) Se ambos sobrevivem, e nenhum praticou ato de execução em relação ao outro, ambos respondem pelo crime do art. 122, CP.

d) Se um deles sobrevive e praticou ato de execução em relação à morte do outro, será responsabilizado pelo crime de homicídio (art. 121, CP); Se ambos sobrevivem, mas um deles praticou atos de execução em relação ao outro, será responsabilizado pelo crime de homicídio tentado (art. 121, CP c/c art. 14, CP); se ambos sobrevivem e praticaram atos de execução um contra o outro, respondem ambos pelo crime de homicídio tentado.

e) Se ambos sobrevivem, mas apenas um deles praticou ato de execução em relação ao outro, ele responderá pelo crime de homicídio tentado, ao passo que o outro responderá pelo crime do art. 122, CP.

2.11.2. *Roleta-russa*

A roleta-russa consiste em uma atividade na qual os participantes giram o "tambor" da arma de fogo em que consta apenas um projétil, e, posteriormente, fecham e apontam a arma para a própria cabeça, efetuando o disparo. As consequências jurídico-penais da roleta-russa são bastante similares ao quanto já asseveramos em relação ao pacto de morte.

Com efeito, na roleta-russa, o objetivo do participante não é o ambicídio, pois apenas um morreria. Contudo, aquele que participa dessa famigerada atividade estará induzindo (se deu a ideia) ou instigando (se aceitou) participar o suicídio daquele que efetivamente vier a óbito. Deste modo, o(s) sobrevivente(s) responderá(ão) pelo crime do art. 122, CP.

Como sabemos, se, no lugar de cada participante efetuar o disparo contra a própria cabeça, um dos participantes atirar contra o outro, aquele que atirou responderá pelo crime de homicídio, pois terá praticado atos de execução contra a vítima.

2.11.3. *Competência*

O crime em questão se encontra no rol dos crimes dolosos contra a vida e, por tal razão, é de competência do tribunal do júri (art. 5º, XXXVIII, CF).

É verdade que a alteração legislativa promovida pela Lei n. 13.698/19 lançou dúvidas sobre tal competência, a partir do momento em que tipificou a conduta atinente à automutilação que, como se percebe, atenta contra a integridade física, e não a vida da vítima. Isto conduziu uma parcela de nossa doutrina a sustentar a tese de que tal crime estaria fora do âmbito de competência do tribunal popular.

Parece-nos, realmente, um equívoco legislativo colocar as condutas relacionadas à automutilação no rol dos crimes contra a vida. Em verdade, acreditamos que a conduta consistente no induzimento, instigação ou auxílio à automutilação deveria constituir um tipo penal autônomo, inserido no âmbito dos crimes contra a integridade física, e não no rol dos crimes contra a vida. Não foi esta, todavia, a opção do nosso legislador.

Se a alteração promovida na legislação coloca as condutas pertinentes à automutilação no espectro dos crimes contra a vida, não podemos chegar a outra conclusão, senão a de que a competência para o julgamento de tais crimes é do tribunal do júri.

Importante mencionar que o crime do art. 122, *caput*, CP constitui infração de menor potencial ofensivo. A competência para o julgamento continua a ser do tribunal do júri, e não dos juizados especiais criminais. Isto também ocorre quando outros crimes dolosos contra a vida não ultrapassam o patamar de pena máxima de dois anos (ex.: crime de autoaborto tentado – art. 124, CP c/c art. 14, II, CP).

2.12. Penas

A pena para o crime, em sua modalidade simples é de reclusão de seis meses a dois anos. A partir desta constatação, podemos concluir que:

a) É possível a obtenção da transação penal (art. 76 da Lei n. 9.099/95), pois se trata de infração penal de menor potencial ofensivo (a pena máxima supera, em muito, o patamar de dois anos de privação de liberdade).

b) É possível a suspensão condicional do processo (*sursis* processual), pois a pena mínima ultrapassa um ano (art. 89 da Lei n. 9.099/95).

2.13. Classificação

O crime de induzimento, instigação ou auxílio ao suicídio pode ser classificado como:

a) **Comum** (pode ser praticado por qualquer pessoa);

b) **Formal** (a consumação dispensa a produção de um resultado naturalístico)[44];

c) De **forma livre** (a Lei não estabelece exigência para a forma de execução);

d) **Simples** (tutela apenas um bem jurídico);

e) **Comissivo** (em regra) **ou omissivo** (quando ocorre omissão imprópria);

f) **Unissubjetivo** (pode haver ou não concurso de pessoas);

g) **Instantâneo** (conduta não se protrai no tempo) ou **Instantâneo de efeitos permanentes** (consuma-se de imediato, mas os efeitos se protraem no tempo), na hipótese em que resulta a morte da vítima;

h) **Plurissubsistentes** (a conduta pode ser fracionada);

i) **Condicionado** (por isso, não admite a tentativa);

j) **Tipo penal misto alternativo** (a realização de mais de um núcleo com o mesmo objeto material dá ensejo a crime único, e não a concurso de crimes);

k) De **dano** (a consumação enseja violação ao bem jurídico, e não mera exposição a perigo);

l) **Não transeunte** (o crime deixa vestígios);

m) **Doloso.**

2.14. Quadro sinótico

INDUZIMENTO, INSTIGAÇÃO OU AUXÍLIO A SUICÍDIO		
Considerações Iniciais	O suicídio consiste na destruição voluntária da própria vida. Por sua vez, a automutilação diz respeito à autodestruição da integridade física, sem que haja a intenção de dar fim à própria vida. Suicídio e automutilação, em si, são atípicos, pois não se pode punir condutas autolesivas.	1
Tipicidade Objetiva	As condutas típicas consistem em: **a) Induzir:** significa criar a ideia do suicídio da mente de outrem. **b) Instigar:** é incentivar o suicida a executar o ato, cuja intenção já existia. Equivale, portanto, a reforçar a ideia. **c) Prestar auxílio:** diz respeito aos préstimos dados, a ajuda material que o agente fornece à vítima. O crime do art. 122, CP é de **conteúdo variado** (crime de ação múltipla ou tipo penal misto), porquanto possui mais de um núcleo. Trata-se de **tipo penal misto alternativo**, ou seja, a realização de mais de uma conduta, no mesmo contexto e com o mesmo objeto material, dará ensejo a apenas um crime, e não a concurso de crimes.	2

44. Vale recordar que, para boa parcela da doutrina, o resultado naturalístico é condição objetiva de punibilidade e não consumação.

Sujeitos	O **sujeito passivo** pode ser qualquer pessoa que possua capacidade de autodeterminação, sob pena de restar caracterizado o homicídio ou lesão corporal. Os menores e os inimputáveis poderão ser vítimas do crime, desde que possuam capacidade de autodeterminação em relação ao extermínio da própria vida.	3
Objetos	O **objeto juridicamente tutelado** é a vida humana extrauterina e a integridade física. O **objeto material** é a pessoa, a vítima contra a qual o agente dirige a sua conduta delitiva, e que acaba por suicidar-se ou tentar o suicídio ou automutilação.	4
Elemento Subjetivo	O **elemento subjetivo** exigido pelo tipo penal é o dolo, pois se exige do agente a vontade consciente de produzir o resultado (morte do suicida). Não há previsão para a modalidade culposa.	5
Consumação e Tentativa	Consuma-se com a prática de qualquer das condutas. É possível a tentativa.	6
Ação Penal	A ação penal é de iniciativa pública incondicionada.	7
Qualificadoras Aumento de Pena	Os §§ 1º e 2º trazem modalidades qualificadas do crime. São elas: **a)** Se da automutilação ou da tentativa de suicídio resulta lesão corporal de natureza grave ou gravíssima, nos termos dos §§ 1º e 2º do art. 129 deste Código: **b)** Se o suicídio se consuma ou se da automutilação resulta morte: O art. 122, § 3º previu três situações – distribuídas em apenas dois incisos – nas quais as penas seriam duplicadas. Os §§ 4º e 5º também trouxeram causas de aumento de pena. São elas: **a)** Se o crime é praticado por motivo egoístico, torpe ou fútil (inciso I): **b)** Vítima menor (inciso II, primeira parte): **c)** Vítima tem diminuída, por qualquer causa, a capacidade de resistência: **d)** Rede mundial de computadores, redes sociais ou transmissão em tempo real. e) O agente é líder ou coordenador de grupo ou de rede virtual:	8
Vítima menor de 14 anos, com deficiência mental e sem discernimento	Não podem ser vítima do crime do art. 122, CP Menor de 14 (quatorze) anos: Por enfermidade ou deficiência mental não tem o necessário discernimento para a prática do ato; Por qualquer outra causa, não pode oferecer resistência.	9
Outras Questões	**Pacto de morte** — **a)** Se não há sobreviventes, não há relevância penal (mors omnia solvit); **b)** Se um deles sobrevive e não praticou ato de execução na morte do outro, será responsabilizado pelo crime do art. 122, CP; **c)** Se ambos sobrevivem, e nenhum praticou ato de execução em relação ao outro, ambos respondem pelo crime do art. 122, CP, desde que em ambos tenham sido produzidas lesões corporais de natureza grave; se apenas um	10.1

		deles sofre lesões corporais de natureza grave, o outro será responsabilizado. **d)** Se um deles sobrevive e praticou ato de execução em relação à morte do outro, será responsabilizado pelo crime de homicídio (art. 121, CP); Se ambos sobrevivem, mas um deles praticou atos de execução em relação ao outro, será responsabilizado pelo crime de homicídio tentado (art. 121, CP c/c art. 14, CP); se ambos sobrevivem e praticaram atos de execução um contra o outro, respondem ambos pelo crime de homicídio tentado. **e)** Se ambos sobrevivem, mas apenas um deles praticou ato de execução em relação ao outro, ele responderá pelo crime de homicídio tentado, ao passo que o outro responderá pelo crime do art. 122, CP desde que da tentativa de suicídio do primeiro tenha resultado lesões corporais graves.	10.1
	Roleta-russa	Aquele que participa dessa famigerada atividade estará induzindo (se deu a ideia) ou instigando (se aceitou) participar o suicídio daquele que efetivamente vier a óbito. Deste modo, o(s) sobrevivente(s) responderá(ão) pelo crime do art. 122, CP.	10.2
Penas	A pena para o crime, em sua modalidade simples é de reclusão de seis meses a dois anos. Assim: **a)** É possível a obtenção da transação penal; **b)** É possível a suspensão condicional do processo.		11
Classificação	**a) Comum** (pode ser praticado por qualquer pessoa); **b) Formal** (a consumação dispensa a produção de um resultado naturalístico); **c)** De forma **livre** (a Lei não estabelece exigência para a forma de execução); **d) Simples** (tutela apenas um bem jurídico); **e) Comissivo** (em regra) ou omissivo (quando ocorre omissão imprópria); **f) Unissubjetivo** (pode haver ou não concurso de pessoas); **g) Instantâneo** (conduta não se protrai no tempo) ou **Instantâneo de efeitos permanentes** (consuma-se de imediato, mas os efeitos se protraem no tempo), na hipótese em que resulta a morte da vítima; **h) Plurissubsistentes** (a conduta pode ser fracionada); **i) Condicionado** (por isso, não admite a tentativa); **j) Tipo penal misto alternativo** (a realização de mais de um núcleo com o mesmo objeto material dá ensejo a crime único, e não a concurso de crimes); **k) De dano** (a consumação enseja violação ao bem jurídico, e não mera exposição a perigo); **l) Não transeunte** (o crime deixa vestígios); **m) Doloso** (em regra).		12

2.15. Questões de Concursos Públicos

01. (IBADE - 2017 - PC-AC - Delegado de Polícia Civil) "O suicídio é um crime (assassínio) [...]. Aniquilar o sujeito da moralidade na própria pessoa é erradicar a existência da moralidade mesma do mundo, o máximo possível, ainda que a moralidade seja um fim em si mesma. Consequentemente, dispor de si mesmo como um mero meio para algum fim discricionário é rebaixar a humanidade na própria pessoa (homo noumenon), à qual o ser humano (homo phaenomenon) foi, todavia, confiado para preservação" (KANT, Immanuel, a Metafísica dos Costumes).

A extinção da própria vida já foi objeto de sancionamento penal em diversos países. Esclarece Galdino Siqueira (Tratado, tomo III, p. 68) que o direito romano punia com confisco de bens o ato de suicidar-se para fugir a uma acusação ou à pena por outro delito. A mesma pena foi aplicada em França. O confisco-segundo o autor-persistia na Inglaterra no início do século XX, desde que o suicídio não fosse efeito de uma desordem mental provada. Tendo por base o confisco de bens outrora pertencentes ao suicida - que tem herdeiros - como forma de punição penal, é correto afirmar que responsabilização de terceiros pela conduta de alguém viola o princípio penal, denominado:

(A) individualização judicial da pena.

(B) taxatividade

(C) intranscendência.

(D) ofensividade.

(E) inderrogabilidade.

02. (VUNESP - 2019 - TJ-AC - Juiz de Direito Substituto) No que se refere aos crimes contra a pessoa, é correto afirmar que

(A) o homicídio funcional é aquele delito praticado contra autoridade ou agente membro das forças armadas, policiais federais em geral, policiais civis ou militares, integrantes do sistema prisional e da Força Nacional de Segurança Pública, no exercício da função ou em decorrência dela, ou, ainda, contra seu cônjuge, companheiro ou parente até o segundo grau, em razão dessa condição, incidindo pena privativa de liberdade de doze a vinte anos de reclusão.

(B) a prática de feminicídio na presença de descendente, ascendente ou colateral da vítima implica no aumento da pena de um sexto a um terço.

(C) é incompatível o crime de homicídio simples tentado com o caráter hediondo.

(D) a pena é duplicada para crime de induzimento, instigação ou auxílio ao suicídio praticado contra vítima menor ou com diminuição da capacidade de resistência.

03. (VUNESP - 2018 - TJ-MT - Juiz Substituto) Em conversa reservada, José expõe a João o desejo de acabar com a própria vida, no que recebe o apoio e incentivo de João à empreitada. Posteriormente, José tenta se suicidar, mas é socorrido por sua mãe e sobrevive com lesões corporais leves. Considerando a situação hipotética, assinale a alternativa correta.

(A) João responderá por lesões corporais leves.

(B) João responderá por tentativa de instigação a suicídio.

(C) João responderá por tentativa de homicídio.

(D) João responderá por instigação a suicídio.

(E) João não responderá por crime por ser o fato atípico.

04. (INSTITUTO AOCP - 2019 - PC-ES - Investigador) Em relação aos crimes contra a pessoa, assinale a alternativa correta.

(A) Pratica o crime de lesão corporal de natureza grave, a pessoa que ofender a integridade corporal de outrem, causando-lhe incapacidade para as ocupações habituais, por dez dias.

(B) Não constitui injúria, difamação ou calúnia punível, a ofensa irrogada em juízo, na discussão da causa, pela parte ou por seu procurador.

(C) No homicídio doloso, a pena é aumentada de um terço se o crime resulta de inobservância de regra técnica de profissão, arte ou ofício, ou se o agente deixa de prestar imediato socorro à vítima, não procura diminuir as consequências do seu ato, ou foge para evitar prisão em flagrante.

(D) No delito de induzimento, instigação ou auxílio a suicídio, a pena é duplicada se o crime é praticado por motivo egoístico.

(E) Deve ser punido o aborto praticado por médico, ainda que não exista outro meio de salvar a vida da gestante.

05. (COPS- UEL - 2018 - PC-PR - Escrivão de Polícia) Acerca dos crimes contra a vida, assinale a alternativa correta.

(A) A pena do delito de induzimento, instigação ou auxílio a suicídio será aumentada se o crime for praticado por motivo egoístico ou se a vítima for menor ou tiver diminuída, por qualquer causa, a capacidade de resistência.

(B) Aquele que pratica homicídio mediante premeditação responde por crime de homicídio qualificado, por envolver justamente o planejamento prévio do delito contra a vida.

(C) Não se pune o aborto praticado por médico se não há outro meio de salvar a vida da gestante, desde que a conduta do médico seja precedida de consentimento da gestante ou, quando incapaz, de seu representante legal.

(D) No crime de homicídio, caberá a concessão do chamado perdão judicial se o agente praticou o delito impelido por motivo de relevante valor social ou moral, ou sob o domínio de violenta emoção, logo em seguida à injusta provocação da vítima.

(E) O agente que pratica o delito de homicídio contra a mulher responde pelo crime de homicídio qualificado pelo feminicídio, independentemente da motivação do crime e de possível relação afetiva entre o autor e a vítima.

06. (FCC - 2018 - Câmara Legislativa do Distrito Federal - Técnico Legislativo - Agente de Polícia Legislativa - Adaptada) De acordo com o que dispõe o Código Penal acerca dos crimes contra a vida e a integridade física, considere:

I. Induzir ou instigar alguém a suicidar-se ou prestar-lhe auxílio para que o faça somente será crime, em tese, se o suicídio se consumar ou, ainda, se da tentativa de suicídio resulta lesão corporal de natureza grave.

07. (CESPE - 2015 - STJ - Analista Judiciário - Administrativa (Segurança)) A respeito dos crimes contra a pessoa e o patrimônio, julgue o item que se segue.

Situação hipotética: Telma, sabendo que sua genitora, Júlia, apresentava sérios problemas mentais, que retiravam dela a capacidade de discernimento, e com o intuito de receber a herança decorrente de sua morte, induziu-a a cometer suicídio. Em decorrência da conduta de sua filha, Júlia cortou os próprios pulsos, mas, apesar das lesões corporais graves sofridas, ela não faleceu. Assertiva: Nessa situação, Telma cometeu o crime de induzimento, instigação ou auxílio a suicídio, na forma consumada.

( ) Certo

( ) Errado

08. (FUNCAB - 2014 - PC-RO - Delegado de Polícia Civil) Em relação aos crimes contra a vida, dispostos no Código Penal, é correto afirmar:

(A) No crime de induzimento, instigação ou auxílio a suicídio, disposto no artigo 122 do CP, a pena é duplicada se o crime é praticado por motivo egoístico.

(B) O Código Penal prevê o crime de aborto culposo.

(C) Se do induzimento, instigação ou auxílio ao suicídio resulta lesão corporal de natureza grave na vítima, a conduta daquele que induziu, instigou ou auxiliou a vítima a tentar se suicidar é atípica.

(D) Para a configuração da qualificadora do emprego de veneno no homicídio, disposta no artigo 121, § 2°, inciso III, primeira figura, do CP, não se exige que a vítima desconheça a circunstância de estar sendo envenenada.

(E) O crime de infanticídio, descrito no artigo 123 do CP, prevê também como típica a forma culposa desse delito.

09. (FCC - 2014 - TRT - 2ª REGIÃO (SP) - Técnico Judiciário - Segurança) De acordo com o Código Penal, o crime de induzimento, instigação ou auxílio a suicídio terá a pena duplicada se

I. o crime ocorrer por motivo egoístico.

II. a vítima for menor ou tiver diminuída, por qualquer causa, a capacidade de resistência.

III o suicídio se consumar.

IV. da tentativa de suicídio resultar lesão corporal de natureza grave.

Está correto o que se afirma APENAS em

(A) III e IV.

(B) II e IV.

(C) I e III.

(D) I e II.

(E) II e III.

10. (FCC - 2014 - DPE-RS - Defensor Público) Marcos e Rodrigo instigaram Juarez, que sofria de depressão, a cometer suicídio, pois, na condição de herdeiros do último, pretendiam a morte do mesmo por interesses econômicos. Ainda que Juarez tenha admitido firmemente a possibilidade de eliminar a própria vida, não praticou qualquer ato executório. Diante desse contexto, Marcos e Rodrigo

(A) poderiam ter a pena reduzida de 1/3 a 1/2, se a pretensão tivesse caráter humanitário, de piedade, e a morte tivesse se consumado.

(B) deverão responder por tentativa de homicídio, visto que a ideia de ambos era eliminar a vida de Juarez para posterior enriquecimento.

(C) serão responsabilizados pelo crime previsto no art. 122 do Código Penal, com redução da pena pelo fato de a vítima não ter atentado contra a própria vida, já que para a consumação do delito basta a mera conduta de instigar.

(D) não responderão pelo crime de instigação ao suicídio, pois não houve morte ou lesão corporal de natureza grave na vítima.

(E) responderiam por instigação ao suicídio, caso, no mínimo, Juarez atentasse contra a própria vida e tivesse ocasionado lesões corporais leves em seu corpo.

GABARITO: *As respostas destes testes encontram-se no final do livro.*

2.16. Questões Discursivas com Comentários

01. (XXVI Exame de Ordem Unificado - OAB - 2ª fase - 2018) Flávio está altamente sensibilizado com o fato de que sua namorada de infância faleceu. Breno, não mais aguentando ver Flávio sofrer, passa a incentivar o amigo a dar fim à própria vida, pois, assim, nas palavras de Breno, ele "novamente estaria junto do seu grande amor." Diante dos incentivos de Breno, Flávio resolve pular do seu apartamento, no 4º andar do prédio, mas vem a cair em um canteiro de flores, sofrendo apenas arranhões leves no braço. Descobertos os fatos, Breno é denunciado pela prática do crime previsto no Art. 122 do Código Penal, na forma consumada, já que ele incentivou Flávio a se suicidar. Recebida a denúncia, o juiz, perante a Vara Única da Comarca onde os fatos ocorreram, determina que seja observado o procedimento comum ordinário. Durante a instrução, todos os fatos anteriormente narrados são confirmados. Os autos são encaminhados para as partes para apresentação de alegações finais. A família de Breno procura você para, na condição de advogado(a), prestar os esclarecimentos a seguir.

A) O procedimento observado durante a ação penal em desfavor de Breno foi o adequado? Justifique. (Valor: 0,60)

B) Qual o argumento a ser apresentado pela defesa técnica para questionar a capitulação delitiva realizada pelo Ministério Público? Justifique. (Valor: 0,65)

Obs.: o(a) examinando(a) deve fundamentar as respostas. A mera citação do dispositivo legal não confere pontuação.

COMENTÁRIOS

A) Breno, *in casu*, fora denunciado pela prática do crime de instigação, induzimento ou auxílio ao suicídio consumado, previsto no Art. 122 do CP e que, por se encontrar no rol de crimes contra a vida e sendo doloso, deve ser julgado pelo Tribunal do Júri. Sendo assim, o procedimento comum ordinário, observado durante a ação penal em desfavor de Breno não foi adequado. Sendo assim, uma vez que trata-se de crime doloso contra a vida, deve ser observado o procedimento especial previsto nos Artigos 406 e seguintes do CPP.

B) O Art. 122 do CP dispõe que o agente só será punido pela prática do crime de instigação, induzimento ou auxílio ao suicídio no caso de o resultado morte se consumar ou se forem causadas lesões graves. Caso sejam causadas apenas lesões de natureza leve, ainda que tenha havido instigação ao suicídio, a conduta não será punível por opção do legislador, sequer havendo que se falar em tentativa na hipótese. Logo, no caso acima, caberia à defesa, para questionar a capitulação delitiva realizada pelo Ministério Público, argumentar que a conduta de Breno não é punível.

2.17. Questões para Treinar (sem comentários)

01. (MPE-PR – 2014 – MPE-PR – Promotor) Rapaz de 30 (trinta) anos, que não estuda, nem trabalha e convive com o genitor, diz-lhe, pela primeira vez, que quer se matar, sem condutas antecedentes que denunciassem tal intenção. O pai, que nunca cogitou matar o filho, sem falar nada, imediatamente antes de sair pela porta da casa e deixar o rapaz sozinho, entrega um frasco com veneno, que é ingerido pelo moço, que morre minutos depois:

(A) É caso de autoria mediata, respondendo o pai por homicídio comissivo por omissão, pois o filho encontra-se sob sua guarda;

(B) Trata-se de homicídio qualificado pelo emprego de veneno, com incidência da agravante de crime praticado contra descendente;

(C) O pai responderá por homicídio culposo, porque atuou com imprudência, violando dever objetivo de cuidado;

(D) O caso é atípico, pois a lei não pune o suicídio;

(E) O pai responderá por crime de auxílio ao suicídio, com incidência de agravante genérica de crime praticado contra descendente.

02. (CESPE – 2014 – Câmara dos Deputados – Analista Legislativo – Consultor Legislativo Área XXII) Julgue o item subsequente, a respeito dos crimes militares e dos delitos em espécie previstos na parte especial do Código Penal.

Se um fanático religioso conclamar, em TV aberta, que todos os espectadores cometam suicídio para salvar-se do juízo final, e se, estimuladas pelo entusiasmo do orador, várias pessoas cometerem suicídio, ter-se-á, nessa hipótese, a tipificação da prática, pelo fanático orador, do crime de induzimento ou instigação ao suicídio.

( ) Certo

( ) Errado

03. (Aroeira – 2014 – PC-TO – Agente de Polícia) No crime de induzimento, instigação ou auxílio a suicídio, a pena é duplicada se o crime é praticado

(A) por motivo egoístico

(B) com emprego de fogo.

(C) com emprego de veneno.

(D) por irmão da vítima.

04. (VUNESP – 2013 – PC-SP – Escrivão de Polícia Civil) O crime de induzimento, instigação ou auxílio a suicídio

(A) é punido com pena de detenção e multa.

(B) só se caracteriza se o suicídio se consuma ou se a vítima sofre lesão corporal de natureza grave.

(C) é punido com pena de detenção, apenas.

(D) tem a pena aumentada de metade se a vítima é menor.

(E) tem a pena aumentada de metade se o crime é praticado por motivo egoístico.

GABARITO: *As respostas destes testes encontram-se no final do livro.*

3. INFANTICÍDIO

Art. 123 – Matar, sob a influência do estado puerperal, o próprio filho, durante o parto ou logo após:

Pena – detenção, de dois a seis anos.

3.1. Considerações Iniciais

Etimologicamente, infanticídio remonta à expressão latina *infanticidium,* que significa matar criança. Historicamente, na antiguidade, era um crime punido com penas extremamente cruéis. Não havia abrandamento da pena em relação ao crime de homicídio. É apenas a partir de meados do século XVIII, por influência de filósofos jusnaturalistas, as legislações europeias começaram a ser alteradas para tratar o infanticídio como modalidade de homicídio privilegiado[45].

No Brasil, atualmente, nossa legislação trata o infanticídio como crime autônomo, e não como modalidade privilegiada do homicídio. A punição no infanticídio é bastante abrandada quando comparada com as penas previstas para o crime de homicídio. Para que reste caracterizado o infanticídio, é necessário que se façam presentes os seguintes requisitos:

a) Crime cometido pela mãe, contra o próprio filho;

b) Que a mãe se encontre sob a influência do estado puerperal

c) Que o crime ocorra durante ou logo após o parto.

3.2. Tipicidade Objetiva

A conduta consiste em "matar" (exterminar a vida humana extrauterina). Esta conduta recai sobre o próprio filho da parturiente.

3.3. Sujeitos

O sujeito ativo só pode ser a mãe que esteja sob a influência do estado puerperal. Trata-se, portanto, de crime **próprio.** E, justamente por se tratar de crime próprio, admite a coautoria e a participação. Tendo em vista que a mãe é garantidora do seu filho menor, admite-se a conduta por omissão imprópria; seria o exemplo em que a mãe, dolosamente, deixa de amamentar o recém-nascido.

O sujeito passivo é o próprio filho do sujeito ativo.

Pode acontecer de a mãe, por erro, matar outra criança, acreditando tratar-se do próprio filho. Basta imaginarmos que esta mãe se encontra ainda na maternidade e se dirige ao berçário para matar o próprio filho. Diante de tantos bebês, ela acaba por confundir a vítima e mata o filho de outra mulher. Neste caso, teríamos um infanticídio putativo, e estaríamos diante do instituto do erro sobre a pessoa (art. 20, §3º, CP).

Conforme as regras do art. 20, §3º, CP, o "O erro quanto à pessoa contra a qual o crime é praticado não isenta de pena. Não se consideram, neste caso, as condições ou qualidades da vítima, senão as da pessoa contra quem o agente queria praticar o crime".

Em resumo, a parturiente que, agindo sob a influência do estado puerperal, matar o filho de outra pessoa, acreditando tratar-se do próprio filho, deverá responder como se tivesse matado a pessoa que pretendia. Por isso, responderá pelo crime de infanticídio.

3.4. Objetos

Objeto juridicamente protegido é a vida humana extrauterina. Se já se iniciou o parto, é possível falarmos em infanticídio. Se, todavia, ainda não houve o início do parto,

45. HUMGRIA, Nelson. *Ob. cit.* p.235.

estaremos diante da vida humana intrauterina, não sendo possível este crime, mas sim os crimes de aborto (arts. 124 a 126, CP).

Objeto material é o neonato ou nascente.

3.5. Elemento Subjetivo

O elemento subjetivo exigido pelo tipo penal é o dolo, consistente na consciência e vontade de matar o próprio filho, influenciada pelo estado puerperal.

Não há previsão para a modalidade culposa.

Tema relevante diz respeito à questão em que a mãe, sob a influência do estado puerperal, durante ou logo após o parto, mata o próprio filho culposamente, como visto, não pode haver crime de infanticídio neste caso, pois não há previsão para a modalidade culposa. Haveria, então, fato típico em tal conduta? Sobre o tema, existem duas correntes de pensamento:

a) **Primeira corrente**: haverá crime de homicídio culposo (art. 121, §3º, CP), haja vista a mãe ter matado o filho culposamente. É o entendimento majoritário em doutrina[46].

b) **Segunda corrente**: é fato atípico, pois a previsibilidade objetiva que se exige na conduta culposa não pode ser alcançada pela parturiente que se encontra sob o estado puerperal[47].

Filiamo-nos à primeira corrente de pensamento. Com efeito, com as devidas vênias aos que se filiam à primeira corrente de pensamento, cremos que seria, no mínimo, um contrassenso asseverar que a parturiente não possui capacidade para aquilatar a previsibilidade objetiva que se espera do crime culposo, mas pode ser responsabilizada pela modalidade dolosa. Quando o legislador previu o crime de infanticídio, reconheceu que a parturiente sob a influência do estado puerperal possui capacidade cognitiva reduzida. Mas há a capacidade cognitiva. Se assim não fosse, não seria passível de punição.

Por óbvio, se, à luz do caso concreto, percebe-se que a parturiente encontra-se em avançado grau de enfermidade mental, poderia ser reconhecida a inimputabilidade por doença mental, a que se refere o art. 26, CP[48]. Mas isto dependerá se uma análise do caso concreto, não se podendo asseverar, *a priori*, que não se lhe pode imputar responsabilidade penal por crime culposo.

3.6. Consumação e Tentativa

A consumação ocorre com a morte do neonato ou nascente. Se a vítima for natimorto não restará tipificada a conduta, por absoluta impropriedade do objeto.

A tentativa é possível.

---

46. Nesse sentido, por todos, GRECO, Rogério. *Ob. cit., v. II.*, p.118.
47. Nesse sentido, por todos, MASSON, Cléber. *Ob. cit., v. II*, p.67.
48. GRECO, Rogério. *Ob. cit., v. II.*, p.118.

3.7. Ação Penal

A ação penal é de iniciativa pública incondicionada.

3.8. Estado Puerperal

É comum a confusão, mesmo entre os estudiosos do tema, entre os conceitos de puerpério e de estado puerperal. Devemos, contudo, envidar esforços para estabelecer a distinção entre os institutos.

Puerpério corresponde ao lapso de tempo em que ocorrem alterações hormonais, biológicas, na gestante. Mais precisamente, é "o período que vai do deslocamento e expulsão da placenta até a volta do organismo materno à condições pré-gravídicas"[49]. Pela definição, conseguimos perceber que toda gestante passa pelo puerpério, pois todas estão sujeitas às alterações hormonais produzidas pela gestação.

Por seu turno, estado puerperal consiste na diminuição da capacidade psíquica produzida pelo puerpério. Esta alteração psicológica não atinge todas as gestantes e mesmo naquelas que se encontram sujeitas a ela, o grau de intensidade é bastante variado. A despeito disso, tem prevalecido o entendimento no sentido de ser desnecessária a perícia para constatar do estado puerperal, havendo uma presunção de que a gestante a ele está submetida[50]. Em sentido diametralmente oposto, há quem entenda, no âmbito da ciência médica, que o estado puerperal sequer existe, sendo mera ficção jurídica[51].

Costuma-se apontar o lapso de tempo que varia de seis a oito semanas para a identificação do puerpério. E como o estado puerperal decorre do puerpério, é razoável compreendermos que este será, também, o tempo médio para a sua caracterização. Este prazo não se encontra revestido de caráter absoluto, razão pela qual, no caso concreto, por óbvio, poderemos ter situação em que o estado puerperal perdure para além das oito semanas ou que fique aquém das seis semanas.

O estado puerperal não constitui, *a priori*, doença mental nem desenvolvimento mental incompleto ou retardado. Por esta razão, a parturiente sob a influência do estado puerperal não é considerada inimputável (art. 26, CP). A diminuição da capacidade psíquica da gestante já é levada em consideração pelo legislador, quando previu o considerável abrandamento da pena do infanticídio, quando comparada com o homicídio.

No caso concreto, contudo, será possível constatar que o estado puerperal se encontra em grau tão avançado, que já constitui uma enfermidade mental ou perturbação da saúde mental, sendo possível falar em inimputabilidade ou semi-imputabilidade da parturiente. Neste ponto, vale recordar que as enfermidades mentais podem possui caráter permanente ou transitório.

---

49. COSTA Jr. Paulo José da. *Curso de Direito Penal.* 10.ed. São Paulo, Saraiva, 2009, p.315.
50. MASSON, Cléber. *Direito Penal Esquematizado: parte especial, vol. II,* 7. Ed. São Paulo: Método, 2015, p.66.
51. Discorrendo sobre o tema, BUSATO, Paulo César. *Direito Penal: parte especial I.* São Paulo: Atlas, 2014, p. 79.

3.9. Concurso de Pessoas no Infanticídio

É possível falar em concurso de pessoas no crime de infanticídio. E isto se aplica tanto à modalidade coautoria quanto à modalidade participação.

Imaginemos o seguinte exemplo: uma mãe, logo após o parto e sob a influência do estado puerperal, dirige-se ao berçário para matar o seu filho. No caminho, encontra uma enfermeira, que a pergunta para onde está indo. A mãe responde que irá ao berçário com a intenção de matar seu filho. Prontamente, a enfermeira a acompanha, oferecendo-lhe um bisturi, para servir de instrumento para o crime, que foi devidamente utilizado pela parturiente.

Não há dúvidas que a mãe responderá pelo crime de infanticídio (art. 123, CP). Mas e a enfermeira? Responderá por infanticídio (art. 123, CP) ou por homicídio (art. 121, CP)?

Conforme a regra do art. 30, CP, a condição pessoal da mãe (parturiente sob a influência do estado puerperal) deve se comunicar à enfermeira, pois elementar do crime de infanticídio (art. 123, CP). Por essa razão, também, a enfermeira seria responsabilizada por esse crime. Isso, obviamente, tendo em conta que a enfermeira conhecia essa condição de caráter pessoal.

Em sede doutrinária, Hungria chegou a sustentar a tese de que existiria condição de natureza personalíssima. Desse modo, essa condição não poderia se comunicar aos demais agentes, ainda que constituíssem elementar do crime. Não se poderia aplicar, por isso, a regra do art. 30, CP. Ao suscitar essa tese, Hungria estava tratando da questão envolvendo o estado puerperal no crime de infanticídio (art. 123, CP).

Vale registrar que o próprio Hungria voltou atrás em seu entendimento. Com efeito, em edições posteriores de sua magnífica obra *Comentários ao Código Penal*, Hungria passou a entender que a regra do art. 30, CP deveria ser aplicada também na hipótese do infanticídio, pois a nossa legislação não estabeleceu diferença entre condição pessoal e condição personalíssima.

3.10. Infanticídio e circunstâncias agravantes

Em se tratando de infanticídio não será possível a incidência das circunstâncias agravantes previstas no Código Penal, em seu art. 61, II, *e*, segunda parte (crime contra descendente) e art. 61, II, *h*, primeira parte (crime praticado contra criança). E isto porque, como resta evidente, tais circunstâncias são elementares do crime de infanticídio, que pressupõe a conduta voltada contra o próprio filho (descendente) que é neonato ou nascente (criança).

A incidência das agravantes, nestes casos, constituiria *bis in idem*. Ademais, o próprio art. 61, CP deixa claro que não caberá a aplicação das circunstâncias agravantes quando elas "constituem ou qualificam o crime". No caso em questão, as circunstâncias "constituem" o crime de infanticídio.

3.11. Penas

A pena para o crime, em sua modalidade simples é de detenção de dois a seis anos. A partir desta constatação, podemos concluir que:

a) Não é possível a obtenção da transação penal (art. 76 da Lei n. 9.099/95), pois não se trata de infração penal de menor potencial ofensivo (a pena máxima supera o patamar de dois anos de privação de liberdade).

b) Não é possível a suspensão condicional do processo (*sursis* processual), pois a pena mínima ultrapassa um ano (art. 89 da Lei n. 9.099/95).

c) Não é possível a substituição da pena privativa de liberdade por pena restritiva de direitos, pois a trata-se de crime praticado mediante violência.

3.12. Classificação

O crime de infanticídio pode ser classificado como:

a) **Próprio** (exige qualidade pessoal do agente, mas admite a coautoria);

b) **Material** (a consumação exige a produção de um resultado naturalístico);

c) De **forma livre** (a Lei não estabelece exigência para a forma de execução);

d) **Simples** (tutela apenas um bem jurídico);

e) **Comissivo** (em regra) **ou omissivo** (quando ocorre omissão imprópria);

f) **Unissubjetivo** (pode haver ou não concurso de pessoas);

g) **Instantâneo de efeitos permanentes** (consuma-se de imediato, mas os efeitos se protraem no tempo);

h) **Plurissubsistentes** (a conduta pode ser fracionada, e por isso admite a tentativa);

i) De **dano** (a consumação enseja violação ao bem jurídico, e não mera exposição a perigo);

j) **Não transeunte** (o crime deixa vestígios);

k) **Doloso.**

3.13. Quadro Sinótico

INFANTICÍDIO		
Considerações Iniciais	Etimologicamente, infanticídio remonta à expressão latina *infanticidium*, que significa matar criança. No Brasil, atualmente, nossa legislação trata o infanticídio como crime autônomo, e não como modalidade privilegiada do homicídio. A punição no infanticídio é bastante abrandada quando comparada com as penas previstas para o crime de homicídio. para que reste caracterizado o infanticídio, é necessário que se façam presentes os seguintes requisitos: **a)** Crime cometido pela mãe, contra o próprio filho; **b)** Que a mãe se encontre sob a influência do estado puerperal; **c)** Que o crime ocorra durante ou logo após o parto.	1
Tipicidade Objetiva	A conduta consiste em "matar" (exterminar a vida humana extrauterina). Esta conduta recai sobre o próprio filho da parturiente.	2

Sujeitos	O **sujeito ativo** só pode ser a mãe que esteja sob a influência do estado puerperal. Trata-se, portanto, de crime próprio. E, justamente por se tratar de crime próprio, admite a coautoria e a participação. O **sujeito passivo** é o próprio filho do sujeito ativo.	3
Objetos	O **objeto juridicamente protegido** é a vida humana extrauterina. **Objeto material** é o neonato ou nascente.	4
Elemento Subjetivo	O **elemento subjetivo** exigido pelo tipo penal é o dolo, consistente na consciência e vontade de matar o próprio filho, influenciada pelo estado puerperal.	5
Consumação e Tentativa	A consumação ocorre com a morte do neonato ou nascente. A tentativa é possível.	6
Ação Penal	A ação penal é de iniciativa pública incondicionada.	7
Estado Puerperal	**Puerpério** corresponde ao lapso de tempo em que ocorrem alterações hormonais, biológicas, na gestante. Mais precisamente, é "o período que vai do deslocamento e expulsão da placenta até a volta do organismo materno à condições pré-gravídicas". Por seu turno, **estado puerperal** consiste na diminuição da capacidade psíquica produzida pelo puerpério.	8
Concurso de Pessoas no Infanticídio	É possível falar em concurso de pessoas no crime de infanticídio. E isto se aplica tanto à modalidade coautoria quanto à modalidade participação.	9
Infanticídio e Circunstâncias Agravantes	Em se tratando de infanticídio não será possível a incidência das circunstâncias agravantes previstas no Código Penal, em seu art. 61, II, e, segunda parte (crime contra descendente) e art. 61, II, h, primeira parte (crime praticado contra criança), tendo em vista que tais circunstâncias são elementares do crime de infanticídio.	10
Penas	A pena para o crime, em sua modalidade simples é de detenção de dois a seis anos. Logo: **a)** Não é possível a obtenção da transação penal; **b)** Não é possível a suspensão condicional do processo; **c)** Não é possível a substituição da pena privativa de liberdade por pena restritiva de direitos.	11
Classificação	**a) Próprio** (exige qualidade pessoal do agente, mas admite a coautoria); **b) Material** (a consumação exige a produção de um resultado naturalístico); **c)** De forma **livre** (a Lei não estabelece exigência para a forma de execução); **d) Simples** (tutela apenas um bem jurídico); **e) Comissivo** (em regra) ou **omissivo** (quando ocorre omissão imprópria); **f) Unissubjetivo** (pode haver ou não concurso de pessoas); **g) Instantâneo de efeitos permanentes** (consuma-se de imediato, mas os efeitos se protraem no tempo); **h) Plurissubsistentes** (a conduta pode ser fracionada, e por isso admite a tentativa); **i) De dano** (a consumação enseja violação ao bem jurídico, e não mera exposição a perigo); **j) Não transeunte** (o crime deixa vestígios); **k) Doloso.**	12

3.14. Questões de Concursos Públicos

01. (FUNDATEC - 2018 - PC-RS - Escrivão e de Inspetor de Polícia - Tarde) Dos crimes contra a pessoa, destacam-se aqueles que eliminam a vida humana, considerada o bem jurídico mais importante do homem, razão de ser de todos os demais interesses tutelados, merecendo inaugurar a parte especial do nosso Diploma Penal. Considerando os crimes contra a vida, assinale a alternativa INCORRETA.

(A) A vida é tratada nesse tópico tanto na forma intra (biológica) quanto extrauterina, protegendo-se, desse modo, o produto da concepção (esperança de homem) e a pessoa humana vivente.

(B) O dolo do homicídio pode ser direto (o agente quer o resultado) ou eventual (o agente assume o risco de produzi-lo).

(C) A Lei nº 13.104/2015 inseriu o inciso VI no art. 121 do Código Penal: o feminicídio, entendido como a morte de mulher em razão da condição do sexo feminino (leia-se, violência de gênero quanto ao sexo).

(D) Infanticídio, segundo dispõe o Diploma Penal Brasileiro, é matar o próprio filho independentemente da condição fisiopsicológica do sujeito ativo.

(E) Três são as formas de praticar o induzimento, instigação ou auxílio ao suicídio: nas duas primeiras hipóteses (induzimento e instigação), temos a participação moral; já na última (auxílio), material.

02. (IBADE - 2017 - PC-AC - Escrivão de Polícia Civil) Abigail, depois de iniciado parto caseiro, mas antes de completá-lo, sob influência do estado puerperal, mata o próprio filho. Abigail praticou crime de:

(A) consentimento para o aborto

(B) homicídio

(C) homicídio qualificado.

(D) infanticídio.

(E) autoaborto.

03. (CESPE - 2012 - PEFOCE - Médico - Perito Legista) Julgue o item seguinte, relativos a puerpério e infanticídio.

O crime de infanticídio é caracterizado pela exposição ou pelo abandono de recém-nascido pela mãe, movida pelo estado puerperal, para ocultar a desonra própria.

( ) Certo

( ) Errado

04. (FCC - 2016 - AL-MS - Agente de Polícia Legislativo) Micaela, de 19 anos de idade, após manter um relacionamento ocasional com Rodrigo, de 40 anos de idade, acaba engravidando. Após esconder a gestação durante meses de sua família e ser desprezada por Rodrigo, que disse que não assumiria qualquer responsabilidade pela criança, Micaela entra em trabalho de parto durante a 40ª semana de gestação em sua residência e sem pedir qualquer auxílio aos familiares que ali estavam, acaba parindo no banheiro do imóvel. A criança do sexo masculino nasce com vida e Micaela, agindo ainda sob efeito do estado puerperal, corta o cordão umbilical e coloca o recém-nascido dentro de um saco plástico, jogando-o no lixo da rua. O bebê entra em óbito cerca de duas horas depois. Neste caso, à luz do Código Penal, Micaela cometeu crime de

(A) homicídio culposo.

(B) homicídio doloso.

(C) aborto.

(D) lesão corporal seguida de morte.

(E) infanticídio.

05. (FUNCAB - 2014 - SSP-SE - Papiloscopista) Quanto ao crime de infanticídio, é correto o que se afirma na alternativa:

(A) Se a mãe não quis ou assumiu o risco da morte do filho, não se configura crime de infanticídio, em qualquer das formas, eis que inexiste para o crime de infanticídio forma culposa.

(B) É um crime comum, de perigo, formal, plurissubjetivo, comissivo, instantâneo de efeitos permanentes, complexo.

(C) É sujeito passivo, no crime de infanticídio, a mãe que mata o próprio filho durante ou logo após o parto sob a influência do estado puerperal e, sujeito ativo, seu próprio filho.

(D) Pratica o crime de infanticídio a mãe que mata o óvulo fecundado após a nidação, o embrião ou o feto sob a influência do estado puerperal.

(E) O estado puerperal pode durar muito tempo, portanto, a mãe que mata seu próprio filho uma semana após o parto, estando, ainda, sob a influência do estado puerperal, pratica o crime de infanticídio.

06. **(MPDFT - 2013 - MPDFT - Promotor de Justiça) Assinale o item CORRETO:**

(A) Há homicídio privilegiado quando o agente atua sob influência de violenta emoção, provocada por ato injusto da vítima.

(B) Responde por induzimento ao suicídio o agente que se vale da insanidade da vítima para convencê-la a tirar a própria vida.

(C) Verifica-se infanticídio putativo quando a mãe, sob influência de estado puerperal e logo após o parto, mata o neonato de outrem, supondo ser o próprio filho.

(D) A constatação de areia no interior das vias respiratórias da vítima fatal é incompatível com o homicídio qualificado pela asfixia.

(E) No autoaborto, o estado puerperal absorve a situação de perturbação de saúde mental que retira parcialmente à mãe a capacidade de culpabilidade.

07. **(FUNCAB - 2013 - PC-ES - Escrivão de Polícia) Maria, que estava sob a influência do estado puerperal, em face de ter acabado de dar à luz, estando sonolenta pela medicação que lhe fora ministrada, ao revirar na cama, acabou sufocando seu filho, que se encontrava ao seu lado na cama, matando-o. Logo, Maria:**

(A) deverá responder pelo crime de homicídio doloso.

(B) deverá responder pelo crime de homicídio culposo.

(C) deverá responder pelo crime de infanticídio doloso.

(D) deverá responder pelo crime de infanticídio culposo.

(E) não deverá responder por crime algum, pois foi um acidente.

08. **(IBADE - 2017 - PC-AC - Auxiliar de Necropsia) Abigail, depois de iniciado parto caseiro, mas antes de completá-lo, sob influência do estado puerperal, mata o próprio filho. Abigail praticou crime de:**

(A) infanticídio.

(B) homicídio qualificado.

(C) homicídio.

(D) consentimento para o aborto

(E) autoaborto.

***GABARITO:** As respostas destes testes encontram-se no final do livro.*

4. ABORTO

ABORTO PROVOCADO PELA GESTANTE OU COM SEU CONSENTIMENTO

Art. 124 - Provocar aborto em si mesma ou consentir que outrem lho provoque:

Pena - detenção, de um a três anos.

ABORTO PROVOCADO POR TERCEIRO

Art. 125 - Provocar aborto, sem o consentimento da gestante:

Pena - reclusão, de três a dez anos.

Art. 126 - Provocar aborto com o consentimento da gestante:

Pena - reclusão, de um a quatro anos.

Parágrafo único. Aplica-se a pena do artigo anterior, se a gestante não é maior de quatorze anos, ou é alienada ou débil mental, ou se o consentimento é obtido mediante fraude, grave ameaça ou violência.

FORMA QUALIFICADA

Art. 127 - As penas cominadas nos dois artigos anteriores são aumentadas de um terço, se, em consequência do aborto ou dos meios empregados para provocá-lo, a gestante sofre lesão corporal de natureza grave; e são duplicadas, se, por qualquer dessas causas, lhe sobrevém a morte.

ABORTO NECESSÁRIO E ABORTO NO CASO DE GRAVIDEZ RESULTANTE DE ESTUPRO

Art. 128 - Não se pune o aborto praticado por médico:

Aborto Necessário

I - se não há outro meio de salvar a vida da gestante;

Aborto no Caso de Gravidez Resultante de Estupro

II - se a gravidez resulta de estupro e o Aborto é precedido de consentimento da gestante ou, quando incapaz, de seu representante legal.

4.1. Considerações Iniciais

Aborto é a interrupção fisiológica da gestação antes do período de maturidade do feto. Para que seja considerado criminoso, necessário que tal interrupção seja voluntária, porquanto não se admite a modalidade culposa.

A criminalização do aborto é um dos temas mais polêmicos em sede de política criminal, atualmente. Alguns países caminham para uma progressiva legalização das práticas abortivas, invocando argumentos relativos à saúde pública e às mazelas produzidas pelo proibicionismo, mormente aqueles que dizem respeito a elevados índices de mortandade de mulheres que são submetidas a práticas clandestinas. De outro lado, os contrários ao aborto contrapõem o fato de que o feto constitui vida humana intrauterina, que também merece a tutela jurídica. Na atual sistemática do nosso Código Penal, temos que o aborto é, em regra, proibido e, excepcionalmente, permitido.

O Código Penal tratou das condutas que dizem respeito ao aborto entre seus arts. 124 e 128. Neste primeiro artigo, o legislador tratou das condutas perpetradas pela gestante, incluindo o aborto por ela provocado ou com o seu consentimento. O art. 125 trata do aborto provocado por terceiro sem o consentimento da gestante e o art. 126 do aborto provocado por terceiro com o seu consentimento. O art. 127 dispõe sobre "forma qualificada" do aborto e o art. 128 enumera as modalidades de aborto consentidas em nossa legislação.

O processo de gestação para fins penais tem início a partir do 14º (décimo quarto) dia após a fecundação, período conhecido como *nidação*, e o seu termo final é o início do parto, razão pela qual, ocorrendo morte do nascente, a conduta poderá ser tipificada como homicídio ou infanticídio.

Ainda na seara da classificação do aborto, temos as figuras do aborto ovular, praticado até a 8ª semana da gestação; o aborto embrionário, praticado até a 15ª semana da gestação; e o aborto fetal, praticado após a 15ª semana de gestação. Em consonância com a doutrina, aborto é crime não importando a etapa da gestação, bastando, conforme visto no parágrafo anterior, que tenha ocorrido a *nidação*. Não obstante, faz-se oportuno registrar a recente decisão emanada do STF, que desconsiderou a natureza criminosa do abortamento praticado com o consentimento da gestante no primeiro trimestre da gestação, conforme abordaremos adiante.

4.2. Tipicidade Objetiva

Quando falamos em aborto, temos três modalidades distintas de crimes:

a) Aborto provocado pela gestante ou com o seu consentimento (art. 124, CP);

b) Aborto provocado por terceiro sem o consentimento da gestante (art. 125, CP);

c) Aborto provocado por terceiro com o consentimento da gestante (art. 126, CP).

Em todos os casos, a conduta consiste em "provocar aborto". Trata-se de crime de forma livre, razão pela qual poderemos ter aborto provocado por meios físicos (ingestão de medicamentos com efeitos abortivos, intervenção cirúrgica, golpes no ventre materno etc) ou psíquicos (provocar quadros depressivos, excessivamente estressante etc). Ademais, admite-se a modalidade comissiva e também a omissão imprópria, já que a mãe é a garantidora da vida humana intrauterina do feto.

4.3. Sujeitos

Sujeito ativo no crime do art. 124, CP é a gestante. Trata-se de **crime de mão própria,** pois somente a gestante poderá provocar o aborto ou consentir que outro lha provoque. Esta conduta não admite a coautoria, mas apenas a participação.

Por outro lado, nos crimes do art. 125 e 126, ambos do Código Penal, qualquer pessoa pode ser sujeito ativo. São, portanto, **crimes comuns**.

Sujeito passivo é o feto, titular do bem jurídico "vida humana intrauterina". Este é o entendimento largamente majoritário em doutrina[52]. Há, contudo, quem entenda que o feto não poderia titularizar bem jurídico, que seria titularizado pela coletividade. Já que o feto é o sujeito passivo, devemos concluir que, se a gestação for de gêmeos, teremos concurso de crimes, na medida em que existem dois bens jurídicos e duas vítimas distintas.

No crime de aborto provocado por terceiro sem o consentimento da gestante (art. 125, CP), além do feto, teremos como sujeito passivo a gestante.

---

52. Neste sentido, por todos, BITENCOURT, Cézar Roberto. *Tratado de Direito Penal: parte especial, v. 2.* 15. ed. São Paulo: Saraiva, 2015, p.169.

4.4. Objetos

Objeto jurídico nos crimes do art. 124, CP (aborto provocado pela gestante ou com o seu consentimento) e 126, CP (aborto provocado por terceiro com o consentimento da gestante) é a **vida humana intrauterina**. No crime do art. 125, CP (aborto provocado por terceiro sem o consentimento da gestante), além da vida humana intrauterina, protege-se a integridade física e psíquica da gestante.

Objeto material é o feto, abrangendo todos os estágios da vida humana intrauterina. No crime do art. 125, CP, a gestante também é objeto material.

É necessária a prova da gravidez, para que reste comprovada a existência do crime. Mais que isto, é necessário que se demonstre que havia vida humana intrauterina, pois se, por exemplo, o feto já se encontrava morto no útero materno, a conduta tendente a promover a sua expulsão não poderá ser configurada como crime. Ademais, para que tenhamos o crime é imprescindível que o feto esteja alojado no útero. Não haverá que se falar em aborto, por exemplo, na situação em que se destrói um tubo de ensaio que continha óvulo fertilizado *in vitro*[53].

4.5. Elemento Subjetivo

O elemento subjetivo exigido pelo tipo penal é o dolo, direto ou eventual, pois se exige do agente em todos os tipos penais que descrevem o aborto, a vontade inequívoca de querer dar fim à vida que se desenvolve no interior uterino.

Não há previsão para a modalidade culposa.

Pode acontecer de alguém provocar culposamente o aborto na gestante. Neste caso, responderá apenas pelo crime de lesão corporal culposa (art. 129, §6º, CP).

4.6. Consumação e Tentativa

Consuma-se o crime quando o agente efetivamente mata o ser proveniente da fecundação. Trata-se de crime de forma livre. A morte não precisa se dar fora do corpo da mãe, pode ser configurado o crime ainda que não seja expelido pela gestante ou retirado de seu corpo.

A tentativa é possível. Da tentativa de aborto, podem decorrer as seguintes situações:

a) O feto não é expulso e sobrevive: teremos o crime de aborto tentado;

b) O feto é expulso e sobrevive: neste caso, teremos o crime de aborto tentado. Se, contudo, a intenção do agente era a de lesionar a gestante, teremos o crime de lesão corporal grave em virtude da aceleração do parto (art. 129, §1º, IV, CP).

c) O feto é expulso com vida e o agente mata-o com nova conduta: neste caso, teremos o crime de aborto tentado em concurso material com o crime de homicídio (ou infanticídio se a agente for a mãe e se encontrar sob a influência do estado puerperal).

53. MASSON, Cléber. *Direito Penal Esquematizado: parte especial, vol. II,* 7. Ed. São Paulo: Método, 2015, p.70.

d) O feto é expulso com vida e morre em seguida, sem nova conduta do agente: neste caso, teremos crime de aborto consumado[54].

4.7. Ação Penal

A ação penal é de iniciativa pública incondicionada em todas as modalidades do crime.

4.8. Crimes de aborto em espécie

São três as modalidades de crimes de aborto:

a) Aborto provocado pela gestante ou com o seu consentimento (art. 124, CP);

b) Aborto provocado por terceiro sem o consentimento da gestante (art. 125, CP);

c) Aborto provocado por terceiro com o consentimento da gestante (art. 126, CP).

Passemos ao estudo de cada uma dessas modalidades, de forma individualizada.

4.8.1. *Aborto provocado pela gestante ou com o seu consentimento (art. 124, CP)*

O art. 124, CP traz o crime de aborto provocado pela gestante ou com o sem consentimento. A pena prevista é de detenção, de um a três anos. Tendo em vista que a pena mínima não ultrapassa um ano, é cabível a suspensão condicional do processo, nos termos do art. 89, Lei n. 9.099/95.

No tipo penal do art. 124, CP, temos duas condutas que podem ser praticadas pela gestante. São as seguintes:

a) **Aborto provocado pela gestante:** nesta primeira situação, teríamos a situação em que a própria gestante pratica a conduta. Isto pode acontecer, por exemplo, quando a gestante ingere alguma substância abortiva, atenta contra o próprio corpo desferindo golpes ou, simplesmente, deixa de adotar as cautelas tendentes à preservação da gestação.

Nesta modalidade, trata-se de crime de mão própria, pois somente a gestante poderá praticá-lo, não se podendo falar em coautoria. Caberia, como ocorre nos crimes de mão própria, a participação delitiva. Seria responsabilizado, por exemplo, o pai da criança que induz ou instiga a gestante a assim agir ou a pessoa que lhe entrega o medicamento de efeitos abortivos, ciente da pretensão da gestante.

Pode acontecer de o procedimento ensejar a lesão corporal de natureza grave ou a morte da gestante. Se assim for e não existir partícipe, tais consequências serão atípicas, haja vista não se poder criminalizar as condutas autolesivas. Se, contudo, houver partícipe, ele deverá ser responsabilizado pelos crimes de lesão corporal culposa (art. 129, §6º, CP) ou homicídio culposo (art. 121, §3º, CP), respectivamente. Importante anotar que o partícipe desse exemplo não seria responsabilizado com fundamento no art. 127, CP, pois este dispositivo legal não se aplica aos casos do art. 124, CP.

54. O STJ já decidiu, contudo, que, neste caso, teríamos o crime de homicídio consumado (STJ, HC 85.298/MG, Sexta Turma, rel. Min. Marilza Maynard (Des. conv. do TJ/SE) julgado em 06/02/2014.

b) Consentimento da gestante para que outra pessoa lhe provoque o aborto: nesta segunda hipótese contida no art. 124, CP, a gestante consente que outra pessoa lhe provoque o aborto. É o que ocorre, por exemplo, quando a gestante procura uma clínica clandestina e se submete a uma intervenção cirúrgica abortiva. O terceiro que provocar o aborto deverá ser responsabilizado pelo crime do art. 126, CP (aborto provocado por terceiro com o consentimento da gestante).

Trata-se de uma exceção estabelecida pelo nosso Código Penal à teoria monista (ou unitária), de acordo com a qual todos que concorrem pela pratica criminosa deveriam responder pelo mesmo crime, na medida da sua culpabilidade (art. 29, CP). Em um caso como este, como percebemos, a lei penal optou pela responsabilização da gestante e do terceiro por tipos penais distintos.

Trata-se de crime de mão própria, ou seja, somente a gestante poderá manifestar tal consentimento. Não há que se falar em coautoria, embora caiba a participação, que poderá se verificar quando, por exemplo, alguém induziu ou instigou a gestante a consentir. O consentimento da gestante não será considerado válido se ela for menor de catorze anos, alienada ou débil mental ou se o consentimento for obtido mediante fraude, grave ameaça ou violência (art. 126, parágrafo único, CP). Em qualquer desses casos, a gestante não será autora do crime do art. 124, CP, mas sim vítima do crime do art. 125, CP (aborto provocado por terceiro sem o consentimento da gestante), juntamente com o feto.

4.8.2. *Aborto provocado por terceiro sem o consentimento da gestante (art. 125, CP)*

No crime do art. 125, CP, ocorre o aborto provocado sem o consentimento da gestante. Neste caso, temos um crime de **dupla subjetividade passiva,** pois serão vítimas o feto e também a grávida. Equipara-se à ausência de consentimento, o consentimento manifestado pela gestante menor de quatorze anos, alienada ou débil mental, ou se o consentimento é obtido mediante fraude, grave ameaça ou violência.

4.8.3. *Aborto provocado por terceiro com o consentimento da gestante (art. 126, CP)*

Ao comentarmos a conduta descrita no art. 124, CP (aborto provocado pela própria gestante ou com o seu consentimento), asseveramos que o legislador excepcionou a teoria monista, de acordo com a qual todos deveriam ser responsabilizados pelo mesmo crime. E, com efeito, na situação em que a gestante consente que outra pessoa lhe provoque o aborto, essa outra pessoa será responsabilizada pelo crime do art. 126, CP (com pena de reclusão, de um a quatro anos), ao passo que a gestante estará incursa nas penas do art. 124, CP (com pena de detenção, de um a três anos).

Tendo em vista que a pena mínima não ultrapassa um ano, é cabível a suspensão condicional do processo, nos termos do art. 89, Lei n. 9.099/95.

Para que o terceiro incorra no crime do art. 126, CP, o consentimento da gestante deve ser válido, destituído das máculas da fraude, violência, grave ameaça. Também não poderá ser prestado por pessoa menor de quatorze anos. É necessário que o consentimento da gestante subsista por todo o procedimento. Não haverá que se falar em consentimento se, por exemplo, a gestante muda de ideia, informa isto ao terceiro, e ele prossegue mesmo assim na sua conduta.

Da mesma forma que o crime praticado pela gestante (art. 124, CP) admite a participação, o crime do art. 126, CP também admite. Basta imaginarmos a conduta de funcionários que laboram em uma clínica clandestina de abortos, sabendo disso. Ora, estão prestando auxílio às pessoas que, efetivamente, estão provocando os abortos.

4.9. Forma Qualificada

Sob o título de "forma qualificada", dispõe o art. 127, CP: "As penas cominadas nos dois artigos anteriores são aumentadas de um terço, se, em consequência do aborto ou dos meios empregados para provocá-lo, a gestante sofre lesão corporal de natureza grave; e são duplicadas, se, por qualquer dessas causas, lhe sobrevém a morte".

Como se vê, em que pese o Código Penal empregar a expressão "forma qualificada", o dispositivo não trata de qualificadoras do crime de aborto, mas sim de **causas de aumento de pena**, porquanto as penas em abstrato não foram elevadas. O que ocorre é, tão-somente, a incidência de uma majorante sobre os patamares de pena já previstos.

As causas de aumento de pena do art. 127 não se aplicam ao crime do art. 124, CP (aborto provocado pela gestante ou com o seu consentimento). E isto porque as consequências que ensejam a exasperação da pena recaem sobre a própria gestante, que não poderia ter, por essa razão, a pena majorada. Afinal de contas, não se pode punir as condutas autolesivas.

4.10. Aborto Permitido

O nosso Código Penal previu, em seu art. 128, duas modalidades de aborto permitido: aborto necessário (art. 128, I, CP) e aborto sentimental (art. 128, II, CP). Nos dois casos, o Código Penal exige que a conduta seja praticada por médico. Além desses casos, o STF tem admitido o aborto quando o feto possui anencefalia e também já admitiu o aborto quando realizado até o terceiro mês de gestação. Vejamos cada uma dessas hipóteses.

4.10.1. *Aborto necessário (art. 128, I, CP)*

Não se pune o aborto praticado por médico se não há outro meio de salvar a vida da gestante (art. 128, I, CP). É o chamado **aborto necessário, terapêutico ou profilático.** Trata-se, à toda evidência, de um caso de estado de necessidade previsto na parte especial do Código Penal.

Para que se faça presente a hipótese, é necessário, portanto, que a gravidez gere risco de vida para a gestante, e que não haja outra forma de salvar a sua vida. Se houver alternativa, não será permitido o aborto. Não é necessário que o risco à vida seja atual - ao contrário do que se exige para o estado de necessidade previsto no art. 24, CP, em que o perito deve ser atual -, bastando que seja real, efetivo.

Não há necessidade de autorização judicial para a realização do aborto, pois a permissão já deriva da própria lei. Em muitos casos, aliás, sequer haveria tempo hábil para se buscar tal autorização. De igual sorte, o médico não depende da autorização da gestante, pois a vida é bem jurídico indisponível, não sendo válida eventual manifestação de vontade da gestante no sentido de que se lhe sacrifique a própria vida.

O que acontece se o aborto necessário for praticado por alguém que não seja médico? Uma enfermeira, parteira experiente ou qualquer outra pessoa que tenha condições de identificar o risco de vida à gestante? Sobre o tema, duas correntes doutrinárias se posicionam:

a) **Primeira corrente:** caberia uma analogia *in bonam partem*, de modo que a enfermeira, parteira ou outra pessoa seria equiparada a médico, permitindo-se, portanto, o aborto. É o entendimento, por exemplo, de Rogério Greco[55]. Perfilhamos esse entendimento, pois a possibilidade de analogia benéfica ao réu é sobejamente admitida no âmbito penal.

b) **Segunda corrente:** deveremos observar as regras do estado de necessidade, contidas no art. 24, CP, de modo que, se o perigo à vida da gestante for atual, teremos a excludente de ilicitude; caso não o seja, não estará evidenciada a excludente, não se podendo falar em aborto permitido. Neste sentido, por exemplo, Cléber Masson[56].

4.10.2. *Aborto no caso de gravidez resultante de estupro (art. 128, II, CP)*

Trata-se de aborto conhecido como **sentimental**. Na hipótese em que a gravidez resulta do estupro, é permitido o aborto praticado por médico, desde que haja o consentimento da gestante ou, quando incapaz, do seu representante legal. É imprescindível que o consentimento seja manifestado sem fraude, violência ou grave ameaça. Se ocorrer qualquer dessas situações ou o consentimento for dado por gestante menor de quatorze anos, será inválido, e o responsável pelo aborto incidirá nas penas do crime do art. 125, CP.

Em se tratando de estupro de vulnerável (art. 217-A, CP), também seria possível o aborto. Neste caso, não há previsão em lei - até porque à época da redação do art. 128, CP, não existia o crime de estupro de vulnerável, que somente passou a integra a nossa legislação penal com o advento da Lei n. 12.015/09 -, mas caberia o aborto, haja vista a possibilidade de analogia *in bonam partem*.

Da mesma forma que acontece com o aborto necessário, nesta modalidade de aborto também não se exige autorização judicial. Esta é uma confusão muito recorrente, porque, muitas vezes, profissionais de saúde recusam-se a realizar o procedimento abortivo sem referida autorização. Contudo, a autorização é dada pela própria Lei. Basta que o profissional de saúde tenha a certeza de que se trata de que se trata de gravidez proveniente de estupro, o que pode ser demonstrado, por exemplo, por laudo médico.

55. GRECO, Rogério. *Ob. cit.*, p.147.

56. MASSON, Cléber. *Direito Penal Esquematizado: parte especial, vol. II*, 7. Ed. São Paulo: Método, 2015, p.84.

O que aconteceria se o médico incorresse em erro acerca da existência do estupro? Neste caso, ele não seria responsabilizado, pois estaria em erro de tipo, que excluiria o dolo de sua conduta. Como não existe modalidade culposa para o crime de aborto, a conduta do médico seria atípica. Se alguém levou o médico a erro intencionalmente, responderá pelo crime de aborto, em sua modalidade de autoria mediata, pois terá utilizado terceiro como instrumento para a prática do crime.

O que aconteceria se uma pessoa que não fosse médico provocasse o aborto quando a gravidez resulta do estupro? Reconhecemos que, neste caso, há uma maior resistência da doutrina em admitir a analogia *in bonam partem*. Não vemos razão para tal resistência. Se uma parteira realiza o aborto em tais condições, temos uma situação fática que muito se assemelha à hipótese permitida pela Lei. É evidente que a legislação exige que o aborto seja praticado por médico para salvaguardar a vida e saúde da gestante. Mas nada impede que a aplicação analógica venha a socorrer aqueles que não exercem tal profissão e praticaram o aborto nas mesmas condições, isto é, quando há uma gravidez resultante de estupro.

E o que aconteceria se, em um caso como este, o aborto fosse praticado pela própria gestante? De igual sorte, caberia a analogia benéfica ao réu, de modo que se poderíamos falar em aborto permitido. De toda sorte, quem não admite a analogia *in bonam partem* neste caso, acaba por reconhecer que a gestante seria beneficiada pela excludente de culpabilidade consistente na causa supralegal de inexigibilidade de conduta diversa[57].

4.10.3. *Aborto do feto com anencefalia*

Anencefalia consiste em uma má formação do tubo neural, caracterizada pela ausência parcial ou total do encéfalo. Como se vê, a despeito do que sugere a expressão, a anencefalia não pressupõe a total ausência do encéfalo. Atualmente, a ciência considera não haver possibilidade de sobrevivência do feto com anencefalia.

O Supremo Tribunal Federal, no julgamento da Arguição de Descumprimento de Preceito Fundamental n. 54[58], ajuizada pela Confederação Nacional de Trabalhadores na Saúde (CNTS), entendeu ser inconstitucional a interpretação segundo a qual a interrupção da gravidez de feto anencéfalo seria conduta tipificada nos arts. 124, 125 e 126, CP. Por outras palavras, o STF admitiu mais uma possibilidade aborto, que ocorreria em caso de feto com anencefalia. Em verdade, o STF nem faz menção a aborto, em tais casos - haja vista a impossibilidade de sobrevida para o feto - mas sim em antecipação terapêutica do parto.

De forma mais clara, para o STF, os anencéfalos são **natimortos cerebrais.** Ante a certeza da impossibilidade de sobrevivência extrauterina, os fetos anencéfalos não titularizariam o direito à vida. Compelir as gestantes a suportar a gravidez até o final, possuindo a certeza da impossibilidade de sobrevivência do feto afrontaria a dignidade humana e outros direitos da gestante, como a liberdade, saúde, autodeterminação etc.

57. Reconhecendo a inexigibilidade de conduta diversa, MASSON, Cléber. *Direito Penal Esquematizado: parte especial, vol. II,* 7. Ed. São Paulo: Método, 2015, p.84.
58. STF, ADPF 54/DF, Tribunal Pleno, rel. Min. Marco Aurélio, julgado em 11 e 12/04/2012.

4.11. Outras Questões

4.11.1. *Aborto de feto até a 12º semana de gestação*

Pende de julgamento, no âmbito do Supremo Tribunal Federal, a Arguição de Descumprimento de Preceito Fundamental n. 442[59], em que o Partido Socialismo e Liberdade (PSoL) pede o reconhecimento da atipicidade da conduta consistente no aborto do feto até a 12ª semana de gestação. Esta tese, inclusive, já foi acolhida pela Primeira Turma do STF, no julgamento do Habeas Corpus n. 124.306[60].

4.11.2. *Aborto econômico*

Considera-se aborto econômico (social ou miserável) aquele praticado por questões relacionadas à penúria material. No Brasil, não há previsão para a excludente de ilicitude por conta de tais dificuldades materiais. À luz do caso concreto, caberá ao julgador aferir se se tratava de hipótese que pudesse ser enquadrada no estado de necessidade (art. 24, CP).

4.11.3. *Aborto e a Lei de Contravenções Penais*

Conforme estipulado no art. 20 do Decreto-Lei n. 3.688/41 (Lei de Contravenções Penais), constitui contravenção penal o ato de "Anunciar processo, substância ou objeto destinado a provocar aborto".

4.12. Penas

As penas para as modalidades de aborto são de detenção de um a três anos (art. 124, CP), reclusão de três a dez anos (art. 125, CP) e de reclusão de um a quatro anos (art. 126, CP). A partir de tal constatação, podemos concluir que:

a) Não é possível a obtenção da transação penal (art. 76 da Lei n. 9.099/95), pois não se trata de infração penal de menor potencial ofensivo (a pena máxima supera o patamar de dois anos de privação de liberdade).

b) É possível a suspensão condicional do processo (*sursis* processual), pois a pena mínima não ultrapassa um ano (art. 89 da Lei n. 9.099/95), nas condutas previstas no art. 124 (aborto praticado pela gestante ou com o seu consentimento) e 126 (aborto praticado por terceiro com o consentimento da gestante).

---

59. STF, ADPF/DF, Tribunal Pleno, rel. Min. Rosa Weber.

60. STF, HC 124.306/RJ, rel. orig. Min. Marco Aurélio, red. p/ ac. Min. Roberto Barroso, julgado em 29/11/2016.

4.13. Classificação

O crime de aborto pode ser classificado como:

a) **Comum** (pode ser praticado por qualquer pessoa), nos casos dos arts. 125, CP e 126, CP e de **mão própria** (não admite a coautoria), no caso art. 124, CP;
b) **Material** (a consumação exige a produção de um resultado naturalístico);
c) De **forma livre** (a Lei não estabelece exigência para a forma de execução);
d) **Simples** (tutela apenas um bem jurídico);
e) **Comissivo** (em regra) **ou omissivo** (quando ocorre omissão imprópria);
f) **Unissubjetivo** (pode haver ou não concurso de pessoas);
g) **Instantâneo de efeitos permanentes** (consuma-se de imediato, mas os efeitos se protraem no tempo);
h) **Plurissubsistentes** (a conduta pode ser fracionada, e por isso admite a tentativa);
i) De **dano** (a consumação enseja violação ao bem jurídico, e não mera exposição a perigo);
j) **Não transeunte** (o crime deixa vestígios);
k) **Doloso** (em regra).

4.14. Quadro Sinótico

ABORTO		
Considerações Iniciais	**Aborto** é a interrupção fisiológica da gestação antes do período de maturidade do feto. Para que seja considerado criminoso, necessário que tal interrupção seja voluntária, porquanto não se admite a modalidade culposa. Na atual sistemática do nosso Código Penal, temos que o aborto é, em regra, proibido e, excepcionalmente, permitido. O processo de gestação para fins penais tem início a partir do 14º (décimo quarto) dia após a fecundação, período conhecido como **nidação**, e o seu termo final é o início do parto. Em consonância com a doutrina, aborto é crime não importando a etapa da gestação, bastando que tenha ocorrido a nidação.	1
Tipicidade Objetiva	Quando falamos em aborto, temos três modalidades distintas de crimes: **a)** Aborto provocado pela gestante ou com o seu consentimento (art. 124, CP); **b)** Aborto provocado por terceiro sem o consentimento da gestante (art. 125, CP); **c)** Aborto provocado por terceiro com o consentimento da gestante (art. 126, CP). Em todos os casos, a conduta consiste em "provocar aborto". Trata-se de crime de **forma livre**, razão pela qual poderemos ter aborto provocado por **meios físicos ou psíquicos**. Ademais, admite-se a modalidade **comissiva** e também a **omissão imprópria**.	2

<table>
<tr><td>Sujeitos</td><td colspan="2">Sujeito ativo no crime do art. 124, CP é a gestante. Esta conduta não admite a coautoria, mas apenas a participação. Por outro lado, nos crimes do art. 125 e 126, ambos do Código Penal, qualquer pessoa pode ser sujeito ativo.
Sujeito passivo é o feto, titular do bem jurídico "vida humana intrauterina". No crime de aborto provocado por terceiro sem o consentimento da gestante (art. 125, CP), além do feto, teremos como sujeito passivo a gestante.</td><td>3</td></tr>
<tr><td>Objetos</td><td colspan="2">Objeto jurídico nos crimes do art. 124, CP (aborto provocado pela gestante ou com o seu consentimento) e 126, CP (aborto provocado por terceiro com o consentimento da gestante) é a vida humana intrauterina. No crime do art. 125, CP (aborto provocado por terceiro sem o consentimento da gestante), além da vida humana intrauterina, protege-se a integridade física e psíquica da gestante.
Objeto material é o feto, abrangendo todos os estágios da vida humana intrauterina. No crime do art. 125, CP, a gestante também é objeto material.</td><td>4</td></tr>
<tr><td>Elemento Subjetivo</td><td colspan="2">O elemento subjetivo exigido pelo tipo penal é o dolo, direto ou eventual, pois se exige do agente em todos os tipos penais que descrevem o aborto, a vontade inequívoca de querer dar fim à vida que se desenvolve no interior uterino.</td><td>5</td></tr>
<tr><td>Consumação e Tentativa</td><td colspan="2">Consuma-se o crime quando o agente efetivamente mata o ser proveniente da fecundação. Trata-se de crime de forma livre. A morte não precisa se dar fora do corpo da mãe, pode ser configurado o crime ainda que não seja expelido pela gestante ou retirado de seu corpo.
A tentativa é possível.</td><td>6</td></tr>
<tr><td>Ação Penal</td><td colspan="2">A ação penal é de iniciativa pública incondicionada em todas as modalidades do crime.</td><td>7</td></tr>
<tr><td rowspan="3">Crimes de Aborto em espécie</td><td>Aborto provocado pela gestante ou com o seu consentimento (art. 124, CP)</td><td>No tipo penal do art. 124, CP, temos duas condutas que podem ser praticadas pela gestante. São as seguintes:
a) Aborto provocado pela gestante;
b) Consentimento da gestante para que outra pessoa lhe provoque o aborto.</td><td>8.1</td></tr>
<tr><td>Aborto provocado por terceiro sem o consentimento da gestante (art. 125, CP)</td><td>Neste caso, temos um crime de dupla subjetividade passiva, pois serão vítimas o feto e também a grávida.</td><td>8.2</td></tr>
<tr><td>Aborto provocado por terceiro com o consentimento da gestante (art. 126, CP)</td><td>Para que o terceiro incorra no crime do art. 126, CP, o consentimento da gestante deve ser válido, destituído das máculas da fraude, violência, grave ameaça. Também não poderá ser prestado por pessoa menor de quatorze anos. É necessário que o</td><td>8.3</td></tr>
</table>

		consentimento da gestante subsista por todo o procedimento. Da mesma forma que o crime praticado pela gestante (art. 124, CP) admite a participação, o crime do art. 126, CP também admite.	
Forma Qualificada	Sob o título de "forma qualificada", dispõe o art. 127, CP: "As penas cominadas nos dois artigos anteriores são aumentadas de um terço, se, em consequência do aborto ou dos meios empregados para provocá-lo, a gestante sofre lesão corporal de natureza grave; e são duplicadas, se, por qualquer dessas causas, lhe sobrevém a morte".		9
Aborto Permitido	**Aborto necessário (art. 128, I, CP)**	Não se pune o aborto praticado por médico se não há outro meio de salvar a vida da gestante (art. 128, I, CP). É o chamado aborto necessário, terapêutico ou profilático. Trata-se, à toda evidência, de um caso de estado de necessidade previsto na parte especial do Código Penal.	10.1
Aborto Permitido	**Aborto no caso de gravidez resultante de estupro (art. 128, II, CP)**	Trata-se de aborto conhecido como sentimental. Na hipótese em que a gravidez resulta do estupro, é permitido o aborto praticado por médico, desde que haja o consentimento da gestante ou, quando incapaz, do seu representante legal. Em se tratando de estupro de vulnerável (art. 217-A, CP), também seria possível o aborto. Da mesma forma que acontece com o aborto necessário, nesta modalidade de aborto também não se exige autorização judicial.	10.2
	Aborto do feto com anencefalia	Para o STF, os anencéfalos são natimortos cerebrais. Ante a certeza da impossibilidade de sobrevivência extrauterina, os fetos anencéfalos não titularizariam o direito à vida. Compelir as gestantes a suportar a gravidez até o final, possuindo a certeza da impossibilidade de sobrevivência do feto afrontaria a dignidade humana e outros direitos da gestante, como a liberdade, saúde, autodeterminação etc.	10.3

Outras Questões	**Aborto de feto até a 12º semana de gestação**	Pende de julgamento, no âmbito do Supremo Tribunal Federal, a Arguição de Descumprimento de Preceito Fundamental n. 442, em que o Partido Socialismo e Liberdade (PSoL) pede o reconhecimento da atipicidade da conduta consistente no aborto do feto até a 12ª semana de gestação.	11.1
	Aborto econômico	No Brasil, não há previsão para a excludente de ilicitude por conta de tais dificuldades materiais.	11.2
	Aborto e a Lei de Contravenções Penais	Conforme estipulado no art. 20 do Decreto-Lei n. 3.688/41 (Lei de Contravenções Penais), constitui contravenção penal o ato de "Anunciar processo, substância ou objeto destinado a provocar aborto".	11.3
Penas	As penas para as modalidades de aborto são de detenção de um a três anos (art. 124, CP), reclusão de três a dez anos (art. 125, CP) e de reclusão de um a quatro anos (art. 126, CP).		12
Classificação	a) **Comum** (pode ser praticado por qualquer pessoa), nos casos dos arts. 125, CP e 126, CP e de mão própria (não admite a coautoria), no caso art. 124, CP; b) **Material** (a consumação exige a produção de um resultado naturalístico); c) De **forma livre** (a Lei não estabelece exigência para a forma de execução); d) **Simples** (tutela apenas um bem jurídico); e) **Comissivo** (em regra) ou **omissivo** (quando ocorre omissão imprópria); f) **Unissubjetivo** (pode haver ou não concurso de pessoas); g) **Instantâneo de efeitos permanentes** (consuma-se de imediato, mas os efeitos se protraem no tempo); h) **Plurissubsistentes** (a conduta pode ser fracionada, e por isso admite a tentativa); i) **De dano** (a consumação enseja violação ao bem jurídico, e não mera exposição a perigo); j) **Não transeunte** (o crime deixa vestígios); k) **Doloso** (em regra).		12

4.15. Questões de Concursos Públicos

01. (FUNDEP (Gestão de Concursos) - 2018 - MPE-MG - Promotor de Justiça Substituto) Gleicilene, jovem simples de 20 anos de idade, preocupada com o atraso de seu ciclo menstrual e receosa por um estado de gestação indesejada, passou em um laboratório clínico e submeteu-se a exame sanguíneo a fim de que pudesse confirmar suas suspeitas, tendo o resultado sido prometido para a manhã seguinte. Entretanto, impaciente e tensa que estava, Gleicilene foi a uma farmácia e adquiriu um kit de teste

gravídico e, chegando em casa, submeteu-se à experiência. Desesperou-se diante da reação química que, em princípio, indicava gravidez. Preocupada, procurou um indivíduo de quem adquiriu medicação abortiva com o escopo de praticar auto-aborto, tendo ingerido duas drágeas à noite. No outro dia, logo de manhã, ela deambulou até o laboratório e apanhou o resultado do exame de sangue que revelou que não havia nenhuma gravidez. Foi realizada contraprova que ratificou a ausência de gestação. Do ponto de vista do Direito Penal, pode-se dizer que Gleicilene incorreu em:

(A) Delito putativo por erro de proibição.

(B) Erro de tipo invencível.

(C) Erro de proibição indireto.

(D) Delito putativo por erro de tipo.

02. (Instituto Acesso - 2019 - PC-ES - Delegado de Polícia) Ana, após realizar exame médico, descobriu estar grávida. Estando convicta de que a gravidez se deu em decorrência da prática de relação sexual extraconjugal que manteve com Pedro, seu colega de faculdade, e temendo por seu matrimônio decidiu por si só que iria praticar um aborto. A jovem comunicou a Pedro que estava grávida e pretendia realizar um aborto em uma clínica clandestina. Pedro, por sua vez, procurou Robson, colega que cursava medicina, e o convenceu a praticar o aborto em Ana. Assim, alguns dias depois de combinar com Pedro, Robson encontrou Ana e realizou o procedimento de aborto.

Sobre a questão apresentada, é correto afirmar que a conduta de Ana se amolda ao crime previsto no

(A) art. 124, segunda parte, do Código Penal (consentimento para o aborto). Robson, por sua vez, tem sua conduta subsumida ao crime previsto no art. 126, do Código Penal (aborto provocado por terceiro com consentimento). Já Pedro responderá como partícipe no crime de Robson.

(B) art. 124, segunda parte, do Código Penal (consentimento para o aborto). Robson, por sua vez, tem sua conduta subsumida ao crime previsto no art. 124, segunda parte, do Código Penal. Já Pedro responderá como partícipe no crime de Ana.

(C) art. 125, segunda parte, do Código Penal (consentimento para o aborto). Robson, por sua vez, tem sua conduta subsumida ao crime previsto no art. 124 do Código Penal (aborto provocado por terceiro sem consentimento). Já Pedro responderá como partícipe no crime de Robson.

(D) art. 124, primeira parte, do Código Penal (autoaborto). Robson, por sua vez, tem sua conduta subsumida ao crime previsto no art. 126 do Código Penal (aborto provocado por terceiro com consentimento). Já Pedro responderá como partícipe no crime de Ana.

(E) art. 126, primeira parte, do Código Penal (autoaborto). Robson, por sua vez, tem sua conduta subsumida ao crime previsto no art. 124 do Código Penal (aborto provocado por terceiro com consentimento). Já Pedro responderá como participe no crime de Ana.

03. (CESPE - 2018 - PC-MA - Investigador de Polícia) Admite a modalidade tentada o crime de

(A) instigação ao suicídio sem resultado lesivo.

(B) aborto.

(C) lesão corporal culposa.

(D) omissão de socorro.

(E) difamação cometida verbalmente.

04. (FCC - 2017 - TST - Técnico Judiciário - Segurança Judiciária) Mariana, menor de 13 anos, grávida de 2 meses, pretende realizar aborto por não desejar a criança, uma vez que não sabe quem é o pai do bebê concebido. Maridete, parteira conhecida da família de Mariana, realiza o aborto com autorização da menor. A conduta de Maridete, ao provocar o aborto, é passível de pena de

(A) detenção de um a quatro anos.

(B) detenção de três a dez anos.

(C) reclusão de três a dez anos.

(D) reclusão de um a três anos.

(E) reclusão de quinze a vinte anos.

05. (FUNCAB - 2015 - PC-AC - Perito Criminal - Análises de Sistemas) Nei Santos, jovem de família conservadora, toma conhecimento de que sua noiva Ana Silva, com quem está prestes a casar, se encontra no segundo mês de gravidez. Preocupado em não decepcionar seus familiares, Nei faz de tudo para convencer Ana a realizar o aborto. Para tanto, orienta-a a procurar uma conhecida clínica clandestina situada próximo a sua residência. O procedimento abortivo realizado pelo cirurgião Carlos Quintão, provoca em Ana uma lesão leve (pequena escoriação), em face de seu comportamento negligente. Indique o(s)

crime(s) praticado(s) por Nei, Ana e Carlos, respectivamente:

(A) consentimento para o aborto, consentimento para o aborto e aborto praticado por terceiro com consentimento da gestante, em concurso material de crimes com o delito de lesão corporal leve.

(B) autoaborto, aborto praticado por terceiro com consentimento, em concurso de crimes com o delito de lesão corporal e aborto praticado por terceiro com consentimento, em concurso formal de crimes com o delito de lesão grave em sentido estrito.

(C) consentimento para o aborto, aborto provocado por terceiro com consentimento especialmente agravado e aborto provocado por terceiro com consentimento da gestante em concurso material com lesão corporal de natureza leve.

(D) autoaborto, aborto provocado por terceiro com consentimento da gestante e aborto provocado por terceiro com consentimento da gestante em concurso material com lesão corporal de natureza leve.

(E) consentimento para o aborto, consentimento para o aborto e aborto provocado por terceiro

06. **(VUNESP - 2016 - TJ-RJ - Juiz Substituto) A anencefalia, de acordo com entendimento jurisprudencial do Supremo Tribunal Federal, no julgamento da ADPF (arguição de descumprimento de preceito fundamental), ajuizada pela Confederação dos Trabalhadores na Saúde - CNTS, sob relatoria do Ministro Marco Aurélio de Mello:**

(A) não qualifica direito da gestante de submeter-se à antecipação terapêutica de parto sob pena de o contrário implicar pronunciamento da inconstitucionalidade abstrata dos artigos 124, 126 e 128, I e II, do Código Penal, e, via de consequência, a descriminalização do aborto.

(B) permite a antecipação terapêutica do parto, com proteção à vida da mãe, a exemplo do aborto sentimental, que tem por finalidade preservar a higidez física e psíquica da mulher, conclusão que configura interpretação do Código Penal de acordo com a Constituição Federal, orientada pelos preceitos que garantem o Estado laico, a dignidade da pessoa humana, o direito à vida e a proteção à autonomia, da liberdade, da privacidade e da saúde.

(C) não dispensa autorização judicial prévia ou qualquer forma de autorização do Estado para a antecipação terapêutica do parto, implicando ajustamento dos envolvidos nas condutas típicas descritas pelos artigos 124, 126 e 128, I e II, do Código Penal, com vistas à proteção do direito à vida.

(D) estendeu a desnecessidade de autorização judicial prévia ou qualquer forma de autorização do Estado para a antecipação terapêutica do parto, no aborto sentimental ou humanitário, decorrente da gravidez em caso de estupro, em respeito aos princípios da moral razoável e da dignidade da pessoa humana.

(E) porque há vida a ser protegida, implica a subsunção da conduta dos envolvidos no procedimento de antecipação terapêutica do parto aos tipos de aborto previstos no Estatuto Repressivo, dependendo da qualidade do agente que o praticou ou permitiu a sua prática.

07. **(CESPE - 2015 - DPE-RN - Defensor Público Substituto) Dalva, em período gestacional, foi informada de que seu bebê sofria de anencefalia, diagnóstico confirmado por laudos médicos. Após ter certeza da irreversibilidade da situação, Dalva, mesmo sem estar correndo risco de morte, pediu aos médicos que interrompessem sua gravidez, o que foi feito logo em seguida.**

Nessa situação hipotética, de acordo com a jurisprudência do STF, a interrupção da gravidez

(A) deve ser interpretada como conduta atípica e, portanto, não criminosa.

(B) deveria ter sido autorizada pela justiça para não configurar crime.

(C) é isenta de punição por ter ocorrido em situação de aborto necessário.

(D) configurou crime de aborto praticado por Dalva.

(E) configurou crime de aborto praticado pelos médicos com consentimento da gestante.

08. **(MPE-SP - 2013 - MPE-SP - Promotor de Justiça Substituto) A Suprema Corte tratou do tema antecipação do parto ou interrupção da gravidez na ADPF 54 em que foi postulada a interpretação dos arts. 124 e 126 do Código Penal - autoaborto e aborto com o consentimento da gestante - em conformidade com a Constituição Federal, quando fosse caso de feto anencéfalo. Após julgar procedente a ação, o Colendo Tribunal declarou que a ocorrência de anencefalia nos dispositivos invocados provoca a**

(A) exclusão da antijuridicidade.

(B) exclusão da tipicidade.

(C) exclusão do concurso de crimes.

(D) aplicação de perdão judicial.

(E) inexigibilidade de conduta diversa.

09. **(VUNESP - 2014 - PC-SP - Delegado de Polícia) "X" recebe recomendação médica para ficar de repouso, caso contrário, poderia sofrer um aborto. Ocorre que "X" precisa trabalhar e não consegue fazer o repouso desejado e, por essa razão, acaba expelindo o feto, que não sobrevive.**

Em tese, "X"

(A) não praticou crime algum.

(B) praticou o crime de aborto doloso.

(C) praticou o crime de aborto culposo.

(D) praticou o crime de lesão corporal qualificada pela aceleração do parto.

(E) praticou o crime de desobediência.

10. **(FGV - 2014 - DPE-RJ - Técnico Superior Jurídico) No que toca ao delito de aborto e seus permissivos legais, é correto afirmar que:**

(A) não é admissível na legislação pátria, diante do direito à vida consagrado na Constituição da República.

(B) é amplamente admissível na legislação pátria, diante da supremacia da disposição da mulher sobre seu corpo.

(C) é excepcionalmente admissível na legislação pátria, no caso de aborto terapêutico ou aborto humanitário (ou piedoso).

(D) é excepcionalmente admissível na legislação pátria, no caso de aborto eugênico ou aborto humanitário (ou piedoso).

(E) é amplamente admissível na legislação pátria, em razão de questões de política de saúde pública, mesmo sem o consentimento da gestante.

GABARITO: *As respostas destes testes encontram-se no final do livro.*

4.16. Questões para Treinar (sem comentários)

01. **(FCC - 2019 - DPE-SP - Defensor Público) Uma mulher, no primeiro mês de gestação de uma gravidez indesejada, procura orientação jurídica na Defensoria Pública a respeito da possibilidade de realização de aborto. Nesse contexto, analise as assertivas abaixo:**

I. Não há o que ser feito, do ponto de vista jurídico, uma vez que a Constituição Federal de 1988 garante a inviolabilidade do direito à vida, e o aborto, fora dos permissivos do Código Penal, é crime no Brasil.

II. Aguardar o julgamento, pelo Supremo Tribunal Federal, da ADPF 442, que se for julgada procedente irá considerar constitucional a realização do aborto, permitindo a sua realização até o primeiro trimestre de gestação para todas as mulheres. Caso ela insista numa ação imediata, requerer a realização do aborto no âmbito da ADPF 442 junto ao Supremo, pois a questão se encontra sub judice.

III. Explicar as hipóteses previstas no Código Penal e pela interpretação do STF (ADPF 54), nas quais o aborto não é punido, e que está pendente de julgamento no STF a ADPF 442, que busca dar interpretação conforme a Constituição aos artigos 124 e 126 do Código Penal, a fim de que se declare a sua não recepção parcial, para excluir do seu âmbito de incidência a interrupção da gestação indesejada e voluntária realizada nas primeiras 12 semanas.

IV. Esclarecer que há um precedente na decisão proferida no HC 124.306/RJ, julgado pelo STF, em que não se manteve prisão preventiva de réus que respondiam criminalmente pela prática de aborto por se considerar fato não típico por violação da Constituição (direitos fundamentais das mulheres à vida, à liberdade, à integridade física e psicológica, à igualdade de gênero, à autonomia, à saúde e ao planejamento familiar) e da regra da proporcionalidade, o que viabilizaria a impetração em favor dela de um habeas corpus preventivo com os mesmos fundamentos.

A orientação correta a ser dada nessa situação é a que compreende APENAS a(s) assertiva(s):

(A) II e III.

(B) III e IV.

(C) I e IV.

(D) I e III.

(E) III.

02. (IBADE - 2017 - PC-AC - Escrivão de Polícia Civil) Terêncio, em razão da condição de sexo feminino, efetua disparo de arma de fogo contra sua esposa Efigênia, perceptivelmente grávida, todavia atingindo, por falta de habilidade no manejo da arma, Nereu, um vizinho, que morre imediatamente. Desconsiderando os tipos penais previstos no Estatuto do Desarmamento e levando em conta apenas as informações contidas no enunciado, é correto afirmar que Terêncio praticou crime(s) de:

(A) homicídio culposo, feminicídio majorado, na forma tentada, e aborto, na forma tentada.

(B) aborto, na forma tentada, e feminicidio majorado.

(C) homicídio culposo e aborto, na forma tentada.

(D) feminicídio majorado.

(E) aborto, na forma tentada, e homicídio

03. (MPE-RS - 2017 - MPE-RS - Promotor de Justiça - Reaplicação) Darlan, apaixonado por outra, decidiu matar sua mulher, Amélia. Mesmo sabendo que ela estava grávida de seis meses, não se deixou dissuadir do intuito homicida, até porque também não queria o nascimento do filho desta união. Com o uso de uma faca de churrasco, golpeou-a por várias vezes em seu abdômen. Pensando que a tivesse matado, imediatamente fugiu do local, o que permitiu aos vizinhos, alertados pelos gritos de Amélia, socorrê-la e levá-la a um hospital, pois, em que pese a violência do ataque, a mulher sobreviveu. Mas, infelizmente, ela não resistiu aos ferimentos e morreu pouco depois de ter entrado na sala de atendimento hospitalar. O médico que a atendeu, Dr. José, percebeu que o feto ainda vivia, apesar da morte da mãe, e imediatamente realizou cesariana. A criança foi retirada do claustro materno com vida, mas também não sobreviveu mais de cinco minutos.

Com base no caso descrito acima, assinale com V (verdadeiro) ou com F (falso) as seguintes afirmações.

( ) Ocorreram dois crimes dolosos contra a vida, homicídio e aborto consumados, aplicando-se as respectivas penas conforme a regra estabelecida pelo Código Penal para o concurso material de crimes.

( ) Ocorreram dois crimes dolosos contra a vida, homicídio consumado e aborto tentado, uma vez que o feto não foi expulso do ventre materno, aplicando-se as respectivas penas cumulativamente.

( ) Caso constatada a inobservância culposa de regra técnica da profissão pelo Dr. José, na realização da cesariana, que tivesse contribuído para a eliminação da vida do nascente, Darlan responderia por homicídio consumado, contra Amélia, e por aborto tentado, em relação ao feto, com a aplicação da mais grave das penas cabíveis, aumentada de um sexto até metade. O Dr. José seria responsabilizado por homicídio culposo, com aumento de um terço da pena.

( ) Se a gestante não tivesse morrido e o parto se desse a termo, vindo, porém, a criança a falecer dez dias depois, em consequência de também ter sido atingida pelas facadas, quando já titular de vida extrauterina, Darlan responderia por tentativa de homicídio, contra Amélia, e por homicídio consumado, contra a criança, aplicando-se a mais grave das penas cabíveis, aumentada de um sexto até metade.

A sequência correta de preenchimento dos parênteses, de cima para baixo, é

(A) V - F - F - F.

(B) V - F - V - V.

(C) F - V - F - V.

(D) F - V - V - F.

(E) V - F - V - F.

04. (IBFC - 2017 - POLÍCIA CIENTÍFICA-PR - Médico Legista Área B) O aborto é a interrupção da gravidez em qualquer época gestacional, antes da data prevista, com a morte do concepto, intra ou extrauterina. Em relação a esse assunto, analise as afirmativas abaixo.

I. O aborto realizado pelo médico para salvar a vida da gestante é chamado de aborto terapêutico.

II. O aborto indicado nas causas de estupro é chamado de aborto sentimental.

III. Somente o aborto sentimental é legalmente permitido no Código Penal.

Assinale a alternativa correta.

(A) Todas as afirmativas estão corretas

(B) Estão corretas apenas as afirmativas I e II

(C) Estão corretas apenas as afirmativas II e III

(D) Está correta apenas a afirmativa II

(E) Está correta apenas a afirmativa III

05. (CESPE – 2016 – PC-PE – Agente de Polícia) Acerca dos crimes contra a pessoa, assinale a opção correta.

(A) Quando o homicídio for praticado por motivo fútil, haverá causa de diminuição de pena.

(B) Sempre que um agente mata uma vítima mulher, tem-se um caso de feminicídio.

(C) O homicídio e o aborto são os únicos tipos penais constantes no capítulo que trata de crimes contra a vida.

(D) O aborto provocado é considerado crime pelo direito brasileiro, não existindo hipóteses de exclusão da ilicitude.

(E) O aborto provocado será permitido quando for praticado para salvar a vida da gestante ou quando se tratar de gravidez decorrente de estupro.

***GABARITO:** As respostas destes testes encontram-se no final do livro.*

II

DAS LESÕES CORPORAIS

1. LESÃO CORPORAL DAS LESÕES CORPORAIS

Art. 129 – Ofender a integridade corporal ou a saúde de outrem:

Pena – detenção, de três meses a um ano.

Lesão corporal de natureza grave

§ 1° Se resulta:

I – Incapacidade para as ocupações habituais, por mais de trinta dias;

II – perigo de vida;

III – debilidade permanente de membro, sentido ou função;

IV – aceleração de parto:

Pena – reclusão, de um a cinco anos.

§ 2° Se resulta:

I – Incapacidade permanente para o trabalho;

II – enfermidade incurável;

III – perda ou inutilização do membro, sentido ou função;

IV – deformidade permanente;

V – aborto:

Pena – reclusão, de dois a oito anos.

Lesão corporal seguida de morte

§ 3° Se resulta morte e as circunstâncias evidenciam que o agente não quis o resultado, nem assumiu o risco de produzi-lo:

Pena – reclusão, de quatro a doze anos.

Diminuição de pena

§ 4° Se o agente comete o crime impelido por motivo de relevante valor social ou moral ou sob o domínio de violenta emoção, logo em seguida a injusta provocação da vítima, o juiz pode reduzir a pena de um sexto a um terço.

Substituição da pena

§ 5° O juiz, não sendo graves as lesões, pode ainda substituir a pena de detenção pela de multa, de duzentos mil réis a dois contos de réis:

I - se ocorre qualquer das hipóteses do parágrafo anterior;

II - se as lesões são recíprocas.

Lesão corporal culposa

§ 6° Se a lesão é culposa:

Pena - detenção, de dois meses a um ano.

Aumento de pena

§ 7° - Aumenta-se a pena de um terço, se ocorrer qualquer das hipóteses do art. 121, § 4°.

§ 8° - Aplica-se à lesão culposa o disposto no § 5° do art. 121.

Violência Doméstica

§ 9° Se a lesão for praticada contra ascendente, descendente, irmão, cônjuge ou companheiro, ou com quem conviva ou tenha convivido, ou, ainda, prevalecendo-se o agente das relações domésticas, de coabitação ou de hospitalidade:

Pena - detenção, de 3 (três) meses a 3 (três) anos.

§ 10. Nos casos previstos nos §§ 1° a 3° deste artigo, se as circunstâncias são as indicadas no § 9° deste artigo, aumenta-se a pena em 1/3 (um terço).

§ 11. Na hipótese do § 9° deste artigo, a pena será aumentada de um terço se o crime for cometido contra pessoa portadora de deficiência.

§ 12. Se a lesão for praticada contra autoridade ou agente descrito nos arts. 142 e 144 da Constituição Federal, integrantes do sistema prisional e da Força Nacional de Segurança Pública, no exercício da função ou em decorrência dela, ou contra seu cônjuge, companheiro ou parente consanguíneo até terceiro grau, em razão dessa condição, a pena é aumentada de um a dois terços.

1.1. Considerações Iniciais

A conduta de que trata o presente artigo é provocar lesão corporal, ofendendo, pois, a integridade física ou a saúde do indivíduo, quer causando a lesão quer agravando a lesão já existente. Em suma, lesão corporal "compreende toda e qualquer ofensa ocasionada à normalidade funcional do corpo ou organismo humano, seja do ponto de vista anatômico, seja do ponto de vista fisiológico ou psíquico"[1].

Para que se caracterize a lesão corporal, imprescindível que haja um dano produzido na integridade corporal da vítima, seja uma lesão exterior, visível, seja interna, de difícil percepção. Por outro lado, não é necessário que a lesão redunde em derramamento de sangue ou produção de dor. A propósito, a produção de dor, por si só, não é suficiente para caracterizar a lesão corporal.

A lesão corporal em qualquer modalidade deve ser dirigida a outra pessoa física, não se podendo figurar no polo passivo a pessoa jurídica. Por razões de manifesta evidência, também não há crime de lesão corporal quando a conduta é dirigida contra animal ou

1. HUNGRIA, Nelson. *Comentários do Código Penal. Volume V*, 3.ed. Rio de Janeiro, Forense, 1955, p. 313.

coisas. Em casos como este, podem estar presentes outros crimes, como o de maus tratos aos animais (art. 32, Lei n. 9.605/98) e o crime de dano (art. 163, CP), respectivamente.

Havendo pluralidade de ferimentos advinda do mesmo contexto fático, não restará desnaturada a unicidade da conduta, devendo a referida pluralidade, entretanto, ser considerada na dosimetria da pena. Registre-se, ainda, que a integridade física é um bem relativamente disponível, desde que a lesão seja leve. Deste modo, eventual consentimento da pessoa ofendida, em se tratando de lesão corporal de natureza leve, excluiria a ilicitude da conduta. é o que ocorre quando uma pessoa consente que outra lhe fure a orelha para colocar um brinco ou um *piercing*, ou, ainda, para que se lhe faça uma tatuagem.

Conforme o *caput* do art. 129, a lesão corporal pode consistir em: a) ofensa à integridade corporal; b) ofensa à saúde. Vejamos cada uma dessas situações:

a) **Ofender a integridade corporal:** trata-se da modificação anatômica no corpo humano. Se a violência empregada contra a vítima não possui o condão de produzir tais alterações fisiológicas, não haverá que se falar em crime de lesão corporal, podendo, a depender do caso, caracterizar a contravenção penal de vias de fato (art. 21, Decreto-Lei n. 3.688/41) ou o crime de injúria real (art. 140, §2º, CP). Podemos citar como exemplos de ofensa à integridade física as fraturas, fissuras, escoriações, queimaduras, luxações, hematoma e equimose[2]. Por outro lado, não haverá que se falar em lesão corporal quando a conduta apenas produz dor ou eritemas[3].

b) **Ofender a saúde:** abrange as perturbações de cunho fisiológico (vômitos, paralisia, perda de sentido etc.) ou mental (convulsão, conturbação psíquica, choque nervoso etc.).

1.2. Modalidades de Lesão Corporal

Podemos classificar as lesões corporais de acordo com o elemento subjetivo e com a gravidade das lesões.

Deste modo, **quanto ao elemento subjetivo**, teremos:

a) Lesão corporal dolosa: pode ser simples (art. 129, *caput*, CP), qualificada (art. 129, §§1º, 2º e 3º, CP) e privilegiada (art. 129, §§4º e 5º, CP).

b) Lesão corporal culposa (art. 129, §6º, CP).

Por outro lado, **quanto à gravidade,** a lesão corporal **dolosa** (o Código Penal não diferencia a gravidade da lesão corporal culposa) pode ser:

a) Lesão corporal leve (art. 129, *caput*, CP);

b) Lesão corporal grave (art. 129, §1º, CP);

---

2. MASSON, Cléber. *Direito Penal Esquematizado: parte especial, vol. II,* 7. Ed. São Paulo: Método, 2015, p.92.
3. Eritemas são semelhantes a "mancha de cor avermelhada e ocorre devido à dilatação de vasos sanguíneos periféricos" (CUNHA, Rogério Sanches. *Manual de Direito Penal: parte especial.* 10. Ed. Salvador Juspodivm, 2018, p.128).

c) Lesão corporal gravíssima (art. 129, §2º, CP);

d) Lesão corporal seguida de morte (art. 129, §3º, CP).

1.3. Tipicidade Objetiva

O núcleo do tipo penal consiste no verbo ofender (lesionar, machucar, agredir).

Conforme o *caput* do art. 129, a lesão corporal pode consistir em: a) ofensa à integridade corporal; b) ofensa à saúde. Vejamos cada uma dessas situações:

a) **Ofender a integridade corporal:** trata-se da modificação anatômica no corpo humano. Se a violência empregada contra a vítima não possui o condão de produzir tais alterações fisiológicas, não haverá que se falar em crime de lesão corporal, podendo, a depender do caso, caracterizar a contravenção penal de vias de fato (art. 21, Decreto-Lei n. 3.688/41) ou o crime de injúria real (art. 140, §2º, CP). Podemos citar como exemplos de ofensa à integridade física as fraturas, fissuras, escoriações, queimaduras, luxações, hematoma e equimose[4].

b) **Ofender a saúde:** abrange as perturbações de cunho fisiológico (vômitos, paralisia, perda de sentido etc.) ou mental (convulsão, conturbação psíquica, choque nervoso etc.).

O ato de cortar o cabelo de outrem sem o seu consentimento poderá caracterizar o crime de lesão corporal, se produzir uma alteração desfavorável no aspecto físico do indivíduo. Contudo, a depender do dolo do agente, a conduta caracterizará o crime de injúria real (art. 140, §2º, CP)[5].

1.4. Sujeitos

Sujeito ativo do crime pode ser qualquer pessoa (**crime comum**). O Direito Penal não pune a conduta autolesiva, por força do princípio da alteridade. Entretanto, aquele que conduzir um inimputável à autolesão responderá na condição de autor mediato da conduta.

Sujeito passivo também pode ser qualquer pessoa.

A depender do caso, pode ser exigida alguma qualidade específica da vítima para caracterizar a qualificadora, como o que ocorre, por exemplo, na lesão corporal grave em que ocorre a aceleração do parto (art. 129, §1º, IV, CP) ou na gravíssima em que ocorre o aborto (art. 129, §2º, V, CP); nestes casos, por óbvio, a vítima é uma gestante. No que diz respeito ao art. 129, §12, a lesão deve ser praticada contra autoridade ou agente descritos nos arts. 142 (Forças Armadas) e 144 (Segurança Pública) da Constituição Federal, contra integrantes do sistema prisional e da Força Nacional de Segurança Pública, no exercício da função ou em decorrência dela, ou contra seu cônjuge, companheiro ou parente consanguíneo até terceiro grau, também em razão dessa condição.

---

4. MASSON, Cléber. *Direito Penal Esquematizado: parte especial, vol. II,* 7. Ed. São Paulo: Método, 2015, p.92.
5. CUNHA, Rogério Sanches. *Manual de Direito Penal: parte especial.* 10. Ed. Salvador Juspodivm, 2018, p.119.

1.5. Objetos

O objeto jurídico do tipo penal é a incolumidade pessoal do indivíduo, protegendo-o na sua saúde física, fisiológica e mental.

O objeto material é o ser humano atingido pela conduta do agente.

1.6. Elemento Subjetivo

O elemento subjetivo exigido pelo tipo penal descrito no *caput* (lesão corporal simples), bem como nos §§ 1º (lesão corporal grave), 2º (lesão corporal gravíssima) e 9º (violência doméstica), é o dolo, pois se exige do agente a vontade de agredir a integridade física e a saúde de outrem (*animus laedendi*). É possível a caracterização do crime na modalidade culposa, conforme previsão do art. 129, §6º, CP (lesão corporal culposa), bem como do preterdolo, conforme art. 129, §3º, CP (lesão corporal seguida de morte).

1.7. Consumação e Tentativa

Consuma-se o crime com a ofensa a incolumidade pessoal do indivíduo, isto é, com a efetiva lesão à integridade física ou saúde de outrem.

Em se tratando de crime que deixa vestígios, fundamental a realização do exame de corpo de delito, direto ou indireto. Contudo, a sua ausência poderá ser suprida pela prova testemunhal ou alguma outra prova, desde que não se trate, exclusivamente, da confissão (art. 158, CPP).

A tentativa será possível nas modalidades dolosas.

1.8. Ação Penal

No caso de **lesão corporal dolosa leve ou lesão corporal culposa**, em regra, a ação penal é de iniciativa pública condicionada à representação do ofendido, por força do disposto no art. 88 da Lei n. 9.099/95. Contudo, em se tratando de caso envolvendo a Lei Maria da Penha (Lei n. 11.340/06), mesmo estas modalidades de lesão corporal serão crimes de ação penal pública incondicionada, pois o seu art. 41 veda a aplicação da Lei n. 9.099/95. Vale registrar que este dispositivo legal já foi declarado constitucional pelo Supremo Tribunal Federal[6].

Seguindo esta linha de intelecção, o Superior Tribunal de Justiça editou o verbete n. 542 da súmula de sua jurisprudência, com o seguinte teor:

> **Súmula n. 542/STJ:** "A ação penal relativa ao crime de lesão corporal resultante de violência doméstica contra a mulher é pública incondicionada".

Em se tratando das demais modalidades de lesão corporal (grave, gravíssima ou seguida de morte) a ação penal sempre será incondicionada.

6. STF, ADI 4.424/DF, rel. Min. Marco Aurélio,Tribunal Pleno, julgado em 09/02/2012.

1.9. Lesão Corporal Dolosa

A lesão corporal dolosa pode ser de natureza leve, grave, gravíssima ou seguida de morte. Passemos ao estudo de cada uma das hipóteses.

1.9.1. *Lesão corporal leve*

A lesão corporal dolosa de natureza leve está prevista no art. 129, *caput*. Trata-se da lesão corporal simples, isto é, destituída de qualificadoras. Deste modo, chegaremos à definição de lesão corporal leve por exclusão, vale dizer, ocorrerá tal modalidade de lesão quando ausente qualquer das hipóteses que poderiam qualificar a conduta.

O Código Penal, é bom que se diga, não emprega a expressão "leve", para designar a lesão corporal simples. A expressão é utilizada pela doutrina e jurisprudência para que se possa diferenciar tal modalidade de lesão corporal das suas modalidades qualificadas.

A lesão corporal leve possui pena prevista de detenção de 3 (três) meses a 1 (um) ano. Trata-se, portanto, de infração penal de menor potencial ofensivo, razão pela qual será possível a incidência de institutos despenalizadores, tais como a composição civil dos danos (art. 72, Lei n. 9.099/95) e a transação penal (art. 76, Lei n. 9.099/95). Ademais, tendo em vista que a pena mínima prevista para o crime não ultrapassa o patamar de um ano, possível a incidência da suspensão condicional do processo (art. 89, Lei n. 9.099/95).

1.9.2. *Lesão corporal de natureza grave (sentido amplo)*

1.9.2.1. *Considerações iniciais*

Sob o título de "lesão corporal de natureza grave", o Código Penal traz modalidades qualificadas do crime de lesão corporal nos §§1° e 2° do art. 129. Nas hipóteses do art. 129, §1°, CP, a pena prevista é de reclusão de 1 (um) a 5 (cinco) anos. Por outro lado, para as situações descritas no art. 129, §2°, CP, a pena prevista é de reclusão de 2 (dois) a 8 (oito) anos.

Como se vê, o Código Penal não estabelece distinção na terminologia empregada para as condutas descritas nos §§ 1° e 2° do art. 129, designando-as genericamente de "lesão corporal de natureza grave". Contudo, haja vista a referida distinção entre as penas previstas, consolidou-se, em sede doutrinária e jurisprudencial, o emprego da expressão "lesão corporal de natureza grave" apenas para as situações contidas no art. 129, §1°, CP, ao passo que, para as condutas presentes no art. 129, §2°, a expressão corrente é "lesão corporal de natureza gravíssima".

Atualmente, esta distinção entre lesão corporal de natureza grave a gravíssima também consta da nossa legislação. Com efeito, em que pese o disposto no Código Penal, a Lei de Tortura (Lei n. 9.455/97), em seu art. 1°, §3°, primeira parte, estabelece situações nas quais a conduta criminosa será qualificada, asseverando: "se resulta lesão corporal de natureza grave ou gravíssima, a pena é de reclusão de quatro a dez anos".

As qualificadoras contidas nos §§ 1º e 2º do art. 129, CP são de **natureza objetiva**. Com isto, fácil concluirmos que elas se comunicam aos coautores e partícipes, desde que ingressem em sua esfera de conhecimento.

A demonstração do resultado mais grave depende de exame de corpo de delito. Nada impede, porém, que a ausência do exame seja suprida por outros meios como a prova testemunhal ou, também, relatórios de atendimento hospitalar[7].

O resultado mais grave, que caracteriza a lesão grave ou a gravíssima, pode ser pretendido ou aceito pelo agente (dolo direto ou eventual, respectivamente); também pode ser produzido culposamente. Neste último caso, teríamos um crime preterdoloso, porquanto existiria o dolo de produzir a lesão corporal, mas a culpa em relação ao resultado mais grave.

Contudo, a depender do caso, o crime de lesão corporal qualificada somente admitirá essa modalidade preterdolosa, isto é, mediante dolo na conduta e culpa no resultado mais grave. Isto ocorrerá nas situações em que o dolo em relação ao resultado mais grave já constitui crime mais específico, como temos na lesão corporal qualificada pelo perigo de vida (art. 129, §1º, II, CP) e pelo aborto (art. 129, §2º, V, CP)[8].

Pode acontecer situação na qual tenhamos a **coexistência de qualificadoras**, isto é, a conduta produz mais uma lesão corporal grave ou gravíssima. Basta imaginar, por exemplo, que, como resultado da lesão corporal, a vítima sofre um aborto (art. 129, §2º, V, CP) e fica incapacitada para as suas ocupações habituais por mais de trinta dias (art. 129, §1º, I, CP). Em um caso como este, estaremos diante de crime único, e o agente deverá ser responsabilizado pela qualificadora mais grave (no nosso exemplo, pela lesão gravíssima do art. 129, §2º, V, CP).

1.9.2.2. *Lesão corporal de natureza grave (em sentido estrito): art. 129, §1º, CP*

O art. 129, §1º, CP estampa situações que qualificam o crime de lesão corporal, haja vista o resultado gravoso produzido pela conduta. A lesão corporal será considerada grave quando dela resulta:

a) **Incapacidade para as ocupações habituais, por mais de trinta dias (inciso I):** "ocupações habituais" é uma expressão abrangente, que engloba todas as atividades lícitas desempenhadas corriqueiramente pela vítima. Não há necessidade de se tratar de atividades laborativas ou vinculadas a atividades profissionais ou escolares. Pode abranger a prática de atividades esportivas, intelectuais e práticas convencionais relacionadas ao modo de se portar, dormir, comer, vestir etc.

Não é por outra razão que há certo consenso em doutrina no sentido de que até mesmo um bebê pode ser vítima desta modalidade qualificada do crime. Se as lesões nele produzidas o incapacitam, por exemplo, a engatinhar, o que já fazia cotidianamente, estaremos diante deste crime. De igual sorte, uma pessoa idosa, aposentada, poderá ser vítima de tal crime se, por exemplo, ficar impossibilitada de realizar suas atividades diárias.

7. STF, HC 114.567/ES, rel. Min. Gilmar Mendes, Segunda Turma, julgado em 16/10/2012.
8. No mesmo sentido, CUNHA, Rogério Sanches. *Manual de Direito Penal: parte especial. Ob. cit.*, p.121.

Não haverá a qualificadora quando a vítima deixa de realizar suas ocupações habituais, embora pudesse fazê-lo, ainda que com alguma dificuldade ou esforço adicional. Do mesmo modo, não haverá lesão corporal de natureza grave quando a pessoa ofendida possui condições de exercer suas atividades habituais, mas não o faz por vergonha ou algum outro sentimento. É o exemplo da pessoa que está com o rosto ferido e não se encontra confortável em comparecer ao trabalho exibindo a marca.

É imprescindível que as ocupações habituais em relação às quais o ofendido passa a estar incapacitado sejam **lícitas**. Estando presente a legalidade, pouco importa se a atividade é regulamentada ou informal, se é considerada moral ou imoral pelos conceitos e preconceitos vigentes à época. Teremos, então, esta qualificadora quando, por exemplo, a vítima é uma prostituta que fica impossibilitada de realizar seus programas sexuais por mais de trinta dias.

Para que ocorra esta qualificadora, imprescindível que estejamos diante do transcurso do lapso de mais de trinta dias. Trata-se do que se chama em doutrina de **crime a prazo**, porquanto se exige o exaurimento de certo lapso temporal para que se consume o crime ou, como no caso, para que se verifique a presença da qualificadora.

A contagem do prazo observa as regras de direito material. Deste modo, no cômputo do prazo, deve ser incluído o dia de início (art. 10, CP), isto é, a data da produção da lesão e devem ser desconsideradas as frações de dia (art. 11, CP). Conforme estabelece o art. 168, §2º, CPP, o exame de corpo de delito, para fins de enquadramento da lesão nesta modalidade de qualificadora, deverá ser realizado logo que decorra o prazo de 30 (trinta) dias, contado da data do crime.

b) Perigo de vida (inciso II): perigo de vida é o risco concreto, real, efetivo de a vítima vir a morrer. Estamos diante de situação de perigo concreto, não bastando, portando, a mera possibilidade de morte da vítima. É importante que existam laudos médicos atestando que a vítima correu risco concreto de perder a vida. A ausência de exame pericial neste sentido poderia, em tese, ser suprida por outras provas, como a testemunhal. Na prática, todavia, dificilmente haveria tal suprimento, pois a constatação aqui demanda conhecimento técnico especializado, e não meras conjecturas em torno da gravidade das lesões.

Esta modalidade de lesão corporal grave apenas admite a modalidade preterdolosa, não se podendo conceber que exista o dolo em relação ao resultado morte. Ora, se este dolo de matar (*animus necandi*) existir, em algum momento, estaremos diante do crime de homicídio em sua modalidade tentada (art. 121, CP c/c art. 14, II, CP), e não do crime de lesão corporal de natureza grave.

c) Debilidade permanente de membro, sentido ou função (inciso III): não se pode **confundir a** debilidade permanente de membro, sentido ou função – que dá ensejo à lesão corporal grave – com a sua perda, que caracterizará lesão gravíssima.

Debilidade é a diminuição, arrefecimento, queda da capacidade motora e/ou funcional. Referida debilidade deve ser permanente, de recuperação improvável ou incerta, ainda que não o seja irreversível. A diminuição da debilidade por força da utilização de equipamentos como próteses não afasta a qualificadora.

Membros são algumas extremidades do corpo humano, mais especificamente os braços e as pernas. Mas a definição abrange, além dos braços, os antebraços e as mãos; além das pernas, as coxas e os pés. Os dedos integram as mãos e os pés, de modo que, se houver a perda de um ou mais de um deles, haverá a debilidade permanente do membro, caracterizando a lesão corporal de natureza grave. Por outro lado, se, da lesão corporal, resultar a perda da(s) mão(s) ou do(s) pé(s), ocorrerá a lesão corporal gravíssima, pois terá ocorrido a perda do membro.

Sentido é a capacidade de percepção do mundo exterior à psique humana. são eles a visão, o tato, o olfato, a audição e o paladar.

Função consiste em atividades inerentes ao organismo humano. Podemos citar como exemplos as funções respiratórias, circulatória, reprodutora, digestiva etc.

O Superior Tribunal de Justiça já teve ocasião de decidir que a lesão corporal da qual resultou a perda de dois dentes configura lesão corporal grave, por força da debilidade permanente na função, por conta da maior dificuldade da mastigação. Com este entendimento, o STJ afastou a possibilidade de o caso configurar o crime de lesão corporal gravíssima em virtude da deformidade permanente (art. 129, 2º., IV, CP)[9].

d) Aceleração de parto (inciso IV): nesta qualificadora, a vítima é uma gestante e, por força das lesões corporais sofridas, ocorre a expulsão prematura do feto, que sobrevive. Se, porventura, o feto não sobrevive, ocorrerá a lesão gravíssima, haja vista ter decorrido o aborto (art. 129, §2º, V, CP).

Ponto sobre o qual a doutrina diverge diz respeito à situação na qual o feto é expulso com vida e, logo em seguida, por força das lesões sofridas, vem a óbito. O entendimento majoritário é no sentido de que haveria o crime de lesão corporal gravíssima em virtude do aborto. Há, contudo, opinião em sentido contrário, asseverando que se trata de crime de lesão corporal grave, pela aceleração do parto. É o entendimento, entre outros, de Julio Fabrini Mirabete.

Para que reste configurada a qualificadora em apreço, imprescindível que as circunstâncias objetivas a que se refere sejam do conhecimento do agressor. Por outras palavras, é necessário que o criminoso saiba da gravidez da vítima. Se assim não for, não poderá incidir a presente qualificadora.

1.9.2.3. *Lesão corporal de natureza gravíssima: art. 129, §2º, CP*

Conforme já procuramos elucidar, o Código Penal não emprega a expressão gravíssima para adjetivar a intensidade da lesão corporal. Contudo, a expressão é amplamente aceita para identificar as hipóteses de lesão corporal que se encontram presentes no art. 129, §2º, CP que, à toda evidência, constituem situações mais drásticas do que aquelas descritas no art. 129, §1º, CP (lesão corporal grave).

9. STJ, REsp 1.620.158/RJ, rel. Min. Rogério Schietti Cruz, Sexta Turma, julgado em 13/09/2016.

A lesão corporal será considerada gravíssima quando dela resulta:

a) Incapacidade permanente para o trabalho (inciso I): diversamente do que ocorre com a primeira hipótese de lesão corporal grave (incapacidade para suas ocupações habituais por mais de trinta dias), aqui ocorre uma incapacidade permanente para as atividades laborais, e não para qualquer modalidade de atividade corriqueiramente desenvolvida pela vítima. A incapacidade deve ser permanente, ou seja, sem previsão de cessação, e não necessariamente perpétua.

A grande questão a ser debatida diz respeito à abrangência da incapacidade. Para que incida a qualificadora, é necessário que a vítima fique incapacitada para qualquer modalidade de atividade laboral ou apenas para a atividade que já exercia?

Durante muito tempo, prevaleceu o entendimento no sentido de que a incapacidade deveria ser *in genere*, isto é, para qualquer trabalho. Atualmente, contudo, prevalece a ideia, que nos parece muito mais razoável, no sentido de que se a qualificadora apenas incidir para a incapacidade permanente para qualquer trabalho, o dispositivo seria inócuo. Dificilmente teremos uma situação na qual a pessoa não possa exercer qualquer atividade. Assim, cremos ser plenamente possível incidir a qualificadora quando a vítima que desempenhava atividades intelectuais fique impossibilitada de fazê-lo, ainda que possa desenvolver atividades manuais[10].

b) Enfermidade incurável (inciso II): trata-se de alteração deletéria na saúde do indivíduo sem perspectiva de cura à época da produção da lesão corporal. Se, após o crime, surgir a cura para a enfermidade, a conduta não estará descaracterizada. Com efeito, o momento da prática do crime é o critério adotado para aquilatar a natureza da lesão corporal provocada.

Enquadra-se na condição de "incurável" a enfermidade cuja cura demanda um complexo procedimento, tais como cirurgias delicadas, com risco de morte ou tratamentos experimentais com acentuados efeitos colaterais. E isto porque prevalece o entendimento no sentido de que não se pode obrigar a vítima a se submeter a tais procedimentos.

c) Perda ou inutilização de membro, sentido ou função (inciso III): diversamente do que ocorre na lesão corporal de natureza grave, na gravíssima não teremos apenas a debilidade, mas sim a perda ou a inutilização do membro, sentido ou função.

Perda equivale à ablação, supressão, retirada. É o que ocorre quando, por exemplo, a vítima sofre a amputação de uma perna (membro), possui os olhos perfurados (sentido visão) ou a mutilação do pênis (função reprodutora).

Na inutilização, a vítima não sofre a supressão física de parte do seu corpo, mas ela fica totalmente comprometida. É o exemplo da pessoa que conserva as pernas, mas elas ficam paralisadas, levando-o a viver sobre uma cadeira de rodas. Se, por outro lado, o comprometimento for parcial, haverá a lesão corporal de natureza grave, haja vista a debilidade, e não a lesão gravíssima por inutilização.

10. GRECO, Rogério. *Curso de Direito Penal: parte especial.* 15.ed. Niterói: Impetus, 2018.

Em se tratando de órgãos duplos, apenas falaremos na lesão corporal de natureza gravíssima se houver o comprometimento de ambos. Assim, por exemplo, a cegueira unilateral enseja uma debilidade do sentido, mas não a sua perda ou inutilização. Trata-se, por isso mesmo, de hipótese de lesão corporal de natureza grave, e não gravíssima.

d) Deformidade permanente (inciso IV): corresponde a uma alteração não provisória da estrutura física da vítima. Não há necessidade de se tratar de deformidade perpétua, bastando que não haja uma perspectiva de retorno à forma original em considerável espaço de tempo.

A deformidade permanente deve ser apta a causas desconforto ou situação vexatória na vítima. Podemos citar como exemplo a lesão que produz deformidade na face da vítima, como aquela consistente em jogar-lhe ácido no rosto (**vitriolagem**). Consoante o entendimento majoritário, a deformidade deve estar visível, sob pena de não restar caracterizada[11]. Há, contudo, entendimento no sentido de que esta visibilidade da deformidade não se faz necessário, sobretudo porque não foi exigida pelo Código Penal[12].

Conforme já decidiu o Superior Tribunal de Justiça, "a qualificadora 'deformidade permanente' do crime de lesão corporal (art. 129, §2º, IV, do CP) não é afastada por posterior cirurgia estética reparadora que elimine ou minimize a deformidade na vítima. Isso porque, o fato criminoso é valorado no momento de sua consumação, não o afetando providências posteriores, notadamente quando não usuais (pelo risco ou pelo custo, como cirurgia plástica ou de tratamentos prolongados, dolorosos ou geradores do risco de vida) e promovidas a critério exclusivo da vítima"[13].

e) Aborto (inciso V): a última modalidade de lesão corporal de natureza gravíssima ocorre quando da violência exercida contra a vítima resulta o aborto. Trata-se de crime preterdoloso, isto é, há dolo no antecedente (lesão corporal) e culpa no consequente (aborto). Com efeito, se o agente, de algum modo, tinha a intenção de produzir o resultado relacionado ao abortamento, estaremos diante do crime de aborto praticado por terceiro sem o consentimento da gestante (art. 125, CP).

Também não podemos confundir o crime de lesão corporal qualificado pelo aborto (art. 129, §2º, V, CP), ora em comento, com o crime de aborto qualificado pela lesão corporal grave (art. 127, primeira parte, CP). Naquele, conforme dissemos, há o dolo de produzir lesão corporal e o resultado "aborto" é produzido culposamente; já no crime de aborto qualificado pela lesão corporal, ocorre o contrário, isto é, há o dolo de produzir o aborto, e a lesão corporal grave é produzida na gestante culposamente. Não é demasiado destacar que, quando o Código Penal se refere à lesão corporal grave, no art. 127, primeira parte, está se reportando ao gênero, que abrange a lesão grave propriamente dita e a lesão corporal gravíssima.

---

11. Neste sentido, CUNHA, Rogério Sanches. *Manual de Direito Penal*: *parte especial*. 10. Ed. Salvador Juspodivm, 2018, p.124.
12. Neste sentido, MASSON, Cléber. *Direito Penal Esquematizado: parte especial, vol. II,* 7. Ed. São Paulo: Método, 2015, p. 109.
13. STJ. HC 306.677-RJ, Sexta Turma, rel. Min. Ericson Maranho (Desembargador convocado do TJ-SP), rel. para acórdão Min. Nefi Cordeiro, julgado em 19/5/2015.

Para que exista a qualificadora, imprescindível que o agente tenha ciência da gravidez. Se lhe falta esta consciência, não poderá ser responsabilizado pelo resultado.

Para que reste caracterizada a qualificadora, a existência da gravidez – e, consequentemente, do aborto – deve restar provada por exame pericial, haja vista tratar-se de crime que deixa vestígios materiais. Todavia, a ausência do laudo pericial não obsta que o haja a comprovação por outros meios, como testemunhas, relatórios de atendimento hospitalar etc[14].

1.9.3. *Lesão corporal seguida de morte (art. 129, §3°, CP)*

Conforme estabelece o art. 129, §3°, CP: "se resulta morte e as circunstâncias evidenciam que o agente não quis o resultado, nem assumiu o risco de produzí-lo". Neste caso, a pena prevista é de reclusão de 04 (quatro) a 12 (doze) anos.

Trata-se do exemplo mais emblemático de crime preterdoloso (ou preterintencional), em que ocorre o dolo no antecedente (lesão corporal) e culpa no resultado (morte). Se o agente atuar com dolo (direto ou eventual) de produzir o resultado morte, estaremos diante do crime de homicídio (art. 121, CP), e não da lesão corporal qualificada.

É imprescindível que haja o dolo na prática da lesão corporal. Se a lesão for produzida culposamente, estaremos diante do crime de homicídio culposo (art. 121. §3°, CP), e não da lesão corporal qualificada pela morte. De igual sorte, se o agente praticar a contravenção penal de vias de fato (art. 21, Decreto-Lei n. 3.688/41), e dela derivar a morte do agente, estaremos diante do crime de homicídio culposo, pois não houve pratica dolosa de lesão corporal.

Em se tratando de crime preterdoloso, não será admitida a tentativa.

Importante registrar que não haverá este crime se o resultado mais grave não for produzido culposamente. O STJ já reconheceu a ausência da qualificadora em uma situação na qual o agente agrediu a vítima com chutes e pontapés e ela veio a óbito, mas posteriormente foi comprovado que a morte se deu por força da ruptura de um aneurisma cerebral congênito. A corte entendeu que, no caso, não havia nexo de causalidade entre as agressões e a ruptura do aneurisma, que havia, por si só, produzido o resultado morte[15].

1.9.4. *Lesão corporal privilegiada (art. 129, §4°, CP)*

Conforme disposto no art. 129, §4°, CP: "Se o agente comete o crime impelido por motivo de relevante valor social ou moral ou sob o domínio de violenta emoção, logo em seguida a injusta provocação da vítima, o juiz pode reduzir a pena de um sexto a um terço".

A causa de diminuição de pena acima transcrita é aplicável ao crime de lesão corporal dolosa, não havendo que se falar de sua incidência para a modalidade culposa. Com efeito, as hipóteses que ensejam a diminuição de pena – motivo de relevante valor social ou moral ou domínio de violenta emoção – são incompatíveis com a modalidade culposa da lesão corporal.

---

14. STF, HC 114.567/ES, Segunda Turma, rel. Min. Gilmar Mendes, julgado em 16/10/2012.
15. STJ, AgRg no REsp 1.094.758-RS, Sexta Turma, rel. originário Min. Sebastião Reis Júnior, rel. para acórdão Min. Vasco Della Giustina (Desembargador convocado do TJ-RS), julgado em 1º/3/2012.

No que se refere aos motivos autorizadores da minorante, remetemos os leitores ao tópico destinado ao estudo do homicídio privilegiado, onde abordamos o tema.

1.9.5. *Lesão corporal leve e substituição de pena (art. 129, §5º, CP)*

Conforme o art. 129, §5º, CP, em se tratando de lesões corporais, produzidas dolosamente, de natureza leve, o juiz poderá substituir a pena de detenção pela de multa:

a) **Se ocorrer qualquer das hipóteses do parágrafo anterior**: refere-se, portanto, às situações nas quais "o agente comete o crime impelido por motivo de relevante valor social ou moral ou sob o domínio de violenta emoção, logo em seguida a injusta provocação da vítima". Como se vê, neste caso, o juiz poderá diminuir a pena de detenção de um sexto a um terço (conforme estabelece o §4º) ou substituir a pena de detenção pela pena de multa, nos termos do §5º.

b) **Se as lesões são recíprocas:** trata-se de situação na qual há, por exemplo, troca de socos e pontapés mutuamente. Por óbvio, é necessário que não estejamos diante de hipótese de legítima defesa (art. 25, CP), pois, neste caso, haveria a excludente de ilicitude para aquele que assim agir.

Importante destacar que, muito embora o art. 129, §5º, CP estabeleça que o juiz "pode" substituir a pena, estamos diante de verdadeiro poder-dever. Com isto, o juiz preserva sua discricionariedade na identificação das hipóteses que autorizam a substituição. Todavia, uma vez constatando a presença de qualquer das duas situações, acima descritas, não lhe restará alternativa, senão promover a substituição da pena privativa de liberdade pela pena restritiva de direitos.

1.9.6. *Causa de aumento de pena na lesão corporal dolosa (art. 129, §7º, CP)*

Conforme estabelece o art. 129, §7º, CP: "Aumenta-se a pena de 1/3 (um terço) se ocorrer qualquer das hipóteses dos §§4º e 6º do art. 121deste Código". A partir de uma interpretação sistemática do Código, concluiremos que haverá o aumento de pena na lesão corporal dolosa nas seguintes situações:

a) Vítima menor de 14 (quatorze) anos ou maior de 60 (sessenta) anos (art. 121, §4º, parte final, CP);

b) Crime praticado por milícia privada, sob o pretexto de prestação de serviço de segurança, ou por grupo de extermínio (art. 121, §6º, CP).

Sobre o tema, remetemos os leitores aos comentários que fizemos aos §§4º e 6º do art. 121, Código Penal.

1.10. Lesão Corporal Culposa (art. 129, §6º, CP)

Conforme o art. 129, §6º, CP, se a lesão corporal for culposa, a conduta é punível com pena de detenção de dois meses a um ano. As considerações que fizemos em torno do tema "culpa", na parte geral da presente obra, e os comentários ao crime de homicídio culposo, nesta parte especial, podem ser utilizados aqui para o estudo da lesão corporal culposa.

No que concerne especificamente a este tipo penal, importante mencionar que **a gravidade da lesão não interfere na tipificação do crime**. Por outras palavras, ao contrário do que ocorre com a lesão corporal de natureza dolosa, na lesão culposa, não se diferencia a conduta em leve, grave, gravíssima etc. Evidentemente, a gravidade da lesão culposa deverá ser levada em consideração pelo juiz na fixação da pena-base, pois constitui "consequência do crime" (art. 59, CP).

A lesão corporal de natureza culposa consiste em infração penal de menor potencial ofensivo, pois a pena máxima não ultrapassa dois anos. Por força do disposto no art. 88 da Lei n. 9.099/95, o crime é de ação penal pública condicionada à representação do ofendido. Vale recordar que, em se tratando de crime no âmbito da violência doméstica e familiar contra a mulher, a ação penal será de iniciativa pública incondicionada, pois, consoante dispõe o art. 41 da Lei Maria da Penha (Lei n. 11.340/06), não se poderá aplicar a Lei n. 9.099/95.

1.10.1. *Lesão corporal culposa e causa de aumento de pena (art. 129, §7º, CP)*

Conforme mencionamos, ao tratarmos da causa de aumento de pena na lesão corporal dolosa, o art. 129, §7º, CP estabelece que as causas de aumento de pena contidas no art. 121, §§4º e 6º, CP aplicam-se ao crime de lesão corporal. Deste modo, devemos recordar que o art. 121, §4º, primeira parte, CP traz causa de aumento de pena para o homicídio culposo. *Mutatis mutandis*, referida causa de aumento de pena também deverá se aplicar também ao crime de lesão corporal de natureza culposa.

Em suma, aumenta-se em um terço a pena do crime culposo se o crime:

a) Resulta de inobservância de regra técnica de profissão, arte ou ofício;

b) Se o agente deixa de prestar imediato socorro à vítima;

c) Se o agente não procura diminuir as consequências do seu ato;

d) Se o agente foge para evitar prisão em flagrante.

1.10.2. *Lesão corporal culposa e Código de Trânsito Brasileiro*

Se a lesão corporal culposa for praticada na direção do veículo automotor, deverá incidir o disposto no art. 303 do Código de Trânsito Brasileiro, cuja pena prevista é de detenção, de seis meses a dois anos e suspensão ou proibição de se obter a permissão ou a habilitação para dirigir veículo automotor. Neste caso, aumenta-se a pena de 1/3 (um terço) à metade, se o agente:

a) Não possuir Permissão para Dirigir ou Carteira de Habilitação;

b) Praticá-lo em faixa de pedestres ou na calçada;

c) Deixar de prestar socorro, quando possível fazê-lo sem risco pessoal, à vítima do acidente;

d) No exercício de sua profissão ou atividade, estiver conduzindo veículo de transporte de passageiros.

Ademais, a pena privativa de liberdade é de reclusão de dois a cinco anos, sem prejuízo das outras penas previstas neste artigo, se o agente conduz o veículo com capacidade psicomotora alterada em razão da influência de álcool ou de outra substância psicoativa que determine dependência, e se do crime resultar lesão corporal de natureza grave ou gravíssima (art. 129, §2º, CTB).

1.10.3. *Lesão corporal culposa e perdão judicial (art. 129, §8º, CP)*

Da mesma forma que ocorre com o homicídio culposo, na lesão corporal culposa também será possível o perdão judicial. Trata-se, como sabemos, de instituto que permite ao juiz deixar de aplicar a pena, quando expressamente previsto em lei, e possui natureza jurídica de causa de extinção de punibilidade.

A hipótese de perdão judicial na lesão corporal de natureza culposa é idêntica àquela relacionada ao homicídio culposo. Assim, o juiz poderá deixar de aplicar a pena, se as consequências da infração atingirem o próprio agente de forma tão grave que a sanção penal se torne desnecessária. Seria o exemplo da pessoa que, culposamente, lesiona um ente querido ou a pessoa que produz lesões em alguém, mas ele próprio também sofre lesões.

Quanto aos mais, remetemos os leitores aos comentários que tecemos ao art. 121, §5º, CP, quando tratamos do perdão judicial no homicídio culposo, pois as questões são rigorosamente as mesmas.

1.11. Lesão Corporal e Violência Doméstica (art. 129, §9º, CP)

A Lei 10.886/2004 inseriu os §§9º e 10 no art. 129 do Código Penal, para tratar de violência doméstica. Posteriormente, a Lei Maria da Penha (Lei n. 11.340/2006) incluiu o § 11 ao mesmo artigo.

Em seu §9º, o art. 129, CP passou a estabelecer que: "se a lesão for praticada contra ascendente, descendente, irmão, cônjuge ou companheiro, ou com quem conviva ou tenha convivido, ou, ainda, prevalecendo-se o agente das relações domésticas, de coabitação ou de hospitalidade: Pena – detenção, de 3 (três) meses a 3 (três) anos".

Trata-se, à toda evidência, de exasperação da reprimenda penal para o crime de lesão corporal leve praticado na relação doméstica e familiar. Com efeito, embora o Código não assevere expressamente que a pena de "detenção, de 3 (três) meses a 3 (três) anos" aplica-se à lesão corporal de natureza leve, não há dúvidas, em sede doutrinária, quanto a isto. Não faria sentido aplicar tais penas para as lesões corporais de natureza grave ou gravíssima, pois se assim agisse o legislador, estaria aplicando uma pena bem mais branda para aqueles que produzem tais lesões no ambiente doméstico.

Ademais, o art. 129, §10, CP estabelece que se ocorrerem os crimes de lesão corporal grave, gravíssima ou seguida de morte, nas circunstâncias descritas no §9º (acima transcrito), deverá incidir uma causa de aumento de pena em 1/3 (um terço). Assim, se no que se refere à violência doméstica, temos uma qualificadora para a lesão corporal leve (art. 129, §9º, CP) e uma causa de aumento de pena para a lesão corporal grave, gravíssima e seguida de morte (art. 129, §10, CP).

1.11.1. *Lesão corporal e violência doméstica contra pessoa portadora de deficiência (art. 129, §11, CP)*

A Lei Maria da Penha incluiu o §11 ao art. 129, CP, estabelecendo a pena deve ser aumentada em um terço se o crime, nas hipóteses do §9º, isto é, da violência doméstica, for cometido contra pessoa portadora de deficiência.

Vale recordar que, conforme a definição do art. 2º do Estatuto da Pessoa com Deficiência (Lei n. 13.146/2015), "considera-se pessoa com deficiência aquela que tem impedimento de longo prazo de natureza física, mental, intelectual ou sensorial, o qual, em interação com uma ou mais barreiras, pode obstruir sua participação plena e efetiva na sociedade em igualdade de condições com as demais pessoas".

Para que incida a mencionada causa de aumento de pena, imprescindível que o agente tenha ciência da deficiência da vítima.

1.11.2. *Lesão corporal e violência doméstica contra homem*

É importante compreendermos que as situações que envolvem o tratamento mais rigoroso dado à lesão corporal doméstica não se confundem com as situações que envolvem a Lei Maria da Penha, ou seja, violência doméstica e familiar contra a mulher. Em se tratando das regras do Código Penal, **teremos este tratamento mais gravoso tanto para a violência doméstica contra a mulher quanto para o homem[16].**

1.12. Lesão Corporal Funcional (art. 129, §12, CP)

A Lei n. 13.142/2015 incluiu o §12 ao art. 129, CP, estabelecendo que "se a lesão for praticada contra autoridade ou agente descrito nos arts. 142 e 144 da Constituição Federal, integrantes do sistema prisional e da Força Nacional de Segurança Pública, no exercício da função ou em decorrência dela, ou contra seu cônjuge, companheiro ou parente consanguíneo até terceiro grau, em razão dessa condição, a pena é aumentada de um a dois terços".

Trata-se de causa de aumento de pena extremamente similar à hipótese de homicídio qualificado, contida no art. 121, §2º, VII, CP. Para evitar repetições indevidas, remetemos os leitores aos comentários realizados a este dispositivo, que trata do chamado "homicídio funcional".

Cabe-nos, porém, destacar que a mesma Lei n. 13.142/2015, que acrescentou o §12 ao art. 129, CP, incluiu no rol dos crimes hediondos (art. 1º, Lei n. 8.072/90) o crime de

16. STJ, RHC 27.622/RJ, Quinta Turma, rel. Min. Jorge Mussi, julgado em 07/08/2012.

"lesão corporal dolosa de natureza gravíssima (art. 129, § 2º) e lesão corporal seguida de morte (art. 129, § 3º), quando praticadas contra autoridade ou agente descrito nos arts. 142 e 144 da Constituição Federal, integrantes do sistema prisional e da Força Nacional de Segurança Pública, no exercício da função ou em decorrência dela, ou contra seu cônjuge, companheiro ou parente consanguíneo até terceiro grau, em razão dessa condição".

Logo, se a lesão corporal funcional for gravíssima ou seguida de morte, estaremos diante de crime hediondo.

1.13. Outras Questões

1.13.1. *Lesão corporal e vias de fato*

O crime de lesão corporal não se confunde com a contravenção penal de vias de fato (art. 21, Decreto-Lei n. 3.688/41). Nas vias de fato, há o emprego de violência, mas não chega a ocorrer ofensa à integridade corporal da vítima. é o que se dá, por exemplo, quando ocorre um empurrão.

1.13.2. *Lesão corporal e tortura*

Também não se pode confundir o crime de lesão corporal com o crime de tortura (art. 1º, Lei n. 9.455/97). Na lesão corporal, como dissemos, o elemento subjetivo consiste na ofensa à integridade corporal (*animus laedendi*) da vítima. Por outro lado, a tortura, que pode ser física ou psicológica, exige o dolo de infligir grave sofrimento físico ou mental à vítima, além do dolo específico, consistente na pretensão de alcançar alguma finalidade específica descrita no art. da Lei de Tortura[17].

1.13.3. *Lesão corporal e terrorismo*

O crime de atos de terrorismo pode se dar mediante atentado à integridade física da vítima (art. 2º, §1º, V, Lei n. 13.260/16). Este crime não se confunde com o de lesão corporal, pois o terrorismo exige que a conduta seja praticada por razões de xenofobia, discriminação ou preconceito de raça, cor, etnia e religião, quando cometidos com a finalidade de provocar terror social ou generalizado, expondo a perigo pessoa, patrimônio, a paz pública ou a incolumidade pública.

---

17. Art. 1º Constitui crime de tortura:
I – constranger alguém com emprego de violência ou grave ameaça, causando-lhe sofrimento físico ou mental:
a) com o fim de obter informação, declaração ou confissão da vítima ou de terceira pessoa;
b) para provocar ação ou omissão de natureza criminosa;
c) em razão de discriminação racial ou religiosa;
II – submeter alguém, sob sua guarda, poder ou autoridade, com emprego de violência ou grave ameaça, a intenso sofrimento físico ou mental, como forma de aplicar castigo pessoal ou medida de caráter preventivo.

1.13.4. *Lesão corporal e insignificância*

Em sede doutrinária, sustenta-se a possibilidade de incidência do princípio da insignificância para as hipóteses de lesão corporal quando a ofensa for "levíssima". Importante destacar que, ainda que seja possível admitir tal possibilidade, não se poderia fazê-lo em relação às lesões envolvendo violência doméstica contra a mulher. Neste sentido, entendimento do STJ, consagrado no verbete n. 589 da súmula de sua jurisprudência:

> **Súmula n. 589/STJ:** "É inaplicável o princípio da insignificância nos crimes ou contravenções penais praticados contra a mulher no âmbito das relações domésticas".

1.14. Penas

A pena para o crime, em sua modalidade simples é de detenção de três meses a um ano. Nas modalidades qualificadas, as penas são de reclusão de um a cinco anos (art. 129, §1º, CP), de dois a oito anos (art. 129, §2º, CP), de quatro a doze anos (art. 129, §3º, CP), de detenção de três meses a três anos (art. 129, §9º, CP). Na modalidade culposa, a pena é de detenção de dois meses a um ano. A partir desta constatação, podemos concluir que:

a) É possível a obtenção da transação penal (art. 76 da Lei n. 9.099/95), na lesão corporal leve (fora do ambiente da violência doméstica) e na lesão corporal culposa, pois, nestes dois casos, temos modalidades de infração penal de menor potencial ofensivo (a pena máxima não supera o patamar de dois anos de privação de liberdade).

b) É possível a suspensão condicional do processo (*sursis* processual), na lesão corporal leve, na lesão corporal grave e na lesão culposa, pois, nestes casos, a pena mínima não ultrapassa um ano (art. 89 da Lei n. 9.099/95).

c) Não é possível a substituição da pena privativa pois, se trata de crime praticado mediante violência. Tem-se admitido, contudo, quando a lesão caracteriza infração de menor potencial ofensivo.

Importante lembrar que as considerações em torno do cabimento da transação penal e da suspensão condicional do processo não se aplicam quando estivermos diante de violência doméstica e familiar contra a mulher, pois a Lei Maria da Penha (Lei n. 11.340/06), em seu art. 41, veda a aplicação da Lei n. 9.099/95 a estes tipos de casos. Nestes termos:

> **Súmula n. 536/STJ:** "A suspensão condicional do processo e a transação penal não se aplicam na hipótese de delitos sujeitos ao rito da Lei Maria da Penha".

> **Súmula n. 588/STJ:** "A prática de crime ou contravenção penal contra a mulher com violência ou grave ameaça no ambiente doméstico impossibilita a substituição da pena privativa de liberdade por restritiva de direitos".

1.15. Classificação

O crime de lesão corporal pode ser classificado como:

a) **Comum** (pode ser praticado por qualquer pessoa);
b) **Material** (a consumação exige a produção de um resultado naturalístico);
c) De **forma livre** (a Lei não estabelece exigência para a forma de execução);
d) **Simples** (tutela apenas um bem jurídico);
e) **Comissivo** (em regra) **ou omissivo** (quando ocorre omissão imprópria);
f) **Unissubjetivo** (pode haver ou não concurso de pessoas);
g) **Instantâneo** (consuma-se de imediato);
h) **Plurissubsistente** (a conduta pode ser fracionada, e por isso admite a tentativa);
i) De **dano** (a consumação enseja violação ao bem jurídico, e não mera exposição a perigo);
j) **Não transeunte** (o crime deixa vestígios);
k) **Doloso** (em regra) ou **culposo.**

1.16. Quadro Sinótico

<table>
<tr><th colspan="3">LESÃO CORPORAL</th></tr>
<tr><td>Considerações Iniciais</td><td>Lesão corporal "compreende toda e qualquer ofensa ocasionada à normalidade funcional do corpo ou organismo humano, seja do ponto de vista anatômico, seja do ponto de vista fisiológico ou psíquico". Para que se caracterize a lesão corporal, imprescindível que haja um dano produzido na integridade corporal da vítima, seja uma lesão exterior, visível, seja interna, de difícil percepção.</td><td>1</td></tr>
<tr><td>Modalidades de Lesão Corporal</td><td>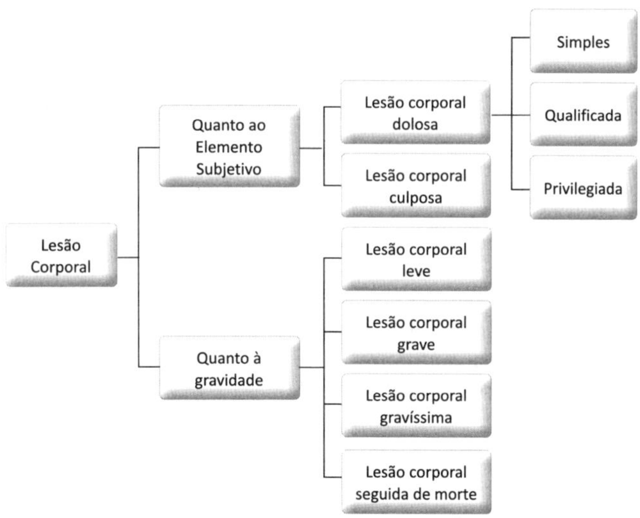
</td><td>2</td></tr>
<tr><td>Tipicidade Objetiva</td><td>Conforme o caput do art. 129, a lesão corporal pode consistir em:
a) Ofender a integridade corporal: trata-se da modificação anatômica no corpo humano;
b) Ofender a saúde: abrange as perturbações de cunho fisiológico ou mental.</td><td>3</td></tr>
</table>

<table>
<tr><td>Sujeitos</td><td colspan="3">Sujeito ativo do crime pode ser qualquer pessoa (crime comum). O Direito Penal não pune a conduta autolesiva, por força do princípio da alteridade. Sujeito passivo também pode ser qualquer pessoa.</td><td>4</td></tr>
<tr><td>Objetos</td><td colspan="3">O objeto jurídico do tipo penal é a incolumidade pessoal do indivíduo, protegendo-o na sua saúde física, fisiológica e mental.
O objeto material é o ser humano atingido pela conduta do agente.</td><td>5</td></tr>
<tr><td>Elemento Subjetivo</td><td colspan="3">O elemento subjetivo exigido pelo tipo penal descrito no caput (lesão corporal simples), bem como nos §§ 1º (lesão corporal grave), 2º (lesão corporal gravíssima) e 9º (violência doméstica), é o dolo, pois se exige do agente a vontade de agredir a integridade física e a saúde de outrem (animus laedendi). É possível a caracterização do crime na modalidade culposa.</td><td>6</td></tr>
<tr><td>Consumação e Tentativa</td><td colspan="3">Consuma-se o crime com a ofensa a incolumidade pessoal do indivíduo, isto é, com a efetiva lesão à integridade física ou saúde de outrem.
A tentativa será possível nas modalidades dolosas.</td><td>7</td></tr>
<tr><td>Ação Penal</td><td colspan="3">No caso de lesão corporal dolosa leve ou lesão corporal culposa, em regra, a ação penal é de iniciativa pública condicionada à representação do ofendido. Contudo, em se tratando de caso envolvendo a Lei Maria da Penha (Lei n. 11.340/06), mesmo estas modalidades de lesão corporal serão crimes de ação penal pública incondicionada, pois o seu art. 41 veda a aplicação da Lei n. 9.099/95. Em se tratando das demais modalidades de lesão corporal (grave, gravíssima ou seguida de morte) a ação penal sempre será incondicionada.</td><td>8</td></tr>
<tr><td rowspan="3">Lesão Corporal Dolosa</td><td>Lesão corporal leve</td><td colspan="2">Trata-se da lesão corporal simples, isto é, destituída de qualificadoras. A lesão corporal leve possui pena prevista de detenção de 3 (três) meses a 1 (um) ano.</td><td>9.1</td></tr>
<tr><td rowspan="2">Lesão corporal de natureza grave (sentido amplo)</td><td>Considerações iniciais</td><td>Consolidou-se, em sede doutrinária e jurisprudencial, o emprego da expressão "lesão corporal de natureza grave" apenas para as situações contidas no art. 129, §1º, CP, ao passo que, para as condutas presentes no art. 129, §2º, a expressão corrente é "lesão corporal de natureza gravíssima".</td><td>9.2.1</td></tr>
<tr><td>Lesão corporal de natureza grave (em sentido estrito): art. 129, §1º, CP</td><td>A lesão corporal será considerada grave quando dela resulta:
a) Incapacidade para as ocupações habituais, por mais de trinta dias;
b) Perigo de vida;</td><td>9.2.2</td></tr>
</table>

Lesão Corporal Dolosa	**Lesão corporal de natureza grave (sentido amplo)**		**c)** Debilidade permanente de membro, sentido ou função; **d)** Aceleração de parto.	9.2.2
		Lesão corporal de natureza gravíssima: art. 129, § 2º, CP	A lesão corporal será considerada gravíssima quando dela resulta: **a)** Incapacidade permanente para o trabalho; **b)** Enfermidade incurável; **c)** Perda ou inutilização de membro, sentido ou função; **d)** Deformidade permanente; **e)** Aborto.	9.2.3
	Lesão corporal seguida de morte (art. 129, §3º, CP)		Para que o terceiro incorra no crime do art. 126, CP, o consentimento da gestante deve ser válido, destituído das máculas da fraude, violência, grave ameaça. Também não poderá ser prestado por pessoa menor de quatorze anos. É necessário que o consentimento da gestante subsista por todo o procedimento. Da mesma forma que o crime praticado pela gestante (art. 124, CP) admite a participação, o crime do art. 126, CP também admite.	9.3
	Lesão corporal privilegiada (art. 129, § 4º, CP)		Conforme disposto no art. 129, §4º, CP: "Se o agente comete o crime impelido por motivo de relevante valor social ou moral ou sob o domínio de violenta emoção, logo em seguida a injusta provocação da vítima, o juiz pode reduzir a pena de um sexto a um terço" (aplicável ao crime de lesão corporal dolosa).	9.4
	Lesão corporal leve e substituição de pena (art. 129, §5º, CP)		Conforme o art. 129, §5º, CP, em se tratando de lesões corporais, produzidas dolosamente, de natureza leve, o juiz poderá substituir a pena de detenção pela de multa: **a)** Se ocorrer qualquer das hipóteses do parágrafo anterior (o agente comete o crime impelido por motivo de relevante valor social ou moral ou sob o domínio de violenta emoção, logo em seguida a injusta provocação da vítima); **b)** Se as lesões são recíprocas.	9.5

Lesão Corporal Dolosa	**Causa de aumento de pena na lesão corporal dolosa (art. 129, §7º, CP)**	Aumenta-se a pena de 1/3 (um terço) se ocorrer as seguintes situações: **a)** Vítima menor de 14 (quatorze) anos ou maior de 60 (sessenta) anos; **b)** Crime praticado por milícia privada, sob o pretexto de prestação de serviço de segurança, ou por grupo de extermínio.	9.6
Lesão Corporal Culposa (art. 129, §6º, CP)	**Lesão corporal culposa e causa de aumento de pena (art. 129, §7º, CP)**	Aumenta-se em um terço a pena do crime culposo se o crime: **a)** Resulta de inobservância de regra técnica de profissão, arte ou ofício; **b)** Se o agente deixa de prestar imediato socorro à vítima; **c)** Se o agente não procura diminuir as consequências do seu ato; **d)** Se o agente foge para evitar prisão em flagrante.	10.1
	Lesão corporal culposa e Código de Trânsito Brasileiro	Aumenta-se a pena de 1/3 (um terço) à metade, se o agente: **a)** Não possuir Permissão para Dirigir ou Carteira de Habilitação; **b)** Praticá-lo em faixa de pedestres ou na calçada; **c)** Deixar de prestar socorro, quando possível fazê-lo sem risco pessoal, à vítima do acidente; **d)** No exercício de sua profissão ou atividade, estiver conduzindo veículo de transporte de passageiros.	10.2
	Lesão corporal culposa e perdão judicial (art. 129, §8º, CP)	Da mesma forma que ocorre com o homicídio culposo, na lesão corporal culposa também será possível o perdão judicial.	10.3
Lesão Corporal e Violência Doméstica	**Lesão corporal e violência doméstica contra pessoa portadora de deficiência (art. 129, §11, CP)**	A Lei Maria da Penha incluiu o §11 ao art. 129, CP, estabelecendo a pena deve ser aumentada em um terço se o crime, nas hipóteses do §9º, isto é, da violência doméstica, for cometido contra pessoa portadora de deficiência. Para que incida a mencionada causa de aumento de pena, imprescindível que o agente tenha ciência da deficiência da vítima.	11.1
	Lesão corporal e violência doméstica contra homem	As situações que envolvem o tratamento mais rigoroso dado à lesão corporal doméstica não se confundem com as situações que envolvem a Lei Maria da Penha, tendo em vista que no CP teremos este tratamento mais gravoso tanto para a violência doméstica contra a mulher quanto para o homem.	11.2

<table>
<tr><td>Lesão Corporal Funcional (Art. 129, §12, CP)</td><td colspan="2">A Lei n. 13.142/2015 incluiu o §12 ao art. 129, CP, estabelecendo que “se a lesão for praticada contra autoridade ou agente descrito nos arts. 142 e 144 da Constituição Federal, integrantes do sistema prisional e da Força Nacional de Segurança Pública, no exercício da função ou em decorrência dela, ou contra seu cônjuge, companheiro ou parente consanguíneo até terceiro grau, em razão dessa condição, a pena é aumentada de um a dois terços”. Logo, se a lesão corporal funcional for gravíssima ou seguida de morte, estaremos diante de crime hediondo.</td><td>12</td></tr>
<tr><td rowspan="4">Outras Questões</td><td>Lesão corporal e vias de fato</td><td>O crime de lesão corporal não se confunde com a contravenção penal de vias de fato (art. 21, Decreto-Lei n. 3.688/41), pois neste não chega a ocorrer ofensa à integridade corporal da vítima.</td><td>13.1</td></tr>
<tr><td>Lesão corporal e tortura</td><td>Na lesão corporal o elemento subjetivo consiste na ofensa à integridade corporal (animus laedendi) da vítima. Por outro lado, a tortura, que pode ser física ou psicológica, exige o dolo de infligir grave sofrimento físico ou mental à vítima, além do dolo específico, consistente na pretensão de alcançar alguma finalidade específica.</td><td>13.2</td></tr>
<tr><td>Lesão corporal e terrorismo</td><td>O crime de atos de terrorismo pode se dar mediante atentado à integridade física da vítima (art. 2º, §1º, V, Lei n. 13.260/16).</td><td>13.3</td></tr>
<tr><td>Lesão corporal e insignificância</td><td>Em sede doutrinária, sustenta-se a possibilidade de incidência do princípio da insignificância para as hipóteses de lesão corporal quando a ofensa for “levíssima”. Importante destacar que, ainda que seja possível admitir tal possibilidade, não se poderia fazê-lo em relação às lesões envolvendo violência doméstica contra a mulher (Súmula 589/STJ).</td><td>13.4</td></tr>
<tr><td>Penas</td><td colspan="2">A pena para o crime, em sua modalidade simples é de detenção de três meses a um ano. Nas modalidades qualificadas, as penas são de reclusão de um a cinco anos (art. 129, §1º, CP), de dois a oito anos (art. 129, §2º, CP), de quatro a doze anos (art. 129, §3º, CP), de detenção de três meses a três anos (art. 129, §9º, CP). Na modalidade culposa, a pena é de detenção de dois meses a um ano.</td><td>14</td></tr>
<tr><td>Classificação</td><td colspan="2">a) Comum (pode ser praticado por qualquer pessoa);
b) Material (a consumação exige a produção de um resultado naturalístico);
c) De forma livre (a Lei não estabelece exigência para a forma de execução);
d) Simples (tutela apenas um bem jurídico);
e) Comissivo (em regra) ou omissivo (quando ocorre omissão imprópria);
f) Unissubjetivo (pode haver ou não concurso de pessoas);
g) Instantâneo (consuma-se de imediato);</td><td>15</td></tr>
</table>

Classificação	h) **Plurissubsistente** (a conduta pode ser fracionada, e por isso admite a tentativa); i) **De dano** (a consumação enseja violação ao bem jurídico, e não mera exposição a perigo); j) **Não transeunte** (o crime deixa vestígios); k) **Doloso** (em regra) ou **culposo**.	15

1.17. Súmulas

1.17.1. *STJ*

542. A ação penal relativa ao crime de lesão corporal resultante de violência doméstica contra a mulher é pública incondicionada.

536. A suspensão condicional do processo e a transação penal não se aplicam na hipótese de delitos sujeitos ao rito da Lei Maria da Penha.

588. A prática de crime ou contravenção penal contra a mulher com violência ou grave ameaça no ambiente doméstico impossibilita a substituição da pena privativa de liberdade por restritiva de direitos".

589. É inaplicável o princípio da insignificância nos crimes ou contravenções penais praticados contra a mulher no âmbito das relações domésticas.

1.18. Questões de Concursos Públicos

01. **(FUMARC - 2018 - PC-MG - Delegado de Polícia Substituto) De acordo com o Artigo 129 do Código Penal Brasileiro, trata-se de lesão corporal de natureza gravíssima:**

(A) Aceleração de parto.

(B) Debilidade permanente de membro, sentido ou função.

(C) Deformidade permanente.

(D) Perigo de vida.

02. **(FGV - 2015 - Prefeitura de Paulínia - SP - Guarda Municipal) Determinado Guarda Municipal, fora do exercício de sua função, mas ainda com a roupa do serviço, chega a sua residência cansado do trabalho e, em virtude de sua conduta descuidada, realiza um brusco movimento, que faz com que seu filho caia da escada e sofra lesões gravíssimas, ficando em coma por cerca de 02 meses. Após sua recuperação, a vítima, que ficou tetraplégica, decide representar em face do pai, demonstrando interesse em vê-lo processado criminalmente. O pai fica arrasado, pois, além de seu filho ter ficado tetraplégico, não o perdoou por sua imprudência. De acordo com a situação narrada, o crime praticado pelo funcionário foi de:**

(A) lesão corporal gravíssima, podendo ser aplicada pena de 02 a 08 anos de reclusão;

(B) lesão corporal culposa, sendo que a consequência do crime para a vítima é tratada pelo Código Penal como causa de aumento de pena de 1/3 a 1/2;

(C) lesão corporal grave, pois resultou em debilidade permanente de membro, sentido ou função, cuja pena em abstrato é de 01 a 05 anos de reclusão;

(D) lesão corporal culposa, sendo possível a aplicação do perdão judicial;

(E) lesão corporal culposa, cabendo aplicação de causa de diminuição de pena em razão das consequências do crime para o autor do fato.

03. **(FGV - 2014 - DPE-DF - Analista - Assistência Judiciária) Mário, ao chegar em casa, deparou-se com uma tragédia. Seu filho, André, um jovem de 20 anos, manuseava, sem o cuidado devido, uma arma de fogo pertencente a seu pai, quando esta acidentalmente disparou e o projétil veio a atingir uma funcionária da casa. Sabendo que o disparo fora acidental, mas temendo pelas consequências do lamentável**

episódio para a vida de seu filho, optou Mário por não procurar as autoridades policiais. Ao contrário, ao anoitecer, transportou o corpo para um terreno baldio existente no seu bairro e ali o deixou. Ocorre que a funcionária em questão, na verdade, estava apenas ferida e acabou sendo encontrada e levada para o hospital. Sobre as condutas de Mário e André, é correto afirmar que:

(A) Mário deve ser punido pelo crime de ocultação de cadáver e André pelo de lesão corporal culposa.

(B) Mário deve ser punido pelo crime de ocultação de cadáver e André pelo de homicídio na forma tentada.

(C) Mário deve ser punido pelo crime de ocultação de cadáver, na forma tentada, e André pelo de lesão corporal, também na forma tentada.

(D) Mário deve ser punido pelo crime de ocultação de cadáver, e André deve ser punido pelo de homicídio, também na forma tentada.

(E) Mário não deve ser punido pela prática de crime e André deve ser punido pela prática do crime de lesão corporal culposa.

04. (VUNESP - 2013 - PC-SP - Agente de Polícia) No crime de lesão corporal culposa, a pena é aumentada quando

(A) o agente quer deliberadamente atingir a vítima e causar-lhe ferimento.

(B) o agente comete o crime sob o domínio de violenta emoção.

(C) o agente comete o crime por motivo torpe.

(D) o agente foge para evitar prisão em flagrante.

(E) a vítima estava indefesa.

05. (FCC - 2018 - Prefeitura de Caruaru - PE - Procurador do Município) Lesão corporal de natureza grave é aquela da qual resulta

(A) deformidade permanente.

(B) incapacidade permanente para o trabalho.

(C) violência doméstica.

(D) feminicídio.

(E) aceleração de parto.

06. (FGV - 2018 - TJ-SC - Analista Jurídico) Durante uma discussão entre Carla e Luana, que eram amigas, Carla desfere, com intenção de causar lesão leve, um tapa na face de Luana, que a havia ofendido. Ocorre que, de maneira totalmente surpreendente, Luana vem a falecer no dia seguinte, em virtude do tapa recebido e da lesão causada, pois rompeu-se um desconhecido coágulo sanguíneo na cabeça, mesmo diante do fraco golpe. Na semana seguinte, a família de Luana, revoltada, procura a Delegacia, narra o ocorrido e afirma ter interesse em ver Carla processada criminalmente.

Confirmados os fatos, assim como a intenção de Carla, o Ministério Público poderá imputar a Carla a prática do (s) crime (s) de:

(A) lesão corporal leve dolosa e homicídio culposo;

(B) lesão corporal seguida de morte;

(C) lesão corporal leve;

(D) homicídio doloso;

(E) homicídio culposo.

07. (IBFC - 2017 - POLÍCIA CIENTÍFICA-PR - Médico Legista Área B) O parágrafo segundo do artigo 129 do Código Penal estabelece casos de lesões corporais gravíssimas. Assinale a alternativa que não resulta em lesão corporal gravíssima de acordo com o Código Penal.

(A) Incapacidade permanente para o trabalho

(B) Enfermidade incurável

(C) Aceleração do parto

(D) Deformidade permanente

(E) Inutilização de membro

08. (TJ-AC - 2014 - TJ-AC - Juiz Leigo) O autor do fato estava limpando o quintal e deixou um pedaço de madeira escorada no muro. A vítima estava passando pelo local, momento em que a madeira caiu e atingiu o seu braço, causando um pequeno hematoma. O autor do fato tentou se explicar, confessando que agiu com desatenção e que poderia ter evitado o evento danoso, pois deveria ter colocado a madeira no chão. A vítima não aceitou as explicações e foi registrar a notícia crime, materializada no termo circunstanciado. Qual a tipificação do fato?

(A) lesão corporal dolosa, definida no artigo 129, caput do Código Penal.

(B) lesão corporal culposa, definida no artigo 129, § 6 do Código Penal

(C) atipicidade da conduta

(D) contravenção penal de deixar de colocar na via pública, sinal ou obstáculo, determinado em lei ou pela autoridade e destinado a evitar perigo a transeuntes (artigo 36 do Decreto Lei 3688/41)

09. **(FCC - 2016 - DPE-BA - Defensor Público) Sobre os crimes contra a pessoa,**

(A) o comportamento da vítima é incapaz de influenciar a pena no crime de lesão corporal.

(B) o princípio da insignificância não se aplica ao crime de lesão corporal, pois sua desclassificação incide na contravenção de vias de fato.

(C) a ofensa à saúde de outrem, por ser crime de perigo, não depende da produção do resultado para a configuração da tipicidade.

(D) a lesão corporal culposa na direção de veículo automotor impede a substituição da pena privativa de liberdade por pena restritiva de direitos.

(E) a prática de lesão corporal leve em situação de lesões recíprocas pode ensejar a substituição da pena de detenção pela de multa.

10. **(FEPESE - 2017 - PC-SC - Escrivão de Polícia Civil) De acordo com o Código Penal, a incapacidade para as ocupações habituais, por mais de trinta dias, caracteriza o crime de:**

(A) lesão corporal simples.

(B) lesão corporal leve.

(C) lesão corporal grave.

(D) lesão corporal gravíssima.

(E) lesão corporal seguida de morte.

***GABARITO:** As respostas destes testes encontram-se no final do livro.*

1.19. Questões Discursivas com Comentários

01. **(XXI EXAME DE ORDEM UNIFICADO - OAB - 2ª FASE - 2017) Paulo e Júlio, colegas de faculdade, comemoravam juntos, na cidade de São Gonçalo, o título obtido pelo clube de futebol para o qual o primeiro torce. Não obstante o clima de confraternização, em determinado momento, surgiu um entrevero entre eles, tendo Júlio desferido um tapa no rosto de Paulo. Apesar da pouca intensidade do golpe, Paulo vem a falecer no hospital da cidade, tendo a perícia constatado que a morte decorreu de uma fatalidade, porquanto, sem que fosse do conhecimento de qualquer pessoa, Paulo tinha uma lesão pretérita em uma artéria, que foi violada com aquele tapa desferido por Júlio e causou sua morte. O órgão do Ministério Público, em atuação exclusivamente perante o Tribunal do Júri da Comarca de São Gonçalo, denunciou Júlio pelo crime de lesão corporal seguida de morte (Art. 129, § 3º, do CP). Considerando a situação narrada e não havendo dúvidas em relação à questão fática, responda, na condição de advogado(a) de Júlio:**

A) É competente o juízo perante o qual Júlio foi denunciado? Justifique. (Valor: 0,65)

B) Qual tese de direito material poderia ser alegada em favor de Júlio? Justifique. (Valor: 0.60)

Obs.: o(a) examinando(a) deve fundamentar as respostas. A mera citação do dispositivo legal não confere pontuação.

1.20. Gabarito Comentado

A) Nos termos do Art. 74, § 1º, do Código de Processo Penal (ou Art. 5º, inciso XXXVIII, alínea d, da CRFB), cabe ao Tribunal do Júri o julgamento dos crimes dolosos contra a vida e os conexos. De acordo com a imputação contida na denúncia, o resultado de morte foi culposo, senso assim a competência é do juízo singular. Logo, tendo em vista que o crime praticado não é doloso contra a vida, o Tribunal do Júri é incompetente para julgar o delito cometido por Júlio.

B) Uma vez que o resultado da lesão corporal não adveio nem de dolo, nem culpa, não poderia Júlio responder pelo crime de lesão corporal seguida de morte. O crime de lesão corporal seguida de morte é chamado de preterdoloso. A ação foi dirigida à produção de lesão corporal, sendo o resultado morte produzido a título de culpa. Um dos elementos da culpa é a previsibilidade objetiva, somente devendo alguém ser punido na forma culposa quando o resultado não querido pudesse ser previsto por um homem médio, sendo que a ausência de previsibilidade subjetiva, capacidade do agente, no caso concreto, de prever o resultado, repercute na culpabilidade. Na hipótese, não havia previsibilidade objetiva, o que impede a tipificação do delito de lesão corporal seguida de morte. Ademais, havia uma concausa preexistente, relativamente independente, desconhecida, impedindo Júlio de responder pelo resultado causado. Em princípio, a concausa relativamente independente preexistente não impede a punição do agente pelo crime consumado. Contudo, deve ela ser conhecida do agente ou ao menos existir possibilidade de conhecimento, sob pena de responsabilidade penal objetiva, o que não aconteceu *in casu*.

1.21. Questões para Treinar (sem comentários)

01. (FUNCAB - 2015 - PC-AC - Perito Médico--Legista) Em uma briga de trânsito, um motorista sai do carro e dá um soco em outro motorista e este cai, batendo com a cabeça na calçada e depois de algumas horas morre no hospital. O melhor enquadramento do crime é:

(A) lesão corporal culposa

(B) lesão corporal dolosa

(C) lesão corporal seguida de morte

(D) homicídio com dolo eventual

(E) homicídio culposo

02. (VUNESP - 2014 - PC-SP - Atendente de Necrotério Policial) No que concerne ao crime de lesão corporal culposa,

(A) se o agente comete o crime impelido por motivo de relevante valor social ou moral, o juiz pode reduzir a pena de um sexto (1/6) a um terço (1/3).

(B) aumenta-se a pena de 1/4 (um quarto) se o agente deixa de prestar imediato socorro à vítima ou não procura diminuir as consequências do seu ato.

(C) aumenta-se a pena de 1/4 (um quarto) se o crime resulta de inobservância de regra técnica de profissão, arte ou ofício.

(D) o juiz poderá deixar de aplicar a pena, se as consequências da infração atingirem o próprio agente de forma tão grave que a sanção penal se torne desnecessária.

(E) se o agente comete o crime sob o domínio de violenta emoção, logo em seguida à injusta provocação da vítima, o juiz pode reduzir a pena de um sexto (1/6) a um terço (1/3).

03. (INSTITUTO AOCP - 2019 - PC-ES - Médico Legista) Um indivíduo sofreu uma lesão e teve a capacidade de movimentar a perna direita reduzida em 95%. De acordo com o art. nº 129 do Código Penal Brasileiro, em qual classificação o caso se encaixa mais especificamente?

(A) Debilidade permanente de membro, sentido ou função.

(B) Deformidade permanente.

(C) Perigo de vida.

(D) Lesão corporal grave.

(E) Perda ou inutilização de membro, sentido ou função.

04. (CESPE - 2018 - PC-MA - Escrivão de Polícia Civil) Pune-se a tentativa no crime de

(A) omissão de socorro.

(B) injúria cometida verbalmente.

(C) induzimento a suicídio sem resultado lesivo.

(D) lesão corporal leve dolosa.

(E) homicídio culposo.

05. (CESPE - 2017 - TRE-BA - Analista Judiciário - Área Administrativa) Pedro, José e Alfredo integram uma organização criminosa que opera com tráfico de drogas e comete vários crimes na periferia de uma grande cidade brasileira. José ocupa uma posição mais alta na organização, sendo responsável por punir quem não correspondesse às expectativas do

grupo. Certo dia, tendo Alfredo falhado na cobrança de uma dívida do tráfico, José, com a ajuda de Pedro, deu-lhe uma surra. Com o objetivo de se vingar de ambos, Alfredo armou um plano para acabar com a vida de José e atribuir a responsabilidade a Pedro. Assim, durante um tiroteio entre integrantes da organização criminosa e policiais, Alfredo, apontando na direção de José, que estava atrás de um arbusto, orientou Pedro a atirar nele, sob a alegação de que se tratava de um policial. O tiro atingiu José e Alfredo fugiu. Tendo percebido o erro, Pedro levou José ao hospital, o que evitou sua morte.

Considerando que, conforme o Código Penal, o crime de homicídio consiste em matar alguém e o crime de lesão corporal em ofender a integridade corporal ou a saúde de outrem, assinale a opção correta a respeito da responsabilização de Alfredo e Pedro na situação hipotética apresentada.

(A) Pedro não será responsabilizado pela prática de crime, em razão do erro sobre pessoa, e Alfredo responderá por tentativa de homicídio.

(B) Alfredo será responsabilizado por tentativa de homicídio e Pedro por lesão corporal.

(C) Nem Alfredo nem Pedro serão responsabilizados pela prática de crime, já que Pedro impediu a morte de José.

(D) Tanto Pedro quanto Alfredo responderão por tentativa de homicídio.

(E) Pedro não será responsabilizado pela prática de crime, por estar configurada discriminante putativa, e Alfredo responderá por lesão corporal.

GABARITO: *As respostas destes testes encontram-se no final do livro.*

III

DA PERICLITAÇÃO DA VIDA E DA SAÚDE

Os crimes de periclitação da vida e da saúde estão distribuídos entre os artigos 130 e 136 do Código Penal, e compreendem:

a) Perigo de contágio venéreo (art. 130, CP);

b) Perigo de contágio de moléstia grave (art. 131, CP);

c) Perigo para a vida ou saúde de outrem (art. 132, CP);

d) Abandono de incapaz (art. 133, CP);

e) Exposição ou abandono de recém-nascido (art. 134, CP);

f) Omissão de socorro (art. 135, CP);

g) Maus-tratos (art. 136, CP) (art. 136, CP).

De um modo geral, os crimes de periclitação são de perigo, e não de dano, isto é, consumam-se com a mera exposição do bem jurídico a perigo, independentemente de haver uma lesão.

1. PERIGO DE CONTÁGIO VENÉREO

Art. 130 – Expor alguém, por meio de relações sexuais ou qualquer ato libidinoso, a contágio de moléstia venérea, de que sabe ou deve saber que está contaminado:

Pena – detenção, de três meses a um ano, ou multa.

§ 1° – Se é intenção do agente transmitir a moléstia:

Pena – reclusão, de 1 (um) a 4 (quatro) anos, e multa.

§ 2° – Somente se procede mediante representação.

1.1. Considerações Iniciais

O tipo penal prevê a exposição de alguém, por meio de ato libidinoso ou semelhante, à moléstia venérea, de que o agente sabia ser portador ou deveria saber o ser. De pronto se verifica que não é necessário que haja efetivamente a contaminação. E isto porque os crimes de periclitação da vida e da saúde se caracterizam, justamente, por serem infrações de perigo, ou seja, consumam-se com a mera exposição dos bens jurídicos a perito de lesão.

A tutela penal não se ocupou em definir moléstia venérea; o encargo é da medicina.

Como exemplo de moléstia venérea, podemos citar a gonorreia, a sífilis etc. Se a exposição for com o vírus da AIDS não poderíamos tipificar a conduta de acordo com o artigo em estudo, pois é moléstia que não se contrai apenas pelas vias sexuais, logo, a conduta e intenção do agente em expor ou contaminar a vítima deve ser analisada para que se enquadre a conduta a outro tipo penal, como por exemplo, perigo de contágio de moléstia grave.

Ademais, assinale-se que de acordo com o STF, também não comete homicídio, consumado ou tentado, o sujeito que, tendo ciência de estar contaminado pelo vírus da AIDS, deliberadamente oculta-a de seus parceiros, mantendo relações sexuais sem o uso de preservativo[1].

1.2. Tipicidade Objetiva

O núcleo do tipo consiste em "expor", que, no contexto do tipo penal, equivale a deixar a vítima em situação de vulnerabilidade em relação à moléstia venérea. Imprescindível que a conduta ocorra mediante "relações sexuais ou qualquer ato libidinoso". Trata-se, portanto, de crime de forma vinculada, pois exige a conduta deste modo.

1.3. Sujeitos

No que diz respeito ao sujeito ativo, trata-se de crime que exige característica específica do agente (estar infectado por doença venérea). É, ainda, crime de mão própria, pois não admite a coautoria, embora seja possível falar em participação. Quanto aos mais, não importam outras questões relacionadas ao agente, como o gênero, estado civil, orientação sexual, religião, nacionalidade etc.

Qualquer pessoa pode ser sujeito passivo do crime. Tem-se entendido em doutrina que eventual consentimento do ofendido não poderia afastar a ilicitude da conduta, haja vista tratar-se de bens jurídicos indisponíveis[2].

1.4. Objetos

O objeto juridicamente tutelado é a incolumidade física da pessoa, abrangendo a sua vida e a sua saúde.

---

1. STF, HC 98.712/SP, rel. Min. Marco Aurélio.
2. CUNHA, Rogério Sanches. *Manual de Direito Penal: parte especial.* 10. Ed. Salvador Juspodivm, 2018, p.141.

O objeto material é o ser humano que foi exposto à doença venérea por meio de relação sexual ou qualquer ato libidinoso. Se por acaso a vítima não puder ser exposta à infecção – por possui imunidade ou, até mesmo, já se encontrar infectada – estaremos diante de um crime impossível, por absoluta impropriedade do objeto material.

1.5. Elemento Subjetivo

O elemento subjetivo exigido pelo tipo penal é o dolo, pois se exige do agente a vontade de praticar a relação sexual ou qualquer ato libidinoso capaz de transmitir a moléstia venérea. O tipo penal contempla tanto o dolo direto (por meio da expressão "de que sabe") quanto o dolo eventual (na expressão "deve saber").

Acrescente-se que o §1º previu a figura qualificada, quando o agente tem a intenção de efetivamente transmitir a doença. Trata-se de um **crime de perigo com dolo de dano**[3]. Crime de perigo porque não há a necessidade da lesão ao bem jurídico para a sua consumação, ou seja, o crime se consuma com a mera exposição da vítima ao contágio, pouco importando se ele efetivamente ocorrerá. E dolo de dano porque, na modalidade qualificada, o agente quer a transmissão da moléstia.

1.6. Consumação e Tentativa

Consuma-se o crime quando o agente efetivamente expõe a vítima à situação de perigo, ou seja, quando o sujeito passivo é exposto a moléstia venérea que o agente possui e sabe ser portador, ou que deveria saber sê-lo. Registre-se, portanto, ser desnecessária a contaminação, bastando a exposição ao perigo, por meio da relação sexual ou ato libidinoso.

Se, a par da relação sexual ou prática de ato libidinoso, a vítima efetivamente contrair a moléstia venérea, haverá mero exaurimento, a ser valorado pelo juiz no momento da dosimetria da pena (consequências do crime). Contudo, há entendimento no sentido de que, se da conduta resultar lesão grave, gravíssima ou a morte da vítima, deverá o agente responder pelo crime do art. 129, §§1º, 2º ou 3º, respectivamente.

Este raciocínio nos parece fazer sentido quando estamos diante da modalidade qualificada do crime (art. 130, §1º, CP), pois aí o agente realmente possui o dolo de lesionar, já que existe o dolo de transmitir a moléstia. Na conduta do *caput*, porém, parece-nos que a efetiva transmissão da moléstia caracterizaria, no máximo, a lesão corporal culposa, pois o dolo do agente era a exposição da vítima ao contágio.

A tentativa é admitida. Basta imaginar a situação em que o agente tenta manter relação sexual com a vítima, mas não consegue por circunstância alheia a sua vontade.

Não há crime quando o agente utiliza o preservativo na relação sexual, pois não se configuraria a exposição da vítima a perigo de contágio. De igual sorte, não haverá crime quando a vítima já se encontra contaminada ou o agente não está contaminado, embora acredite estar (crime putativo).

3. MASSON, Cléber. *Direito Penal Esquematizado: parte especial, vol. II,* 7. Ed. São Paulo: Método, 2015, p.126.

1.7. Ação Penal

A ação penal é de iniciativa pública condicionada à representação do ofendido.

1.8. Qualificadora

O crime possui modalidade qualificada na situação em que possui a intenção de transmitir a moléstia. Neste caso, a pena será de reclusão de um a quatro anos, além da multa.

1.9. Penas

A pena para o crime, em sua modalidade simples é de detenção de três meses a um ano ou multa. A partir desta constatação, podemos concluir que:

a) É possível a obtenção da transação penal (art. 76 da Lei n. 9.099/95), pois se trata de infração penal de menor potencial ofensivo (a pena máxima não supera o patamar de dois anos de privação de liberdade). Este benefício não será possível na modalidade qualificada do crime, pois, neste caso, a pena máxima será de quatro anos.

b) É possível a suspensão condicional do processo (*sursis* processual), pois a pena mínima não ultrapassa um ano (art. 89 da Lei n. 9.099/95).

c) É possível a substituição da pena privativa de liberdade por pena restritiva de direitos, pois a pena efetivamente imposta pelo juiz não deve ultrapassar quatro anos, observados os demais requisitos do art. 44, CP.

d) Quanto à pena de multa, aplicam-se as regras do Código Penal. Logo, as multas podem variar em patamares entre 10 (dez) e 360 (trezentos e sessenta) dias-multa. Em momento posterior, a depender da capacidade econômica do condenado, o juiz irá valorar a pena de multa entre 1/30 do salário mínimo até 05 (cinco) salários mínimos. Vale registrar que se o valor máximo for reputado insuficiente, poderá o juiz elevar este valor ao triplo.

Por fim, não será demasiado recordar que o inadimplemento da pena de multa não permite sua substituição por pena privativa de liberdade. A multa será considerada dívida de valor do poder público, a ser cobrada pela Procuradoria da Fazenda, perante a Vara de Execuções Fiscais.

Vale registrar que a multa é uma pena alternativa, e não cumulativa com a pena privativa de liberdade. Por outro lado, na modalidade qualificada, a pena de multa deve ser aplicada cumulativamente com a pena de prisão.

1.10. Classificação

O crime de perigo de contágio venéreo pode ser classificado como:

a) De **mão própria** (não admite a coautoria);

b) **Formal** (a consumação não exige a produção de um resultado naturalístico);

c) De **forma vinculada** (a Lei estabelece exigência para a forma de execução);

d) **Simples** (tutela apenas um bem jurídico);

e) **Comissivo** (praticado mediante ação);

f) **Unissubjetivo** (pode haver ou não concurso de pessoas);

g) **Instantâneo** (consuma-se de imediato);

h) **Plurissubsistente** (a conduta pode ser fracionada, e por isso admite a tentativa);

i) De **perigo** (a consumação enseja a mera exposição do bem jurídico a perigo);

j) **Não transeunte** (o crime deixa vestígios);

k) **Doloso** (não admite modalidade culposa).

1.11. Quadro Sinótico

PERIGO DE CONTÁGIO VENÉREO		
Considerações Iniciais	O tipo penal prevê a exposição de alguém, por meio de ato libidinoso ou semelhante, à moléstia venérea, de que o agente sabia ser portador ou deveria saber o ser. De pronto se verifica que não é necessário que haja efetivamente a contaminação, por se tratar de infração de perigo.	1
Tipicidade Objetiva	O núcleo do tipo consiste em "expor", que, no contexto do tipo penal, equivale a deixar a vítima em situação de vulnerabilidade em relação à moléstia venérea, através de "relações sexuais ou qualquer ato libidinoso".	2
Sujeitos	No que diz respeito ao **sujeito ativo**, trata-se de crime que exige característica específica do agente (estar infectado por doença venérea). É, ainda, crime de mão própria, pois não admite a coautoria, embora seja possível falar em participação. Qualquer pessoa pode ser **sujeito passivo** do crime.	3
Objetos	O **objeto juridicamente tutelado** é a incolumidade física da pessoa, abrangendo a sua vida e a sua saúde. O **objeto material** é o ser humano que foi exposto à doença venérea por meio de relação sexual ou qualquer ato libidinoso.	4
Elemento Subjetivo	O elemento subjetivo exigido pelo tipo penal é o dolo, pois se exige do agente a vontade de praticar a relação sexual ou qualquer ato libidinoso capaz de transmitir a moléstia venérea. O tipo penal contempla tanto o dolo direto (por meio da expressão "de que sabe") quanto o dolo eventual (na expressão "deve saber"). Acrescente-se que o §1º previu a figura qualificada, quando o agente tem a intenção de efetivamente transmitir a doença. Trata-se de um crime de perigo com dolo de dano.	5

Consumação e Tentativa	Consuma-se o crime quando o agente efetivamente expõe a vítima à situação de perigo, ou seja, quando o sujeito passivo é exposto a moléstia venérea que o agente possui e sabe ser portador, ou que deveria saber sê-lo. A tentativa é admitida.	6
Ação Penal	A ação penal é de iniciativa pública condicionada à representação do ofendido.	7
Qualificadora	O crime possui modalidade qualificada na situação em que possui a intenção de transmitir a moléstia. Neste caso, a pena será de reclusão de um a quatro anos, além da multa.	8
Penas	A pena para o crime, em sua modalidade simples é de detenção de três meses a um ano ou multa.	9
Classificação	**a)** De **mão própria** (não admite a coautoria); **b)** **Formal** (a consumação não exige a produção de um resultado naturalístico); **c)** De **forma vinculada** (a Lei estabelece exigência para a forma de execução); **d)** **Simples** (tutela apenas um bem jurídico); **e)** **Comissivo** (praticado mediante ação); **f)** **Unissubjetivo** (pode haver ou não concurso de pessoas); **g)** **Instantâneo** (consuma-se de imediato); **h)** **Plurissubsistente** (a conduta pode ser fracionada, e por isso admite a tentativa); **i)** **De perigo** (a consumação enseja a mera exposição do bem jurídico a perigo); **j)** **Não transeunte** (o crime deixa vestígios); **k)** **Doloso** (não admite modalidade culposa).	10

1.12. Questões de Concursos Públicos

01. **(CESPE - 2017 - DPE-AL - Defensor Público) Jonas descobriu, na mesma semana, que era portador de doença venérea grave e que sua esposa, Priscila, planejava pedir o divórcio. Inconformado com a intenção da companheira, Jonas manteve relações sexuais com ela, com o objetivo de lhe transmitir a doença. Ao descobrir o propósito de Jonas, Priscila foi à delegacia e relatou o ocorrido. No curso da apuração preliminar, constatou-se que ela já estava contaminada da mesma moléstia desde antes da conduta de Jonas, fato que ela desconhecia. Nessa situação hipotética, considerando-se as normas relativas a crimes contra a pessoa, a conduta perpetrada por Jonas constitui**

    (A) tentativa de perigo de contágio venéreo.

    (B) crime impossível, em razão do contágio anterior.

    (C) delito putativo de contágio por moléstia grave.

    (D) perigo de contágio por moléstia grave consumado.

    (E) tentativa de lesão corporal, devido ao perigo de contágio venéreo.

02. **(CONSULPLAN - 2018 - TJ-MG - Juiz de Direito Substituto) Sobre os crimes da Parte Especial do Código Penal, analise as afirmativas a seguir, marque V para as verdadeiras e F para as falsas.**

    ( ) O "aborto com consentimento" da gestante constitui exceção à teoria monística adotada pelo Código Penal.

    ( ) Sob a mesma rubrica, o legislador tipificou dois modelos distintos de lesão corporal: a grave e a gravíssima. Segundo o Código Penal, a perda ou inutilização de membro, sentido ou função, devidamente atestada em laudo pericial, é classificada como lesão grave.

( ) O crime de perigo de contágio venéreo se consuma com a prática da relação sexual ou de ato libidinoso, independentemente do efetivo contágio que, se ocorrer, será simples exaurimento do delito.

( ) No crime de difamação, não é admitida a exceção da verdade.

A sequência está correta em

(A) V, F, F, V.

(B) F, V, V, F.

(C) V, F, V, F.

(D) F, V, V, V.

03. (EJEF - 2006 - TJ-MG - Juiz) Relativamente ao crime de perigo de contágio venéreo é INCORRETO afirmar que:

(A) se a vítima já está contaminada, o crime é impossível por impropriedade absoluta do meio;

(B) o exercício da prostituição por um dos sujeitos não exclui o delito;

(C) para a configuração do delito não é necessário o contágio, bastando a exposição;

(D) o consentimento do ofendido nas relações sexuais, sabendo do risco de contaminação, exclui a responsabilidade penal.

GABARITO: *As respostas destes testes encontram-se no final do livro.*

2. PERIGO DE CONTÁGIO DE MOLÉSTIA GRAVE

Art. 131 - Praticar, com o fim de transmitir a outrem moléstia grave de que está contaminado, ato capaz de produzir o contágio:

Pena - reclusão, de 1 (um) a 4 (quatro) anos, e multa.

2.1. Considerações Iniciais

O artigo 131 do Código Penal descreve a conduta do agente que pratica qualquer ato que seja capaz de transmitir moléstia grave de que sabe estar contaminado. Diferentemente do tipo descrito no artigo anterior, não se exige a exposição se dê por meios sexuais ou atos libidinosos. Contudo, imprescindível que exista a intenção de transmissão da moléstia considerada grave.

Igualmente, aqui não precisa da ocorrência efetiva do dano, ou seja, não é necessário que haja a transmissão. Trata-se, portanto de um crime de forma livre, e não de forma vinculada.

2.2. Tipicidade Objetiva

Para que ocorra o crime, é imprescindível que o agente seja portador de uma moléstia grave e contagiosa. Podemos citar, a título de exemplo, a tuberculose, febre amarela, hanseníase, cólera, varíola, AIDS etc. como se vê, pouco importa se a doença é incurável, bastando que estejamos diante de moléstia grave. Mas, em que consiste a moléstia grave, e como determiná-la. Sobre o tema, há duas correntes de pensamento:

a) **Primeira corrente:** entende que a expressão "moléstia grave" constitui uma **norma penal em branco**, logo, o seu conteúdo deve ser complementado por outra norma, que seria o regulamento de doenças graves do Ministério da Saúde. É o entendimento, por exemplo, de Rogério Sanches Cunha[4].

b) Segunda corrente: a expressão "moléstia grave" não constitui norma penal em branco, mas um **elemento normativo do tipo,** e, como tal, dependerá de uma valoração. Neste caso, uma doença pode ser categorizada como grave, independentemente de se encontrar listada no regulamento do Ministério da Saúde. É o entendimento, entre outros, de Cézar Roberto Bitencourt[5].

Aderimos ao entendimento da primeira corrente de pensamento. Com efeito, a definição de doenças consideradas graves evitará a incerteza e excessiva ausência de determinabilidade do tipo penal, o que poderia, em última instância, caracterizar uma afronta ao princípio da taxatividade.

A consumação do crime independe da efetiva transmissão da moléstia, exigindo-se, apenas, que ocorra a prática do ato com tal finalidade. É crime de forma livre. Deste modo, o crime pode se consumar com contato físico entre agente e vítima (aperto de mão, abraço, beijo etc.) ou sem ele (contato com instrumentos, alimentos ou objetos infectados, permanência no mesmo ambiente etc.). Na hipótese em que há o contato físico entre agente e vítima, falaremos em meios diretos de praticar o crime; em se tratando de ausência de contato físico, teremos os meios indiretos.

Pode ainda acontecer a hipótese de o agente tentar infectar a vítima mediante o emprego de algum instrumento (seringa, por exemplo) infetada por algum vírus ou bactéria de que não é portador. Assim, o agente não se encontra contaminado, mas pretende contaminar a vítima. Teremos o crime em comento? Evidentemente, não, pois o tipo penal exige que se trate de "moléstia grave de que está contaminado". Neste nosso exemplo, poderemos ter o crime do art. 132, CP.

2.3. Sujeitos

Sujeito ativo do crime é a pessoa contaminada pela doença grave. Trata-se, portanto, de crime próprio, pois exige condição especial do agente.

Sujeito passivo pode ser qualquer pessoa, que não esteja contaminada. Já se encontram completamente superadas as discussões em torno da possibilidade de o cônjuge ou a pessoa que se prostitui figurarem como sujeitos passivos do crime. Sim, podem, pois o tipo penal não estabeleceu qualquer diferença em relação a tais pessoas.

2.4. Objetos

O objeto juridicamente tutelado é a vida e a saúde do ser humano.

O objeto material é o ser humano que é exposto à contaminação de moléstia grave.

4. CUNHA, Rogério Sanches. *Manual de Direito Penal: parte especial.* 10. Ed. Salvador Juspodivm, 2018, p.147.
5. BITENCOURT, Cézar Roberto. *Tratado de Direito Penal: parte especial, v. 2.* 15. ed. São Paulo: Saraiva, 2015, p.245-246.

2.5. Elemento Subjetivo

O elemento subjetivo exigido pelo tipo penal é o dolo. Exige-se, ainda, o elemento subjetivo específico (especial), consistente na especial finalidade de agir, que é a vontade de querer contaminar outrem com a moléstia grave da qual é portador. Assim como no crime do artigo anterior, estamos diante de um crime de perigo com dolo direto de dano. E, justamente por esta razão, trata-se de crime incompatível com o dolo eventual.

Em relação à culpa, não há previsão para essa modalidade, porém, o agente pode ser responsabilizado a título de culpa, no que diz respeito ao crime de homicídio, se da transmissão ocorrer a morte da vítima. Não derivando a morte da vítima, poderemos estar diante do crime de lesão corporal culposa.

2.6. Consumação e Tentativa

Consuma-se o crime quando há a exposição da vítima, efetivamente, à moléstia grave portada pelo agente, sem que, necessariamente, ocorra a sua transmissão.

A tentativa é admitida.

2.7. Ação Penal

A ação penal é de iniciativa pública incondicionada.

2.8. Penas

A pena para o crime, é de reclusão de um a quatro anos, e multa. A partir desta constatação, podemos concluir que:

a) Não é possível a obtenção da transação penal (art. 76 da Lei n. 9.099/95), pois não se trata de infração penal de menor potencial ofensivo.

b) É possível a suspensão condicional do processo (*sursis* processual), pois a pena mínima não ultrapassa um ano (art. 89 da Lei n. 9.099/95).

c) É possível a substituição da pena privativa de liberdade por pena restritiva de direitos, pois a pena efetivamente imposta pelo juiz não deve ultrapassar quatro anos, observados os demais requisitos do art. 44, CP.

d) Quanto à pena de multa, aplicam-se as regras do Código Penal. Logo, as multas podem variar em patamares entre 10 (dez) e 360 (trezentos e sessenta) dias-multa. Em momento posterior, a depender da capacidade econômica do condenado, o juiz irá valorar a pena de multa entre 1/30 do salário mínimo até 05 (cinco) salários mínimos. Vale registrar que se o valor máximo for reputado insuficiente, poderá o juiz elevar este valor ao triplo.

A multa, no crime em apreço, é uma pena cumulativa, e não alternativa, com a pena privativa de liberdade.

2.9. Classificação

O crime de perigo de contágio de moléstia grave pode ser classificado como:

a) **Próprio** (exige uma qualidade especial do agente);

b) **Formal** (a consumação não exige a produção de um resultado naturalístico);

c) De **forma livre** (a Lei não estabelece exigência para a forma de execução);

d) **Simples** (tutela apenas um bem jurídico);

e) **Comissivo** (praticado mediante ação);

f) **Unissubjetivo** (pode haver ou não concurso de pessoas);

g) **Instantâneo** (consuma-se de imediato);

h) **Plurissubsistente** ou **unissubsistente,** a depender do caso;

i) De **perigo** (a consumação enseja a mera exposição do bem jurídico a perigo);

j) **Não transeunte** ou **transeunte,** a depender do caso;

k) **Doloso** (não admite modalidade culposa).

2.10. Quadro Sinótico

PERIGO DE CONTÁGIO DE MOLÉSTIA GRAVE		
Considerações Iniciais	O artigo 131 do Código Penal descreve a conduta do agente que pratica qualquer ato que seja capaz de transmitir moléstia grave de que sabe estar contaminado.	1
Tipicidade Objetiva	Para que ocorra o crime, é imprescindível que o agente seja portador de uma moléstia grave e contagiosa. A consumação do crime independe da efetiva transmissão da moléstia, exigindo-se, apenas, que ocorra a prática do ato com tal finalidade. É crime de forma livre.	2
Sujeitos	Sujeito ativo do crime é a pessoa contaminada pela doença grave. Sujeito passivo pode ser qualquer pessoa, que não esteja contaminada.	3
Objetos	O **objeto juridicamente tutelado** é a vida e a saúde do ser humano. O **objeto material** é o ser humano que é exposto à contaminação de moléstia grave.	4
Elemento Subjetivo	O elemento subjetivo exigido pelo tipo penal é o dolo. Exige-se, ainda, o elemento subjetivo específico (especial), consistente na especial finalidade de agir, que é a vontade de querer contaminar outrem com a moléstia grave da qual é portador.	5
Consumação e Tentativa	Consuma-se o crime quando há a exposição da vítima, efetivamente, à moléstia grave portada pelo agente, sem que, necessariamente, ocorra a sua transmissão. A tentativa é admitida.	6

Ação Penal	A ação penal é de iniciativa pública incondicionada.	7
Penas	A pena para o crime, é de reclusão de um a quatro anos, e multa.	8
Classificação	a) **Próprio** (exige uma qualidade especial do agente); b) **Formal** (a consumação não exige a produção de um resultado naturalístico); c) De **forma livre** (a Lei não estabelece exigência para a forma de execução); d) **Simples** (tutela apenas um bem jurídico); e) **Comissivo** (praticado mediante ação); f) **Unissubjetivo** (pode haver ou não concurso de pessoas); g) **Instantâneo** (consuma-se de imediato); h) **Plurissubsistente** ou **unissubsistente**, a depender do caso; i) **De perigo** (a consumação enseja a mera exposição do bem jurídico a perigo); j) **Não transeunte** ou **transeunte**, a depender do caso; k) **Doloso** (não admite modalidade culposa).	9

3. PERIGO PARA A VIDA OU SAÚDE DE OUTREM

> **Art. 132** - Expor a vida ou a saúde de outrem a perigo direto e iminente:
>
> Pena - detenção, de três meses a um ano, se o fato não constitui crime mais grave.
>
> Parágrafo único. A pena é aumentada de um sexto a um terço se a exposição da vida ou da saúde de outrem a perigo decorre do transporte de pessoas para a prestação de serviços em estabelecimentos de qualquer natureza, em desacordo com as normas legais.

3.1. Considerações Iniciais

O crime de perigo para a vida ou saúde de outrem, descreve a intenção do agente em gerar efetivamente o perigo, ou assumir o risco de produzi-lo, devendo ser provado o nexo de causalidade entre a conduta e o perigo. O agente não tem a intenção de matar ou intenção de dano, ou, ainda, produzir qualquer resultado lesivo, mas tão somente, criar a situação de perigo à saúde ou vida da vítima.

Trata-se de um crime **expressamente subsidiário**, uma vez que o sujeito somente incorrerá neste artigo se o fato não constituir crime mais grave. Por esta razão, se a conduta constituir crime mais grave, não falaremos em concurso de crimes.

É o que acontece, por exemplo, quando alguém efetua disparo de arma de fogo em lugar habitado ou em suas adjacências, em via pública ou em direção a ela. Neste caso, em que pese o agente poder expor a vida de outrem a perigo direto e iminente, não responderá pelo crime do art. 132, CP, pois a conduta já configura o crime do art. 15 do Estatuto do Desarmamento (Lei n. 10.826/2015), cuja pena prevista é de reclusão de dois a quatro anos, e multa.

3.2. Tipicidade Objetiva

O crime consiste em expor (submeter, colocar, permitir) a perigo a vida ou saúde de outrem. Para configuração do crime, o perigo deve ser direto e iminente. Conforme preleciona Cléber Masson, perigo direto é aquele que alcança pessoas certas e determinadas. Se estivermos diante de exposição de perigo a número indeterminado de pessoas, poderemos estar diante de algum crime de perigo comum (arts. 250 a 259, CP)[6].

Perigo iminente é aquele que se encontra prestes a ocorrer. Assim, para configurar o crime, é necessário que exista o perigo real à vida ou saúde de outrem. Trata-se, portanto, de **crime de perigo concreto**.

3.3. Sujeitos

Qualquer pessoa pode ser sujeito ativo do crime em estudo.

O sujeito passivo também pode ser qualquer pessoa.

3.4. Objetos

O objeto jurídico é a vida e a saúde da pessoa humana.

O objeto material é o ser humano exposto ao perigo direto e iminente.

3.5. Elemento Subjetivo

O elemento subjetivo exigido pelo tipo penal é o dolo, pois se exige do agente a consciência de querer produzir efetiva situação de perigo à vida ou saúde de outrem.

Não se admite a modalidade culposa.

3.6. Consumação e Tentativa

Consuma-se o crime quando o agente age de forma a trazer perigo para a vida ou saúde de outrem.

A tentativa é admitida.

3.7. Ação Penal

A ação penal é de iniciativa pública incondicionada.

3.8. Causa de Aumento de Pena

O parágrafo único do art. 132, CP previu uma causa de aumento de pena, em patamar que irá variar de um sexto a um terço para a hipótese na qual a exposição da vida ou da

6. MASSON, Cléber. *Direito Penal Esquematizado: parte especial, vol. II*, 7. Ed. São Paulo: Método, 2015, p.134.

saúde de outrem a perigo decorre do transporte de pessoas para a prestação de serviços em estabelecimentos de qualquer natureza, em desacordo com as normas legais.

Poderíamos citar como exemplo o transporte realizado em situações extremamente precárias, de trabalhadores de empresas, públicas ou privadas, que, no afã de diminuir seus custos, submetem trabalhadores e prestadores de serviços e clientes a transportes em condições temerárias. Passemos à análise dos elementos que caracterizam essa causa de aumento de pena, da forma como se encontra prevista em lei:

a) **Transporte de pessoas para prestação de serviços:** imprescindível que o transporte seja destinado à prestação de serviços. Portanto, não haverá que se falar na referida majorante quando estivermos diante de transporte com outra finalidade, como o lazer, a finalidade eleitoral (transporte clandestino de eleitores) etc.

b) **Prestação de serviços em estabelecimento:** o estabelecimento pode ser de qualquer natureza, isto é, agrícola, comercial, industrial, público, privado etc. Mas é necessário que exista o estabelecimento. Como bem acentua Bitencourt, não haverá a causa de aumento de pena se o transporte se der para a prestação de serviços em "propriedade rurais, sítios, lavouras etc", pois aí não temos a definição de estabelecimento.

c) **Desacordo com as normas legais:** para que haja a causa de aumento de pena, é imprescindível que a exposição da vida ou saúde das pessoas derive do transporte realizado com a inobservância das normas legais. Trata-se de norma penal em branco, devendo o complemento ser buscado em outra lei. E, de fato, estas normas são aquelas previstas no Código de Trânsito Brasileiro. Se não houver o descumprimento de tais normas, não haverá a causa de aumento de pena em questão.

3.9. Penas

A pena prevista para o crime é de detenção de três meses a um ano. Logo, podemos concluir que:

a) É possível a transação penal (art. 76, Lei n. 9.099/95), pois se trata de infração penal de menor potencial ofensivo;

b) É possível a suspensão condicional do processo (art. 89, Lei n. 9.099/95), pois a pena mínima não ultrapassa um ano.

c) Será cabível a substituição da pena por restritivas de direitos, pois no crime não há violência ou grave ameaça e a pena a ser imposta não ultrapassará quatro anos. Será necessário que se façam presentes os demais requisitos do art. 44, CP.

3.10. Classificação

O crime de perigo para a saúde ou vida de outrem pode ser classificado como:

a) **Comum** (pode ser praticado por qualquer pessoa);

b) **Formal** (a consumação não exige a produção de um resultado naturalístico);

c) De **forma livre** (a Lei não estabelece exigência para a forma de execução);
d) **Simples** (tutela apenas um bem jurídico);
e) **Comissivo** (praticado mediante ação) **ou omissivo** (praticado mediante omissão);
f) **Unissubjetivo** (pode haver ou não concurso de pessoas);
g) **Instantâneo** (consuma-se de imediato);
h) **Plurissubsistente** ou **unissubsistente,** a depender do caso;
i) De **perigo** (a consumação enseja a mera exposição do bem jurídico a perigo);
j) **Não transeunte** ou **transeunte,** a depender do caso;
k) **Doloso** (não admite modalidade culposa).

3.11. Quadro Sinótico

	PERIGO PARA A VIDA OU SAÚDE DE OUTREM	
Considerações Iniciais	O crime de perigo para a vida ou saúde de outrem, descreve a intenção do agente em gerar efetivamente o perigo, ou assumir o risco de produzi-lo, devendo ser provado o nexo de causalidade entre a conduta e o perigo. O agente não tem a intenção de matar ou intenção de dano, ou, ainda, produzir qualquer resultado lesivo, mas tão somente, criar a situação de perigo à saúde ou vida da vítima. Trata-se de um crime expressamente **subsidiário**.	1
Tipicidade Objetiva	O crime consiste em expor (submeter, colocar, permitir) a perigo a vida ou saúde de outrem. Para configuração do crime, o perigo deve ser direto e iminente.	2
Sujeitos	Qualquer pessoa pode ser sujeito ativo do crime em estudo. O sujeito passivo também pode ser qualquer pessoa.	3
Objetos	O **objeto jurídico** é a vida e a saúde da pessoa humana. O **objeto material** é o ser humano exposto ao perigo direto e iminente.	4
Elemento Subjetivo	O elemento subjetivo exigido pelo tipo penal é o dolo, pois se exige do agente a consciência de querer produzir efetiva situação de perigo à vida ou saúde de outrem. Não se admite a modalidade culposa.	5
Consumação e Tentativa	Consuma-se o crime quando o agente age de forma a trazer perigo para a vida ou saúde de outrem. A tentativa é admitida.	6
Ação Penal	A ação penal é de iniciativa pública incondicionada.	7
Causa de aumento de Pena	O parágrafo único do art. 132, CP previu uma causa de aumento de pena, em patamar que irá variar de um sexto a um terço para a hipótese na qual a exposição da vida ou da saúde de outrem a perigo decorre de: **a)** Transporte de pessoas para prestação de serviços; **b)** Prestação de serviços em estabelecimento; **c)** Desacordo com as normas legais.	8

Penas	A pena prevista para o crime é de detenção de três meses a um ano.	9
Classificação	a) **Comum** (pode ser praticado por qualquer pessoa); b) **Formal** (a consumação não exige a produção de um resultado naturalístico); c) De **forma livre** (a Lei não estabelece exigência para a forma de execução); d) **Simples** (tutela apenas um bem jurídico); e) **Comissivo** (praticado mediante ação) ou omissivo (praticado mediante omissão); f) **Unissubjetivo** (pode haver ou não concurso de pessoas); g) **Instantâneo** (consuma-se de imediato); h) **Plurissubsistente** ou **unissubsistente**, a depender do caso; i) **De perigo** (a consumação enseja a mera exposição do bem jurídico a perigo); j) **Não transeunte** ou **transeunte**, a depender do caso; k) **Doloso** (não admite modalidade culposa).	10

3.12. Questões de Concursos Públicos

04. (MPE-SC - 2016 - MPE-SC - Promotor de Justiça - Matutina) De acordo com o Código Penal, no crime subsidiário de expor a vida ou a saúde de outrem a perigo direto e iminente, o legislador incluiu uma causa de aumento de pena específica quando o crime decorre do transporte de pessoas para a prestação de serviços em estabelecimentos de qualquer natureza, em desacordo com as normas legais, a qual majora a pena de um sexto a um terço.

( ) Certo

( ) Errado

***GABARITO:** As respostas destes testes encontram-se no final do livro.*

4. ABANDONO DE INCAPAZ

Art. 133 - Abandonar pessoa que está sob seu cuidado, guarda, vigilância ou autoridade, e, por qualquer motivo, incapaz de defender-se dos riscos resultantes do abandono:

Pena - detenção, de seis meses a três anos.

§ 1° - Se do abandono resulta lesão corporal de natureza grave:

Pena - reclusão, de um a cinco anos.

§ 2° - Se resulta a morte:

Pena - reclusão, de quatro a doze anos.

Aumento de pena

§ 3° - As penas cominadas neste artigo aumentam-se de um terço:

I - se o abandono ocorre em lugar ermo;

II - se o agente é ascendente ou descendente, cônjuge, irmão, tutor ou curador da vítima.

III - se a vítima é maior de 60 (sessenta) anos.

4.1. Considerações Iniciais

O abandono de incapaz é crime próprio, pois exige do agente uma condição especial, qual seja, a de garantidor, dada uma imposição legal ou contratual. Ademais, o abandonado deve ser incapaz de resistir às consequências do abandono. Pretendeu o legislador a proteção da vida e da saúde (física e mental) da pessoa abandonada.

4.2. Tipicidade Objetiva

A conduta consiste em abandonar a pessoa, isto é, deixá-la sozinha, ao desamparo, sem assistência ou proteção. Ocorre o crime, por exemplo, quando um pai deixa o seu filho menor, voluntariamente, sozinho, no meio da rua, para onde o havia levado.

Não haverá o crime se a pessoa for capaz de se defender dos riscos oriundos do abandono. É o caso, por exemplo, do menor abandonado no meio da rua, mas que já consegue retornar para a sua residência sem auxílio. Também não há o crime quando o agente deixa a vítima sozinho, mas fica a espreitá-la de longe, zelando para que não lhe aconteça algo, até que alguém possa vir a seu socorro. De igual sorte, não haverá o crime quando a vítima for abandonada em local em que receberá guarida e assistência, pois, neste caso, não existe o perigo concreto.

4.3. Sujeitos

O sujeito ativo é somente a pessoa que tem o dever de zelar pela vida, pela saúde ou segurança da vítima. Por outras palavras, é a pessoa que possui o dever de cuidado, guarda ou segurança, ou, ainda, possui autoridade em relação à vítima. trata-se, portanto, de crime próprio, isto é, exige uma qualidade 4especial do sujeito ativo.

O sujeito passivo é aquele que se encontra sob a guarda, cuidado, autoridade ou vigilância do agente, devendo ser incapaz de se defender dos riscos resultantes do abandono.

4.4. Objetos

O objeto jurídico do tipo penal é a vida, a saúde e a segurança da pessoa humana.

O objeto material é o ser humano, incapaz, que sofre com o abandono.

4.5. Elemento Subjetivo

O elemento subjetivo exigido pelo tipo penal é o dolo, pois o agente reconhece a condição de incapaz da vítima, tem consciência do seu dever de cuidado e age de forma a querer abandoná-lo à própria sorte.

Não há previsão de modalidade culposa.

4.6. Consumação e Tentativa

Consuma-se o crime quando o agente devendo cuidar do incapaz, da vida que lhe fora confiada, abandona-o. Se a pessoa abandonada for capaz de se defender dos riscos provenientes do abandono, não estará consumado o crime, por força de expressa exigência do tipo penal.

A tentativa é admitida.

4.7. Ação penal

A ação penal é de iniciativa pública incondicionada.

4.8. Qualificadoras

Os §§ 1º e 2º do art. 133, CP trazem duas qualificadoras para o crime de abandono de incapazes. A primeira se verifica quando da conduta resulta lesão corporal de natureza grave na vítima. A segunda ocorrerá quando da conduta resultar-lhe a morte. Na primeira hipótese, a pena será de reclusão de um a cinco anos, e na segunda, a pena será de reclusão de quatro a doze anos.

As duas qualificadoras traduzem situação de crimes preterdolosos, isto é, ocorreu o dolo na conduta (abandono de incapaz) e culpa no resultado (lesão corporal de natureza grave ou morte). Se houver o dolo de produzir quaisquer destes resultados, teremos os crimes de lesão corporal e de homicídio, respectivamente, e o abandono figuraria como mero meio para a prática da infração.

4.9. Majorantes

O art. 133, §3º traz três hipóteses de causa de aumento de pena (um terço) para o crime de abandono de incapazes. São elas:

a) Se o abandono ocorre em lugar ermo: trata-se de lugar desabitado, sem trânsito ostensivo de pessoas. Para que incida a majorante, imprescindível que o lugar se encontre neste estado, no momento da conduta.

b) Se o agente é ascendente ou descendente, cônjuge, irmão, tutor ou curador da vítima: a causa de aumento de pena existe nestas hipóteses como forma de traduzir uma maior reprimenda em relação àqueles que possuem relação de proximidade com a vítima. O rol é taxativo, não comportando analogia que, no caso, seria *in malam partem*. Deste modo, não se aplica a majorante, por exemplo, para a conduta praticada pelo companheiro (relação de união estável). Ademais, vale registrar que a eventual causa de aumento em comento excluiria a possibilidade se impor uma circunstância agravante pelas mesmas razões (art. 61, II, *e*, CP, por exemplo).

c) Se a vítima é maior de 60 (sessenta) anos: esta causa de aumento de pena foi inserida no Código Penal pelo Estatuto do Idoso (Lei n. 10.741/2003) e objetiva, por óbvio, uma maior proteção à pessoa idosa, que se encontra desamparada, por haver sido abandonada. Da mesma forma que comentamos no tópico anterior, eventual causa de aumento de pena com base nesse fundamento, excluiria a possibilidade de incidência da agravante pelo mesmo fundamento (art. 61, II, *h*, CP).

4.10. Outras Questões

O crime de abandono de incapaz pode ensejar alguma confusão em relação a outros tipos penais similares. Deste modo, importa mencionar que este crime não com o crime de:

a) **Exposição ou abandono de recém-nascido (art. 134, CP):** esse crime exige um elemento subjetivo especial, consistente na finalidade de "ocultar desonra própria".

b) **Omissão de socorro (art. 135, CP):** ao contrário do que ocorre no abandono de incapaz, a omissão de socorro não pressupõe vínculo entre autor e vítima.

c) **Crimes contra assistência familiar (arts. 244 a 247, CP):** em tais crimes, o abandono é moral, e não físico.

4.10.1. *Legislação penal especial*

Também não podemos confundir o crime de abandono de incapaz com o crime do art. 98 do Estatuto do Idoso, cuja conduta consiste em "abandonar o idoso em hospitais, casas de saúde, entidades de longa permanência, ou congêneres, ou não prover suas necessidades básicas, quando obrigado por lei ou mandado", e possui pena prevista de "detenção de 6 (seis) meses a 3 (três) anos e multa".

De igual sorte, não podemos confundir o crime de abandono de incapaz com o crime do art. 90 do Estatuto da Pessoa com Deficiência, cuja conduta consiste em: "abandonar pessoa com deficiência em hospitais, casas de saúde, entidades de abrigamento ou congêneres" e a pena prevista é de "reclusão, de 6 (seis) meses a 3 (três) anos, e multa".

Como se vê, presente qualquer das hipóteses acima descritas, será imperativa a observância do princípio da especialidade, afastando-se a possibilidade de aplicação do art. 133, CP, e a consequente aplicação do Estatuto respectivo.

4.11. Penas

A pena prevista para o crime de abandono de incapaz é de detenção de seis meses a três anos. Logo, podemos concluir que:

a) Não é possível a transação penal (art. 76, Lei n. 9.099/95), pois não se trata de infração penal de menor potencial ofensivo;

b) É possível a suspensão condicional do processo (art. 89, Lei n. 9.099/95), pois a pena mínima não ultrapassa um ano. Também caberá este benefício na primeira modalidade qualificada do crime (art. 133, §1°, CP), pelas mesmas razões.

c) Será cabível a substituição da pena por restritivas de direitos, pois no crime não há violência ou grave ameaça e a pena a ser imposta não ultrapassará quatro anos. Será necessário que se façam presentes os demais requisitos do art. 44, CP.

4.12. Classificação

O crime de abandono de incapaz pode ser classificado como:

a) **Próprio** (exige qualidade especial do agente);

b) **Formal** (a consumação não exige a produção de um resultado naturalístico);

c) De **forma livre** (a Lei não estabelece exigência para a forma de execução);

d) **Simples** (tutela apenas um bem jurídico);

e) **Comissivo** (praticado mediante ação) **ou omissivo** (praticado mediante omissão);

f) **Unissubjetivo** (pode haver ou não concurso de pessoas);

g) **Instantâneo** de efeitos permanentes (consuma-se de imediato, mas seus efeitos se protraem no tempo);

h) **Plurissubsistente** ou **unissubsistente,** a depender do caso;

i) De **perigo** (a consumação enseja a mera exposição do bem jurídico a perigo);

j) **Não transeunte** ou **transeunte,** a depender do caso;

k) **Doloso** (não admite modalidade culposa).

4.13. Quadro Sinótico

ABANDONO DE INCAPAZ		
Considerações Iniciais	**Proteção da vida e da saúde da pessoa abandonada** · **Abandonado deve ser incapaz de resistir** · **Exige do agente a condição de garantidor**	1
Tipicidade Objetiva	A conduta consiste em abandonar a pessoa, isto é, deixá-la sozinha, ao desamparo, sem assistência ou proteção.	2
Sujeitos	O **sujeito ativo** é somente a pessoa que tem o dever de zelar pela vida, pela saúde ou segurança da vítima. O **sujeito passivo** é aquele que se encontra sob a guarda, cuidado, autoridade ou vigilância do agente, devendo ser incapaz de se defender dos riscos resultantes do abandono.	3
Objetos	O **objeto jurídico** do tipo penal é a vida, a saúde e a segurança da pessoa humana. O **objeto material** é o ser humano, incapaz, que sofre com o abandono.	4
Elemento Subjetivo	O **elemento subjetivo** exigido pelo tipo penal é o dolo, pois o agente reconhece a condição de incapaz da vítima, tem consciência do seu dever de cuidado e age de forma a querer abandoná-lo à própria sorte. Não há previsão de modalidade culposa.	5

Consumação e Tentativa	Consuma-se o crime quando o agente devendo cuidar do incapaz, da vida que lhe fora confiada, abandona-o. A tentativa é admitida.		6
Ação Penal	A ação penal é de iniciativa pública incondicionada.		7
Qualificadoras	Os §§ 1º e 2º do art. 133, CP trazem duas qualificadoras para o crime de abandono de incapazes. A primeira se verifica quando da conduta resulta lesão corporal de natureza grave na vítima. A segunda ocorrerá quando da conduta resultar-lhe a morte.		8
Majorantes	O art. 133, §3º traz três hipóteses de causa de aumento de pena (um terço) para o crime de abandono de incapazes. São elas: **a)** Se o abandono ocorre em lugar ermo; b) Se o agente é ascendente ou descendente, cônjuge, irmão, tutor ou curador da vítima; c) Se a vítima é maior de 60 (sessenta) anos.		9
Outras Questões	O crime de abandono de incapaz pode ensejar alguma confusão em relação a outros tipos penais similares e não se confunde com: a) Exposição ou abandono de recém-nascido (art. 134, CP); b) Omissão de socorro (art. 135, CP); c) Crimes contra a assistência familiar (arts. 244 a 247, CP).		10
	Legislação penal especial	Também não podemos confundir o crime de abandono de incapaz com o crime do art. 98 do Estatuto do Idoso, cuja conduta consiste em "abandonar o idoso em hospitais, casas de saúde, entidades de longa permanência, ou congêneres, ou não prover suas necessidades básicas, quando obrigado por lei ou mandado". De igual sorte, não podemos confundir o crime de abandono de incapaz com o crime do art. 90 do Estatuto da Pessoa com Deficiência, cuja conduta consiste em: "abandonar pessoa com deficiência em hospitais, casas de saúde, entidades de abrigamento ou congêneres".	10.1
Penas	A pena prevista para o crime de abandono de incapaz é de detenção de seis meses a três anos.		11
Classificação	**a) Próprio** (exige qualidade especial do agente); **b) Formal** (a consumação não exige a produção de um resultado naturalístico); **c)** De **forma livre** (a Lei não estabelece exigência para a forma de execução); **d) Simples** (tutela apenas um bem jurídico); **e) Comissivo** (praticado mediante ação) ou omissivo (praticado mediante omissão); **f) Unissubjetivo** (pode haver ou não concurso de pessoas); **g) Instantâneo** de efeitos permanentes (consuma-se de imediato, mas seus efeitos se protraem no tempo); **h) Plurissubsistente** ou **unissubsistente**, a depender do caso; **i)** De **perigo** (a consumação enseja a mera exposição do bem jurídico a perigo); **j) Não transeunte** ou **transeunte**, a depender do caso; **k) Doloso** (não admite modalidade culposa).		12

4.14. Questões de Concursos Públicos

01. **(CESPE - 2012 - DPE-ES - Defensor Público) Com relação aos crimes contra a pessoa, contra o patrimônio e contra a dignidade sexual, julgue os itens que se seguem.**

    Para a caracterização do delito de abandono de incapaz, impõe-se, além da existência de transgressão da relação particular de assistência entre o agente e a vítima, a presença, ainda que por certo lapso temporal, de perigo concreto para esta, sendo prevista, para o delito, tanto a forma comissiva quanto a omissiva.

    ( ) Certo

    ( ) Errado

02. **(FUNCAB - 2013 - PC-ES - Delegado de Polícia) Gertrudes, para ir brincar o carnaval, deixou dormindo em seu apartamento seus filhos Lúcio, de cinco anos de idade, e Lígia, de sete anos de idade. As crianças acordaram e, por se sentirem sós, começaram a chorar. Os vizinhos, ouvindo os choros e chamamentos das crianças pela janela do apartamento, que ficava no terceiro andar do prédio, arrombaram a porta, recolheram as crianças e entregaram-nas ao Conselho Tutelar. Logo, pode-se afirmar que Gertrudes deve responder pelo crime de:**

    (A) perigo a vida ou saúde de outrem e os vizinhos não praticaram crime, pois estavam agindo em legítima defesa de terceiros.

    (B) abandono de incapaz e os vizinhos não praticaram crime, pois estavam agindo em legítima defesa de terceiros.

    (C) perigo a vida ou saúde de outrem e os vizinhos não praticaram crime, pois estavam agindo em estado de necessidade de terceiros.

    (D) abandono de incapaz e os vizinhos não praticaram crime, pois estavam agindo em estado de necessidade de terceiros.

    (E) pelo crime de abandono material e os vizinhos não praticaram crime, pois estavam agindo em estado de necessidade exculpante de terceiros.

03. **(FCC - 2012 - DPE-PR - Defensor Público) Maria reside sozinha com sua filha de 5 meses de idade e encontra-se em benefício previdenciário de licença maternidade de 6 meses. Todas as tardes a filha de Maria dorme por cerca de duas horas, momento no qual Maria realiza as atividades domésticas. Em determinado dia, neste horário de dormir da filha, Maria foi até ao supermercado próximo de sua casa, uma quadra de distância, para comprar alguns mantimentos para a alimentação de sua filha. Normalmente esta saída levaria de 10 a 15 minutos, mas neste dia houve uma queda no sistema informatizado do supermercado o que atrasou o retorno à sua casa por 40 minutos. Ao chegar próximo à sua casa, Maria constatou várias viaturas da polícia e corpo de bombeiros na frente de sua residência, todos acionados por um vizinho que percebeu o choro insistente de uma criança por 15 minutos, acionando os órgãos de segurança. Ao prestarem socorro à criança, com o arrombamento da porta de entrada da casa, os agentes dos órgãos de segurança verificam que a criança estava sozinha em casa, mas apenas assustada e sem qualquer lesão. A conduta de Maria é caracterizada como**

    (A) crime de abandono de incapaz.

    (B) crime de abandono de incapaz majorado.

    (C) crime de abandono de recém nascido.

    (D) atípica

    (E) contravenção penal.

***GABARITO:** As respostas destes testes encontram-se no final do livro.*

4.15. Questões Discursivas com Comentários

01. (XX EXAME DE ORDEM UNIFICADO - OAB - PROVA PRÁTICO-PROFISSIONAL - REAPLICAÇÃO PORTO VELHO / RO - 2016) Maria, primária e com bons antecedentes, trabalha há vários anos dirigindo uma van de transporte de crianças. Certo dia, após mudar o itinerário sempre observado, resolve fazer compras em um supermercado, onde permaneceu por duas horas, esquecendo de entregar uma das crianças de 03 anos na residência da mesma. Ao retornar ao veículo, encontra a criança desfalecida e, desesperada, leva-a ao hospital, não conseguindo, porém, evitar o óbito. Acabou denunciada e condenada pela prática do injusto do Art. 133, § 2°, do Código Penal (abandono de incapaz com resultado morte) à pena de 04 anos de reclusão em regime aberto. Apesar de ter respondido ao processo em liberdade, não foi permitido à Maria apelar em liberdade, fundamentando o juiz a ordem de prisão na grande comoção social que o fato causou. A família dispensou o advogado anterior e o(a) procurou para que assumisse a defesa de Maria. Considerando apenas as informações narradas na situação hipotética, responda aos itens a seguir.

A) Qual a tese de direito material a ser alegada em eventual recurso defensivo para evitar a punição de Maria pelo crime pelo qual foi denunciada? Justifique. (Valor: 0,65)

GABARITO COMENTADO

A) O crime de abandono de incapaz somente pode ser praticado de forma dolosa, não admitindo a responsabilização criminal do agente a título de culpa. *In casu*, Maria não teve a intenção de abandonar a criança no veículo, tendo, de forma negligente, a esquecido no interior do carro. Dessa forma, não há como ser mantida a condenação pelo crime de abandono de incapaz. O Art. 133, §2°, do Código Penal, apesar de ser aplicável quando o resultado morte decorrer de culpa, exige que haja dolo na conduta antecedente, qual seja, abandono de incapaz, o que não ocorreu na presente hipótese. Logo, trata-se de hipótese de homicídio culposo.

5. EXPOSIÇÃO OU ABANDONO DE RECÉM - NASCIDO

Art. 134 - Expor ou abandonar recém-nascido, para ocultar desonra própria:

Pena - detenção, de 6 (seis) meses a 2 (dois) anos.

§ 1° - Se do fato resulta lesão corporal de natureza grave:

Pena - detenção, de 1 (um) a 3 (três) anos.

§ 2° - Se resulta a morte:

Pena - detenção, de 2 (dois) a 6 (seis) anos.

5.1. Introdução

O presente artigo representa, em verdade, uma figura privilegiada do abandono de incapaz, uma vez que aqui a intenção de agente é ocultar desonra própria. Ademais, diferente do artigo anterior, restringe o incapaz ao recém-nascido, compreendido como o neonato, aquele que tem poucos dias de vida ou acabara de nascer.

A expressão "desonra própria" constitui um elemento normativo do tipo, dependendo, por isso mesmo, de uma valoração do intérprete. A honra tratada pelo referido artigo é a de natureza sexual, a boa fama e a reputação do agente. Ingressam nessa situação a gestação proveniente de relação adulterina ou incestuosa, por exemplo.

Não podemos olvidar que, à luz do caso concreto, uma mesma gestação pode ser considerada motivos de desonra para uns e não ser para outros. Se adotássemos como paradigma a sociedade de 1940, quando o Código é publicado, constataríamos, com facilidade, que uma gravidez de uma mulher solteira poderia ser considerada desonrosa. A mesma gestação, no começo do século XXI não é considerada motivo de desonra, para a imensa maioria das pessoas. Contudo, no caso concreto, a pessoa pode assim considerar, e, com isto, ter sua conduta enquadrada no tipo penal em apreço.

De toda forma, é imprescindível que a conduta ocorra para ocultar desonra própria. Não haveria este crime (mas sim o crime do art. anterior) na situação em que um familiar abandona o recém-nascido para ocultar a desonra da mãe.

5.2. Tipicidade Objetiva

A conduta consiste em expor (submeter, colocar, permitir) ou abandonar (deixar sozinho, ao desamparo, sem assistência ou proteção) o recém-nascido. De um modo geral, considera-se recém-nascida a pessoa durante os primeiros dias após o nascimento, em período que, como regra, coincide com a queda do cordão umbilical. Não se trata, contudo, de marco definitivo e absoluto, podendo o conceito de "recém-nascido" ser extraído a partir do caso concreto.

5.3. Sujeitos

O sujeito ativo é a mãe, que age para ocultar ato considerado desonroso. Em que pese o entendimento de Cezar Bitencourt[7], no sentido de que somente a mãe poderia ser sujeito ativo do crime, tem prevalecido na doutrina a ideia de que o pai também poderia sê-lo, nas hipóteses em que pretende ocultar desonra própria. Seria o caso em que se trata de pai com filho recém-nascido fruto de relacionamento adulterino ou incestuoso.

De todo modo, logo se vê que se trata de crime próprio, porquanto exige-se uma qualidade especial do agente. O crime não admite apenas a participação, mas também a coautoria, razão pela qual se trata de crime próprio, e não de crime de mão própria.

O sujeito passivo é o recém-nascido abandonado.

5.4. Objetos

O objeto juridicamente tutelado é a vida e a saúde do recém-nascido.

O objeto material é o recém-nascido.

---

7. BITENCOURT, Cézar Roberto. *Tratado de Direito Penal: parte especial, v. 2*. 15. ed. São Paulo: Saraiva, 2015, p. 285.

5.5. Elemento Subjetivo

O elemento subjetivo exigido pelo tipo penal é o dolo. Exige-se o dolo especial, consistente na vontade consciente de expor ou abandonar seu filho com a finalidade específica de ocultar desonra própria. Por esta razão, o crime é incompatível com a modalidade culposa.

Não há previsão para sua modalidade culposa.

5.6. Consumação e Tentativa

Consuma-se o crime com o abandono do recém-nascido, devendo tal conduta criar uma situação de perigo concreto para a sua vida e sua saúde.

A tentativa é admitida.

5.7. Ação Penal

A ação penal é de iniciativa pública incondicionada.

5.8. Qualificadoras

Os §§ 1º e 2º do art. 134, CP trazem duas qualificadoras para o crime de exposição ou abandono de recém-nascido. A primeira se verifica quando da conduta resulta lesão corporal de natureza grave na vítima. A segunda ocorrerá quando da conduta resultar a sua morte. Na primeira hipótese, a pena será de detenção de um a três anos, e na segunda, a pena será de detenção de dois a seis anos.

As duas qualificadoras traduzem situação de crimes preterdolosos, isto é, ocorreu o dolo na conduta (exposição ou abandono de recém-nascido) e culpa no resultado (lesão corporal de natureza grave ou morte). Se houver o dolo de produzir quaisquer destes resultados, teremos os crimes de lesão corporal e de homicídio, respectivamente, e o abandono figuraria como mero meio para a prática da infração.

5.9. Penas

A pena prevista para o crime de exposição ou abandono de recém-nascido é de detenção de seis meses a dois anos. Logo, podemos concluir que:

a) É possível a transação penal (art. 76, Lei n. 9.099/95), pois se trata de infração penal de menor potencial ofensivo;

b) É possível a suspensão condicional do processo (art. 89, Lei n. 9.099/95), pois a pena mínima não ultrapassa um ano. Também caberá este benefício na primeira modalidade qualificada do crime (art. 134, §1º, CP), pelas mesmas razões.

c) Será cabível a substituição da pena por restritivas de direitos, pois no crime não há violência ou grave ameaça e a pena a ser imposta não ultrapassará quatro anos. Será necessário que se façam presentes os demais requisitos do art. 44, CP.

5.10. Classificação

O crime de exposição ou abandono de recém-nascido pode ser classificado como:

a) **Próprio** (exige qualidade especial do agente);

b) **Formal** (a consumação não exige a produção de um resultado naturalístico);

c) De **forma livre** (a Lei não estabelece exigência para a forma de execução);

d) **Simples** (tutela apenas um bem jurídico);

e) **Comissivo** (praticado mediante ação) **ou omissivo** (praticado mediante omissão);

f) **Unissubjetivo** (pode haver ou não concurso de pessoas);

g) **Instantâneo de efeitos permanentes** (consuma-se de imediato, mas seus efeitos se protraem no tempo);

h) **Plurissubsistente** ou **unissubsistente,** a depender do caso;

i) De **perigo** (a consumação enseja a mera exposição do bem jurídico a perigo);

j) **Não transeunte** ou **transeunte,** a depender do caso;

k) **Doloso** (não admite modalidade culposa).

5.11. Quadro Sinótico

EXPOSIÇÃO OU ABANDONO DE RECÉM – NASCIDO		
Considerações Iniciais	Representa, em verdade, uma figura privilegiada do abandono de incapaz, uma vez que aqui **a intenção de agente é ocultar desonra própria**. Ademais, diferente do artigo anterior, restringe o incapaz ao recém-nascido, compreendido como o neonato, aquele que tem poucos dias de vida ou acabara de nascer.	1
Tipicidade Objetiva	A conduta consiste em expor (submeter, colocar, permitir) ou abandonar (deixar sozinho, ao desamparo, sem assistência ou proteção) o recém-nascido.	2
Sujeitos	O **sujeito ativo** é a mãe, que age para ocultar ato considerado desonroso, porém tem prevalecido na doutrina a ideia de que o pai também poderia sê-lo, nas hipóteses em que pretende ocultar desonra própria. O **sujeito passivo** é o recém-nascido abandonado.	3
Objetos	O **objeto juridicamente tutelado** é a vida e a saúde do recém-nascido. O **objeto material** é o recém-nascido.	4
Elemento Subjetivo	O elemento subjetivo exigido pelo tipo penal é o dolo. Exige-se o dolo especial, consistente na vontade consciente de expor ou abandonar seu filho com a finalidade específica de ocultar desonra própria. Por esta razão, o crime é incompatível com a modalidade culposa.	5
Consumação e Tentativa	Consuma-se o crime com o abandono do recém-nascido, devendo tal conduta criar uma situação de perigo concreto para a sua vida e sua saúde. A tentativa é admitida.	6

Ação Penal	A ação penal é de iniciativa pública incondicionada.	7
Qualificadoras	Os §§ 1º e 2º do art. 134, CP trazem duas qualificadoras para o crime de exposição ou abandono de recém-nascido. A primeira se verifica quando da conduta resulta lesão corporal de natureza grave na vítima. A segunda ocorrerá quando da conduta resultar a sua morte. Na primeira hipótese, a pena será de detenção de um a três anos, e na segunda, a pena será de detenção de dois a seis anos.	8
Penas	A pena prevista para o crime de exposição ou abandono de recém-nascido é de detenção de seis meses a dois anos.	9
Classificação	**a)** **Próprio** (exige qualidade especial do agente); **b)** **Formal** (a consumação não exige a produção de um resultado naturalístico); **c)** De **forma livre** (a Lei não estabelece exigência para a forma de execução); **d)** **Simples** (tutela apenas um bem jurídico); **e)** **Comissivo** (praticado mediante ação) ou **omissivo** (praticado mediante omissão); **f)** **Unissubjetivo** (pode haver ou não concurso de pessoas); **g)** **Instantâneo de efeitos permanentes** (consuma-se de imediato, mas seus efeitos se protraem no tempo); **h)** **Plurissubsistente** ou **unissubsistente**, a depender do caso; **i)** **De perigo** (a consumação enseja a mera exposição do bem jurídico a perigo); **j)** **Não transeunte** ou **transeunte**, a depender do caso; **k)** **Doloso** (não admite modalidade culposa).	10

5.12. Questões de Concursos Públicos

01. (VUNESP - 2018 - Prefeitura de Suzano - SP - Guarda Civil Municipal) Ariana Pequena, com 19 anos de idade, ficou grávida de seu padrasto e, algum tempo após dar à luz uma menina, com a intenção de ocultar a sua desonra, por sua própria e consciente vontade, resolveu abandonar o recém-nascido em um terreno baldio. No entanto, o bebê foi resgatado por um Guarda Municipal ainda com vida e conseguiu sobreviver. Nessa situação hipotética, segundo o Código Penal, é correto afirmar que Ariana

(A) cometeu o crime de infanticídio.

(B) não cometeu crime porque o bebê sobreviveu.

(C) cometeu o crime de feminicídio.

(D) será processada criminalmente apenas se o bebê sofreu lesões corporais.

(E) deverá responder pelo crime de abandono de recém-nascido.

02. (CESPE - 2009 - PC-RN - Escrivão de Polícia Civil) Com relação aos crimes contra a pessoa, assinale a opção correta.

(A) No crime de abandono de recém-nascido, o sujeito ativo só pode ser a mãe e o sujeito passivo é a criança abandonada.

(B) Não é punido o médico que pratica aborto, mesmo sem o consentimento da gestante, quando a gravidez é resultado de crime de estupro.

(C) A mulher que mata o filho logo após o parto, por estar sob influência do estado puerperal, não comete crime.

(D) A pessoa que imputa a alguém fato definido como crime, tendo ciência de que é falso, comete o crime de difamação.

(E) A conduta do filho que, contra a vontade do pai, o mantém internado em casa de saúde, privando-o de sua liberdade, é atípica.

GABARITO: As respostas destes testes encontram-se no final do livro.

5.13. Questões Discursivas com Comentários

01. (Delegado - PC/ES - 2013 - FUNCAB - Adaptada) Josenilda, sem que ninguém soubesse da sua gravidez, fruto de um relacionamento fortuito, e objetivando ocultar a sua desonra, abandonou seu filho imediatamente após o nascimento. Pouquíssimo tempo após o abandono, o neonato foi encontrado por populares, sendo entregue imediatamente à delegacia distrital, que, também, de imediato, diligenciou e conseguiu deter Josenilda. Muito embora tenha sido encontrado minutos após o abandono, o neonato, em razão das condições em que fora encontrado, perdeu um dedo de uma das mãos, o que foi imediatamente diagnosticado pelo Médico-Legista. Sendo você a autoridade policial de plantão, após confirmados todos esses fatos, analise a conduta de Josenilda, sob os aspectos penal e processual penal: a) Identificando a infração penal, por ela cometida, classificando-a.

5.14. Gabarito Comentado

a) *In casu*, verifica-se a ocorrência de crime de abandono de recém-nascido, previsto no artigo134 do Código Penal, uma vez que a autora praticou o ato para ocultar desonra de natureza sexual. Fica evidente, pois, a presença do elemento subjetivo exigido pelo tipo penal, restando afastado o crime de abandono de incapaz. Logo, o crime de abandono de recém-nascido trata-se de crime próprio, pois exige que seja cometido pela genitora; formal, pois a consumação não exige a produção de um resultado naturalístico; de forma livre, pois a lei não estabelece exigência para a forma de execução; simples; comissivo ou omissivo; unissubjetivo; instantâneo de efeitos permanentes (consuma-se de imediato, mas seus efeitos se protraem no tempo); plurissubsistente ou unissubsistente, a depender do caso; de perigo (a consumação enseja a mera exposição do bem jurídico a perigo); não transeunte ou transeunte e doloso, não admitindo a modalidade culposa.

6. OMISSÃO DE SOCORRO

Art. 135 - Deixar de prestar assistência, quando possível fazê-lo sem risco pessoal, à criança abandonada ou extraviada, ou à pessoa inválida ou ferida, ao desamparo ou em grave e iminente perigo; ou não pedir, nesses casos, o socorro da autoridade pública:

Pena - detenção, de 1 (um) a 6 (seis) meses, ou multa.

Parágrafo único - A pena é aumentada de metade, se da omissão resulta lesão corporal de natureza grave, e triplicada, se resulta a morte.,

6.1. Considerações Iniciais

O delito de omissão de socorro descreve a conduta do agente que se nega a prestar assistência a qualquer pessoa que se encontre em uma das situações descritas no tipo, ou não pede ajuda das autoridades públicas. Não basta apenas que o agente se omita, é preciso que essa omissão se dê por vontade própria, sem que a situação lhe ponha em risco também. É dizer, o agente poderia agir, mas escolhe não fazê-lo.

Não haverá o crime quando o agente não puder ajudar sem risco pessoal à sua vida ou integridade física. É o caso do agente que vê a pessoa se afogar, mas não tenta salvá-la por também não saber nadar.

Para que exista o crime em apreço, é necessário que o agente não revista a condição de garantidor (art. 13, §2º, CP) da vítima, pois, neste caso, deveria ser responsabilizado pelo resultado que não evitou, e não pela omissão de socorro. O fundamento de existência do crime de "omissão de socorro" é a ideia de solidariedade que deve oxigenar as relações humanas. Esta a razão pela qual o Estado pune quem não socorre, embora pudesse fazê-lo, uma pessoa que se encontra em situação de perigo, ainda que não exista vínculo entre eles.

A "omissão de socorro" é o exemplo emblemático de crime omissivo próprio, razão pela qual não admite a tentativa. Neste ponto, vale relembrar que os crimes omissivos próprios são unissubsistentes, isto é, não admitem o fracionamento da conduta, o que os torna incompatíveis com a modalidade tentada.

6.2. Tipicidade Objetiva

Há duas formas de se praticar o crime. Vejamos:

a) **Deixar de prestar assistência:** trata-se da situação em que o agente não presta ajuda material à vítima.

b) **Não pedir o socorro da autoridade pública:** pedir socorro à autoridade pública é a alternativa que se apresenta para o agente que não possui condições de prestar assistência à vítima. Podemos mencionar a hipótese de alguém que presencia um crime, e não possui condições de socorrer a vítima, sem risco pessoal, mas que poderia acionar a polícia. Se não o fizer, podendo fazê-lo, estaríamos diante de um crime de omissão de socorro.

6.3. Sujeitos

O sujeito ativo pode ser qualquer pessoa. Trata-se, portanto, de crime comum.

O sujeito passivo é a criança abandonada ou extraviada, bem como pessoa inválida ou ferida ao desamparo ou em grave e iminente perigo. A partir da análise desses sujeitos passivos, teremos:

a) Criança abandonada ou extraviada: a definição de criança deve ser buscada na legislação pertinente. E, com efeito, o Estatuto da Criança e do Adolescente estabelece que criança é a pessoa com até doze anos incompletos. Ela será considerada abandona quando for deixada sem os cuidados que lhe são imprescindíveis. Por outro lado, extraviada é a criança que foi perdida, retirada do lugar em que deveria ser encontrar, e não possui condições de retornar.

b) Pessoa inválida ou ferida ao desamparo: inválida é a pessoa que não possui condições de exercer suas atividades habituais com autonomia. A invalidez pode derivar de enfermidade física ou mental. Pessoa ferida é aquela que sofreu lesão em sua integridade corporal. Tanto a pessoa inválida quanto a pessoa ferida precisam estar desamparadas para que sejam categorizadas como sujeito passivo do crime de omissão de socorro. Ao desamparo significa que a pessoa não possui condições, por si só, de se afastar da situação de perigo que se lhe apresenta.

c) **Pessoa em grave e iminente perigo:** a pessoa se encontra em perigo quando existe um risco sério de sofrer algum tipo de mal. Para que a pessoa seja considerada sujeito passivo do crime de omissão de socorro, imprescindível que o perigo seja grave, isto é, de relevantes proporções. Ademais, o perigo deve ser imediato, vale dizer, está prestes a ocorrer.

6.4. Objetos

O objeto jurídico é a vida e a saúde.

O objeto material é a criança abandonada ou extraviada, bem como pessoa inválida ou ferida, ao desamparo ou em grave e iminente perigo.

6.5. Elemento Subjetivo

O elemento subjetivo exigido para a configuração do crime é o dolo, pois se exige do agente a vontade consciente de não querer prestar assistência a um dos sujeitos contidos no tipo penal.

Não há previsão para a modalidade culposa.

6.6. Consumação e Tentativa

Consuma-se o crime quando o agente se nega a prestar assistência ao sujeito que ele sabe estar necessitando. É a sua negativa em socorrer ou chamar autoridade pública para que o faça. Contudo, não há necessidade de produção de resultado naturalístico para que se consume o crime. Por outras palavras, tão logo ocorra a omissão do socorro o crime estará tipificado.

A tentativa não é admitida, pois ela é incompatível com os crimes omissivos próprios, que são unissubsistentes.

6.7. Ação Penal

A ação penal é de iniciativa pública incondicionada.

6.8. Causas de Aumento de Pena

Conforme previsto no parágrafo único do art. 135, a pena é aumentada de metade, se da omissão resulta lesão corporal de natureza grave, e triplicada, se resulta a morte. Como se extrai da literalidade legislativa, para que incidam as referidas causas de aumento de pena, imprescindível que os resultados derivem da omissão de socorro.

Conforme assentado pela doutrina majoritária, as condutas descritas no art. 135, parágrafo único, CP são preterdolosas, isto é, há dolo na conduta (omissão de socorro) e culpa em relação ao resultado (lesão corporal grave ou morte).

Todavia, ponderação importante, com a qual concordamos, é realizada por Rogério Greco, quando destaca não ver "qualquer obstáculo no fato de querer o agente o resultado morte da vítima se a situação de perigo em que esta se contra não foi provocada por ele, caso em que o transformaria em agente garantidor, fazendo com que seja responsabilizado pelo seu dolo"[8]. Com efeito, se o agente que se omite não é garantidor da vítima, ainda que tenha o dolo de ocorrência do resultado mais grave (lesão corporal grave ou morte, respectivamente) deverá responder pelo crime do art. 135, CP, com a causa de aumento do parágrafo único.

6.9. Outras Questões

6.9.1. *Omissão de socorro e morte instantânea*

Não há que se falar em crime de omissão de socorro quando se verificar que a vítima já se encontrava morta, quando da omissão do agente. Neste caso, não há bem jurídico a ser tutelada, razão pela qual se impõe o reconhecimento da atipicidade da omissão.

6.9.2. *Omissão de socorro e recusa da vítima*

Haverá o crime de omissão de socorro, ainda que a vítima se recuse a aceitar a assistência do agente. Evidentemente, o crime será afastado se a recusa da vítima for de tal monta que impossibilite a prestação de socorro.

6.9.3. *Omissão de socorro e Estatuto do Idoso*

Se a vítima da conduta omissiva for pessoa idosa (idade igual ou superior a sessenta anos), não incidirá o crime de omissão de socorro (art. 135, CP), mas sim o crime previsto no art. 97 do estatuto do Idoso, que possui a seguinte redação: "Deixar de prestar assistência ao idoso, quando possível fazê-lo sem risco pessoal, em situação de iminente perigo, ou recusar, retardar ou dificultar sua assistência à saúde, sem justa causa, ou não pedir, nesses casos, o socorro de autoridade pública".

Para este crime, a pena prevista é de detenção de 6 (seis) meses a 1 (um) ano e multa.

6.9.4. *Omissão de socorro e Código Penal Militar*

O Código Penal Militar previu, em seu art. 200, um crime, também intitulado "omissão de socorro", e que consiste em: "Deixar o comandante de socorrer, sem justa causa, navio de guerra ou mercante, nacional ou estrangeiro, ou aeronave, em perigo, ou náufragos que hajam pedido socorro". A pena para o crime é de "suspensão do exercício do posto, de um a três anos ou reforma".

6.9.5. *Omissão de socorro e Código de Trânsito Brasileiro*

No Código de Trânsito Brasileiro (Lei n. 9.503/97), a omissão de socorro pode caracterizar:

8. GRECO, Rogério. *Curso de Direito Penal: parte especial.* 15.ed. Niterói: Impetus, 2018, p.267.

a) Causa de aumento de pena no homicídio culposo praticado na direção de veículo automotor (art. 302, §1º, III, CTB);

b) Causa de aumento de pena no crime de lesão corporal culposa praticada na direção de veículo automotor (art. 303, §1º, CTB);

c) Crime autônomo, previsto no art. 304, cuja redação é a seguinte: "Deixar o condutor do veículo, na ocasião do acidente, de prestar imediato socorro à vítima, ou, não podendo fazê-lo diretamente, por justa causa, deixar de solicitar auxílio da autoridade pública". A pena para este crime é de detenção, de seis meses a um ano, ou multa, se o fato não constituir elemento de crime mais grave.

6.10. Penas

A pena prevista para o crime de omissão de socorro é de detenção de um a seis meses, ou multa. Logo, podemos concluir que:

a) É possível a transação penal (art. 76, Lei n. 9.099/95), pois se trata de infração penal de menor potencial ofensivo;

b) É possível a suspensão condicional do processo (art. 89, Lei n. 9.099/95), pois a pena mínima não ultrapassa um ano.

c) Será cabível a substituição da pena por restritivas de direitos, pois no crime não há violência ou grave ameaça e a pena a ser imposta não ultrapassará quatro anos. Será necessário que se façam presentes os demais requisitos do art. 44, CP.

d) Todos estes benefícios penais são possíveis, ainda que incidam as causas de aumento de pena, previstas no art. 135, parágrafo único, CP, pois as penas não ultrapassariam os patamares mencionados.

e) A pena de multa é prevista como alternativa à pena privativa de liberdade, e não como sanção cumulativa. Caberá ao juiz, quando da aplicação da pena, a aferição da adequação de se impor apenas a pena de multa.

6.11. Classificação

O crime de omissão de socorro pode ser classificado como:

a) **Comum** (não exige qualidade especial do agente);

b) **Formal** (a consumação não exige a produção de um resultado naturalístico);

c) De **forma livre** (a Lei não estabelece exigência para a forma de execução);

d) **Simples** (tutela apenas um bem jurídico);

e) **Omissivo** (praticado mediante omissão);

f) **Unissubjetivo** (pode haver ou não concurso de pessoas);

g) **Instantâneo** (consuma-se de imediato);

h) **Unissubsistente** (a conduta não pode ser fracionada);

i) De **perigo** (a consumação enseja a mera exposição do bem jurídico a perigo);

j) **Não transeunte** ou **transeunte,** a depender do caso;

k) **Doloso** (não admite modalidade culposa).

6.12. Quadro Sinótico

OMISSÃO DE SOCORRO			
Considerações Iniciais	O delito de omissão de socorro descreve a conduta do agente que se nega a prestar assistência a qualquer pessoa que se encontre em uma das situações descritas no tipo, ou não pede ajuda das autoridades públicas. Não basta apenas que o agente se omita, é preciso que essa omissão se dê por vontade própria, sem que a situação lhe ponha em risco também. É dizer, o agente poderia agir, mas escolhe não fazê-lo.		1
Tipicidade Objetiva	Há duas formas de se praticar o crime. Vejamos: **a)** Deixar de prestar assistência; **b)** Não pedir o socorro da autoridade pública.		2
Sujeitos	O **sujeito ativo** pode ser qualquer pessoa. Trata-se, portanto, de crime comum. O **sujeito passivo** é a criança abandonada ou extraviada, bem como pessoa inválida ou ferida ao desamparo ou em grave e iminente perigo.		3
Objetos	O **objeto jurídico** é a vida e a saúde. O **objeto material** é a criança abandonada ou extraviada, bem como pessoa inválida ou ferida, ao desamparo ou em grave e iminente perigo.		4
Elemento Subjetivo	O elemento subjetivo exigido para a configuração do crime é o dolo, pois se exige do agente a vontade consciente de não querer prestar assistência a um dos sujeitos contidos no tipo penal. Não há previsão para a modalidade culposa.		5
Consumação e Tentativa	Consuma-se o crime quando o agente se nega a prestar assistência ao sujeito que ele sabe estar necessitando. A tentativa não é admitida, pois ela é incompatível com os crimes omissivos próprios, que são unissubsistentes.		6
Ação Penal	A ação penal é de iniciativa pública incondicionada.		7
Causas de Aumento de Pena	Conforme previsto no parágrafo único do art. 135, a pena é aumentada de metade, se da omissão resulta lesão corporal de natureza grave, e triplicada, se resulta a morte.		8
Outras Questões	**Omissão de socorro e morte instantânea**	Não há que se falar em crime de omissão de socorro quando se verificar que a vítima já se encontrava morta, quando da omissão do agente.	9.1

Outras Questões	**Omissão de socorro e recusa da vítima**	Haverá o crime de omissão de socorro, ainda que a vítima se recuse a aceitar a assistência do agente.	9.2
	Omissão de socorro e Estatuto do Idoso	Se a vítima da conduta omissiva for pessoa idosa (idade igual ou superior a sessenta anos), não incidirá o crime de omissão de socorro (art. 135, CP), mas sim o crime previsto no art. 97 do estatuto do Idoso.	9.3
	Omissão de socorro e Código Penal Militar	O Código Penal Militar previu, em seu art. 200, um crime, também intitulado "omissão de socorro", e que consiste em: "Deixar o comandante de socorrer, sem justa causa, navio de guerra ou mercante, nacional ou estrangeiro, ou aeronave, em perigo, ou náufragos que hajam pedido socorro".	9.4
	Omissão de socorro e Código de Trânsito Brasileiro	No Código de Trânsito Brasileiro (Lei n. 9.503/97), a omissão de socorro pode caracterizar: **a)** Causa de aumento de pena no homicídio culposo praticado na direção de veículo automotor; **b)** Causa de aumento de pena no crime de lesão corporal culposa praticada na direção de veículo automotor; **c)** Crime autônomo, previsto no art. 304 do CTB.	9.5
Penas	A pena prevista para o crime de omissão de socorro é de detenção de um a seis meses, ou multa.		10
Classificação	**a)** **Comum** (não exige qualidade especial do agente); **b)** **Formal** (a consumação não exige a produção de um resultado naturalístico); **c)** De **forma livre** (a Lei não estabelece exigência para a forma de execução); **d)** **Simples** (tutela apenas um bem jurídico); **e)** **Omissivo** (praticado mediante omissão); **f)** **Unissubjetivo** (pode haver ou não concurso de pessoas); **g)** **Instantâneo** (consuma-se de imediato); **h)** **Unissubsistente** (a conduta não pode ser fracionada); **i)** **De perigo** (a consumação enseja a mera exposição do bem jurídico a perigo); **j)** **Não transeunte** ou **transeunte**, a depender do caso; **k)** **Doloso** (não admite modalidade culposa).		11

6.13. Questões de Concursos Públicos

01. **(CESPE - 2018 - EBSERH - Advogado) Julgue o item seguinte, relativos aos tipos penais dispostos no Código Penal e nas leis penais extravagantes.**

O crime de omissão de socorro, tipificado na parte especial do Código Penal, somente se consuma com a ocorrência de um resultado naturalístico, o qual, dependendo de sua gravidade, poderá constituir, ainda, causa qualificadora da conduta.

( ) Certo

( ) Errado

02. **(FAPEMS - 2017 - PC-MS - Delegado de Polícia) Considerando que o processo de criminalização está intrinsecamente relacionado à noção de bem jurídico, assinale a alternativa correta.**

(A) A disponibilidade dos bens jurídicos coletivos é ilimitada e, por isso, a atipicidade material do fato poderá decorrer do consentimento de alguns de seus titulares.

(B) A teoria da proteção penal proposta por Jakobs tem fundamento na Constituição e, como tal, refuta a ideia de que a missão do direito penal é a proteção da vigência da norma.

(c) O paternalismo constitui intervenção estatal na liberdade individual sempre de acordo com a vontade do titular do bem jurídico, podendo interferir, inclusive, em suas escolhas morais.

(D) No tipo penal de incesto, previsto expressamente no Código Penal, o legislador buscou proteger não somente a autodeterminação sexual, senão igualmente a moral familiar e a saúde pública.

(E) A incriminação da omissão de socorro revela a possibilidade, ainda que eventual, de a tutela de um bem jurídico nascer diretamente do poder punitivo.

03. **(CES-E - 20-2 - PC--L - Delegado de Polícia) Acerca dos crimes em espécie, julgue o item seguinte.**

O crime de omissão de socorro não admite tentativa, porquanto estando a omissão tipificada na lei como tal e tratando-se de crime unissubsistente, se o agente, sem justa causa, se omite, o crime já se consuma.

( ) Certo

( ) Errado

03. **(MPE--P - 20-1 - MPE--P - Promotor de Justiça) Pratica o crime de omissão de socorro, previsto no art. 135 do Código Penal:**

(A) aquele que deixar de prestar socorro à vítima ferida, ainda que levemente, e desde que seja o causador da situação de perigo a título de dolo ou culpa.

(B) aquele que deixar de prestar socorro à vítima em situação de perigo por ele criada a título de culpa e desde que não haja risco pessoa©(C) aquele que deixar de prestar socorro à vítima em face de uma situação de perigo a que ele deu causa, sem dolo ou culpa e desde que não haja risco pessoal.

(D) aquele que, por imprudência, der causa à situação de perigo, tendo praticado uma conduta típica culposa e que tenha deixado de atuar sem risco pessoal.

(E) aquele que der causa a uma situação de perigo, por meio da chamada culpa consciente, e tiver deixado de prestar socorro à vítima por perceber que ela poderia ser socorrida por terceiros.

GABARITO: As respostas destes testes encontram-se no final do livro.

6.14. Questões Discursivas com Comentários

01. **(XXV EXAME DE ORDEM UNIFICADO - OAB - 2ª fase - 2018 - Adaptada) Rodrigo, pela primeira vez envolvido com o aparato judicial, foi condenado definitivamente, pela prática do crime de rixa, ao pagamento de pena exclusivamente de multa. Para pensar sobre as consequências de seu ato, vai para local que acredita ser deserto, onde há uma linda lagoa. Ao chegar ao local, após longa caminhada, depara-se com uma criança, sozinha,**

banhando-se, mas verifica que ela tem dificuldades para deixar a água e, então, começa a se afogar. Apesar de ter conhecimento sobre a situação da criança, Rodrigo nada faz, pois não sabia nadar, logo acreditando que não era possível prestar assistência sem risco pessoal. Ao mesmo tempo, o local era isolado e não havia autoridades públicas nas proximidades, além de Rodrigo estar sem celular ou outro meio de comunicação para avisar sobre a situação. Cerca de 10 minutos depois, chega ao local Marcus, que, ao ver o corpo da criança na lagoa, entra na água e retira a criança já falecida. Nesse momento, Rodrigo verifica que a lagoa não era profunda e que a água bateria na altura de sua cintura, não havendo risco pessoal para a prestação da assistência. Após a perícia constatar a profundidade da lagoa, Rodrigo é denunciado pela prática do crime previsto no Art. 135, parágrafo único, do Código Penal. Não houve composição dos danos civis, e o Ministério Público não ofereceu proposta de transação penal, sob o argumento de que havia vedação legal diante da condenação de Rodrigo pela prática do crime de rixa. Considerando apenas as informações narradas, responda, na condição de advogado(a) de Rodrigo, aos itens a seguir.

A) Qual argumento de direito material poderia ser apresentado em busca da absolvição do denunciado? Justifique. (Valor: 0,65)

6.15. Gabarito Comentado

A) Rodrigo deve ser absolvido pois sua omissão ocorreu em erro de tipo. Para configuração do delito de omissão de socorro, previsto no Art. 135 do Código Penal, é preciso que a omissão tenha ocorrido quando era possível ao agente prestar assistência sem risco pessoal. Rodrigo somente não agiu porque acreditava que existia risco para si, já que não sabia nadar e a criança estava se afogando na lagoa. Em que pese a lagoa fosse rasa e não apresentasse risco para Rodrigo, ele não tinha conhecimento de tal situação, logo agiu em erro sobre a elementar "sem risco pessoal". Havendo erro sobre elementar do tipo, a consequência é o afastamento do dolo, somente podendo o agente ser responsabilizado se o erro for evitável e prevista a modalidade culposa do delito, nos termos do Art. 20 do Código Penal. No caso, o crime do Art. 135 do Código Penal não traz a modalidade culposa, logo o fato é atípico.

7. CONDICIONAMENTO DE ATENDIMENTO MÉDICO-EMERGENCIAL HOSPITALAR

Art. 135-A – Exigir cheque-caução, nota promissória ou qualquer garantia, bem como o preenchimento prévio de formulários administrativos, como condição para o atendimento médico-hospitalar emergencial:

Pena – detenção de 3 (três) meses a 1 (um) ano, e multa.

Parágrafo único. A pena é aumentada até o dobro se da negativa de atendimento resulta lesão corporal de natureza grave, e até o triplo se resulta morte.

7.1. Considerações Iniciais

O delito em apreço foi criado pela Lei n. 12.653/2012 e a referida conduta já configurava ilícito administrativo, conforme Resolução Normativa n. 44 da ANS – Agência Nacional de Saúde Suplementar, bem como já representaria conduta apta a anular o negócio jurídico firmado, isto na seara civil, consoante o art. 17, II, do Código Civil brasileiro.

De mais a mais, em verdade, ainda antes da criação do artigo em comento, já restaria caracterizado o crime de omissão de socorro, pois as pessoas referidas no presente tipo penal, decerto se encontram feridas ou em grave e iminente perigo.

7.2. Tipicidade Objetiva

A conduta consiste em exigir, que equivale a requisitar de forma autoritária. A exigência recai sobre alguma forma de garantia, que pode ser, em rol exemplificativo, o cheque-caução ou a nota promissória. Estes são exemplos de títulos de crédito, mas a garantia pode consistir em alguma outra forma de tutela do crédito do hospital ou centro médico congênere.

A conduta também pode consistir na exigência de preenchimento prévio de formulários administrativos, como condição para o atendimento médico-hospitalar emergencial. Se a referida exigência não for empregada como condição para o atendimento, não restará caracterizado o crime.

7.3. Sujeitos

O sujeito ativo pode ser qualquer funcionário ou administrador do estabelecimento de saúde que se realize atendimento médico-hospitalar emergencial, e também o médico que se recusa a atender um paciente sem o fornecimento de garantia ou preenchimento prévio de formulário administrativo.

Atente-se para o fato de que o delito somente pode ser cometido no âmbito de hospitais particulares, uma vez que estabelecimentos públicos não podem cobrar qualquer valor para o atendimento médico. No âmbito público, se tal exigência for realizada, restaria caracterizado o crime de concussão (art. 316, CP), sem prejuízo da responsabilização acerca do resultado da omissão, tendo em vista podermos estar diante da figura do garantidor (art. 13, §2º, CP).

O sujeito passivo é a pessoa acometida de problema em sua saúde, necessitada de atendimento médico-hospitalar emergencial.

7.4. Objetos

O objeto juridicamente tutelado é a vida e a saúde.

O objeto material é o cheque-caução, a nota promissória ou qualquer garantia, bem como os formulários administrativos.

7.5. Elemento Subjetivo

O elemento subjetivo exigido para a configuração do crime é o dolo. Exige-se também uma finalidade específica, consistente em condicionar o atendimento médico-hospitalar emergencial.

Não se admite a modalidade culposa.

7.6. Consumação e Tentativa

Consuma-se o crime com a mera exigência da garantia ou do preenchimento de formulários. Não há necessidade, portanto, de produção de resultado naturalístico. Entretanto, se da conduta resultar lesão corporal de natureza grave, a pena é aumentada até o dobro; se resultar a morte da vítima, é aumentada até o triplo.

A tentativa é admitida, haja vista poder a exigência ser realizada de tal modo que a conduta seja passível de fracionamento (ex.: exigência escrita).

7.7. Ação Penal

A ação penal é de iniciativa pública incondicionada.

7.8. Causas de Aumento de Pena

Conforme o art. 135-A, parágrafo único, CP: "A pena é aumentada até o dobro se da negativa de atendimento resulta lesão corporal de natureza grave, e até o triplo se resulta morte".

As hipóteses dizem respeito a condutas em que ocorre o preterdolo, isto é, o agente possui dolo em relação ao antecedente (Exigir cheque-caução, nota promissória ou qualquer garantia, bem como o preenchimento prévio de formulários administrativos) e culpa em relação ao consequente (lesão corporal de natureza grave ou morte). Em se tratando de causa de aumento, o julgador deverá impor tais majorantes por ocasião da terceira fase da dosimetria da pena.

7.9. Penas

A pena prevista para o crime de condicionamento de atendimento médico-emergencial hospitalar é de detenção de três meses a um ano, e multa. Logo, podemos concluir que:

a) É possível a transação penal (art. 76, Lei n. 9.099/95), pois se trata de infração penal de menor potencial ofensivo; a transação não poderá ser ofertada se da conduta resultar a morte do agente, pois, neste caso, a incidência da causa de aumento de pena (art. 135-A, parágrafo único, CP) faz com que a pena máxima cominada ao delito ultrapasse o limite de dois anos.

b) É possível a suspensão condicional do processo (art. 89, Lei n. 9.099/95), pois a pena mínima não ultrapassa um ano.

c) Será cabível a substituição da pena por restritivas de direitos, pois no crime não há violência ou grave ameaça e a pena a ser imposta não ultrapassará quatro anos. Será necessário que se façam presentes os demais requisitos do art. 44, CP.

7.10. Classificação

O crime de condicionamento de atendimento médico-emergencial hospitalar pode ser classificado como:

a) **Comum** (não exige qualidade especial do agente);

b) **Formal** (a consumação não exige a produção de um resultado naturalístico);

c) De **forma livre** (a Lei não estabelece exigência para a forma de execução);

d) **Simples** (tutela apenas um bem jurídico);

e) **Comissivo** (praticado mediante ação);

f) **Unissubjetivo** (pode haver ou não concurso de pessoas);

g) **Instantâneo** (consuma-se de imediato);

h) **Plurissubsistente** (a conduta pode ser fracionada);

i) De **perigo** (a consumação enseja a mera exposição do bem jurídico a perigo);

j) **Não transeunte** ou **transeunte,** a depender do caso;

k) **Doloso** (não admite modalidade culposa).

7.11. Quadro Sinótico

CONDICIONAMENTO DE ATENDIMENTO MÉDICO-EMERGENCIAL HOSPITALAR		
Considerações Iniciais	O delito em apreço foi criado pela Lei n. 12.653/2012 e a referida conduta já configurava ilícito administrativo, conforme Resolução Normativa n. 44 da ANS – Agência Nacional de Saúde Suplementar, bem como já representaria conduta apta a anular o negócio jurídico firmado, isto na seara civil, consoante o art. 17, II, do Código Civil brasileiro.	1
Tipicidade Objetiva	A conduta consiste em **exigir**, que equivale a requisitar de forma autoritária. A exigência recai sobre alguma forma de garantia. A conduta também pode consistir na exigência de preenchimento prévio de formulários administrativos, como condição para o atendimento médico-hospitalar emergencial.	2
Sujeitos	O **sujeito ativo** pode ser qualquer funcionário ou administrador do estabelecimento de saúde que se realize atendimento médico-hospitalar emergencial, e também o médico que se recusa a atender um paciente sem o fornecimento de garantia ou preenchimento prévio de formulário administrativo. O **sujeito passivo** é a pessoa acometida de problema em sua saúde, necessitada de atendimento médico-hospitalar emergencial.	3
Objetos	O **objeto juridicamente tutelado** é a vida e a saúde. O **objeto material** é o cheque-caução, a nota promissória ou qualquer garantia, bem como os formulários administrativos.	4
Elemento Subjetivo	O elemento subjetivo exigido para a configuração do crime é o dolo. Exige-se também uma finalidade específica, consistente em condicionar o atendimento médico-hospitalar emergencial. Não se admite a modalidade culposa.	5

Consumação e Tentativa	Consuma-se o crime com a mera exigência da garantia ou do preenchimento de formulários. A tentativa é admitida.	6
Ação Penal	A ação penal é de iniciativa pública incondicionada.	7
Causas de Aumento de Pena	Conforme o art. 135-A, parágrafo único, CP: "A pena é aumentada até o dobro se da negativa de atendimento resulta lesão corporal de natureza grave, e até o triplo se resulta morte".	8
Penas	A pena prevista para o crime de condicionamento de atendimento médico-emergencial hospitalar é de detenção de três meses a um ano, e multa.	9
Classificação	**a)** **Comum** (não exige qualidade especial do agente); **b)** **Formal** (a consumação não exige a produção de um resultado naturalístico); **c)** De **forma livre** (a Lei não estabelece exigência para a forma de execução); **d)** **Simples** (tutela apenas um bem jurídico); **e)** **Comissivo** (praticado mediante ação); **f)** **Unissubjetivo** (pode haver ou não concurso de pessoas); **g)** **Instantâneo** (consuma-se de imediato); **h)** **Plurissubsistente** (a conduta pode ser fracionada); **i)** **De perigo** (a consumação enseja a mera exposição do bem jurídico a perigo); **j)** **Não transeunte** ou **transeunte**, a depender do caso; **k)** **Doloso** (não admite modalidade culposa).	10

7.12. Questões de Concursos Públicos

01. **(FCC - 2016 - AL-MS - Agente de Polícia Legislativo) Paulo é atropelado e, em estado grave, é socorrido de ambulância a um determinado Hospital para atendimento emergencial. Chegando ao nosocômio, a gerente Flávia exige da esposa do atropelado a apresentação de um cheque-caução no valor de R$ 20.000,00 e o preenchimento de formulários administrativos como condição para iniciar o atendimento médico-hospitalar emergencial. Neste caso, a gerente Flávia**

(A) cometeu crime de homicídio doloso.

(B) cometeu crime de omissão de socorro.

(C) não cometeu crime, agindo de forma absolutamente legal segundo normas que regem o atendimento hospitalar no Brasil.

(D) cometeu crime de lesão corporal de natureza grave.

(E) cometeu crime de condicionamento de atendimento médico-hospitalar emergencial.

02. **(FCC - 2013 - DPE-RS - Analista - Processual) Sobre a exigência de nota promissória como garantia para a realização de procedimento de emergência em hospital em virtude de grave acidente, é correto afirmar que**

(A) caracteriza crime de omissão de socorro.

(B) caracteriza crime de condicionamento de atendimento médico-hospitalar emergencial.

(C) caracteriza crime de extorsão.

(D) caracteriza crime de prevaricação.

(E) não caracteriza crime.

GABARITO: *As respostas destes testes encontram-se no final do livro.*

8. MAUS-TRATOS

Art. 136 - Expor a perigo a vida ou a saúde de pessoa sob sua autoridade, guarda ou vigilância, para fim de educação, ensino, tratamento ou custódia, quer privando-a de alimentação ou cuidados indispensáveis, quer sujeitando-a a trabalho excessivo ou inadequado, quer abusando de meios de correção ou disciplina:

Pena - detenção, de dois meses a um ano, ou multa.

§ 1° - Se do fato resulta lesão corporal de natureza grave:

Pena - reclusão, de um a quatro anos.

§ 2° - Se resulta a morte:

Pena - reclusão, de quatro a doze anos.

§ 3° - Aumenta-se a pena de um terço, se o crime é praticado contra pessoa menor de 14 (catorze) anos.

8.1. Considerações Iniciais

O crime de maus-tratos além de descrever a conduta excessiva do agente, impõe a finalidade de educar, tratar, cuidar ou custodiar uma pessoa, seja por meio da privação alimentar ou até mesmo mediante a sujeição da mesma a trabalhos inadequados. Se não houver a referida motivação, a conduta poderá ser tipificada de acordo com outra infração penal, mas não esta.

O tipo penal é de forma vinculada, porquanto descreve as formas pelas quais o crime pode ser praticado. Com efeito, a conduta criminosa consiste em "expor a perigo a vida ou a saúde de pessoa sob sua autoridade, guarda ou vigilância, para fim de educação, ensino, tratamento ou custódia". Esta conduta se concretiza das seguintes formas:

a) Privando a vítima de alimentação ou cuidados indispensáveis;

b) Sujeitando a vítima a trabalho excessivo ou inadequado;

c) Abusando de meios de correção ou disciplina.

Trata-se de **tipo penal misto alternativo.** Deste modo, se o agente praticar mais de uma conduta em relação ao mesmo objeto material, teremos crime único. Assim, se o agente, no mesmo contexto, privar a vítima de alimentação e submetê-la a trabalhos excessivos, haverá apenas um crime.

A pena prevista é de detenção, de dois meses a um ano, ou multa. Trata-se, portanto, de infração penal de menor potencial ofensivo, na medida em que a pena privativa de liberdade não ultrapassa dois anos. Ademais, conforme se percebe a pena de multa é alternativa, podendo o julgador aplicar apenas esta pena.

8.2 Tipicidade Objetiva

A conduta consiste em "expor a perigo a vida ou a saúde". Esta conduta se concretiza por meio das seguintes formas:

a) **Privação de alimentos ou cuidados indispensáveis:** privar significa retirar, destituir, subtrair, tolher. Pode recair sobre a alimentação da vítima ou cuidados indispensáveis. A privação de alimentos pode ser total (absoluta) ou parcial (relativa). Na primeira hipótese, o agente deixa a vítima sem qualquer tipo de alimentação, ao passo que, na segunda, a alimentação é regrada de forma desarrazoada, restringida em muito.

Evidentemente, somente haverá que se falar no crime de maus-tratos se estiver presente o dolo respectivo. Pode acontecer, por exemplo, de a conduta caracterizar o crime de homicídio (art. 121, CP), ante a existência do *animus necandi*.

Já a privação dos cuidados indispensáveis pode dizer respeito a tratamento médico, fornecimento de meios que viabilizem o asseio e a higiene, fornecimento de vestuário etc.

Como se vê, nesta primeira modalidade de conduta, relacionada à privação de alimentos ou cuidados indispensáveis, estamos diante de um crime em sua modalidade omissiva.

b) **Sujeição a trabalho excessivo ou inadequado:** a conduta consiste em "sujeitar", isto é, submeter, obrigar, compelir, forçar. Esta sujeição diz respeito ao trabalho excessivo ou inadequado.

Excessivo é o trabalho que excede a capacidade laborativa da vítima, podendo causar prejuízos à saúde física ou mental. Para que se possa falar em trabalho excessivo, imprescindível analisarmos as aptidões e características individuais de cada vítima.

Trabalho inadequado é aquele considerado impróprio para determinada pessoa. Uma vez mais, é preciso aquilatar as capacidades individuais da vítima. É inadequado, por exemplo, permitir o trabalho de um adolescente em um motel, local em que, como regra, sequer poderia ingressar (art. 250, ECA).

c) **Abuso dos meios de correção ou disciplina:** a correção consiste em procurar mudar o comportamento considerado equivocado, da vítima. Trata-se, então, como o próprio nome indica, de uma tentativa de corrigir. Já a disciplina consiste em procurar estabelecer um padrão de comportamento. A correção e a disciplina sem excessos não constituem crime, constituindo, em verdade, instrumentos importantes no processo de educação.

Contudo, haverá o crime de maus-tratos quando existir abuso nestes meios de correção ou disciplina. É o que ocorre, por exemplo, quando os pais espancam o filho. Ora, os pais podem castigar os filhos moderadamente, mas um espancamento vai muito além do que é permitido pelo ordenamento jurídico, no que tange ao direito dos pais de educarem seus filhos.

A propósito, a Lei n. 13.010, de 2014 inseriu o art. 18-A no Estatuto da Criança e do Adolescente, que possui a seguinte redação: "A criança e o adolescente têm o direito de ser educados e cuidados sem o uso de castigo físico ou de tratamento cruel ou degradante, como formas de correção, disciplina, educação ou qualquer outro pretexto, pelos pais, pelos integrantes da família ampliada, pelos responsáveis, pelos agentes públicos executores de medidas socioeducativas ou por qualquer pessoa encarregada de cuidar deles, tratá-los, educá-los ou protegê-los".

8.3. Sujeitos

O tipo penal exige uma vinculação especial entre o autor e a vítima, impondo-se ao agente delituoso a qualidade de exercício de guarda, vigilância ou autoridade perante outrem.

O sujeito passivo é a pessoa que se encontra em alguma das situações descritas no *caput* do art. 136, CP (sob a autoridade, guarda ou vigilância, para fim de educação, ensino, tratamento ou custódia).

Não há crime de maus-tratos, por exemplo, entre cônjuges, na medida em que, entre eles, não há relação de autoridade, guarda ou vigilância. Condutas entre cônjuges poderão configurar algum outro crime, como o de lesão corporal (art. 129, CP).

8.4. Objetos

O objeto juridicamente tutelado é a vida e a saúde humana.

O objeto material é a pessoa que se encontra sob a responsabilidade do agente, ou seja, aquele que está sob a guarda, autoridade ou vigilância do agente.

8.5. Elemento Subjetivo

O elemento subjetivo exigido pelo tipo penal é o dolo, pois se exige do agente a vontade de querer expor a perigo a vida ou saúde de outra pessoa que se encontra sob a sua guarda, autoridade ou vigilância. Ademais, imprescindível que se faça presente o elemento subjetivo especial, consistente na especial finalidade de agir, relacionada à finalidade educação, ensino, tratamento ou custódia.

Não há previsão para a modalidade culposa.

8.6. Consumação e Tentativa

Consuma-se o crime quando o agente age de forma a criar de modo efetivo situação de perigo para a vítima. A depender do caso, o crime pode ser de consumação instantânea (ex.: violência física excessiva ao castigar o filho) ou permanente (ex.: privar a vítima de alimentação)[9].

A tentativa é admitida.

8.7. Ação Penal

A ação penal é de iniciativa pública incondicionada.

9. Em sentido contrário, minoritário na doutrina, sustentando a ideia de que o crime é apenas instantâneo (podendo ser de efeitos permanentes, mas não crime permanente), NUCCI, Guilherme de Souza. *Manual de Direito Penal*. 13.ed. São Paulo: p.677.

8.8. Qualificadoras

Os §§ 1° e 2° do art. 136 trazem qualificadoras para o crime de maus-tratos. Na primeira figura qualificada, da conduta resultaria lesão corporal de natureza grave. Neste caso, a pena seria de reclusão de um a quatro anos. Conforme já tivemos oportunidade de enunciar, a expressão "lesão corporal de natureza grave" abrange as situações descritas no art. 129, §§1° e 2° do Código Penal, isto é, tanto a lesão de natureza grave, propriamente dita, quanto a lesão corporal de natureza gravíssima. Por outro lado, se do crime de maus-tratos resultar a morte da vítima, a pena será de reclusão de quatro a doze anos.

Nas duas qualificadoras, temos crimes preterdolosos, ou seja, existe o dolo de realizar a conduta (que constitui crime de maus-tratos) e culpa em relação ao resultado mais gravoso.

8.9. Causa de Aumento de Pena

O §3° do art. 136, CP estabelece que "aumenta-se a pena de um terço, se o crime é praticado contra pessoa menor de 14 (catorze) anos". Como se vê, neste caso não se trata de uma qualificadora, pois os parâmetros (mínimo e máximo) de pena, previstos em lei, permanecem inalterados. Haverá, apenas, a incidência de uma causa de aumento de pena, a ser levada em consideração.

8.10. Outras Questões

8.10.1. *Crime de maus-tratos e Lei de Tortura*

A Lei de Tortura (Lei n. 9.455/97) estabelece, em seu art. 1º, inciso II, que constitui crime de tortura: "submeter alguém, sob sua guarda, poder ou autoridade, com emprego de violência ou grave ameaça, a intenso sofrimento físico ou mental, como forma de aplicar castigo pessoal ou medida de caráter preventivo". Esta modalidade do crime é intitulada pela doutrina de tortura-castigo.

Há muitas semelhanças entre a tortura-castigo e o crime de maus-tratos, previsto no art. 136, CP. Sobre o tema, o Superior Tribunal de Justiça já decidiu que "para que se configure o delito de maus tratos é necessária a demonstração de que os castigos infligidos tenham por fim a educação, o ensino, o tratamento ou a custódia do sujeito passivo"[10]. Em contrapartida, "para a configuração da segunda figura do crime de tortura é indispensável a prova cabal da intenção deliberada de causar o sofrimento físico ou moral, desvinculada do objetivo de educação"[11].

10. STJ, CC 102.833/MG, rel. Min. Napoleão Nunes Maia Filho, julgado em 26/08/2009, DJe 10/09/2009.
11. STJ, REsp 610.395/SC, rel. Min. Gilson Dipp, julgado em 25/05/2004, DJ 02/08/2004.

8.10.2. *Crime de maus-tratos e Estatuto do Idoso*

O Estatuto do Idoso estabelece em seu art. 99 o seguinte crime: "Expor a perigo a integridade e a saúde, física ou psíquica, do idoso, submetendo-o a condições desumanas ou degradantes ou privando-o de alimentos e cuidados indispensáveis, quando obrigado a fazê-lo, ou sujeitando-o a trabalho excessivo ou inadequado: Pena – detenção de 2 (dois) meses a 1 (um) ano e multa". Em seus parágrafos, constam as seguintes qualificadoras: "§ 1º Se do fato resulta lesão corporal de natureza grave: Pena – reclusão de 1 (um) a 4 (quatro) anos". "§ 2º Se resulta a morte: Pena – reclusão de 4 (quatro) a 12 (doze) anos".

Depreende-se, portanto, a partir da leitura do dispositivo, que, na hipótese de o crime de maus-tratos recair sobre pessoa idosa, terá incidência o art. 99 do Estatuto do Idoso, desde que a conduta se adeque ao tipo acima transcrito. Importante mencionar que o tipo penal do Estatuto do Idoso é ainda mais amplo do que o crime do art. 136, CP, pois também abrange a saúde psíquica, e não apenas a saúde física.

8.10.3. *Crime de maus-tratos e Estatuto da Criança e do Adolescente*

Se o agente submeter criança ou adolescente sob sua autoridade, guarda ou vigilância a vexame ou constrangimento, incidirá a pena do crime do art. 232 do ECA (detenção de seis meses a dois anos). Neste caso, não há que se falar em maus-tratos, porquanto não houve exposição da vida ou saúde do menor a perigo.

8.11. Penas

A pena prevista para o crime de maus tratos é de detenção de dois meses a um ano, ou multa. Logo, podemos concluir que:

a) É possível a transação penal (art. 76, Lei n. 9.099/95), pois se trata de infração penal de menor potencial ofensivo; a transação não poderá ser ofertada se da conduta resultar a lesão corporal de natureza grave ou morte do agente, pois, nestes casos, a incidência das qualificadoras (art. 136, §§ 1º. E 2º, CP) faz com que a pena máxima cominada ao delito ultrapasse o limite de dois anos.

b) É possível a suspensão condicional do processo (art. 89, Lei n. 9.099/95), pois a pena mínima não ultrapassa um ano. Não será possível esse benefício na hipótese em que dos maus tratos resulte a morte da vítima (art. 136, §2º, CP).

8.12. Classificação

O crime de maus tratos pode ser classificado como:

a) **Próprio** (exige qualidade especial do agente);

b) **Formal** (a consumação não exige a produção de um resultado naturalístico);

c) De **forma vinculada** (a Lei estabelece exigência para a forma de execução);

d) **Simples** (tutela apenas um bem jurídico);

e) **Comissivo** ou **omissivo** (praticado mediante ação ou omissão), a depender do caso;

f) **Unissubjetivo** (pode haver ou não concurso de pessoas);

g) **Instantâneo** (consuma-se de imediato) ou **permanente** (a conduta se protrai no tempo);

h) **Unissubsistente** (a conduta não pode ser fracionada) ou **Plurissubsistente** (a conduta pode ser fracionada), a depender do caso;

i) De **perigo** (a consumação enseja a mera exposição do bem jurídico a perigo);

j) **Não transeunte** ou **transeunte,** a depender do caso;

k) **Doloso** (não admite modalidade culposa).

8.13. Quadro Sinótico

MAUS-TRATOS		
Considerações Iniciais	O crime de maus-tratos além de descrever a conduta excessiva do agente, impõe a finalidade de educar, tratar, cuidar ou custodiar uma pessoa, seja por meio da privação alimentar ou até mesmo mediante a sujeição da mesma a trabalhos inadequados.	1
Tipicidade Objetiva	A conduta consiste em "expor a perigo a vida ou a saúde" e se concretiza por meio das seguintes formas: **a)** Privação de alimentos ou cuidados indispensáveis; **b)** Sujeição a trabalho excessivo ou inadequado; **c)** Abuso dos meios de correção ou disciplina.	2
Sujeitos	O tipo penal exige uma vinculação especial entre o autor e a vítima, impondo-se ao agente delituoso (ativo) a qualidade de exercício de guarda, vigilância ou autoridade perante outrem. O sujeito passivo é a pessoa que se encontra em alguma das situações descritas no caput do art. 136, CP (sob a autoridade, guarda ou vigilância, para fim de educação, ensino, tratamento ou custódia).	3
Objetos	O **objeto juridicamente tutelado** é a vida e a saúde humana. O **objeto material** é a pessoa que se encontra sob a responsabilidade do agente, ou seja, aquele que está sob a guarda, autoridade ou vigilância do agente.	4
Elemento Subjetivo	O elemento subjetivo exigido pelo tipo penal é o dolo, pois se exige do agente a vontade de querer expor a perigo a vida ou saúde de outra pessoa que se encontra sob a sua guarda, autoridade ou vigilância. Não há previsão para a modalidade culposa.	5
Consumação e Tentativa	Consuma-se o crime quando o agente age de forma a criar de modo efetivo situação de perigo para a vítima. A tentativa é admitida.	6
Ação Penal	A ação penal é de iniciativa pública incondicionada.	7

Qualificadoras		Os §§ 1º e 2º do art. 136 trazem qualificadoras para o crime de maus-tratos. Na primeira figura qualificada, da conduta resultaria lesão corporal de natureza grave. Neste caso, a pena seria de reclusão de um a quatro anos. Por outro lado, se do crime de maus-tratos resultar a morte da vítima, a pena será de reclusão de quatro a doze anos.	8
Causas de Aumento de Pena		O §3º do art. 136, CP estabelece que "aumenta-se a pena de um terço, se o crime é praticado contra pessoa menor de 14 (catorze) anos".	9
Outras Questões	**Crime de maus-tratos e Lei de Tortura**	Há muitas semelhanças entre a tortura-castigo e o crime de maus-tratos, previsto no art. 136, CP. Sobre o tema, o Superior Tribunal de Justiça já decidiu que "para que se configure o delito de maus tratos é necessária a demonstração de que os castigos infligidos tenham por fim a educação, o ensino, o tratamento ou a custódia do sujeito passivo". Em contrapartida, "para a configuração da segunda figura do crime de tortura é indispensável a prova cabal da intenção deliberada de causar o sofrimento físico ou moral, desvinculada do objetivo de educação".	10.1
	Crime de maus-tratos e Estatuto do Idoso	Na hipótese de o crime de maus-tratos recair sobre pessoa idosa, terá incidência o art. 99 do Estatuto do Idoso.	10.2
	Crime de maus-tratos e Estatuto da Criança e do Adolescente	Se o agente submeter criança ou adolescente sob sua autoridade, guarda ou vigilância a vexame ou constrangimento, incidirá a pena do crime do art. 232 do ECA (detenção de seis meses a dois anos).	10.3
Penas		A pena prevista para o crime de maus tratos é de detenção de dois meses a um ano, ou multa.	11
Classificação		**a) Próprio** (exige qualidade especial do agente); **b) Formal** (a consumação não exige a produção de um resultado naturalístico); **c)** De **forma vinculada** (a Lei estabelece exigência para a forma de execução); **d) Simples** (tutela apenas um bem jurídico); **e) Comissivo** ou **omissivo** (praticado mediante ação ou omissão), a depender do caso; **f) Unissubjetivo** (pode haver ou não concurso de pessoas); **g) Instantâneo** (consuma-se de imediato) ou permanente (a conduta se protrai no tempo); **h) Unissubsistente** (a conduta não pode ser fracionada) ou **Plurissubsistente** (a conduta pode ser fracionada), a depender do caso; **i) De perigo** (a consumação enseja a mera exposição do bem jurídico a perigo); **j) Não transeunte** ou **transeunte**, a depender do caso; **k) Doloso** (não admite modalidade culposa).	12

8.14. Questões de Concursos Públicos

01. (VUNESP - 2015 - PC-CE - Delegado de Polícia Civil de 1ª Classe) O crime de maus-tratos tem pena aumentada de 1/3 (art. 136, §3º do CP) se

(A) praticado contra ascendente, descendente, irmão ou cônjuge.

(B) resulta em lesão corporal, ainda que leve.

(C) o agente prevalece-se de relações familiares ou domésticas.

(D) praticado contra pessoa menor de 14 anos.

(E) praticado por agente público.

GABARITO: *As respostas destes testes encontram-se no final do livro.*

IV
DA RIXA

1. RIXA

> **Art. 137** - Participar de rixa, salvo para separar os contendores:
> Pena - detenção, de 15 (quinze) dias a 2 (dois) meses, ou multa.
> Parágrafo único - Se ocorre morte ou lesão corporal de natureza grave, aplica-se, pelo fato da participação na rixa, a pena de detenção, de 6 (seis) meses a 2 (dois) anos.

1.1. Considerações Iniciais

A rixa consiste na briga entre pelo menos três pessoas, devendo ser demonstrada a reciprocidade da conduta entre os participantes, de modo que não seja possível a responsabilização individual. Trata-se de um crime de perigo abstrato, isto é, havendo a rixa, a lei já presume que há uma exposição do bem jurídico a um perigo de lesão.

1.2. Tipicidade Objetiva

A conduta consiste em participar da rixa, isto é, interagir nas agressões que ocorrem no tumulto que caracteriza contenda. Por expressa previsão do art. 137, CP, aquele que ingressa na rixa para separar os contendores não estarão incursos no tipo penal.

Para que ocorra a rixa é necessário que esteja presente o emprego da violência física, não se podendo falar no crime quando ocorre mera troca verbal de insultos. A violência física pode ser sem o contato direto entre os contendores, como ocorre, por exemplo, quando grupos atiram objetos uns contra os outros.

Na rixa, pode haver a **participação material** – quando o agente efetivamente participa da contenda, e, conseguintemente das agressões – e a **participação moral** – quando alguém induz ou instiga ao menos um dos contendores. Na participação moral, o agente responderá como partícipe, e não como autor do crime. Como se percebe, este partícipe será uma quarta pessoa, isto é, não ingressa no cômputo do número mínimo de três pessoas para a caracterização do crime.

O crime de rixa é comissivo, mas nada impede que ocorra a omissão em sua modalidade imprópria, se houver a presença do garantidor.

1.3. Sujeitos

Qualquer pessoa pode ser sujeito ativo do crime em estudo. Trata-se de crime plurissubjetivo (de concurso necessário), porquanto há a necessidade de mais de uma pessoa (no caso da rixa, ao menos três pessoas). Nada impede que entre os contendores existam inimputáveis. Se apenas um deles for imputável, deverá responder pelo crime, pois a participação de inimputáveis não afasta a caracterização do crime.

Neste caso, o sujeito ativo será, também, sujeito passivo. Trata-se de crime de **condutas contrapostas**. Cada indivíduo é sujeito ativo da sua conduta e sujeito passivo das condutas praticadas pelos outros participantes da rixa. No caso do sujeito passivo, podemos ter também pessoas que não participam da rixa, mas são atingidas por ela.

1.4. Objetos

O objeto juridicamente tutelado é a vida, integridade física e a saúde das pessoas envolvidas na rixa.

O objeto material é a pessoa que sofre as consequências da rixa, isto é, os contendores ou terceiros.

1.5. Elemento Subjetivo

O elemento subjetivo exigido pelo tipo penal é o dolo, pois se exige dos sujeitos que queiram, reciprocamente, provocar lesões corporais uns nos outros. Deve estar presente o *animus rixandi*, a vontade de participar da rixa. Trata-se de um dolo de perigo.

Não há previsão para sua modalidade culposa.

1.6. Consumação e Tentativa

Consuma o crime quando os agentes iniciam os atos de agressão, de violência recíproca.

Em relação à tentativa, há divergência. Em sentido favorável, Heleno Cláudio Fragoso e Rogério Greco. Em sentido contrário, Francesco Carrara, pois considera a rixa crime de configuração súbita.

Neste ponto, merece especial atenção a distinção efetuada por alguns doutrinadores entre a **rixa subitânea (ou** *ex improviso*) e a **rixa preordenada** (*ex proposito*). Na primeira, a rixa ocorre de improviso, proveniente da ira momentânea. Neste caso, não é possível falar em tentativa. Na segunda situação, há uma premeditação dos contendores, tornando possível a tentativa[1].

1. MASSON, Cléber. *Direito Penal Esquematizado: parte especial, vol. II*, 7. Ed. São Paulo: Método, 2015, p. 175.

1.7. Ação Penal

A ação penal é de iniciativa pública incondicionada.

1.8. Qualificadora

O parágrafo único do art. 137, CP estabelece uma qualificadora para o crime de rixa, nos seguintes termos: "Se ocorre morte ou lesão corporal de natureza grave, aplica-se, pelo fato da participação na rixa, a pena de detenção, de 6 (seis) meses a 2 (dois) anos". Se o resultado da rixa for lesão corporal de natureza leve ou homicídio tentado, não haverá a incidência da qualificadora, haja vista a falta de previsão em lei.

Em relação à punição pelo resultado mais grave (lesão corporal de natureza grave ou morte), existem três sistemas de punição[2]:

a) **Solidariedade absoluta:** de acordo com tal sistema, todos os contedores deveriam responder pelos crimes de lesão corporal grave ou homicídio. Trata-se de um sistema incompatível com o atual estágio de desenvolvimento do Direito Penal, que rechaça a responsabilidade penal objetiva, e ainda adota uma lógica de acordo com a qual a dúvida deve militar em benefício do réu.

b) **Cumplicidade correspectiva:** todos os contendores seriam responsabilizados pelos crimes de homicídio ou lesão corporal grave, mas com uma pena mais branda.

c) **Autonomia:** a rixa é punida de uma forma mais grave, incidindo a qualificadora para todos os contendores, e apenas aqueles que deram causa ao resultado mais grave responderão pelos tipos penais respectivos. É o sistema adotado pelo nosso Código Penal.

Como se percebe, a partir da leitura do dispositivo, temos uma qualificadora para todos os contendores, independentemente de a conduta deles ter dado causa efetivamente à lesão corporal de natureza grave ou morte. Por esta razão, nossa doutrina vê neste dispositivo **um resquício da responsabilidade penal objetiva**[3].

Se a partir da rixa resultar lesão corporal de natureza grave ou morte, todos os contendores responderão por esta modalidade qualificada. Isto ocorrerá, inclusive, quando este resultado mais grave for produzido por terceiros que porventura tentem conter os participantes. Tem-se entendido, inclusive, que mesmo o rixoso que sofreu a lesão corporal de natureza grave deveria ser responsabilizado pela rixa qualificada, porquanto o tipo penal não diferencia essa situação[4].

Se o agente participou da rixa e saiu antes do resultado mais grave (lesão corporal de natureza grave ou morte), ainda assim deverá responder pela modalidade qualificada, porquanto sua contribuição cria condições para o desfecho. Se, por outro lado, o contedor adere à rixa após já ter ocorrido o resultado mais grave, não se lhe poderá imputar a qualificadora.

---

2. CUNHA, Rogério Sanches. *Manual de Direito Penal: parte especial.* 10. Ed. Salvador Juspodivm, 2018, p. 179.
3. No sentido de tal resquício dizer respeito a uma **de cumplicidade correlativa,** BUSATO, Paulo César. *Direito Penal: parte especial I.* São Paulo: Atlas, 2014, p.206.
4. MASSON, Cléber. *Direito Penal Esquematizado: parte especial, vol. II,* 7. Ed. São Paulo: Método, 2015, p. 177.

Por evidente, aquele que produziu estes resultados responderão pelos crimes de lesão corporal grave ou homicídio, a depender do caso, sem prejuízo de também serem responsabilizados pelo crime de rixa. Se não for possível identificar quem deu causa ao resultado mais gravoso, a dúvida irá militar em benefício dos réus (*in dubio pro reo*), de modo que todos deverão responder apenas pelo crime de rixa. Há entendimento no sentido de que os responsáveis pelo resultado mais grave deveriam ser punidos por estes crimes em concurso com a rixa simples, sob pena de se caracterizar o *bis in idem.*

1.9. Penas

A pena prevista para o crime de rixa é de detenção de quinze dias a dois meses, ou multa. Logo, podemos concluir que:

a) É possível a transação penal (art. 76, Lei n. 9.099/95), pois se trata de infração penal de menor potencial ofensivo;

b) É possível a suspensão condicional do processo (art. 89, Lei n. 9.099/95), pois a pena mínima não ultrapassa um ano.

c) Mesmo em sua modalidade qualificada, seria possível a transação penal e a suspensão condicional do processo, pois, nestes casos, a pena seria de detenção de seis meses a dois anos.

1.10. Classificação

O crime de rixa pode ser classificado como:

a) **Comum** (não exige qualidade especial do agente);

b) **Formal** (a consumação não exige a produção de um resultado naturalístico);

c) De **forma livre** (a Lei não estabelece exigência para a forma de execução);

d) **Simples** (tutela apenas um bem jurídico);

e) **Comissivo** (praticado mediante ação);

f) **Plurissubjetivo** (sempre haverá concurso de pessoas);

g) **Instantâneo** (consuma-se de imediato);

h) **Plurissubsistente** (a conduta pode ser fracionada);

i) De **perigo** (a consumação enseja a mera exposição do bem jurídico a perigo);

j) **Não transeunte** ou **transeunte,** a depender do caso;

k) **Doloso** (não admite modalidade culposa).

1.11. Quadro Sinótico

DA RIXA		
Considerações Iniciais	A rixa consiste na briga entre pelo menos três pessoas, devendo ser demonstrada a reciprocidade da conduta entre os participantes, de modo que não seja possível a responsabilização individual.	1

Tipicidade Objetiva	A conduta consiste em participar da rixa, isto é, interagir nas agressões que ocorrem no tumulto que caracteriza contenda. Na rixa, pode haver a participação material – quando o agente efetivamente participa da contenda, e, conseguintemente das agressões – e a participação moral – quando alguém induz ou instiga ao menos um dos contendores. O crime de rixa é comissivo, mas nada impede que ocorra a omissão em sua modalidade imprópria, se houver a presença do garantidor.	2
Sujeitos	Qualquer pessoa pode ser sujeito ativo do crime em estudo. Neste caso, o sujeito ativo será, também, sujeito passivo. Trata-se de crime de condutas contrapostas.	3
Objetos	O **objeto juridicamente tutelado** é a vida, integridade física e a saúde das pessoas envolvidas na rixa. O **objeto material** é a pessoa que sofre as consequências da rixa, isto é, os contendores ou terceiros.	4
Elemento Subjetivo	O elemento subjetivo exigido pelo tipo penal é o dolo, pois se exige dos sujeitos que queiram, reciprocamente, provocar lesões corporais uns nos outros. Não há previsão para sua modalidade culposa.	5
Consumação e Tentativa	Consuma o crime quando os agentes iniciam os atos de agressão, de violência recíproca. Em relação à tentativa, há divergência. Em sentido favorável, Heleno Cláudio Fragoso e Rogério Greco. Em sentido contrário, Francesco Carrara, pois considera a rixa crime de configuração súbita.	6
Ação Penal	A ação penal é de iniciativa pública incondicionada.	7
Qualificadoras	O parágrafo único do art. 137, CP estabelece uma qualificadora para o crime de rixa, nos seguintes termos: "Se ocorre morte ou lesão corporal de natureza grave, aplica-se, pelo fato da participação na rixa, a pena de detenção, de 6 (seis) meses a 2 (dois) anos".	8
Penas	A pena prevista para o crime de rixa é de detenção de quinze dias a dois meses, ou multa.	9
Classificação	**a) Comum** (não exige qualidade especial do agente); **b) Formal** (a consumação não exige a produção de um resultado naturalístico); **c)** De **forma livre** (a Lei não estabelece exigência para a forma de execução); **d) Simples** (tutela apenas um bem jurídico); **e) Comissivo** (praticado mediante ação); **f) Plurissubjetivo** (sempre haverá concurso de pessoas); **g) Instantâneo** (consuma-se de imediato); **h) Plurissubsistente** (a conduta pode ser fracionada);	10
Classificação	**i) De perigo** (a consumação enseja a mera exposição do bem jurídico a perigo); **j) Não transeunte** ou **transeunte**, a depender do caso; **k) Doloso** (não admite modalidade culposa).	10

1.12. Questões de Concursos Públicos

01. (CESPE - 2015 - STJ - Analista Judiciário - Administrativa (Segurança) A respeito dos crimes contra a pessoa e o patrimônio, julgue o item que se segue.

A coautoria é obrigatória no caso do crime de rixa, pois a norma incriminadora reclama como condição obrigatória do tipo a existência de, pelo menos, três pessoas, considerando irrelevante que um deles seja inimputável.

( ) Certo

( ) Errado

02. (FUNCAB - 2014 - PC-MT - Investigador - Escrivão de Polícia) Quanto ao crime de rixa previsto no artigo 137 do Código Penal (participar de rixa, salvo para separar os contendores), é correto afirmar que:

(A) é crime comum, de dano, comissivo por omissão, colet ivo, não transeunte como regra, unissubsistente, instantâneo.

(B) é crime comum, de perigo, comissivo, coletivo, não transeunte como regra, plurissubsistente, instantâneo.

(C) é crime próprio, de dano, comissivo, plurissubjetivo, transeunte como regra, plurissubsistente, permanente.

(D) é crime próprio, de perigo, comissivo por omissão, monossubjetivo, não transeunte como regra, unissubsistente, permanente.

(E) é crime comum, de perigo, comissivo, monossubjetivo, transeunte como regra, plurissubsistente, instantâneo.

03. (VUNESP - 2008 - MPE-SP - Promotor de Justiça) Com relação ao crime de rixa, descrito no art. 137, caput, do Código Penal ("Participar de rixa, salvo para separar os contendores"), assinale a alternativa incorreta.

(A) É crime plurissubjetivo ou de concurso necessário.

(B) Há presunção de perigo, que decorre da simples existência material da contenda.

(C) É possível uma pessoa ser sujeito ativo e passivo do mesmo crime.

(D) É infração de forma livre, podendo ser cometida por qualquer meio eleito pelo agente.

(E) Quem provoca a rixa por imprudência, sem dela participar, responde também pelo crime.

04. (MPE-MS - 2011 - MPE-MS - Promotor de Justiça) O crime de rixa na forma tentada quando ocorre?

(A) O crime de rixa na forma tentada ocorre quando um dos rixosos desiste de participar do conflito;

(B) O crime de rixa na forma tentada ocorre quando a maioria dos rixosos propõe a cessação do conflito;

(C) O crime de rixa na forma tentada ocorre quando os rixosos não conseguem consumá-lo por circunstâncias alheias à sua vontade;

(D) O crime de rixa na forma tentada ocorre quando todos os rixosos desistem de prosseguir no conflito;

(E) O crime de rixa na forma tentada ocorre quando os rixosos abandonam o local do conflito.

05. (MPE-PB - 2010 - MPE-PB - Promotor de Justiça) Assinale a alternativa correta:

(A) Nos crimes contra a honra, se a vítima é maior de sessenta anos ou portadora de deficiência, a pena deve ser aumentada de um terço.

(B) O Código Penal Brasileiro admite a calúnia e a difamação contra os mortos, já que a ofensa feita a honra objetiva destes atinge, em verdade, sua memória, cuja proteção interessa sobremaneira aos seus parentes.

(C) A ocorrência de lesão corporal de natureza grave ou morte qualifica o delito de rixa, respondendo por ela, inclusive, a vítima da lesão grave.

(D) Assim como no sequestro e cárcere privado, no crime de redução à condição análoga à de escravo, o consentimento do ofendido, se válido e anterior ou, no mínimo, concomitante à ação delitiva, atua como causa excludente da ilicitude.

(E) Se a injúria consiste na utilização de elementos referentes a raça, cor, etnia, religião, origem ou a condição de pessoa idosa ou portadora de deficiência, a ação penal é publica incondicionada.

GABARITO: *As respostas destes testes encontram-se no final do livro.*

V

DOS CRIMES CONTRA A HONRA

Os crimes contra a honra estão distribuídos entre os artigos 138 e 145 do Código Penal. São três as figuras típicas, a saber:

a) Calúnia (art. 138, CP);

b) Difamação (art. 139, CP);

c) Injúria (art. 140, CP).

Os demais artigos desse capítulo não trazem figuras típicas, dizem respeito a outros temas, como disposições comuns, exclusão do crime e retratação.

Os crimes de calúnia e de difamação atingem a **honra objetiva** do agente, que corresponde à sua reputação. Por outras palavras, a honra objetiva diz respeito à imagem que o indivíduo passa em sociedade, a forma como ele é visto, considerado. Por outro lado, o crime de injúria atinge a **honra subjetiva** da vítima, que corresponde à sua autoestima, isto é, a forma como ela própria se enxerga, o valor que possui de si.

1. CALÚNIA

Art. 138 – Caluniar alguém, imputando-lhe falsamente fato definido como crime:

Pena – detenção, de seis (seis) meses a 2 (dois) anos, e multa.

§ 1° – Na mesma pena incorre quem, sabendo falsa a imputação, a propala ou divulga.

§ 2° – É punível a calúnia contra os mortos.

Exceção da Verdade

§ 3° – Admite-se a prova da verdade, salvo:

I – se, constituindo o fato imputado crime de ação privada, o ofendido não foi condenado por sentença irrecorrível;

II – se o fato é imputado a qualquer das pessoas indicadas no n° I do Art. 141;

III – se do crime imputado, embora de ação pública, o ofendido foi absolvido por sentença irrecorrível.

1.1. Considerações Iniciais

A calúnia é o primeiro dos crimes contra a honra. Trata-se de crime contra a honra objetiva, vale dizer, contra a reputação da pessoa caluniada. O crime pressupõe a imputação **falsa** de um fato definido como crime. Esta falsidade pode dizer respeito à materialidade (fato não existiu ou não ocorreu da forma como se imputou) ou à autoria (o fato ocorreu, mas a pessoa a quem se lhe imputa não tem envolvimento com ele).

Esta calúnia pode ser classificada como[1]:

a) **Inequívoca (explícita):** a calúnia é direta, incontroversa. É a situação na qual, por exemplo, o agente afirma que "'A', funcionário público, recebeu mil dólares para deixar de autuar o empresário 'B', por força de suas atividades ilícitas".

b) **Equívoca (implícita):** a ofensa é discreta, latente. Assim, por exemplo, o agente, ao se referir a "A", empresário bem sucedido, afirma que também teria sucesso nos negócios se sonegasse tributos.

c) **Reflexa:** é a calúnia indireta, aquela em que o agente quer ofender "A", mas com a sua imputação, acaba por também ofender "B". Exemplo: o agente, pretendo ofender a honra do funcionário público "A", afirma que ele recebeu vantagem indevida de "B". Em um caso como este, há uma ofensa direta ao primeiro e reflexa ao segundo, pois são imputados crimes a ambos (corrupção passiva e ativa, respectivamente).

Pune-se, no art. 138, §1º, CP, a conduta de quem, sabendo falsa a imputação, a propala ou a divulga. Não se admite, nesta hipótese, o dolo eventual, porquanto se exige do agente a ciência efetiva (e não dúvida) em torno da falsidade da imputação. Trataremos do tema com mais detalhes no tópico relativo ao elemento subjetivo. Propalar equivale a divulgar por meio escrito, ao passo que divulgar pressupõe o relato por qualquer outro meio.

É punível a calúnia contra os mortos. Neste caso, por evidente, o titular do bem jurídico será a família da pessoa falecida, pois após a morte ninguém pode titularizar bem jurídico. Com efeito, se não fosse punível a calúnia contra os mortos teríamos a inadmissível situação na qual se poderia ofender as pessoas após o seu falecimento sem qualquer critério e impunemente. Curiosamente, o Código Penal apenas prevê expressamente a calúnia contra os mortos, silenciando em relação à difamação e à injúria.

1.2. Tipicidade Objetiva

O tipo penal em estudo faz menção à conduta do agente que imputa falsamente a outrem fato **definido como crime**, ou seja, ele sabe ser a vítima inocente e age de forma a atribuir-lhe a autoria do feito. Há uma redundância no dispositivo legal, porquanto faz alusão aos verbos "caluniar" e "imputar", mas, ambos os verbos equivalem a "atribuir"[2].

Para que ocorra o crime, é necessário que exista a atribuição de um fato. Não há que se falar em calúnia quando o agente apenas profere ofensas com adjetivações pejorativas,

1. MASSON, Cléber. *Direito Penal Esquematizado: parte especial, vol. II*, 7. Ed. São Paulo: Método, 2015, p. 184-185.
2. MASSON, Cléber. *Direito Penal Esquematizado: parte especial, vol. II*, 7. Ed. São Paulo: Método, 2015, p. 182.

ainda que exista alusão indireta à prática de crimes. Assim, por exemplo, ofender alguém chamando-o de "ladrão", "corrupto" "vagabundo" e expressões congêneres não caracterizará o crime de calúnia, pois não houve a imputação de fatos. Houve apenas adjetivações pejorativas, e isto poderá caracterizar o crime de injúria (art. 140, CP).

Ademais, imprescindível que o fato seja definido como crime. Deste modo, não haverá calúnia, se for imputado fato definido como contravenção penal ou como ilícito extrapenal, como a improbidade administrativa por exemplo. Ademais, igualmente não haverá calúnia se não houver a imputação de um **fato específico**[3]. Demais disso, **a vítima deve ser pessoa certa e determinada e o fato narrado deve ser verossímil**.

Se o fato definido como crime deixar de ser considerado como criminoso, pela lei (*abolitio criminis*), esta nova lei retroagirá para beneficiar o autor da calúnia. Deste modo, restará descaracterizado o crime de calúnia.

1.3. Sujeitos

Qualquer pessoa pode ser **sujeito ativo** do crime em estudo. Trata-se, portanto de crime comum, não exigindo qualquer característica ou qualidade especial do agente.

Há, contudo, pessoas que, por conta do exercício de alguma atividade profissional podem se encontrar imunes à responsabilização penal pela calúnia. É o que ocorre, por exemplo, com os parlamentares, que possuem imunidade em relação à opinião, palavra e voto, com relação ao mandato. Vale recordar que, no caso do vereador, a imunidade está circunscrita aos limites territoriais do município em que atua.

A propósito, importante recordar que o advogado, por força do disposto no art. 7º, §2º da Lei n. 8.906/94, possui imunidade, no exercício de sua atividade profissional, em relação aos crimes de difamação e injúria, mas não para a calúnia.

O sujeito passivo, de igual sorte, poderá ser qualquer pessoa. Admite-se, ainda, que o sujeito passivo seja a pessoa jurídica, desde que a imputação recaia sobre fato definido como crime ambiental, pois o ente moral somente pratica este tipo de crime (art. 225, §3º c/c art. 3º, Lei n. 9.605/98).

Também é possível termos como sujeitos passivos na calúnia os inimputáveis por menoridade e por doença mental. Como sabemos, eles não são responsabilizados penalmente, até mesmo porque sequer praticam crimes, haja vista a ausência de culpabilidade. Mas o crime de calúnia não se exige que se impute a prática de um crime, mas sim de um "fato definido como crime". Ora, os inimputáveis podem praticar o fato típico, isto é, o fato definido em lei como crime, razão pela qual poderão, sim, ser sujeitos passivos da calúnia.

A pessoa desonrada, com a reputação comprometida também pode ser vítima do crime de calúnia. Vamos imaginar um funcionário pública com a má fama de ser corrupto. O fato de ele possuir essa péssima reputação não significa que não possa ser vítima do crime. Ainda que referido funcionário esteja, comprovadamente, envolvido em atos ilícitos,

3. STF, Inq. 3932-DF, rel. Min. Luiz Fux.

pode acontecer de ter ele o nome envolvido em atos que não praticou, e neste caso será vítima do crime, sim.

Assinale-se, ainda, que a lei tutela também a honra das pessoas mortas. Não obstante, nesses casos, as vítimas serão os cônjuges (ou companheiro/companheira) e familiares (ascendentes, descendentes e irmãos), pois com a morte cessa a titularidade dos bens jurídicos.

1.4. Objetos

O objeto juridicamente tutelado é a honra objetiva da vítima. Honra objetiva corresponde a reputação da vítima, isto é, a forma como ela é vista em sociedade.

O objeto material é o ser humano contra o qual o agente dirigiu a conduta ofensiva a sua honra objetiva. Ou, ainda, contra a pessoa jurídica violada, desde que o fato represente crime ambiental.

1.5. Elemento Subjetivo

O elemento subjetivo exigido pelo tipo penal é o dolo, pois se exige do agente a consciente vontade de imputar falsamente à pessoa fato definido como crime, com o propósito de ofender a sua honra.

Exige-se, ainda, um dolo especial de dano, consistente na vontade de ofender a honra objetiva da vítima (*animus calumniandi*). Por tal razão, prepondera o entendimento no sentido de que não haverá o crime de calúnia quando o agente atuar com a intenção de fazer brincadeiras (*animus jocandi*), ainda que de mau gosto. Também não há crime quando houver a intenção de narrar um fato (*animus narrandi*), como ocorre com um jornalista que se adstringe a reproduzir fatos ou relatos, sem emissão de juízo de valor, ou quando há o depoimento de testemunhas. Também não haveria crime na intenção de aconselhar (*animus consulendi*), de corrigir (*animus corrigendi*) ou de defender (*animus defendendi*).

Admite-se o dolo eventual em relação ao crime de calúnia. Seria a situação na qual o agente não possui certeza quanto à falsidade da imputação, mas a faz assim mesmo, sendo indiferente em relação ao resultado provocado. Não se poderá falar, contudo, em dolo eventual, na hipótese contida no §1º do art. 138, CP, que diz respeito às condutas de propalar ou divulgar. Em casos como este, o tipo penal exige que o agente saiba da falsidade da imputação. Trata-se, portanto, de dolo direto. Em se tratando das condutas consistentes no propalar ou divulgar, se houver dúvida em torno da falsidade da imputação, poderemos ter a desclassificação da conduta para o crime de difamação (art. 139, CP)[4].

Não há previsão para a modalidade culposa.

1.6. Consumação e Tentativa

Consuma-se o crime quando um terceiro toma conhecimento da falsa imputação de fato definido como crime à vítima. Como o bem jurídico violado é a honra objetiva

4. GRECO, Rogério. *Curso de Direito Penal: parte especial.* 15.ed. Niterói: Impetus, 2018, p.336.

(reputação), haverá a consumação com o conhecimento da falsa imputação ao terceiro, pouco importa se a própria vítima teve acesso à informação.

A tentativa é admitida, a depender da forma como o crime vier a ser praticado. Com efeito, admite-se a tentativa do crime de calúnia na modalidade escrita, pois se torna possível cindir o *iter criminis*. Assim, quando o agente escreve a mensagem de texto, podemos identificar os atos preparatórios; ao enviar a mensagem, iniciou a execução, e quando o terceiro recebe a mensagem, teremos a consumação. É possível falarmos em tentativa quando, por exemplo, o agente enviou a mensagem, mas ela não foi lida pelo terceiro.

Quando praticada verbalmente, de um modo geral, não haverá que se falar em tentativa, pois a conduta é unissubisistente. Excepcionalmente, poderíamos vislumbrar a possibilidade de tentativa na ação verbal, quando ocorre a situação na qual o agente envia mensagens em áudio para terceiro (via algum aplicativo de mensagens instantâneas, como o *whatsapp*) e a mensagem não chega ao destinatário.

1.7. Ação Penal

A ação penal, em regra, é de iniciativa privada. Há, contudo, exceções. Vejamos:

a) **Crime contra o Presidente da República ou chefe de Governo estrangeiro:** a ação será pública condicionada à requisição do Ministro da Justiça.

b) **Crime contra a honra de funcionário público em razão de sua função:** será de iniciativa pública condicionada a representação do ofendido, conforme o Código Penal. Convém, todavia, trazer à baila o enunciado n. 714 da súmula de jurisprudência do STF, com o seguinte teor:

> **Súmula n. 714/STF:** "É concorrente a legitimidade do ofendido, mediante queixa, e do Ministério Público, condicionada à representação do ofendido, para a ação penal por crime contra a honra de servidor público em razão do exercício de suas funções".

Em que pese o verbete sumular referir-se à legitimidade concorrente, trata-se, em verdade, de uma **legitimidade alternativa,** conforme já reconheceu o próprio STF, pois o servidor público uma vez adotando uma opção, não poderá mais adotar a outra. Por outras palavras, se o servidor público ofendido em sua honra optar por formular a representação para o Ministério Público, não poderá oferecer a queixa e vice-versa.

1.8. Exceção da Verdade

O crime de calúnia pressupõe uma imputação falsa. Se não houver a falsidade na imputação a conduta do agente será atípica. Exceção da verdade (*exceptio veritatis*) é o instrumento de que se vale o réu, no processo criminal por calúnia, para provar que o fato imputado é verídico, e assim, obter uma absolvição, lastreada na atipicidade da conduta.

Em suma, "A" afirma que "B" subtraiu valores do cofre da empresa em que ambos trabalham. "B", por meio de seu advogado, processa criminalmente "A", por calúnia. Durante a instrução, "A", por meio da exceção da verdade, procura provar que a imputação que fizera não é falsa, ou seja, que "B" realmente subtraiu os valores do local de trabalho. Se "A" conseguir provar este fato, será absolvido, pois terá praticado um fato atípico.

Como se vê, a exceção da verdade constitui um instrumento de defesa para o réu, em processo por crime contra a honra. Evidentemente, o réu pode se valer de outras estratégias de defesa (negativa de autoria, excludente de ilicitude, ausência de provas etc), abdicando do direito a se valer da exceção da verdade.

A exceção da verdade constitui um **incidente processual**, e não um processo autônomo. Ademais, trata-se de **questão prejudicial**, vale dizer, questão que antecede logicamente a análise de mérito e que nela irá influir. Não se tratando de matéria que diga respeito a questão de estado, deverá ser apreciada no bojo do próprio processo criminal.

Se o querelante for autoridade pública com direito a foro por prerrogativa de função, a oposição da exceção da verdade por parte do querelado fará com que haja o deslocamento da competência para a apreciação do tema. Exemplo: "A" afirma que "B", deputado federal, no exercício do seu mandato, recebeu vantagem indevida para defender a aprovação de determinado projeto de lei. O deputado "B", por meio de seu advogado, processa "A" (ajuíza uma queixa-crime, tornando-se querelante) por crime de calúnia. "A", agora réu no processo criminal (querelado, portanto) opõe a exceção da verdade, procurando demonstrar que "B" realmente recebeu os valores de forma indevida. Neste caso, a julgamento da exceção da verdade ficará a cargo do Supremo Tribunal Federal, que possui competência originária para julgar o deputado federal em casos como este[5].

Vale registrar que, no exemplo acima citado, o STF julgaria apenas a exceção da verdade, pois ela envolve a possível prática de crime por parte de um deputado federal. Contudo, o STF não julgaria o mérito da ação penal por crime de calúnia.

No art. 138, existe a previsão de duas situações nas quais não se admitirá a exceção da verdade no crime de calúnia. São elas:

a) se, constituindo o fato imputado crime de ação privada, o ofendido não foi condenado por sentença irrecorrível;

Se o fato que o réu imputou à suposta vítima da calúnia constitui crime de ação penal de iniciativa privada, este réu somente poderá se valer da exceção da verdade se a vítima foi condenada por sentença irrecorrível. Exemplo: João afirma que José xingou Pedro. João imputa a José, portanto, a prática de crime de injúria (que, em regra, é de ação penal de iniciativa privada). José afirma que não houve o xingamento e por isso processa criminalmente João, pelo crime de calúnia. Neste caso, João somente poderia opor exceção da verdade se José tivesse sido condenado criminalmente pela injúria, com sentença irrecorrível, isto é, transitada em julgado.

---

5. Vale lembrar que, a partir do julgamento da AP-QO 937/RJ (rel. Min. Roberto Barroso, tribunal Pleno), em maio de 2018, o STF passou a entender que os deputados federais e senadores da República possuem foro por prerrogativa de função apenas para os atos praticados durante o mandato eletivo e com algum vínculo com a função pública desempenhada. Sobre o tema, ARAÚJO, Fábio Roque; COSTA, Klaus Negri. *Processo Penal Didático*. Salvador: Juspodivm, 2018.

Como se vê, o legislador penal se orientou pela lógica de que se a vítima do crime de ação penal de iniciativa privada não quis processar criminalmente o agente (ou quis processar, mas o processo ainda não se encerrou), não caberia a outra pessoa procurar provar a verdade do fato. Por outras palavras, e recorrendo ao exemplo citado, se Pedro, suposta vítima da injúria, não quis processar criminalmente José (ou processou, mas ainda não ocorreu a condenação definitiva), não caberá a João provar que a ofensa realmente existiu.

b) se o fato é imputado a qualquer das pessoas indicadas no nº I do Art. 141;

Não se admite a exceção da verdade quando o fato é imputado a Presidente da República ou a chefe de governo estrangeiro.

No que se refere ao Presidente da República, o fundamento da impossibilidade de se opor a exceção da verdade reside no tratamento diferenciado dado pela Constituição Federal a esta autoridade. Conforme o texto constitucional, o presidente somente pode ser julgado, nas ações penais, pelo Supremo Tribunal Federal, após a admissão da acusação por dois terços da Câmara dos Deputados (art. 102, I, *b*, c/c art. 86, *caput,* CF). Ademais, o Presidente da República, na vigência de seu mandato, não pode ser responsabilizado por atos estranhos ao exercício de suas funções (art. 86, §4º, CF).

Ora, se fosse admitida a exceção da verdade contra presidente da República, estaríamos permitindo, por via oblíqua, que o STF analisasse se o presidente praticou o fato imputado que constitui crime sem a anuência da Câmara dos Deputados.

Assim, vamos imaginar que uma pessoa imputa ao Presidente um fato definido como crime, afirmando, por exemplo, que ele recebeu vantagem indevida para praticar determinado ato, o que constituiria crime de corrupção passiva (art. 317, CP). Neste caso, em se tratando de crime contra a honra do Presidente, teríamos um crime de ação penal de iniciativa pública condicionada à requisição do Ministro da Justiça. Se houver a requisição e o ministério Público processar por crime de calúnia a pessoa que imputou o fato ao Presidente, esta pessoa não poderá opor a exceção da verdade. Se lhe fosse possível opor a exceção da verdade, a matéria seria deslocada para o STF, que precisaria decidir se o Presidente praticou ou não o mencionado ato. E, como dissemos, isto significaria permitir ao STF decidir sobre a prática de fato definido como crime por parte do Presidente sem o aval da Câmara dos Deputados, o que afrontaria o disposto no art. 86, *caput,* CF.

No que concerne ao chefe de governo estrangeiro, a impossibilidade de se opor a exceção da verdade reside no fato de ostentarem a imunidade diplomática. Deste modo, não pode o Judiciário brasileiro decidir sobre a prática de fato que constitui crime eventualmente praticado por ele.

A despeito destas ponderações que fizemos, em torno da impossibilidade de se arguir a exceção da verdade em relação a fatos imputados ao Presidente da República ou a chefe de governo estrangeiro, estamos com Rogério Greco quando aduz não ser razoável impedir que um réu no processo por calúnia fique impossibilitado de se defender, demonstrando que o fato imputado é verídico[6]. Deste modo, ainda que não seja possível a instauração

6. GRECO, Rogério. *Curso de Direito Penal: parte especial.* 15.ed. Niterói: Impetus, 2018, p.341.

do incidente processual da exceção da verdade, com o consequente deslocamento da competência, deve-se admitir que o réu demonstre a veracidade do fato imputado, para que reste afastado o elemento normativo do tipo "falsamente", conduzindo, consequentemente, à atipicidade da conduta. não sendo este o raciocínio, teríamos uma violação ao princípio da ampla defesa, estabelecido constitucionalmente[7].

c) se do crime imputado, embora de ação pública, o ofendido foi absolvido por sentença irrecorrível;

Se a pessoa imputa a outra a prática de um fato definido como crime, mas este outro já foi absolvido por sentença irrecorrível, não se poderá rediscutir o tema na exceção da verdade, sob pena de se violar a coisa julgada.

Exemplo: "A" afirma que "B" ingressou na residência de uma terceira pessoa e subtraiu pertencem que guarneciam o imóvel. Ocorre que "B" já foi processado e foi absolvido, com sentença transitada em julgado. Se "B" processar "A" criminalmente por calúnia, "A" não poderá invocar a exceção da verdade para tentar demonstrar que o fato é verídico.

Vale registrar que, neste caso em que houve sentença absolutória transitada em julgado, não importa se o crime era de ação penal de iniciativa pública ou privada. Justamente por isso, o dispositivo legal utiliza a expressão "embora de ação pública". Qualquer que seja a modalidade de ação penal, o fato estará coberto pelo manto da coisa julgada material e por isso não poderá ser rediscutido nem por meio de exceção da verdade, nem por meio de outro processo criminal, pois não existe revisão criminal (ação para desconstituir coisa julgada material em matéria penal) contra o réu.

Para que incida a mencionada proibição à exceção da verdade, imprescindível que se trate de situação na qual o réu foi absolvido. Por outras palavras, será possível a oposição da exceção da verdade se tiver havido, apenas, a declaração da extinção da punibilidade do réu, pois, neste caso, não há análise do mérito (materialidade e autoria) do processo.

1.9. Outras Questões

Como questões adicionais, podemos mencionar o fato de que o crime de calúnia não pode ser confundido com outras condutas similares, conforme veremos nos próximos tópicos.

1.9.1. *Calúnia e denunciação caluniosa*

A calúnia é crime contra a honra e observa todo o regramento visto acima. Por outro lado, a denunciação caluniosa é crime contra a administração da justiça, e está prevista no art. 339 do Código Penal, com a seguinte redação: "Dar causa à instauração de inquérito policial, de procedimento investigatório criminal, de processo judicial, de processo administrativo disciplinar, de inquérito civil ou de ação de improbidade administrativa

7. Em sentido contrário, afirmando ser possível existir calúnia com imputação de fato verdadeiro, nestes casos em que não se admite a exceção da verdade: MASSON, Cléber. *Direito Penal Esquematizado: parte especial, vol. II*, 7. Ed. São Paulo: Método, 2015, p.190.

contra alguém, imputando-lhe crime, infração ético-disciplinar ou ato ímprobo de que o sabe inocente".

Como se vê, para que ocorra a denunciação caluniosa, não basta que o agente tenha ofendido a honra da vítima. Mais do que isso, será necessário que, a partir da imputação falsa, haja a instauração de uma das investigações (inquérito policial, inquérito civil ou procedimento investigatório criminal) ou processos (judicial, administrativo disciplinar ou ação de improbidade administrativa) mencionados no dispositivo legal supratranscrito. Outro ponto de extrema relevância diz respeito ao fato de que também pode ocorrer o crime quando a imputação for de prática de infração ético-disciplinar, ato ímprobo ou contravenção penal. Neste último caso, a pena do crime de denunciação caluniosa (que é de reclusão de dois a oito anos, e multa) será reduzida pela metade (art. 339, § 2º, CP).

1.9.2. *Calúnia e Código Eleitoral*

O Código Eleitoral também prevê um crime de calúnia (art. 324). O que diferencia a conduta prevista no Código Penal daquela constante do Código Eleitoral é que, neste último, as condutas ocorrem na propaganda eleitoral ou visando a fins de propaganda eleitoral.

1.9.3. *Calúnia e Código Penal Militar*

O Código Penal Militar prevê o crime de calúnia em seu art. 214. Para que se caracterize tal conduta, necessário que estejamos diante de um crime militar, conforme previsto no art. 9º, CPM.

1.9.4. *Calúnia e Lei de Segurança Nacional*

A Lei n. 7.170/83 prevê, em seu art. 26, que é crime contra a segurança nacional a calúnia praticada em detrimento das seguintes autoridades públicas: Presidente da República, Presidente da Câmara dos Deputados, Presidente do Senado Federal e Presidente do Supremo Tribunal Federal.

1.10. Penas

A pena prevista para o crime de calúnia é de detenção de seis meses a dois anos, e multa. Logo, podemos concluir que:

a) É possível a transação penal (art. 76, Lei n. 9.099/95), pois se trata de infração penal de menor potencial ofensivo. Se houver a incidência de causa de aumento de pena, já não será possível a transação penal, pois a pena máxima ultrapassará o limite de dois anos.

b) É possível a suspensão condicional do processo (art. 89, Lei n. 9.099/95), pois a pena mínima não ultrapassa um ano.

1.11. Classificação

O crime de calúnia pode ser classificado como:

a) **Comum** (não exige qualidade especial do agente);
b) **Formal** (a consumação não exige a produção de um resultado naturalístico);
c) De **forma livre** (a Lei não estabelece exigência para a forma de execução);
d) **Simples** (tutela apenas um bem jurídico);
e) **Comissivo** (praticado mediante ação);
f) **Unissubjetivo** (poderá haver concurso de pessoas);
g) **Instantâneo** (consuma-se de imediato);
h) **Unissubsistente** (a conduta não pode ser fracionada) **ou Plurissubsistente** (a conduta pode ser fracionada), a depender do caso;
i) De **dano** (a consumação enseja a lesão ao bem jurídico);
j) **Não transeunte** (não deixa vestígios materiais);
k) **Doloso** (não admite modalidade culposa).

1.12. Quadro Sinótico

CALÚNIA		
Considerações Iniciais	Trata-se de crime contra a honra objetiva, vale dizer, contra a reputação da pessoa caluniada. O crime pressupõe a imputação falsa de um fato definido como crime. Esta falsidade pode dizer respeito à materialidade (fato não existiu ou não ocorreu da forma como se imputou) ou à autoria (o fato ocorreu, mas a pessoa a quem se lhe imputa não tem envolvimento com ele). Esta calúnia pode ser classificada como: **a) Inequívoca** (explícita):a calúnia é direta, incontroversa; **b) Equívoca** (implícita): a ofensa é discreta, latente; **c) Reflexa**: é a calúnia indireta, aquela em que o agente quer ofender "A", mas com a sua imputação, acaba por também ofender "B".	1
Tipicidade Objetiva	Para que ocorra o crime, é necessário que exista a **atribuição** de um fato. Ademais, imprescindível que o fato seja definido como crime.	2
Sujeitos	Qualquer pessoa pode ser **sujeito ativo** do crime. Há, contudo, pessoas que, por conta do exercício de alguma atividade profissional podem se encontrar imunes à responsabilização penal pela calúnia. O **sujeito passivo**, de igual sorte, poderá ser qualquer pessoa, inclusive pessoas jurídicas, inimputáveis por menoridade e por doença mental, pessoa desonrada e pessoas mortas.	3
Objetos	O **objeto juridicamente tutelado** é a honra objetiva da vítima, que corresponde à reputação da vítima, isto é, a forma como ela é vista em sociedade. O **objeto material** é o ser humano contra o qual o agente dirigiu a conduta ofensiva a sua honra objetiva. Ou, ainda, contra a pessoa jurídica violada, desde que o fato represente crime ambiental.	4

Elemento Subjetivo	O elemento subjetivo exigido pelo tipo penal é o dolo. Exige-se, ainda, um dolo especial de dano, consistente na vontade de ofender a honra objetiva da vítima (*animus calumniandi*). Admite-se o dolo eventual em relação ao crime de calúnia. Não há previsão para a modalidade culposa.		5
Consumação e Tentativa	Consuma-se o crime quando um terceiro toma conhecimento da falsa imputação de fato definido como crime à vítima. A tentativa é admitida na modalidade escrita, pois se torna possível cindir o iter criminis.		6
Ação Penal	A ação penal, em regra, é de iniciativa privada. Há, contudo, exceções. Vejamos: **a)** Crime contra o Presidente da República ou chefe de Governo estrangeiro: a ação será pública condicionada à requisição do Ministro da Justiça. **b)** Crime contra a honra de funcionário público em razão de sua função: será de iniciativa pública condicionada a representação do ofendido, conforme o Código Penal. Entretanto, a Súmula 714/STF, assim preconiza: "É concorrente a legitimidade do ofendido, mediante queixa, e do Ministério Público, condicionada à representação do ofendido, para a ação penal por crime contra a honra de servidor público em razão do exercício de suas funções". Em que pese o verbete sumular referir-se à legitimidade concorrente, trata-se, em verdade, de uma legitimidade alternativa, conforme já reconheceu o próprio STF.		7
Exceção da Verdade	Exceção da verdade (exceptio veritatis) é o instrumento de que se vale o réu, no processo criminal por calúnia, para provar que o fato imputado é verídico, e assim, obter uma absolvição, lastreada na atipicidade da conduta. A exceção da verdade constitui um incidente processual e trata-se de questão prejudicial. No art. 138, existe a previsão de duas situações nas quais não se admitirá a exceção da verdade no crime de calúnia. São elas: **a)** se, constituindo o fato imputado crime de ação privada, o ofendido não foi condenado por sentença irrecorrível; **b)** se o fato é imputado a qualquer das pessoas indicadas no nº I do Art. 141; **c)** se do crime imputado, embora de ação pública, o ofendido foi absolvido por sentença irrecorrível.		8
Outras Questões	**Calúnia e denunciação caluniosa**	A calúnia é crime contra a honra. Por outro lado, a denunciação caluniosa é crime contra a administração da justiça, e está prevista no art. 339 do Código Penal, com a seguinte redação: "Dar causa à instauração de inquérito policial, de procedimento investigatório criminal, de processo judicial, de processo administrativo disciplinar, de inquérito civil ou de ação de improbidade administrativa contra alguém, imputando-lhe crime, infração ético-disciplinar ou ato ímprobo de que o sabe inocente".	9.1

Outras Questões	**Calúnia e Código Eleitoral**	O Código Eleitoral também prevê um crime de calúnia (art. 324), quando as condutas ocorrem na propaganda eleitoral ou visando a fins de propaganda eleitoral.	9.2
	Calúnia e Código Penal Militar	O Código Penal Militar prevê o crime de calúnia em seu art. 214.. Para que se caracterize tal conduta, necessário que estejamos diante de um crime militar.	9.3
	Calúnia e Lei de Segurança Nacional	A Lei n. 7.170/83) prevê, em seu art. 26, que é crime contra a segurança nacional a calúnia praticada em detrimento das seguintes autoridades públicas: Presidente da República, Presidente da Câmara dos Deputados, Presidente do Senado Federal e Presidente do Supremo Tribunal Federal.	9.4
Penas	A pena prevista para o crime de calúnia é de detenção de seis meses a dois anos, e multa.		10
Classificação	a) **Comum** (não exige qualidade especial do agente); b) **Formal** (a consumação não exige a produção de um resultado naturalístico); c) De **forma livre** (a Lei não estabelece exigência para a forma de execução); d) **Simples** (tutela apenas um bem jurídico); e) **Comissivo** (praticado mediante ação); f) **Unissubjetivo** (poderá haver concurso de pessoas); g) **Instantâneo** (consuma-se de imediato); h) **Unissubsistente** (a conduta não pode ser fracionada) ou **Plurissubsistente** (a conduta pode ser fracionada), a depender do caso; i) **De dano** (a consumação enseja a lesão ao bem jurídico); j) **Não transeunte** (não deixa vestígios materiais); k) **Doloso** (não admite modalidade culposa).		11

1.13. Súmulas

1.13.1. *STF*

714. É concorrente a legitimidade do ofendido, mediante queixa, e do Ministério Público, condicionada à representação do ofendido, para a ação penal por crime contra a honra de servidor público em razão do exercício de suas funções.

1.14. Questões de Concursos Públicos

01. (FGV - 2017 - ALERJ - Procurador) Após constatar a subtração de grande quantia em dinheiro do seu escritório profissional, João Carlos promoveu o devido registro na Delegacia própria, apontando como autor do fato o empregado Lúcio, já que possuía razões para desconfiar dele, por ser o único que sabia da existência do dinheiro no cofre do qual foi

subtraído. Instaurado o respectivo inquérito policial, Lúcio foi ouvido e comprovou não ter sido ele o autor da subtração, reclamando do constrangimento que passou com o seu indevido indiciamento. Por falta de justa causa, o inquérito foi arquivado a requerimento do Ministério Público.

Diante da situação narrada, é correto afirmar que a conduta de João Carlos configura:

(A) crime de calúnia;

(B) fato típico, mas lícito;

(C) crime de denunciação caluniosa;

(D) crime de comunicação falsa de crime;

(E) fato criminal atípico.

02. (TRF - 2ª Região - 2017 - TRF - 2ª REGIÃO - Juiz Federal Substituto) Leia as assertivas e, ao final, marque a opção correta:

I. Não constituem calúnia ou difamação punível a ofensa irrogada em juízo, na discussão da causa, pela parte ou por seu procurador;

II. No crime de calúnia, o querelado não pode ingressar com a exceção da verdade quando o fato imputado à vítima constitua crime de ação privada e não houver condenação definitiva sobre o assunto;

III. Os crimes de calúnia e difamação exigem afirmativa específica acerca de fato determinado. Já na injúria as assertivas não consideram fatos específicos, e se referem a afirmações vagas e gerais feitas à pessoa do ofendido.

IV. É isento de pena o querelado que. antes da sentença, se retrata cabalmente da injúria ou da difamação.

(A) Apenas as assertivas II e III estão corretas.

(B) Apenas as assertivas I, II e IV estão corretas.

(C) Apenas a assertiva II está correta.

(D) Apenas as assertivas I e III estão corretas.

(E) Todas as assertivas são falsas.

03. (TJ-AC - 2014 - TJ-AC - Juiz Leigo) Quando o agente imputa ou atribui a alguém falsamente a prática de fato definido como crime, acaba praticando:

(A) injúria

(B) difamação

(C) calúnia

(D) injúria real

04. (FGV - 2015 - TJ-PI - Analista Judiciário - Oficial de Justiça e Avaliador) Senador da República, em página pessoal da internet ("blog"), na qual comenta assuntos do cotidiano, imputou a delegado de polícia o fato de ter arquivado investigações sob sua condução para atender a interesses políticos de seus aliados. Tal postura do Parlamentar constitui:

(A) exercício arbitrário ou abuso de poder;

(B) exercício arbitrário das próprias razões;

(C) difamação;

(D) calúnia;

(E) conduta atípica.

05. (FCC - 2013 - TRT - 1ª REGIÃO (RJ) - Juiz do Trabalho Substituto) Em princípio, nos crimes contra a honra dispostos no Código Penal cabe;

(A) retratação na injúria, exceto se racial.

(B) retratação na injúria em geral.

(C) exceção da verdade na calúnia contra os mortos.

(D) exceção da verdade na injúria.

(E) exceção da verdade na difamação contra particular.

***GABARITO:** As respostas destes testes encontram-se no final do livro.*

1.15. Questões para Treinar (sem comentários)

01. (TRT 2R (SP) - 2013 - TRT - 2ª REGIÃO (SP) - Juiz do Trabalho) Qual das figuras abaixo significam, respectivamente: imputar falsamente fato definido com o crime e ofender a dignidade e o decoro. Aponte a alternativa correta.

(A) calúnia e difamação.

(B) injúria e calúnia.

(C) injúria e difamação.

(D) calúnia e injúria.

(E) difamação e injúria.

02. (EJEF - 2006 - TJ-MG - Juiz) Nos crimes contra a honra previstos no Código Penal, é INCORRETO afirmar que:

(A) no crime de calúnia ou de difamação contra o presidente da república ou contra chefe de governo estrangeiro, tratando-se de crime comum, incide a causa de aumento de pena prevista no art. 141 do Código Penal;

(B) na difamação admite-se a exceção da verdade se o ofendido é funcionário público e a ofensa é relativa ao exercício de suas funções;

(C) o juiz pode deixar de aplicar a pena quando o ofendido, de forma reprovável, provocou diretamente a injúria.

(D) na calúnia admite-se a prova da verdade desde que, constituindo o fato interpretado crime de ação privada, o ofendido não tenha sido condenado por sentença irrecorrível.

03. (ESAF - 2010 - SMF-RJ - Fiscal de Rendas - Prova 1) Assinale a opção correta entre as assertivas abaixo relacionadas aos crimes contra a pessoa previstos no Código Penal brasileiro.

(A) Ana, menor de 17 anos, mata seu marido por tê-la traído com a sua melhor amiga. Nesse caso, responderá pelo delito de homicídio privilegiado.

(B) Sebastião induz Carla ao suicídio lembrando que a vida no céu é melhor que a vida na terra. Nesse caso, Sebastião responde pelo crime de indução ao suicídio e Carla pelo crime de suicídio.

(C) Acrísia mata seu filho logo após o parto. Nesse caso, responderá pelo delito de aborto.

(D) Álvaro afirma, de forma mentirosa, que Marcos é o sujeito que a Polícia está procurando pela prática de vários estupros. Nesse caso, Álvaro responde pelo crime de calúnia.

(E) Amélia recusa-se a transportar Marta, pessoa gravemente ferida. Marta sobrevive. Nesse caso, Amélia responde pelo crime de tentativa de homicídio.

GABARITO: *As respostas destes testes encontram-se no final do livro.*

2. DIFAMAÇÃO

Art. 139 - Difamar alguém, imputando-lhe fato ofensivo à sua reputação:

Pena - detenção, de 3 (três) meses a 1 (um) ano, e multa.

Exceção da Verdade

Parágrafo único - A exceção da verdade somente se admite se o ofendido é funcionário público e a ofensa é relativa ao exercício de suas funções.

2.1. Considerações Iniciais

A conduta do agente no tipo descrito se destina a macular a honra objetiva da vítima, ou seja, é atribuído a ela fato cuja reprovabilidade ético-social seja largamente sabida. Seria o conhecido exemplo em que alguém afirma que uma pessoa se encontra constantemente em deplorável estado de embriaguez pública.

O fato imputado não pode ser definido como crime, na medida em que, se assim o fosse, restaria caracterizado o crime de calúnia (art. 138, CP). Por outro lado, haverá crime de difamação quando o agente imputar à vítima um fato definido como contravenção penal.

2.2. Tipicidade Objetiva

O núcleo do tipo é "difamar", que consiste em imputar fato que possa conspurcar a reputação da vítima. A *priori* para que se caracterize o crime de difamação, não há necessidade de que o fato imputado seja falso, pois não há a expressão "falsamente", como ocorre no crime de calúnia (art. 139, CP). Logo, relatar um fato verídico, com o ânimo de ofender a reputação da pessoa constitui, sim, crime de difamação.

A exceção fica por conta do crime de difamação cometido em detrimento de funcionário público em razão do exercício de suas funções. Esta é a única hipótese em que a legislação admite a exceção da verdade, no crime de difamação. Logo, é a única hipótese em que somente haverá crime de difamação se o fato imputado for falso.

Em que pese o legislador não ter se referido à responsabilidade penal daquele que propala ou divulga o fato ofensivo, estas condutas também são passíveis de punição (desde que haja o dolo), pois quem assim atua também está imputando o fato idôneo a macular a honra alheia.

2.3. Sujeitos

Qualquer pessoa pode ser sujeito ativo do crime em estudo. Importante recordar que há casos previstos em lei de imunidade em relação às palavras e opiniões. Sobre o tema, para evitar repetições indevidas, remetemos os leitores aos comentários realizados ao crime de calúnia (art. 138, CP).

O sujeito passivo pode ser qualquer pessoa. A doutrina majoritária, inclusive, tem admitido a possibilidade de crime de difamação contra a pessoa jurídica, porquanto ela possui honra objetiva. Diversamente do que ocorre na calúnia, não há crime de difamação contra os mortos, haja vista a ausência de expressa previsão em lei.

2.4. Objetos

O objeto juridicamente tutelado é a honra objetiva da vítima, ou seja, aquilo que a sociedade pensa a seu respeito, o modo como é vista no seu meio.

O objeto material é a pessoa contra qual é dirigida a ação do agente.

2.5. Elemento Subjetivo

O elemento subjetivo exigido pelo tipo penal é o dolo, pois se exige do agente a vontade de querer ofender a honra objetiva de alguém, ou seja, a premente intenção de ofender e macular. Imprescindível, portanto, que se faça presente o *animus diffamandi.*

Por esta razão, não há crime quando temos a intenção de: fazer brincadeiras (*animus jocandi*), narrar um fato (*animus narrandi*), aconselhar (*animus consulendi*), de corrigir (*animus corrigendi*) ou de defender (*animus defendendi*).

Não há previsão para a sua modalidade culposa.

2.6. Consumação e Tentativa

Consuma-se o crime quando um terceiro toma conhecimento dos fatos. Trata-se de crime formal, não exigindo a produção de efetivo dano à reputação da vítima.

A tentativa pode ou não ser admitida, a depender da forma como realizada a conduta. Se a imputação do fato se der por escrito, a conduta é plurissubsistente, sendo possível a tentativa. É o exemplo do agente que envia um *e-mail* para o terceiro, com a imputação ofensiva à vítima, mas a mensagem não chega ao destinatário. Por outro lado, se a conduta for praticada verbalmente, não haverá que se falar em tentativa, pois estaremos diante de conduta unissubsistente. Excepcionalmente, poderíamos vislumbrar a tentativa de conduta verbal na situação na qual o agente envia mensagens em áudio para terceiro (via algum aplicativo de mensagens instantâneas, como o *whatsapp*) e a mensagem não chega ao destinatário.

2.7. Ação Penal

Para evitar repetições indevidas, remetemos os leitores aos comentários realizados ao crime anterior, a calúnia (art. 138, CP), pois lá traçamos um panorama da ação penal em relação aos crimes contra a honra.

2.8. Exceção da Verdade

É valido recordar que a exceção da verdade (*exceptio veritatis*) é o instrumento de que se vale o réu, no processo criminal por calúnia, para provar que o fato imputado é verídico, e assim, obter uma absolvição, lastreada na atipicidade da conduta. Conforme já antecipamos, ao analisarmos o tópico "tipicidade objetiva", o crime de difamação, em regra, consuma-se independentemente da falsidade da imputação. Ou seja, ainda que o fato ofensivo imputado à vítima seja verdadeiro, o crime estará consumado. Por esta razão, em regra, não será cabível a exceção da verdade na difamação.

De fato, se o instituto da exceção da verdade objetiva demonstrar que o fato imputado é verdadeiro, para assim descaracterizar o crime contra a honra, não fará qualquer sentido invocar a exceção da verdade quando o crime independe da falsidade ou veracidade da imputação.

Há, todavia, uma exceção prevista em lei: trata-se da hipótese em que a imputação ofensiva é feita a um funcionário público em razão do exercício das suas funções. Neste caso, cabe a oposição da exceção da verdade. Por outras palavras, somente haverá crime de difamação se o fato imputado for falso. Se, por outro lado, o fato ofensivo é verdadeiro, não haverá crime de difamação.

O fundamento para esse tratamento diferenciado em relação ao funcionário público reside, justamente, no interesse coletivo em fiscalizar as suas ações. Por outro lado, quando se trata da vida dos particulares – e vale lembrar que o funcionário público em sua vida privada, isto é, quando seus atos não possuem relação com o exercício da função pública, também será tratado como particular – nada justifica que alguém saia por aí proferindo comentários desairosos que maculem a honra alheia, pouco importando se o fato efetivamente ocorreu ou não.

Em conclusão, um mesmo fato pode admitir ou não a exceção da verdade, a depender da pessoa a quem se refere. Assim, retomando um exemplo já empregado, "A" afirma, com *animus diffamandi*, que "B" é visto constantemente em embriaguez pública, terá cometido o crime de difamação, ainda que o fato seja verdadeiro. Deste modo, se "A" for processado por este crime, não poderá suscitar a exceção da verdade.

Em um segundo exemplo, vamos utilizar a mesma história narrada. Acrescentemos, contudo, que "B" seja um funcionário público que "A" tenha afirmado que ele se encontra em constante estado de embriaguez na repartição pública, durante o seu horário de expediente. Agora a situação se altera, pois a imputação possui relação com o exercício da função pública. Em uma situação como esta, a imputação feita por "A" somente poderá ser considerada difamação se for falsa. Por isso, se "A" for processado criminalmente poderá opor a exceção da verdade e, se restar comprovado que os fatos que afirmara são verdadeiros, ele será absolvido.

Para que o réu possa invocar a exceção da verdade, **é imprescindível que haja contemporaneidade entre a imputação ofensiva e o exercício da função pública**. Mas a questão que se mostra mais polêmica é saber se poderá o réu opor exceção da verdade quando o funcionário público, vítima das ofensas, já tiver deixado o exercício da função pública. Sobre o tema, existem duas correntes de pensamento:

1º Corrente: somente se admite a exceção da verdade se o funcionário público ainda estiver no exercício da função, pois o Código Penal afirma que o ofendido "é" funcionário público. Assim, se a vítima era funcionário público quando das ofensas, mas já saiu da função quando do início do processo criminal, o réu não poderá opor a exceção da verdade. Em resumo, para que caiba exceção da verdade, é necessário que a vítima seja funcionário público por ocasião das ofensas, e permaneça funcionário público quando o réu oferece a exceção da verdade.

Em resumo, a vítima é funcionário público na época da ofensa e na época da exceção da verdade. É o entendimento, por exemplo, de Damásio de Jesus[8].

2º. Corrente: admite-se a exceção da verdade, desde que o fato imputado possua relação com a função, ainda que quando da imputação a vítima já não fosse funcionário público. Logo, para esta segunda corrente de pensamento, a vítima não precisaria ser funcionário público na época das ofensas, muito menos na época da oposição da exceção da verdade, para que ela fosse cabível.

Em resumo, a vítima não precisa ser funcionário público na época da ofensa e nem na época da oposição da exceção da verdade (embora os fatos se refiram à época em que fosse funcionário público). É o entendimento, por exemplo, de Bento de Faria.

3º. Corrente: admite-se a exceção da verdade se a vítima era funcionário público na ocasião das ofensas, pouco importando se continuará ou não no exercício da função quando

8. JESUS, Damásio E. *Direito Penal: parte especial. Vol. II.* 31. ed. São Paulo: Saraiva, 2011, p. 259.

o réu oferecer a exceção da verdade. Vamos imaginar por exemplo que o agente impute fato que macula a honra de um vereador do seu município, e que o fato imputado possui relação com o exercício da função. Quando se inicia o processo criminal, este agente opõe a exceção da verdade, mas a vítima já não era vereador, já que o seu mandato se encerrara. Seria possível a oposição da exceção da verdade nesta hipótese, pois o ofendido era funcionário público quando da imputação do fato. O posterior encerramento do exercício da função pública seria indiferente para o cabimento da exceção da verdade.

Em resumo, a vítima era funcionário público na época das ofensas, ainda que já não o fosse na época da oposição da exceção da verdade. Este entendimento, que nos parece o mais razoável, é sustentado por Cezar Roberto Bitencourt[9]. Reiteramos, assim, ser imprescindível que haja contemporaneidade entre a imputação ofensiva e o exercício da função pública.

Por fim, importante mencionar que, da mesma forma que a calúnia não admite a exceção da verdade quando o fato for imputado a Presidente da República ou chefe de governo estrangeiro, a difamação também não admitirá. Esta advertência, inclusive, consta do item 49 da exposição de motivos da parte geral do Código Penal.

2.9. Exceção da Notoriedade

A despeito do silêncio do Código Penal sobre o tema, o Código de Processo Penal estabelece, em seu art. 523, a possibilidade de o réu opor exceção de notoriedade do fato imputado. Nesta perspectiva, tal como a exceção da verdade, a exceção da notoriedade também possuiria o condão de afastar a caracterização do crime. Como o próprio nome indica, por meio da exceção da notoriedade, o réu se defende, alegando que o fato imputado é notório, isto é, um considerável número de pessoas conhece.

Neste ponto, importante ressaltar que, malgrado o CPP faça alusão ao procedimento para o julgamento dos crimes de calúnia (art. 138, CP) e injúria (art. 140, CP), referidas regras procedimentais são extensíveis ao processo por crime de difamação. Contudo, especificamente no que concerne à regra do art. 523, CPP tem-se entendido que, da mesma forma que a exceção da verdade é bastante restrita para o crime de difamação, a exceção da notoriedade também é.

Por outras palavras, somente será possível ao réu opor exceção da notoriedade, quando se tratar de crime de difamação, quando o fato imputado disser respeito a funcionário público em razão de suas funções.

2.10. Outras Questões

Como questões adicionais, podemos mencionar o fato de que o crime de difamação não pode ser confundido com outras condutas similares, conforme veremos nos próximos tópicos.

---

9. BITENCOURT, Cézar Roberto. *Tratado de Direito Penal: parte especial, v. 2.* 15. ed. São Paulo: Saraiva, 2015, p.359.

2.10.1. *Difamação e Código Eleitoral*

O Código Eleitoral também prevê um crime de difamação (art. 325). O que diferencia a conduta prevista no Código Penal daquela constante do Código Eleitoral é que, neste último, as condutas ocorrem na propaganda eleitoral ou visando a fins de propaganda eleitoral.

2.10.2. *Difamação e Código Penal Militar*

O Código Penal Militar prevê o crime de difamação em seu art. 215. Para que se caracterize tal conduta, necessário que estejamos diante de um crime militar, conforme previsto no art. 9º, CPM.

2.10.3. *Difamação e Lei de Segurança Nacional*

A Lei n. 7.170/83 prevê, em seu art. 26, que é crime contra a segurança nacional a difamação praticada em detrimento das seguintes autoridades públicas: Presidente da República, Presidente da Câmara dos Deputados, Presidente do Senado Federal e Presidente do Supremo Tribunal Federal.

2.10.4. *Difamação e denunciação caluniosa*

A difamação é crime contra a honra e observa todo o regramento visto acima, ou seja, o agente imputa à vítima a prática de um fato desabonador que não constitui crime. Como vimos, este fato pode ser uma contravenção penal. Por outro lado, a denunciação caluniosa é crime contra a administração da justiça, e está prevista no art. 339 do Código Penal, com a seguinte redação: "Dar causa à instauração de inquérito policial, de procedimento investigatório criminal, de processo judicial, de processo administrativo disciplinar, de inquérito civil ou de ação de improbidade administrativa contra alguém, imputando-lhe crime, infração ético-disciplinar ou ato ímprobo de que o sabe inocente".

Importante recordar que também pode ocorrer o crime quando a imputação for de prática de contravenção penal. Neste caso, a pena do crime de denunciação caluniosa (que é de reclusão de dois a oito anos, e multa) será reduzida pela metade (art. 339, § 2º, CP).

Como se vê, tanto na difamação quanto na denunciação caluniosa temos a imputação de um fato não definido como crime (que pode ser infração ético-disciplinar, ato ímprobo ou contravenção penal). Todavia, na denunciação caluniosa, da imputação resulta a instauração de uma investigação (inquérito policial, inquérito civil ou procedimento investigatório criminal – PIC), de processo judicial, administrativo-disciplinar ou ação de improbidade administrativa contra alguém.

Ademais, na denunciação caluniosa, a imputação deve ser falsa, isto é, o agente imputa à vítima a prática de contravenção de que o sabe inocente. Por sua vez, na difamação, conforme vimos, pouco importa se a imputação é falsa ou verídica. A exceção fica por conta da difamação contra funcionário público em razão das suas funções, pois neste caso somente haverá crime se a imputação for falsa.

2.11. Penas

A pena prevista para o crime de difamação é de detenção de três meses a um ano, e multa. Logo, podemos concluir que:

a) É possível a transação penal (art. 76, Lei n. 9.099/95), pois se trata de infração penal de menor potencial ofensivo. Se houver a incidência de causa de aumento de pena, já não será possível a transação penal, pois a pena máxima ultrapassará o limite de dois anos.

b) É possível a suspensão condicional do processo (art. 89, Lei n. 9.099/95), pois a pena mínima não ultrapassa um ano.

2.12. Classificação

O crime de difamação pode ser classificado como:

a) **Comum** (não exige qualidade especial do agente);

b) **Formal** (a consumação não exige a produção de um resultado naturalístico);

c) De **forma livre** (a Lei não estabelece exigência para a forma de execução);

d) **Simples** (tutela apenas um bem jurídico);

e) **Comissivo** (praticado mediante ação);

f) **Unissubjetivo** (poderá haver concurso de pessoas);

g) **Instantâneo** (consuma-se de imediato);

h) **Unissubsistente** (a conduta não pode ser fracionada) **ou Plurissubsistente** (a conduta pode ser fracionada), a depender do caso;

i) De **dano** (a consumação enseja a lesão ao bem jurídico);

j) **Transeunte** (não deixa vestígios materiais);

k) **Doloso** (não admite modalidade culposa).

2.13. Quadro Sinótico

DIFAMAÇÃO		
Considerações Iniciais	A conduta do agente se destina a macular a honra objetiva da vítima, ou seja, é atribuído a ela fato cuja reprovabilidade ético-social seja largamente sabida. O fato imputado não pode ser definido como crime. Por outro lado, haverá crime de difamação quando o agente imputar à vítima um fato definido como contravenção penal.	1

Tipicidade Objetiva	O núcleo do tipo é "difamar", que consiste em imputar fato que possa conspurcar a reputação da vítima. A priori para que se caracterize o crime de difamação, não há necessidade de que o fato imputado seja falso. A exceção fica por conta do crime de difamação cometido em detrimento de funcionário público em razão do exercício de suas funções. Esta é a única hipótese em que a legislação admite a exceção da verdade, no crime de difamação. Ademais, aquele que propala ou divulga o fato ofensivo também e passível de punição (desde que haja o dolo).	2
Sujeitos	Qualquer pessoa pode ser sujeito ativo do crime em estudo. Importante recordar que há casos previstos em lei de imunidade em relação às palavras e opiniões. O sujeito passivo pode ser qualquer pessoa, inclusive pessoa jurídica. Não há crime de difamação contra os mortos, haja vista a ausência de expressa previsão em lei.	3
Objetos	O **objeto juridicamente tutelado** é a honra objetiva da vítima, ou seja, aquilo que a sociedade pensa a seu respeito, o modo como é vista no seu meio. O **objeto material** é a pessoa contra qual é dirigida a ação do agente.	4
Elemento Subjetivo	O elemento subjetivo exigido pelo tipo penal é o dolo. Não há previsão para a sua modalidade culposa.	5
Consumação e Tentativa	Consuma-se o crime quando um terceiro toma conhecimento dos fatos. A tentativa pode ou não ser admitida caso a imputação do fato se der por escrito. Excepcionalmente, poderíamos vislumbrar a tentativa de conduta verbal na situação na qual o agente envia mensagens em áudio para terceiro (via algum aplicativo de mensagens instantâneas, como o whatsapp) e a mensagem não chega ao destinatário.	6
Ação Penal	A ação penal, em regra, é de iniciativa privada. Há, contudo, exceções. Vejamos: **a)** Crime contra o Presidente da República ou chefe de Governo estrangeiro: a ação será pública condicionada à requisição do Ministro da Justiça. **b)** Crime contra a honra de funcionário público em razão de sua função: será de iniciativa pública condicionada a representação do ofendido, conforme o Código Penal. Entretanto, a **Súmula 714/STF**, assim preconiza: "É concorrente a legitimidade do ofendido, mediante queixa, e do Ministério Público, condicionada à representação do ofendido, para a ação penal por crime contra a honra de servidor público em razão do exercício de suas funções". Em que pese o verbete sumular referir-se à legitimidade concorrente, trata-se, em verdade, de uma legitimidade alternativa, conforme já reconheceu o próprio STF.	7
Exceção da Verdade	Exceção da verdade (*exceptio veritatis*) é o instrumento de que se vale o réu, no processo criminal por calúnia, para provar que o fato imputado é verídico, e assim, obter uma absolvição, lastreada na atipicidade da conduta. Ocorre que, o crime de difamação,	8

Exceção da Verdade		em regra, consuma-se independentemente da falsidade da imputação. Por esta razão, em regra, não será cabível a exceção da verdade na difamação. Há, todavia, uma exceção prevista em lei: trata-se da hipótese em que a imputação ofensiva é feita a um funcionário público em razão do exercício das suas funções. Neste caso, cabe a oposição da exceção da verdade. Entretanto, a difamação não admite a exceção da verdade quando o fato for imputado a Presidente da República ou chefe de governo estrangeiro.	8
Exceção de Notoriedade		Por meio da exceção da notoriedade, o réu se defende, alegando que o fato imputado é notório, isto é, um considerável número de pessoas conhece. Ademais, somente será possível ao réu opor exceção da notoriedade, quando se tratar de crime de difamação, quando o fato imputado disser respeito a funcionário público em razão de suas funções.	9
Outras Questões	**Difamação e Código Eleitoral**	O Código Eleitoral também prevê um crime de difamação (art. 325), quando as condutas ocorrem na propaganda eleitoral ou visando a fins de propaganda eleitoral.	10.1
	Difamação e Código Penal Militar	O Código Penal Militar prevê o crime de difamação em seu art. 215. Para que se caracterize tal conduta, necessário que estejamos diante de um crime militar.	10.2
	Difamação e Lei de Segurança Nacional	A Lei n. 7.170/83 prevê, em seu art. 26, que é crime contra a segurança nacional a difamação praticada em detrimento das seguintes autoridades públicas: Presidente da República, Presidente da Câmara dos Deputados, Presidente do Senado Federal e Presidente do Supremo Tribunal Federal.	10.3
	Difamação e denunciação caluniosa	A difamação é crime contra a honra e o agente imputa à vítima a prática de um fato desabonador que não constitui crime. Na denunciação caluniosa, há a imputação falsa de um ato que pode não ser criminoso (infração ético-disciplinar, ato ímprobo ou contravenção penal), e haverá a instauração de uma investigação (inquérito policial, inquérito civil ou ação de improbidade administrativa) ou processo (judicial, administrativo-disciplinar ou ação de improbidade administrativa).	10.4
Penas		A pena prevista para o crime de difamação é de detenção de três meses a um ano, e multa.	11
Classificação		a) **Comum** (não exige qualidade especial do agente); b) **Formal** (a consumação não exige a produção de um resultado naturalístico); c) De **forma livre** (a Lei não estabelece exigência para a forma de execução);	12

Classificação	d) **Simples** (tutela apenas um bem jurídico); e) **Comissivo** (praticado mediante ação); f) **Unissubjetivo** (poderá haver concurso de pessoas); g) **Instantâneo** (consuma-se de imediato); h) **Unissubsistente** (a conduta não pode ser fracionada) ou **Plurissubsistente** (a conduta pode ser fracionada), a depender do caso; 12 i) **De dano** (a consumação enseja a lesão ao bem jurídico); j) **Transeunte** (não deixa vestígios materiais); k) **Doloso** (não admite modalidade culposa).

2.14. Questões de Concursos Públicos

01. (CESPE - 2019 - TJ-SC - Juiz Substituto) Com relação a crimes contra a honra, assinale a opção correta.

(A) O crime de calúnia se consuma no momento em que o ofendido toma conhecimento da imputação falsa contra si.

(B) Calúnia contra indivíduo falecido não se enquadra como crime contra a honra.

(C) A exceção da verdade é admitida em caso de delito de difamação contra funcionário público no exercício de suas funções.

(D) A retratação cabal do agente da calúnia ou da difamação após o recebimento da ação penal é causa de diminuição de pena.

(E) O delito de injúria racial se processa mediante ação penal pública incondicionada.

02. (VUNESP - 2018 - PC-SP - Escrivão de Polícia Civil) Tendo em conta os artigos 138 a 145 do Código Penal, que tratam dos crimes contra a honra, assinale a alternativa correta.

(A) Nos crimes de calunia e difamação, procede-se mediante queixa. Já no crime de injúria, em qualquer de suas modalidades, procede-se mediante representação do ofendido.

(B) No crime de calúnia, praticado em detrimento de chefe de governo estrangeiro, admite-se exceção da verdade.

(C) No crime de difamação, praticado em detrimento de funcionário público, admite-se a exceção da verdade, desde que a ofensa seja relativa ao exercício de suas funções.

(D) A retratação da ofensa, que isenta o querelado de pena, desde que feita antes da sentença, aplica-se aos crimes de calúnia, difamação e injúria.

(E) Não constituem injúria ou difamação punível a ofensa irrogada em juízo, na discussão da causa, pela parte ou por seu procurador, estendendo a exclusão do crime a quem der publicidade à ofensa.

03. (NUCEPE - 2018 - PC-PI - Delegado de Polícia Civil) No que diz respeito aos crimes contra a honra, marque a alternativa INCORRETA.

(A) Caluniar alguém, imputando-lhe falsamente fato definido como crime, sendo também punível a calúnia contra os mortos.

(B) É crime difamar alguém, imputando-lhe fato ofensivo à sua reputação. Em relação ao crime de difamação não cabe exceção da verdade.

(C) O autor da calúnia pode interpor a exceção da verdade, mas esta não será aceita, caso em algumas situações, entre elas se, constituindo o fato imputado crime de ação privada, o ofendido não foi condenado por sentença irrecorrível.

(D) É crime injuriar alguém, ofendendo-lhe a dignidade ou o decoro, mas o legislador pátrio entendeu que o juiz pode deixar de aplicar a pena, quando o ofendido, de forma reprovável, provocou diretamente a injúria ou no caso de retorsão imediata, que consista em outra injúria.

(E) Caso o crime contra a honra tenha como vítima um funcionário público, em razão de suas funções, a pena será aumentada.

04. (TRT 3R - 2010 - TRT - 3ª Região (MG) - Juiz do Trabalho) Considerando o disposto no código penal é CORRETO afirmar que:

(A) Se o empregador imputa falsamente a seu empregado fato definido como crime comete injúria, com sanção penal de seis meses;

(B) A calúnia é definida em fato típico como a ofensa a alguém quanto à sua dignidade ou decoro;

(C) Se o empregador imputa fato ofensivo à reputação do empregado comete fato típico penal da difamação punível com detenção de três meses a um ano, e multa;

(D) Se a injúria consiste em utilização de elementos a raça, cor, etnia, a pena será de 5 anos de reclusão;

(E) Constitui injúria e difamação a ofensa irrogada em juízo, na discussão da causa pela parte ou seu procurador.

05. (VUNESP - 2013 - TJ-SP - Juiz) A, perante várias pessoas, afirmou falsamente que B, funcionário público aposentado, explorava a atividade ilícita do jogo do bicho, quando exercia as funções públicas.

Ante a imputação falsa, é correto afirmar que A cometeu o crime de

(A) difamação, não se admitindo a exceção da verdade.

(B) calúnia, admitindo-se a exceção da verdade.

(C) calúnia, não se admitindo a exceção da verdade.

(D) difamação, admitindo-se a exceção da verdade.

GABARITO: *As respostas destes testes encontram-se no final do livro.*

2.15. Questões para Treinar (sem comentários)

01. (VUNESP - 2011 - TJ-SP - Juiz) Durante reunião de condomínio, com a presença de diversos moradores, inicia-se discussão acalorada, durante a qual Antônio, um dos condôminos, que era acusado de fazer barulho durante a madrugada, diz ao síndico que ele deveria se preocupar com sua própria família, porque a filha mais velha dele, que não estava presente na reunião, era prostituta, pois sempre era vista em casa noturna suspeita da cidade. Assinale a alternativa correta dentre as adiante mencionadas.

(A) Antônio cometeu crime de calúnia, a não ser que prove o que disse (exceção da verdade).

(B) Antônio cometeu crime de calúnia, que não admite a exceção da verdade.

(C) Antônio não cometeu crime algum, pois a ofendida (filha do síndico) não estava presente na reunião.

(D) Antônio cometeu crime de difamação, a não ser que prove o que disse (exceção da verdade).

(E) Antônio, independentemente de o fato narrado ser, ou não, verdadeiro, cometeu crime de difamação.

02. (FUNCAB - 2013 - PC-ES - Perito Criminal Especial) Sobre a exceção de verdade no crime de difamação, pode-se afirmar:

(A) Admite-se de forma ampla, sem qualquer restrição.

(B) Não se admite.

(C) Admite-se somente se o crime é cometido mediante paga ou promessa de recompensa.

(D) Admite-se somente se o ofendido é pessoa maior de 60 anos ou portadora de deficiência.

(E) Admite-se somente se o ofendido é funcionário público e a ofensa é relativa ao exercício de suas funções.

03. (FUNCAB - 2016 - PC-PA - Investigador de Policia Civil) Leia as alternativas a seguir e assinale a correta.

(A) A pessoa jurídica pode figurar como sujeito ativo de crime contra a administração pública previsto no Código Penal.

(B) A pessoa jurídica pode ser sujeito passivo em crime de difamação.

(C) Os inimputáveis não podem ser vitimas de crimes contra a honra.

(D) A pessoa jurídica só pode ser sujeito passivo em crimes patrimoniais.

(E) O inimputável por embriaguez proveniente de caso fortuito não pode figurar como sujeito passivo.

04. (FUNCAB - 2013 - PC-ES - Perito em Telecomunicação) O agente que imputa a outra

pessoa fato ofensivo à sua reputação comete o seguinte crime:

(A) calúnia.

(B) difamação.

(C) injúria.

(D) constrangimento ilegal.

(E) divulgação de segredo.

GABARITO: *As respostas destes testes encontram-se no final do livro.*

3. INJÚRIA

Art. 140 – Injuriar alguém, ofendendo-lhe a dignidade ou o decoro:

Pena – detenção, de um a seis meses, ou multa.

§ 1º – O juiz pode deixar de aplicar a pena:

I – quando o ofendido, de forma reprovável, provocou diretamente a injúria;

II – no caso de retorsão imediata, que consista em outra injúria.

§ 2º – Se a injúria consiste em violência ou vias de fato, que, por sua natureza ou pelo meio empregado, se considerem aviltantes:

Pena – detenção, de três meses a um ano, e multa, além da pena correspondente à violência.

§ 3º Se a injúria consiste na utilização de elementos referentes a raça, cor, etnia, religião, origem ou a condição de pessoa idosa ou portadora de deficiência:

Pena – reclusão de um a três anos e multa.

3.1. Topografia do art. 140

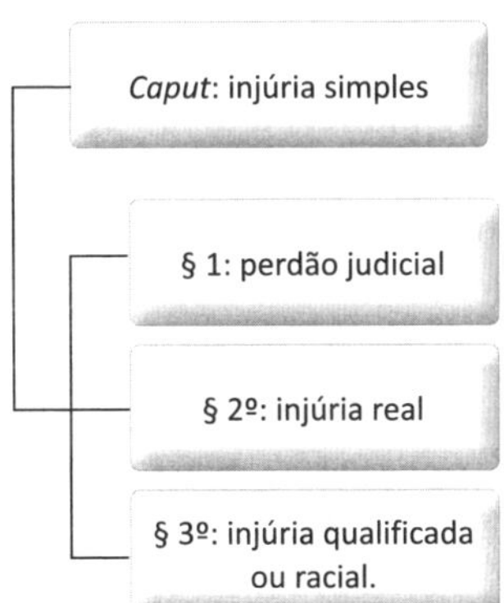

3.2. Considerações Iniciais

Nos crimes de calúnia e difamação a honra penalmente tutelada é a objetiva, ou seja, aquilo que a sociedade pensa a respeito do ofendido. No crime de injúria, **tutela-se a honra subjetiva**, aquilo que a própria pessoa pensa de si, sua autoestima. Aqui, o que ocorre não é a imputação de fatos e sim atribuições pejorativas em relação à vítima. É o que ocorre o agente profere xingamentos à vítima ou a adjetiva negativamente.

Ao contrário do que ocorre na calúnia e na difamação, **a injúria não admite a exceção da verdade ou da notoriedade**. Deste modo, se o agente ofende a vítima, qualificando-a como desonesta, por exemplo, não poderá, no processo criminal, tentar demonstrar que é verdade. Afinal de contas, não há fato a ser provado.

3.3. Tipicidade Objetiva

A conduta consiste em injuriar, que equivale a ofender, insultar. Conforme mencionamos, essa ofensa se dá por meio de uma adjetivação negativa, não havendo imputação de fatos. Conforme o tipo penal, a injúria ofende a dignidade ou o decoro.

Dignidade diz respeito a atributos morais. O agente ofende a dignidade da vítima quando, por exemplo, a chama de pessoa "desonesta", "corrupta" etc. Por outro lado, **decoro corresponde a atributos físicos e intelectuais.** O agente ofende o decoro da vítima quando, por exemplo, a chama de "monstruosa" (alusão a atributos físicos) ou "burra" (menção a atributos intelectuais).

É possível falarmos em uma injúria com ofensa indireta ou, simplesmente, **injúria indireta**, naquelas situações nas quais a ofensa a uma pessoa resvala em outra. Assim, se o agente valendo-se de linguajar chulo, chama a vítima de "corno", está ofendendo, reflexamente, a honra da esposa da vítima, acusando-a de manter relações adulterinas. A propósito, o STF já entendeu que a esposa possui legitimidade para processar criminalmente o agente que insinuara que seu marido mantinha relações extraconjugais.

Neste ponto, importante mencionar que não existe o crime de autoinjúria, pois, afinal de contas, não existe crime de autolesão. Todavia, ao injuriar a si, a pessoa pode estar, em verdade, promovendo uma injúria indireta a uma terceira pessoa. Ora, se alguém afirma ser um marido ou esposa traídos, não está injuriando a si próprio – pelo menos não sob o ponto de vista penal – mas pode estar injuriando, por via oblíqua o seu cônjuge. Trata-se de mais um caso de injúria indireta.

Do mesmo modo, releva notar que não existe crime de injúria contra os mortos – ao contrário do que ocorre no crime de calúnia (art. 138, CP). Deste modo, e uma vez mais recorrendo ao exemplo das relacionados às relações adulterinas, podemos vislumbrar a situação em que alguém afirma que o *de cujus* era um marido traído. Como se vê, não há que se falar em crime de injúria contra o morto, mas, sem dúvida, estamos diante de uma injúria indireta ao cônjuge sobrevivente.

Há quem admita a injúria em sua modalidade omissiva, embora seja de difícil identificação. Podemos admiti-la quando o agente ostentar a função de garantidor e, devendo e podendo evitar a ofensa à honra da vítima, abstém-se de fazê-lo.

3.4. Sujeitos

Qualquer pessoa pode ser sujeito ativo do crime de injúria.

O sujeito passivo é a pessoa física determinada. A pessoa jurídica não pode ser sujeito passivo deste crime, na medida em que não é titular de honra subjetiva.

3.5. Objetos

O objeto juridicamente tutelado é a honra subjetiva.

O objeto material é a pessoa contra quem são proferidas ofensas.

3.6. Elemento Subjetivo

O elemento subjetivo exigido pelo tipo penal é o dolo, pois se exige do agente a vontade consciente de querer atingir a honra subjetiva da vítima (*animus injuriandi*). Não há crime quando temos a intenção de: fazer brincadeiras (*animus jocandi*), narrar um fato (*animus narrandi*), aconselhar (*animus consulendi*), de corrigir (*animus corrigendi*) ou de defender (*animus defendendi*).

Não há previsão para a sua modalidade culposa.

3.7. Consumação e Tentativa

Consuma-se o crime, diferente da calúnia e da difamação, quando o sujeito passivo toma conhecimento do que fora feito pelo agente e este ato tenha sido o suficiente para ofender a sua dignidade. Não é necessário que a injúria tenha sido cometida na presença da vítima para que se configure o crime, basta que ela tome conhecimento do ocorrido. Se a ofensa se der na presença da vítima, teremos a **injúria imediata**; se a ofensa ocorrer sem a sua presença, mas a vítima tomar conhecimento dela, falaremos em **injúria mediata**.

Contudo, conforme o STJ, "a ausência de previsibilidade de que a ofensa chegue ao conhecimento da vítima afasta o dolo específico do delito de injúria, tornando a conduta atípica"[10]. No caso concreto, "A" falava ao telefone com "B" e proferia injúrias contra "C", O que não sabiam é que "C" escutava toda a conversa pela "extensão" do telefone. O STJ entendeu que "A" não agiu com dolo de que as informações chegassem ao conhecimento de "C", e por essa razão não estava presente o dolo de injuriar.

Como ocorre com os demais crimes contra a honra, a tentativa pode ou não ser admitida, a depender da forma como realizada a conduta. Se a ofensa se der por escrito, a conduta é plurissubsistente, sendo possível a tentativa. É o exemplo do agente que envia um *e-mail* para a própria, com a ofensa, mas a mensagem não chega ao destinatário. Por outro lado, se a conduta for praticada verbalmente, não haverá que se falar em tentativa, pois estaremos diante de conduta unissubsistente.

---

10. STJ, REsp 1.765.673-SP, Rel. Min. Sebastião Reis Júnior, Sexta Turma, por unanimidade, julgado em 26/05/2020, DJe 29/05/2020.

Há, ainda, a possibilidade de tentativa na injúria mediata, mesmo que produzida verbalmente. É o exemplo em que "A" pede a "B" para que diga a "C" que ele é "mau--caráter". Ocorre que "B" decide não "dar o recado". Nesta situação, houve o início dos atos de execução, mas não a consumação do crime, na medida em que a ofensa não chegou ao conhecimento da vítima. Outro exemplo poderia ser citado quando o agente envia mensagens de áudio para a vítima (por meio de aplicativos como o *whatsapp*) e tais mensagens não chegam ao destino.

Questão interessante diz respeito ao fato de o agente proferir a ofensa e esta não chegar ao conhecimento da vítima em decorrência da sua morte. Neste caso, se, por ocasião da ofensa, a vítima ainda estava viva, teremos um crime tentado. Por outro lado, se a vítima estava morta desde o momento em que a ofensa fora proferida, estaremos diante de um crime impossível (art. 17, CP), por absoluta impropriedade do objeto material. Neste ponto, não será demasiado reiterar que não existe o crime de injúria contra os mortos.

3.8. Ação Penal

A ação penal, em regra, é de iniciativa privada.

Porém, será pública condicionada à representação do ofendido nos casos de injúria preconceituosa e pública incondicionada nos casos de injúria real. Trataremos destas modalidades de injúria logo adiante.

No que concerne à injúria praticada contra o Presidente da República ou chefe de governo estrangeiro, a ação penal será de iniciativa pública condicionada à requisição do Ministro da Justiça. Quanto à situação do crime de injúria praticada em desfavor do servidor público em razão de suas funções, trazemos à baila, novamente, a súmula n. 714 do Supremo Tribunal Federal:

> **Súmula n. 714/STF:** "É concorrente a legitimidade do ofendido, mediante queixa, e do Ministério Público, condicionada à representação do ofendido, para a ação penal por crime contra a honra de servidor público em razão do exercício de suas funções".

3.9. Perdão Judicial

Em seu §1º, o art. 140 do Código Penal estabelece duas hipóteses de perdão judicial. Vale recordar que o perdão judicial ocorre quando a lei permite ao juiz deixar de aplicar a pena. Em que pese a legislação colocar esta atitude judicial como uma faculdade, é esmagadoramente majoritária a doutrina que entende tratar-se de um poder-dever. Deste modo, cabe ao juiz identificar se realmente se trata de hipótese de cabimento do perdão judicial. Contudo, uma vez reconhecida a hipótese de cabimento, não caberia ao magistrado deixar de conceder o perdão judicial.

As hipóteses de perdão judicial no crime de injúria são as seguintes:

a) Quando o ofendido, de forma reprovável, provocou diretamente a injúria: trata-se, então, da hipótese de **provocação.** Conforme extraímos da leitura do texto legislativo, o perdão judicial para a injúria pressupõe que a provocação da vítima seja **reprovável.** Não pode, portanto, o autor da injúria afirmar que foi provocado quando a vítima não agiu de forma reprovável.

Vamos imaginar uma hipótese em que um agente de trânsito, no regular exercício de sua função, aplica uma multa a um motorista que estava praticando uma infração. O motorista revoltado xinga o agente público. Resta evidente neste caso que, ainda que o motorista se sinta "provocado", o agente de trânsito não agiu, em qualquer momento, de forma reprovável. Por esta razão, não poderá o motorista do nosso exemplo se beneficiar do perdão judicial.

Ademais, a provocação deve ser **direta.** Logo, somente poderemos admitir o perdão judicial quando o autor da injúria foi provocado enquanto estava na presença da vítima.

b) No caso de retorsão imediata, que consista em outra injúria: trata-se da hipótese de **retorsão.** Embora seja inegável haver uma certa semelhança, não podemos confundir a provocação com a retorsão. Na provocação, existe apenas uma injúria. O agente é provocado por algum outro modo ("brincadeiras", "gracejos" etc) e pratica a injúria contra quem lhe provocara. Já na retorsão, o sujeito é injuriado e revida imediatamente.

Esta relação de imediatidade fica bastante evidenciada quando as injúrias são verbais. Resta óbvio que, em caso como este, a retorsão deve se dar no mesmo contexto em que ocorrera a primeira injúria. Contudo, também é possível a retorsão imediata da injúria escrita, embora seja de mais difícil caracterização o lapso de tempo idôneo a identificar a imediatidade.

Parte da doutrina considera a retorsão imediata como **modalidade anômala de legítima defesa**[11]. Assim como ocorre com o instituto da legítima defesa, não há que se falar em retorsão imediata em relação a injúria pretérita. De igual sorte, aquele que proferiu a primeira injúria não poderá invocar a retorsão imediata.

3.10. Injúria Qualificada

Há duas modalidades de injúria qualificada. A primeira, descrita no art. 140, §2º é a **injúria real.** A segunda, prevista no art. 140, §3º é a **injúria preconceituosa.**

3.10.1. *Injúria real (art. 140, §2º, CP)*

Se a injúria consiste em violência ou vias de fato, que, por sua natureza ou pelo meio empregado, se considerem aviltantes, a pena será de detenção de três meses a um ano, além da multa correspondente à violência. Estes são os termos do art. 140, §2º, CP, ao tratar da injúria real.

Como se vê, a partir da literalidade legislativa, na injúria real o agente emprega a violência ou vias de fato como modo de ofender a honra da vítima. Trata-se de situação em que a força física é empregada com o intuito de humilhar, menoscabar, constranger, envergonhar. É o exemplo do agente que desfere tapas na vítima enquanto afirma que ela não possui coragem para revidar.

---

11. MASSON, Cléber. *Direito Penal Esquematizado: parte especial, vol. II,* 7. Ed. São Paulo: Método, 2015, p.199.

A injúria real envolve emprego da violência ou de vias de fato. Violência corresponde à lesão corporal (art. 29, CP). Em se tratando do emprego de violência, a lei impõe o **concurso formal impróprio obrigatório** – e, consequentemente, o cúmulo material das penas – entre a injúria real e o crime a que diga respeito a violência (lesão corporal de natureza leve, grave etc.).

Neste ponto, importante entendermos que há quem sustente, em doutrina, que o caso trata de um "concurso material obrigatório"[12] (art. 69, *caput,* CP). Perfilhamos o entendimento majoritário[13], no sentido de que se trata de concurso formal impróprio (art. 70, *caput,* CP), pois os crimes de injúria real e correspondente à violência são praticados por meio de uma única ação. Mas esse concurso formal é impróprio – e, portanto, cabível a regra do cúmulo material de penas – haja vista a existência de desígnios autônomos por parte do agente.

Por outro lado, vias de fato consiste em uma contravenção penal (art. 21, Decreto-Lei n. 3.689/41). Trata-se de agressão que não chega a ofender a integridade física da vítima. É o caso em que o agente, por exemplo, agride a vítima com leve empurrão. Em se tratando de injúria real produzida por meio de vias de fato, o agente responderá apenas pelo crime contra a honra, pois **o Código Penal não previu concurso entre as penas da injúria real e da contravenção penal.**

Conforme a dicção do art. 140, §2º, CP, não é qualquer violência ou vias de fato que dá ensejo à injúria real, mas sim aquelas que, por sua natureza ou pelo meio empregado, se considerem aviltantes. Como exemplos de condutas caracterizadoras de injúria real podemos mencionar os atos de cuspir em alguém, desferir-lhe uma bofetada, cortar-lhe o cabelo, rasgar-lhe as vestes etc.

Conforme o art. 145, *caput, in fine,* CP, se, da violência empregada na injúria real resulta lesão corporal, a ação penal será de iniciativa pública incondicionada. De fato, em que pese o dispositivo não empregar a expressão "incondicionada", refere-se à ação penal pública. Ora, se não há previsão expressa para qualquer condição de procedibilidade, somente podemos concluir que se trata de crime de ação penal pública incondicionada.

Tendo em vista que a Lei n. 9.099/95, que instituiu os Ju8izados Especiais, definiu, em seu art. 88, que a lesão corporal de natureza leve é crime de ação penal pública condicionada à representação do ofendido, parece-nos razoável compreender que o crime de injúria real será nessa modalidade de ação penal, quando da violência resulte lesão corporal de natureza leve. A exceção ficaria por conta da injúria real no ambiente doméstico e familiar contra a mulher, pois, neste caso, haveria a incidência da Lei Maria da Penha (Lei n. 11.340/06), que, em seu art. 41, proibiu a aplicação da Lei de Juizados Especiais Criminais aos casos por ela regidos.

Contudo, forçoso reconhecermos que a doutrina majoritária não tem levado em consideração essa questão, e continua a entender, a partir de uma interpretação literal do art. 145, *caput,* CP, que quando da violência resulte lesão corporal o crime de injúria real será

---

12. Nesse sentido, MASSON, Cléber. *Direito Penal Esquematizado: parte especial, vol. II,* 7. Ed. São Paulo: Método, 2015, p.200.
13. Por todos, BITENCOURT, Cézar Roberto. *Tratado de Direito Penal: parte especial, v. 2.* 15. ed. São Paulo: Saraiva, 2015, p.374.

de ação penal pública incondicionada, independentemente da natureza da lesão corporal (leve, grave ou gravíssima). De todo modo, se a injúria real for praticada mediante vias de fato, a ação penal será de iniciativa privada.

3.10.2. *Injúria preconceituosa (art. 140, §3º, CP)*

O Código Penal, em seu art. 141, § 3º traz o crime de injúria, em sua modalidade qualificada. Pune-se com pena de reclusão de um a três anos, além da multa, a injúria quando se realiza mediante a utilização de elementos referentes à raça, cor, etnia, origem, religião, condição de pessoa idosa ou portadora de deficiência. Este crime de injúria qualificada é intitulado, em sede doutrinária, de injúria preconceituosa ou, mesmo, de injúria racial, na medida em que a alusão a elementos de raça é conduta, lamentavelmente, ainda comum em nosso país.

De início, cabe-nos a análise dos elementos a que se refere o crime de injúria real.

a) **Raça:** historicamente, a noção de raça está atrelada a características físicas, biológicas. Atualmente, porém, os estudos nas áreas das mais variadas ciências têm contestado a noção de raça. Com efeito, as distinções biológicas entre indivíduos que costumam ser identificados como membros da mesma raça não são maiores ou menores do que aquelas existentes entre indivíduos de raças distintas.

Este, inclusive, é o entendimento do STF[14], apresentado nos seguintes termos: "Com a definição e o mapeamento do genoma humano, cientificamente não existem distinções entre os homens, seja pela segmentação da pele, formato dos olhos, altura, pêlos ou por quaisquer outras características físicas, visto que todos se qualificam como espécie humana. Não há diferenças biológicas entre os seres humanos. Na essência são todos iguais".

Importante salientar que, a despeito destas considerações, a expressão raça ainda encontra guarida nas regras de Direito Internacional.

b) Cor: diz respeito à cor das peles das pessoas. Muito embora pudesse ser considerado um desdobramento das características físicas que constituem (ou constituíam, até o advento das conclusões do projeto Genoma) a noção de raça, o fato é que, na prática, não raras vezes, ainda ocorre o preconceito proveniente da cor da pele das pessoas. Esta a razão pela qual o tema mereceu tutela específica por parte da legislação.

c) **Etnia:** a ideia de grupo étnico abrange um conjunto de indivíduos unidos por laços culturais e linguísticos.

d) Origem: dizer respeito à procedência nacional – no que englobaria a injúria com características xenófobas – ou a proveniência no próprio território nacional, em que haveria a manifestação da discriminação em relação às pessoas oriundas de determinadas partes do país.

---

14. STF, HC 82424/RS, Rel. Min. Maurício Correa, j. 17/09/2003.

e) Religião: etimologicamente, a expressão "religião" (re + ligare) traz consigo a ideia de religar. Diz respeito, deste modo, à ligação, à conexão do homem com Deus. Por paradoxal que seja, a história da humanidade está repleta de guerras sangrentas perpetradas por questões afetas às disputas travadas entre religiosos e ainda é pujante a discriminação oriunda de aspectos atinentes às religiões.

f) Condição de pessoa idosa: trata-se da pessoa com idade igual ou superior a 60 (sessenta) anos, conforme definição dada pelo art. 1º do Estatuto do Idoso.

g) Pessoa portadora de deficiência: conforme o art. 2º da Lei n. 13.146/2015 (Estatuto da Pessoa com Deficiência) "considera-se pessoa com deficiência aquela que tem impedimento de longo prazo de natureza física, mental, intelectual ou sensorial, o qual, em interação com uma ou mais barreiras, pode obstruir sua participação plena e efetiva na sociedade em igualdade de condições com as demais pessoas".

Importante procurarmos estabelecer as distinções entre o crime de injúria preconceituosa e os crimes de preconceito que estão contidos na Lei n. 7.716/89. Esta Lei dispõe sobre os crimes os crimes resultantes de discriminação ou preconceito de raça, cor, etnia, religião ou procedência nacional.

As distinções entre a injúria qualificada e os crimes contidos na Lei n. 7.716/89 são visíveis. Inicialmente, percebe-se que a injúria possui como objeto jurídico a honra subjetiva (a ideia que a pessoa faz de si mesmo, isto é, sua autoestima), ao passo que os crimes de preconceito possuem como objeto jurídico a igualdade. Por outro lado, conforme se pode analisar pelos comentários aos artigos desta Lei, os crimes de preconceito se consumam, grosso modo, pelo impedimento ao exercício de algum direito, ao passo que a injúria se consuma mediante uma ofensa pessoal, que pode se dar por meio verbal, escrito, simbólico ou gestual.

Uma das grandes distinções práticas entre os crimes de racismo (preconceito relacionado à raça) e a injúria racial (injúria qualificada pela utilização de elementos de raça) diz respeito à imprescritibilidade do primeiro, e a prescritibilidade do segundo. Tendo em vista que a Constituição Federal faz menção à imprescritibilidade dos crimes de racismo, o entendimento corrente, em sede doutrinária e jurisprudencial, sempre foi no sentido de que, esta característica não se estenderia ao crime de injúria racial. A ele, deveria ser aplicada a prescrição, conforme os patamares previstos no art. 109 do Código Penal.

Contudo, é necessário chamar a atenção para o entendimento do Superior Tribunal de Justiça[15], entendeu que, por apresentar questões relacionadas à raça o crime de injúria racial está abrangido pela expressão "racismo", contida na Constituição Federal. Por esta razão, o crime de injúria racial também seria inafiançável, imprescritível e sujeito a pena de reclusão. Em sede doutrinária, é o entendimento de Guilherme Nucci.

É imprescindível continuar acompanhando o entendimento jurisprudencial sobre a matéria, pois foi um primeiro precedente do STJ. Não faltaram críticas a esta decisão, sob o argumento de que teria incorrido em verdadeira analogia *in malam partem.*

---

15. STJ, AgRg no AREsp 686.965/DF, rel. Min. Ericson Maranho (Desembargador Convocado do TJ/SP), julgado em 18/08/2015, DJe 31/08/2015.

Na injúria preconceituosa, a ação penal é de iniciativa pública condicionada à representação do ofendido, nos termos do art. 145, parágrafo único, CP.

3.11. Outras Questões

Devemos atentar para não confundirmos o crime de injúria com outras figuras típicas.

3.11.1. *Injúria e Código Eleitoral*

O Código Eleitoral também prevê um crime de injúria (art. 326), quando as condutas ocorrem na propaganda eleitoral ou visando a fins de propaganda eleitoral.

3.11.2. *Injúria e Código Penal Militar*

O Código Penal Militar prevê o crime de injúria em seu art. 216 e a injúria real em seu art. 217. Para que se caracterizem tais conduta, necessário que estejamos diante de crimes militares, conforme previsto no art. 9º, CPM.

3.11.3. *Injúria e Estatuto do Idoso*

O Estatuto do Idoso (Lei n. 10.741/03) prevê pena de detenção de um a três anos, e multa, para aquele que exibir ou veicular, por qualquer meio de comunicação, informações ou imagens depreciativas ou injuriosas à pessoa do idoso. Ademais, o mesmo Estatuto prevê pena de reclusão de seis meses a um ano, e multa, para aquele que desdenhar, humilhar, menosprezar ou discriminar pessoa idosa, por qualquer motivo.

3.11.4. *Injúria e Lei n. 12.984/14*

A Lei n. 12.984/14 "define o crime de discriminação dos portadores do vírus da imunodeficiência humana (HIV) e dentes de AIDS". Em seu art. 1º, inciso V, pune-se com pena de reclusão de um a quatro anos, e multa, a conduta daquele que divulgar a condição do portador de HIV ou de doente de AIDS com o intuito de ofender-lhe a dignidade.

3.11.5. *Injúria e Estatuto da Pessoa com Deficiência*

O Estatuto da Pessoa com Deficiência (Lei n. 13.146/15) prevê, em seu art. 88, a pena de reclusão de um a três anos, e multa, para aquele que "praticar, induzir ou incitar discriminação de pessoa em razão de sua deficiência". A conduta não se confunde, como se vê, com a injúria, pois não há ofensa à honra pessoal da vítima. Se houvesse a injúria, estaríamos diante da modalidade qualificada pelo preconceito.

3.11.6. *Injúria e desacato*

A despeito de ensejar algumas confusões, na prática, não há que se confundir o crime de injúria praticado contra funcionário público em razão de suas funções, com o crime de desacato (art. 334, CP). Na injúria, de um modo geral, o agente ofende a honra pessoal da vítima, e a conduta pode ser praticada na sua presença ou não – desde que chegue a seu conhecimento. Contudo, em se tratando de vítima funcionário público, em razão de sua função, esta regra será excepcionada, pois a ofensa irrogada em sua presença, constituirá desacato.

Com efeito, o desacato ocorre na presença do funcionário público e a finalidade do agente é menoscabar a função pública por ele exercida.

3.12. Penas

A pena prevista para o crime de injúria é de detenção de um a seis meses, ou multa. Logo, podemos concluir que:

a) É possível a transação penal (art. 76, Lei n. 9.099/95), pois se trata de infração penal de menor potencial ofensivo. Em se tratando de injúria preconceituosa, não há que se falar em cabimento de transação penal, pois, neste caso, a pena máxima chega a três anos.

b) É possível a suspensão condicional do processo (art. 89, Lei n. 9.099/95), pois a pena mínima não ultrapassa um ano.

3.13. Classificação

O crime de injúria pode ser classificado como:

a) **Comum** (não exige qualidade especial do agente);

b) **Formal** (a consumação não exige a produção de um resultado naturalístico);

c) De **forma livre** (a Lei não estabelece exigência para a forma de execução);

d) **Simples** (tutela apenas um bem jurídico);

e) **Comissivo** (praticado mediante ação) ou **omissivo** (praticado mediante omissão);

f) **Unissubjetivo** (poderá haver concurso de pessoas);

g) **Instantâneo** (consuma-se de imediato);

h) **Unissubsistente** (a conduta não pode ser fracionada) **ou Plurissubsistente** (a conduta pode ser fracionada), a depender do caso;

i) De **dano** (a consumação enseja a lesão ao bem jurídico);

j) **Transeunte** (não deixa vestígios materiais);

k) **Doloso** (não admite modalidade culposa).

3.14. Quadro Sinótico

INJÚRIA		
Topografia do art. 140	Caput: injúria simples § 1: perdão judicial § 2º: injúria real § 3º: injúria qualificada ou racial.	1
Considerações Iniciais	No crime de injúria, tutela-se a **honra subjetiva**, aquilo que a própria pessoa pensa de si, sua autoestima. Aqui, o que ocorre não é a imputação de fatos e sim atribuições pejorativas em relação à vítima. É o que ocorre o agente profere xingamentos à vítima ou a adjetiva negativamente. Ao contrário do que ocorre na calúnia e na difamação, a injúria não admite a exceção da verdade ou da notoriedade.	2
Tipicidade Objetiva	A conduta consiste em "injuriar", que equivale a ofender, insultar. Conforme mencionamos, essa ofensa se dá por meio de uma adjetivação negativa, não havendo imputação de fatos. Conforme o tipo penal, a injúria ofende a dignidade (atributos morais) ou o decoro (atributos físicos e intelectuais).	3
Sujeitos	Qualquer pessoa pode ser **sujeito ativo** do crime de injúria. O **sujeito passivo** é a pessoa física determinada. A pessoa jurídica não pode ser sujeito passivo deste crime, na medida em que não é titular de honra subjetiva.	4
Objetos	O **objeto juridicamente tutelado** é a honra subjetiva. O **objeto material** é a pessoa contra quem são proferidas ofensas.	5
Elemento Subjetivo	O elemento subjetivo exigido pelo tipo penal é o dolo, pois se exige do agente a vontade consciente de querer atingir a honra subjetiva da vítima (*animus injuriandi*). Não há previsão para a sua modalidade culposa.	6
Consumação e Tentativa	Consuma-se o crime quando o sujeito passivo toma conhecimento do que fora feito pelo agente e este ato tenha sido o suficiente para ofender a sua dignidade. Se a ofensa se der por escrito, a conduta é plurissubsistente, sendo possível a tentativa. Por outro lado, se a conduta for praticada verbalmente, não haverá que se falar em tentativa.	7
Ação Penal	A ação penal, em regra, é de iniciativa privada. Porém, será pública condicionada à representação do ofendido nos casos de injúria preconceituosa e pública incondicionada nos casos de injúria real. No que concerne à injúria praticada contra o Presidente da República ou chefe de governo estrangeiro, a ação penal será de iniciativa pública condicionada à requisição do Ministro da Justiça. Quanto à situação do crime de injúria praticada em desfavor do servidor público em razão de suas funções, a **Súmula n. 714 do STF** afirma ser concorrente a legitimidade do ofendido, mediante queixa, e do Ministério Público, condicionada à representação do ofendido, para a ação penal por crime contra a honra de servidor público em razão do exercício de suas funções.	8

Perdão Judicial	Em seu §1º, o art. 140 do Código Penal estabelece as seguintes hipóteses de Perdão Judicial no Crime de Injúria: **a)** Quando o ofendido, de forma reprovável, provocou diretamente a injúria; **b)** No caso de retorsão imediata, que consista em outra injúria.		9
Injúria Qualificada	**Injúria real (art. 140, §2º, CP)**	Se a injúria consiste em violência ou vias de fato, que, por sua natureza ou pelo meio empregado, se considerem aviltantes, a pena será de detenção de três meses a um ano, além da multa correspondente à violência.	10.1
Injúria Qualificada	**Injúria preconceituosa (art. 140, §3º, CP)**	Pune-se com pena de reclusão de um a três anos, além da multa, a injúria quando se realiza mediante a utilização de elementos referentes à raça, cor, etnia, origem, religião, condição de pessoa idosa ou portadora de deficiência. Na injúria preconceituosa, a ação penal é de iniciativa pública condicionada à representação do ofendido.	10.2
Outras Questões	**Injúria e Código Eleitoral**	O Código Eleitoral também prevê um crime de injúria (art. 326), quando as condutas ocorrem na propaganda eleitoral ou visando a fins de propaganda eleitoral.	11.1
	Injúria e Código Penal Militar	O Código Penal Militar prevê o crime de injúria em seu art. 216 e a injúria real em seu art. 217. Para que se caracterizem tais conduta, necessário que estejamos diante de crimes militares.	11.2
	Injúria e Estatuto do Idoso	O Estatuto do Idoso prevê crime próprio para quem exibir ou veicular, por qualquer meio de comunicação, informações ou imagens depreciativas ou injuriosas à pessoa do idoso, bem como para aquele que desdenhar, humilhar, menosprezar ou discriminar pessoa idosa, por qualquer motivo.	11.3
	Injúria e Lei n. 12.984/14	A Lei n. 12.984/14 "define o crime de discriminação dos portadores do vírus da imunodeficiência humana (HIV) e dentes de AIDS".	11.4
	Injúria e Estatuto da Pessoa com Deficiência	O Estatuto da Pessoa com Deficiência prevê, em seu art. 88, a pena de reclusão de um a três anos, e multa, para aquele que "praticar, induzir ou incitar discriminação de pessoa em razão de sua deficiência".	11.5

Outras Questões	**Injúria e desacato**	Na injúria, de um modo geral, o agente ofende a honra pessoal da vítima, e a conduta pode ser praticada na sua presença ou não – desde que chegue a seu conhecimento. Contudo, em se tratando de vítima funcionário público, em razão de sua função, esta regra será excepcionada, pois a ofensa irrogada em sua presença, constituirá desacato.	11.6
Penas	A pena prevista para o crime de injúria é de detenção de um a seis meses, ou multa.		12
Classificação	**a)** **Comum** (não exige qualidade especial do agente); **b)** **Formal** (a consumação não exige a produção de um resultado naturalístico); **c)** De **forma livre** (a Lei não estabelece exigência para a forma de execução); **d)** **Simples** (tutela apenas um bem jurídico); **e)** **Comissivo** (praticado mediante ação) ou **omissivo** (praticado mediante omissão); **f)** **Unissubjetivo** (poderá haver concurso de pessoas); **g)** **Instantâneo** (consuma-se de imediato); **h)** **Unissubsistente** (a conduta não pode ser fracionada) ou **Plurissubsistente** (a conduta pode ser fracionada), a depender do caso; **i)** **De dano** (a consumação enseja a lesão ao bem jurídico); **j)** **Transeunte** (não deixa vestígios materiais); **k)** **Doloso** (não admite modalidade culposa).		13

3.15. Súmulas

3.15.1. *STF*

714. É concorrente a legitimidade do ofendido, mediante queixa, e do Ministério Público, condicionada à representação do ofendido, para a ação penal por crime contra a honra de servidor público em razão do exercício de suas funções.

3.16. Questões de Concursos Públicos

01. (FCC - 2018 - DPE-AM - Defensor Público - Reaplicação) Comete o crime de

(A) difamação aquele que ofende a dignidade de pessoa morta.

(B) denunciação caluniosa aquele que provoca ação de autoridade comunicando-lhe ocorrência de vias de fato que sabe não ter se verificado.

(C) calúnia aquele que imputa crime sabendo ser a pessoa inocente e dá causa à instauração de inquérito policial.

(D) injúria aquele que ofende a dignidade de alguém com utilização de elementos referentes à condição de pessoa idosa.

(E) desacato aquele que ofende a dignidade da Polícia Militar ao expor opinião pejorativa sobre a instituição.

02. (FGV - 2017 - TRT - 12ª Região (SC) - Analista Judiciário - Área Judiciária) Insatisfeito com o comportamento de seu empregador Juca, Carlos escreve uma carta para a família daquele,

afirmando que Juca seria um estelionatário e torturador. Lacra a carta e a entrega no correio, adotando todas as medidas para que chegasse aos destinatários. No dia seguinte, porém, Carlos se arrepende de seu comportamento e passa a adotar conduta para evitar que a carta fosse lida por qualquer pessoa e o crime consumado. Carlos vai até a casa de Juca, tenta retirar a carta da caixa do correio, mas vê o exato momento em que Juca e sua esposa pegam o envelope e leem todo o escrito. Ofendido, Juca procura seu advogado e narra o ocorrido.

Considerando a situação apresentada, o advogado de Juca deverá esclarecer que a conduta de Carlos configura crime de:

(A) injúria, consumado;

(B) tentativa de injúria, pois houve arrependimento eficaz, devendo Carlos responder apenas pelos atos já praticados;

(C) tentativa de calúnia, pois houve desistência voluntária, devendo Carlos responder apenas pelos atos já praticados;

(D) tentativa de calúnia, pois houve arrependimento eficaz, devendo Carlos responder apenas pelos atos já praticados;

(E) calúnia, consumado.

03. **(IBADE - 2017 - PC-AC - Escrivão de Polícia Civil) Encaminhar uma mensagem de texto a um policial civil que se encontra em outro município, xingando-o de ladrão, configura crime de:**

(A) calúnia.

(B) desacato

(C) injúria.

(D) difamação

(E) denunciação caluniosa

04. **(CESPE - 2017 - SERES-PE - Agente de Segurança Penitenciária) Um indivíduo negro, síndico do edifício onde morava, ao flagrar um morador na piscina do bloco com um recipiente de isopor cheio de bebidas alcoólicas — atitude que afronta a norma regimental proibitiva do condomínio —, recriminou-o, dizendo simplesmente: "- você não pode fazer isso!". Enfurecido, o morador retrucou a admoestação, proferindo ofensas relativas à raça e à cor do síndico, com a seguinte frase: "- Negro safado e fedido, volte para a África, que é seu lugar!". A ofensa foi proferida em voz alta, na presença de vários condôminos que usufruíam da área de lazer. Nessa situação, a conduta do morador configura hipótese de**

(A) injúria qualificada por conotação racial.

(B) crime contra a honra sujeito a ação penal pública incondicionada.

(C) crime contra a honra sujeito à exceção da verdade.

(D) difamação, razão por que ele estará isento de pena caso se retrate antes de proferida a sentença.

(E) retorsão imediata, razão por que ele não poderá ser punido.

05. **(Delegado de Polícia - Superior / VUNESP / 2018) Segundo o art. 140, do Código Penal Brasileiro (crime de injúria), é correto afirmar que**

(A) o crime de injúria qualificado, previsto no parágrafo 3° do art. 140, do CP, que consiste na ofensa à honra com a utilização de elementos referentes à raça e à cor, é inafiançável e imprescritível.

(B) o crime de injúria qualificado, previsto no parágrafo 3° do art. 140, do CP, consiste na ofensa à honra com a utilização de elementos referentes exclusivamente à raça, cor, etnia e origem.

(C) o perdão judicial, previsto no parágrafo 1° do art. 140, do CP, aplicável quando o ofendido provoca diretamente a injúria, aplica-se ao crime de injúria qualificado, previsto no parágrafo 3° do art. 140, do CP.

(D) no crime de injúria, o objeto jurídico é a honra subjetiva do ofendido, podendo ser praticado mediante dolo ou culpa.

(E) na injúria real, prevista no parágrafo 2° do art. 140, do CP, a violência ou vias de fato são meios de execução do crime.

06. **(UFMT - 2014 - MPE-MT - Promotor de Justiça) Sempronio, hígido mentalmente, com o propósito inequívoco de ofender Mévio, perante terceiros, qualifica-o de "vil, abjeto e burro". A conduta de Sempronio caracteriza**

(A) Crime de calúnia.

(B) Crime de injúria.

(C) Crime de difamação.

(D) Irrelevante penal.

(E) Fato atípico.

07. **(TRT 15R - 2008 - TRT - 15ª Região - Juiz do Trabalho - Prova 1) Nos crimes contra a honra, assinale a alternativa correta:**

(A) a calúnia somente pode ser dirigida a pessoas vivas;

(B) a difamação consiste em imputar a qualquer pessoa fato ofensivo à sua dignidade ou decoro;

(C) consuma-se a injúria quando a ofensa chega ao conhecimento do ofendido;

(D) configura-se a calúnia quando a imputação se referir a contravenção penal;

(E) consuma-se a calúnia no momento em que o fato ofensivo chega ao conhecimento do ofendido.

08. **(CESPE - 2017 - SERES-PE - Agente de Segurança Penitenciária) Um indivíduo negro, síndico do edifício onde morava, ao flagrar um morador na piscina do bloco com um recipiente de isopor cheio de bebidas alcoólicas — atitude que afronta a norma regimental proibitiva do condomínio —, recriminou-o, dizendo simplesmente: "- você não pode fazer isso!". Enfurecido, o morador retrucou a admoestação, proferindo ofensas relativas à raça e à cor do síndico, com a seguinte frase: "- Negro safado e fedido, volte para a África, que é seu lugar!". A ofensa foi proferida em voz alta, na presença de vários condôminos que usufruíam da área de lazer.**

Nessa situação, a conduta do morador configura hipótese de

(A) injúria qualificada por conotação racial.

(B) crime contra a honra sujeito a ação penal pública incondicionada.

(C) crime contra a honra sujeito à exceção da verdade.

(D) difamação, razão por que ele estará isento de pena caso se retrate antes de proferida a sentença.

(E) retorsão imediata, razão por que ele não poderá ser punido.

09. **(VUNESP - 2014 - TJ-PA - Juiz de Direito Substituto) "X" é negro e jogador de futebol profissional. Durante uma partida é chamado pelos torcedores do time adversário de macaco e lhe são atiradas bananas no meio do gramado. Caso sejam identificados os torcedores, é correto afirmar que, em tese,**

(A) responderão pelo crime de preconceito de raça ou de cor, nos termos da Lei n.º 7.716/89.

(B) responderão pelo crime de racismo, nos termos da Lei n.º 7.716/89.

(C) responderão pelo crime de difamação, nos termos do art. 139 do Código Penal, entretanto, com o aumento de pena previsto na Lei n.º 7.716/89.

(D) não responderão por crime algum, tendo em vista que esse tipo de rivalidade entre as torcidas é própria dos jogos de futebol, restando apenas a punição na esfera administrativa.

(E) responderão pelo crime de injúria racial, nos termos do art. 140, § 3.º do Código Penal.

3.17. Questões Discursivas com Comentários

01. **(XX EXAME DE ORDEM UNIFICADO - OAB - PROVA PRÁTICO-PROFISSIONAL - REAPLICAÇÃO PORTO VELHO / RO - 2016) No curso de uma audiência criminal, João, advogado de Pedro, acusado da prática de um crime de estupro, em sede de alegações finais orais, assevera que o representante do Ministério Público "é arbitrário e tem a sede da condenação, não se importando em acusar uma pessoa comprovadamente inocente". Atendendo à manifestação do Promotor de Justiça, que se sentiu ofendido, o juiz destituiu o advogado e nomeou Defensor Público para continuar na defesa do acusado, que, na ocasião, não estava presente. O Defensor, então, concluiu as alegações finais orais. Na mesma assentada, o magistrado determinou a extração de peças, com o encaminhamento ao Ministério Público, para apurar possível crime contra a honra praticado por João. Pedro, assistido pela Defensoria Pública, acabou condenado na forma do pedido inicial. João, por sua vez, após representação do Promotor de Justiça vítima, foi denunciado pela prática de crime de injúria. Considerando apenas as informações constantes na hipótese narrada, responda, fundamentadamente, aos itens a seguir.**

A) Na condição de advogado(a) de João, qual tese de direito material você alegaria em seu favor para afastar a imputação delitiva? (Valor: 0,60)

3.18. Gabarito Comentado

A) Em tese, o crime praticado seria de injúria. Entretanto, nos termos do Art. 142, inciso I, do Código Penal, não constitui crime de injúria a ofensa irrogada em juízo, na discussão da causa, pela parte ou por seu procurador. Assim, a conduta de João foi atípica, não configurando a prática de crime contra a honra, pois a possível ofensa praticada foi na discussão da causa, defendendo o interesse de Pedro em juízo.

3.19. Questões para Treinar (sem comentários)

01. (CESPE - 2017 - DPE-AC - Defensor Público) De acordo com a legislação vigente e o entendimento dos tribunais superiores, assinale a opção correta, com relação ao crime de injúria.

(A) A ação penal no caso de injúria discriminatória é pública incondicionada, uma vez que o bem jurídico tutelado ultrapassa os limites subjetivos.

(B) A injúria racial é crime instantâneo, ao passo que a consumação ocorre no momento em que terceiros tomam conhecimento do teor da ofensa.

(C) A exceção da verdade é admitida apenas para alguns dos elementos tutelados pela norma penal e exclui a tipicidade quando a ofensa é irrogada em juízo, na discussão da causa, pela parte ou por seu procurador.

(D) A injúria racial é um delito inserido no panorama constitucional do crime de racismo, sendo considerado imprescritível, inafiançável e sujeito à pena de reclusão.

(E) No crime de injúria, admite-se a retratação desde que se faça antes da sentença, por escrito, de forma completa, abrangendo tudo o que o ofensor disse.

02. (IBADE - 2017 - PC-AC - Auxiliar de Necropsia) Encaminhar uma mensagem de texto a um policial civil que se encontra em outro município, xingando-o de ladrão, configura crime de:

(A) calúnia.

(B) desacato.

(C) difamação

(D) denunciação caluniosa

(E) Injuria

03. (IBADE - 2017 - PC-AC - Delegado de Polícia Civil) Acerca dos crimes contra a honra, é correto afirmar que:

(A) apenas a calúnia, considerados todos os crimes contra a honra, pode ter a pessoa morta como sujeito passivo do delito, hipótese em que o bem jurídico atingido será a honra objetiva ou externa do morto.

(B) não comete crime de calúnia quem, com intenção de ampliar a lesão à honra do ofendido, propala ou divulga a imputação prévia feita por outrem, sabendo da falsidade da imputação, hipótese capaz de gerar apenas responsabilidade civil.

(C) xingar um homem casado de "corno" ou "cornudo" é uma hipótese de injúria reflexa, dando azo ao concurso formal de crimes.

(D) o crime de calúnia pressupõe a falsidade da imputação, cuja ciência deve integrar o dolo do agente, de modo que somente se admitirá dolo direto no referido delito.

(E) escarnecer de alguém por motivo de crença e de forma privada caracteriza crime de ultraje a culto, que prevalecerá sobre o crime de injúria.

04. (IBFC - 2015 - SAEB-BA - Técnico de Registro de Comércio) Considere as disposições do Código Penal Brasileiro e assinale a alternativa correta sobre o crime de injúria.

(A) O crime de injúria tem pena base de reclusão, de um a seis anos, ou multa.

(B) O juiz pode deixar de aplicar a pena no caso de retorsão imediata, que consista em outra injúria.

(C) O juiz não pode deixar de aplicar a pena se o ofendido, ainda que de forma reprovável, tenha provocado a injúria.

(D) Se a injúria consiste em violência ou vias de fato, que, por sua natureza ou pelo meio empregado, se considerem aviltantes a pena passa a ser de reclusão de três meses a um ano mais multa, excluído-se a pena correspondente à violência.

(E) Se a injúria consiste na utilização de elementos referentes a raça, cor, etnia, religião, origem ou a condição de pessoa idosa ou portadora de deficiência a pena passa a ser de detenção de um a três anos e multa.

05. (TRT 14R - 2013 - TRT - 14ª Região (RO e AC) - Juiz do Trabalho) Analise as proposições abaixo e após marque a alternativa correta:

I. No caso do crime de calúnia, admite-se a prova da verdade, salvo se do crime imputado, embora de ação pública, o ofendido foi absolvido por sentença irrecorrível.

II. No caso do crime de injúria, admite-se a exceção da verdade somente se o ofendido for funcionário público e a ofensa for relativa ao exercício de suas funções.

III. Se a injúria consiste na utilização de elementos referentes a raça, cor, etnia, religião, origem ou a condição de pessoa idosa ou portadora de deficiência, a pena prevista é a de reclusão de um a três anos e multa.

(A) Apenas o item I é falso.

(B) Apenas o item II é falso.

(C) Apenas o item III é falso.

(D) Todos os itens são verdadeiros.

(E) Todos os itens são falsos.

4. DISPOSIÇÕES COMUNS

Art. 141 - As penas cominadas neste Capítulo aumentam-se de um terço, se qualquer dos crimes é cometido:

I - contra o Presidente da República, ou contra chefe de governo estrangeiro;

II - contra funcionário público, em razão de suas funções;

III - na presença de várias pessoas, ou por meio que facilite a divulgação da calúnia, da difamação ou da injúria.

IV - contra pessoa maior de 60 (sessenta) anos ou portadora de deficiência, exceto no caso de injúria.

§ 1°- Se o crime é cometido mediante paga ou promessa de recompensa, aplica-se a pena em dobro.

Entre seus artigos 141 e 145, o Código Penal traz uma série de questões, que foram agrupadas sob a terminologia de "disposições comuns". Passemos ao seu estudo.

4.1. Causas de Aumento de Pena

O art. 141, CP previu algumas hipóteses em que as penas dos crimes contra a honra (calúnia, difamação e injúria) são aumentadas de um terço. São os casos nos quais o crime é cometido:

a) **Contra o Presidente da República, ou contra chefe de governo estrangeiro:** trata-se de hipótese de causa de aumento de pena em virtude da relevância das funções ocupadas. Em se tratando de crime contra o Presidente da República, relevante reiterar que, se a calúnia ou difamação possuir motivação política ou envolver, de algum modo, questões de segurança nacional, não se aplicarão as regras do Código Penal, mas sim a Lei de Segurança Nacional (Lei n. 7.170/83), que previu a existência destes crimes em seu artigo 26. Já no caso da injúria, incidem as regras do Código Penal, pois não há previsão desta figura típica na Lei de Segurança Nacional.

Por outro lado, em se tratando de crime contra a honra de chefe de governo estrangeiro, em qualquer modalidade, deverá incidir o Código Penal, pois não há previsão de crime na Lei de Segurança Nacional para este caso.

De igual sorte, importante destacar que se o crime contra a honra se der no bojo da propaganda eleitoral ou para fins de propaganda eleitoral, incidirá o Código Eleitoral. A propósito, a legislação eleitoral também previu causa de aumento de pena para o crime contra a honra praticado contra o Presidente da República ou o chefe de governo estrangeiro (art. 327, I, CE).

b) Contra funcionário público, em razão de suas funções: a legislação elucida de forma evidente que a causa de aumento somente se verifica quando a ofensa diz respeito à função pública da vítima. Em se tratando de ofensa ao funcionário público em relação à sua vida privada, não há que se falar em majorante.

Tendo em vista a necessidade de se promover uma interpretação restritiva, por se tratar de exasperação da pena, prevalece o entendimento no sentido de que a referida majorante não se aplica quando a vítima é funcionário público por equiparação (art. 327, §1º, CP). Também por força da necessidade de interpretação restritiva, viceja o entendimento no sentido de que a causa de aumento somente se justifica se o funcionário público estiver na ativa, por ocasião da ofensa. Ou seja, se o ofensor atacar a honra da vítima que é funcionário público aposentado, não incidirá a causa de aumento, ainda que o agente faça alusão à época em que a vítima exercia a função pública.

c) Na presença de várias pessoas, ou por meio que facilite a divulgação da calúnia, da difamação ou da injúria: esta majorante justifica-se por força da maior dimensão assumida pela conduta criminosa, o que, evidentemente, redunda em uma ofensa de maior monta à honra da vítima.

A doutrina, capitaneada por Nelson Hungria e amplamente majoritária, compreende que a expressão "várias pessoas" abrange, ao menos, três pessoas. Neste cômputo, não ingressam os autores (bem como coautores e partícipes) do crime, e nem pessoas que não possuem discernimento para compreender a ofensa, como crianças em tenra idade, por exemplo. Também não é computada a vítima. Todavia, se o agente ofende inúmeras pessoas, no mesmo contexto, cada uma delas poderá ser computada em relação à ofensa dos outros.

O dispositivo legal ainda faz menção à expressão "ou por meio que facilite a divulgação da calúnia, da difamação ou da injúria". Podemos fazer referência às ofensas realizadas por meio de *outdoor*, pichação, alto-falante, imprensa, redes sociais etc.

d) Contra pessoa maior de 60 (sessenta) anos ou portador de deficiência, exceto no caso de injúria: a ressalva em relação ao crime de injúria é plenamente justificada. Pois, conforme estudamos ao analisar esse crime, a ofensa a pessoa maior de 60 (sessenta) anos ou portador de deficiência não caracterizaria injúria majorada, mas sim injúria qualificada. Como cediço, não poderia a mesma circunstância figurar, ao mesmo tempo, como qualificadora e causa de aumento, sob pena de incorrermos em *bis in idem*.

Evidentemente, somente haverá a incidência da causa de aumento de pena se o agente tiver ciência das circunstâncias descritas no dispositivo legal, ou seja, da idade da vítima ou da sua condição de portador de deficiência.

e) **Se o crime é cometido mediante paga ou promessa de recompensa:** esta causa de aumento de pena vem prevista no art. 141, parágrafo primeiro. Diversamente do que ocorre com as causas mencionadas anteriormente, aqui a pena não será aumentada em um terço, mas sim aplicada em dobro.

O crime com esta majorante é chamado de **"mercenário".**

Tanto a "paga" quanto a "promessa de recompensa" pressupõem a obtenção de alguma vantagem, seja ela de caráter patrimonial ou de outra natureza. A distinção reside no momento em que se concretizam, pois na "paga" esta vantagem já foi auferida pela agente, ao passo que na "promessa de recompensa", tal vantagem somente será obtida após a consumação do crime.

Trata-se de crime plurissubjetivo, pois pressupõe a presença, no mínimo, de um mandante e um executor. A *priori*, a causa de aumento deveria incidir apenas para o executor, pois é ele que age impelido pela paga ou promessa de recompensa. Esta circunstância pessoal não é elementar do crime contra a honra e, por isso, não deve se comunicar ao mandante (art. 30, CP).

5. EXCLUSÃO DO CRIME

EXCLUSÃO DO CRIME

Art. 142 - Não constituem injúria ou difamação punível:

I - a ofensa irrogada em juízo, na discussão da causa, pela parte ou por seu procurador;

II - a opinião desfavorável da crítica literária, artística ou científica, salvo quando inequívoca a intenção de injuriar ou difamar;

III - o conceito desfavorável emitido por funcionário público, em apreciação ou informação que preste no cumprimento de dever do ofício.

Parágrafo único - Nos casos dos ns. I e III, responde pela injúria ou pela difamação quem lhe dá publicidade.

Em seu art. 142, o Código Penal traz hipóteses que ensejam a exclusão dos crimes de difamação e injúria. Como se percebe, **as hipóteses de exclusão não se estendem ao crime de calúnia**. Estas causas de exclusão possuem natureza jurídica de **causas de exclusão da ilicitude previstas na parte especial do Código Penal**[16]. Este entendimento é amplamente majoritário em doutrina. Em sentido contrário, Rogério Greco defende a ideia de que as hipóteses dos incisos II e III afastam o próprio dolo do agente, que não possuiria intenção

16. Por todos, JESUS, Damásio E. *Direito Penal: parte especial. Vol. II*. 31. ed. São Paulo: Saraiva, 2011.

de difamar ou injuriar, e, portanto, a própria tipicidade. Já a hipótese do art. 142, I, CP seria uma causa de extinção da punibilidade do agente[17].

Passemos ao estudo de cada uma delas:

a) A ofensa irrogada em juízo, na discussão da causa, pela parte ou por seu procurador: trata-se do que a doutrina nominou de **imunidade judiciária.** A imunidade se estende tanto às ofensas proferidas verbalmente (audiência, sustentação oral, plenário de julgamento do júri etc) quanto por escrito (intra-autos), nas petições e peças processuais de qualquer natureza.

Para que exista a mencionada imunidade, necessário que se façam presentes três requisitos: a) a ofensa seja irrogada em juízo; b) que tenha relação com a causa; c) seja proferida pela parte ou por seu procurador. Vejamos:

a) A ofensa seja irrogada em juízo: diz respeito a ofensas proferidas no bojo de uma relação jurídica processual perante o Poder Judiciário. Não há que se falar em tal imunidade, portanto, quando estamos diante de processos administrativos ou procedimentos investigatórios. Demais disso, se, por exemplo, antes do início da audiência, as partes e/ou procuradores começam a discutir na porta do fórum ou na antessala da sede do juízo, eventuais ofensas aí irrogadas não serão contempladas pela imunidade, porquanto não haverá ofensa irrogada em juízo. Imprescindível, portanto, que o ato processual tenha se iniciado, para que possamos falar em referida imunidade.

O Estatuto da Advocacia (Lei n. 8.906/94) vai além do Código Penal, estabelecendo em seu art. 7º, §2º que: "O advogado tem imunidade profissional, não constituindo injúria, difamação ou desacato puníveis qualquer manifestação de sua parte, no exercício de sua atividade, em juízo ou fora dele, sem prejuízo das sanções disciplinares perante a OAB, pelos excessos que cometer". Apreciando a constitucionalidade desse dispositivo, o STF concedeu liminar na ADIn 1.127-8, suspendendo a sua eficácia, no que diz respeito à expressão "desacato".

No mesmo sentido, a Lei Orgânica Nacional do Ministério Público (Lei n. 8.625/93) estabelece em seu art. 41, V que constitui prerrogativa do membro do MP, no exercício das suas funções: "gozar de inviolabilidade pelas opiniões que externar ou pelo teor de suas manifestações processuais ou procedimentos, nos limites de sua independência funcional".

Como se vê, para os advogados e membros do Ministério Público, haverá a imunidade em relação a atos que possam constituir difamação ou injúria, ainda que as ofensas não ocorram em juízo. Trata-se de regra específica e de abrangência mais ampla.

b) A ofensa tem relação com a causa: para que se possa falar na imunidade, é necessário que a ofensa possua relação com a defesa de um direito em juízo. Se a ofensa não evidenciar essa relação de causalidade em relação ao que é pleiteado na causa, isto é, se a ofensa for gratuita, haverá crime.

c) Seja proferida pela parte ou por seu procurador: a expressão "parte" abrange o autor, o réu, mas também os terceiros intervenientes, como o assistente de acusação, por

---

17. GRECO, Rogério. *Curso de Direito Penal: parte especial.* 15.ed. Niterói: Impetus, 2018, p.385.

exemplo. Abrange também o membro do Ministério Público, desde que efetivamente atue como parte. Pela literalidade do Código Penal, o membro do MP não gozaria da imunidade quando atuasse como *custos legis*. Devemos recordar, todavia, que por força do quanto previsto no art. 41, V da Lei n. 8.625/93, a mencionada imunidade se fará presente.

Por outro lado, a expressão "procurador" abrange o defensor, constituído ou dativo, público ou exercendo a advocacia privada.

E quanto ao magistrado? Faria jus à imunidade? O Código Penal não contempla essa hipótese. Contudo, o art. 41 da Lei Complementar n. 35/79 – Lei Orgânica da Magistratura Nacional (LOMAN) – estabelece que: "Salvo os casos de impropriedade ou excesso de linguagem o magistrado não pode ser punido ou prejudicado pelas opiniões que manifestar ou pelo teor das decisões que proferir"[18].

Há divergências em sede doutrinária em torno da possibilidade de haver imunidade quando a ofensa é irrogada em desfavor do magistrado. Uma primeira corrente de pensamento sustenta a ideia de não ser possível haver a imunidade em casos como este, pois o julgador não é parte a imparcialidade que deve manter afasta qualquer interesse no resultado da demanda[19]. Uma segunda corrente de pensamento admite a imunidade em relação às ofensas irrogadas ao magistrado[20].

Esta segunda corrente de pensamento nos parece mais consentânea com o alcance da imunidade legislativa. Com efeito, o Código não especifica que a imunidade diz respeito apenas a ofensas irrogadas contra as partes ou procuradores, mas sim que as ofensas são por eles proferidas. Evidentemente, a imunidade não pode ser invocada como instrumento de abuso do direito, permitindo que partes e procuradores maculem a honra alheia, seja do magistrado seja das demais partes ou procuradores. Mas dentro âmbito de atuação razoável que permite a legislação, a imunidade existiria, independentemente do destinatário da ofensa.

Pelas mesmas razões, entendemos que haverá imunidade quando a ofensa for irrogada que constitui difamação ou injúria for irrogada contra membro do Ministério Público, independentemente de sua atuação ocorrer como parte ou como fiscal da execução da lei (*custos legis*). Não podemos olvidar, contudo, que a mesma corrente doutrinária que assevera não ser possível estender a imunidade em caso de ofensa contra o magistrado nos dirá que somente haverá a imunidade em caso de ofensa irrogada contra membro do *Parquet* quando ele atuar como parte, e não como *custos legis*.

Consoante previsto no art. 142, parágrafo único, devem ser responsabilizados pela injúria ou difamação aquele que der publicidade às ofensas irrogadas em juízo.

b) A opinião desfavorável da crítica literária, artística ou científica, salvo quando inequívoca a intenção de injuriar ou difamar: o dispositivo possui por finalidade preservar

---

18. No sentido de reconhecer essa imunidade, STJ, APn 482/PA, rel. Min. Humberto Gomes de Barros, Corte Especial, j. 17/10/2017.
19. Nesse sentido, por todos, MASSON, Cléber. *Direito Penal Esquematizado: parte especial, vol. II*, 7. Ed. São Paulo: Método, 2015, p.219.
20. Por todos, GRECO, Rogério. *Curso de Direito Penal: parte especial.* 15.ed. Niterói: Impetus, 2018, p.388-389.

a liberdade de expressão, consagrada em nosso texto constitucional e pilar de todos os regimes democráticos. Saber conviver com a crítica moderada e razoável é imprescindível para a vida em sociedade.

Por outro lado, sendo certo de que não há direito de liberdade de expressão revestida de caráter absoluto, não se poderá invocá-la com a finalidade de macular a honra alheia. Esta a razão da ressalva realizada ao final do dispositivo, quando se reporta à inequívoca intenção de injuriar ou difamar.

O art. 142, parágrafo único, CP não previu a responsabilização para que der publicidade à crítica desfavorável acobertada pela imunidade.

c) **O conceito desfavorável emitido por funcionário público, em apreciação ou informação que preste no cumprimento de dever do ofício:** esse dispositivo consagra um **estrito cumprimento de um dever legal** previsto na parte especial do Código. Com efeito, o funcionário público, no cumprimento do seu dever de ofício pode se valer de determinadas expressões ou fazer alusão a determinados fatos que não serão enquadrados como injúria ou difamação. É o exemplo de um delegado de polícia que, ao concluir as suas investigações, no relatório do inquérito, afirma que o indiciado é uma pessoa que representa perigo à sociedade ou que agiu de forma covarde contra a vítima.

Consoante previsto no art. 142, parágrafo único, devem ser responsabilizados pela injúria ou difamação aquele que der publicidade conceito desfavorável emitido por funcionário público.

6. RETRATAÇÃO

RETRATAÇÃO

Art. 143 - O querelado que, antes da sentença, se retrata cabalmente da calúnia ou da difamação, fica isento de pena.

Parágrafo único. Nos casos em que o querelado tenha praticado calúnia ou difamação utilizando-se de meios de comunicação, a retratação dar-se-á, se assim desejar o ofendido, pelos mesmos meios em que se praticou a ofensa.

O art. 107, V, CP permite a extinção da punibilidade do agente pela retratação, nos casos em que a lei admite. Pois o art. 143, CP se reporta à isenção de pena, em relação aos crimes de calúnia ou difamação, quando o agente se retrata cabalmente. Não temos dúvida de que se trata de instituto cuja natureza jurídica é a de **causa de extinção da punibilidade.** Deste modo, temos uma situação na qual continua a haver fato típico, ilicitude e culpabilidade. Todavia, não será punível.

Esta causa extintiva da punibilidade é de **natureza subjetiva.** Por outras palavras, não se comunica aos coautores ou partícipes que não tenham se retratado.

O ato de retratar-se **somente é cabível em relação a difamação e a calúnia.** Na injúria, a legislação não previu a retratação como forma de extinção da punibilidade porque não há um fato imputado do qual o agente possa se retratar. Ademais, no caso da injúria ela pode ter resultado mais danoso do que a própria injúria proferida.

A retratação deve ser feito pelo agente antes da sentença. Não se trata de sentença irrecorrível, isto é, não há que se falar em aguardar até o trânsito em julgado. Ao revés, necessário que a retratação se dê até o advento da sentença prolatada pelo juiz de primeira instância. Em se tratando de processo de competência originária dos Tribunais, caberá a retratação até o advento do acórdão, decisão colegiada que fará as vezes de sentença, neste caso.

A extinção da punibilidade somente ocorrerá se for caso de ação penal pública de iniciativa privada. Isto fica evidenciado no texto legal, quando o art. 143 se refere ao "querelado". Ora, somente podemos falar em querelado quando o processo se iniciou mediante oferecimento de queixa-crime que, como sabemos, é a peça inicial acusatória da ação penal de iniciativa privada. Assim, se o caso for de ação penal de iniciativa pública (como no caso do crime contra a honra do servidor público em razão de suas funções, contra o Presidente da República ou chefe de governo estrangeiro), não será possível falarmos em retratação como causa de extinção da punibilidade do agente.

O parágrafo único do art. 143, acrescido pela Lei n. 13.188/2015, possibilita que a retratação seja publicada nos mesmos meios de comunicação em que se praticou a ofensa. Isto ficará a critério do ofendido. Assim, se, por exemplo, o ofensor caluniar alguém em um programa de rádio, poderá a vítima exigir que a retratação se dê no mesmo programa, para que tenha a abrangência da ofensa perpetrada.

Contudo, em que pese poder o ofendido optar por esta retratação, no mesmo meio de comunicação em que se deu a ofensa, não cabe a ele decidir se aceitará ou não a retratação. Com efeito, a retratação é ato unilateral, isto é, independe de aceitação do ofendido. O que se exige em lei é que ela seja cabal, ou seja, inequívoca e incondicional. Não se trata de uma justificativa para a ofensa, mas sim de um reconhecimento de que errou e, por isso, retira o que disse. Demais disso, para ensejar a extinção da punibilidade, a retratação não pode ser parcial, deve abranger todo o fato imputado.

7. PEDIDO DE EXPLICAÇÕES

PEDIDO DE EXPLICAÇÃO EM JUÍZO

Art. 144 - Se, de referências, alusões ou frase, se infere calúnia, difamação ou injúria, quem se julga ofendido pode pedir explicações em juízo. Aquele que se recusa a dá-las ou, a critério do juiz, não as dá satisfatórias, responde pela ofensa.

O artigo 144 do Código prevê a possibilidade do pedido de explicações em juízo, quando será possibilitado ao agente explicar à possível vítima o real significado das palavras ditas. Este ato é anterior à propositura da ação e tem **natureza penal-cautelar**.

Este pedido de explicações possui cabimento quando as expressões empregadas pelo agente não forem suficientemente claras em relação ao seu ânimo de ofender a honra alheia.

Trata-se de situação, então, em que o agente emprega expressões dúbias, incompletas ou obscuras. Outra situação possível é aquela na qual o agente ofende a honra alheia mas não esclarece a contento quem seria a vítima de suas ofensas. Seria o caso em que, por exemplo, o agente aduz que "nesta família existem pessoas covardes e desonestas". Em uma afirmação como esta, o *animus injuriandi* é bastante evidente, mas não há como especificar quem seriam as vítimas.

Se, por outro lado, a ofensa proferida é clara e específica, não se faz cabível o pedido de explicações. Se "A" afirma que "B" é covarde e desonesto, as expressões foram claras e a vítima resta identificada. Logo, não há que se falar em cabimento do pedido de explicações. De igual sorte, não caberá o pedido de explicações quando evidentemente não há ofensa. Ou seja, somente poderemos falar no pedido de explicações quando realmente houver uma zona de incerteza em relação ao conteúdo das referências, alusões ou frases do agente. Se houver certeza – seja no sentido de que existe a ofensa e a vítima está identificada, seja no sentido de que não existe a ofensa – não fará sentido o pedido de explicações.

Ademais, não caberá pedido de explicações quando não for possível a punição do agente, seja pela ausência de crime (excludente de ilicitude ou de culpabilidade), seja pelo advento de causa extintiva da punibilidade. Como dissemos, o pedido de explicações possui natureza penal-cautelar. Se não há viabilidade em futura condenação, o referido pedido não faz sentido.

Nesta senda, devemos recordar que o pedido de explicações não interrompe a prescrição nem a decadência. Logo, pode acontecer de não ter havido a extinção da punibilidade quando do pedido de explicações, mas ter sobrevindo tal extinção – haja vista o advento da prescrição ou decadência – quando do posterior oferecimento da ação penal.

O pedido de explicações é **facultativo.** Pode, então, o ofendido dele se valer em um momento anterior ao oferecimento da ação penal. Se o próprio ofendido entende que as ofensas já estão suficientemente esclarecidas, poderá oferecer a queixa-crime independentemente do pedido de explicações.

Não existe procedimento previsto para o pedido de explicações. Tem-se entendido que deverá o pedido ser distribuído para uma das Varas Criminais, com competência para julgar a futura ação penal no crime contra a honra e caberá ao juiz criminal aplicar o procedimento previsto no Código de Processo Civil para as notificações e interpelações (arts. 726 a 729, CPC). Como se sabe, no procedimento das notificações e interpelações, não há julgamento. Deferida e realizada a notificação ou interpelação, os autos serão entregues ao requerente. (art. 729, CPC).

Por esta razão, é importante analisarmos com cautela a parte final do art. 144, CP, quando, ao se referir às explicações, aduz que: "Aquele que se recusa a dá-las ou a critério do juiz, não as dá satisfatórias, responde pela ofensa". Isto não significa dizer que o julgador irá emitir o juízo de valor no procedimento atinente ao pedido de explicações, mas sim que, quando do início da ação penal, será analisado se houve ou não efetivamente a ofensa. Mas, para tanto, a vítima irá ajuizar a queixa e haverá normalmente o procedimento previsto em lei para o crime contra a honra, assegurando-se ao réu o pleno exercício do contraditório e da ampla defesa.

8. AÇÃO PENAL

> **AÇÃO PENAL**
>
> **Art. 145** - Nos crimes previstos neste Capítulo somente se procede mediante queixa, salvo quando, no caso do art. 140, § 2°, da violência resulta lesão corporal.
>
> Parágrafo único. Procede-se mediante requisição do Ministro da Justiça, no caso do inciso I do caput do art. 141 deste Código, e mediante representação do ofendido, no caso do inciso II do mesmo artigo, bem como no caso do § 3° do art. 140 deste Código.

O art. 146, CP trata da ação penal nos crimes contra a honra. Tendo em vista que já abordamos a matéria, quando da análise de cada um dos tipos penais, vamos nos adstringir a fazer uma síntese do tema. Logo, teremos:

a) **Ação penal privada:** é a regra nos crimes contra a honra.

b) **Ação penal pública condicionada à requisição do Ministro da Justiça:** quando for praticado o crime contra a honra do Presidente da República ou chefe de governo estrangeiro.

c) **Ação penal pública condicionada à representação do ofendido:** quando for injúria preconceituosa (art. 140, §3º. CP). Em se tratando de crime contra a honra do servidor público, o ofendido poderá optar entre ação penal privada ou ação penal pública condicionada à representação do ofendido, nos termos da súmula n. 714/STF.

> **Súmula n. 714/STF:** "É concorrente a legitimidade do ofendido, mediante queixa, e do Ministério Público, condicionada à representação do ofendido, para a ação penal por crime contra a honra de servidor público em razão do exercício de suas funções".

Em que pese o verbete sumular referir-se à legitimidade concorrente, trata-se, em verdade, de uma **legitimidade alternativa,** conforme já reconheceu o próprio STF, pois o servidor público uma vez adotando uma opção, não poderá mais adotar a outra. Por outras palavras, se o servidor público ofendido em sua honra optar por formular a representação para o Ministério Público, não poderá oferecer a queixa e vice-versa.

d) Ação penal pública incondicionada: se da violência na injúria real resulta lesão corporal.

Entendemos que, em se tratando de lesão corporal leve que não envolva violência doméstica e familiar contra a mulher, a ação penal deveria ser de ação penal pública condicionada à representação do ofendido, por força do disposto no art. 88 da Lei n. 9.099/95. A doutrina majoritária, todavia, não tem considerado essa distinção.

8.1. Quadro Sinótico

DISPOSIÇÕES COMUNS		
Considerações Iniciais	Entre seus artigos 141 e 145, o Código Penal traz uma série de questões, que foram agrupadas sob a terminologia de "disposições comuns".	1
Causas de Aumento de Pena	O art. 141, CP previu algumas hipóteses em que as penas dos crimes contra a honra (calúnia, difamação e injúria) são aumentadas de um terço quando: **a)** Contra o Presidente da República, ou contra chefe de governo estrangeiro; **b)** Contra funcionário público, em razão de suas funções; **c)** Na presença de várias pessoas, ou por meio que facilite a divulgação da calúnia, da difamação ou da injúria; **d)** Contra pessoa maior de 60 (sessenta) anos ou portador de deficiência, exceto no caso de injúria; **e)** Se o crime é cometido mediante paga ou promessa de recompensa.	2
Exclusão do Crime	Em seu art. 142, o Código Penal traz hipóteses que ensejam a exclusão dos crimes de difamação e injúria. Como se percebe, as hipóteses de exclusão não se estendem ao crime de calúnia. Estas causas de exclusão possuem natureza jurídica de causas de exclusão da ilicitude previstas na parte especial do Código Penal. São elas: **a)** A ofensa irrogada em juízo, na discussão da causa, pela parte ou por seu procurador; **b)** A opinião desfavorável da crítica literária, artística ou científica, salvo quando inequívoca a intenção de injuriar ou difamar; **c)** O conceito desfavorável emitido por funcionário público, em apreciação ou informação que preste no cumprimento de dever do ofício.	3
Retratação	O ato de retratar-se somente é cabível em relação a difamação e a calúnia e deve ser feita antes da sentença. Na injúria, a legislação não previu a retratação como forma de extinção da punibilidade. A retratação é ato unilateral e a extinção da punibilidade somente ocorrerá se for caso de ação penal pública de iniciativa privada.	4
Pedido de Explicações	O artigo 144 do Código prevê a possibilidade do pedido de explicações em juízo, quando será possibilitado ao agente explicar à possível vítima o real significado das palavras ditas. Este ato é anterior à propositura da ação e tem natureza penal-cautelar.	5
Ação Penal	**a)** Ação penal privada: é a regra nos crimes contra a honra. **b)** Ação penal pública condicionada à requisição do Ministro da Justiça: quando for praticado o crime contra a honra do Presidente da República ou chefe de governo estrangeiro. **c)** Ação penal pública condicionada à representação do ofendido: quando for injúria preconceituosa (art. 140, §3º. CP). Em se tratando de crime contra a honra do servidor público, o ofendido poderá optar entre ação penal privada ou ação penal pública condicionada à representação do ofendido, nos termos da súmula n. 714/STF; **d)** Ação penal pública incondicionada: se da violência na injúria real resulta lesão corporal.	6

VI

DOS CRIMES CONTRA A LIBERDADE INDIVIDUAL

Sob o título "dos crimes contra a liberdade individual", o Código Penal traz o capítulo VI do Título I ("Dos crimes contra a vida") da sua parte especial. Este capítulo, por seu turno, divide-se em quatro seções, e cada uma delas possui alguns tipos penais. A divisão ocorre da seguinte forma:

Seção I – Dos crimes contra a liberdade pessoal

a) Constrangimento ilegal (art. 146, CP);

b) Ameaça (art. 147, CP);

c) Sequestro e cárcere privado (art. 148, CP);

d) Redução a condição análoga à de escravo (art. 149, CP);

e) Tráfico de pessoas (art. 149-A, CP).

Seção II – "Dos crimes contra a inviolabilidade do domicílio"

a) Violação de domicílio (art. 150, CP).

Seção III – "dos crimes contra a inviolabilidade de correspondência"

a) Violação de correspondência (art. 151, CP);

b) Sonegação ou destruição de correspondência (art. 151, §1º, CP);

c) Violação de comunicação telegráfica, radioelétrica ou telefônica (art. 151, §2º, CP);

d) Correspondência comercial (art. 152, CP);

Seção IV – "Dos crimes contra a inviolabilidade dos segredos"

a) Divulgação de segredo (art. 153, CP);

b) Violação do segredo profissional (art. 154, CP);

c) Invasão de dispositivo informático (art. 154-A, CP).

SEÇÃO I
DOS CRIMES CONTRA A LIBERDADE PESSOAL

1. CONSTRANGIMENTO ILEGAL

> Art. 146 - Constranger alguém, mediante violência ou grave ameaça, ou depois de lhe haver reduzido, por qualquer outro meio, a capacidade de resistência, a não fazer o que a lei permite, ou a fazer o que ela não manda:
>
> Pena - detenção, de 3 (três) meses a 1 (um) ano, ou multa.
>
> Aumento de Pena
>
> § 1º - As penas aplicam-se cumulativamente e em dobro, quando, para a execução do crime, se reúnem mais de três pessoas, ou há emprego de armas.
>
> § 2º - Além das penas cominadas, aplicam-se as correspondentes à violência.
>
> § 3º - Não se compreendem na disposição deste artigo:
>
> I - a intervenção médica ou cirúrgica, sem o consentimento do paciente ou de seu representante legal, se justificada por iminente perigo de vida;
>
> II - a coação exercida para impedir suicídio.

1.1. Considerações Iniciais

Sob o prisma constitucional, prevalece a regra da liberdade de agir, nos termos da lei. Não por outra razão, dispõe o texto constitucional em seu art. 5º. II: "ninguém será obrigado a fazer ou deixar de fazer alguma coisa senão em virtude de lei".

O tipo prevê a conduta do agente que age de forma a impedir ou dificultar que a vítima aja e usufrua plenamente de sua liberdade física e mental, por meio de grave ameaça ou violência, ou qualquer outro meio que lhe diminua a resistência. Este crime só será tipificado se não for usado como elemento típico de outra infração penal, trata-se, pois, de **crime subsidiário**.

Assim, por exemplo, aquele que constrange alguém mediante violência ou grave ameaça para praticar conjunção carnal ou algum outro tipo de ato libidinoso, terá realizado o crime de estupro (art. 213, CP), e não o constrangimento ilegal; do mesmo modo, aquele que praticar a conjunção carnal para a obtenção de vantagem econômica terá praticado crime de extorsão (art. 158, CP).

1.2. Tipicidade Objetiva

O núcleo do tipo é o verbo "constranger", que equivale a "obrigar", "compelir", "coagir", "subjugar", "submeter". No tipo penal em apreço, o agente constrange a vítima mediante o emprego da violência ou grave ameaça ou depois de lhe haver reduzido, por qualquer outro meio, a capacidade de resistência, a não fazer o que a lei permite, ou a fazer o que ela não manda. Logo, o agente exige da vítima a prática de uma conduta positiva (ação) ou negativa (omissão).

Conforme extraímos da literalidade legislativa, para que ocorra o crime, imprescindível que o agente exija da vítima a prática de conduta que a lei não manda (ex.: exigir a ingestão de bebida alcoólica) ou a abstenção de conduta que a lei permite (ex.: não perambular na rua em que reside o agente). Por outras palavras, somente haverá o crime se o consentimento for **ilegal,** como, aliás, indica a própria rubrica do tipo penal.

Se o agente empregar violência ou ameaça para exigir conduta lícita de outrem, não haverá crime de constrangimento ilegal. Em relação a outros tipos penais, como a lesão corporal (art. 129, CP) e ameaça (art. 147, CP), o agente atuaria sob a excludente de ilicitude do exercício regular de direito, podendo responder pelo crime em caso de excesso. Se, todavia, o agente emprega a violência ou ameaça para exigir conduta lícita quando tais meios não estão amparados pelo ordenamento jurídico, haverá o crime de exercício arbitrário das próprias razões (art. 345, CP).

Importante registrar que o está em questão é, tão-somente, a legalidade do ato que se exige do ofendido. Deste modo, se o agente emprega a violência ou grave ameaça para exigir que o ofendido abstenha-se de praticar um ato que ele considera imoral, haverá crime. Exemplo, "A" emprega grave ameaça para exigir que "B", pessoa maior e capaz, não pratique relação sexual incestuosa com seu irmão, "C". Neste caso, haverá constrangimento ilegal, pois a relação sexual incestuosa consentida praticada por pessoas maiores e capazes não é ilegal, embora seja considerada imoral.

A conduta que se exige da vítima, no crime de constrangimento ilegal deve ser certa e determinada. Não haverá crime se o agente faz exigências vagas, imprecisas, que sequer podem ser determinadas. Ex.: "A" ameaça "B" exigindo que ele "deixe de se comportar de forma imprópria". Sem que haja especificação do que trata a conduta que se exige, não resta configurado o constrangimento ilegal. No caso em questão, poderemos ter a consumação de algum outro crime, como, por exemplo, a ameaça (art. 147, CP).

No que tange aos meios de execução, o crime pode se dar mediante:

a) **Violência:** diz respeito à violência física (*vis corporalis*), também conhecida como violência real ou própria. Pode ser direta ou indireta. Neste último caso, será necessário que acabe por atingir indiretamente a vítima.

b) **Grave ameaça:** conhecida como violência moral (*vis compulsiva*), consiste na promessa de um mal sério. Pode ser direta ou indireta. No primeiro caso, é dirigida contra a própria vítima, já na segunda hipótese, teremos uma ameaça dirigida indiretamente à vítima, pois o mal prometido recairá, por exemplo, em alguém que lhe é próximo.

c) **Reduzir, por qualquer outro meio, a capacidade de resistência:** o legislador recorreu à fórmula que pressupõe uma interpretação analógica. Aqui, o legislador prevê uma fórmula casuística (violência ou grave ameaça), seguida de uma formula genérica ("qualquer outro meio"). Seria o exemplo no qual o agente ministra, de forma insidiosa, droga na bebida da vítima.

1.3. Sujeitos

Qualquer pessoa pode ser sujeito ativo do crime em estudo. Não se exige, portanto, qualquer qualidade especial do agente.

O sujeito passivo pode ser qualquer pessoa que entenda o caráter da conduta do agente, ou seja, que tenha capacidade de discernimento, de autodeterminação. Estão excluídas deste rol, portanto, as crianças em tenra idade. No que tange ao portador de deficiência mental, apenas uma análise do caso concreto será capaz de aquilatar se havia ou não da sua parte a referida capacidade. Dependerá, evidentemente, do grau de limitação psíquica.

1.4. Objetos

O objeto juridicamente tutelado é a liberdade individual.

O objeto material é o ser humano sobre o qual recai a conduta do agente.

1.5. Elemento Subjetivo

O elemento subjetivo exigido pelo tipo penal é o dolo. A motivação do agente é irrelevante.

A doutrina amplamente majoritária entende que não há exigência de dolo específico (especial finalidade no agir), pois as expressões "a não fazer o que a lei permite" e "a fazer o que ela não manda" constituiriam elementos objetivos do tipo, e não subjetivos[1].

Não há previsão para a sua modalidade culposa.

1.6. Consumação e Tentativa

Consuma-se o crime quando a vítima faz ou deixa de fazer algo em virtude da ação do agente. Trata-se, portanto, de crime material, isto é, exige a produção de resultado naturalístico.

A tentativa é admitida. Basta imaginar a situação na qual o agente emprega a violência ou grave ameaça, mas a vítima não atende o que é exigido, e acaba por fazer o que lei permite ou não faz o que lei não manda.

1.7. Ação Penal

A ação penal é de iniciativa pública incondicionada.

---

1. Neste sentido, por todos, NUCCI, Guilherme de Souza. *Manual de Direito Penal.* 13.ed. São Paulo: p.700. Em sentido contrário, JESUS, Damásio E. *Direito Penal: parte especial. Vol. II.* 31. ed. São Paulo: Saraiva, 2011, p. 285.

1.8 Causas de Aumento de Pena

O §1º do art. 146, CP prevê duas causas de aumento de pena (majorantes), que, portanto, devem ser aplicadas na terceira fase da dosimetria da pena.

Sobre a aplicação cumulativa, é válido recordar que a pena prevista no *caput* do art. 146 é de detenção de 3 (três) meses a 1 (um) na, ou multa. Há, portanto, a previsão de duas penas - privativa de liberdade e multa - de modo alternativo. Existindo pelo menos uma das duas majorantes, as penas serão aplicadas **cumulativamente,** isto é, a pena de detenção e a multa. Além disso, serão aplicadas em dobro. Logo, a pena de detenção poderá alcançar patamares que irão variar de 6 (seis) meses a 2 (dois) anos.

As duas causas de aumento de pena previstas no art. 146, §1º, CP são:

a) Reunião de mais de três pessoas: para que incida essa majorante, necessário que se faça presente ao menos 4 (quatro) pessoas. No cômputo, são levados em consideração os inimputáveis e pessoas eventualmente não identificadas. Seria hipótese de **crime plurissubjetivo,** também chamado de crime de concurso necessário.

Vale registrar que se a união de pessoas configurar a prática de algum crime autônomo - como a associação criminosa (art. 288, CP) - os agentes responderão por este crime em concurso com o constrangimento ilegal, e não pelo constrangimento com a causa de aumento de pena.

b) Emprego de armas: a despeito da utilização da expressão "armas", basta o emprego de uma única arma para que reste configurada a causa de aumento de pena. Conforme a doutrina mais abalizada, a lei se refere ao gênero, e não ao número[2].

Consoante o entendimento majoritário em nossa doutrina, a expressão "armas" deve abranger tanto as armas próprias (instrumentos produzidos com finalidade bélica, como as armas de fogo, por exemplo) quanto às armas impróprias (instrumentos produzidos com outra finalidade, mas eventualmente utilizados com a finalidade agressiva, como, por exemplo, uma faca de cozinha). Não se deve admitir, todavia, a incidência da majorante quando o agente se vale de simulacro de arma, tal como uma arma de brinquedo.

Para que incida a majorante, imprescindível que o agente faça uso efetivo da arma, seja no sentido de utilizá-la com finalidade de produzir a violência, seja no sentido de provocar ameaça.

Tendo em vista a distinção entre os objetos jurídicos tutelados e pequena pena prevista para o crime de constrangimento ilegal, tem-se entendido que a verificação da majorante não enseja a absorção dos crimes previstos no Estatuto do Desarmamento[3].

1.8.1. *Cúmulo de majorantes*

Pode acontecer de termos, no caso concreto, uma situação com a existência das duas causas de aumento previstas. Ou seja, uma situação na qual quatro ou mais pessoas

2. JESUS, Damásio E. *Direito Penal: parte especial. Vol. II.* 31. ed. São Paulo: Saraiva, 2011, p. 286.
3. MASSON, Cléber. *Direito Penal Esquematizado: parte especial, vol. II,* 7. Ed. São Paulo: Método, 2015, p.236.

empregam armas para a prática do crime de constrangimento ilegal. Como deve ser feita a dosimetria da pena nessa hipótese?

Sobre o tema, vale recordar o disposto no art. 68, parágrafo único do Código Penal, nos seguintes termos: "No concurso de causas de aumento ou de diminuição previstas na parte especial, pode o juiz limitar-se a um só aumento ou a uma só diminuição, prevalecendo, todavia, a causa que mais aumente ou diminua".

1.9. Cúmulo Material

Conforme previsão do art. 146, §2º, CP, "além das penas cominadas, aplicam-se as correspondentes à violência". Deste modo, além da pena correspondente ao próprio constrangimento ilegal (com ou sem a majorante), o agente responderá pelas penas cominadas, por exemplo, ao crime de lesão corporal (art. 129, CP) leve, grave ou gravíssima.

Como se vê, não há previsão para este cúmulo material quando o constrangimento ilegal é praticado mediante grave ameaça.

1.10. Causas de Exclusão do Crime

O art. 146, §3º, CP previu a existência de duas situações que afastam a incidência do crime de constrangimento ilegal. Embora existam respeitáveis opiniões no sentido de que se trata de hipótese de atipicidade da conduta, tem prevalecido o entendimento no sentido de que são duas hipóteses de causas de exclusão de ilicitude previstas na parte especial do Código Penal[4].

São as seguintes hipóteses:

a) **A intervenção médica ou cirúrgica, sem o consentimento do paciente ou de seu representante legal, se justificada por iminente perigo de vida:** como se vê, não importa a razão invocada pelo paciente ou representante legal, será possível a intervenção médica ou cirúrgica na hipótese de iminente risco de vida. Trata-se de hipótese especial de estado de necessidade.

b) **A coação exercida para impedir suicídio:** da mesma forma que a primeira hipótese, acima comentada, trata-se de situação especial de estado de necessidade.

Evidentemente, o suicídio não constitui crime, pois não se pode criminalizar condutas autolesivas. Todavia, trata-se de conduta ilícita no âmbito extrapenal, haja vista a violação a um bem jurídico indisponível.

1.11. Outras Questões

Há determinadas condutas típicas que se assemelham ao crime de constrangimento ilegal, mas que com ele não se confunde, haja vista previsão autônoma em lei (princípio da especialidade). Assim, teremos:

4. BUSATO, Paulo César. *Direito Penal: parte especial I*. São Paulo: Atlas, 2014, p. 275-276.

1.11.1. *Constrangimento ilegal e Lei de Tortura*

Conforme previsto no art. 1º, I, *b* da Lei de Tortura (Lei n. 9.455/97), constitui crime de tortura, punido com pena de reclusão de 2 (dois) a 8 (oito anos), constranger alguém com emprego de violência ou grave ameaça, causando-lhe sofrimento físico ou mental para provocar ação ou omissão de natureza criminosa. É a chamada **tortura-crime**.

Não haverá crime de tortura se for empregada violência ou grave ameaça, causando intenso sofrimento físico ou mental, para compelir a pessoa a praticar contravenção penal. O tipo penal faz menção à ação ou omissão criminosa, e não contravencional. Como cediço, não se admite, no âmbito do Direito Penal, a analogia prejudicial ao réu (*in malam partem*). A imposição do sofrimento, neste caso, poderia dar ensejo a outro tipo de crime (como lesão corporal, por exemplo), mas não a tortura.

1.11.2. *Constrangimento ilegal e Lei de Segurança Nacional*

A Lei de Segurança Nacional (Lei n. 7.170/83) estabelece em seu artigo 28 que constitui crime, punido com pena de reclusão de 4 (quatro) a 12 (doze) anos atentar contra a liberdade pessoal do Presidente da República, do Senado Federal, da Câmara dos Deputados ou do Supremo Tribunal Federal.

1.11.3. *Constrangimento ilegal e Estatuto do Idoso*

O Estatuto do Idoso (Lei n. 10.741/2003) prevê, em seu art. 107, o crime de "coagir, de qualquer modo, o idoso a doar, contratar, testar ou outorgar procuração". Para este crime, a pena é de reclusão de 2 (dois) a 5 (cinco) anos.

1.11.4. *Constrangimento ilegal e Código de Defesa do consumidor*

O art. 71 do Código de Defesa do Consumidor (Lei n. 8.078/90) estabelece ser crime, punido com pena de detenção de 3 (três) meses a 1 (um) ano e multa, "Utilizar, na cobrança de dívidas, de ameaça, coação, constrangimento físico ou moral, afirmações falsas incorretas ou enganosas ou de qualquer outro procedimento que exponha o consumidor, injustificadamente, a ridículo ou interfira com seu trabalho, descanso ou lazer".

1.11.5. *Constrangimento ilegal e Código Penal Militar*

O Código Penal Militar (Decreto-Lei n. 1.001/69) previu um crime de constrangimento ilegal, em seu art. 222, punido com pena de detenção de até um ano, se o fato não constituir crime mais grave.

1.12. Penas

A pena prevista para o crime de constrangimento ilegal é de detenção de 3 (três) meses a 1 (um) ano, ou multa. Logo, podemos concluir que:

a) É possível a transação penal (art. 76, Lei n. 9.099/95), pois se trata de infração penal de menor potencial ofensivo.

b) É possível a suspensão condicional do processo (art. 89, Lei n. 9.099/95), pois a pena mínima não ultrapassa um ano.

Estas considerações são válidas mesmo na hipótese de incidência das causas de aumento pena.

1.13. Classificação

O crime de constrangimento ilegal pode ser classificado como:

a) **Comum** (não exige qualidade especial do agente);

b) **Material** (a consumação exige a produção de um resultado naturalístico);

c) De **forma livre** (a Lei não estabelece exigência para a forma de execução);

d) **Simples** (tutela apenas um bem jurídico);

e) **Comissivo** (praticado mediante ação);

f) **Unissubjetivo** (poderá haver concurso de pessoas);

g) **Instantâneo** (consuma-se de imediato);

h) **Plurissubsistente** (a conduta pode ser fracionada);

i) De **dano** (a consumação enseja a lesão ao bem jurídico);

j) **Transeunte** (não deixa vestígios) ou **Não transeunte** (deixa vestígios materiais);

k) **Doloso** (não admite modalidade culposa).

1.14. Quadro Sinótico

CONSTRANGIMENTO ILEGAL		
Considerações Iniciais	Sob o prisma constitucional, prevalece a regra da liberdade de agir, nos termos da lei. O tipo prevê a conduta do agente que age de forma a impedir ou dificultar que a vítima aja e usufrua plenamente de sua liberdade física e mental, por meio de grave ameaça ou violência, ou qualquer outro meio que lhe diminua a resistência. Este crime só será tipificado se não for usado como elemento típico de outra infração penal, trata-se, pois, de crime subsidiário.	1
Tipicidade Objetiva	O núcleo do tipo é o verbo "constranger", que equivale a "obrigar", "compelir", "coagir", "subjugar", "submeter". Somente haverá o crime se o consentimento for ilegal. No que tange aos meios de execução, o crime pode se dar mediante: **a)** Violência; **b)** Grave ameaça; **c)** Reduzir, por qualquer outro meio, a capacidade de resistência.	2

<table>
<tr><td>Sujeitos</td><td colspan="2">Qualquer pessoa pode ser sujeito ativo do crime em estudo. O sujeito passivo pode ser qualquer pessoa que entenda o caráter da conduta do agente, ou seja, que tenha capacidade de discernimento, de autodeterminação.</td><td>3</td></tr>
<tr><td>Objetos</td><td colspan="2">O objeto juridicamente tutelado é a liberdade individual.
O objeto material é o ser humano sobre o qual recai a conduta do agente.</td><td>4</td></tr>
<tr><td>Elemento Subjetivo</td><td colspan="2">O elemento subjetivo exigido pelo tipo penal é o dolo. A motivação do agente é irrelevante.
Não há previsão para a sua modalidade culposa.</td><td>5</td></tr>
<tr><td>Consumação e Tentativa</td><td colspan="2">Consuma-se o crime quando a vítima faz ou deixa de fazer algo em virtude da ação do agente. A tentativa é admitida.</td><td>6</td></tr>
<tr><td>Ação Penal</td><td colspan="2">A ação penal é de iniciativa pública incondicionada.</td><td>7</td></tr>
<tr><td rowspan="2">Causas de Aumento de Pena</td><td colspan="2">As duas causas de aumento de pena previstas no art. 146, §1º, CP são:
a) Reunião de mais de três pessoas;
b) Emprego de armas.</td><td>8</td></tr>
<tr><td>Cúmulo de majorantes</td><td>De acordo com o art. 68, parágrafo único do Código Penal: “No concurso de causas de aumento ou de diminuição previstas na parte especial, pode o juiz limitar-se a um só aumento ou a uma só diminuição, prevalecendo, todavia, a causa que mais aumente ou diminua”.</td><td>8.1</td></tr>
<tr><td>Cúmulo Material</td><td colspan="2">Conforme previsão do art. 146, §2º, CP, “além das penas cominadas, aplicam-se as correspondentes à violência”.</td><td>9</td></tr>
<tr><td>Causas de Exclusão do Crime</td><td colspan="2">O art. 146, §3º, CP previu a existência de duas situações que afastam a incidência do crime de constrangimento ilegal. São elas:
a) A intervenção médica ou cirúrgica, sem o consentimento do paciente ou de seu representante legal, se justificada por iminente perigo de vida;
b) A coação exercida para impedir suicídio.</td><td>10</td></tr>
<tr><td>Outras Questões</td><td>Constrangimento ilegal e Lei de Tortura</td><td>Conforme previsto no art. 1º, I, b da Lei de Tortura (Lei n. 9.455/97), constitui crime de tortura constranger alguém com emprego de violência ou grave ameaça, causando-lhe sofrimento físico ou mental para provocar ação ou omissão de natureza criminosa. Logo, não deve ser confundido com o crime de constrangimento ilegal.</td><td>11.1</td></tr>
</table>

Outras Questões	**Constrangimento ilegal e Lei de Segurança Nacional**	A Lei de Segurança Nacional (Lei n. 7.170/83) estabelece em seu artigo 28 que constitui crime atentar contra a liberdade pessoal do Presidente da República, do Senado Federal, da Câmara dos Deputados ou do Supremo Tribunal Federal.	11.2
	Constrangimento ilegal e Estatuto do Idoso	O Estatuto do Idoso (Lei n. 10.741/2003) prevê, em seu art. 107, o crime de "coagir, de qualquer modo, o idoso a doar, contratar, testar ou outorgar procuração".	11.3
	Constrangimento ilegal e Código de Defesa do consumidor	O art. 71 do Código de Defesa do Consumidor (Lei n. 8.078/90) estabelece ser crime, punido com pena de detenção de 3 (três) meses a 1 (um) ano e multa, "Utilizar, na cobrança de dívidas, de ameaça, coação, constrangimento físico ou moral, afirmações falsas incorretas ou enganosas ou de qualquer outro procedimento que exponha o consumidor, injustificadamente, a ridículo ou interfira com seu trabalho, descanso ou lazer".	11.4
	Constrangimento ilegal e Código Penal Militar	O Código Penal Militar (Decreto-Lei n. 1.001/69) previu um crime de constrangimento ilegal, em seu art. 222, punido com pena de detenção de até um ano, se o fato não constituir crime mais grave.	11.5
Penas	A pena prevista para o crime de constrangimento ilegal é de detenção de 3 (três) meses a 1 (um) ano, ou multa.		12
Classificação	a) **Comum** (não exige qualidade especial do agente); b) **Material** (a consumação exige a produção de um resultado naturalístico); c) De **forma livre** (a Lei não estabelece exigência para a forma de execução); d) **Simples** (tutela apenas um bem jurídico); e) **Comissivo** (praticado mediante ação); f) **Unissubjetivo** (poderá haver concurso de pessoas); g) **Instantâneo** (consuma-se de imediato); h) **Plurissubsistente** (a conduta pode ser fracionada); i) **De dano** (a consumação enseja a lesão ao bem jurídico); j) **Transeunte** (não deixa vestígios) ou **Não transeunte** (deixa vestígios materiais); k) **Doloso** (não admite modalidade culposa).		13

1.15. Questões de Concursos Públicos

01. (IESES - 2019 - TJ-SC - Titular de Serviços de Notas e de Registros - Provimento - Prova Anulada) Ricardo e Sueli, ambos maiores de idade, são adeptos de prática consistente em exibicionismo sexual. Extraem prazer em serem vistos por terceiros enquanto praticam sexo. Em certa oportunidade, obrigam a vizinha Juliana, de 16 anos de idade, mediante grave ameaça verbal, mas sem encostarem na adolescente, a observá-los enquanto praticam sexo. A conduta de Ricardo e Sueli encontra adequação típica:

(A) No art. 147 do Código Penal, crime de ameaça.

(B) No art. 218-A do Código Penal, crime de satisfação da lascívia mediante presença de criança ou adolescente.

(C) No art. 215-A do Código Penal, crime de importunação sexual.

(D) No art. 146 do Código Penal, crime de constrangimento ilegal.

02. (VUNESP - 2018 - PC-SP - Delegado de Polícia) No que concerne ao crime de constrangimento ilegal (CP, art. 146), é correto afirmar que

(A) se tipifica o crime, apenas, pela ação violenta, não havendo previsão legal para punição por mera grave ameaça.

(B) qualifica o tipo a concorrência de 3 (três) ou mais agentes.

(C) tipifica o crime a coação exercida para impedir suicídio, o que se explica pelo fato de o suicídio não ser penalmente relevante.

(D) tipifica o crime a intervenção médica ou cirúrgica, sem o consentimento do paciente ou de seu representante legal, mesmo se justificada por iminente perigo de vida.

(E) se consuma quando a vítima, sem norma legal que a obrigue a tanto, faz ou deixa de fazer, cedendo à determinação do agente.

03. (Fundação La Salle - 2017 - SUSEPE-RS - Agente Penitenciário) Quem constranger alguém, mediante violência ou grave ameaça, ou depois de lhe haver reduzido, por qualquer outro meio, a capacidade de resistência, a não fazer o que a lei permite, ou a fazer o que ela não manda estará incorrendo no crime de:

(A) ameaça.

(B) constrangimento ilegal.

(C) extorsão.

(D) estelionato.

(E) extorsão indireta.

04. (MPE-SC - 2016 - MPE-SC - Promotor de Justiça - Matutina) No crime de constrangimento ilegal, previsto no art. 146 do Código Penal, consta, expressamente, mais de um motivo em que o constrangimento é considerado atípico.

( ) Certo

( ) Errado

05. (FCC - 2016 - TRT - 1ª REGIÃO (RJ) - Juiz do Trabalho Substituto) Com base no Código Penal, em relação aos crimes contra a liberdade pessoal e aos crimes contra o patrimônio, considera-se

(A) "furto de coisa comum" a subtração, para si ou para outrem, de bem móvel fungível que esteja armazenado, juntamente com outros assemelhados, em local de guarda compartilhada.

(B) "furto qualificado" a subtração, para si ou outrem, de coisa alheia móvel, desde que praticada por quadrilha.

(C) "roubo", a subtração de coisa alheia móvel, para si ou outrem, quando praticada contra pessoa incapaz ou menor de 14 anos, presumindo-se o emprego ao menos de grave ameaça, salvo prova em contrário.

(D) "constrangimento ilegal" a prática de qualquer ato que, após haver reduzido a capacidade de resistência de alguém, lhe constrange a não fazer o que a lei permite ou a fazer que ela não manda.

(E) "extorsão indireta" ameaçar alguém, por palavra, escrito ou gesto, ou qualquer outro meio simbólico, de causar mal injusto e grave, com o objetivo de atingir fim ilícito que beneficie terceiro.

06. (FCC - 2015 - TRT - 1ª REGIÃO (RJ) - Juiz do Trabalho Substituto) Elio, proprietário da Fazenda Leite da Mimosa, localizada em região erma e não servida por transporte regular, possui 20 empregados, que dispõem de adequadas condições para prestar o trabalho, sem excesso de jornada ou condições degradantes. Todos os trabalhadores - que recebem salários em média superiores aos praticados por outras fazendas próximas para funções semelhantes - por vontade própria, residem em confortável

alojamento fornecido pelo empregador. O local mais próximo a dispor de transporte regular é o centro do Município onde está localizada a Fazenda Leite da Mimosa, 42 quilômetros distante. Para chegar ao centro do Município, os trabalhadores precisam se valer de transporte fornecido pelo proprietário da fazenda.

Elio adotou as seguintes condutas:

I. Afixou, em 10/07/2014, no alojamento dos empregados, cartaz com o seguinte dizer "Quem não cumprir a meta de colheita diária, não receberá o salário da semana e não poderá sair da fazenda.". As metas fixadas não implicavam necessidade de trabalho excessivo ou sequer de trabalho suplementar.

II. No mesmo cartaz, referindo a dois empregados que costumeiramente não atingiam suas respectivas médias, também inseriu: "e estou achando que o Arlindo e o Setembrino, que são dois molengas preguiçosos, não querem ver a família no final de semana. Se continuarem com essa vadiagem, vão ficar sem salário e de castigo na Mimosa".

III. No dia 26/07/2014, sábado, dia em que não havia prestação de trabalho na fazenda e que, por livre vontade dos trabalhadores, pela manhã, um ônibus os levaria ao centro do Município, Elio impediu que Setembrino partisse junto com os demais, afirmando que, assim, "quem sabe ele aprende". Não foi permitido a este trabalhador se valer de qualquer dos demais meios de transporte que a fazenda dispunha (motocicleta, bicicleta e automóvel).

Exclusivamente em relação aos crimes contra a liberdade pessoal, a conduta de Elio caracteriza, afora outros, acaso existentes,

(A) constrangimento ilegal em relação a Setembrino e ameaça em relação a Arlindo.

(B) ameaça em relação a Setembrino e constrangimento ilegal em relação a Arlindo.

(C) injúria em relação a Arlindo e cárcere privado em relação a Setembrino.

(D) constrangimento ilegal em relação a Arlindo e redução à condução análoga a de escravo em relação a Setembrino.

(E) redução à condução análoga a de escravo em relação a Setembrino e injúria em relação a Arlindo.

07. (TRT 14R - 2013 - TRT - 14ª Região (RO e AC) - Juiz do Trabalho) Analise as proposições abaixo e após marque a alternativa correta:

I. Qualquer pessoa pode ser sujeito ativo do crime de constrangimento ilegal; quanto ao sujeito passivo, é indispensável que possua capacidade de autodeterminação.

II. O constrangimento ilegal comporta condutas dolosas e culposas.

III. Nas hipóteses de constrangimento ilegal, ficando evidenciado o objetivo econômico, haverá concurso de crimes com o de extorsão.

IV. A ameaça se diferencia do constrangimento ilegal porque neste último o agente busca uma conduta positiva ou negativa da vítima e, na ameaça, o sujeito ativo pretende tão somente atemorizar o sujeito passivo.

(A) Apenas os itens I e II são verdadeiros.

(B) Apenas os itens II e III são verdadeiros.

(C) Apenas os itens III e IV são verdadeiros.

(D) Apenas os itens I e IV são verdadeiros.

(E) Apenas os itens II e IV são verdadeiros.

R - D

08. (FAURGS - 2012 - TJ-RS - Conciliador Criminal) Assinale a afirmação correta em relação ao delito de constrangimento ilegal (artigo 146 do Código Penal).

(A) Diante de sua gravidade, o delito não é tratado como uma infração de menor potencial ofensivo.

(B) Em caso de condenação, deverá ser penalizado sempre de forma alternativa, com pena de prisão ou com pena de multa.

(C) Configuram delito de constrangimento ilegal as intervenções médicas ou cirúrgicas realizadas sem o consentimento do paciente ou de seu representante legal, mesmo quando houver iminente perigo de vida.

(D) As penas relativas à violência deverão ser aplicadas de forma independente em caso de condenação, não se configurando bis in idem.

(E) Trata-se de delito que se processa mediante ação penal pública condicionada à representação da vítima.

09. (FAURGS - 2012 - TJ-RS - Conciliador Criminal) Quanto ao delito de constrangimento ilegal (artigo 146 do Código Penal), assinale a afirmação correta.

(A) Não cabe suspensão condicional do processo, diante da gravidade do delito.

(B) A pena de multa deve ser aplicada cumulativamente à pena privativa de liberdade, em caso de condenação.

(C) As penas aplicam-se cumulativamente e em dobro quando, para execução do crime, se reúnem mais de três pessoas, ou há emprego de armas.

(D) Eventuais delitos de maior gravidade envolvendo violência são absorvidos pelo constrangimento ilegal.

(E) Configura delito a coerção exercida para impedir suicídio, diante da ausência do consentimento do ofendido.

10. (UFMT - 2014 - MPE-MT - Promotor de Justiça) No que se refere ao tipo penal de constrangimento ilegal, previsto no art. 146 do Código Penal, assinale a afirmativa INCORRETA.

(A) O crime poderá ser perpetrado nas modalidades dolosa e culposa.

(B) A vontade do autor deve ser ilegítima, pois, sendo legítima, haverá o crime de exercício arbitrário das próprias razões.

(C) É crime comum, pois, se a conduta for praticada por funcionário público, no exercício de suas funções, há crime de abuso de autoridade.

(D) Trata-se de crime subsidiário, ou seja, só é punido autonomamente se não constituir elementar, qualificadora ou meio de execução de outro crime.

(E) Além das penas cominadas, aplicam-se ao autor do crime as correspondentes à violência.

2. AMEAÇA

Art. 147 - Ameaçar alguém, por palavra, escrito ou gesto, ou qualquer outro meio simbólico, de causar-lhe mal injusto e grave:

Pena - detenção, de 1 (um) a 6 (seis) meses, ou multa.

Parágrafo único - Somente se procede mediante representação.

2.1. Considerações Iniciais

A ameaça consiste na **promessa de um mal injusto e grave**.

O crime de ameaça tem como objetivo intimidar a vítima a fazer ou deixar de fazer algo que o agente queira. Pode ser realizado mediante diversas formas, por isso o tipo descreve como sendo realizável por meio verbal, escrito ou simbólico. Meras palavras, gestos ou a simbologia qualquer não são suficientes para configurar o crime, a conduta praticada pelo agente deve ser de tal forma que se considere injusta e grave.

Este crime só será tipificado se não for usado como elemento típico de outra infração penal, trata-se, pois, de crime subsidiário.

2.2. Tipicidade Objetiva

O núcleo do tipo é o verbo "ameaçar", que consiste em prometer um **mal injusto, sério e grave**. E o próprio tipo penal faz questão de enaltecer a necessidade da injustiça e da gravidade do mal prometido.

a) Mal injusto: é aquele contrário ao ordenamento injurídico. Não há que se falar em ameaça quando se promete a alguém protestar o título não adimplido, prender em flagrante ou ingressar com ação judicial de cobrança. Nestes casos, o protesto, a prisão e o ajuizamento de ação constituem mal admitido pelo ordenamento jurídico. Contudo, há ameaça quando se afirma que vai agredir o seu devedor inadimplente. Neste caso, por óbvio, a promessa do agente não se encontra amparada pela ordem jurídica.

b) Mal sério: a seriedade significa que a promessa realizada deve ser **verossímil**. Não há crime de ameaça quando o mal prometido não possui aptidão para infundir temor. Chega a ser risível, e não intimidador, uma pessoa afirmar que utilizará de poderes mágicos para fazer chover granizo sobre a casa de outrem ou fazer com que caia um meteoro sobre sua cabeça.

Evidentemente, essa análise em torno da verossimilhança da promessa do mal deve ser aquilatada à luz do caso concreto, levando em consideração as crenças pessoais do agente e, sobretudo, da vítima. Uma promessa que não possui qualquer aptidão para intimidar uma pessoa pode se concretizar em ameaça verossímil para outra pessoa.

Vamos imaginar uma pessoa que ameaça a outra, procurando intimidá-la por meio de promessa de se valer de contato com o mundo espiritual para prejudicá-la. Ora, para um cético materialista - entendendo-se por materialista aquele que não acredita senão no mundo material, desconsiderando, portanto, a possibilidade de existir uma dimensão espiritual da vida - essa promessa será tão risível quando a promessa, anteriormente mencionada, de fazer chover meteoro. Para uma segunda pessoa, a mesma fala pode infundir grande temor.

Por esta razão, o Superior Tribunal de Justiça já reconheceu que existe a ameaça quando se promete o mal espiritual, pois "a 'grave ameaça', elementar do delito de extorsão, consiste na intimidação que atua na dimensão psicológica da vítima, considerando a influência de múltiplos fatores"[5].

Sendo certo que é necessário que estas questões pessoais devem ser observadas, para que se possa mensurar se há ameaça, poderemos ter uma criança como vítima, desde que possua capacidade de discernimento. E neste ponto, importa referir que o que é algo inverossímil para um adulto pode não ser para a criança.

c) Mal grave: além de injusto, o mal deve ser grave, isto é, deve consistir em violação a bem jurídico relevante da vítima ou de pessoa próxima. É o caso em que se ameaça bater na vítima ou matá-la, exteriorizando uma promessa de dano aos seus bens jurídicos integridade física ou morte, respectivamente. De igual sorte, quando se promete, por exemplo, atentar contra a vida do filho da vítima.

Não há ameaça quando alguém roga uma praga contra a vítima, desejando-lhe o mal. Neste caso, o agente não está prometendo o mal, mas apenas exteriorizando um desejo. não pode haver ameaça quando o mal futuro não depende do agente para se concretizar. Por isso, não há que se falar em ameaça quando agente afirma coisas como "tomara que você morra logo" ou "tomara que você tenha câncer"[6].

5. STJ, AgRg no AREsp 1009662/RJ, rel. Min. Antonio Saldanha Palheiro, Sexta Turma, julgado em 03/04/2018, DJe 09/04/2018.
6. GONÇALVES, Victor Eduardo Rios. *Direito Penal Esquematizado: parte especial.* 8.ed. São Paulo: Saraiva, 2018, p.290.

Na ameaça, promete-se mal futuro. Há quem sustente, todavia, em doutrina, que também será possível a ameaça em relação a uma promessa de mal atual[7].

Conforme previsão do tipo penal, a ameaça pode se dar por palavra, escrito, gestou ou qualquer outro meio simbólico. Vejamos:

a) **Palavra:** trata-se da conduta verbal, que pode ocorrer na presença da vítima ou por envio de mensagem de voz, por telefone, gravação de áudio ou de vídeo etc.

b) **Escrito:** pode se dar por meio de *email*, carta, mensagem de texto, bilhete etc.

c) **Gesto:** é o exemplo de gesticular imitando uma arma, fazendo sinal de que dará socos ou cortar o pescoço da vítima.

d) **Outro meio simbólico:** é o exemplo do agente que envia para a vítima uma coroa de flores destinada a ornamentar velórios.

2.3. Sujeitos

Qualquer pessoa pode ser sujeito ativo do crime em estudo.

O sujeito passivo pode ser qualquer **pessoa certa e determinada** que entenda o caráter do mal proferido contra si, ou seja, que tenha capacidade de discernir e sentir a intimidação. Estarão excluídos, portanto, os menores em tenra idade e os portadores de enfermidade mental que impede o discernimento. Não há crime de ameaça contra coletividades e pessoas indeterminadas.

2.4. Objetos

O objeto juridicamente tutelado é a liberdade da pessoa humana, notadamente a integridade psíquica/mental da vítima.

O objeto material é o ser humano que sofre a ameaça.

2.5. Elemento Subjetivo

O elemento subjetivo exigido pelo tipo penal é o dolo, pois se exige do agente a consciência de querer influir medo na pessoa da vítima, pouco importando que o agente efetivamente realize o mal prometido. Não há, sequer, a exigência de que o agente tenha a intenção de praticar o mal prometido, bastando-lhe a intenção de intimidar a vítima. Não haverá o crime de a pessoa agir com a intenção de fazer uma brincadeira (*animus jocandi*).

Não há previsão de modalidade culposa.

7. Neste sentido, JESUS, Damásio E. *Direito Penal: parte especial. Vol. II.* 31. ed. São Paulo: Saraiva, 2011, p. 290.

2.6. Consumação e Tentativa

Consuma-se o crime quando o agente ameaça a vítima, não sendo necessário que tal ameaça seja feita diretamente a ela, basta apenas que se tenha conhecimento e isto cause temor no sujeito passivo.

É admitida a tentativa, a depender da forma como for praticada a ameaça (ex,: na modalidade escrita).

2.7. Ação Penal

A ação penal é de iniciativa pública condicionada à representação do ofendido, conforme previsão do art. 147, parágrafo único, CP.

2.8. Espécies de Ameaça

A ameaça pode ser classificada de acordo com alguns critérios. Vejamos:

a) **Quanto à pessoa a quem se dirige:**

- a.1) **Direta (imediata):** é dirigida contra a própria vítima. Ex.: "A" diz a "B" que irá matá-lo.
- a.2) **Indireta (mediata):** é dirigida a um terceiro, que possui algum vínculo próximo com a vítima. Ex.: "A" diz para "B" que vai matar o seu filho.

b) **Quanto à forma:**

- b.1) **Explícita:** é expressa, não deixa margem de dúvida quanto à sua existência. Ex.: "A" diz a "B" que irá matá-lo.
- b.2) **Implícita:** o agente faz a ameaça de forma velada, apenas dá a entender o teor da ameaça. Ex.: "A" diz para "B" que é capaz de matar quem agir da forma como "B" está agindo.
- b.3) **Condicionada (condicional):** a ameaça depende da prática de alguma conduta por parte da vítima. Ex.: "A" afirma a "B" que irá matá-lo se ele retornar a sua residência. Importante mencionar que se o agente exige da vítima uma ação ou omissão, o crime será o de constrangimento ilegal (art. 146, CP). Isto, claro, se for uma ação não exigida por lei ou uma omissão de ato que a lei permite.

2.9. Outras Questões

Devemos diferenciar o crime de ameaça de outras figuras típicas, previstas em diplomas legislativos específicos. Vejamos:

2.9.1. *Ameaça e Lei de Segurança Nacional*

A Lei de Segurança Nacional (Lei n. 7.170/83) estabelece em seu artigo 28 que constitui crime, punido com pena de reclusão de 4 (quatro) a 12 (doze) anos atentar contra a liberdade pessoal do Presidente da República, do Senado Federal, da Câmara dos Deputados ou do Supremo Tribunal Federal. Sendo certo que a ameaça é um dos crimes contra a liberdade pessoal, a ameaça realizada contra qualquer destas autoridades públicas configuraria o crime previsto no art. 28, LSN.

2.9.2. *Ameaça e Código de Defesa do consumidor*

O art. 71 do Código de Defesa do Consumidor (Lei n. 8.078/90) estabelece ser crime, punido com pena de detenção de 3 (três) meses a 1 (um) ano e multa, "Utilizar, na cobrança de dívidas, de ameaça, coação, constrangimento físico ou moral, afirmações falsas incorretas ou enganosas ou de qualquer outro procedimento que exponha o consumidor, injustificadamente, a ridículo ou interfira com seu trabalho, descanso ou lazer".

2.9.3. *Ameaça e Código Penal Militar*

O Código Penal Militar (Decreto-Lei n. 1.001/69) previu um crime de ameaça, em seu art. 223, punido com pena de detenção de até seis meses, se o fato não constituir crime mais grave.

2.10. Penas

A pena prevista para o crime de ameaça é de detenção de 1 (um) a 6 (seis) meses, ou multa. Logo, podemos concluir que:

a) É possível a transação penal (art. 76, Lei n. 9.099/95), pois se trata de infração penal de menor potencial ofensivo.

b) É possível a suspensão condicional do processo (art. 89, Lei n. 9.099/95), pois a pena mínima não ultrapassa um ano.

c) É possível também a composição civil dos danos (art. 72, Lei n. 9.099/95), haja vista tratar-se de infração de menor potencial ofendido perseguida por meio de ação penal de iniciativa pública condicionada à representação do ofendido.

2.11. Classificação

O crime de ameaça pode ser classificado como:

a) **Comum** (não exige qualidade especial do agente);

b) **Formal** (a consumação não exige a produção de um resultado naturalístico);

c) De **forma livre** (a Lei não estabelece exigência para a forma de execução);

d) **Simples** (tutela apenas um bem jurídico);

e) **Comissivo** (praticado mediante ação);

f) **Unissubjetivo** (poderá haver concurso de pessoas);

g) **Instantâneo** (consuma-se de imediato);

h) **Unissubsistente** (a conduta não pode ser fracionada) ou **Plurissubsistente** (a conduta pode ser fracionada), a depender do caso;

i) De **dano** (a consumação enseja a lesão ao bem jurídico);

j) **Transeunte** (não deixa vestígios materiais);

k) **Doloso** (não admite modalidade culposa).

2.12. Quadro Sinótico

AMEAÇA		
Considerações Iniciais	A ameaça consiste na promessa de um mal injusto e grave. O crime de ameaça tem como objetivo intimidar a vítima a fazer ou deixar de fazer algo que o agente queira. Este crime só será tipificado se não for usado como elemento típico de outra infração penal, trata-se, pois, de crime subsidiário.	1
Tipicidade Objetiva	O núcleo do tipo é o verbo "ameaçar", que consiste em prometer um mal injusto (contrário ao ordenamento injurídico), sério (a promessa realizada deve ser verossímil) e grave (deve consistir em violação a bem jurídico relevante da vítima ou de pessoa próxima). Conforme previsão do tipo penal, a ameaça pode se dar por palavra, escrito, gestou ou qualquer outro meio simbólico.	2
Sujeitos	Qualquer pessoa pode ser **sujeito ativo** do crime em estudo. O **sujeito passivo** pode ser qualquer pessoa certa e determinada que entenda o caráter do mal proferido contra si, ou seja, que tenha capacidade de discernir e sentir a intimidação.	3
Objetos	O **objeto juridicamente tutelado** é a liberdade da pessoa humana, notadamente a integridade psíquica/mental da vítima. O **objeto material** é o ser humano que sofre a ameaça.	4
Elemento Subjetivo	O elemento subjetivo exigido pelo tipo penal é o dolo, pois se exige do agente a consciência de querer influir medo na pessoa da vítima, pouco importando que o agente efetivamente realize o mal prometido. Não há previsão de modalidade culposa.	5
Consumação e Tentativa	Consuma-se o crime quando o agente ameaça a vítima, não sendo necessário que tal ameaça seja feita diretamente a ela, basta apenas que se tenha conhecimento e isto cause temor no sujeito passivo. É admitida a tentativa, a depender da forma como for praticada a ameaça (ex.: na modalidade escrita).	6
Ação Penal	A ação penal é de iniciativa pública condicionada à representação do ofendido, conforme previsão do art. 147, parágrafo único, CP.	7

<table>
<tr><td>Espécies de Ameaça</td><td colspan="2">a) Quanto à pessoa a quem se dirige:
a.1) Direta (imediata): é dirigida contra a própria vítima.
a.2) Indireta (mediata): é dirigida a um terceiro, que possui algum vínculo próximo com a vítima.
b) Quanto à forma:
b.1) Explícita: é expressa, não deixa margem de dúvida quanto à sua existência;
b.2) Implícita: o agente faz a ameaça de forma velada, apenas dá a entender o teor da ameaça;
b.3) Condicionada (condicional): a ameaça depende da prática de alguma conduta por parte da vítima.</td><td>8</td></tr>
<tr><td rowspan="3">Outras Questões</td><td>Ameaça e Lei de Segurança Nacional</td><td>Sendo certo que a ameaça é um dos crimes contra a liberdade pessoal, a ameaça realizada contra Presidente da República, do Senado Federal, da Câmara dos Deputados ou do Supremo Tribunal Federal configuraria o crime previsto no art. 28, LSN.</td><td>9.1</td></tr>
<tr><td>Ameaça e Código de Defesa do consumidor</td><td>O art. 71 do Código de Defesa do Consumidor (Lei n. 8.078/90) estabelece ser crime, punido com pena de detenção de 3 (três) meses a 1 (um) ano e multa, "Utilizar, na cobrança de dívidas, de ameaça, coação, constrangimento físico ou moral, afirmações falsas incorretas ou enganosas ou de qualquer outro procedimento que exponha o consumidor, injustificadamente, a ridículo ou interfira com seu trabalho, descanso ou lazer".</td><td>9.2</td></tr>
<tr><td>Ameaça e Código Penal Militar</td><td>O Código Penal Militar (Decreto-Lei n. 1.001/69) previu um crime de ameaça, em seu art. 223, punido com pena de detenção de até seis meses, se o fato não constituir crime mais grave.</td><td>9.3</td></tr>
<tr><td>Penas</td><td colspan="2">A pena prevista para o crime de ameaça é de detenção de 1 (um) a 6 (seis) meses, ou multa.</td><td>10</td></tr>
<tr><td>Classificação</td><td colspan="2">a) Comum (não exige qualidade especial do agente);
b) Formal (a consumação não exige a produção de um resultado naturalístico);
c) De forma livre (a Lei não estabelece exigência para a forma de execução);
d) Simples (tutela apenas um bem jurídico);
e) Comissivo (praticado mediante ação);
f) Unissubjetivo (poderá haver concurso de pessoas);
g) Instantâneo (consuma-se de imediato);
h) Unissubsistente (a conduta não pode ser fracionada) ou Plurissubsistente (a conduta pode ser fracionada), a depender do caso;
i) De dano (a consumação enseja a lesão ao bem jurídico);
j) Transeunte (não deixa vestígios materiais);
k) Doloso (não admite modalidade culposa).</td><td>11</td></tr>
</table>

2.13. Questões de Concursos Públicos

01. (FUNCAB - 2016 - PC-PA - Investigador de Polícia Civil) O crime de ameaça:

(A) pressupõe a injustiça do mal prometido

(B) é de ação penal privada.

(C) não admite transação penal.

(D) não pode ser praticado por meios simbólicos.

(E) quando usado como meio executório de um roubo, coexiste com este em concurso de crimes.

02. (FAURGS - 2012 - TJ-RS - Conciliador Criminal) Assinale a afirmação correta em relação ao crime de ameaça (artigo 147 do Código Penal).

(A) O Ministério Público e o ofendido têm legitimidade para promover a ação penal.

(B) Trata-se de crime de ação penal privada.

(C) Somente se procede mediante representação.

(D) O Ministério Público tem a faculdade de oferecer denúncia a qualquer tempo, sem restrições legais.

(E) Só pode ser praticado por meio da palavra ou por escrito, não sendo possível a consumação por meio de gesto ou qualquer outro meio simbólico.

03. (TRT 15R - 2008 - TRT - 15ª Região - Juiz do Trabalho - Prova 1) No crime de ameaça é incorreto asseverar:

(A) a ameaça para constituir o crime tem de ser idônea, séria e concreta, capaz de efetivamente impingir medo à vítima;

(B) o crime de ameaça consiste na promessa feita pelo sujeito ativo de mal justo ou injusto e grave a qualquer pessoa, violando a liberdade psíquica;

(C) o crime de ameaça consiste na promessa feita pelo sujeito ativo de mal injusto e grave a qualquer pessoa, violando a liberdade psíquica;

(D) a falta de consciência ou de capacidade mental para entender a gravidade do mal ameaçado afasta a possibilidade do crime;

(E) a ação penal é pública condicionada à representação do ofendido.

04. (VUNESP - 2018 - PC-SP - Escrivão de Polícia Civil) Tendo em conta os crimes contra a liberdade individual, previstos nos artigos 146 a 149 do Código Penal, bem como os de extorsão (158 do CP) e extorsão mediante sequestro (159 do CP), é correto afirmar que

(A) Mévio e Caio, demitidos, ao manterem preso, por 10 dias, em uma casa abandonada, por vingança, o filho do dono da empresa em que trabalhavam, praticam o crime de extorsão mediante sequestro, previsto no artigo 159 do CP.

(B) Mévio, ao manter Tícia, sua vizinha, presa em casa, amarrada à cama, por uma semana, condicionando sua soltura à entrega da senha do cofre, onde ele sabia existir dólares e joias, pratica o crime de cárcere privado, previsto no artigo 148 do CP.

(C) Tício, ao submeter seus empregados a trabalho forçado e a condições degradantes, com restrição à locomoção, pratica o crime de constrangimento ilegal, previsto no artigo 146 do CP.

(D) Tício, ao ficar parado em frente ao trabalho de Mévia, sua ex-mulher, fazendo gestos com as mãos que simbolizam disparos de arma de fogo, causando-lhe temor, pratica o crime de ameaça.

(E) Caio, médico, ao realizar transfusão de sangue em Tício, menor, sem o consentimento dos pais, ainda que para salvá-lo de risco iminente de morte, pratica o crime de constrangimento ilegal, previsto no artigo 146 do CP.

***GABARITO:** As respostas destes testes encontram-se no final do livro.*

3. SEQUESTRO E CÁRCERE PRIVADO

> **Art. 148** - Privar alguém de sua liberdade, mediante sequestro ou cárcere privado:
>
> Pena - reclusão, de um a três anos.
>
> § 1° - A pena é de reclusão, de dois a cinco anos:
>
> I - se a vítima é ascendente, descendente, cônjuge ou companheiro do agente ou maior de 60 (sessenta) anos;
>
> II - se o crime é praticado mediante internação da vítima em casa de saúde ou hospital;
>
> III - se a privação da liberdade dura mais de quinze dias.
>
> IV - se o crime é praticado contra menor de 18 (dezoito) anos;
>
> V - se o crime é praticado com fins libidinosos.
>
> § 2° - Se resulta à vítima, em razão de maus-tratos ou da natureza da detenção, grave sofrimento físico ou moral:
>
> Pena - reclusão, de dois a oito anos.

3.1. Considerações Iniciais

O crime em comento prevê a conduta do agente que suprime a liberdade de locomoção de outrem, consistente no direito de ir, vir e permanecer, de toda e qualquer pessoa humana. O fundamento constitucional do direito à liberdade encontra-se no art. 5°, *caput*, CF.

O sequestro e cárcere privado é um **crime subsidiário**, de modo que somente podemos falar neste crime quando a privação de liberdade não se mostrar como um meio para a prática de outro crime, como a extorsão mediante sequestro (art. 159, CP). A conduta pode ser praticada de forma omissiva, quando o agente for garantidor. Trata-se, ainda, de crime de forma livre, pois a lei não estabeleceu as formas de execução da conduta.

3.2. Tipicidade Objetiva

A conduta consiste em privar alguém de sua liberdade. Trata-se, como dito anteriormente, da liberdade física, ambulatorial, o direito e ir, vir e permanecer. O núcleo do tipo reside no verbo "privar", que diz respeito a tolher, suprimir, retirar.

Sob o ponto de vista doutrinário, costuma-se distinguir o sequestro do cárcere privado sob uma ótica de relação de gênero e espécie. Nos dois casos, há a restrição da liberdade da vítima, mas o cárcere privado pressupõe essa restrição em um ambiente fechado. Diz respeito, portanto, a clausura, confinamento. Por sua vez, no sequestro há uma privação de liberdade sem tal restrição. Deste modo, trancar alguém em uma casa ou em um quarto, configura cárcere privado, ao passo que deixar alguém em uma ilha caracteriza sequestro.

Contudo, não existe qualquer relevância prática na distinção entre sequestro e cárcere privado. Seja por meio de sequestro ou de cárcere privado, se o agente priva a liberdade ambulatorial de outrem, comete o crime do art. 148, CP.

3.3. Sujeitos

Qualquer pessoa pode ser sujeito ativo do crime em estudo.

O sujeito passivo pode ser qualquer pessoa, independentemente possuir limitações de locomoção, como uma criança em tenra idade ou alguém que possua paraplegia.

Entretanto, sendo umas das pessoas previstas nos incisos I e IV do §1°, restará configurada a figura qualificada.

3.4. Objetos

O objeto juridicamente tutelado é a liberdade de locomoção da pessoa.

O objeto material é o ser humano que foi privado da sua faculdade de ir, vir e permanecer.

3.5. Elemento Subjetivo

O elemento subjetivo exigido pelo tipo penal é o dolo, pois se exige do agente a consciente vontade de querer impedir o deslocamento ou a permanência da vítima em local que ela se encontre. A caracterização do crime não exige qualidade especial do agente.

Pode, porém, a finalidade especial do agente configurar alguma qualificadora, como ocorre na hipótese da privação da liberdade com finalidade libidinosa. De igual forma, a finalidade especial do agente pode dar ensejo à prática de algum outro crime, ainda que a privação da liberdade seja o meio para tanto. É o caso do médico que não permite a liberação do paciente até o pagamento das despesas hospitalares, cometendo o crime de exercício arbitrário das próprias razões (art. 345, CP). Também é o caso dos pais que, com a finalidade corretiva, priva o filho da liberdade física, praticando o crime de maus-tratos (art. 136, CP). Pode, ainda, o dolo fazer com que reste configurada alguma outra modalidade típica, como a extorsão mediante sequestro (art. 159, CP), redução à condição análoga à de escravo (art. 149, CP), tráfico de pessoas (art. 149-A, CP), tortura (Lei n. 9.455/97) etc.

Não se admite a modalidade culposa.

3.6. Consumação e Tentativa

Consuma-se o crime em estudo com a conduta adotada pelo agente que efetivamente impossibilita a vítima a se locomover ou permanecer aonde gostaria de estar. Logo, o crime se configura ainda que a vítima não seja removida do local de origem. Trata-se de crime permanente, pois a conduta se protrai no tempo.

A consumação do crime pode se dar por ação ou por omissão. Na conduta comissiva (ação), temos uma **detenção**. É o exemplo em que o agente tranca uma pessoa dentro de uma residência. Na conduta omissiva, temos uma **retenção**. É o exemplo do agente que já encontra a pessoa trancada e, devendo e podendo abrir a porta, não o faz.

A tentativa é admitida, tanto no sequestro quanto no cárcere privado.

3.7. Ação Penal

A ação penal é de iniciativa pública incondicionada.

3.8. Qualificadoras

Em seus dois parágrafos, o art. 148 do Código Penal previu as modalidades qualificadas do crime de sequestro e cárcere privado. Em seu primeiro parágrafo, existem cinco modalidades qualificadas, distribuídas em cinco incisos, para as quais foi prevista a pena de reclusão de 2 (dois) a 5 (cinco) anos. Em seu segundo parágrafo, está prevista uma qualificadora com pena de 2 (dois) a 8 (oito) anos. Vejamos na ordem as seis qualificadoras:

a) **Se a vítima é ascendente, descendente, cônjuge ou companheiro do agente ou maior de 60 (sessenta) anos;**

A qualificadora nestes casos se justifica pela maior reprovabilidade da conduta praticada no âmbito familiar ou pela idade da vítima. Não se enquadram na incidência da qualificadora os parentes em linha colateral (irmãos, tios, sobrinhos etc.), nem os casos de parentesco por afinidade (sogros, genro, nora etc.). Havendo a incidência da presente qualificadora, não poderá incidir as circunstancias agravantes que possuem a mesma hipótese fática (art. 61, II, *e* e *h*), pois isto caracterizaria *bis in idem.*

Na hipótese do pai ou mãe que sequestra o próprio filho, em descumprimento a ordem judicial que lhe retirara o poder familiar, estaremos diante do crime de desobediência (art. 330, CP), e não do sequestro e cárcere privado.

Na hipótese da vítima maior de 60 (sessenta) anos, a referida qualificadora foi inserida pelo Estatuo do Idoso. Para sua verificação, é necessário levar em consideração que o sequestro e cárcere privado é crime cuja conduta se protrai no tempo. Deste modo, se a vítima foi sequestrada na véspera de atingir os 60 (sessenta) anos de idade, e permanece em cárcere após o seu aniversário, haverá o crime na sua modalidade qualificada, pois a conduta criminosa perdurou quando a vítima já se enquadrava na faixa etária descrita no art. 148, §1º, I, CP.

b) **Se o crime é praticado mediante internação da vítima em casa de saúde ou hospital;**

Trata-se de hipótese de internação fraudulenta. Por outras palavras, o agente promove a internação de pessoa que dela não necessitaria. Não se exige qualquer qualidade especial do agente, que pode ser um médico ou alguém que não seja da área da saúde.

c) **Se a privação da liberdade dura mais de quinze dias;**

O crime de sequestro e cárcere privado é permanente, razão pela qual a conduta se protrai no tempo. Não há, contudo, lapso de tempo estabelecido para a caracterização do crime. Por outro lado, a lei definiu prazo a partir do qual incidira uma qualificadora. Trata-se de uma das hipóteses que a doutrina denomina de **crime a prazo**.

A contagem do prazo para a caracterização da qualificadora leva em consideração as regras de contagem contidas nos artigos 10 e 11 do Código Penal. Deste modo, deveremos incluir o dia de início da privação de liberdade na contagem e desconsiderar eventuais frações de dia.

d) **Se o crime é praticado contra menor de 18 (dezoito) anos;**

A qualificadora se justifica pelo fato de recair sobre pessoa que ainda se encontra em estágio de desenvolvimento físico e mental, nos termos do Estatuto da Criança e do Adolescente.

Mais uma vez, conveniente registrar que o sequestro e cárcere privado é crime permanente. Deste modo, pode acontecer de o agente sequestrar a vítima que se encontrava na iminência de atingir a maioridade, mantendo-a em cárcere por alguns dias, período suficiente para que sobreviesse seu aniversário. Por outras, palavras, a conduta se inicia quando a vítima possuía menos de 18 (dezoito) anos, mas se encerra após atingida a maioridade. Em um caso como este, evidentemente estará caracterizada a qualificadora, porquanto houve a prática da conduta enquanto a vítima ainda era menor de idade.

Não se pode confundir a modalidade qualificada do sequestro e cárcere privado em comento com o crime previsto no art. 230 do ECA, que pune com pena de detenção de 6 (seis) meses a 2 (dois) anos, a conduta consistente em: "Privar a criança ou o adolescente de sua liberdade, procedendo à sua apreensão sem estar em flagrante de ato infracional ou inexistindo ordem escrita da autoridade judiciária competente". Conforme disposição do parágrafo único do mesmo artigo: "Incide na mesma pena aquele que procede à apreensão sem observância das formalidades legais".

Como se vê, no dispositivo do ECA, a punição é bem mais branda, e corresponde à apreensão do menor por ato infracional, sem o preenchimento dos requisitos legais.

e) **Se o crime é praticado com fins libidinosos;**

Até o advento da Lei n. 11.106/05, havia o crime de rapto no nosso Código Penal, que consistia, justamente, em privar a liberdade da vítima com finalidade libidinosa. A vítima era apenas a mulher honesta, e existia o rapto consensual e o violento, a depender da existência ou não do seu consentimento. Com o advento da referida Lei, houve a *abolitio criminis* do rapto consensual, e o crime de rapto violento passou a ser uma modalidade qualificada do crime de sequestro e cárcere privado, com a significativa distinção de que já não se restringe a vítima, que, agora, pode ser qualquer pessoa.

O crime qualificado se consuma com a privação da liberdade da vítima. a finalidade libidinosa é o elemento subjetivo específico, isto é, a especial finalidade almejada pelo agente. A consumação do crime qualificado não pressupõe, portanto, a prática de qualquer ato libidinoso.

Caso ocorra a privação da liberdade e o ato libidinoso pretendido, o agente responderá em concurso material com o crime de sequestro e cárcere privado qualificado e o crime sexual. Não há que se falar em *bis in idem* neste caso, pois, como dito, a qualificadora não deriva da prática do ato libidinoso, mas apenas da sua pretensão.

f) **Se resulta à vítima, em razão de maus-tratos ou da natureza da detenção, grave sofrimento físico ou moral:**

Devemos reiterar que esta sexta qualificadora se encontra no art. 148, §2°, CP, que possui previsão de pena exasperada. Com efeito, enquanto as cinco qualificadora anteriores conduzem a uma pena de reclusão em patamares que variam de 2 (dois) a 5 (cinco) anos, esta sexta qualificadora eleva a pena a um patamar de reclusão de 2 (dois) a 8 (oito) anos.

A qualificadora em estudo diz respeito ao grave sofrimento físico ou moral da vítima. E tal sofrimento grave derivará de maus-tratos ou da natureza da detenção. No que concerne aos maus-tratos, importante salientar que diz respeito à forma de tratamento dado à vítima, ocasionando-lhe ofensas que não geral lesão corporal. Se houver a les~çao corporal, estaremos diante de concurso de crimes entre este delito e o sequestro e cárcere privado. Quanto à natureza da detenção, corresponderá, logo se vê, ao local e à forma como a vítima ficou confinada. É o caso da conduta criminosa que consiste em deixar a vítima em cativeiro inóspito, mal alimentada, ambiente prejudical à saúde etc.

3.9. Outras Questões

O crime de sequestro e cárcere privado não incidirá em algumas situações para as quais existe tipo penal específico. Vejamos:

3.9.1. *Sequestro e cárcere privado e Lei de Segurança Nacional*

Conforme o art. 20 da Lei de Segurança Nacional (Lei n. 7.170/83), constitui crime sequestrar e manter em cárcere privado "por inconformismo ou para obtenção de fundos destinados à manutenção de organizações políticas clandestinas ou subversivas". Para este crime, a pena é de reclusão de 3 (três) a 10 (dez) anos. Se do fato resulta lesão corporal grave, a pena aumenta-se até o dobro; se resulta morte, aumenta-se até o triplo.

Ainda consoante a Lei de Segurança Nacional (art. 28), constitui crime, punido com pena de reclusão de 4 (quatro) a 12 (doze) anos atentar contra a liberdade pessoal do Presidente da República, do Senado Federal, da Câmara dos Deputados ou do Supremo Tribunal Federal. Sendo certo que o sequestro e cárcere privado ameaça é um dos crimes contra a liberdade pessoal, a conduta realizada contra qualquer destas autoridades públicas configuraria o crime previsto no art. 28, LSN.

3.9.2. *Sequestro e cárcere privado e Código Penal Militar*

O Código Penal Militar possui previsão específica para crime de sequestro e cárcere privado, em seu art. 225. Para este crime, a pena prevista é de reclusão até 3 (três) anos.

3.10. Penas

A pena prevista para o crime de sequestro e cárcere privado é de reclusão de 1 (um) a 3 (três) anos. Logo, podemos concluir que:

a) Não é possível a transação penal (art. 76, Lei n. 9.099/95), pois não se trata de infração penal de menor potencial ofensivo.

b) É possível a suspensão condicional do processo (art. 89, Lei n. 9.099/95), pois a pena mínima não ultrapassa um ano. Nas modalidades qualificadas, não será possível a obtenção de tal benefício, pois a pena mínima passa a ser de 2 (dois) anos.

3.11. Classificação

O crime de sequestro e cárcere privado pode ser classificado como:

a) **Comum** (não exige qualidade especial do agente);

b) **Material** (a consumação exige a produção de um resultado naturalístico);

c) De **forma livre** (a Lei não estabelece exigência para a forma de execução);

d) **Simples** (tutela apenas um bem jurídico);

e) **Comissivo** (praticado mediante ação) ou **omissivo** (praticado mediante omissão);

f) **Unissubjetivo** (poderá haver concurso de pessoas);

g) **Permanente** (consumação se protrai no tempo);

h) **Unissubsistente** (a conduta não pode ser fracionada) ou **Plurissubsistente** (a conduta pode ser fracionada), a depender do caso;

i) De **dano** (a consumação enseja a lesão ao bem jurídico);

j) **Transeunte** (não deixa vestígios materiais);

k) **Doloso** (não admite modalidade culposa).

3.12. Quadro Sinótico

SEQUESTRO E CÁRCERE PRIVADO		
Considerações Iniciais	O crime em comento prevê a conduta do agente que suprime a liberdade de locomoção de outrem, consistente no direito de ir, vir e permanecer, de toda e qualquer pessoa humana. O fundamento constitucional do direito à liberdade encontra-se no art. 5º, caput, CF.	1
Tipicidade Objetiva	A conduta consiste em privar alguém de sua liberdade. Trata-se, como dito anteriormente, da liberdade física, ambulatorial, o direito e ir, vir e permanecer. O núcleo do tipo reside no verbo "privar", que diz respeito a tolher, suprimir, retirar. Sob o ponto de vista doutrinário, costuma-se distinguir o sequestro do cárcere privado sob uma ótica de relação de gênero e espécie. Nos dois casos, há a restrição da liberdade da vítima, mas o cárcere privado pressupõe essa restrição em um ambiente fechado. Por sua vez, no sequestro há uma privação de liberdade sem tal restrição.	2

<table>
<tr><td>Sujeitos</td><td colspan="2">Qualquer pessoa pode ser sujeito ativo do crime em estudo. O sujeito passivo pode ser qualquer pessoa.</td><td>3</td></tr>
<tr><td>Objetos</td><td colspan="2">O objeto juridicamente tutelado é a liberdade de locomoção da pessoa.
O objeto material é o ser humano que foi privado da sua faculdade de ir, vir e permanecer.</td><td>4</td></tr>
<tr><td>Elemento Subjetivo</td><td colspan="2">O elemento subjetivo exigido pelo tipo penal é o dolo, pois se exige do agente a consciente vontade de querer impedir o deslocamento ou a permanência da vítima em local que ela se encontre. Não se admite a modalidade culposa.</td><td>5</td></tr>
<tr><td>Consumação e Tentativa</td><td colspan="2">Consuma-se o crime em estudo com a conduta adotada pelo agente que efetivamente impossibilita a vítima a se locomover ou permanecer aonde gostaria de estar. A consumação do crime pode se dar por ação ou por omissão. A tentativa é admitida, tanto no sequestro quanto no cárcere privado.</td><td>6</td></tr>
<tr><td>Ação Penal</td><td colspan="2">A ação penal é de iniciativa pública incondicionada.</td><td>7</td></tr>
<tr><td>Qualificadoras</td><td colspan="2">Em seus dois parágrafos, o art. 148 do Código Penal previu as modalidades qualificadas do crime de sequestro e cárcere privado, quais sejam:
a) Se a vítima é ascendente, descendente, cônjuge ou companheiro do agente ou maior de 60 (sessenta) anos;
b) Se o crime é praticado mediante internação da vítima em casa de saúde ou hospital;
c) Se a privação da liberdade dura mais de quinze dias;
d) Se o crime é praticado contra menor de 18 (dezoito) anos;
e) Se o crime é praticado com fins libidinosos;
f) Se resulta à vítima, em razão de maus-tratos ou da natureza da detenção, grave sofrimento físico ou moral.</td><td>8</td></tr>
<tr><td rowspan="2">Outras Questões</td><td>Sequestro e cárcere privado e Lei de Segurança Nacional</td><td>Conforme o art. 20 da Lei de Segurança Nacional (Lei n. 7.170/83), constitui crime sequestrar e manter em cárcere privado “por inconformismo ou para obtenção de fundos destinados à manutenção de organizações políticas clandestinas ou subversivas”. Ainda consoante a Lei de Segurança Nacional (art. 28), constitui crime, punido com pena de reclusão de 4 (quatro) a 12 (doze) anos atentar contra a liberdade pessoal do Presidente da República, do Senado Federal, da Câmara dos Deputados ou do Supremo Tribunal Federal.</td><td>9.1</td></tr>
<tr><td>Sequestro e cárcere privado e Código Penal Militar</td><td>O Código Penal Militar possui previsão específica para crime de sequestro e cárcere privado, em seu art. 225. Para este crime, a pena prevista é de reclusão até 3 (três) anos.</td><td>9.2</td></tr>
</table>

Penas	A pena prevista para o crime de sequestro e cárcere privado é de reclusão de 1 (um) a 3 (três) anos.	10
Classificação	**a)** **Comum** (não exige qualidade especial do agente); **b)** **Material** (a consumação exige a produção de um resultado naturalístico); **c)** De **forma livre** (a Lei não estabelece exigência para a forma de execução); **d)** **Simples** (tutela apenas um bem jurídico); **e)** **Comissivo** (praticado mediante ação) ou **omissivo** (praticado mediante omissão); **f)** **Unissubjetivo** (poderá haver concurso de pessoas); **g)** **Permanente** (consumação se protrai no tempo); **h)** **Unissubsistente** (a conduta não pode ser fracionada) ou **Plurissubsistente** (a conduta pode ser fracionada), a depender do caso; **i)** **De dano** (a consumação enseja a lesão ao bem jurídico); **j)** **Transeunte** (não deixa vestígios materiais); **k)** **Doloso** (não admite modalidade culposa).	11

3.13. Questões de Concursos Públicos

01. (MPT - 2017 - MPT - Procurador do Trabalho) Assinale a opção INCORRETA:

(A) A pena relativa ao crime de redução a condição análoga à de escravo é aumentada se o crime é cometido por motivo de religião.

(B) O delito de sequestro e cárcere privado é considerado crime de natureza permanente, consumando-se com a privação da liberdade da vítima, impedida de ir e vir.

(C) O Código Penal prevê, para o delito de sequestro e cárcere privado, como circunstância de aumento de pena, a de que o crime tenha sido praticado com fins de remover órgãos, tecidos ou partes do corpo da vítima.

(D) O tipo penal do crime de frustração de direito assegurado por lei trabalhista consiste em norma penal em branco e não prevê modalidade culposa.

(E) Não respondida.

02. (IBADE - 2017 - PC-AC - Escrivão de Polícia Civil) O delito de sequestro ou cárcere privado é classificado como crime:

(A) permanente e de perigo.

(B) continuado e de perigo

(C) permanente e de dano

(D) habitual e de perigo.

(E) continuada e de dano

03. (IPAD - 2012 - PC-AC - Agente de Polícia Civil) Quanto à classificação dos delitos, é correto afirmar-se que o sequestro caracteriza-se como crime:

(A) comum, permanente e unissubsistente.

(B) comum, permanente e plurissubsistente.

(C) comum, instantâneo e unissubsistente.

(D) próprio, instantâneo e plurissubsistente.

(E) próprio, permanente e unissubsistente.

04. (CESPE - 2013 - DPF - Delegado) Com relação aos crimes previstos no CP, julgue o item que se segue.

O delito de sequestro e cárcere privado, inserido entre os crimes contra a pessoa, constitui infração penal de ação múltipla, e a circunstância de ter sido praticado contra menor de dezoito anos de idade qualifica o crime.

( ) Certo

( ) Errado

05. (CESPE - 2013 - PC-BA - Escrivão de Polícia) Julgue o item subsecutivo, acerca de crimes contra a pessoa.

Considere que Jonas encarcere seu filho adolescente, usuário de drogas, em um dos cômodos da casa da família, durante três dias, para evitar que ele volte a se drogar. Nesse caso, Jonas pratica o crime de cárcere privado.

( ) Certo

( ) Errado

06. (CESPE - 2012 - PC-AL - Escrivão de Polícia) Considerando o Estatuto da Criança e do Adolescente (ECA), e os crimes contra a pessoa, julgue os itens que se seguem.

Pratica o delito de sequestro ou cárcere privado previsto no CP aquele que apreende criança ou adolescente, encarcerando-o, contra o qual inexista ordem judicial escrita, salvo se a apreensão for em flagrante de ato infracional.

( ) Certo

( ) Errado

07. (MPT - 2012 - MPT - Procurador do Trabalho) Escolha a alternativa INCORRETA:

(A) No cárcere privado o bem jurídico tutelado é a liberdade individual, caracterizando-se o crime mesmo quando a privação da liberdade ocorre com o consentimento da vítima, validamente manifestado.

(B) Para os efeitos penais previstos no tipo "falsificação de documento público", equiparam-se a documento público o emanado de entidade paraestatal, o título ao portador ou transmissível por endosso, as ações de sociedade comercial, os livros mercantis e o testamento particular.

(C) No crime de aliciamento de trabalhadores de um local para outro do território nacional, a pena é aumentada de um sexto a um terço se a vítima é menor de 18 (dezoito) anos, idosa, gestante, indígena ou portadora de deficiência.

(D) O crime de fraude processual se constitui em inovar artificiosamente, na pendência de processo civil ou administrativo, o estado de lugar, de coisa ou de pessoa, com o fim de induzir a erro o juiz ou o perito.

08. (CESPE - 2010 - DPU - Defensor Público Federal) Na doutrina, distinguem-se as figuras sequestro e cárcere privado, afirmando-se que o primeiro é o gênero do qual o segundo é espécie. A figura cárcere privado caracteriza-se pela manutenção de alguém em recinto fechado, sem amplitude de locomoção, definição esta mais restrita que a de sequestro.

( ) Certo

( ) Errado

***GABARITO:** As respostas destes testes encontram-se no final do livro.*

4. REDUÇÃO A CONDIÇÃO ANÁLOGA À DE ESCRAVO

Art. 149 - Reduzir alguém a condição análoga à de escravo, quer submetendo-o a trabalhos forçados ou a jornada exaustiva, quer sujeitando-o a condições degradantes de trabalho, quer restringindo, por qualquer meio, sua locomoção em razão de dívida contraída com o empregador ou preposto:

Pena - reclusão, de dois a oito anos, e multa, além da pena correspondente à violência.

§ 1° Nas mesmas penas incorre quem:

I - cerceia o uso de qualquer meio de transporte por parte do trabalhador, com o fim de retê-lo no local de trabalho;

II - mantém vigilância ostensiva no local de trabalho ou se apodera de documentos ou objetos pessoais do trabalhador, com o fim de retê-lo no local de trabalho.

§ 2° A pena é aumentada de metade, se o crime é cometido:

I - contra criança ou adolescente;

II - por motivo de preconceito de raça, cor, etnia, religião ou origem.

4.1. Considerações Iniciais

Ser colocado em situação análoga à de escravo, é ser compelido a realizar trabalhos ou tarefas de forma não voluntária, com extensas jornadas de trabalho e com total falta de garantia de condições mínimas necessárias. Assim, não há a necessidade de se promover a escravização, propriamente dita, da vítima, mas sim de reduzi-la a uma condição análoga.

Esta conduta repulsiva que, lamentavelmente, ainda ocorre em muitas regiões do Brasil, nos remonta à nódoa histórica que ostentamos de termos sido o último país do mundo a extingui formalmente a escravidão. Este crime é chamado doutrinariamente de **plágio**. A expressão remonta ao Direito Romano, ocasião em que a *Lex Fabia de Plagiariis* proibia a escravização de homens livres, "bem como o comércio de escravo alheio, então chamado de *plagium*, indicativo da total e completa submissão de uma pessoa à vontade alheia"[8].

De acordo com o STF[9], a competência para julgamento deste crime é da Justiça Federal, uma vez que "[...] a referida conduta acaba por frustrar os direitos assegurados pela lei trabalhista, atingindo, sobremodo, a organização do trabalho, que visa exatamente a consubstanciar o sistema social trazido pela Constituição Federal [...]".

Neste ponto, é importante destacar que, consoante a Constituição Federal (art. 109, VI), compete à Justiça Federal processar e julgar os crimes contra a organização do trabalho. Como o crime de redução à condição análoga à de escravo se encontra catalogado no rol dos crimes contra a liberdade individual, não seria, *a priori*, crime de competência federal. Todavia, como se vê, a partir da leitura da decisão do STF acima transcrita, entende a Corte Suprema que o crime de redução à condição análoga à de escravo também acaba por macular a própria organização do trabalho.

4.2. Tipicidade Objetiva

O núcleo do tipo corresponde ao verbo "reduzir", que, no contexto do tipo penal, equivale à submissão, coação, subjugação da vítima à condição análoga à de escravo. A expressão "escravo" funciona como um elemento normativo do tipo, que exige uma valoração social, por parte do intérprete, pois a lei não o definiu. Sabemos que escravo é aquela pessoa submetida a trabalhos de forma compulsória e que não possui a ampla liberdade de locomoção.

Conforme já mencionamos, a conduta típica diz respeito à redução da vítima a uma condição **análoga** à de escravo, não havendo, portanto, necessidade de se promover à escravização da vítima em sentido estrito. Deste modo, haverá o crime ainda que a vítima não seja submetida a suplícios corporais ou comercializada como se fosse objeto (e não sujeito) de direito.

O tipo penal do art. 149, CP apresenta-se como um **crime de forma vinculada.** E isto porque o próprio tipo penal descreve as formas como se pode realizar a conduta criminosa. A execução por qualquer das formas enumeradas no *caput* do art. 149, CP dará ensejo

8. MASSON, Cléber. *Direito Penal Esquematizado: parte especial, vol. II*, 7. Ed. São Paulo: Método, 2015, p.252-253.
9. STF, RE 459510, rel. Min. Dias Toffoli.

à prática deste crime. São, portanto, hipóteses que se apresentam de forma alternativa, e não cumulativa. Vejamos estas formas de execução:

a) **Submeter a vítima a trabalhos forçados ou a jornada exaustiva;**

Trabalhos forçados são aqueles exigidos compulsoriamente, por meio do emprego da violência física ou da grave ameaça. Era o que ocorria no período da escravidão no Brasil, quando as vítimas desse terrível regime de servidão eram submetidos aos mais cruéis suplícios corporais. Atualmente, a Constituição Federal veda a pena de trabalhos forçados para os condenados (art. 5º, XLVII, *c*).

b) **Submeter a vítima a jornada exaustiva;**

Jornada exaustiva é aquela que extrapola de forma desmedida os limites estabelecidos na carga horário definida em lei para os trabalhadores. Seria o exemplo em que o empregador ou seu preposto exigem do trabalhador uma carga de 16 (dezesseis) ou 18 (dezoito) horas diárias de serviços e sem direito a descanso semanal. Como se vê, a exigência em patamares como este é tão absurda, que não adianta invocar a ideia de que o trabalhador foi devidamente remunerado por tal serviço.

Contudo, somente haverá o crime se não houver o consentimento do trabalhador. Com efeito, o tipo penal emprega a expressão "submeter", com o que deixa evidente que o trabalhador foi obrigado a se sujeitar a tais condições de trabalho. Se, por outro lado, é iniciativa dele, trabalhador, aumentar sua carga horária laboral, como forma de auferir maiores retornos salariais, o tipo penal restaria descaracterizado. Por óbvio, fundamental analisar o caso concreto para que se saiba se efetivamente houve o consentimento, pois não se pode deixar de anotar que quando estamos diante de situações fáticas tão díspares, como nesse caso entre empregador e trabalhador, o consentimento nem sempre é manifestado livremente.

c) **Sujeitar a condições degradantes de trabalho;**

Condições degradantes são aquelas que se encontram abaixo do padrão considerado mínimo pela legislação trabalhista em vigor. Temos como exemplo a situação em que empregadores ou seus prepostos negam aos trabalhadores condições sanitárias ou higiênicas mínimas, acesso a água

d) **Restringir, por qualquer meio, locomoção da vítima em razão de dívida contraída com o empregador ou preposto;**

Há casos em que o empregador permite que o trabalhador adquira produtos ou serviços por ele fornecidos. Deste modo, o trabalhador acaba por contrair dívidas, fruto do consumo de tais bens e serviços. O crime de redução à condição análoga à de escravo existirá quando o empregador (ou preposto) restringirem a liberdade de locomoção da vítima em virtude de tais dívidas. É o que ocorre, por exemplo, quando, em propriedade rural, o empregador determina que jagunços armados impeçam o trabalhador de se retirar da propriedade, sob o argumento de que ele lhe deve dinheiro.

A despeito das semelhanças, esta hipótese de redução à condição análoga à de escravo não se confunde com o crime contra a organização do trabalho previsto no art. 213, §1º, I, CP, que pune com pena de detenção de um a dois anos, e multa, além da pena correspondente à violência, quem "obriga ou coage alguém a usar mercadorias de determinado estabelecimento, para impossibilitar o desligamento do serviço em virtude de dívida". Neste crime, o agente não cerceia a liberdade de locomoção da vítima. Esta a distinção em relação ao crime de redução à condição análoga à de escravo.

4.3. Figuras equiparadas

O art. 149, §1°, CP traz, em seus dois incisos, duas hipóteses de figuras equiparadas ao crime de redução à condição análoga à de escravo. As figuras equiparadas, em geral, são identificadas por expressões como "nas mesmas penas incorre quem". Significa que, embora não se enquadre perfeitamente no tipo penal de referência, é passível de punição nos mesmos moldes. É o que acontece no art. 149, §1°, CP. As figuras equiparadas ocorrem quando o agente:

a) **Cerceia o uso de qualquer meio de transporte por parte do trabalhador, com o fim de retê-lo no local de trabalho;**

A figura típica exige um elemento subjetivo específico (especial finalidade no agir), consistente na finalidade de reter o trabalhador no seu local de trabalho, isto é, afrontar sua liberdade de locomoção. Basta imaginar uma extensa propriedade rural, na qual o empregador não oferece os meios de locomoção, impossibilitando (ou dificultando sobremaneira) o deslocamento da vítima.

b) **Mantém vigilância ostensiva no local de trabalho ou se apodera de documentos ou objetos pessoais do trabalhador, com o fim de retê-lo no local de trabalho;**

Mais uma vez, exige-se a presença do elemento subjetivo específico consistente na finalidade de reter o trabalhador no local de trabalho. Por isso, a vigilância ostensiva, por si só, não possui o condão de caracterizar o tipo penal. Se referida vigilância for empregada para preservar o patrimônio ou a integridade física dos próprios trabalhadores, não haverá que se falar em crime de redução à condição análoga à de escravo.

No que se refere na conduta consistente em se apoderar "de documentos ou objetos pessoais do trabalhador", necessário diferenciar essa modalidade típica da conduta prevista no art. 203, §1°, II, consistente em impedir "alguém de se desligar de serviços de qualquer natureza, mediante coação ou por meio da retenção de seus documentos pessoais ou contratuais". Neste caso, temos um crime contra a organização do trabalho, para o qual foi prevista a pena de detenção de um a dois anos, e multa, além da pena correspondente à violência.

A distinção entre este último tipo penal e a figura equiparada ao crime de redução à condição análoga à de escravo reside no elemento subjetivo específico, isto é, na finalidade pretendida pelo agente. E isto porque no crime contra a organização do trabalho não existe a pretensão de reter o trabalhador no seu local de trabalho.

4.4. Sujeitos

Qualquer pessoa pode ser sujeito ativo do crime em estudo, embora revista, em regra, a condição de empregador ou de seu preposto.

De igual sorte, qualquer pessoa pode ser sujeito passivo do crime, desde que se encontre vinculado a uma relação de trabalho. Haverá causa de aumento de pena quando o crime é cometido contra criança ou adolescente, ou ainda quando praticado por motivo de preconceito de raça, cor, etnia, religião ou origem.

4.5. Objetos

O objeto juridicamente tutelado é a liberdade física da vítima, bem como a organização do trabalho.

O objeto material é o ser humano reduzido à condição de escravo.

4.6. Elemento Subjetivo

O elemento subjetivo exigido pelo tipo penal é o dolo, pois se exige do agente a consciência e vontade de colocar a pessoa em condição de sujeição total, com a supressão de suas liberdades.

Nas figuras equiparadas ao crime, constantes do §1º do art. 149, CP, exige-se o elemento subjetivo específico, isto é, a especial finalidade no agir, consistente na expressão "com o fim de retê-lo no local de trabalho". Também há elemento subjetivo específico no §2º, II do artigo em comento, quando prevê causa de aumento de pena para o crime praticado por meio de preconceito de raça, cor, etnia, religião ou origem.

Não há previsão para sua modalidade culposa.

4.7. Consumação e Tentativa

Consuma-se o crime quando o agente reduz a vítima à condição análoga à de escravo, mediante a prática de qualquer das condutas descritas, taxativamente no tipo penal. Trata-se, portanto, de crime de forma vinculada. Ademais, o crime é permanente, razão pela qual a consumação perdura enquanto houver a restrição à liberdade da vítima. É desnecessária a imposição de maus-tratos, bastando o cerceamento da sua liberdade individual.

É possível a tentativa.

4.8. Ação Penal

A ação penal é de iniciativa pública incondicionada.

4.9. Causas de Aumento de Pena

O art. 149, §2º estabelece duas causas de aumento de pena (majorantes) para o crime de redução à condição análoga à de escravo. Haveria, portanto, um acréscimo a ser observado por ocasião da terceira fase da aplicação da pena. Com efeito, o referido dispositivo penal estabelece que a pena será aumentada de metade, se o crime é cometido:

a) **Contra criança ou adolescente:** a maior reprovabilidade da conduta reside no fato de a vítima ser pessoa ainda em fase de formação física e mental. Vale lembrar que, conforme previsão do art. 2º do nosso Estatuto da Criança e do Adolescente (Lei n. 8.069/90), considera-se criança "a pessoa até doze anos de idade incompletos, e adolescente aquela entre doze e dezoito anos de idade".

b) **Por motivo de preconceito de raça, cor, etnia, religião ou origem:** analisamos todos estes conceitos quando do estudo do crime de injúria qualificada pelo preconceito (art. 140, §3º, CP). Para evitar repetições indevidas, remetemos os leitores aos comentários a este tipo penal.

4.10. Penas

O crime de redução à condição análoga à de escravo possui pena de reclusão, de dois a oito anos, e multa, além da pena correspondente à violência, Logo, podemos concluir que:

a) Não é possível a transação penal (art. 76, Lei n. 9.099/95), pois não se trata de infração penal de menor potencial ofensivo.

b) Não é possível a suspensão condicional do processo (art. 89, Lei n. 9.099/95), pois a pena mínima ultrapassa um ano.

4.11. Classificação

O crime de redução à condição análoga à de escravo pode ser classificado como:

a) **Comum** (não exige qualidade especial do agente);

b) **Material** (a consumação exige a produção de um resultado naturalístico);

c) De **forma vinculada** (a Lei estabelece exigência para a forma de execução);

d) **Simples** (tutela apenas um bem jurídico);

e) **Comissivo** (praticado mediante ação) ou **omissivo impróprio** (praticado mediante omissão do garantidor);

f) **Unissubjetivo** (poderá haver concurso de pessoas);

g) **Permanente** (consumação se protrai no tempo);

h) **Plurissubsistente** (a conduta pode ser fracionada), a depender do caso;

i) De **dano** (a consumação enseja a lesão ao bem jurídico);

j) **Transeunte** (não deixa vestígios materiais);

k) **Doloso** (não admite modalidade culposa).

4.12. Quadro Sinótico

<table>
<tr><th colspan="4">REDUÇÃO A CONDIÇÃO ANÁLOGA À DE ESCRAVO</th></tr>
<tr><td>Considerações Iniciais</td><td colspan="2">Ser colocado em situação análoga à de escravo, é ser compelido a realizar trabalhos ou tarefas de forma não voluntária, com extensas jornadas de trabalho e com total falta de garantia de condições mínimas necessárias. Assim, não há a necessidade de se promover a escravização, propriamente dita, da vítima, mas sim de reduzi-la a uma condição análoga. De acordo com o STF, a competência para julgamento deste crime é da Justiça Federal.</td><td>1</td></tr>
<tr><td rowspan="2">Tipicidade Objetiva</td><td colspan="2">O núcleo do tipo corresponde ao verbo "reduzir", que, no contexto do tipo penal, equivale à submissão, coação, subjugação da vítima à condição análoga à de escravo. Deste modo, haverá o crime ainda que a vítima não seja submetida a suplícios corporais ou comercializada como se fosse objeto (e não sujeito) de direito.
O tipo penal do art. 149, CP apresenta-se como um crime de forma vinculada. E isto porque o próprio tipo penal descreve as formas como se pode realizar a conduta criminosa. São elas:
a) Submeter a vítima a trabalhos forçados ou a jornada exaustiva;
b) Submeter a vítima a jornada exaustiva;
c) Sujeitar a condições degradantes de trabalho;
d) Restringir, por qualquer meio, locomoção da vítima em razão de dívida contraída com o empregador ou preposto.</td><td>2</td></tr>
<tr><td>Figuras equiparadas</td><td>O art. 149, §1º, CP traz duas hipóteses de figuras equiparadas ao crime de redução à condição análoga à de escravo. Assim, embora não se enquadre perfeitamente no tipo penal de referência, é passível de punição nos mesmos moldes. As figuras equiparadas ocorrem quando o agente:
a) Cerceia o uso de qualquer meio de transporte por parte do trabalhador, com o fim de retê-lo no local de trabalho;
b) Mantém vigilância ostensiva no local de trabalho ou se apodera de documentos ou objetos pessoais do trabalhador, com o fim de retê-lo no local de trabalho.</td><td>2.1</td></tr>
<tr><td>Sujeitos</td><td colspan="2">Qualquer pessoa pode ser sujeito ativo do crime em estudo, embora revista, em regra, a condição de empregador ou de seu preposto. De igual sorte, qualquer pessoa pode ser sujeito passivo do crime, desde que se encontre vinculado a uma relação de trabalho.</td><td>3</td></tr>
<tr><td>Objetos</td><td colspan="2">O objeto juridicamente tutelado é a liberdade física da vítima, bem como a organização do trabalho.
O objeto material é o ser humano reduzido à condição de escravo.</td><td>4</td></tr>
<tr><td>Elemento Subjetivo</td><td colspan="2">O elemento subjetivo exigido pelo tipo penal é o dolo, pois se exige do agente a consciência e vontade de colocar a pessoa em condição de sujeição total, com a supressão de suas liberdades. Nas figuras constantes do §1º do art. 149, CP e §2º, II do artigo em comento, exige-se o elemento subjetivo específico. Não há previsão para sua modalidade culposa.</td><td>5</td></tr>
</table>

Consumação e Tentativa	Consuma-se o crime quando o agente adota reduz a vítima à condição análoga à de escravo, mediante a prática de qualquer das condutas descritas, taxativamente no tipo penal. É possível a tentativa.	6
Ação Penal	A ação penal é de iniciativa pública incondicionada.	7
Causas de Amento de Pena	O art. 149, §2º estabelece duas causas de aumento de pena (majorantes) para o crime de redução à condição análoga à de escravo. Com efeito, o referido dispositivo penal estabelece que a pena será aumentada de metade, se o crime é cometido: **a)** Contra criança ou adolescente; **b)** Por motivo de preconceito de raça, cor, etnia, religião ou origem.	8
Penas	O crime de redução à condição análoga à de escravo possui pena de reclusão, de dois a oito anos, e multa, além da pena correspondente à violência.	9
Classificação	**a)** **Comum** (não exige qualidade especial do agente); **b)** **Material** (a consumação exige a produção de um resultado naturalístico); **c)** De **forma vinculada** (a Lei estabelece exigência para a forma de execução); **d)** **Simples** (tutela apenas um bem jurídico); **e)** **Comissivo** (praticado mediante ação) ou omissivo impróprio (praticado mediante omissão do garantidor); **f)** **Unissubjetivo** (poderá haver concurso de pessoas); **g)** **Permanente** (consumação se protrai no tempo); **h)** **Plurissubsistent**e (a conduta pode ser fracionada), a depender do caso; **i)** De **dano** (a consumação enseja a lesão ao bem jurídico); **j)** **Transeunte** (não deixa vestígios materiais); **k)** Doloso (não admite modalidade culposa).	10

4.13. Questões de Concursos Públicos

01. **(FGV - 2017 - TRT - 12ª Região (SC) - Analista Judiciário - Área Judiciária) Lucas é empregador dos trabalhadores Manuel, Francisco e Pedro em sua fazenda na zona rural.**

Analise as três situações apresentadas:

I. Lucas retém a carteira de identidade de Manuel, único documento deste, impedindo que deixe o local de trabalho.

II. Lucas autoriza que Francisco gaste apenas 15 minutos todo dia para horário de almoço, de modo que Francisco somente pode comprar uma refeição na pequena cantina de Lucas que funciona dentro da fazenda. Em razão dos altos preços dos produtos, Francisco contrai dívida alta e é impedido de deixar a fazenda antes do pagamento dos valores devidos.

III. Lucas instala diversas câmeras e outros mecanismos de vigilância ostensiva na fazenda com o fim de reter Pedro em seu local de trabalho.

Considerando as situações apresentadas, o comportamento de Lucas em relação a Manuel, Francisco e Pedro configura, respectivamente, o(s) crime(s) de:

(A) redução à condição análoga à de escravo, nas três situações;

(B) redução à condição análoga à de escravo, exercício arbitrário das próprias razões e redução à condição análoga à de escravo;

(C) apropriação indébita, redução à condição análoga à de escravo e redução à condição análoga à de escravo;

(D) cárcere privado, exercício arbitrário das próprias razões e redução à condição análoga à de escravo;

(E) redução à condição análoga à de escravo, redução à condição análoga à de escravo e constrangimento ilegal.

02. **(FCC - 2015 - TJ-PI - Juiz Substituto) No que se refere aos crimes contra a liberdade pessoal, é correto afirmar:**

(A) A intervenção médica ou cirúrgica, sem o consentimento da vítima ou de seu representante legal, não exclui, em qualquer situação, o constrangimento ilegal.

(B) O crime de constrangimento ilegal não se reveste de subsidiariedade em relação a outros delitos.

(C) Constitui figura equiparada à de redução a condição análoga à de escravo o ato de cercear o uso de qualquer meio de transporte por parte do trabalhador, com o fim de retê-lo no local de trabalho.

(D) O crime de cárcere privado é permanente e formal, não admitindo a tentativa.

(E) O crime de ameaça, se praticado no contexto de violência doméstica e familiar contra a mulher, é de ação penal pública incondicionada.

03. **(VUNESP - 2015 - TJ-SP - Juiz Substituto) A mídia tem noticiado casos em que trabalhadores, em sua grande maioria estrangeiros, são submetidos a trabalhos forçados e jornadas exaustivas, configurando assim o crime de redução à condição análoga à de escravo. Sobre esse delito, assinale a alternativa que não o tipifica.**

(A) Recusar o fornecimento de alimentação ou água potável.

(B) Restringir sua locomoção em razão de dívida contraída com o preposto.

(C) Vigilância ostensiva no local de trabalho.

(D) Apoderar-se de documentos ou objetos pessoais do trabalhador com o fim de retê-lo no local de trabalho.

04. **(TRT 14R - 2014 - TRT - 14ª Região (RO e AC) - Juiz do Trabalho) Quanto ao crime de redução à condição análoga à de escravo, é CERTO afirmar que:**

(A) A mera submissão do trabalhador à jornada exaustiva não é suficiente para sua caracterização;

(B) É configurado sempre que o empregador se apodere de documentos pessoais do empregado, qualquer que seja sua intenção;

(C) Tem a pena aumentada pela metade se praticado por motivo de preconceito de raça;

(D) Para sua caracterização depende da verificação concomitante de submissão a trabalhos forçados em condições degradantes de trabalho e com restrição de locomoção;

(E) Só é verificado se houver vigilância ostensiva e limitação do direito de liberdade de ir e vir.

05. **(CESPE - 2014 - Câmara dos Deputados - Analista Legislativo - Consultor Legislativo Área V) A respeito do delito de redução a condição análoga à de escravo, julgue o item subsecutivo.**

O sujeito ativo no delito em apreço poderá ser qualquer pessoa, embora, em regra, seja o empregador ou seus prepostos, e o sujeito passivo só poderá ser alguém vinculado a determinada relação de trabalho.

( ) Certo

( ) Errado

06. **(CESPE - 2014 - Câmara dos Deputados - Analista Legislativo - Consultor Legislativo Área V) A respeito do delito de redução a condição análoga à de escravo, julgue o item subsecutivo.**

A conduta do empregador que obriga o empregado a usar mercadorias de determinado estabelecimento com o fim de vinculá-lo, pela dívida contraída, a seu posto de trabalho, ainda que não afete a liberdade de locomoção do trabalhador, configura o crime de redução a condição análoga à de escravo.

( ) Certo

( ) Errado

GABARITO: *As respostas destes testes encontram-se no final do livro.*

4.14. Questões Discursivas com Comentários

01. (Delegado - PCGO - 2008 - UEG) No crime descrito no art. 149 do Código Penal (redução a condição análoga à de escravo), o assentimento da vítima com a supressão de sua liberdade pessoal exclui o delito? Justifique sua resposta. (10,0 pontos)

4.15. Gabarito Comentado

O núcleo do tipo corresponde ao verbo "reduzir", que, no contexto do tipo penal, equivale à submissão, coação, subjugação da vítima à condição análoga à de escravo. Sendo assim, somente haverá o crime se não houver o consentimento do trabalhador. Ocorre que, fundamental analisar o caso concreto para que se saiba se efetivamente houve o consentimento, pois não se pode deixar de anotar que quando estamos diante de situações fáticas tão díspares, como a relação entre empregador e trabalhador, e, nesses casos, muitas vezes, o consentimento nem sempre é manifestado livremente.

4.16. Questões para Treinar (sem comentários)

01. (TRF - 3ª REGIÃO - 2016 - TRF - 3ª REGIÃO - Juiz Federal Substituto) Um dos crimes mais graves do ordenamento pátrio é o de redução à condição análoga à de escravo, capitulado no artigo 149 do Código Penal. Acerca de tal delito, é possível afirmar que:

(A) Restará verificado, sempre que os direitos trabalhistas não forem observados em sua integralidade;

(B) Restará verificado, apenas quando o trabalho a que as vítimas forem submetidas não for remunerado;

(C) Haja vista as alterações realizadas pela lei 10.803/03, revogou o artigo 203 do Código Penal;

(D) Convive em harmonia com o artigo 203 do Código Penal;

02. (CESPE - 2014 - Câmara dos Deputados - Analista Legislativo - Consultor Legislativo Área V) A respeito do delito de redução a condição análoga à de escravo, julgue o item subsecutivo.

O tipo penal do crime de redução a condição análoga à de escravo precisa ser integrado por meio de interpretação analógica, haja vista que o conceito de escravo não é definido pela legislação penal.

( ) Certo

( ) Errado

03. (CESPE - 2014 - Câmara dos Deputados - Analista Legislativo - Consultor Legislativo Área V) A respeito do delito de redução a condição análoga à de escravo, julgue o item subsecutivo.

O consentimento da vítima constitui causa excludente incondicional de antijuridicidade relativamente ao referido delito.

( ) Certo

( ) Errado

04. (FCC - 2014 - TRT - 18ª Região (GO) - Juiz do Trabalho) NÃO configura o crime de redução à condição análoga de escravo

(A) submeter a vítima a trabalhos forçados ou a jornada exaustiva, sujeitando-a a condições degradantes de trabalho.

(B) constranger alguém, mediante violência ou grave ameaça, a celebrar contrato de trabalho.

(C) restringir, por qualquer meio, a locomoção do trabalhador em razão de dívida contraída com o empregador ou preposto.

(D) cercear o uso de qualquer meio de transporte por parte do trabalhador, com o fim de retê-lo no local de trabalho.

(E) manter vigilância ostensiva no local de trabalho ou se apoderar de documentos ou objetos pessoais do trabalhador, com o fim de retê-lo no local de trabalho.

05. (TRT 15R - 2008 - TRT - 15ª Região - Juiz do Trabalho - Prova 1) É incorreto afirmar quanto ao crime de redução à condição análoga à de escravo que:

(A) o tipifica alguém forçar o trabalhador a serviços pesados com a proibição de deixar a propriedade agrícola sem antes liquidar os débitos pelos quais se obrigou;

(B) não admite tentativa;

(C) é irrelevante o consentimento do ofendido;

(D) a ele se comina reclusão, de 2 (dois) a 8 (oito) anos, e multa, além da pena correspondente à violência.

(E) o elemento subjetivo do tipo é o dolo.

06. (CESPE - 2008 - TJ-SE - Juiz) Com relação às infrações penais, assinale a opção correta.

(A) Não são crimes dolosos contra a vida a tentativa de homicídio, a instigação ao suicídio e o aborto provocado com o consentimento da gestante.

(B) São crimes sujeitos ao procedimento do tribunal do júri o latrocínio, a ocultação de cadáver e a lesão corporal seguida de morte.

(C) Os crimes de posse sexual mediante fraude e sedução foram revogados e, portanto, não são mais condutas típicas.

(D) O agente que reduz alguém a condição análoga à de escravo, sujeitando-o a condições degradantes de trabalho, terá sua pena aumentada se o crime for cometido por motivo de preconceito de raça ou cor.

(E) O agente que reconhece como verdadeira, no exercício da função pública, firma ou letra que sabe ser falsa pratica crime contra a administração pública.

***GABARITO:** As respostas destes testes encontram-se no final do livro.*

5. TRÁFICO DE PESSOAS

Art. 149-A - Agenciar, aliciar, recrutar, transportar, transferir, comprar, alojar ou acolher pessoa, mediante grave ameaça, violência, coação, fraude ou abuso, com a finalidade de:

I - remover-lhe órgãos, tecidos ou partes do corpo;

II - submetê-la a trabalho em condições análogas à de escravo;

III - submetê-la a qualquer tipo de servidão;

IV - adoção ilegal; ou

V - exploração sexual

Pena - reclusão, de 4 (quatro) a 8 (oito) anos, e multa.

§1º A pena é aumentada de um terço até a metade se:

I - o crime for cometido por funcionário público no exercício de suas funções ou a pretexto de exercê-las;

II - o crime for cometido contra criança, adolescente ou pessoa idosa ou com deficiência;

III - o agente se prevalecer de relações de parentesco, domésticas, de coabitação, de hospitalidade, de dependência econômica, de autoridade ou de superioridade hierárquica inerente ao exercício de emprego, cargo ou função; ou

IV - a vítima do tráfico de pessoas for retirada do território nacional.

§ 2º A pena é reduzida de um a dois terços se o agente for primário e não integrar organização criminosa.

5.1 Considerações Iniciais

O art. 149-A foi introduzido ao Código Penal pela Lei n. 13.344/2016, que dispõe sobre a prevenção e a repressão ao tráfico interno e internacional de pessoas. A mencionada Lei objetivou a concretizar as regras "Protocolo Adicional à Convenção das Nações Unidas contra o Crime Organizado Transnacional Relativo à Prevenção, Repressão e Punição do Tráfico de Pessoas, em Especial Mulheres e Crianças", aprovado no Brasil pelo Decreto Legislativo n. 231, de 29 de maio de 2003, e promulgado pelo Decreto Presidencial n. 5.017, de 12 de março de 2004.

Até o advento do presente tipo penal, o crime de tráfico de pessoas era restrito à finalidade de exploração sexual (artigos 231 e 231-A revogados). A legislação atual amplia a abrangência da proibição, acrescentando, além da finalidade sexual, os seguintes desígnios: remoção de órgãos ou partes do corpo, submissão à condição análoga a de escravo ou qualquer tipo de servidão e para adoção ilegal.

Assevere-se, entretanto, que embora tenha ampliado a abrangência da proibição, o referido artigo passou a exigir que a conduta seja praticada mediante grave ameaça, violência, coação, fraude ou abuso.

O referido crime é autônomo em relação ao crime que possa vir a ser praticado posteriormente. Assim, aquele que, por exemplo, trafica pessoas com a finalidade de remover seus órgãos, além de restar inserto no crime de tráfico de pessoas, poderá responder pelo crime previsto no art. 14 da Lei n. 9.434/97, que trata sobre a remoção de tecidos, órgãos ou partes do corpo de pessoa ou cadáver, em desacordo com as disposições legais. Em suma, **o crime de tráfico de pessoas é formal**, na medida em que independe da produção do resultado material e a referida produção de resultado poderá resultar em crime diverso.

Conforme o art. 3º do Decreto n. 5.017/2004, "a expressão 'tráfico de pessoas' significa o recrutamento, o transporte, a transferência, o alojamento ou o acolhimento de pessoas, recorrendo à ameaça ou uso da força ou a outras formas de coação, ao rapto, à fraude, ao engano, ao abuso de autoridade ou à situação de vulnerabilidade ou à entrega ou aceitação de pagamentos ou benefícios para obter o consentimento de uma pessoa que tenha autoridade sobre outra para fins de exploração. A exploração incluirá, no mínimo, a exploração da prostituição de outrem ou outras formas de exploração sexual, o trabalho ou serviços forçados, escravatura ou práticas similares à escravatura, a servidão ou a remoção de órgãos".

5.2. Tipicidade Objetiva

O tipo penal possui oito núcleos, isto é, descreve oito distintas condutas típicas. São elas:

a) **Agenciar:** tratar de alguma questão como representante de alguém.

b) **Aliciar:** atrair para alguma coisa ou atividade.

c) **Recrutar:** atrair pessoas com alguma finalidade específica.

d) **Transportar:** conduzir pessoa ou coisa de algum lugar para outro, mediante emprego de veículo.

e) **Transferir:** conduzir pessoa ou coisa de algum lugar para outro.

f) **Comprar:** adquirir de forma onerosa.

g) **Alojar:** fornecer alojamento, abrigar.

h) **Acolher:** receber, hospedar.

Trata-se de tipo penal misto alternativo, porquanto a prática de mais de uma conduta, no mesmo contexto, e com o mesmo objeto material, dará ensejo a apenas um crime. Assim, se, por exemplo, o agente aliciar e transportar a mesma vítima, haverá apenas um crime, embora ele tenha realizado duas condutas típicas.

Além das oito condutas descritas, o tipo penal admite cinco formas de execução do crime. São elas:

a) **Grave ameaça:** violência moral;

b) **Violência:** violência física, real, corporal, emprego de força;

c) **Coação:** constranger, obrigar, compelir;

d) **Fraude**: enganar, ludibriar, levar a erro;

e) **Abuso:** arbítrio, excesso.

Se não for empregado qualquer desses meios de execução, não haverá que se falar em crime de tráfico de pessoas. Deste modo, se a vítima não é ludibriada, forçada, coagida e manifesta seu consentimento de forma válida, não haverá que se falar em tráfico de pessoas. Todavia, é importante salientar que, conforme o art. 3º, *b*, do Decreto n. 5.017/2004 o consentimento da vítima será considerado irrelevante se tiver sido utilizado "ameaça ou uso da força ou a outras formas de coação, ao rapto, à fraude, ao engano, ao abuso de autoridade ou à situação de vulnerabilidade ou à entrega ou aceitação de pagamentos ou benefícios para obter o consentimento de uma pessoa que tenha autoridade sobre outra para fins de exploração".

Ademais, haverá fraude se a vítima é enganada em relação às condições de prestação de trabalho, ainda que tenha ciência e manifeste consentimento em relação ao objeto da prestação. Assim, por exemplo, uma pessoa sai do Brasil com a pretensão de trabalhar como "garota de programa", mas, ao chegar ao seu destino, descobre que fora ludibriada com a promessa de ganhos irreais, é submetida a um ambiente insalubre, obrigada a contrair dívidas impagáveis para sua subsistência etc[10].

Além dos oito núcleos do tipo e das cinco formas de execução, o art. 149-A, CP distribui, em seus incisos, cinco finalidades específicas almejadas pelo agente, quando da prática do tráfico de pessoas. Trata-se de elementos subjetivo específico. O crime se consuma independentemente da concretização de qualquer destas finalidades, e sua realização poderá dar ensejo ao concurso de crimes. As finalidades almejadas pelo agente são:

10. Sobre o tema, SILVA, Luciano Ferreira Dornelas Faipher Vieira da. *Boas práticas no combate ao tráfico de pessoas*. Goiânia: Kelps, 2017, p.46-47.

a) Remover órgãos, tecidos ou partes do corpo da vítima;

No Brasil, a remoção de órgãos, tecidos ou partes do corpo humano é disciplinada pela Lei n. 9.434, de 4 de fevereiro de 1997. Nos termos do art. 3º da referida Lei, a retirada *post mortem* de tecidos, órgãos ou partes do corpo humano destinados a transplante ou tratamento deverá ser precedida de diagnóstico de morte encefálica, constatada e registrada por dois médicos não participantes das equipes de remoção e transplante, mediante a utilização de critérios clínicos e tecnológicos definidos por resolução do Conselho Federal de Medicina.

Por outro lado, no que concerne à disposição de tecidos, órgãos e partes do corpo humano vivo para fins de transplante ou tratamento, a matéria é regulada pelo art. 9º da mesma que permite "à pessoa juridicamente capaz dispor gratuitamente de tecidos, órgãos e partes do próprio corpo vivo, para fins terapêuticos ou para transplantes em cônjuge ou parentes consanguíneos até o quarto grau, inclusive, na forma do § 4º deste artigo, ou em qualquer outra pessoa, mediante autorização judicial, dispensada esta em relação à medula óssea".

A remoção de tecidos, órgãos ou partes do corpo de pessoa ou cadáver, em desacordo com as disposições desta Lei, dará ensejo ao crime previsto no seu art. 14, cuja pena é de reclusão, de dois a seis anos, e multa, de 100 a 360 dias-multa. Por outro lado, se o crime é cometido mediante paga ou promessa de recompensa ou por outro motivo torpe, a pena é de reclusão, de três a oito anos, e multa, de 100 a 150 dias-multa. A pena será de reclusão, de três a dez anos, e multa, de 100 a 200 dias-multa, se resultarem lesões corporais graves para a vítima, e de reclusão, de quatro a doze anos, e multa, de 150 a 300 dias-multa, se as lesões forem gravíssimas. Por fim, se da conduta resultar a morte da vítima, a pena será de reclusão, de oito a vinte anos, e multa de 200 a 360 dias-multa.

Como já referido, no crime de tráfico de pessoas, a remoção de órgãos, tecidos ou partes do corpo humano é somente uma das finalidades específicas almejadas pelo agente. Deste modo, se, além do tráfico, o agente conseguir referida remoção, será também punido com as penas previstas pela Lei n. 9.434/97, em concurso material.

b) Submetê-la a trabalho em condições análogas à de escravo;

O crime de redução à condição análoga à de escravo encontra-se previsto no art. 149, CP. Já tratamos do tema em comentários acima, aos quais remetemos os leitores, para evitar repetições desnecessárias.

c) Submetê-la a qualquer tipo de servidão;

A expressão "servidão" deve ser entendida como qualquer forma se subjugação não compreendida nos limites do crime de "redução à condição análoga à de escravo". É o exemplo da pessoa forçada a se casar com outra.

d) Adoção ilegal;

O tipo penal não se adstringe às situações de adoção ilegal de menores, malgrado esta contemple a larga maioria dos casos. As regras para adoção de menores encontram-se estabelecidas no Estatuto da Criança e do Adolescente (ECA). No que concerne à adoção de maiores, o Código civil dispõe, em seu art. 1.619 que: "A adoção de maiores de 18 (dezoito) anos dependerá da assistência efetiva do poder público e de sentença constitutiva, aplicando-se, no que couber, as regras gerais da Lei nº 8.069, de 13 de julho de 1990 – Estatuto da Criança e do Adolescente". A adoção ilegal ocorrerá justamente quando não forem observados tais dispositivos.

e) **Exploração sexual.**

A expressão "exploração sexual" é abrangente, corresponde a qualquer forma de dominação ou abuso, tais como a prostituição, a pedofilia, a pornografia, o turismo sexual etc. Evidentemente, é imprescindível analisar o caso concreto para que se tenha certeza de que há a exploração, pois o consentimento pode influir nessa definição, a depender do caso. Assim, na prostituição ou pornografia de pessoas maiores e capazes, não necessariamente será possível falar-se em exploração sexual. Por óbvio, não se pode falar a mesma coisa em relação a condutas como a pedofilia, pois as vítimas não possuem capacidade para manifestar consentimento válido.

5.3. Sujeitos

Qualquer pessoa pode ser sujeito ativo do crime em estudo.

Atente-se, entretanto, que para a incidência da majorante tratada pelo §1º, que aumenta a pena prevista no *caput* até a metade, deve o agente ser funcionário público no exercício de suas funções ou a pretexto de exercê-la, ou, ainda, deve o agente prevalecer-se de relações de parentesco, domésticas, de coabitação, de hospitalidade, de dependência econômica, de autoridade ou de superioridade hierárquica inerente ao exercício de emprego, cargo ou função.

Por outro lado, haverá uma minorante se o agente for primário e não integrar organização criminosa (§2º).

O sujeito passivo pode ser qualquer pessoa.

Assinale-se, todavia, que para a incidência da majorante tratada pelo §1º, que aumenta a pena prevista no *caput* até a metade, deve a vítima ser criança, adolescente, pessoa idosa, com deficiência ou ser retirada do território nacional.

Se o agente praticar a conduta contra mais de uma pessoa, concomitantemente, deverá incidir a regra do concurso formal impróprio, haja vista a existência de desígnios autônomos nas condutas.

5.4. Objetos

O objeto juridicamente tutelado é a liberdade individual da vítima.

O objeto material é o ser humano traficado.

5.5. Elemento Subjetivo

O elemento subjetivo exigido pelo tipo penal é o dolo, não havendo previsão para sua modalidade culposa. Ademais, exige-se o dolo específico, consistente na finalidade de concretizar qualquer dos objetivos enumerados nos incisos do *caput* do art. 149-A, CP.

5.6. Consumação e Tentativa

Consuma-se o crime quando o agente, mediante um dos meios de execução praticar qualquer das condições típicas, ainda que não atinja a finalidade pretendida. Trata-se, portanto, de crime formal, na medida em que o crime se consuma independentemente da concretização de qualquer das finalidades pretendidas. Se qualquer das finalidades for atingida, haverá concurso de crimes entre o tráfico de pessoas e alguma outra conduta.

É possível a tentativa. Basta imaginar a situação na qual o agente emprega a violência, a grave ameaça, a fraude ou o abuso, e não consegue realizar nenhum dos núcleos do tipo penal.

5.7. Ação Penal

A ação penal é de iniciativa pública incondicionada.

5.8. Causas de Aumento de Pena

O §1º do art. 149-A, CP estabelece causas de aumento de pena (majorantes) para o crime de tráfico de pessoas. Como toda majorante, deve ser valorada pelo julgador por ocasião da terceira fase da aplicação da pena. De acordo com este dispositivo legal, a pena para o crime de tráfico de pessoas será aumentada em patamares que variam de um terço até a metade se:

a) **O crime for cometido por funcionário público no exercício de suas funções ou a pretexto de exercê-las;**

Vale lembrar que a definição de funcionário público encontra-se no art. 327, *caput,* CP, de acordo com o qual "considera-se funcionário público, para os efeitos penais, quem, embora transitoriamente ou sem remuneração, exerce cargo, emprego ou função pública". E conforme o §1º do mesmo artigo: "Equipara-se a funcionário público quem exerce cargo, emprego ou função em entidade paraestatal, e quem trabalha para empresa prestadora de serviço contratada ou conveniada para a execução de atividade típica da Administração Pública".

Para que incida a majorante, imprescindível que o funcionário público se encontre no exercício das suas funções ou atue a pretexto de exercê-las. Não basta, portanto, a condição de funcionário público.

Tendo em vista que a condição pessoal de funcionário público não constitui elementar do tipo penal, ela não se comunicará a coautores ou partícipes (art. 30, CP). Deste modo, se um dos agentes for funcionário público atuando no exercício de suas funções, apenas para ele incidirá a majorante em apreço.

b) **O crime for cometido contra criança, adolescente ou pessoa idosa ou com deficiência;**

Conforme previsão do art. 2º do nosso Estatuto da Criança e do Adolescente (Lei n. 8.069/90), considera-se criança "a pessoa até doze anos de idade incompletos, e adolescente aquela entre doze e dezoito anos de idade". Lado outro, conforme a definição do art. 2º do Estatuto da Pessoa com Deficiência (Lei n. 13.146/2015), "considera-se pessoa com deficiência aquela que tem impedimento de longo prazo de natureza física, mental, intelectual ou sensorial, o qual, em interação com uma ou mais barreiras, pode obstruir sua participação plena e efetiva na sociedade em igualdade de condições com as demais pessoas".

c) **O agente se prevalecer de relações de parentesco, domésticas, de coabitação, de hospitalidade, de dependência econômica, de autoridade ou de superioridade hierárquica inerente ao exercício de emprego, cargo ou função;**

As relações de parentesco a que se refere o dispositivo legal podem ser na linha reta ou colateral, e o parentesco pode ser por afinidade. Por outro lado, as relações domésticas não pressupõem que haja a relação de parentesco. A coabitação e a hospitalidade constituem, em verdade, modalidades de relações domésticas. Distinguem-se na medida em que a primeira possui natureza mais duradoura do que a segunda, que traduz natureza provisória. Quando duas ou mais pessoas residem sob o mesmo teto (dividem a casa, apartamento etc.), há coabitação. Quando uma delas vai se estabelecer por alguns dias na casa de outra, estamos diante de uma relação de hospitalidade.

A dependência econômica diz respeito a situação em que o agente se aproveita do fato de que a vítima não possui plena capacidade de autodeterminação por força de limitações de caráter financeiro, em relação a ele. É o caso do agente que sustenta financeiramente a vítima que não possui qualquer fonte de renda.

Quanto à autoridade ou superioridade hierárquica, a primeira diz respeito a relações no ambiente privado (ex.: empregador que se prevalece da situação em detrimento do empregado) e no setor público (ex.: tenente da polícia militar se valendo da sua função em detrimento de um soldado da mesma corporação), respectivamente.

d) **A vítima do tráfico de pessoas for retirada do território nacional;**

A efetiva retirada da vítima do território nacional constitui uma majorante do crime. Trata-se da transnacionalidade do delito. Antes do advento da Lei n. 13.344/2016, referida conduta constituía um crime autônomo (art. 231, CP), diverso do tráfico interno (art. 231-A, CP) desde que dissesse respeito à exploração sexual. Tanto o art. 231, CP quanto o art. 231-A, CP foram revogados pela Lei 13.344/2016 que, ao inserir o presente art. 149-A, CP estabeleceu a transnacionalidade como uma causa de aumento de pena, e não como um crime autônomo.

A doutrina nacional chama a atenção para o equívoco do legislador, ao tratar como causa de aumento de pena a situação de retirada da vítima do território nacional ("exportação") e não conferir idêntico tratamento à situação em que a vítima é trazida para o Brasil ("importação"). Em uma situação como esta, não poderia incidir a presente causa de aumento de pena, pois haveria afronta à legalidade.

Na definição de território nacional, devemos nos valer do conceito jurídico, trazido pelo art. 5º., CP, e não apenas aos limites físicos do território.

Devemos recordar que ainda se encontra em vigor o art. 239 do ECA que pune com pena de reclusão de quatro a seis anos, e multa, a conduta de "promover ou auxiliar a efetivação de ato destinado ao envio de criança ou adolescente para o exterior com inobservância das formalidades legais ou com o fito de obter lucro". Deste modo, incidirá o disposto no ECA se a retirada da criança ou adolescente não objetivar qualquer das finalidades (elemento subjetivo específico) previstas no art. 149-A, CP. Se houver qualquer destas finalidades, o crime será de tráfico de pessoas.

5.9. Causa de Diminuição de Pena

Consoante regra insculpida no art. 149-A, §2º, CP a pena é reduzida de um a dois terços se o agente for primário (não reincidente) e não integrar organização criminosa. A definição de organização criminosa encontra-se prevista no art. 1º, §1º da Lei n. 12.850/13, nos seguintes termos: "considera-se organização criminosa a associação de 4 (quatro) ou mais pessoas estruturalmente ordenada e caracterizada pela divisão de tarefas, ainda que informalmente, com objetivo de obter, direta ou indiretamente, vantagem de qualquer natureza, mediante a prática de infrações penais cujas penas máximas sejam superiores a 4 (quatro) anos, ou que sejam de caráter transnacional".

Tratando se de uma causa de diminuição de pena, deverá o redutor incidir na terceira fase da dosimetria, podendo, inclusive, conduzir a pena a patamar aquém do mínimo legal. O texto legal dispõe que a pena "é reduzida"; não empregou o legislador a expressão "pode ser reduzida", como fez algumas outras hipóteses de minorantes. Isto reforça a ideia de que o juiz é obrigado a diminuir a pena, sempre que constatar a presença dos requisitos estabelecidos em lei.

A lei não estabeleceu critério para o *quantum* de diminuição em concreto. Por outras palavras, embora a lei mencione que a pena será diminuída de um a dois terços, não há critério previsto para aferir quando o juiz deve aproximar o redutor mais do mínimo (um terço) ou do máximo (dois terços). Por esta razão, razoável que o juiz imponha a redução no patamar máximo.

5.10. Livramento condicional

Em que pese o crime de tráfico de pessoas não se encontrar no rol dos crimes hediondos (Lei n. 8.137/90), a Lei n. 13.344/16 alterou o art. 83, V, CP, para acrescentar este crime na lista daqueles que demandam um tratamento mais rigoroso em relação à concessão do livramento condicional.

Com efeito, o art. 83, V, CP estabelece que será possível a concessão do livramento condicional ao condenado desde que " cumpridos mais de dois terços da pena, nos casos de condenação por crime hediondo, prática de tortura, tráfico ilícito de entorpecentes e drogas afins, tráfico de pessoas e terrorismo, se o apenado não for reincidente específico em crimes dessa natureza".

Logo, concluímos que, em se tratando de crime de tráfico de pessoas, o condenado somente obterá o livramento condicional se cumprir mais de dois terços da pena; e se for reincidente em crime de tráfico de pessoas ou crimes hediondos e assemelhados (tráfico de drogas, terrorismo e tortura), não fará jus à obtenção do benefício.

5.11. Penas

O crime de tráfico de pessoas possui pena de reclusão, de quatro a oito anos, e multa. Logo, podemos concluir que:

a) Não é possível a transação penal (art. 76, Lei n. 9.099/95), pois não se trata de infração penal de menor potencial ofensivo.

b) Não é possível a suspensão condicional do processo (art. 89, Lei n. 9.099/95), pois a pena mínima ultrapassa um ano.

5.12. Classificação

O crime de tráfico de pessoas pode ser classificado como:

a) **Comum** (não exige qualidade especial do agente);

b) **Formal** (a consumação não exige a produção de um resultado naturalístico);

c) De **forma livre** (a Lei não estabelece exigência para a forma de execução);

d) **Simples** (tutela apenas um bem jurídico);

e) **Comissivo** (praticado mediante ação) ou **omissivo impróprio** (praticado mediante omissão do garantidor);

f) **Unissubjetivo** (poderá haver concurso de pessoas);

g) **Permanente** (consumação se protrai no tempo) ou **instantâneo** (a conduta não se estende no tempo), a depender do caso;

h) **Plurissubsistente** (a conduta pode ser fracionada), a depender do caso;

i) De **dano** (a consumação enseja a lesão ao bem jurídico);

j) **Transeunte** (não deixa vestígios materiais);

k) **Doloso** (não admite modalidade culposa).

5.13. Quadro sinótico

TRÁFICO DE PESSOAS		
Considerações Iniciais	O art. 149-A foi introduzido ao Código Penal pela Lei n. 13.344/2016, que dispõe sobre a prevenção e a repressão ao tráfico interno e internacional de pessoas. A legislação atual amplia a abrangência da proibição, acrescentando, além da finalidade sexual, os seguintes desígnios: remoção de órgãos ou partes do corpo, submissão à condição análoga a de escravo ou qualquer tipo de servidão e para adoção ilegal. Assevere-se, entretanto, que embora tenha ampliado a abrangência da proibição, o referido artigo passou a exigir que a conduta seja praticada mediante grave ameaça, violência, coação, fraude ou abuso.	1

Tipicidade Objetiva	O tipo penal possui oito núcleos, isto é, descreve oito distintas condutas típicas. São elas: **a)** Agenciar: tratar de alguma questão como representante de alguém. **b)** Aliciar: atrair para alguma coisa ou atividade. **c)** Recrutar: atrair pessoas com alguma finalidade específica. **d)** Transportar: conduzir pessoa ou coisa de algum lugar para outro, mediante emprego de veículo. **e)** Transferir: conduzir pessoa ou coisa de algum lugar para outro. **f)** Comprar: adquirir de forma onerosa. **g)** Alojar: fornecer alojamento, abrigar. **h)** Acolher: receber, hospedar. Além das oito condutas descritas, o tipo penal admite cinco formas de execução do crime. São elas: **a)** Grave ameaça: violência moral; **b)** Violência: violência física, real, corporal, emprego de força; **c)** Coação: constranger, obrigar, compelir; **d)** Fraude: enganar, ludibriar, levar a erro; **e)** Abuso: arbítrio, excesso. As finalidades almejadas pelo agente são: **a)** Remover órgãos, tecidos ou partes do corpo da vítima; **b)** Submetê-la a trabalho em condições análogas à de escravo; **c)** Submetê-la a qualquer tipo de servidão; **d)** Adoção ilegal; **e)** Exploração sexual.	2
Sujeitos	Qualquer pessoa pode ser **sujeito ativo** do crime em estudo. O **sujeito passivo** pode ser qualquer pessoa.	3
Objetos	O **objeto juridicamente tutelado** é a liberdade individual da vítima. O **objeto material** é o ser humano traficado.	4
Elemento Subjetivo	O elemento subjetivo exigido pelo tipo penal é o dolo, não havendo previsão para sua modalidade culposa. Ademais, exige-se o dolo específico, consistente na finalidade de concretizar qualquer dos objetivos enumerados nos incisos do caput do art. 149-A, CP.	5
Consumação e Tentativa	Consuma-se o crime quando o agente, mediante um dos meios de execução praticar qualquer das condições típicas, ainda que não atinja a finalidade pretendida. É possível a tentativa.	6
Ação Penal	A ação penal é de iniciativa pública incondicionada.	7
Causas de Aumento de Pena	O §1º do art. 149-A, CP estabelece causas de aumento de pena (majorantes) para o crime de tráfico de pessoas. De acordo com este dispositivo legal, a pena para o crime de tráfico de pessoas será aumentada em patamares que variam de um terço até a metade se: **a)** O crime for cometido por funcionário público no exercício de suas funções ou a pretexto de exercê-las; **b)** O crime for cometido contra criança, adolescente ou pessoa idosa ou com deficiência; **c)** O agente se prevalecer de relações de parentesco, domésticas, de coabitação, de hospitalidade, de dependência econômica, de autoridade ou de superioridade hierárquica inerente ao exercício de emprego, cargo ou função; **d)** A vítima do tráfico de pessoas for retirada do território nacional.	8

Causas de Diminuição de pena	Consoante regra insculpida no art. 149-A, §2º, CP a pena é reduzida de um a dois terços se o agente for primário (não reincidente) e não integrar organização criminosa.	9
Livramento Condicional	Em que pese o crime de tráfico de pessoas não se encontrar no rol dos crimes hediondos (Lei n. 8.137/90), a Lei n. 13.344/16 alterou o art. 83, V, CP, para acrescentar este crime na lista daqueles que demandam um tratamento mais rigoroso em relação à concessão do livramento condicional. Logo, concluímos que, em se tratando de crime de tráfico de pessoas, o condenado somente obterá o livramento condicional se cumprir mais de dois terços da pena; e se for reincidente em crime de tráfico de pessoas ou crimes hediondos e assemelhados (tráfico de drogas, terrorismo e tortura), não fará jus à obtenção do benefício.	10
Penas	O crime de tráfico de pessoas possui pena de reclusão, de quatro a oito anos, e multa.	11
Classificação	**a)** **Comum** (não exige qualidade especial do agente); **b)** **Formal** (a consumação não exige a produção de um resultado naturalístico); **c)** De **forma livre** (a Lei não estabelece exigência para a forma de execução); **d)** **Simples** (tutela apenas um bem jurídico); **e)** **Comissivo** (praticado mediante ação) ou omissivo impróprio (praticado mediante omissão do garantidor); **f)** **Unissubjetivo** (poderá haver concurso de pessoas); **g)** **Permanente** (consumação se protrai no tempo) ou instantâneo (a conduta não se estende no tempo), a depender do caso; **h)** **Plurissubsistente** (a conduta pode ser fracionada), a depender do caso; **i)** De **dano** (a consumação enseja a lesão ao bem jurídico); **j)** **Transeunte** (não deixa vestígios materiais); **k)** **Doloso** (não admite modalidade culposa).	12

5.14. Questões de Concursos Públicos

01. (CESPE - 2019 - PRF - Policial Rodoviário Federal) Abordado determinado veículo em região de fronteira internacional, os policiais rodoviários federais suspeitaram da conduta do motorista: ele conduzia duas adolescentes com as quais não tinha nenhum grau de parentesco. Ao ser questionado, o condutor do veículo confessou que fora pago para conduzi-las a um país vizinho, onde seriam exploradas sexualmente. As adolescentes informaram que estavam sendo transportadas sob grave ameaça e que não haviam consentido com a realização da viagem e muito menos com seus propósitos finais.

Considerando a situação hipotética apresentada, julgue o item a seguir.

A conduta do motorista do veículo se amolda ao tipo penal do tráfico de pessoas, em sua forma consumada, incidindo, nesse caso, causa de aumento de pena, em razão de as vítimas serem adolescentes.

( ) Certo

( ) Errado

02. (VUNESP - 2018 - MPE-SP - Analista Jurídico do Ministério Público) Mévio, professor de uma renomada escola, é muito ativo no intercâmbio internacional de jovens, de 16 a 21 anos, sendo proprietário de empresa específica para prestar serviços de assessoria para emissão de passaporte, obtenção de vistos, matrículas nos

cursos estrangeiros e intermediação de locais para abrigo dos jovens. A empresa de Mévio atua tanto levando jovens brasileiros para o exterior quanto trazendo jovens estrangeiros para o país. Para a surpresa de todos, Mévio foi acusado de crime de tráfico de pessoas (art. 149-A, do CP), bem como de integrar organização criminosa. Segundo a denúncia do órgão de acusação, os jovens brasileiros por ele recrutados, no exterior, eram submetidos à exploração sexual e à servidão. Igualmente, os jovens estrangeiros, no Brasil, eram submetidos a trabalho escravo e exploração sexual. Tendo em vista o artigo 149-A, do Código Penal e a Lei nº 13.344/16 - Tratamento jurídico do tráfico de pessoas, assinale a alternativa correta.

(A) O artigo 149-A, do CP, só tem incidência quanto aos jovens brasileiros, recrutados para exploração sexual e servidão no exterior, não se aplicando aos jovens estrangeiros recrutados e explorados no Brasil.

(B) Para vítimas adolescentes, Mévio será punido de forma aumentada, mas, sendo primário, ainda que integrante de organização criminosa, terá a pena reduzida, por expressa previsão legal.

(C) Para as vítimas submetidas à exploração sexual, Mévio será punido de forma aumentada e, ainda que primário, não fará jus à redução da pena, por integrar organização criminosa.

(D) O tipo penal previsto do artigo 149-A, do CP, dispensa a ocorrência de resultado naturalístico.

(E) Ainda que os jovens, brasileiros ou estrangeiros, tenham sido explorados no Brasil ou no exterior, não se caracteriza o crime previsto no 149-A, do CP, que exige que as condutas nele previstas se deem mediante grave ameaça ou violência.

03. **(PGR - 2017 - PGR - Procurador da República) Em relação ao tipo penal do tráfico de pessoas, assinale a alternativa correta:**

(A) o consentimento válido para o exercício da prostituição não exclui o crime;

(B) a pena cominada absorve a violência utilizada para agenciar, aliciar, recrutar, transportar, transferir, comprar, alojar ou acolher pessoa;

(C) a Lei n. 13.344, de 2016, ao revogar o art. 231 do Código Penal, repetiu os termos do conceito de tráfico de pessoas, presente no Protocolo Adicional à Convenção de Palermo;

(D) a pena é reduzida se o agente for primário e não integrar associação criminosa.

04. **(CESPE - 2017 - TRF - 5ª REGIÃO - Juiz Federal Substituto) Acerca dos aspectos penais do tráfico interno e internacional de pessoas, assinale a opção correta.**

(A) O Brasil vem se empenhando em adotar todas as medidas necessárias ao combate ao tráfico de pessoas, tendo tipificado todas as condutas definidas no Protocolo de Palermo desde sua assinatura.

(B) O crime de tráfico de pessoas previsto no CP atende aos compromissos assumidos pelo Brasil no âmbito internacional, uma vez que as condutas passíveis de punição são significativamente restritas no código.

(C) O CP prevê que são puníveis as condutas consistentes em agenciar, aliciar, recrutar, transportar, transferir, comprar, alojar ou acolher pessoa, mediante grave ameaça, violência, coação, fraude ou abuso, com a finalidade de adoção ilegal ou exploração sexual.

(D) O consentimento de pessoa brasileira, maior de idade, para ser levada ao exterior com a finalidade de se prostituir basta para excluir o crime de tráfico de pessoas, uma vez que ela tem consciência do trabalho e de suas condições.

(E) O tráfico de pessoas é equiparado aos crimes hediondos, de forma que a concessão do livramento condicional a acusados desse crime deve obedecer aos rigores da respectiva legislação.

05. **(CESPE - 2013 - PRF - Policial Rodoviário Federal) Com fundamento na legislação que define os crimes de tortura e de tráfico de pessoas, julgue os itens a seguir.**

O crime de tráfico de pessoas poderá ser caracterizado ainda que haja consentimento da vítima.

( ) Certo

( ) Errado

***GABARITO:** As respostas destes testes encontram-se no final do livro.*

SEÇÃO II
DOS CRIMES CONTRA A INVIOLABILIDADE DO DOMICÍLIO

1. VIOLAÇÃO DE DOMICÍLIO

Art. 150 - Entrar ou permanecer, clandestina ou astuciosamente, ou contra a vontade expressa ou tácita de quem de direito, em casa alheia ou em suas dependências:

Pena - detenção, de um a três meses, ou multa.

§ 1° - Se o crime é cometido durante a noite, ou em lugar ermo, ou com o emprego de violência ou de arma, ou por duas ou mais pessoas:

Pena - detenção, de seis meses a dois anos, além da pena correspondente à violência.

§ 2° - Revogado pela Lei n. 13.869/19.

§ 3° - Não constitui crime a entrada ou permanência em casa alheia ou em suas dependências:

I - durante o dia, com observância das formalidades legais, para efetuar prisão ou outra diligência;

II - a qualquer hora do dia ou da noite, quando algum crime está sendo ali praticado ou na iminência de o ser.

§ 4° - A expressão "casa" compreende:

I - qualquer compartimento habitado;

II - aposento ocupado de habitação coletiva;

III - compartimento não aberto ao público, onde alguém exerce profissão ou atividade.

§ 5° - Não se compreendem na expressão "casa":

I - hospedaria, estalagem ou qualquer outra habitação coletiva, enquanto aberta, salvo a restrição do n.° II do parágrafo anterior;

II - taverna, casa de jogo e outras do mesmo gênero.

1.1. Considerações Iniciais

No art. 150, o Código Penal tipifica a conduta consistente na violação de domicílio. Não se trata de um crime contra o patrimônio, isto é, o bem jurídico que se pretende proteger não é a propriedade ou a posse do imóvel em que reside o sujeito. Tutela-se, isto sim, a inviolabilidade do lar, a paz doméstica, que constituem dimensões da intimidade e da vida privada, direitos constitucionalmente tutelados (art. 5º, X, CF).

O direito à inviolabilidade domiciliar possui previsão constitucional, pois consoante o art. 5º, XI da Carta Magna: "a casa é asilo inviolável do indivíduo, ninguém nela podendo penetrar sem consentimento do morador, salvo em caso de flagrante delito ou desastre, ou para prestar socorro, ou, durante o dia, por determinação judicial". Conforme se percebe, o próprio texto constitucional já fez alusão expressa a situações nas quais o direito à inviolabilidade domiciliar seria afastado.

O crime pode ser praticado em sua forma comissiva ("entrar") ou omissiva ("permanecer"). Ademais, estamos diante de um tipo penal misto alternativo, porquanto o tipo penal possui mais de um núcleo e a realização de tais núcleos no mesmo contexto fático e com o mesmo objeto material dará ensejo a apenas um crime. Assim, vamos imaginar o exemplo no qual o agente ingressa na casa da vítima sem o seu consentimento e, após identificado, a vítima exige a sua saída e ele se recusa a ir. O agente terá praticado as duas condutas ("entrar" e "permanecer"). No entanto, terá consumado apenas um crime.

1.2. Tipicidade Objetiva

O tipo penal prevê a conduta do agente que age de forma a entrar (invadir) ou permanecer (se recusar a sair), em casa alheia ou em suas dependências. A permanência apenas constituirá consumação do crime se o ingresso do agente no domicílio foi lícito. Com efeito, se a entrada do agente foi ilícita, já estará consumado o crime e a mera permanência, à revelia da autorização de quem de direito será mero *post factum* impunível.

A entrada deve ser clandestina (dissimulada) ou astuciosa (induzindo a erro), admitindo-se, porém, para a configuração do crime, aquela entrada forçada ou ostensiva. O verbo "entrar" somente se consuma o crime se efetivamente houver a entrada no domicílio. Se a pessoa apenas observa o interior da residência, ainda que de modo invasivo (por meio de binóculos, por exemplo), não haverá que se falar em crime de violação de domicílio.

O tipo penal faz menção à casa ou suas dependências, de modo que o agente que, por exemplo, pula o muro da casa, já terá consumado o crime, ainda que não ingresse no interior do da construção. Eventual tolerância da vítima em relação a anterior ingresso ou permanência do agente no domicílio não afastam a tipicidade da conduta.

Conforme o tipo penal, a entrada ou permanência do agente deve ser dar clandestina (de forma escondida, oculta, não revelada), astuciosa (mediante emprego de fraude, engodo, ludibriando) ou contra a vontade expressa (manifesta, induvidosa, explícita) ou tácita (subentendida, implícita) de quem de direito.

1.3. Sujeitos

Qualquer pessoa pode ser sujeito ativo do crime de violação de domicílio. Até mesmo o proprietário (locador) comete o referido crime quando invade o domicílio do locatário sem a sua autorização. De igual sorte, o cônjuge que já não coabita também cometerá este crime quando invadir a residência que outrora era do casal, sem o consentimento do(a) morador(a) remanescente.

O sujeito passivo é o morador (independentemente de ser o proprietário), titular do direito de poder impedir a entrada ou recusar a permanência do agente em seu domicílio. Sendo morador, não importa o título do sujeito passivo sobre o imóvel (proprietário, locatário, possuidor, usufrutuário, arrendatário, hóspede etc.).

Alguns temas tormentosos enfrentados pela doutrina dizem respeito às habitações coletivas. Em se tratando de ambiente familiar, a doutrina clássica entendia que a decisão prevalente sobre o ingresso ou permanência de terceiros pertencia ao "chefe de família". Com a igualdade jurídica entre os cônjuges, melhor entendimento caminha no sentido de que a vontade prevalente deve ser tomada pelos cônjuges, ainda que a casa pertença ao filho menor. Se, todavia, pertencer ao filho maior de idade, a ele pertencerá a preferência na decisão.

Quando estamos diante de habitações coletivas não familiares (colégios, orfanatos, conventos etc.), o direito de decisão pertence ao responsável pelo estabelecimento e, na sua ausência, ao seu substituto. Por outro lado, na hipótese de habitações coletivas em regime de igualdade (ex.: república estudantil), o direito de decidir sobre a entrada ou permanência de terceiros pertence a todos os moradores. O mesmo raciocínio deve ser desenvolvido em relação aos condomínios de moradores, no que tange à área comum da propriedade. O direito de permitir a entrada ou permanência de terceiros pertence igualmente a todos os moradores.

1.4. Objetos

O objeto jurídico do crime é a inviolabilidade do lar, a paz doméstica.

O objeto material é o domicílio invadido.

1.5. Elemento Subjetivo

O elemento subjetivo exigido pelo tipo penal é o dolo, pois se exige a vontade consciente do agente em querer invadir o domicílio alheio ou nele permanecer quando não é permitida a sua entrada ou permanência.

Não há previsão para a modalidade culposa. O crime também não é compatível com o dolo eventual, pois exige-se que o agente tenha a consciência da vontade da vítima contrária à sua entrada ou permanência.

1.6. Consumação e Tentativa

Consuma-se o crime quando o agente efetivamente ingressa ou permanece no domicílio alheio. Trata-se de crime de mera conduta (mera atividade), pois não há previsão de resultado naturalístico. No que tange ao verbo "entrar", trata-se de crime instantâneo, que se consuma exatamente neste momento do ingresso. Por outro lado, no que se refere ao verbo "permanecer", estamos diante de um crime permanente, e a conduta (que se protrai no tempo) se realiza enquanto o agente não se retirar do domicílio.

A tentativa é admitida quando o agente realiza o verbo "entrar". Basta imaginar a situação na qual o agente tenta ingressar na residência, mas não obtém êxito, por não conseguir escalar o muro de proteção ou ser impedido pelo morador. Por sua vez, não pode ser configurada a tentativa quando o agente escolhe permanecer no domicílio alheio. O verbo "permanecer" é incompatível com a tentativa. A mera recusa em sair do local já consumará o crime, mesmo que, instantes depois, o agente seja expulso do local sob o emprego de força física.

1.7. Ação Penal

A ação penal é de iniciativa pública incondicionada.

1.8. Qualificadoras

O § 1º traz algumas situações nas quais o crime passa a ser qualificado. Em tais casos, a pena passa a ser de detenção de seis meses a dois anos, além da pena correspondente à violência. São os casos em que o crime é cometido

a) **Durante a noite:** são três os critérios para identificar o período noturno. O primeiro é cronológico, observa o período compreendido entre as 18h e as 06h[11]. O segundo critério é natural (físico-astronômico) e leva em consideração o período entre o crepúsculo e a aurora. O terceiro critério é de caráter misto (eclético) e tenta compatibilizar os dois anteriores, abrandando o rigor do critério cronológico para casos nos quais o crepúsculo é retardado (durante o verão por exemplo) ou existe o horário de verão.

Parece-nos que, sem sombra de dúvida, o critério natural (físico-astronômico) é o mais adequado para identificar o período noturno. Se a conduta ocorrer na ocasião em que o crepúsculo ou a aurora estão se formando, haverá dúvida em relação à existência da noite, o que será decidido no caso concreto com u auxílio da técnica de julgamento do *in dubio pro reo.*

b) **Em lugar ermo:** é o lugar deserto, desabitado ou pouco habitado. A qualificadora se justifica porque, assim como ocorre com o crime praticado durante a noite, há uma maior vulneração do bem jurídica, porquanto a conduta é de mais fácil ocorrência.

c) **Com o emprego de violência:** diz respeito à violência física, real. Haverá a qualificadora tanto no caso de violência contra a pessoa quanto na hipótese de a violência ser exercida contra a coisa, pois o Código não estabeleceu distinção.

d) **Com o emprego de arma:** não tendo o Código estabelecido diferença, devemos concluir que a qualificadora se aplica quando utilizada a **arma própria** (instrumentos confeccionados com finalidade bélica, e podem ser arma de fogo ou arma branca) ou a **imprópria** (instrumentos que não são confeccionados com finalidade bélica, mas podem ser utilizados como arma, tais como uma faca de cozinha). Armas de brinquedo e demais simulacros de arma não qualificam a conduta, pois equipará-los a arma constituiria analogia *in malam partem.*

---

11. Curioso observar que a Lei de Abuso de Autoridade (Lei n. 13.869/19), em seu art. 22, § 1º, III criminaliza a conduta consistente em: "cumpre mandado de busca e apreensão domiciliar após as 21h (vinte e uma horas) ou antes das 5h (cinco horas)".

e) Por duas ou mais pessoas: o concurso de pessoas qualifica o crime. Não faz diferença se o concurso se dá como coautoria ou como participação. No cômputo dos agentes, ingressam também os inimputáveis.

1.9. Causa de Aumento de Pena

Dispunha o § 2º do art. 150, CP: "Aumenta-se a pena de um terço, se o fato é cometido por funcionário público, fora dos casos legais, ou com inobservância das formalidades estabelecidas em lei, ou com abuso do poder".

Já entendimento majoritário em doutrina que o referido dispositivo havia sido tacitamente revogado pela antiga Lei de Abuso de Autoridade (Lei n. 4.898/65), que, nos termos do seu art. 3º, *b*, asseverava constituir crime "qualquer atentado (...) à inviolabilidade do domicílio".

Com o advento da atual Lei de Abuso de Autoridade (Lei n. 13.869/19), o dispositivo foi expressamente revogado. Agora, já não resta dúvida de que o agente público que viola o domicílio comete crime contido na Lei n. 13.869/19. E, com efeito, estabelece o art. 22 da referida Lei ser crime: "Invadir ou adentrar, clandestina ou astuciosamente, ou à revelia da vontade do ocupante, imóvel alheio ou suas dependências, ou nele permanecer nas mesmas condições, sem determinação judicial ou fora das condições estabelecidas em lei: Pena – detenção, de 1 (um) a 4 (quatro) anos, e multa".

1.10. Exclusão do Crime

O § 3º do art. 150, CP estabelece duas hipóteses de exclusão de crime. São elas a entrada ou permanência em casa alheia ou suas dependências: a) durante o dia, com observância das formalidades legais, para efetuar prisão ou outra diligência; b) a qualquer hora do dia ou da noite, quando algum crime está sendo ali praticado ou na iminência de o ser.

Em verdade, as hipóteses de exclusão do crime são ainda mais abranges, pois, consoante o art. 5º, XI da Constituição Federal é conduta lícita penetrar na casa sem o consentimento do morador: a) em caso de flagrante delito; b) em caso de desastre; c) para prestar socorro; d) durante o dia, por determinação judicial.

Ademais, importante recordar que não há que se falar em crime quando a casa estiver vazia, desabitada, pois ali não há inviolabilidade domiciliar a ser tutelada.

1.11. Elemento Normativo

O tipo penal emprega a expressão "casa". Trata-se de um elemento normativo, porquanto depende de uma valoração. No caso, a referida valoração é jurídica, pois o conceito é apresentado pela própria lei. O art. 150, CP tratou da matéria em seus parágrafos 4º e 5º. Enquanto o §4º traz uma definição positiva (enumerando o que expressão "casa" abrange), o §5º traz um conceito negativo (enumerando o que expressão "casa" não abrange).

Conforme o §4º, a expressão "casa" compreende:

a) Qualquer compartimento habitado: a definição é bastante abrangente e, como se vê, diz respeito também às moradias transitórias. Também abrange moradias que não sejam fixas ou afixadas em algum lugar, como "barco, *trailer, motor-home*, cabina de um trem velho, vagão de metrô abandonado, abrigo embaixo de ponte ou viaduto etc."[12].

b) Aposento ocupado de habitação coletiva: nessa hipótese, incluem-se quartos de hotel, de motel, de pensionatos, asilos, orfanatos etc. Em contrapartida, eventuais partes abertas ao público destes estabelecimentos não se incluem, obviamente, no conceito de "casa".

c) Compartimento não aberto ao público, onde alguém exerce profissão ou atividade: conforme se extrai da definição legal em comento, o conceito de "casa" não se adstringe ao local de residência da vítima. Abrange também o local em que é exercida atividade profissional, tal como escritórios de advocacia, consultórios médicos etc. Não se incluem nesse conceito os locais em que as pessoas exercem atividade profissional, mas que são abertos ao público, como bares, restaurantes, lanchonetes, cinemas etc. E mesmo em ambientes anteriormente mencionados, como consultórios médicos, a expressão "casa" não abrange o compartimento de livre acesso ao público, como a recepção.

Por outro lado, o §5º do art. 150, CP estabelece que não se compreendem na expressão "casa":

a) Hospedaria, estalagem ou qualquer outra habitação coletiva, enquanto aberta, salvo a restrição do n.º II do parágrafo anterior: essa previsão do inciso I do §5º do art. 150, CP complementa o disposto no inciso II do §4º do mesmo artigo, para esclarecer, conforme já havíamos antecipado, que não se enquadra no conceito de "casa" os ambientes abertos ao público dos estabelecimentos mencionados (hospedaria, estalagem ou qualquer outra habitação coletiva). No que tange aos aposentos ocupados, vale a ideia contida no inciso II do §4º, ou seja, estão inseridos na definição de "casa".

b) Taverna, casa de jogo e outras do mesmo gênero: a expressão "taverna" abrange bares, "botequins", "botecos" e congêneres. Casa de jogo é o local em que se desenvolve a exploração de jogos de azar, proibidos no Brasil. E a expressão "outras do mesmo gênero" demonstra que a enumeração é meramente exemplificativa e abrangeria estabelecimentos como boates, casas de show, prostíbulos etc.

1.12. Penas

A pena para o crime de "violação de domicílio" é de detenção, de um a três meses, ou multa. Logo, podemos concluir que:

a) **É possível a transação penal, pois se trata de infração de menor potencial ofensivo;**

b) **É possível a suspensão condicional do processo, pois a pena mínima não ultrapassa um ano.**

---

12. BITENCOURT, Cézar Roberto. *Tratado de Direito Penal: parte especial, v. 2.* 15. ed. São Paulo: Saraiva, 2015, p.456.

1.13. Classificação

O crime de violação de domicílio pode ser classificado como:

a) **Comum** (não exige qualidade especial do agente);

b) De **mera conduta** (não há produção de um resultado naturalístico);

c) De **forma livre** (a Lei não estabelece exigência para a forma de execução);

d) **Simples** (tutela apenas um bem jurídico);

e) **Comissivo** (praticado mediante ação) ou **omissivo** (praticado mediante uma omissão);

f) **Unissubjetivo** (poderá haver concurso de pessoas);

g) **Permanente** (consumação se protrai no tempo) ou **instantâneo** (a conduta não se estende no tempo), a depender do caso;

h) **Plurissubsistente** (a conduta pode ser fracionada) ou **unissubsistente** (a conduta não pode ser fracionada) a depender do caso;

i) De **dano** (a consumação enseja a lesão ao bem jurídico);

j) **Transeunte** (não deixa vestígios materiais);

k) **Doloso** (não admite modalidade culposa).

1.14. Quadro Sinótico

VIOLAÇÃO DE DOMICÍLIO		
Considerações Iniciais	O direito à inviolabilidade domiciliar possui previsão constitucional, pois consoante o art. 5º, XI da Carta Magna: "a casa é asilo inviolável do indivíduo, ninguém nela podendo penetrar sem consentimento do morador, salvo em caso de flagrante delito ou desastre, ou para prestar socorro, ou, durante o dia, por determinação judicial".	1
Tipicidade Objetiva	O tipo penal prevê a conduta do agente que age de forma a entrar (invadir) ou permanecer (se recusar a sair), em casa alheia ou em suas dependências. A entrada deve ser clandestina (dissimulada) ou astuciosa (induzindo a erro), admitindo-se, porém, para a configuração do crime, aquela entrada forçada ou ostensiva. O verbo "entrar" somente se consuma o crime se efetivamente houver a entrada no domicílio.	2
Sujeitos	Qualquer pessoa pode ser **sujeito ativo** do crime de violação de domicílio. Até mesmo o proprietário (locador) comete o referido crime quando invade o domicílio do locatário sem a sua autorização. De igual sorte, o cônjuge que já não coabita também cometerá este crime quando invadir a residência que outrora era do casal, sem o consentimento do(a) morador(a) remanescente. O **sujeito passivo** é o morador (independentemente de ser o proprietário), titular do direito de poder impedir a entrada ou recusar a permanência do agente em seu domicílio.	3

Objetos	O **objeto jurídico** do crime é a inviolabilidade do lar, a paz doméstica. O **objeto material** é o domicílio invadido.	4
Elemento Subjetivo	O elemento subjetivo exigido pelo tipo penal é o dolo. Não há previsão para a modalidade culposa.	5
Consumação e Tentativa	Consuma-se o crime quando o agente efetivamente ingressa ou permanece no domicílio alheio. Trata-se de crime de mera conduta (mera atividade), pois não há previsão de resultado naturalístico. No que tange ao verbo "entrar", trata-se de crime instantâneo, que se consuma exatamente neste momento do ingresso. Por outro lado, no que se refere ao verbo "permanecer", estamos diante de um crime permanente, e a conduta (que se protrai no tempo) se realiza enquanto o agente não se retirar do domicílio. A tentativa é admitida quando o agente realiza o verbo "entrar".	6
Ação Penal	A ação penal é de iniciativa pública incondicionada.	7
Qualificadoras	O §1º traz algumas situações nas quais o crime passa a ser qualificado. Em tais casos, a pena passa a ser de detenção de seis meses a dois anos, além da pena correspondente à violência. São os casos em que o crime é cometido: **a)** Durante a noite; **b)** Em lugar ermo; **c)** Com o emprego de violência; **d)** Com o emprego de arma; **e)** Por duas ou mais pessoas.	8
Causas de Aumento de Pena	Conforme o §2º do art. 150, CP: "Aumenta-se a pena de um terço, se o fato é cometido por funcionário público, fora dos casos legais, ou com inobservância das formalidades estabelecidas em lei, ou com abuso do poder". Entretanto, aderimos ao entendimento, majoritário em doutrina, no sentido de que o referido dispositivo foi tacitamente revogado pela antiga Lei de Abuso de Autoridade (Lei n. 4.898/65).	9
Exclusão do Crime	O §3º do art. 150, CP estabelece duas hipóteses de exclusão de crime. São elas a entrada ou permanência em casa alheia ou suas dependências: a) durante o dia, com observância das formalidades legais, para efetuar prisão ou outra diligência; b) a qualquer hora do dia ou da noite, quando algum crime está sendo ali praticado ou na iminência de o ser. Em verdade, as hipóteses de exclusão do crime são ainda mais abranges, pois, consoante o art. 5º, XI da Constituição Federal é conduta lícita penetrar na casa sem o consentimento do morador: a) em caso de flagrante delito; b) em caso de desastre; c) para prestar socorro; d) durante o dia, por determinação judicial.	10

Elemento Normativo	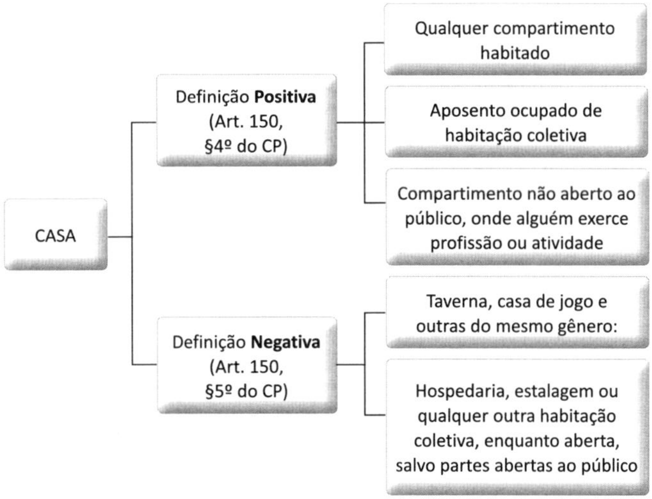	11
Penas	A pena para o crime de "violação de domicílio" é de detenção, de um a três meses, ou multa.	12
Classificação	**a)** **Comum** (não exige qualidade especial do agente); **b)** De **mera conduta** (não há produção de um resultado naturalístico); **c)** De **forma livre** (a Lei não estabelece exigência para a forma de execução); **d)** **Simples** (tutela apenas um bem jurídico); **e)** **Comissivo** (praticado mediante ação) ou **omissivo** (praticado mediante uma omissão); **f)** **Unissubjetivo** (poderá haver concurso de pessoas); **g)** **Permanente** (consumação se protrai no tempo) ou **instantâneo** (a conduta não se estende no tempo), a depender do caso; **h)** Plurissubsistente (a conduta pode ser fracionada) ou **unissubsistente** (a conduta não pode ser fracionada) a depender do caso; **i)** De **dano** (a consumação enseja a lesão ao bem jurídico); **j)** **Transeunte** (não deixa vestígios materiais); **k)** **Doloso** (não admite modalidade culposa).	13

1.15. Questões de Concursos Públicos

01. (IBADE - 2017 - PC-AC - Delegado de Polícia Civil) Assinale a alternativa que contempla uma hipótese de violação de domicílio.

(A) Pafúncio e Marocas, casados, em virtude de um desentendimento, resolvem se separar, após o que, conforme acordado entre ambos, Pafúncio deixa o lar conjugal para morar em outra casa. Semanas depois, embora já proposta a ação de divórcio, Pafúncio retorna ao imóvel e ali se instala sem a ciência de Marocas, que naquele momento viajava com o novo namorado.

(B) Clarabela. ao passear pelas ruas internas de um condomínio de casas, no qual entrou regularmente, percebe um canteiro de rosas no jardim de um dos imóveis. Como o jardim não é murado, delimitado por cercas ou possui qualquer outro obstáculo ao livre acesso de pessoas, Clarabela nele ingressa, de lá colhendo uma muda de flor para levar consigo.

(C) Jeremias, após o trabalho, por volta das 18h, notando que não chegará a tempo para ver o jogo televisionado de seu time de coração, entra no saguão de um hotel, misturando-se a hóspedes e funcionários, pois ali há um telão transmitindo a partida.

(D) Ferdinando. fotógrafo, é contratado para trabalhar em um evento privado. No dia agendado, erra o endereço e ingressa - de forma não autorizada - no aniversário de Violeta. Instado pelos seguranças a deixar o local, ainda desconhecendo seu equívoco, Ferdinando se recusa a sair, o que só acontece com a chegada da polícia militar.

(E) Acácio, andarilho, entra em um apartamento de propriedade de Nestor, o qual se encontra vazio e destinado à locação. Embora sua intenção inicial fosse apenas pernoitar no imóvel, Acácio decide fazer do local sua nova moradia.

02. **(MPE-SC - 2016 - MPE-SC - Promotor de Justiça - Matutina) No crime de violação de domicílio, previsto no art. 150 do Código Penal, existe uma circunstância de especial aumento de pena segundo a qual aumenta-se a pena de um terço, se o fato é cometido por funcionário público, fora dos casos legais, ou com inobservância das formalidades estabelecidas em lei, ou com abuso de poder.**

( ) Certo

( ) Errado

03. **(CESPE - 2006 - DPE-DF - Procurador - Assistência Judiciária - Segunda Categoria) Acerca da ação penal nos crimes contra os costumes, julgue os itens a seguir.**

A violação de domicílio é crime de mera conduta, não se exigindo resultado determinado.

( ) Certo

( ) Errado

04. **(CESPE - 2010 - DETRAN-ES - Advogado) Julgue os itens subsequentes, relativos aos crimes contra a pessoa, o patrimônio, a administração pública e a ordem tributária.**

Uma barraca de camping que seja habitada por uma família por alguns dias não se equipara à sua casa para fins da prática do delito de violação de domicílio, visto que seus habitantes não a ocupam em caráter permanente.

( ) Certo

( ) Errado

GABARITO: *As respostas destes testes encontram-se no final do livro.*

SEÇÃO III
DOS CRIMES CONTRA A INVIOLABILIDADE DE CORRESPONDÊNCIA

O sigilo da correspondência também é um direito constitucional, conforme se extrai da redação do art. 5º, XII, da CF/88, nos seguintes termos: "XII – é inviolável o sigilo da correspondência e das comunicações telegráficas, de dados e das comunicações telefônicas, salvo, no último caso, por ordem judicial, nas hipóteses e na forma que a lei estabelecer para fins de investigação criminal ou instrução processual penal".

Uma leitura açodada dos dispositivos poderia conduzir a uma equivocada impressão de que o sigilo das correspondências não poderia ser flexibilizado, pois a Constituição faz expressa menção, apenas, às ressalvas em torno do sigilo das comunicações telefônicas. Necessário recordar, contudo, que a jurisprudência do STF não tem admitido a existência de direitos absolutos, e, por esta razão, não se pode conceber o sigilo das correspondências como uma barreira inexpugnável à persecução criminal.

Nesta linha de intelecção, o STF, tratando da correspondência do preso, assim se manifesta: "A administração penitenciaria, com fundamento em razões de segurança pública, de disciplina prisional ou de preservação da ordem jurídica, pode, sempre excepcionalmente, e desde que respeitada a norma inscrita no art. 41, parágrafo único, da Lei nº 7.210/84, proceder a interceptação da correspondência remetida pelos sentenciados, eis que a cláusula tutelar da inviolabilidade do sigilo epistolar não pode constituir instrumento de salvaguarda de práticas ilícitas"[13].

Releva notar, ainda, que há outras exceções ao sigilo das correspondências. De fato, o art. 240, § 1º, *f*, do CPP permite, no bojo da busca domiciliar "apreender cartas, abertas ou não, destinadas ao acusado ou em seu poder, quando haja suspeita de que o conhecimento do seu conteúdo possa ser útil à elucidação do fato". Ademais, o art. 136, § 1º, *b*, CF permite a flexibilização do direito ao sigilo das correspondências em caso de estado de defesa. Por fim, o art. 22, III, *d*, da Lei de Falências e Recuperação Judicial (Lei nº 11.101/05) permite ao administrador judicial, sob a fiscalização do Juiz e do Comitê, "receber e abrir a correspondência dirigida ao devedor, entregando a ele o que não for assunto de interesse da massa".

No Código Penal, temos os seguintes crimes contra a inviolabilidade das correspondências:

a) Violação de correspondência (art. 151, CP);

b) Sonegação ou destruição de correspondência (figura equiparada à violação de correspondência, conforme art. 151, §1º, CP);

c) Violação de comunicação telegráfica, radioelétrica ou telefônica (figura equiparada à violação de correspondência, conforme art. 151, §1º, CP);

---

13. HC 70.814/SP, rel. Min. Celso de Mello.

d) Correspondência comercial (art. 152, CP);

e) Divulgação de segredo (art. 153, CP);

f) Violação de segredo profissional (art. 154, CP);

g) Invasão de dispositivo informático (art. 154-A, CP).

Passemos ao estudo dos crimes em espécie.

1. VIOLAÇÃO DE CORRESPONDÊNCIA

> **Art. 151** - Devassar indevidamente o conteúdo de correspondência fechada, dirigida a outrem:
>
> Pena - detenção, de um a seis meses, ou multa.
>
> **Sonegação ou destruição de correspondência**
>
> § 1° - Na mesma pena incorre:
>
> I - quem se apossa indevidamente de correspondência alheia, embora não fechada e, no todo ou em parte, a sonega ou destrói;
>
> **Violação de comunicação telegráfica, radioelétrica ou telefônica**
>
> II - quem indevidamente divulga, transmite a outrem ou utiliza abusivamente comunicação telegráfica ou radioelétrica dirigida a terceiro, ou conversação telefônica entre outras pessoas;
>
> III - quem impede a comunicação ou a conversação referidas no número anterior;
>
> IV - quem instala ou utiliza estação ou aparelho radioelétrico, sem observância de disposição legal.
>
> § 2° - As penas aumentam-se de metade, se há dano para outrem.
>
> § 3° - Se o agente comete o crime, com abuso de função em serviço postal, telegráfico, radioelétrico ou telefônico:
>
> Pena - detenção, de um a três anos.
>
> § 4° - Somente se procede mediante representação, salvo nos casos do § 1°, IV, e do § 3°.

1.1. Considerações Iniciais

O tipo penal do art. 151, CP foi tacitamente revogado pela Lei n. 6.538/78, legislação especial e posterior, que previu no seu art. 40 a seguinte conduta criminosa: "devassar indevidamente o conteúdo de correspondência dirigida a outrem". Como se vê, é a mesma redação do *caput* do art. 151, CP. Logo, devemos concluir que a Lei nova tratou integralmente da matéria, razão pela qual reiteramos que houve a revogação tácita do dispositivo.

Por outro lado, tendo em vista que o tipo penal contido no art. 40 da Lei n. 6.538/78 possui o mesmo conteúdo do art. 151, CP, vamos analisar o referido tipo penal. Vale destacar, contudo, que, no que tange ao crime previsto na Lei especial, a pena é de "detenção, até seis meses ou pagamento não excedente a vinte dias-multa".

1.2. Tipicidade Objetiva

A Conduta consiste em devassar indevidamente o conteúdo de correspondência fechada, dirigida a outrem. Sobre referida conduta, cabe-nos esclarecer, de antemão, que devassar significa tomar conhecimento, ficar ciente. O crime ocorre, portanto, quando o agente toma conhecimento, indevidamente, de conteúdo de correspondência que não lhe era destinada.

A expressão "indevidamente" deve ser interpretada à luz do caso concreto. Conforme procuramos elucidar, quando comentamos os "crimes contra a inviolabilidade de correspondência", o direito ao sigilo das correspondências não é revestido de caráter absoluto. Não há que se falar em crime, por exemplo, quando agentes do sistema penitenciário acessam o conteúdo de correspondências dirigidas aos presos, mormente quando houver indícios da prática de crimes.

Haveria o crime quando os pais abrem correspondência dos filhos? A resposta a esta indagação depende de sabermos se ainda existia relação de poder familiar. Se existia, evidentemente, não haverá que se falar em crime; se já se havia extinguido, ocorrerá o crime.

Questão mais interessante diz respeito à abertura de correspondências por parte dos cônjuges. A doutrina mais tradicional, capitaneada por Nelson Hungria, sustentava a ausência de crime neste caso, haja vista a intimidade, comunhão de interesses e vida em comum dos cônjuges. Atualmente, parece fora de dúvida que pode sim haver tal crime, pois o casamento, por si só, não conduz\ à permissão para acesso às correspondências. Evidentemente, à luz do caso concreto, deve ser aferido se a relação conjugal não consagrava esse consentimento tácito entre os cônjuges, situação na qual, por óbvio, o crime restaria afastado.

Ademais, o art. 10 da Lei n. 6.538/78 assevera que não constitui violação de sigilo da correspondência postal a abertura de carta:

a) Endereçada a homônimo, no mesmo endereço;

b) Que apresente indícios de conter objeto sujeito a pagamento de tributos;

c) Que apresente indícios de conter valor não declarado, objeto ou substância de expedição, uso ou entrega proibidos;

d) Que deva ser inutilizada, na forma prevista em regulamento, em virtude de impossibilidade de sua entrega e restituição.

No parágrafo único do art. 10, consta que as hipóteses descritas acima nos itens "b" e "c", a abertura será feita obrigatoriamente na presença do remetente ou do destinatário.

Por fim, prevalece o entendimento doutrinário no sentido de que não haverá crime quando se puder constatar que a correspondência não traz documento com alguma informação. É o caso, por exemplo, em que se percebe que o envelope contém um volume com alguma roupa, por exemplo.

1.3. Figuras Equiparadas

O art. 151, §1º, CP traz condutas que constituem figuras equiparadas ao crime de violação de correspondência. A "figura equiparada" é identificada pela expressão "nas mesmas penas incorre quem", que consta no §1º. No inciso I, a figura equiparada é intitulada de "sonegação ou destruição de correspondência". Os demais incisos são intitulados de "violação de comunicação telegráfica, radioelétrica ou telefônica". Passemos ao estudo das duas figuras equiparadas.

1.3.1. *Sonegação ou destruição de correspondência*

1.3.1.1. *Considerações iniciais*

Assim como ocorre com o crime de "violação de correspondência", descrito no *caput* do art. 151, o crime de "Sonegação ou destruição de correspondência", previsto no art. 151, §1º, CP também foi tacitamente revogado pela Lei n. 6.538/78. Com efeito, estabelece a mencionada Lei em seu art. 40, §1º: "Incorre nas mesmas penas quem se apossa indevidamente de correspondência alheia, embora não fechada, para sonegá-la ou destruí-la, no todo ou em parte".

1.3.1.2. *Tipicidade objetiva*

A conduta consiste em apossar-se (apoderar-se, assenhorear-se, tomar para si) indevidamente de correspondência alheia, ainda que parcialmente, para sonegá-la (esconde, omite, não permite que chegue ao destino) ou destruí-la (danifica, aniquila). Não importa se a correspondência se encontrava aberta ou fechada. Se a correspondência possuir valor patrimonial, a sua subtração, apropriação ou destruição constituirá crimes de furto (art. 155, CP), apropriação indébita (art. 168, CP) ou dano (art. 163, CP), respectivamente.

1.3.1.3. *Sujeitos*

Sujeito ativo do crime pode ser qualquer pessoa. Em se tratando de funcionário público, a pena será agravada, nos termos do art. 43 da Lei n. 6.538/78.

Sujeitos passivos são tanto o remetente quanto o destinatário da correspondência. Trata-se, portanto, de crime com duplo sujeito passivo.

1.3.1.4. *Objetos*

Objeto jurídico do tipo penal é o sigilo da correspondência.

Objeto material é a correspondência (carta, bilhete, envelope, telegrama etc.) aberta ou fechada.

1.3.1.5. *Elemento subjetivo*

É o dolo, consistente na vontade consciente de realizar as condutas descritas no tipo penal. Ademais, exige-se o elemento subjetivo específico (especial finalidade no agir), consistente em sonegar ou destruir a correspondência.

Não há previsão para a modalidade culposa.

1.3.1.6. *Consumação e tentativa*

A consumação ocorre no momento em que o agente se apossa da correspondência. Não se exige que ele efetivamente produza o resultado naturalístico, consistente no sonegar ou destruir a correspondência. Esta sonegação ou destruição constitui elemento subjetivo específico, isto é, apenas a finalidade pretendida pelo agente ao praticar a conduta. Trata-se, portanto, de **crime formal,** pois o a consumação independe do resultado material.

É possível a tentativa. Basta imaginar a situação na qual o agente tenta apossar-se da correspondência, mas não logra êxito.

1.3.1.7. *Causa de aumento de pena*

Em seu §2º, o art. 151, CP estabelece que as penas se aumentam de metade, se há dano para outrem. O dano pode ser de natureza patrimonial ou moral, e pode recair sobre terceira pessoa, que não seja o sujeito passivo (remetente ou destinatário da correspondência). O art. 40, §2º da Lei n. 6.538/78 reproduz a referida causa de aumento de pena.

1.3.1.8. *Ação penal*

A ação penal é pública condicionada à representação do ofendido.

1.3.2. *Violação de comunicação telegráfica, radioelétrica ou telefônica*

1.3.2.1. *Considerações iniciais*

O dispositivo penal objetiva conferir concretude à tutela constitucional do sigilo das comunicações (art. 5º, XII, CF). Sob a rubrica "Violação de comunicação telegráfica, radioelétrica ou telefônica", o art. 151, §1º, CP traz três condutas distribuídas nos incisos II, III e IV.

Todavia, a conduta contida no inciso IV ("quem instala ou utiliza estação ou aparelho radioelétrico, sem observância de disposição legal") foi tacitamente revogada pelo art. 70 do Código Brasileiro de Telecomunicações (Lei n. 4.117/62), que possui a seguinte redação: "Constitui crime punível com a pena de detenção de 1 (um) a 2 (dois) anos, aumentada da metade se houver dano a terceiro, a instalação ou utilização de telecomunicações, sem observância do disposto nesta Lei e nos regulamentos".

1.3.2.2. *Tipicidade objetiva*

Passemos ao estudo de cada uma das condutas mencionadas no tópico anterior:

a) Quem indevidamente divulga, transmite a outrem ou utiliza abusivamente comunicação telegráfica ou radioelétrica dirigida a terceiro, ou conversação telefônica entre outras pessoas;

As condutas consistem em:

Divulgar: revelar, relatar o teor, repassar a informação.

Transmitir: narrar o conteúdo.

Utilizar: usar, tirar proveito.

No caso da divulgação ou transmissão, somente se concretiza o tipo penal se forem praticadas "indevidamente", ao passo que a utilização somente consuma o crime se for "abusiva". São, como se pode perceber, elementos normativos do tipo penal, que devem ser valorados à luz do caso concreto.

As condutas recaem sobre comunicação telegráfica, radioelétrica ou conversação telefônica. Contudo, em se tratando de conversas telefônicas, seria possível a incidência deste tipo penal para casos muito raros, como, por exemplo, a hipótese em que o agente ouve a conversa telefônica em outro aparelho (extensão telefônica) e a divulga. Para outros casos, como interceptação ilegal ou divulgação de interceptação decretada pela autoridade judiciária, terá incidência os tipos penais da Lei de Interceptação Telefônica (Lei n. 9.296/96)[14].

b) Quem impede a comunicação ou a conversação referidas no número anterior;

O Código pune quem impede a comunicação telegráfica ou radioelétrica ou a conversação telefônica. Não há necessidade de habitualidade da conduta para a consumação do crime. A conduta consiste em impedir (obstar, embaraçar, impossibilitar).

c) Quem instala ou utiliza estação ou aparelho radioelétrico, sem observância de disposição legal;

A conduta foi tacitamente revogada pelo art. 70 da Lei n. 4.117/62.

1.3.2.3. *Sujeitos*

Sujeito ativo do crime pode ser qualquer pessoa. Em se tratando de funcionário público, a pena será agravada, nos termos do art. 43 da Lei n. 6.538/78.

Sujeitos passivos são tanto o remetente quanto o destinatário da correspondência.

1.3.2.4. *Objetos*

Objeto jurídico do tipo penal é o sigilo da correspondência.

Objeto material é a comunicação ou conversação.

1.3.2.5. *Elemento subjetivo*

É o dolo, consistente na vontade consciente de realizar as condutas descritas no tipo penal. Não há previsão para a modalidade culposa.

---

14. GONÇALVES, Victor Eduardo Rios. *Direito Penal Esquematizado: parte especial.* 8.ed. São Paulo: Saraiva, 2018, p.318.

1.3.2.6. *Consumação e tentativa*

A consumação ocorre no momento em que o agente realiza qualquer das condutas descritas no tipo penal.

É possível a tentativa.

1.3.2.7. *Causa de aumento de pena*

Em seu §2º, o art. 151, CP estabelece que as penas se aumentam de metade, se há dano para outrem. O dano pode ser de natureza patrimonial ou moral.

1.3.2.8. *Ação penal*

Pública condicionada à representação do ofendido.

1.4. Sujeitos

Sujeito ativo do crime pode ser qualquer pessoa. Em se tratando de funcionário público, a pena será agravada, nos termos do art. 43 da Lei n. 6.538/78. A despeito da subsistência das divergências doutrinárias sobre o tema, há quem defenda que, neste ponto, o art. 43 da Lei n. 6.538/78 revogou tacitamente o art. 3º, *c* da Lei de Abuso de Autoridade[15].

Sujeitos passivos são tanto o remetente quanto o destinatário da correspondência. Trata-se, portanto, de crime com duplo sujeito passivo.

1.5. Objetos

Objeto jurídico do tipo penal é o sigilo da correspondência.

Objeto material é a correspondência (carta, bilhete, envelope, telegrama etc.) fechada. Não há que se falar em crime se a correspondência estiver aberta. Esta correspondência pode ser documento público ou particular, e não necessariamente em português. Com efeito, ainda que se encontre em língua estrangeiro, o conteúdo do documento poderá ser devassado, desde que o agente possua conhecimento do idioma e consiga compreender o seu teor.

Se a devassa se der por meio de invasão de dispositivo informático, o crime será o do art. 154-A, CP.

1.6. Elemento Subjetivo

É o dolo, consistente na vontade consciente de praticar a conduta (devassar a correspondência).

Não há previsão de modalidade culposa.

---

15. Neste sentido, GONÇALVES, Victor Eduardo Rios. *Direito Penal Esquematizado: parte especial.* 8.ed. São Paulo: Saraiva, 2018, p.315.

1.7. Consumação e Tentativa

Trata-se de mera conduta, que não comporta, portanto, a produção do resultado naturalístico. Por esta razão, o crime estará consumado no momento em que o agente tomar conhecimento (devassar) do teor da correspondência, ainda que parcialmente.

A tentativa é admitida, pois se trata de crime plurissubsistente.

1.8. Ação Penal

É pública condicionada à representação do ofendido, conforme o art. 151, §4º, CP, preservado pelo art. 48 da Lei n. 6.538/78.

1.9. Causa de Aumento de Pena

Em seu §2º, o art. 151, CP estabelece que as penas se aumentam de metade, se há dano para outrem. Trata-se de causa de aumento de pena (majorante) e, portanto, deve ser aplicada pelo juiz na terceira fase da dosimetria. O dano referido no dispositivo legal pode ser de natureza patrimonial ou moral, e pode recair sobre terceira pessoa, que não seja o sujeito passivo (remetente ou destinatário da correspondência).

Vale registrar que o art. 40, §2º da Lei n. 6.538/78 reproduz a referida causa de aumento de pena.

1.10. Qualificadora

O art. 151, CP estabelece em seu §3º que se o agente comete o crime, com abuso de função em serviço postal, telegráfico, radioelétrico ou telefônico, a pena será de detenção, de um a três anos. Trata-se, como se vê, de uma qualificadora, porquanto as penas (mínima e máxima) em abstrato são exasperadas.

Contudo, esta qualificadora somente possui aplicação aos casos que não foram tacitamente revogados pela Lei n. 6.538/78. Para estes, incide a regra do art. 43 da mencionada Lei, que prevê uma agravante para "os crimes contra o serviço postal, ou serviço de telegrama quando praticados por pessoa prevalecendo-se do cargo, ou em abuso da função".

1.11. Penas

A pena para o crime de violação de correspondência é de "detenção, até seis meses ou pagamento não excedente a vinte dias-multa". Destoando da regra do nosso ordenamento jurídico, a Lei n. 6.538/78 não previu pena mínima para o crime. Com isto, tem prevalecido o entendimento no sentido de que, não sendo possível a analogia *in malam partem,* a pena mínima a ser imposta deve ser aquela prevista em lei. Por esta razão, a pena mínima para a detenção seria de apenas 1 (um) dia, conforme art. 11, CP, que não admite o fracionamento do dia, no cômputo. Por outro lado, para a pena de multa, a pena mínima seria de 10 (dez) dias-multa, conforme art.49, CP.

No que concerne à pena prevista em lei para este crime, é possível concluir que:

a) É possível a transação penal, pois se trata de infração de menor potencial ofensivo;

b) É possível a suspensão condicional do processo, pois a pena mínima não ultrapassa um ano.

1.12. Classificação

O crime de violação de correspondência pode ser classificado como:

a) **Comum** (não exige qualidade especial do agente);

b) De **mera conduta** (não há produção de um resultado naturalístico);

c) De **forma livre** (a Lei não estabelece exigência para a forma de execução);

d) **Simples** (tutela apenas um bem jurídico);

e) **Comissivo** (praticado mediante ação);

f) **Unissubjetivo** (poderá haver concurso de pessoas);

g) **Instantâneo** (a conduta não se estende no tempo);

h) **Plurissubsistente** (a conduta pode ser fracionada);

i) De **dano** (a consumação enseja a lesão ao bem jurídico);

j) **Transeunte** (não deixa vestígios materiais);

k) **Doloso** (não admite modalidade culposa).

1.13. Quadro Sinótico

VIOLAÇÃO DE CORRESPONDÊNCIA		
Considerações Iniciais	O tipo penal do art. 151, CP foi tacitamente revogado pela Lei n. 6.538/78, legislação especial e posterior, que previu no seu art. 40 a seguinte conduta criminosa: "devassar indevidamente o conteúdo de correspondência dirigida a outrem". Como se vê, é a mesma redação do caput do art. 151, CP e por isso vamos analisar o referido tipo penal. Vale destacar, contudo, que, no que tange ao crime previsto na Lei especial, a pena é de "detenção, até seis meses ou pagamento não excedente a vinte dias-multa".	1
Tipicidade Objetiva	A Conduta consiste em devassar (tomar conhecimento) indevidamente o conteúdo de correspondência fechada, dirigida a outrem. Conforme procuramos elucidar, quando comentamos os "crimes contra a inviolabilidade de correspondência", o direito ao sigilo das correspondências não é revestido de caráter absoluto. Ademais, o art. 10 da Lei n. 6.538/78 assevera que não constitui violação de sigilo da correspondência postal a abertura de carta: **a)** Endereçada a homônimo, no mesmo endereço;	2

<table>
<tr><td>Tipicidade Objetiva</td><td colspan="3">b) Que apresente indícios de conter objeto sujeito a pagamento de tributos;
c) Que apresente indícios de conter valor não declarado, objeto ou substância de expedição, uso ou entrega proibidos;
d) Que deva ser inutilizada, na forma prevista em regulamento, em virtude de impossibilidade de sua entrega e restituição.</td><td>2</td></tr>
<tr><td rowspan="4">Figuras Equiparadas</td><td rowspan="4">Sonegação ou destruição de correspondência Violação de Comunicação telegráfica, radioelétrica ou telefônica</td><td>Considerações iniciais</td><td>Assim como ocorre com o crime de "violação de correspondência", descrito no caput do art. 151, o crime de "Sonegação ou destruição de correspondência", previsto no art. 151, §1º, CP também foi tacitamente revogado pela Lei n. 6.538/78.</td><td>3.1.1</td></tr>
<tr><td>Tipicidade objetiva</td><td>A conduta consiste em apossar-se (apoderar-se, assenhorear-se, tomar para si) indevidamente de correspondência alheia, ainda que parcialmente, para sonegá-la (esconde, omite, não permite que chegue ao destino) ou destruí-la (danifica, aniquila). A conduta consiste em apossar-se (apoderar-se, assenhorear-se, tomar para si) indevidamente de correspondência alheia, ainda que parcialmente, para sonegá-la (esconde, omite, não permite que chegue ao destino) ou destruí-la (danifica, aniquila).</td><td>3.1.2</td></tr>
<tr><td>Sujeitos</td><td>Sujeito ativo do crime pode ser qualquer pessoa. Em se tratando de funcionário público, a pena será agravada, nos termos do art. 43 da Lei n. 6.538/78. Sujeitos passivos são tanto o remetente quanto o destinatário da correspondência.</td><td>3.1.3</td></tr>
<tr><td>Objetos</td><td>Objeto jurídico do tipo penal é o sigilo da correspondência. Objeto material é a correspondência (carta, bilhete, envelope, telegrama etc.) aberta ou fechada.</td><td>3.1.4</td></tr>
</table>

		Elemento subjetivo	É o dolo e exige-se o elemento subjetivo específico. Não há previsão para a modalidade culposa.	3.1.5
		Consumação e tentativa	A consumação ocorre no momento em que o agente se apossa da correspondência. É possível a tentativa.	3.1.6
		Causa de aumento de pena	Em seu §2º, o art. 151, CP estabelece que as penas aumentam-se de metade, se há dano para outrem.	3.1.7
		Ação penal	A ação penal é pública condicionada à representação do ofendido.	3.1.8
Figuras Equiparadas	**Sonegação ou destruição de correspondência Violação de Comunicação telegráfica, radioelétrica ou telefônica**	**Considerações iniciais**	Sob a rubrica "Violação de comunicação telegráfica, radioelétrica ou telefônica", o art. 151, §1º, CP traz três condutas distribuídas nos incisos II, III e IV. Todavia, a conduta contida no inciso IV ("quem instala ou utiliza estação ou aparelho radioelétrico, sem observância de disposição legal") foi tacitamente revogada pelo art. 70 do Código Brasileiro de Telecomunicações (Lei n. 4.117/62).	3.2.1
		Tipicidade objetiva	**a)** Quem indevidamente divulga, transmite a outrem ou utiliza abusivamente comunicação telegráfica ou radioelétrica dirigida a terceiro, ou conversação telefônica entre outras pessoas; As condutas consistem em: Divulgar: revelar, relatar o teor, repassar a informação. Transmitir: narrar o conteúdo. Utilizar: usar, tirar proveito;	3.2.2

Figuras Equiparadas	**Sonegação ou destruição de correspondência Violação de Comunicação telegráfica, radioelétrica ou telefônica**	**Tipicidade objetiva**	**b)** Quem impede a comunicação ou a conversação referidas no número anterior: A conduta consiste em impedir (obstar, embaraçar, impossibilitar); **c)** Quem instala ou utiliza estação ou aparelho radioelétrico, sem observância de disposição legal: A conduta foi tacitamente revogada pelo art. 70 da Lei n. 4.117/62.	3.2.2
		Sujeitos	**Sujeito ativo** do crime pode ser qualquer pessoa. Em se tratando de funcionário público, a pena será agravada, nos termos do art. 43 da Lei n. 6.538/78. **Sujeitos passivos** são tanto o remetente quanto o destinatário da correspondência.	3.2.3
		Objetos	**Objeto jurídico** do tipo penal é o sigilo da correspondência. **Objeto material** é a comunicação ou conversação.	3.2.4
		Elemento subjetivo	É o **dolo**, consistente na vontade consciente de realizar as condutas descritas no tipo penal. Não há previsão para a modalidade culposa.	3.2.5
		Consumação e tentativa	A consumação ocorre no momento em que o agente realiza qualquer das condutas descritas no tipo penal. É possível a tentativa.	3.2.6
		Causa de aumento de pena	Em seu §2º, o art. 151, CP estabelece que as penas aumentam-se de metade, se há dano para outrem.	3.2.7
		Ação Penal	Pública condicionada à representação do ofendido.	3.2.8

Sujeitos	**Sujeito ativo** do crime pode ser qualquer pessoa. Em se tratando de funcionário público, a pena será agravada, nos termos do art. 43 da Lei n. 6.538/78. **Sujeitos passivos** são tanto o remetente quanto o destinatário da correspondência.	4
Objetos	**Objeto jurídico** do tipo penal é o sigilo da correspondência. **Objeto material** é a correspondência (carta, bilhete, envelope, telegrama etc.) fechada.	5
Elemento Subjetivo	É o dolo, consistente na vontade consciente de praticar a conduta (devassar a correspondência). Não há previsão de modalidade culposa.	6
Consumação e Tentativa	O crime estará consumado no momento em que o agente tomar conhecimento (devassar) do teor da correspondência, ainda que parcialmente. A tentativa é admitida.	7
Ação Penal	É pública condicionada à representação do ofendido.	8
Causa de Aumento de Pena	Em seu §2º, o art. 151, CP estabelece que as penas aumentam-se de metade, se há dano para outrem.	9
Qualificadora	O art. 151, CP estabelece em seu §3º que se o agente comete o crime, com abuso de função em serviço postal, telegráfico, radioelétrico ou telefônico, a pena será de detenção, de um a três anos. Contudo, esta qualificadora somente possui aplicação aos casos que não foram tacitamente revogados pela Lei n. 6.538/78.	11
Pena	A pena para o crime de violação de correspondência é de "detenção, até seis meses ou pagamento não excedente a vinte dias-multa".	12
Classificação	**a)** **Comum** (não exige qualidade especial do agente); **b)** De **mera conduta** (não há produção de um resultado naturalístico); **c)** De **forma livre** (a Lei não estabelece exigência para a forma de execução); **d)** **Simples** (tutela apenas um bem jurídico); **e)** **Comissivo** (praticado mediante ação); **f)** **Unissubjetivo** (poderá haver concurso de pessoas); **g)** **Instantâneo** (a conduta não se estende no tempo); **h)** **Plurissubsistente** (a conduta pode ser fracionada); **i)** De **dano** (a consumação enseja a lesão ao bem jurídico); **j)** **Transeunte** (não deixa vestígios materiais); **k)** **Doloso** (não admite modalidade culposa).	13

2. CORRESPONDÊNCIA COMERCIAL

Art. 152 – Abusar da condição de sócio ou empregado de estabelecimento comercial ou industrial para, no todo ou em parte, desviar, sonegar, subtrair ou suprimir correspondência, ou revelar a estranho seu conteúdo:

Pena – detenção, de três meses a dois anos.

Parágrafo único – Somente se procede mediante representação.

2.1. Considerações Iniciais

O tipo penal descreve a conduta do sócio de empresa ou empregado que se vale da sua condição para agir de forma abusiva, ou seja, indevida. Dessa forma, para que o crime se configure deve o agente praticar quaisquer das condutas descritas no tipo, como desencaminhar a correspondência de seu destino; esconder; retirar; fazer desaparecer a correspondência comercial; ou revelar seu conteúdo a outrem.

A conduta se diferencia do tipo penal anterior na medida em que aqui o objeto material é apenas a correspondência comercial. Trata-se de correspondência que possui relação com as atividades desenvolvidas pela pessoa jurídica que explora a atividade comercial ou industrial – designada pelo tipo penal apenas como "estabelecimento comercial ou industrial".

2.2. Tipicidade Objetiva

A conduta consiste em abusar da condição de sócio ou empregado da pessoa jurídica (estabelecimento) que desenvolve atividade comercial ou industrial. Para, no todo ou em parte desviar (alterar o destino), sonegar (esconder, ocultar), subtrair (retirar) ou suprimir (eliminar, destruir) correspondência, ou revelar (dar conhecimento) a estranho seu conteúdo

2.3. Sujeitos

O sujeito ativo do crime é o empregado ou sócio de estabelecimento comercial. Trata-se, portanto, de crime próprio. Não se exige que o sócio ou empregado possuam atribuições relacionadas ao recebimento das correspondências, mas é imprescindível que eles se valham dessa condição para a prática da conduta.

O sujeito passivo é o estabelecimento (pessoa jurídica) comercial ou industrial. Há quem admita também os sócios da mencionada pessoa jurídica sejam considerados sócios. Parece-nos indevido, haja vista a autonomia da personalidade da pessoa jurídica em relação à pessoa dos seus sócios.

2.4. Objetos

O objeto juridicamente tutelado é a inviolabilidade das correspondências.

O objeto material é a correspondência desviada, sonegada, subtraída, suprimida ou revelada.

2.5. Elemento Subjetivo

O elemento subjetivo exigido pelo tipo penal é o dolo, não havendo previsão para sua modalidade culposa.

2.6. Consumação e Tentativa

Consuma-se o delito quando o agente desvia, sonega, subtrai, suprime ou revela o conteúdo da correspondência comercial a outrem, não sendo necessária a produção do resultado naturalístico, isto é, prescinde-se de efetivo prejuízo (material ou moral) à pessoa jurídica. Trata-se de crime formal, portanto. A despeito disso, tem-se admitido em sede doutrinária a incidência do princípio da insignificância quando a correspondência for irrelevante para a pessoa jurídica.

A tentativa é admitida.

2.7. Ação Penal

A ação penal é de iniciativa pública condicionada à representação do ofendido.

2.8. Penas

A pena para o crime de "violação de correspondência comercial" é de detenção, de três meses a dois anos. Logo, podemos concluir que:

a) É possível a transação penal, pois se trata de infração de menor potencial ofensivo;

b) É possível a suspensão condicional do processo, pois a pena mínima não ultrapassa um ano.

2.9. Classificação

O crime de violação de "correspondência comercial" pode ser classificado como:

a) **Próprio** (exige qualidade especial do agente);

b) **Formal** (não se exige a produção de um resultado naturalístico);

c) De **forma livre** (a Lei não estabelece exigência para a forma de execução);

d) **Simples** (tutela apenas um bem jurídico);

e) **Comissivo** (praticado mediante ação) ou **omissivo** (praticado mediante uma omissão);

f) **Unissubjetivo** (poderá haver concurso de pessoas);

g) **Instantâneo** (a conduta não se estende no tempo);

h) **Plurissubsistente** (a conduta pode ser fracionada) ou **unissubsistente** (a conduta não pode ser fracionada) a depender do caso;

i) De **dano** (a consumação enseja a lesão ao bem jurídico);

j) **Transeunte** (não deixa vestígios materiais);

k) **Doloso** (não admite modalidade culposa).

2.10. Quadro Sinótico

CORRESPONDÊNCIA COMERCIAL		
Considerações Iniciais	O tipo penal descreve a conduta do sócio de empresa ou empregado que se vale da sua condição para agir de forma abusiva, ou seja, indevida.	1
Tipicidade Objetiva	A conduta consiste em abusar da condição de sócio ou empregado da pessoa jurídica (estabelecimento) que desenvolve atividade comercial ou industrial. Para, no todo ou em parte desviar (alterar o destino), sonegar (esconder, ocultar), subtrair (retirar) ou suprimir (eliminar, destruir) correspondência, ou revelar (dar conhecimento) a estranho seu conteúdo.	2
Sujeitos	O **sujeito ativo** do crime é o empregado ou sócio de estabelecimento comercial. O **sujeito passivo** é o estabelecimento (pessoa jurídica) comercial ou industrial.	3
Objetos	O **objeto juridicamente tutelado** é a inviolabilidade das correspondências. O **objeto material** é a correspondência desviada, sonegada, subtraída, suprimida ou revelada.	4
Elemento Subjetivo	O elemento subjetivo exigido pelo tipo penal é o dolo, não havendo previsão para sua modalidade culposa.	5
Consumação e Tentativa	Consuma-se o delito quando o agente desvia, sonega, subtrai, suprime ou revela o conteúdo da correspondência comercial a outrem, não sendo necessária a produção do resultado naturalístico, isto é, prescinde-se de efetivo prejuízo (material ou moral) à pessoa jurídica. A tentativa é admitida.	6
Ação Penal	A ação penal é de iniciativa pública condicionada à representação do ofendido.	7
Penas	A pena para o crime de "violação de correspondência comercial" é de detenção, de três meses a dois anos.	8
Classificação	**a) Próprio** (exige qualidade especial do agente); **b) Formal** (não se exige a produção de um resultado naturalístico); **c)** De **forma livre** (a Lei não estabelece exigência para a forma de execução); **d) Simples** (tutela apenas um bem jurídico); **e) Comissivo** (praticado mediante ação) ou **omissivo** (praticado mediante uma omissão); **f) Unissubjetivo** (poderá haver concurso de pessoas); **g) Instantâneo** (a conduta não se estende no tempo); **h) Plurissubsistente** (a conduta pode ser fracionada) ou **unissubsistente** (a conduta não pode ser fracionada) a depender do caso; **i)** De **dano** (a consumação enseja a lesão ao bem jurídico); **j) Transeunte** (não deixa vestígios materiais); **k) Doloso** (não admite modalidade culposa).	9

SEÇÃO IV
DOS CRIMES CONTRA A INVIOLABILIDADE DOS SEGREDOS

1. DIVULGAÇÃO DE SEGREDO

Art. 153 - Divulgar alguém, sem justa causa, conteúdo de documento particular ou de correspondência confidencial, de que é destinatário ou detentor, e cuja divulgação possa produzir dano a outrem:

Pena - detenção, de um a seis meses, ou multa.

§ 1° Somente se procede mediante representação.

§ 1°-A Divulgar, sem justa causa, informações sigilosas ou reservadas, assim definidas em lei, contidas ou não nos sistemas de informações ou banco de dados da Administração Pública:

Pena - detenção, de 1 (um) a 4 (quatro) anos, e multa.

§ 2° Quando resultar prejuízo para a Administração Pública, a ação penal será incondicionada.

1.1. Considerações Iniciais

O tipo penal procura preservar a inviolabilidade dos segredos, mantendo a tutela de bens jurídicos como a intimidade e a vida privada, mas também abrangendo segredos profissionais ou relacionados ao interesse público. O artigo 153 do Código Penal foi alterado pela Lei n. 9.983/2000, que inseriu o §1-A, que trata da divulgação de segredos reservados à Administração Pública. Assinale-se que é necessário que o agente aja sem justa causa.

1.2. Tipicidade Objetiva

A conduta consiste em "divulgar" (revelar, publicizar, apresentar, demonstrar) sem justa causa o segredo, contido em documento particular ou correspondência confidencial. É necessário que segredo cuja divulgação possa causar dano a outrem. Não há necessidade de produção efetiva do dano, sendo suficiente a aptidão para produzi-lo. Este dano pode ser de conteúdo material ou imaterial (moral, à imagem etc.).

Quando a revelação se der por justa causa, o fato será atípico. No que diz respeito à "justa causa", trata-se de conceito jurídico indeterminado, que dependerá de uma valoração do julgador no caso concreto.

1.3. Sujeitos

O sujeito ativo previsto no tipo penal é o destinatário e o detentor do documento particular ou da correspondência confidencial. Trata-se, portanto, de crime próprio, pois exige uma qualidade especial do agente. No que diz respeito ao detentor, não importa se a detenção é legítima ou ilegítima, pois o tipo penal não estabeleceu essa diferenciação.

O sujeito passivo é aquele terceiro que pode ser lesionado ou prejudicado com a revelação do conteúdo da correspondência confidencial ou documento particular. Ou seja, sujeito passivo é aquele que tem interesse na conservação do segredo. Logo, pode ser o remetente, o destinatário (desde que não seja o sujeito ativo no caso concreto), pessoa mencionada no documento etc.

1.4. Objetos

O objeto juridicamente tutelado é a inviolabilidade dos segredos.

O objeto material é o documento particular ou a correspondência confidencial.

1.5. Elemento Subjetivo

O elemento subjetivo exigido é o dolo, pois se exige do agente a vontade consciente de querer revelar, sem justa causa, o que está sacramentado em documento confidencial ou particular. Não se exige que o agente almeje uma finalidade específica (dolo específico).

Não há previsão para sua modalidade culposa.

1.6. Consumação e Tentativa

Consuma-se o crime quando o conteúdo de documento particular ou de correspondência confidencial efetivamente é revelado a terceiros. Dispensa-se o efetivo prejuízo à vítima.

A tentativa é admitida, embora de difícil ocorrência.

1.7. Ação Penal

A ação penal é de iniciativa pública incondicionada quando resultar dano à Administração Pública. Em qualquer outro caso, será de iniciativa pública condicionada à representação do ofendido.

1.8. Qualificadora

Conforme o §1º-A, há uma qualificadora na conduta de: "divulgar, sem justa causa, informações sigilosas ou reservadas, assim definidas em lei, contidas ou não nos sistemas de informações ou banco de dados da Administração Pública". Para este caso, a pena será detenção, de 1 (um) a 4 (quatro) anos, e multa.

1.9. Penas

A pena para o crime de "divulgação de segredo" é de detenção, de um a seis meses, ou multa. Logo, podemos concluir que:

a) É possível a transação penal, pois se trata de infração de menor potencial ofensivo;

b) É possível a suspensão condicional do processo, pois a pena mínima não ultrapassa um ano.

1.10. Classificação

O crime de violação de "divulgação de segredo" pode ser classificado como:

a) **Próprio** (exige qualidade especial do agente);

b) **Formal** (não se exige a produção de um resultado naturalístico);

c) De **forma livre** (a Lei não estabelece exigência para a forma de execução);

d) **Simples** (tutela apenas um bem jurídico);

e) **Comissivo** (praticado mediante ação) ou **omissivo** (praticado mediante uma omissão);

f) **Unissubjetivo** (poderá haver concurso de pessoas);

g) **Instantâneo** (a conduta não se estende no tempo);

h) **Plurissubsistente** (a conduta pode ser fracionada) ou **unissubsistente** (a conduta não pode ser fracionada) a depender do caso;

i) De **dano** (a consumação enseja a lesão ao bem jurídico);

j) **Transeunte** (não deixa vestígios materiais);

k) **Doloso** (não admite modalidade culposa).

1.11. Quadro Sinótico

DIVULGAÇÃO DO SEGREDO		
Considerações Iniciais	O tipo penal procura preservar a inviolabilidade dos segredos, mantendo a tutela de bens jurídicos como a intimidade e a vida privada, mas também abrangendo segredos profissionais ou relacionados ao interesse público. O artigo 153 do Código Penal foi alterado pela Lei n. 9.983/2000, que inseriu o §1-A, que trata da divulgação de segredos reservados à Administração Pública. Assinale-se que é necessário que o agente aja sem justa causa.	1
Tipicidade Objetiva	A conduta consiste em "divulgar" (revelar, publicizar, apresentar, demonstrar) sem justa causa o segredo, contido em documento particular ou correspondência confidencial. É necessário que segredo cuja divulgação possa causar dano a outrem.	2
Sujeitos	O **sujeito ativo** previsto no tipo penal é o destinatário e o detentor do documento particular ou da correspondência confidencial. O **sujeito passivo** é aquele terceiro que pode ser lesionado ou prejudicado com a revelação do conteúdo da correspondência confidencial ou documento particular.	3

Objetos	O **objeto juridicamente tutelado** é a inviolabilidade dos segredos. O **objeto material** é o documento particular ou a correspondência confidencial.	4
Elemento Subjetivo	O elemento subjetivo exigido é o dolo. Não se exige que o agente almeje uma finalidade específica (dolo específico). Não há previsão para sua modalidade culposa.	5
Consumação e Tentativa	Consuma-se o crime quando o conteúdo de documento particular ou de correspondência confidencial efetivamente é revelado a terceiros. Dispensa-se o efetivo prejuízo à vítima. A tentativa é admitida, embora de difícil ocorrência.	6
Ação Penal	A ação penal é de iniciativa pública incondicionada quando resultar dano à Administração Pública. Em qualquer outro caso, será de iniciativa pública condicionada à representação do ofendido.	7
Qualificadora	Conforme o §1º-A, há uma qualificadora na conduta de: "divulgar, sem justa causa, informações sigilosas ou reservadas, assim definidas em lei, contidas ou não nos sistemas de informações ou banco de dados da Administração Pública". Para este caso, a pena será detenção, de 1 (um) a 4 (quatro) anos, e multa.	8
Penas	A pena para o crime de "divulgação de segredo" é de detenção, de um a seis meses, ou multa.	9
Classificação	**a)** **Próprio** (exige qualidade especial do agente); **b)** **Formal** (não se exige a produção de um resultado naturalístico); **c)** De forma **livre** (a Lei não estabelece exigência para a forma de execução); **d)** **Simples** (tutela apenas um bem jurídico); **e)** **Comissivo** (praticado mediante ação) ou **omissivo** (praticado mediante uma omissão); **f)** **Unissubjetivo** (poderá haver concurso de pessoas); **g)** **Instantâneo** (a conduta não se estende no tempo); **h)** **Plurissubsistente** (a conduta pode ser fracionada) ou **unissubsistente** (a conduta não pode ser fracionada) a depender do caso; **i)** De **dano** (a consumação enseja a lesão ao bem jurídico); **j)** **Transeunte** (não deixa vestígios materiais); **k)** **Doloso** (não admite modalidade culposa).	9

2. VIOLAÇÃO DE SEGREDO PROFISSIONAL

> **Art. 154-** Revelar alguém, sem justa causa, segredo, de que tem ciência em razão de função, ministério, ofício ou profissão, e cuja revelação possa produzir dano a outrem:
>
> Pena - detenção, de três meses a um ano, ou multa.
>
> Parágrafo único - Somente se procede mediante representação.

2.1. Considerações Iniciais

A conduta do agente se adequa ao tipo quando, em razão do seu ministério, profissão, ofício ou função tem conhecimento de algum fato da vida privada de alguém e, sem justa causa, o revela a outrem. Vale ressaltar que o sigilo profissional deve ser respeitado como questão de ordem pública e por isso o Judiciário não possui atribuição para impor sua revelação, a menos que exista específica lei possibilitando a sua quebra.

No que diz respeito à "justa causa", conforme dissemos ao comentar o tipo penal anterior, trata-se de conceito jurídico indeterminado, que dependerá de uma valoração do julgador no caso concreto.

Trata-se de crime de forma livre, de modo que a revelação do segredo pode se dar por qualquer meio (oral, escrita, gestual, simbólica etc.).

2.2. Tipicidade Objetiva

A conduta consiste em revelar (divulgar, publicizar apresentar) sem justa causa, segredo (informação secreta), de que tem ciência em razão de função, ministério, ofício ou profissão, e cuja revelação possa produzir dano a outrem.

Função é a atividade imposta ao seu exercente, pela lei contrato, decisão judicial ou administrativa (ex.: tutor, curador, administrador judicial etc.). **Ministério** é a atividade profissional vinculada a culto religioso (padre, pastor etc.). **Ofício** é a atividade remunerada de natureza manual (ex,: carpinteiro, pedreiro etc). **Profissão** é a atividade remunerada que pressupõe trabalho intelectual (engenheiro, médico, advogado etc.).

Pode acontecer de a revelação do segredo ocorrer porque sem que haja crime, por conta da a "justa causa". Isto ocorreria quando, por exemplo, houvesse a incidência de alguma excludente de ilicitude como o estado de necessidade (ex.: revelar segredo para não ser acusado da prática de crime que não cometeu), o estrito cumprimento do dever legal (ex.: o médico que se vê obrigado a informar doença de notificação compulsória, nos termos do art. 269, CP) ou exercício regular de direito (ex.: médico que compartilha informações de seu paciente com outros médicos)[16].

2.3. Sujeitos

O sujeito ativo é aquele que em razão de função, ministério, ofício ou profissão teve conhecimento do segredo e, sem justa causa, revela-o.

O sujeito passivo é aquele que teve o seu segredo revelado pelo sujeito ativo, bem como o terceiro que, por conta do conteúdo da informação, possa ser lesionado com a revelação.

2.4. Objetos

O objeto juridicamente tutelado é a inviolabilidade do segredo profissional.

O objeto material é o conteúdo sigiloso do objeto, ou seja, o segredo.

---

16. MASSON, Cléber. *Direito Penal Esquematizado: parte especial, vol. II,* 7. Ed. São Paulo: Método, 2015, p.306-307.

2.5. Elemento Subjetivo

O elemento subjetivo exigido pelo tipo penal é o dolo, pois se exige do agente a vontade de querer revelar o segredo de outrem, que lhe fora confiado, sabendo ser este potencialmente lesivo à vítima, caso descoberto por outra pessoa.

Não há previsão para sua modalidade culposa.

2.6. Consumação e Tentativa

Consuma-se o crime quando o segredo é revelado a outrem. Vale lembrar que o segredo deve ser potencialmente lesivo. Trata-se de crime formal, razão pela qual não se exige a produção do resultado naturalístico. Por outras palavras, o crime restará consumado ainda que não sobrevenha efetivo dano (material ou moral) à vítima.

A tentativa é admitida, sobretudo quando praticado em sal modalidade escrita.

2.7. Ação Penal

A ação penal é de iniciativa pública condicionada à representação.

2.8. Outras Questões

É necessário observar o **princípio da especialidade** para que não se confunda o crime de "violação de segredo profissional" com condutas similares previstas em outros diplomas legislativos. Deste modo, podemos mencionar os seguintes casos.

2.8.1. *Violação de segredo profissional e Código Penal Militar*

O Código Penal Militar (Decreto-Lei n. 1.001/69) previu em seu art. 230 o crime de "violação de segredo profissional", com pena de detenção, de três meses a um ano. A conduta consiste em "Revelar, sem justa causa, segredo de que tem ciência, em razão de função ou profissão, exercida em local sob administração militar, desde que da revelação possa resultar dano a outrem".

2.8.2. *Violação segredo profissional e Lei de Segurança Nacional*

Por sua vez, a Lei de Segurança Nacional (Lei n. 7.170/83) estabelece em seu art. 21 ser crime punido com pena de reclusão de dois a dez anos: "Revelar segredo obtido em razão de cargo, emprego ou função pública, relativamente a planos, ações ou operações militares ou policiais contra rebeldes, insurretos ou revolucionários".

2.9. Penas

A pena para o crime de "violação de segredo profissional" é de detenção, de três meses a um ano, ou multa. Logo, podemos concluir que:

a) É possível a transação penal, pois se trata de infração de menor potencial ofensivo;

b) É possível a suspensão condicional do processo, pois a pena mínima não ultrapassa um ano.

2.10. Classificação

O crime de "violação de segredo profissional" pode ser classificado como:

a) **Próprio** (exige qualidade especial do agente);

b) **Formal** (não se exige a produção de um resultado naturalístico);

c) De **forma livre** (a Lei não estabelece exigência para a forma de execução);

d) **Simples** (tutela apenas um bem jurídico);

e) **Comissivo** (praticado mediante ação);

f) **Unissubjetivo** (poderá haver concurso de pessoas);

g) **Instantâneo** (a conduta não se estende no tempo);

h) **Plurissubsistente** (a conduta pode ser fracionada) ou **unissubsistente** (a conduta não pode ser fracionada) a depender do caso;

i) De **dano** (a consumação enseja a lesão ao bem jurídico);

j) **Transeunte** (não deixa vestígios materiais);

k) **Doloso** (não admite modalidade culposa).

2.11. Quadro Sinótico

VIOLAÇÃO DE SEGREDO PROFISSIONAL		
Considerações Iniciais	A conduta do agente se adequa ao tipo quando, em razão do seu ministério, profissão, ofício ou função tem conhecimento de algum fato da vida privada de alguém e, sem justa causa, o revela a outrem. Vale ressaltar que o sigilo profissional deve ser respeitado como questão de ordem pública e por isso o Judiciário não possui atribuição para impor sua revelação, a menos que exista específica lei possibilitando a sua quebra.	1
Tipicidade Objetiva	A conduta consiste em revelar (divulgar, publicizar apresentar) sem justa causa, segredo (informação secreta), de que tem ciência em razão de função, ministério, ofício ou profissão, e cuja revelação possa produzir dano a outrem.	2
Sujeitos	O **sujeito ativo** é aquele que em razão de função, ministério, ofício ou profissão teve conhecimento do segredo e, sem justa causa, revela-o. O **sujeito passivo** é aquele que teve o seu segredo revelado pelo sujeito ativo, bem como o terceiro que, por conta do conteúdo da informação, possa ser lesionado com a revelação.	3

<table>
<tr><td>Objetos</td><td colspan="2">O objeto juridicamente tutelado é a inviolabilidade do segredo profissional.
O objeto material é o conteúdo sigiloso do objeto, ou seja, o segredo.</td><td>4</td></tr>
<tr><td>Elemento Subjetivo</td><td colspan="2">O elemento subjetivo exigido pelo tipo penal é o dolo. Não há previsão para sua modalidade culposa.</td><td>5</td></tr>
<tr><td>Consumação e Tentativa</td><td colspan="2">Consuma-se o crime quando o segredo é revelado a outrem. Vale lembrar que o segredo deve ser potencialmente lesivo. A tentativa é admitida, sobretudo quando praticado em sal modalidade escrita.</td><td>6</td></tr>
<tr><td>Ação Penal</td><td colspan="2">A ação penal é de iniciativa pública condicionada à representação.</td><td>7</td></tr>
<tr><td rowspan="2">Outras Questões</td><td>Violação de segredo profissional e Código Penal Militar</td><td>O Código Penal Militar (Decreto-Lei n. 1.001/69) previu em seu art. 230 o crime de "violação de segredo profissional", com pena de detenção, de três meses a um ano. A conduta consiste em "Revelar, sem justa causa, segredo de que tem ciência, em razão de função ou profissão, exercida em local sob administração militar, desde que da revelação possa resultar dano a outrem".</td><td>8.1</td></tr>
<tr><td>Violação segredo profissional e Lei de Segurança Nacional</td><td>Por sua vez, a Lei de Segurança Nacional (Lei n. 7.170/83) estabelece em seu art. 21 ser crime punido com pena de reclusão de dois a dez anos: "Revelar segredo obtido em razão de cargo, emprego ou função pública, relativamente a planos, ações ou operações militares ou policiais contra rebeldes, insurretos ou revolucionários".</td><td>8.2</td></tr>
<tr><td>Penas</td><td colspan="2">A pena para o crime de "violação de segredo profissional" é de detenção, de três meses a um ano, ou multa.</td><td>9</td></tr>
<tr><td>Classificação</td><td colspan="2">a) Próprio (exige qualidade especial do agente);
b) Formal (não se exige a produção de um resultado naturalístico);
c) De forma livre (a Lei não estabelece exigência para a forma de execução);
d) Simples (tutela apenas um bem jurídico);
e) Comissivo (praticado mediante ação);
f) Unissubjetivo (poderá haver concurso de pessoas);
g) Instantâneo (a conduta não se estende no tempo);
h) Plurissubsistente (a conduta pode ser fracionada) ou unissubsistente (a conduta não pode ser fracionada) a depender do caso;
i) De dano (a consumação enseja a lesão ao bem jurídico);
j) Transeunte (não deixa vestígios materiais);
k) Doloso (não admite modalidade culposa).</td><td>9</td></tr>
</table>

3. INVASÃO DE DISPOSITIVO INFORMÁTICO

Art. 154-A - Invadir dispositivo informático alheio, conectado ou não à rede de computadores, mediante violação indevida de mecanismo de segurança com o fim de obter, adulterar ou destruir dados ou informações sem autorização expressa ou tácita do titular do dispositivo ou instalar vulnerabilidades para obter vantagem ilícita.

Pena - detenção, de 3 (três) meses a 1 (um) ano, e multa.

§ 1° Na mesma pena incorre quem produz, oferece, distribui, vende ou difunde dispositivo ou programa de computador com o intuito de permitir a prática da conduta definida no caput.

§ 2° Aumenta-se a pena de um sexto a um terço se da invasão resulta prejuízo econômico.

§ 3° Se da invasão resultar a obtenção de conteúdo de comunicações eletrônicas privadas, segredos comerciais ou industriais, informações sigilosas, assim definidas em lei, ou o controle remoto não autorizado do dispositivo invadido:

Pena - reclusão, de 6 (seis) meses a 2 (dois) anos, e multa, se a conduta não constitui crime mais grave.

§ 4° Na hipótese do § 3°, aumenta-se a pena de um a dois terços se houver divulgação, comercialização ou transmissão a terceiro, a qualquer título, dos dados ou informações obtidos.

§ 5° Aumenta-se a pena de um terço à metade se o crime for praticado contra:

I - Presidente da República, governadores e prefeitos;

II - Presidente do Supremo Tribunal Federal;

III - Presidente da Câmara dos Deputados, do Senado Federal, de Assembleia Legislativa de Estado, da Câmara Legislativa do Distrito Federal ou de Câmara Municipal; ou

IV - dirigente máximo da administração direta e indireta federal, estadual, municipal ou do Distrito Federal.

Ação Penal

Art. 154-B - Nos crimes definidos no art. 154-A, somente se procede mediante representação, salvo se o c rime é cometido contra a administração pública direta ou indireta de qualquer dos Poderes da União, Estados, Distrito Federal ou Municípios ou contra empresas concessionárias de serviços púbicos.

3.1. Considerações Iniciais

O tipo penal do art. 154-A diz respeito à invasão de dispositivo informático, e foi acrescido ao Código Penal pela Lei n. 12.737, de 30 de novembro de 2012. A Lei passou a ser chamada pela imprensa de "Carolina Dieckmann", nome de uma conhecida atriz brasileira, pois foi aprovada justamente pouco tempo depois dela ser vítima de conduta consistente no vazamento de fotos e vídeos de conteúdo íntimo, que teriam sido obtidos em seu computador pessoal.

Indubitavelmente, há a necessidade de se alterar a legislação penal para a proteção da esfera de privacidade das pessoas em relação à comunicação telemática. Atualmente, é a mais comum modalidade de comunicação, e a violação à intimidade das pessoas pode produzir estragos de monta na esfera de direitos das vítimas.

3.2. Tipicidade Objetiva

O tipo penal consiste em invadir dispositivo informático alheio, conectado ou não à rede de computadores, mediante violação indevida de mecanismo de segurança com o fim de obter, adulterar ou destruir dados ou informações sem autorização expressa ou tácita do titular do dispositivo ou instalar vulnerabilidades para obter vantagem ilícita. A pena imposta é a de detenção de 3 (três) meses a 1 (um) ano, além de multa.

A conduta, portanto, diz respeito ao verbo "invadir", que equivale a "violar", "trespassar", "ingressar". A conduta recai sobre "dispositivo informático" que corresponde a qualquer aparelho com capacidade para armazenar e processar dados, tais como computadores, *tablets, smartphones, pendrive* etc. Há dois meios de se praticar o crime. Vejamos:

a) Mediante invasão indevida de mecanismo de segurança: por mecanismo de segurança entende-se a medida adotada para proteção do dispositivo de informática, ou da informação nele contida, a exemplo de *login* e senha, criptografia, chave de segurança, assinatura digital etc. sem que haja o mecanismo de segurança, não haverá que se falar no crime do art. 154-A, CP.

Se o proprietário do dispositivo informático autorizar alguém a acessá-lo, não haverá o crime do art. 154-A, CP, ainda que a autorização seja restrita a acesso a determinados arquivos. E isto porque o crime consiste na invasão do dispositivo, e não no acesso a arquivos ou programas específicos. Ademais, o crime consiste em "invadir" o dispositivo, e não nele "permanecer". Por tal razão, não há crime quando o proprietário do dispositivo informático permite alguém acessar e esta pessoa permanece acessando o dispositivo mesmo após o proprietário retirar a autorização[17]. O tratamento, portanto, é bastante distinto do crime de "violação de domicílio" (art. 150, CP), em que se pune as condutas de "entrar" e "permanecer".

Nesta forma de praticar o crime, o elemento subjetivo específico (especial finalidade no agir) do tipo consiste em "obter, adulterar ou destruir dados ou informações sem autorização expressa ou tácita do titular do dispositivo".

b) Instalar vulnerabilidades: diz respeito à instalação, no dispositivo informático, de fragilidades em seus *softwares*. Corresponde, portanto, à instalação de "*bugs*" ou "*worms*", que podem facilitar ao agente o acesso às informações confidenciais da vítima. O crime ocorre quando o agente instala a vulnerabilidade no dispositivo informático alheio, e não quando se vale de tal vulnerabilidade para invadir o dispositivo. Se o agente se vale da vulnerabilidade e consegue a vantagem indevida, haverá outro crime, como, por exemplo, o crime de furto qualificado pela fraude.

17. CUNHA, Rogério Sanches. *Manual de Direito Penal: parte especial*. 10. Ed. Salvador Juspodivm, 2018, p.270.

Nesta forma de praticar o crime, o elemento subjetivo específico (especial finalidade no agir) do tipo consiste em "obter vantagem ilícita".

O §1º do presente artigo traz formas equiparadas ao delito, aduzindo que na mesma pena incorre quem produz, oferece, distribui, vende ou difunde dispositivo ou programa de computador com o intuito de permitir a prática da conduta definida no *caput*. Trata-se da criminalização da conduta acessória, e não possui sujeito passivo definido.

3.3. Sujeitos

O sujeito ativo pode ser qualquer pessoa. Trata-se, portanto, de crime comum.

O sujeito passivo pode ser qualquer pessoa.

A partir da literalidade legislativa, devemos concluir que o sujeito passivo é o titular do dispositivo invadido, e não o titular das informações obtidas.

Se o crime for praticado contra Presidente da República, governadores e prefeitos; Presidente do Supremo Tribunal Federal; Presidente da Câmara dos Deputados, do Senado Federal, de Assembleia Legislativa de Estado, da Câmara Legislativa do Distrito Federal ou de Câmara Municipal; ou dirigente máximo da administração direta e indireta federal, estadual, municipal ou do Distrito Federal, restará majorada a pena do agente delituoso de um terço à metade, conforme inteligência do §5º do presente artigo.

3.4. Objetos

O objeto juridicamente tutelado é a liberdade individual, notadamente no tocante à inviolabilidade dos segredos.

O objeto material é o dispositivo informático alheio, conectado ou não à rede de computadores.

3.5. Elemento Subjetivo

O elemento subjetivo exigido pelo tipo penal é o dolo, não havendo previsão para sua modalidade culposa. Exige-se o dolo específico, consistente na finalidade de "obter, adulterar ou destruir dados ou informações sem autorização expressa ou tácita do titular do dispositivo" ou, ainda, "obter vantagem ilícita". Sem qualquer dessas finalidades, por parte do agente, não haverá que se falar nesse crime.

3.6. Consumação e Tentativa

Consuma-se o crime com o simples ato de devassar dispositivo informático alheio, pouco importando se os objetivos de obter, adulterar, destruir os dados ou informações ou, ainda, instalar vulnerabilidade ilícita serão alcançados. Como dito, no tópico anterior, estes são apenas finalidades específicas almejadas pelo agente (dolo específico).

A tentativa é admitida. Contudo, na hipótese do §1º (figura equiparada), não se admite a tentativa, pois diz respeito à preparação do crime principal. Conforme enuncia

Nucci, "não se pune a tentativa de preparação, pois esta já é uma exceção em matéria de criminalização".

3.7. Ação Penal

A ação penal é, em regra, de iniciativa pública condicionada à representação. Será pública incondicionada nas hipóteses que o delito envolver a administração pública direta ou indireta de qualquer dos Poderes da União, Estados, Distrito Federal ou Municípios ou contra empresas concessionárias de serviços púbicos.

3.8. Majorantes

O § 2º traz a forma majorada, caracterizada quando da conduta do agente delituoso ocorrer prejuízo econômico à vítima. Nesses casos a pena será aumentada de um sexto a um terço. Trata-se, como se vê, de uma causa de aumento de pena derivada do exaurimento da conduta criminosa.

Por outro lado, há, nos §§ 4º e 5º, novas formas de majoração da pena são descritas, aumentando-se a pena de um a dois terços se houver divulgação, comercialização ou transmissão a terceiro, a qualquer título, dos dados ou informações obtidos, e de um terço à metade se o crime for praticado contra Presidente da República, governadores e prefeitos; Presidente do Supremo Tribunal Federal; Presidente da Câmara dos Deputados, do Senado Federal, de Assembleia Legislativa de Estado, da Câmara Legislativa do Distrito Federal ou de Câmara Municipal; ou dirigente máximo da administração direta e indireta federal, estadual, municipal ou do Distrito Federal.

A partir de uma análise que leva em conta a localização topográfica dos dispositivos penais em questão, tem prevalecido o entendimento no sentido de que a majorante prevista no §2º somente se aplica à modalidade simples (*caput*) e à figura equiparada (§1º) do tipo penal, mas não à sua modalidade qualificada (§3º). Por outro lado, as outras duas majorantes (§§4º. e 5º.) poderiam ser aplicadas às figuras simples (*caput*), equiparada (§1º) e à modalidade qualificada (§3º).

3.9. Qualificadoras

O §3º descreve a forma qualificada do crime, quando da invasão resulta a obtenção de conteúdo de comunicações eletrônicas privadas, segredos comerciais ou industriais, informações sigilosas, assim definidas em lei, ou o controle remoto não autorizado do dispositivo invadido, oportunidade na qual a pena será de reclusão, de 6 (seis) meses a 2 (dois) anos, e multa, se a conduta não constitui crime mais grave.

Esta qualificadora não se confunde com o crime previsto no art. 10 da Lei de Interceptação Telefônica (Lei n. 9.296/96), e que consiste em realizar interceptação de comunicações telefônicas, de informática ou telemática, ou quebrar segredo da Justiça, sem autorização judicial ou com objetivos não autorizados em lei. Com efeito, como adverte Rogério Sanches, a qualificadora em apreço "pune a invasão de dispositivo de informática para *obter* dados já armazenados relativos a comunicações privadas, a lei especial se atém à *interceptação* de dados, ato que só pode ser praticado simultaneamente à comunicação"[18].

3.10. Princípio da Especialidade

Não se pode confundir o crime do art. 154-A, CP com o crime do art. 2º, §1º, IV da Lei de Terrorismo (Lei n. 9.296/96), que pune com pena de reclusão de 12 (doze) a 30 (trinta) anos, a conduta consistente em: "sabotar o funcionamento ou apoderar-se, com violência, grave ameaça a pessoa ou servindo-se de mecanismos cibernéticos, do controle total ou parcial, ainda que de modo temporário, de meio de comunicação". A distinção crucial resulta no fato de que somente há o crime previsto na Lei de Terrorismo quando o agente por razões de xenofobia, discriminação ou preconceito de raça, cor, etnia e religião, com a finalidade provocar terror social ou generalizado, expondo a perigo pessoa, patrimônio, a paz pública ou a incolumidade pública[19].

3.11. Penas

A pena para o crime de "invasão de dispositivo informático" é de detenção, de três meses a um ano, e multa. Logo, podemos concluir que:

a) É possível a transação penal, pois se trata de infração de menor potencial ofensivo;

b) É possível a suspensão condicional do processo, pois a pena mínima não ultrapassa um ano.

As mesmas considerações são válidas para a hipótese em que o crime possui modalidade qualificada, pois a pena mínima é de seis meses e a máxima de dois anos, além da multa.

3.12. Classificação

O crime de "invasão de dispositivo informático" pode ser classificado como:

a) **Comum** (não exige qualidade especial do agente);

b) **Formal** (não se exige a produção de um resultado naturalístico);

c) De **forma livre** (a Lei não estabelece exigência para a forma de execução);

d) **Simples** (tutela apenas um bem jurídico);

e) **Comissivo** (praticado mediante ação);

f) **Unissubjetivo** (poderá haver concurso de pessoas);

---

18. CUNHA, Rogério Sanches. *Manual de Direito Penal: parte especial.* 10. Ed. Salvador Juspodivm, 2018, p.273.
19. Sobre o tema, a obra: "ALMEIDA, Débora de Souza de; ARAÚJO, Fábio Roque; GOMES, Luiz Flávio; CUNHA, Rogério Sanches; PINTO, Ronaldo Batista. *Terrorismo: aspectos criminológicos, político-criminais e comentários à Lei 13.260/2016.* Salvador: Juspodivm, 2016.

g) **Instantâneo** (a conduta não se estende no tempo) ou **permanente** (a conduta se protrai no tempo), a depender do caso;

h) **Plurissubsistente** (a conduta pode ser fracionada);

i) De **dano** (a consumação enseja a lesão ao bem jurídico);

j) **Transeunte** (não deixa vestígios materiais) ou **não transeunte** (deixa vestígios), a depender do caso;

k) **Doloso** (não admite modalidade culposa).

3.13. Quadro Sinótico

INVASÃO DE DISPOSITIVO INFORMÁTICO		
Considerações Iniciais	O tipo penal do art. 154-A diz respeito à invasão de dispositivo informático, e foi acrescido ao Código Penal pela Lei n. 12.737 (Lei "Carolina Dieckmann), de 30 de novembro de 2012. Indubitavelmente, há a necessidade de se alterar a legislação penal para a proteção da esfera de privacidade das pessoas em relação à comunicação telemática. Atualmente, é a mais comum modalidade de comunicação, e a violação à intimidade das pessoas pode produzir estragos de monta na esfera de direitos das vítimas.	1
Tipicidade Objetiva	A conduta diz respeito ao verbo "invadir", que equivale a "violar", "trespassar", "ingressar". A conduta recai sobre "dispositivo informático" que corresponde a qualquer aparelho com capacidade para armazenar e processar dados, tais como computadores, tablets, smartphones, pendrive etc. Há dois meios de se praticar o crime. Vejamos: **a)** Mediante invasão indevida de mecanismo de segurança: por mecanismo de segurança entende-se a medida adotada para proteção do dispositivo de informática, ou da informação nele contida, a exemplo de login e senha, criptografia, chave de segurança, assinatura digital etc. sem que haja o mecanismo de segurança, não haverá que se falar no crime do art. 154-A, CP. **b)** Instalar vulnerabilidades: diz respeito à instalação, no dispositivo informático, de fragilidades em seus softwares. Corresponde, portanto, à instalação de "bugs" ou "worms", que podem facilitar ao agente o acesso às informações confidenciais da vítima.	2
Sujeitos	O **sujeito ativo** pode ser qualquer pessoa. Trata-se, portanto, de crime comum. O **sujeito passivo** pode ser qualquer pessoa.	3
Objetos	O objeto juridicamente tutelado é a liberdade individual, notadamente no tocante à inviolabilidade dos segredos. O objeto material é o dispositivo informático alheio, conectado ou não à rede de computadores.	4
Elemento Subjetivo	O elemento subjetivo exigido pelo tipo penal é o dolo, não havendo previsão para sua modalidade culposa. Exige-se o dolo específico.	5

Consumação e Tentativa	Consuma-se o crime com o simples ato de devassar dispositivo informático alheio, pouco importando se os objetivos de obter, adulterar, destruir os dados ou informações ou, ainda, instalar vulnerabilidade ilícita serão alcançados (dolo específico). A tentativa é admitida. Contudo, na hipótese do §1º (figura equiparada), não se admite a tentativa, pois diz respeito à preparação do crime principal.	6
Ação Penal	A ação penal é, em regra, de iniciativa pública condicionada à representação. Será pública incondicionada nas hipóteses que o delito envolver a administração pública direta ou indireta de qualquer dos Poderes da União, Estados, Distrito Federal ou Municípios ou contra empresas concessionárias de serviços púbicos.	7
Majorantes	O §2º traz a forma majorada, caracterizada quando da conduta do agente delituoso ocorrer prejuízo econômico à vítima. Nesses casos a pena será aumentada de um sexto a um terço. Por outro lado, há, nos §§ 4º e 5º, novas formas de majoração da pena são descritas, aumentando-se a pena de um a dois terços se houver divulgação, comercialização ou transmissão a terceiro, a qualquer título, dos dados ou informações obtidos, e de um terço à metade se o crime for praticado contra Presidente da República, governadores e prefeitos; Presidente do Supremo Tribunal Federal; Presidente da Câmara dos Deputados, do Senado Federal, de Assembleia Legislativa de Estado, da Câmara Legislativa do Distrito Federal ou de Câmara Municipal; ou dirigente máximo da administração direta e indireta federal, estadual, municipal ou do Distrito Federal.	8
Qualificadoras	O §3º descreve a forma qualificada do crime, quando da invasão resulta a obtenção de conteúdo de comunicações eletrônicas privadas, segredos comerciais ou industriais, informações sigilosas, assim definidas em lei, ou o controle remoto não autorizado do dispositivo invadido, oportunidade na qual a pena será de reclusão, de 6 (seis) meses a 2 (dois) anos, e multa, se a conduta não constitui crime mais grave.	9
Princípio da Especialidade	Não se pode confundir o crime do art. 154-A, CP com o crime do art. 2º, §1º, IV da Lei de Terrorismo (Lei n. 9.296/96), que pune com pena de reclusão de 12 (doze) a 30 (trinta) anos, a conduta consistente em: "sabotar o funcionamento ou apoderar-se, com violência, grave ameaça a pessoa ou servindo-se de mecanismos cibernéticos, do controle total ou parcial, ainda que de modo temporário, de meio de comunicação".	10
Penas	A pena para o crime de "invasão de dispositivo informático" é de detenção, de três meses a um ano, e multa.	11
Classificação	**a) Comum** (não exige qualidade especial do agente); **b) Formal** (não se exige a produção de um resultado naturalístico); **c)** De forma **livre** (a Lei não estabelece exigência para a forma de execução); **d) Simples** (tutela apenas um bem jurídico); **e) Comissivo** (praticado mediante ação); **f) Unissubjetivo** (poderá haver concurso de pessoas); **g) Instantâneo** (a conduta não se estende no tempo) ou permanente (a conduta se protrai no tempo), a depender do caso;	12

Classificação	h) **Plurissubsistente** (a conduta pode ser fracionada); i) **De dano** (a consumação enseja a lesão ao bem jurídico); j) **Transeunte** (não deixa vestígios materiais) ou não transeunte (deixa vestígios), a depender do caso; 12 k) **Doloso** (não admite modalidade culposa).

3.14. Questões de Concursos Públicos

01. (CESPE - 2018 - Polícia Federal - Delegado de Polícia Federal) Com referência à interceptação de comunicação telefônica, ao crime de tráfico ilícito de entorpecentes, ao crime de lavagem de capitais e a crimes cibernéticos, julgue o seguinte item.

Situação hipotética: Um hacker invadiu os computadores do SERPRO e transferiu valores do Ministério do Planejamento para o seu próprio nome. Assertiva: Nessa situação, o IP para apurar a autoria e a materialidade do crime de invasão de dispositivo informático só poderá ser instaurado após representação formalizada pelo Ministério do Planejamento ou pelo SERPRO.

( ) Certo

( ) Errado

02. (FUNDATEC - 2018 - PC-RS - Delegado de Polícia - Bloco II) Em relação ao crime de invasão de dispositivo informático, analise as seguintes assertivas, com base na Lei, doutrina e jurisprudência majoritárias:

I. A conduta incriminada pelo artigo 154-A do Código Penal somente permite seu processamento, através de ação penal pública condicionada à representação, em toda e qualquer hipótese, por expressa disposição legal.

II. Aquele que aproveita a ausência momentânea de um colega de trabalho em sua mesa para acessar o computador dele, que ficou ligado e sem nenhum tipo de dispositivo de segurança, tendo acesso a fotos íntimas de tal colega, pratica o crime de invasão de dispositivo informático.

III. O crime é considerado pela doutrina como um crime formal, portanto a simples invasão de computador alheio, desde que o objetivo seja obter, adulterar ou destruir dados ou informações ou instalar vulnerabilidades, para obter vantagem ilícita, já configura o tipo penal, sem a necessidade de que algum prejuízo econômico efetivamente ocorra.

IV. Isolda, namorada de Juca, desconfiada de uma suposta traição, instalou um código malicioso no computador dele, para ter controle remoto da máquina. Com isso, passou a monitorar a navegação de Juca na internet. Ela praticou o crime de invasão de dispositivo informático qualificado.

Quais estão corretas?

(A) Apenas II e IV.

(B) Apenas III e IV.

(C) Apenas I, II e III.

(D) Apenas I, III e IV.

(E) I, II, III e IV.

03. (FUNDATEC - 2017 - IGP-RS - Perito Criminal - Computação Forense) A Lei nº 12.737/2012, também conhecida como Lei dos Crimes Cibernéticos, dispõe sobre a tipificação criminal de delitos informáticos. O artigo 154-A dessa lei diz: "Invadir dispositivo informático alheio, conectado ou não à rede de computadores, mediante violação indevida de mecanismo de segurança e com o fim de obter, adulterar ou destruir dados ou informações sem autorização expressa ou tácita do titular do dispositivo ou instalar vulnerabilidades para obter vantagem ilícita. Pena - detenção, de 3 (três) meses a 1 (um) ano, e multa". A redação desse artigo mostra a intenção do legislador de tutelar valores protegidos constitucionalmente. Qual o bem jurídico protegido pelo artigo 154-A da Lei de Crimes Cibernéticos?

(A) Segurança dos dados.

(B) Dispositivos informáticos.

(C) Rede de computadores.

(D) Privacidade.

(E) Livre acesso à informação.

04. (IBFC - 2017 - POLÍCIA CIENTÍFICA-PR - Perito Criminal - Área 1) Assinale a alternativa correta, considerando o disposto expressamente na Lei nº 12.737, de 30/11/2012 (Lei dos crimes cibernéticos), sobre a AÇÃO PENAL

nos casos do crime praticado por quem invadir dispositivo informático alheio, conectado ou não à rede de computadores, mediante violação indevida de mecanismo de segurança e com o fim de obter informações sem autorização expressa ou tácita do titular do dispositivo:

(A) Nesses casos, somente se procede mediante representação, mesmo que o crime seja cometido contra a administração pública direta ou indireta de qualquer dos Poderes da União, Estados, Distrito Federal ou Municípios ou contra empresas concessionárias de serviços públicos

(B) Nesses casos, procede-se independentemente de representação, salvo se o crime é cometido contra a administração pública direta ou indireta de qualquer dos Poderes da União, Estados, Distrito Federal ou Municípios

(C) Nesses casos, procede-se independentemente de representação, salvo se o crime é cometido contra empresas concessionárias de serviços públicos

(D) Nesses casos, somente se procede mediante representação, salvo se o crime é cometido contra a administração pública direta ou indireta de qualquer dos Poderes da União, Estados, Distrito Federal ou Municípios ou contra empresas concessionárias de serviços públicos

(E) Nesses casos, a ação penal é sempre pública e incondicionada

05. **(IBFC - 2017 - POLÍCIA CIENTÍFICA-PR - Perito Criminal - Área 1) Assinale a alternativa correta, considerando o disposto expressamente na Lei nº 12.737, de 30/11/2012 (Lei dos crimes cibernéticos), sobre a pena aplicável a quem invadir dispositivo informático alheio, conectado ou não à rede de computadores, mediante violação indevida de mecanismo de segurança e com o fim de obter, adulterar ou destruir dados ou informações sem autorização expressa ou tácita do titular do dispositivo ou instalar vulnerabilidades para obter vantagem ilícita:**

(A) Detenção de 1 (um) a 2 (dois) anos, e multa, aumentando-se a pena de um terço à metade se da invasão resultar prejuízo moral

(B) Detenção de 1 (um) a 2 (dois) anos, e multa, aumentando-se a pena de um sexto a um terço se da invasão resultar prejuízo econômico

(C) Detenção de 3 (três) meses a 1 (um) ano, e multa, aumentando-se a pena de um sexto a um terço se da invasão resultar prejuízo econômico

(D) Detenção de 3 (três) meses a 1 (um) ano, e multa, aumentando-se a pena de um terço à metade se da invasão resulta prejuízo moral

(E) Detenção de 6 (seis) meses a 2 (dois) anos, e multa, aumentando-se a pena de um sexto a um terço se da invasão resulta prejuízo moral.

06. **(UFMT - 2015 - IF-MT - Professor - Direito) Sobre a tipificação dos delitos informáticos segundo a Lei nº 12.737/2012, assinale a afirmativa correta.**

(A) Pratica crime de invasão de dispositivo informático aquele que, com autorização expressa do titular do dispositivo, instala vulnerabilidades para obter vantagem ilícita.

(B) Pratica o crime de perturbação de serviço telemático, telefônico ou informático aquele que interrompe o serviço telemático, telefônico ou informático, salvo se cometido por ocasião de calamidade pública.

(C) Pratica crime de invasão de dispositivo informático aquele que adultera ou destrói dados ou informações sem autorização expressa ou tácita do titular do dispositivo.

(D) Pratica o crime de falsificação de documento público aquele que falsifica, no todo ou em parte, cartão de crédito ou de débito, obtendo ou não vantagem ilícita.

07. **(FUNCAB - 2013 - PC-ES - Escrivão de Polícia) Manoel invadiu o computador de Paulo sem autorização deste e alterou várias informações do proprietário do computador, inclusive violando indevidamente seu mecanismo de segurança, em troca de um carro. Assim, Manoel:**

(A) não praticou crime.

(B) praticou o crime de invasão de dispositivo informático (artigo 154-Ado CP).

(C) praticou o crime de estelionato (artigo 171 do CP).

(D) praticou o crime de inserção de dados falsos em sistema de informação (artigo 313- Ado CP).

(E) praticou o crime de modificação ou alteração não autorizada de sistema de informações (artigo 313-B do CP).

GABARITO: *As respostas destes testes encontram-se no final do livro.*

TÍTULO II

DOS CRIMES CONTRA O PATRIMÔNIO

O segundo título da parte especial do nosso Código Penal trata dos crimes contra o patrimônio. Sob o ponto de vista de uma fundamentação constitucional, devemos recordar que o art. 5º, *caput*, de nossa Carta Maior estabelece a propriedade no catálogo dos direitos fundamentais.

Na perspectiva da tutela penal, o legislador emprega a expressão "crimes contra o patrimônio", e não "crimes contra a propriedade", como fazia o Código Penal de 1890. A expressão "patrimônio" é mais abrangente do que a "propriedade", porquanto diz respeito não apenas ao direito real concernente ao domínio sobre coisas, mas sim ao complexo de bens (materiais e imateriais), valores e interesse passíveis de aferição econômica.

A predileção do legislador de 1940 – corroborada pelas alterações legislativas que perduram até os dias de hoje – é visível. Em muitos casos, a tutela penal ao patrimônio afronta abruptamente o princípio da proporcionalidade, ao permitir que condutas lesivas a bens jurídicos mais importantes ou praticadas de forma mais reprovável sejam punidas de forma mais branda do que alguns crimes patrimoniais. Podemos citar alguns exemplos, tais como o fato de a pena do crime de furto qualificado (art. 155, §4º, CP) ser a mesma prevista para o crime de "redução à condição análoga à de escravo" (art. 149, CP); a pena máxima do crime de roubo (art. 157, CP) ser a mesma prevista para o crime de estupro (art. 213, CP); a pena máxima do furto simples (art. 155, caput, CP) ser maior do que a pena máxima do crime de homicídio culposo (art. 121, §3º, CP) etc[1].

O Título II, relativo aos crimes contra o patrimônio está dividido em oito capítulos, da seguinte forma:

Capítulo I – Do furto

a) Furto (art. 155, CP);

b) Furto de coisa comum (art. 156, CP);

1. Para maiores considerações sobre o tema, o nosso ARAÚJO, Fábio Roque da Silva. *O princípio da proporcionalidade referido ao legislador penal.* Salvador: Juspodivm, 2011.

Capítulo II – Do roubo e da extorsão

a) Roubo (art. 157, CP);
b) Extorsão (art. 158, CP);
c) Extorsão mediante sequestro (art. 159, CP);
d) Extorsão indireta (art. 160, CP);

Capítulo III – Da usurpação

a) Alteração de limites (art. 161, CP);
b) Usurpação de águas (art. 161, §1º, I, CP);
c) Esbulho possessório (art. 161, §1º, II, CP);
d) Supressão ou alteração de marca em animais (art. 162, CP);

Capítulo IV – Do dano

a) Dano (art. 163, CP);
b) Introdução ou abandono de animais em propriedade alheia (art. 164, CP);
c) Dano em coisa de valor artístico, arqueológico ou histórico (art. 165, CP);
d) Alteração de local especialmente protegido (art. 166, CP);

Capítulo V – Da apropriação indébita

a) Apropriação indébita (art. 168, CP);
b) Apropriação indébita previdenciária (art. 168-A, CP);
c) Apropriação de coisa havida por erro, caso fortuito ou força da natureza (art. 169, CP);
d) Apropriação de tesouro (art. 169, I, CP);
e) Apropriação de coisa achada (art. 169, II, CP);

Capítulo VI – Do estelionato e outras fraudes

a) Estelionato (art. 171, CP);
b) Duplicata simulada (art. 172, CP);
c) Abuso de incapazes (art. 173, CP);
d) Induzimento à especulação (art. 174, CP);
e) Fraude no comércio (art. 175, CP);
f) Outras fraudes (art. 176, CP);
g) Fraudes e abusos na fundação ou administração de sociedade por ações (art. 178, CP);
h) Emissão irregular de conhecimento de depósito ou "warrant" (art. 179, CP);
i) Fraude à execução (art. 179, CP);

Capítulo VII – Da receptação

a) Receptação (art. 180, CP);

Capítulo VIII – Disposições gerais

I

DO FURTO

1. FURTO

Art. 155 – Subtrair, para si ou para outrem, coisa alheia móvel:

Pena – reclusão, de um a quatro anos, e multa.

§ 1º – A pena aumenta-se de um terço, se o crime é praticado durante o repouso noturno.

§ 2º – Se o criminoso é primário, e é de pequeno valor a coisa furtada, o juiz pode substituir a pena de reclusão pela de detenção, diminuí-la de um a dois terços, ou aplicar somente a pena de multa.

§ 3º – Equipara-se à coisa móvel a energia elétrica ou qualquer outra que tenha valor econômico.

Furto qualificado

§ 4º – A pena é de reclusão de dois a oito anos, e multa, se o crime é cometido:

I – com destruição ou rompimento de obstáculo à subtração da coisa;

II – com abuso de confiança, ou mediante fraude, escalada ou destreza;

III – com emprego de chave falsa;

IV – mediante concurso de duas ou mais pessoas.

§ 4º-A A pena é de reclusão de 4 (quatro) a 10 (dez) anos e multa, se houver emprego de explosivo ou de artefato análogo que cause perigo comum. (Incluído pela Lei nº 13.654, de 2018)

§ 5º – A pena é de reclusão de três a oito anos, se a subtração for de veículo automotor que venha a ser transportado para outro Estado ou para o exterior. (Incluído pela Lei nº 9.426, de 1996)

§ 6º A pena é de reclusão de 2 (dois) a 5 (cinco) anos se a subtração for de semovente domesticável de produção, ainda que abatido ou dividido em partes no local da subtração. (Incluído pela Lei nº 13.330, de 2016)

§ 7º A pena é de reclusão de 4 (quatro) a 10 (dez) anos e multa, se a subtração for de substâncias explosivas ou de acessórios que, conjunta ou isoladamente, possibilitem sua fabricação, montagem ou emprego. (Incluído pela Lei nº 13.654, de 2018)

1.1. Considerações Iniciais

O crime de furto consiste na subtração de coisa alheia móvel sem o emprego de violência, grave ameaça ou redução da vítima à impossibilidade de resistência. Para que se consume, é imprescindível que o agente possua a pretensão de assenhorear-se da coisa ou outorgar a coisa à outra pessoa.

Ponto que merece consideração é a relação entre o crime de furto e o **princípio da insignificância**. Conforme entendimento dos tribunais superiores, caso seja verificada a inexpressividade do comportamento do agente, não apenas, portanto, o valor da coisa subtraída, fica afastada a intervenção do Direito Penal.

Há, ainda, discussão doutrinária acerca da caracterização ou não do crime de furto em subtrações envolvendo **objetos de estimação**, sem, portanto, valor econômico. A compreensão mais acertada é a de que não deveria restar caracterizado, haja vista que o tipo imputa à coisa alheia passível de furto, o valor econômico. Assim, se deve ser aplicado o princípio da insignificância em caso de furto de coisas de pequeno valor, decerto deve ser afastado o Direito Penal nos casos de furto de coisa sem qualquer valor econômico. Não obstante, possíveis danos morais devem ser resolvidos na esfera cível. Não é este, contudo, o entendimento do STF, que não admite a insignificância mesmo quando o bem não possui valor econômico, mas possui valor moral ou sentimental para a vítima[1].

Ainda no sentido de afastamento da aplicação do Direito Penal, o **furto famélico**, em razão do estado de necessidade que permeia a conduta do agente, implica na exclusão da ilicitude, conforme consignado no art. 24 do mesmo Código.

No mesmo sentido, o **furto de uso** limita-se à esfera do Direito Civil. Assevere-se que o furto depende do fim de assenhoramento definitivo, não caracterizado pelo furto de uso, que pretende um apoderamento temporário.

Ademais, o furto de uso implica na subtração, intenção de utilizar momentaneamente e a posterior e imediata restituição da coisa (e não algo que lhe seja equivalente) ao seu possuidor originário. É imperioso destacar que o furto de uso não pode ser confundido com o furto seguido de arrependimento do agente – em tal caso, se a restituição da coisa anteceder o recebimento da denúncia ou queixa, incidirá a diminuição de pena, conforme art. 16 do mesmo Código.

1.2. Tipicidade Objetiva

A conduta consiste em "subtrair". Para que exista o crime de furto, imprescindível que a subtração ocorra sem violência, grave ameaça ou redução da vítima à impossibilidade de resistência. Se ocorrer qualquer dessas hipóteses, estaremos diante do crime de roubo (art. 157, CP), e não do furto.

Podemos vislumbrar a situação em **duas circunstâncias**. A primeira, quando o agente, sem a autorização do proprietário ou possuidor da coisa, a leva consigo. A segunda situação ocorre quando o agente recebe a coisa do proprietário, mas não obtém a sua autorização

1. STF, HC 107615/MG, rel. Min. Dias Toffoli, 6.9.2011.

para retirar a coisa do local. É o exemplo do funcionário da loja que trabalha no caixa, recebe os valores devidos à pessoa jurídica para qual trabalha, e, no entanto, coloca os valores na bolsa e vai embora. Neste caso, o agente tinha a detenção dos valores, mas não a autorização para retirá-los do local.

Importante destacar que, neste segundo caso de subtração, como no exemplo citado, o agente tem a posse (ou detenção) da coisa, de forma **vigiada.** Se, por outro lado, a posse fosse desvigiada, estaríamos diante de situação na qual a conduta do agente poderia caracteriza crime de apropriação indébita (art. 168, CP).

O que diferencia a posse vigiada da posse desvigiada é a existência ou não de autorização para deixar o local na posse do bem[2]. Na posse desvigiada, existe a autorização. Na posse vigiada, a autorização não existe.

1.3. Sujeitos

Qualquer pessoa pode ser sujeito ativo do crime de furto. Trata-se de crime comum, portanto.

Na hipótese de o agente responsável pela subtração ser funcionário público, atuando em razão de sua função, haverá crime de peculato-furto (art. 312, §1º, CP), e não de furto. Por outro lado, se a subtração for realizada por condomínio, coerdeiro ou sócio, haverá o crime de furto de coisa comum (art. 156, CP).

Qualquer pessoa pode ser sujeito passivo deste crime, desde que seja proprietário ou possuidor de coisa móvel. Se alguém furtar uma coisa que já havia sido furtada, incorrerá no crime da mesma forma. Neste caso, o sujeito passivo não será o primeiro ladrão, mas o proprietário da coisa. As pessoas jurídicas também podem figurar como sujeitos.

1.4. Objetos

O **objeto jurídico** (bem jurídico tutelado) do crime, consoante disposto no Código Penal, é o patrimônio. A doutrina majoritária explicita os contornos desta definição, salientando que o bem jurídico tutelado é a posse e a propriedade. Ainda na esteira da doutrina majoritária, tem-se rechaçado a inclusão da detenção como objeto jurídico do crime de furto[3].

O **objeto material** é a "coisa alheia móvel". Passemos à análise dos elementos dessa expressão:

a) **Coisa:** é o bem corpóreo. Não se inclui no âmbito do objeto material do crime de furto a propriedade imaterial.

---

2. GONÇALVES, Victor Eduardo Rios. *Direito Penal Esquematizado: parte especial.* 8.ed. São Paulo: Saraiva, 2018, p.334.
3. No mesmo sentido, entre muitos outros, NUCCI, Guilherme de Souza. *Manual de Direito Penal.* 13.ed. São Paulo: p.730. Em sentido contrário, incluindo a detenção legítima como objeto jurídico do crime de furto, CUNHA, Rogério Sanches. *Manual de Direito Penal: parte especial.* 10. Ed. Salvador Juspodivm, 2018, p.275.

Por óbvio, o ser humano não pode ser objeto material do crime de furto, pois não se enquadra na definição de "coisa". No que diz respeito à subtração de cadáver, imprescindível analisarmos o caso concreto. Em tese, possível falarmos em crime de furto quando, por exemplo, alguém subtrai um cadáver de um laboratório ou faculdade de medicina, onde se encontrava para pesquisas científicas. Da mesma forma, quando alguém subtrai de um cemitério objetivando deixar o cadáver à disposição de uma faculdade. Em casos como este, percebemos que não há dolo de cometer qualquer crime contra o sentimento dos mortos (vilipêndio a cadáver, ocultação de cadáver etc.), e o cadáver realmente é visto como coisa móvel, passível de ser objeto material do crime de furto.

b) **Alheia:** não são objeto material do crime de furto a coisa sem dono (*res nullius*), a coisa abandonada (*res derelicta*), pois não pertencem a qualquer pessoa. De igual modo, as coisas perdidas (*res deperdita*) não é objeto material do crime de furto, haja vista que a conduta envolvendo estas modalidades de bens constituem modalidade de crime de apropriação indébita (art. 168, CP). Com efeito, o art. 169 tipifica a conduta daquele que acha coisa alheia perdida e dela se apropria, total ou parcialmente, deixando de restituí-la ao dono ou legítimo possuidor ou de entregá-la a autoridade competente, dentro do prazo de quinze dias. Trata-se de apropriação de coisa achada, inserta no inciso II do art. 169, CP.

Também não são objeto material do furto as "coisas comuns a todos", que, por não serem bens escassos, não são economicamente apreciáveis, como o ar e a luz do sol.

A ideia de "coisa alheia" também exclui a possibilidade de haver furto de coisa própria. Há, todavia, quem admita a possibilidade de se falar em crime de "furto de coisa própria", na hipótese em que o sujeito contrai uma dívida, oferta o seu bem como garantia de dívida (penhor), e subtrai o mesmo bem do credor, que já tinha a posse. Filiamo-nos à corrente majoritária, no sentido de que, neste caso, teríamos, no máximo, o crime de exercício arbitrário das próprias razões (art. 345, CP), e não o crime de furto, haja vista a impossibilidade de falar em crime de "furto de coisa própria".

Vale lembrar que existe a situação intermediária na qual a coisa subtraída (*res furtiva*) é propriedade do agente que subtrai e também da vítima da subtração. Neste caso de copropriedade (condomínio), ocorrerá o crime de furto de coisa comum (art. 156, CP).

c) **Móvel:** o conceito de mobilidade para o Direito Penal é natural. Assim, é coisa móvel qualquer coisa passível de remoção. Por isso, os **semoventes e animais em geral**, quando tiverem proprietário, podem ser objeto material de furto. Se, entretanto, alguém se apoderar de um animal alheio com o propósito de exigir alguma vantagem econômica para restituí-lo, o crime será o tipificado no art. 158 do CP, extorsão, pois presente o elemento "grave ameaça".

O Código equipara, expressamente, a energia elétrica, e outras energias de valor econômico, à coisa móvel, para fins de crime de furto (art. 155, §3º, CP). Consoante entendimento do Supremo Tribunal Federal, "o sinal de TV a cabo não é energia, e assim, não pode ser objeto material do delito previsto no art. 155, §3º, do Código Penal"[4].

4. STF, HC 97.261/RS, rel. Min. Joaquim Barbosa.

1.5. Elemento Subjetivo

O elemento subjetivo é o dolo. Exige-se o **dolo específico** de subtrair a coisa *para si ou para outrem*. Trata-se, portanto, de ânimo de assenhoreamento definitivo da coisa. Por esta razão, não existe o crime na conduta do "furto de uso", em que o agente possui o dolo de subtrair, mas não pretende assenhorear-se da coisa ou outorga-la a outra pessoa.

Não há previsão para a modalidade culposa.

1.6. Consumação e Tentativa

Ainda subsiste certa polêmica, em doutrina, em torno do momento consumativo do crime de furto. A dúvida consiste em saber se a consumação pressupõe a posse pacífica da coisa, isto é, se é necessário que a coisa saia da esfera de vigilância da vítima. São quatro as correntes de pensamento em torno do momento consumativo do crime. Vejamos.

a) *Contrectatio:* a consumação ocorre pelo mero contato entre o agente e a coisa alheia, independentemente da sua remoção.

b) *Amotio (aprehensio):* ocorre a consumação quando o agente obtém a posse da coisa, ainda que não seja mansa e pacífica.

c) *Ablatio:* o agente não apenas consegue apoderar-se da coisa, mas também deslocá-la.

d) *Ilatio:* a consumação somente ocorre quando o agente consegue conduzir a coisa até o local pretendido.

Na jurisprudência, é pacífico o entendimento no sentido de que a posse pacífica é desnecessária à consumação do delito em apreço, tendo tanto o STF quanto o STJ adotado a teoria da *amotio (aprehensio)*. Assim compreende a jurisprudência do **STF** "[...] para a consumação do crime de furto ou de roubo, não se faz necessário que o agente logre a posse mansa e pacífica do objeto do crime, bastando a saída, ainda que breve, do bem da chamada esfera de vigilância da vítima [...]"[5].

Já no âmbito do **STJ**, temos que: "Esta Corte e o Supremo Tribunal, para balizar o debate sobre a consumação do crime de furto, adotam a teoria da *apprehensio*, também denominada de *amotio*, segundo a qual se considera consumado o delito no momento em que o agente obtém a posse da res furtiva, ainda que não seja mansa e pacífica e/ou haja perseguição policial, sendo prescindível que o objeto do crime saia da esfera de vigilância da vítima"[6].

Admite-se a tentativa. A existência de sistema de vigilância não caracteriza, por si só, impossibilidade de consumação do crime por absoluta ineficácia do meio. Haveria, *a priori*, crime de furto tentado, e não crime impossível. Neste sentido, o verbete n. 567 da súmula de jurisprudência do STJ:

---

5. STF, HC n. 113563/SP, rel. Min. Rosa Weber.
6. STJ, AgRg no REsp 1300954/RS, rel. Min. Laurita Vaz.

Súmula n. 567/STJ: "Sistema de vigilância realizado por monitoramento eletrônico ou por existência de segurança no interior de estabelecimento comercial, por si só, não torna impossível a configuração do crime de furto".

1.7. Ação Penal

Trata-se de crime de ação penal de iniciativa pública incondicionada. Poderá a ação penal converter-se em pública condicionada à representação do ofendido, nas hipóteses do art. 182 do Código Penal, quais sejam se o sujeito passivo é cônjuge judicialmente separado; irmão; e, por fim, tio ou sobrinho, com quem o agente coabita, desde que a vítima não seja pessoa com idade igual ou superior a 60 (sessenta) anos, conforme determina o art. 183 do mesmo diploma legal.

1.8. Causa de Aumento de Pena

Conforme o § 1º do art. 155, CP, a pena do crime de furto será aumentada em até um terço se o crime for praticado durante o "repouso noturno".

A expressão "repouso noturno" designa o período que a coletividade local reserva ao descanso. Por esta razão, o critério definidor do repouso noturno não é estático, variando conforme as circunstâncias do caso concreto. Assim, por exemplo, o furto praticado no centro de uma grande metrópole às 21 horas não será considerado majorado pelo "repouso noturno". Esta mesma conduta, todavia, terá essa majorante se for realizada na zona rural de um lugar ermo.

Como se vê, a expressão "repouso noturno", que serve para majorar o crime de furto, diferencia-se da expressão "durante a noite", que qualifica o crime de violação de domicílio (art. 150, § 1º, CP). Neste último crime, não há referência a repouso de uma dada coletividade, razão pela qual não há uma variação de acordo com a localidade.

Para a doutrina amplamente majoritária, a majorante em estudo tem incidência mesmo que o crime de furto seja praticado em local que não seja habitado (como estabelecimento comercial), que os pessoas presentes no local estejam despertos, e não repousando ou, até mesmo que não haja pessoas no local (ex,: indivíduo invade uma casa de praia que está vazia, para subtrair pertences que guarnecem a residência). E isto porque a maior reprovabilidade da conduta diz respeito à diminuição da vigília da coletividade, e não necessariamente da vítima do crime de furto.

Ainda em doutrina, a maioria sustenta a tese de que a majorante do "repouso noturno" somente incide sobre o crime de furto simples, não podendo ser aplicada às modalidades qualificadas do furto. Este entendimento, contudo, não tem encontrado respaldo na jurisprudência, haja vista o fato de, tanto o STF[7] quanto o STJ[8] já terem admitido a incidência da majorante no furto qualificado.

7. STF, HC 130.952/MG, rel. Min. Dias Toffoli, Segunda Turma, julgamento em 13.12.2016.
8. STJ, AgInt no REsp 1776774/DF, rel. Min. Reynaldo Soares da Fonseca, Quinta Turma, julgado em 19/02/2019, DJe 01/03/2019.

Ainda na esteira do entendimento jurisprudencial, o Supremo Tribunal Federal tem entendido que o fato de o furto ter sido praticado durante o repouso noturno – ou o fato de o agente ser reincidente – não obsta a incidência do princípio da insignificância[9].

1.9. Furto Privilegiado

O furto privilegiado está previsto no art. 155, § 2º, CP, nos seguintes termos: "Se o criminoso é primário, e é de pequeno valor a coisa furtada, o juiz pode substituir a pena de reclusão pela de detenção, diminuí-la de um a dois terços, ou aplicar somente a pena de multa".

Temos portanto, dois requisitos (cumulativos) e três possíveis consequências para o furto privilegiado. No que se refere aos requisitos, teremos:

a) **Requisito subjetivo: primariedade do réu.** Se o réu for reincidente, não há que se falar em furto privilegiado. Por outro lado, sendo ele réu primário, será possível esta modalidade de furto, ainda que o réu ostente contra si condenação criminal – seja a condenação não definitiva, que não gera reincidência, seja a condenação definitiva que já não enseja a reincidência pelo advento do período depurador do art. 64, I, CP[10].

b) **Requisito objetivo: pequeno valor da** ***res furtiva.*** Não se pode confundir o pequeno valor da coisa subtraída com o valor insignificante. Neste último caso, incidiria o princípio da insignificância (bagatela), que afastaria a tipicidade material, tornando a conduta, em consequência, atípica. Por outro lado, em se tratando de coisa de pequeno valor, teremos um furto privilegiado, desde que o réu cumpra o primeiro requisito (primariedade). No furto privilegiado, temos um crime (fato típico, ilicitude e culpabilidade) punível. Muito diferente, portanto, do chamado "furto de bagatela", em que sequer há fato (materialmente) típico.

A lei não definiu um montante para caracterizar o "pequeno valor" da coisa subtraída. Em sede jurisprudencial, nossos Tribunais têm entendido que "o salário mínimo pode ser adotado como parâmetro de referência para conceituar coisa de pequeno valor, não podendo, entretanto, ser adotado como critério de rigor aritmético, impondo-se ao juiz sopesar outras circunstâncias próprias do caso"[11].

O salário mínimo utilizado como parâmetro pela jurisprudência é aquele vigente à época do fato, e não na data do julgamento. Evidentemente, se estiverem envolvidos mais de um objeto, a aferição do valor levará em consideração o montante da soma de todos eles. O mesmo raciocínio aplica-se ao caso de continuidade delitiva no furto; em um caso como este, os valores das coisas subtraídas devem ser somados para que se possa aquilatar se alcançam o montante de um salário mínimo. Em se tratando de furto tentado, considera-se o valor do bem que o agente pretendia subtrair.

---

9. STF, HC 181389 AgR/SP, rel. Min. Gilmar Mendes, julgamento em 14.4.2020.
10. Art. 64 – Para efeito de reincidência:
I – não prevalece a condenação anterior, se entre a data do cumprimento ou extinção da pena e a infração posterior tiver decorrido período de tempo superior a 5 (cinco) anos, computado o período de prova da suspensão ou do livramento condicional, se não ocorrer revogação.
11. STJ, AgRg no HC 478.994/SC, rel. Min. Nefi Cordeiro, Sexta Turma, julgado em 28/03/2019, DJe 04/04/2019.

Devemos recordar que a restituição da *res furtiva* não é requisito para a caracterização do furto privilegiado[12].

Como consequências possíveis para o furto privilegiado, teremos:

a) **Substituição da pena de reclusão pela pena de detenção:** a pena de detenção é a mais branda, porquanto não admite regime inicial fechado, mas apenas o aberto ou semiaberto.

b) **Diminuir a pena a pena privativa de liberdade de um a dois terços:** neste caso, teríamos uma causa de diminuição de pena (minorante) que incidiria na terceira fase da dosimetria.

c) **Aplicar somente a pena de multa:** não haveria a possibilidade de aplicação da pena privativa de liberdade.

Como se percebe, as duas primeiras consequências podem ser cumuladas, pois são compatíveis entre si. Por outro lado, a terceira consequência, consistente na imposição exclusiva da pena de multa, não pode ser cumulada com as demais consequências.

Ao tratar das possibilidades que se abrem ao julgador, quando da ocorrência do furto privilegiado, o Código Penal anuncia que o "juiz pode" adotar quaisquer das medidas acima apontadas. Devemos, contudo, interpretar o dispositivo no sentido de que o "juiz deve". Por outras palavras, é obrigatória a observância dos benefícios, quando o juiz reconhece que há um furto privilegiado, pois, consoante pacificado entendimento doutrinário e jurisprudencial, trata-se de direito subjetivo do réu.

1.10. Furto Qualificado

Existem inúmeras circunstâncias que constituem qualificadoras no crime de furto. São situações consideradas pelo legislador como de maior reprovabilidade. Vale reiterar que, consoante reiterado entendimento jurisprudencial, o fato de o crime de furto ser qualificado não exclui, por si só, a possibilidade de incidir o princípio da insignificância[13].

As qualificadoras do crime de furto se encontram nos §§ 4º, 4º-A, 5º., 6º. e 7º. Do art. 155, CP. Vejamos:

a) **Destruição ou rompimento de obstáculo à subtração da coisa (§4º, inciso I);**

Trata-se de qualificadora presente quando, por exemplo, o agente arromba portas, janelas, fechaduras, cadeados, cofres etc. outro exemplo convencional é o caso do agente que quebra o vidro da janela de um veículo para subtrair os pertences que se encontram em seu interior. Por estranho que pareça, não incidirá a qualificadora quando o agente destruir o vidro do veículo para subtraí-lo (e não apenas os pertences que se encontram

12. STJ, HC 330.156, rel. Min. Jorge Mussi, Quinta Turma, julgado em 03/11/2015.

13. STJ, HC 553.872-SP, Rel. Min. Reynaldo Soares da Fonseca, Quinta Turma, por unanimidade, julgado em 11/02/2020, DJe 17/02/2020.A despeito disto, o STJ fez consignar em sua "jurisprudência em teses" o seguinte enunciado: "a prática do delito de furto qualificado por escalada, destreza, rompimento de obstáculo ou concurso de agentes indica a reprovabilidade do comportamento do réu, sendo inaplicável o princípio da insignificância".

seu interior), pois, neste caso, não destrói um obstáculo à subtração da coisa, mas sim a própria coisa que está sendo subtraída.

O STJ chegou a decidir que esta hipótese na qual o agente destrói o vidro do carro para, por exemplo, subtrair uma bolsa que se encontra no seu interior não poderia constituir qualificadora do crime de furto, pois afrontaria o princípio da proporcionalidade punir este furto como qualificado e punir como simples o furto em que o agente subtrai o veículo. A afronta ao princípio da proporcionalidade residiria no fato de que seria punido com mais gravidade a conduta mais branda (subtração da bolsa). Contudo, mesmo no próprio STJ a tese foi superada, admitindo a corte que a subtração de bens no interior do veículo após a destruição do vidro qualifica o crime, sim.

Para que ocorra situação que autorize a incidência da qualificadora, imprescindível que o obstáculo à coisa seja efetivamente danificado. A danificação parcial é o rompimento, ao passo que a danificação total é a destruição. Se houver a mera remoção do obstáculo, sem sua danificação, não incidirá a qualificadora.

Em matéria probatória, estamos diante de crime que deixa vestígios materiais, razão pela qual, conforme nossa lei processual, seria necessária a realização de perícia para que restasse provada a destruição ou o rompimento do obstáculo. Com efeito, nos termos do art. 171, CPP: "Nos crimes cometidos com destruição ou rompimento de obstáculo a subtração da coisa, ou por meio de escalada, os peritos, além de descrever os vestígios, indicarão com que instrumentos, por que meios e em que época presumem ter sido o fato praticado".

b) **Com abuso de confiança, ou mediante fraude, escalada ou destreza (§4º, inciso II)**

No mesmo dispositivo, o legislador trouxe quatro hipóteses autônomas de qualificadoras. Passemos ao estudo de cada uma delas.

b.1) Abuso de confiança

Para que se configure a qualificadora, imprescindível que exista uma efetiva relação de lealdade/fidelidade entre o ladrão e a vítima. Esta relação de confiança não pode ser presumida, pois não se pode conceber presunções contrárias ao réu. Assim, não se fazer ilação de que haja confiança apenas pela existência de relação de parentesco, de emprego, de hospitalidades, entre vizinhos, condôminos etc.

Demais disso, somente se fará presente a qualificadora quando a subtração derivar da relação de confiança estabelecida. Se, a despeito de existir a relação de confiança, o agente não se valer dela para a subtração, não haverá que se falar em furto qualificado. Assim, se "A" confia em "B" ao ponto de deixar a chave de sua residência com ele, enquanto está fora, em viagem, e "B", aproveitando-se do fato de estar com a chave, ingressa na residência e subtrai pertences, teremos um crime de furto qualificado pelo abuso de confiança. Se, por outro lado, "A" confia em "B", mas não permitiu que este ingressasse em sua residência na sua ausência, e "B" consegue por alguma razão fazê-lo, a subtração não será qualificada, pois não derivou da relação de confiança.

b.2) Fraude

Fraudar equivale a ludibriar, enganar, levando ou mantendo alguém em erro. No furto qualificado pela fraude, o agente emprega a fraude como forma de reduzir a vigilância da vítima, permitindo a subtração. É o caso de alguém que se possa por um técnico que iria realizar um serviço na casa da vítima. O agente obtém a informação de que o morador estava aguardando um técnico, ele se apresenta como este técnico, fazendo com que o morador permita-lhe o ingresso na residência. Com isto, o falso técnico subtrai alguns pertences da residência, aproveitando-se de momentos de distração da vítima.

Em que pese existirem algumas semelhanças, o crime de furto qualificado pelo emprego da fraude não se confunde com o crime de estelionato (art. 171, CP). As semelhanças residem no fato de que ambos são crimes patrimoniais praticados sem o emprego da violência ou da grave ameaça.

A distinção, contudo, diz respeito ao fato de que no furto qualificado, como vimos, o agente emprega a fraude para diminuir a vigilância da vítima, oportunizando a subtração. Por outro lado, no estelionato, o agente emprega a fraude para ludibriar a vítima, fazendo com que ela mesma lhe entregue a vantagem patrimonial indevida. Assim, no furto, a vítima, embora enganada, não tem vontade de alterar a posse da coisa, esta vontade é unilateral, do agente. Já no estelionato, a vítima ludibriada quer alterar a posse da vantagem, entregando ao estelionatário. A vontade de alterar a posse é, então, bilateral.

Constitui furto qualificado pela fraude, por exemplo, a conduta do agente que, por meio de programa de computador, consegue capturar a senha bancária da vítima, subtraindo valores de sua conta corrente. Neste caso, a vítima, titular da conta, foi ludibriada, entregando sua senha ao criminoso, sem ter ciência disso. Com a senha em seu poder, o criminoso subtrai os valores da vítima, acessando sua conta bancária. Nota-se que a vítima não possuía a intenção de entregar os valores ao agente. A vontade de inverter a posse de tais valores era exclusiva do criminoso.

b.3.) Escalada

Conforme esclarece Damásio E. de Jesus, "escalada deriva de escalar, que significa assaltar com uso de escadas, subir a algum lugar. Tecnicamente, escalada é o acesso a um lugar por meio anormal de uso, como *v. g.*, entrar pelo telhado, saltar o muro etc."[14]. Importante atentar para o fato de que a expressão "escalada" refere-se à utilização de qualquer meio incomum para a subtração, como, por exemplo, o ingresso no recinto pela via subterrânea, como no caso de alguém que cava um túnel para alcançar o local.

Fundamental à caracterização da escalada que a conduta exija um esforço mais acentuado por parte do agente. Não há que se falar em escalada, por exemplo, quando o criminoso pula um muro baixo.

b.4.) Destreza

Destreza consiste em uma habilidade manual acima do normal. Trata-se da situação na qual o agente consegue subtrair o bem da vítima sem que ela sequer perceba.

Por tal razão, se o agente inicia a subtração que não percebida pela vítima e é impedido por um terceiro, estaremos diante do crime de furto qualificado pela destreza em sua modalidade tentada. Por outro lado, se a própria vítima percebe a atuação do ladrão

14. JESUS, Damásio E. *Direito Penal: parte especial. Vol. II.* 31. ed. São Paulo: Saraiva, 2011, p.364.

e o impede, o crime será furto simples tentado. Não haverá que se falar na qualificadora da destreza, porquanto há uma subtração percebida pela vítima.

Haveria furto qualificado pela destreza na hipótese da "trombada"? Tem-se entendido que, em casos como este, não há furto qualificado, mas sim crime de roubo (art. 157, CP), porquanto ao trombar na vítima, o agente emprega violência. Se, por outro lado, o agente apenas "esbarra" na vítima, como forma de facilitar a subtração da coisa sem que ela perceba, teremos um crime de furto qualificado pela destreza.

c) **Com emprego de chave falsa (inciso III)**

Chave falsa consiste em qualquer instrumento utilizado para abrir fechaduras ou acionar aparelhos

Podem ser citados como exemplo: grampo, gazua, arame, chave mixa (ferro curvo destinado a abrir fechaduras[15]), prego etc. A depender do caso, o crime poderá ou não deixar vestígios materiais. No primeiro caso, será necessária a realização da perícia[16].

A chave autêntica, ainda que subtraída de forma sub-reptícia não autoriza a incidência da qualificadora. Em casos como este, poderá se fazer presente alguma outra qualificadora, como a fraude ou o abuso de confiança, mas não há como se equiparar a chave verdadeira à chave falsa, sob pena de se incorrer em analogia maléfica ao réu.

d) **Mediante concurso de duas ou mais pessoas (inciso IV)**

Haverá a incidência da qualificadora tanto na hipótese de coautoria como naquela em que se fala em participação. Deste modo, se um dos agentes for apenas partícipe, isto é, se induziu, instigou ou prestou auxílio à conduta principal do autor, ambos responderão pelo crime de furto qualificado pelo concurso de pessoas.

Não afasta a qualificadora o fato de um dos agentes ser inimputável. Assim, se existem apenas dois agentes e um deles é menor de 18 (dezoito) anos, o agente imputável será responsabilizado pelo crime de furto qualificado pelo concurso de pessoas – no caso do menor, como consabido, a responsabilização seria pelo ato infracional equiparado a este crime.

Aqui no crime de furto, o concurso de pessoas constitui uma qualificadora, como se vê, fazendo com que os patamares em abstrato da pena passem da "reclusão de 01 (um) a 04 (quatro) anos, e multa" (furto simples), para "reclusão de 2 (dois) a 8 (oito) anos, e multa". Por outro lado, no crime de roubo (art. 157, CP), o concurso de pessoas constitui uma majorante (causa de aumento de pena), exasperando a pena de 1/3 até a metade. O tratamento dado ao concurso de pessoas no caso do roubo é, portanto, mais brando do que o conferido ao furto.

Isto fez com que alguns defensores sustentassem a tese de acordo com a qual deveria ser aplicada, ao furto em concurso de pessoas, a causa de aumento do roubo (1/3 até a metade), e não a qualificadora. Argumentava-se que se trataria de uma analogia benéfica ao réu (*in bonam partem*).

15. NUCCI, Guilherme de Souza. *Manual de Direito Penal.* 13.ed. São Paulo: p.737.
16. STJ, AgRg no AREsp 886.475/SC, rel. Min. Rogerio Schietti Cruz, Sexta Turma, julgado em 13/09/2016, DJe 26/09/2016.

Com a devida vênia, a tese não pode prosperar. Em que pese ser possível a analogia *in bonam partem* no Direito Penal, este não é um caso em que a analogia seja possível. Somente é possível recorrer à aplicação analógica quando existe uma lacuna legislativa. Este, decididamente, não é caso, porquanto o código Penal estabelece claramente qual a consequência para o furto praticado mediante concurso de pessoas: a incidência da qualificadora. Por esta razão, o Superior Tribunal de Justiça aprovou o verbete de súmula n. 442, nos seguintes termos:

> **Súmula n. 442/STJ:** "É inadmissível aplicar, no furto qualificado, pelo concurso de agentes, a majorante do roubo".

e) **Se houver emprego de explosivo ou de artefato análogo que cause perigo comum (§ 4º-A)**

A Lei n. 13.654/2018 incluiu no presente artigo o § 4º-A, que determina que a pena é de reclusão de 4 (quatro) a 10 (dez) anos e multa, nos casos onde houver emprego de explosivo ou de artefato análogo que cause perigo comum. O objetivo declarado desse novo parágrafo foi punir com mais rigor os furtos realizados em caixas eletrônicos localizados em agências bancárias ou em estabelecimentos comerciais, haja vista que a referida conduta tem se tornado cada vez mais comum.

Ocorre, entretanto, que, na prática, o que ocorreu foi um abrandamento no tratamento, uma vez que, antes do novel artigo, a conduta narrada era punida com base no art. 155, § 4º, I c/c o art. 251, § 2º do CP, furto qualificado pelo rompimento de obstáculo à subtração da coisa, em concurso formal impróprio com o crime de explosão majorada, cuja pena mínima era de 6 (seis) anos. Era o entendimento da maioria dos Tribunais.

Após a incidência da nova lei, a pena mínima passa a ser de 4 (quatro) anos, e já não se faz possível a responsabilização pelo crime de explosão (art. 251, CP), porquanto caracterizaria *bis in idem*, na medida em que estaríamos valorando duplamente o mesmo fato.

Outra questão que merece observação é a seguinte: se o agente, durante a noite, explode caixa eletrônico para furtar o numerário, poderá incidir a qualificadora inserta no § 1º? Ou seja, é possível combinar o § 4º com a causa de aumento prevista no § 1º? Sim. Parece-nos legítimo a incidência da majorante, uma vez que são circunstâncias diversas, que incidem em momentos distintos da aplicação da pena[17].

Com o advento da Lei Anticrime (Lei n. 13.964/19), essa modalidade de furto qualificado se tornou crime hediondo. Isso porque a mencionada Lei alterou o rol dos crimes hediondos, previsto no art. 1º da Lei n. 8.072/90, acrescentando essa hipótese. Evidentemente, por se tratar de lei nova maléfica ao réu somente poderá ser aplicada a partir da sua entrada em vigor (23 de janeiro de 2020). Para os crimes de furto nessa modalidade, praticados antes de tal data, continuarão a ser tratados como não hediondos.

f) **Se a subtração for de veículo automotor que venha a ser transportado para outro Estado ou para o exterior (§ 5º)**

---

17. STF. 2ª Turma. HC 130952/MG, rel. Min. Dias Toffoli. Julgado em 13/12/2016.

Este § 5º do art. 155, CP foi acrescentado pela Lei n. 9.426/96. Nesta modalidade de qualificadora, a pena de três a oito anos, se a subtração for de veículo automotor que venha a ser transportado para outro Estado ou para o exterior. Como se vê, a pena mínima prevista é maior do que aquela contida nas hipóteses do § 4º (de apenas dois anos). Para esta hipótese de furto qualificado, não há previsão de pena de multa.

Para que haja a incidência da qualificadora, imprescindível que o veículo automotor efetivamente seja transportado para outro Estado ou para o exterior. Se o agente conseguir subtrair o veículo e, por exemplo, for preso antes de atravessar a fronteira nacional ou a divisa entre unidades da federação, o crime será de furto simples, e não qualificado. Não será possível também falarmos, neste caso, em crime de furto qualificado tentado. Com efeito, não haverá que se falar em tentativa, porquanto o furto foi consumado. E a qualificadora não se faz presente, pois não houve o efetivo implemento da internacionalidade ou interestadualidade.

De igual sorte, não há crime de furto qualificado tentado quando o agente subtrai o veículo, sofre perseguição, atravessa a fronteira (ou divisa) e logo em seguida é preso. Consoante o atual entendimento jurisprudencial, em um caso como este, o crime de furto já estaria consumado, porquanto a consumação não pressupõe a posse pacífica do bem.

O § 5º, em apreço, faz menção ao transporte de veículo para outro Estado, e não se refere ao Distrito Federal. Se, por exemplo, o agente furta um carro em Goiás e o transporta até o Distrito Federal, incidiria a qualificadora em comento?

Há duas correntes de pensamento a respeito. Uma primeira corrente admite a qualificadora neste caso, pois não se deve interpretar o dispositivo no sentido de excluir a Capital da República do âmbito de incidência da norma, já que esta não teria sido a finalidade do legislador[18]. Por outro lado, uma segunda corrente de pensamento entende que não se pode fazer incidir a qualificadora neste caso, pois isto consagraria uma analogia *in malam partem*.

A incidência desta qualificadora afasta as qualificadoras contidas no § 4º. Evidentemente, não pode haver um furto "duplamente qualificado". Neste caso, se houver, por exemplo, um furto de veículo automotor transportado para outro Estado ou para o exterior, praticado em concurso de pessoas (qualificadora do § 4º), deverá prevalecer a qualificadora do § 5º, por ser a mais grave. A(s) outra(s) qualificadora(s) pertinentes ao caso poderiam ser valoradas como circunstâncias judiciais (art. 59, CP).

Se uma pessoa foi contratada para levar o veículo furtado para outro Estado ou país, e esta pessoa não teve participação na subtração, não responderá pelo crime de furto qualificado, mas sim pelo crime de receptação (art. 180, CP).

g) **Se a subtração for de semovente domesticável de produção, ainda que abatido ou dividido em partes no local da subtração (§ 6º)**

O § 6º foi acrescido ao art. 155, CP pela Lei n. 13.330/2016. Trata da subtração de animais domesticáveis de produção, como os bovinos, suínos, carneiros, galinhas etc. A esta subtração de animais, a doutrina confere o nome de **abigeato**.

18. Neste sentido, CUNHA, Rogério Sanches. *Manual de Direito Penal*: *parte especial*. 10. Ed. Salvador Juspodivm, 2018, p.298.

Como informa o próprio § 6º, não descaracteriza a presente qualificadora o fato de o animal ser abatido ou dividido em partes no local da subtração. Situação diferente é aquela em que o animal já se encontrava abatido, por ocasião da subtração. Basta imaginar uma situação na qual o agente subtrai carnes de um frigorífico. Em um caso como este, não se faz presente a qualificadora do §6º.

Para este crime, a pena prevista é de reclusão de dois a cinco anos. Assim como ocorre com a qualificadora anterior (§ 5º), não há pena de multa prevista para a espécie.

Se estiver presente esta qualificadora e alguma outra (concurso de pessoas, destruição ou rompimento de obstáculo à subtração da coisa etc), deverá prevalecer esta outra, na medida em que a pena do § 6º é menor. Neste caso, esta circunstância (o abigeato) seria valorada apenas como circunstância judicial (art. 59, CP).

h) **Se a subtração for de substâncias explosivas ou de acessórios que, conjunta ou isoladamente, possibilitem sua fabricação, montagem ou emprego (§ 7º)**

> Ainda no sentido das inovações legislativas, a Lei n. 13.654/2018, foi acrescentado o parágrafo 7º, que estabelece a pena de reclusão de 4 (quatro) a 10 (dez) anos e multa, se a subtração for de substâncias explosivas ou de acessórios que, conjunta ou isoladamente, possibilitem sua fabricação, montagem ou emprego. Um exemplo da referida conduta é o agente que furta uma banana de dinamite do quartel do Exército.

Furto qualificado-privilegiado

Conforme consolidado entendimento, no âmbito da doutrina e da jurisprudência, é possível incidir o privilégio previsto no § 2º do art. 155 às hipóteses qualificadas do furto. Contudo, tal como ocorre com o crime de homicídio (art. 121, CP), tem-se exigido, para tanto, que a qualificadora seja de caráter objetivo. Neste sentido, o verbete n. 511 da súmula de jurisprudência do Superior Tribunal de Justiça, nos seguintes termos:

> **Súmula n. 511:** "É possível o reconhecimento do privilégio previsto §2° do art. 155 do CP nos casos de crime de furto qualificado, se estiverem presentes a primariedade do agente, o pequeno valor da ciosa e a qualificadora for de ordem objetiva".

O problema em relação ao verbete sumular diz respeito ao fato de que as qualificadoras do furto não são de ordem subjetiva, isto é, não dizem respeito a motivos ou finalidades do agente. Para o STJ, porém, a qualificadora consistente no "abuso de confiança" deve ser considerada subjetiva, não se permitindo que, nesta hipótese, o furto qualificado seja também privilegiado. Nos demais casos, nada impede que tenhamos uma furto qualificador-privilegiado.

1.11. Outras Questões

1.11.1. *Furto de imagem*

Não existe crime de "furto de imagem". Por outras palavras, não há crime de furto quando alguém capta uma imagem sem autorização, fotografando ou filmando algo sem permissão, por exemplo. Em um caso como este, não poderemos falar no crime de furto, na medida em que não há subtração de coisa (bem corpóreo).

A depender do caso, a conduta pode constituir crime de violação de direitos autorais[19] (art. 184, CP). A divulgação da imagem pode constituir outro crime, como, por exemplo, o de "Divulgação de cena de estupro ou de cena de estupro de vulnerável, de cena de sexo ou de pornografia" (art. 218-C, CP), nas hipóteses em que a imagem envolver o crime sexual ou a pornografia.

1.11.2. *Furto de coisa sem valor patrimonial intrínseco*

A jurisprudência tem entendido haver crime de furto em situações nas quais a *res furtiva* não possui valor patrimonial intrínseco, mas a sua subtração pode acarretar danos patrimoniais à vítima. é o que entende, por exemplo, o STJ em relação à subtração de talão de cheques, que não possui valor em si, mas pode acarretar à vítima danos oriundos do pagamento de tarifas bancárias[20].

1.12. Pena

A pena prevista para o crime de furto é de reclusão de um a quatro anos, além da multa. Logo, podemos concluir que:

a) Não é possível a transação penal (art. 76, Lei n. 9.099/95), pois não se trata de infração penal de menor potencial ofensivo;

b) É possível a suspensão condicional do processo (art. 89, Lei n. 9.099/95), pois a pena mínima não ultrapassa um ano. Havendo incidência de causa de aumento ou ocorrência de qualificadora, não será possível a suspensão, pois a pena mínima irá ultrapassar um ano.

c) Será cabível a substituição da pena por restritivas de direitos, pois no crime não há violência ou grave ameaça e a pena a ser imposta não ultrapassará quatro anos. Será necessário que se façam presentes os demais requisitos do art. 44, CP.

1.13. Classificação

O crime de furto pode ser classificado como:

---

19. NUCCI, Guilherme de Souza. *Manual de Direito Penal.* 13.ed. São Paulo: p.741.
20. STJ, AgRg no REsp 1342213/MT, rel. Min. Laurita Vaz, Quinta Turma, julgado em 06/05/2014, DJe 13/05/2014.

a) **Comum** (pode ser praticado por qualquer pessoa);
b) **Material** (a consumação exige a produção de um resultado naturalístico);
c) De **forma livre** (a Lei não estabelece exigência para a forma de execução);
d) **Simples** (tutela apenas um bem jurídico);
e) **Comissivo** (em regra) **ou omissivo** (quando ocorre omissão imprópria);
f) **Unissubjetivo** (pode haver ou não concurso de pessoas);
g) **Instantâneo** (consuma-se de imediato) *ou* **permanente** (a conduta se protrai no tempo) no caso do §3º;
h) **Plurissubsistentes** (a conduta pode ser fracionada, e por isso admite a tentativa);
i) De **dano** (a consumação enseja violação ao bem jurídico, e não mera exposição a perigo);
j) **Não transeunte** (o crime deixa vestígios);
k) **Doloso.**

1.14. Quadro Sinótico

FURTO		
Considerações Iniciais	O crime de furto consiste na subtração de coisa alheia móvel sem o emprego de violência, grave ameaça ou redução da vítima à impossibilidade de resistência. Para que se consume, é imprescindível que o agente possua a pretensão de assenhorear-se da coisa ou outorgar a coisa a outra pessoa.	1
Tipicidade Objetiva	A conduta consiste em "subtrair". Para que exista o crime de furto, imprescindível que a subtração ocorra sem violência, grave ameaça ou redução da vítima à impossibilidade de resistência. Podemos vislumbrar a situação em duas circunstâncias. A primeira, quando o agente, sem a autorização do proprietário ou possuidor da coisa, a leva consigo. A segunda situação ocorre quando o agente recebe a coisa do proprietário, mas não obtém a sua autorização para retirar a coisa do local. Neste caso, o agente tinha a detenção dos valores, mas não a autorização para retirá-los do local.	2
Sujeitos	Qualquer pessoa pode ser **sujeito ativo** do crime de furto (crime comum). Qualquer pessoa pode ser **sujeito passivo** deste crime, desde que seja proprietário ou possuidor de coisa móvel. Se alguém furtar uma coisa que já havia sido furtada, incorrerá no crime da mesma forma. Neste caso, o sujeito passivo não será o primeiro ladrão, mas o proprietário da coisa. As pessoas jurídicas também podem figurar como sujeitos.	3
Objetos	O **objeto jurídico** (bem jurídico tutelado) do crime, consoante disposto no Código Penal, é o patrimônio. A doutrina majoritária explicita os contornos desta definição, salientando que o bem jurídico tutelado é a posse e a propriedade. Ainda na esteira da doutrina majoritária, tem-se rechaçado a inclusão da detenção como objeto jurídico do crime de furto. O **objeto material** é a "coisa alheia móvel".	4

Elemento Subjetivo	O elemento subjetivo é o **dolo**. Exige-se o dolo específico de subtrair a coisa para si ou para outrem. Trata-se, portanto, de ânimo de assenhoreamento definitivo da coisa. Não há previsão para a modalidade culposa.	5
Consumação e Tentativa	Ainda subsiste certa polêmica, em doutrina, em torno do momento consumativo do crime de furto. São quatro as correntes de pensamento em torno do momento consumativo do crime. Vejamos: **a)** *Contrectatio*: a consumação ocorre pelo mero contato entre o agente e a coisa alheia, independentemente da sua remoção. **b)** *Amotio (aprehensio)*: ocorre a consumação quando o agente obtém a posse da coisa, ainda que não seja mansa e pacífica. **c)** *Ablatio*: o agente não apenas consegue apoderar-se da coisa, mas também deslocá-la. **d)** *Ilatio*: a consumação somente ocorre quando o agente consegue conduzir a coisa até o local pretendido. Na jurisprudência, é pacífico o entendimento no sentido de que a posse pacífica é desnecessária à consumação do delito em apreço, tendo tanto o STF quanto o STJ adotado a teoria da *amotio (aprehensio)*. Admite-se a tentativa.	6
Ação Penal	Trata-se de crime de ação penal de iniciativa pública incondicionada. Poderá a ação penal converter-se em pública condicionada à representação do ofendido, nas hipóteses do art. 182 do Código Penal, quais sejam se o sujeito passivo é cônjuge judicialmente separado; irmão; e, por fim, tio ou sobrinho, com quem o agente coabita, desde que a vítima não seja pessoa com idade igual ou superior a 60 (sessenta) anos, conforme determina o art. 183 do mesmo diploma legal.	7
Causa de Aumento de Pena	Conforme o §1º do art. 155, CP, a pena do crime de furto será aumentada em até um terço se o crime for praticado durante o "repouso noturno".	8
Furto Privilegiado	O furto privilegiado está previsto no art. 155, § 2º, CP, nos seguintes termos: "Se o criminoso é primário, e é de pequeno valor a coisa furtada, o juiz pode substituir a pena de reclusão pela de detenção, diminuí-la de um a dois terços, ou aplicar somente a pena de multa". Temos portanto, dois requisitos (cumulativos) e três possíveis consequências para o furto privilegiado. No que se refere aos requisitos, teremos: **a) Requisito subjetivo: primariedade do réu;** **b) Requisito objetivo: pequeno valor da** *res furtiva.* Como **consequências** possíveis para o furto privilegiado, teremos: **a) Substituição da pena de reclusão pela pena de detenção;** **b) Diminuir a pena a pena privativa de liberdade de um a dois terços;** **c) Aplicar somente a pena de multa**.	9
Furto Qualificado	Existem inúmeras circunstâncias que constituem qualificadoras no crime de furto. Elas se encontram nos §§ 4º, 4º-A, 5º., 6º. e 7º. Do art. 155, CP. Vejamos: **a)** Destruição ou rompimento de obstáculo à subtração da coisa (§4º, inciso I);	10

<table>
<tr><td>Furto Qualificado</td><td colspan="2">b) Com abuso de confiança, ou mediante fraude, escalada ou destreza (§4º, inciso II);
c) Com emprego de chave falsa (inciso III);
d) Mediante concurso de duas ou mais pessoas (inciso IV);
e) Se houver emprego de explosivo ou de artefato análogo que cause perigo comum (§4º-A);
f) Se a subtração for de veículo automotor que venha a ser transportado para outro Estado ou para o exterior (§ 5º);
g) Se a subtração for de semovente domesticável de produção, ainda que abatido ou dividido em partes no local da subtração (§ 6º);
h) Se a subtração for de substâncias explosivas ou de acessórios que, conjunta ou isoladamente, possibilitem sua fabricação, montagem ou emprego (§ 7º).</td><td>10</td></tr>
<tr><td>Furto Qualificado</td><td>Furto Qualificado-Privilegiado</td><td>Conforme consolidado entendimento, no âmbito da doutrina e da jurisprudência, é possível incidir o privilégio previsto no § 2º do art. 155 às hipóteses qualificadas do furto. Contudo, tal como ocorre com o crime de homicídio (art. 121, CP), tem-se exigido, para tanto, que a qualificadora seja de caráter objetivo.
Para o STJ, porém, a qualificadora consistente no "abuso de confiança" deve ser considerada subjetiva, não se permitindo que, nesta hipótese, o furto qualificado seja também privilegiado. Nos demais casos, nada impede que tenhamos uma furto qualificador-privilegiado.</td><td>10.1</td></tr>
<tr><td rowspan="2">Outras Questões</td><td>Furto de Imagem</td><td>Não existe crime de "furto de imagem". Por outras palavras, não há crime de furto quando alguém capta uma imagem sem autorização, fotografando ou filmando algo sem permissão, por exemplo. Em um caso como este, não poderemos falar no crime de furto, na medida em que não há subtração de coisa (bem corpóreo).</td><td>11.1</td></tr>
<tr><td>Furto de coisa sem valor patrimonial intrínseco</td><td>A jurisprudência tem entendido haver crime de furto em situações nas quais a res furtiva não possui valor patrimonial intrínseco, mas a sua subtração pode acarretar danos patrimoniais à vítima. é o que entende, por exemplo, o STJ em relação à subtração de talão de cheques, que não possui valor em si, mas pode acarretar à vítima danos oriundos do pagamento de tarifas bancárias.</td><td>11.2</td></tr>
<tr><td>Penas</td><td colspan="2">A pena prevista para o crime de furto é de reclusão de um a quatro anos, além da multa.</td><td>12</td></tr>
</table>

Classificação	a) **Comum** (pode ser praticado por qualquer pessoa); b) **Material** (a consumação exige a produção de um resultado naturalístico); c) **De forma livre** (a Lei não estabelece exigência para a forma de execução); d) **Simples** (tutela apenas um bem jurídico); e) **Comissivo** (em regra) **ou omissivo** (quando ocorre omissão imprópria); f) **Unissubjetivo** (pode haver ou não concurso de pessoas); g) **Instantâneo** (consuma-se de imediato) **ou permanente** (a conduta se protrai no tempo) no caso do §3º; h) **Plurissubsistentes** (a conduta pode ser fracionada, e por isso admite a tentativa); i) **De dano** (a consumação enseja violação ao bem jurídico, e não mera exposição a perigo); j) **Não transeunte** (o crime deixa vestígios); k) **Doloso.**	13

1.15. Súmulas Aplicáveis

1.15.1. *STJ*

442. É inadmissível aplicar, no furto qualificado, pelo concurso de agentes, a majorante do roubo.

511. É possível o reconhecimento do privilégio previsto §2º do art. 155 do CP nos casos de crime de furto qualificado, se estiverem presentes a primariedade do agente, o pequeno valor da ciosa e a qualificadora for de ordem objetiva.

1.16. Questões de Concursos Públicos

03. (MPE-SC - 2019 - MPE-SC - Promotor de Justiça - Matutina) Conforme jurisprudência dominante no STJ, nos crimes de furto e roubo (arts. 155 e 157 do CP) a consumação do fato típico somente ocorre com a posse mansa e pacífica, o que não se verifica no caso de perseguição imediata do agente e recuperação da coisa subtraída.

( ) Certo

( ) Errado

04. (CESPE - 2019 - DPE-DF - Defensor Público) Com relação aos delitos tipificados na parte especial do Código Penal, julgue o item subsecutivo.

Situação hipotética: Pedro, réu primário, valendo-se da confiança que lhe depositava o seu empregador, subtraiu para si mercadoria de pequeno valor do estabelecimento comercial em que trabalhava. Assertiva: Nessa situação, apesar de configurar a prática de furto qualificado pelo abuso de confiança, o juiz poderá reconhecer o privilégio.

( ) Certo

( ) Errado

03. (INSTITUTO AOCP - 2019 - PC-ES - Assistente Social) Considerando as seguintes alternativas, assinale a correta.

(A) Quanto ao crime de extorsão mediante sequestro, é correto afirmar que a pena é aumentada quando o sequestro supera, no mínimo, 48 horas.

(B) O emprego de arma não aumenta a pena no delito de extorsão.

(C) O crime de furto ocorre quando o agente subtrai, para si ou para outrem, coisa alheia móvel, equiparando-se à coisa móvel, à energia elétrica ou a qualquer outra que tenha valor econômico.

(D) A coisa abandonada pode ser objeto material do crime de furto.

(E) De acordo com o Superior Tribunal de Justiça, considera-se consumado o roubo apenas se o bem, objeto do delito, sai da esfera de vigilância da vítima.

04. (MPE--P - 20-7 - MPE--P - Promotor de Justiça Substituto) Praticado o furto de bem de consumo avaliado em cem reais, mediante o rompimento de obstáculo, sendo o réu primário e de bons antecedentes, estará caracterizada a

(A) prática de furto simples.

(B) prática de furto privilegiado qualificado

(C) ausência de crime.

(D) hipótese de perdão judicial.

(E) prática de furto famélico, conduta isenta de p

05. (CESPE --2018 - M-E-PI - Analista Ministerial - Área Processual) Rita, depois de convencer suas colegas Luna e Vera, todas vendedoras em uma joalheria, a desviar peças de alto valor que ficavam sob a posse delas três, planejou detalhadamente o crime e entrou em contato com Ciro, colecionador de joias, para que ele adquirisse a mercadoria. Luna desistiu de participar do fato e não foi trabalhar no dia da execução do crime. Rita e Vera conseguiram se apossar das peças conforme o planejado; entretanto, como não foi possível repassá-las a Ciro no mesmo dia, Vera levou-as para a casa de sua mãe, comunicou a ela o crime que praticara e persuadiu-a a guardar os produtos ali mesmo, na residência materna, até a semana seguinte.

Considerando que o crime apresentado nessa situação hipotética venha a ser descoberto, julgue o item que se segue, com fundamento na legislação pertinente.

Rita e Vera responderão pelo crime de furto qualificado pelo abuso de confiança.

( ) Certo

( ) Errado

06. (CESPE - 2018 - Polícia Federal - Delegado de Polícia Federal) Em cada item a seguir, é apresentada uma situação hipotética, seguida de uma assertiva a ser julgada com base na legislação de regência e na jurisprudência dos tribunais superiores a respeito de execução penal, lei penal no tempo, concurso de crimes, crime impossível e arrependimento posterior.

Sílvio, maior e capaz, entrou em uma loja que vende aparelhos celulares, com o propósito de furtar algum aparelho. A loja possui sistema de vigilância eletrônica que monitora as ações das pessoas, além de diversos agentes de segurança. Sílvio colocou um aparelho no bolso e, ao tentar sair do local, um dos seguranças o deteve e chamou a polícia. Nessa situação, está configurado o crime impossível por ineficácia absoluta do meio, uma vez que não havia qualquer chance de Sílvio furtar o objeto sem que fosse notado.

( ) Certo

( ) Errado

07. (INSTITUTO-AOCP - 2019 - PC-ES - Investigador) Assinale a alternativa INCORRETA

(A) A pena do delito de roubo é aumentada de dois terços se há destruição ou rompimento de obstáculo mediante o emprego de explosivo ou de artefato análogo que cause perigo comum.

(B) A pena do delito de roubo é aumentada de um terço até a metade, se há o concurso de duas ou mais pessoas.

(C) A pena do delito de furto é aumentada de um terço se houver emprego de explosivo ou de artefato análogo que cause perigo comum.

(D) Se o delito de extorsão é cometido por duas ou mais pessoas, ou com emprego de arma, é aumentada a pena de um terço até a metade.

(E) A pena do delito de apropriação indébita é aumentada de um terço quando o agente recebeu a coisa em depósito necessário.

8. (UE - 2018 - PC-GO - Delegado de Polícia) Sobre o crime de furto, previsto no artigo 155 do Código Penal, tem-se o seguinte:

(A) A lei penal admite, em certas hipóteses, ação penal pública condicionada à representação para o crime de furto.

(B) O Superior Tribunal de Justiça admite a aplicação, no furto qualificado pelo concurso de agentes, da majorante do roubo.

(C) O Superior Tribunal de Justiça entende que a existência de sistema de vigilância realizado por monitoramento eletrônico torna impossível a configuração do crime de furto.

(D) A expressão "pequeno valor", requisito para o reconhecimento do furto privilegiado, equivale, na jurisprudência, a "valor insignificante".

(E) A jurisprudência do Superior Tribunal de Justiça não admite o reconhecimento do privilégio nas hipóteses de furto qualificado.

9. **(MP-MS - 20-8 - MPE-MS - Promotor de Justiça Substituto) Analise as proposições a seguir.**

   I. Segundo o Superior Tribunal de Justiça, é possível a consumação do furto em estabelecimento comercial, ainda que possua vigilância mediante câmara de vídeo em circuito interno ou realizada por seguranças.

   II. Réu primário e sem antecedentes, preso em flagrante por crime de furto simples, não poderá ser beneficiado com a suspensão condicional do processo, uma vez que não se trata de crime de menor potencial ofensivo.

   III. No caso de crime de furto qualificado, tratando-se de réu primário, se o objeto subtraído for de pequeno valor e a qualificadora for de ordem objetiva, será permitido o reconhecimento de furto privilegiado.

   IV. O Supremo Tribunal Federal aplica a teoria da *amotio* quanto à consumação do furto, segundo a qual o furto se consuma no momento em que a coisa subtraída passa para o poder do agente, mesmo que em curto lapso temporal, não importando o deslocamento ou posse mansa e pacífica.

   Assinale a alternativa correta.

   (A) Somente os itens I, III e IV estão corretos.
   (B) Somente os itens II e III estão corretos.
   (C) Somente os itens II e IV estão corretos.
   (D) Somente os itens I e IV estão corretos.
   (E) Todos os itens estão corretos.

10. **(CESPE - 2018 - PC-MA - Delegado de Polícia Civil) No interior de um estabelecimento comercial, João colocou em sua mochila diversos equipamentos eletrônicos, com a intenção de subtraí-los para si. Após conseguir sair do estabelecimento sem pagar pelos produtos, João foi detido, ainda nas proximidades do local, por agentes de segurança que visualizaram trechos de sua ação pelo sistema de câmeras de vigilância. Os produtos em poder de João foram recuperados e avaliados em R$ 1.200.**

    Nessa situação hipotética, caracterizou-se

    (A) uma tentativa inidônea de crime de furto.
    (B) um fato atípico, pela incidência do princípio da insignificância.
    (C) a prática de crime de furto.
    (D) uma situação de crime impossível por ineficácia absoluta do meio.
    (E) uma situação de crime impossível por absoluta impropriedade do objeto.

GABARITO: As respostas destes testes encontram-se no final do livro.

1.17. Questões Discursivas com Comentários

02. **(MP/RJ - XXXII CONCURSO PARA INGRESSO NA CARREIRA DO MINISTÉRIO PÚBLICO - 2011) Sobre a aplicação da pena responda às seguintes indagações:**

    a) Ao aplicar a pena pode o juiz considerar o privilégio do art. 155, parágrafo 2°, do Código Penal, nos casos de furto qualificado?

    COMENTÁRIOS

    Conforme consolidado entendimento, no âmbito da doutrina e da jurisprudência, é possível incidir o privilégio previsto no § 2° do art. 155 às hipóteses qualificadas do furto. Contudo, tal como ocorre com o crime de homicídio (art. 121, CP), tem-se exigido, para tanto, que a qualificadora seja de caráter objetivo. Para o STJ, porém, a qualificadora consistente no "abuso de confiança" deve ser considerada subjetiva, não se permitindo que, nesta hipótese, o furto qualificado seja também privilegiado. Nos demais casos, nada impede que tenhamos uma furto qualificador-privilegiado.

1.18. Questões para Treinar (sem comentários)

02. **(INSTITUTO AOCP - 2019 - PC-ES - Investigador) Em relação ao crime de furto, é correto afirmar que**

    (A) a pena é aumentada de um terço se a subtração for de semovente domesticável de produção, ainda que abatido ou dividido em partes no local da subtração.

(B) se o criminoso é primário e é de pequeno valor a coisa furtada, o juiz pode isentar o agente de pena.

(C) não se equipara à coisa móvel a energia elétrica.

(D) o furto é qualificado se o crime for cometido com destruição ou rompimento de obstáculo à subtração da coisa.

(E) a pena é aumentada de três quintos se a subtração for de veículo automotor que venha a ser transportado para outro Estado ou para o exterior.

03. **(COPS-UEL - 2018 - PC-PR - Escrivão de Polícia) A respeito dos crimes contra o patrimônio, considere as afirmativas a seguir.**

I. O delito de furto pressupõe o dissenso da vítima, devendo ainda ser praticado na ausência desta, pois, do contrário, será crime de roubo.

II. O agente que, durante a prática do crime de furto, ao ser surpreendido pela vítima, logo depois de subtraída a coisa, empregar grave ameaça, a fim de assegurar a detenção da coisa para si, responderá pelo crime de furto e também pelo crime de ameaça.

III. O agente que, simulando ser manobrista de estacionamento, recebe o veículo do cliente para estacioná-lo e, ao invés disso, vende o carro para terceira pessoa, comete o delito de estelionato.

IV. Se o agente é primário e é de pequeno valor a coisa furtada, haverá o chamado furto privilegiado e, neste caso, o juiz pode substituir a pena de reclusão pela de detenção, diminuí-la de um a dois terços, ou aplicar somente a pena de multa.

Assinale a alternativa correta.

(A) Somente as afirmativas I e II são corretas.

(B) Somente as afirmativas I e IV são corretas.

(C) Somente as afirmativas III e IV são corretas.

(D) Somente as afirmativas I, II e III são corretas.

(E) Somente as afirmativas II, III e IV são corretas.

03. **(VUNESP - 2018 - TJ-MT - Juiz Substituto) José revela a seu amigo João que tem a intenção de furtar determinado veículo e, considerando que João é dono de um "ferro velho" lhe propõe a compra do referido veículo após a consumação do furto. João aceita a proposta e, após o furto, compra referido veículo de José.**

Considerando a situação hipotética, João terá cometido o crime de

(A) furto qualificado.

(B) receptação qualificada.

(C) furto simples.

(D) receptação simples.

(E) favorecimento real.

04. **(FGV - 2018 - TJ-SC - Técnico Judiciário Auxiliar) Em dificuldades financeiras, Ana ingressa, com autorização da proprietária do imóvel, na residência vizinha àquela em que trabalhava com o objetivo de subtrair uma quantia de dinheiro em espécie, simulando para tanto que precisava de uma quantidade de açúcar que estaria em falta. Após ingressar no imóvel e mexer na gaveta do quarto, vê pela janela aquela que é sua chefe e pensa na decepção que lhe causaria, razão pela qual decide deixar o local sem nada subtrair. Ocorre que as câmeras de segurança flagraram o comportamento de Ana, sendo as imagens encaminhadas para a Delegacia de Polícia.**

Nesse caso, a conduta de Ana:

(A) configura crime de tentativa de furto em razão do arrependimento posterior;

(B) configura crime de tentativa de furto em razão do arrependimento eficaz;

(C) configura crime de tentativa de furto em razão da desistência voluntária;

(D) não configura crime em razão da desistência voluntária;

(E) não configura crime em razão do arrependimento eficaz.

05. **(MPE-MS - 2018 - MPE-MS - Promotor de Justiça Substituto) Assinale a alternativa correta.**

(A) É crime de extorsão mediante sequestro a conduta denominada de "sequestro-relâmpago" (ocorre quando os agentes abordam a vítima, restringem sua liberdade e com ela se deslocam e a caixas eletrônicos, com intuito de fazer saques em dinheiro).

(B) Advogado que é contratado para defender os interesses do seu cliente em processo judicial, recebendo previamente seus honorários, porém descumpre as disposições contratuais, deixando de adotar as providências decorrentes da obrigação pactuada, pratica o crime de apropriação indébita.

(C) Comete crime de concussão o funcionário público que se utiliza de violência ou grave ameaça para obter vantagem indevida.

(D) Funcionário público estadual com intuito de obter vantagem patrimonial para si, utilizando-se de papel-moeda grosseiramente falsificado para efetuar pagamento de compras de elevado valor em lojas comerciais, comete crime assimilado ao de moeda falsa.

(E) Na hipótese de uma pessoa, com dezoito anos, juntamente com um amigo menor de dezoito anos, com comunhão de esforços e unidade de desígnios, subtrair do avô da primeira, com sessenta e um anos de idade, a quantia de R$ 1.200,00, aquela praticará o crime de furto qualificado.

GABARITO: *As respostas destes testes encontram-se no final do livro.*

2. FURTO DE COISA COMUM

Furto de coisa comum

Art. 156 - Subtrair o condômino, co-herdeiro ou sócio, para si ou para outrem, a quem legitimamente a detém, a coisa comum:

Pena - detenção, de seis meses a dois anos, ou multa.

§ 1° - Somente se procede mediante representação.

§ 2° - Não é punível a subtração de coisa comum fungível, cujo valor não excede a quota a que tem direito o agente.

2.1. Considerações Iniciais

Trata-se de modalidade específica de furto, que é direcionada também contra coisa móvel, diferenciando-se, porém, por não se tratar de coisa completamente "alheia", uma vez que o agente responsável pela subtração a possui em conjunto com outras pessoas. A lógica consignada é a de que ao retirar a coisa comum de quem legitimamente a detém, não subtrai somente a coisa própria, mas também aquela fração pertencente a terceiro.

2.2. Tipicidade Objetiva

A conduta é rigorosamente a mesma daquela contida no art. 155, CP, ou seja, "subtrair". A conduta, tal como ocorre no crime de furto (art. 155, CP) também recai sobre coisa móvel. A distinção em relação ao tipo penal anterior reside na figura do sujeito ativo. Enquanto o crime de furto (art. 155, CP) pode ser praticado por qualquer pessoa (crime comum), o crime de furto de coisa comum somente poderia ser praticado pelo condômino (coproprietário), coerdeiro ou sócio.

2.3. Sujeitos

Sujeito ativo é condômino, coerdeiro ou sócio. Trata-se, portanto, de crime próprio, exigindo uma qualidade especial do sujeito ativo.

Sujeito passivo é o condômino, coerdeiro ou sócio que detém legitimamente a coisa.

2.4. Objetos

Objeto jurídico é a posse legítima ou a propriedade de determinado patrimônio.

Objeto material é a coisa móvel e comum.

2.5. Elemento Subjetivo

O elemento subjetivo é o dolo. Exige-se o dolo específico, consistente no ânimo de apossamento definitivo ("para si") ou de entrega definitiva a outrem ("para outrem").

Não há previsão para a modalidade culposa.

2.6. Consumação e Tentativa

Tal qual ocorre com o furto do artigo 155, não se exige que o agente tenha a posse pacífica da coisa.

Admite-se a tentativa.

2.7. Ação Penal

Trata-se de ação penal pública condicionada à representação do ofendido.

2.8. Penas

A pena para o crime de "furto de coisa comum" é de detenção de seis meses a dois anos, ou multa. Logo, podemos concluir que:

a) É possível a transação penal (art. 76, Lei n. 9.099/95), pois se trata de infração penal de menor potencial ofensivo;

b) É possível a suspensão condicional do processo (art. 89, Lei n. 9.099/95), pois a pena mínima não ultrapassa um ano.

c) Será cabível a substituição da pena por restritivas de direitos, pois no crime não há violência ou grave ameaça e a pena a ser imposta não ultrapassará quatro anos. Será necessário que se façam presentes os demais requisitos do art. 44, CP.

2.9. Classificação

O crime de "furto de coisa comum" pode ser classificado como:

a) **Próprio** (exige qualidade especial do sujeito ativo);

b) **Material** (a consumação exige a produção de um resultado naturalístico);

c) De **forma livre** (a Lei não estabelece exigência para a forma de execução);

d) **Simples** (tutela apenas um bem jurídico);

e) **Comissivo** (em regra) **ou omissivo** (quando ocorre omissão imprópria);

f) **Unissubjetivo** (pode haver ou não concurso de pessoas);

g) **Instantâneo** (consuma-se de imediato);

h) **Plurissubsistentes** (a conduta pode ser fracionada, e por isso admite a tentativa);

i) De **dano** (a consumação enseja violação ao bem jurídico, e não mera exposição a perigo);

j) **Não transeunte** (o crime deixa vestígios);

k) **Doloso.**

2.10. Quadro sinótico

FURTO DE COISA COMUM		
Considerações Iniciais	Trata-se de modalidade específica de furto, que é direcionada também contra coisa móvel, diferenciando-se, porém, por não se tratar de coisa completamente "alheia", uma vez que o agente responsável pela subtração a possui em conjunto com outras pessoas.	1
Tipicidade Objetiva	A conduta é rigorosamente a mesma daquela contida no art. 155, CP, ou seja, "subtrair". A conduta, tal como ocorre no crime de furto (art. 155, CP) também recai sobre coisa móvel.	2
Sujeitos	**Sujeito ativo** é condômino, coerdeiro ou sócio. **Sujeito passivo** é o condômino, coerdeiro ou sócio que detém legitimamente a coisa.	3
Objetos	**Objeto jurídico** é a posse legítima ou a propriedade de determinado patrimônio. **Objeto material** é a coisa móvel e comum.	4
Elemento Subjetivo	O elemento subjetivo é o dolo. Exige-se o dolo específico, consistente no ânimo de apossamento definitivo ("para si") ou de entrega definitiva a outrem ("para outrem"). Não há previsão para a modalidade culposa.	5
Consumação e Tentativa	Tal qual ocorre com o furto do artigo 155, não se exige que o agente tenha a posse pacífica da coisa. Admite-se a tentativa.	6
Ação Penal	Trata-se de ação penal pública condicionada à representação do ofendido.	7
Penas	A pena para o crime de "furto de coisa comum" é de detenção de seis meses a dois anos, ou multa.	8
Classificação	**a) Próprio** (exige qualidade especial do sujeito ativo); **b) Material** (a consumação exige a produção de um resultado naturalístico); **c) De forma livre** (a Lei não estabelece exigência para a forma de execução); **d) Simples** (tutela apenas um bem jurídico);	19

Classificação	e) **Comissivo** (em regra) **ou omissivo** (quando ocorre omissão imprópria); f) **Unissubjetivo** (pode haver ou não concurso de pessoas); g) **Instantâneo** (consuma-se de imediato); h) **Plurissubsistentes** (a conduta pode ser fracionada, e por isso admite a tentativa); i) **De dano** (a consumação enseja violação ao bem jurídico, e não mera exposição a perigo); j) **Não transeunte** (o crime deixa vestígios); k) **Doloso.**	19

II

DO ROUBO E DA EXTORSÃO

1. DO ROUBO

Art. 157 – Subtrair coisa móvel alheia, para si ou para outrem, mediante grave ameaça ou violência a pessoa, ou depois de havê-la, por qualquer meio, reduzido à impossibilidade de resistência:

Pena – reclusão, de quatro a dez anos, e multa.

§ 1° – Na mesma pena incorre quem, logo depois de subtraída a coisa, emprega violência contra pessoa ou grave ameaça, a fim de assegurar a impunidade do crime ou a detenção da coisa para si ou para terceiro.

§ 2° A pena aumenta-se de 1/3 (um terço) até metade: (Redação dada pela Lei n° 13.654, de 2018)

I – (revogado); (Redação dada pela Lei n° 13.654, de 2018)

II – se há o concurso de duas ou mais pessoas;

III – se a vítima está em serviço de transporte de valores e o agente conhece tal circunstância.

IV – se a subtração for de veículo automotor que venha a ser transportado para outro Estado ou para o exterior; (Incluído pela Lei n° 9.426, de 1996)

V – se o agente mantém a vítima em seu poder, restringindo sua liberdade. (Incluído pela Lei n° 9.426, de 1996)

VI – se a subtração for de substâncias explosivas ou de acessórios que, conjunta ou isoladamente, possibilitem sua fabricação, montagem ou emprego. (Incluído pela Lei n° 13.654, de 2018)

VII – se a violência ou grave ameaça é exercida com emprego de arma branca (Incluído pela Lei n. 13.964/19);

§ 2°-A A pena aumenta-se de 2/3 (dois terços): (Incluído pela Lei n° 13.654, de 2018)

I – se a violência ou ameaça é exercida com emprego de arma de fogo; (Incluído pela Lei n° 13.654, de 2018)

II – se há destruição ou rompimento de obstáculo mediante o emprego de explosivo ou de artefato análogo que cause perigo comum. (Incluído pela Lei n° 13.654, de 2018)

> § 3° Se da violência resulta: (Redação dada pela Lei n° 13.654, de 2018)
>
> I - lesão corporal grave, a pena é de reclusão de 7 (sete) a 18 (dezoito) anos, e multa; (Incluído pela Lei n° 13.654, de 2018)
>
> II - morte, a pena é de reclusão de 20 (vinte) a 30 (trinta) anos, e multa. (Incluído pela Lei n° 13.654, de 2018)
>
> § 2°-B. Se a violência ou grave ameaça é exercida com emprego de arma de fogo de uso restrito ou proibido, aplica-se em dobro a pena prevista no *caput* deste artigo (Incluído pela Lei n. 13.964/19).

1.1. Considerações Iniciais

O roubo possui elementos idênticos ao furto, a saber, a subtração de coisa alheia como conduta típica, com a finalidade de apropriação definitiva. Além dos referidos elementos, para restar caracterizado o roubo, assinale-se que a conduta deve ser acrescida de violência, ameaça ou redução da vítima à impossibilidade de resistência.

O *caput* do presente artigo descreve a conduta do roubo classificado como **próprio**, quando a violência é empregada antes ou simultaneamente à subtração. Noutro passo, o § 1° descreve o roubo **impróprio**, quando a violência é empregada de forma posterior, com a intenção de assegurar a impunidade do crime ou o sucesso do feito. É o caso do agente que ingressa em uma residência vazia para efetuar a subtração dos bens e é surpreendido pelo proprietário quando estava se retirando. Para assegurar o êxito da subtração que se iniciara, o ladrão do nosso exemplo emprega violência contra o proprietário da residência, para conseguir fugir. Este é um exemplo clássico de roubo impróprio.

1.2. Tipicidade Objetiva

A conduta consiste em "subtrair". Como se vê, trata-se da mesma conduta existente no crime de "furto" (art. 155, CP). No caso do roubo, todavia, são acrescidas as ideias de violência (violência física, real, consistente na afronta à integridade corporal da vítima), grave ameaça (violência moral, consistente promessa de mal injusto, sério e relevante) ou redução da vítima à impossibilidade de resistência (violência imprópria).

Na hipótese da violência imprópria, estaremos diante da situação na qual o agente se vale de algum artifício, como, por exemplo, o emprego de substância entorpecente. É o exemplo em que o agente coloca droga na bebida da vítima, fazendo com que ela venha a perder a consciência, para, assim, poder subtrair-lhe os bens. Neste caso, não houve violência física propriamente dita, tampouco emprego de grave ameaça. Mas é hipótese de roubo, e não de furto, haja vista que houve a redução da vítima à impossibilidade de resistência.

Como se vê, a violência imprópria (consistente na redução da vítima à impossibilidade de resistência) não se confunde com o roubo impróprio (previsto no art. 157, § 1°, CP).

1.3. Sujeitos

Qualquer pessoa pode ser sujeito ativo do crime de roubo. Trata-se de crime comum, portanto.

Sujeito passivo será o proprietário ou possuidor da coisa, bem como qualquer outra pessoa que venha a ser atingida pela violência ou grave ameaça empregada no roubo.

1.4. Objetos

No que se refere ao objeto jurídico, trata-se de crime pluriofensivo, isto é, que se consuma mediante a lesão (ofensa) a mais de um bem jurídico. Dito de outra maneira, trata-se de tipo penal que objetiva tutelar mais de um bem jurídico. Desta forma, no roubo, tutela-se o patrimônio da vítima, bem como a integridade física e a liberdade individual, pois o crime pressupõe emprego de violência ou grave ameaça.

O objeto material é a coisa móvel subtraída, bem como a pessoa contra quem a violência ou ameaça foi empregada.

1.5. Elemento Subjetivo

Da mesma forma que ocorre com o crime de furto, no roubo o elemento subjetivo consiste no dolo, e exige-se o dolo específico consistente no ânimo de apossamento definitivo da coisa.

Não se admite a modalidade culposa.

1.6. Consumação e Tentativa

A jurisprudência não exige a posse pacífica da coisa para que haja consumação. Neste sentido, o entendimento do STJ, cristalizado no verbete n. 582 da súmula de sua jurisprudência:

> **Súmula n. 582/STJ:** "Consuma-se o crime de roubo com a inversão da posse do bem mediante emprego de violência ou grave ameaça, ainda que por breve tempo e em seguida à perseguição imediata ao agente e recuperação da coisa roubada, sendo prescindível a posse mansa e pacífica ou desvigiada".

Admite-se a tentativa.

1.7. Ação Penal

A ação penal é pública incondicionada.

1.8. Causas de Aumento de Pena

Os § 2º, § 2º-A e § 2º-B do art. 157, CP descrevem as causas de aumento de pena (roubo circunstanciado ou agravado). Nas hipóteses do § 2º, deve a condenação ser aumentada de um terço até a metade se executado em concurso de duas ou mais pessoas, se a vítima está em serviço de transporte de valores e o agente conhece tal circunstância, se a subtração é de veículo automotor que venha a ser transportado para outro Estado ou para o exterior, se o agente mantém a vítima mantém em seu poder, restringindo, assim, a sua liberdade ou se emprega arma branca.

No § 2º-A, acrescido pela Lei n. 13.654/2018, haverá causa de aumento de pena em 2/3 (dois terços) em duas hipóteses: a) se a subtração for de substâncias explosivas ou de acessórios que, conjunta ou isoladamente, possibilitem sua fabricação, montagem ou emprego; b) se houver emprego de arma de fogo. Passemos ao estudo das referidas causas de aumento.

Por fim, no caso do § 2º-B, a pena do roubo é aplicada em dobro se a conduta é praticada mediante o emprego de arma de fogo de uso restrito ou proibido.

I – Aumento de 1/3 (um terço) até a metade (§ 2º)

a) Concurso de duas ou mais pessoas: Tal como ocorre no caso do furto (art. 155, CP), o concurso de pessoas no roubo deve levar em consideração a existência de agentes impuníveis e de pessoas não identificadas. Haverá a incidência da qualificadora tanto na hipótese de coautoria quanto na de participação. Deste modo, se um dos agentes for apenas partícipe, isto é, se induziu, instigou ou prestou auxílio à conduta principal do autor, ambos responderão pelo crime de roubo majorado pelo concurso de pessoas.

Importante recordar (conforme comentamos ao tratar do tipo penal do art. 155, CP) que no furto, o concurso de pessoas dá ensejo a uma qualificadora, ao passo que, no roubo, haverá apenas uma causa de aumento de pena. E o Superior Tribunal de Justiça já refutou a possibilidade de se aplicar a causa de aumento de pena do roubo ao furto. Conforme o verbete de súmula n. 442, do STJ:

> **Súmula n. 442/STJ:** "É inadmissível aplicar, no furto qualificado, pelo concurso de agentes, a majorante do roubo".

b) Se a vítima está em serviço de transporte de valores e o agente conhece tal circunstância: para que se configure a majorante, imprescindível, portanto, que haja dolo (consciência e vontade) do agente em relação à existência da circunstância que permite o aumento de pena. Não basta que a vítima se encontre transportando valores. Faz-se necessário, também, que esteja em serviço. Mas a causa de aumento não se aplica apenas aos casos nos quais o transporte de valores é a atividade fim da vítima. Poderia incidir, por exemplo, nos casos em que um funcionário de uma microempresa vai transportar valores para realizar pagamento de fornecedores, ainda que tal atividade seja uma entre tantas outras que realize, ou ainda que sequer tal atividade estivesse nos seu espectro de atribuições ordinárias.

c) Se a subtração for de veículo automotor que venha a ser transportado para outro Estado ou para o exterior: esta causa de aumento de pena possui equivalente entre as hipóteses de furto qualificado (art. 155, § 5º, CP). Ambos os dispositivos foram acrescentados pela Lei n. 9.426/96.

Para que haja a incidência da majorante, imprescindível que o veículo automotor efetivamente seja transportado para outro Estado ou para o exterior. Se o agente conseguir subtrair o veículo e, por exemplo, for preso antes de atravessar a fronteira nacional ou a divisa entre unidades da federação, o crime será de furto simples, e não qualificado. Não será possível também falarmos, neste caso, em crime de furto qualificado tentado. Com efeito, não haverá que se falar em tentativa, porquanto o furto foi consumado. E a qualificadora não se faz presente, pois não houve o efetivo implemento da internacionalidade ou interestadualidade.

De igual sorte, não há crime de furto qualificado tentado quando o agente subtrai o veículo, sofre perseguição, atravessa a fronteira (ou divisa) e logo em seguida é preso. Consoante o atual entendimento jurisprudencial, em um caso como este, o crime de furto já estaria consumado, porquanto a consumação não pressupõe a posse pacífica do bem.

Tal qual ocorre com o § 5º do art. 155, CP (ao tratar do furto qualificado), a majorante do crime em apreço, faz menção ao transporte de veículo para outro Estado, e não se refere ao Distrito Federal. Se, por exemplo, o agente furta um carro em Goiás e o transporta até o Distrito Federal, incidiria a qualificadora em comento?

Há duas correntes de pensamento a respeito. Uma primeira corrente admite a qualificadora neste caso, pois não se deve interpretar o dispositivo no sentido de excluir a Capital da República do âmbito de incidência da norma, já que esta não teria sido a finalidade do legislador[1]. Por outro lado, uma segunda corrente de pensamento entende que não se pode fazer incidir a qualificadora neste caso, pois isto consagraria uma analogia *in malam partem*.

d) Se o agente mantém a vítima em seu poder, restringindo sua liberdade: trata-se da situação na qual o agente mantém a vítima privada de sua liberdade como forma para efetivar a subtração ou para assegurar o seu êxito. Se porventura houver privação da liberdade de forma desproporcional, em período muito mais longo do que o necessário para a efetivação da subtração ou para assegurar o seu êxito, haverá concurso de crimes entre oi roubo e o "sequestro e cárcere privado" (art. 148, CP).

e) Se a subtração for de substâncias explosivas ou de acessórios que, conjunta ou isoladamente, possibilitem sua fabricação, montagem ou emprego: a referida causa de aumento de pena foi acrescida ao Código Penal pela Lei n. 13.654 de 2018. Neste dispositivo (art. 157, § 2º, VI, CP) não se confunde com a causa de aumento contida no § 2º-A. II do mesmo artigo. Aqui, trata-se de subtração de substância explosiva ou de acessórios, ao passo que no outro dispositivo, o explosivo ou artefato análogo é utilizado como instrumento para destruir ou romper o obstáculo à subtração.

f) Se a violência ou grave ameaça é exercida com emprego de arma branca: Assinale-se que a causa de aumento outrora existente no inciso I do § 2º, qual seja a execução da conduta com o emprego de arma, foi revogada pela já referenciada Lei n. 13.654/2018, passando a ilustrar, a partir de então, o § 2º-A do mesmo artigo, que determina o aumento da pena em 2/3 (e não mais de um terço até a metade), caso a violência ou ameaça se dê a partir do emprego de arma de fogo (não apenas "arma"). Percebam, pois, que não houve *abolitio criminis*, mas sim continuidade normativo-típica.

---

1. Neste sentido, CUNHA, Rogério Sanches. *Manual de Direito Penal*: *parte especial*. 10. Ed. Salvador Juspodivm, 2018, p.298.

Noutro passo, o referido parágrafo agora referencia arma de fogo, o que significa, portanto, que o roubo com o emprego de arma "branca" não era mais punido como roubo circunstanciado. Tratava-se, em princípio, do roubo em seu tipo fundamental (art. 157, *caput*). Assim sendo, por ser mais benéfica, a Lei deveria retroagir para atingir roubos praticados mediante arma branca.

Importante assinalar, entretanto, que os Ministérios Públicos de vários Estados estão alegando a inconstitucionalidade formal do referido parágrafo, em razão de suposta burla ao processo legislativo. Em sentido diverso, defensores públicos têm defendido que o processo legislativo ocorreu sem qualquer vício. Ainda não manifestação do STF acerca do assunto. Já o STJ, sem enfrentar eventual inconstitucionalidade formal, já vem aplicando a revogação promovida pela aludida lei.

O imbróglio teve um novo episódio quando a Lei n. 13.964/19 (Lei Anticrime) inseriu o inciso VII no § 2º do art. 157, CP, passando a prever a causa de aumento de pena no caso de emprego de arma branca.

Então, em síntese, a questão da valoração do emprego de arma branca ao crime de roubo observa três marcos temporais distintos, no seguinte sentido:

i) **Antes da Lei n. 13.654**: incidia a causa de aumento de pena prevista no § 2º do art. 157, CP.

ii) **A partir do advento da Lei n. 13.654 e até a entrada em vigor da Lei n. 13.964 (Lei Anticrime)**: não incide a causa de aumento de pena em caso de emprego de arma branca. Nestes casos, o emprego de arma branca poderia ser valorado na dosimetria da pena, por ocasião das circunstâncias judiciais, conforme decidido pelo STJ[2].

A partir da entrada em vigor da Lei 13.964 (Lei Anticrime): incide a causa de aumento de pena prevista no § 2º do art. 157, CP.

No que se refere à aplicação das majorantes para o crime de roubo, o Superior Tribunal de Justiça aprovou o verbete n. 443 da súmula de sua jurisprudência, nos seguintes termos:

> **Súmula n. 443/STJ:** "O aumento na terceira fase de aplicação da pena no crime de roubo circunstanciado exige fundamentação concreta, não sendo suficiente para a sua exasperação a mera indicação do número de majorantes".

II – Aumento de 2/3 (dois terços) (§ 2º-A)

O § 2º-A do art. 157, CP, introduzido pela Lei n. 13.654 traz duas situações nas quais a pena do crime de roubo seria aumentada em dois terços. São elas:

a) Se a violência ou ameaça é exercida com emprego de arma de fogo:

Conforme acima mencionado, com o advento da Lei n. 13.654/18, foi revogado o inciso I do § 2º do art. 157, CP, que tratava do aumento de pena no emprego de arma, e

2. STJ, HC 556.629-RJ, Rel. Min. Ribeiro Dantas, Quinta Turma, por unanimidade, julgado em 03/03/2020, DJe 23/03/2020.

acrescido o § 2º-A, que, no seu inciso I, consagra o aumento da pena do roubo em dois terços no caso de emprego de arma de fogo.

Ainda acerca do emprego de arma, de acordo como STF, é desnecessária a sua apreensão e perícia para fins de aplicação da causa de aumento[3]. E isto porque em nossa ordem jurídica não há hierarquia entre as provas, e o emprego da arma de fogo poderá ser provado por outros meios, que não a prova pericial.

No tocante à arma com defeito, a perícia deve estabelecer se a falha acarreta ineficácia absoluta ou relativa. Na primeira hipótese o entendimento STJ é no sentido de que não se aplica a causa de aumento de pena, ao passo que na segunda hipótese a majorante deve incidir[4]. Como se vê, não há necessidade de apreensão da arma e realização de perícia para fazer incidir a causa de aumento, pois o emprego de arma pode ser demonstrado por outros meios. Mas se a perícia for realizada e constatar que não há potencial lesivo na arma, a causa de aumento restará descaracterizada.

Quanto à arma desmuniciada, há divergência no STJ acerca da sua ineficácia seja absoluta ou relativa, já tendo sido proferidas decisões em ambos os sentidos[5].

Sobre o uso da arma de brinquedo (arma ficta), é dominante o entendimento doutrinário e jurisprudencial no sentido de que não permite o aumento da pena do crime de roubo. O STJ chegou a sumular entendimento diverso, mas o referido verbete de súmula foi cancelado há muitos anos[6]. Com efeito, o STJ reconheceu que a incidência da referida causa de aumento quando da utilização da arma de brinquedo caracteriza analogia *in malam partem,* porquanto admite a equiparação do brinquedo a uma arma.

Ninguém pode negar que a arma de brinquedo possui grande potencial de intimidação. E é justamente por isso que a conduta consistente na subtração de coisa móvel mediante emprego de arma de brinquedo constitui crime de roubo (há grave ameaça). Mas isto não permite a aplicação da causa de aumento, pois, como dito, equivaleria a equiparar o brinquedo à arma, o que constitui analogia prejudicial ao réu, vedada pelo Direito Penal.

b) Se há destruição ou rompimento de obstáculo mediante o emprego de explosivo ou de artefato análogo que cause perigo comum: ainda sobre as inovações trazidas pelo § 2º A, incidirá a majorante de 2/3 nos casos de destruição ou rompimento de obstáculo mediante o emprego de explosivo ou de artefato análogo que cause perigo comum. É o exemplo de bandidos que roubam uma agência bancária e detonam dinamites para abrir o cofre.

III – Aumento ao dobro (§ 2º-B)

O § 2º-B foi acrescentado ao art. 157, CP pela Lei Anticrime (Lei n. 13.964/19), e possui a seguinte redação: "Se a violência ou grave ameaça é exercida com emprego de arma de fogo de uso restrito ou proibido, aplica-se em dobro a pena prevista no **caput** deste artigo".

3. STF, HC 96.099/RS, rel. Min. Ricardo Lewandowski.
4. STJ, HC 247.669/SP, rel. Min. Sebastião Reis Júnior.
5. STJ, HC 246.811/RJ, rel. Min. Laurita Vaz e STJ, HC 261.090/SP, rel. Min. Og Fernandes.
6. Dispunha a súmula n. 174/STJ: "No crime de roubo, a intimidação feita com arma de brinquedo autoriza o aumento da pena". Esta súmula foi cancelada por ocasião do julgamento do **REsp. 213.054-SP, j. em 24/10/2001, pela 3ª Seção.**

Em resumo, no que se refere ao emprego de arma, no crime de roubo, após a entrada em vigor da Lei Anticrime (Lei n. 13.964/19, temos a seguinte situação:

a) Emprego de arma branca: pena aumentada em 1/3 (um terço) até a metade;

b) Emprego de arma de fogo que não se enquadre naquelas de uso proibido ou restrito: pena aumentada em 2/3 (dois terços);

c) Emprego de arma de fogo de uso proibido ou restrito: pena aplicada em dobro.

1.9. Qualificadoras

Ao final do artigo, o § 3º, cuja redação foi alterada/melhorada pela Lei 13.654/2018, estabelece duas qualificadoras para o crime de roubo. São elas:

a) **Se da violência resulta lesão corporal de natureza grave:** neste caso, a pena é de reclusão de 7 (sete) a 18 (dezoito) anos e multa. Vale reiterar que as hipóteses de lesão corporal de natureza grave estão dispostas nos §§ 1º e 2º do art. 129, CP. Para que incida a qualificadora, imprescindível que a lesão corporal decorra da violência empregada na prática do roubo, não havendo que se falar em crime qualificado quando tais lesões derivam, por exemplo, da grave ameaça empregada.

b) **Se da violência resulta morte:** é o chamado latrocínio, hipótese na qual a pena é de reclusão de 20 (vinte) a 30 (trinta) anos, além da multa.

O Código Penal não utiliza a expressão latrocínio, como fez a Lei de Crimes Hediondos. De toda sorte, tal expressão já se encontrava consagrada pela doutrina e pela jurisprudência. O latrocínio (roubo qualificado pela morte) era a única hipótese de crime de roubo que constituía crime hediondo, até o advento da Lei n. 13.964/19.

Para que haja o latrocínio, é necessário que a morte derive da violência empregada no roubo. Assim, se a morte da vítima deriva da grave ameaça, não há que se falar em latrocínio. Se, por exemplo, o agente empregar a grave ameaça para subtrair os pertences da vítima e esta for fulminada por um ataque cardíaco, vindo a óbito, o agente não responderia pelo crime de roubo qualificado pela morte (latrocínio), mas sim pelo crime de roubo em concurso com o crime de homicídio[7] (doloso ou culposo, a depender do caso).

No crime de latrocínio, o resultado morte pode ser imputado ao agente a título de dolo ou de culpa[8]. Não se trata, necessariamente, portanto, de crime preterdoloso – em que há dolo na conduta e culpa no resultado –, na medida em que, no latrocínio, haverá o dolo de subtrair, mas pode haver também o dolo de produzir o resultado morte.

Obviamente, não haverá latrocínio quando o resultado morte não puder ser imputado ao ladrão nem a título de dolo nem de culpa. De igual sorte, não há que se falar em latrocínio quando houver o rompimento do nexo causal entre o roubo e a morte. É o caso, por exemplo, em que o criminoso subtrai o veículo da vítima, cerceando sua liberdade e

7. GRECO, Rogério. *Código penal comentado.* 7. ed. Niterói: Impetus, 2013, p. 482.
8. STJ, HC 201.175/MS, Rel. Min. Jorge Mussi, julgado em 23/04/2013.

produz um acidente que vem a vitimá-la. Neste caso, a morte foi produzida pelo acidente automobilístico e não pela violência empregada na subtração, razão pela qual não se trata de latrocínio, mas de crime de roubo em concurso com o homicídio[9] (doloso ou culposo, a depender do caso).

Consoante consolidado entendimento jurisprudencial, a morte de qualquer pessoa, desde que não seja integrante do grupo de criminosos, caracteriza o crime de latrocínio. É o caso, por exemplo, dos criminosos que invadem um estabelecimento comercial para efetuar a subtração e acabam por matar o segurança, um vendedor ou um cliente do estabelecimento. O latrocínio não pressupõe, portanto, a morte do próprio titular do bem jurídico patrimônio.

Como mencionado, este raciocínio não poderia ser empregado se a pessoa morta fosse integrante do grupo. Imaginemos, por exemplo, que um dos agentes atenta contra a vida do outro para não precisar dividir o produto do crime. Neste caso, resta óbvia a existência de um dolo absolutamente descompassado da pretensão de subtrair os bens. Trata-se de crime de homicídio (*animus neccandi*) do comparsa em concurso com o crime de roubo (*animus furandi*) das demais vítimas.

Mas vamos imaginar que o criminoso, pretendendo empregar a violência contra a vítima, erra o disparo, atingindo seu comparsa, que vem a óbito. Neste caso haverá o crime de latrocínio, pois se trata de erro na execução (*aberratio ictus*). De fato, o art. 73, CP, que trata do tema, dispõe que se o agente atingir pessoa diversa da pretendida, deverá responder como se houvera acertado a que pretendia. Assim, no exemplo citado, o criminoso que matou o comparsa por ter errado o disparo deverá responder como se houvesse matado a própria vítima do crime patrimonial, o que, decerto, caracterizaria o crime de latrocínio.

Cabe observar, ainda, que, no concurso de pessoas no latrocínio, o coautor que não efetuou o disparo que produziu a morte da vítima também responderá pelo crime[10]. Vale recordar que quem, de qualquer modo, concorre para o crime incide nas penas a este cominadas, na medida de sua culpabilidade (art. 29, CP). Tendo, portanto, concorrido para o crime de latrocínio, o agente responderá por ele, ainda que não tenha realizado os disparos. Tal circunstância poderá ser valorada por ocasião da dosimetria da pena.

Se houver a morte de mais de uma vítima, com a violação de apenas um patrimônio, a doutrina majoritária defende a ideia de crime único, sobretudo porque o crime de latrocínio é patrimonial, não se encontrando no rol dos crimes contra a vida. Não é, porém, o entendimento que prevalece em nossa jurisprudência. De acordo com o STJ, haveria, na hipótese, concurso formal impróprio[11].

Parece-nos ser o entendimento mais acertado. Com efeito, é importante recordar que, malgrado se encontre no rol dos crimes patrimoniais – consoante sua localização topográfica – o crime de latrocínio é pluriofensivo, isto é, objetiva a tutela de mais de

---

9. STJ, REsp 1085129/MG, Rel. Min. Maria Thereza de Assis Moura, julgado em 10/04/2012.
10. STJ, HC 31.169/SP, Rel. Min. Hamilton Carvalhido, julgado em 16/12/2004.
11. STJ, HC 165.582/SP, Rel. Min. Maria Thereza de Assis Moura, DJe de 06/06/2013.

um bem jurídico. Assim, havendo a violação a mais de um bem jurídico vida, é razoável entender-se que existe a pluralidade de crimes.

De igual sorte, o STJ entende que há dois crimes de latrocínio quando perpetrados contra vítimas distintas que eram casadas entre si. No caso julgado, a defesa pedia o reconhecimento do crime único, sob o argumento de que se trataria de patrimônio único, na medida em que as vítimas estavam casadas sob regime de comunhão de bens.

Ainda que a hipótese caracterizasse crime único, "o fato de serem as vítimas casadas civilmente não leva obrigatoriamente à conclusão de que os bens deles subtraídos num mesmo contexto fático necessariamente constituíam um patrimônio comum indivisível, pois, mesmo no regime de comunhão universal – em que há a comunicação de todos os bens presentes e futuros dos cônjuges (art. 1.667 do CC) – há os que por lei são considerados patrimônio exclusivo do cônjuge que o recebeu, os denominados bens personalíssimos"[12].

Para que se caracterize o latrocínio tentado, não importa a gravidade das lesões produzidas à vítima[13]. A rigor, nem sequer é necessário que a vítima sofra qualquer tipo de lesão, pois o crime estará caracterizado se restar provado que, no decorrer da pretensão de subtração dos bens da vítima, o criminoso também atentou contra a sua vida. Basta imaginar a hipótese em que o agente deflagrou disparos com a intenção de matar a vítima, no contexto do roubo, errando os disparos. Trata-se a toda vista, de crime de latrocínio tentado.

Por fim, vale destacar que o Supremo Tribunal Federal possui dois enunciados em sua súmula de jurisprudência em torno do crime de latrocínio. O primeiro é o enunciado de n. 603, nos seguintes termos:

> **Súmula n. 603/STF:** "A competência para o processo e julgamento de latrocínio é do juiz singular e não do Tribunal do Júri."

Este entendimento, atualmente, é absolutamente pacificado. Como consabido, cabe ao Tribunal do Júri o julgamento dos crimes dolosos contra a vida, e o latrocínio se encontra no rol dos crimes patrimoniais. O fato de se tratar de crime pluriofensivo, em que a vida humana também é tutelada, não infirma a ideia de que o crime não se encontra no rol dos crimes contra a vida, que estão previstos taxativamente entre os arts. 124 e 128, CP.

O segundo verbete de súmula é o de n. 610, com a seguinte redação:

> **Súmula n. 610/STF:** "Há crime de latrocínio, quando o homicídio se consuma, ainda que não se realize o agente a subtração de bens da vítima".

Este já é um entendimento mais controverso; ao menos em sede doutrinária. Conforme o entendimento esposado pelo STF na súmula mencionada, se o criminoso ceifar a vida da vítima, mas não lograr êxito na subtração dos seus pertences, haveria o crime de latrocínio consumado.

12. STJ, HC 122061/RS, rel. Min. Laurita Vaz, rel. p/ Acórdão Min. Jorge Mussi, julgado em 03/05/2011.
13. STJ, HC 186.575/SP, rel. Min. Laurita Vaz, julgado em 27/08/2013.

Ora, o crime de latrocínio é complexo, isto é, resulta da junção de mais de um crime (no caso, o roubo e o homicídio). Para que se consume o crime complexo, é necessário que os crimes que o constituem também se consumem. Por esta razão, se o criminoso não logrou êxito em promover a subtração pretendida, estaríamos diante de um caso de latrocínio tentado, e não consumado[14]. Como visto, não é este o entendimento consagrado pelo Supremo Tribunal Federal.

1.10. Roubo como crime hediondo

Até o advento da Lei Anticrime (Le n. 13.964/19), o crime de roubo somente seria categorizado como hediondo na hipótese de latrocínio (roubo qualificado pela morte). Com a alteração legislativa, que entrou em vigor no dia 23 de janeiro de 2020, houve uma substancial alteração no teor do art. 1º da Lei de Crimes Hediondos, de modo que, atualmente, o crime de roubo é considerado hediondo nos seguintes casos:

a) Circunstanciado pela restrição de liberdade da vítima (art. 157, § 2º, inciso V);

b) Circunstanciado pelo emprego de arma de fogo (art. 157, § 2º-A, inciso I) ou pelo emprego de arma de fogo de uso proibido ou restrito (art. 157, § 2º-B);

c) Qualificado pelo resultado lesão corporal grave ou morte (art. 157, § 3º);

1.11. Penas

A pena prevista para o crime de roubo é de reclusão de 4 (quatro) a 10 (dez) anos, além da multa. À vista disto, devemos recordar não ser possível a aplicação dos institutos despenalizadores, como a transação penal e a suspensão condicional do processo. Ademais, não será possível a substituição da pena privativa de liberdade pela pena restritiva de direitos, ainda que a pena efetivamente imposta não supere 4 (quatro) anos, haja vista a impossibilidade de se realizar tal substituição em crimes praticados mediante violência ou grave ameaça (art. 44, CP).

1.12. Classificação

O crime de roubo pode ser classificado como:

a) **Comum** (pode ser praticado por qualquer pessoa);

b) **Material** (a consumação exige a produção de um resultado naturalístico);

c) De **forma livre** (a Lei não estabelece exigência para a forma de execução);

d) **Pluriofensivo** (tutela mais de um bem jurídico);

e) **Comissivo** (em regra) **ou omissivo** (quando ocorre omissão imprópria);

---

14. Em sentido similar, GRECO, Rogério. *Ob. cit.*, p. 486.

f) **Unissubjetivo** (pode haver ou não concurso de pessoas);

g) **Instantâneo** (consuma-se de imediato);

h) **Plurissubsistentes** (a conduta pode ser fracionada, e por isso admite a tentativa);

i) De **dano** (a consumação enseja violação ao bem jurídico, e não mera exposição a perigo);

j) **Não transeunte** (o crime deixa vestígios);

k) **Doloso.**

1.13. Quadro Sinótico

ROUBO		
Considerações Iniciais	O roubo possui elementos idênticos ao furto, a saber, a subtração de coisa alheia como conduta típica, com a finalidade de apropriação definitiva. Além dos referidos elementos, para restar caracterizado o roubo, assinale-se que a conduta deve ser acrescida de violência, ameaça ou redução da vítima à impossibilidade de resistência. O *caput* do presente artigo descreve a conduta do roubo classificado como próprio, quando a violência é empregada antes ou simultaneamente à subtração. Noutro passo, o § 1º descreve o roubo impróprio, quando a violência é empregada de forma posterior, com a intenção de assegurar a impunidade do crime ou o sucesso do feito.	1
Tipicidade Objetiva	A conduta consiste em "subtrair". Como se vê, trata-se da mesma conduta existente no crime de "furto" (art. 155, CP). No caso do roubo, todavia, são acrescidas as ideias de violência (violência física, real, consistente na afronta à integridade corporal da vítima), grave ameaça (violência moral, consistente promessa de mal injusto, sério e relevante) ou redução da vítima à impossibilidade de resistência (violência imprópria).	2
Sujeitos	Qualquer pessoa pode ser sujeito ativo do crime de roubo. Sujeito passivo será o proprietário ou possuidor da coisa, bem como qualquer outra pessoa que venha a ser atingida pela violência ou grave ameaça empregada no roubo.	3
Objetos	No que se refere ao objeto jurídico, trata-se de crime pluriofensivo, isto é, que se consuma mediante a lesão (ofensa) a mais de um bem jurídico. Desta forma, no roubo, tutela-se o patrimônio da vítima, bem como a integridade física e a liberdade individual, pois o crime pressupõe emprego de violência ou grave ameaça. O objeto material é a coisa móvel subtraída, bem como a pessoa contra quem a violência ou ameaça foi empregada.	4
Elemento Subjetivo	Da mesma forma que ocorre com o crime de furto, no roubo o elemento subjetivo consiste no dolo, e exige-se o dolo específico consistente no ânimo de apossamento definitivo da coisa. Não se admite a modalidade culposa.	5

Consumação e Tentativa	A jurisprudência não exige a posse pacífica da coisa para que haja consumação. Admite-se a tentativa.		6
Ação Penal	A ação penal é de iniciativa pública incondicionada.		7
Causas de aumento de pena	**Aumento de 1/3 (um terço) até a metade (§ 2º)**	**a)** Concurso de duas ou mais pessoas; **b)** Se a vítima está em serviço de transporte de valores e o agente conhece tal circunstância; **c)** Se a subtração for de veículo automotor que venha a ser transportado para outro Estado ou para o exterior;	8
Causas de aumento de pena	**Aumento de 1/3 (um terço) até a metade (§ 2º)**	**d)** Se o agente mantém a vítima em seu poder, restringindo sua liberdade; **e)** Se a subtração for de substâncias explosivas ou de acessórios que, conjunta ou isoladamente, possibilitem sua fabricação, montagem ou emprego; **f)** Se houver emprego de arma branca.	
	Aumento de 2/3 (dois terços) (§ 2º-A) **Pena aplicada em dobro (§ 2º-B)**	**a)** Se a violência ou ameaça é exercida com emprego de arma de fogo; **b)** Se há destruição ou rompimento de obstáculo mediante o emprego de explosivo ou de artefato análogo que cause perigo comum. Emprego de arma de fogo de uso proibido ou restrito	
Qualificadoras Crime hediondo	**a) Se da violência resulta lesão corporal de natureza grave:** neste caso, a pena é de reclusão de 7 (sete) a 18 (dezoito) anos e multa; **b) Se da violência resulta morte:** é o chamado latrocínio, hipótese na qual a pena é de reclusão de 20 (vinte) a 30 (trinta) anos, além da multa. O latrocínio (roubo qualificado pela morte) é a única hipótese de crime de roubo que constitui crime hediondo, conforme previsão do art. 1º da Lei n. 8.072/90. Para que haja o latrocínio, é necessário que a morte derive da violência empregada no roubo. **Quando o crime de roubo for:** **a)** Circunstanciado pela restrição de liberdade da vítima (art. 157, § 2º, inciso V); **b)** Circunstanciado pelo emprego de arma de fogo (art. 157, § 2º-A, inciso I) ou pelo emprego de arma de fogo de uso proibido ou restrito (art. 157, § 2º-B); **c)** Qualificado pelo resultado lesão corporal grave ou morte (art. 157, § 3º);		9
Penas	A pena prevista para o crime de roubo é de reclusão de 4 (quatro) a 10 (dez) anos, além da multa.		10

Classificação	a) **Comum** (pode ser praticado por qualquer pessoa); b) **Material** (a consumação exige a produção de um resultado naturalístico); c) **De forma livre** (a Lei não estabelece exigência para a forma de execução); d) **Pluriofensivo** (tutela mais de um bem jurídico); e) **Comissivo** (em regra) **ou omissivo** (quando ocorre omissão imprópria); f) **Unissubjetivo** (pode haver ou não concurso de pessoas); g) **Instantâneo** (consuma-se de imediato) h) **Plurissubsistentes** (a conduta pode ser fracionada, e por isso admite a tentativa); i) **De dano** (a consumação enseja violação ao bem jurídico, e não mera exposição a perigo); j) **Não transeunte** (o crime deixa vestígios); k) **Doloso.**	11

1.14. Súmulas Aplicáveis

1.14.1. *STJ*

582. Consuma-se o crime de roubo com a inversão da posse do bem mediante emprego de violência ou grave ameaça, ainda que por breve tempo e em seguida à perseguição imediata ao agente e recuperação da coisa roubada, sendo prescindível a posse mansa e pacífica ou desvigiada.

442. É inadmissível aplicar, no furto qualificado, pelo concurso de agentes, a majorante do roubo.

443. O aumento na terceira fase de aplicação da pena no crime de roubo circunstanciado exige fundamentação concreta, não sendo suficiente para a sua exasperação a mera indicação do número de majorantes.

1.14.2. *STF*

603. A competência para o processo e julgamento de latrocínio é do juiz singular e não do tribunal do júri.

610. Há crime de latrocínio, quando o homicídio se consuma, ainda que não se realize o agente a subtração de bens da vítima.

1.15. Questões de Concursos Públicos

01. (FCC - 2019 - TRF - 4ª REGIÃO - Analista Judiciário - Área Judiciária) Rômulo e José combinaram durante uma festa a prática de um roubo contra determinada farmácia durante a madrugada. Saindo da festa, os dois rumaram no carro de José para o estabelecimento comercial vítima e lá praticaram o roubo, subtraindo todo o dinheiro que havia no caixa. Para o roubo Rômulo utilizou uma arma de brinquedo, enquanto José empregou um revólver calibre 38, devidamente municiado. Quando os dois roubadores estavam saindo da farmácia com o produto do roubo, o segurança do estabelecimento, Pedro, resolveu reagir e,

neste momento, José efetuou contra ele três disparos de arma de fogo, ferindo-o gravemente na região do abdômen. Pedro foi socorrido no hospital mais próximo e sobreviveu aos ferimentos. Naquela mesma noite Rômulo e José foram presos pela polícia, que conseguiu recuperar a res furtiva e apreender as armas utilizadas (simulacro e revólver calibre 38). Neste caso,

(E) Rômulo e José responderão por crime de tentativa de latrocínio.

(F) José responderá por crime de tentativa de latrocínio, enquanto Rômulo por roubo qualificado pelo concurso de agentes.

(G) José responderá por crime de tentativa de latrocínio, enquanto Rômulo por roubo duplamente qualificado pelo concurso de agentes e emprego de arma de fogo.

(H) Rômulo e José responderão por crime de roubo duplamente qualificado pelo concurso de agentes e emprego de arma de fogo, bem como pelo crime de tentativa de homicídio contra a vítima Pedro.

(I) José responderá por crime de roubo duplamente qualificado pelo concurso de agentes e emprego de arma de fogo, bem como pelo crime de tentativa de homicídio contra a vítima Pedro, enquanto Rômulo responderá por crime de roubo qualificado pelo concurso de agentes.

02. **(MPE-SC - 2019 - MPE-SC - Promotor de Justiça - Matutina) No crime contra o patrimônio em que a coisa é subtraída e a violência é praticada com a intenção de matar a vítima, sem que esta chegue a morrer, a conduta é tipificada como tentativa de latrocínio, e não como roubo consumado, nem como latrocínio consumado (art. 157 do CP), conforme definido pela jurisprudência dominante no STJ.**

( ) Certo

( ) Errado

03. **(FGV - 2019 - DPE-RJ - Técnico Superior Jurídico) Em 07 de julho de 2017, Márcio, primário e de bons antecedentes, subtraiu a carteira de Antônio, mediante grave ameaça exercida com o emprego de uma faca. Ainda na execução, para assegurar que Antônio não fugisse durante o ato de subtração, Márcio segurou a vítima pelo braço por cerca de 1 minuto, impedindo-a de deixar o local dos fatos. Logo após a subtração, policiais militares passaram pelo local e foram informados por Antônio sobre o ocorrido, iniciando uma perseguição ao autor do fato na direção apontada pela vítima, vindo Márcio a ser preso, cerca de 10 minutos depois, ainda na posse da coisa subtraída e com a faca utilizada na ação criminosa. Foi constatado que a res furtiva constante no interior da carteira era de aproximadamente R$ 20,00 (vinte reais). Após seu curso regular, com integral confirmação dos fatos, em 13 de fevereiro de 2019, o processo foi encaminhado ao magistrado para sentença.**

Considerando a situação narrada e a jurisprudência que prevalece nos Tribunais Superiores, Márcio deverá ser:

(A) condenado pelo crime de roubo majorado apenas pelo emprego de arma, podendo, porém, haver redução da pena em razão da tentativa;

(B) condenado pelo crime de roubo majorado apenas pela restrição da liberdade da vítima, na forma consumada;

(C) absolvido em razão do reconhecimento da atipicidade da conduta, com fundamento no princípio da insignificância;

(D) condenado pelo crime de roubo simples, na forma tentada;

(E) condenado pelo crime de roubo simples, na forma consumada.

04. **(CESPE - 2019 - TJ-PR - Juiz Substituto) Múcio, com o objetivo de ter a posse de um carro, abordou Cláudia, que dirigia devagar na saída de um estacionamento. Ao surpreendê-la, ele fez sinal para que ela parasse e, após Cláudia sair do veículo, Múcio a colocou, com violência, dentro do porta-malas, para impedir que ela se comunicasse com policiais que estavam próximos ao local. Horas depois do crime, Múcio liberou a vítima em local ermo.**

Nessa situação hipotética, a conduta de Múcio o sujeita a responder pelo crime de

(A) extorsão mediante sequestro.

(B) roubo em concurso material com sequestro.

(C) extorsão qualificada mediante a restrição da liberdade da vítima.

(D) roubo qualificado, pelo agente ter mantido a vítima em seu poder, restringindo-lhe a liberdade.

05. **(FCC - 2018 - MPE-PE - Analista Ministerial - Área Jurídica) É causa de aumento da pena no crime de roubo**

(A) a subtração de substâncias explosivas ou de acessórios que, conjunta ou isoladamente, possibilitem sua fabricação, montagem ou emprego.

(B) praticado durante repouso noturno.

(C) se a subtração for de veículo automotor que venha a ser transportado para outro Município.

(D) ter sido praticado com abuso de confiança, ou mediante fraude, escalada ou destreza.

(E) ter sido cometido com destruição ou rompimento de obstáculo à subtração da coisa.

06. (CESPE - 2018 - MPU - Analista do MPU - Direito) Com relação aos crimes em espécie, julgue o item que se segue, considerando o entendimento firmado pelos tribunais superiores e a doutrina majoritária.

Situação hipotética: Um indivíduo, penalmente imputável, ameaçou com arma de fogo um adolescente e subtraiu-lhe todos os pertences, incluindo-se valores e objetos pessoais. O autor foi preso logo depois, em flagrante delito, todavia, quando da abordagem policial, já não mais portava a arma utilizada no roubo. Assertiva: Nessa situação, o agente responderá pelo roubo na forma simples, sendo indispensável a apreensão da arma de fogo pela autoridade policial para a caracterização da correspondente majorante do crime.

( ) Certo

( ) Errado

07. (CESPE - 2018 - Polícia Federal - Delegado de Polícia Federal) Em cada item seguinte, é apresentada uma situação hipotética seguida de uma assertiva a ser julgada com base na legislação de regência e na jurisprudência dos tribunais superiores a respeito de exclusão da culpabilidade, concurso de agentes, prescrição e crime contra o patrimônio.

Severino, maior e capaz, subtraiu, mediante o emprego de arma de fogo, elevada quantia de dinheiro de uma senhora, quando ela saía de uma agência bancária. Um policial que presenciou o ocorrido deu voz de prisão a Severino, que, embora tenha tentado fugir, foi preso pelo policial após breve perseguição. Nessa situação, Severino responderá por tentativa de roubo, pois não teve a posse mansa e pacífica do valor roubado.

( ) Certo

( ) Errado

08. (VUNESP - 2018 - TJ-SP - Titular de Serviços de Notas e de Registros - Provimento) No roubo, a pena é aumentada

(A) se o agente comete o crime sob coação a que podia resistir.

(B) se o agente, ao tempo da ação, se encontrava em estado de embriaguez, voluntária ou culposa, pelo álcool ou substância de efeitos análogos.

(C) se o agente mantém a vítima em seu poder, restringindo sua liberdade.

(D) durante o repouso noturno.

09. (NUCEPE - 2018 - PC-PI - Agente de Polícia Civil) Quanto aos Crimes contra o Patrimônio, é CORRETO afirmar:

(A) Subtrair coisa móvel alheia, para si ou para outrem, mediante grave ameaça ou violência a pessoa, ou depois de havê-la, por qualquer meio, reduzido à impossibilidade de resistência. Neste caso, a pena aumenta-se de 1/3 (um terço) até metade: se o agente mantém a vítima em seu poder, restringindo sua liberdade.

(B) Constitui crime contra o Patrimônio violar direito autoral, bem como subtrair energia elétrica.

(C) Não é admitido, em qualquer dos Crimes Contra o Patrimônio, o agente responder por tentativa, quando por circunstâncias alheias à sua vontade, não conseguiu subtrair a coisa.

(D) A conduta criminosa sempre recairá sobre a coisa alheia móvel ou imóvel.

(E) Subtrair coisa móvel alheia para si, mediante grave ameaça, apresentando uma arma de brinquedo à vítima, a qual acreditava ser uma arma verdadeira, não se configura o crime de roubo.

10. (FUNDATEC - 2018 - PC-RS - Delegado de Polícia - Bloco II) Analise a situação hipotética a seguir:

Crakeison, imputável, sem mais dinheiro para custear o vício em drogas, planejou assaltar transeuntes, em via pública. Pondo em prática seu plano criminoso, abordou as vítimas Suzineide, 21 anos, grávida de 08 meses, e Romualdo, marido dela, assim que saíram de um estabelecimento comercial. Apontando para as vítimas um revólver calibre 38, Crakeison ordenou que Romualdo lhe entregasse um aparelho celular, que levava em uma das mãos. Suzineide, assustada, gritou. Diante disso, Crakeison efetuou um disparo contra Suzineide, atingindo o abdômen da grávida. Em um ato contínuo, Romualdo conseguiu

imobilizar o criminoso, retirando a arma de fogo das mãos dele. Imobilizado, Crakeison foi preso em seguida, não logrando êxito, portanto, na subtração do aparelho celular pretendido. Suzineide foi socorrida, porém, em decorrência das lesões sofridas, ela e o bebê morreram antes de chegarem ao hospital da cidade.

Assinale a alternativa que melhor ilustra o enquadramento legal a ser conferido a Crakeison pelo Delegado de Polícia com atribuição para a apreciação do caso, com base no entendimento consolidado pelo Supremo Tribunal Federal.

(A) Latrocínio consumado, agravado pelo fato de ter sido praticado contra mulher grávida.

(B) Latrocínio tentado, agravado pelo fato de ter sido praticado contra mulher grávida.

(C) Latrocínio consumado, majorado pelo emprego de arma e agravado pelo fato de ter sido praticado contra mulher grávida.

(D) Homicídio doloso contra Suzineide, qualificado por motivo torpe, bem como homicídio culposo contra o feto e roubo tentado contra Romualdo, majorado pelo emprego de arma.

(E) Homicídio doloso contra Suzineide, qualificado por motivo torpe, agravado pelo fato de ter sido praticado contra mulher grávida, homicídio doloso contra o feto e roubo majorado por emprego de arma contra Romualdo.

GABARITO: *As respostas destes testes encontram-se no final do livro.*

1.16. Questões Discursivas com Comentários

01. (TJ/SP - 184º CONCURSO DE INGRESSO NA MAGISTRATURA - 2013) No crime de roubo, a intimidação feita com arma de brinquedo autoriza o aumento de pena previsto no artigo 157, § 2.º, inciso I, do Código Penal? Por quê?

COMENTÁRIOS

Assinale-se que a causa de aumento outrora existente no inciso I do § 2º, qual seja a execução da conduta com o emprego de arma, foi revogada pela já referenciada Lei n. 13.654/2018, passando a ilustrar, a partir de então, o § 2º A do mesmo artigo, que determina o aumento da pena em 2/3 (e não mais de um terço até a metade), caso a violência ou ameaça se dê a partir do emprego de arma de fogo (não apenas "arma").

Sobre o uso da arma de brinquedo (arma ficta), é dominante o entendimento doutrinário e jurisprudencial no sentido de que não permite o aumento da pena do crime de roubo. Com efeito, o STJ reconheceu que a incidência da referida causa de aumento quando da utilização da arma de brinquedo caracteriza analogia *in malam partem*, porquanto admite a equiparação do brinquedo a uma arma.

Ninguém pode negar que a arma de brinquedo possui grande potencial de intimidação. E é justamente por isso que a conduta consistente na subtração de coisa móvel mediante emprego de arma de brinquedo constitui crime de roubo (há grave ameaça). Mas isto não permite a aplicação da causa de aumento, pois, como dito, equivaleria a equiparar o brinquedo à arma, o que constitui analogia prejudicial ao réu, vedada pelo Direito Penal.

1.17. Questões para Treinar (sem comentários)

01. (CESPE - 2018 - STJ - Analista Judiciário - Judiciária) Tendo como referência a jurisprudência sumulada dos tribunais superiores, julgue o item a seguir, acerca de crimes, penas, imputabilidade penal, aplicação da lei penal e institutos.

Na hipótese de tentativa de subtração patrimonial e morte consumada, o agente responderá pelo crime de latrocínio consumado.

( ) Certo

( ) Errado

02. (CESPE - 2018 - PC-MA - Delegado de Polícia Civil) Artur, Romualdo e José decidiram roubar um banco onde sabiam haver vigilantes armados e treinados para garantir a segurança. Com um revólver, Artur rendeu um deles e lhe tomou a pistola, enquanto seus parceiros, também com revólveres, ameaçaram os demais circunstantes e ordenaram aos caixas que juntassem o dinheiro e colocassem-no dentro de sacolas. Consumada a ação, eles correram para onde haviam deixado o carro de fuga, mas não conseguiram chegar até ele em virtude da chegada da polícia. Fingindo-se um cidadão comum, Artur conseguiu obter carona em um caminhão de entregas, livrando-se da iminente prisão em flagrante. Enquanto isso, Romualdo e José abordaram um motorista que estacionava seu carro e lhe tomaram as chaves do veículo. A vítima tentou reagir e foi abatida por dois disparos feitos por José, tendo morrido no local. Os ladrões fugiram com o automóvel, mas foram perseguidos e presos ao fim da perseguição. Horas depois, Artur também foi preso, e em seu poder foi apreendida a pistola tomada do vigilante do banco.

Acerca dessa situação hipotética, julgue os itens a seguir de acordo com a legislação e a jurisprudência dos tribunais superiores.

I. Configurou-se o concurso material de roubo circunstanciado e de homicídio qualificado.

II. Artur não tem nenhuma responsabilidade pela morte do motorista, visto que nem mesmo estava no local onde ocorreu o fato.

III. Há crime único, de latrocínio, porque o resultado morte aconteceu como desdobramento causal da ação principal e era previsível para todos os partícipes.

IV. Artur, assim como Romualdo e José, responderá por latrocínio, e sua pena não poderá ser reduzida sob o argumento de participação menos importante.

Estão certos apenas os itens

(A) I e II.

(B) I e III.

(C) III e IV.

(D) I, II e IV.

(E) II, III e IV.

03. (FEPESE - 2017 - PC-SC - Escrivão de Polícia Civil) De acordo com o Código Penal, é correto afirmar sobre o crime de roubo.

(A) No roubo, a grave ameaça ou o emprego de violência deve ser causado contra pessoa.

(B) No roubo, equipara-se a coisa alheia móvel à obtenção de indevida vantagem econômica.

(C) A ausência do emprego de arma branca ou de fogo afasta a consumação do crime de roubo.

(D) Somente ocorre a prática do crime de roubo quando configurada a restrição da liberdade da vítima.

(E) Para a caracterização do crime roubo, a grave ameaça ou violência deve ocorrer antes da subtração do bem.

04. (CESPE - 2017 - SERES-PE - Agente de Segurança Penitenciária) Antônio, junto com comparsa, abordou dois rapazes que caminhavam na rua e os ameaçou com um revólver de brinquedo, subtraindo do primeiro R$ 20 e do segundo um isqueiro no valor de R$ 8. Notificados da ocorrência, os componentes de uma guarnição da Polícia Militar de Pernambuco, ao final de rápida diligência, os localizaram e prenderam em situação de flagrância, já que estavam na posse da *res furtiva*. Durante a lavratura do flagrante, Antônio identificou-se com nome fictício, para esconder seus antecedentes criminais, não tendo exibido documento de identidade.

Nessa situação hipotética, Antônio responderá pela prática de

(A) roubos em concurso formal mais falsidade ideológica.

(B) roubo impróprio.

(C) roubos em concurso formal mais falsa identidade em concurso material.

(D) roubo com majorante de uso de arma.

(E) roubo continuado.

05. (CESPE - 2017 - SERES-PE - Agente de Segurança Penitenciária) Entre janeiro e agosto de 2012, três amigos, unidos de modo estável e permanente, com o propósito comum de praticar crimes, assaltaram cinco residências em ocasiões diversas. Os três agiram sempre na mesma região e de igual forma: a vítima era abordada na garagem, ao chegar a casa, depois das 18 horas, e ameaçada com revólveres; em seguida, eles entravam na casa, amarravam, amordaçavam e trancavam as pessoas presentes em um cômodo; feito isso, recolhiam as coisas de valor e fugiam no carro da família.

Nessa situação hipotética, os agentes devem ser punidos por

(A) roubo e constrangimento ilegal.

(B) roubo e ameaça.

(C) roubo e sequestro.

(D) roubo circunstanciado.

(E) roubo e violação de domicílio.

GABARITO: *As respostas destes testes encontram-se no final do livro.*

2. EXTORSÃO

Art. 158 - Constranger alguém, mediante violência ou grave ameaça, e com o intuito de obter para si ou para outrem indevida vantagem econômica, a fazer, tolerar que se faça ou deixar de fazer alguma coisa:

Pena - reclusão, de quatro a dez anos, e multa.

§ 1° - Se o crime é cometido por duas ou mais pessoas, ou com emprego de arma, aumenta-se a pena de um terço até metade.

§ 2° - Aplica-se à extorsão praticada mediante violência o disposto no § 3° do artigo anterior. Vide Lei n° 8.072, de 25.7.90

§ 3° Se o crime é cometido mediante a restrição da liberdade da vítima, e essa condição é necessária para a obtenção da vantagem econômica, a pena é de reclusão, de 6 (seis) a 12 (doze) anos, além da multa; se resulta lesão corporal grave ou morte, aplicam-se as penas previstas no art. 159, §§ 2° e 3°, respectivamente. (Incluído pela Lei n° 11.923, de 2009)

2.1. Considerações Iniciais

O crime de extorsão em muito se assemelha ao roubo, possuindo, entretanto, e por óbvio, características que os diferenciam, do contrário, inexistiria razão para o legislador ter criado crimes diversos.

Assinale-se, ainda, que o tipo prevê **causas de aumento de pena**, quando o montante da pena deverá ser aumentado de um terço até a metade, conforme a descrição do § 1º do presente artigo. São elas: quando o crime é praticado por duas ou mais pessoas e quando o crime for cometido com emprego de arma.

Noutro passo, o § 2º descreve a **extorsão qualificada**, quando é praticada mediante violência. Assevere-se, ainda, que a extorsão qualificada pela morte é crime hediondo, conforme previsão do art. 1º, inciso III da Lei n. 8.072/90.

Por fim, o § 3º prevê o crime conhecido como "sequestro relâmpago". Trata-se de crime remetido, pois o parágrafo reporta às penas previstas em outro dispositivo legal, art. 159 – extorsão mediante sequestro. Entretanto, não há como se confundir o "sequestro relâmpago" com a extorsão mediante sequestro, uma vez que no primeiro não há privação da liberdade e sim a sua **restrição**.

2.2. Tipicidade Objetiva

Aqui, o núcleo do tipo é constranger, que significa submeter, subjugar, compelir, obrigar a fazer, retirar de alguém a capacidade de autodeterminação, sendo o *modus operandi* o emprego de violência ou grave ameaça à vítima. O agente cria na vítima um estado de coação para que ela faça, tolere que se faça ou deixe de fazer alguma coisa, a fim de lhe proporcionar uma vantagem econômica indevida.

Cumpre registrar que se a vantagem for devida, restará caracterizado outro crime, aquele descrito no art. 345 do CP, o crime de exercício arbitrário das próprias razões. A pretensão de obter vantagem de caráter econômico diferencia a extorsão do crime de constrangimento ilegal (art. 146, CP).

Não se pode confundir o crime de extorsão com o crime de roubo (art. 157, CP). Nesse, o agente emprega violência ou grave ameaça para subtrair a coisa alheia móvel. Logo, a conduta da vítima é totalmente desnecessária para que o agente obtenha a vantagem patrimonial. Por outro lado, na extorsão, o agente exige da vítima a adoção de uma conduta (fazer, tolerar que se faça ou deixar de fazer alguma coisa). Logo, a conduta da vítima é imprescindível para que o agente obtenha a vantagem.

Assim, por exemplo, se o agente aborda a vítima no caixa eletrônico para tomar-lhe o dinheiro, estaremos diante de qual crime? Há duas situações possíveis:

a) Se a vítima já sacou o dinheiro, e o criminoso, empregando violência ou grave ameaça tomar-lhe o dinheiro, será crime de roubo (art. 157, CP). Neste caso, pouco importa se a vítima efetivamente entregou o dinheiro ou o ladrão retirou. O fato é que o comportamento da vítima é indiferente. Ou seja, o dinheiro estava ao alcance do agente; se a vítima não lhe entregasse, ele conseguiria subtrair, de qualquer jeito. Se o comportamento da vítima é dispensável para a obtenção da vantagem patrimonial indevida, estaremos diante do crime de roubo (art. 157, CP).

b) Outra situação é aquela em que a vítima ainda não efetuou o saque do dinheiro no caixa eletrônico. Neste caso, o criminoso a aborda, e mediante grave ameaça, exige que ela retire o dinheiro e lhe entregue. Neste caso, estaremos diante do crime de extorsão. Com efeito, nesta segunda situação, o comportamento da vítima é imprescindível para que o agente obtenha a vantagem indevida, pois sem a utilização da sua senha pessoal para acessar o sistema e retirar o dinheiro, o extorsionário não teria como fazê-lo. Exige-se da vítima que utilize a senha ou que entregue ao criminoso. E se ela se recusar, o criminoso não terá como obter a vantagem econômica indevida, ainda que acabe por matá-la. Trata-se, portanto, de extorsão, pois o comportamento da vítima é imprescindível para a obtenção da vantagem indevida.

2.3. Sujeitos

Sujeito ativo: Qualquer pessoa. Trata-se de crime comum, não exigindo qualidade especial do agente.

Sujeito passivo: Qualquer pessoa.

2.4. Objetos

Objeto jurídico: tal como ocorre com o crime de roubo, trata-se de crime pluriofensivo. São bens jurídicos tutelados neste crime: patrimônio, integridade física e liberdade individual da vítima.

Objeto material: a pessoa contra quem é empregada a violência ou a ameaça.

2.5. Elemento Subjetivo

Elemento subjetivo é o dolo. Exige-se o dolo específico, consistente na pretensão de apossamento definitivo da vantagem econômica indevida.

Não há previsão de modalidade culposa.

2.6. Consumação e Tentativa

Trata-se de crime formal, vale dizer, não exige a produção do resultado naturalístico para que se consume. Desta forma, o crime de extorsão estará consumado quando o agente exigir a vantagem econômica, mediante violência ou grave ameaça, independentemente da obtenção desta vantagem. Este é o disposto no verbete n. 96 da súmula do STJ.

> **Súmula n. 96/STJ:** "O crime de extorsão consuma-se independentemente da obtenção da vantagem indevida".

É possível a tentativa, porquanto se trata de crime plurissubsistente. Na esteira da doutrina majoritária, podemos imaginar a hipótese em que o agente envia uma carta, contendo a exigência ameaçadora, que é interceptada. Estaríamos diante de uma hipótese em que se iniciaram os atos de execução e o crime não se consumou por circunstâncias alheias à vontade do agente.

2.7. Ação Penal

Trata-se de crime de ação penal pública incondicionada.

2.8. Majorantes

O § 1º do art. 158 traz duas causas de aumento de pena. Nestes casos, a pena do crime de extorsão será aumentada de um terço até a metade. Em se tratando de causas de aumento de pena (majorantes), o aumento deverá incidir na terceira fase da dosimetria.

As duas causas de aumento de pena são as seguintes:

a) **Se o crime é cometido por duas ou mais pessoas:** o concurso de pessoas no crime de extorsão também deve levar em consideração a existência de agentes impuníveis e de pessoas não identificadas. Haverá a incidência da majorante tanto na hipótese de coautoria quanto na de participação. Deste modo, se um dos agentes for apenas partícipe, isto é, se induziu, instigou ou prestou auxílio à conduta principal do autor, ambos responderão pelo crime de extorsão majorado pelo concurso de pessoas.

b) **Se o crime é cometido com emprego de arma:** o dispositivo emprega a expressão "arma", e não "arma de fogo", como o faz o art. 157, §2º. - A, ao tratar do crime de roubo. Por esta razão, a causa de aumento de pena também terá incidência quando se tratar de arma branca (instrumentos bélicos sem potencial de fogo, como espadas e punhais) e armas impróprias (instrumentos confeccionados sem finalidades bélicas, mas que podem ser utilizadas para provocar violência ou grave ameaça à pessoa, como facas de cozinha, foice, cacos de vidro etc.).

Assim como ocorre no crime de roubo (art. 157, CP), também na extorsão não se poderá fazer incidir a causa de aumento de pena quando o agente empregar simulacro de arma (como arma de brinquedo ou colocar a mão embaixo da camisa, simulando portar arma), pois não se pode fazer analogia de equiparar o simulacro à arma.

2.9. Qualificadoras

Existem três qualificadoras previstas para o crime de extorsão. As duas primeiras ocorrem quando da violência empregada na extorsão deriva lesão corporal de natureza grave ou a morte da vítima. Elas estão previstas no art. 158, § 2º, CP, que possui a seguinte redação: "Aplica-se à extorsão praticada mediante violência o disposto no § 3º do artigo anterior". O § 3º do artigo anterior (art. 157) é justamente o que traz as qualificadoras do roubo, que ocorrem quando da violência empregada no crime derivar a lesão corporal de natureza grave ou a morte da vítima.

A última qualificadora da extorsão está prevista no § 3º do art. 158, que descreve a conduta que passou a ser conhecida como "sequestro relâmpago". Passemos ao estudo das qualificadoras.

a) Extorsão qualificada pela lesão corporal grave

Deve ser aplicado o mesmo tratamento dado ao crime de roubo qualificado pela lesão corporal grave. Por esta razão, a pena é de reclusão de 7 (sete) a 18 (dezoito) anos e multa. Vale reiterar que as hipóteses de lesão corporal de natureza grave estão dispostas nos §§ 1º e 2º do art. 129, CP. Para que incida a qualificadora, imprescindível que a lesão corporal decorra da violência empregada na prática do roubo, não havendo que se falar em crime qualificado quando tais lesões derivam, por exemplo, da grave ameaça empregada.

b) Extorsão qualificada pela morte

Neste caso, a pena é de reclusão de 20 (vinte) a 30 (trinta) anos, além da multa. Esta era, até o advento da Lei Anticrime (Lei n. 13.964/19), a única hipótese de crime de extorsão que constituía crime hediondo, conforme previsão do art. 1º da Lei n. 8.072/90. **Após a entrada em vigor da Lei Anticrime, passam a ser crime hediondo também a extorsão qualificada pela lesão corporal grave e pela restrição à liberdade da vítima.**

Para que incida a qualificadora, imprescindível que a morte derive da violência (e não de eventual grave ameaça) na prática da extorsão.

c) Se o crime é cometido mediante a restrição da liberdade da vítima, e essa condição é necessária para a obtenção da vantagem econômica: A conduta conhecida como "sequestro relâmpago" passou a ser tratada adequadamente no Código Penal com o advento da Lei n. 11.923/2009, que acrescentou o § 3º ao art. 158, CP, com a seguinte redação: "Se o crime é cometido mediante a restrição da liberdade da vítima, e essa condição é necessária para a obtenção da vantagem econômica, a pena é de reclusão, de 6 (seis) a 12 (doze) anos, além da multa; se resulta lesão corporal grave ou morte, aplicam-se as penas previstas no art. 159, §§ 2º e 3º, respectivamente".

Com isto, as dúvidas outrora existentes em torno da adequação típica de tal conduta soçobraram. Realmente, até o advento de referida Lei, havia dúvidas em torno do tratamento legal a ser conferido ao "sequestro relâmpago", na medida em que alguns professavam a tese de que a conduta se amoldaria ao crime de roubo com a causa de aumento proveniente da restrição à liberdade da vítima (art. 157, § 2º, V, CP). Atualmente, não há qualquer dúvida de que o crime de sequestro relâmpago constitui extorsão qualificada, nos termos do art. 158, § 3º, CP.

Ocorre que a Lei n. 11.923/09 incorreu em uma omissão relevante, pois deixou de considerar hedionda a conduta consistente no sequestro relâmpago qualificado pela morte da vítima. Para tais condutas, a Lei mencionada previu penas muito altas, pois previu as penas do crime de extorsão mediante sequestro qualificada. Mas não promoveu a previsão no rol restrito da Lei de Crimes Hediondos.

É nítida a distinção de tratamento em relação, por exemplo, à Lei nº 12.015, do mesmo ano. Com este diploma legislativo, criou-se a figura do estupro de vulnerável, até então inexistente. Mas o legislador teve a cautela de alterar a Lei de Crimes Hediondos, para que constasse expressamente esta figura delitiva.

Diante da omissão do legislador em alterar o rol de crimes hediondos, a outra conclusão não se pode chegar, senão a de que o crime de sequestro relâmpago qualificado pela morte não é crime hediondo[15]. Realmente, a omissão legislativa não deixa de causar espécie, na medida em que um crime de tamanha gravidade não poderia ficar de fora do rol de crimes hediondos, sob pena de afronta ao princípio da vedação à proteção deficiente.

Contudo, em matéria de norma penal incriminadora, o princípio da legalidade estrita dá a tônica, e não se pode pretender elastecer o rol taxativo do art. 1º da Lei nº 8.072/90 para que se contemple condutas que não foram previstas. É uma flagrante hipótese de analogia *in malam partem*, que deve ser rechaçada, sob pena de se conspurcar o princípio da legalidade, pilar de sustentação do Direito Penal moderno.

A referida omissão legislativa somente foi suprida com o advento da Lei Anticrime (Lei n. 13.964/19). Após a entrada em vigor da Lei Anticrime, passam a ser crime hediondo a extorsão qualificada pela lesão corporal grave e pela restrição à liberdade da vítima – além da extorsão qualificada pela morte, que já era crime hediondo.

---

15. É o entendimento majoritário em nossa doutrina. Por todos, LIMA, Renato Brasileiro de. *Ob. cit.*, p. 43. Em sentido contrário, afirmando tratar-se de crime hediondo, CUNHA, Rogério Sanches. *Código penal para concursos.* 3. ed., Salvador: Juspodivm, 2010, p. 323-324.

Com isto, e em suma, se o crime de extorsão mediante restrição à liberdade da vítima foi praticado antes da entrada em vigor da Lei Anticrime (23/01/2020), não deve ser considerado hediondo. Se o crime, por outro lado, foi praticado a partir daquela data, deve ser enquadrado no rol dos hediondos.

2.10. Penas

A pena prevista para o crime de extorsão é de reclusão de 4 (quatro) a 10 (dez) anos, além da multa. À vista disto, devemos recordar não ser possível a aplicação dos institutos despenalizadores, como a transação penal e a suspensão condicional do processo. Ademais, não será possível a substituição da pena privativa de liberdade pela pena restritiva de direitos, ainda que a pena efetivamente imposta não supere 4 (quatro) anos, haja vista a impossibilidade de se realizar tal substituição em crimes praticados mediante violência ou grave ameaça (art. 44, CP).

2.11. Classificação

O crime de extorsão pode ser classificado como:

a) **Comum** (pode ser praticado por qualquer pessoa);

b) **Formal** (a consumação exige a produção de um resultado naturalístico);

c) De **forma livre** (a Lei não estabelece exigência para a forma de execução);

d) **Pluriofensivo** (tutela mais de um bem jurídico);

e) **Comissivo** (em regra) **ou omissivo** (quando ocorre omissão imprópria);

f) **Unissubjetivo** (pode haver ou não concurso de pessoas);

g) **Instantâneo** (consuma-se de imediato)

h) **Plurissubsistentes** (a conduta pode ser fracionada, e por isso admite a tentativa);

i) De **dano** (a consumação enseja violação ao bem jurídico, e não mera exposição a perigo);

j) **Transeunte** (o crime deixa vestígios) ou **não transeunte**;

k) **Doloso.**

2.12. Quadro Sinótico

EXTORSÃO		
Considerações Iniciais	O crime de extorsão em muito se assemelha ao roubo, possuindo, entretanto, e por óbvio, características que os diferenciam.	1
Tipicidade Objetiva	Aqui, o núcleo do tipo é constranger, que significa submeter, subjugar, compelir, obrigar a fazer, retirar de alguém a capacidade de autodeterminação, sendo o *modus operandi* o emprego de violência	2

Tipicidade Objetiva	ou grave ameaça à vítima. O agente cria na vítima um estado de coação para que ela faça, tolere que se faça ou deixe de fazer alguma coisa, a fim de lhe proporcionar uma vantagem econômica indevida. Cumpre registrar que se a vantagem for devida, restará caracterizado outro crime, aquele descrito no art. 345 do CP, o crime de exercício arbitrário das próprias razões. A pretensão de obter vantagem de caráter econômico diferencia a extorsão do crime de constrangimento ilegal (art. 146, CP). Não se pode confundir o crime de extorsão com o crime de roubo (art. 157, CP). Nesse, o agente emprega violência ou grave ameaça para subtrair a coisa alheia móvel. Logo, a conduta da vítima é totalmente desnecessária para que o agente obtenha a vantagem patrimonial. Por outro lado, na extorsão, o agente exige da vítima a adoção de uma conduta (fazer, tolerar que se faça ou deixar de fazer alguma coisa). Logo, a conduta da vítima é imprescindível para que o agente obtenha a vantagem.	2
Sujeitos	**Sujeito ativo:** Qualquer pessoa. **Sujeito passivo:** Qualquer pessoa.	3
Objetos	**Objeto jurídico**: tal como ocorre com o crime de roubo, trata-se de crime pluriofensivo. São bens jurídicos tutelados neste crime: patrimônio, integridade física e liberdade individual da vítima. **Objeto material:** a pessoa contra quem é empregada a violência ou a ameaça.	4
Elemento Subjetivo	Elemento subjetivo é o dolo. Exige-se o dolo específico, consistente na pretensão de apossamento definitivo da vantagem econômica indevida. Não há previsão de modalidade culposa.	5
Consumação e Tentativa	Trata-se de crime formal, vale dizer, não exige a produção do resultado naturalístico para que se consume. Desta forma, o crime de extorsão estará consumado quando o agente exigir a vantagem econômica, mediante violência ou grave ameaça, independentemente da obtenção desta vantagem. É possível a tentativa, porquanto se trata de crime plurissubsistente.	6
Ação Penal	A ação penal é de iniciativa pública incondicionada.	7
Majorantes	**Causas de aumento de pena em que a pena no crime de extorsão será aumentada de 1/3 até metade** Se o crime é cometido por duas ou mais pessoas; Se o crime é cometido com emprego de arma.	8
Qualificadoras	a) **Extorsão qualificada pela lesão corporal grave:** a pena é de reclusão de 7 (sete) a 18 (dezoito) anos e multa. Para que incida a qualificadora, imprescindível que a lesão corporal decorra da violência empregada na prática do roubo; b) **Extorsão qualificada pela morte:** neste caso, a pena é de reclusão de 20 (vinte) a 30 (trinta) anos, além da multa. Esta é a única hipótese de crime de extorsão que constitui crime hediondo, conforme previsão do art. 1º da Lei n. 8.072/90. Para que incida a qualificadora, imprescindível que a morte derive da violência (e não de eventual grave ameaça) na prática da extorsão;	9

Qualificadoras	c) **Se o crime é cometido mediante a restrição da liberdade da vítima, e essa condição é necessária para a obtenção da vantagem econômica:** A conduta é conhecida como "sequestro relâmpago".	9
Penas	A pena prevista para o crime de extorsão é de reclusão de 4 (quatro) a 10 (dez) anos, além da multa.	10
Classificação	a) **Comum** (pode ser praticado por qualquer pessoa); b) **Formal** (a consumação exige a produção de um resultado naturalístico); c) **De forma livre** (a Lei não estabelece exigência para a forma de execução); d) **Pluriofensivo** (tutela mais de um bem jurídico); e) **Comissivo** (em regra) **ou omissivo** (quando ocorre omissão imprópria); f) **Unissubjetivo** (pode haver ou não concurso de pessoas); g) **Instantâneo** (consuma-se de imediato); h) **Plurissubsistentes** (a conduta pode ser fracionada, e por isso admite a tentativa);	19
Classificação	i) **De dano** (a consumação enseja violação ao bem jurídico, e não mera exposição a perigo); j) **Transeunte** (o crime deixa vestígios) **ou não transeunte;** k) **Doloso.**	19

2.13. Súmulas Aplicáveis

2.13.1. *STJ*

96. O crime de extorsão consuma-se independentemente da obtenção da vantagem indevida.

3. EXTORSÃO MEDIANTE SEQUESTRO

Art. 159 - Seqüestrar pessoa com o fim de obter, para si ou para outrem, qualquer vantagem, como condição ou preço do resgate: Vide Lei nº 8.072, de 25.7.90 (Vide Lei nº 10.446, de 2002)

Pena - reclusão, de oito a quinze anos. (Redação dada pela Lei nº 8.072, de 25.7.1990)

§ 1º Se o seqüestro dura mais de 24 (vinte e quatro) horas, se o seqüestrado é menor de 18 (dezoito) ou maior de 60 (sessenta) anos, ou se o crime é cometido por bando ou quadrilha. Vide Lei nº 8.072, de 25.7.90 (Redação dada pela Lei nº 10.741, de 2003)

Pena - reclusão, de doze a vinte anos. (Redação dada pela Lei nº 8.072, de 25.7.1990)

§ 2º - Se do fato resulta lesão corporal de natureza grave: Vide Lei nº 8.072, de 25.7.90

Pena - reclusão, de dezesseis a vinte e quatro anos. (Redação dada pela Lei nº 8.072, de 25.7.1990)

§ 3º - Se resulta a morte: Vide Lei nº 8.072, de 25.7.90

Pena – reclusão, de vinte e quatro a trinta anos. (Redação dada pela Lei nº 8.072, de 25.7.1990)

§ 4º - Se o crime é cometido em concurso, o concorrente que o denunciar à autoridade, facilitando a libertação do seqüestrado, terá sua pena reduzida de um a dois terços. (Redação dada pela Lei nº 9.269, de 1996)

3.1. Considerações Iniciais

O crime de extorsão mediante sequestro é complexo, pois resulta da junção de mais de um crime: extorsão (art. 158, CP) e sequestro e cárcere privado (art. 148, CP). É, ainda, crime pluriofensivo, pois se consuma mediante a violação a mais de um bem jurídico (liberdade pessoal e patrimônio).

É importante perceber o crime se consuma no momento da privação da liberdade, independentemente da obtenção da vantagem patrimonial pretendida. Pela literalidade do art. 159, CP, é possível constatar que a obtenção da vantagem é a pretensão do agente, figurando, então, como elemento subjetivo específico, vale dizer, a especial finalidade no agir. Ademais, destaque-se que o tempo de privação de liberdade é indiferente para que se consume o crime.

São modalidades qualificadas do crime de extorsão mediante sequestro: a) se o sequestro dura mais de 24 (vinte e quatro) horas (art. 159, § 1º, CP); b) se o sequestrado é menor de 18 (dezoito) ou maior de 60 (sessenta) anos (art. 159, § 1º, CP); c) se o crime é cometido por associação criminosa (art. 159, § 1º, CP)[16]; d) se do fato resulta lesão corporal de natureza grave (art. 159, § 2º, CP); e) se resulta a morte (art. 159, § 3º, CP).

Ao contrário do que ocorre com os crimes de roubo (art. 157, CP) e de extorsão (art. 158, CP), que só constituem crimes hediondos quando presente sua modalidade qualificada pelo resultado morte, o crime de extorsão mediante sequestro (art. 159, CP) é crime hediondo em qualquer de suas modalidades. Quanto a isto, a Lei de Crimes Hediondos não deixa margem a dúvidas, na medida em que menciona em seu art. 1º, IV: "IV – extorsão mediante seqüestro e na forma qualificada (art. 159, *caput*, e §§ 1º, 2º e 3º)".

3.2. Tipicidade Objetiva

O núcleo do tipo é o verbo "sequestrar", isto é, privar de liberdade. A conduta recai sobre "pessoa". Assim, a privação da liberdade de um animal, ainda que com o propósito de obtenção de resgate, configurará o crime de extorsão, consignado no art. 158 do Código, e não o de extorsão mediante sequestro. O elemento característico deste crime é que o estado de sujeição do ofendido perante o criminoso.

A conduta exige a finalidade específica de "de obter, para si ou para outrem, qualquer vantagem, como condição ou preço do resgate". Muito embora o CP não seja expresso em

16. O art. 159, § 1º, faz menção ao crime praticado por quadrilha ou bando. Com o advento da Lei n. 12.850/13, o crime de quadrilha ou bando foi substituído pelo crime de associação criminosa (art. 288, CP).

relação à natureza da vantagem pretendida, é corrente em nossa doutrina o entendimento de que se trata de vantagem econômica, de cunho patrimonial. Isto porque o crime objetiva a tutela do patrimônio. A pretensão de obtenção de vantagem de outra natureza poderia dar ensejo a outro crime.

Assim, se, por exemplo, o criminoso sequestra uma criança para obter favor sexual da genitora, não há que se falar em extorsão mediante sequestro, mas sim em crime de sequestro e cárcere privado (art. 148, CP) em concurso com o crime de estupro (art. 213, CP).

Além disto, é necessário que a vantagem econômica pretendida seja indevida. Mais uma vez o art. 159, CP, não foi expresso neste sentido, mas, se o criminoso cercear a liberdade de alguém para obter vantagem devida, incorrerá no crime de sequestro e cárcere privado (art. 148, CP) em concurso com o crime de exercício arbitrário das próprias razões (art. 345, CP)[17].

3.3. Sujeitos

Qualquer pessoa. Trata-se de crime comum, portanto.

Qualquer pessoa. Será aquele que suporta a lesão patrimonial, bem como aquele que tem a sua liberdade privada. Assinale-se, por oportuno, que se a vítima for menor de 18 anos ou maio de 60, o crime será qualificado, inteligência do § 1º.

3.4. Objetos

Objeto jurídico: trata-se de crime pluriofensivo, uma vez que o Estado tutela o patrimônio e a liberdade individual da vítima.

Objeto material: A pessoa que tem o patrimônio atingido, bem como a pessoa que tem a sua liberdade tolhida.

3.5. Elemento Subjetivo

É o ânimo de assenhorear-se definitivamente da vantagem a ser obtida como condição ou preço do resgate, devendo a referida vantagem, como se sabe, ser econômica e indevida. Será sempre doloso.

3.6. Consumação e Tentativa

Consuma-se o crime com a privação da liberdade, independentemente da obtenção da vantagem pretendida. Trata-se de crime plurissubsistente, razão pela qual admite-se a tentativa.

---

17. É o entendimento majoritário em doutrina. Neste sentido, GRECO, Rogério. *Ob. cit.*, p. 504; NUCCI, Guilherme de Souza. Manual de direito penal: parte geral e parte especial. 6. ed. São Paulo: RT, 2009, p. 736. BARROS, Flávio Augusto Monteiro de. *Direito penal: parte especial. v. 2*. 2. ed. São Paulo: Saraiva, 2009, p. 385.

3.7. Ação Penal

É crime de ação penal pública incondicionada em todas as suas modalidades.

3.8. Qualificadoras

O art. 159 do Código Penal previu algumas qualificadoras para o crime de extorsão mediante sequestro, distribuídas entre seus §§ 1º, 2º. e 3º. Vejamos:

a) **Se o sequestro dura mais de 24 (vinte e quatro) horas, se o seqüestrado é menor de 18 (dezoito) ou maior de 60 (sessenta) anos, ou se o crime é cometido por bando ou quadrilha (§ 1º)**

Como se vê, em um mesmo parágrafo, o art. 159, CP contemplou quatro hipóteses distintas de qualificadoras. Em todas elas, a pena prevista é de reclusão de 12 (doze) a 20 (vinte) anos. Passemos ao estudo de cada uma delas:

Em primeiro lugar, qualifica-se o crime de extorsão mediante sequestro pelo lapso de tempo transcorrido (mais de vinte e quatro horas). Não há um prazo mínimo para a caracterização do sequestro. Basta que a privação da liberdade da vítima perdure por tempo razoável. Contudo, para a qualificação da conduta, como se vê, exige-se o lapso de ao menos, mais de vinte e quatro horas.

A segunda modalidade de qualificadora prevista no § 1º diz respeito à idade da vítima. neste caso, temos duas situações que ensejam a qualificadora: a vítima menor de idade – menor de 18 (dezoito) anos – e a vítima idosa – maior de 60 (sessenta) anos. A qualificadora é justificada pela percepção de que tais pessoas se encontram sujeitas à maior vulnerabilidade em relação ao crime.

A terceira situação de qualificadora seria, conforme previsão do § 1º, seria a situação do crime praticado mediante quadrilha ou bando. Importante recordar que, com o advento da Lei n. 12.850/13 a conduta tipificada no art. 288, CP deixou de se chamar quadrilha ou bando e passou a se chamar "associação criminosa". Ademais, o tipo penal deixou de exigir a presença mínima de 4 (quatro) pessoas, passando a exigir a participação de apenas três, para consumação do crime.

e) **Se do fato resultar lesão corporal de natureza grave (§ 2º)**

Neste caso, a pena é prevista é de reclusão de 16 (dezesseis) a 24 (vinte e quatro) anos. Vale reiterar que as hipóteses de lesão corporal de natureza grave estão dispostas nos §§ 1º e 2º do art. 129, CP. Diversamente do que ocorre com os crimes de roubo (art. 157, CP) e extorsão (art. 158, CP), ao tratar da extorsão mediante sequestro, o legislador não exigiu, para qualificar o crime, que a lesão corporal grave resultasse da violência empregada na conduta.

c) **Se resulta morte (§ 3º)**

Neste caso, a pena é de reclusão de 24 (vinte e quatro) a 30 (trinta) anos. Esta é a maior pena mínima prevista no Código Penal. Em relação à pena máxima, 30 (trinta) anos é o limite previsto no Código Penal, mas este limite é previsto em inúmeros outros tipos penais, como em figuras qualificadas do homicídio (art. 121, CP), do roubo (art. 157, CP), da extorsão (art. 158, CP) etc. Tal qual ocorre na qualificadora anterior, o Código Penal também não previu a exigência de que a morte derive da violência da conduta para qualificar o crime de extorsão mediante sequestro.

3.9. Delação Premiada e Causa de Diminuição de Pena

A Lei de Crimes Hediondos inaugurou na legislação recente do Brasil o instituto da delação premiada. Por meio do referido instituto, o criminoso que colaborar com as investigações, trazendo informações relevantes que possam conduzir ao desmantelamento da associação criminosa terá a sua pena reduzida de um a dois terços. A Lei n. 9.807/99, posteriormente, trouxe a possibilidade de se aplicar ao delator o perdão judicial, conduzindo, em consequência, à extinção da punibilidade.

Por fim, cabe referir que a atual Lei de Organização Criminosa emprega a expressão "colaboração premiada", em detrimento da doutrinariamente consagrada expressão "delação premiada". Para a doutrina, colaboração premiada seria gênero de que seria espécie a delação. Assim, seria possível colaborar com as investigações sem que houvesse, necessariamente, delação.

No que concerne ao crime de extorsão mediante sequestro, temos a previsão de uma delação premiada, pois pressupõe que o colaborador denuncie à autoridade o concurso de agentes. E a consequência prevista não é o perdão judicial, mas sim a diminuição da pena, no patamar de um a dois terços. Por se tratar de causa de diminuição de pena, deverá ser aquilatada na terceira fase da dosimetria da pena.

São os seguintes os requisitos da delação como causa de diminuição de pena:

a) **Crime cometido em concurso de pessoas:** em se tratando de crime praticado por apenas um agente, não haverá que se falar em delação premiada, por razões óbvias.

b) **Um dos participantes denuncie à autoridade:** o participante pode ser coautor ou partícipe. a expressão "denunciar" obviamente não está empregada no sentido técnico, pois denúncia é peça inicial acusatória exclusiva do Ministério Público. O verbo denunciar no § 4º do art. 159, CP designa a conduta do agente que esclarece, presta informações sobre o crime. E a autoridade referida no dispositivo legal pode ser qualquer autoridade incumbida da investigação criminal ou do processo criminal, tais como o delegado de polícia, o promotor de justiça, o juiz etc.

c) **Facilitação à libertação do sequestrado:** para que o delator obtenha o benefício não basta a sua intenção de colaborar, como se vê.

3.10. Penas

A pena prevista para o crime de extorsão mediante sequestro é de reclusão de 8 (oito) a 15 (quinze) anos. À vista disto, devemos recordar não ser possível a aplicação dos institutos despenalizadores, como a transação penal e a suspensão condicional do processo.

Ademais, não será possível a substituição da pena privativa de liberdade pela pena restritiva de direitos, ainda que a pena efetivamente imposta não supere 4 (quatro) anos, haja vista a impossibilidade de se realizar tal substituição em crimes praticados mediante violência ou grave ameaça (art. 44, CP).

Destoando da maior parte dos crimes contra o patrimônio, o crime de extorsão mediante sequestro não prevê pena de multa.

3.11. Classificação

O crime de extorsão pode ser classificado como:

a) **Comum** (pode ser praticado por qualquer pessoa);
b) **Formal** (a consumação exige a produção de um resultado naturalístico);
c) De **forma livre** (a Lei não estabelece exigência para a forma de execução);
d) **Pluriofensivo** (tutela mais de um bem jurídico);
e) **Comissivo** (em regra) **ou omissivo** (quando ocorre omissão imprópria);
f) **Unissubjetivo** (pode haver ou não concurso de pessoas);
g) **Instantâneo** (consuma-se de imediato);
h) **Plurissubsistentes** (a conduta pode ser fracionada, e por isso admite a tentativa);
i) De **dano** (a consumação enseja violação ao bem jurídico, e não mera exposição a perigo);
j) **Transeunte** (o crime deixa vestígios) ou **não transeunte**;
k) **Doloso.**

3.12. Quadro Sinótico

EXTORSÃO MEDIANTE SEQUESTRO		
Considerações Iniciais	O crime de extorsão mediante sequestro é complexo, pois resulta da junção de mais de um crime: extorsão (art. 158, CP) e sequestro e cárcere privado (art. 148, CP). É, ainda, crime pluriofensivo, pois se consuma mediante a violação a mais de um bem jurídico (liberdade pessoal e patrimônio).	1
Tipicidade Objetiva	O núcleo do tipo é o verbo "sequestrar", isto é, privar de liberdade. A conduta recai sobre "pessoa". O elemento característico deste crime é que o estado de sujeição do ofendido perante o criminoso. A conduta exige a finalidade específica de "de obter, para si ou para outrem, qualquer vantagem, como condição ou preço do resgate". Além disto, é necessário que a vantagem econômica pretendida seja indevida.	2
Sujeitos	**Sujeito ativo:** qualquer pessoa. **Sujeito passivo:** qualquer pessoa. Será aquele que suporta a lesão patrimonial, bem como aquele que tem a sua liberdade privada.	3

Objetos	**Objeto jurídico:** trata-se de crime pluriofensivo, uma vez que o Estado tutela o patrimônio e a liberdade individual da vítima. **Objeto material:** A pessoa que tem o patrimônio atingido, bem como a pessoa que tem a sua liberdade tolhida.	4
Elemento Subjetivo	É o ânimo de assenhorear-se definitivamente da vantagem a ser obtida como condição ou preço do resgate, devendo a referida vantagem, como se sabe, ser econômica e indevida. Será sempre doloso.	5
Consumação e Tentativa	Consuma-se o crime com a privação da liberdade, independentemente da obtenção da vantagem pretendida. Trata-se de crime plurissubsistente, razão pela qual admite-se a tentativa.	6
Ação Penal	É crime de ação penal pública incondicionada em todas as suas modalidades.	7
Qualificadoras	**a)** Se o sequestro dura mais de 24 (vinte e quatro) horas, se o seqüestrado é menor de 18 (dezoito) ou maior de 60 (sessenta) anos, ou se o crime é cometido por bando ou quadrilha (§ 1º): a pena prevista é de reclusão de 12 (doze) a 20 (vinte) anos. Passemos ao estudo de cada uma delas: **b)** Se do fato resultar lesão corporal de natureza grave (§ 2º): a pena prevista é de reclusão de 16 (dezesseis) a 24 (vinte e quatro) anos;	8
Qualificadoras	**c)** Se resulta morte (§ 3º): neste caso, a pena é de reclusão de 24 (vinte e quatro) a 30 (trinta) anos. Esta é a maior pena mínima prevista no Código Penal.	8
Delação Premiada e Causa de Diminuição de Pena	A Lei de Crimes Hediondos inaugurou na legislação recente do Brasil o instituto da delação premiada. Por meio do referido instituto, o criminoso que colaborar com as investigações, trazendo informações relevantes que possam conduzir ao desmantelamento da associação criminosa terá a sua pena reduzida de um a dois terços. A Lei n. 9.807/99, posteriormente, trouxe a possibilidade de se aplicar ao delator o perdão judicial, conduzindo, em consequência, à extinção da punibilidade. No que concerne ao crime de extorsão mediante sequestro, temos a previsão de uma delação premiada, pois pressupõe que o colaborador denuncie à autoridade o concurso de agentes. E a consequência prevista não é o perdão judicial, mas sim a diminuição da pena, no patamar de um a dois terços. Por se tratar de causa de diminuição de pena, deverá ser aquilatada na terceira fase da dosimetria da pena. São os seguintes os requisitos da delação como causa de diminuição de pena: **a)** Crime cometido em concurso de pessoas; **b)** Um dos participantes denuncie à autoridade; **c)** Facilitação à libertação do sequestrado.	9
Penas	A pena prevista para o crime de extorsão mediante sequestro é de reclusão de 8 (oito) a 15 (quinze) anos.	10

Classificação	a) **Comum** (pode ser praticado por qualquer pessoa); b) **Formal** (a consumação exige a produção de um resultado naturalístico); c) De forma **livre** (a Lei não estabelece exigência para a forma de execução); d) **Pluriofensivo** (tutela mais de um bem jurídico); e) **Comissivo** (em regra) ou **omissivo** (quando ocorre omissão imprópria); f) **Unissubjetivo** (pode haver ou não concurso de pessoas); g) **Instantâneo** (consuma-se de imediato) h) **Plurissubsistentes** (a conduta pode ser fracionada, e por isso admite a tentativa); i) De **dano** (a consumação enseja violação ao bem jurídico, e não mera exposição a perigo); j) **Transeunte** (o crime deixa vestígios) ou **não transeunte**; k) **Doloso**.	11

3.13. Questões de Concursos Públicos

01. (VUNESP - 2018 - PC-SP - Delegado de Polícia) O crime de extorsão mediante sequestro (CP, art. 159)

(A) é qualificado se do fato resulta lesão corporal grave ou morte.

(B) é qualificado se cometido contra vítima menor de 18 (dezoito) anos ou maior de 50 (cinquenta) anos.

(C) não admite a modalidade tentada.

(D) consuma-se quando o agente solicita vantagem como preço do resgate, por se tratar de crime contra o patrimônio.

(E) consuma-se quando o agente obtém vantagem como preço do resgate, por se tratar de crime contra o patrimônio.

02. (FAPEMS - 2017 - PC-MS - Delegado de Polícia) O crime de extorsão mediante sequestro, previsto no artigo 159 do Código Penal, é um crime complexo que conjugando bens jurídicos como liberdade e patrimônio igualmente possui a preocupação com a ofensa, a incolumidade pessoal e a própria vida da vítima nas suas formas qualificadas. Diante da hediondez do crime, visando a garantir a liberdade e salvar a vida da vítima, o § 4° do artigo 159 prevê a possibilidade de delação premiada. Nesse sentido, assinale a alternativa correta.

(A) Para desfrutar do benefício da delação premiada, o sujeito não pode ser autor do delito, devendo figurar como mero partícipe.

(B) A delação de que trata o § 4° do artigo 159, do Código Penal pode ser realizada em crime de extorsão mediante sequestro praticado por uma única pessoa.

(C) A delação premiada prevista no artigo 159, § 4°, do Código Pedal, funciona como causa atenuante genérica de pena, com aplicação cogente.

(D) A diminuição de pena para o delator fica a cargo da discricionarredade do julgador, não sendo este obrigado a aplicá-la.

(E) A informação dada em delação deve levar à facilitação da liberdade da vítima sendo desnecessária prisão dos demais envolvidos.

03. (IBADE - 2017 - PC-AC - Delegado de Polícia Civil) Sobre o crime de extorsão mediante sequestro, é correto afirmar que:

(A) a consumação do crime do art. 159 do CP se opera com a exigência de uma vantagem como condição ou preço do resgate, o que faz com que o delito seja doutrinariamente classificado como crime formal.

(B) o crime é hediondo mesmo em sua forma simples, dispensando a verificação de resultados morte ou lesão corporal de natureza grave para a incidência da Lei n°8.072, de 1990.

(C) o concurso de pessoas é uma das circunstâncias qualificadoras concernentes ao crime de extorsão mediante sequestro, nos mesmos moldes do furto e diferentemente do que ocorre no roubo, no qual a pluralidade de agentes tem a natureza de causa de aumento da pena.

(D) há, no art. 159 do Código Penal, previsão expressa de delação premiada, determinando diminuição da pena ao participante que revelar o crime à autoridade, permitindo a libertação do sequestrado ou a recuperação do produto ou do proveito do crime.

(E) ocorre a forma qualificada da extorsão mediante sequestro, entre outras hipóteses, quando a restrição à liberdade da vítima dura mais de quinze dias, mas nunca em tempo inferior.

04. (VUNESP - 2016 - IPSMI - Procurador) Mévio, endividado, sequestra o próprio pai, senhor de 70 anos, objetivando obter como resgate, de seus irmãos, a quantia de R$ 100.000,00 (cem mil reais). Para tanto, conta com a ajuda de Caio. Passadas 13 horas do sequestro, Caio se arrepende e decide comunicar o crime à Polícia que, pouco depois, invade o local do sequestro, libertando a vítima. A respeito da situação retratada, é correto afirmar que

(A) Mévio e Caio praticaram extorsão mediante sequestro, na forma qualificada, haja vista que o crime perdurou por período superior a 12 horas.

(B) por se tratar de crime contra o patrimônio, Mévio é isento de pena, pois cometeu o crime em prejuízo de ascendente.

(C) por se tratar de crime contra o patrimônio, relativamente a Mévio, que praticou o crime em prejuízo de ascendente, a ação penal é pública condicionada à representação.

(D) Caio, mesmo tendo denunciado o crime à autoridade policial, não faz jus à redução da pena, por se tratar de crime na forma qualificada.

(E) Mévio e Caio praticaram extorsão mediante sequestro, na forma qualificada, por se tratar de vítima idosa.

05. (FUNIVERSA - 2015 - Secretaria da Criança - DF - Especialista Socioeducativo - Direito e Legislação) Caio, seis anos de idade, filho de Amália, foi sequestrado por João e Vitor, que solicitaram o pagamento de resgate. Após uma semana de cativeiro, Vitor resolveu apresentar-se à polícia e indicar o local onde Caio estava escondido. Caio foi libertado e o valor solicitado não chegou a ser pago.

A partir dessa situação hipotética, assinale a alternativa correta.

(A) João e Vitor praticaram crime contra a liberdade individual, tipificado como extorsão mediante sequestro e classificado como hediondo.

(B) O fato de Caio ser uma criança constitui circunstância agravante da pena, não influindo na pena-base do crime, considerada pelo juiz na primeira fase da dosimetria.

(C) É irrelevante a duração do sequestro de Caio para fins da tipificação do crime e da indicação da pena-base a ser considerada pelo juiz na dosimetria.

(D) Como Vitor auxiliou a autoridade policial no esclarecimento do crime, facilitando a libertação de Caio, sua pena será reduzida de um a dois terços.

(E) A falta de pagamento do valor solicitado pelos sequestradores como resgate impediu a consumação do crime, estando caracterizada a tentativa.

06. (VUNESP - 2015 - TJ-SP - Juiz Substituto) Quanto ao crime de extorsão mediante sequestro, pode- -se afirmar que

(A) se o crime é cometido em concurso, o concorrente que o denunciar à autoridade, facilitando a libertação do sequestrado, terá sua pena reduzida de 1 (um) a 2/3 (dois terços).

(B) a vantagem almejada com a extorsão é necessariamente o pagamento do preço do resgate.

(C) se resultar em morte da vítima, tipifica homicídio.

(D) a pena é aumentada quando o sequestro superar, no mínimo, 48 horas.

GABARITO: *As respostas destes testes encontram-se no final do livro.*

4. EXTORSÃO INDIRETA

> **Art. 160** – Exigir ou receber, como garantia de dívida, abusando da situação de alguém, documento que pode dar causa a procedimento criminal contra a vítima ou contra terceiro:
>
> Pena – reclusão, de um a três anos, e multa.

4.1. Considerações Iniciais

Aqui o legislador se preocupou em cuidar da conduta do agente que indiretamente se vale da situação financeira aflitiva da vítima para alcançar seu objetivo. Registre-se que a referida situação não necessariamente deve ter sido criada pelo agente delituoso.

Acerca da classificação, o crime de *extorsão indireta* é comum; de forma vinculada; formal (quanto à conduta *exigir*) e material (diante da conduta *receber*); instantâneo; doloso; comissivo; unissubjetivo; plurissubsistente.

No âmbito do Código Penal Militar, a extorsão indireta é punida pelo seu art. 246.

4.2. Tipicidade Objetiva

Nos núcleos do tipo penal estão os verbos "exigir" e "receber", condutas relacionadas a documento público ou particular apto a iniciar um procedimento criminal.

Na conduta consistente em "exigir", o sujeito ativo toma a atitude de compelir a vítima a lhe entregar o documento, como garantia de dívida. Por outro lado, na conduta consistente em "receber", não há tal iniciativa por parte do agente. Ele apenas aceita obter o documento. Em qualquer caso, imprescindível que o agente venha a agir "abusando da condição de alguém". Basta imaginar alguém que, premido pela situação de grave doença na família, necessita obter o dinheiro, contraindo a dívida e entregando o documento comprometedor para o agente.

Não há necessidade de a situação periclitante da vítima ser provocada pelo agente. É o caso do exemplo citado no parágrafo anterior. E é esta a razão pela qual o tipo penal é intitulado "extorsão indireta". Com efeito, a situação da vítima não é produzida diretamente pelo agente.

Para que haja o crime, não se faz necessário que ocorra a efetiva instauração do procedimento criminal. A exigência do documento ou o seu recebimento já serão aptos à consumação.

4.3. Sujeitos

Sujeito ativo do crime será qualquer pessoa que exige documento como garantia de dívida. Não é necessariamente o credor.

Sujeito passivo é o devedor de quem se exige ou se recebe documento que pode ensejar o procedimento criminal, bem como a terceira pessoa em relação à qual pode ser instaurado o procedimento.

4.4. Objetos

Objeto jurídico é o patrimônio e a liberdade individual da vítima. Trata-se, assim, de mais um crime pluriofensivo.

Objeto material é o documento público ou particular que pode ensejar a instauração do procedimento criminal contra vítima ou contra terceiro.

4.5. Elemento Subjetivo

Trata-se de crime na modalidade dolosa. Exige-se, portanto, o dolo, materializado na vontade consciente de obter o documento que pode dar causa a procedimento criminal contra a vítima ou contra terceiros.

Não se admite a modalidade culposa.

4.6. Consumação e Tentativa

Consuma-se o crime em análise tanto no momento da exigência, quanto no momento do recebimento do documento. Assim, se o recebimento é precedido da exigência, constituirá mero exaurimento, pois o crime já teria sido consumado quando da ocorrência da exigência.

Na modalidade "exigir" o crime é formal (não se exigindo resultado material, portanto). Por outro lado, na modalidade "receber", o crime é material.

Admite-se a tentativa.

4.7. Ação Penal

A ação penal é pública incondicionada.

4.8. Penas

Para o crime de "extorsão indireta", a pena é de reclusão, de um a três anos, e multa. Logo, podemos concluir que:

a) Não é possível a transação penal (art. 76, Lei n. 9.099/95), pois não se trata de infração penal de menor potencial ofensivo.

b) É possível a suspensão condicional do processo (art. 89, Lei n. 9.099/95), pois a pena mínima não ultrapassa um ano.

c) Não será cabível a substituição da pena por restritivas de direitos, pois no crime há grave ameaça (art. 44, CP).

4.9. Classificação

O crime de "extorsão indireta" pode ser classificado como:

a) **Comum** (qualquer pessoa pode ser sujeito ativo);

b) **Material** (a consumação exige a produção de um resultado naturalístico) ou **formal**;
c) De **forma livre** (a Lei não estabelece exigência para a forma de execução);
d) **Pluriofensivo** (tutela mais de um bem jurídico);
e) **Comissivo** (em regra) **ou omissivo** (quando ocorre omissão imprópria);
f) **Unissubjetivo** (pode haver ou não concurso de pessoas);
g) **Instantâneo** (consuma-se de imediato);
h) **Plurissubsistentes** (a conduta pode ser fracionada, e por isso admite a tentativa);
i) De **dano** (a consumação enseja violação ao bem jurídico, e não mera exposição a perigo);
j) **Transeunte** (o crime não deixa vestígios);
k) **Doloso.**

4.10. Quadro Sinótico

EXTORSÃO INDIRETA		
Considerações Iniciais	Aqui o legislador se preocupou em cuidar da conduta do agente que indiretamente se vale da situação financeira aflitiva da vítima para alcançar seu objetivo. Registre-se que a referida situação não necessariamente deve ter sido criada pelo agente delituoso. No âmbito do Código Penal Militar, a extorsão indireta é punida pelo seu art. 246.	1
Tipicidade Objetiva	Nos núcleos do tipo penal estão os verbos "exigir" e "receber", condutas relacionadas a documento público ou particular apto a iniciar um procedimento criminal. Na conduta consistente em "exigir", o sujeito ativo toma a atitude de compelir a vítima a lhe entregar o documento, como garantia de dívida. Por outro lado, na conduta consistente em "receber", não há tal iniciativa por parte do agente. Ele apenas aceita obter o documento. Em qualquer caso, imprescindível que o agente venha a agir "abusando da condição de alguém".	2
Sujeitos	**Sujeito ativo do crime** será qualquer pessoa que exige documento como garantia de dívida. Não é necessariamente o credor. **Sujeito passivo** é o devedor de quem se exige ou se recebe documento que pode ensejar o procedimento criminal, bem como a terceira pessoa em relação à qual pode ser instaurado o procedimento.	3
Objetos	Objeto jurídico é o patrimônio e a liberdade individual da vítima. Trata-se, assim, de mais um crime pluriofensivo. Objeto material é o documento público ou particular que pode ensejar a instauração do procedimento criminal contra vítima ou contra terceiro.	4
Elemento Subjetivo	Trata-se de crime na modalidade dolosa. Exige-se, portanto, o dolo, materializado na vontade consciente de obter o documento que pode dar causa a procedimento criminal contra a vítima ou contra terceiros. Não se admite a modalidade culposa.	5

Consumação e Tentativa	Consuma-se o crime em análise tanto no momento da exigência, quanto no momento do recebimento do documento. Assim, se o recebimento é precedido da exigência, constituirá mero exaurimento, pois o crime já teria sido consumado quando da ocorrência da exigência. Na modalidade "exigir" o crime é formal (não se exigindo resultado material, portanto). Por outro lado, na modalidade "receber", o crime é material. Admite-se a tentativa.	6
Ação Penal	A ação penal é de iniciativa pública incondicionada.	7
Penas	Para o crime de "extorsão indireta", a pena é de reclusão, de um a três anos, e multa.	8
Classificação	a) **Comum** (qualquer pessoa pode ser sujeito ativo); b) **Material** (a consumação exige a produção de um resultado naturalístico) ou **formal**; c) De forma **livre** (a Lei não estabelece exigência para a forma de execução); d) **Pluriofensivo** (tutela mais de um bem jurídico); e) **Comissivo** (em regra) ou **omissivo** (quando ocorre omissão imprópria); f) **Unissubjetivo** (pode haver ou não concurso de pessoas); g) **Instantâneo** (consuma-se de imediato); h) **Plurissubsistentes** (a conduta pode ser fracionada, e por isso admite a tentativa); i) De **dano** (a consumação enseja violação ao bem jurídico, e não mera exposição a perigo); j) **Transeunte** (o crime não deixa vestígios); k) **Doloso**.	9

III

DA USURPAÇÃO

1. ALTERAÇÃO DE LIMITES

> **Art. 161** – Suprimir ou deslocar tapume, marco, ou qualquer outro sinal indicativo de linha divisória, para apropriar-se, no todo ou em parte, de coisa imóvel alheia:
>
> Pena – detenção, de um a seis meses, e multa.
>
> § 1° – Na mesma pena incorre quem:

1.1. Considerações Iniciais

O artigo 161 do Código Penal traz uma pluralidade de crimes, quais sejam a alteração de limites, a usurpação de águas e o esbulho possessório. Todas as condutas são consideradas infrações penais de menor potencial ofensivo, conforme art. 61 da Lei 9.099/95, uma vez que a pena abstrata cominada é de 6 (seis) meses.

O *caput* e no § 1º do art. 161, CP, há o crime de "alteração de limites".

1.2. Tipicidade Objetiva

O tipo penal possui duas condutas:

a) Suprimir: eliminar, destruir

b) Deslocar: alterar o local originário.

As condutas devem recair sobre marco, ou qualquer outro sinal indicativo de linha divisória.

1.3. Sujeitos

Somente o proprietário e o possuidor do imóvel limítrofe poderão figurar como sujeito ativo do presente delito. Trata-se, por isso, de crime próprio, pois exige qualidade especial do agente.

Sujeito passivo é o proprietário ou possuidor do imóvel que teve as suas divisas alteradas.

1.4. Objetos

Objeto jurídico é a inviolabilidade patrimonial imobiliária.

Objeto Material é o imóvel cujas divisas foram alteradas.

1.5. Elemento Subjetivo

Elemento subjetivo é o dolo. Exige-se o dolo específico, consistente na finalidade de se apropriar da coisa imóvel alheia.

Não há previsão de modalidade culposa.

1.6. Consumação e Tentativa

A consumação ocorre no momento em que ocorre a supressão ou deslocamento do tapume, marco ou sinal indicativo da linha divisória. Trata-se de crime plurissubsistente, admitindo, portanto, a tentativa.

1.7. Ação Penal

A ação penal é, em regra, privada, desde que a propriedade seja particular e o crime tenha sido cometido sem violência art. 161, § 3º, CP. Todavia, será pública incondicionada nos casos de emprego de violência e quando a propriedade for pública.

1.8. Penas

A pena para o crime de "alteração de limites" é de detenção, de um a seis meses, e multa. Logo, podemos concluir que:

a) É possível a transação penal (art. 76, Lei n. 9.099/95), pois se trata de infração penal de menor potencial ofensivo.

b) É possível a suspensão condicional do processo (art. 89, Lei n. 9.099/95), pois a pena mínima não ultrapassa um ano.

Se houver o emprego da violência, ser-lhe-á aplicada também a pena correspondente (art. 161, § 2º, CP).

1.9. Classificação

O crime de "alteração de limites" pode ser classificado como:

a) **Próprio** (exige qualidade especial do sujeito ativo);

b) **Formal** (a consumação não exige a produção de um resultado naturalístico);

c) De **forma vinculada** (a Lei estabelece exigência para a forma de execução);

d) **Simples** (tutela um bem jurídico);

e) **Comissivo** (praticado mediante ação) ou **omissivo** (se for omissão imprópria);

f) **Unissubjetivo** (pode haver ou não concurso de pessoas);

g) **Instantâneo** (consuma-se de imediato);

h) **Plurissubsistentes** (a conduta pode ser fracionada, e por isso admite a tentativa);

i) De **dano** (a consumação enseja violação ao bem jurídico, e não mera exposição a perigo);

j) **Não transeunte** (o crime deixa vestígios);

k) **Doloso.**

1.10. Quadro Sinótico

USURPAÇÃO		
Considerações Iniciais	O artigo 161 do Código Penal traz uma pluralidade de crimes, quais sejam a alteração de limites, a usurpação de águas e o esbulho possessório. Todas as condutas são consideradas infrações penais de menor potencial ofensivo, conforme art. 61 da Lei 9.099/95, uma vez que a pena abstrata cominada é de 6 (seis) meses.	1
Tipicidade Objetiva	O tipo penal possui duas condutas: **a)** Suprimir: eliminar, destruir **b)** Deslocar: alterar o local originário. As condutas devem recair sobre marco, ou qualquer outro sinal indicativo de linha divisória.	2
Sujeitos	Somente o proprietário e o possuidor do imóvel limítrofe poderão figurar como sujeito ativo do presente delito. Trata-se, por isso, de crime próprio, pois exige qualidade especial do agente. Sujeito passivo é o proprietário ou possuidor do imóvel que teve as suas divisas alteradas.	3
Objetos	Objeto jurídico é a inviolabilidade patrimonial imobiliária. **Objeto Material é o imóvel cujas divisas foram alteradas.**	4
Elemento Subjetivo	Elemento subjetivo é o dolo. Exige-se o dolo específico, consistente na finalidade de se apropriar da coisa imóvel alheia. Não há previsão de modalidade culposa.	5
Consumação e Tentativa	A consumação ocorre no momento em que ocorre a supressão ou deslocamento do tapume, marco ou sinal indicativo da linha divisória. Trata-se de crime plurissubsistente, admitindo, portanto, a tentativa.	6
Ação Penal	A ação penal é, em regra, privada, desde que a propriedade seja particular e o crime tenha sido cometido sem violência art. 161, § 3º, CP. Todavia, será pública incondicionada nos casos de emprego de violência e quando a propriedade for pública.	7

Penas	A pena para o crime de "alteração de limites" é de detenção, de um a seis meses, e multa.	8
Classificação	**a) Próprio** (exige qualidade especial do sujeito ativo); **b) Formal** (a consumação não exige a produção de um resultado naturalístico); **c)** De **forma vinculada** (a Lei estabelece exigência para a forma de execução); **d) Simples** (tutela um bem jurídico); **e) Comissivo** (praticado mediante ação) ou **omissivo** (se for omissão imprópria); **f) Unissubjetivo** (pode haver ou não concurso de pessoas); **g) Instantâneo** (consuma-se de imediato); **h) Plurissubsistentes** (a conduta pode ser fracionada, e por isso admite a tentativa); **i)** De **dano** (a consumação enseja violação ao bem jurídico, e não mera exposição a perigo); **j) Não transeunte** (o crime deixa vestígios); **k) Doloso.**	19

§ 1º - Na mesma pena incorre quem:

2. USURPAÇÃO DE ÁGUAS

I - desvia ou represa, em proveito próprio ou de outrem, águas alheias;

2.1. Considerações Iniciais

O art. 161, § 1º, I do Código Penal traz o crime de "usurpação de águas". Para este tipo penal, foi prevista a mesma pena prevista para o crime de "alteração de limites", que se encontra no *caput* do artigo 161, CP.

2.2. Tipicidade Objetiva

O tipo penal é constituído de duas condutas:

a) Desviar: alterar a direção, o roteiro, mudar o destino;

b) Represar: deter o curso, conter.

As condutas recaem sobre "águas alheias".

2.3. Sujeitos

Sujeito ativo pode ser qualquer pessoa. Trata-se, portanto, de crime comum.

Sujeito passivo é o proprietário ou possuidor do imóvel em que existam as águas.

2.4. Objetos

Objeto jurídico é o patrimônio.

Objeto material é a água alheia.

2.5. Elemento Subjetivo

Elemento subjetivo é o dolo. Exige-se o dolo específico, consistente na finalidade de se apropriar das águas alheias para si ou para outrem.

Não há previsão para a modalidade culposa.

2.6. Consumação e Tentativa

A consumação ocorre com a realização de qualquer dos núcleos do tipo, isto é, quando o agente efetivamente desvia ou represa as águas alheias.

A tentativa é admissível.

2.7. Ação Penal

A ação penal é, em regra, privada, desde que a propriedade seja particular e o crime tenha sido cometido sem violência art. 161, § 3º, CP. Todavia, será pública incondicionada nos casos de emprego de violência e quando a propriedade for pública.

2.8. Penas

A pena para o crime de "usurpação de águas" é de detenção, de um a seis meses, e multa. Logo, podemos concluir que:

a) É possível a transação penal (art. 76, Lei n. 9.099/95), pois se trata de infração penal de menor potencial ofensivo.

b) É possível a suspensão condicional do processo (art. 89, Lei n. 9.099/95), pois a pena mínima não ultrapassa um ano.

Se houver o emprego da violência, ser-lhe-á aplicada também a pena correspondente (art. 161, § 2º, CP).

2.9. Classificação

O crime de "usurpação de águas" pode ser classificado como:

a) **Comum** (não exige qualidade especial do sujeito ativo);

b) **Formal** (a consumação não exige a produção de um resultado naturalístico);

c) De **forma livre** (a Lei não estabelece exigência para a forma de execução);

d) **Simples** (tutela um bem jurídico);

e) **Comissivo** (praticado mediante ação) ou **omissivo** (se for omissão imprópria);
f) **Unissubjetivo** (pode haver ou não concurso de pessoas);
g) **Instantâneo** (consuma-se de imediato);
h) **Plurissubsistentes** (a conduta pode ser fracionada, e por isso admite a tentativa);
i) De **dano** (a consumação enseja violação ao bem jurídico, e não mera exposição a perigo);
j) **Não transeunte** (o crime deixa vestígios);
k) **Doloso.**

2.10. Quadro Sinótico

USURPAÇÃO DE ÁGUAS		
Considerações Iniciais	O art. 161, § 1º, I do Código Penal traz o crime de "usurpação de águas".	1
Tipicidade Objetiva	O tipo penal é constituído de duas condutas: **a)** Desviar: alterar a direção, o roteiro, mudar o destino; **b)** Represar: deter o curso, conter. As condutas recaem sobre "águas alheias".	2
Sujeitos	**Sujeito ativo** pode ser qualquer pessoa. Trata-se, portanto, de crime comum. **Sujeito passivo** é o proprietário ou possuidor do imóvel em que existam as águas.	3
Objetos	**Objeto jurídico** é o patrimônio. **Objeto material** é a água alheia.	4
Elemento Subjetivo	Elemento subjetivo é o dolo. Exige-se o dolo específico, consistente na finalidade de se apropriar das águas alheias para si ou para outrem. Não há previsão para a modalidade culposa.	5
Consumação e Tentativa	A consumação ocorre com a realização de qualquer dos núcleos do tipo, isto é, quando o agente efetivamente desvia ou represa as águas alheias. A tentativa é admissível.	6
Ação Penal	A ação penal é, em regra, privada, desde que a propriedade seja particular e o crime tenha sido cometido sem violência art. 161, § 3º, CP. Todavia, será pública incondicionada nos casos de emprego de violência e quando a propriedade for pública.	7
Penas	A pena para o crime de "usurpação de águas" é de detenção, de um a seis meses, e multa.	8
Classificação	**a)** **Comum** (não exige qualidade especial do sujeito ativo); **b)** **Formal** (a consumação não exige a produção de um resultado naturalístico); **c)** De forma **livre** (a Lei não estabelece exigência para a forma de execução);	9

Classificação	**d) Simples** (tutela um bem jurídico); **e) Comissivo** (praticado mediante ação) ou **omissivo** (se for omissão imprópria); **f) Unissubjetivo** (pode haver ou não concurso de pessoas); **g) Instantâneo** (consuma-se de imediato); **h) Plurissubsistentes** (a conduta pode ser fracionada, e por isso admite a tentativa); 9 **i)** De **dano** (a consumação enseja violação ao bem jurídico, e não mera exposição a perigo); **j) Não transeunte** (o crime deixa vestígios); **k) Doloso.**

3. ESBULHO POSSESSÓRIO

> II - invade, com violência a pessoa ou grave ameaça, ou mediante concurso de mais de duas pessoas, terreno ou edifício alheio, para o fim de esbulho possessório.
> § 2° - Se o agente usa de violência, incorre também na pena a esta cominada.
> § 3° - Se a propriedade é particular, e não há emprego de violência, somente se procede mediante queixa.

3.1. Considerações Iniciais

O art. 161, § 1º, II do Código Penal traz o crime de "esbulho possessório". Para este tipo penal, foi prevista a mesma pena prevista para o crime de "alteração de limites", que se encontra no *caput* do artigo 161, CP. Esbulhar equivale a retirar a posse de alguém sobre determinada coisa. No âmbito do Código Penal, a conduta diz respeito apenas a bens imóveis.

3.2. Tipicidade Objetiva

O tipo penal é constituído do núcleo (verbo) "invadir", que significa ingressar à força, abruptamente, sem autorização. Para a caracterização do tipo penal, imprescindível que a invasão ocorra mediante violência, grave ameaça ou concurso de duas ou mais pessoas e deverá recair sobre terreno ou edifício alheio.

3.3. Sujeitos

Sujeito ativo pode ser qualquer pessoa. Trata-se, portanto, de crime comum.

Sujeito passivo é o possuidor do imóvel que sofreu o esbulho.

3.4. Objetos

Objeto jurídico é o patrimônio. Secundariamente, protege-se a integridade física e a liberdade individual da vítima, porquanto a conduta poderá ser praticada mediante o emprego de violência ou grave ameaça.

Objeto material é o imóvel esbulhado, mas também a pessoa que sofreu a violência ou a grave ameaça.

3.5. Elemento Subjetivo

Elemento subjetivo é o dolo. Exige-se o dolo específico, consistente na finalidade de esbulho possessório, isto é, de tomar a posse do imóvel do atual possuidor.

Não há previsão para a modalidade culposa.

3.6. Consumação e Tentativa

A consumação ocorre com a invasão do imóvel, independentemente de ter havido a efetiva inversão na posse.

A tentativa é admissível.

3.7. Ação Penal

A ação penal é, em regra, privada, desde que a propriedade seja particular e o crime tenha sido cometido sem violência art. 161, § 3º, CP. Todavia, será pública incondicionada nos casos de emprego de violência e quando a propriedade for pública.

3.8. Penas

A pena para o crime de "esbulho possessório" é de detenção, de um a seis meses, e multa. Logo, podemos concluir que:

a) É possível a transação penal (art. 76, Lei n. 9.099/95), pois se trata de infração penal de menor potencial ofensivo.

b) É possível a suspensão condicional do processo (art. 89, Lei n. 9.099/95), pois a pena mínima não ultrapassa um ano.

Se houver o emprego da violência, será aplicada também a pena correspondente (art. 161, § 2º, CP).

3.9. Classificação

O crime de "esbulho possessório" pode ser classificado como:

a) **Comum** (não exige qualidade especial do sujeito ativo);

b) **Formal** (a consumação não exige a produção de um resultado naturalístico);

c) De **forma livre** (a Lei não estabelece exigência para a forma de execução);

d) **Simples** (tutela um bem jurídico);

e) **Comissivo** (praticado mediante ação) ou **omissivo** (se for omissão imprópria);

f) **Unissubjetivo** (pode haver ou não concurso de pessoas);

g) **Instantâneo** (consuma-se de imediato);

h) **Plurissubsistentes** (a conduta pode ser fracionada, e por isso admite a tentativa);

i) De **dano** (a consumação enseja violação ao bem jurídico, e não mera exposição a perigo);

j) **Não transeunte** (o crime deixa vestígios);

k) **Doloso.**

3.10. Quadro Sinótico

ESBULHO POSSESSÓRIO		
Considerações Iniciais	O art. 161, § 1º, II do Código Penal traz o crime de "esbulho possessório". Esbulhar equivale a retirar a posse de alguém sobre determinada coisa. No âmbito do Código Penal, a conduta diz respeito apenas a bens imóveis.	1
Tipicidade Objetiva	O tipo penal é constituído do núcleo (verbo) "invadir", que significa ingressar à força, abruptamente, sem autorização. Para a caracterização do tipo penal, imprescindível que a invasão ocorra mediante violência, grave ameaça ou concurso de duas ou mais pessoas e deverá recair sobre terreno ou edifício alheio.	2
Sujeitos	**Sujeito ativo** pode ser qualquer pessoa. Trata-se, portanto, de crime comum. **Sujeito passivo** é o possuidor do imóvel que sofreu o esbulho.	3
Objetos	Objeto jurídico é o patrimônio. Secundariamente, protege-se a integridade física e a liberdade individual da vítima, porquanto a conduta poderá ser praticada mediante o emprego de violência ou grave ameaça. Objeto material é o imóvel esbulhado, mas também a pessoa que sofreu a violência ou a grave ameaça.	4
Elemento Subjetivo	Elemento subjetivo é o dolo. Exige-se o dolo específico, consistente na finalidade de esbulho possessório, isto é, de tomar a posse do imóvel do atual possuidor. Não há previsão para a modalidade culposa.	5
Consumação e Tentativa	A consumação ocorre com a invasão do imóvel, independentemente de ter havido a efetiva inversão na posse. A tentativa é admissível.	6
Ação Penal	A ação penal é, em regra, privada, desde que a propriedade seja particular e o crime tenha sido cometido sem violência art. 161, § 3º, CP. Todavia, será pública incondicionada nos casos de emprego de violência e quando a propriedade for pública.	7
Penas	A pena para o crime de "esbulho possessório" é de detenção, de um a seis meses, e multa.	8

Classificação	a) **Comum** (não exige qualidade especial do sujeito ativo); b) **Formal** (a consumação não exige a produção de um resultado naturalístico); c) De forma **livre** (a Lei não estabelece exigência para a forma de execução); d) **Simples** (tutela um bem jurídico); e) **Comissivo** (praticado mediante ação) ou **omissivo** (se for omissão imprópria); f) **Unissubjetivo** (pode haver ou não concurso de pessoas); g) **Instantâneo** (consuma-se de imediato); h) **Plurissubsistentes** (a conduta pode ser fracionada, e por isso admite a tentativa); i) De **dano** (a consumação enseja violação ao bem jurídico, e não mera exposição a perigo); j) **Não transeunte** (o crime deixa vestígios); k) **Doloso.**	9

IV
DO DANO

1. DANO

Art. 163 – Destruir, inutilizar ou deteriorar coisa alheia:

Pena – detenção, de um a seis meses, ou multa.

Dano qualificado

Parágrafo único – Se o crime é cometido:

I – com violência à pessoa ou grave ameaça;

II – com emprego de substância inflamável ou explosiva, se o fato não constitui crime mais grave

III – contra o patrimônio da União, de Estado, do Distrito Federal, de Município ou de autarquia, fundação pública, empresa pública, sociedade de economia mista ou empresa concessionária de serviços públicos; (Redação dada pela Lei nº 13.531, de 2017)

IV – por motivo egoístico ou com prejuízo considerável para a vítima:

Pena – detenção, de seis meses a três anos, e multa, além da pena correspondente à violência.

1.1. Considerações Iniciais

Trata-se de mais um crime contra o patrimônio. No dano, o agente atua dolosamente com o intuito de atingir o bem alheio, não se exigindo que ele pretenda qualquer vantagem patrimonial para si ou para outrem. Somente existe esse crime na modalidade dolosa, de modo que se alguém produz dano culposamente à propriedade alheia deverá responder apenas na esfera cível.

1.2. Tipicidade Objetiva

O tipo penal possui três núcleos, a saber:

a) Destruir: extinguir, eliminar.

b) Inutilizar: tornar inútil, irrelevante, imprestável.

c) Deteriorar: estragar, depreciar, destruir parcialmente.

Não há conduta típica em fazer desaparecer o bem.

1.3. Sujeitos

Sujeito ativo: qualquer pessoa. Trata-se de crime comum.

Sujeito passivo: qualquer pessoa, desde que proprietário ou possuidor legítimo da coisa.

1.4. Objetos

Objeto jurídico: é o patrimônio.

Objeto material: é a coisa alheia, imóvel ou móvel, sobre a qual recai a conduta criminosa. Não há crime de quando o dano recai sobre *res nullius* (coisa de ninguém).

1.5. Elementos Subjetivo

É o dolo. Não se pune a modalidade culposa.

No Brasil, o único crime de dano culposo é o dano ambiental, previsto na Lei de Crimes Ambientais (Lei n. 9.605/98).

1.6. Consumação e Tentativa

Consuma-se o crime quando ocorre a efetiva destruição, deterioração ou inutilização da coisa, trata-se de crime material. Admite-se a modalidade tentada.

1.7. Ação Penal

A ação penal será de iniciativa privada, na hipótese de dano simples e dano qualificado por motivo egoístico ou com prejuízo considerável para a vítima. Nas demais hipóteses a ação penal será pública incondicionada.

1.8. Qualificadoras

O parágrafo único do art. 163, CP nos traz quatro modalidades qualificadas. Em qualquer delas, a pena prevista para o crime de dano passa a ser de detenção, de seis meses a três anos, e multa. São elas:

a) Com violência à pessoa ou grave ameaça: neste caso, além da pena prevista para o crime de dano, também incide a pena correspondente à violência. Por outras palavras, além da pena para o crime de dano qualificado, o agente ainda responderia pelo crime de lesões corporais (leve, grave ou gravíssima, a depender do caso).

b) **Com emprego de substância inflamável ou explosiva, se o fato não constitui crime mais grave:** o legislador se vale da subsidiariedade expressa, ao fazer constar que haverá o crime de dano qualificado "se o fato não constituir crime mais grave".

c) **Contra o patrimônio da União, de Estado, do Distrito Federal, de Município ou de autarquia, fundação pública, empresa pública, sociedade de economia mista ou empresa concessionária de serviços públicos:** trata-se da hipótese de crime de dano ao patrimônio público, uma das modalidades qualificadas do dano, como se vê. Este rol de entes em relação aos quais o crime torna-se qualificado foi ampliado pela Lei n. 13.531/2017. Com efeito, antes da referida Lei não havia qualificadora para o crime de dano contra o patrimônio do Distrito Federal, por exemplo.

d) **Por motivo egoístico ou com prejuízo considerável para a vítima:** é a única das hipóteses de crime de dano qualificado em que a ação penal continua a ser de iniciativa privada. Nos três casos anteriores, teremos crime de ação penal pública incondicionada.

1.9. Penas

A pena para o crime de "dano" é de detenção, de um a seis meses, ou multa. Logo, podemos concluir que:

a) É possível a transação penal (art. 76, Lei n. 9.099/95), pois não se trata de infração penal de menor potencial ofensivo. Nas modalidades qualificadas, a pena máxima chega a três anos e, nestes casos, não haverá que se falar em transação penal.

b) É possível a suspensão condicional do processo (art. 89, Lei n. 9.099/95), pois a pena mínima não ultrapassa um ano (nem mesmo nas modalidades qualificadas).

1.10. Classificação

O crime de "supressão ou alteração de marca em animais" pode ser classificado como:

a) **Comum** (não exige qualidade especial do sujeito ativo);

b) **Material** (a consumação exige a produção de um resultado naturalístico);

c) De **forma livre** (a Lei não estabelece exigência para a forma de execução);

d) **Simples** (tutela um bem jurídico);

e) **Comissivo** (praticado mediante ação) ou **omissivo** (se for omissão imprópria);

f) **Unissubjetivo** (pode haver ou não concurso de pessoas);

g) **Instantâneo** (consuma-se de imediato);

h) **Plurissubsistentes** (a conduta pode ser fracionada, e por isso admite a tentativa);

i) De **dano** (a consumação enseja violação ao bem jurídico, e não mera exposição a perigo);

j) **Não transeunte** (o crime deixa vestígios);

k) **Doloso.**

1.11. Quadro Sinótico

DO DANO		
Considerações Iniciais	Trata-se de mais um crime contra o patrimônio. No dano, o agente atua dolosamente com o intuito de atingir o bem alheio, não se exigindo que ele pretenda qualquer vantagem patrimonial para si ou para outrem. Somente existe esse crime na modalidade dolosa, de modo que se alguém produz dano culposamente à propriedade alheia deverá responder apenas na esfera cível.	1
Tipicidade Objetiva	O tipo penal possui três núcleos, a saber: **a)** Destruir: extinguir, eliminar. **b)** Inutilizar: tornar inútil, irrelevante, imprestável. **c)** Deteriorar: estragar, depreciar, destruir parcialmente. Não há conduta típica em fazer desaparecer o bem.	2
Sujeitos	**Sujeito ativo:** qualquer pessoa. Trata-se de crime comum. **Sujeito passivo:** qualquer pessoa, desde que proprietário ou possuidor legítimo da coisa.	3
Objetos	**Objeto jurídico:** é o patrimônio. **Objeto material:** é a coisa alheia, imóvel ou móvel, sobre a qual recai a conduta criminosa. Não há crime de quando o dano recai sobre res nullius (coisa de ninguém).	4
Elemento Subjetivo	É o dolo. Não se pune a modalidade culposa. No Brasil, o único crime de dano culposo é o dano ambiental, previsto na Lei de Crimes Ambientais (Lei n. 9.605/98).	5
Consumação e Tentativa	Consuma-se o crime quando ocorre a efetiva destruição, deterioração ou inutilização da coisa, trata-se de crime material. Admite-se a modalidade tentada.	6
Ação Penal	A ação penal será de iniciativa privada, na hipótese de dano simples e dano qualificado por motivo egoístico ou com prejuízo considerável para a vítima. Nas demais hipóteses a ação penal será pública incondicionada.	7
Qualificadoras	O parágrafo único do art. 163, CP nos traz quatro modalidades qualificadas. Em qualquer delas, a pena prevista para o crime de dano passa a ser de detenção, de seis meses a três anos, e multa. São elas: **a) Com violência à pessoa ou grave ameaça:** neste caso, além da pena prevista para o crime de dano, também incide a pebna correspondente à violência; **b) Com emprego de substância inflamável ou explosiva, se o fato não constitui crime mais grave;** **c) Contra o patrimônio da União, de Estado, do Distrito Federal, de Município ou de autarquia, fundação pública, empresa pública, sociedade de economia mista ou empresa concessionária de serviços públicos;** **d) Por motivo egoístico ou com prejuízo considerável para a vítima:** é a única das hipóteses de crime de dano qualificado em que a ação penal continua a ser de iniciativa privada.	8
Penas	A pena para o crime de "dano" é de detenção, de um a seis meses, ou multa.	9

Classificação	a) **Comum** (não exige qualidade especial do sujeito ativo); b) **Material** (a consumação exige a produção de um resultado naturalístico); c) De forma **livre** (a Lei não estabelece exigência para a forma de execução); d) **Simples** (tutela um bem jurídico); e) **Comissivo** (praticado mediante ação) ou **omissivo** (se for omissão imprópria); f) **Unissubjetivo** (pode haver ou não concurso de pessoas); g) **Instantâneo** (consuma-se de imediato); h) **Plurissubsistentes** (a conduta pode ser fracionada, e por isso admite a tentativa); i) De **dano** (a consumação enseja violação ao bem jurídico, e não mera exposição a perigo); j) **Não transeunte** (o crime deixa vestígios); k) **Doloso**.	10

1.12. Questões de Concursos Públicos

01. (INSTITUTO AOCP - 2019 - PC-ES - Investigador) Considerando o que dispõe o Código Penal, o crime de dano é qualificado se cometido

(A) durante o repouso noturno.

(B) mediante concurso de duas ou mais pessoas.

(C) com destreza.

(D) com escalada.

(E) por motivo egoístico.

02. (FUNCAB - 2013 - PC-ES - Perito Criminal) Aquele que deteriorar coisa sem dono ou abandonada pratica:

(A) crime de dano doloso.

(B) conduta penalmente atípica.

(C) crime de furto impróprio.

(D) crime de apropriação indébita.

(E) crime de dano culposo.

03. (VUNESP - 2017 - Prefeitura de Andradina - SP - Assistente Jurídico e Procurador) Entre outras possibilidades, o crime de dano do art. 163 do CP é qualificado se cometido

(A) por motivo fútil.

(B) por duas ou mais pessoas.

(C) durante o repouso noturno.

(D) em situação de calamidade pública.

(E) contra o patrimônio da União, Estado ou Município.

04. (FMP Concursos - 2014 - TJ-MT - Remoção) Pratica o crime de dano qualificado o agente que destruir, inutilizar ou deteriorar coisa alheia (art. 163 do CP)

(A) com violência a animais.

(B) com emprego de qualquer substância perigosa para a saúde.

(C) com emprego de chave falsa.

(D) com emprego de astúcia.

(E) contra o patrimônio de empresa concessionária de serviços públicos.

05. (FAURGS - 2012 - TJ-RS - Conciliador Criminal) José Paulo, imprudente na condução de veículo auto-motor, colidiu com viatura da polícia militar do Estado do Piauí, destruindo-a parcialmente. Por sorte, a viatura encontrava-se parada e desocupada no momento do acidente. Nesse caso, é correto afirmar que José Paulo

(A) responderá pelo delito de dano culposo.

(B) responderá pelo delito de dano qualificado, por ter destruído patrimônio pertencente ao Estado do Piauí.

(C) responderá pelo delito de dano simples, nos termos do caput do artigo 163 do Código Penal.

(D) responderá pelo delito de dano qualificado e deverá reparar integralmente o dano causado ao patrimônio público.

(E) não praticou delito de dano.

GABARITO: *As respostas destes testes encontram-se no final do livro.*

1.13. Questões Discursivas com Comentários

01. (PC/CE - CONCURSO PARA DELEGADO DE POLÍCIA CIVIL - 2014 - adaptada) Para a resolução dos itens a e b, considere o texto legal do art. 163 do CP, e a hipótese a seguir.

Destruir, inutilizar ou deteriorar coisa alheia: Pena - detenção, de um a seis meses, ou multa.

Parágrafo único - Se o crime é cometido: (...) III - contra o patrimônio da União, Estado, Município, empresa concessionária de serviços públicos ou sociedade de economia mista; (...) Pena - detenção, de seis meses a três anos, e multa, além da pena correspondente à violência.

Imagine que o Prefeito Municipal procure a Delegacia de Polícia noticiando que a Prefeitura teve a vidraça de sua sede histórica quebrada por um indivíduo, que descuidadamente chutou uma bola durante uma partida de futebol. Em face do vultoso prejuízo, o Prefeito pede a instauração de um inquérito policial pela prática do crime de dano qualificado, por ter havido destruição de coisa pública.

a) Responda justificadamente: houve crime? Aplica-se a qualificadora supra transcrita? Deve ser instaurado inquérito policial?

COMENTÁRIOS

Não obstante o parágrafo único do art. 163, CP trazer como modalidade de dano qualificado a hipótese de crime de dano ao patrimônio público, no crime de dano, o agente atua dolosamente com o intuito de atingir o bem alheio, não se exigindo que ele pretenda qualquer vantagem patrimonial para si ou para outrem. Somente existe esse crime na modalidade dolosa, de modo que se alguém produz dano culposamente à propriedade alheia deverá responder apenas na esfera cível. Logo, *in casu*, tendo-se em vista que o indivíduo não tinha a intenção de quebrar a vidraça da Prefeitura, não há que se falar em crime, nem tampouco na aplicação da qualificadora. Logo não deve ser instaurado inquérito policial.

2. INTRODUÇÃO OU ABANDONO DE ANIMAIS EM PROPRIEDADE ALHEIA

Art. 164 - Introduzir ou deixar animais em propriedade alheia, sem consentimento de quem de direito, desde que o fato resulte prejuízo:

Pena - detenção, de quinze dias a seis meses, ou multa.

2.1. Considerações Iniciais

O art. 164 traz o tipo penal da "introdução ou abandono de animais em propriedade alheia". Trata-se, como se vê, de mais um crime contra o patrimônio. Justamente por isso, o crime somente restará consumado com o efetivo prejuízo patrimonial à vítima.

2.2. Tipicidade Objetiva

O tipo penal possui duas condutas. A primeira consiste em "introduzir" (fazer ingressar, colocar no interior). A segunda conduta consiste em "deixar" (largar, soltar, abandonar). As condutas recaem sobre animais, que serão introduzidos ou deixados em propriedade alheia.

No que concerte à conduta "introduzir", o crime é instantâneo. Por outro lado, na modalidade "deixar", trata-se de crime permanente, pois a conduta se protrai no tempo indefinidamente.

2.3. Sujeitos

Sujeito ativo: qualquer pessoa, uma vez que se trata de crime comum.

Sujeito passivo: o proprietário do imóvel, bem como seu possuidor legítimo.

2.4. Objetos

Objeto jurídico: o patrimônio, consistente na propriedade e posse do imóvel.

Objeto material: a propriedade alheia onde os animais são introduzidos ou deixados.

2.5. Elemento Subjetivo

É o dolo de introduzir ou abandonar os animais em propriedade alheia. Se o dolo for o de danificar a propriedade utilizando os referidos animais como instrumento, o crime será de dano.

Não se admite a modalidade culposa, na medida em que não há previsão legal neste sentido.

2.6. Consumação e Tentativa

O crime estará consumado quando ocorrer o prejuízo a que se refere o tipo penal. Trata-se, portanto, de crime material, que só restará consumado quando existente o resultado naturalístico.

Admite-se a tentativa.

2.7. Ação Penal

É crime de ação penal de iniciativa privada, conforme previsão do art. 167, CP.

2.8. Penas

A pena para o crime de "introdução ou abandono de animais em propriedade alheia" é detenção, de quinze dias a seis meses, ou multa. Logo, podemos concluir que:

a) É possível a transação penal (art. 76, Lei n. 9.099/95), pois se trata de infração penal de menor potencial ofensivo.

b) É possível a suspensão condicional do processo (art. 89, Lei n. 9.099/95), pois a pena mínima não ultrapassa um ano.

Devemos chamar a atenção para o fato de que a multa constitui, no tipo penal em apreço, uma pena alternativa à privação de liberdade, e não uma pena a ser aplicada de forma cumulativa.

2.9. Classificação

O crime de "introdução ou abandono de animais em propriedade alheia" pode ser classificado como:

a) **Comum** (não exige qualidade especial do sujeito ativo);

b) **Material** (a consumação exige a produção de um resultado naturalístico);

c) De **forma livre** (a Lei não estabelece exigência para a forma de execução);

d) **Simples** (tutela um bem jurídico);

e) **Comissivo** (praticado mediante ação) ou **omissivo** (se for omissão imprópria);

f) **Unissubjetivo** (pode haver ou não concurso de pessoas);

g) **Instantâneo** (consuma-se de imediato) ou **Permanente** (conduta se protrai no tempo);

h) **Plurissubsistentes** (a conduta pode ser fracionada, e por isso admite a tentativa);

i) De **dano** (a consumação enseja violação ao bem jurídico, e não mera exposição a perigo);

j) **Não transeunte** (o crime deixa vestígios);

k) **Doloso.**

2.10. Quadro Sinótico

INTRODUÇÃO OU ABANDONO DE ANIMAIS EM PROPRIEDADE ALHEIA		
Considerações Iniciais	O art. 164 traz o tipo penal da "introdução ou abandono de animais em propriedade alheia".	1
Tipicidade Objetiva	O tipo penal possui duas condutas. A primeira consiste em "introduzir" (fazer ingressar, colocar no interior). A segunda conduta consiste em "deixar" (largar, soltar, abandonar). As condutas recaem sobre animais, que serão introduzidos ou deixados em propriedade alheia. No que concerte à conduta "introduzir", o crime é instantâneo. Por outro lado, na modalidade "deixar", trata-se de crime permanente, pois a conduta se protrai no tempo indefinidamente.	2
Sujeitos	**Sujeito ativo:** qualquer pessoa, uma vez que se trata de crime comum. **Sujeito passivo:** o proprietário do imóvel, bem como seu possuidor legítimo.	3
Objetos	**Objeto jurídico:** o patrimônio, consistente na propriedade e posse do imóvel. **Objeto material:** a propriedade alheia onde os animais são introduzidos ou deixados.	4
Elemento Subjetivo	É o dolo de introduzir ou abandonar os animais em propriedade alheia. Se o dolo for o de danificar a propriedade utilizando os referidos animais como instrumento, o crime será de dano. Não se admite a modalidade culposa, na medida em que não há previsão legal neste sentido.	5

Consumação e Tentativa	O crime estará consumado quando ocorrer o prejuízo a que se refere o tipo penal. Trata-se, portanto, de crime material, que só restará consumado quando existente o resultado naturalístico. Admite-se a tentativa.	8
Ação Penal	É crime de ação penal de iniciativa privada, conforme previsão do art. 167, CP.	9
Penas	A pena para o crime de "introdução ou abandono de animais em propriedade alheia" é detenção, de quinze dias a seis meses, ou multa.	10
Classificação	**a)** **Comum** (não exige qualidade especial do sujeito ativo); **b)** **Material** (a consumação exige a produção de um resultado naturalístico); **c)** De forma **livre** (a Lei não estabelece exigência para a forma de execução); **d)** **Simples** (tutela um bem jurídico); **e)** **Comissivo** (praticado mediante ação) ou **omissivo** (se for omissão imprópria); **f)** **Unissubjetivo** (pode haver ou não concurso de pessoas); **g)** **Instantâneo** (consuma-se de imediato) ou **Permanente** (conduta se protrai no tempo); **h)** **Plurissubsistentes** (a conduta pode ser fracionada, e por isso admite a tentativa); **i)** De **dano** (a consumação enseja violação ao bem jurídico, e não mera exposição a perigo); **j)** **Não transeunte** (o crime deixa vestígios);	11

3. DANO EM COISA DE VALOR ARTÍSTICO, ARQUEOLÓGICO OU HISTÓRICO

> **Art. 165** – Destruir, inutilizar ou deteriorar coisa tombada pela autoridade competente em virtude de valor artístico, arqueológico ou histórico:
>
> Pena – detenção, de seis meses a dois anos, e multa.

4. ALTERAÇÃO DE LOCAL ESPECIALMENTE PROTEGIDO

> **Art. 166** – Alterar, sem licença da autoridade competente, o aspecto de local especialmente protegido por lei:
>
> Pena – detenção, de um mês a um ano, ou multa.

No artigo 165, o Código Penal previu o crime de "dano em coisa de valor artístico, arqueológico ou histórico". Já o art. 166, traz o crime de "alteração de local especialmente protegido".

Os dois tipos penais foram tacitamente revogados pela Lei de Crimes Ambientais (Lei n. 9.650/98). O art. 165, CP sofreu revogação tácita por força do art. 62, I da mencionada Lei, que criminalizou a conduta consistente em "Destruir, inutilizar ou deteriorar: bem especialmente protegido por lei, ato administrativo ou decisão judicial". Já o tipo do art. 166, CP foi tacitamente revogado pelo art. 63 do mesmo diploma legislativo, que criminalizou a conduta consistente em: "Alterar o aspecto ou estrutura de edificação ou local especialmente protegido por lei, ato administrativo ou decisão judicial, em razão de seu valor paisagístico, ecológico, turístico, artístico, histórico, cultural, religioso, arqueológico, etnográfico ou monumental, sem autorização da autoridade competente ou em desacordo com a concedida".

V
DA APROPRIAÇÃO INDÉBITA

1. APROPRIAÇÃO INDÉBITA

Apropriação indébita

Art. 168 - Apropriar-se de coisa alheia móvel, de que tem a posse ou a detenção:

Pena - reclusão, de um a quatro anos, e multa.

Aumento de pena

§ 1° - A pena é aumentada de um terço, quando o agente recebeu a coisa:

I - em depósito necessário;

II - na qualidade de tutor, curador, síndico, liquidatário, inventariante, testamenteiro ou depositário judicial;

III - em razão de ofício, emprego ou profissão.

1.1. Considerações Iniciais

O ponto característico do crime de apropriação indébita é a quebra de confiança existente entre o criminoso e a vítima, uma vez que esta entrega voluntariamente o bem ao agente que, posteriormente, passa a se comportar como seu proprietário.

Percebam que inicialmente o sujeito até exerce de forma legítima a posse ou a detenção do bem, entretanto, posteriormente modifica o seu comportamento, passando a agir como se proprietário da coisa alheia fosse, apropriando-se da mesma, negando-se a restituí-la. Trata-se da "apropriação indébita própria" ou "propriamente dita".

Por fim, pela oportunidade, assinale-se que existem hipóteses especiais de apropriação indébita, conforme se depreende do art. 102 da Lei n. 10.741/2003, que institui a modalidade de apropriação cuja vítima é um idoso, bem como a Lei 7.492/86, que trata sobre a apropriação indébita cometida no âmbito do sistema financeiro nacional.

1.2. Tipicidade Objetiva

A conduta consiste em "apropriar-se", isto é, assenhorear-se, tornar-se proprietário, dono.

Assinale-se que não há crime quando presente o direito de retenção do bem, consoante determinam alguns contratos de depósito e de mandato, regidos pelo Código Civil. De igual modo, também não restará caracterizado o crime de apropriação quando o sujeito possuir o direito de compensação, instituto igualmente civilista.

1.3. Sujeitos

Sujeito Ativo: é a pessoa que tem a posse ou a detenção da coisa móvel.

Sujeito Passivo: é, via de regra, o proprietário que suporta o prejuízo causado pela conduta criminosa. Entretanto, nada obsta que seja o possuidor ou usufrutuário da coisa.

1.4. Objetos

Objeto Jurídico: é o patrimônio, consistente na propriedade e posse legítima da coisa móvel.

Objeto Material: é a coisa alheia móvel sobre a qual recai a conduta criminosa.

1.5. Elemento Subjetivo

É o dolo específico de se apropriar da coisa móvel alheia (*animus rem sibi habendi*). Não se admite a modalidade culposa[1].

1.6. Consumação e Tentativa

O crime estará consumado a partir do momento em que o agente exteriorizar sua pretensão de exercer domínio (e não apenas posse ou detenção) sobre a coisa móvel.

A tentativa é admissível.

1.7. Ação Penal

A ação penal é pública incondicionada.

1.8. Causas de Aumento de Pena

Ademais, o § 1º estabelece as causas de aumento de pena. Assim, a pena desse crime é aumentada de um terço, quando o agente recebeu a coisa:

a) **Em depósito necessário:** conforme o disposto no art. 647 do Código Civil, é depósito necessário: o que se faz em desempenho de obrigação legal e o que se efetua por ocasião de alguma calamidade, como o incêndio, a inundação, o naufrágio ou o saque.

---

1. STJ, RHC 22.914/BA, rel. Min. Jorge Mussi.

b) **Na qualidade de tutor, curador, síndico, liquidatário, inventariante, testamenteiro ou depositário judicial:** por evidente, trata-se de rol taxativo, não cabendo a inclusão de outras hipóteses que ensejem o aumento de pena, sob pena de se incorrer em analogia *in malam partem*. O "síndico" mencionado no dispositivo legal é o atual "administrador judicial" (expressão empregada pela atual Lei de Falências) durante o processo de falência. Não diz respeito, portanto, ao síndico de condomínio edilício.

c) **Em razão de ofício, emprego ou profissão.**

1.9. Pena

A pena prevista para o crime de apropriação indébita é de reclusão de um a quatro anos, além da multa. Logo, podemos concluir que:

a) Não é possível a transação penal (art. 76, Lei n. 9.099/95), pois não se trata de infração penal de menor potencial ofensivo;

b) É possível a suspensão condicional do processo (art. 89, Lei n. 9.099/95), pois a pena mínima não ultrapassa um ano. Havendo incidência de causa de aumento de pena, não será possível a suspensão, pois a pena mínima irá ultrapassar um ano.

c) Será cabível a substituição da pena por restritivas de direitos, pois no crime não há violência ou grave ameaça e a pena a ser imposta não ultrapassará quatro anos. Será necessário que se façam presentes os demais requisitos do art. 44, CP.

1.10. Classificação

O crime de apropriação indébita pode ser classificado como:

a) **Comum** (pode ser praticado por qualquer pessoa);

b) **Material** (a consumação exige a produção de um resultado naturalístico);

c) De **forma livre** (a Lei não estabelece exigência para a forma de execução);

d) **Simples** (tutela apenas um bem jurídico);

e) **Comissivo** (em regra) **ou omissivo** (quando ocorre omissão imprópria);

f) **Unissubjetivo** (pode haver ou não concurso de pessoas);

g) **Instantâneo** (consuma-se de imediato);

h) **Plurissubsistentes** (a conduta pode ser fracionada, e por isso admite a tentativa) ou **unissubsistente** (a conduta não pode ser fracionada), conforme o caso;

i) De **dano** (a consumação enseja violação ao bem jurídico, e não mera exposição a perigo);

j) **Não transeunte** (o crime deixa vestígios);

k) **Doloso.**

1.11. Quadro Sinótico

DA APROPRIAÇÃO INDÉBITA		
Considerações Iniciais	O ponto característico do crime de apropriação indébita é a quebra de confiança existente entre o criminoso e a vítima, uma vez que esta entrega voluntariamente o bem ao agente que, posteriormente, passa a se comportar como seu proprietário.	1
Tipicidade Objetiva	A conduta consiste em "apropriar-se", isto é, assenhorear-se, tornar-se proprietário, dono. Assinale-se que não há crime quando presente o direito de retenção do bem, consoante determinam alguns contratos de depósito e de mandato, regidos pelo Código Civil. De igual modo, também não restará caracterizado o crime de apropriação quando o sujeito possuir o direito de compensação, instituto igualmente civilista.	2
Sujeitos	**Sujeito Ativo:** é a pessoa que tem a posse ou a detenção da coisa móvel. **Sujeito Passivo:** é, via de regra, o proprietário que suporta o prejuízo causado pela conduta criminosa. Entretanto, nada obsta que seja o possuidor ou usufrutuário da coisa.	3
Objetos	**Objeto Jurídico:** é o patrimônio, consistente na propriedade e posse legítima da coisa móvel. **Objeto Material:** é a coisa alheia móvel sobre a qual recai a conduta criminosa.	4
Elemento Subjetivo	É o dolo específico de se apropriar da coisa móvel alheia (*animus rem sibi habendi*). Não se admite a modalidade culposa.	5
Consumação e Tentativa	O crime estará consumado a partir do momento em que o agente exteriorizar sua pretensão de exercer domínio (e não apenas posse ou detenção) sobre a coisa móvel. A tentativa é admissível.	6
Ação Penal	A ação penal é de iniciativa pública incondicionada.	7
Causas de Aumento de Pena	A pena desse crime é aumentada de um terço, quando o agente recebeu a coisa: **a) Em depósito necessário:** conforme o disposto no art. 647 do Código Civil, é depósito necessário: o que se faz em desempenho de obrigação legal; e o que se efetua por ocasião de alguma calamidade, como o incêndio, a inundação, o naufrágio ou o saque. **b) Na qualidade de tutor, curador, síndico, liquidatário, inventariante, testamenteiro ou depositário judicial;** **c) Em razão de ofício, emprego ou profissão.**	8
Penas	A pena prevista para o crime de apropriação indébita é de reclusão de um a quatro anos, além da multa.	9
Classificação	**a) Comum** (pode ser praticado por qualquer pessoa); **b) Material** (a consumação exige a produção de um resultado naturalístico); **c)** De forma **livre** (a Lei não estabelece exigência para a forma de execução);	10

Classificação	d) **Simples** (tutela apenas um bem jurídico); e) **Comissivo** (em regra) ou omissivo (quando ocorre omissão imprópria); f) **Unissubjetivo** (pode haver ou não concurso de pessoas); g) **Instantâneo** (consuma-se de imediato); h) **Plurissubsistentes** (a conduta pode ser fracionada, e por isso admite a tentativa) ou **unissubsistente** (a conduta não pode ser fracionada), conforme o caso; i) De **dano** (a consumação enseja violação ao bem jurídico, e não mera exposição a perigo); j) **Não transeunte** (o crime deixa vestígios); k) **Doloso.**	10

1.12. Questões de Concursos Públicos

01. (CONSULPLAN - 2018 - TJ-MG - Juiz de Direito Substituto) JJ, frentista de um posto de gasolina e responsável pelo recebimento de valores que recebia dos clientes, pretendendo ter uma noite especial com sua namorada em um motel de luxo, resolve pegar do caixa pelo qual é o responsável há mais de 5 (cinco) anos, a quantia de R$ 1.200,00 em dinheiro. Para encobrir seu ato, emite e firma três notas fiscais falsas para pagamentos posteriores, em nome de clientes. Nessa situação hipotética, conforme legislação aplicável ao caso, o frentista pratica crime de

(A) estelionato.

(B) furto qualificado mediante fraude.

(C) furto qualificado pelo abuso de confiança.

(D) apropriação indébita qualificada em razão do emprego.

02. (VUNESP - 2018 - PC-SP - Delegado de Polícia) O crime de apropriação indébita (CP, art. 168)

(A) torna-se qualificado quando a vítima é entidade de direito público ou instituto de economia popular, assistência social ou beneficência.

(B) é de ação pública condicionada à representação.

(C) apenas tem como objeto material a coisa alheia móvel, sendo impossível falar-se em apropriação indébita de imóvel.

(D) não admite a figura privilegiada, ao contrário do furto.

(E) tem a punibilidade extinta em caso de devolução da coisa antes do oferecimento da denúncia.

03. (VUNESP - 2017 - DPE-RO - Defensor Público Substituto) João, de 30 anos, em concurso com a amiga Maria, de 25 anos, cometem apropriação indébita contra o pai de João, de 50 anos. Os três moram na mesma casa.

É correto afirmar que João

(A) e Maria são isentos de pena.

(B) é isento de pena e Maria somente será processada mediante representação.

(C) e Maria somente serão processados mediante representação.

(D) é isento de pena, mas a Maria não socorre semelhante benefício.

(E) somente será processado mediante representação e Maria é isenta de pena.

GABARITO: *As respostas destes testes encontram-se no final do livro.*

2. APROPRIAÇÃO INDÉBITA PREVIDENCIÁRIA

Apropriação indébita previdenciária (Incluído pela Lei nº 9.983, de 2000)

Art. 168-A. Deixar de repassar à previdência social as contribuições recolhidas dos contribuintes, no prazo e forma legal ou convencional: (Incluído pela Lei nº 9.983, de 2000)

Pena - reclusão, de 2 (dois) a 5 (cinco) anos, e multa. (Incluído pela Lei nº 9.983, de 2000)

§ 1º Nas mesmas penas incorre quem deixar de: (Incluído pela Lei nº 9.983, de 2000)

I - recolher, no prazo legal, contribuição ou outra importância destinada à previdência social que tenha sido descontada de pagamento efetuado a segurados, a terceiros ou arrecadada do público; (Incluído pela Lei nº 9.983, de 2000)

II - recolher contribuições devidas à previdência social que tenham integrado despesas contábeis ou custos relativos à venda de produtos ou à prestação de serviços; (Incluído pela Lei nº 9.983, de 2000)

III - pagar benefício devido a segurado, quando as respectivas cotas ou valores já tiverem sido reembolsados à empresa pela previdência social. (Incluído pela Lei nº 9.983, de 2000)

§ 2º É extinta a punibilidade se o agente, espontaneamente, declara, confessa e efetua o pagamento das contribuições, importâncias ou valores e presta as informações devidas à previdência social, na forma definida em lei ou regulamento, antes do início da ação fiscal. (Incluído pela Lei nº 9.983, de 2000)

§ 3º É facultado ao juiz deixar de aplicar a pena ou aplicar somente a de multa se o agente for primário e de bons antecedentes, desde que: (Incluído pela Lei nº 9.983, de 2000)

I - tenha promovido, após o início da ação fiscal e antes de oferecida a denúncia, o pagamento da contribuição social previdenciária, inclusive acessórios; ou (Incluído pela Lei nº 9.983, de 2000)

II - o valor das contribuições devidas, inclusive acessórios, seja igual ou inferior àquele estabelecido pela previdência social, administrativamente, como sendo o mínimo para o ajuizamento de suas execuções fiscais. (Incluído pela Lei nº 9.983, de 2000)

§ 4º A faculdade prevista no § 3º deste artigo não se aplica aos casos de parcelamento de contribuições cujo valor, inclusive dos acessórios, seja superior àquele estabelecido, administrativamente, como sendo o mínimo para o ajuizamento de suas execuções fiscais. (Incluído pela Lei nº 13.606, de 2018)

2.1. Considerações Iniciais

Trata-se da conduta daquele que, não obstante o dever legal de executar, conforme disposição do art. 30 da Lei n. 8.212/90, deixa de repassar (recolher) aos cofres públicos as contribuições arrecadadas (recolhidas/descontadas) dos contribuintes. Assevere-se, pois, que deve haver a ação de arrecadas e a omissão de repassar à Previdência Social.

O § 1º traz as **figuras equiparadas** à conduta descrita no *caput,* a saber, deixar de recolher contribuição ou outra importância destinada à previdência social que tenha sido descontada de pagamento efetuado a segurados, a terceiros ou arrecadada do público; deixar de recolher contribuições devidas à previdência social que tenham integrado despesas contábeis ou custos relativos à venda de produtos ou à prestação de serviços; e, por fim, deixar de pagar benefício devido a segurado, quando as respectivas cotas ou valores já tiverem sido reembolsados à empresa pela previdência social.

O § 2º traz a hipótese de **extinção da punibilidade**, quando o agente delituoso, espontaneamente, declarar, confessar e efetuar o pagamento das contribuições, prestando as informações devidas à Previdência, desde que antes do início da ação fiscal.

Noutro passo, o § 3º dispõe acerca do **perdão judicial**, quando o juiz poderá deixar de aplicar a pena ou aplicar somente a de multa se o agente for primário e de bons antecedentes, desde que tenha promovido, após o início da ação fiscal e antes de oferecida a denúncia, o pagamento da contribuição social previdenciária, inclusive acessórios ou no caso do valor das contribuições devidas, computados os acessórios, seja igual ou inferior àquele estabelecido pela previdência social, administrativamente, como sendo o mínimo para o ajuizamento de suas execuções fiscais.

Por fim, a Lei n. 13.606/2018 inseriu o § 4º no presente artigo, que determina que a faculdade prevista no § 3º não se aplica aos casos de parcelamento de contribuições cujo valor, inclusive dos acessórios, seja superior àquele estabelecido, administrativamente, como sendo o mínimo para o ajuizamento de suas execuções fiscais.

Assim sendo, em caso de parcelamento de contribuições previdenciárias cujo valo seja superior ao estabelecido administrativamente como sendo o mínimo para ajuizamento de suas execuções fiscais, será vedado ao juiz deixar de aplicar a pena ou aplicar somente a de multa, mesmo se o agente for primário e de bons antecedentes.

No âmbito federal, se a dívida for de até 20 mil reais, não haverá o ajuizamento da execução fiscal, conforme se depreende das Portarias MF n. 75 e 130/2012, do Ministério da Fazenda, que preveem o não ajuizamento de execuções fiscais de débitos com a Fazenda Nacional, cujo valor consolidado seja igual ou inferior ao referido montante. Assim sendo, acima do aludido valor, em âmbito federal, não é facultado ao juiz deixar de aplicar a pena ou aplicar somente a de multa.

Não basta declarar/confessar, deve ser procedido o pagamento, cujo valor deve ser a soma do montante **principal + acessórios** (aqui considerados juros e multa).

Ademais, cumpre-nos tecer algumas considerações acerca da Lei n. 9.430/96, notadamente o seu artigo 83, o qual, dentre outras considerações, estabelece que a representação fiscal deve ser encaminhada para o Ministério Público após decisão final da esfera administrativa. Ainda, o mesmo artigo esclarece a possibilidade de parcelamento da dívida, quando a representação, para fins penais, só poderá ser encaminhada ao Ministério Público após a exclusão da pessoa jurídica ou física do referido parcelamento. Isso se dá em razão de que enquanto durar o parcelamento restará suspensa a pretensão punitiva do Estado, assim como a sua prescrição, desde que o parcelamento tenha sido formalizado antes do recebimento da denúncia criminal. Por fim, assevere-se que restará extinta a punibilidade uma vez que haja o pagamento integral do valor devido (parcelado).

O crime de *apropriação indébita previdenciária* é próprio; de mera conduta; omissivo próprio; doloso; de forma vinculada; instantâneo; unissubjetivo; unissubsistente.

2.2. Tipicidade Objetiva

A conduta consiste em deixa de repassar (recolher) aos cofres públicos as contribuições arrecadadas (recolhidas/descontadas) dos contribuintes. Trata-se, como se vê, de conduta omissiva, porquanto o agente deixa de fazer aquilo que deveria.

2.3. Sujeitos

Sujeito Ativo: É o substituto tributário, isto é, aquele que possui o dever jurídico de recolher as contribuições sociais e repassá-las à Previdência Social.

Sujeito Passivo: É a União, que por meio da Receita Federal do Brasil arrecada e fiscaliza a referida contribuição.

2.4. Objetos

Objeto Jurídico: a seguridade social é o bem jurídico tutelado neste tipo penal.

Objeto Material: a contribuição previdenciária arrecadada e não recolhida.

2.5. Elemento Subjetivo

É o dolo. A despeito das controvérsias doutrinárias, a jurisprudência vem dispensando o dolo específico (*animus rem sibi habendi*) como exigência para a caracterização do delito[2].

Não se admite a modalidade culposa.

2.6. Consumação e Tentativa

Consuma-se o crime no momento da omissão referida no tipo penal ("deixar de repassar"). Consoante entendimento majoritário em doutrina, trata-se de crime omissivo próprio e, por esta razão, não admite fracionamento da ação e, por conseguinte, não admite a tentativa.

2.7. Ação Penal

A ação penal é pública incondicionada.

2.8. Pena

A pena prevista para o crime de apropriação indébita previdenciária é de reclusão de 2 (dois) a 5 (cinco) anos, além da multa. Logo, podemos concluir que:

a) Não é possível a transação penal (art. 76, Lei n. 9.099/95), pois não se trata de infração penal de menor potencial ofensivo;

---

2. STF, **HC 113418**-PB, rel. Min. Luiz Fux. No mesmo sentido, o STJ, **EREsp 1.296.631-RN**, rel. Min. Laurita Vaz, julgado em 11/9/2013.

b) Não é possível a suspensão condicional do processo (art. 89, Lei n. 9.099/95), pois a pena mínima ultrapassa um ano. Havendo incidência de causa de aumento de pena, não será possível a suspensão, pois a pena mínima irá ultrapassar um ano.

c) Poderá ser cabível a substituição da pena por restritivas de direitos, pois no crime não há violência ou grave ameaça, se a pena a ser imposta não ultrapassar quatro anos. Será necessário que se façam presentes os demais requisitos do art. 44, CP.

2.9. Classificação

O crime de apropriação indébita previdenciária pode ser classificado como:

a) **Próprio** (exige qualidade especial do agente);

b) De **mera conduta** (não é possível a produção de um resultado naturalístico);

c) De **forma vinculada** (a Lei estabelece exigência para a forma de execução);

d) **Simples** (tutela apenas um bem jurídico);

e) **Omissivo** (quando ocorre omissão imprópria);

f) **Unissubjetivo** (pode haver ou não concurso de pessoas);

g) **Instantâneo** (consuma-se de imediato);

h) **Unissubsistente** (a conduta não pode ser fracionada);

i) De **dano** (a consumação enseja violação ao bem jurídico, e não mera exposição a perigo);

j) **Transeunte** (o crime não deixa vestígios);

k) **Doloso.**

2.10. Quadro Sinótico

APROPRIAÇÃO INDÉBITA PREVIDENCIÁRIA		
Considerações Iniciais	Trata-se da conduta daquele que, não obstante o dever legal de executar, conforme disposição do art. 30 da Lei n. 8.212/90, deixa de repassar (recolher) aos cofres públicos as contribuições arrecadadas (recolhidas/descontadas) dos contribuintes. Assevere-se, pois, que deve haver a ação de arrecadar e a omissão de repassar à Previdência Social. O § 1º traz as **figuras equiparadas** à conduta descrita no *caput*, a saber, deixar de recolher contribuição ou outra importância destinada à previdência social que tenha sido descontada de pagamento efetuado a segurados, a terceiros ou arrecadada do público; deixar de recolher contribuições devidas à previdência social que tenham integrado despesas contábeis ou custos relativos à venda de produtos ou à prestação de serviços; e, por fim, deixar de pagar benefício devido a segurado, quando as respectivas cotas ou valores já tiverem sido reembolsados à empresa pela previdência social.	1

Considerações Iniciais	O § 2º traz a hipótese de **extinção da punibilidade,** quando o agente delituoso, espontaneamente, declarar, confessar e efetuar o pagamento das contribuições, prestando as informações devidas à Previdência, desde que antes do início da ação fiscal. Noutro passo, o § 3º dispõe acerca do **perdão judicial**, quando o juiz poderá deixar de aplicar a pena ou aplicar somente a de multa se o agente for primário e de bons antecedentes, desde que tenha promovido, após o início da ação fiscal e antes de oferecida a denúncia, o pagamento da contribuição social previdenciária, inclusive acessórios ou no caso do valor das contribuições devidas, computados os acessórios, seja igual ou inferior àquele estabelecido pela previdência social, administrativamente, como sendo o mínimo para o ajuizamento de suas execuções fiscais. Por fim, a Lei n. 13.606/2018 inseriu o § 4º no presente artigo, que determina que a faculdade prevista no § 3º não se aplica aos casos de parcelamento de contribuições cujo valor, inclusive dos acessórios, seja superior àquele estabelecido, administrativamente, como sendo o mínimo para o ajuizamento de suas execuções fiscais. No âmbito federal, se a dívida for de até 20 mil reais, não haverá o ajuizamento da execução fiscal, conforme se depreende das Portarias MF n. 75 e 130/2012, do Ministério da Fazenda, que preveem o não ajuizamento de execuções fiscais de débitos com a Fazenda Nacional, cujo valor consolidado seja igual ou inferior ao referido montante. Assim sendo, acima do aludido valor, em âmbito federal, não é facultado ao juiz deixar de aplicar a pena ou aplicar somente a de multa.	1
Tipicidade Objetiva	A conduta consiste em deixa de repassar (recolher) aos cofres públicos as contribuições arrecadadas (recolhidas/descontadas) dos contribuintes. Trata-se, como se vê, de conduta omissiva, porquanto o agente deixa de fazer aquilo que deveria.	2
Sujeitos	**Sujeito Ativo:** É o substituto tributário, isto é, aquele que possui o dever jurídico de recolher as contribuições sociais e repassá-las à Previdência Social. **Sujeito Passivo:** É a União, que por meio da Receita Federal do Brasil arrecada e fiscaliza a referida contribuição.	3
Objetos	**Objeto Jurídico:** a seguridade social é o bem jurídico tutelado neste tipo penal. **Objeto Material:** a contribuição previdenciária arrecadada e não recolhida.	4
Elemento Subjetivo	É o dolo. Não se admite a modalidade culposa.	5
Consumação e Tentativa	Consuma-se o crime no momento da omissão referida no tipo penal ("deixar de repassar"). Consoante entendimento majoritário em doutrina, trata-se de crime omissivo próprio e, por esta razão, não admite fracionamento da ação e, por conseguinte, não admite a tentativa.	6
Ação Penal	A ação penal é de iniciativa pública incondicionada.	7
Penas	A pena prevista para o crime de apropriação indébita previdenciária é de reclusão de 2 (dois) a 5 (cinco) anos, além da multa.	8

Classificação	a) **Próprio** (exige qualidade especial do agente); b) De **mera conduta** (não é possível a produção de um resultado naturalístico); c) De **forma vinculada** (a Lei estabelece exigência para a forma de execução); d) **Simples** (tutela apenas um bem jurídico); e) **Omissivo** (quando ocorre omissão imprópria); f) **Unissubjetivo** (pode haver ou não concurso de pessoas); g) **Instantâneo** (consuma-se de imediato); h) **Unissubsistente** (a conduta não pode ser fracionada); i) De **dano** (a consumação enseja violação ao bem jurídico, e não mera exposição a perigo); j) **Transeunte** (o crime não deixa vestígios); k) **Doloso**.	9

2.11. Questões de Concursos Públicos

01. (CESPE - 2018 - Polícia Federal - Perito Criminal Federal - Área 1) Em cada um do item seguinte, é apresentada uma situação hipotética, seguida de uma assertiva a ser julgada a respeito de obrigação tributária sobre ganho de capitais, de Imposto Predial Territorial Urbano (IPTU) e de crimes previdenciários.

Durante um ano e cinco meses, a empresa L&X recolheu as contribuições previdenciárias de seus empregados, mas não as repassou à previdência social, o que caracterizou o crime de apropriação indébita previdenciária. Nessa situação, se os representantes legais da empresa L&X, espontaneamente, confessarem e efetuarem o pagamento das contribuições antes do início da ação fiscal, ficará extinta a punibilidade.

( ) Certo

( ) Errado

02. (CESPE - 2018 - Polícia Federal - Delegado de Polícia Federal) Pedro é o responsável pelo adimplemento das contribuições previdenciárias de uma empresa de médio porte. Nos meses de janeiro a junho de 2018, a empresa entregou a Pedro o numerário correspondente ao valor das contribuições previdenciárias de seus empregados, mas Pedro, com dolo, deixou de repassá-lo à previdência social. Pedro é primário e de bons antecedentes.

Nessa situação hipotética, caso o repasse das contribuições previdenciárias ocorra após o início da ação fiscal e antes do oferecimento da denúncia, o juiz poderá deixar de aplicar a pena ou aplicar apenas a multa.

( ) Certo

( ) Errado

03. (IESES - 2018 - TJ-AM - Titular de Serviços de Notas e de Registros - Provimento) O crime descrito no Art. 168-A do Código Penal que trata da apropriação indébita previdenciária é classificado como:

(A) Comissivo próprio.

(B) Comissivo impróprio.

(C) Omissivo impróprio.

(D) Omissivo próprio.

04. (CESPE - 2017 - TRF - 5ª REGIÃO - Juiz Federal Substituto) No que concerne ao crime de apropriação indébita previdenciária previsto no Código Penal (CP), assinale a opção correta.

(A) As figuras assemelhadas à apropriação indébita previdenciária constantes do CP são todas condutas omissivas relacionadas à ausência de recolhimento ou repasse de importâncias relacionadas à previdência social.

(B) A ação penal relativa a esse crime é pública incondicionada e a competência para processá-la e julgá-la é da justiça federal, ainda que inexista lesão à previdência social, como no caso de falsificação das guias de recolhimento das contribuições previdenciárias.

(C) Em relação a esse crime, a legislação penal prevê causa especial de extinção da punibilidade, subordinada ao cumprimento de alguns requisitos pelo agente de forma espontânea, mesmo que já tenha sido iniciada a ação fiscal.

(D) Para a consumação desse crime, exige-se a omissão de repasse das contribuições recolhidas à previdência social acrescida do ânimo de assenhorar-se daquelas contribuições, sendo o tipo penal apropriação indébita previdenciária uma modalidade de apropriação indébita.

(E) Por estar a consumação desse crime subordinada ao prazo e à forma legal ou convencional para o repasse das contribuições à previdência social, trata-se de exemplo de norma penal incompleta.

GABARITO: *As respostas destes testes encontram-se no final do livro.*

3. APROPRIAÇÃO DE COISA HAVIDA POR ERRO, CASO FORTUITO OU FORÇA DA NATUREZA

Apropriação de coisa havida por erro, caso fortuito ou força da natureza

Art. 169 - Apropriar-se alguém de coisa alheia vinda ao seu poder por erro, caso fortuito ou força da natureza:

Pena - detenção, de um mês a um ano, ou multa.

Parágrafo único - Na mesma pena incorre:

Apropriação de tesouro

I - quem acha tesouro em prédio alheio e se apropria, no todo ou em parte, da quota a que tem direito o proprietário do prédio;

Apropriação de coisa achada

II - quem acha coisa alheia perdida e dela se apropria, total ou parcialmente, deixando de restituí-la ao dono ou legítimo possuidor ou de entregá-la à autoridade competente, dentro no prazo de quinze dias.

3.1. Considerações Iniciais

Trata-se de uma forma privilegiada de apropriação indébita, quando o sujeito apropria-se de coisa alheia vinda ao seu poder por erro, caso fortuito ou força da natureza.

Assinale-se que o tipo também trata da apropriação de tesouro, bem como da apropriação de coisa alheia achada e não devolvida no prazo de quinze dias.

O crime de *apropriação de coisa havida por erro, caso fortuito ou força da natureza* é comum; comissivo (podendo ser considerado omissivo impróprio, como ocorre com a apropriação de coisa achada); de dano; material; doloso; de forma livre; instantâneo (podendo ter efeitos permanentes, caso ocorra a destruição da coisa); unissubjetivo; unissubsistente ou plurissubsistente, conforme o caso concreto.

3.2. Tipicidade Objetiva

A conduta consiste em "apropriar-se", isto é, assenhorear-se, tornar-se proprietário, dono. Para que ocorra o crime, a posse do bem deve decorrer de erro (falsa percepção da realidade por parte daquele que entrega a coisa ao agente), caso fortuito ou força da natureza.

Tanto no caso fortuito quanto na hipótese de força da natureza, temos situações nas quais o agente obtém a posse da coisa sem ter vontade de fazê-lo. Exemplo de posse obtida mediante caso fortuito é aquele em que alguém comete o crime de roubo e, sob perseguição, atira a *res furtiva* no quintal de agente, que passa a possuir a coisa e dela se apropria, cometendo o crime em apreço. Exemplo de força da natureza da natureza, teremos na situação na qual, por exemplo, um desastre natural, como uma enchente, transporta coisa móvel de um local até a propriedade do agente.

Nas figuras equiparadas ao crime do art. 169, CP (apropriação de tesouro e apropriação de coisa achada), as condutas consistem em "achar" (encontrar) a coisa. Na hipótese de apropriação de coisa achada, temos o chamado "crime a prazo", pois somente haverá a consumação após o lapso de tempo de quinze dias.

3.3. Sujeitos

Sujeito Ativo: qualquer pessoa.

Sujeito Passivo: é o proprietário ou possuidor da coisa perdida ou do prédio em que o tesouro é encontrado.

3.4. Objetos

Objeto Jurídico: é o patrimônio, consistente na propriedade e posse das coisas.

Objeto Material: é a coisa vinda ao agente por erro, caso fortuito ou força da natureza.

3.5. Elemento Subjetivo

É o dolo de assenhorear-se de coisa alheia. Não se admite a modalidade culposa.

3.6. Consumação e Tentativa

A consumação se dá com a efetiva apropriação da coisa, devendo ser observado o prazo de quinze dias, no caso da apropriação da coisa achada.

Admite-se a tentativa salvo no caso do crime de apropriação de coisa achada (art. 169, parágrafo único, II, CP), por se tratar de crime condicional. Por outras palavras, a Lei estabeleceu uma condição temporal para a consumação do crime, o que impede o reconhecimento da tentativa.

3.7. Ação Penal

A ação penal é pública incondicionada.

Trata-se de infração de menor potencial ofensivo, sendo compatível, portanto, com a transação penal e como o rito sumaríssimo, nos moldes da Lei 9.099/95.

3.8. Penas

A pena prevista para os crimes do art. 169, CP é de detenção, de um mês a um ano, ou multa. Logo, podemos concluir que:

a) É possível a transação penal (art. 76, Lei n. 9.099/95), pois se trata de infração penal de menor potencial ofensivo;

b) É possível a suspensão condicional do processo (art. 89, Lei n. 9.099/95), pois a pena mínima não ultrapassa um ano.

c) Será cabível a substituição da pena por restritivas de direitos, pois no crime não há violência ou grave ameaça e a pena a ser imposta não ultrapassará quatro anos. Será necessário que se façam presentes os demais requisitos do art. 44, CP.

3.9. Classificação

O crime pode ser classificado como:

a) **Comum** (pode ser praticado por qualquer pessoa);

b) **Material** (a consumação exige a produção de um resultado naturalístico);

c) De **forma livre** (a Lei não estabelece exigência para a forma de execução);

d) **Simples** (tutela apenas um bem jurídico);

e) **Comissivo** (em regra) **ou omissivo** (quando ocorre omissão imprópria);

f) **Unissubjetivo** (pode haver ou não concurso de pessoas);

g) **Instantâneo** (consuma-se de imediato), podendo ter efeitos permanentes, caso ocorra a destruição da coisa;

h) **Plurissubsistentes** (a conduta pode ser fracionada, e por isso admite a tentativa) ou **unissubsistente** (a conduta não pode ser fracionada), conforme o caso;

i) De **dano** (a consumação enseja violação ao bem jurídico, e não mera exposição a perigo);

j) **Não transeunte** (o crime deixa vestígios);

k) **Doloso.**

3.10. Quadro Sinótico

APROPRIAÇÃO DE COISA HAVIDA POR ERRO, CASO FORTUITO OU FORÇA DA NATUREZA, DE TESOURO E DE COISA ACHADA		
Considerações Iniciais	Trata-se de uma forma privilegiada de apropriação indébita, quando o sujeito apropria-se de coisa alheia vinda ao seu poder por erro, caso fortuito ou força da natureza. Assinale-se que o tipo também trata da apropriação de tesouro, bem como da apropriação de coisa alheia achada e não devolvida no prazo de quinze dias.	1

Tipicidade Objetiva	A conduta consiste em "apropriar-se", isto é, assenhorear-se, tornar-se proprietário, dono. Para que ocorra o crime, a posse do bem deve decorrer de erro (falsa percepção da realidade por parte daquele que entrega a coisa ao agente), caso fortuito ou força da natureza. Nas figuras equiparadas ao crime do art. 169, CP (apropriação de tesouro e apropriação de coisa achada), as condutas consistem em "achar" (encontrar) a coisa. Na hipótese de apropriação de coisa achada, temos o chamado "crime a prazo", pois somente haverá a consumação após o lapso de tempo de quinze dias.	2
Sujeitos	**Sujeito Ativo:** qualquer pessoa. **Sujeito Passivo:** é o proprietário ou possuidor da coisa perdida ou do prédio em que o tesouro é encontrado.	3
Objetos	**Objeto Jurídico:** é o patrimônio, consistente na propriedade e posse das coisas. **Objeto Material:** é a coisa vinda ao agente por erro, caso fortuito ou força da natureza.	4
Elemento Subjetivo	É o dolo de assenhorear-se de coisa alheia. Não se admite a modalidade culposa.	5
Consumação e Tentativa	A consumação se dá com a efetiva apropriação da coisa, devendo ser observado o prazo de quinze dias, no caso da apropriação da coisa achada. Admite-se a tentativa salvo no caso do crime de apropriação de coisa achada (art. 169, parágrafo único, II, CP), por se tratar de crime condicional.	6
Ação Penal	A ação penal é pública incondicionada. Trata-se de infração de menor potencial ofensivo, sendo compatível, portanto, com a transação penal e como o rito sumaríssimo, nos moldes da Lei 9.099/95.	7
Penas	A pena prevista para os crimes do art. 169, CP é de detenção, de um mês a um ano, ou multa.	8
Classificação	**a)** **Comum** (pode ser praticado por qualquer pessoa); **b)** **Material** (a consumação exige a produção de um resultado naturalístico); **c)** De **forma livre** (a Lei não estabelece exigência para a forma de execução); **d)** **Simples** (tutela apenas um bem jurídico); **e)** **Comissivo** (em regra) ou **omissivo** (quando ocorre omissão imprópria); **f)** **Unissubjetivo** (pode haver ou não concurso de pessoas); **g)** **Instantâneo** (consuma-se de imediato), **podendo ter efeitos permanentes**, caso ocorra a destruição da coisa; **h)** **Plurissubsistentes** (a conduta pode ser fracionada, e por isso admite a tentativa) ou **unissubsistente** (a conduta não pode ser fracionada), conforme o caso; **i)** **De dano** (a consumação enseja violação ao bem jurídico, e não mera exposição a perigo); **j)** **Não transeunte** (o crime deixa vestígios); **k)** **Doloso.**	19

Art. 170 - Nos crimes previstos neste Capítulo, aplica-se o disposto no art. 155, § 2°.

Aos crimes relacionados à apropriação indébita (artigos 168 a 169, CP) aplicam-se as regras atinentes ao furto privilegiado, previsto no art. 155, 2°., CP, nos seguintes termos: "Se o criminoso é primário, e é de pequeno valor a coisa furtada, o juiz pode substituir a pena de reclusão pela de detenção, diminuí-la de um a dois terços, ou aplicar somente a pena de multa".

Para evitar repetições desnecessárias, remetemos os leitores aos comentários que fizemos ao crime de furto privilegiado.

VI

DO ESTELIONATO E OUTRAS FRAUDES

1. ESTELIONATO

Estelionato

Art. 171 – Obter, para si ou para outrem, vantagem ilícita, em prejuízo alheio, induzindo ou mantendo alguém em erro, mediante artifício, ardil, ou qualquer outro meio fraudulento:

Pena – reclusão, de um a cinco anos, e multa, de quinhentos mil réis a dez contos de réis.

§ 1° – Se o criminoso é primário, e é de pequeno valor o prejuízo, o juiz pode aplicar a pena conforme o disposto no art. 155, § 2°.

§ 2° – Nas mesmas penas incorre quem:

Disposição de coisa alheia como própria

I – vende, permuta, dá em pagamento, em locação ou em garantia coisa alheia como própria;

Alienação ou oneração fraudulenta de coisa própria

II – vende, permuta, dá em pagamento ou em garantia coisa própria inalienável, gravada de ônus ou litigiosa, ou imóvel que prometeu vender a terceiro, mediante pagamento em prestações, silenciando sobre qualquer dessas circunstâncias;

Defraudação de penhor

III – defrauda, mediante alienação não consentida pelo credor ou por outro modo, a garantia pignoratícia, quando tem a posse do objeto empenhado;

Fraude na entrega de coisa

IV – defrauda substância, qualidade ou quantidade de coisa que deve entregar a alguém;

Fraude para recebimento de indenização ou valor de seguro

V – destrói, total ou parcialmente, ou oculta coisa própria, ou lesa o próprio corpo ou a saúde, ou agrava as conseqüências da lesão ou doença, com o intuito de haver indenização ou valor de seguro;

Fraude no pagamento por meio de cheque

VI - emite cheque, sem suficiente provisão de fundos em poder do sacado, ou lhe frustra o pagamento.

§ 3° - A pena aumenta-se de um terço, se o crime é cometido em detrimento de entidade de direito público ou de instituto de economia popular, assistência social ou beneficência.

Estelionato contra idoso

§ 4° Aplica-se a pena em dobro se o crime for cometido contra idoso. (Incluído pela Lei nº 13.228, de 2015)

§ 5° Somente se procede mediante representação, salvo se a vítima for: (Incluído pela Lei nº 13.964, de 2019)

I - a Administração Pública, direta ou indireta;

II - criança ou adolescente;

III - pessoa com deficiência mental; ou

IV - maior de 70 (setenta) anos de idade ou incapaz."

2. CONSIDERAÇÕES INICIAIS

Preliminarmente, devemos asseverar que o crime de estelionato é, em essência, uma fraude. O agente se vale do engano para espoliar o patrimônio de outrem, não fazendo uso da clandestinidade, da violência física ou da ameaça.

Ainda na esfera daquilo que é essencial no crime de estelionato, assinale-se que a prática exige um dolo específico da obtenção da vantagem para si ou para outrem.

Dito isso, faz-se oportuno considerar a **diferença precípua entre estelionato e apropriação indébita**. É que no primeiro, desde o início, o dolo do agente é o de auferir a vantagem, ao passo que na apropriação, incialmente a posse ou detenção é legítima, passando o agente a apropriar-se indevidamente posteriormente.

Na esteira da diferenciação, cumpre-nos pontuar a **diferença entre estelionato e furto mediante fraude**. Enquanto que no estelionato a fraude é utilizada para que a vítima entregue a coisa ao agente, no furto mediante fraude ela é empregada com o objetivo de reduzir a vigilância da vítima sobre a coisa, a fim de facilitar a sua subtração.

Ademais, também é oportuno mencionar a **diferença entre estelionato e extorsão**. No estelionato a vítima entrega a coisa voluntariamente, ao passo que na extorsão o comportamento da vítima deriva de conduta violenta ou grave ameaça do agente delituoso.

Ainda na seara das diferenciações que nos parecem oportunas, vale considerar a **diferença entre o crime de falso e o de estelionato**, matéria, inclusive, sumulada pelo STJ. Diz a **Súmula 17 do STJ** que "Quando o falso se exaure no estelionato, sem mais potencialidade lesiva, é por este absorvido". É dizer, são crimes distintos, com bens jurídicos distintos, mas quando o falso é utilizado como crime meio para a obtenção do estelionato (crime-fim), deve por este ser absorvido, trata-se do princípio da consunção.

Por fim, no que tange às diferenciações, registre-se a **distinção entre estelionato e curandeirismo**, pois a depender do caso concreto a situação pode caracterizar um crime ou outro. No curandeirismo, o agente acredita ser capaz de resolver os problemas da vítima, trata-se de crime contra a saúde pública. De outro modo, no estelionato, o agente tem consciência de que seus meios são fraudulentos, aproveitando-se da vulnerabilidade da vítima para obter vantagem indevida.

Em suma no que tange às diferenciações oportunas:

Estelionato	**Apropriação Indébita**
Dolo de auferir a vantagem desde o início.	Posse/detenção incialmente lícita, sendo o dolo de apropriar-se da coisa alheia conduta posterior.
Estelionato	**Furto mediante fraude**
Fraude utilizada para que a vítima entregue a coisa ao agente.	Fraude utilizada para diminuir a vigilância da vítima sobre a coisa que se pretende furtar.
Estelionato	**Extorsão**
Entrega voluntária da coisa pela vítima.	A vítima age em razão de violência grave ou ameaça empregada pelo agente.
Estelionato	**Curandeirismo**
O agente tem consciência de que seus meios são fraudulentos, aproveitando-se da vulnerabilidade da vítima para obter vantagem indevida.	O agente acredita ser capaz de resolver os problemas da vítima, trata-se de crime contra a saúde pública.
Estelionato	**Falso**
Tutela o patrimônio.	Tutela a fé pública.

Súmula 17 do STJ: "Quando o crime de falso se exaure no estelionato, sem mais potencialidade lesiva, é por este absorvido".

3. TIPICIDADE OBJETIVA

O núcleo do tipo consiste no verbo "obter" (ganhar, auferir) e recai sobre vantagem ilícita. Embora o art. 171, CP não faça expressa menção à natureza da vantagem, é pacífico tratar-se de caráter patrimonial. Com efeito, a obtenção da vantagem ilícita de outra natureza poderá concretizar outra modalidade de crime, mas não o estelionato.

Assim, por exemplo, o emprego da fraude para a obtenção da vantagem de cunho sexual caracterizaria o crime de violação sexual mediante fraude (art. 215, CP);

4. SUJEITOS

Sujeito ativo: como regra, qualquer pessoa pode ser sujeito ativo do crime de estelionato, trata-se, portanto, de crime comum.

Sujeito passivo: qualquer pessoa física ou jurídica, seja quem é enganado pela fraude, seja quem suporta o prejuízo patrimonial.

Registre-se que a conduta deve ser direcionada a **pessoa certa e determinada**, pelo que a conduta de, por exemplo, adulterar bomba de combustível, configura crime contra a economia popular (art. 2º, XI, da Lei 1.521/1951), apenas caracterizando o estelionato se alguém efetivamente vier a ser lesado.

5. OBJETOS

Objeto jurídico: o bem jurídico tutelado pelo tipo penal em apreço é o patrimônio.

Objeto material: é a pessoa ludibriada pelo agente, bem como a vantagem obtida indevidamente.

6. ELEMENTO SUBJETIVO

É o dolo, presente na vontade de obter a vantagem sabidamente indevida. Não se admite a modalidade culposa.

7. CONSUMAÇÃO E TENTATIVA

A consumação deste crime ocorre no momento em que a vítima sofre a perda patrimonial, haja vista o locupletamento indevido do estelionatário. Trata-se de crime plurissubsistente, admitindo-se, portanto, a tentativa.

8. AÇÃO PENAL

Até o advento da Lei Anticrime (Lei n. 13.964/19), o crime de estelionato era de ação penal pública incondicionada. A partir da entrada em vigor daquele diploma legislativo, foi acrescentado ao art. 171, CP o §5º, que possui a seguinte redação:

> "Somente se procede mediante representação, salvo se a vítima for:
>
> I - a Administração Pública, direta ou indireta;
>
> II - criança ou adolescente;
>
> III - pessoa com deficiência mental; ou
>
> IV - maior de 70 (setenta) anos de idade ou incapaz."

Assim, a partir da entrada em vigor da Lei Anticrime, o crime de estelionato passa a ser, de regra, de ação penal pública condicionada à representação do ofendido e, excepcionalmente, de ação penal pública incondicionada.

Trata-se de alteração legislativa benéfica ao réu (*novatio legis im melius*), porquanto torna mais difícil ao MP processá-lo criminalmente. Por tal razão, a mudança legislativa retroage, alcançando os fatos já praticados anteriormente à entrada em vigor da Lei n. 13.964/19. Assim, se o agente já havia praticado o estelionato, e a investigação criminal estiver em andamento, o Ministério Público somente poderá oferecer a denúncia se o ofendido formular a representação.

Por outro lado, caso a denúncia já tenha sido oferecida, parece-nos tratar-se de situação de ato jurídico perfeito, devendo a denúncia oferecida ser considerada válida. Neste ponto, importante destacar que a Lei n. 13.964/19 não estabeleceu prazo para o oferecimento de representação em situações de processos criminais já em andamento.

Este entendimento, que adotamos desde o advento da Lei Anticrime, também foi acolhido no âmbito de nossa jurisprudência. Com efeito, decidiu o STF: "Não retroage a norma prevista no § 5º do art. 171 do Código Penal (CP), incluída pela Lei 13.964/2019 ("Pacote Anticrime"), que passou a exigir a representação da vítima como condição de procedibilidade para a instauração de ação penal, nas hipóteses em que o Ministério Público tiver oferecido a denúncia antes da entrada em vigor do novo diploma legal"[1].

9. MODALIDADES PRIVILEGIADA E EQUIPARADAS

O § 1º traz a hipótese do **estelionato privilegiado**, uma vez que determina que se o criminoso é primário, e é de pequeno valor o prejuízo, o juiz pode aplicar a pena do furto qualificado, substituindo a pena de reclusão pela de detenção, ou diminuindo-a de um a dois terços, ou, ainda, aplicar somente a pena de multa.

Já o § 2º traz as **figuras equiparadas** ao crime de estelionato, vejamos cada uma delas:

a) **Disposição de coisa alheia como própria**: aqui o agente dispõe de coisa alheia, móvel ou imóvel, como se dele fosse. São sujeitos passivos o adquirente de boa-fé, assim como o proprietário do bem. Consuma-se com o recebimento do preço.

b) **Alienação ou oneração fraudulenta de coisa própria:** aqui o agente dispõe de coisa própria sabidamente inalienável, já prometida ou gravada de ônus ou litigiosa, omitindo as referidas circunstâncias. Sujeito passivo a pessoa que suporta a lesão patrimonial.

c) **Defraudação de penhor:** trata-se da conduta de defraudar, mediante alienação não consentida pelo credor ou por outro modo, a garantia pignoratícia, quando tem a posse do objeto empenhado. É sujeito ativo o devedor do contrato de penhor e sujeito passivo o credor pignoratício.

d) **Fraude na entrega de coisa:** incorre nesta conduta que defrauda substância, qualidade ou quantidade de coisa que deve entregar a alguém. O sujeito ativo é aquele que está obrigado a entregar a coisa, ao passo que o sujeito passivo é aquele que tem o direito de receber a coisa.

e) **Fraude para recebimento de indenização ou valor de seguro:** comete o presente crime quem destrói, total ou parcialmente, ou oculta coisa própria, ou lesa o próprio corpo ou a saúde, ou agrava as consequências da lesão ou doença, com o intuito de haver indenização ou valor de seguro. O sujeito ativo é o segurado, ao passo que o sujeito passivo é o segurador. A consumação ocorre com a prática da conduta, independentemente do recebimento da vantagem.

f) **Fraude no pagamento por meio de cheque:** trata-se da conduta de emitir cheque, sem suficiente provisão de fundos em poder do sacado, ou lhe frustra o pagamento.

1. STF, HC 187341/SP, Min. Alexandre de Moraes, julgamento em 13.10.2020. No STJ, no mesmo sentido, HC 573.093-SC, Rel. Min. Reynaldo Soares da Fonseca, Quinta Turma, por unanimidade, julgado em 09/06/2020, DJe 18/06/2020. Contudo, há precedente no STJ em sentido contrário, entendendo que deve a nova regra retroagir a todos os processos ainda não transitados em julgado (HC 583.837-SC, Rel. Min. Sebastião Reis Júnior, Sexta Turma, por unanimidade, julgado em 04/08/2020, DJe 12/08/2020).

10. OUTRAS QUESTÕES

"A "cola eletrônica", antes do advento da Lei n. 12.550/2011 (que acrescentou o art. 311-A ao Código Penal), era uma conduta atípica, não configurando o crime de estelionato. Neste sentido, o entendimento do Superior Tribunal de Justiça[2] e Supremo Tribunal Federal[3].

Registre-se que conforme preceitua o art. 32, caput, da Lei 7.357/85 – Lei do Cheque, o cheque se constitui em ordem de pagamento à vista, pelo que aquele que aceita receber cheque para ser descontado posteriormente, está recebendo uma promessa de pagamento, desvirtuando, assim, a proteção dada pelo Direito Penal.

A jurisprudência do STJ tem orientado que não se amolda à figura do estelionato a conduta de emissão de cheque dada como garantia. (RHC 18.475/MG, rel. Min. Arnaldo Esteves Lima). No âmbito do STF, temos o verbete n. 554 da súmula de sua jurisprudência:

> **Súmula 554/STF:** "O pagamento de cheque emitido sem provisão de fundos, após o recebimento da denúncia, não obsta ao prosseguimento da ação penal".
>
> **Súmula 521:** "O pagamento de cheque emitido sem provisão de fundos, após o recebimento da denúncia, não obsta ao prosseguimento da ação penal".
>
> Sobre o tema competência para julgamento, os seguintes verbetes sumulares:
>
> **Súmula 244/STJ:** "Compete ao foro do local da recusa processar e julgar o crime de estelionato mediante cheque sem provisão de fundos".
>
> **Súmula 48/STJ:** "Compete ao juízo do local da obtenção da vantagem ilícita processar e julgar crime de estelionato cometido mediante falsificação de cheque".

Por fim, os parágrafos 3º e 4º trazem as hipóteses de **aumento de pena**, quando ela deverá ser majorada de um terço, se o crime é cometido em detrimento de entidade de direito público ou de instituto de economia popular, assistência social ou beneficência, e dobrada quando o crime é cometido contra idoso.

Ademais, é imperioso destacar o conteúdo da **Súmula 599 do STJ**, que determina ser inadmissível a aplicação do princípio da insignificância aos crimes contra a Administração Pública. Tecnicamente falando, o estelionato é crime contra o patrimônio, e não contra a Administração Pública. Mas o STJ já teve a oportunidade de reconhecer a impossibilidade de incidência do princípio da insignificância em caso de estelionato praticado por médico que, no exercício do cargo público, registra o ponto e se ausenta do hospital[4].

Sobre outros temas atinentes ao crime de estelionato, importante aludir aos seguintes entendimentos sumulados:

> **POSIÇÃO DO STF**
>
> **Súmula 246:** "Comprovado não ter havido fraude, não se configura o crime de emissão de cheque sem fundos".

---

2. HC 245.039-CE, Rel. Min. Marco Aurélio Bellizze" (Informativo 0506 – STJ)
3. Inq 1.145-PB, DJe 4/4/2008.
4. STJ, AgRg no HC 548.869-RS, Rel. Min. Joel Ilan Paciornik, Quinta Turma, por unanimidade, julgado em 12/05/2020, DJe 25/05/2020.

POSIÇÃO DO STJ

Súmula 24: "Aplica-se ao crime de estelionato, em que figure como vítima entidade autárquica da previdência social, a qualificadora do § 3º, do Art. 171 do Código Penal".

Súmula 73: "A utilização de papel moeda grosseiramente falsificado configura, em tese, o crime de estelionato, da competência da Justiça Estadual".

Súmula 107: "Compete à Justiça Comum Estadual processar e julgar crime de estelionato praticado mediante falsificação das guias de recolhimento das contribuições previdenciárias, quando não ocorrente lesão à autarquia federal".

11. PENAS

A pena prevista para o crime de estelionato é de reclusão, de 1 (um) a 5 (cinco) anos, e multa. Logo, podemos concluir que:

a) Não é possível a transação penal (art. 76, Lei n. 9.099/95), pois não se trata de infração penal de menor potencial ofensivo;

b) É possível a suspensão condicional do processo (art. 89, Lei n. 9.099/95), pois a pena mínima não ultrapassa um ano.

12. CLASSIFICAÇÃO

O crime pode ser classificado como:

a) **Comum** (não exige qualidade especial do agente) ou próprio (exige qualidade especial do agente), na hipótese do § 2º;

b) **Material** (a consumação exige a produção de um resultado naturalístico);

c) **De forma livre** (a Lei não estabelece exigência para a forma de execução) ou **de forma vinculada** (a Lei não estabelece exigência para a forma de execução), na hipótese do § 2º;

d) **Simples** (tutela apenas um bem jurídico);

e) **Comissivo** (em regra);

f) **Unissubjetivo** (pode haver ou não concurso de pessoas);

g) **Instantâneo** (consuma-se de imediato);

h) **Unissubsistente** (a conduta não pode ser fracionada), conforme o caso;

i) **De dano** (a consumação enseja violação ao bem jurídico, e não mera exposição a perigo);

j) **Doloso.**

13. DUPLICATA SIMULADA

> **Art. 172** - Emitir fatura, duplicata ou nota de venda que não corresponda à mercadoria vendida, em quantidade ou qualidade, ou ao serviço prestado. (Redação dada pela Lei nº 8.137, de 27.12.1990)
>
> Pena - detenção, de 2 (dois) a 4 (quatro) anos, e multa. (Redação dada pela Lei nº 8.137, de 27.12.1990)
>
> Parágrafo único. Nas mesmas penas incorrerá aquêle que falsificar ou adulterar a escrituração do Livro de Registro de Duplicatas. (Incluído pela Lei nº 5.474. de 1968)

13.1. Considerações Iniciais

Trata-se da conduta de colocar em circulação fatura, duplicata ou nota de venda, sem a devida correspondência com a mercadoria vendida, em quantidade ou qualidade, ou com o serviço prestado. Não basta o simples preenchimento da duplicata, sendo necessária que ela siga assinada. O bem jurídico tutelado não é apenas o patrimônio da vítima, mas também a boa-fé nas relações comerciais.

13.2. Tipicidade Objetiva

A conduta consiste em emitir, isto é, colocar em circulação, duplicata ou nota de venda que não corresponda à mercadoria vendida, em quantidade ou qualidade, ou ao serviço prestado. Diz respeito, portanto, a situação na qual, por exemplo, o comerciante vendeu um bem e emite uma duplicata informando ter vendido dois bens.

Por curioso que seja, o tipo penal não contemplou a situação na qual o comerciante emite fatura, duplicata ou nota por venda inexistente ou serviço não prestado. A doutrina e jurisprudência majoritárias têm entendido que, neste caso, também haveria o crime de duplicata simulada.

Trata-se de crime que deixa vestígios materiais, exigindo-se a apresentação do título para demonstração do fato. A ausência de demonstração, contudo, poderá ser suprida por outra prova.

13.3. Sujeitos

Sujeito Ativo: trata-se de crime próprio, pois somente pode ser praticado pelo comerciante que coloca em circulação a fatura, duplicata ou nota de venda, sem a devida correspondência com a mercadoria vendida, em quantidade ou qualidade, ou com o serviço prestado.

Sujeito Passivo: é o recebedor, aquele que aceita a duplicata como caução, bem como o sacado de boa-fé, que corre o risco de ser protestado.

13.4. Objetos

Objeto Jurídico: é o patrimônio. Para parte da doutrina, também seria, secundariamente, a boa-fé nas relações comerciais.

Objeto Material: é a fatura, duplicata ou nota de venda, sem a devida correspondência com a mercadoria vendida, em quantidade ou qualidade, ou com o serviço prestado.

13.5. Elemento Subjetivo

É o dolo. Não se admite a modalidade culposa.

13.6. Consumação e Tentativa

Consuma-se com a colocação em circulação da fatura, duplicata ou nota de venda, sem a devida correspondência com a mercadoria vendida, em quantidade ou qualidade, ou com o serviço prestado.

A tentativa não é admitida.

13.7. Ação Penal

Até o advento da Lei Anticrime (Lei n. 13.964/19), o crime de estelionato era de ação penal pública incondicionada. A partir da entrada em vigor daquele diploma legislativo, foi acrescentado ao art. 171, CP o §5º, que possui a seguinte redação:

> "Somente se procede mediante representação, salvo se a vítima for:
>
> I – a Administração Pública, direta ou indireta;
>
> II – criança ou adolescente;
>
> III – pessoa com deficiência mental; ou
>
> IV – maior de 70 (setenta) anos de idade ou incapaz."

Assim, a partir da entrada em vigor da Lei Anticrime, o crime de estelionato passa a ser, de regra, de ação penal pública condicionada à representação do ofendido e, excepcionalmente, de ação penal pública incondicionada.

Trata-se de alteração legislativa benéfica ao réu (*novatio legis im melius*), porquanto torna mais difícil ao MP processá-lo criminalmente. Por tal razão, a mudança legislativa retroage, alcançando os fatos já praticados anteriormente à entrada em vigor da Lei n. 13.964/19. Assim, se o agente já havia praticado o estelionato, e a investigação criminal estiver em andamento, o Ministério Público somente poderá oferecer a denúncia se o ofendido formular a representação.

Por outro lado, caso a denúncia já tenha sido oferecida, parece-nos tratar-se de situação de ato jurídico perfeito, devendo a denúncia oferecida ser considerada válida. Neste ponto, importante destacar que a Lei n. 13.964/19 não estabeleceu prazo para o oferecimento de representação em situações de processos criminais já em andamento.

13.8. Penas

A pena prevista para o crime de duplicata simulada é de detenção, de 2 (dois) a 4 (quatro) anos, e multa. Logo, podemos concluir que:

a) Não é possível a transação penal (art. 76, Lei n. 9.099/95), pois não se trata de infração penal de menor potencial ofensivo;

b) Não é possível a suspensão condicional do processo (art. 89, Lei n. 9.099/95), pois a pena mínima ultrapassa um ano.

c) Será cabível a substituição da pena por restritivas de direitos, pois no crime não há violência ou grave ameaça e a pena a ser imposta não ultrapassará quatro anos. Será necessário que se façam presentes os demais requisitos do art. 44, CP.

13.9. Classificação

O crime pode ser classificado como:

a) **Próprio** (exige qualidade especial do agente);

b) **Formal** (a consumação não exige a produção de um resultado naturalístico);

c) De **forma livre** (a Lei não estabelece exigência para a forma de execução);

d) **Simples** (tutela apenas um bem jurídico);

e) **Comissivo** (em regra);

f) **Unissubjetivo** (pode haver ou não concurso de pessoas);

g) **Instantâneo** (consuma-se de imediato);

h) **Unissubsistente** (a conduta não pode ser fracionada), conforme o caso;

i) De **dano** (a consumação enseja violação ao bem jurídico, e não mera exposição a perigo);

j) **Não transeunte** (o crime deixa vestígios);

k) **Doloso.**

13.10. Quadro Sinótico

DO ESTELIONATO		
Considerações Iniciais	Trata-se da conduta de colocar em circulação fatura, duplicata ou nota de venda, sem a devida correspondência com a mercadoria vendida, em quantidade ou qualidade, ou com o serviço prestado. Não basta o simples preenchimento da duplicata, sendo necessária que ela siga assinada.	1

Tipicidade Objetiva	A conduta consiste em emitir, isto é, colocar em circulação, duplicata ou nota de venda que não corresponda à mercadoria vendida, em quantidade ou qualidade, ou ao serviço prestado. Diz respeito, portanto, a situação na qual, por exemplo, o comerciante vendeu um bem e emite uma duplicata informando ter vendido dois bens. Trata-se de crime que deixa vestígios materiais, exigindo-se a apresentação do título para demonstração do fato. A ausência de demonstração, contudo, poderá ser suprida por outra prova.	2
Sujeitos	**Sujeito Ativo:** trata-se de crime próprio, pois somente pode ser praticado pelo comerciante que coloca em circulação a fatura, duplicata ou nota de venda, sem a devida correspondência com a mercadoria vendida, em quantidade ou qualidade, ou com o serviço prestado. **Sujeito Passivo:** é o recebedor, aquele que aceita a duplicata como caução, bem como o sacado de boa-fé, que corre o risco de ser protestado.	3
Objetos	**Objeto Jurídico:** é o patrimônio. Para parte da doutrina, também seria, secundariamente, a boa-fé nas relações comerciais. **Objeto Material:** é a fatura, duplicata ou nota de venda, sem a devida correspondência com a mercadoria vendida, em quantidade ou qualidade, ou com o serviço prestado.	4
Elemento Subjetivo	É o dolo. Não se admite a modalidade culposa.	5
Consumação e Tentativa	Consuma-se com a colocação em circulação da fatura, duplicata ou nota de venda, sem a devida correspondência com a mercadoria vendida, em quantidade ou qualidade, ou com o serviço prestado. A tentativa não é admitida.	6
Ação Penal	Somente se procede mediante representação, salvo se a vítima for: I – a Administração Pública, direta ou indireta; II – criança ou adolescente; III – pessoa com deficiência mental; ou IV – maior de 70 (setenta) anos de idade ou incapaz."	7
Penas	A pena prevista para o crime de duplicata simulada é de detenção, de 2 (dois) a 4 (quatro) anos, e multa.	8
Classificação	**a) Próprio** (exige qualidade especial do agente); **b) Formal** (a consumação não exige a produção de um resultado naturalístico); **c) De forma livre** (a Lei não estabelece exigência para a forma de execução); **d) Simples** (tutela apenas um bem jurídico); **e) Comissivo** (em regra); **f) Unissubjetivo** (pode haver ou não concurso de pessoas); **g) Instantâneo** (consuma-se de imediato); **h) Unissubsistente** (a conduta não pode ser fracionada), conforme o caso; **i)** De **dano** (a consumação enseja violação ao bem jurídico, e não mera exposição a perigo); **j) Não transeunte** (o crime deixa vestígios); **k) Doloso.**	9

13.11. Questões de Concursos Públicos

01. **(INSTITUTO AOCP - 2019 - PC-ES - Escrivão de Polícia) O sujeito que obtém para si ou para outrem, vantagem ilícita, em prejuízo alheio, induzindo ou mantendo alguém em erro, mediante artifício, ardil, ou qualquer outro meio fraudulento, incorre no delito de**

    (A) furto qualificado.

    (B) furto de coisa comum.

    (C) extorsão.

    (D) dano.

    (E) estelionato.

02. **FGV - 2018 - MPE-AL - Analista do Ministério Público - Área Jurídica) Mário, fingindo ser manobrista de um restaurante famoso, recebe de um cliente seu veículo para estacionar. Em seguida, sai com o veículo para local distante, vindo a oferecê-lo para terceira pessoa de boa fé. O cliente ao sair do restaurante não encontrou o veículo e o guardador, resolvendo registrar o fato na delegacia próxima. Encerrado o inquérito, identificado o autor e elaborado o relatório, os autos foram encaminhados ao Promotor de Justiça que deverá oferecer denúncia em face de Mário pela prática do injusto de**

    (A) furto simples.

    (B) furto qualificado.

    (C) estelionato.

    (D) apropriação indébita simples.

    (E) apropriação indébita majorada.

03. **(TRF - 3ª REGIÃO - 2018 - TRF - 3ª REGIÃO - Juiz Federal Substituto) José da Silva, réu primário e com condenações criminais anteriores, porém sem trânsito em julgado, confesso, cometeu crime de estelionato contra a Previdência Social, causando prejuízos significativos à autarquia, sendo condenado à pena de 1 (um) ano e 4 (quatro) meses de reclusão e 13 (treze) dias-multa, em regime inicial aberto. Com base nessas informações, é CORRETO afirmar:**

    (A) Ainda que primário, o juiz poderia ter aumentado a pena-base ante as circunstâncias judiciais desfavoráveis (CP, art. 59), sopesando, para tanto, os antecedentes criminais e as consequências do delito.

    (B) A causa de aumento prevista no art. 171, § 3º, do Código Penal é aplicável ao caso por se tratar o ofendido de entidade de direito público, sendo a fração de aumento sempre fixa, em 1/3 (um terço).

    (C) Se o juiz entender possível, a substituição da pena privativa de liberdade aplicada (CP, art. 44) poderá ser feita por uma pena de multa ou uma pena restritiva de direitos.

    (D) A confissão do acusado não poderá ser levada em consideração na dosimetria da pena se for alegada alguma causa excludente de antijuridicidade ou culpabilidade (confissão qualificada).

GABARITO: As respostas destes testes encontram-se no final do livro.

14. ABUSO DE INCAPAZES

> Art. 173 - Abusar, em proveito próprio ou alheio, de necessidade, paixão ou inexperiência de menor, ou da alienação ou debilidade mental de outrem, induzindo qualquer deles à prática de ato suscetível de produzir efeito jurídico, em prejuízo próprio ou de terceiro:
>
> Pena - reclusão, de dois a seis anos, e multa.

14.1. Considerações Iniciais

A despeito das semelhanças em relação ao crime de estelionato (art. 171, CP), o crime de abuso de incapazes possui notas distintivas, porquanto não exige o ardil, o artifício, a fraude de um modo geral. o objetivo do tipo penal é a tutela do patrimônio de pessoa em situação de vulnerabilidade (menor ou portador de alienação ou debilidade mental).

14.2. Tipicidade Objetiva

No núcleo do tipo estão as condutas de abusar, no sentido de aproveitar-se, e induzir, cujo sentido é o de fazer nascer a ideia na mente de outrem. No que tange à vítima menor de idade, somente restará presente o crime quando o agente abusa de sua de necessidade, paixão ou inexperiência. Por outro lado, em se tratando de vítima portadora de alienação ou debilidade mental, haverá o crime independentemente destas outras condições.

14.3. Sujeitos

Sujeito Ativo: qualquer pessoa. Trata-se, pois, de crime comum.

Sujeito Passivo: é o menor ou o portador de alienação ou debilidade mental.

14.4. Objetos

Objeto Jurídico: é o patrimônio.

Objeto Material: é a própria pessoa que foi ludibriada.

14.5. Elemento Subjetivo

É o dolo. Não se admite a modalidade culposa.

14.6. Consumação e Tentativa

Quando houver o induzimento da vítima à prática do ato. Não se exige a concretização efetiva do prejuízo da vítima para a consumação do crime. Trata-se de crime formal, portanto, dispensa a produção do resultado naturalístico.

Admite-se a tentativa.

14.7. Ação Penal

A ação penal é pública incondicionada.

14.8. Penas

A pena prevista para o crime de abuso de incapazes é de reclusão, de dois a seis anos, e multa. Logo, podemos concluir que:

a) Não é possível a transação penal (art. 76, Lei n. 9.099/95), pois não se trata de infração penal de menor potencial ofensivo;

b) Não é possível a suspensão condicional do processo (art. 89, Lei n. 9.099/95), pois a pena mínima ultrapassa um ano.

14.9. Classificação

O crime pode ser classificado como:

a) **Comum** (não exige qualidade especial do agente);

b) **Formal** (a consumação não exige a produção de um resultado naturalístico);

c) De **forma livre** (a Lei não estabelece exigência para a forma de execução);

d) **Simples** (tutela apenas um bem jurídico);

e) **Comissivo** (em regra);

f) **Unissubjetivo** (pode haver ou não concurso de pessoas);

g) **Instantâneo** (consuma-se de imediato);

h) **Unissubsistente** (a conduta não pode ser fracionada), conforme o caso;

i) De **dano** (a consumação enseja violação ao bem jurídico, e não mera exposição a perigo);

j) **Não transeunte** (o crime deixa vestígios);

k) **Doloso.**

14.10. Quadro Sinótico

ABUSO DE INCAPAZES		
Considerações Iniciais	A despeito das semelhanças em relação ao crime de estelionato (art. 171, CP), o crime de abuso de incapazes possui notas distintivas, porquanto não exige o ardil, o artifício, a fraude de um modo geral. O objetivo do tipo penal é a tutela do patrimônio de pessoa em situação de vulnerabilidade (menor ou portador de alienação ou debilidade mental).	1
Tipicidade Objetiva	No núcleo do tipo estão as condutas de abusar, no sentido de aproveitar-se, e induzir, cujo sentido é o de fazer nascer a ideia na mente de outrem. No que tange à vítima menor de idade, somente restará presente o crime quando o agente abusa de sua de necessidade, paixão ou inexperiência. Por outro lado, em se tratando de vítima portadora de alienação ou debilidade mental, haverá o crime independentemente destas outras condições.	2
Sujeitos	**Sujeito Ativo:** qualquer pessoa. Trata-se, pois, de crime comum. **Sujeito Passivo:** é o menor ou o portador de alienação ou debilidade mental.	3

Objetos	**Objeto Jurídico:** é o patrimônio. **Objeto Material:** é a própria pessoa que foi ludibriada.	4
Elemento Subjetivo	É o dolo. Não se admite a modalidade culposa.	5
Consumação e Tentativa	Quando houver o induzimento da vítima à prática do ato. Não se exige a concretização efetiva do prejuízo da vítima para a consumação do crime. Trata-se de crime formal, portanto, dispensa a produção do resultado naturalístico. Admite-se a tentativa.	6
Ação Penal	A ação penal é de iniciativa pública incondicionada.	7
Penas	A pena prevista para o crime de abuso de incapazes é de reclusão, de dois a seis anos, e multa.	8
Classificação	a) **Comum** (não exige qualidade especial do agente); b) **Formal** (a consumação não exige a produção de um resultado naturalístico); c) **De forma livre** (a Lei não estabelece exigência para a forma de execução); d) **Simples** (tutela apenas um bem jurídico); e) **Comissivo** (em regra); f) **Unissubjetivo** (pode haver ou não concurso de pessoas); g) **Instantâneo** (consuma-se de imediato); h) **Unissubsistente** (a conduta não pode ser fracionada), conforme o caso; i) De **dano** (a consumação enseja violação ao bem jurídico, e não mera exposição a perigo); j) **Não transeunte** (o crime deixa vestígios); k) **Doloso.**	9

15. INDUZIMENTO À ESPECULAÇÃO

> **Art. 174** - Abusar, em proveito próprio ou alheio, da inexperiência ou da simplicidade ou inferioridade mental de outrem, induzindo-o à prática de jogo ou aposta, ou à especulação com títulos ou mercadorias, sabendo ou devendo saber que a operação é ruinosa:
> Pena - reclusão, de um a três anos, e multa.

15.1. Considerações Iniciais

Da mesma forma que ocorre com o tipo penal anterior, no crime de "induzimento à especulação", temos semelhanças com o crime de estelionato (art. 171, CP), mas também existem notas distintivas, tais como a ausência de necessidade de se empregar ardil, artifício ou fraude de um modo geral.

No "induzimento à especulação", tal como ocorre no tipo penal anterior, o agente também se locupleta de reduzida capacidade de discernimento da vítima. Mas, no caso, essa redução da capacidade concretiza-se por meio da inexperiência, simplicidade ou inferioridade mental, e não da menoridade, da alienação ou debilidade mental, como no tipo penal anterior.

15.2. Tipicidade Objetiva

No núcleo do tipo estão as condutas de abusar, no sentido de aproveitar-se, e induzir, cujo sentido é o de fazer nascer a ideia na mente de outrem.

Acrescente-se que a lei descreve as formas de execução da conduta, trata-se, conforme a doutrina, de crime de forma vinculada.

15.3. Sujeitos

Sujeito Ativo: qualquer pessoa. Trata-se, pois, de crime comum.

Sujeito Passivo: é a pessoa inexperiente, simples ou com inferioridade mental.

15.4. Objetos

Objeto Jurídico: o patrimônio é o bem jurídico tutelado.

Objeto Material: é a própria pessoa ludibriada.

15.5. Elemento Subjetivo

É o dolo. Não se admite a modalidade culposa.

15.6. Consumação e Tentativa

Consuma-se o crime com o induzimento da vítima, independentemente de uma real obtenção da vantagem. Trata-se, portanto, de crime formal, na medida em que prescinde da produção de um resultado naturalístico.

Admite-se a tentativa.

15.7. Ação Penal

A ação penal será pública incondicionada.

15.8. Penas

A pena prevista para o crime de "induzimento à especulação" é de reclusão, de um a três anos, e multa. Logo, podemos concluir que:

a) Não é possível a transação penal (art. 76, Lei n. 9.099/95), pois não se trata de infração penal de menor potencial ofensivo;

b) É possível a suspensão condicional do processo (art. 89, Lei n. 9.099/95), pois a pena mínima ultrapassa um ano.

15.9. Classificação

O crime pode ser classificado como:

a) **Comum** (não exige qualidade especial do agente);

b) **Formal** (a consumação não exige a produção de um resultado naturalístico);

c) De **forma vinculada** (a Lei estabelece exigência para a forma de execução);

d) **Simples** (tutela apenas um bem jurídico);

e) **Comissivo** (em regra);

f) **Unissubjetivo** (pode haver ou não concurso de pessoas);

g) **Instantâneo** (consuma-se de imediato);

h) **Unissubsistente** (a conduta não pode ser fracionada), conforme o caso;

i) De **dano** (a consumação enseja violação ao bem jurídico, e não mera exposição a perigo);

j) **Transeunte** (o crime não deixa vestígios);

k) **Doloso.**

15.10. Quadro Sinótico

INDUZIMENTO À ESPECULAÇÃO		
Considerações Iniciais	Da mesma forma que ocorre com o tipo penal anterior, no crime de "induzimento à especulação", temos semelhanças com o crime de estelionato (art. 171, CP), mas também existem notas distintivas, tais como a ausência de necessidade de se empregar ardil, artifício ou fraude de um modo geral. No "induzimento à especulação", tal como ocorre no tipo penal anterior, o agente também se locupleta de reduzida capacidade de discernimento da vítima, mas, no caso, essa redução da capacidade concretiza-se por meio da inexperiência, simplicidade ou inferioridade mental, e não da menoridade, da alienação ou debilidade mental, como no tipo penal anterior.	1
Tipicidade Objetiva	No núcleo do tipo estão as condutas de abusar, no sentido de aproveitar-se, e induzir, cujo sentido é o de fazer nascer a ideia na mente de outrem.	2
Sujeitos	**Sujeito Ativo:** qualquer pessoa. Trata-se, pois, de crime comum. **Sujeito Passivo:** é a pessoa inexperiente, simples ou com inferioridade mental.	3
Objetos	**Objeto Jurídico:** o patrimônio é o bem jurídico tutelado. **Objeto Material:** é a própria pessoa ludibriada.	4
Elemento Subjetivo	É o dolo. Não se admite a modalidade culposa.	5

Consumação e Tentativa	Consuma-se o crime com o induzimento da vítima, independentemente de uma real obtenção da vantagem. Trata-se, portanto, de crime formal, na medida em que prescinde da produção de um resultado naturalístico. Admite-se a tentativa.	6
Ação Penal	A ação penal é de iniciativa pública incondicionada.	7
Penas	A pena prevista para o crime de "induzimento à especulação" é de reclusão, de um a três anos, e multa.	8
Classificação	**a)** **Comum** (não exige qualidade especial do agente); **b)** **Formal** (a consumação não exige a produção de um resultado naturalístico); **c)** De **forma vinculada** (a Lei estabelece exigência para a forma de execução); **d)** **Simples** (tutela apenas um bem jurídico); **e)** **Comissivo** (em regra); **f)** **Unissubjetivo** (pode haver ou não concurso de pessoas); **g)** **Instantâneo** (consuma-se de imediato); **h)** **Unissubsistente** (a conduta não pode ser fracionada), conforme o caso; **i)** **De dano** (a consumação enseja violação ao bem jurídico, e não mera exposição a perigo); **j)** **Transeunte** (o crime não deixa vestígios); **k)** **Doloso.**	9

16. FRAUDE NO COMÉRCIO

> **Art. 175** - Enganar, no exercício de atividade comercial, o adquirente ou consumidor:
>
> I - vendendo, como verdadeira ou perfeita, mercadoria falsificada ou deteriorada;
>
> II - entregando uma mercadoria por outra:
>
> Pena - detenção, de seis meses a dois anos, ou multa.
>
> § 1° - Alterar em obra que lhe é encomendada a qualidade ou o peso de metal ou substituir, no mesmo caso, pedra verdadeira por falsa ou por outra de menor valor; vender pedra falsa por verdadeira; vender, como precioso, metal de ou outra qualidade:
>
> Pena - reclusão, de um a cinco anos, e multa.
>
> § 2° - É aplicável o disposto no art. 155, § 2°.

16.1. Considerações Iniciais

O tipo penal tutela o patrimônio de vítimas, mas também, de um modo geral, a boa-fé nas relações comerciais.

16.2. Tipicidade Objetiva

No núcleo do tipo está a conduta de enganar, que significa induzir alguém a erro. O agente engana vendendo, como verdadeira ou perfeita, mercadoria falsa ou deteriorada ou entregando uma mercadoria por outra.

16.3. Sujeitos

Sujeito ativo: é o comerciante, no exercício de sua atividade. Trata-se de crime próprio.

Sujeito passivo: é o adquirente ou o consumidor, devendo se pessoa certa e determinada.

16.4. Objetos

Objeto Jurídico: é patrimônio.

Objeto Material: é a mercadoria ou obra falsificada, alterada ou danificada.

16.5. Elemento Subjetivo

É o dolo. Não se admite a modalidade culposa.

16.6. Consumação e Tentativa

Consuma-se o crime com o prejuízo da vítima, trata-se de crime material.

Admite-se a tentativa.

16.7. Ação Penal

A ação penal é pública incondicionada.

Configura infração de menor potencial ofensivo (exceto no que tange à figura qualificada consignada no §2º), de competência, portanto, dos Juizados Especiais Criminais – Lei n. 9.099/95.

16.8. Qualificadora e Forma Privilegiada

O § 1º dispõe sobre a **forma qualificada** do presente crime, quando a pena será de reclusão, de um a cinco anos, e multa. A referida conduta é reservada aos joalheiros, nas figuras "alterar" e "substituir", e ao comerciante de joias, no que tange à ação de "vender".

Ademais, o artigo também prevê a **figura privilegiada**, em seu § 2º, quando os benefícios da substituição da pena de reclusão pela de detenção, da diminuição de um a dois terços da pena, ou a aplicação somente da pena de multa podem ser aplicados, desde que o agente delituoso seja primário e a mercadoria seja de pequeno valor. Como se vê, são os benefícios do furto privilegiado, contido no art. 155, § 2º, CP.

16.9. Penas

A pena prevista para o crime de "fraude no comércio" é de detenção, de seis meses a dois anos, ou multa. Logo, podemos concluir que:

a) É possível a transação penal (art. 76, Lei n. 9.099/95), pois se trata de infração penal de menor potencial ofensivo. Em se tratando da modalidade qualificada (pena de reclusão, de um a cinco anos, e multa), já não será possível.

b) É possível a suspensão condicional do processo (art. 89, Lei n. 9.099/95), até mesmo na modalidade qualificada, pois a pena mínima ultrapassa um ano.

16.10. Classificação

O crime pode ser classificado como:

a) **Próprio** (exige qualidade especial do agente);

b) **Material** (a consumação exige a produção de um resultado naturalístico);

c) De **forma livre** (a Lei não estabelece exigência para a forma de execução);

d) **Simples** (tutela apenas um bem jurídico);

e) **Comissivo** (em regra);

f) **Unissubjetivo** (pode haver ou não concurso de pessoas);

g) **Instantâneo** (consuma-se de imediato);

h) **Unissubsistente** (a conduta não pode ser fracionada), conforme o caso;

i) De **dano** (a consumação enseja violação ao bem jurídico, e não mera exposição a perigo);

j) **Não transeunte** (o crime deixa vestígios);

k) **Doloso.**

16.11 Quadro Sinótico

FRAUDE NO COMÉRCIO		
Considerações Iniciais	O tipo penal tutela o patrimônio de vítimas, mas também, de um modo geral, a boa-fé nas relações comerciais.	1
Tipicidade Objetiva	No núcleo do tipo está a conduta de enganar, que significa induzir alguém a erro. O agente engana vendendo, como verdadeira ou perfeita, mercadoria falsa ou deteriorada ou entregando uma mercadoria por outra.	2
Sujeitos	**Sujeito ativo:** é o comerciante, no exercício de sua atividade. Trata-se de crime próprio. **Sujeito passivo:** é o adquirente ou o consumidor, devendo se pessoa certa e determinada.	3
Objetos	**Objeto Jurídico:** é patrimônio. **Objeto Material:** é a mercadoria ou obra falsificada, alterada ou danificada.	4
Elemento Subjetivo	É o dolo. Não se admite a modalidade culposa.	5
Consumação e Tentativa	Consuma-se o crime com o prejuízo da vítima, trata-se de crime material. Admite-se a tentativa.	6

Ação Penal	A ação penal é pública incondicionada. Configura infração de menor potencial ofensivo (exceto no que tange à figura qualificada consignada no §2º), de competência, portanto, dos Juizados Especiais Criminais – Lei n. 9.099/95.	7
Penas	A pena prevista para o crime de "fraude no comércio" é de detenção, de seis meses a dois anos, ou multa.	8
Classificação	a) **Próprio** (exige qualidade especial do agente); b) **Material** (a consumação exige a produção de um resultado naturalístico); c) De **forma livre** (a Lei não estabelece exigência para a forma de execução); d) **Simples** (tutela apenas um bem jurídico); e) **Comissivo** (em regra); f) **Unissubjetivo** (pode haver ou não concurso de pessoas); g) **Instantâneo** (consuma-se de imediato); h) **Unissubsistente** (a conduta não pode ser fracionada), conforme o caso; i) **De dano** (a consumação enseja violação ao bem jurídico, e não mera exposição a perigo); j) **Não transeunte** (o crime deixa vestígios); k) **Doloso.**	19

17. OUTRAS FRAUDES

> **Art. 176** - Tomar refeição em restaurante, alojar-se em hotel ou utilizar-se de meio de transporte sem dispor de recursos para efetuar o pagamento:
>
> Pena - detenção, de quinze dias a dois meses, ou multa.
>
> Parágrafo único - Somente se procede mediante representação, e o juiz pode, conforme as circunstâncias, deixar de aplicar a pena.

17.1. Considerações Iniciais

Trata-se de figuras privilegiadas de estelionato, assim tratadas pelo legislador em razão do menos desvalor da conduta. O tipo penal sob a rubrica de "outras fraudes", objetiva a tutela do patrimônio daquele que se dedica à atividade empresarial, explorando os mercados de restaurante, hotel ou meios de transporte.

De um modo geral, trata-se de infração de potencialidade lesiva muito baixa. Por esta razão, o parágrafo único do art. 176, CP admite o perdão judicial, isto é, permite ao juiz deixar de aplicar a pena.

17.2. Tipicidade Objetiva

São três as condutas contidas no tipo penal.

a) Tomar refeição: equivale a alimentar-se (comer e/ou beber).

b) Alojar-se: hospedar-se.

c) Utilizar-se (de meio de transporte): fazer uso, para deslocar-se. O meio de transporte pode ser ônibus, táxi, metrô, carro de aluguel (por aplicativo, inclusive).

Em qualquer dos casos, para que reste configurado o crime, é imprescindível que o agente não disponha de recursos para efetuar o pagamento. Se o agente possuir os recursos e se recusar a efetuar o pagamento, não haverá crime, mas sim ilícito civil.

No art. 176, CP, temos um tipo penal misto (mais um núcleo) cumulativo, e não alternativo. Por outras palavras, a prática de mais de uma conduta descrita no tipo (o sujeito que, por exemplo, almoça no restaurante sem possuir recursos, foge sem pagar e pega um táxi, nas mesmas condições) dará ensejo a mais de um crime. Teremos, no exemplo citado, dois crimes do art. 176, CP, em concurso. Isto porque não temos o mesmo objeto material, e teríamos mais de um bem jurídico com vítimas distintas (no exemplo citado, o proprietário do restaurante e o taxista).

17.3. Sujeitos

Sujeito Ativo: pode ser qualquer pessoa, trata-se, portanto, de crime comum.

Sujeito Passivo: é a pessoa (física ou jurídica) prestadora do serviço de alimentação, hospedagem ou transporte.

17.4. Objetos

Objeto Jurídico: é o patrimônio.

Objeto Material: é a pessoa física ou jurídica prestadora do serviço de alimentação, hospedagem ou transporte e não recebe o pagamento devido.

17.5. Elemento Subjetivo

É o dolo. Não se admite a modalidade culposa.

17.6. Consumação e Tentativa

Consuma-se o crime no momento em que o agente realiza uma das condutas previstas no tipo, sendo imprescindível, por elementar, que ele não disponha de recursos para efetuar o pagamento dos serviços usufruídos.

Admite-se a tentativa.

17.7. Ação Penal

A ação penal é pública condicionada à representação do ofendido.

Configura infração de menor potencial ofensivo, de competência, portanto, dos Juizados Especiais Criminais (Lei n. 9.099/95).

17.8. Penas

A pena prevista para o crime de "outras fraudes" é de detenção, detenção, de quinze dias a dois meses, ou multa. Logo, podemos concluir que:

a) É possível a transação penal (art. 76, Lei n. 9.099/95), pois se trata de infração penal de menor potencial ofensivo.

b) É possível a suspensão condicional do processo (art. 89, Lei n. 9.099/95).

17.9. Classificação

O crime pode ser classificado como:

a) **Comum** (não exige qualidade especial do agente);

b) **Material** (a consumação exige a produção de um resultado naturalístico);

c) De **forma livre** (a Lei não estabelece exigência para a forma de execução);

d) **Simples** (tutela apenas um bem jurídico);

e) **Comissivo** (em regra);

f) **Unissubjetivo** (pode haver ou não concurso de pessoas);

g) **Instantâneo** (consuma-se de imediato);

h) **Plurissubsistente** (a conduta não pode ser fracionada), conforme o caso;

i) De **dano** (a consumação enseja violação ao bem jurídico, e não mera exposição a perigo);

j) **Transeunte** (o crime não deixa vestígios);

k) **Doloso.**

17.10. Quadro Sinótico

OUTRAS FRAUDES		
Considerações Iniciais	Trata-se de figuras privilegiadas de estelionato, assim tratadas pelo legislador em razão do menos desvalor da conduta. O tipo penal sob a rubrica de "outras fraudes", objetiva a tutela do patrimônio daquele que se dedica à atividade empresarial, explorando os mercados de restaurante, hotel ou meios de transporte. De um modo geral, trata-se de infração de potencialidade lesiva muito baixa. Por esta razão, o parágrafo único do art. 176, CP admite o perdão judicial, isto é, permite ao juiz deixar de aplicar a pena.	1
Tipicidade Objetiva	São três as condutas contidas no tipo penal. **a)** Tomar refeição: equivale a alimentar-se (comer e/ou beber). **b)** Alojar-se: hospedar-se. **c)** Utilizar-se (de meio de transporte): fazer uso, para deslocar-se. O meio de transporte pode ser ônibus, táxi, metrô, carro de aluguel (por aplicativo, inclusive).	2

Sujeitos	**Sujeito Ativo:** pode ser qualquer pessoa, trata-se, portanto, de crime comum. **Sujeito Passivo:** é a pessoa (física ou jurídica) prestadora do serviço de alimentação, hospedagem ou transporte.	3
Objetos	**Objeto Jurídico:** é o patrimônio. **Objeto Material:** é a pessoa física ou jurídica prestadora do serviço de alimentação, hospedagem ou transporte e não recebe o pagamento devido.	4
Elemento Subjetivo	É o dolo. Não se admite a modalidade culposa.	5
Consumação e Tentativa	Consuma-se o crime no momento em que o agente realiza uma das condutas previstas no tipo, sendo imprescindível, por elementar, que ele não disponha de recursos para efetuar o pagamento dos serviços usufruídos. Admite-se a tentativa.	6
Ação Penal	A ação penal é pública condicionada à representação do ofendido. Configura infração de menor potencial ofensivo, de competência, portanto, dos Juizados Especiais Criminais (Lei n. 9.099/95).	7
Penas	A pena prevista para o crime de "outras fraudes" é de detenção, detenção, de quinze dias a dois meses, ou multa.	8
Classificação	**a) Comum** (não exige qualidade especial do agente); **b) Material** (a consumação exige a produção de um resultado naturalístico); **c)** De forma **livre** (a Lei não estabelece exigência para a forma de execução); **d) Simples** (tutela apenas um bem jurídico); **e) Comissivo** (em regra); **f) Unissubjetivo** (pode haver ou não concurso de pessoas); **g) Instantâneo** (consuma-se de imediato); **h) Plurissubsistente** (a conduta não pode ser fracionada), conforme o caso; **i)** De **dano** (a consumação enseja violação ao bem jurídico, e não mera exposição a perigo); **j) Transeunte** (o crime não deixa vestígios); **k) Doloso.**	9

18. FRAUDES E ABUSOS NA FUNDAÇÃO OU ADMINISTRAÇÃO DE SOCIEDADE POR AÇÕES

Art. 177 - Promover a fundação de sociedade por ações, fazendo, em prospecto ou em comunicação ao público ou à assembléia, afirmação falsa sobre a constituição da sociedade, ou ocultando fraudulentamente fato a ela relativo:

Pena - reclusão, de um a quatro anos, e multa, se o fato não constitui crime contra a economia popular.

§ 1° - Incorrem na mesma pena, se o fato não constitui crime contra a economia popular: (Vide Lei n° 1.521, de 1951)

I - o diretor, o gerente ou o fiscal de sociedade por ações, que, em prospecto, relatório, parecer, balanço ou comunicação ao público ou à assembléia, faz afirmação falsa sobre as condições econômicas da sociedade, ou oculta fraudulentamente, no todo ou em parte, fato a elas relativo;

II - o diretor, o gerente ou o fiscal que promove, por qualquer artifício, falsa cotação das ações ou de outros títulos da sociedade;

III - o diretor ou o gerente que toma empréstimo à sociedade ou usa, em proveito próprio ou de terceiro, dos bens ou haveres sociais, sem prévia autorização da assembléia geral;

IV - o diretor ou o gerente que compra ou vende, por conta da sociedade, ações por ela emitidas, salvo quando a lei o permite;

V - o diretor ou o gerente que, como garantia de crédito social, aceita em penhor ou em caução ações da própria sociedade;

VI - o diretor ou o gerente que, na falta de balanço, em desacordo com este, ou mediante balanço falso, distribui lucros ou dividendos fictícios;

VII - o diretor, o gerente ou o fiscal que, por interposta pessoa, ou conluiado com acionista, consegue a aprovação de conta ou parecer;

VIII - o liquidante, nos casos dos ns. I, II, III, IV, V e VII;

IX - o representante da sociedade anônima estrangeira, autorizada a funcionar no País, que pratica os atos mencionados nos ns. I e II, ou dá falsa informação ao Governo.

§ 2° - Incorre na pena de detenção, de seis meses a dois anos, e multa, o acionista que, a fim de obter vantagem para si ou para outrem, negocia o voto nas deliberações de assembléia geral.

18.1. Considerações Iniciais

Cumpre assinalar que o delito tipificado no *caput* deste artigo somente pode ocorrer no momento da formação da sociedade anônima ou da sociedade em comandita por ações, uma vez que são elas espécies de sociedades por ações.

18.2. Tipicidade Objetiva

A conduta consiste em promover (realizar, fazer, dar ensejo) a fundação da sociedade por ações. Para que haja o crime, imprescindível fazer afirmação falsa (em prospecto ou em comunicação ao público) ou ocultar fraudulentamente fato a ela relativo. Somente existe a conduta na modalidade dolosa. Por esta razão, não haverá crime quando, por exemplo, o agente fizer afirmação sem ter ciência da sua falsidade ou omitir fato sem que tenha ciência da sua existência ou da sua relevância.

18.3. Sujeitos

Sujeito Ativo: é o fundador da sociedade por ações. Nas condutas equiparadas, pode ser também o diretor, o gerente ou o fiscal da sociedade por ações (§ 1º) ou o acionista (§ 2º).

Sujeito Passivo: qualquer pessoa que subscreva ou adquira o capital da sociedade por ações. Mas figuras equiparadas, será, ainda, o sócio, a sociedade anônima ou os acionistas.

18.4. Objetos

Objeto Jurídico: é o patrimônio.

Objeto Material: é o prospecto ou a comunicação ao público ou à assembleia, cujo conteúdo é falso no que tange à constituição da sociedade, ou a ocultação fraudulenta de fato a ela relativa.

18.5. Elemento Subjetivo

É dolo, não havendo previsão para a modalidade culposa.

Nas figuras equiparadas, temos elementos subjetivos específicos, como, por exemplo nas expressões "em proveito próprio ou de terceiro" (§ 1º) ou "com o fim de obter vantagem para si ou para outrem" (§ 2º).

18.6. Consumação e Tentativa

Consuma-se no momento em que o sujeito faz a afirmação falsa ou pratica a ocultação referida no artigo. Trata-se de crime formal, de consumação antecipada.

Admite-se a tentativa.

18.7. Ação Penal

A ação penal é pública incondicionada.

18.8. Penas

A pena prevista para o crime é de detenção, reclusão, de um a quatro anos, e multa. Logo, podemos concluir que:

a) Não é possível a transação penal (art. 76, Lei n. 9.099/95), pois não se trata de infração penal de menor potencial ofensivo. Na modalidade privilegiada, prevista no 2º, a pena máxima não ultrapassa dois anos, razão pela qual se faz possível ao agente beneficiar-se da transação penal, desde que estejam presentes os demais requisitos contidos no art. 76 da Lei n. 9.099/95.

b) É possível a suspensão condicional do processo (art. 89, Lei n. 9.099/95) pois a pena mínima ultrapassa um ano.

18.9. Classificação

O crime pode ser classificado como:

a) **Próprio** (exige qualidade especial do agente);

b) **Formal** (a consumação não exige a produção de um resultado naturalístico);

c) De **forma livre** (a Lei não estabelece exigência para a forma de execução);

d) **Simples** (tutela apenas um bem jurídico);

e) **Comissivo** (em regra);

f) **Unissubjetivo** (pode haver ou não concurso de pessoas);

g) **Instantâneo** (consuma-se de imediato);

h) **Plurissubsistente** (a conduta não pode ser fracionada), conforme o caso;

i) De **dano** (a consumação enseja violação ao bem jurídico, e não mera exposição a perigo);

j) **Transeunte** (o crime não deixa vestígios);

k) **Doloso.**

18.10. Quadro Sinótico

FRAUDES E ABUSOS NA FUNDAÇÃO OU ADMINISTRAÇÃO DE SOCIEDADE POR AÇÕES		
Considerações Iniciais	O delito tipificado no *caput* deste artigo somente pode ocorrer no momento da formação da sociedade anônima ou da sociedade em comandita por ações, uma vez que são elas espécies de sociedades por ações.	1
Tipicidade Objetiva	A conduta consiste em promover (realizar, fazer, dar ensejo) a fundação da sociedade por ações. Para que haja o crime, imprescindível fazer afirmação falsa (em prospecto ou em comunicação ao público) ou ocultar fraudulentamente fato a ela relativo.	2
Sujeitos	**Sujeito Ativo:** é o fundador da sociedade por ações. Nas condutas equiparadas, pode ser também o diretor, o gerente ou o fiscal da sociedade por ações (§ 1º) ou o acionista (§ 2º). **Sujeito Passivo:** qualquer pessoa que subscreva ou adquira o capital da sociedade por ações. Mas figuras equiparadas, será, ainda, o sócio, a sociedade anônima ou os acionistas.	3
Objetos	**Objeto Jurídico:** é o patrimônio. **Objeto Material:** é o prospecto ou a comunicação ao público ou à assembleia, cujo conteúdo é falso no que tange à constituição da sociedade, ou a ocultação fraudulenta de fato a ela relativa.	4
Elemento Subjetivo	É dolo, não havendo previsão para a modalidade culposa. Nas figuras equiparadas, temos elementos subjetivos específicos, como, por exemplo nas expressões "em proveito próprio ou de terceiro" (§ 1º) ou "com o fim de obter vantagem para si ou para outrem" (§ 2º).	5
Consumação e Tentativa	Consuma-se no momento em que o sujeito faz a afirmação falsa ou pratica a ocultação referida no artigo. Trata-se de crime formal, de consumação antecipada. Admite-se a tentativa.	6

Ação Penal	A ação penal é de iniciativa pública incondicionada.	7
Penas	A pena prevista para o crime é de detenção, reclusão, de um a quatro anos, e multa.	8
Classificação	**a) Próprio** (exige qualidade especial do agente); **b) Formal** (a consumação não exige a produção de um resultado naturalístico); **c)** De forma **livre** (a Lei não estabelece exigência para a forma de execução); **d) Simples** (tutela apenas um bem jurídico); **e) Comissivo** (em regra); **f) Unissubjetivo** (pode haver ou não concurso de pessoas); **g) Instantâneo** (consuma-se de imediato); **h) Plurissubsistente** (a conduta não pode ser fracionada), conforme o caso; **i)** De **dano** (a consumação enseja violação ao bem jurídico, e não mera exposição a perigo); **j) Transeunte** (o crime não deixa vestígios); **k) Doloso.**	9

19. EMISSÃO IRREGULAR DE CONHECIMENTO DE DEPÓSITO OU "WARRANT"

> Art. 178 - Emitir conhecimento de depósito ou warrant, em desacordo com disposição legal:
>
> Pena - reclusão, de um a quatro anos, e multa.

19.1. Considerações Iniciais

Tem-se como *conhecimento de depósito* o título de crédito que representa as mercadorias depositadas no armazém-geral, servindo como prova de sua guarda e conservação e conferindo ao seu portador o poder de disponibilidade no tocante às mercadorias. Já *warrant* é o título de crédito emitido em conjunto com o conhecimento de depósito, tendo como objetivo eventuais operações de crédito cuja garantia seja o penhor sobre as mercadorias depositadas no armazém-geral.

19.2. Tipicidade Objetiva

A conduta consiste em emitir (lançar, produzir, fazer) conhecimento de depósito ou *warrant* em desacordo com a legislação.

19.3. Sujeitos

Sujeito ativo: trata-se e crime próprio, apenas podendo ser cometido por quem tem legitimidade para emitir o referido título de crédito.

Sujeito passivo: É o portador ou endossatário do referido título de crédito.

19.4. Objetos

Objeto jurídico: é patrimônio.

Objeto material: é o conhecimento de depósito ou *warrant*.

19.5. Elemento Subjetivo

É dolo, não havendo previsão para a modalidade culposa.

19.6. Consumação e Tentativa

Consuma-se com a emissão do conhecimento de depósito ou *warrant*. Trata-se de crime formal, de consumação antecipada.

A tentativa não é admitida.

19.7. Ação Penal

A ação penal é pública incondicionada.

Trata-se de crime de médio potencial ofensivo, compatível, portanto, com a suspensão condicional do processo, uma vez estejam presentes os requisitos do art. 89 da Lei n. 9.099/95.

19.8. Pena

A pena prevista para o crime é de reclusão de um a quatro anos, além da multa. Logo, podemos concluir que:

a) Não é possível a transação penal (art. 76, Lei n. 9.099/95), pois não se trata de infração penal de menor potencial ofensivo;

b) É possível a suspensão condicional do processo (art. 89, Lei n. 9.099/95), pois a pena mínima não ultrapassa um ano.

c) Será cabível a substituição da pena por restritivas de direitos, pois no crime não há violência ou grave ameaça e a pena a ser imposta não ultrapassará quatro anos. Será necessário que se façam presentes os demais requisitos do art. 44, CP.

19.9. Classificação

O crime pode ser classificado como:

a) **Próprio** (não pode ser praticado por qualquer pessoa);

b) **Formal** (a consumação não exige a produção de um resultado naturalístico);

c) De **forma livre** (a Lei não estabelece exigência para a forma de execução);

d) **Simples** (tutela apenas um bem jurídico);

e) **Comissivo** (em regra) **ou omissivo** (quando ocorre omissão imprópria);

f) **Unissubjetivo** (pode haver ou não concurso de pessoas);

g) **Instantâneo** (consuma-se de imediato);

h) **Unissubsistentes** (a conduta não pode ser fracionada, e por isso não admite a tentativa);

i) De **dano** (a consumação enseja violação ao bem jurídico, e não mera exposição a perigo);

j) **Não transeunte** (o crime deixa vestígios);

k) **Doloso.**

19.10. Quadro Sinótico

EMISSÃO IRREGULAR DE CONHECIMENTO DE DEPÓSITO OU "WARRANT"		
Considerações Iniciais	Tem-se como *conhecimento de depósito* o título de crédito que representa as mercadorias depositadas no armazém-geral, servindo como prova de sua guarda e conservação e conferindo ao seu portador o poder de disponibilidade no tocante às mercadorias. Já *warrant* é o título de crédito emitido em conjunto com o conhecimento de depósito, tendo como objetivo eventuais operações de crédito cuja garantia seja o penhor sobre as mercadorias depositadas no armazém-geral.	1
Tipicidade Objetiva	A conduta consiste em emitir (lançar, produzir, fazer) conhecimento de depósito ou *warrant* em desacordo com a legislação.	2
Sujeitos	**Sujeito ativo:** trata-se e crime próprio, apenas podendo ser cometido por quem tem legitimidade para emitir o referido título de crédito. **Sujeito passivo:** É o portador ou endossatário do referido título de crédito.	3
Objetos	**Objeto jurídico:** é patrimônio. **Objeto material:** é o conhecimento de depósito ou *warrant*.	4
Elemento Subjetivo	É dolo, não havendo previsão para a modalidade culposa.	5
Consumação e Tentativa	Consuma-se com a emissão do conhecimento de depósito ou *warrant*. Trata-se de crime formal, de consumação antecipada. A tentativa não é admitida.	6
Ação Penal	A ação penal é pública incondicionada. Trata-se de crime de médio potencial ofensivo, compatível, portanto, com a suspensão condicional do processo, uma vez estejam presentes os requisitos do art. 89 da Lei n. 9.099/95.	7
Penas	A pena prevista para o crime é de reclusão de um a quatro anos, além da multa.	8

Classificação	a) **Próprio** (não pode ser praticado por qualquer pessoa); b) **Formal** (a consumação não exige a produção de um resultado naturalístico); c) De forma **livre** (a Lei não estabelece exigência para a forma de execução); d) **Simples** (tutela apenas um bem jurídico); e) **Comissivo** (em regra) ou **omissivo** (quando ocorre omissão imprópria); f) **Unissubjetivo** (pode haver ou não concurso de pessoas); g) **Instantâneo** (consuma-se de imediato); h) **Unissubsistentes** (a conduta não pode ser fracionada, e por isso não admite a tentativa); i) De **dano** (a consumação enseja violação ao bem jurídico, e não mera exposição a perigo); j) **Não transeunte** (o crime deixa vestígios); k) **Doloso.**	9

20. FRAUDE À EXECUÇÃO

Art. 179 - Fraudar execução, alienando, desviando, destruindo ou danificando bens, ou simulando dívidas:

Pena - detenção, de seis meses a dois anos, ou multa.

Parágrafo único - Somente se procede mediante queixa.

20.1. Considerações Iniciais

A fraude à execução ocorre quando o devedor aliena, desvia, destrói ou danifica o bem, ou simula dívidas, a fim de esvaziar seu patrimônio em prejuízo do credor. Assinale-se que a caracterização do presente crime pressupõe o ajuizamento de um processo de execução, que já deve estar em trâmite, tendo o executado já sido citado acerca da ação.

20.2. Tipicidade Objetiva

A conduta consiste em fraudar, isto é, lesar, enganar, ludibriar, causando prejuízo.

De acordo com o entendimento do STJ, é imprescindível que a manobra fraudulenta torne o devedor insolvente. Assim, não haverá que se falar em crime quando, por exemplo, o devedor está sendo executado e aliena bens, preservando patrimônio suficiente para a quitação das dívidas.

Vale registrar, ainda, o entendimento do Superior Tribunal de Justiça, corporificado no verbete n. 375 da súmula de sua jurisprudência, nos seguintes termos:

Súmula n. 375: "O reconhecimento da fraude à execução depende do registro a penhora do bem alienado ou da prova de má-fé do terceiro adquirente".

Deste modo, se a penhora não estivesse registrada na matrícula do imóvel, não poderia ser oposta aos terceiros, e, portanto, não haveria que se falar em fraude à execução.

20.3. Sujeitos

Sujeito ativo: trata-se de crime próprio, pois só pode ser cometido pelo devedor executado.

Sujeito passivo: é o exequente, o credor.

20.4. Objetos

Objeto jurídico: é patrimônio.

Objeto material: é o bem alienado, desviado, destruído ou danificado, com a finalidade de fraudar a execução, bem como a própria execução.

20.5. Elemento Subjetivo

É dolo, não havendo previsão para a modalidade culposa.

20.6. Consumação e Tentativa

Consuma-se o crime quando o executado, com o dolo de frustrar o êxito da execução em curso, aliena, desvia, destrói ou danifica bens, ou simula dívidas, tronando-se insolvente.

Admite-se a tentativa.

20.7. Ação Penal

A ação penal é, em regra, privada. Todavia, será pública incondicionada na hipótese de delito praticado em detrimento de patrimônio ou interesse público.

Trata-se de crime de menor potencial ofensivo, de competência, portanto, do Juizado Especial Criminal.

20.8. Pena

A pena prevista para o crime é de detenção, de seis meses a dois anos, ou multa. Logo, podemos concluir que:

a) É possível a transação penal (art. 76, Lei n. 9.099/95), pois se trata de infração penal de menor potencial ofensivo;

b) É possível a suspensão condicional do processo (art. 89, Lei n. 9.099/95), pois a pena mínima não ultrapassa um ano.

c) Será cabível a substituição da pena por restritivas de direitos, pois no crime não há violência ou grave ameaça e a pena a ser imposta não ultrapassará quatro anos. Será necessário que se façam presentes os demais requisitos do art. 44, CP.

20.9. Classificação

O crime pode ser classificado como:

a) **Próprio** (não pode ser praticado por qualquer pessoa);

b) **Material** (a consumação exige a produção de um resultado naturalístico);

c) De **forma livre** (a Lei não estabelece exigência para a forma de execução);

d) **Simples** (tutela apenas um bem jurídico);

e) **Comissivo** (em regra) **ou omissivo** (quando ocorre omissão imprópria);

f) **Unissubjetivo** (pode haver ou não concurso de pessoas);

g) **Instantâneo** (consuma-se de imediato);

h) **Plurissubsistentes** (a conduta não pode ser fracionada, e por isso não admite a tentativa);

i) De **dano** (a consumação enseja violação ao bem jurídico, e não mera exposição a perigo);

j) **Não transeunte** (o crime deixa vestígios);

k) **Doloso.**

20.10. Quadro Sinótico

FRAUDE À EXECUÇÃO		
Considerações Iniciais	A fraude à execução ocorre quando o devedor aliena, desvia, destrói ou danifica o bem, ou simula dívidas, a fim de esvaziar seu patrimônio em prejuízo do credor. Assinale-se que a caracterização do presente crime pressupõe o ajuizamento de um processo de execução, que já deve estar em trâmite, tendo o executado já sido citado acerca da ação.	1
Tipicidade Objetiva	A conduta consiste em fraudar, isto é, lesar, enganar, ludibriar, causando prejuízo. De acordo com o entendimento do STJ, é imprescindível que a manobra fraudulenta torne o devedor insolvente.	2
Sujeitos	**Sujeito ativo:** trata-se de crime próprio, pois só pode ser cometido pelo devedor executado. **Sujeito passivo:** é o exequente, o credor.	3
Objetos	**Objeto jurídico**: é patrimônio. **Objeto material**: é o bem alienado, desviado, destruído ou danificado, com a finalidade de fraudar a execução, bem como a própria execução.	4
Elemento Subjetivo	É dolo, não havendo previsão para a modalidade culposa.	5
Consumação e Tentativa	Consuma-se o crime quando o executado, com o dolo de frustrar o êxito da execução em curso, aliena, desvia, destrói ou danifica bens, ou simula dívidas, tronando-se insolvente. Admite-se a tentativa.	6

Ação Penal	A ação penal é, em regra, privada. Todavia, será pública incondicionada na hipótese de delito praticado em detrimento de patrimônio ou interesse público. Trata-se de crime de menor potencial ofensivo, de competência, portanto, do Juizado Especial Criminal.	7
Penas	A pena prevista para o crime é de detenção, de seis meses a dois anos, ou multa.	8
Classificação	a) **Próprio** (não pode ser praticado por qualquer pessoa); b) **Material** (a consumação exige a produção de um resultado naturalístico); c) De forma **livre** (a Lei não estabelece exigência para a forma de execução); d) **Simples** (tutela apenas um bem jurídico); e) **Comissivo** (em regra) ou **omissivo** (quando ocorre omissão imprópria); f) **Unissubjetivo** (pode haver ou não concurso de pessoas); g) **Instantâneo** (consuma-se de imediato); h) **Plurissubsistentes** (a conduta não pode ser fracionada, e por isso não admite a tentativa); i) **De dano** (a consumação enseja violação ao bem jurídico, e não mera exposição a perigo); j) **Não transeunte** (o crime deixa vestígios); k) **Doloso.**	9

20.11. Súmulas Aplicáveis

20.11.1. *STJ*

375. O reconhecimento da fraude à execução depende do registro a penhora do bem alienado ou da prova de má-fé do terceiro adquirente.

VII
DA RECEPTAÇÃO

1. RECEPTAÇÃO

Receptação

Art. 180 – Adquirir, receber, transportar, conduzir ou ocultar, em proveito próprio ou alheio, coisa que sabe ser produto de crime, ou influir para que terceiro, de boa-fé, a adquira, receba ou oculte: (Redação dada pela Lei nº 9.426, de 1996)

Pena – reclusão, de um a quatro anos, e multa. (Redação dada pela Lei nº 9.426, de 1996)

Receptação qualificada (Redação dada pela Lei nº 9.426, de 1996)

§ 1º – Adquirir, receber, transportar, conduzir, ocultar, ter em depósito, desmontar, montar, remontar, vender, expor à venda, ou de qualquer forma utilizar, em proveito próprio ou alheio, no exercício de atividade comercial ou industrial, coisa que deve saber ser produto de crime: (Redação dada pela Lei nº 9.426, de 1996)

Pena – reclusão, de três a oito anos, e multa. (Redação dada pela Lei nº 9.426, de 1996)

§ 2º – Equipara-se à atividade comercial, para efeito do parágrafo anterior, qualquer forma de comércio irregular ou clandestino, inclusive o exercício em residência. (Redação dada pela Lei nº 9.426, de 1996)

§ 3º – Adquirir ou receber coisa que, por sua natureza ou pela desproporção entre o valor e o preço, ou pela condição de quem a oferece, deve presumir-se obtida por meio criminoso: (Redação dada pela Lei nº 9.426, de 1996)

Pena – detenção, de um mês a um ano, ou multa, ou ambas as penas. (Redação dada pela Lei nº 9.426, de 1996)

§ 4º – A receptação é punível, ainda que desconhecido ou isento de pena o autor do crime de que proveio a coisa. (Redação dada pela Lei nº 9.426, de 1996)

§ 5º – Na hipótese do § 3º, se o criminoso é primário, pode o juiz, tendo em consideração as circunstâncias, deixar de aplicar a pena. Na receptação dolosa aplica-se o disposto no § 2º do art. 155. (Incluído pela Lei nº 9.426, de 1996)

§ 6º Tratando-se de bens do patrimônio da União, de Estado, do Distrito Federal, de Município ou de autarquia, fundação pública, empresa pública, sociedade de economia mista ou empresa concessionária de serviços públicos, aplica-se em dobro a pena prevista no **caput** deste artigo. (Redação dada pela Lei nº 13.531, de 2017)

Receptação de animal

Art. 180-A. Adquirir, receber, transportar, conduzir, ocultar, ter em depósito ou vender, com a finalidade de produção ou de comercialização, semovente domesticável de produção, ainda que abatido ou dividido em partes, que deve saber ser produto de crime: (Incluído pela Lei nº 13.330, de 2016)

Pena - reclusão, de 2 (dois) a 5 (cinco) anos, e multa. (Incluído pela Lei nº 13.330, de 2016)

1.1. Considerações Iniciais

Trata-se de crime ainda frequente, sobretudo em grandes centros urbanos. Podemos visualizar caso de receptação quando, por exemplo, o agente compra um aparelho de telefone celular objeto do crime de furto.

O crime de receptação é acessório, de fusão ou parasita, haja vista depender da existência prévia de outro crime, já que o seu objeto material, o bem receptado, deve ter procedência ilícita. Entretanto, assevere-se que a receptação é autônoma, pois o Código exige a existência de crime anterior, mas não exige que o autor do delito precedente seja conhecido ou punível.

Conforme se depreende da leitura da topografia trazida no parágrafo anterior, a receptação dolosa poderá ser própria, no que diz respeito à primeira parte do caput, ou imprópria, mais especificamente em relação à conduta de influir.

A receptação é punível, ainda que desconhecido ou isento de pena o autor do crime de que proveio a coisa (§ 4º). Por outras palavras, em que pese a receptação pressupor a existência de um crime anterior, não há necessidade de punição em relação a esse crime. Poderá acontecer de o agente não ser encontrado ou ser desconhecido, ou ainda que seja isento de pena (inimputável, por exemplo). Basta que existam fortes indícios de existência do crime anterior para que se possa iniciar o processo criminal relativo à receptação.

De um modo geral, podemos asseverar que este enunciado contido no § 4º constitui uma norma penal explicativa, porquanto objetiva elucidar uma regra de aplicação.

1.2. Tipicidade Objetiva

No *caput* do art. 180, CP, temos dois conjuntos de condutas, que constituem as modalidades de receptação própria e imprópria. No que tange à receptação própria, temos as seguintes condutas:

a) Adquirir: obter.

b) Receber: aceitar.

c) Transportar: levar de um local a outro.

d) Conduzir: tronar-se condutor, levar, guiar.

e) Ocultar: encobrir, esconder.

As condutas recaem sobre a coisa que é produto de crime. Se houver a prática de mais de uma conduta que constitua receptação própria, no mesmo contexto, com o mesmo objeto material, o agente terá cometido apenas um crime.

Por outro lado, a receptação imprópria consiste em influir (insuflar, contribuir) para que terceiro de boa-fé adquira, receba ou oculte a coisa produto de crime. Se o agente praticar conduta que constitua receptação própria e, concomitantemente, conduta que constitua receptação imprópria (ex.: adquire coisa produto de crime e insufla terceiro de boa-fé a também adquirir) cometerá dois crimes distintos.

1.3. Sujeitos

Sujeito ativo: trata-se de crime comum, portanto, pode ser cometido por qualquer pessoa.

Sujeito passivo: é a mesma vítima do crime precedente.

1.4. Objetos

Objeto jurídico: é o patrimônio.

Objeto material: é a coisa produto de crime.

1.5. Elemento Subjetivo

É, em regra, o dolo. Admite-se, entretanto, a modalidade culposa, conforme se depreende do § 3º do presente artigo.

1.6. Consumação e Tentativa

A receptação própria é crime material, cuja consumação se dá no instante em que o sujeito adquire, recebe, transporta, conduz ou oculta a coisa produto do crime. A tentativa é admissível.

A receptação imprópria, caracterizada pela conduta "influir", é crime formal, de consumação antecipada, consumando-se com a simples prática de atos idôneos de mediação para o terceiro de boa-fé adquirir, receber ou ocultar coisa ou produto do crime. A tentativa não é admitida.

1.7. Ação Penal

Trata-se de crime de ação penal pública incondicionada.

1.8. Qualificadora

O § 1º do art. 180, CP prevê a modalidade qualificada para o crime de receptação, ao preconizar uma pena de reclusão de três a oito anos, e multa, para a conduta consistente em "adquirir, receber, transportar, conduzir, ocultar, ter em depósito, desmontar, montar, remontar, vender, expor à venda, ou de qualquer forma utilizar, em proveito próprio ou alheio, no exercício de atividade comercial ou industrial, coisa que deve saber ser produto de crime".

Como se vê, pretendeu o legislador conferir tratamento mais severo àqueles que se encontram em situação na qual desenvolvem atividade de cunho comercial ou industrial, prevalecendo-se da prática criminosa. E a própria legislação, no § 2º que "equipara-se à atividade comercial, para efeito do parágrafo anterior, qualquer forma de comércio irregular ou clandestino, inclusive o exercício em residência".

Como se percebe, a partir da leitura do § 2º, a conduta é tipificada quando o agente "deve saber" que a coisa é produto de crime. Trata-se de conduta que diz respeito ao dolo eventual, pois o agente não "sabe" ser a coisa produto de crime, apenas "deveria saber". Por outras palavras, ele não tem consciência em relação a um fato que é elementar do crime, mas assume o risco em relação ao resultado, pois, se deveria saber, e ainda assim age, mostrou-se indiferente em relação ao resultado.

Isto conduziu uma parcela da doutrina a sustentar a ideia de que o tipo penal feriria a proporcionalidade – e, portanto, seria inconstitucional – por punir de forma mais severa o dolo eventual do que o dolo direto. A tese, todavia, já foi rechaçada pelo Supremo Tribunal Federal[1]. Conforme a Corte Suprema, a expressão "deve saber" foi empregada pelo legislador para fazer incidir a lei penal também aos casos no quais o agente atua com dolo eventual. Mas a modalidade qualificada também se faria presente na hipótese em que o agente "sabe" da procedência criminosa da coisa. Por outras palavras, existe a modalidade qualificada tanto no dolo direto quanto no dolo eventual, e o que justifica a mais reprimenda penal é a qualidade do agente, que exerce atividade comercial ou industrial.

1.9. Receptação Culposa

O § 3º traz a conduta consistente na receptação culposa. Neste ponto, o legislador fugiu à regra dos tipos abertos para os crimes culposos. Com efeito, de um modo geral, os tipos culposos possuem estrutura aberta, sem descrição minuciosa da conduta. é o que ocorre, por exemplo, no crime de homicídio culposo, descrito no art. 121, § 3º, CP nos seguintes termos: se o homicídio é culposo. Pena: detenção, de um a três anos".

Já o tipo penal da receptação culposa é fechado, com descrição da conduta, nos seguintes termos: "Adquirir ou receber coisa que, por sua natureza ou pela desproporção entre o valor e o preço, ou pela condição de quem a oferece, deve presumir-se obtida por meio criminoso. Pena – detenção, de um mês a um ano, ou multa, ou ambas as penas".

Como se vê, a conduta criminosa pode ocorrer nas seguintes situações:

a) Desproporção entre valor e preço da coisa adquirida ou recebida: é a situação na qual o agente encontra um bem à venda por um preço muito inferior ao de mercado, o que enseja dúvidas em torno da proveniência lícita do bem.

1. STF, HC 443.388/SP.

b) Condição de quem a oferece: trata-se de caso em que, por exemplo, um agente comercializa um bem de difícil aquisição ou que, pelas circunstâncias, dificilmente lhe pertenceria.

1.10. Receptação Privilegiada

A figura privilegiada do crime de receptação encontra-se no § 5º do art. 180, CP. No que se refere à modalidade dolosa, aplica-se à receptação o disposto no art. 155, § 2º, relativo ao furto privilegiado. Deste modo, se o criminoso é primário, e é de pequeno valor a coisa receptada, o juiz pode substituir a pena de reclusão pela de detenção, diminuí-la de um a dois terços, ou aplicar somente a pena de multa.

Temos, portanto, dois requisitos (cumulativos) e três possíveis consequências para a receptação privilegiada, da mesma forma que ocorre com o furto privilegiado. No que se refere aos requisitos, teremos:

a) Requisito subjetivo: primariedade do réu. Se o réu for reincidente, não há que se falar em receptação privilegiada. Por outro lado, sendo ele réu primário, será possível esta modalidade de furto, ainda que o réu ostente contra si condenação criminal – seja a condenação não definitiva, que não gera reincidência, seja a condenação definitiva que já não enseja a reincidência pelo advento do período depurador do art. 64, I, CP[2].

b) Requisito objetivo: pequeno valor da coisa. Não se pode confundir o pequeno valor da coisa receptada com o valor insignificante. Neste último caso, incidiria o princípio da insignificância (bagatela), que afastaria a tipicidade material, tornando a conduta, em consequência, atípica. Por outro lado, em se tratando de coisa de pequeno valor, teremos uma receptação privilegiada, desde que o réu cumpra o primeiro requisito (primariedade).

A lei não definiu um montante para caracterizar o "pequeno valor" da coisa receptada. Em sede jurisprudencial, nossos Tribunais têm entendido que "o salário mínimo pode ser adotado como parâmetro de referência para conceituar coisa de pequeno valor, não podendo, entretanto, ser adotado como critério de rigor aritmético, impondo-se ao juiz sopesar outras circunstâncias próprias do caso"[3].

O salário mínimo utilizado como parâmetro pela jurisprudência é aquele vigente à época do fato, e não na data do julgamento. Evidentemente, se estiverem envolvidos mais de um objeto, a aferição do valor levará em consideração o montante da soma de todos eles. O mesmo raciocínio aplica-se ao caso de continuidade delitiva no furto; em um caso como este, os valores das coisas subtraídas devem ser somados para que se possa aquilatar se alcançam o montante de um salário mínimo. Em se tratando de furto tentado, considera-se o valor do bem que o agente pretendia subtrair.

---

2. Art. 64 – Para efeito de reincidência:
I – não prevalece a condenação anterior, se entre a data do cumprimento ou extinção da pena e a infração posterior tiver decorrido período de tempo superior a 5 (cinco) anos, computado o período de prova da suspensão ou do livramento condicional, se não ocorrer revogação.
3. STJ, AgRg no HC 478.994/SC, rel. Min. Nefi Cordeiro, Sexta Turma, julgado em 28/03/2019, DJe 04/04/2019.

Como **consequências** possíveis para o furto privilegiado, teremos:

a) **Substituição da pena de reclusão pela pena de detenção:** a pena de detenção é a mais branda, porquanto não admite regime inicial fechado, mas apenas o aberto ou semiaberto.

b) **Diminuir a pena a pena privativa de liberdade de um a dois terços:** neste caso, teríamos uma causa de diminuição de pena (minorante) que incidiria na terceira fase da dosimetria.

c) **Aplicar somente a pena de multa:** não haveria a possibilidade de aplicação da pena privativa de liberdade.

Como se percebe, as duas primeiras consequências podem ser cumuladas, pois são compatíveis entre si. Por outro lado, a terceira consequência, consistente na imposição exclusiva da pena de multa, não pode ser cumulada com as demais consequências.

Ao tratar das possibilidades que se abrem ao julgador, quando da ocorrência do furto privilegiado (cujas regras são aplicáveis à receptação privilegiada), o Código Penal anuncia que o "juiz pode" adotar quaisquer das medidas acima apontadas. Devemos, contudo, interpretar o dispositivo no sentido de que o "juiz deve". Por outras palavras, é obrigatória a observância dos benefícios, quando o juiz reconhece que há um furto privilegiado, pois, consoante pacificado entendimento doutrinário e jurisprudencial, trata-se de

1.11. Perdão Judicial

Ainda conforme o § 5º do art. 180, CP, em se tratando de receptação culposa, se o criminoso for primário, pode o juiz, tenso em consideração as circunstâncias, deixar de aplicar a pena. Trata-se de situação de perdão judicial, que se verifica em casos como este, em que a Lei permite ao juiz deixar de aplicar a pena.

Da mesma forma que comentamos no tópico anterior, em que pese a legislação asseverar que o juiz "pode" deixar de aplicar a pena, trata-se de situação de poder-dever, na qual, uma vez presentes os requisitos, deverá o julgador aplicar a o perdão judicial.

1.12. Causa de Aumento de Pena

O artigo também apresenta uma majorante, devendo a pena ser aplicada em dobro, quando determina que a pena prevista no *caput* seja duplicada quando se tratar de bens e instalações da União, Estado, Distrito Federal, Município, autarquia, fundação pública, empresa pública, sociedade de economia mista ou empresa concessionária de serviços públicos.

Há autores que defendem a ideia no sentido de que o dispositivo constitui uma qualificadora do crime de receptação. Aderimos ao entendimento majoritário, no sentido de se tratar de verdadeira causa de aumento de pena (majorante), porquanto não há menção à exasperação em abstraio dos patamares mínimo e/ou máximo de pena.

1.13. Princípio da Especialidade

A despeito de algumas semelhanças entre o crime de receptação e outros tipos penais, eles não se confundem, vejamos:

a) **Favorecimento real**

Demonstra-se importante registrar a diferença entre receptação e favorecimento real (art. 349, CP). Na primeira, o agente visa uma vantagem econômica para si beneficiar ou para outrem. Noutro passo, no favorecimento real, o agente objetiva apenas beneficiar o autor do crime anterior, tornando seguro o proveito do crime (art. 349, CP).

b) **Receptação de animais (Art. 180 – A)**

A Lei n. 13.330/2016, incluiu no Código Penal o crime de receptação de animal, quando a pena será de reclusão de 2 (dois) a 5 (cinco) anos, e multa.

c) **Estatuto do Desarmamento – Lei n. 10.826/2004**

Quando o agente "adquire", "recebe", "transporta" ou "oculta" arma de fogo, acessório ou munição, de uso permitido, de procedência ilícita, comete o crime previsto no art. 14 da Lei n. 10.826/2004 – Estatuto do Desarmamento, quando a pena cominada é de dois a quatro anos de reclusão, e multa.

Noutro giro, se a arma de fogo, acessório ou munição for de uso proibido ou restrito, incidirá no art. 16 da mesma lei, cuja pena cominada é a de reclusão de três a seis anos, e multa.

d) **Lei de Falência – Lei n. 11.101/2005**

Conforme determina o art. 174 da Lei de Falências, é punida com reclusão de dois a quatro anos, e multa, a conduta de adquirir, receber, usar, ilicitamente, bem que sabe pertencer à massa falida ou influir para que terceiro, de boa-fé, o adquira, receba ou use.

1.14. Penas

A pena prevista para o crime de receptação é de reclusão de um a quatro anos, e multa. Logo, podemos concluir que:

a) Não é possível a transação penal (art. 76, Lei n. 9.099/95), pois não se trata de infração penal de menor potencial ofensivo;

b) É possível a suspensão condicional do processo (art. 89, Lei n. 9.099/95), pois a pena mínima não ultrapassa um ano. Noutro passo, para a figura qualificada a lei comina pena mínima de 3 (três) anos, quando o referido benefício não poderá ser aplicado.

c) Será cabível a substituição da pena por restritivas de direitos, pois no crime não há violência ou grave ameaça e a pena a ser imposta não ultrapassará quatro anos. Será necessário que se façam presentes os demais requisitos do art. 44, CP.

1.15. Classificação

O crime pode ser classificado como:

a) **Comum** (pode ser praticado por qualquer pessoa);

b) **Material** (a consumação exige a produção de um resultado naturalístico);

c) De **forma livre** (a Lei não estabelece exigência para a forma de execução);
d) **Simples** (tutela apenas um bem jurídico);
e) **Comissivo** (em regra) **ou omissivo** (quando ocorre omissão imprópria);
f) **Unissubjetivo** (pode haver ou não concurso de pessoas);
g) **Instantâneo** (consuma-se de imediato);
h) **Plurissubsistentes** (a conduta pode ser fracionada, e por isso admite a tentativa);
i) De **dano** (a consumação enseja violação ao bem jurídico, e não mera exposição a perigo);
j) **Não transeunte** (o crime deixa vestígios);
k) **Doloso.**

1.16. Quadro Sinótico

DA RECEPTAÇÃO		
Considerações Iniciais	Trata-se de crime ainda frequente, sobretudo em grandes centros urbanos. Podemos visualizar caso de receptação quando, por exemplo, o agente compra um aparelho de telefone celular objeto do crime de furto. O crime de receptação é acessório, de fusão ou parasita, haja vista depender da existência prévia de outro crime, já que o seu objeto material, o bem receptado, deve ter procedência ilícita. Entretanto, assevere-se que a receptação é autônoma, pois o Código exige a existência de crime anterior, mas não exige que o autor do delito precedente seja conhecido ou punível. A receptação é punível, ainda que desconhecido ou isento de pena o autor do crime de que proveio a coisa (§ 4º).	1
Tipicidade Objetiva	No caput do art. 180, CP, temos dois conjuntos de condutas, que constituem as modalidades de receptação própria e imprópria. No que tange à receptação própria, temos as seguintes condutas: **a)** Adquirir: obter. **b)** Receber: aceitar. **c)** Transportar: levar de um local a outro. **d)** Conduzir: tronar-se condutor, levar, guiar. **e)** Ocultar: encobrir, esconder. As condutas recaem sobre a coisa que é produto de crime. Se houver a prática de mais de uma conduta que constitua receptação própria, no mesmo contexto, com o mesmo objeto material, o agente terá cometido apenas um crime. Por outro lado, a receptação imprópria consiste em influir (insuflar, contribuir) para que terceiro de boa-fé adquira, receba ou oculte a coisa produto de crime.	2
Sujeitos	**Sujeito ativo:** trata-se de crime comum, portanto, pode ser cometido por qualquer pessoa. **Sujeito passivo:** é a mesma vítima do crime precedente.	3

Objetos	**Objeto jurídico:** é o patrimônio. **Objeto material:** é a coisa produto de crime.	4
Elemento Subjetivo	É, em regra, o dolo. Admite-se, entretanto, a modalidade culposa, conforme se depreende do § 3º do presente artigo.	5
Consumação e Tentativa	A receptação própria é crime material, cuja consumação se dá no instante em que o sujeito adquire, recebe, transporta, conduz ou oculta a coisa produto do crime. A tentativa é admissível. A receptação imprópria, caracterizada pela conduta "influir", é crime formal, de consumação antecipada, consumando-se com a simples prática de atos idôneos de mediação para o terceiro de boa-fé adquirir, receber ou ocultar coisa ou produto do crime. A tentativa não é admitida.	6
Ação Penal	A ação penal é de iniciativa pública incondicionada.	7
Qualificadora	O § 1º do art. 180, CP prevê a modalidade qualificada para o crime de receptação, ao preconizar uma pena de reclusão de três a oito anos, e multa, para a conduta consistente em "adquirir, receber, transportar, conduzir, ocultar, ter em depósito, desmontar, montar, remontar, vender, expor à venda, ou de qualquer forma utilizar, em proveito próprio ou alheio, no exercício de atividade comercial ou industrial, coisa que deve saber ser produto de crime". Conforme a Corte Suprema, a expressão "deve saber" foi empregada pelo legislador para fazer incidir a lei penal também aos casos no quais o agente atua com dolo eventual. Mas a modalidade qualificada também se faria presente na hipótese em que o agente "sabe" da procedência criminosa da coisa. Por outras palavras, existe a modalidade qualificada tanto no dolo direto quanto no dolo eventual, e o que justifica a mais reprimenda penal é a qualidade do agente, que exerce atividade comercial ou industrial.	8
Receptação Privilegiada	A figura privilegiada do crime de receptação encontra-se no § 5º do art. 180, CP. No que se refere à modalidade dolosa, aplica-se à receptação o disposto no art. 155, § 2º, relativo ao furto privilegiado. Deste modo, se o criminoso é primário, e é de pequeno valor a coisa receptada, o juiz pode substituir a pena de reclusão pela de detenção, diminuí-la de um a dois terços, ou aplicar somente a pena de multa. Temos portanto, dois requisitos (cumulativos) e três possíveis consequências para a receptação privilegiada, da mesma forma que ocorre com o furto privilegiado. No que se refere aos requisitos, teremos: a) **Requisito subjetivo: primariedade do réu;** b) **Requisito objetivo: pequeno valor da coisa.** Como **consequências** possíveis para o furto privilegiado, teremos: a) **Substituição da pena de reclusão pela pena de detenção;** b) **Diminuir a pena a pena privativa de liberdade de um a dois terços;** c) **Aplicar somente a pena de multa.**	9

Perdão Judicial	Ainda conforme o § 5º do art. 180, CP, em se tratando de receptação culposa, se o criminoso for primário, pode o juiz, tenso em consideração as circunstâncias, deixar de aplicar a pena. Trata-se de situação de perdão judicial, que se verifica em casos como este, em que a Lei permite ao juiz deixar de aplicar a pena.		10
Causa de Aumento de Pena	O artigo também apresenta uma majorante, devendo a pena ser aplicada em dobro, quando determina que a pena prevista no *caput* seja duplicada quando se tratar de bens e instalações da União, Estado, Distrito Federal, Município, autarquia, fundação pública, empresa pública, sociedade de economia mista ou empresa concessionária de serviços públicos.		11
Princípio da Especialidade	**Favorecimento real**	Demonstra-se importante registrar a diferença entre receptação e favorecimento real (art. 349, CP). Na primeira, o agente visa uma vantagem econômica para si beneficiar ou para outrem. Noutro passo, no favorecimento real, o agente objetiva apenas beneficiar o autor do crime anterior, tornando seguro o proveito do crime (art. 349, CP).	12
	Receptação de animais (Art. 180 – A)	A Lei n. 13.330/2016, incluiu no Código Penal o crime de receptação de animal, quando a pena será de reclusão de 2 (dois) a 5 (cinco) anos, e multa.	
	Estatuto do Desarmamento – Lei n. 10.826/2004	Quando o agente "adquire", "recebe", "transporta" ou "oculta" arma de fogo, acessório ou munição, de uso permitido, de procedência ilícita, comete o crime previsto no art. 14 da Lei n. 10.826/2004 – Estatuto do Desarmamento, quando a pena cominada é de dois a quatro anos de reclusão, e multa. Noutro giro, se a arma de fogo, acessório ou munição for de uso proibido ou restrito, incidirá no art. 16 da mesma lei, cuja pena cominada é a de reclusão de três a seis anos, e multa.	
	Lei de Falência – Lei n. 11.101/2005	Conforme determina o art. 174 da Lei de Falências, é punida com reclusão de dois a quatro anos, e multa, a conduta de adquirir, receber, usar, ilicitamente, bem que sabe pertencer à massa falida ou influir para que terceiro, de boa-fé, o adquira, receba ou use.	
Penas	A pena prevista para o crime de receptação é de reclusão de um a quatro anos, e multa.		13
Classificação	a) **Comum** (pode ser praticado por qualquer pessoa); b) **Material** (a consumação exige a produção de um resultado naturalístico); c) De forma **livre** (a Lei não estabelece exigência para a forma de execução);		14

Classificação	**d) Simples** (tutela apenas um bem jurídico); **e) Comissivo** (em regra) ou **omissivo** (quando ocorre omissão imprópria); **f) Unissubjetivo** (pode haver ou não concurso de pessoas); **g) Instantâneo** (consuma-se de imediato); **h) Plurissubsistentes** (a conduta pode ser fracionada, e por isso admite a tentativa); **i)** De **dano** (a consumação enseja violação ao bem jurídico, e não mera exposição a perigo); **j) Não transeunte** (o crime deixa vestígios); **k) Doloso.**	14

1.17. Questões de Concursos Públicos

01. (CESPE - 2018 - MPE-PI - Analista Ministerial - Área Processual) Rita, depois de convencer suas colegas Luna e Vera, todas vendedoras em uma joalheria, a desviar peças de alto valor que ficavam sob a posse delas três, planejou detalhadamente o crime e entrou em contato com Ciro, colecionador de joias, para que ele adquirisse a mercadoria. Luna desistiu de participar do fato e não foi trabalhar no dia da execução do crime. Rita e Vera conseguiram se apossar das peças conforme o planejado; entretanto, como não foi possível repassá-las a Ciro no mesmo dia, Vera levou-as para a casa de sua mãe, comunicou a ela o crime que praticara e persuadiu-a a guardar os produtos ali mesmo, na residência materna, até a semana seguinte.

Considerando que o crime apresentado nessa situação hipotética venha a ser descoberto, julgue o item que se segue, com fundamento na legislação pertinente.

Ainda que não tenha sido informado de que as peças seriam produto de crime, Ciro poderá responder criminalmente por uma das espécies de receptação, caso venha a adquiri-las por valor muito abaixo do preço de mercado.

( ) Certo

( ) Errado

02. (CESPE - 2018 - Polícia Federal - Agente de Polícia Federal) Depois de adquirir um revólver calibre 38, que sabia ser produto de crime, José passou a portá-lo municiado, sem autorização e em desacordo com determinação legal. O comportamento suspeito de José levou-o a ser abordado em operação policial de rotina. Sem a autorização de porte de arma de fogo, José foi conduzido à delegacia, onde foi instaurado inquérito policial.

Tendo como referência essa situação hipotética, julgue o item seguinte.

A receptação praticada por José consumou-se a partir do momento em que ele adquiriu o armamento.

( ) Certo

( ) Errado

03. (CESPE - 2017 - SERES-PE - Agente de Segurança Penitenciária) Um indivíduo, sem antecedentes criminais, que, consertando e vendendo telefones celulares novos e usados, exercia comércio clandestino no quintal de casa, expôs à venda, em certa ocasião, um celular roubado avaliado em R$ 3.000. Ao ser indagado sobre a procedência do bem, o comerciante alegou que o comprara de um desconhecido, sem recibo ou nota fiscal. Embora não tenha ficado esclarecido como o celular chegara às suas mãos ou quem o subtraíra, é inquestionável a procedência criminosa, já que a vítima, quando do roubo, havia registrado na delegacia a ocorrência do fato, o qual fora confirmado por testemunhas oculares.

Nessa situação hipotética, tal indivíduo responderá pela prática de crime de receptação

(A) preterdolosa, por ter agido com dolo na conduta e culpa no resultado.

(B) qualificada, mesmo que a autoria do crime anterior não seja apurada, por tratar-se de crime parasitário ou acessório.

(C) culposa, já que agiu com imprudência ao comprar produtos sem exigir recibo ou nota fiscal.

(D) simples, porque não explorava comércio regular.

(E) dolosa com forma privilegiada, por ser primário e ter bons antecedentes.

04. (IBADE - 2017 - PC-AC - Escrivão de Polícia Civil) Sobre o crime de receptação, é correto afirmar que:

(A) não é possível a receptação que tenha como crime prévio uma outra receptação.

(B) a receptação qualificada admite a modalidade culposa.

(C) cuida-se de crime subsidiário ao delito de favorecimento real.

(D) majoritariamente, entende-se que se a infração penal prévia for um ato infracional, não há receptação, pois esta tem como objeto material o produto de um crime.

(E) aquele que encomenda a prática de crime patrimonial prévio não responde por receptação ao receber para si o produto do crime.

05. (FUNCAB - 2016 - PC-PA - Delegado de Policia Civil - Reaplicação) Considerando apenas as informações contidas nas alternativas, assinale aquela que corretamente indica uma hipótese de crime de receptação.

(A) Josefina celebra contrato de penhor, entregando uma joia ao credor pignoratício. Posteriormente, ainda na vigência do contrato, a joia é furtada por terceiro. Ciente do furto e vislumbrando na hipótese uma forma de pagar menos para reaver seu patrimônio, Josefina procura o autor do crime patrimonial prévio e dele compra a joia furtada.

(B) Ribamar, colecionador de carros antigos percebendo a falta, em lojas especializadas, de uma determinada autopeça para reposição, encomenda a Servílio a referida peça, consciente de que este, motivado pela encomenda, roubará um carro para cumprir o avençado, o que efetivamente ocorre. Assim, Ribamar ingressa na posse da peça desejada.

(C) Cristóvão compra de Amílcar uma motosserra por preço irrisório, sabendo que o vendedor está dispondo do bem por preço inferior ao do mercado porque usou a ferramenta para a prática de um homicídio e quer dela se livrar.

(D) Teobaldo tem seu telefone celular furtado. Para reaver o aparelho, liga para o autor do crime, passando a negociar sua entrega. Assim, concretizado o ajuste, Teobaldo paga o valor exigido, recebendo de volta o telefone.

(E) Elesbão, camelô, conscientemente expõe à venda cigarros de importação proibida, os quais adquiriu de um amigo que sabe ser contrabandista.

06. (IESES - 2016 - TJ-PA - Titular de Serviços de Notas e de Registros - Remoção) O ato de adquirir, receber, transportar, conduzir ou ocultar, em proveito próprio ou alheio, coisa que sabe ser produto de crime, ou influir para que terceiro, de boa-fé, a adquira, receba ou oculte é tipificado como crime de:

(A) Receptação.

(B) Apropriação indébita.

(C) Induzimento à especulação.

(D) Estelionato.

07. (FCC - 2015 - TJ-SE - Juiz Substituto) No delito de receptação qualificada, a expressão "coisa que deve saber ser produto de crime" possui interpretação do STF no sentido de que,

(A) se trata de norma inconstitucional com relação ao preceito secundário, por violar o princípio da proporcionalidade quando comparada à pena prevista para o caput.

(B) se aplica apenas aos casos de dolo eventual, excluindo-se o dolo direto.

(C) abrange igualmente o dolo direto.

(D) configura má utilização da expressão, por ser indicativa de culpa consciente.

(E) impede que no exercício de atividade comercial possa se alegar receptação culposa.

08. (CESPE - 2015 - TCU - Auditor Federal de Controle Externo - Conhecimentos Gerais) Em relação aos crimes contra a fé pública, contra o patrimônio e contra a administração pública, julgue o item subsecutivo.

O réu primário cujo crime tenha sido o de adquirir ou receber coisa que, por sua natureza ou pela desproporção entre seu valor e preço, ele presumia ter sido obtida por meio criminoso poderá receber o perdão judicial, caso o juiz considere, conforme as circunstâncias, ser adequada tal medida.

( ) Certo

( ) Errado

09. (FCC - 2013 - TJ-PE - Titular de Serviços de Notas e de Registros - Provimento) Admite realização também sob a modalidade estritamente culposa a figura legal de

(A) dano.

(B) peculato mediante erro de outrem.

(C) furto.

(D) receptação

(E) favorecimento pessoal.

10. (VUNESP - 2014 - TJ-PA - Juiz de Direito Substituto) Com relação às modalidades de receptação, assinale a alternativa correta.

(A) A receptação própria é um crime material, consuma-se com a efetiva aquisição, recebimento, transporte, condução ou ocultação da coisa produto de crime. A receptação imprópria, por sua vez, é um crime formal e, teoricamente, não admite a tentativa.

(B) Aquele que sabe sobre a origem da coisa produto de crime pratica a receptação na modalidade própria, enquanto que aquele que deveria saber pratica o delito na modalidade imprópria.

(C) A modalidade dolosa da receptação é conhecida doutrinariamente por receptação própria e a modalidade culposa por receptação imprópria

(D) Na receptação culposa exige-se o elemento subjetivo especial do tipo constituído pelo fim especial de desconhecer a origem da coisa produto de crime.

(E) A receptação própria está prevista no "caput" do art. 180 do Código Penal, enquanto a receptação imprópria, ou qualificada, está descrita no §1.°.

***GABARITO:** As respostas destes testes encontram-se no final do livro.*

2. RECEPTAÇÃO DE ANIMAL

Art. 180-A. Adquirir, receber, transportar, conduzir, ocultar, ter em depósito ou vender, com a finalidade de produção ou de comercialização, semovente domesticável de produção, ainda que abatido ou dividido em partes, que deve saber ser produto de crime: (Incluído pela Lei n° 13.330, de 2016)

Pena - reclusão, de 2 (dois) a 5 (cinco) anos, e multa. (Incluído pela Lei n° 13.330, de 2016)

2.1. Considerações Iniciais

O art. 180-A, CP§ foi acrescido ao art. 155, CP pela Lei n. 13.330/2016. Trata da receptação de semoventes domesticáveis de produção (como os bovinos, suínos, carneiros, galinhas etc.), ainda que abatido ou dividido em partes. Por óbvio, para que seja caracterizada a receptação, imprescindível que o objeto do crime seja produto de crime anterior.

2.2. Tipicidade Objetiva

As condutas consistem em:

a) Adquirir: obter.

b) Receber: aceitar.

c) Transportar: levar de um local a outro.

d) Conduzir: tronar-se condutor, levar, guiar.

e) Ocultar: encobrir, esconder.

f) Ter (em depósito): manter, guardar.

g) Vender: alienar a título oneroso, comercializar.

2.3. Sujeitos

Sujeito ativo: trata-se de crime comum, portanto, pode ser cometido por qualquer pessoa.

Sujeito passivo: é a mesma vítima do crime precedente.

2.4. Objetos

Objeto jurídico: é o patrimônio.

Objeto material: é a coisa produto de crime, isto é, o semovente domesticável de produção, ainda que abatido ou dividido em partes.

2.5. Elemento Subjetivo

É o dolo. O tipo penal emprega a expressão "deve saber ser produto do crime". Há um entendimento majoritário em sede doutrinária, no sentido de que houve uma infeliz atuação legislativa, porquanto não se criminalizou a conduta daquele que "sabe" ser a coisa produto do crime. Todavia, não é razoável que se criminalize a conduta com dolo eventual ("deve saber") e não haja a punição daquele que agiu com dolo direto ("sabe"). Por esta razão, entende-se que a conduta do tipo penal pune tanto o dolo direto quanto o eventual.

Exige-se o dolo específico, presente na expressão com a finalidade de produção ou de comercialização".

Ao contrário do que ocorre no crime de receptação (art. 180, CP), não há previsão para a modalidade culposa.

2.6. Consumação e Tentativa

O crime se consuma com a efetiva prática de qualquer das condutas descritas no tipo penal. Não há necessidade de resultado específico posterior, como a obtenção real de lucro ou benefício.

2.7. Ação Penal

Trata-se de crime de ação penal pública incondicionada.

2.8. Penas

A pena prevista para o crime de receptação é de reclusão, de 2 (dois) a 5 (cinco) anos, e multa. Logo, podemos concluir que:

a) Não é possível a transação penal (art. 76, Lei n. 9.099/95), pois não se trata de infração penal de menor potencial ofensivo;

b) Não é possível a suspensão condicional do processo (art. 89, Lei n. 9.099/95), pois a pena mínima ultrapassa um ano.

2.9. Classificação

O crime pode ser classificado como:

a) **Comum** (pode ser praticado por qualquer pessoa);

b) **Material** (a consumação exige a produção de um resultado naturalístico);

c) De **forma livre** (a Lei não estabelece exigência para a forma de execução);

d) **Simples** (tutela apenas um bem jurídico);

e) **Comissivo** (em regra) **ou omissivo** (quando ocorre omissão imprópria);

f) **Unissubjetivo** (pode haver ou não concurso de pessoas);

g) **Instantâneo** (consuma-se de imediato);

h) **Plurissubsistentes** (a conduta pode ser fracionada, e por isso admite a tentativa);

i) De **dano** (a consumação enseja violação ao bem jurídico, e não mera exposição a perigo);

j) **Não transeunte** (o crime deixa vestígios);

k) **Doloso.**

2.10. Quadro Sinótico

RECEPTAÇÃO ANIMAL		
Considerações Iniciais	O art. 180-A, CP trata da receptação de semoventes domesticáveis de produção (como os bovinos, suínos, carneiros, galinhas etc.), ainda que abatido ou dividido em partes.	1
Tipicidade Objetiva	As condutas consistem em: **a) Adquirir**: obter. **b) Receber:** aceitar. **c) Transportar:** levar de um local a outro. **d) Conduzir:** tronar-se condutor, levar, guiar. **e) Ocultar:** encobrir, esconder. **f) Ter (em depósito):** manter, guardar. **g) Vender:** alienar a título oneroso, comercializar.	2

Sujeitos	**Sujeito ativo:** trata-se de crime comum, portanto, pode ser cometido por qualquer pessoa. **Sujeito passivo:** é a mesma vítima do crime precedente.	3
Objetos	**Objeto jurídico:** é o patrimônio. **Objeto material:** é a coisa produto de crime, isto é, o semovente domesticável de produção, ainda que abatido ou dividido em partes.	4
Elemento Subjetivo	É o dolo. O tipo penal emprega a expressão "deve saber ser produto do crime". Entende-se que a conduta do tipo penal pune tanto o dolo direto quanto o eventual. Exige-se o dolo específico, presente na expressão com a finalidade de produção ou de comercialização". Não há previsão para a modalidade culposa.	5
Consumação e Tentativa	O crime se consuma com a efetiva prática de qualquer das condutas descritas no tipo penal. Não há necessidade de resultado específico posterior, como a obtenção real de lucro ou benefício.	6
Ação Penal	A ação penal é de iniciativa pública incondicionada.	7
Penas	A pena prevista para o crime de receptação é de reclusão, de 2 (dois) a 5 (cinco) anos, e multa.	8
Classificação	**a)** **Comum** (pode ser praticado por qualquer pessoa); **b)** **Material** (a consumação exige a produção de um resultado naturalístico); **c)** De forma **livre** (a Lei não estabelece exigência para a forma de execução); **d)** **Simples** (tutela apenas um bem jurídico); **e)** **Comissivo** (em regra) ou omissivo (quando ocorre omissão imprópria); **f)** **Unissubjetivo** (pode haver ou não concurso de pessoas); **g)** **Instantâneo** (consuma-se de imediato); **h)** **Plurissubsistentes** (a conduta pode ser fracionada, e por isso admite a tentativa); **i)** De **dano** (a consumação enseja violação ao bem jurídico, e não mera exposição a perigo); **j)** **Não transeunte** (o crime deixa vestígios); **k)** **Doloso.**	9

VIII

DISPOSIÇÕES GERAIS SOBRE OS CRIMES CONTRA O PATRIMONIO

> **Art. 181** – É isento de pena quem comete qualquer dos crimes previstos neste título, em prejuízo: (Vide Lei nº 10.741, de 2003)
>
> I – do cônjuge, na constância da sociedade conjugal;
>
> II – de ascendente ou descendente, seja o parentesco legítimo ou ilegítimo, seja civil ou natural.

1. CONSIDERAÇÕES INICIAIS

Entre os artigos 181 e 183, o Código Penal traz disposições gerais sobre os crimes contra o patrimônio. No artigo 181, constam as escusas absolutórias, isto é, causas de isenção de pena que se constituem em hipótese de imunidade pessoal à lei penal. De um modo geral, nas escusas absolutórias, temos um criminoso, mas não passível de pena. Por outras palavras, fato típico, ilícito e (agente) culpável, mas não punível.

Passemos ao estudo das hipóteses de escusa absolutória:

a) **Crime cometido em prejuízo do cônjuge, na constância da sociedade conjugal.**

A primeira hipótese de escusa absolutória nos cries patrimoniais se dá quando o crime ocorre entre cônjuges, na constância do casamento. A expressão "constância do casamento" sugere que não houve a ruptura da sociedade conjugal, isto é, não houve divórcio ou separação judicial. A separação de fato não rompe a sociedade conjugal, embora exista o entendimento em sentido diverso, quando a separação de fato ocorreu há muito tempo[1].

Também haverá a escusa absolutória quando o crime for praticado entre conviventes, isto é, entre pessoas que se encontram em relação de união estável. Neste caso, procederemos a uma analogia benéfica ao réu (*in bonam partem*). Com efeito, o art. 181, CP não faz menção às uniões estáveis. Contudo, por meio da aplicação analógica, podemos equiparar a união estável ao casamento com a finalidade de beneficiar o réu.

---

1. CUNHA, Rogério Sanches, *Ob. cit.* p.442.

Por esta razão, se, por exemplo, "A" convive em relação de união estável com "B", e subtrai dinheiro da sua conta, estaremos diante do crime de furto (art. 155, CP), mas não haverá imposição de pena para "B". Isto, claro, desde que não se faça presente qualquer das exceções contidas no art. 183, CP, sobre as quais falaremos adiante.

Por outro lado, não poderíamos chegar às mesmas conclusões se, no lugar de uma união estável, tivéssemos, entre os envolvidos, uma relação de namoro. Neste caso, não caberia falar em analogia, porquanto não há similaridade fática entre o namoro e o casamento, ao contrário do que ocorre entre esse último instituto e a união estável. Por fim, resta esclarecer que, por óbvio, quando falamos em união estável, não podemos estabelecer qualquer distinção entre esse tipo de relação quando existente a relação de caráter hétero ou homoafetivo. O próprio STF reconhece essa igualdade de tratamento.

b) **Crime cometido em prejuízo de ascendente ou descendente**

A escusa absolutória encerra um benefício quando o agente se encontra em relação de parentesco em linha reta com a vítima. Não importa o grau do parentesco (pais, avós, bisavós etc.). Não importa a natureza do parentesco (se biológico, afetivo, por adoção etc.). Aliás, o texto constitucional proíbe qualquer manifestação de caráter discriminatório nesse sentido, restando expurgada de nossa ordem jurídica expressões grotescas como "parentesco ilegítimo", como a constante no art. 181, CP.

Art. 182 - Somente se procede mediante representação, se o crime previsto neste título é cometido em prejuízo: (Vide Lei nº 10.741, de 2003)

I - do cônjuge desquitado ou judicialmente separado;

II - de irmão, legítimo ou ilegítimo;

III - de tio ou sobrinho, com quem o agente coabita.

2. CONSIDERAÇÕES INICIAIS

O art. 182, CP dispõe sobre a **imunidade penal relativa**, pois não extingue a punibilidade, mas transforma a ação penal pública incondicionada em condicionada à representação. Passemos à análise dos casos:

a) **Crimes praticado em prejuízo do cônjuge desquitado ou judicialmente separado:** mesmo após a alteração constitucional que possibilitou o divórcio direto, subsiste em nosso sistema a separação judicial. Na referida separação, outrora chamada de "desquite", há o fim da sociedade conjugal, mas não do vínculo matrimonial. Em se tratando de crime praticado por cônjuge judicialmente separado, não há que se falar em escusa absolutória, mas o crime passa a ser de ação penal pública condicionada à representação do ofendido.

b) **Crime praticado em prejuízo de irmão:** conforme mencionado anteriormente, a odiosa expressão "ilegítimo", que adjetivava pejorativamente os filhos nascidos fora de relação matrimonial, não foi recepcionada pela Constituição Federal de 1988, devendo ser desconsiderada a expressão "legítimos ou ilegítimos" para designar irmãos.

c) **Crime praticado em prejuízo de tio ou sobrinho, com quem o agente coabita:** como se vê, somente haverá a escusa relativa se o crime ocorrer entre tios e sobrinhos quando há a coabitação entre eles.

> **Art. 183** - Não se aplica o disposto nos dois artigos anteriores:
>
> I - se o crime é de roubo ou de extorsão, ou, em geral, quando haja emprego de grave ameaça ou violência à pessoa;
>
> II - ao estranho que participa do crime.
>
> III - se o crime é praticado contra pessoa com idade igual ou superior a 60 (sessenta) anos. (Incluído pela Lei nº 10.741, de 2003)

3. CONSIDERAÇÕES INICIAIS

No art. 183, CP, temos as situações nas quais não se poderá aplicar as escusas absolutórias (art. 181, CP) e relativa (art. 182, CP).

De antemão, se percebe que tais escusas somente fazem sentido se o crime patrimonial for cometido sem violência ou grave ameaça. Do contrário, o crime será punível e a ação penal será pública incondicionada.

A segunda exceção às escusas, constante do art. 183, CP diz respeito à impossibilidade de extensão dos benefícios aos terceiros. Ora, as escusas são benefícios de caráter pessoal, não se podendo estender a coautores e partícipes. Deste modo, se "A" furta seu próprio pai com auxílio de "B", que não possui qualquer relação de parentesco com a vítima, "A" será beneficiado com a escusa absolutória, ao passo que "B" deverá ser responsabilizado penalmente pelo crime praticado.

Por fim, a última exceção às escusas nos crimes patrimoniais foi acrescentada ao artigo 183, CP pelo Estatuto do Idoso. Como forma de proteger as pessoas idosas, o Estatuto estabeleceu que não haveria escusas quando a vítima fosse pessoa com idade igual ou superior a 60 (sessenta) anos.

Não há exceção às regras das escusas para os crimes praticados contra a mulher ou contra portadores de deficiências, pois as Leis específicas (Lei Maria da Penha e Estatuto da Pessoa com Deficiência) não trouxeram tais exceções. Nestes casos, não se poderia invocar a analogia para a proteção das vítimas, pois, indubitavelmente, ela seria maléfica ao réu (*in malam partem*), o que não se admite no Direito Penal.

DISPOSIÇÕES GERAIS SOBRE CRIMES CONTRA O PATRIMÔNIO			
Art. 181 do CP	**Considerações Iniciais**	Entre os artigos 181 e 183, o Código Penal traz disposições gerais sobre os crimes contra o patrimônio. No artigo 181, constam as escusas absolutórias, isto é, causas de isenção de pena que se constituem em hipótese de imunidade pessoal à lei penal.São elas:	1

Art. 181 do CP	**Considerações Iniciais**	**a)** Crime cometido em prejuízo do cônjuge, na constância da sociedade conjugal; **b)** Crime cometido em prejuízo de ascendente ou descendente.	1
Art. 182 do CP	**Considerações Iniciais**	O art. 182, CP dispõe sobre a imunidade penal relativa, pois não extingue a punibilidade, mas transforma a ação penal pública incondicionada em condicionada à representação. São eles: **a)** Crimes praticado em prejuízo do cônjuge desquitado ou judicialmente separado; **b)** Crime praticado em prejuízo de irmão; **c)** Crime praticado em prejuízo de tio ou sobrinho, com quem o agente coabita.	2
Art. 183 do CP	**Considerações Iniciais**	No art. 183, CP, temos as situações nas quais não se poderá aplicar as escusas absolutórias (art. 181, CP) e relativa (art. 182, CP). De antemão, se percebe que tais escusas somente fazem sentido se o crime patrimonial for cometido sem violência ou grave ameaça. Do contrário, o crime será punível e a ação penal será pública incondicionada. A segunda exceção às escusas, constante do art. 183, CP diz respeito à impossibilidade de extensão dos benefícios aos terceiros. Ora, as escusas são benefícios de caráter pessoal, não se podendo estender a coautores e partícipes. Por fim, a última exceção às escusas nos crimes patrimoniais foi acrescentada ao artigo 183, CP pelo Estatuto do Idoso. Como forma de proteger as pessoas idosas, o Estatuto estabeleceu que não haveria escusas quando a vítima fosse pessoa com idade igual ou superior a 60 (sessenta) anos. Não há exceção às regras das escusas para os crimes praticados contra a mulher ou contra portadores de deficiências, pois as Leis específicas (Lei Maria da Penha e Estatuto da Pessoa com Deficiência) não trouxeram tais exceções. Nestes casos, não se poderia invocar a analogia para a proteção das vítimas, pois, indubitavelmente, ela seria maléfica ao réu (*in malam partem*), o que não se admite no Direito Penal.	3

TÍTULO III

DOS CRIMES CONTRA A PROPRIEDADE IMATERIAL

I

DOS CRIMES CONTRA A PROPRIEDADE INTELECTUAL

1. VIOLAÇÃO DE DIREITO AUTORAL

Art. 184. Violar direitos de autor e os que lhe são conexos:

Pena – detenção, de 3 (três) meses a 1 (um) ano, ou multa.

§ 1° Se a violação consistir em reprodução total ou parcial, com intuito de lucro direto ou indireto, por qualquer meio ou processo, de obra intelectual, interpretação, execução ou fonograma, sem autorização expressa do autor, do artista intérprete ou executante, do produtor, conforme o caso, ou de quem os represente:

Pena – reclusão, de 2 (dois) a 4 (quatro) anos, e multa.

§ 2° Na mesma pena do § 1° incorre quem, com o intuito de lucro direto ou indireto, distribui, vende, expõe à venda, aluga, introduz no País, adquire, oculta, tem em depósito, original ou cópia de obra intelectual ou fonograma reproduzido com violação do direito de autor, do direito de artista intérprete ou executante ou do direito do produtor de fonograma, ou, ainda, aluga original ou cópia de obra intelectual ou fonograma, sem a expressa autorização dos titulares dos direitos ou de quem os represente.

§ 3° Se a violação consistir no oferecimento ao público, mediante cabo, fibra ótica, satélite, ondas ou qualquer outro sistema que permita ao usuário realizar a seleção da obra ou produção para recebê-la em um tempo e lugar previamente determinados por quem formula a demanda, com intuito de lucro, direto ou indireto, sem autorização expressa, conforme o caso, do autor, do artista intérprete ou executante, do produtor de fonograma, ou de quem os represente:

Pena – reclusão, de 2 (dois) a 4 (quatro) anos, e multa.

§ 4° O disposto nos §§ 1°, 2° e 3° não se aplica quando se tratar de exceção ou limitação ao direito de autor ou os que lhe são conexos, em conformidade com o previsto na Lei n° 9.610, de 19 de fevereiro de 1998, nem a cópia de obra intelectual ou fonograma, em um só exemplar, para uso privado do copista, sem intuito de lucro direto ou indireto.

1.1. Considerações Iniciais

A Lei n. 10.695/2003 alterou a redação do artigo 184 do Código Penal.

O direito autoral é constitucionalmente assegurado e compreendido como direito fundamental. Inserto na Constituição Federal, no art. 5º, XXVII, a tutela penal não aprova a violação desse direito, por restar lesado, em muitos casos, não apenas o autor propriamente dito, mas o intérprete e as empresas de radiodifusão/fonográficas; ou seja, entende-se que há uma lesão direta à própria sociedade.

Com natureza jurídica de bens móveis, os direitos autorais lesados são aqueles transgredidos pela conduta do agente que infringe os direitos do autor e os direitos daqueles que lhes são conexos. A transgressão ao direito do autor, ou seja, o direito daquela pessoa física criadora da obra literária, científica ou artística, pode se dar de variadas formas, como por exemplo, o plágio. Pertencem ao autor os direitos não apenas patrimoniais, mas também os morais da obra que criou.

Assinale-se que o crime se qualifica se o agente viola esse direito do autor com a intenção de obter lucro.

Ademais, no âmbito do Superior Tribunal de Justiça, não procede o argumento no sentido de que o delito em tela poderia ser afastado, em virtude da sua adequação social, assim como não procede a aplicação do princípio da insignificância.

Ainda no que se refere à jurisprudência do Superior Tribunal de Justiça, importa mencionar que a Corte não reconhece a competência da Justiça Federal para o julgamento deste crime, salvo quando a comercialização dos produtos ultrapassa as fronteiras. Desta forma, "a mera divulgação da venda por meio da internet, tout court, não tem o condão de conduzir ao reconhecimento da transnacionalidade, e, via de consequência, a competência de Justiça Federal"[1].

Atente-se, por fim, a existência de duas súmulas, ambas do STJ, correlacionadas ao tema, quais sejam os verbetes n. 502 e 574. Vejamos:

> **Súmula n. 502/STJ:** presentes a materialidade e a autoria, afigura-se típica, em relação ao crime previsto no artigo 184, parágrafo 2°, do Código Penal, a conduta de expor à venda CDs e DVDs piratas.
>
> *Súmula n. 574/STJ: Para a configuração do delito de violação de direito autoral e a comprovação de sua materialidade, é suficiente a perícia realizada por amostragem do produto apreendido, nos aspectos externos do material, e é desnecessária a identificação dos titulares dos direitos autorais violados ou daqueles que os representem.*

1.2. Tipicidade Objetiva

A conduta consiste em "violar" (desrespeitar, afrontar, transgredir, ofender, lesionar). Referida conduta recai sobre os direitos do autor e aqueles que lhe são conexos. Esta violação pode se dar mediante reprodução ou alteração não autorizada.

---

1. STJ, CC 116.820/MG, rel. Min. Maria Thereza de Assis Moura.

1.3. Sujeitos

Sujeito ativo: pode ser qualquer pessoa.

Sujeito passivo: o sujeito passivo é o titular dos direitos autorais em relação à obra, que pode ser tanto o autor como outra pessoa, como o herdeiro ou sucessor, por exemplo.

1.4. Objetos

Objeto jurídico: o objeto juridicamente protegido é a propriedade intelectual.

Objeto material: o objeto material é a obra do autor, seja ela artística, literária ou científica.

1.5. Elemento Subjetivo

O elemento subjetivo exigido no tipo é o dolo, pois se exige do agente a vontade de violar o direito autoral de outrem. Em sua modalidade qualificada, essa vontade de violar tem como finalidade específica o lucro.

Não há previsão para a modalidade culposa.

1.6. Consumação e Tentativa

Consuma-se o crime no momento em que o agente transgride o direito autoral, ou seja, quando o agente se vale de uma das condutas descritas no tipo penal. A tentativa é admitida.

1.7. Ação Penal

A ação penal é de iniciativa privada, para a conduta contida no caput do art. 184, CP, conforme disposto no art. 186, I, CP. Por outro lado, a ação penal será de iniciativa pública incondicionada, nos casos previstos nos §§ 1º e 2º do art. 184, CP, conforme previsto no art. 186, II, CP. Também será pública incondicionada ação penal nos crimes cometidos em desfavor de entidades de direito público, autarquia, empresa pública, sociedade de economia mista ou fundação instituída pelo Poder Público (art. 186, III, CP). Por fim, teremos ação penal pública condicionada à representação, nos crimes previstos no § 3º do art. 184 (art. 186, IV, CP).

1.8. Qualificadoras

O § 1º do art. 184, CP traz uma modalidade qualificada para o crime de violação de direito autoral. A maior reprimenda diz respeito ao fato de o agente objetivar o lucro (direto ou indireto) na sua empreitada.

A conduta qualificada corresponde à reprodução "total ou parcial, com intuito de lucro direto ou indireto, por qualquer meio ou processo, de obra intelectual, interpretação, execução ou fonograma, sem autorização expressa do autor, do artista intérprete ou executante, do produtor, conforme o caso, ou de quem os represente". Para esta conduta, a pena prevista é de reclusão de dois a quatro anos, e multa.

Tal como ocorre com a figura simples - conduta descrita no *caput* –, o crime qualificado somente existe na modalidade dolosa e admite a tentativa.

Uma segunda modalidade qualificada do crime se encontra no § 2º do art. 184, CP. Neste dispositivo, o objeto jurídico continua a ser o direito de autor, mas o objeto material é, particularmente, a obra intelectual ou fonograma. Da mesma forma que ocorre no § 1º, no § 2º, também se justifica a maior reprimenda em decorrência da finalidade lucrativa almejada pelo agente. Também no § 2º, somente existe o crime na modalidade dolosa, e admite-se a tentativa.

Importante registrar que, tanto no § 1º quanto no §2º, a finalidade lucrativa concretiza elemento subjetivo específico (especial finalidade no agir), e não elemento imprescindível à consumação. Deste modo, o crime, em sua modalidade qualificada, restará caracterizado quando praticadas as condutas, ainda que a pretensão lucrativa não seja concretizada.

Uma terceira modalidade de qualificadora se encontra prevista no § 3º. Neste caso, a conduta diz respeito a oferecer (disponibilizar, entregar, franquear) mediante cabo, fibra ótica, satélite, ondas ou qualquer outro sistema que permita ao usuário realizar a seleção da obra ou produção para recebê-la em um tempo e lugar previamente determinados por quem formula a demanda, com intuito de lucro, direto ou indireto, sem autorização expressa, conforme o caso, do autor, do artista intérprete ou executante, do produtor de fonograma, ou de quem os represente".

Como se vê, também na terceira qualificadora temos a finalidade lucrativa como elemento subjetivo específico, e também aqui temos um crime comum (pode ser praticado por qualquer pessoa), doloso e que admite a modalidade tentada.

1.9. Exclusão da Tipicidade

O § 4º do art. 184, CP exclui a incidência das qualificadoras contidas nos §§ 1º, 2º e 3º, remetendo ao quanto previsto na Lei n. 9.610, de 19 de fevereiro de 1998, aludindo, ainda à cópia de obra intelectual ou fonograma, em um só exemplar, para uso privado do copista, sem intuito de lucro direto ou indireto. O entendimento majoritário é no sentido de que, a despeito de o dispositivo legal fazer alusão à exclusão da incidência do quanto disposto nos parágrafos do art. 184, CP, haverá também, em casos que tais, a exclusão da incidência do *caput* do art. 184.

A Lei n. 9.610/98 assevera, em seu art. 46, que não constitui ofensa aos direitos autorais.

A reprodução:

a) na imprensa diária ou periódica, de notícia ou de artigo informativo, publicado em diários ou periódicos, com a menção do nome do autor, se assinados, e da publicação de onde foram transcritos;

b) em diários ou periódicos, de discursos pronunciados em reuniões públicas de qualquer natureza;

c) de retratos, ou de outra forma de representação da imagem, feitos sob encomenda, quando realizada pelo proprietário do objeto encomendado, não havendo a oposição da pessoa neles representada ou de seus herdeiros;

d) de obras literárias, artísticas ou científicas, para uso exclusivo de deficientes visuais, sempre que a reprodução, sem fins comerciais, seja feita mediante o sistema Braille ou outro procedimento em qualquer suporte para esses destinatários;

e) a reprodução, em um só exemplar de pequenos trechos, para uso privado do copista, desde que feita por este, sem intuito de lucro;

f) a citação em livros, jornais, revistas ou qualquer outro meio de comunicação, de passagens de qualquer obra, para fins de estudo, crítica ou polêmica, na medida justificada para o fim a atingir, indicando-se o nome do autor e a origem da obra;

g) o apanhado de lições em estabelecimentos de ensino por aqueles a quem elas se dirigem, vedada sua publicação, integral ou parcial, sem autorização prévia e expressa de quem as ministrou;

h) a utilização de obras literárias, artísticas ou científicas, fonogramas e transmissão de rádio e televisão em estabelecimentos comerciais, exclusivamente para demonstração à clientela, desde que esses estabelecimentos comercializem os suportes ou equipamentos que permitam a sua utilização;

i) a representação teatral e a execução musical, quando realizadas no recesso familiar ou, para fins exclusivamente didáticos, nos estabelecimentos de ensino, não havendo em qualquer caso intuito de lucro;

j) a utilização de obras literárias, artísticas ou científicas para produzir prova judiciária ou administrativa;

k) a reprodução, em quaisquer obras, de pequenos trechos de obras preexistentes, de qualquer natureza, ou de obra integral, quando de artes plásticas, sempre que a reprodução em si não seja o objetivo principal da obra nova e que não prejudique a exploração normal da obra reproduzida nem cause um prejuízo injustificado aos legítimos interesses dos autores.

1.10. Penas

A pena para o crime é de detenção, de 3 (três) meses a 1 (um) ano, ou multa. Logo, podemos concluir que:

a) É possível a transação penal (art. 76, Lei n. 9.099/95), pois se trata de infração penal de menor potencial ofensivo;

b) É possível a suspensão condicional do processo (art. 89, Lei n. 9.099/95), pois a pena mínima não ultrapassa um ano.

c) Será cabível a substituição da pena por restritivas de direitos, pois no crime não há violência ou grave ameaça e a pena a ser imposta não ultrapassará quatro anos. Será necessário que se façam presentes os demais requisitos do art. 44, CP.

Nas modalidades qualificadas, as penas passam a ser de reclusão, de 2 (dois) a 4 (quatro) anos, e multa. Logo, incabível a transação penal e a suspensão condicional do processo.

1.11. Classificação

O crime pode ser classificado como:

a) **Comum** (não exige qualidade especial do sujeito ativo);

b) **Formal** (a consumação não exige a produção de um resultado naturalístico);

c) De **forma livre** (a Lei não estabelece exigência para a forma de execução);

d) **Simples** (tutela apenas um bem jurídico);

e) **Comissivo** (em regra) **ou omissivo** (quando ocorre omissão imprópria);

f) **Unissubjetivo** (pode haver ou não concurso de pessoas);

g) **Instantâneo** (consuma-se de imediato) ou **permanente** (conduta se protrai no tempo), a depender do caso;

h) **Plurissubsistentes** (a conduta pode ser fracionada, e por isso admite a tentativa);

i) De **dano** (a consumação enseja violação ao bem jurídico, e não mera exposição a perigo);

j) **Não transeunte** (o crime deixa vestígios);

k) **Doloso**.

1.12. Quadro Sinótico

VIOLAÇÃO DE DIREITO AUTORAL		
Considerações Iniciais	Com natureza jurídica de bens móveis, os direitos autorais lesados são aqueles transgredidos pela conduta do agente que infringe os direitos do autor e os direitos daqueles que lhes são conexos. A transgressão ao direito do autor, ou seja, o direito daquela pessoa física criadora da obra literária, científica ou artística, pode se dar de variadas formas, como por exemplo, o plágio. Pertencem ao autor os direitos não apenas patrimoniais, mas também os morais da obra que criou. Ademais, no âmbito do Superior Tribunal de Justiça, não procede o argumento no sentido de que o delito em tela poderia ser afastado, em virtude da sua adequação social, assim como não procede a aplicação do princípio da insignificância. Ainda no que se refere à jurisprudência do Superior Tribunal de Justiça, importa mencionar que a Corte não reconhece a competência da Justiça Federal para o julgamento deste crime, salvo quando a comercialização dos produtos ultrapassa as fronteiras. Desta forma, "a mera divulgação da venda por meio da internet, tout court, não tem o condão de conduzir ao reconhecimento da transnacionalidade, e, via de consequência, a competência de Justiça Federal"[2].	1

2. STJ, CC 116.820/MG, rel. Min. Maria Thereza de Assis Moura.

Tipicidade Objetiva	A conduta consiste em "violar" (desrespeitar, afrontar, transgredir, ofender, lesionar). Referida conduta recai sobre os direitos do autor e aqueles que lhe são conexos. Esta violação pode se dar mediante reprodução ou alteração não autorizada.	2
Sujeitos	**Sujeito ativo:** pode ser qualquer pessoa. **Sujeito passivo:** o sujeito passivo é o titular dos direitos autorais em relação à obra, que pode ser tanto o autor como outra pessoa, como o herdeiro ou sucessor, por exemplo.	3
Objetos	**Objeto jurídico:** o objeto juridicamente protegido é a propriedade intelectual. **Objeto material:** o objeto material é a obra do autor, seja ela artística, literária ou científica.	4
Elemento Subjetivo	O elemento subjetivo exigido no tipo é o dolo, pois se exige do agente a vontade de violar o direito autoral de outrem. Em sua modalidade qualificada, essa vontade de violar tem como finalidade específica o lucro. Não há previsão para a modalidade culposa.	5
Consumação e Tentativa	Consuma-se o crime no momento em que o agente transgride o direito autoral, ou seja, quando o agente se vale de uma das condutas descritas no tipo penal. A tentativa é admitida.	6
Ação Penal	A ação penal é de iniciativa privada, para a conduta contida no caput do art. 184, CP, conforme disposto no art. 186, I, CP. Por outro lado, a ação penal será de iniciativa pública incondicionada, nos casos previstos nos §§ 1º e 2º do art. 184, CP, conforme previsto no art. 186, II, CP. Também será pública incondicionada ação penal nos crimes cometidos em desfavor de entidades de direito público, autarquia, empresa pública, sociedade de economia mista ou fundação instituída pelo Poder Público (art. 186, III, CP). Por fim, teremos ação penal pública condicionada à representação, nos crimes previstos no § 3º do art. 184 (art. 186, IV, CP).	7
Qualificadoras	A conduta qualificada corresponde à reprodução "total ou parcial, com intuito de lucro direto ou indireto, por qualquer meio ou processo, de obra intelectual, interpretação, execução ou fonograma, sem autorização expressa do autor, do artista intérprete ou executante, do produtor, conforme o caso, ou de quem os represente". Para esta conduta, a pena prevista é de reclusão de dois a quatro anos, e multa. Uma segunda modalidade qualificada do crime se encontra no § 2º do art. 184, CP. Neste dispositivo, o objeto jurídico continua a ser o direito de autor, mas o objeto material é, particularmente, a obra intelectual ou fonograma. Da mesma forma que ocorre no § 1º, no § 2º, também se justifica a maior reprimenda em decorrência da finalidade lucrativa almejada pelo agente. Também no § 2º, somente existe o crime na modalidade dolosa, e admite-se a tentativa. Uma terceira modalidade de qualificadora se encontra prevista no § 3º. Neste caso, a conduta diz respeito a oferecer (disponibilizar, entregar, franquear) mediante cabo, fibra ótica, satélite, ondas ou qualquer outro sistema que permita ao usuário realizar a seleção da obra ou produção para recebê-la em um tempo e lugar previamente determinados por quem formula a demanda, com intuito de lucro, direto ou indireto, sem autorização expressa, conforme o caso, do autor, do artista intérprete ou executante, do produtor de fonograma, ou de quem os represente".	8

Exclusão da Tipicidade	O § 4º do art. 184, CP exclui a incidência das qualificadoras contidas nos §§ 1º, 2º e 3º, remetendo ao quanto previsto na Lei n. 9.610, de 19 de fevereiro de 1998, aludindo, ainda à cópia de obra intelectual ou fonograma, em um só exemplar, para uso privado do copista, sem intuito de lucro direto ou indireto. A Lei n. 9.610/98 assevera, em seu art. 46, que não constitui ofensa aos direitos autorais. **a)** A reprodução; **b)** na imprensa diária ou periódica, de notícia ou de artigo informativo, publicado em diários ou periódicos, com a menção do nome do autor, se assinados, e da publicação de onde foram transcritos; **c)** em diários ou periódicos, de discursos pronunciados em reuniões públicas de qualquer natureza; **d)** de retratos, ou de outra forma de representação da imagem, feitos sob encomenda, quando realizada pelo proprietário do objeto encomendado, não havendo a oposição da pessoa neles representada ou de seus herdeiros; **e)** de obras literárias, artísticas ou científicas, para uso exclusivo de deficientes visuais, sempre que a reprodução, sem fins comerciais, seja feita mediante o sistema Braille ou outro procedimento em qualquer suporte para esses destinatários; **f)** a reprodução, em um só exemplar de pequenos trechos, para uso privado do copista, desde que feita por este, sem intuito de lucro; **g)** a citação em livros, jornais, revistas ou qualquer outro meio de comunicação, de passagens de qualquer obra, para fins de estudo, crítica ou polêmica, na medida justificada para o fim a atingir, indicando-se o nome do autor e a origem da obra; **h)** o apanhado de lições em estabelecimentos de ensino por aqueles a quem elas se dirigem, vedada sua publicação, integral ou parcial, sem autorização prévia e expressa de quem as ministrou; **i)** a utilização de obras literárias, artísticas ou científicas, fonogramas e transmissão de rádio e televisão em estabelecimentos comerciais, exclusivamente para demonstração à clientela, desde que esses estabelecimentos comercializem os suportes ou equipamentos que permitam a sua utilização; **j)** a representação teatral e a execução musical, quando realizadas no recesso familiar ou, para fins exclusivamente didáticos, nos estabelecimentos de ensino, não havendo em qualquer caso intuito de lucro; **k)** a utilização de obras literárias, artísticas ou científicas para produzir prova judiciária ou administrativa; **l)** a reprodução, em quaisquer obras, de pequenos trechos de obras preexistentes, de qualquer natureza, ou de obra integral, quando de artes plásticas, sempre que a reprodução em si não seja o objetivo principal da obra nova e que não prejudique a exploração normal da obra reproduzida nem cause um prejuízo injustificado aos legítimos interesses dos autores.	9
Penas	A pena para o crime é de detenção, de 3 (três) meses a 1 (um) ano, ou multa.	10

Classificação	**a)** **Comum** (não exige qualidade especial do sujeito ativo); **b)** **Formal** (a consumação não exige a produção de um resultado naturalístico); **c)** De forma **livre** (a Lei não estabelece exigência para a forma de execução); **d)** **Simples** (tutela apenas um bem jurídico); **e)** **Comissivo** (em regra) ou **omissivo** (quando ocorre omissão imprópria); **f)** **Unissubjetivo** (pode haver ou não concurso de pessoas); **g)** **Instantâneo** (consuma-se de imediato) ou **permanente** (conduta se protrai no tempo), a depender do caso; **h)** **Plurissubsistentes** (a conduta pode ser fracionada, e por isso admite a tentativa); **i)** De **dano** (a consumação enseja violação ao bem jurídico, e não mera exposição a perigo); **j)** **Não transeunte** (o crime deixa vestígios); **k)** **Doloso**.	11

1.13. Súmulas Aplicáveis

1.13.1. *STJ*

502. Presentes a materialidade e a autoria, afigura-se típica, em relação ao crime previsto no artigo 184, parágrafo 2º, do Código Penal, a conduta de expor à venda CDs e DVDs piratas.

574. Para a configuração do delito de violação de direito autoral e a comprovação de sua materialidade, é suficiente a perícia realizada por amostragem do produto apreendido, nos aspectos externos do material, e é desnecessária a identificação dos titulares dos direitos autorais violados ou daqueles que os representem.

1.14. Questões para Treinar (sem comentários)

04. (MPE-SP - 2017 - MPE-SP - Promotor de Justiça Substituto) A simples exposição à venda de cópias não autorizadas de filmes sob a forma de DVD constitui

(A) apenas um ilícito civil.

(B) mero ato preparatório.

(C) fato atípico.

(D) crime contra a propriedade imaterial.

(E) contravenção relativa à violação de objeto.

05. (IBFC - 2014 - PC-RJ - Papiloscopista Policial de 3ª Classe) Segundo o entendimento sumulado pelo Superior Tribunal de Justiça, aquele que expõe à venda CDs e DVDs piratas pratica:

(A) Crime de violação de direito autoral, previsto no art. 184, §2º, do Código Penal.

(B) Contravenção Penal de exercício irregular da profissão, prevista no artigo 47 da Lei de Contravenções Penais.

(C) Crime de concorrência desleal, previsto no artigo 195, da Lei nº 9.279/96.

(D) Crime contra as relações de consumo, previsto no artigo 7º da Lei nº 8.137/90.

(E) Não pratica crime algum, pois a conduta caracteriza livre exercício de trabalho ou profissão.

03. (CESPE - 2013 - PC-BA - Delegado de Polícia) No que se refere às contravenções

penais, aos crimes em espécie e às leis penais extravagantes, julgue o item a seguir com base na jurisprudência dos tribunais superiores.

O dolo direto ou eventual é elemento subjetivo do delito de violação de direito autoral, não havendo previsão para a modalidade culposa desse crime.

( ) Certo

( ) Errado

GABARITO: As respostas destes testes encontram-se no final do livro.

2. USURPAÇÃO DE NOME OU PSEUDÔNIMO ALHEIO

Art. 185. Revogado pela Lei nº 10.695, de 01.07.2003.

Art. 186. Procede-se mediante:

I - queixa, nos crimes previstos no caput do art. 184;

II - ação penal pública incondicionada, nos crimes previstos nos §§ 1° e 2° do art. 184;

III - ação penal pública incondicionada, nos crimes cometidos em desfavor de entidades de direito público, autarquia, empresa pública, sociedade de economia mista ou fundação instituída pelo Poder Público;

IV - ação penal pública condicionada à representação, nos crimes previstos no § 3° do art. 184.

Fizemos os pertinentes comentários sobre esse tema ao tratarmos do art. 184, CP.

II

DOS CRIMES CONTRA O PRIVILÉGIO DE INVENÇÃO

Violação de privilégio de invenção

Art 187. (Revogado pela Lei nº 9.279, de 14.5.1996)

Falsa atribuição de privilégio

Art 188. (Revogado pela Lei nº 9.279, de 14.5.1996)

Usurpação ou indevida exploração de modelo ou desenho privilegiado

Art. 189. (Revogado pela Lei nº 9.279, de 14.5.1996)

Falsa declaração de depósito em modelo ou desenho

Art. 190. (Revogado pela Lei nº 9.279, de 14.5.1996)

Art. 191. (Revogado pela Lei nº 9.279, de 14.5.1996)

III

DOS CRIMES CONTRA AS MARCAS DE INDÚSTRIA E COMÉRCIO

Violação do direito de marca

Art. 192. (Revogado pela Lei nº 9.279, de 14.5.1996)

Uso indevido de armas, brasões e distintivos públicos

Art. 193. (Revogado pela Lei nº 9.279, de 14.5.1996)

Marca com falsa indicação de procedência

Art. 194. (Revogado pela Lei nº 9.279, de 14.5.1996)

Art. 195. (Revogado pela Lei nº 9.279, de 14.5.1996)

IV
DOS CRIMES DE CONCORRÊNCIA DESLEAL

Concorrência desleal

Art. 196. (Revogado pela Lei nº 9.279, de 14.5.1996)

TÍTULO IV

DOS CRIMES CONTRA A ORGANIZAÇÃO DO TRABALHO

1. CONSIDERAÇÕES INICIAIS

No que tange aos crimes contra a organização do trabalho, a vontade do legislador penal é proteger não apenas o livre gozo e exercício dos direitos individuais, mas, sobretudo, a própria organização do trabalho, acastelando e ratificando desta maneira, a superioridade dos interesses coletivos quando contrapostos aos direitos individuais.

Para que reste configurado crime contra a organização do trabalho não basta que haja simplesmente os atos de violência, é necessário que se coloque em risco a manutenção das instituições trabalhistas, além de atingir a liberdade individual dos trabalhadores.

Conforme o art. 109, VI da Constituição Federal, os crimes contra a organização do trabalho são de competência da Justiça Federal. De acordo com entendimento consagrado no âmbito do Supremo Tribunal Federal, se o crime contra a organização do trabalho, no caso concreto, atingir interesse meramente individual, a competência será da Justiça Comum Estadual. Este também o entendimento do Superior Tribunal de Justiça[1].

Ademais, tem entendido a Corte Suprema que o crime de redução à condição análoga à de escravo (art. 149, CP), que se encontra no catálogo dos crimes contra a liberdade individual, seria de competência da Justiça Federal, haja vista comprometer a estrutura da organização do trabalho, como um todo.

---

1. "**Os** crimes contra a organização do trabalho **devem ser julgados na Justiça Federal somente se demonstrada lesão** a **direito** dos **trabalhadores coletivamente considerados ou** à organização **geral** do trabalho" (Informativo n. 0507 – STJ).

1.1. ATENTADO CONTRA A LIBERDADE DE TRABALHO

> **Art. 197.** Constranger alguém, mediante violência ou grave ameaça:
>
> I - a exercer ou não exercer arte, ofício, profissão ou indústria, ou a trabalhar ou não trabalhar durante certo período ou em determinados dias:
>
> Pena - detenção, de um mês a um ano, e multa, além da pena correspondente à violência;
>
> II - a abrir ou fechar o seu estabelecimento de trabalho, ou a participar de parede ou paralisação de atividade econômica:
>
> Pena - detenção, de três meses a um ano, e multa, além da pena correspondente à violência.

1.2. Considerações Iniciais

O agente delituoso atenta contra a liberdade de trabalho no momento em que constrange alguém mediante violência ou grave ameaça a desempenhar ou não arte, ofício, profissão ou indústria, ou a trabalhar ou não trabalhar durante certos períodos ou determinados dias. O constrangimento pode ser dirigido também para que a vítima abra ou feche seu estabelecimento, participe de parede ou paralisação.

Aqui, a expressão estabelecimento está empregada em seu sentido mais coloquial, denotando o local em que se exerce a atividade econômica organizada. Não diz respeito, portanto, à ideia de "estabelecimento" para o Direito Empresarial, que corresponde a um conjunto de bens materiais e imateriais, voltados à exploração da atividade econômica.

1.3. Tipicidade Objetiva

No núcleo do tipo penal está o verbo constranger (subjugar, sujeitar, obrigar, forçar), comportamento este que deve ser realizado mediante violência ou grave ameaça. Em ambos os casos a lei prevê o cúmulo material das penas do crime em análise e aquela relativa à violência ou ameaça empregada pelo agente, não sendo permitida, pois, a absorção.

1.4. Sujeitos

Sujeito ativo: o sujeito ativo pode ser qualquer pessoa, tratando-se, pois, de crime comum.

Sujeito passivo: o sujeito passivo é a vítima do constrangimento, devendo ser pessoa física. O sujeito passivo será um trabalhador, na conduta do inciso I, e o responsável pelo estabelecimento no caso do inciso II.

1.5. Objetos

Objeto jurídico: é a liberdade do trabalhador na escolha de seu trabalho, ofício ou profissão, liberdade esta garantida constitucionalmente, nos termos do art. 5°, XIII da Constituição Federal.

Objeto material: é a pessoa contra a qual recai a conduta delitiva do sujeito ativo.

1.6. Elemento Subjetivo

O elemento subjetivo exigido no tipo penal é o dolo, pois se exige do agente a vontade consciente de querer constranger a vítima, mediante violência ou grave ameaça, a praticar ou deixar de praticar qualquer das condutas descritas no tipo.

Não há previsão para modalidade culposa e não há previsão de elemento subjetivo específico.

1.7. Consumação e Tentativa

Consuma-se o crime quando a vítima, após sofrer o constrangimento, pratica efetivamente qualquer das condutas previstas nos incisos do artigo em estudo.

A forma tentada é perfeitamente cabível.

1.8. Ação Penal

A ação penal é de iniciativa pública incondicionada.

1.9. Penas

A pena para o crime pode ser de detenção, de um mês a um ano, e multa (inciso I) ou de detenção, de 3 (três) meses a 1 (um) ano, e multa (inciso II). Logo, podemos concluir que, em qualquer dos dois casos:

a) É possível a transação penal (art. 76, Lei n. 9.099/95), pois se trata de infração penal de menor potencial ofensivo;
b) É possível a suspensão condicional do processo (art. 89, Lei n. 9.099/95), pois a pena mínima não ultrapassa um ano.
c) Será cabível a substituição da pena por restritivas de direitos, pois no crime não há violência ou grave ameaça e a pena a ser imposta não ultrapassará quatro anos. Será necessário que se façam presentes os demais requisitos do art. 44, CP.

Vale registrar que, em qualquer dos casos (conduta do inciso I ou do inciso II), as penas aplicadas serão acrescidas daquelas correspondentes à violência.

1.10. Classificação

O crime pode ser classificado como:

a) **Comum** (não exige qualidade especial do sujeito ativo);
b) **Material** (a consumação exige a produção de um resultado naturalístico);
c) De **forma livre** (a Lei não estabelece exigência para a forma de execução);

d) **Simples** (tutela apenas um bem jurídico);

e) **Comissivo** (em regra) **ou omissivo** (quando ocorre omissão imprópria);

f) **Unissubjetivo** (pode haver ou não concurso de pessoas);

g) **Instantâneo** (consuma-se de imediato) ou **permanente** (conduta se protrai no tempo), a depender do caso;

g) **Plurissubsistentes** (a conduta pode ser fracionada, e por isso admite a tentativa);

h) De **dano** (a consumação enseja violação ao bem jurídico, e não mera exposição a perigo);

i) **Doloso.**

1.11. Quadro Sinótico

ATENTADO CONTRA A LIBERDADE DE TRABALHO		
Considerações Iniciais	O agente delituoso atenta contra a liberdade de trabalho no momento em que constrange alguém mediante violência ou grave ameaça a desempenhar ou não arte, ofício, profissão ou indústria, ou a trabalhar ou não trabalhar durante certos períodos ou determinados dias. O constrangimento pode ser dirigido também para que a vítima abra ou feche seu estabelecimento, participe de parede ou paralisação.	1
Tipicidade Objetiva	No núcleo do tipo penal está o verbo constranger (subjugar, sujeitar, obrigar, forçar), comportamento este que deve ser realizado mediante violência ou grave ameaça. Em ambos os casos a lei prevê o cúmulo material das penas do crime em análise e aquela relativa à violência ou ameaça empregada pelo agente, não sendo permitida, pois, a absorção.	2
Sujeitos	**Sujeito ativo:** o sujeito ativo pode ser qualquer pessoa, tratando-se, pois, de crime comum. **Sujeito passivo:** o sujeito passivo é a vítima do constrangimento, devendo ser pessoa física. O sujeito passivo será um trabalhador, na conduta do inciso I, e o responsável pelo estabelecimento no caso do inciso II.	3
Objetos	**Objeto jurídico:** é a liberdade do trabalhador na escolha de seu trabalho, ofício ou profissão, liberdade esta garantida constitucionalmente, nos termos do art. 5°, XIII da Constituição Federal. **Objeto material:** é a pessoa contra a qual recai a conduta delitiva do sujeito ativo.	4
Elemento Subjetivo	O elemento subjetivo exigido no tipo penal é o dolo, pois se exige do agente a vontade consciente de querer constranger a vítima, mediante violência ou grave ameaça, a praticar ou deixar de praticar qualquer das condutas descritas no tipo. Não há previsão para modalidade culposa e não há previsão de elemento subjetivo específico.	5

Consumação e Tentativa	Consuma-se o crime quando a vítima, após sofrer o constrangimento, pratica efetivamente qualquer das condutas previstas nos incisos do artigo em estudo. A forma tentada é perfeitamente cabível.	6
Ação Penal	A ação penal é de iniciativa pública incondicionada.	7
Penas	A pena para o crime pode ser de detenção, de um mês a um ano, e multa (inciso I) ou de detenção, de 3 (três) meses a 1 (um) ano, e multa (inciso II).	8
Classificação	a) **Comum** (não exige qualidade especial do sujeito ativo); b) **Material** (a consumação exige a produção de um resultado naturalístico); c) De forma **livre** (a Lei não estabelece exigência para a forma de execução); d) **Simples** (tutela apenas um bem jurídico); e) **Comissivo** (em regra) ou **omissivo** (quando ocorre omissão imprópria); f) **Unissubjetivo** (pode haver ou não concurso de pessoas); g) **Instantâneo** (consuma-se de imediato) ou permanente (conduta se protrai no tempo), a depender do caso; h) **Plurissubsistentes** (a conduta pode ser fracionada, e por isso admite a tentativa); i) De **dano** (a consumação enseja violação ao bem jurídico, e não mera exposição a perigo); j) **Doloso.**	13

1.12. Questões para Treinar (sem comentários)

06. **(TRT 22 PI - 2013 - TRT - 22ª Região (PI) - Juiz do Trabalho - Prova 2) Aroeira era conhecido intermediador de trabalhadores na região do Bico de Tucano. Em determinado dia, ele obrigou Clemilton, mediante grave ameaça, a exercer a arte de pintor de quadros durante quinze dias do mês de janeiro. Em qual crime a conduta de Aroeira se enquadra:**

(A) atentado contra a liberdade de trabalho;

(B) frustração de Direito assegurado por lei trabalhista;

(C) aliciamento de trabalhadores de um local para outro do território nacional;

(D) redução à condição análoga à de escravo;

(E) figura típica assemelhada à Redução à condição análoga à de escravo;

02. **(CESPE - 2014 - Câmara dos Deputados - Analista Legislativo - Consultor Legislativo Área V) Com referência a fundamentos e noções gerais aplicadas ao direito penal, julgue o próximo item.**

A despeito de não haver adequação típica em relação aos crimes contra a organização do trabalho, se um indivíduo, penalmente imputável, constranger outro, mediante grave ameaça, a não celebrar determinado contrato de trabalho, tal conduta recairá, por analogia, na hipótese legal do crime de atentado contra a liberdade de trabalho.

( ) Certo

( ) Errado

03. **(CESPE - 2014 - Câmara dos Deputados - Analista Legislativo - Consultor Legislativo Área V) Acerca dos crimes contra a organização do trabalho e da tutela penal laboral, julgue o item a seguir.**

No crime de atentado contra a liberdade de trabalho, os meios executivos são a violência e a grave ameaça, e o preceito secundário do tipo prevê que o agente responderá pelo crime de atentado e pela figura típica correspondente à violência empregada pelo agente.

caracterizando-se, assim, o concurso material de crimes.

( ) Certo

( ) Errado

04. **(CESPE - 2014 - Câmara dos Deputados - Analista Legislativo - Consultor Legislativo Área V) Acerca dos crimes contra a organização do trabalho e da tutela penal laboral, julgue o item a seguir.**

Em regra, a pessoa jurídica não pode ser sujeito passivo do crime de atentado contra a liberdade de trabalho.

( ) Certo

( ) Errado

GABARITO: As respostas destes testes encontram-se no final do livro.

2. ATENTADO CONTRA A LIBERDADE DE CONTRATO E BOICOTAGEM VIOLENTA

Art. 198. Constranger alguém, mediante violência ou grave ameaça, a celebrar contrato de trabalho, ou a não fornecer a outrem ou não adquirir de outrem matéria-prima ou produto industrial ou agrícola:

Pena - detenção, de um mês a um ano, e multa, além da pena correspondente à violência.

2.1. Considerações Iniciais

O tipo previsto neste artigo se divide em duas partes: a primeira descreve a conduta do agente que se vale da violência ou da grave ameaça para constranger alguém a celebrar contrato de trabalho individual ou coletivo. Assevere-se, pois, que a lei não previu a hipótese em que o indivíduo é constrangido a não realizar o contrato. Por este motivo, caso tal conduta aconteça, poderá o fato ser enquadrado como crime de constrangimento ilegal, consoante art. 146 do Código Penal.

Já na segunda parte, o agente se vale das mesmas condutas, só que para impedir que a vítima não forneça matéria-prima, produto industrial ou agrícola; a chamada boicotagem violenta. Na primeira parte, tutela-se o arbítrio do trabalhador de eleger a profissão que entender adequada às suas aptidões. Na segunda, pretende-se manter a normalidade das relações de trabalho, que não podem ser debeladas a ações especulativas, cuja finalidade é a obtenção de proveito por parte do agente.

A lei também prevê o cúmulo material das penas deste crime e aquela relativa à violência ou ameaça, vedando a absorção

2.2. Tipicidade Objetiva

No núcleo do tipo penal está o verbo constranger (subjugar, sujeitar, obrigar, forçar), comportamento este que deve ser realizado mediante violência ou grave ameaça. Boicotar significa punir, constranger (pessoa, classe, estabelecimento, país), geralmente em represália, recusando sistematicamente relações sociais ou comerciais. Aqui, constrange-se alguém a não fornecer ou não adquirir de outrem matéria-prima ou produto agrícola, colocando-o à margem da atividade econômica (boicotagem violenta).

Temos, pois, crimes diversos previstos no mesmo dispositivo legal (tipo misto cumulativo). Desta forma, a prática das duas ações implicará em concurso de crimes.

As considerações acerca da competência para julgamento são as mesmas feitas para o dispositivo legal anterior.

2.3. Sujeitos

Sujeito ativo: o sujeito ativo pode ser qualquer pessoa, tratando-se, pois, de crime comum.

Sujeito passivo: em relação à primeira parte do artigo, qualquer pessoa poderá ser o sujeito passivo, pois qualquer um poderá ser constrangido a celebrar determinado contrato de trabalho. Já no que tange à segunda parte do artigo, o sujeito passivo na modalidade de boicotagem violenta somente poderá ser aquele que fornece matéria-prima ou produto industrial ou agrícola.

2.4. Objetos

Objeto jurídico: o objeto juridicamente tutelado é a liberdade do trabalho.

Objeto material: o objeto material é a pessoa constrangida, podendo ser física ou jurídica.

2.5. Elemento Subjetivo

O elemento subjetivo exigido no tipo penal é o dolo, pois se exige do agente a vontade consciente de querer tirar alguém do círculo econômico ao qual pertence mediante a boicotagem violenta, ou briga-lo a celebrar contrato de trabalho contra sua vontade.

Não há previsão para sua modalidade culposa.

2.6. Consumação e Tentativa

Consuma-se o crime em estudo na sua primeira parte quando o agente faz com que a vítima celebre o contrato de trabalho, seja escrito (quando da assinatura) ou tácito (aquiescência). No que diz respeito à segunda parte, qual seja, a boicotagem violenta, restará consumado o crime no momento em que a vítima não fornece a matéria-prima ou produto industrial ou agrícola.

Admite-se a tentativa.

2.7. Ação Penal

A ação penal é de iniciativa pública incondicionada.

2.8. Penas

A pena para o crime pode ser de detenção, de um mês a um ano, e multa. Logo, podemos concluir que:

a) É possível a transação penal (art. 76, Lei n. 9.099/95), pois se trata de infração penal de menor potencial ofensivo;

b) É possível a suspensão condicional do processo (art. 89, Lei n. 9.099/95), pois a pena mínima não ultrapassa um ano.

c) Será cabível a substituição da pena por restritivas de direitos, pois no crime não há violência ou grave ameaça e a pena a ser imposta não ultrapassará quatro anos. Será necessário que se façam presentes os demais requisitos do art. 44, CP.

Vale registrar que a pena aplicada será acrescida daquela correspondente à violência.

2.9. Classificação

O crime pode ser classificado como:

a) **Comum** (não exige qualidade especial do sujeito ativo);

b) **Material** (a consumação exige a produção de um resultado naturalístico);

c) De **forma livre** (a Lei não estabelece exigência para a forma de execução);

d) **Simples** (tutela apenas um bem jurídico);

e) **Comissivo** (em regra) **ou omissivo** (quando ocorre omissão imprópria);

f) **Unissubjetivo** (pode haver ou não concurso de pessoas);

g) **Instantâneo** (consuma-se de imediato) ou **permanente** (conduta se protrai no tempo), a depender do caso;

h) **Plurissubsistentes** (a conduta pode ser fracionada, e por isso admite a tentativa);

i) De **dano** (a consumação enseja violação ao bem jurídico, e não mera exposição a perigo);

j) **Doloso.**

2.10. Quadro Sinótico

ATENTADO CONTRA A LIBERDADE DO CONTRATO E BOICOTAGEM VIOLENTA		
Considerações Iniciais	O tipo previsto neste artigo se divide em duas partes: a primeira descreve a conduta do agente que se vale da violência ou da grave ameaça para constranger alguém a celebrar contrato de trabalho individual ou coletivo. Já na segunda parte, o agente se vale das mesmas condutas, só que para impedir que a vítima não forneça matéria-prima, produto industrial ou agrícola; a chamada boicotagem violenta A lei também prevê o cúmulo material das penas deste crime e aquela relativa à violência ou ameaça, vedando a absorção	1

Tipicidade Objetiva	No núcleo do tipo penal está o verbo constranger (subjugar, sujeitar, obrigar, forçar), comportamento este que deve ser realizado mediante violência ou grave ameaça. Boicotar significa punir, constranger (pessoa, classe, estabelecimento, país), geralmente em represália, recusando sistematicamente relações sociais ou comerciais. Aqui, constrange-se alguém a não fornecer ou não adquirir de outrem matéria-prima ou produto agrícola, colocando-o à margem da atividade econômica (boicotagem violenta). Temos, pois, crimes diversos previstos no mesmo dispositivo legal (tipo misto cumulativo). Desta forma, a prática das duas ações implicará em concurso de crimes.	2
Sujeitos	**Sujeito ativo:** o sujeito ativo pode ser qualquer pessoa, tratando-se, pois, de crime comum. **Sujeito passivo:** em relação à primeira parte do artigo, qualquer pessoa poderá ser o sujeito passivo, pois qualquer um poderá ser constrangido a celebrar determinado contrato de trabalho. Já no que tange à segunda parte do artigo, o sujeito passivo na modalidade de boicotagem violenta somente poderá ser aquele que fornece matéria-prima ou produto industrial ou agrícola.	3
Objetos	**Objeto jurídico:** o objeto juridicamente tutelado é a liberdade do trabalho. **Objeto material:** o objeto material é a pessoa constrangida, podendo ser física ou jurídica.	4
Elemento Subjetivo	O elemento subjetivo exigido no tipo penal é o dolo, pois se exige do agente a vontade consciente de querer tirar alguém do círculo econômico ao qual pertence mediante a boicotagem violenta, ou obrigá-lo a celebrar contrato de trabalho contra sua vontade. Não há previsão para sua modalidade culposa.	5
Consumação e Tentativa	Consuma-se o crime em estudo na sua primeira parte quando o agente faz com que a vítima celebre o contrato de trabalho, seja escrito (quando da assinatura) ou tácito (aquiescência). No que diz respeito à segunda parte, qual seja, a boicotagem violenta, restará consumado o crime no momento em que a vítima não fornece a matéria-prima ou produto industrial ou agrícola. Admite-se a tentativa.	6
Ação Penal	A ação penal é de iniciativa pública incondicionada.	7
Penas	A pena para o crime pode ser de detenção, de um mês a um ano, e multa.	8
Classificação	**a)** **Comum** (não exige qualidade especial do sujeito ativo); **b)** **Material** (a consumação exige a produção de um resultado naturalístico); **c)** De forma **livre** (a Lei não estabelece exigência para a forma de execução); **d)** **Simples** (tutela apenas um bem jurídico); **e)** **Comissivo** (em regra) ou omissivo (quando ocorre omissão imprópria); **f)** **Unissubjetivo** (pode haver ou não concurso de pessoas);	9

Classificação	g) **Instantâneo** (consuma-se de imediato) ou permanente (conduta se protrai no tempo), a depender do caso; h) **Plurissubsistentes** (a conduta pode ser fracionada, e por isso admite a tentativa); i) De **dano** (a consumação enseja violação ao bem jurídico, e não mera exposição a perigo); j) **Doloso**.	9

2.11. Questões para Treinar (sem comentários)

01. (FCC - 2015 - TRT - 23ª REGIÃO (MT) - Juiz do Trabalho Substituto) Paulo, industrial do ramo de plásticos, mediante promessa de mal futuro, sério e verossímil, constrangeu Pedro, proprietário de empresa concorrente, a não adquirir de Antônio matéria-prima necessária para a fabricação de seus produtos. No caso, Paulo cometeu o crime de

(A) atentado contra a liberdade de contrato de trabalho.

(B) constrangimento ilegal.

(C) atentado contra a liberdade de trabalho.

(D) sabotagem.

(E) boicotagem violenta.

02. (FCC - 2014 - TRT - 18ª Região (GO) - Juiz do Trabalho) Configura o crime de boicotagem violenta

(A) constranger alguém, mediante violência ou grave ameaça, a não fornecer a outrem ou não adquirir de outrem matéria-prima ou produto industrial ou agrícola.

(B) participar de suspensão ou abandono coletivo de trabalho, praticando violência contra pessoa ou contra coisa.

(C) constranger alguém, mediante violência ou grave ameaça, a abrir ou fechar o seu estabelecimento, ou a participar de parede ou paralisação de atividade econômica.

(D) participar de suspensão ou abandono coletivo de trabalho, provocando a interrupção de obra pública ou serviço de interesse coletivo.

(E) danificar estabelecimento industrial, comercial ou agrícola com o intuito de impedir ou embaraçar o curso normal do trabalho.

03. (TRT 15R - 2010 - TRT - 15ª Região - Juiz do Trabalho - Prova 1) Aponte a alternativa correta:

(A) o atentado contra a liberdade de trabalho se dá pelo ato de constranger alguém, mediante violência ou grave ameaça, a celebrar contrato de trabalho;

(B) a boicotagem violenta se dá pelo ato de constranger alguém, mediante violência ou grave ameaça, a não fornecer a outrem determinado produto industrial;

(C) o atentado contra a liberdade de trabalho se dá pelo ato de constranger alguém, mediante violência, a deixar de participar de determinado sindicato;

(D) não é crime, participar de suspensão coletiva de trabalho provocando a interrupção de obra pública;

(E) nenhuma das anteriores.

GABARITO: *As respostas destes testes encontram-se no final do livro.*

3. ATENTADO CONTRA A LIBERDADE DE ASSOCIAÇÃO

> **Art. 199.** Constranger alguém, mediante violência ou grave ameaça, a participar ou deixar de participar de determinado sindicato ou associação profissional:
>
> Pena – detenção, de um mês a um ano, e multa, além da pena correspondente à violência.

3.1. Considerações Iniciais

O direito de associação está previsto na Constituição Federal, consoante seu art. 5°, XVII. Trata-se de um direito com caráter negativo, que impede a intervenção estatal na sua criação e funcionamento e veda que qualquer pessoa seja compelida a se associar ou permanecer associada contra a própria vontade. Ainda, a Magna Carta dirigiu seu art. 8° especialmente aos trabalhadores, oportunidade na qual determinou que ninguém será obrigado a filiar-se ou a manter-se filiado a sindicato.

O delito em comento descreve a conduta do agente que constrange alguém, mediante violência ou grave ameaça a participar ou deixar de participar de sindicato ou associação sindical. O sindicato deve ser determinado, específico; não há crime se a pessoa for, tão só, forçada a ingressar, genericamente, em algum sindicato.

Tal qual o tipo anterior, o constrangimento deverá ser realizado mediante violência ou grave ameaça, o que propiciará o cúmulo material das penas deste crime e aquela relativa à violência ou ameaça empregada pelo agente, sendo vedada a absorção.

As considerações acerca da competência para julgamento são as mesmas feitas para o dispositivo legal anterior, ou seja, quando atingido direito individuais, a competência será do Juizado Especial Criminal Estadual, ao passo que, no caso de violação de interesses coletivos, a competência para julgamento será do Juizado Especial Criminal Federal.

3.2. Tipicidade Objetiva

Tal qual ocorre nos artigos anteriores, o núcleo do tipo penal está o verbo constranger (subjugar, sujeitar, obrigar, forçar), comportamento este que deve ser realizado mediante violência ou grave ameaça.

3.3. Sujeitos

Sujeito ativo: trata-se de crime comum, podendo ser praticado por qualquer pessoa.

Sujeito passivo: aquele que tem a faculdade de se associar ou se filiar a sindicato.

3.4. Objetos

Objeto jurídico: o objeto juridicamente tutelado é a liberdade de associação sindical.

Objeto material: o objeto material é a pessoa constrangida.

3.5. Elemento Subjetivo

O elemento subjetivo exigido no tipo penal é o dolo, pois se exige do agente a vontade consciente de querer constranger mediante violência ou grave ameaça alguém a se associar ou participar de sindicado, ou seja, a atitude do agente é agir de modo a conseguir fazer com que determinada pessoa participe de sindicado ou associação profissional.

Não há previsão para sua modalidade culposa.

3.6. Consumação e Tentativa

Consuma-se o crime quando a pessoa que possui qualidade para se associar ou se filiar, efetivamente o faz contra a sua vontade, ou, querendo participar de determinado sindicato ou associação profissional, é impedido de fazê-lo. A tentativa é admitida, haja vista se tratar de conduta que admite fracionamento.

3.7. Ação Penal

A ação penal é de iniciativa pública incondicionada.

3.8. Penas

A pena para o crime pode ser de detenção, de um mês a um ano, e multa. Logo, podemos concluir que:

a) É possível a transação penal (art. 76, Lei n. 9.099/95), pois se trata de infração penal de menor potencial ofensivo;

b) É possível a suspensão condicional do processo (art. 89, Lei n. 9.099/95), pois a pena mínima não ultrapassa um ano.

c) Será cabível a substituição da pena por restritivas de direitos, pois no crime não há violência ou grave ameaça e a pena a ser imposta não ultrapassará quatro anos. Será necessário que se façam presentes os demais requisitos do art. 44, CP.

Vale registrar que a pena aplicada será acrescida daquela correspondente à violência.

3.9. Classificação

O crime pode ser classificado como:

a) **Comum** (não exige qualidade especial do sujeito ativo);

b) **Material** (a consumação exige a produção de um resultado naturalístico);

c) De **forma livre** (a Lei não estabelece exigência para a forma de execução);

d) **Simples** (tutela apenas um bem jurídico);

e) **Comissivo** (em regra) **ou omissivo** (quando ocorre omissão imprópria);

f) **Unissubjetivo** (pode haver ou não concurso de pessoas);

g) **Instantâneo** (consuma-se de imediato) ou **permanente** (conduta se protrai no tempo), a depender do caso;

h) **Plurissubsistentes** (a conduta pode ser fracionada, e por isso admite a tentativa);

i) De **dano** (a consumação enseja violação ao bem jurídico, e não mera exposição a perigo);

j) **Doloso.**

3.10. Quadro Sinótico

ATENTADO CONTRA A LIBERDADE DE ASSOCIAÇÃO		
Considerações Iniciais	O delito em comento descreve a conduta do agente que constrange alguém, mediante violência ou grave ameaça a participar ou deixar de participar de sindicato ou associação sindical. O sindicato deve ser determinado, específico; não há crime se a pessoa for, tão só, forçada a ingressar, genericamente, em algum sindicato. Tal qual o tipo anterior, o constrangimento deverá ser realizado mediante violência ou grave ameaça, o que propiciará o cúmulo material das penas deste crime e aquela relativa à violência ou ameaça empregada pelo agente, sendo vedada a absorção.	1
Tipicidade Objetiva	Tal qual ocorre nos artigos anteriores, o núcleo do tipo penal está o verbo constranger (subjugar, sujeitar, obrigar, forçar), comportamento este que deve ser realizado mediante violência ou grave ameaça.	2
Sujeitos	**Sujeito ativo:** trata-se de crime comum, podendo ser praticado por qualquer pessoa. **Sujeito passivo:** aquele que tem a faculdade de se associar ou se filiar a sindicato.	3
Objetos	**Objeto jurídico:** o objeto juridicamente tutelado é a liberdade de associação sindical. **Objeto material:** o objeto material é a pessoa constrangida.	4
Elemento Subjetivo	O elemento subjetivo exigido no tipo penal é o dolo, pois se exige do agente a vontade consciente de querer constranger mediante violência ou grave ameaça alguém a se associar ou participar de sindicado, ou seja, a atitude do agente é agir de modo a conseguir fazer com que determinada pessoa participe de sindicado ou associação profissional. Não há previsão para sua modalidade culposa.	5
Consumação e Tentativa	Consuma-se o crime quando a pessoa que possui qualidade para se associar ou se filiar, efetivamente o faz contra a sua vontade, ou, querendo participar de determinado sindicato ou associação profissional, é impedido de fazê-lo. A tentativa é admitida, haja vista se tratar de conduta que admite fracionamento.	6
Ação Penal	A ação penal é de iniciativa pública incondicionada.	7

Penas	A pena para o crime pode ser de detenção, de um mês a um ano, e multa.	8
Classificação	a) **Comum** (não exige qualidade especial do sujeito ativo); b) **Material** (a consumação exige a produção de um resultado naturalístico); c) De forma **livre** (a Lei não estabelece exigência para a forma de execução); d) **Simples** (tutela apenas um bem jurídico); e) **Comissivo** (em regra) ou omissivo (quando ocorre omissão imprópria); f) **Unissubjetivo** (pode haver ou não concurso de pessoas); g) **Instantâneo** (consuma-se de imediato) ou **permanente** (conduta se protrai no tempo), a depender do caso; h) **Plurissubsistentes** (a conduta pode ser fracionada, e por isso admite a tentativa); i) De **dano** (a consumação enseja violação ao bem jurídico, e não mera exposição a perigo); j) **Doloso**.	9

4. PARALISAÇÃO DE TRABALHO, SEGUIDA DE VIOLÊNCIA OU PERTURBAÇÃO DA ORDEM

> **Art. 200.** Participar de suspensão ou abandono coletivo de trabalho, praticando violência contra pessoa ou contra coisa:
>
> Pena - detenção, de um mês a um ano, e multa, além da pena correspondente à violência.
>
> Parágrafo único. Para que se considere coletivo o abandono de trabalho é indispensável o concurso de, pelo menos, três empregados.

4.1. Considerações Iniciais

A tutela penal ocupa-se daqueles que participam do movimento grevista praticando violência contra a coisa ou a pessoa, ultrapassando os meios permitidos de persuadirem os trabalhadores a aderirem à greve. É dizer, o Código Penal não pretende reprovar a conduta daquele trabalhador que, tão somente, adira a uma paralisação, mas daquele que, integrando o movimento, pratique violência contra pessoa ou coisa, seja para tornar mais eficiente a pressão, evitar a intervenção conciliatória de terceiros, ou por mero espírito de brutalidade ou vandalismo.

O parágrafo primeiro prevê a suspensão ou abandono coletivo de trabalho, com o concurso necessário de pelo menos três agentes. A modalidade pode ser mediante greve, que é a paralisação praticada pelo empregado ou através de lockout, aquela paralisação realizada pelo empregador.

No que tange à prática da violência, a lei prevê o cúmulo material das penas do crime em análise e aquela relativa à violência ou ameaça empregada pelo agente, não sendo permitida, pois, a absorção. Todavia, se o meio for a promessa de causar mal injusto e grave a alguém, não restará configurado este crime, mas aquele previsto no art. 147 do Código Penal.

A competência para julgamento é da Justiça Federal, haja vista a violação de interesses coletivos.

4.2. Tipicidade Objetiva

No núcleo do tipo penal estão os verbos participar (fazer parte, aderir) e praticar (fazer, atuar). Percebam que este dispositivo, ao contrário dos anteriores, não referência a grave ameaça, mas somente a violência, que pode ocorrer tanto contra a pessoa, quanto contra a coisa.

4.3. Sujeitos

Sujeito ativo: o crime é plurissubjetivo, o que implica a presença de mais de um agente. A própria legislação previu o número mínimo para que seja considerado o abandono coletivo (greve), qual seja, três empregados.

Ocorre que não há previsão legal acerca do quantitativo mínimo para a caracterização do *lockout*, que é a paralisação protagonizada pelos empregadores. A despeito de tal omissão, a maioria da doutrina entende a obviedade ululante da necessidade de multiplicidade de agentes. Ora, se o tipo penal prevê a conduta de *participar*, que significa *tomar parte ou associar-se*, presume-se majoritariamente a pluralidade de pessoas.

Sujeito passivo: o sujeito passivo é a coletividade, trata-se, pois, de um crime vago.

4.4. Objetos

Objeto jurídico: o bem juridicamente tutelado é a liberdade de trabalho.

Objeto material: o objeto material é a pessoa ou a coisa contra qual a violência do agente é direcionada.

4.5. Elemento Subjetivo

O elemento subjetivo exigido no tipo penal é o dolo, pois se exige do agente a vontade consciente de querer paralisar o trabalho seguido de violência ou perturbação da ordem.

Não há previsão para sua modalidade culposa.

4.6. Consumação e Tentativa

Consuma-se o crime quando o agente pratica o ato de violência contra a pessoa ou contra a coisa, seja essa conduta praticada pelo empregado ou pelo empregador. A tentativa é admitida.

4.7. Ação Penal

A ação penal é de iniciativa pública incondicionada.

4.8. Penas

A pena para o crime pode ser de detenção, de um mês a um ano, e multa. Logo, podemos concluir que:

a) É possível a transação penal (art. 76, Lei n. 9.099/95), pois se trata de infração penal de menor potencial ofensivo;

b) É possível a suspensão condicional do processo (art. 89, Lei n. 9.099/95), pois a pena mínima não ultrapassa um ano.

c) Será cabível a substituição da pena por restritivas de direitos, pois no crime não há violência ou grave ameaça e a pena a ser imposta não ultrapassará quatro anos. Será necessário que se façam presentes os demais requisitos do art. 44, CP.

Vale registrar que a pena aplicada será acrescida daquela correspondente à violência.

4.9. Classificação

O crime pode ser classificado como:

a) **Próprio** (exige qualidade especial do sujeito ativo);

b) **Material** (a consumação exige a produção de um resultado naturalístico);

c) De **forma livre** (a Lei não estabelece exigência para a forma de execução);

d) **Simples** (tutela apenas um bem jurídico);

e) **Comissivo** (em regra) **ou omissivo** (quando ocorre omissão imprópria);

f) **Plurissubjetivo** (pode haver ou não concurso de pessoas);

g) **Instantâneo** (consuma-se de imediato) ou **permanente** (conduta se protrai no tempo), a depender do caso;

h) **Plurissubsistentes** (a conduta pode ser fracionada, e por isso admite a tentativa);

i) De **dano** (a consumação enseja violação ao bem jurídico, e não mera exposição a perigo);

j) **Doloso**.

4.10. Quadro Sinótico

PARALISAÇÃO DE TRABALHO, SEGUIDA DE VIOLÊNCIA OU PERTURBAÇÃO DA ORDEM		
Considerações Iniciais	A tutela penal ocupa-se daqueles que participam do movimento grevista praticando violência contra a coisa ou a pessoa, ultrapassando os meios permitidos de persuadirem os trabalhadores a aderirem à greve. O parágrafo primeiro prevê a suspensão ou abandono coletivo de trabalho, com o concurso necessário de pelo menos três agentes. A modalidade pode ser mediante greve, que é a paralisação praticada pelo empregado ou através de *lockout*, aquela paralisação realizada pelo empregador. No que tange à prática da violência, a lei prevê o cúmulo material das penas do crime em análise e aquela relativa à violência ou ameaça empregada pelo agente, não sendo permitida, pois, a absorção. Todavia, se o meio for a promessa de causar mal injusto e grave a alguém, não restará configurado este crime, mas aquele previsto no art. 147 do Código Penal. A competência para julgamento é da Justiça Federal, haja vista a violação de interesses coletivos.	1
Tipicidade Objetiva	No núcleo do tipo penal estão os verbos participar (fazer parte, aderir) e praticar (fazer, atuar). Percebam que este dispositivo, ao contrário dos anteriores, não referência a grave ameaça, mas somente a violência, que pode ocorrer tanto contra a pessoa, quanto contra a coisa.	2
Sujeitos	**Sujeito ativo:** o crime é plurissubjetivo, o que implica a presença de mais de um agente. A própria legislação previu o número mínimo para que seja considerado o abandono coletivo (greve), qual seja, três empregados. Ocorre que não há previsão legal acerca do quantitativo mínimo para a caracterização do *lockout*, que é a paralisação protagonizada pelos empregadores. **Sujeito passivo:** o sujeito passivo é a coletividade, trata-se, pois, de um crime vago.	3
Objetos	**Objeto jurídico:** o bem juridicamente tutelado é a liberdade de trabalho. **Objeto material:** o objeto material é a pessoa ou a coisa contra qual a violência do agente é direcionada.	4
Elemento Subjetivo	O elemento subjetivo exigido no tipo penal é o dolo, pois se exige do agente a vontade consciente de querer paralisar o trabalho seguido de violência ou perturbação da ordem. Não há previsão para sua modalidade culposa.	5
Consumação e Tentativa	Consuma-se o crime quando o agente pratica o ato de violência contra a pessoa ou contra a coisa, seja essa conduta praticada pelo empregado ou pelo empregador. A tentativa é admitida.	6
Ação Penal	A ação penal é de iniciativa pública incondicionada.	7
Penas	A pena para o crime pode ser de detenção, de um mês a um ano, e multa.	8

Classificação	**a)** **Próprio** (exige qualidade especial do sujeito ativo); **b)** **Material** (a consumação exige a produção de um resultado naturalístico); **c)** De forma **livre** (a Lei não estabelece exigência para a forma de execução); **d)** **Simples** (tutela apenas um bem jurídico); **e)** **Comissivo** (em regra) ou **omissivo** (quando ocorre omissão imprópria); **f)** **Plurissubjetivo** (pode haver ou não concurso de pessoas); **g)** **Instantâneo** (consuma-se de imediato) ou **permanente** (conduta se protrai no tempo), a depender do caso; **h)** **Plurissubsistentes** (a conduta pode ser fracionada, e por isso admite a tentativa); **i)** De **dano** (a consumação enseja violação ao bem jurídico, e não mera exposição a perigo); **j)** **Doloso**.	9

4.11. Questões de Concursos Públicos

01. (VUNESP - 2018 - PC-BA - Delegado de Polícia) A respeito dos crimes contra a organização do trabalho, é correto afirmar que

(A) são meios de execução do crime de frustração de direito assegurado por lei trabalhista a fraude, a violência e a grave ameaça.

(B) o crime de atentado contra a liberdade de associação configura-se pela conduta de constranger alguém, mediante violência ou grave ameaça, a participar de sindicato. Já a conduta de impedir a saída de sindicato é atípica.

(C) o crime de paralisação do trabalho de interesse coletivo configura-se independentemente do emprego de violência contra pessoas ou coisas.

(D) no crime de aliciamento para fins de emigração, haverá aumento de pena nos casos em que a vítima for menor de 18 anos, gestante, idosa, indígena ou portadora de deficiência física ou mental.

(E) o crime de sabotagem, para se configurar, exige a danificação do estabelecimento ou coisas nele existentes.

02. (CESPE - 2016 - TRT - 8ª Região (PA e AP) - Analista judiciário - Oficial de Justiça Avaliador) Em relação aos crimes contra a organização do trabalho, assinale a opção correta.

(A) Para a configuração do crime de participação de abandono coletivo de trabalho com violência contra a pessoa, é indispensável o concurso de pelo menos três empregados.

(B) Consiste em infração penal violadora da liberdade individual, e não em crime contra a organização do trabalho, a conduta do agente que impede alguém de se desligar de serviços de qualquer natureza, mediante a retenção de seus documentos pessoais.

(C) No crime de aliciamento de trabalhadores de um local para outro do território nacional, o recrutador que não assegurar condições de retorno do trabalhador ao local de origem estará sujeito a causa específica de aumento de pena.

(D) O Código Penal prevê, para todos os crimes contra a organização do trabalho, como causa de aumento de pena o fato de a vítima ser menor de dezoito anos de idade, idosa, gestante, indígena ou portadora de deficiência física ou mental.

(E) Processam-se esses crimes por ação penal pública incondicionada, estando o autor de qualquer um deles sujeito à pena de detenção, além da pena correspondente à violência empregada, quando for o caso.

03. (FCC - 2015 - TRT - 6ª Região (PE) - Juiz do Trabalho Substituto) No delito de paralisação de trabalho, seguida de violência ou perturbação da ordem,

(A) o sujeito ativo só pode ser o empregado.

(B) punível a suspensão de trabalho.

(C) a violência deve ser dirigida, necessariamente, contra pessoa.

(D) o abandono de trabalho pode ser individual.

(E) punível, apenas, o abandono de trabalho.

04. (CESPE - 2014 - Câmara dos Deputados - Analista Legislativo - Consultor Legislativo Área V) Acerca dos crimes contra a organização do trabalho e da tutela penal laboral, julgue o item a seguir.

Caso os empregados de determinada empresa pública paralisem o trabalho de forma coletiva, interrompendo a prestação de serviço público, poderá haver punição, a título de crime contra a organização do trabalho, somente se o serviço for considerado essencial e se forem constatados abusos por parte dos trabalhadores.

( ) Certo

( ) Errado

05. (CESPE - 2013 - TRT - 5ª Região (BA) - Juiz do Trabalho) Assinale a opção correta em relação aos crimes contra a organização do trabalho.

(A) Comete o crime de redução à condição análoga à de escravo aquele que contrata trabalhadores de localidade diversa daquela onde será executado o trabalho e não assegura condições de seu retorno ao local de origem.

(B) Podem ser sujeitos ativos do crime de paralisação de trabalho, seguido do crime de perturbação da ordem, tanto os empregados que participam do abandono coletivo de trabalho, com violência exercida contra coisa, quanto o empregador que paralisa as atividades empresariais para frustrar negociação coletiva, fato conhecido como lockout.

(C) O crime de paralisação de trabalho de interesse coletivo consiste na participação de abandono coletivo de trabalho que resulte na interrupção de obra pública ou serviço de interesse coletivo, como, por exemplo, a construção de estádio de futebol com vistas à realização da Copa do Mundo de Futebol em 2014.

(D) Para a consumação do crime de sabotagem agrícola, exige-se que ao menos parte da safra seja destruída, estragada ou inutilizada, admitindo-se que o dano seja causado também às máquinas e instrumentos, utensílios, matérias-primas e instalação elétrica.

(E) O indivíduo que, mediante fraude consistente em falsa promessa de alto salário, recruta um dentista para trabalhar no exterior e, ao chegar ao destino, retém seu passaporte, impedindo-o de retornar ao Brasil, pratica o crime de aliciamento para o fim de emigração.

__GABARITO:__ As respostas destes testes encontram-se no final do livro.

5. PARALISAÇÃO DE TRABALHO DE INTERESSE COLETIVO

Art. 201- Participar de suspensão ou abandono coletivo de trabalho, provocando a interrupção de obra pública ou serviço de interesse coletivo:

Pena - detenção, de seis meses a dois anos, e multa.

5.1. Considerações Iniciais

A Lei n 7.783/89 revogou o artigo 201 do Código Penal ao definir os serviços e atividades essenciais, necessidades inadiáveis da coletividade e regulando o direito de greve. Por esta razão, a interrupção de obra pública ou serviço de interesse coletivo deverá estar de acordo com o disposto nos artigos 10, 11, 14 e 15 da referida lei. Vale lembrar que a greve é um direito constitucionalmente garantido aos trabalhadores.

O delito consiste em participar (aderir, envolver-se, tomar parte) de suspensão ou abandono coletivo de trabalho provocando a interrupção de obra pública, não importando se a paralisação é pacífica ou não.

A competência para julgamento é da Justiça Federal, haja vista a violação de interesses coletivos.

5.2. Tipicidade Objetiva

No núcleo do tipo penal estão os verbos participar (fazer parte, aderir).

5.3. Sujeitos

Sujeito ativo: o sujeito ativo será qualquer empregado ou empregador que tenha sob a sua responsabilidade obra pública ou serviço de interesse coletivo.

Sujeito passivo: o sujeito passivo é a coletividade, trata-se, pois, de um crime vago.

5.4. Objetos

Objeto jurídico: é o interesse da coletividade na manutenção do serviço.

Objeto material: o objeto material é a pessoa ou a coisa contra qual a violência do agente é direcionada.

5.5. Elemento Subjetivo

O elemento subjetivo exigido no tipo penal é o dolo, pois se exige do agente a vontade consciente de *interromper obra pública ou serviço de interesse coletivo*. Note-se que o dolo deve abranger o conhecimento do tipo de obra paralisada.

Não há previsão para sua modalidade culposa.

5.6. Consumação e Tentativa

Consuma-se o crime com a efetiva interrupção do serviço ou obra de interesse coletivo.

A tentativa é admitida, pois estamos diante de um crime plurissubsistente, o que permite o fracionamento da conduta.

5.7. Ação Penal

A ação penal é de iniciativa pública incondicionada.

5.8. Penas

A pena para o crime pode ser de detenção, de seis meses a dois anos, e multa. Logo, podemos concluir que:

a) É possível a transação penal (art. 76, Lei n. 9.099/95), pois se trata de infração penal de menor potencial ofensivo;

b) É possível a suspensão condicional do processo (art. 89, Lei n. 9.099/95), pois a pena mínima não ultrapassa um ano.

c) Será cabível a substituição da pena por restritivas de direitos, pois no crime não há violência ou grave ameaça e a pena a ser imposta não ultrapassará quatro anos. Será necessário que se façam presentes os demais requisitos do art. 44, CP.

Vale registrar que a pena aplicada será acrescida daquela correspondente à violência.

5.9. Classificação

O crime pode ser classificado como:

a) **Próprio** (exige qualidade especial do sujeito ativo);

b) **Material** (a consumação exige a produção de um resultado naturalístico);

c) De **forma livre** (a Lei não estabelece exigência para a forma de execução);

d) **Simples** (tutela apenas um bem jurídico);

e) **Comissivo** (em regra) **ou omissivo** (quando ocorre omissão imprópria);

f) **Unissubjetivo** (pode haver ou não concurso de pessoas);

g) **Instantâneo** (consuma-se de imediato) ou **permanente** (conduta se protrai no tempo), a depender do caso;

h) **Plurissubsistentes** (a conduta pode ser fracionada, e por isso admite a tentativa);

i) De **dano** (a consumação enseja violação ao bem jurídico, e não mera exposição a perigo);

j) **Doloso**.

5.10. Quadro Sinótico

PARALISAÇÃO DE TRABALHO DE INTERESSE COLETIVO		
Considerações Iniciais	O delito consiste em participar (aderir, envolver-se, tomar parte) de suspensão ou abandono coletivo de trabalho provocando a interrupção de obra pública, não importando se a paralisação é pacífica ou não. A competência para julgamento é da Justiça Federal, haja vista a violação de interesses coletivos.	1
Tipicidade Objetiva	No núcleo do tipo penal estão os verbos participar (fazer parte, aderir).	2
Sujeitos	**Sujeito ativo:** o sujeito ativo será qualquer empregado ou empregador que tenha sob a sua responsabilidade obra pública ou serviço de interesse coletivo. **Sujeito passivo:** o sujeito passivo é a coletividade, trata-se, pois, de um crime vago.	3

Objetos	**Objeto jurídico:** é o interesse da coletividade na manutenção do serviço. **Objeto material:** o objeto material é a pessoa ou a coisa contra qual a violência do agente é direcionada.	4
Elemento Subjetivo	O elemento subjetivo exigido no tipo penal é o dolo, pois se exige do agente a vontade consciente de *interromper obra pública ou serviço de interesse coletivo*. Note-se que o dolo deve abranger o conhecimento do tipo de obra paralisada. Não há previsão para sua modalidade culposa.	5
Consumação e Tentativa	Consuma-se o crime com a efetiva interrupção do serviço ou obra de interesse coletivo. A tentativa é admitida, pois estamos diante de um crime plurissubsistente, o que permite o fracionamento da conduta.	6
Ação Penal	A ação penal é de iniciativa pública incondicionada.	7
Penas	A pena para o crime pode ser de detenção, de seis meses a dois anos, e multa.	8
Classificação	**a) Próprio** (exige qualidade especial do sujeito ativo); **b) Material** (a consumação exige a produção de um resultado naturalístico); **c)** De forma **livre** (a Lei não estabelece exigência para a forma de execução); **d) Simples** (tutela apenas um bem jurídico); **e) Comissivo** (em regra) ou omissivo (quando ocorre omissão imprópria); **f) Unissubjetivo** (pode haver ou não concurso de pessoas); **g) Instantâneo** (consuma-se de imediato) ou **permanente** (conduta se protrai no tempo), a depender do caso; **h) Plurissubsistentes** (a conduta pode ser fracionada, e por isso admite a tentativa); **i)** De **dano** (a consumação enseja violação ao bem jurídico, e não mera exposição a perigo); **j) Doloso.**	9

6. INVASÃO DE ESTABELECIMENTO INDUSTRIAL, COMERCIAL OU AGRÍCOLA, SABOTAGEM

> **Art. 202.** Invadir ou ocupar estabelecimento industrial, comercial ou agrícola, com o intuito de impedir ou embaraçar o curso normal do trabalho, ou com o mesmo fim danificar o estabelecimento ou as coisas nele existentes ou delas dispor:
>
> Pena - reclusão, de um a três anos, e multa.

6.1. Considerações Iniciais

O tipo penal prevê duas figuras criminosas, tratando-se, pois, de um tipo misto. A primeira parte pressupõe a ocupação ou invasão pelo agente no estabelecimento, seja mediante a entrada arbitrária ou com a tomada de posse pela ocupação, com a clara finalidade de atrapalhar, interromper ou evitar que se inicie o curso normal e regular das atividades desenvolvidas ou o curso normal de trabalho.

Já na segunda parte, a conduta consiste em danificar o estabelecimento ou as coisas nele existentes, ou, ainda, delas dispor, cuja finalidade é a mesma descrita para a figura anterior. Assevere-se, pois, que o fim específico é que configura o crime agora estudado, pois a falta dele ensejará adequação à conduta descrita no art. 163 do Código Penal – crime de dano.

Industrial, comercial ou agrícola diz respeito à natureza das atividades desenvolvidas pelo estabelecimento.

A competência para julgamento é da Justiça Federal, haja vista a violação de interesses coletivos.

6.2. Tipicidade Objetiva

As condutas consistem em invadir (ingressar de forma abrupta, violenta, ocupar (entrar na posse) ou danificar (destruir, deteriorar, inutilizar).

6.3. Sujeitos

Sujeito ativo: o sujeito ativo pode ser qualquer pessoa, seja empregado o não do estabelecimento. Trata-se, pois, de um crime comum.

Sujeito passivo: Para a doutrina majoritária, o sujeito passivo será tanto a coletividade quanto o proprietário ou o possuidor do estabelecimento industrial, comercial ou agrícola.

6.4. Objetos

Objeto jurídico: o objeto juridicamente tutelado é, primariamente, a organização do trabalho. De forma secundária, protege-se o estabelecimento industrial.

Objeto material: o objeto material é o estabelecimento industrial, comercial ou agrícola e tudo o que neles há.

6.5. Elemento Subjetivo

O elemento subjetivo exigido no tipo penal é o dolo, pois se exige do agente a vontade consciente de querer ocupar ou invadir o estabelecimento de qualquer das naturezas previstas no artigo, com o fim de causar algum tipo de transtorno ao normal funcionamento das funções exercidas naquele lugar, ou apenas para danificá-lo. É este fim específico que diferencia o crime em estudo da invasão de domicílio, do esbulho possessório e do dano. Não há previsão para sua modalidade culposa.

6.6. Consumação e Tentativa

Na primeira ação, consuma-se o crime quando ocorre a invasão ou ocupação do estabelecimento industrial, comercial ou agrícola, independentemente de o agente ter conseguido efetivamente atrapalhar o normal funcionamento das atividades ali realizadas ou danificar o local. Na segunda ação prevista, o crime atinge o seu momento consumativo com o dano ao estabelecimento ou às coisas nele existentes, ou a disposição destas últimas. A tentativa é admitida.

6.7. Ação Penal

A ação penal é de iniciativa pública incondicionada.

6.8. Penas

A pena para o crime pode ser de reclusão, de um a três anos, e multa. Logo, podemos concluir que:

a) Não é possível a transação penal (art. 76, Lei n. 9.099/95), pois não se trata de infração penal de menor potencial ofensivo;

b) É possível a suspensão condicional do processo (art. 89, Lei n. 9.099/95), pois a pena mínima não ultrapassa um ano.

c) Será cabível a substituição da pena por restritivas de direitos, pois no crime não há violência ou grave ameaça e a pena a ser imposta não ultrapassará quatro anos. Será necessário que se façam presentes os demais requisitos do art. 44, CP.

6.9. Classificação

O crime pode ser classificado como:

a) **Comum** (não exige qualidade especial do sujeito ativo);

b) **Formal** (a consumação não exige a produção de um resultado naturalístico);

c) De **forma livre** (a Lei não estabelece exigência para a forma de execução);

d) **Simples** (tutela apenas um bem jurídico);

e) **Comissivo** (em regra) **ou omissivo** (quando ocorre omissão imprópria);

f) **Unissubjetivo** (pode haver ou não concurso de pessoas);

g) **Instantâneo** (consuma-se de imediato) ou **permanente** (conduta se protrai no tempo), a depender do caso;

h) **Plurissubsistentes** (a conduta pode ser fracionada, e por isso admite a tentativa);

i) De **dano** (a consumação enseja violação ao bem jurídico, e não mera exposição a perigo);

j) **Doloso**.

6.10. Quadro Sinótico

INVASÃO DE ESTABELECIMENTO INDUSTRIAL, COMERCIAL OU AGRÍCOLA, SABOTAGEM		
Considerações Iniciais	O tipo penal prevê duas figuras criminosas, tratando-se, pois, de um tipo misto. A primeira parte pressupõe a ocupação ou invasão pelo agente no estabelecimento, seja mediante a entrada arbitrária ou com a tomada de posse pela ocupação, com a clara finalidade de atrapalhar, interromper ou evitar que se inicie o curso normal e regular das atividades desenvolvidas ou o curso normal de trabalho. Já na segunda parte, a conduta consiste em danificar o estabelecimento ou as coisas nele existentes, ou, ainda, delas dispor, cuja finalidade é a mesma descrita para a figura anterior. A competência para julgamento é da Justiça Federal, haja vista a violação de interesses coletivos.	1
Tipicidade Objetiva	As condutas consistem em invadir (ingressar de forma abrupta, violenta, ocupar (entrar na posse) ou danificar (destruir, deteriorar, inutilizar).	2
Sujeitos	**Sujeito ativo:** o sujeito ativo pode ser qualquer pessoa, seja empregado o não do estabelecimento. Trata-se, pois, de um crime comum. **Sujeito passivo:** Para a doutrina majoritária, o sujeito passivo será tanto a coletividade quanto o proprietário ou o possuidor do estabelecimento industrial, comercial ou agrícola.	3
Objetos	**Objeto jurídico:** o objeto juridicamente tutelado é, primariamente, a organização do trabalho. De forma secundária, protege-se o estabelecimento industrial. **Objeto material:** o objeto material é o estabelecimento industrial, comercial ou agrícola e tudo o que neles há.	4
Elemento Subjetivo	O elemento subjetivo exigido no tipo penal é o dolo, pois se exige do agente a vontade consciente de querer ocupar ou invadir o estabelecimento de qualquer das naturezas previstas no artigo, com o fim de causar algum tipo de transtorno ao normal funcionamento das funções exercidas naquele lugar, ou apenas para danificá-lo. Não há previsão para sua modalidade culposa.	5
Consumação e Tentativa	Na primeira ação, consuma-se o crime quando ocorre a invasão ou ocupação do estabelecimento industrial, comercial ou agrícola, independentemente de o agente ter conseguido efetivamente atrapalhar o normal funcionamento das atividades ali realizadas ou danificar o local. Na segunda ação prevista, o crime atinge o seu momento consumativo com o dano ao estabelecimento ou às coisas nele existentes, ou a disposição destas últimas. A tentativa é admitida.	6
Ação Penal	A ação penal é de iniciativa pública incondicionada.	7
Penas	A pena para o crime pode ser de reclusão, de um a três anos, e multa.	8

Classificação	a) **Comum** (não exige qualidade especial do sujeito ativo); b) **Formal** (a consumação não exige a produção de um resultado naturalístico); c) De forma **livre** (a Lei não estabelece exigência para a forma de execução); d) **Simples** (tutela apenas um bem jurídico); e) **Comissivo** (em regra) ou omissivo (quando ocorre omissão imprópria); f) **Unissubjetivo** (pode haver ou não concurso de pessoas); g) **Instantâneo** (consuma-se de imediato) ou **permanente** (conduta se protrai no tempo), a depender do caso; h) **Plurissubsistentes** (a conduta pode ser fracionada, e por isso admite a tentativa); i) De **dano** (a consumação enseja violação ao bem jurídico, e não mera exposição a perigo); j) **Doloso**.	9

6.11. Questões de Concursos Públicos

01. (INSTITUTO AOCP - 2018 - TRT - 1ª REGIÃO (RJ) - Técnico Judiciário) Determinados empregados de uma empresa metalúrgica invadiram seu estabelecimento no período noturno e destruíram os bens necessários para o trabalho normal existente dentro do estabelecimento, tais como máquinas da linha de produção, em protesto contra medidas de gestão tomadas pelo empregador. A esses trabalhadores é possível imputar a conduta penalmente tipificada como

(A) crime de dano (art. 163, CP).

(B) crime de exercício de atividade com infração de decisão administrativa (art. 205, CP).

(C) crime de paralisação de trabalho, seguida de violência ou perturbação da ordem (art. 200, CP).

(D) crime de invasão de estabelecimento industrial, comercial ou agrícola e sabotagem (art. 202, CP).

(E) crime de exercício arbitrário das próprias razões (art. 345, CP).

02. (CESPE - 2014 - Câmara dos Deputados - Analista Legislativo - Consultor Legislativo Área V) Acerca dos crimes contra a organização do trabalho e da tutela penal laboral, julgue o item a seguir.

Caso trabalhadores de determinado estabelecimento comercial ocupem-no com o intuito de impedir o curso normal do trabalho, configurar-se-á o crime de invasão de estabelecimento industrial, comercial ou agrícola, ainda que não haja dano patrimonial causado pelos trabalhadores.

( ) Certo

( ) Errado

03. (FCC - 2012 - TRT - 1ª REGIÃO (RJ) - Juiz do Trabalho) Configura o crime de sabotagem

(A) danificar estabelecimento industrial, comercial ou agrícola com o intuito de impedir ou embaraçar o curso normal do trabalho.

(B) participar de suspensão ou abandono coletivo de trabalho, provocando a interrupção de obra pública ou serviço de interesse coletivo.

(C) constranger alguém, mediante violência ou grave ameaça, a não fornecer a outrem ou não adquirir de outrem matéria-prima ou produto industrial ou agrícola.

(D) participar de suspensão ou abandono coletivo de trabalho, praticando violência contra pessoa ou contra coisa.

(E) constranger alguém, mediante violência ou grave ameaça, a abrir ou fechar o seu estabelecimento, ou a participar de parede ou paralisação de atividade econômica.

04. (TRT 23R (MT) - 2012 - TRT - 23ª REGIÃO (MT) - Juiz do Trabalho) "João e mais dois de seus empregados, Pedro e Mario, descontentes com o movimento de sua empresa e contrariados com o movimento de empresa vizinha

e concorrente, invadem, fora do expediente, o estabelecimento comercial concorrente praticando depredações e quebrando máquinas e equipamentos, com o único objetivo de prejudicar o curso normal do trabalho ali desempenhado". João, Pedro e Mario praticaram qual crime:

(A) Paralisação de trabalho de interesse coletivo.

(B) Paralisação de trabalho, seguida do violência ou perturbação da ordem.

(C) Atentado com a liberdade de trabalho.

(D) Invasão de estabelecimento industrial, comercial ou agrícola. Sabotagem.

(E) Atentado contra a liberdade de contrato de trabalho e boicotagem violenta.

GABARITO: As respostas destes testes encontram-se no final do livro.

7. FRUSTRAÇÃO DE DIREITO ASSEGURADO POR LEI TRABALHISTA

Art. 203. Frustrar, mediante fraude ou violência, direito assegurado pela legislação do trabalho:

Pena - detenção de um ano a dois anos, e multa, além da pena correspondente à violência.

§ 1° Na mesma pena incorre quem:

I - obriga ou coage alguém a usar mercadorias de determinado estabelecimento, para impossibilitar o desligamento do serviço em virtude de dívida;

II - impede alguém de se desligar de serviços de qualquer natureza, mediante coação ou por meio da retenção de seus documentos pessoais ou contratuais.

§ 2° A pena é aumentada de um sexto a um terço se a vítima é menor de dezoito anos, idosa, gestante, indígena ou portadora de deficiência física ou mental.

7.1. Considerações Iniciais

Trata-se de norma penal em branco, uma vez que os direitos trabalhistas referenciados pelo artigo estão consignados em outras normas, notadamente na Constituição Federal, na CLT e leis especiais.

Neste tipo o agente delituoso priva o titular do direito trabalhista daquilo que lhe é assegurado, mediante fraude ou violência física, não sendo a violência moral meio de execução deste delito.

Atente-se para o fato de que existem direitos trabalhistas que são renunciáveis, pelo que, quanto a estes, entende-se que não restará qualificado o crime caso haja a anuência do trabalhador. Não obstante, em relação àqueles direitos tidos como irrenunciáveis, a anuência do trabalhador será irrelevante, restando, ainda assim, caracterizado o crime.

Quanto à competência para julgamento, tem-se que quando forem atingidos direitos individuais, a competência será do Juizado Especial Criminal Estadual, ao passo que, no caso de violação de interesses coletivos, a competência para julgamento será do Juizado Especial Criminal Federal.

7.2. Tipicidade Objetiva

Ao analisar o núcleo do tipo, temos que frustrar significa afastar, impedir, privar o titular do direito que lhe é assegurado por lei. São exemplos clássicos a conduta de obrigar os empregados a assinarem pedido de demissão dando quitação, ou então a realizar o pagamento de salário inferior ao mínimo legal, mas fazendo com que os funcionários assinem recibo de valor igual ao salário mínimo.

7.3. Sujeitos

Sujeito ativo: o sujeito ativo pode ser qualquer pessoa, configurando, pois, crime comum.

Sujeito passivo: o sujeito passivo é aquele que tem o seu direito trabalhista frustrado.

Há previsão de uma majorante de pena nos casos em que a vítima é menor de dezoito anos, idosa, gestante, indígena ou portadora de deficiência física ou mental. A pena é aumentada de um sexto a um terço.

7.4. Objetos

Objeto jurídico: para a doutrina majoritária, o objeto juridicamente tutelado são os direitos trabalhistas, bem como a organização e a liberdade de trabalho.

Objeto material: o objeto material é a pessoa que tem o seu direito trabalhista frustrado.

7.5. Elemento Subjetivo

O elemento subjetivo exigido é o dolo, pois se exige do agente a vontade consciente de querer tirar do trabalhador o direito que lhe é dado por Lei.

Na conduta prevista no *caput,* não há previsão de elemento subjetivo específico. Por outro lado, nas condutas contidas nos incisos I e II, há o elemento subjetivo específico consistente na pretensão de impossibilitar o desligamento do serviço.

Não há previsão para sua modalidade culposa.

7.6. Consumação e Tentativa

Consuma-se o crime no instante em que o agente priva o titular do seu direito assegurado por lei trabalhista. A tentativa é admitida.

7.7. Ação Penal

A ação penal é de iniciativa pública incondicionada.

7.8. Penas

A pena para o crime pode ser de detenção de um ano a dois anos, e multa. Logo, podemos concluir que:

a) É possível a transação penal (art. 76, Lei n. 9.099/95), pois se trata de infração penal de menor potencial ofensivo;

b) É possível a suspensão condicional do processo (art. 89, Lei n. 9.099/95), pois a pena mínima não ultrapassa um ano.

c) Será cabível a substituição da pena por restritivas de direitos, pois no crime não há violência ou grave ameaça e a pena a ser imposta não ultrapassará quatro anos. Será necessário que se façam presentes os demais requisitos do art. 44, CP.

Ademais, se o crime for praticado mediante emprego da violência, a pena a ela correspondente deve se fazer presente.

7.9. Classificação

O crime pode ser classificado como:

a) **Comum** (não exige qualidade especial do sujeito ativo);

b) **Material** (a consumação exige a produção de um resultado naturalístico) ou **Formal** (na hipótese do inciso I);

c) De **forma livre** (a Lei não estabelece exigência para a forma de execução);

d) **Simples** (tutela apenas um bem jurídico);

e) **Comissivo**;

f) **Unissubjetivo** (pode haver ou não concurso de pessoas);

g) **Instantâneo** (consuma-se de imediato) ou **permanente** (conduta se protrai no tempo), a depender do caso;

h) **Plurissubsistentes** (a conduta pode ser fracionada, e por isso admite a tentativa);

i) De **dano** (a consumação enseja violação ao bem jurídico, e não mera exposição a perigo);

j) **Doloso**.

7.10. Quadro Sinótico

FRUSTRAÇÃO DE DIREITO ASSEGURADO PELA LEI TRABALHISTA		
Considerações Iniciais	Trata-se de norma penal em branco, uma vez que os direitos trabalhistas referenciados pelo artigo estão consignados em outras normas, notadamente na Constituição Federal, na CLT e leis especiais. Neste tipo o agente delituoso priva o titular do direito trabalhista daquilo que lhe é assegurado, mediante fraude ou violência física, não sendo a violência moral meio de execução deste delito.	1

Considerações Iniciais	Quanto à competência para julgamento, tem-se que quando forem atingidos direitos individuais, a competência será do Juizado Especial Criminal Estadual, ao passo que, no caso de violação de interesses coletivos, a competência para julgamento será do Juizado Especial Criminal Federal.	1
Tipicidade Objetiva	Ao analisar o núcleo do tipo, temos que frustrar significa afastar, impedir, privar o titular do direito que lhe é assegurado por lei.	2
Sujeitos	**Sujeito ativo:** o sujeito ativo pode ser qualquer pessoa, configurando, pois, crime comum. **Sujeito passivo:** o sujeito passivo é aquele que tem o seu direito trabalhista frustrado. Há previsão de uma majorante de pena nos casos em que a vítima é menor de dezoito anos, idosa, gestante, indígena ou portadora de deficiência física ou mental. A pena é aumentada de um sexto a um terço.	3
Objetos	**Objeto jurídico:** para a doutrina majoritária, o objeto juridicamente tutelado são os direitos trabalhistas, bem como a organização e a liberdade de trabalho. **Objeto material:** o objeto material é a pessoa que tem o seu direito trabalhista frustrado.	4
Elemento Subjetivo	O elemento subjetivo exigido é o dolo, pois se exige do agente a vontade consciente de querer tirar do trabalhador o direito que lhe é dado por Lei. Na conduta prevista no *caput,* não há previsão de elemento subjetivo específico. Por outro lado, nas condutas contidas nos incisos I e II, há o elemento subjetivo específico consistente na pretensão de impossibilitar o desligamento do serviço. Não há previsão para sua modalidade culposa.	5
Consumação e Tentativa	Consuma-se o crime no instante em que o agente priva o titular do seu direito assegurado por lei trabalhista. A tentativa é admitida.	6
Ação Penal	A ação penal é de iniciativa pública incondicionada.	7
Penas	A pena para o crime pode ser de detenção de um ano a dois anos, e multa.	8
Classificação	**Comum** (não exige qualidade especial do sujeito ativo); **Material** (a consumação exige a produção de um resultado naturalístico) ou **Formal** (na hipótese do inciso I); De forma **livre** (a Lei não estabelece exigência para a forma de execução); **Simples** (tutela apenas um bem jurídico); **Comissivo**; **Unissubjetivo** (pode haver ou não concurso de pessoas); **Instantâneo** (consuma-se de imediato) ou **permanente** (conduta se protrai no tempo), a depender do caso; **Plurissubsistentes** (a conduta pode ser fracionada, e por isso admite a tentativa); De **dano** (a consumação enseja violação ao bem jurídico, e não mera exposição a perigo); **Doloso**.	9

7.11. Questões de Concursos Públicos

01. **(FCC - 2017 - TST - Juiz do Trabalho Substituto) Suponha que Maria, supervisora administrativa do setor de tecelagem da Empresa Júpiter, pessoal e previamente preenchia os controles de ponto dos empregados que lhe eram subordinados, com jornadas inferiores àquelas efetivamente praticadas. Determinava também que os trabalhadores apusessem, dia a dia, as respectivas assinaturas ao lado dos errôneos dados já inseridos, objetivando afastar a necessidade de pagamento de horas extras. Os empregados da empresa, dentre os quais quatro indígenas que residiam no Estado "A", haviam sido atraídos pela empresa para o Estado "B", local de desenvolvimento dos trabalhos, não lhes sendo asseguradas pela empregadora as condições previamente prometidas para retorno ao local de origem, quando ocorreu o encerramento dos pactos de emprego.**

    Nesse caso,

    (A) não se consuma a figura equiparada descrita no art. 207, §1°, parte final, do Código Penal, se os trabalhadores obtiverem por iniciativa própria os recursos para retorno ao Estado de origem, em virtude da recusa da empresa em fornecer os meios a que, para tanto, havia se comprometido desde o início do pacto de emprego.

    (B) no delito de frustração de direito assegurado por lei trabalhista, a existência, como empregados, de indígenas atingidos pelas condutas criminosas é causa de aumento de pena de um sexto a um terço.

    (C) a frustração de direito alicerçado em lei trabalhista somente pode caracterizar crime quando há violência, razão pela qual o errôneo procedimento quanto à jornada não é punível criminalmente no caso concreto.

    (D) não é admissível tentativa no crime de frustração de direito assegurado pela legislação trabalhista, previsto no art. 203, caput, do Código Penal.

    (E) incide a ação penal pública condicionada à representação nos casos de figuras equiparadas ao crime de aliciamento de trabalhadores de um local para outro do território nacional (art. 207, §1°, parte final, do Código Penal).

02. **(MPT - 2015 - MPT - Procurador do Trabalho) Acerca do crime de frustração de direito assegurado por lei trabalhista é INCORRETO afirmar:**

    (A) Admite tentativa.

    (B) Pode ser executado por meio de violência.

    (C) Trata-se de norma penal em branco.

    (D) Não pode ser classificado como crime permanente.

    (E) Não respondida.

03. **(FCC - 2013 - TRT - 6ª Região (PE) - Juiz do Trabalho) O fato de a vítima ser menor de dezoito anos, idosa,gestante, indígena ou portadora de deficiência física ou mental constitui causa de aumento da pena no crime de:**

    (A) atentado contra a liberdade de contrato de trabalho.

    (B) atentado contra a liberdade de trabalho.

    (C) atentado contra a liberdade de associação.

    (D) frustração de direito assegurado por lei trabalhista.

    (E) aliciamento para o fim de imigração.

04. **(TRT 21R (RN) - 2012 - TRT - 21ª Região (RN) - Juiz do Trabalho - 2ª Parte) Helenildo Guerra é dono de uma loja de venda de material de construção e emprega 14 empregados. Os empregados recebem um salário básico mais comissões sobre as vendas, mas o empregador registra em suas Carteiras de Trabalho e Previdência Social, como remuneração, exclusivamente o valor do salário básico, com o objetivo de pagar menos impostos, contribuições para a previdência social e verbas rescisórias. A conduta de Helenildo Guerra constitui crime (s):**

    (A) de frustração de direito assegurado pela legislação trabalhista e falsificação de documento público;

    (B) de frustração de direito assegurado pela legislação trabalhista, que absorve o crime de falsificação de documento público;

    (C) contra a organização do trabalho e falsificação de documento particular;

    (D) de falsidade ideológica e frustração de direito trabalhista, em concurso de crimes, com a agravante de que o empregador prevaleceu-se da sua posição para infringir prejuízo ao sujeito passivo do crime;

    (E) de frustração de direito assegurado pela legislação trabalhista, apenas, sendo a falsificação de documento particular o meio para fraudar a legislação trabalhista.

***GABARITO:** As respostas destes testes encontram-se no final do livro.*

8. FRUSTRAÇÃO DE LEI SOBRE A NACIONALIZAÇÃO DO TRABALHO

> **Art. 204.** Frustrar, mediante fraude ou violência, obrigação legal relativa à nacionalização do trabalho:
>
> Pena – detenção, de um mês a um ano, e multa, além da pena correspondente à violência.

8.1. Considerações Iniciais

Trata-se de norma penal em branco, pois o tipo criminaliza a conduta do agente que priva, mediante fraude ou violência, obrigação legal relativa à nacionalização do trabalho, cujas regras estão insertas na CLT, artigos 352 a 371.

No que tange à nacionalização do trabalho, a Constituição Federal de 1967/1969 previa a fixação das percentagens de empregados brasileiros nos serviços públicos dados em concessão e nos estabelecimentos de determinados ramos comerciais e industriais. Há posicionamento doutrinário no sentido da não recepção do art. 204 do Código Penal pela hodierna Constituição Federal, pois, com a promulgação da Carta Magna de 1988, passou-se a garantir a igualdade entre brasileiros e estrangeiros residentes no país, sendo a todos assegurado o livre exercício de qualquer trabalho, ofício ou profissão, desde que respeitadas as qualificações profissionais estabelecidas em lei. A despeito da discussão da recepção do presente artigo pela Constituição Federal de 1988, cuja conclusão pode tornar inócuo o presente estudo, iremos analisá-lo.

Pois bem. Discussão da recepção ou não do referido artigo à parte, fato é que a CLT, nos arts. 352 e 354, ainda exige uma percentagem mínima de trabalhadores brasileiros. Vejamos:

> *Art. 352. As empresas, individuais ou coletivas, que explorem serviços públicos dados em concessão, ou que exerçam atividades industriais ou comerciais, são obrigadas a manter, no quadro do seu pessoal, quando composto de 3 (três) ou mais empregados, uma proporção de brasileiros não inferior à estabelecida no presente Capítulo.*
>
> Art. 354. A proporcionalidade será de 2/3 (dois terços) de empregados brasileiros, podendo, entretanto, ser fixada proporcionalidade inferior, em atenção às circunstâncias especiais de cada atividade, mediante ato do Poder Executivo, e depois de devidamente apurada pelo Departamento Nacional do Trabalho e pelo Serviço de Estatística de Previdência e Trabalho a insuficiência do número de brasileiros na atividade de que se tratar.
>
> Parágrafo único. A proporcionalidade é obrigatória não só em relação à totalidade do quadro de empregados, com as exceções desta Lei, como ainda em relação à correspondente folha de salários.

Assinale-se, por ser importante, que o simples descumprimento da determinação contida na CLT enseja infração administrativa. Para a caracterização do crime agora estudado, é necessária que a conduta de descumprimento seja realizada mediante fraude ou violência.

Quanto à competência para julgamento, por se tratar de tutela de interesses coletivos, será do Juizado Especial Criminal Federal.

8.2. Tipicidade Objetiva

No que se refere ao núcleo do tipo, temos que frustrar significa afastar, impedir, privar. A conduta recairia sobre obrigação legal relativa à nacionalização do trabalho, e pressupõe violência ou fraude.

8.3. Sujeitos

Sujeito ativo: o sujeito ativo pode ser qualquer pessoa, muito embora a regra seja que o empregador figure nesse polo.

Sujeito passivo: o sujeito passivo é o Estado.

8.4. Objetos

Objeto jurídico: o objeto juridicamente tutelado é o interesse do Estado em garantir reserva de mercado para brasileiros.

Objeto material: o objeto material é o contrato celebrado indevidamente.

8.5. Elemento Subjetivo

O elemento subjetivo exigido no tipo penal é o dolo, pois se exige do agente a vontade consciente de querer enganar, frustrar, mediante fraude ou violência a proteção conferida por lei aos trabalhadores nacionais. Não há previsão para sua modalidade culposa.

8.6. Consumação e Tentativa

Consuma-se o delito no momento em que efetivamente o agente frustra essa proteção conferida por lei ao trabalhador nacional, mediante fraude ou violência. A tentativa é admitida.

8.7. Ação Penal

A ação penal é de iniciativa pública incondicionada.

8.8. Penas

A pena para o crime pode ser de detenção, de um mês a um ano, e multa. Logo, podemos concluir que:

a) É possível a transação penal (art. 76, Lei n. 9.099/95), pois se trata de infração penal de menor potencial ofensivo;

b) É possível a suspensão condicional do processo (art. 89, Lei n. 9.099/95), pois a pena mínima não ultrapassa um ano.

c) Será cabível a substituição da pena por restritivas de direitos, pois no crime não há violência ou grave ameaça e a pena a ser imposta não ultrapassará quatro anos. Será necessário que se façam presentes os demais requisitos do art. 44, CP.

Ademais, se o crime for praticado mediante emprego da violência, a pena a ela correspondente deve se fazer presente.

8.9. Classificação

O crime pode ser classificado como:

a) **Comum** (não exige qualidade especial do sujeito ativo);

b) **Material** (a consumação exige a produção de um resultado naturalístico);

c) De **forma livre** (a Lei não estabelece exigência para a forma de execução);

d) **Simples** (tutela apenas um bem jurídico);

e) **Comissivo**;

f) **Unissubjetivo** (pode haver ou não concurso de pessoas);

g) **Instantâneo** (consuma-se de imediato) ou **permanente** (conduta se protrai no tempo), a depender do caso;

h) **Plurissubsistentes** (a conduta pode ser fracionada, e por isso admite a tentativa);

i) De **dano** (a consumação enseja violação ao bem jurídico, e não mera exposição a perigo);

j) **Doloso.**

8.10. Quadro Sinótico

FRUSTRAÇÃO DE LEI SOBRE A NACIONALIZAÇÃO DO TRABALHO		
Considerações Iniciais	Trata-se de norma penal em branco, pois o tipo criminaliza a conduta do agente que priva, mediante fraude ou violência, obrigação legal relativa à nacionalização do trabalho, cujas regras estão insertas na CLT, artigos 352 a 371. Assinale-se, por ser importante, que o simples descumprimento da determinação contida na CLT enseja infração administrativa. Para a caracterização do crime agora estudado, é necessária que a conduta de descumprimento seja realizada mediante fraude ou violência. Quanto à competência para julgamento, por se tratar de tutela de interesses coletivos, será do Juizado Especial Criminal Federal.	1
Tipicidade Objetiva	No que se refere ao núcleo do tipo, temos que frustrar significa afastar, impedir, privar. A conduta recairia sobre obrigação legal relativa à nacionalização do trabalho, e pressupõe violência ou fraude.	2

Sujeitos	**Sujeito ativo:** o sujeito ativo pode ser qualquer pessoa, muito embora a regra seja que o empregador figure nesse polo. **Sujeito passivo:** o sujeito passivo é o Estado.	3
Objetos	**Objeto jurídico:** o objeto juridicamente tutelado é o interesse do Estado em garantir reserva de mercado para brasileiros. **Objeto material:** o objeto material é o contrato celebrado indevidamente.	4
Elemento Subjetivo	O elemento subjetivo exigido no tipo penal é o dolo, pois se exige do agente a vontade consciente de querer enganar, frustrar, mediante fraude ou violência a proteção conferida por lei aos trabalhadores nacionais. Não há previsão para sua modalidade culposa.	5
Consumação e Tentativa	Consuma-se o delito no momento em que efetivamente o agente frustra essa proteção conferida por lei ao trabalhador nacional, mediante fraude ou violência. A tentativa é admitida.	6
Ação Penal	A ação penal é de iniciativa pública incondicionada.	7
Penas	A pena para o crime pode ser de detenção, de um mês a um ano, e multa.	8
Classificação	a) **Comum** (não exige qualidade especial do sujeito ativo); b) **Material** (a consumação exige a produção de um resultado naturalístico); c) De forma **livre** (a Lei não estabelece exigência para a forma de execução); d) **Simples** (tutela apenas um bem jurídico); e) **Comissivo**; f) **Unissubjetivo** (pode haver ou não concurso de pessoas); g) **Instantâneo** (consuma-se de imediato) ou **permanente** (conduta se protrai no tempo), a depender do caso; h) **Plurissubsistentes** (a conduta pode ser fracionada, e por isso admite a tentativa); i) De **dano** (a consumação enseja violação ao bem jurídico, e não mera exposição a perigo); j) **Doloso**.	9

9. EXERCÍCIO DE ATIVIDADE COM INFRAÇÃO DE DECISÃO ADMINISTRATIVA

> **Art. 205-** Exercer atividade, de que está impedido por decisão administrativa:
> Pena - detenção, de três meses a dois anos, ou multa.

9.1. Considerações Iniciais

A conduta descrita no tipo diz respeito à atividade que o agente está impedido de exercer por decisão administrativa. Essa atividade exercida deve ser entendida como atividade habitual, já que esta é uma característica necessária para a configuração do crime. Logo, deve existir uma prévia decisão administrativa emanada de um órgão da administração pública ou de entidade disciplinadora de profissão, a exemplo dos Conselhos de Classe (autarquias em regime especial).

Em relação à Ordem dos Advogados do Brasil, haja vista a sua natureza *sui generis*, o entendimento do STF é no sentido de que aquele que exerce a profissão de advocacia estando suspenso, incorre na contravenção de exercício ilegal da profissão (art. 47 da LCP). O entendimento do STF se baseia no fato de que as decisões emanadas da referida entidade não têm caráter de decisão administrativa, pelo que resta descaracterizado o crime em questão[2].

Ademais, a decisão judicial não é tutelada pelo dispositivo em análise, pois a desobediência à ordem judicial poderá configurar o delito previsto no art. 359 do Código Penal. Noutro passo, o exercício ilegal de função pública, por sua vez, configura o delito previsto no art. 324 do mesmo diploma. Ainda, cumpre assinalar que o exercício ilegal da medicina, arte dentária ou farmacêutica enseja a caracterização do crime previsto no art. 282 do mesmo Código, haja vista a sua especificidade.

A competência para julgamento é do Juizado Especial Criminal. Se o crime for cometido em detrimento de serviço ou interesse de autarquia federal, a competência será da Justiça Federal.

9.2. Tipicidade Objetiva

A conduta consiste em exercer (praticar, atuar, desempenhar). A conduta pressupõe habitualidade, pois não se exerce uma atividade praticando apenas um ato isolado. Trata-se, portanto, de crime habitual, razão pela qual não será cabível a tentativa.

9.3. Sujeitos

Sujeito ativo: O sujeito ativo é a pessoa impedida de exercer determinada atividade por decisão administrativa.

Sujeito passivo: o sujeito passivo é o Estado, pois ele tem interesse que as suas decisões sejam cumpridas por aqueles que se sujeitam elas.

9.4. Objetos

Objeto jurídico: objeto juridicamente tutelado é a força normativa do Estado em relação às decisões relativas ao exercício de atividade, trabalho.

Objeto material: o objeto material é a atividade desempenhada pelo agente.

9.5. Elemento Subjetivo

O elemento subjetivo exigido para o tipo é o dolo, pois se exige do agente a vontade consciente de querer exercer atividade da qual se encontra devidamente impedido por decisão administrativa. Não há previsão para sua modalidade culposa.

---

2. STF, HC 74.471, rel. Min. Celso de Melo.

9.6. Consumação e Tentativa

Consuma-se o crime com a prática reiterada – habitualidade – dos atos próprios da atividade para a qual se encontre impedido pela decisão administrativa. Dado ao predicado da habitualidade do crime, não se admite a tentativa.

9.7. Ação Penal

A ação penal é de iniciativa pública incondicionada.

9.8. Penas

A pena para o crime pode ser de detenção, de três meses a dois anos, ou multa. Logo, podemos concluir que:

a) É possível a transação penal (art. 76, Lei n. 9.099/95), pois se trata de infração penal de menor potencial ofensivo;

b) É possível a suspensão condicional do processo (art. 89, Lei n. 9.099/95), pois a pena mínima não ultrapassa um ano.

c) Será cabível a substituição da pena por restritivas de direitos, pois no crime não há violência ou grave ameaça e a pena a ser imposta não ultrapassará quatro anos. Será necessário que se façam presentes os demais requisitos do art. 44, CP.

Vale registrar que a multa figura como pena alternativa (e não cumulativa) à pena privativa de liberdade.

9.9. Classificação

O crime pode ser classificado como:

a) **Próprio** (exige qualidade especial do sujeito ativo);

b) **Mera conduta** (não há produção de um resultado naturalístico);

c) De **forma livre** (a Lei não estabelece exigência para a forma de execução);

d) **Simples** (tutela apenas um bem jurídico);

e) **Comissivo** (praticado mediante ação);

f) **Habitual** (consumação pressupõe habitualidade);

g) **Unissubjetivo** (pode haver ou não concurso de pessoas);

h) **Instantâneo** (consuma-se de imediato) ou **permanente** (conduta se protrai no tempo), a depender do caso;

i) **Plurissubsistentes** (a conduta pode ser fracionada, e por isso admite a tentativa);

j) De **dano** (a consumação enseja violação ao bem jurídico, e não mera exposição a perigo);

k) **Doloso**.

9.10. Quadro Sinótico

EXERCÍCIO DE ATIVIDADE COM INFRAÇÃO DE DECISÃO ADMINISTRATIVA		
Considerações Iniciais	A conduta descrita no tipo diz respeito à atividade que o agente está impedido de exercer por decisão administrativa. Essa atividade exercida deve ser entendida como atividade habitual, já que esta é uma característica necessária para a configuração do crime. Logo, deve existir uma prévia decisão administrativa emanada de um órgão da administração pública ou de entidade disciplinadora de profissão, a exemplo dos Conselhos de Classe (autarquias em regime especial). A competência para julgamento é do Juizado Especial Criminal. Se o crime for cometido em detrimento de serviço ou interesse de autarquia federal, a competência será da Justiça Federal.	1
Tipicidade Objetiva	A conduta consiste em exercer (praticar, atuar, desempenhar). A conduta pressupõe habitualidade, pois não se exerce uma atividade praticando apenas um ato isolado. Trata-se, portanto, de crime habitual, razão pela qual não será cabível a tentativa.	2
Sujeitos	**Sujeito ativo:** O sujeito ativo é a pessoa impedida de exercer determinada atividade por decisão administrativa. **Sujeito passivo:** o sujeito passivo é o Estado, pois ele tem interesse que as suas decisões sejam cumpridas por aqueles que se sujeitam elas.	3
Objetos	**Objeto jurídico:** objeto juridicamente tutelado é a força normativa do Estado em relação às decisões relativas ao exercício de atividade, trabalho. **Objeto material:** o objeto material é a atividade desempenhada pelo agente.	4
Elemento Subjetivo	O elemento subjetivo exigido para o tipo é o dolo, pois se exige do agente a vontade consciente de querer exercer atividade da qual se encontra devidamente impedido por decisão administrativa. Não há previsão para sua modalidade culposa.	5
Consumação e Tentativa	Consuma-se o crime com a prática reiterada – habitualidade – dos atos próprios da atividade para a qual se encontre impedido pela decisão administrativa. Dado ao predicado da habitualidade do crime, não se admite a tentativa.	6
Ação Penal	A ação penal é de iniciativa pública incondicionada.	7
Penas	A pena para o crime pode ser de detenção, de três meses a dois anos, ou multa.	8
Classificação	**a)** **Próprio** (exige qualidade especial do sujeito ativo); **b)** **Mera conduta** (não há produção de um resultado naturalístico); **c)** De forma **livre** (a Lei não estabelece exigência para a forma de execução); **d)** **Simples** (tutela apenas um bem jurídico); **e)** **Comissivo** (praticado mediante ação); **f)** **Habitual** (consumação pressupõe habitualidade); **g)** **Unissubjetivo** (pode haver ou não concurso de pessoas); **h)** **Instantâneo** (consuma-se de imediato) ou **permanente** (conduta se protrai no tempo), a depender do caso; **i)** **Plurissubsistentes** (a conduta pode ser fracionada, e por isso admite a tentativa); **j)** De **dano** (a consumação enseja violação ao bem jurídico, e não mera exposição a perigo); **k)** **Doloso.**	9

10. ALICIAMENTO PARA O FIM DE EMIGRAÇÃO

> **Art. 206.** Recrutar trabalhadores, mediante fraude, com o fim de levá-los para território estrangeiro.
>
> Pena - detenção, de 1 (um) a 3 (três) anos e multa.

10.1. Considerações Iniciais

A Lei n. 8.683/93 deu nova redação ao artigo em estudo, criminalizando a conduta do agente que age mediante fraude, recrutando trabalhadores para fins de emigração, ou seja, aquele que mediante falsas promessas de enriquecimento em curto prazo, por exemplo, seduz e convence trabalhadores a irem para território estrangeiro. É necessário que o agente se valha da fraude para estimular os trabalhadores a sair do país, a exemplo de prometer bom emprego e bom salário quando, em verdade, as atividades serão braçais e mal remuneradas.

Atente-se que a conduta de aliciar prostitutas para atuarem no exterior caracteriza o crime previsto no art. 149- A do Código Penal, Tráfico de Pessoas.

A Lei faz referência a trabalhadores, isto é, usa o termo no plural. Há divergência doutrinária no que tange ao quantitativo mínimo. Para Mirabete e Noronha, exigem-se no mínimo três pessoas. Damásio e Delmanto sustentam que a Lei se contenta com o número mínimo de dois trabalhadores.

Quanto à competência para julgamento, por se tratar de tutela de interesses coletivos, será da Justiça Federal.

10.2. Tipicidade Objetiva

A conduta consiste em recrutar (atrair, angariar). Trata-se de um recrutamento mediante fraude, o que caracterizaria um aliciamento. Isto justificaria a rubrica do tipo penal, que se refere ao aliciamento, embora a conduta não contenha o verbo "aliciar".

10.3. Sujeitos

Sujeito ativo: o sujeito ativo pode ser qualquer pessoa, configurando, pois, crime comum.

Sujeito passivo: o sujeito passivo será, em análise primária, o Estado. De forma secundária, tem-se que as vítimas também podem figurar no polo passivo.

10.4. Objetos

Objeto jurídico: o objeto juridicamente tutelado é a organização do trabalho, aqui representada pelo interesse do Estado na permanência de trabalhadores no território brasileiro, buscando evitar, desta forma, a diminuição da mão de obra, o que causaria contratempos à economia nacional.

Objeto material: o objeto material são os trabalhadores aliciados.

10.5. Elemento Subjetivo

O elemento subjetivo exigido no tipo é o dolo, pois se exige do agente a vontade consciente de querer tirar o trabalhador do território nacional se utilizando de conduta fraudulenta para estimulá-lo.

Não há previsão para sua modalidade culposa.

10.6. Consumação e Tentativa

Consuma-se o crime quando o agente recruta os trabalhadores com a finalidade de levá-los ao exterior, não necessitando para a configuração do tipo que haja a saída do país.

A tentativa é admitida, tendo em vista a possibilidade de fracionamento da conduta.

10.7. Ação Penal

A ação penal é de iniciativa pública incondicionada.

10.8. Penas

A pena para o crime pode ser de detenção, de 1 (um) a 3 (três) anos e multa. Logo, podemos concluir que:

a) Não é possível a transação penal (art. 76, Lei n. 9.099/95), pois se trata de infração penal de menor potencial ofensivo;

b) É possível a suspensão condicional do processo (art. 89, Lei n. 9.099/95), pois a pena mínima não ultrapassa um ano.

c) Será cabível a substituição da pena por restritivas de direitos, pois no crime não há violência ou grave ameaça e a pena a ser imposta não ultrapassará quatro anos. Será necessário que se façam presentes os demais requisitos do art. 44, CP.

10.9. Classificação

O crime pode ser classificado como:

a) **Comum** (não exige qualidade especial do sujeito ativo);

b) **Formal** (a consumação não depende da produção de um resultado naturalístico);

c) De **forma livre** (a Lei não estabelece exigência para a forma de execução);

d) **Simples** (tutela apenas um bem jurídico);

e) **Comissivo** (praticado mediante ação);

f) **Unissubjetivo** (pode haver ou não concurso de pessoas);

g) **Instantâneo** (consuma-se de imediato)

h) **Plurissubsistentes** (a conduta pode ser fracionada, e por isso admite a tentativa);

i) De **dano** (a consumação enseja violação ao bem jurídico, e não mera exposição a perigo);

j) **Doloso.**

10.10. Quadro Sinótico

ALICIAMENTO PARA O FIM DE EMIGRAÇÃO		
Considerações Iniciais	A Lei n. 8.683/93 deu nova redação ao artigo em estudo, criminalizando a conduta do agente que age mediante fraude, recrutando trabalhadores para fins de emigração, ou seja, aquele que mediante falsas promessas de enriquecimento em curto prazo, por exemplo, seduz e convence trabalhadores a irem para território estrangeiro. É necessário que o agente se valha da fraude para estimular os trabalhadores a sair do país, a exemplo de prometer bom emprego e bom salário quando, em verdade, as atividades serão braçais e mal remuneradas. A Lei faz referência a trabalhadores, isto é, usa o termo no plural. Há divergência doutrinária no que tange ao quantitativo mínimo. Para Mirabete e Noronha, exigem-se no mínimo três pessoas. Damásio e Delmanto sustentam que a Lei se contenta com o número mínimo de dois trabalhadores. Quanto à competência para julgamento, por se tratar de tutela de interesses coletivos, será da Justiça Federal.	1
Tipicidade Objetiva	A conduta consiste em recrutar (atrair, angariar). Trata-se de um recrutamento mediante fraude, o que caracterizaria um aliciamento.	2
Sujeitos	**Sujeito ativo:** o sujeito ativo pode ser qualquer pessoa, configurando, pois, crime comum. **Sujeito passivo:** o sujeito passivo será, em análise primária, o Estado. De forma secundária, tem-se que as vítimas também podem figurar no polo passivo.	3
Objetos	**Objeto jurídico:** o objeto juridicamente tutelado é a organização do trabalho, aqui representada pelo interesse do Estado na permanência de trabalhadores no território brasileiro, buscando evitar, desta forma, a diminuição da mão de obra, o que causaria contratempos à economia nacional. **Objeto material:** o objeto material são os trabalhadores aliciados.	4
Elemento Subjetivo	O elemento subjetivo exigido no tipo é o dolo, pois se exige do agente a vontade consciente de querer tirar o trabalhador do território nacional se utilizando de conduta fraudulenta para estimulá-lo. Não há previsão para sua modalidade culposa.	5
Consumação e Tentativa	Consuma-se o crime quando o agente recruta os trabalhadores com a finalidade de levá-los ao exterior, não necessitando para a configuração do tipo que haja a saída do país. A tentativa é admitida, tendo em vista a possibilidade de fracionamento da conduta.	6

Ação Penal	Trata-se de crime de ação penal de iniciativa pública incondicionada. Poderá a ação penal converter-se em pública condicionada à representação do ofendido, nas hipóteses do art. 182 do Código Penal, quais sejam se o sujeito passivo é cônjuge judicialmente separado; irmão; e, por fim, tio ou sobrinho, com quem o agente coabita, desde que a vítima não seja pessoa com idade igual ou superior a 60 (sessenta) anos, conforme determina o art. 183 do mesmo diploma legal.	7
Penas	A ação penal é de iniciativa pública incondicionada.	8
Classificação	a) **Comum** (não exige qualidade especial do sujeito ativo); b) **Formal** (a consumação não depende da produção de um resultado naturalístico); c) De forma **livre** (a Lei não estabelece exigência para a forma de execução); d) **Simples** (tutela apenas um bem jurídico); e) **Comissivo** (praticado mediante ação); f) **Unissubjetivo** (pode haver ou não concurso de pessoas); g) **Instantâneo** (consuma-se de imediato) h) **Plurissubsistentes** (a conduta pode ser fracionada, e por isso admite a tentativa); i) De **dano** (a consumação enseja violação ao bem jurídico, e não mera exposição a perigo); j) **Doloso**.	9

10.11. Questões de Concursos Públicos

01. (FGV - 2017 - TRT - 12ª Região (SC) - Analista Judiciário - Oficial de Justiça Avaliador) Claudio, famoso empresário do ramo publicitário, mediante fraude consistente em oferecer casa, carro e salário de R$10.000,00, recruta Marta, trabalhadora, com o fim de levá-la para território estrangeiro para lá exercer suas atividades. Marta, então, aceita a oferta, mas no momento em que embarcaria para o exterior, é abordada pela Polícia, que informa que, na realidade, aquelas ofertas de Claudio eram falsas e que sua intenção era apenas levá-la para trabalhar em outro país em condições diversas daquelas oferecidas. Em razão disso, Claudio é denunciado pelo crime de aliciamento para o fim de emigração. A família de Claudio, então, procura seu advogado para esclarecimentos sobre a denúncia apresentada, informando, ainda, que Claudio confessava o fato, mas esclarecera que era a primeira vez que adotara aquele comportamento e que não tinha a intenção de fazer isso com nenhum outro trabalhador. Considerando a situação narrada, o advogado deverá esclarecer que a conduta do denunciado:

(A) não configura crime contra a organização do trabalho previsto no Código Penal;

(B) configura o crime imputado, na modalidade consumada, diante de sua natureza de crime formal;

(C) configura o crime de aliciamento de trabalhadores de um local para o outro do território nacional, já que Marta não foi para o exterior;

(D) configura o crime imputado, na modalidade tentada, devido à natureza de crime material;

(E) não configura o crime imputado, mas sim de frustração de lei sobre a nacionalização do trabalho, consumado.

02. (MPT - 2017 - MPT - Procurador do Trabalho) Assinale a resposta INCORRETA:

(A) O crime de atentado contra a liberdade de trabalho está disciplinado no título do Código Penal que trata dos crimes contra a organização do trabalho, admitindo a tentativa.

(B) No crime de aliciamento de trabalhadores de um local para outro do território nacional, a pena é aumentada de um sexto a um terço se a vítima é idosa ou gestante.

(C) O crime de aliciamento para o fim de emigração está disciplinado no título do Código Penal que trata dos crimes contra a liberdade pessoal.

(D) O crime de praticar, induzir ou incitar a discriminação de pessoa em razão de sua deficiência é punível com pena de reclusão e multa.

(E) Não respondida.

03. (FCC - 2012 - TRT - 20ª REGIÃO (SE) - Juiz do Trabalho - Tipo 1) A violência NÃO constitui elemento do crime de

(A) aliciamento para fim de emigração.

(B) atentado contra a liberdade de trabalho.

(C) frustração de direito assegurado por lei trabalhista.

(D) atentado contra a liberdade de associação.

(E) frustração de lei sobre a nacionalização do trabalho.

GABARITO: *As respostas destes testes encontram-se no final do livro.*

11. ALICIAMENTO DE TRABALHADORES DE UM LOCAL PARA OUTRO DO TERRITÓRIO NACIONAL

Art. 207. Aliciar trabalhadores, com o fim de levá-los de uma para outra localidade do território nacional:

Pena – detenção de um a três anos, e multa.

§ 1° Incorre na mesma pena quem recrutar trabalhadores fora da localidade de execução do trabalho, dentro do território nacional, mediante fraude ou cobrança de qualquer quantia do trabalhador, ou, ainda, não assegurar condições do seu retorno ao local de origem.

§ 2° A pena é aumentada de um sexto a um terço se a vítima é menor de dezoito anos, idosa, gestante, indígena ou portadora de deficiência física ou mental.

11.1. Considerações Iniciais

São duas as figuras presentes neste tipo. Na primeira figura, semelhante ao artigo anterior, a tutela penal se ocupa com a conduta daquele que alicia trabalhadores com o fim de levá-los de uma localidade a outra dentro do território nacional. A diferença é que o agente não precisa se valer de conduta fraudulenta, ou seja, não há que se falar em falsas promessas, basta que o agente recrute, ainda que com promessas verdadeiras. A ação nuclear consubstancia-se o verbo aliciar, isto é, seduzir, convencer, induzir.

A segunda figura caracteriza-se na conduta de recrutar, que é angariar adeptos, aqui, por meio de fraude ou cobrança de qualquer valor do trabalhador, ou, ainda, através da conduta de não assegurar condições de seu retorno.

O Direito Penal tem o objetivo claro de evitar que as regiões enfraquecidas economicamente sofram ainda mais com a emigração e as regiões mais abastadas sejam sufocadas com o excesso de demanda.

Quanto à competência para julgamento, por se tratar de tutela de interesses coletivos, será da Justiça Federal.

11.2. Tipicidade Objetiva

A conduta consiste em (angariar, atrair mediante fraude). A conduta recai sobre trabalhadores, e exige-se o elemento subjetivo específico consistente na finalidade de levá-los de uma para outra localidade do território nacional.

11.3. Sujeitos

Sujeito ativo: o sujeito ativo pode ser qualquer pessoa, já que se trata de um crime comum.

Sujeito passivo: primariamente, o sujeito passivo é o Estado. De forma secundária, podem figurar como vítimas os trabalhadores aliciados.

11.4. Objetos

Objeto jurídico: objeto juridicamente tutelado é a organização do trabalho, aqui consubstanciado no interesse do Estado em não deslocar a mão de obra artificialmente dentro do território nacional.

Objeto material: o objeto material são os trabalhadores aliciados.

11.5. Elemento Subjetivo

O elemento subjetivo exigido no tipo é o dolo, pois se exige do agente a vontade consciente de querer tirar o trabalhador de uma localidade para outra dentro do território nacional. Não há previsão para sua modalidade culposa.

11.6. Consumação e Tentativa

O delito se consuma no momento em que o agente convence os trabalhadores a se mudarem de uma localidade a outra dentro do território nacional, acertando os meios e condições, não sendo necessário, entretanto, que isso realmente ocorra. No que diz respeito à conduta de não assegurar meios de retorno do trabalhador, restará configurada ainda que a vítima consiga retornar à sua localidade de origem. Em suma, não se exige a produção de resultado naturalístico.

A tentativa é admitida.

11.7. Ação Penal

A ação penal é de iniciativa pública incondicionada.

11.8. Penas

A pena para o crime pode ser de detenção, de 1 (um) a 3 (três) anos e multa. Logo, podemos concluir que:

a) Não é possível a transação penal (art. 76, Lei n. 9.099/95), pois se trata de infração penal de menor potencial ofensivo;

b) É possível a suspensão condicional do processo (art. 89, Lei n. 9.099/95), pois a pena mínima não ultrapassa um ano.

c) Será cabível a substituição da pena por restritivas de direitos, pois no crime não há violência ou grave ameaça e a pena a ser imposta não ultrapassará quatro anos. Será necessário que se façam presentes os demais requisitos do art. 44, CP.

11.9. Classificação

O crime pode ser classificado como:

a) **Comum** (não exige qualidade especial do sujeito ativo) ou **Próprio** (exige qualidade especial do agente), na hipótese de o agente já haver recrutado a vítima e não disponib8ilizar meios de retorno;

b) **Formal** (a consumação não depende da produção de um resultado naturalístico);

c) De **forma livre** (a Lei não estabelece exigência para a forma de execução);

d) **Simples** (tutela apenas um bem jurídico);

e) **Comissivo** (praticado mediante ação);

f) **Unissubjetivo** (pode haver ou não concurso de pessoas);

g) **Instantâneo** (consuma-se de imediato)

h) **Plurissubsistentes** (a conduta pode ser fracionada, e por isso admite a tentativa);

i) De **dano** (a consumação enseja violação ao bem jurídico, e não mera exposição a perigo);

j) **Doloso.**

11.10. Quadro Sinótico

ALICIAMENTO DE TRABALHADORES DE UM LOCAL PARA OUTRO DO TERRITÓRIO NACIONAL		
Considerações Iniciais	São duas as figuras presentes neste tipo. Na primeira figura, a tutela penal se ocupa com a conduta daquele que alicia trabalhadores com o fim de levá-los de uma localidade a outra dentro do território nacional. Ressalte-se que a ação nuclear consubstancia-se o verbo aliciar, isto é, seduzir, convencer, induzir. A segunda figura caracteriza-se na conduta de recrutar, que é angariar adeptos, aqui, por meio de fraude ou cobrança de qualquer valor do trabalhador, ou, ainda, através da conduta de não assegurar condições de seu retorno.	1

Considerações Iniciais	Quanto à competência para julgamento, por se tratar de tutela de interesses coletivos, será da Justiça Federal.	1
Tipicidade Objetiva	A conduta consiste em (angariar, atrair mediante fraude). A conduta recai sobre trabalhadores, e exige-se o elemento subjetivo específico consistente na finalidade de leva-los de uma para outra localidade do território nacional.	2
Sujeitos	**Sujeito ativo:** o sujeito ativo pode ser qualquer pessoa, já que se trata de um crime comum. **Sujeito passivo:** primariamente, o sujeito passivo é o Estado. De forma secundária, podem figurar como vítimas os trabalhadores aliciados.	3
Objetos	**Objeto jurídico:** objeto juridicamente tutelado é a organização do trabalho, aqui consubstanciado no interesse do Estado em não deslocar a mão de obra artificialmente dentro do território nacional. **Objeto material:** o objeto material são os trabalhadores aliciados.	4
Elemento Subjetivo	O elemento subjetivo exigido no tipo é o dolo, pois se exige do agente a vontade consciente de querer tirar o trabalhador de uma localidade para outra dentro do território nacional. Não há previsão para sua modalidade culposa.	5
Consumação e Tentativa	O delito se consuma no momento em que o agente convence os trabalhadores a se mudarem de uma localidade a outra dentro do território nacional, acertando os meios e condições, não sendo necessário, entretanto, que isso realmente ocorra. No que diz respeito à conduta de não assegurar meios de retorno do trabalhador, restará configurada ainda que a vítima consiga retornar à sua localidade de origem. Em suma, não se exige a produção de resultado naturalístico. A tentativa é admitida.	6
Ação Penal	A ação penal é de iniciativa pública incondicionada.	7
Penas	A pena para o crime pode ser de detenção, de 1 (um) a 3 (três) anos e multa.	8
Classificação	**a)** **Comum** (não exige qualidade especial do sujeito ativo) ou **Próprio** (exige qualidade especial do agente), na hipótese de o agente já haver recrutado a vítima e não disponibilizar meios de retorno; **b)** **Formal** (a consumação não depende da produção de um resultado naturalístico); **c)** De forma **livre** (a Lei não estabelece exigência para a forma de execução); **d)** **Simples** (tutela apenas um bem jurídico); **e)** **Comissivo** (praticado mediante ação); **f)** **Unissubjetivo** (pode haver ou não concurso de pessoas); **g)** **Instantâneo** (consuma-se de imediato) **h)** **Plurissubsistentes** (a conduta pode ser fracionada, e por isso admite a tentativa); **i)** De **dano** (a consumação enseja violação ao bem jurídico, e não mera exposição a perigo); **j)** **Doloso.**	9

11.11. Questões de Concursos Públicos

01. **(FCC - 2016 - TRT - 1ª REGIÃO (RJ) - Juiz do Trabalho Substituto) Sandro convence Carolina, Patrícia e Hugo, mediante o pagamento de R$ 100,00 (cem reais) por pessoa, a saírem da cidade onde moram, no Mato Grosso, para irem trabalhar como empregadas em uma fábrica localizada no interior do Amazonas. Lá chegando, os três são admitidos para exercer as mesmas tarefas, na fábrica mencionada por Sandro (sendo este, descobrem as trabalhadoras quando começam a desempenhar as suas atividades, o proprietário da fábrica).**

    Dizendo-se também proprietário do Armazém do Trabalhador, no primeiro dia de trabalho dos três empregados, Sandro diz que, "seria melhor para eles fazerem suas compras na minha venda" e "que isso deixaria o chefe muito feliz". Apesar de o Armazém praticar preços mais elevados e ser razoavelmente mais distante que outros estabelecimentos assemelhados, sentindo seus empregos ameaçados, Carolina e Patrícia passam a fazer as compras naquele estabelecimento, o que acaba por lhes comprometer substancialmente a renda mensal fruto do salário recebido.

    Patrícia e Hugo se filiam ao sindicato que representa os interesses da categoria profissional que integram, começam a participar das atividades e se tornam dirigentes da entidade. Sistematicamente, Sandro se recusa a liberar os dirigentes para participação nas reuniões do sindicato (inclusive uma que iria deliberar acerca de paralisação das atividades em sua fábrica), mesmo tendo Patrícia e Hugo sempre se comprometido a compensar no dia seguinte as horas que deixassem de trabalhar. Na frente de testemunhas, Sandro afirma para ambos: "se vocês saírem antes serão descontados. Se repetirem, serão suspensos e se isso continuar vão ser dispensados por justa causa. A menos que tenham emprego aqui, vão acabar tendo que voltar lá para o Mato Grosso. Vocês que sabem... Aliás, vocês são uns vagabundos de merda mesmo." No entanto, nenhum dos empregados teve o seu contrato de trabalho extinto.

    Admitindo que tudo o narrado seja verdade e esteja comprovado, e com base no Código Penal, em relação aos crimes contra a organização do trabalho, Sandro praticou ao menos:

    (A) Atentado contra a liberdade de associação, Frustração de direito assegurado por lei trabalhista e injúria.

    (B) Atentado contra a liberdade de associação e injúria.

    (C) Frustração de direito assegurado por lei trabalhista e Aliciamento de trabalhadores de um local para o outro do território nacional.

    (D) Aliciamento de trabalhadores de um local para o outro do território nacional.

    (E) Atentando contra a liberdade de associação.

02. **(CESPE - 2014 - Câmara dos Deputados - Analista Legislativo - Consultor Legislativo Área V) Acerca dos crimes contra a organização do trabalho e da tutela penal laboral, julgue o item a seguir.**

    O crime de aliciamento de trabalhadores de um local para outro do território nacional consuma-se, independentemente do êxodo efetivo, no momento em que o trabalhador é convencido a transferir-se de uma localidade para outra.

    ( ) Certo

    ( ) Errado

03. **(TRT 3R - 2014 - TRT - 3ª Região (MG) - Juiz do Trabalho) NÃO é correto afirmar no que concerne ao crime de aliciamento de trabalhadores de um local para outro do território nacional:**

    (A) Configura-se o crime e incorre nas penas previstas aquele que recrutar trabalhadores fora da localidade de execução do trabalho, dentro do território nacional, mediante cobrança de qualquer quantia do trabalhador.

    (B) A pena prevista para o crime de aliciar trabalhadores, com o fim de levá-los de uma para outra localidade do território nacional, é de detenção de um a três anos, e multa.

    (C) Configura-se o crime e incorre nas penas previstas aquele que recrutar trabalhadores fora da localidade de execução do trabalho, dentro do território nacional e não assegurar condições do seu retorno ao local de origem.

    (D) A pena é aumentada um sexto a um terço se a vítima é analfabeta, gestante ou portadora de deficiência física ou mental.

    (E) A pena é aumentada de um sexto a um terço se a vítima é menor de dezoito anos, idosa, indígena.

04. (TRT 24R (MS) - 2012 - TRT - 24ª REGIÃO (MS) - Juiz do Trabalho) Assinale a alternativa CORRETA:

(A) Não constitui crime a frustração de direitos trabalhistas mediante fraude ou coação.

(B) Não constitui crime o cerceamento de uso de qualquer meio de transporte por parte do trabalhador, com o fim de retê-lo no local de trabalho.

(C) Constitui crime o aliciamento de trabalhador de um local para outro do território nacional.

(D) Constitui crime de assédio moral constranger alguém com o intuito de obter vantagem ou favorecimento sexual, prevalecendo-se o agente da sua condição de superior hierárquico ou ascendência inerentes ao exercício de emprego, cargo ou função.

(E) Não constitui crime o pagamento de salários "por fora".

GABARITO: *As respostas destes testes encontram-se no final do livro.*

TÍTULO V

DOS CRIMES CONTRA O SENTIMENTO RELIGIOSO E CONTRA O RESPEITO AOS MORTOS

I

DOS CRIMES CONTRA O SENTIMENTO RELIGIOSO

O sentimento religioso é um dos bens jurídicos protegidos pelo Código Penal. Deste modo, o legislador penal procura dar concretude à preservação do direito constitucional à liberdade religiosa e à proteção aos locais de cultos e suas liturgias (art. 5º, VI, CF).

Os crimes contra o sentimento religioso estão contidos entre os artigos 208 e 212 do Código Penal.

1. ULTRAJE A CULTO E IMPEDIMENTO OU PERTURBAÇÃO DE ATO A ELE RELATIVO

Art. 208. Escarnecer de alguém publicamente, por motivo de crença ou função religiosa; impedir ou perturbar cerimônia ou prática de culto religioso; vilipendiar publicamente ato ou objeto de culto religioso:

Pena – detenção, de um mês a um ano, ou multa.

Parágrafo único. Se há emprego de violência, a pena é aumentada de um terço, sem prejuízo da correspondente à violência.

1.1. Considerações Iniciais

O primeiro dos crimes contra o sentimento religioso está contemplado no art. 208, CP, e traduz uma infração penal de menor potencial ofensivo. O tipo penal é misto, porquanto abrange mais de uma conduta.

O Estatuto do Índio (Lei n. 6.001/73) apresenta, em seu art. 58, um tipo penal similar, nos seguintes moldes.

> "Constituem crimes contra os índios e a cultura indígena:
>
> I – escarnecer de cerimônia, rito, uso, costume ou tradição culturais indígenas, vilipendiá-los ou perturbar, de qualquer modo, a sua prática. Pena – detenção de um a três meses;
>
> II – utilizar o índio ou comunidade indígena como objeto de propaganda turística ou de exibição para fins lucrativos. Pena – detenção de dois a seis meses;

III – propiciar, por qualquer meio, a aquisição, o uso e a disseminação de bebidas alcoólicas, nos grupos tribais ou entre índios não integrados. Pena – detenção de seis meses a dois anos.

Parágrafo único. As penas estatuídas neste artigo são agravadas de um terço, quando o crime for praticado por funcionário ou empregado do órgão de assistência ao índio"..

1.2. Tipicidade Objetiva

O tipo penal do art. 208 traz uma série de condutas distintas. Passemos ao estudo individualizado de cada uma delas:

a) Escarnecer de alguém publicamente, por motivo de crença ou função religiosa;

Escarnecer é zombar, tripudiar, humilhar, menoscabar, diminuir, ridicularizar etc. Como se vê, a partir da literalidade legislativa, somente restará consumado o crime se a conduta se der em público, não havendo que se falar neste delito para eventual ato de escarnecimento em privado, somente agressor e vítima. Em um caso como este, poderá haver algum outro delito, como um crime contra a honra por exemplo.

Ademais, imprescindível estar presente a motivação, atrelada à crença ou função religiosa exercida pela vítima.

b) Impedir ou perturbar cerimônia ou prática de culto religioso;

Nosso Estado é laico e é protegida a liberdade religiosa. Todas as manifestações religiosas merecem respeito e a proteção do Estado contra atos de discriminação. É o que temos neste dispositivo, em que o Código Penal tipifica a conduta daqueles que, violentando as liberdades religiosas alheias, procuram impedir ou perturbar a cerimônia ou o culto religioso.

c) Vilipendiar publicamente ato ou objeto de culto religioso.

Vilipendiar equivale a ofender, humilhar, desprezar, menoscabar.

O art. 208 constitui um tipo penal misto cumulativo. Deste modo, a realização de mais de uma conduta descrita no tipo dará ensejo à prática de mais de um crime.

Ademais, o parágrafo único prevê uma causa de aumento de pena de um terço se há o emprego da violência. O referido aumento ocorre sem prejuízo da condenação penal pena correspondente à violência. Deste modo, se, por exemplo, ao empregar violência contra o sacerdote do culto religioso para impedir a sua ocorrência, o agente produzir-lhe lesão corporal de natureza grave, deverá ser responsabilizado, também, pela pena referente a este delito.

O crime de *ultraje a culto e impedimento ou perturbação de ato a ele relativo* é comum com relação ao sujeito ativo e próprio no que diz respeito ao sujeito passivo, que deverá ser alguém que professe determina crença; doloso; comissivo (podendo, no entanto, ser cometido via omissão imprópria); de forma livre; instantâneo; unissubjetivo; unissubsistente ou plurissubsistente, conforme o caso concreto.

1.3. Sujeitos

Sujeito ativo: qualquer pessoa. Trata-se, portanto, de crime comum.

Sujeito passivo: serão as pessoas que foram escarnecidas, bem como as pessoas vinculadas à cerimônia ou culto religioso impedido ou perturbado. Por fim, também serão sujeitos passivos as pessoas vinculadas ao culto religioso vilipendiado.

1.4. Objetos

Objeto jurídico: o bem jurídico tutelado é o sentimento dos mortos.

Objeto material: o objeto material, a depender da conduta perpetrada, poderá ser a pessoa escarnecida, a cerimônia ou culto religioso impedidos ou perturbados ou, ainda, o ato ou objeto de culto religioso vilipendiados.

1.5. Elemento Subjetivo

É o dolo, consistente na vontade consciente de praticar as condutas descritas no tipo penal.

Não há previsão de modalidade culposa.

1.6. Consumação e Tentativa

O crime se consuma com a realização de quaisquer das condutas descritas no tipo penal. A tentativa é admissível.

1.7. Ação Penal

A ação penal é pública incondicionada.

1.8. Penas

A pena para o crime pode ser de detenção, de um mês a um ano, ou multa. Logo, podemos concluir que, em qualquer dos dois casos:

a) É possível a transação penal (art. 76, Lei n. 9.099/95), pois se trata de infração penal de menor potencial ofensivo;

b) É possível a suspensão condicional do processo (art. 89, Lei n. 9.099/95), pois a pena mínima não ultrapassa um ano.

c) Será cabível a substituição da pena por restritivas de direitos, pois no crime não há violência ou grave ameaça e a pena a ser imposta não ultrapassará quatro anos. Será necessário que se façam presentes os demais requisitos do art. 44, CP.

Vale registrar que há previsão de causa de aumento de pena em um terço se houver emprego de violência. Neste caso, as penas aplicadas serão acrescidas daquelas correspondentes à violência.

1.9. Classificação

O crime pode ser classificado como:

a) **Comum** (não exige qualidade especial do sujeito ativo);

b) **Formal** (a consumação não exige a produção de um resultado naturalístico);

c) De **forma livre** (a Lei não estabelece exigência para a forma de execução);

d) **Simples** (tutela apenas um bem jurídico);

e) **Comissivo** (em regra) **ou omissivo** (quando ocorre omissão imprópria);

f) **Unissubjetivo** (pode haver ou não concurso de pessoas);

g) **Instantâneo** (consuma-se de imediato);

h) **Unissubsistente** (a conduta não pode ser fracionada) ou **Plurissubsistentes** (a conduta pode ser fracionada, e por isso admite a tentativa);

i) De **dano** (a consumação enseja violação ao bem jurídico, e não mera exposição a perigo);

j) **Doloso.**

1.10. Quadro Sinótico

ULTRAJE A CULTO E IMPEDIMENTO OU PERTURBAÇÃO DE ATO A ELE RELATIVO		
Considerações Iniciais	O primeiro dos crimes contra o sentimento religioso está contemplado no art. 208, CP, e traduz uma infração penal de menor potencial ofensivo. O Estatuto do Índio (Lei n. 6.001/73) apresenta, em seu art. 58, um tipo penal similar.	1
Tipicidade Objetiva	**a) Escarnecer de alguém publicamente, por motivo de crença ou função religiosa:** Como se vê, a partir da literalidade legislativa, somente restará consumado o crime se a conduta se der em público. Ademais, imprescindível estar presente a motivação, atrelada à crença ou função religiosa exercida pela vítima; **b) Impedir ou perturbar cerimônia ou prática de culto religioso;** **c) Vilipendiar publicamente ato ou objeto de culto religioso.** O art. 208 constitui um tipo penal misto cumulativo. Deste modo, a realização de mais de uma conduta descrita no tipo dará ensejo à prática de mais de um crime. Ademais, o parágrafo único prevê uma causa de aumento de pena de um terço se há o emprego da violência. O referido aumento ocorre sem prejuízo da condenação penal pena correspondente à violência.	2
Sujeitos	**Sujeito ativo:** qualquer pessoa. Trata-se, portanto, de crime comum. **Sujeito passivo:** serão as pessoas que foram escarnecidas, bem como as pessoas vinculadas à cerimônia ou culto religioso impedido ou perturbado. Por fim, também serão sujeitos passivos as pessoas vinculadas ao culto religioso vilipendiado.	3

Objetos	**Objeto jurídico:** o bem jurídico tutelado é o sentimento dos mortos. **Objeto material:** o objeto material, a depender da conduta perpetrada, poderá ser a pessoa escarnecida, a cerimônia ou culto religioso impedidos ou perturbados ou, ainda, o ato ou objeto de culto religioso vilipendiados.	4
Elemento Subjetivo	É o dolo, consistente na vontade consciente de praticar as condutas descritas no tipo penal. Não há previsão de modalidade culposa.	5
Consumação e Tentativa	O crime se consuma com a realização de quaisquer das condutas descritas no tipo penal. A tentativa é admissível	6
Ação Penal	A ação penal é pública incondicionada.	7
Penas	A pena para o crime pode ser de detenção, de um mês a um ano, ou multa.	8
Classificação	**a)** **Comum** (não exige qualidade especial do sujeito ativo); **b)** **Formal** (a consumação não exige a produção de um resultado naturalístico); **c)** De forma **livre** (a Lei não estabelece exigência para a forma de execução); **d)** **Simples** (tutela apenas um bem jurídico); **e)** **Comissivo** (em regra) ou **omissivo** (quando ocorre omissão imprópria); **f)** **Unissubjetivo** (pode haver ou não concurso de pessoas); **g)** **Instantâneo** (consuma-se de imediato); **h)** **Unissubsistente** (a conduta não pode ser fracionada) ou **Plurissubsistentes** (a conduta pode ser fracionada, e por isso admite a tentativa); **i)** De **dano** (a consumação enseja violação ao bem jurídico, e não mera exposição a perigo); **j)** **Doloso**.	9

1.11. Questões de Concursos Públicos

05. (CESPE - 2017 - DPE-AL - Defensor Público) No que tange aos crimes contra o sentimento religioso, assinale a opção correta.

(A) Para que configure crime, a prática do escárnio deve expressar o fim específico de ofender o sentimento religioso de um indivíduo, como elemento subjetivo do injusto.

(B) A caracterização desse tipo de crime exige que a prática de escárnio seja efetuada na presença do sujeito passivo.

(C) Em caso de escárnio por motivo religioso acompanhado de ofensa a honra individual, o agente responderá em concurso formal de crimes.

(D) Em se tratando de escárnio por motivo religioso, a pena será acrescida de um terço caso se verifique o exercício de violência, desde que voltada contra objetos e esculturas sagradas.

(E) Constitui infração penal o ato de escarnecer, em público, um grupo religioso.

02. (Fundação Carlos Chagas (FCC) - 2018 - Tribunal Regional do Trabalho / 6ª Região (TRT 6ª) - Técnico Judiciário) Abud, praticante da religião W, servidor público do Ministério M, teve sua promoção obstada em face de sua religião. Apesar de possuir todos os requisitos de habilitação e pela lei

ser o momento de sua promoção, soube que a Autoridade com poderes para promovê-lo deliberou por não fazê-lo por preconceito à sua religião.

No caso, a motivação de discriminação religiosa para obstar a promoção funcional em órgão da Administração Pública Direta é

(A) ilícito civil, ensejando danos morais, apenas.

(B) infração meramente administrativa.

(C) crime de preconceito de religião.

(D) conduta não prevista como crime.

(E) infração administrativa e ilícito civil cumuladas, apenas.

***GABARITO:** As respostas destes testes encontram-se no final do livro.*

II

DOS CRIMES CONTRA O RESPEITO AOS MORTOS

1. IMPEDIMENTO OU PERTURBAÇÃO DE CERIMÔNIA FUNERÁRIA

> **Art. 209.** Impedir ou perturbar enterro ou cerimônia funerária:
>
> Pena – detenção, de um mês a um ano, ou multa.
>
> Parágrafo único. Se há emprego de violência, a pena é aumentada de um terço, sem prejuízo da correspondente à violência.

1.1 Considerações Iniciais

O respeito ao sentimento dos familiares e amigos das pessoas falecidas é cultuado há milênios, nas mais variadas sociedades. Por esta razão, tem merecido a proteção jurídica do Direito Penal. No art. 209, CP temos uma infração penal de menor potencial ofensivo.

Há a previsão de uma causa de aumento de pena (art. 209, parágrafo único, CP) para a situação na qual ocorre o emprego da violência física. Neste caso, além da majorante, será possível acrescer à pena aquela correspondente à violência física, isto é, a pena concernente à lesão corporal (art. 129, CP) leve, grave ou gravíssima, por exemplo.

1.2 Tipicidade Objetiva

As condutas são "impedir" ou "perturbar". Impedir significa evitar, impossibilitar; perturbar equivale a tumultuar, embaraçar. As condutas recaem sobre o enterro ou a cerimônia funerária. Enterro diz respeito ao sepultamento do cadáver, e como cerimônia funerária devemos entender todos os atos em homenagem à memória do morto.

1.3. Sujeitos

Sujeito ativo: qualquer pessoa. Trata-se, portanto, de crime comum.

Sujeito passivo: é a coletividade e, mais especificamente, as pessoas que participavam da cerimônia fúnebre.

1.4. Objetos

Objeto jurídico: o bem jurídico tutelado é o sentimento dos mortos.

Objeto material: é o enterro ou cerimônia funerária.

1.5. Elemento Subjetivo

É o dolo. Não há previsão de modalidade culposa.

1.6. Consumação e Tentativa

O crime se consuma com a realização de quaisquer das condutas descritas no tipo penal, isto é, com o efetivo impedimento ou perturbação do enterro ou da cerimônia funerária. A tentativa é admissível.

1.7. Ação Penal

A ação penal é pública incondicionada.

1.8. Penas

A pena para o crime pode ser de detenção, de um mês a um ano, ou multa. Logo, podemos concluir que, em qualquer dos dois casos:

a) É possível a transação penal (art. 76, Lei n. 9.099/95), pois se trata de infração penal de menor potencial ofensivo;

b) É possível a suspensão condicional do processo (art. 89, Lei n. 9.099/95), pois a pena mínima não ultrapassa um ano.

c) Será cabível a substituição da pena por restritivas de direitos, pois no crime não há violência ou grave ameaça e a pena a ser imposta não ultrapassará quatro anos. Será necessário que se façam presentes os demais requisitos do art. 44, CP.

Vale registrar que há previsão de causa de aumento de pena em um terço se houver emprego de violência. Neste caso, as penas aplicadas serão acrescidas daquelas correspondentes à violência.

1.9. Classificação

O crime pode ser classificado como:

a) **Comum** (não exige qualidade especial do sujeito ativo);

b) **Mera conduta** (não há a produção de um resultado naturalístico);

c) De **forma livre** (a Lei não estabelece exigência para a forma de execução);

d) **Simples** (tutela apenas um bem jurídico);

e) **Comissivo** (em regra) **ou omissivo** (quando ocorre omissão imprópria);

f) **Unissubjetivo** (pode haver ou não concurso de pessoas);

g) **Instantâneo** (consuma-se de imediato);

h) **Unissubsistente** (a conduta não pode ser fracionada) ou **Plurissubsistentes** (a conduta pode ser fracionada, e por isso admite a tentativa);

i) De **dano** (a consumação enseja violação ao bem jurídico, e não mera exposição a perigo);

j) **Doloso**.

1.10. Quadro Sinótico

IMPEDIMENTO OU PERTURBAÇÃO DE CERIMÔNIA FUNERÁRIA		
Considerações Iniciais	O respeito ao sentimento dos familiares e amigos das pessoas falecidas é cultuado há milênios, nas mais variadas sociedades. No art. 209, CP temos uma infração penal de menor potencial ofensivo. Há a previsão de uma causa de aumento de pena (art. 209, parágrafo único, CP) para a situação na qual ocorre o emprego da violência física. Neste caso, além da majorante, será possível acrescer à pena aquela correspondente à violência física, isto é, a pena concernente à lesão corporal (art. 129, CP) leve, grave ou gravíssima, por exemplo.	1
Tipicidade Objetiva	As condutas são "impedir" ou "perturbar". As condutas recaem sobre o enterro ou a cerimônia funerária. Enterro diz respeito ao sepultamento do cadáver, e como cerimônia funerária devemos entender todos os atos em homenagem à memória do morto.	2
Sujeitos	**Sujeito ativo:** qualquer pessoa. Trata-se, portanto, de crime comum. **Sujeito passivo:** é a coletividade e, mais especificamente, as pessoas que participavam da cerimônia fúnebre.	3
Objetos	**Objeto jurídico:** o bem jurídico tutelado é o sentimento dos mortos. **Objeto material:** é o enterro ou cerimônia funerária.	4
Elemento Subjetivo	É o dolo. Não há previsão de modalidade culposa.	5
Consumação e Tentativa	O crime se consuma com a realização de quaisquer das condutas descritas no tipo penal, isto é, com o efetivo impedimento ou perturbação do enterro ou da cerimônia funerária. A tentativa é admissível.	6
Ação Penal	A ação penal é pública incondicionada.	7
Penas	A pena para o crime pode ser de detenção, de um mês a um ano, ou multa.	8

Classificação	a) **Comum** (não exige qualidade especial do sujeito ativo); b) **Mera conduta** (não há a produção de um resultado naturalístico); c) De forma **livre** (a Lei não estabelece exigência para a forma de execução); d) **Simples** (tutela apenas um bem jurídico); e) **Comissivo** (em regra) ou **omissivo** (quando ocorre omissão imprópria); f) **Unissubjetivo** (pode haver ou não concurso de pessoas); 9 g) **Instantâneo** (consuma-se de imediato); h) **Unissubsistente** (a conduta não pode ser fracionada) ou Plurissubsistentes (a conduta pode ser fracionada, e por isso admite a tentativa); i) De **dano** (a consumação enseja violação ao bem jurídico, e não mera exposição a perigo); j) **Doloso.**

1.11. Questões de Concursos Públicos

01. (CESPE - 2015 - TJ-PB - Juiz Substituto) Acerca da disciplina legal dos crimes previstos na parte especial do CP, assinale a opção correta.

(A) A conduta de subtrair cadáver de sua sepultura configura crime de furto qualificado.

(B) O ato de escarnecer de alguém publicamente em razão de sua crença ou de sua função religiosa configura crime de injúria qualificada.

(C) Nas figuras qualificadas do crime de direito autoral, é desnecessário que haja o intuito de obter lucro para que seja configurado o referido crime.

(D) No crime de impedimento ou perturbação de enterro ou cerimônia funerária, constitui causa de aumento de pena o fato de o agente praticar o referido crime mediante violência.

(E) A ação penal para os crimes contra a propriedade intelectual é de iniciativa privada e deverá ser ajuizada mediante queixa do ofendido.

02. (MPE-PB - 2010 - MPE-PB - Promotor de Justiça) Estão corretas as proposições abaixo, exceto:

(A) O crime de violação de sepultura é qualificado doutrinariamente como um crime vago.

(B) No lenocínio questuário, aplica-se ao sujeito ativo cumulativamente pena de multa.

(C) Se, durante um velório, vários indivíduos, por questões pessoais e *ex improviso*, iniciarem uma rixa, perturbando a cerimônia funerária, deverão responder pelo crime de impedimento ou perturbação de cerimônia funerária, aplicando-se-lhes a majorante decorrente do emprego de violência e sem prejuízo da pena a esta correspondente.

(D) O crime de inundação admite a responsabilização criminal do agente a título de dolo ou culpa.

(E) Se o agente, pretendendo fraudar a execução, alienar, desviar, destruir ou danificar bens impenhoráveis, não poderá ser responsabilizado penalmente, já que seu comportamento se traduz em um indiferente penal.

GABARITO: *As respostas destes testes encontram-se no final do livro.*

2. VIOLAÇÃO DE SEPULTURA

> **Art. 210.** Violar ou profanar sepultura ou urna funerária:
> Pena - reclusão, de um a três anos, e multa.

2.1. Considerações Iniciais

No crime de "violação de sepultura", temos o mesmo bem jurídico do tipo penal anterior, isto é, o sentimento relacionado aos mortos. Ao contrário, porém, daquele tipo penal, aqui não se trata de infração penal de menor potencial ofensivo.

2.2. Tipicidade Objetiva

As condutas consistem em "violar" ou "profanar". Violar é devassar, abrir, arrebentar; profanar é ultrajar, vilipendiar. Sepultura é o local destinado a se enterrar o cadáver. A urna funerária é destinada a receber as cinzar, oriundas da cremação do corpo.

Trata-se de tipo penal misto alternativo, razão pela qual a prática de mais de uma conduta com o mesmo objeto material dará ensejo a crime único. Assim, se o agente violar e profanar a mesma sepultura, estaremos diante de crime único.

2.3. Sujeitos

Sujeito ativo: qualquer pessoa. Trata-se, portanto, de crime comum.

Sujeito passivo: é a coletividade.

2.4. Objetos

Objeto jurídico: o bem jurídico tutelado é o sentimento dos mortos.

Objeto material: o objeto material é a sepultura ou a urna funerária.

2.5. Elemento Subjetivo

É o dolo. Não há previsão de modalidade culposa.

2.6. Consumação e Tentativa

O crime se consuma com a realização de quaisquer das condutas descritas no tipo penal, isto é, quando a sepultura ou a urna funerária são violadas ou profanadas. A tentativa é admissível.

2.7. Ação Penal

A ação penal é pública incondicionada.

2.8. Penas

A pena para o crime pode ser de reclusão, de um a três anos, e multa. Logo, podemos concluir que, em qualquer dos dois casos:

a) Não é possível a transação penal (art. 76, Lei n. 9.099/95), pois não se trata de infração penal de menor potencial ofensivo;

b) É possível a suspensão condicional do processo (art. 89, Lei n. 9.099/95), pois a pena mínima não ultrapassa um ano.

c) Será cabível a substituição da pena por restritivas de direitos, pois no crime não há violência ou grave ameaça e a pena a ser imposta não ultrapassará quatro anos. Será necessário que se façam presentes os demais requisitos do art. 44, CP.

2.9. Classificação

O crime pode ser classificado como:

a) **Comum** (não exige qualidade especial do sujeito ativo);

b) **Formal** (a consumação não exige a produção de um resultado naturalístico);

c) De **forma livre** (a Lei não estabelece exigência para a forma de execução);

d) **Simples** (tutela apenas um bem jurídico);

e) **Comissivo** (em regra) **ou omissivo** (quando ocorre omissão imprópria);

f) **Unissubjetivo** (pode haver ou não concurso de pessoas);

g) **Instantâneo** (consuma-se de imediato);

h) **Unissubsistente** (a conduta não pode ser fracionada) ou **Plurissubsistentes** (a conduta pode ser fracionada, e por isso admite a tentativa);

i) De **dano** (a consumação enseja violação ao bem jurídico, e não mera exposição a perigo);

j) **Doloso.**

2.10. Quadro Sinótico

VIOLAÇÃO DE SEPULTURA		
Considerações Iniciais	O bem tutelado é o sentimento relacionado aos mortos. Não se trata de infração penal de menor potencial ofensivo.	1
Tipicidade Objetiva	As condutas consistem em "violar" ou "profanar". Sepultura é o local destinado a se enterrar o cadáver. A urna funerária é destinada a receber as cinzar, oriundas da cremação do corpo. Trata-se de tipo penal misto alternativo, razão pela qual a prática de mais de uma conduta com o mesmo objeto material dará ensejo a crime único.	2

Sujeitos	**Sujeito ativo:** qualquer pessoa. Trata-se, portanto, de crime comum. **Sujeito passivo:** é a coletividade.	3
Objetos	**Objeto jurídico:** o bem jurídico tutelado é o sentimento dos mortos. **Objeto material:** o objeto material é a sepultura ou a urna funerária.	4
Elemento Subjetivo	É o dolo. Não há previsão de modalidade culposa.	5
Consumação e Tentativa	O crime se consuma com a realização de quaisquer das condutas descritas no tipo penal, isto é, quando a sepultura ou a urna funerária são violadas ou profanadas. A tentativa é admissível.	6
Ação Penal	A ação penal é pública incondicionada.	7
Penas	A pena para o crime pode ser de reclusão, de um a três anos, e multa.	8
Classificação	**a)** **Comum** (não exige qualidade especial do sujeito ativo); **b)** **Formal** (a consumação não exige a produção de um resultado naturalístico); **c)** De forma **livre** (a Lei não estabelece exigência para a forma de execução); **d)** **Simples** (tutela apenas um bem jurídico); **e)** **Comissivo** (em regra) ou **omissivo** (quando ocorre omissão imprópria); **f)** **Unissubjetivo** (pode haver ou não concurso de pessoas); **g)** **Instantâneo** (consuma-se de imediato); **h)** **Unissubsistente** (a conduta não pode ser fracionada) ou **Plurissubsistentes** (a conduta pode ser fracionada, e por isso admite a tentativa); **i)** De **dano** (a consumação enseja violação ao bem jurídico, e não mera exposição a perigo); **j)** **Doloso**.	9

3. DESTRUIÇÃO, SUBTRAÇÃO OU OCULTAÇÃO DE CADÁVER

> **Art. 211.** Destruir, subtrair ou ocultar cadáver ou parte dele:
> Pena – reclusão, de um a três anos, e multa.

3.1. Considerações Iniciais

Trata-se de mais um tipo penal relacionado à proteção do sentimento em relação aos mortos. A conduta recairá sobre o cadáver, vale dizer, corpo humano sem vida.

3.2. Tipicidade Objetiva

As condutas consistem em "destruir", "subtrair" ou "ocultar". Destruir é conduta que diz respeito à deterioração, pode ser total ou parcial. Subtrair equivale a retirar e ocultar significa esconder. As condutas recaem sobre o cadáver, isto é, o corpo sem vida, ou apenas partes deles.

3.3. Sujeitos

Sujeito ativo: qualquer pessoa. Trata-se, pois, de crime comum.

Sujeito passivo: é a coletividade e, particularmente, a família do morto.

3.4. Objetos

Objeto jurídico: o bem jurídico tutelado é o sentimento dos mortos.

Objeto material: é o cadáver ou parte dele.

3.5. Elemento Subjetivo

É o dolo. Não há previsão de modalidade culposa.

3.6. Consumação e Tentativa

O crime se consuma com a realização de quaisquer das condutas descritas no tipo penal. A tentativa é admissível.

3.7. Ação Penal

A ação penal é pública incondicionada.

3.8. Penas

A pena para o crime pode ser de reclusão, de um a três anos, e multa. Logo, podemos concluir que, em qualquer dos dois casos:

a) Não é possível a transação penal (art. 76, Lei n. 9.099/95), pois não se trata de infração penal de menor potencial ofensivo;

b) É possível a suspensão condicional do processo (art. 89, Lei n. 9.099/95), pois a pena mínima não ultrapassa um ano.

c) Será cabível a substituição da pena por restritivas de direitos, pois no crime não há violência ou grave ameaça e a pena a ser imposta não ultrapassará quatro anos. Será necessário que se façam presentes os demais requisitos do art. 44, CP.

3.9. Classificação

O crime pode ser classificado como:

a) **Comum** (não exige qualidade especial do sujeito ativo);

b) **Formal** (a consumação não exige a produção de um resultado naturalístico);

c) De **forma livre** (a Lei não estabelece exigência para a forma de execução);

d) **Simples** (tutela apenas um bem jurídico);

e) **Comissivo** (em regra) **ou omissivo** (quando ocorre omissão imprópria);

f) **Unissubjetivo** (pode haver ou não concurso de pessoas);

g) **Instantâneo** (consuma-se de imediato) ou **permanente** (a conduta se protrai no tempo), na conduta "ocultar";

h) **Plurissubsistente**s (a conduta pode ser fracionada, e por isso admite a tentativa);

i) De **dano** (a consumação enseja violação ao bem jurídico, e não mera exposição a perigo);

j) **Doloso**.

3.10. Quadro Sinótico

DESTRUIÇÃO, SUBTRAÇÃO OU OCULTAÇÃO DE CADÁVER		
Considerações Iniciais	A conduta recairá sobre o cadáver, vale dizer, corpo humano sem vida.	1
Tipicidade Objetiva	As condutas consistem em "destruir", "subtrair" ou "ocultar". As condutas recaem sobre o cadáver, isto é, o corpo sem vida, ou apenas partes deles.	2
Sujeitos	**Sujeito ativo:** qualquer pessoa. Trata-se, pois, de crime comum. **Sujeito passivo:** é a coletividade e, particularmente, a família do morto.	3
Objetos	**Objeto jurídico:** o bem jurídico tutelado é o sentimento dos mortos. **Objeto material:** é o cadáver ou parte dele.	4
Elemento Subjetivo	É o dolo. Não há previsão de modalidade culposa.	5
Consumação e Tentativa	O crime se consuma com a realização de quaisquer das condutas descritas no tipo penal. A tentativa é admissível.	6
Ação Penal	A ação penal é pública incondicionada.	7
Penas	A pena para o crime pode ser de reclusão, de um a três anos, e multa.	8
Classificação	**a) Comum** (não exige qualidade especial do sujeito ativo); **b) Formal** (a consumação não exige a produção de um resultado naturalístico); **c)** De forma **livre** (a Lei não estabelece exigência para a forma de execução); **d) Simples** (tutela apenas um bem jurídico); **e) Comissivo** (em regra) ou **omissivo** (quando ocorre omissão imprópria); **f) Unissubjetivo** (pode haver ou não concurso de pessoas); **g) Instantâneo** (consuma-se de imediato) ou permanente (a conduta se protrai no tempo), na conduta "ocultar"; **h) Plurissubsistentes** (a conduta pode ser fracionada, e por isso admite a tentativa); **i)** De **dano** (a consumação enseja violação ao bem jurídico, e não mera exposição a perigo); **j) Doloso**.	9

3.11. Questões de Concursos Públicos

01. (MPE-GO - 2012 - MPE-GO - Promotor de Justiça) No tocante ao delito de destruição, subtração ou ocultação de cadáver (art. 211 do Código Penal), assinale o enunciado incorreto:

(A) Trata-se de crime compatível com o benefício da suspensão condicional do processo (Lei n° 9.099/1995, art. 89), vez que a pena prevista é de reclusão, de um a três anos, e multa.

(B) Segundo consolidada jurisprudência do STF, na modalidade "ocultar", o crime é permanente

(C) Sua consumação dá-se somente com a destruição total do cadáver

(D) A "múmia" não ingressa no conceito de cadáver, vez que o interesse é meramente histórico ou arqueológico, não havendo ofensa ao sentimento de respeito aos mortos

02. (CESPE - 2011 - DPE-MA - Defensor Público) Em relação aos crimes contra o sentimento religioso, o respeito aos mortos e aos crimes contra a família, assinale a opção correta.

(A) Ainda que declarada anteriormente a atipicidade do crime de bigamia, subsiste a figura delitiva conexa da falsidade ideológica, por não ser aplicável a essas hipóteses o princípio da consunção.

(B) No delito de induzimento a erro essencial, a ação penal depende de queixa do contraente enganado e pode ser intentada independentemente do trânsito em julgado da sentença que, pelo erro, anule o casamento.

(C) Aquele que deixa o próprio filho em casa de família desconhecida, ocultando-lhe a filiação, com o fim de prejudicar direito inerente ao estado civil, responde pelo delito de sonegação de estado de filiação.

(D) O sujeito passivo do delito de ocultação de cadáver, delito vago, que não possui sujeito passivo determinado, é a coletividade.

(E) O delito de vilipendiar cadáver ou suas cinzas é infração penal de menor potencial ofensivo, dada a pena máxima cominada.

***GABARITO:** As respostas destes testes encontram-se no final do livro.*

4. VILIPÊNDIO A CADÁVER

Art. 212. Vilipendiar cadáver ou suas cinzas:
Pena - detenção, de um a três anos, e multa.

4.1. Considerações Iniciais

Tal como ocorre com o tipo penal anterior, o bem jurídico tutelado é o sentimento em relação aos mortos. Diversamente do antecedente, porém, a conduta não recai apenas sobre o cadáver, mas também sobre as cinzas.

4.2. Tipicidade Objetiva

A conduta é vilipendiar, que equivale a ultrajar, desrespeitar. Pode recair sobre o cadáver (corpo sem vida) ou as cinzas provenientes de sua cremação.

4.3. Sujeitos

Sujeito ativo: qualquer pessoa.

Sujeito passivo: é a coletividade e, particularmente, a família do morto.

4.4. Objetos

Objeto jurídico: o bem jurídico tutelado é o sentimento dos mortos.

Objeto material: é o cadáver ou as suas cinzas.

4.5. Elemento Subjetivo

É o dolo. Não há previsão de modalidade culposa.

4.6. Consumação e Tentativa

O crime se consuma com a realização da conduta descrita no tipo penal, isto é, com o efetivo vilipêndio ao cadáver ou a suas cinzas. A tentativa é admissível.

4.7. Ação Penal

A ação penal é pública incondicionada.

4.8. Penas

A pena para o crime pode ser de detenção, de um a três anos, e multa. Logo, podemos concluir que, em qualquer dos dois casos:

a) Não é possível a transação penal (art. 76, Lei n. 9.099/95), pois não se trata de infração penal de menor potencial ofensivo;
b) É possível a suspensão condicional do processo (art. 89, Lei n. 9.099/95), pois a pena mínima não ultrapassa um ano.
c) Será cabível a substituição da pena por restritivas de direitos, pois no crime não há violência ou grave ameaça e a pena a ser imposta não ultrapassará quatro anos. Será necessário que se façam presentes os demais requisitos do art. 44, CP.

4.9. Classificação

O crime pode ser classificado como:

a) **Comum** (não exige qualidade especial do sujeito ativo);
b) **Formal** (a consumação não exige a produção de um resultado naturalístico);
c) De **forma livre** (a Lei não estabelece exigência para a forma de execução);
d) **Simples** (tutela apenas um bem jurídico);

e) **Comissivo** (em regra) **ou omissivo** (quando ocorre omissão imprópria);
f) **Unissubjetivo** (pode haver ou não concurso de pessoas);
g) **Instantâneo** (consuma-se de imediato);
h) **Unissubsistente** (a conduta não pode ser fracionada) ou **Plurissubsistentes** (a conduta pode ser fracionada, e por isso admite a tentativa);
i) De **dano** (a consumação enseja violação ao bem jurídico, e não mera exposição a perigo);
j) **Doloso.**

4.10. Quadro Sinótico

VILIPÊNDIO A CADÁVER		
Considerações Iniciais	O bem jurídico tutelado é o sentimento em relação aos mortos. A conduta não recai apenas sobre o cadáver, mas também sobre as cinzas.	1
Tipicidade Objetiva	A conduta é vilipendiar, que equivale a ultrajar, desrespeitar. Pode recair sobre o cadáver (corpo sem vida) ou as cinzas provenientes de sua cremação.	2
Sujeitos	**Sujeito ativo:** qualquer pessoa. **Sujeito passivo:** é a coletividade e, particularmente, a família do morto.	3
Objetos	**Objeto jurídico:** o bem jurídico tutelado é o sentimento dos mortos. **Objeto material:** é o cadáver ou as suas cinzas.	4
Elemento Subjetivo	É o dolo. Não há previsão de modalidade culposa.	5
Consumação e Tentativa	O crime se consuma com a realização da conduta descrita no tipo penal, isto é, com o efetivo vilipêndio ao cadáver ou a suas cinzas. A tentativa é admissível.	6
Ação Penal	A ação penal é pública incondicionada.	7
Penas	A pena para o crime pode ser de detenção, de um a três anos, e multa.	8
Classificação	**a) Comum** (não exige qualidade especial do sujeito ativo); **b) Formal** (a consumação não exige a produção de um resultado naturalístico); **c)** De forma **livre** (a Lei não estabelece exigência para a forma de execução); **d) Simples** (tutela apenas um bem jurídico); **e) Comissivo** (em regra) ou **omissivo** (quando ocorre omissão imprópria); **f) Unissubjetivo** (pode haver ou não concurso de pessoas); **g) Instantâneo** (consuma-se de imediato); **h) Unissubsistente** (a conduta não pode ser fracionada) ou **Plurissubsistentes** (a conduta pode ser fracionada, e por isso admite a tentativa); **i)** De **dano** (a consumação enseja violação ao bem jurídico, e não mera exposição a perigo); **j) Doloso.**	9

4.11. Questões de Concursos Públicos

01. (VUNESP - 2014 - PC-SP - Atendente de Necrotério Policial) O ato de vilipendiar cadáver

(A) não caracteriza figura delitiva autônoma, mas apenas é qualificadora do crime de violação de sepultura.

(B) é crime contra o respeito aos mortos, punido com pena de detenção.

(C) não caracteriza figura delitiva autônoma, mas apenas é qualificadora do crime de impedimento ou perturbação de cerimônia funerária.

(D) é contravenção contra a polícia de costumes, punida com prisão simples e multa.

(E) não caracteriza crime ou contravenção.

02. (VUNESP - 2014 - PC-SP - Auxiliar de Necropsia) Herculano é inimigo de Tércio. Este faleceu, e seu corpo foi cremado. Ainda com muito ódio de seu finado desafeto, Herculano, logo após a cerimônia funerária, veio a despejar líquido sujo sobre as cinzas do cadáver de Tércio. Nessa situação, o Código Penal dispõe que Herculano

(A) deverá responder pelo crime de vilipêndio a cadáver.

(B) deverá responder pelo crime de destruição de cadáver.

(C) deverá responder pelo crime de perturbação de cerimônia funerária.

(D) deverá responder pelo crime de perturbação do sossego alheio.

(E) não deverá responder por crime algum, visto que sua conduta não configura crime.

03. (Coordenadoria de Concurso e Exames Vestibulares (CEV / UFMT) - 2017 - POLITEC - MT - Técnico em Necropsia) Um funcionário de um Instituto Médico Legal filmou com seu celular uma necropsia e divulgou a gravação a seus amigos, expondo o corpo da vítima de maneira humilhante e desumana. De acordo com o artigo 212 do Código Penal Brasileiro, a pena para esse tipo de crime é de detenção, de 1 a 3 anos, e multa. Nesse caso, o funcionário cometeu o crime de

(A) Vilipêndio.

(B) Calúnia.

(C) Injúria.

(D) Difamação.

GABARITO: *As respostas destes testes encontram-se no final do livro..*

TÍTULO VI

DOS CRIMES CONTRA A DIGNIDADE SEXUAL

NOÇÕES INTRODUTÓRIAS

O Título VI do Código Penal, com a nova redação dada pela Lei nº 12.015, de 07 de agosto de 2009, passou a prever os chamados *crimes contra a dignidade sexual*, alterando, desta forma, a redação anterior constante do referido Título, que previa os *crimes contra os costumes*, expressão que já não mais traduz a realidade dos bens juridicamente protegidos pelos seus tipos penais. O Estado já não tutela mais a forma como as pessoas devem se comportar sexualmente perante a sociedade, mas sim a *dignidade sexual* das pessoas, que é uma das espécies do gênero *dignidade da pessoa humana*.

I

DOS CRIMES CONTRA A LIBERDADE SEXUAL

1. ESTUPRO

> **Art. 213**. Constranger alguém, mediante violência ou grave ameaça, a ter conjunção carnal ou a praticar ou permitir que com ele se pratique outro ato libidinoso:
>
> Pena - reclusão, de 6 (seis) a 10 (dez) anos.
>
> § 1° Se da conduta resulta lesão corporal de natureza grave ou se a vítima é menor de 18 (dezoito) ou maior de 14 (catorze) anos:
>
> Pena - reclusão, de 8 (oito) a 12 (doze) anos.
>
> § 2° Se da conduta resulta morte:
>
> Pena - reclusão, de 12 (doze) a 30 (trinta) anos.

1.1. Considerações Iniciais

Outrora, o presente artigo cuidava apenas da tutela da liberdade sexual da mulher, consistente no direito de não ser compelida a manter conjunção carnal com um homem. E isto porque o tipo penal possuía a seguinte redação: "constrangem mulher à conjunção carnal, mediante violência ou grave ameaça".

Como se vê, a vítima do crime seria, necessariamente, mulher, e a conduta consistia apenas em conjunção carnal (coito vagínico). As condutas sexuais mediante violência ou grave ameaça distintas da conjunção carnal, tendo como vítimas homens ou mulheres, eram tipificadas no crime de "atentado violento ao pudor", que se encontrava no art. 214, CP.

Ocorre que com a nova redação do artigo em epígrafe, dada pela Lei n. 12.015/2009, passou-se a tipificar a conduta de constranger qualquer pessoa – abrangendo, portanto, o homem e a mulher – a ter conjunção carnal ou a praticar ou permitir que com ele se pratique outro ato libidinoso. Assim, tendo em vista incidência da Lei n. 12.015/2009, a conduta antes tipificada como atentado violento ao pudor (revogado art. 214, do CP), agora integra o delito de estupro. Percebam que não houve uma *abolitio criminis*, mas, tão somente, uma mudança de um tipo para outro.

Na redação anterior à Lei n. 12.015/2009, teríamos concurso de crimes entre o "estupro" e o "atentado violento ao pudor" no caso em que o estuprador pratica com a vítima a conjunção carnal e um ato libidinoso diverso, como o sexo anal. Da leitura do artigo, vê-se que o crime de estupro passou a ser – desde o advento da mudança levada a cabo pela Lei n. 12.015/2009 – de conduta múltipla. Desta forma, praticando o agente mais de um núcleo, dentro do mesmo contexto fático, não desnatura a unidade do crime. A mudança, portanto, é mais benéfica para o acusado, devendo alcançar os fatos pretéritos (retroagir em benefício), consoante o art. 2°, parágrafo único, do Código Penal.

Por outras palavras, após a mudança do Código Penal realizada pela Lei n. 12.015/2009, a conduta do agente que pratica com a vítima, mediante violência ou grave ameaça, conjunção carnal e outro ato libidinoso passou a ser crime único. Por ocasião da dosimetria da pena, caberá ao juiz apreciar essa questão atinente à multiplicidade de condutas, mas haverá apenas um crime.

A despeito de controvérsias ainda existentes em sede doutrinária, o STJ tem entendido que o beijo lascivo é modalidade de ato libidinoso e, por tal razão, se obtido mediante violência ou grave ameaça constitui crime de estupro[1].

A prova do crime de estupro consiste na demonstração de materialidade e autoria. Entretanto, nem sempre ele deixa vestígios, como por exemplo, na hipótese de tentativa. O art. 158 do Código de Processo Penal determina que se "a infração deixar vestígios, será indispensável o exame de corpo e delito, direto ou indireto, não podendo supri-lo a confissão do acusado". Contudo, a ausência do exame pericial poderá ser suprida pela existência de outras provas.

Ademais, diante da ausência do exame de corpo de delito, faz-se importante registrar que entra em cena a palavra da vítima, pois se os vestígios já desapareceram, ou então sequer existiram, a prova testemunhal assume relevante papel. Ora, as provas não têm valores previamente estabelecidos, razão pela qual o magistrado poderá fazer uso da prerrogativa do livre convencimento e, ainda que diante da ausência do referido exame, fundamentar a sua decisão pela condenação.

O artigo também prevê qualificadoras da conduta caso dela decorra lesão grave ou morte da vítima. Portanto, será estupro qualificado se dele advier a morte da vítima ou resultar lesão corporal de natureza leve ou grave, desde que o dolo tenha sido apenas para o cometimento do ato libidinoso (crime preterdoloso). Se os desígnios de morte e lesão forem autônomos, responderá o agente em concurso material de crimes. Também será qualificado o estupro, se a vítima for menor de 18 anos de idade. Logicamente **a vítima deve ter idade superior a 14 anos**, pois se menor, **haverá estupro de vulnerável,** conduta inserta em outro artigo do Código Penal (art.217-A do CP).

Atente-se, ainda, para as hipóteses de aumento de pena inseridas nas Disposições Gerais do Título agora estudado, umas valem para os crimes previstos nos arts. 213 a 218 (art. 226) e outras são aplicáveis a todos os crimes contra a dignidade sexual (234 – A).

1. STJ, RHC 93.906/PA, rel. Min. Ribeiro Dantes, Quinta Turma, julgado em 21/03/2017.

Nesse sentido, se o crime é cometido com o **concurso de duas ou mais pessoas**, deve a pena ser aumentada de quarta parte (art. 226, I). Ademais, se o **agente é ascendente, padrasto, tio, irmão, cônjuge, companheiro, tutor, curador, preceptor ou empregador da vítima, ou, por qualquer outro modo, tenha autoridade sobre ela**, a pena deve ser aumentada de metade (art. 226, II). Ainda na seara das majorantes, assinale-se que a pena é aumentada de metade se do estupro **resultar gravidez** e de um sexto até a metade (art. 234 – A, III), **se o agente transmite à vítima doença sexualmente transmissível de que sabe ou deveria saber ser portador** (art. 234 – A, IV).

Responde por **estupro em concurso formal com o crime do art. 130 (Perigo de Contágio de Moléstia Venérea)** se o estuprador sabe ou deveria saber que está contaminado com doença venérea, expondo a vítima, assim, ao risco de contrair a moléstia. A configuração desse crime pressupõe que o ato sexual seja capaz de transmitir a doença.

Se a intenção do estuprador era transmitir a doença, reponde por estupro em concurso formal com o crime qualificado do art. 130, **§ 1°, desde que a doença não seja transmitida.**

Havendo a transmissão, aplica-se a causa de aumento prevista para o estupro (art. 234 - A, IV).

1.2. Tipicidade Objetiva

No núcleo do tipo penal está o verbo constranger (subjugar, sujeitar, obrigar, forçar) alguém, comportamento este que deve ser realizado mediante violência ou grave ameaça. Assinale-se que não é necessária para a caracterização do crime a chamada "resistência heroica", quando a vítima luta fisicamente com o agente delituoso até que estejam esgotadas as suas últimas forças.

Ademais, consoante o **Informativo 592 do STJ**, "Subsume-se ao crime previsto no art. 213, § 1°, do CP – a conduta de agente que abordou de forma violenta e sorrateira a vítima com a intenção de satisfazer sua lascívia, o que ficou demonstrado por sua declarada intenção de "ficar" com a jovem – adolescente de 15 anos – e pela ação de impingir-lhe, à força, um beijo, após ser derrubada ao solo e mantida subjugada pelo agressor, que a imobilizou pressionando o joelho sobre seu abdômen"[2].

Tem-se por conjunção carnal a cópula vagínica, ou seja, a penetração efetiva do membro viril na vagina. Já ato libidinoso compreende outras formas de realização do ato sexual, que não a conjunção carnal, a exemplo da cópula oral ou anal.

Para a caracterização do crime de estupro não é necessário o contato físico entre o autor do crime e a vítima[3].

2. STJ, REsp 1.611.910-MT, **rel. Min. Rogerio Schietti Cruz.**
3. STJ, AgRg no Resp 1.819.419/MT, rel. Min. Ribeiro Dantas, Quinta Turma, julgado em 19/09/2019.

1.3. Sujeitos

Sujeito ativo: o sujeito ativo pode ser qualquer pessoa, representando essa conduta, pois, *delicta communi,* ou seja, crime comum, não sendo necessária qualquer qualificação para o agente delituoso.

Por fim, conforme já mencionado, se o agente se enquadrar em uma das hipóteses previstas no art. 226 do CP, a pena será aumentada de quarta parte.

Sujeito passivo: o sujeito passivo poderá ser qualquer pessoa (homem ou mulher).

1.4. Objetos

Objeto jurídico: o objeto juridicamente tutelado é a liberdade sexual.

Objeto material: o objeto material é a pessoa contra a qual se dirige a conduta criminosa, independentemente do seu sexo.

1.5. Elemento Subjetivo

O elemento subjetivo exigido no tipo penal é o dolo, consubstanciado na vontade consciente de constranger alguém à conjunção carnal ou a praticar ou permitir que com ele se pratique outro ato libidinoso, mediante o emprego de violência ou grave ameaça.

Não há dolo específico, isto é, não se exige qualquer finalidade específica. Evidentemente, na larga maioria dos casos, o agente possui a finalidade de satisfazer a própria lascívia. Porém, esta finalidade é dispensável para a caracterização do crime. Logo, haverá crime quando, por exemplo, o estupro possui por finalidade humilhar ou castigar (chamado de "estupro corretivo") a pessoa.

Não há previsão para modalidade culposa.

1.6. Consumação e Tentativa

Consuma-se o crime com a prática do ato libidinoso buscado pelo agente. A forma tentada é perfeitamente cabível.

1.7. Ação Penal

A ação penal será pública incondicionada, conforme o art. 225 do Código Penal, alterado pela Lei n. 13.718/2018.

Para os crimes ocorridos até o advento da Lei n. 13718/2018, aplica-se o regramento legislativo anterior, pois a mudança da ação penal para a iniciativa pública incondicionada é prejudicial ao réu (*novatio legis in pejus*), não podendo, portanto, retroagir, para alcançar fatos pretéritos. Neste ponto, vale salientar que a Lei que promove mudanças na modalidade de ação penal não é apenas processual, possuindo, isso sim, natureza mista.

Antes do advento da Lei n. 13.718/2018, os crimes contra a liberdade sexual, incluindo o de estupro, eram, em regra, de ação penal pública condicionada à representação do ofendido. Contudo, este tipo de crime já era de ação penal pública incondicionada nos seguintes casos:

a) Vítima menor de 18 (dezoito) anos;

b) Vítima vulnerável;

c) Estupro praticado mediante emprego de violência física (súmula n. 608/STF).

> **Súmula n. 608/STF:** "No crime de estupro, praticado mediante violência real, a ação penal é pública incondicionada".

Vale reiterar que, para as condutas praticadas após o advento da Lei n. 13.718/2018, a ação penal, no crime de estupro, sempre será pública incondicionada.

Os processos que apuram esta modalidade de infração penal devem correr em segredo de justiça (art. 234 – B, CP).

1.8. Penas

A pena prevista para o crime de estupro é de reclusão de 6 (seis) a 10 (dez) anos. À vista disto, devemos recordar não ser possível a aplicação dos institutos despenalizadores, como a transação penal e a suspensão condicional do processo. Ademais, não será possível a substituição da pena privativa de liberdade pela pena restritiva de direitos, ainda que a pena efetivamente imposta não supere 4 (quatro) anos, haja vista a impossibilidade de se realizar tal substituição em crimes praticados mediante violência ou grave ameaça (art. 44, CP).

1.9. Classificação

O crime de estupro pode ser classificado como:

a) **Comum** (pode ser praticado por qualquer pessoa);

b) **Material** (a consumação exige a produção de um resultado naturalístico);

c) **De forma livre** (a Lei não estabelece exigência para a forma de execução);

d) **Simples** (tutela apenas um bem jurídico);

e) **Comissivo** (em regra) **ou omissivo** (quando ocorre omissão imprópria);

f) **Unissubjetivo** (pode haver ou não concurso de pessoas);

g) **Instantâneo** (consuma-se de imediato)

h) **Plurissubsistente** (a conduta pode ser fracionada, e por isso admite a tentativa);

i) De **dano** (a consumação enseja violação ao bem jurídico, e não mera exposição a perigo);

j) **Doloso** (não admite a modalidade culposa).

k) **Hediondo** (está previsto no rol do art. 1º da Lei n. 8.072/90).

1.10. Outras Questões

1.10.1. *Síndrome da mulher de Potifar*

Em doutrina, há quem se refira à "síndrome da mulher de Potifar", ao tratar de crimes de estupro. A expressão remonta a uma história bíblica contida no Antigo Testamento (capítulo 39 do Livro de Gênesis) diria respeito à falsa acusação de estupro.

Em síntese, José, filho de Jacó, chegou ao Egito como escravizado foi comprado por Potifar, que integrava a Corte do Faraó, na condição de chefe militar. A esposa de Potifar tenta seduzir José, que recusa suas investidas por lealdade ao seu senhor e afirmando que aquela ofensa constituiria grave ofensa a Deus. Indignada com a situação, a esposa de Potifar acusa José de tentar estuprá-la, e Potifar manda José para a prisão.

A partir daí, desenvolveu-se a teoria da "síndrome da mulher de Potifar", em alusão às acusações infundadas de estupro.

É importante lembrar que a palavra da vítima nos crimes sexuais possui muita relevância. Evidentemente há de haver, como em qualquer outro crime, o cotejamento com o conjunto probatório, e observância do amplo direito de defesa, além da presunção de inocência. Mas não se pode olvidar que são crimes muitas vezes desacompanhados de provas testemunhais.

A menção à "síndrome da mulher de Potifar" é emblemática no que concerne à histórica resistência que a doutrina e a jurisprudência mantiveram em relação à palavra da vítima em crimes sexuais. Sim, podem existir e existem falsas acusações de estupro, como podem existir e existem falsas acusações de muitos outros crimes que, todavia, não mereceram especial atenção da doutrina, como ocorre com os crimes sexuais em relação à síndrome da mulher de Potifar.

1.10.2. *Cadastro Nacional de Pessoas Condenadas por Crimes de Estupro*

A Lei n. 14.069, de 01 de outubro de 2020, criou, no âmbito da União, o **Cadastro Nacional de Pessoas Condenadas por Crimes de Estupro.** De acordo com esta Lei, o referido cadastro deverá conter, no mínimo, as seguintes informações:

> I – características físicas e dados de identificação datiloscópica;
>
> II – identificação do perfil genético;
>
> III – fotos;
>
> IV – local de moradia e atividade laboral desenvolvida, nos últimos 3 (três) anos, em caso de concessão de livramento condicional.
>
> É possível haver termo de cooperação entre a União e os entes federados, que definirá:
>
> I – o acesso às informações constantes da base de dados do Cadastro de que trata esta Lei;
>
> II – as responsabilidades pelo processo de atualização e de validação dos dados inseridos na base de dados do Cadastro de que trata esta Lei.

Os custos relativos ao desenvolvimento, à instalação e à manutenção da base de dados do Cadastro Nacional de Pessoas Condenadas por Crime de Estupro serão suportados por recursos do Fundo Nacional de Segurança Pública.

1.11. Quadro Sinótico

ESTUPRO		
Considerações Iniciais	Com a nova redação do artigo em epígrafe, dada pela Lei n. 12.015/2009, passou-se a tipificar a conduta de constranger qualquer pessoa a ter conjunção carnal ou a praticar ou permitir que com ele se pratique outro ato libidinoso. Ademais, a conduta do agente que pratica com a vítima, mediante violência ou grave ameaça, conjunção carnal e outro ato libidinoso passou a ser crime único. A prova do crime de estupro consiste na demonstração de materialidade e autoria. Entretanto, nem sempre ele deixa vestígios, como por exemplo, na hipótese de tentativa. O art. 158 do Código de Processo Penal determina que se a infração deixar vestígios, será indispensável o exame de corpo e delito. Entretanto, diante da ausência do exame de corpo de delito, faz-se importante registrar que entra em cena a palavra da vítima. Haverá estupro qualificado se dele advier a morte da vítima ou resultar lesão corporal de natureza leve ou grave, desde que o dolo tenha sido apenas para o cometimento do ato libidinoso (crime preterdoloso). Se os desígnios de morte e lesão forem autônomos, responderá o agente em concurso material de crimes. Também será qualificado o estupro, se a vítima for menor de 18 anos de idade. Logicamente a vítima deve ter idade superior a 14 anos, pois se menor, haverá estupro de vulnerável, conduta inserta em outro artigo do Código Penal (art.217-A do CP). Se o crime é cometido com o concurso de duas ou mais pessoas, deve a pena ser aumentada de quarta parte (art. 226, I). Ademais, se o agente é ascendente, padrasto, tio, irmão, cônjuge, companheiro, tutor, curador, preceptor ou empregador da vítima, ou, por qualquer outro modo, tenha autoridade sobre ela, a pena deve ser aumentada de metade (art. 226, II). Ainda na seara das majorantes, assinale-se que a pena é aumentada de metade se do estupro resultar gravidez e de um sexto até a metade (art. 234 – A, III), se o agente transmite à vítima doença sexualmente transmissível de que sabe ou deveria saber ser portador (art. 234 – A, IV). Responde por estupro em concurso formal com o crime do art. 130 (Perigo de Contágio de Moléstia Venérea) se o estuprador sabe ou deveria saber que está contaminado com doença venérea, expondo a vítima, assim, ao risco de contrair a moléstia. A configuração desse crime pressupõe que o ato sexual seja capaz de transmitir a doença. Se a intenção do estuprador era transmitir a doença, reponde por estupro em concurso formal com o crime qualificado do art. 130, § 1º, desde que a doença não seja transmitida.	1
Tipicidade Objetiva	No núcleo do tipo penal está o verbo constranger (subjugar, sujeitar, obrigar, forçar) alguém, comportamento este que deve ser realizado mediante violência ou grave ameaça. Assinale-se que não é necessária para a caracterização do crime a chamada "resistência heroica", quando a vítima luta fisicamente com o agente delituoso até que estejam esgotadas as suas últimas forças. Tem-se por conjunção carnal a cópula vagínica, ou seja, a penetração efetiva do membro viril na vagina. Já ato libidinoso compreende outras formas de realização do ato sexual, que não a conjunção carnal, a exemplo da cópula oral ou anal. Para a caracterização do crime de estupro não é necessário o contato físico entre o autor do crime e a vítima.	2

Sujeitos	**Sujeito ativo:** o sujeito ativo pode ser qualquer pessoa. Por fim, conforme já mencionado, se o agente se enquadrar em uma das hipóteses previstas no art. 226 do CP, a pena será aumentada de quarta parte. **Sujeito passivo:** o sujeito passivo poderá ser qualquer pessoa (homem ou mulher).	3
Objetos	**Objeto jurídico:** o objeto juridicamente tutelado é a liberdade sexual. **Objeto material:** o objeto material é a pessoa contra a qual se dirige a conduta criminosa, independentemente do seu sexo.	4
Elemento Subjetivo	O elemento subjetivo exigido no tipo penal é o dolo. Não há dolo específico, isto é, não se exige qualquer finalidade específica. Evidentemente, na larga maioria dos casos, o agente possui a finalidade de satisfazer a própria lascívia. Porém, esta finalidade é dispensável para a caracterização do crime. Logo, haverá crime quando, por exemplo, o estupro possui por finalidade humilhar ou castigar (chamado de "estupro corretivo") a pessoa. Não há previsão para modalidade culposa.	5
Consumação e Tentativa	Consuma-se o crime com a prática do ato libidinoso buscado pelo agente. A forma tentada é perfeitamente cabível.	6
Ação Penal	A ação penal será pública incondicionada. Para os crimes ocorridos até o advento da Lei n. 13.718/2018, aplica-se o regramento legislativo anterior, pois a mudança da ação penal para a iniciativa pública incondicionada é prejudicial ao réu (novatio legis in pejus), não podendo, portanto, retroagir, para alcançar fatos pretéritos. Os processos que apuram esta modalidade de infração penal devem correr em segredo de justiça (art. 234 – B, CP).	7
Penas	A pena prevista para o crime de estupro é de reclusão de 6 (seis) a 10 (dez) anos.	8
Classificação	**a) Comum** (pode ser praticado por qualquer pessoa); **b) Material** (a consumação exige a produção de um resultado naturalístico); **c)** De forma **livre** (a Lei não estabelece exigência para a forma de execução); **d) Simples** (tutela apenas um bem jurídico); **e) Comissivo** (em regra) ou omissivo (quando ocorre omissão imprópria); **f) Unissubjetivo** (pode haver ou não concurso de pessoas); **g) Instantâneo** (consuma-se de imediato) **h) Plurissubsistente** (a conduta pode ser fracionada, e por isso admite a tentativa); **i)** De **dano** (a consumação enseja violação ao bem jurídico, e não mera exposição a perigo); **j) Doloso** (não admite a modalidade culposa). **k) Hediondo** (está previsto no rol do art. 1º da Lei n. 8.072/90).	9

1.12. Súmulas Aplicáveis

1.12.1. *STF*

608. No crime de estupro, praticado mediante violência real, a ação penal é pública incondicionada.

1.13. Questões de Concursos Públicos

06. **(FAPEMS - 2017 - PC-MS - Delegado de Polícia) A dignidade sexual integra o princípio maior da dignidade da pessoa humana e recebe do Estado proteção especial cujas normas penais e sanções passaram nos últimos tempos por grandes modificações, a fim de se adequarem à nova realidade, que envolve em particular a liberdade sexual das pessoas, garantindo a sua livre manifestação e reprimindo quem de alguma forma lhe cause limitação ou aflição. No que diz respeito aos crimes de estupro e estupro de vulnerável, assinale a alternativa correta.**

(A) O ato de manter relações sexuais, mediante violência ou grave ameaça, com pessoa maior de quatorze e menor de dezoito anos de idade caracteriza estupro de vulnerável, em virtude dos efeitos mais gravosos aos adolescentes.

(B) No crime de estupro, exige-se da vítima retidão moral, não caracterizando constrangimento ilegal a prática do ato contra prostituta, ou pessoa que de qualquer modo utilize a relação sexual como modo de vida.

(C) A violência praticada no crime de estupro é uma imposição de ordem física direta, perpetrada contra a vítima. A violência indireta praticada contra terceiro que a vítima queira proteger não caracteriza a tipicidade formal.

(D) No estupro de vulnerável, o consentimento não opera como causa permissiva e sua aferição, seja na forma direta ou por equiparação, é obtida pela conjunção dos critérios biológicos e psicológicos da culpabilidade.

(E) O consentimento da vítima, maior e capaz, obtido por meio de constrangimento praticado em face de grave ameaça perpetrado pelo autor, não afasta a tipicidade formal do crime de estupro.

02. **(FCC - 2019 - MPE-MT - Promotor de Justiça Substituto) De acordo com o ordenamento jurídico e o posicionamento dos tribunais superiores sobre os crimes contra a dignidade sexual,**

(A) a prática de passar as mãos nas coxas e seios da vítima menor de 14 anos, por dentro de sua roupa, não pode ser tipificado como crime de estupro de vulnerável (art. 217-A do Código Penal), haja vista que não houve a conjunção carnal.

(B) o estupro (art. 213 do Código Penal), com redação dada pela Lei nº 12.015/2009, é tipo penal misto alternativo. Logo, se o agente, no mesmo contexto fático, pratica conjunção carnal e outro ato libidinoso contra uma só vítima, pratica um só crime do art. 213 do Código Penal.

(C) a conduta consistente em manter casa para fins libidinosos é suficiente para a caracterização do crime tipificado no art. 229 do Código Penal, sendo desnecessário, para a configuração do delito, que haja exploração sexual, assim entendida como a violação à liberdade das pessoas que ali exercem a mercancia carnal.

(D) somente no crime de estupro, praticado mediante violência real, é que a ação penal é pública incondicionada. Nas demais modalidades de violência, trata-se de crime de ação penal condicionada a representação.

(E) segundo a legislação brasileira, o estupro coletivo é aquele praticado mediante concurso de três ou mais pessoas.

03. **(IESES - 2017 - IGP-SC - Perito Médico Legista) Considere a alternativa FALSA sobre o crime de estupro (Código Penal, Art. 213):**

(A) Como a conjunção carnal e outros atos libidinosos passaram a caracterizar o crime de estupro, não existe tentativa de estupro, pois a tentativa já é a consumação de ato libidinoso.

(B) Causar lesão corporal grave na vítima em consequência do estupro é uma forma qualificada do crime.

(C) Tanto sujeito ativo quanto sujeito passivo do crime de estupro podem ser homem ou mulher.

(D) Pode-se caracterizar o crime de estupro mesmo que o sujeito ativo não exerça o toque físico no corpo da vítima para a consumação do ato.

04. (UEG - 2018 - PC-GO - Delegado de Polícia) É crime inafiançável, segundo a Constituição da República Federativa do Brasil:

(A) Transportar arma de fogo de uso permitido, sem autorização e em desacordo com determinação legal.

(B) Ter em depósito, para consumo pessoal, drogas sem autorização e em desacordo com determinação legal.

(C) Tentar constranger alguém, mediante grave ameaça, a ter conjunção carnal.

(D) Constranger alguém, mediante violência com o emprego de arma, e com o intuito de obter para si indevida vantagem econômica, a fazer alguma coisa.

(E) Injuriar alguém, ofendendo-lhe a dignidade, com a utilização de elementos referentes à raça, cor ou etnia.

05. (CESPE - 2019 - MPE-PI - Promotor de Justiça Substituto) A respeito de crimes contra a dignidade sexual, assinale a opção correta.

(A) Para a configuração do crime de estupro de vulnerável, é relevante, na avaliação da atipicidade da conduta, averiguar a existência de relacionamento amoroso entre a vítima e o agente.

(B) O STJ pacificou o entendimento de que, com o advento do Estatuto da Pessoa com Deficiência, eventual consentimento da vítima afasta a tipicidade do estupro de vulnerável.

(C) Em regra, o crime de importunação sexual pode ter como agente passivo pessoa vulnerável, dados a especificidade da conduta e seu caráter de crime não subsidiário.

(D) Caracteriza o crime de assédio sexual a conduta de médico ginecologista que, durante atendimento, pratica ato libidinoso contra paciente, aproveitando-se do consentimento dado por ela para a realização de exame ginecológico.

(E) Em se tratando de crime de estupro em que a vítima seja maior de dezoito anos de idade e plenamente capaz, a ação penal é pública incondicionada, ainda que não tenha ocorrido violência real na prática do crime.

06. (CESPE - 2017 - TJ-PR - Juiz Substituto) Considerando a jurisprudência do STF e do STJ sobre os princípios informativos do direito penal e da teoria geral da pena, assinale a opção correta.

(A) Se a natureza e a quantidade da droga apreendida repercutirem na fixação da pena, não poderá esse mesmo parâmetro ser usado para definir o regime inicial de cumprimento dessa pena.

(B) A irretroatividade da lei penal mais gravosa é sempre aplicável, inclusive nos crimes permanentes e nas hipóteses de continuidade delitiva.

(C) Devido ao fato de o crime de lavagem de capitais ser de caráter acessório, a participação do agente no crime antecedente é indispensável à configuração daquele crime.

(D) A prática sequenciada de atos libidinosos e conjunção carnal contra a mesma pessoa, dentro do mesmo contexto fático, configura crime único.

07. (FCC - 2017 - DPE-PR - Defensor Público) Sobre os crimes em espécie, é correto afirmar:

(A) Segundo posição do Supremo Tribunal Federal, os crimes de estupro e atentado violento ao pudor, mesmo que cometidos antes da edição da Lei n° 12.015/2009, são considerados hediondos, ainda que praticados na forma simples.

(B) A escusa relativa prevista nas disposições gerais dos crimes contra o patrimônio extingue a punibilidade do sujeito ativo do crime.

(C) A extorsão é crime formal e se consuma quando o sujeito ativo recebe a vantagem exigida.

(D) A receptação na modalidade imprópria admite tentativa.

(E) O art. 28 da Lei n° 10.826/2003 veda, em qualquer hipótese, ao menor de 25 anos, a aquisição de arma de fogo.

08. (CESPE - 2015 - TRE-GO - Analista Judiciário - Área Judiciária - Conhecimentos Específicos) No que se refere aos crimes contra o patrimônio, contra a dignidade sexual e contra a fé e a administração públicas, julgue o item que se segue.

Cometerá o crime de estupro a mulher que constranger homem, mediante grave ameaça, a com ela praticar conjunção carnal.

( ) Certo

( ) Errado

GABARITO: *As respostas destes testes encontram-se no final do livro.*

1.14. Questões Discursivas com Comentários

01. **(DPE/DF - CONCURSO PARA DEFENSOR PÚBLICO DO DF - PROVA ORAL - 2013) Mauro, réu primário, em 2007, foi condenado em primeiro grau por estupro e atentado violento ao pudor em concurso material, praticados contra a vítima Maria, em um terreno baldio, quando ela retornava à noite para sua residência. A ação consistiu na prática de coito vaginal imediatamente seguido de coito anal. A pena total aplicada foi de doze anos de reclusão, seis anos para o estupro e mais seis anos para o atentado violento ao pudor, em regime fechado. Houve apelação, mas o tribunal de justiça manteve a condenação e a pena aplicada. Ocorreu o trânsito em julgado. Agora, em 2013, Mauro, em cumprimento de pena, enviou carta escrita de próprio punho à defensoria pública, solicitando a promoção de revisão criminal em seu favor.**

Levando em consideração a Lei n.º 12.015/2009, que modificou o Código Penal no que se refere **aos crimes contra a dignidade sexual, há algo que possa ser alegado em favor de Mauro em sede de revisão criminal?**

COMENTÁRIOS

Tendo em vista incidência da Lei n. 12.015/2009, a conduta antes tipificada como atentado violento ao pudor (revogado art. 214, do CP), agora integra o delito de estupro. Na redação anterior à Lei n. 12.015/2009, teríamos concurso de crimes entre o "estupro" e o "atentado violento ao pudor". Desta forma, praticando o agente mais de um núcleo, dentro do mesmo contexto fático, não desnatura a unidade do crime, pois trata-se de crime único, cuja pena prevista é de reclusão de 6 (seis) a 10 (dez) anos. A mudança, portanto, é mais benéfica para o acusado, devendo alcançar os fatos pretéritos (retroagir em benefício), consoante o art. 2°, parágrafo único, do Código Penal.

2. ATENTADO VIOLENTO AO PUDOR

Art. 214. Revogado pela Lei n. 12.015/2009.

De acordo com a nova redação determinada pela Lei n. 12.015/2009 ao art. 213 do Código Penal, constitui crime de estupro a ação de "Constranger alguém, mediante violência ou grave ameaça, a ter conjunção carnal ou a praticar ou permitir que com ele se pratique *outro ato libidinoso*". Portanto, a conduta de ato libidinoso diverso da conjunção carnal antes prevista no art. 214 do *Codex*, com o advento daquela Lei foi abarcada pelo art. 213, que outrora, como vimos, apenas tipificava a conduta de constranger a mulher a ter conjunção carnal.

Importa reiterar que não ocorreu a *abolitio criminis* no atentado violento ao pudor, mas tão-somente a revogação do tipo penal[4]. E isto porque a conduta não deixou de ser

4. STJ, HC 238.917/SP, rel. Min. Ribeiro Dantas, Quinta Turma, julgado em 14/03/2017.

criminosa. Houve apenas uma mudança do tipo penal, pois referida conduta, que outrora se enquadrava no tipo penal do "atentado violento ao pudor" (art. 214, CP), passou a se enquadrar, com o advento da Lei n. 12.015/09, no crime de "estupro" (art. 213, CP).

3. VIOLAÇÃO SEXUAL MEDIANTE FRAUDE

> **Art. 215.** Ter conjunção carnal ou praticar outro ato libidinoso com alguém, mediante fraude ou outro meio que impeça ou dificulte a livre manifestação de vontade da vítima:
>
> Pena - reclusão, de 2 (dois) a 6 (seis) anos.
>
> Parágrafo único. Se o crime é cometido com o fim de obter vantagem econômica, aplica-se também multa.
>
> Pena - reclusão, de 2 (dois) a 6 (seis) anos.

3.1. Considerações Iniciais

A antiga redação do art. 215 tipificava a conduta da conjunção carnal com mulher, mediante fraude. Era a antiga redação do art. 213, acrescida de um meio específico de execução, a fraude, que é o artifício ardil utilizado para enganar determinada pessoa, afetando a livre manifestação da sua vontade. Registre-se que a idoneidade ou inidoneidade da fraude deverá ser constatada no caso concreto.

Com o advento da Lei n. 12.015/2009, o Código Penal passou a reprimir a conduta de "Ter conjunção carnal ou praticar outro ato libidinoso com alguém, mediante fraude ou outro meio que impeça ou dificulte a livre manifestação de vontade da vítima". Diante disto, o crime de atentado ao pudor mediante fraude (Código Penal, art. 216), o qual preceituava a prática de "Induzir alguém, mediante fraude, a praticar ou submeter-se à prática de ato libidinoso diverso da conjunção carnal", acabou por ser revogado.

Note-se, pois, que as modificações legais vão ao encontro das novas reformulações operadas no tipo penal de estupro, pois como o aludido delito passou a abranger a prática de qualquer ato libidinoso, abarcando a liberdade sexual tanto da mulher como a do homem, mantendo, por necessário, a harmonia do sistema.

3.2. Tipicidade Objetiva

O núcleo do tipo penal é o verbo "ter" (no sentido de obter, conseguir), e recai sobre a conjunção carnal (cópula vaginal). O segundo núcleo é o verbo "praticar" (no sentido de realizar, fazer) e diz respeito a ato libidinoso (idôneo à satisfação da lascívia) diverso da conjunção carnal. Em qualquer dos casos, imprescindível que o agente tenha atuado mediante fraude ou outro meio que impeça ou dificulte a livre manifestação de vontade da vítima.

Temos como exemplo a situação na qual o agente, passando-se pelo seu irmão gêmeo, ludibria a namorada daquele, praticando sexo com a vítima. no caso, houve o emprego da fraude, pois o agente ludibriou a vítima, fazendo-se passar por outra pessoa, para a prática da conjunção carnal e/ou de outros atos libidinosos.

Trata-se de tipo penal misto alternativo, de modo que a prática de mais de uma conduta, com o mesmo objeto material, no mesmo contexto fático, dará ensejo a apenas um crime. Deste modo, se o agente ludibriar a vítima e com ela mantiver conjunção carnal e praticar outro ato libidinoso (como, por exemplo, sexo anal), haverá apenas um crime.

3.3. Sujeitos

Sujeito ativo: o sujeito ativo pode ser qualquer pessoa, representando essa conduta, pois, crime comum, não sendo necessária qualquer qualificação para o agente delituoso. Faz-se necessário ressaltar, porém, que nas hipóteses em que a conduta típica consistir em "ter conjunção carnal", o sujeito ativo obrigatoriamente será do sexo oposto ao da vítima.

Sujeito passivo: o sujeito passivo é a vítima do constrangimento, que pode ser qualquer pessoa. Ainda que o meio de execução tenha sido a fraude, tratando-se de vítima menor de 14 anos, o crime será o previsto no art. 217-A do Código Penal, *estupro de vulnerável.*

3.4. Objetos

Objeto jurídico: o objeto juridicamente tutelado é a liberdade sexual.

Objeto material: o objeto material é pessoa contra a qual se dirige a conduta criminosa, independentemente do seu sexo.

3.5. Elemento Subjetivo

O elemento subjetivo exigido no tipo penal é o dolo, pois se exige do agente a vontade consciente de praticar, mediante fraude, qualquer das condutas descritas no tipo. Não há previsão para modalidade culposa.

3.6. Consumação e Tentativa

Consuma-se o crime com a prática do ato libidinoso buscado pelo agente. A forma tentada é perfeitamente cabível.

3.7. Ação Penal

A ação penal será pública incondicionada, conforme o art. 225 do Código Penal, alterado pela Lei n. 13.718/2018.

No que concerne aos fatos praticados antes do advento da Lei n. 13.718/2018, eles serão crimes de ação penal pública condicionada à representação do ofendido, salvo quando se tratar de vítima menor de idade – hipótese na qual o crime já era de ação penal pública incondicionada, mesmo antes do advento da Lei 13.718/2018.

Vale recordar que os vulneráveis não podem ser vítimas deste crime (caracterizaria estupro de vulnerável, previsto no art. 217-A, CP), razão pela qual não mencionamos a exceção existente para o caso em que eles figuravam como vítimas, antes do advento da Lei n. 13.718/2018.

Os processos que apuram esta modalidade de infração penal devem correr em segredo de justiça (art. 234 – B, CP).

3.8. Penas

A pena prevista para o crime de é de reclusão, de 2 (dois) a 6 (seis) anos. À vista disto, devemos concluir que:

a) Não é possível a transação penal (a pena máxima supera dois anos);

b) Não é possível a suspensão condicional do processo (a pena mínima supera um ano).

Vale registrar que, se a conduta tiver finalidade lucrativa, à pena privativa de liberdade será acrescida a pena de multa.

3.9. Classificação

O crime pode ser classificado como:

a) **Comum** (pode ser praticado por qualquer pessoa);

b) **Material** (a consumação exige a produção de um resultado naturalístico);

c) De **forma livre** (a Lei não estabelece exigência para a forma de execução);

d) **Simples** (tutela apenas um bem jurídico);

e) **Comissivo** (em regra) **ou omissivo** (quando ocorre omissão imprópria);

f) **Unissubjetivo** (pode haver ou não concurso de pessoas);

g) **Instantâneo** (consuma-se de imediato)

h) **Plurissubsistente** (a conduta pode ser fracionada, e por isso admite a tentativa);

i) De **dano** (a consumação enseja violação ao bem jurídico, e não mera exposição a perigo);

j) **Doloso** (não admite a modalidade culposa).

3.10. Quadro Sinótico

VIOLAÇÃO SEXUAL MEDIANTE FRAUDE		
Considerações Iniciais	A antiga redação do art. 215 tipificava a conduta da conjunção carnal com mulher, mediante fraude. Registre-se que a idoneidade ou inidoneidade da fraude deverá ser constatada no caso concreto. Com o advento da Lei n. 12.015/2009, o Código Penal passou a reprimir a conduta de "Ter conjunção carnal ou praticar outro ato libidinoso com alguém, mediante fraude ou outro meio que impeça ou dificulte a livre manifestação de vontade da vítima". Diante disto, o crime de atentado ao pudor mediante fraude (Código Penal, art. 216), o qual preceituava a prática de "Induzir alguém, mediante fraude, a praticar ou submeter-se à prática de ato libidinoso diverso da conjunção carnal", acabou por ser revogado.	1
Tipicidade Objetiva	O núcleo do tipo penal é o verbo "ter" (no sentido de obter, conseguir), e recai sobre a conjunção carnal (cópula vaginal). O segundo núcleo é o verbo "praticar" (no sentido de realizar, fazer) e diz respeito a ato libidinoso (idôneo à satisfação da lascívia) diverso da conjunção carnal. Em qualquer dos casos, imprescindível que o agente tenha atuado mediante fraude ou outro meio que impeça ou dificulte a livre manifestação de vontade da vítima. Trata-se de tipo penal misto alternativo, de modo que a prática de mais de uma conduta, com o mesmo objeto material, no mesmo contexto fático, dará ensejo a apenas um crime.	2
Sujeitos	**Sujeito ativo:** o sujeito ativo pode ser qualquer pessoa. Faz-se necessário ressaltar, porém, que nas hipóteses em que a conduta típica consistir em "ter conjunção carnal", o sujeito ativo obrigatoriamente será do sexo oposto ao da vítima. **Sujeito passivo:** o sujeito passivo é a vítima do constrangimento, que pode ser qualquer pessoa. Ainda que o meio de execução tenha sido a fraude, tratando-se de vítima menor de 14 anos, o crime será o previsto no art. 217-A do Código Penal, *estupro de vulnerável.*	3
Objetos	**Objeto jurídico:** o objeto juridicamente tutelado é a liberdade sexual. **Objeto material:** o objeto material é pessoa contra a qual se dirige a conduta criminosa.	4
Elemento Subjetivo	O elemento subjetivo exigido no tipo penal é o dolo. Não há previsão para modalidade culposa.	5
Consumação e Tentativa	Consuma-se o crime com a prática do ato libidinoso buscado pelo agente. A forma tentada é perfeitamente cabível.	6
Ação Penal	A ação penal será pública incondicionada. No que concerne aos fatos praticados antes do advento da Lei n. 13.718/2018, eles serão crimes de ação penal pública condicionada à representação do ofendido, salvo quando se tratar de vítima menor de idade – hipótese na qual o crime já era de ação penal pública incondicionada, mesmo antes do advento da Lei 13.718/2018. Os processos que apuram esta modalidade de infração penal devem correr em segredo de justiça (art. 234 – B, CP).	7

Penas	A pena prevista para o crime de é de reclusão, de 2 (dois) a 6 (seis) anos.	8
Classificação	**a) Comum** (pode ser praticado por qualquer pessoa); **b) Material** (a consumação exige a produção de um resultado naturalístico); **c)** De forma **livre** (a Lei não estabelece exigência para a forma de execução); **d) Simples** (tutela apenas um bem jurídico); **e) Comissivo** (em regra) ou **omissivo** (quando ocorre omissão imprópria); **f) Unissubjetivo** (pode haver ou não concurso de pessoas); **g) Instantâneo** (consuma-se de imediato) **h) Plurissubsistente** (a conduta pode ser fracionada, e por isso admite a tentativa); **i)** De **dano** (a consumação enseja violação ao bem jurídico, e não mera exposição a perigo); **j) Doloso** (não admite a modalidade culposa).	9

4. IMPORTUNAÇÃO SEXUAL

Art. 215-A. Praticar contra alguém e sem a sua anuência ato libidinoso com o objetivo de satisfazer a própria lascívia ou a de terceiro:

Pena - reclusão, de 1 (um) a 5 (cinco) anos, se o ato não constitui crime mais grave.

4.1. Considerações Iniciais

A referida conduta foi introduzida no Código Penal pela Lei n. 13.718/2018. O delito consiste na prática contra vítima de ato libidinoso, com o objetivo de satisfazer lascívia própria ou de terceiro.

Registre-se que há uma subsidiariedade expressa no preceito secundário deste artigo, uma vez que se a conduta praticada puder se enquadrar em delito mais grave, não restará configurado o crime do art. 215-A. É dizer, se, por exemplo, o agente utilizar da violência ou grave ameaça para praticar a sua conduta, poderá configurar o crume do art. 213 do mesmo Código.

Se a vítima for menor de 14 anos, a conduta poderá configurar o crime do art. 218-A, satisfação de lascívia mediante presença de criança e adolescente. A depender de peculiaridades do caso concreto, poderá ser enquadrado como estupro de vulnerável[5].

Registre-se que a Lei 13.718/2018, além de inserir o artigo agora discutido, também revogou o art. 61 da Lei de Contravenções Penais, que previa conduta descrita como importunação ofensiva ao pudor. Todavia, não há que se falar em abolitio criminis, mas sim em continuidade normativo-típica, uma vez que a conduta passou a ser descrita, ainda que de forma mais abrangente, neste art. 215-A.

5. STJ. 5ª Turma. RHC 70.976-MS, rel. Min. Joel Ilan Paciornik, julgado em 02/08/2016.

De mais a mais, cumpre registrar que como a aludida lei representa novatio legis in pejus (lei penal mais grave), não poderá retroagir para alcançar situações pretéritas.

4.2. Tipicidade Objetiva

O núcleo do tipo penal é o verbo "praticar" (no sentido de realizar, fazer) e diz respeito a ato libidinoso (idôneo à satisfação da lascívia). Em qualquer dos casos, imprescindível que o agente tenha atuado sem a anuência da vítima. podemos trazer como exemplo a situação na qual o agente pratica ato de masturbação e ejacula no corpo da vítima.

4.3. Sujeitos

Sujeito ativo: o sujeito ativo pode ser qualquer pessoa (homem ou mulher). Trata-se, portanto de crime comum, não sendo necessária qualquer qualificação para o agente delituoso.

Sujeito passivo: o sujeito passivo é a vítima do constrangimento, que pode ser qualquer pessoa (homem ou mulher). Todavia, precisa ser uma pessoa específica.

4.4. Objetos

Objeto jurídico: o objeto juridicamente tutelado é a liberdade sexual.

Objeto material: O objeto material é a pessoa contra sobre a qual recai a conduta criminosa, independentemente do seu sexo.

4.5. Elemento Subjetivo

O elemento subjetivo exigido no tipo penal é o dolo, pois se exige do agente a vontade consciente de praticar as condutas descritas no tipo. Ademais, exige-se o dolo específico de satisfazer a lascívia própria ou de terceiro.

Não há previsão para modalidade culposa.

4.6. Consumação e Tentativa

Consuma-se o crime com a prática do ato libidinoso buscado pelo agente. A forma tentada é perfeitamente cabível.

4.7. Ação Penal

A ação penal será pública incondicionada, conforme o art. 225 do Código Penal, alterado pela Lei n. 13.718/2018.

Os processos que apuram esta modalidade de infração penal devem correr em segredo de justiça (art. 234 – B, CP).

4.8. Penas

A pena prevista para o crime de é de reclusão, de 1 (um) a 5 (cinco) anos. À vista disto, devemos concluir que:

a) Não é possível a transação penal (a pena máxima supera dois anos);

b) É possível a suspensão condicional do processo (a pena mínima não supera um ano).

4.9. Classificação

O crime pode ser classificado como:

a) **Comum** (pode ser praticado por qualquer pessoa);

b) **Material** (a consumação exige a produção de um resultado naturalístico);

c) De **forma livre** (a Lei não estabelece exigência para a forma de execução);

d) **Simples** (tutela apenas um bem jurídico);

e) **Comissivo** (em regra) **ou omissivo** (quando ocorre omissão imprópria);

f) **Unissubjetivo** (pode haver ou não concurso de pessoas);

g) **Instantâneo** (consuma-se de imediato)

h) **Plurissubsistente** (a conduta pode ser fracionada, e por isso admite a tentativa);

i) De **dano** (a consumação enseja violação ao bem jurídico, e não mera exposição a perigo);

j) **Doloso** (não admite a modalidade culposa).

4.10. Quadro Sinótico

IMPORTUNAÇÃO SEXUAL		
Considerações Iniciais	A referida conduta foi introduzida no Código Penal pela Lei n. 13.718/2018. O delito consiste na prática contra vítima de ato libidinoso, com o objetivo de satisfazer lascívia própria ou de terceiro. Registre-se que há uma subsidiariedade expressa no preceito secundário deste artigo, uma vez que se a conduta praticada puder se enquadrar em delito mais grave, não restará configurado o crime do art. 215-A. Se a vítima for menor de 14 anos, a conduta poderá configurar o crime do art. 218-A, satisfação de lascívia mediante presença de criança e adolescente.	1
Tipicidade Objetiva	O núcleo do tipo penal é o verbo "praticar" (no sentido de realizar, fazer) e diz respeito a ato libidinoso (idôneo à satisfação da lascívia). Em qualquer dos casos, imprescindível que o agente tenha atuado sem a anuência da vítima.	2

Sujeitos	**Sujeito ativo:** o sujeito ativo pode ser qualquer pessoa (homem ou mulher). **Sujeito passivo:** o sujeito passivo é a vítima do constrangimento, que pode ser qualquer pessoa (homem ou mulher). Todavia, precisa ser uma pessoa específica.	3
Objetos	**Objeto jurídico:** o objeto juridicamente tutelado é a liberdade sexual. **Objeto material:** O objeto material é a pessoa contra sobre a qual recai a conduta criminosa, independentemente do seu sexo.	4
Elemento Subjetivo	O elemento subjetivo exigido no tipo penal é o dolo. Ademais, exige-se o dolo específico de satisfazer a lascívia própria ou de terceiro. Não há previsão para modalidade culposa.	5
Consumação e Tentativa	Consuma-se o crime com a prática do ato libidinoso buscado pelo agente. A forma tentada é perfeitamente cabível.	6
Ação Penal	A ação penal será pública incondicionada. Os processos que apuram esta modalidade de infração penal devem correr em segredo de justiça (art. 234 – B, CP).	7
Penas	A pena prevista para o crime de é de reclusão, de 1 (um) a 5 (cinco) anos.	8
Classificação	**a)** **Comum** (pode ser praticado por qualquer pessoa); **b)** **Material** (a consumação exige a produção de um resultado naturalístico); **c)** De forma **livre** (a Lei não estabelece exigência para a forma de execução); **d)** **Simples** (tutela apenas um bem jurídico); **e)** **Comissivo** (em regra) ou **omissivo** (quando ocorre omissão imprópria); **f)** **Unissubjetivo** (pode haver ou não concurso de pessoas); **g)** **Instantâneo** (consuma-se de imediato) **h)** **Plurissubsistente** (a conduta pode ser fracionada, e por isso admite a tentativa); **i)** De **dano** (a consumação enseja violação ao bem jurídico, e não mera exposição a perigo); **j)** **Doloso** (não admite a modalidade culposa).	9

5. ATENTADO AO PUDOR MEDIANTE FRAUDE

Art. 216. Revogado pela Lei n. 12.015, de 2009.

6. ASSÉDIO SEXUAL

Art. 216-A. Constranger alguém com o intuito de obter vantagem ou favorecimento sexual, prevalecendo-se o agente da sua condição de superior hierárquico ou ascendência inerentes ao exercício de emprego, cargo ou função.

Pena - detenção, de 1 (um) a 2 (dois) anos.

Parágrafo único. (VETADO)

§ 2° A pena é aumentada em até um terço se a vítima é menor de 18 (dezoito) anos.

6.1. Considerações Iniciais

A superioridade hierárquica está relacionada a uma relação de trabalho tanto no âmbito privado quanto na seara da Administração Pública, ao passo que na ascendência não se exige uma carreira funcional, mas, tão somente, uma relação de domínio, de influência, de respeito e até mesmo temor reverencial, situação que se encaixaria a relação entre professor e aluno. Esta a razão pela qual o STJ, divergindo de grande parte de nossa doutrina, admite a existência do crime de assédio sexual na relação professor-aluno[6].

Registre-se que a pena é aumentada de um terço se a vítima é menor de 18 anos (art. 216 - A, § 2°). Todavia, se a vítima for menor de 14 anos e a proposta de sexo for enfaticamente feita, o crime será o estupro de vulnerável, em sua modalidade tentada.

As causas de aumento de pena previstas no art. 226 aplicam-se ao crime agora estudado, exceto a inserta no inciso II, que prevê aumento de pena se o agente é empregador da vítima, pois isso representaria *bis in idem*.

6.2. Tipicidade Objetiva

A ação típica consiste em constranger (acanhar, intimidar, compelir, sujeitar, subjugar) alguém com o intuito de obter vantagem ou favor sexual, prevalecendo-se o agente da sua condição de superior hierárquico ou ascendência inerentes ao exercício de emprego, cargo ou função. Trata-se da insistência inoportuna de alguém em posição privilegiada, que usa dessa vantagem para obter favores sexuais de um subalterno.

6.3. Sujeitos

Sujeito ativo: o delito de assédio sexual exige que o sujeito ativo se encontre na condição de superior hierárquico da vítima ou com ela tenha ascendência inerente ao exercício de emprego, cargo ou função, não importando o seu sexo.

Sujeito passivo: o sujeito passivo é a vítima do constrangimento, que deve estar ocupando o outro polo da relação hierárquica ou aquele sobre o qual tenha ascendência o sujeito ativo, não importando o seu sexo.

6.4. Objetos

Objeto jurídico: o objeto juridicamente tutelado é a liberdade sexual.

6. STJ, AgRG no Resp 1.832.392/SP, rel. Min. Reynaldo Soares da Fonseca, Quinta Turma, julgado em 0711/2019.

Objeto material: é a pessoa contra a qual se dirige a conduta criminosa, independentemente do seu sexo.

6.5. Elemento Subjetivo

O elemento subjetivo exigido no tipo penal é o dolo específico de obter vantagem ou favorecimento sexual. Não há previsão para modalidade culposa.

6.6. Consumação e Tentativa

Para a doutrina majoritária, o assédio sexual é crime formal, de consumação antecipada. Consuma-se, pois, no momento do constrangimento ocasionado à vítima com o intuito de obter vantagem ou favorecimento sexual, ainda que o ato desejado pelo superior hierárquico ou ascendente não se realize.

A forma tentada é perfeitamente cabível.

6.7. Ação Penal

A ação penal será pública incondicionada, conforme o art. 225 do Código Penal, alterado pela Lei n. 13.718/2018.

No que concerne aos fatos praticados antes do advento da Lei n. 13.718/2018, eles serão crimes de ação penal pública condicionada à representação do ofendido, salvo quando se tratar de vítima menor de idade – hipótese na qual o crime já era de ação penal pública incondicionada, mesmo antes do advento da Lei 13.718/2018.

Os processos que apuram esta modalidade de infração penal devem correr em segredo de justiça (art. 234 – B).

6.8. Penas

A pena prevista para o crime de é de detenção, de 1 (um) a 2 (dois) anos. À vista disto, devemos concluir que:

a) É possível a transação penal (a pena máxima não supera dois anos);

b) É possível a suspensão condicional do processo (a pena mínima não supera um ano).

6.9. Classificação

O crime pode ser classificado como:

a) **Próprio** (não pode ser praticado por qualquer pessoa);

b) **Formal** (a consumação não exige a produção de um resultado naturalístico);

c) De **forma livre** (a Lei não estabelece exigência para a forma de execução);
d) **Simples** (tutela apenas um bem jurídico);
e) **Comissivo** (em regra) **ou omissivo** (quando ocorre omissão imprópria);
f) **Unissubjetivo** (pode haver ou não concurso de pessoas);
g) **Instantâneo** (consuma-se de imediato)
h) **Plurissubsistente** (a conduta pode ser fracionada, e por isso admite a tentativa);
i) De **dano** (a consumação enseja violação ao bem jurídico, e não mera exposição a perigo);
j) **Doloso** (não admite a modalidade culposa).

6.10. Quadro Sinótico

ASSÉDIO SEXUAL		
Considerações Iniciais	A superioridade hierárquica está relacionada a uma relação de trabalho tanto no âmbito privado quanto na seara da Administração Pública. Cumpre salientar que o STJ, divergindo de grande parte de nossa doutrina, admite a existência do crime de assédio sexual na relação professor-aluno. Registre-se que a pena é aumentada de um terço se a vítima é menor de 18 anos (art. 216 – A, § 2º). Todavia, se a vítima for menor de 14 anos e a proposta de sexo for enfaticamente feita, o crime será o estupro de vulnerável, em sua modalidade tentada. As causas de aumento de pena previstas no art. 226 aplicam-se ao crime agora estudado, exceto a inserta no inciso II, que prevê aumento de pena se o agente é empregador da vítima, pois isso representaria bis in idem.	1
Tipicidade Objetiva	A ação típica consiste em constranger (acanhar, intimidar, compelir, sujeitar, subjugar) alguém com o intuito de obter vantagem ou favor sexual, prevalecendo-se o agente da sua condição de superior hierárquico ou ascendência inerentes ao exercício de emprego, cargo ou função.	2
Sujeitos	**Sujeito ativo:** o delito de assédio sexual exige que o sujeito ativo se encontre na condição de superior hierárquico da vítima ou com ela tenha ascendência inerente ao exercício de emprego, cargo ou função, não importando o seu sexo. **Sujeito passivo:** o sujeito passivo é a vítima do constrangimento, que deve estar ocupando o outro polo da relação hierárquica ou aquele sobre o qual tenha ascendência o sujeito ativo, não importando o seu sexo.	3
Objetos	**Objeto jurídico:** o objeto juridicamente tutelado é a liberdade sexual. **Objeto material:** é a pessoa contra a qual se dirige a conduta criminosa	4
Elemento Subjetivo	O elemento subjetivo exigido no tipo penal é o dolo específico de obter vantagem ou favorecimento sexual. Não há previsão para modalidade culposa.	5

Consumação e Tentativa	Para a doutrina majoritária, o assédio sexual é crime formal, de consumação antecipada. Consuma-se, pois, no momento do constrangimento ocasionado à vítima com o intuito de obter vantagem ou favorecimento sexual, ainda que o ato desejado pelo superior hierárquico ou ascendente não se realize. A forma tentada é perfeitamente cabível.	6
Ação Penal	A ação penal será pública incondicionada. No que concerne aos fatos praticados antes do advento da Lei n. 13.718/2018, eles serão crimes de ação penal pública condicionada à representação do ofendido, salvo quando se tratar de vítima menor de idade. Os processos que apuram esta modalidade de infração penal devem correr em segredo de justiça (art. 234 – B).	7
Penas	A pena prevista para o crime de é de detenção, de 1 (um) a 2 (dois) anos.	8
Classificação	**a)** **Próprio** (não pode ser praticado por qualquer pessoa); **b)** **Formal** (a consumação não exige a produção de um resultado naturalístico); **c)** De forma **livre** (a Lei não estabelece exigência para a forma de execução); **d)** **Simples** (tutela apenas um bem jurídico); **e)** **Comissivo** (em regra) ou **omissivo** (quando ocorre omissão imprópria); **f)** **Unissubjetivo** (pode haver ou não concurso de pessoas); **g)** **Instantâneo** (consuma-se de imediato) **h)** **Plurissubsistente** (a conduta pode ser fracionada, e por isso admite a tentativa); **i)** De **dano** (a consumação enseja violação ao bem jurídico, e não mera exposição a perigo); **j)** **Doloso** (não admite a modalidade culposa).	9

I-A

DA EXPOSIÇÃO DA INTIMIDADE SEXUAL

1. REGISTRO NÃO AUTORIZADO DA INTIMIDADE SEXUAL

> **Art. 216-B.** Produzir, fotografar, filmar ou registrar, por qualquer meio, conteúdo com cena de nudez ou ato sexual ou libidinoso de caráter íntimo e privado sem autorização dos participantes:
>
> Pena – detenção, de 6 (seis) meses a 1 (um) ano, e multa.
>
> Parágrafo único. Na mesma pena incorre quem realiza montagem em fotografia, vídeo, áudio ou qualquer outro registro com o fim de incluir pessoa em cena de nudez ou ato sexual ou libidinoso de caráter íntimo.

1.1. Considerações Iniciais

O referido artigo foi inserido no Código Penal através da Lei n. 13.772/2018 e consiste na produção (criação ou financiamento) ou registro (fotografia, filme) de cena de nudez ou ato sexual ou libidinoso, de caráter íntimo e privado, sem autorização dos participantes.

A pena estabelecida é a de detenção, de 6 (seis) meses a 1 (um) ano, e multa.

Havendo autorização, salvo em se tratando de criança ou adolescente (art. 240 do ECA), o fato será atípico.

Ademais, o parágrafo único determina que incorra na mesma pena o agente que realiza montagem em fotografia, vídeo, áudio ou qualquer outro registro com o fim de incluir pessoa em cena de nudez ou ato sexual ou libidinoso de caráter íntimo. Trata-se de figura equiparada. Assevere-se que o crime se consuma ainda que o agente tenha feito a montagem com o intuito apenas de "brincadeira".

De mais a mais, registre-se que a Lei n. 13.772/2018 entrou em vigor em 20/12/2018. Por ser uma lei mais gravosa, ela não se aplica para fatos anteriores a sua vigência.

Assevere-se que se o agente faz o registro indevido e posteriormente divulga a cena, deve responder pelos crimes dos arts. 216-B e 216-C em concurso material.

Importante assinalar que a referida lei ainda promoveu uma pequena alteração na Lei Maria da Penha, deixando expresso que a violação da intimidade da mulher é uma forma de violência doméstica, classificada como violência psicológica (art. 7º, II, Lei n. 11.340/06).

1.2. Tipicidade Objetiva

O tipo penal consiste em "produzir" (fazer, realizar), fotografar (tirar foto, retratar, realizar registro fotográfico), filmar (gravar vídeo) ou registrar (capturar cena), por qualquer meio, conteúdo com cena de nudez ou ato sexual ou libidinoso de caráter íntimo e privado sem autorização dos participantes.

1.3. Sujeitos

Sujeito ativo: qualquer pessoa. Trata-se, portanto, de crime comum.

Sujeito passivo: o sujeito passivo é a vítima do constrangimento, podendo ser qualquer pessoa.

1.4. Objetos

Objeto jurídico: o objeto juridicamente tutelado é a intimidade sexual da vítima.

Objeto material: o objeto material é a pessoa contra a qual se dirige a conduta criminosa.

1.5. Elemento Subjetivo

O elemento subjetivo exigido no tipo penal é o dolo, não sendo exigida finalidade específica. A modalidade culposa não é admitida.

1.6. Consumação e Tentativa

Consuma-se no momento da produção, fotografia, filmagem ou registro da cena de nudez ou ato sexual ou libidinoso de caráter íntimo e privado, sem a autorização dos participantes.

A forma tentada é perfeitamente cabível.

1.7. Ação Penal

A ação penal será pública incondicionada, conforme o art. 225 do Código Penal, alterado pela Lei n. 13.718/2018.

Os processos que apuram esta modalidade de infração penal devem correr em segredo de justiça (art. 234 – B).

1.8. Penas

A pena prevista para o crime de é de detenção, de 6 (seis) meses a 1 (um) ano, e multa. À vista disto, devemos concluir que:

a) É possível a transação penal (a pena máxima não supera dois anos);

b) É possível a suspensão condicional do processo (a pena mínima não supera um ano).

1.9. Classificação

O crime pode ser classificado como:

a) **Comum** (pode ser praticado por qualquer pessoa);

b) **Formal** (a consumação não exige a produção de um resultado naturalístico);

c) De **forma livre** (a Lei não estabelece exigência para a forma de execução);

d) **Simples** (tutela apenas um bem jurídico);

e) **Comissivo** (em regra) **ou omissivo** (quando ocorre omissão imprópria);

f) **Unissubjetivo** (pode haver ou não concurso de pessoas);

g) **Instantâneo** (consuma-se de imediato)

h) **Plurissubsistente** (a conduta pode ser fracionada, e por isso admite a tentativa);

i) De **dano** (a consumação enseja violação ao bem jurídico, e não mera exposição a perigo);

j) **Doloso** (não admite a modalidade culposa).

1.10. Quadro Sinótico

REGISTRO NÃO AUTORIZADO DA INTIMIDADE SEXUAL		
Considerações Iniciais	O referido artigo foi inserido no Código Penal através da Lei n. 13.772/2018 e consiste na produção (criação ou financiamento) ou registro (fotografia, filme) de cena de nudez ou ato sexual ou libidinoso, de caráter íntimo e privado, sem autorização dos participantes. Ademais, o parágrafo único determina que incorra na mesma pena o agente que realiza montagem em fotografia, vídeo, áudio ou qualquer outro registro com o fim de incluir pessoa em cena de nudez ou ato sexual ou libidinoso de caráter íntimo. Trata-se de figura equiparada. De mais a mais, registre-se que a Lei n. 13.772/2018 entrou em vigor em 20/12/2018. Por ser uma lei mais gravosa, ela não se aplica para fatos anteriores a sua vigência. Importante assinalar que a referida lei ainda promoveu uma pequena alteração na Lei Maria da Penha, deixando expresso que a violação da intimidade da mulher é uma forma de violência doméstica, classificada como violência psicológica (art. 7º, II, Lei n. 11.340/06).	1

Tipicidade Objetiva	O tipo penal consiste em "produzir" (fazer, realizar), fotografar (tirar foto, retratar, realizar registro fotográfico), filmar (gravar vídeo) ou registrar (capturar cena), por qualquer meio, conteúdo com cena de nudez ou ato sexual ou libidinoso de caráter íntimo e privado sem autorização dos participantes.	2
Sujeitos	**Sujeito ativo:** qualquer pessoa. **Sujeito passivo:** o sujeito passivo é a vítima do constrangimento.	3
Objetos	**Objeto jurídico:** o objeto juridicamente tutelado é a intimidade sexual da vítima. **Objeto material:** o objeto material é a pessoa contra a qual se dirige a conduta criminosa.	4
Elemento Subjetivo	O elemento subjetivo exigido no tipo penal é o dolo, não sendo exigida finalidade específica. A modalidade culposa não é admitida.	5
Consumação e Tentativa	Consuma-se no momento da produção, fotografia, filmagem ou registro da cena de nudez ou ato sexual ou libidinoso de caráter íntimo e privado, sem a autorização dos participantes. A forma tentada é perfeitamente cabível.	6
Ação Penal	A ação penal será pública incondicionada. Os processos que apuram esta modalidade de infração penal devem correr em segredo de justiça (art. 234 – B).	7
Penas	A pena prevista para o crime de é de detenção, de 6 (seis) meses a 1 (um) ano, e multa.	8
Classificação	**a)** **Comum** (pode ser praticado por qualquer pessoa); **b)** **Formal** (a consumação não exige a produção de um resultado naturalístico); **c)** De forma **livre** (a Lei não estabelece exigência para a forma de execução); **d)** **Simples** (tutela apenas um bem jurídico); **e)** **Comissivo** (em regra) ou **omissivo** (quando ocorre omissão imprópria); **f)** **Unissubjetivo** (pode haver ou não concurso de pessoas); **g)** **Instantâneo** (consuma-se de imediato) **h)** **Plurissubsistente** (a conduta pode ser fracionada, e por isso admite a tentativa); **i)** De **dano** (a consumação enseja violação ao bem jurídico, e não mera exposição a perigo); **j)** **Doloso** (não admite a modalidade culposa).	9

II

DOS CRIMES SEXUAIS CONTRA VULNERÁVEL

Com o advento da Lei n. 12.015/2009, significativas alterações foram realizadas neste Capítulo, o qual recebeu a rubrica de "crimes sexuais contra vulneráveis", passando a contemplar inúmeros outros delitos, tais como: estupro de vulnerável; a mediação de menor de 14 anos para satisfação da lascívia de outrem; satisfação de lascívia mediante a presença de criança ou adolescente; e favorecimento da prostituição ou oura forma de exploração sexual de vulnerável.

1. SEDUÇÃO

Art. 217. Revogado pela Lei n° 11.106, de 2005.

2. ESTUPRO DE VULNERÁVEL

Art. 217-A. Ter conjunção carnal ou praticar outro ato libidinoso com menor de 14 (catorze) anos:

Pena - reclusão, de 8 (oito) a 15 (quinze) anos.

§ 1° Incorre na mesma pena quem pratica as ações descritas no *caput* com alguém que, por enfermidade ou deficiência mental, não tem o necessário discernimento para a prática do ato, ou que, por qualquer outra causa, não pode oferecer resistência.

§ 2° (vetado)

§ 3° Se da conduta resulta lesão corporal de natureza grave:

Pena - reclusão, de 10 (dez) a 20 (vinte) anos.

§ 4° Se da conduta resulta morte:

Pena - reclusão, de 12 (doze) a 30 (trinta) anos.

§ 5º As penas previstas no caput e nos **§ § 1º, 3º e 4º deste artigo aplicam-se independentemente do consentimento da vítima ou do fato de ela ter mantido relações sexuais anteriormente ao crime.**

2.1. Considerações Iniciais

Com o advento da Lei n. 12.015/2009, o estupro cometido contra pessoa sem capacidade ou condições de consentir, com violência ficta, deixou de integrar o art. 213 do Código Penal, para configurar crime autônomo, com a nomenclatura "estupro de vulnerável". Dessa forma, as condutas que geravam uma violência ficta passaram a integrar o tipo penal do art. 217-A, com sanções próprias, distintas das admoestações impostas ao crime sexual praticado com violência real. Evoluiu-se da ficção legal para a subsunção típica do fato.

A vulnerabilidade é um conceito abrangente, pois não se trata de, tão somente, presumir violência, mas de proporcionar uma efetiva proteção do Estado em relação a determinadas pessoas que, definitiva ou momentaneamente, não têm a capacidade de se autodeterminar. São vulneráveis os menores de 14 anos, o embriagado, o enfermo, o deficiente mental, e qualquer outro que assim puder ser classificado a partir da análise do caso concreto.

Acerca da vítima menor de 14 anos, assinale-se que não deve haver margem para a discussão sobre a presunção da violência, se relativa ou absoluta. É dizer, não há que ser questionada a vulnerabilidade de, por exemplo, uma criança de 12 anos que se prostituía. A leitura da Exposição de Motivos do Projeto de Lei do Senado n. 252/2004 deixa clara a intenção do legislador de proteger o menor de 14 anos, considerando absoluta a sua presunção de vulnerabilidade, uma vez que a classifica como objetividade fática.

O erro de tipo (que não se confunde com a relativização da vulnerabilidade) pode afastar o delito, quando o agente irá provar que, por erro plenamente justificado pelas circunstâncias, pensava que a vítima, que concordou em ter com ele relação sexual, já tinha 14 anos ou mais, seja pela formação do seu corpo, seja por estar em ambiente cuja entrada era proibida para menores de 18 anos, por exemplos.

Tem-se, pois, que a presunção de vulnerabilidade do menor de 14 anos é absoluta. Este é o entendimento do STF (Precedentes: HC 101. 456, Rel. Min. Eros Grau e AgRg no REsp 1.363.531/MG, Rel. Min. Maria Thereza de Assis), bem como do STJ, cuja matéria já foi, inclusive, sumulada:

Súmula 593: O crime de estupro de vulnerável configura-se com a conjunção carnal ou prática de ato libidinoso com menor de 14 anos, sendo irrelevante o eventual consentimento da vítima para a prática do ato, experiência sexual anterior ou existência de relacionamento amoroso com o agente.

Para que não restasse qualquer dúvida em relação ao entendimento já sumulado, a Lei 13.718/2018 inseriu o § 5º ao presente artigo, que determina que as penas nele previstas aplicam-se independentemente do consentimento da vítima ou do fato de ela ter mantido relações sexuais anteriormente ao crime. Entretanto, observe-se que o aludido parágrafo levou o entendimento exposto na súmula para as outras situações de vulnerabilidade previstas no art. 217-A, abrangendo pessoa que, por enfermidade ou deficiência mental, não tem o necessário discernimento para a prática do ato, bem como pessoa que, por qualquer causa, não pode oferecer resistência.

Assinale-se, por ser importante, que não basta que a pessoa seja deficiente para que seja configurado o agora discutido crime, faz-se necessário que a sua deficiência implique em ausência de discernimento para a prática do ato.

Ademais, o tipo prevê **formas qualificadas de execução**, as quais, para serem caracterizadas, **devem ser exclusivamente preterdolosas.** Assim, se do estupro resultar lesão corporal de natureza grave, a pena será de reclusão de dez a vinte anos; se resultar a morte, a pena será de reclusão doze a trinta anos.

O crime agora estudado também está sujeito às hipóteses de aumento de pena já estudadas no estupro. Nesse sentido, se o crime é cometido com o **concurso de duas ou mais pessoas**, deve a pena ser aumentada de quarta parte (art. 226, I). Ademais, se o **agente é ascendente, padrasto, tio, irmão, cônjuge, companheiro, tutor, curador, preceptor ou empregador da vítima, ou, por qualquer outro modo, tenha autoridade sobre ela**, a pena deve ser aumentada de metade (art. 226, II). Ainda na seara das majorantes, assinale-se que a pena é aumentada de metade se do estupro **resultar gravidez** e de um sexto até a metade (art. 234 – A, III), **se o agente transmite à vítima doença sexualmente transmissível de que sabe ou deveria saber ser portador** (art. 234 – A, IV).

O crime de estupro de vulnerável é hediondo; comum (em relação ao sujeito ativo); próprio (em relação ao sujeito passivo); doloso; comissivo; material; de dano; instantâneo; unissubjetivo; plurissubsistente.

O crime pode ser praticado pode omissão imprópria, na hipótese de o agente gozar do status de garantidor. Na hipótese em que um pai estupra a própria filha menor de 14 anos com o beneplácito da mãe da vítima, ambos responderiam pelo crime de estupro de vulnerável. O pai na modalidade comissiva e a mãe na modalidade omissiva (garantidora). Evidentemente, devemos salientar que a mãe não seria responsabilizada se não consentisse e permitisse a conduta criminosa. Fosse ela também vítima de violência, agressões e ameaças, jamais poderia ser responsabilizada pelo crime contra a sua própria filha, pois o Direito Penal jamais poderia exigir de qualquer pessoa atitudes heróicas.

O Superior Tribunal de Justiça já entendeu que, a depender do caso concreto, um irmão (no caso concreto era uma irmã) pode assumir a condição de garantidor da vítima de estupro de vulnerável, tendo incidência o art. 13, 2º., *b* (pessoa que de outra forma assumiu a responsabilidade de impedir o resultado) ou *c* (aquele que criou o risco da ocorrência do resultado a partir de seu comportamento anterior), CP[1].

1. STJ, HC 603.195-PR, Rel. Min. Ribeiro Dantas, Quinta Turma, por unanimidade, julgado em 06/10/2020, DJe 16/10/2020.

2.2. Tipicidade Objetiva

A conduta típica consiste em ter conjunção carnal ou praticar outro ato libidinoso com menor de 14 anos, alguém com enfermidade ou deficiência mental, alguém que não tenha o necessário discernimento para a prática do ato, ou que, por qualquer outra causa, não pode oferecer resistência.

Os conceitos de conjunção carnal e ato libidinoso já foram trazidos nos comentários ao art. 213.

2.3. Sujeitos

Sujeito ativo: qualquer pessoa. Trata-se, portanto, de crime comum.

Sujeito passivo: o sujeito passivo é a vítima do constrangimento, que aqui só poderá ser menor de 14 anos de idade ou portadora de enfermidade ou deficiência mental ou, ainda, incapaz de discernimento para a prática do ato, ou que, por qualquer outra coisa, não tenha condições de oferecer resistência.

2.4. Objetos

Objeto jurídico: o objeto juridicamente tutelado é a dignidade sexual do indivíduo menor de 14 anos ou daquele que, por enfermidade ou doença mental, não tem o necessário discernimento para a prática do ato, ou que, por qualquer outra causa, não pode oferecer resistência.

Objeto material: é a pessoa vulnerável.

2.5. Elemento Subjetivo

O elemento subjetivo exigido no tipo penal é o dolo, consubstanciado na vontade de ter conjunção carnal ou praticar outro ato libidinoso com indivíduo nas condições previstas no *caput* ou § 1° deste artigo.

Não se exige dolo específico (especial finalidade no agir). Não há previsão para modalidade culposa.

2.6. Consumação e Tentativa

Consuma-se o crime com a prática do ato libidinoso buscado pelo agente. A forma tentada é perfeitamente cabível.

2.7. Ação Penal

A ação penal será pública incondicionada, conforme o art. 225 do Código Penal, alterado pela Lei n. 13.718/2018.

No caso do estupro de vulnerável, mesmo antes do advento da Lei n. 13.718/2018 o crime já era de ação penal pública incondicionada – ao contrário da maioria dos crimes sexuais que eram, em regra, de ação penal pública condicionada à representação do ofendido. Contudo, o STJ entendia que o crime seria de ação penal pública condicionada à representação do ofendido naquelas hipóteses em que havia uma vulnerabilidade momentânea[2]. É o que ocorre, por exemplo, na hipótese em que a vítima está totalmente embriagada ou sob efeito de anestesia geral.

Deste modo, conforme entendimento jurisprudencial, teremos que estes casos serão de ação penal pública condicionada à representação do ofendido quando praticados antes da entrada em vigor da Lei n. 13.718/2018, e de ação penal pública incondicionada quando praticados a partir de então.

Os processos que apuram esta modalidade de infração penal devem correr em segredo de justiça (art. 234 – B, CP).

2.8. Penas

A pena prevista para o crime de é de reclusão, de 8 (oito) a 15 (quinze) anos. À vista disto, devemos concluir que:

a) Não é possível a transação penal (a pena máxima supera dois anos);
b) Não é possível a suspensão condicional do processo (a pena mínima supera um ano).

Vale reiterar que se trata de crime hediondo, conforme previsão do art. 1º, Lei n. 8.072/90.

2.9. Classificação

O crime pode ser classificado como:

a) **Comum** (pode ser praticado por qualquer pessoa);
b) **Material** (a consumação exige a produção de um resultado naturalístico);
c) De **forma livre** (a Lei não estabelece exigência para a forma de execução);
d) **Simples** (tutela apenas um bem jurídico);
e) **Comissivo** (em regra) **ou omissivo** (quando ocorre omissão imprópria);
f) **Unissubjetivo** (pode haver ou não concurso de pessoas);
g) **Instantâneo** (consuma-se de imediato)

2. STJ, REsp 1.814.770-SP, Rel. Min. Antonio Saldanha Palheiro, Sexta Turma, por unanimidade, julgado em 05/05/2020, DJe 01/07/2020.

h) **Plurissubsistente** (a conduta pode ser fracionada, e por isso admite a tentativa);

i) De **dano** (a consumação enseja violação ao bem jurídico, e não mera exposição a perigo);

j) **Doloso** (não admite a modalidade culposa).

k) **Hediondo**

2.10. Quadro Sinótico

ESTUPRO DE VULNERÁVEL		
Considerações Iniciais	Com o advento da Lei n. 12.015/2009, o estupro cometido contra pessoa sem capacidade ou condições de consentir, com violência ficta, deixou de integrar o art. 213 do Código Penal, para configurar crime autônomo, com a nomenclatura "estupro de vulnerável". A vulnerabilidade é um conceito abrangente, pois não se trata de, tão somente, presumir violência, mas de proporcionar uma efetiva proteção do Estado em relação a determinadas pessoas que, definitiva ou momentaneamente, não têm a capacidade de se autodeterminar. São vulneráveis os menores de 14 anos, o embriagado, o enfermo, o deficiente mental, e qualquer outro que assim puder ser classificado a partir da análise do caso concreto. Tem-se, pois, que a presunção de vulnerabilidade do menor de 14 anos é absoluta. A Lei 13.718/2018 inseriu o § 5º ao presente artigo, que determina que as penas nele previstas aplicam-se independentemente do consentimento da vítima ou do fato de ela ter mantido relações sexuais anteriormente ao crime. Assinale-se, por ser importante, que não basta que a pessoa seja deficiente para que seja configurado o agora discutido crime, faz-se necessário que a sua deficiência implique em ausência de discernimento para a prática do ato.	1
Considerações Iniciais	Ademais, o tipo prevê **formas qualificadas de execução**, as quais, para serem caracterizadas, **devem ser exclusivamente preterdolosas.** Assim, se do estupro resultar lesão corporal de natureza grave, a pena será de reclusão de dez a vinte anos; se resultar a morte, a pena será de reclusão doze a trinta anos. O crime agora estudado também está sujeito às hipóteses de aumento de pena já estudadas no estupro. Nesse sentido, se o crime é cometido com o **concurso de duas ou mais pessoas**, deve a pena ser aumentada de quarta parte (art. 226, I). Ademais, se o **agente é ascendente, padrasto, tio, irmão, cônjuge, companheiro, tutor, curador, preceptor ou empregador da vítima, ou, por qualquer outro modo, tenha autoridade sobre ela**, a pena deve ser aumentada de metade (art. 226, II). Ainda na seara das majorantes, assinale-se que a pena é aumentada de metade se do estupro **resultar gravidez** e de um sexto até a metade (art. 234 – A, III), **se o agente transmite à vítima doença sexualmente transmissível de que sabe ou deveria saber ser portador** (art. 234 – A, IV).	1

Tipicidade Objetiva	A conduta típica consiste em ter conjunção carnal ou praticar outro ato libidinoso com menor de 14 anos, alguém com enfermidade ou deficiência mental, alguém que não tenha o necessário discernimento para a prática do ato, ou que, por qualquer outra causa, não pode oferecer resistência.	2
Sujeitos	**Sujeito ativo:** qualquer pessoa. **Sujeito passivo:** o sujeito passivo é a vítima do constrangimento, que aqui só poderá ser menor de 14 anos de idade ou portadora de enfermidade ou deficiência mental ou, ainda, incapaz de discernimento para a prática do ato, ou que, por qualquer outra coisa, não tenha condições de oferecer resistência.	3
Objetos	**Objeto jurídico:** o objeto juridicamente tutelado é a dignidade sexual do indivíduo menor de 14 anos ou daquele que, por enfermidade ou doença mental, não tem o necessário discernimento para a prática do ato, ou que, por qualquer outra causa, não pode oferecer resistência. **Objeto material:** é a pessoa vulnerável.	4
Elemento Subjetivo	O elemento subjetivo exigido no tipo penal é o dolo. Não se exige dolo específico (especial finalidade no agir). Não há previsão para modalidade culposa.	5
Consumação e Tentativa	Consuma-se o crime com a prática do ato libidinoso buscado pelo agente. A forma tentada é perfeitamente cabível.	6
Ação Penal	A ação penal será pública incondicionada. Os processos que apuram esta modalidade de infração penal devem correr em segredo de justiça (art. 234 – B, CP).	7
Penas	A pena prevista para o crime de é de reclusão, de 8 (oito) a 15 (quinze) anos.	8
Classificação	a) **Comum** (pode ser praticado por qualquer pessoa); b) **Material** (a consumação exige a produção de um resultado naturalístico); c) De forma **livre** (a Lei não estabelece exigência para a forma de execução);	9
Classificação	d) **Simples** (tutela apenas um bem jurídico); e) **Comissivo** (em regra) ou **omissivo** (quando ocorre omissão imprópria); f) **Unissubjetivo** (pode haver ou não concurso de pessoas); g) **Instantâneo** (consuma-se de imediato) h) **Plurissubsistente** (a conduta pode ser fracionada, e por isso admite a tentativa); i) De **dano** (a consumação enseja violação ao bem jurídico, e não mera exposição a perigo); j) **Doloso** (não admite a modalidade culposa). k) **Hediondo**	9

2.11. Súmulas Aplicáveis

2.11.1. *STF*

593. O crime de estupro de vulnerável configura-se com a conjunção carnal ou prática de ato libidinoso com menor de 14 anos, sendo irrelevante o eventual consentimento da vítima para a prática do ato, experiência sexual anterior ou existência de relacionamento amoroso com o agente.

2.12. Questões de Concursos Públicos

01. **(CESPE - 2016 - PC-PE - Agente de Polícia) Laura e Tiago são casados há seis anos, mas estão separados, de fato, há três meses, embora mantenham contato por conta de um filho, ainda criança, que possuem em comum. Certo dia, aproveitando-se da sua franca entrada na residência em que Laura mora com a criança, Tiago conseguiu subtrair a chave de um dos portões da casa, fez uma cópia dessa chave e devolveu o exemplar original ao seu lugar, sem que Laura disso tivesse conhecimento. Tempos depois, em dia em que Laura estava ausente de casa e o filho deles estava na casa da avó materna, Tiago entrou na casa da ex-esposa e ficou aguardando-a, com a intenção de surpreendê-la e reconquistá-la. Próximo à meia-noite desse mesmo dia, Laura chegou e, por estar bastante embriagada, adormeceu muito rapidamente, sem dar a Tiago a atenção de que ele acreditava ser merecedor. Este ficou enfurecido e enciumado e tentou, sem sucesso, acordá-la. Não tendo alcançado seu objetivo, Tiago resolveu manter, e efetivamente manteve, relação sexual com Laura, que então já estava praticamente desacordada.**

    Nessa situação hipotética, conforme os dispositivos pertinentes aos crimes contra a dignidade sexual insertos na Lei Maria da Penha e no Código Penal,

    (A) para que o crime de estupro se configure, é preciso que tenha ocorrido conjunção carnal na relação sexual.

    (B) Tiago não poderá ser acusado de crime de estupro porque Laura ainda é sua esposa.

    (C) Tiago não poderá ser acusado de crime de estupro porque não usou de grave ameaça ou violência contra Laura.

    (D) Tiago poderá ser acusado de crime de estupro de vulnerável.

    (E) Tiago praticou o crime de assédio sexual, pois qualquer indivíduo pode ser sujeito ativo desse crime, independentemente de ostentar condição especial em relação à vítima.

02. **(CESPE - 2018 - PC-MA - Escrivão de Polícia Civil) Com relação ao crime de estupro, considera-se vulnerável a vítima**

    (A) que morre em consequência da violência sexual.

    (B) que pratica o ato sexual mediante fraude ou dissimulação.

    (C) mentalmente enferma, sem discernimento para o ato sexual.

    (D) com quatorze anos de idade completos.

    (E) com até dezoito anos de idade.

03. **(FUNCAB - 2016 - CODESA - Guarda Portuário) Alaor, consciente sobre todas as circunstâncias do caso concreto, mediante grave ameaça, obrigou Brenda, criança de 12 anos de idade, a masturbá-lo. Alaor praticou crime de:**

    (A) corrupção de menores.

    (B) constrangimento ilegal.

    (C) ameaça.

    (D) estupro de vulnerável.

    (E) estupro.

04. **(INSTITUTO AOCP - 2019 - PC-ES - Escrivão de Polícia) Em relação ao crime de estupro de vulnerável, é questão pacificada no Direito Penal**

    (A) a irrelevância do consentimento da vítima para a prática do ato, bem como sua experiência sexual anterior ou existência de relacionamento amoroso com o agente.

    (B) o critério exclusivo de vulnerabilidade pela idade da vítima, menor de 14 anos.

(C) que a vítima do sexo masculino não pode ser sujeito passivo do delito em análise.

(D) que o desconhecimento da lei exclui a tipicidade delitiva.

(E) que a pena é duplicada se o agente exercer autoridade sobre a vítima.

05. (FCC - 2019 - DPE-SP - Defensor Público) No dia 23 de abril de 2013, Jailson, aproveitando que sua esposa havia saído de casa para fazer compras, decidiu ir até o quarto de sua enteada Jéssica, que à época contava com 19 anos de idade. Ao perceber que Jéssica estava dormindo, Jailson se aproximou de sua cama, apalpou seus seios e começou a acariciar sua vagina por dentro da calcinha. Ocorre que, nesse momento, o irmão de Jéssica chegou à casa e, ao presenciar a cena, começou a gritar, momento em que Jailson se afastou da jovem e fugiu.

O tipo penal em que incorreu Jailson, sem analisar se o delito teria se dado na forma consumada ou tentada, é:

(A) Constrangimento ilegal (art. 146, caput, do CP).

(B) Estupro (art. 213, caput, do CP).

(C) Estupro de vulnerável (art. 217-A, §1°, do CP).

(D) Violação sexual mediante fraude (art. 215, caput, do CP).

(E) Importunação sexual (art. 215-A, do CP).

06. (FUNCAB - 2016 - PC-PA - Escrivão de Polícia Civil) Configura estupro de vulnerável a(o):

(A) manutenção de relações sexuais com pessoa desacordada em virtude de severa embriaguez, ainda que a vítima, depois de concluída a conduta e ao recuperar sua consciência, passe a consentir para com o ato libidinoso.

(B) indução de menor de 14 anos a presenciar a prática de atos libidinosos, a fim de satisfazer a lascívia de outrem.

(C) constrangimento, mediante violência, de pessoa portadora de enfermidade mental à prática de conjunção carnal, ainda que a vítima tenha o necessário discernimento para a prática do ato sexual.

(D) assédio, no ambiente de trabalho de adolescente aprendiz, que conte com 16 anos de idade, visando a obter favorecimento de natureza sexual.

(E) prática de sexo anal consentido com adolescente de 14 anos de idade que esteja submetido à prostituição.

07. (IBADE - 2017 - PC-AC - Auxiliar de Necropsia) O crime de estupro de vulnerável (art. 217-Ado CP):

(A) é uma hipótese de lenocínio.

(B) exige que a vítima seja mulher.

(C) pode ser praticado mediante conjunção carnal ou ato libidinoso diverso.

(D) pressupõe violência ou grave ameaça como meios executórios.

(E) é subsidiário ao estupro (art. 213 do CP)

08. (CONSULPLAN - 2018 - TJ-MG - Juiz de Direito Substituto) MA, preocupada com o desempenho escolar insatisfatório de sua filha AL, de 13 (treze) anos de idade, pediu ao vizinho V, de 19 (dezenove) anos de idade, universitário, para ministrar aulas particulares para AL. Ao fazer o pedido, MA mencionou para V a idade de AL e as dificuldades que ela enfrentava com a disciplina de matemática. Na data combinada, V foi à residência de AL e foi por esta recebido e conduzido até seu quarto. MA, estava na sala de TV, que fica ao lado do quarto de AL, de modo que pôde ouvir com clareza o inteiro teor da conversa travada entre V e AL. Depois de alguma conversa entre eles, AL convidou V para "ficarem". V ficou indeciso inicialmente, mas AL insistiu e afirmou que não haveria problema algum, porque sua mãe MA estava na sala entretida com a novela e não os interromperia. Depois da insistência por parte de AL, V concordou com a proposta e acabaram mantendo relação sexual. MA, que ouviu toda a conversa, achou melhor não interferir e continuou a assistir à novela. Diante dessa situação hipotética, assinale a alternativa que contém a solução jurídica correta para o caso.

(A) Somente V responde pelo crime de estupro de vulnerável.

(B) V e MA respondem pelo crime de estupro de vulnerável, em coautoria.

(C) V e MA respondem pelo crime de estupro de vulnerável, V na modalidade comissiva e MA na modalidade omissiva.

(D) V e MA respondem pelo crime de estupro de vulnerável, V na modalidade comissiva e MA na modalidade omissiva, sendo aplicada à MA a causa de aumento de pena prevista no artigo 226, II, do Código Penal (condição de ascendente).

09. (CESPE - 2015 - DPE-RN - Defensor Público Substituto) José, com trinta anos de idade, manteve, entre 2013 e 2015, relacionamento amoroso com uma menor que atualmente tem treze anos de idade. Nesse período, constantemente, José, praticava com ela conjunção carnal e outros atos libidinosos diversos. A mãe da menor descobriu o caso e denunciou José à polícia. A menor, em seu depoimento, afirmou que sempre consentiu com o namoro e com os atos sexuais praticados e que, da mesma forma, já havia namorado outros rapazes antes de José.

Acerca dessa situação hipotética, assinale a opção correta à luz da jurisprudência dominante, atualmente, no STF e no STJ.

(A) A prévia existência de relacionamento amoroso e duradouro entre a menor e José extingue a punibilidade do agente por crime de estupro de vulnerável.

(B) José praticou crime de estupro de vulnerável e atentado violento ao pudor em continuidade delitiva.

(C) José praticou crime de estupro de vulnerável, ainda que a adolescente tenha consentido em manter com ele relações sexuais.

(D) A ausência de representação formulada pela menor ou por sua mãe impede que José seja processado pelos fatos ocorridos.

(E) A anterior experiência sexual da vítima afasta sua vulnerabilidade, de forma que José deve responder apenas por corrupção de menor.

10. (FCC - 2017 - POLITEC - AP - Perito Médico Legista) A mídia noticiou que um médico endoscopista foi flagrado em sua clínica tendo relação sexual com uma paciente de 35 anos enquanto ela estava sob efeito do sedativo utilizado para o exame de endoscopia digestiva alta. Desse modo, o médico foi acusado de ter cometido crime de

(A) estupro.

(B) atentado violento do pudor.

(C) estupro de vulnerável.

(D) sedução.

(E) assédio sexual.

GABARITO: As respostas destes testes encontram-se no final do livro.

2.13. Questões Discursivas com Comentários

03. (MP/RR - IX CONCURSO PARA O MINISTÉRIO PÚBLICO DO ESTADO DE RORAIMA - 2017) Redija um texto acerca do crime de estupro de vulnerável, discorrendo sobre a admissão, ou não, pelo ordenamento jurídico brasileiro, da exceção Romeu e Julieta nos crimes contra a dignidade sexual, explicando-a. Fundamente sua resposta considerando o entendimento do STJ sobre a matéria.

COMENTÁRIOS

O crime de estupro de vulnerável, que tem como objeto jurídico tutelado a dignidade sexual do indivíduo menor de 14 anos ou daquele que, por enfermidade ou doença mental, não tem o necessário discernimento para a prática do ato, ou que, por qualquer outra causa, não pode oferecer resistência, assenta que a presunção de vulnerabilidade do menor de 14 anos é absoluta.

A exceção doutrinária e jurisprudencial chamada "Romeu e Julieta" diz respeito à diferença etária entre autor e vítima que mantém relacionamento amoroso, ao argumento que a inexperiência sexual de ambos tornaria o fato atípico por ausência de lesividade aos bens jurídicos liberdade e dignidade sexual e de que a conduta é adequada socialmente nessas hipóteses.

Tal tese não foi acolhida pelo STJ tendo-se em vista que o fator etário utilizado pelo legislador tem por fundamento a vulnerabilidade absoluta do menor de 14 anos, não importando a diferença etária. Ademais, a adequação social da conduta não tem o condão de revogar a lei.

Portanto, em razão dos conflitos acerca da tipicidade na hipótese da pequena diferença de idade ou do relacionamento amoroso, o STJ assim sumulou:

Súmula 593: O crime de estupro de vulnerável configura-se com a conjunção carnal ou prática de ato libidinoso com menor de 14 anos, sendo irrelevante o eventual consentimento da vítima para a prática do ato, experiência sexual anterior ou existência de relacionamento amoroso com o agente.

Para que não restasse qualquer dúvida em relação ao entendimento, a Lei 13.718/2018 inseriu o § 5° ao presente artigo, que determina que as penas nele previstas aplicam-se independentemente do consentimento da vítima ou do fato de ela ter mantido relações sexuais anteriormente ao crime. Logo, tal exceção não é admitida no ordenamento jurídico brasileiro.

3. MEDIAÇÃO PARA SATISFAZER A LASCÍVIA DE OUTREM COM PESSOA VULNERÁVEL MENOR DE 14 ANOS (CORRUPÇÃO DE MENORES)

Art. 218. Induzir alguém menor de 14 (catorze) anos a satisfazer a lascívia de outrem:

Pena - reclusão, de 2 (dois) a 5 (cinco) anos.

3.1. Considerações Iniciais

O crime de mediação para satisfazer a lascívia de outrem com pessoa vulnerável menor de 14 anos é comum (em relação ao sujeito ativo); próprio (em relação ao sujeito passivo); doloso; comissivo (podendo ser praticado pode omissão imprópria, na hipótese de o agente gozar do status de garantidor); material; de forma livre; instantâneo; unissubjetivo; plurissubsistente.

3.2. Tipicidade Objetiva

No núcleo do tipo penal está o verbo induzir (aliciar, persuadir) menor de 14 anos a satisfazer a lascívia de outrem. Não restará caracterizado este crime se o menor vulnerável praticar conjunção carnal ou outro ato libidinoso, pois assim ocorrendo, configurado estará o crime de estupro de vulnerável, tanto para quem induz, quanto para quem dele participa diretamente. Aqui, a conduta é limitada às práticas sexuais meramente contemplativas.

3.3. Sujeitos

Sujeito ativo: pode ser qualquer pessoa.

Sujeito passivo: o sujeito passivo é a vítima da conduta, que aqui só poderá ser o menor de 14 anos.

3.4. Objetos

Objeto jurídico: o objeto juridicamente tutelado é a dignidade sexual de pessoa menor de 14 anos, bem como o direito ao desenvolvimento sexual sadio, equilibrado e compatível com a sua idade.

Objeto material: o objeto material é a pessoa menor de 14 anos de idade contra qual e dirigida a conduta prevista neste tipo.

3.5. Elemento Subjetivo

O elemento subjetivo exigido no tipo penal é o dolo, pois se exige do agente a vontade consciente de induzir a vítima a satisfazer a lascívia de outrem. Não há previsão para modalidade culposa.

3.6. Consumação e Tentativa

Consuma-se o crime com a prática do ato que importa satisfação da lascívia de outrem, independentemente deste considerar-se satisfeito. Tendo em vista se tratar de crime material e plurissubsistente, a forma tentada é perfeitamente cabível.

3.7. Ação Penal

A ação penal será pública incondicionada, conforme o art. 225 do Código Penal, alterado pela Lei n. 13.718/2018.

Os processos que apuram esta modalidade de infração penal devem correr em segredo de justiça (art. 234 - B, CP).

3.8. Penas

A pena prevista para o crime de é de reclusão, de 2 (dois) a 5 (cinco) anos. À vista disto, devemos concluir que:

a) Não é possível a transação penal (a pena máxima supera dois anos);

b) Não é possível a suspensão condicional do processo (a pena mínima supera um ano).

3.9. Classificação

O crime pode ser classificado como:

a) **Comum** (pode ser praticado por qualquer pessoa);

b) **Material** (a consumação exige a produção de um resultado naturalístico);

c) De **forma livre** (a Lei não estabelece exigência para a forma de execução);

d) **Simples** (tutela apenas um bem jurídico);

e) **Comissivo** (em regra) **ou omissivo** (quando ocorre omissão imprópria);

f) **Unissubjetivo** (pode haver ou não concurso de pessoas);

g) **Instantâneo** (consuma-se de imediato)

h) **Plurissubsistente** (a conduta pode ser fracionada, e por isso admite a tentativa);

i) De **dano** (a consumação enseja violação ao bem jurídico, e não mera exposição a perigo);

j) **Doloso** (não admite a modalidade culposa).

3.10. Quadro Sinótico

MEDIAÇÃO PARA SATISFAZER A LASCÍVIA DE OUTREM COM PESSOA VULNERÁVEL MENOR DE 14 ANOS (CORRUPÇÃO DE MENORES)		
Considerações Iniciais	O crime de mediação para satisfazer a lascívia de outrem com pessoa vulnerável menor de 14 anos é comum (em relação ao sujeito ativo); próprio (em relação ao sujeito passivo); doloso; comissivo (podendo ser praticado pode omissão imprópria, na hipótese de o agente gozar do status de garantidor); material; de forma livre; instantâneo; unissubjetivo; plurissubsistente.	1
Tipicidade Objetiva	No núcleo do tipo penal está o verbo induzir (aliciar, persuadir) menor de 14 anos a satisfazer a lascívia de outrem. Aqui, a conduta é limitada às práticas sexuais meramente contemplativas.	2
Sujeitos	**Sujeito ativo:** pode ser qualquer pessoa. **Sujeito passivo:** o sujeito passivo é a vítima da conduta, que aqui só poderá ser o menor de 14 anos.	3
Objetos	**Objeto jurídico:** o objeto juridicamente tutelado é a dignidade sexual de pessoa menor de 14 anos, bem como o direito ao desenvolvimento sexual sadio, equilibrado e compatível com a sua idade. **Objeto material:** o objeto material é a pessoa menor de 14 anos de idade contra qual é dirigida a conduta prevista neste tipo.	4
Elemento Subjetivo	O elemento subjetivo exigido no tipo penal é o dolo, pois se exige do agente a vontade consciente de induzir a vítima a satisfazer a lascívia de outrem. Não há previsão para modalidade culposa.	5
Consumação e Tentativa	Consuma-se o crime com a prática do ato. A forma tentada é perfeitamente cabível.	6
Ação Penal	A ação penal será pública incondicionada. Os processos que apuram esta modalidade de infração penal devem correr em segredo de justiça (art. 234 – B, CP).	7
Penas	A pena prevista para o crime de é de reclusão, de 2 (dois) a 5 (cinco) anos.	8
Classificação	**a) Comum** (pode ser praticado por qualquer pessoa); **b) Material** (a consumação exige a produção de um resultado naturalístico); **c)** De forma **livre** (a Lei não estabelece exigência para a forma de execução); **d) Simples** (tutela apenas um bem jurídico); **e) Comissivo** (em regra) ou **omissivo** (quando ocorre omissão imprópria); **f) Unissubjetivo** (pode haver ou não concurso de pessoas);	9

Classificação	g) **Instantâneo** (consuma-se de imediato) h) **Plurissubsistente** (a conduta pode ser fracionada, e por isso admite a tentativa); i) De **dano** (a consumação enseja violação ao bem jurídico, e não mera exposição a perigo); j) **Doloso** (não admite a modalidade culposa).	9

4. SATISFAÇÃO DE LASCÍVIA MEDIANTE PRESENÇA DE CRIANÇA OU ADOLESCENTE

> **Art. 218-A.** Praticar, na presença de alguém menor de 14 (catorze) anos, ou induzi-lo a presenciar, conjunção carnal ou outro ato libidinoso, a fim de satisfazer lascívia própria ou de outrem:
>
> Pena - reclusão, de 2 (dois) a 4 (quatro) anos.

4.1. Considerações Iniciais

Com o advento da Lei n. 12.015/2009, o art. 218-A foi acrescido no Código Penal, possibilitando o preenchimento de uma lacuna anteriormente existente em nosso sistema criminal que, outrora, não alcançava as vítimas menores de 14 anos, deixando sem proteção aqueles que mais necessitavam.

O crime de satisfação de lascívia mediante presença de criança ou adolescente é comum (em relação ao sujeito ativo); próprio (em relação ao sujeito passivo); doloso; comissivo; de mera conduta; de perigo; monossubjetivo; plurissubsistente.

4.2. Tipicidade Objetiva

Praticar é realizar ou executar. Induzir tem o sentido de convencer ou persuadir a fazer algo. Na seara deste artigo, o agente permitiu a presença do menor ou o convenceu a presenciar sua atividade sexual, ambas ações com o desiderato de satisfazer a própria lascívia ou de terceiros.

No núcleo do tipo penal está o verbo constranger (subjugar, sujeitar, obrigar, forçar), comportamento este que deve ser realizado mediante violência ou grave ameaça. Em ambos os casos a lei prevê o acúmulo material das penas do crime em análise e aquela relativa à violência ou ameaça empregada pelo agente, não sendo permitida, pois, a absorção.

4.3. Sujeitos

Sujeito ativo: qualquer pessoa.

Sujeito passivo: o sujeito passivo é pessoa menor de 14 anos, independentemente do seu sexo.

4.4. Objetos

Objeto jurídico: o objeto juridicamente tutelado é a dignidade sexual da pessoa menor de 14 anos, bem como o direito ao desenvolvimento sexual sadio, equilibrado e compatível com a sua idade.

Objeto material: é a pessoa de 14 anos que presencia a conjunção carnal ou outro ato libidinoso.

4.5. Elemento Subjetivo

O elemento subjetivo exigido no tipo penal é o dolo, acrescido da finalidade especial de saciar desejo sexual próprio ou de terceiro. Não há previsão para modalidade culposa.

4.6. Consumação e Tentativa

Trata-se de crime formal, de consumação antecipada. Consuma-se o crime no momento em que o menor de 14 anos presencia a prática da conjunção carnal ou outro ato libidinoso.

4.7. Ação Penal

A ação penal será pública incondicionada, conforme o art. 225 do Código Penal, alterado pela Lei n. 13.718/2018.

Os processos que apuram esta modalidade de infração penal devem correr em segredo de justiça (art. 234 – B, CP).

4.8. Penas

A pena prevista para o crime de é de reclusão, de 2 (dois) a 4 (quatro) anos. À vista disto, devemos concluir que:

a) Não é possível a transação penal (a pena máxima supera dois anos);

b) Não é possível a suspensão condicional do processo (a pena mínima supera um ano).

4.9. Classificação

O crime pode ser classificado como:

a) **Comum** (pode ser praticado por qualquer pessoa);

b) **Formal** (a consumação não exige a produção de um resultado naturalístico);

c) De **forma livre** (a Lei não estabelece exigência para a forma de execução);

d) **Simples** (tutela apenas um bem jurídico);

e) **Comissivo** (em regra) **ou omissivo** (quando ocorre omissão imprópria);

f) **Unissubjetivo** (pode haver ou não concurso de pessoas);

g) **Instantâneo** (consuma-se de imediato)

h) **Plurissubsistente** (a conduta pode ser fracionada, e por isso admite a tentativa);

i) De **dano** (a consumação enseja violação ao bem jurídico, e não mera exposição a perigo);

j) **Doloso** (não admite a modalidade culposa).

4.10. Quadro Sinótico

SATISFAÇÃO DE LASCÍVIA MEDIANTE PRESENÇA DE CRIANÇA OU ADOLESCENTE		
Considerações Iniciais	Com o advento da Lei n. 12.015/2009, o art. 218-A foi acrescido no Código Penal, possibilitando o preenchimento de uma lacuna anteriormente existente em nosso sistema criminal que, outrora, não alcançava as vítimas menores de 14 anos, deixando sem proteção aqueles que mais necessitavam.	1
Tipicidade Objetiva	Praticar é realizar ou executar. Induzir tem o sentido de convencer ou persuadir a fazer algo. No núcleo do tipo penal está o verbo constranger (subjugar, sujeitar, obrigar, forçar), comportamento este que deve ser realizado mediante violência ou grave ameaça. Em ambos os casos a lei prevê o acúmulo material das penas do crime em análise e aquela relativa à violência ou ameaça empregada pelo agente, não sendo permitida, pois, a absorção.	2
Sujeitos	**Sujeito ativo:** qualquer pessoa. **Sujeito passivo:** o sujeito passivo é pessoa menor de 14 anos.	3
Objetos	**Objeto jurídico:** o objeto juridicamente tutelado é a dignidade sexual da pessoa menor de 14 anos, bem como o direito ao desenvolvimento sexual sadio, equilibrado e compatível com a sua idade. **Objeto material:** é a pessoa de 14 anos que presencia a conjunção carnal ou outro ato libidinoso.	4
Elemento Subjetivo	O elemento subjetivo exigido no tipo penal é o dolo, acrescido da finalidade especial de saciar desejo sexual próprio ou de terceiro. Não há previsão para modalidade culposa.	5
Consumação e Tentativa	Consuma-se o crime no momento em que o menor de 14 anos presencia a prática da conjunção carnal ou outro ato libidinoso.	6
Ação Penal	A ação penal será pública incondicionada. Os processos que apuram esta modalidade de infração penal devem correr em segredo de justiça (art. 234 – B, CP).	7
Penas	A pena prevista para o crime de é de reclusão, de 2 (dois) a 4 (quatro) anos.	8
Classificação	**a) Comum** (pode ser praticado por qualquer pessoa); **b) Formal** (a consumação não exige a produção de um resultado naturalístico);	13

Classificação	**c)** De forma **livre** (a Lei não estabelece exigência para a forma de execução); **d)** **Simples** (tutela apenas um bem jurídico); **e)** **Comissivo** (em regra) ou **omissivo** (quando ocorre omissão imprópria); **f)** **Unissubjetivo** (pode haver ou não concurso de pessoas); **g)** **Instantâneo** (consuma-se de imediato) **h)** **Plurissubsistente** (a conduta pode ser fracionada, e por isso admite a tentativa); **i)** De **dano** (a consumação enseja violação ao bem jurídico, e não mera exposição a perigo); **j)** **Doloso** (não admite a modalidade culposa).	13

5. FAVORECIMENTO DA PROSTITUIÇÃO OU OUTRA FORMA DE EXPLORAÇÃO SEXUAL DE VULNERÁVEL

> **Art. 218-B.** Submeter, induzir ou atrair à prostituição ou outra forma de exploração sexual alguém menor de 18 (dezoito) anos ou que, por enfermidade ou deficiência mental, não tem o necessário discernimento para a prática do ato, facilitá-la, impedir ou dificultar que a abandone:
>
> Pena - reclusão, de 4 (quatro) a 10 (dez) anos.
>
> § 1° Se o crime é praticado com o fim de obter vantagem econômica, aplica-se também multa.
>
> § 2° Incorre nas mesmas penas:
>
> I - quem pratica conjunção carnal ou outro ato libidinoso com alguém menor de 18 (dezoito) e maior de 14 (catorze) anos na situação descrita no *caput* deste artigo;
>
> II - o proprietário, o gerente ou o responsável pelo local em que se verifiquem as práticas referidas no *caput* deste artigo.
>
> § 3° Na hipótese do inciso II do § 2°, constitui efeito obrigatório da condenação a cassação da licença de localização e de funcionamento do estabelecimento.

5.1. Considerações Iniciais

Aqui é prevista uma modalidade específica do crime de favorecimento da prostituição ou outra forma de exploração sexual, diferente daquela prevista no art. 220 do Código Penal, haja vista que, neste caso, há de se constatar uma condição especial da vítima, que deve ser menor de 18 anos ou que, por enfermidade ou deficiência mental, não tem o necessário discernimento para a prática do ato. O presente artigo, instituído pela Lei 12.015/2009, revogou tacitamente o crime anteriormente definido no art. 244-A do ECA.

O artigo ainda prevê a aplicação de multa nos casos em que o crime é praticado com finalidade lucrativa (§ 1º). Por fim, em seu **§ 2º, o ato as figuras equiparadas, determinando que incorre nas mesmas penas quem pratica a conjunção carnal ou outro ato libidinoso com alguém menor de 18 anos e maior de 14 anos, bem como o proprietário, o gerente ou o responsável pelo local em que se verifiquem as práticas constantes do caput.**

O crime de favorecimento da prostituição ou outra forma de exploração sexual de vulnerável é comum (em relação ao sujeito ativo); próprio (em relação ao sujeito passivo); doloso; material; de forma livre; comissivo; instantâneo ("submeter", "induzir", "atrair", "facilitar") ou permanente ("impedir" e "dificultar"); unissubjetivo; e plurissubsistente.

5.2. Tipicidade Objetiva

As condutas do tipo penal estão caracterizadas nos núcleos "submeter" (subjugar, dominar, obrigar, compelir), "induzir" (criar a ideia, sugerir, sugestionar, persuadir) ou "atrair" (seduzir, trazer).

Prostituição é o comércio sexual exercido com habitualidade e pressupõe contato físico entre as pessoas envolvidas na atividade sexual. Contudo, o legislador também previu punição para qualquer outra forma de exploração sexual, o que, não necessariamente, implica em contato físico entre vítima e autor delituoso.

Registre-se, por ser oportuno, que se a vítima for menor de 14 anos, o agente delituoso responderá, também, por **estupro vulnerável**, caso reste comprovado que do agenciamento derivou encontro sexual com pessoa certa.

Noutro passo, se a vítima for pessoa sã, maior de 18 anos, o induzimento configura o crime previsto no artigo 228 do Código Penal, **favorecimento da prostituição ou outra forma de exploração sexual.**

Ainda na seara da diferenciação, se a vítima for forçada a se prostituir, o crime será o de **estupro qualificado**, conforme art. 213, **§ 1º.**

Acrescente-se, ainda, que constituem crimes específicos, constante da Lei n. 8.069/1990 – Estatuto da Criança e do Adolescente – ECA, notadamente em seus artigos 240 e 241, produzir, reproduzir, dirigir, fotografar, filmar ou registrar, por qualquer meio, cena de sexo explícito ou pornográfica, envolvendo criança ou adolescente, bem como vender ou expor à venda fotografia, vídeo ou outro registro que contenha cena de sexo explícito ou pornográfica envolvendo-os, assim como oferecer, trocar, disponibilizar, transmitir, distribuir, publicar ou divulgar por qualquer meio, inclusive por meio de sistema de informática ou telemático, fotografia, vídeo ou outro registro que contenha cena de sexo explícito ou pornográfica envolvendo as referidas vítimas.

O crime do art. 218-B, CP encontra-se no rol dos crimes hediondos, conforme previsão do art. 1º. da Lei n. 8.072/90.

5.3. Sujeitos

Sujeito ativo: pode ser qualquer pessoa, representando essa conduta, pois, *delicta ommuni,* ou seja, crime comum, não sendo necessária qualquer qualificação para o agente delituoso.

Sujeito passivo: é a pessoa vulnerável, independentemente do seu sexo.

5.4. Objetos

Objeto jurídico: o objeto juridicamente tutelado é a dignidade sexual de vulnerável.

Objeto material: é a pessoa vulnerável contra qual a conduta é dirigida.

5.5. Elemento Subjetivo

O elemento subjetivo exigido no tipo penal é o dolo, não se exigindo o dolo específico. Não há previsão para modalidade culposa.

5.6. Consumação e Tentativa

Nas modalidades *submeter, induzir, atrair e facilitar*, consuma-se o delito no momento em que a vítima passa a se dedicar à prostituição, colocando-se, habitualmente, à disposição dos clientes, ainda que não realize atendimento algum. No que tange às modalidades *impedir* ou *dificultar*, o crime restará consumado no momento em que a vítima delibera por deixar a atividade e o agente não permite.

A forma tentada é perfeitamente cabível.

5.7. Ação Penal

A ação penal será pública incondicionada, conforme o art. 225 do Código Penal, alterado pela Lei n. 13.718/2018.

Os processos que apuram esta modalidade de infração penal devem correr em segredo de justiça (art. 234 – B, CP).

5.8. Penas

A pena prevista para o crime de é de reclusão, de 4 (quatro) a 10 (dez) anos. À vista disto, devemos concluir que:

a) Não é possível a transação penal (a pena máxima supera dois anos);

b) Não é possível a suspensão condicional do processo (a pena mínima supera um ano).

Importante recordar que se trata de crime hediondo, conforme previsão do art. 1º, Lei n. 8.072/90.

5.9. Classificação

O crime pode ser classificado como:

a) **Comum** (pode ser praticado por qualquer pessoa);

b) **Material** (a consumação exige a produção de um resultado naturalístico);

c) De **forma livre** (a Lei não estabelece exigência para a forma de execução);

d) **Simples** (tutela apenas um bem jurídico);

e) **Comissivo** (em regra) **ou omissivo** (quando ocorre omissão imprópria);

f) **Unissubjetivo** (pode haver ou não concurso de pessoas);

g) **Instantâneo** (consuma-se de imediato)

h) **Plurissubsistente** (a conduta pode ser fracionada, e por isso admite a tentativa);

i) De **dano** (a consumação enseja violação ao bem jurídico, e não mera exposição a perigo);

j) **Doloso** (não admite a modalidade culposa);

k) **Hediondo.**

5.10. Quadro Sinótico

FAVORECIMENTO DA PROSTITUIÇÃO OU OUTRA FORMA DE EXPLORAÇÃO SEXUAL DE VULNERÁVEL		
Considerações Iniciais	Aqui é prevista uma modalidade específica do crime de favorecimento da prostituição ou outra forma de exploração sexual, diferente daquela prevista no art. 220 do Código Penal, haja vista que, neste caso, há de se constatar uma condição especial da vítima, que deve ser menor de 18 anos ou que, por enfermidade ou deficiência mental, não tem o necessário discernimento para a prática do ato. O artigo ainda prevê a aplicação de multa nos casos em que o crime é praticado com finalidade lucrativa (§ 1º). Por fim, em seu § 2º, o ato as figuras equiparadas, determinando que incorre nas mesmas penas quem pratica a conjunção carnal ou outro ato libidinoso com alguém menor de 18 anos e maior de 14 anos, bem como o proprietário, o gerente ou o responsável pelo local em que se verifiquem as práticas constantes do caput.	1
Tipicidade Objetiva	As condutas do tipo penal estão caracterizadas nos núcleos "submeter" (subjugar, dominar, obrigar, compelir), "induzir" (criar a ideia, sugerir, sugestionar, persuadir) ou "atrair" (seduzir, trazer). Prostituição é o comércio sexual exercido com habitualidade e pressupõe contato físico entre as pessoas envolvidas na atividade sexual. Contudo, o legislador também previu punição para qualquer outra forma de exploração sexual, o que, não necessariamente, implica em contato físico entre vítima e autor delituoso. O crime do art. 218-B, CP encontra-se no rol dos crimes hediondos.	2
Sujeitos	**Sujeito ativo:** pode ser qualquer pessoa. **Sujeito passivo:** é a pessoa vulnerável, independentemente do seu sexo.	3
Objetos	**Objeto jurídico:** o objeto juridicamente tutelado é a dignidade sexual de vulnerável. **Objeto material:** é a pessoa vulnerável contra qual a conduta é dirigida.	4

Elemento Subjetivo	O elemento subjetivo exigido no tipo penal é o dolo, não se exigindo o dolo específico. Não há previsão para modalidade culposa.	5
Consumação e Tentativa	Nas modalidades *submeter, induzir, atrair e facilitar*, consuma-se o delito no momento em que a vítima passa a se dedicar à prostituição, colocando-se, habitualmente, à disposição dos clientes, ainda que não realize atendimento algum. No que tange às modalidades *impedir* ou *dificultar*, o crime restará consumado no momento em que a vítima delibera por deixar a atividade e o agente não permite. A forma tentada é perfeitamente cabível.	6
Ação Penal	A ação penal será pública incondicionada. Os processos que apuram esta modalidade de infração penal devem correr em segredo de justiça (art. 234 – B, CP).	7
Penas	A pena prevista para o crime de é de reclusão, de 4 (quatro) a 10 (dez) anos.	8
Classificação	a) **Comum** (pode ser praticado por qualquer pessoa); b) **Material** (a consumação exige a produção de um resultado naturalístico); c) De forma **livre** (a Lei não estabelece exigência para a forma de execução); d) **Simples** (tutela apenas um bem jurídico); e) **Comissivo** (em regra) ou **omissivo** (quando ocorre omissão imprópria); f) **Unissubjetivo** (pode haver ou não concurso de pessoas); g) **Instantâneo** (consuma-se de imediato) h) **Plurissubsistente** (a conduta pode ser fracionada, e por isso admite a tentativa); i) De **dano** (a consumação enseja violação ao bem jurídico, e não mera exposição a perigo); j) **Doloso** (não admite a modalidade culposa); k) **Hediondo**.	9

6. DIVULGAÇÃO DE CENA DE ESTUPRO OU DE CENA DE ESTUPRO DE VULNERÁVEL, DE CENA DE SEXO OU DE PORNOGRAFIA

Art. 218-C. Oferecer, trocar, disponibilizar, transmitir, vender ou expor à venda, distribuir, publicar ou divulgar, por qualquer meio - inclusive por meio de comunicação de massa ou sistema de informática ou telemática -, fotografia, vídeo ou outro registro audiovisual que contenha cena de estupro ou de estupro de vulnerável ou que faça apologia ou induza a sua prática, ou, sem o consentimento da vítima, cena de sexo, nudez ou pornografia:

Pena - reclusão, de 1 (um) a 5 (cinco) anos, se o fato não constitui crime mais grave.

Aumento de pena

§ 1° A pena é aumentada de 1/3 (um terço) a 2/3 (dois terços) se o crime é praticado por agente que mantém ou tenha mantido relação íntima de afeto com a vítima ou com o fim de vingança ou humilhação.

Exclusão de ilicitude

§ 2° Não há crime quando o agente pratica as condutas descritas no **caput** deste artigo em publicação de natureza jornalística, científica, cultural ou acadêmica com a adoção de recurso que impossibilite a identificação da vítima, ressalvada sua prévia autorização, caso seja maior de 18 (dezoito) anos.

6.1. Considerações Iniciais

Inserido pela Lei n. 13.718/2018, aqui é tipificada a conduta cada vez mais comum de oferecer, trocar, disponibilizar, transmitir, vender ou expor à venda, distribuir, publicar ou divulgar, por qualquer meio – inclusive por meio de comunicação de massa ou sistema de informática ou telemática – fotografia, vídeo ou outro registro audiovisual que contenha cena de estupro ou de estupro de vulnerável ou que faça apologia ou induza a sua prática, ou, sem o consentimento da vítima, cena de sexo, nudez ou pornografia.

Assinale-se, pois, que a divulgação poderá ocorrer por **qualquer meio** de comunicação de massa.

O § 1° prevê o aumento da pena de 1/3 (um terço) a 2/3 (dois terços), caso o crime seja praticado por agente que mantém ou tenha mantido relação íntima de afeto com a vítima ou com o fim de vingança ou humilhação. Trata-se da cada vez mais comum *revenge porn* (pornagrafia de vingança). Antes da inovação legislativa, restava à vítima apenas busca por indenização na esfera cível

Ademais, o §2° prevê a exclusão da tipicidade quando o agente pratica as condutas descritas no caput do artigo em publicação de natureza jornalística, científica, cultural ou acadêmica com a adoção de recurso que impossibilite a identificação da vítima, ressalvada sua prévia autorização, caso seja maior de 18 (dezoito) anos.

Importante registrar que há uma subsidiariedade no preceito secundário deste artigo, uma vez que se a conduta praticada puder se enquadrar em um delito mais grave, não será configurado o crime agora discutido.

Registre-se que se a cena for de sexo explícito ou pornográfica envolvendo criança ou adolescente, a situação se enquadrará nos arts. 241 e 241-A do ECA. Assim sendo, quando o art. 218-C fala em fotografia ou vídeo que contenha cena "de estupro de vulnerável", ele está se referindo à situação inserta no art. 217-A do CP.

O crime de divulgação de cena de estupro ou de cena de estupro de vulnerável, de cena de sexo ou de pornografia é, via de regra, comum em relação aos sujeitos ativo e passivo, podendo ser próprio em relação ao sujeito passivo, no caso da divulgação de cena de estupro de vulnerável; doloso; de forma livre; comissivo (podendo ser praticado via omissão imprópria, no caso do agente ser garantidor); unissubjetivo; e plurissubsistente.

6.2. Sujeitos

Sujeito ativo: pode ser qualquer pessoa. Crime comum, portanto.

Sujeito passivo: é a pessoa (vulnerável ou não) contra a qual recai a conduta, independentemente do seu sexo.

6.3. Objetos

Objeto jurídico: o objeto juridicamente tutelado é a dignidade sexual.

Objeto material: é a pessoa contra qual a conduta é dirigida.

6.4. Elemento Subjetivo

O elemento subjetivo exigido no tipo penal é o dolo. Não se exige finalidade específica. Não há previsão para modalidade culposa.

6.5. Consumação e Tentativa

Consuma-se o crime no momento da divulgação.

A tentativa é admitida.

6.6. Ação Penal

A ação penal será pública incondicionada, conforme o art. 225 do Código Penal, alterado pela Lei n. 13.718/2018.

Os processos que apuram esta modalidade de infração penal devem correr em segredo de justiça (art. 234 – B, CP).

6.7. Penas

A pena prevista para o crime de é de reclusão, de 1 (um) a 5 (cinco) anos. À vista disto, devemos concluir que:

a) Não é possível a transação penal (a pena máxima supera dois anos);

b) É possível a suspensão condicional do processo (a pena mínima não supera um ano).

6.8. Classificação

O crime pode ser classificado como:

a) **Comum** (pode ser praticado por qualquer pessoa);

b) **Material** (a consumação exige a produção de um resultado naturalístico);

c) De **forma livre** (a Lei não estabelece exigência para a forma de execução);

d) **Simples** (tutela apenas um bem jurídico);

e) **Comissivo** (em regra) **ou omissivo** (quando ocorre omissão imprópria);

f) **Unissubjetivo** (pode haver ou não concurso de pessoas);

g) **Instantâneo** (consuma-se de imediato)

h) **Plurissubsistente** (a conduta pode ser fracionada, e por isso admite a tentativa);

i) De **dano** (a consumação enseja violação ao bem jurídico, e não mera exposição a perigo);

j) **Doloso** (não admite a modalidade culposa).

6.9. Quadro Sinótico

DIVULGAÇÃO DE CENA DE ESTUPRO OU DE CENA DE ESTUPRO DE VULNERÁVEL, DE CENA DE SEXO OU PORNOGRAFIA		
Considerações Iniciais	Inserido pela Lei n. 13.718/2018, aqui é tipificada a conduta cada vez mais comum de oferecer, trocar, disponibilizar, transmitir, vender ou expor à venda, distribuir, publicar ou divulgar, por qualquer meio – inclusive por meio de comunicação de massa ou sistema de informática ou telemática – fotografia, vídeo ou outro registro audiovisual que contenha cena de estupro ou de estupro de vulnerável ou que faça apologia ou induza a sua prática, ou, sem o consentimento da vítima, cena de sexo, nudez ou pornografia. O § 1º prevê o aumento da pena de 1/3 (um terço) a 2/3 (dois terços), caso o crime seja praticado por agente que mantém ou tenha mantido relação íntima de afeto com a vítima ou com o fim de vingança ou humilhação. Trata-se da cada vez mais comum *revenge porn* (pornagrafia de vingança). Ademais, o §2º prevê a exclusão da tipicidade quando o agente pratica as condutas descritas no caput do artigo em publicação de natureza jornalística, científica, cultural ou acadêmica com a adoção de recurso que impossibilite a identificação da vítima, ressalvada sua prévia autorização, caso seja maior de 18 (dezoito) anos. Importante registrar que há uma subsidiariedade no preceito secundário deste artigo.	1
Sujeitos	**Sujeito ativo:** pode ser qualquer pessoa. **Sujeito passivo:** é a pessoa (vulnerável ou não) contra a qual recai a conduta.	2
Objetos	**Objeto jurídico:** o objeto juridicamente tutelado é a dignidade sexual. **Objeto material:** é a pessoa contra qual a conduta é dirigida.	3
Elemento Subjetivo	O elemento subjetivo exigido no tipo penal é o dolo. Não se exige finalidade específica. Não há previsão para modalidade culposa.	4
Consumação e Tentativa	Consuma-se o crime no momento da divulgação. A tentativa é admitida.	5
Ação Penal	A ação penal será pública incondicionada. Os processos que apuram esta modalidade de infração penal devem correr em segredo de justiça (art. 234 – B, CP).	6
Penas	A pena prevista para o crime de é de reclusão, de 1 (um) a 5 (cinco) anos.	7

Classificação	**a)** **Comum** (pode ser praticado por qualquer pessoa); **b)** **Material** (a consumação exige a produção de um resultado naturalístico); **c)** De forma **livre** (a Lei não estabelece exigência para a forma de execução); **d)** **Simples** (tutela apenas um bem jurídico); **e)** **Comissivo** (em regra) ou **omissivo** (quando ocorre omissão imprópria); **f)** **Unissubjetivo** (pode haver ou não concurso de pessoas); **g)** **Instantâneo** (consuma-se de imediato) **h)** **Plurissubsistente** (a conduta pode ser fracionada, e por isso admite a tentativa); **i)** De **dano** (a consumação enseja violação ao bem jurídico, e não mera exposição a perigo); **j)** **Doloso** (não admite a modalidade culposa).	8

III
DO RAPTO

Rapto violento ou mediante fraude

Art. 219. Revogado pela Lei nº 11.106, de 2005.

Rapto consensual

Art. 220. Revogado pela Lei nº 11.106, de 2005.

Diminuição da Pena

Art. 221. Revogado pela Lei nº 11.106, de 2005.

Concurso de rapto e outro crime

Art. 222. Revogado pela Lei nº 11.106, de 2005.

Art. 223. Revogado pela Lei nº 11.106, de 2005.

Art. 224. Revogado pela Lei nº 11.106, de 2005.

IV

DISPOSIÇÕES GERAIS

AÇÃO PENAL

Art. 225. Nos crimes definidos nos Capítulos I e II deste Título, procede-se mediante ação penal pública incondicionada.

Esta redação do art. 225, CP foi dada pela Lei n. 13.718/18. Até o advento da referida Lei, os crimes contra a liberdade sexual eram, em regra, de ação penal pública condicionada à representação do ofendido. Apenas seriam crimes de ação penal pública incondicionada se a vítima fosse menor de 18 (dezoito) anos, vulnerável e, no caso do estupro, quando fosse praticado mediante violência real (súmula n. 608/STF).

Vale recordar que a nova regra (os crimes são de ação penal pública incondicionadas) constitui tratamento pior para os réus, razão pela qual não pode retroagir. Por outras palavras, se o crime contra liberdade sexual foi praticado a partir da entrada em vigor da Lei n. 13.718 (24 de setembro de 2018), o crime será de ação penal pública incondicionada. Se, por outro lado, for anterior a essa data, será de ação penal pública condicionada à representação do ofendido, ressalvadas as exceções anteriormente mencionadas – vítima menor de 18 (dezoito) anos, vulnerável e, no caso do estupro, quando fosse praticado mediante violência real (súmula n. 608/STF).

Aumento de Pena

Art. 226. A pena é aumentada:

I – de quarta parte, se o crime é cometido com o concurso de 2 (duas) ou mais pessoas;

II – de metade, se o agente é ascendente, padrasto ou madrasta, tio, irmão, cônjuge, companheiro, tutor, curador, preceptor ou empregador da vítima ou por qualquer outro título tiver autoridade sobre ela;

III - (Revogado pela Lei nº 11.106, de 2005)

IV – de 1/3 (um terço) a 2/3 (dois terços), se o crime é praticado:

Estupro coletivo

a) mediante concurso de 2 (dois) ou mais agentes;

Estupro corretivo

b) para controlar o comportamento social ou sexual da vítima.

A Lei n. 13. 718/2018 acrescentou nova causa de aumento de pena, punindo com mais rigor o que foi chamado de "estupro coletivo" e "estupro corretivo".

O estupro coletivo é cometido, necessariamente, com o concurso de 2 ou mais pessoas. Tal inserção é absolutamente compatível com o inciso I do mesmo artigo, uma vez que deve ser aplicado apenas para os casos de estupro (213 e 217-A), já que o *nomen juris* da causa de aumento fala em "estupro coletivo" e "estupro corretivo". Nesse sentido, o inciso I deve ser aplicado aos demais casos de crime contra a dignidade sexual.

O estupro corretivo é definido em lei como aquele praticado "para controlar o comportamento social ou sexual da vítima". trata-se de conduta na qual o estuprador, para além de satisfazer a própria lascívia, com o ato sexual compulsório, pretende castigar a vítima por condutas que ele considera sexualmente inadequadas. Por evidente, trata-se de conduta que merece uma reprimenda penal exasperada, haja vista a maior reprovabilidade.

V

DO LENOCÍNIO E DO TRÁFICO DE PESSOA PARA FIM DE PROSTITUIÇÃO OU OUTRA FORMA DE EXPLORAÇÃO SEXUAL

Com a mudança do Título VI do Código Penal, o legislador considerou importante estabelecer, dentro dos crimes de violência sexual dos vulneráveis, os chamados crimes de lenocínio. Note-se que agora se fala em tráfico de pessoas, abrangendo, pois, homens e mulheres, o que representa uma alteração substancial, haja vista que outrora se falava, tão somente, em mulheres. Outra alteração deveras importante é a descrição da finalidade do agente na conduta delituosa, que é a exploração sexual. As formas de tráfico de pessoas são: mediação para servir a lascívia de outrem; favorecimento da prostituição; casa de prostituição; rufianismo; tráfico internacional de pessoa para fim de exploração sexual; e tráfico interno de pessoa para fim de exploração sexual.

1. MEDIAÇÃO PARA SERVIR A LASCÍVIA DE OUTREM

> **Art. 227.** Induzir alguém a satisfazer a lascívia de outrem:
>
> Pena - reclusão, de 1 (um) a 3 (três) anos.
>
> **§ 1°** Se a vítima é maior de 14 (catorze) e menor de 18 (dezoito) anos, ou se o agente é seu ascendente, descendente, cônjuge ou companheiro, irmão, tutor ou curador ou pessoa a quem esteja confiada para fins de educação, de tratamento ou de guarda:
>
> Pena - reclusão, de 2 (dois) a 5 (cinco) anos.
>
> **§ 2°** Se o crime é cometido com emprego de violência, grave ameaça ou fraude:
>
> Pena - reclusão, de 2 (dois) a 8 (oito) anos, além da pena correspondente à violência.
>
> **§ 3°** Se o crime é cometido com o fim de lucro, aplica-se também multa.

1.1. Considerações Iniciais

Temos aqui uma relação triangular no crime de mediação, constituído pelo sujeito ativo (lenão), a vítima (pessoa induzida a satisfazer a lascívia de outrem) e aquele ao qual a atividade criminosa pretendia satisfazer. Assevere-se que o destinatário do lenocínio não responde pelo delito, mesmo que tenha instigado o lenão, já que a conduta tipificada é a satisfação de lascívia de outrem e não a própria. Entretanto, isto não quer dizer que o destinatário do crime de lenocínio está imune a qualquer responsabilização, pois poderá responder, dependendo das circunstâncias, por outro crime sexual, como, por exemplo, estupro.

O artigo ainda traz as formas qualificadas de cometimento do delito, assim considerada quando a vítima for maior de 14 e menor de 18 anos, quando houver lenocínio familiar, quando o agente era tutor ou curador da vítima e, por fim, quando houver o emprego de violência, grave ameaça ou fraude na indução.

Ademais, assinale-se que se o crime for cometido com finalidade lucrativa, deverá ser acrescida à pena de reclusão a pena de multa.

O crime de mediação para servir a lascívia de outrem é comum (via de regra); próprio (na hipótese de lenocínio); doloso; material, de forma livre; comissivo (podendo ser praticado via omissão, na hipótese em que o agente goze do status de garantidor); instantâneo; unissubjetivo; e plurissubsistente.

1.2. Tipicidade Objetiva

No núcleo do tipo penal está o verbo induzir (persuadir, aliciar, criar a ideia, sugerir, sugestionar) alguém, por qualquer meio, a praticar uma ação para satisfazer a lascívia, o desejo erótico de outrem. Note-se que aqui o desiderato do agente é satisfazer a lascívia de pessoa determinada, já que, se leva a vítima a responder aos desejos sexuais de um número indeterminado de pessoas, o crime não será este, mas favorecimento da prostituição ou outra forma de exploração sexual.

1.3. Sujeitos

Sujeito ativo: o sujeito ativo pode ser qualquer pessoa. Entretanto, para a incidência da qualificadora prevista no § 1° do presente artigo, o agente delituoso deve ser ascendente, descendente, cônjuge ou companheiro, irmão, tutor ou curador ou, ainda, responsável da vítima.

Sujeito passivo: o sujeito passivo pode ser qualquer pessoa, independentemente do sexo.

1.4. Objetos

Objeto jurídico: o objeto juridicamente tutelado é a liberdade sexual.

Objeto material: é a pessoa induzida a satisfazer a lascívia de outrem.

1.5. Elemento Subjetivo

O elemento subjetivo exigido no tipo penal é o dolo, pois se exige do agente a vontade consciente de induzir a vítima a realizar uma finalidade especial, que é a satisfação da lascívia de outrem. Não há previsão para modalidade culposa.

1.6. Consumação e Tentativa

Consuma-se o crime no momento da prática do ato que importe satisfação da lascívia de outrem, não sendo necessário que este se considere satisfeito. Tendo em vista se tratar de crime material e plurissubsistente, a forma tentada é perfeitamente cabível.

1.7. Ação Penal

A ação será pública incondicionada.

Os processos que apuram esta modalidade de infração penal devem correr em segredo de justiça (art. 234 – B).

1.8. Penas

A pena prevista para o crime de é de reclusão, de 1 (um) a 3 (três) anos. À vista disto, devemos concluir que:

a) Não é possível a transação penal (a pena máxima supera dois anos);

b) É possível a suspensão condicional do processo (a pena mínima não supera um ano). Contudo, nas modalidades qualificadas, a pena mínima irá superar um ano, tornando incabível a suspensão condicional do processo.

1.9. Classificação

O crime pode ser classificado como:

a) **Comum** (pode ser praticado por qualquer pessoa);

b) **Material** (a consumação exige a produção de um resultado naturalístico);

c) De **forma livre** (a Lei não estabelece exigência para a forma de execução);

d) **Simples** (tutela apenas um bem jurídico);

e) **Comissivo** (em regra) **ou omissivo** (quando ocorre omissão imprópria);

f) **Unissubjetivo** (pode haver ou não concurso de pessoas);

g) **Instantâneo** (consuma-se de imediato)

h) **Plurissubsistente** (a conduta pode ser fracionada, e por isso admite a tentativa);

i) De **dano** (a consumação enseja violação ao bem jurídico, e não mera exposição a perigo);

j) **Doloso** (não admite a modalidade culposa).

1.10. Quadro Sinótico

MEDIAÇÃO PARA SERVIR A LASCÍVIA DE OUTREM		
Considerações Iniciais	Temos aqui uma relação triangular no crime de mediação, constituído pelo sujeito ativo (lenão), a vítima (pessoa induzida a satisfazer a lascívia de outrem) e aquele ao qual a atividade criminosa pretendia satisfazer. Assevere-se que o destinatário do lenocínio não responde pelo delito, mesmo que tenha instigado o lenão, já que a conduta tipificada é a satisfação de lascívia de outrem e não a própria. Entretanto, isto não quer dizer que o destinatário do crime de lenocínio está imune a qualquer responsabilização, pois poderá responder, dependendo das circunstâncias, por outro crime sexual, como, por exemplo, estupro. O artigo ainda traz as formas qualificadas de cometimento do delito, assim considerada quando a vítima for maior de 14 e menor de 18 anos, quando houver lenocínio familiar, quando o agente era tutor ou curador da vítima e, por fim, quando houver o emprego de violência, grave ameaça ou fraude na indução. Ademais, assinale-se que se o crime for cometido com finalidade lucrativa, deverá ser acrescida à pena de reclusão a pena de multa.	1
Tipicidade Objetiva	No núcleo do tipo penal está o verbo induzir (persuadir, aliciar, criar a ideia, sugerir, sugestionar) alguém, por qualquer meio, a praticar uma ação para satisfazer a lascívia, o desejo erótico de outrem.	2
Sujeitos	**Sujeito ativo:** o sujeito ativo pode ser qualquer pessoa. Entretanto, para a incidência da qualificadora prevista no § 1° do presente artigo, o agente delituoso deve ser ascendente, descendente, cônjuge ou companheiro, irmão, tutor ou curador ou, ainda, responsável da vítima. **Sujeito passivo:** o sujeito passivo pode ser qualquer pessoa, independentemente do sexo.	3
Objetos	**Objeto jurídico:** o objeto juridicamente tutelado é a liberdade sexual. **Objeto material:** é a pessoa induzida a satisfazer a lascívia de outrem.	4
Elemento Subjetivo	O elemento subjetivo exigido no tipo penal é o dolo. Não há previsão para modalidade culposa.	5
Consumação e Tentativa	Consuma-se o crime no momento da prática do ato que importe satisfação da lascívia de outrem, não sendo necessário que este se considere satisfeito. A forma tentada é perfeitamente cabível.	6
Ação Penal	A ação será pública incondicionada. Os processos que apuram esta modalidade de infração penal devem correr em segredo de justiça (art. 234 – B).	7
Penas	A pena prevista para o crime de é de reclusão, de 1 (um) a 3 (três) anos.	8
Classificação	**a)** **Comum** (pode ser praticado por qualquer pessoa); **b)** **Material** (a consumação exige a produção de um resultado naturalístico); **c)** De forma **livre** (a Lei não estabelece exigência para a forma de execução);	9

Classificação	d) **Simples** (tutela apenas um bem jurídico); e) **Comissivo** (em regra) ou **omissivo** (quando ocorre omissão imprópria); f) **Unissubjetivo** (pode haver ou não concurso de pessoas); g) **Instantâneo** (consuma-se de imediato) h) **Plurissubsistente** (a conduta pode ser fracionada, e por isso admite a tentativa); i) De **dano** (a consumação enseja violação ao bem jurídico, e não mera exposição a perigo); j) **Doloso** (não admite a modalidade culposa).	9

2. FAVORECIMENTO DA PROSTITUIÇÃO OU OUTRA FORMA DE EXPLORAÇÃO SEXUAL

Art. 228. Induzir ou atrair alguém à prostituição ou outra forma de exploração sexual, facilitá-la, impedir ou dificultar que alguém a abandone:

Pena - reclusão, de 2 (dois) a 5 (cinco) anos, e multa.

§ 1° Se o agente é ascendente, padrasto, madrasta, irmão, enteado, cônjuge, companheiro, tutor ou curador, preceptor ou empregador da vítima, ou se assumiu, por lei ou outra forma, obrigação de cuidado, proteção ou vigilância:

Pena - reclusão, de 3 (três) a 8 (oito) anos.

§ 2° Se o crime, é cometido com emprego de violência, grave ameaça ou fraude:

Pena - reclusão, de 4 (quatro) a 10 (dez) anos, além da pena correspondente à violência.

§ 3° Se o crime é cometido com o fim de lucro, aplica-se também multa.

2.1. Considerações Iniciais

Restará qualificada a conduta se o agente é ascendente, padrasto, madrasta, irmão, enteado, cônjuge, companheiro, tutor ou curador, preceptor ou empregador da vítima, ou se assumiu, por lei ou outra forma, obrigação de cuidado, proteção ou vigilância da mesma, ou, ainda, se o crime for cometido com emprego de violência, grave ameaça ou fraude.

Ademais, assinale-se que se o crime for cometido com finalidade lucrativa, deverá ser acrescida à pena de reclusão a pena de multa.

O crime de favorecimento da prostituição ou outra forma de exploração sexual é comum; doloso; material, de forma livre; comissivo (podendo ser praticado via omissão imprópria, na hipótese em que o agente goze do status de garantidor); instantâneo ("induzir", "atrair" e "facilitar") ou permanente ("impedir" e "dificultar"); unissubjetivo; e plurissubsistente.

2.2. Tipicidade Objetiva

Trata-se de um tipo misto alternativo, pois no núcleo do tipo penal estão os verbos induzir, atrair, facilitar, impedir e dificultar.

No que diz respeito à indução, à atração e à facilitação, o agente delituoso age com a finalidade instigar, aliciar ou criar meios para que uma pessoa, independentemente do sexo, venha a se prostituir ou se permitir ser explorada sexualmente de outra forma. Aqui, a vítima ainda não se dedica ao mercado de préstimos sexuais, consistindo a conduta criminosa em fazer com que ela ingresse em tal ramo.

No que tange aos verbos impedir e dificultar, a conduta do agente tem o objetivo de criar obstáculos para que determinada pessoa abandone a vida de prostituição ou exploração sexual.

2.3. Sujeitos

Sujeito ativo: pode ser qualquer pessoa. Entretanto, se o agente é ascendente, padrasto, madrasta, irmão, enteado, cônjuge, companheiro, tutor ou curador, preceptor ou empregador da vítima, ou se assumiu, por lei ou outra forma, obrigação de cuidado, proteção ou vigilância, restará caracterizada a qualificadora definida no § 1° do presente artigo.

Sujeito passivo: é a vítima do constrangimento, que pode ser qualquer pessoa, independentemente de sexo, e desde que seja maior de 18 anos e dotada de discernimento para a prática do ato.

2.4. Objetos

Objeto jurídico: o objeto juridicamente tutelado é a moralidade pública.

Objeto material: é a pessoa, independentemente do seu sexo, levada ou mantida à prostituição ou outra forma de exploração sexual.

2.5. Elemento Subjetivo

O elemento subjetivo exigido no tipo penal é o dolo, pois se exige do agente a vontade consciente de levar ou manter pessoa na prática da prostituição ou qualquer outra conduta que implique em sua exploração sexual. Não há previsão para modalidade culposa.

2.6. Consumação e Tentativa

Nos núcleos *induzir, atrair* e *facilitar,* a consumação se dá no momento em que alguém passa a se dedicar com habitualidade ao exercício da prostituição ou outra forma de exploração sexual, ainda que não venha a atender nenhuma pessoa interessada em seus serviços. Já nas modalidades *impedir* e *dificultar*, consuma-se o delito no instante em que a vítima decide abandonar a prostituição ou outra forma de exploração sexual, mas o agente não permite ou torna mais onerosa a concretização de sua vontade.

A forma tentada é perfeitamente cabível.

2.7. Ação Penal

A ação será pública incondicionada.

Os processos que apuram esta modalidade de infração penal devem correr em segredo de justiça (art. 234 – B, CP).

2.8. Penas

A pena prevista para o crime de é de reclusão, de 2 (dois) a 5 (cinco) anos, e multa. À vista disto, devemos concluir que:

a) Não é possível a transação penal (a pena máxima supera dois anos);

b) Não é possível a suspensão condicional do processo (a pena mínima não supera um ano).

2.9. Classificação

O crime pode ser classificado como:

a) **Comum** (pode ser praticado por qualquer pessoa);

b) **Material** (a consumação exige a produção de um resultado naturalístico);

c) De **forma livre** (a Lei não estabelece exigência para a forma de execução);

d) **Simples** (tutela apenas um bem jurídico);

e) **Comissivo** (em regra) **ou omissivo** (quando ocorre omissão imprópria);

f) **Unissubjetivo** (pode haver ou não concurso de pessoas);

g) **Instantâneo** (consuma-se de imediato)

h) **Plurissubsistente** (a conduta pode ser fracionada, e por isso admite a tentativa);

i) De **dano** (a consumação enseja violação ao bem jurídico, e não mera exposição a perigo);

j) **Doloso** (não admite a modalidade culposa).

2.10. Quadro Sinótico

FAVORECIMENTO DA PROSTITUIÇÃO OU OUTRA FORMA DE EXPLORAÇÃO SEXUAL		
Considerações Iniciais	Restará qualificada a conduta se o agente é ascendente, padrasto, madrasta, irmão, enteado, cônjuge, companheiro, tutor ou curador, preceptor ou empregador da vítima, ou se assumiu, por lei ou outra forma, obrigação de cuidado, proteção ou vigilância da mesma, ou, ainda, se o crime for cometido com emprego de violência, grave ameaça ou fraude. Ademais, assinale-se que se o crime for cometido com finalidade lucrativa, deverá ser acrescida à pena de reclusão a pena de multa.	1

Tipicidade Objetiva	Trata-se de um tipo misto alternativo, pois no núcleo do tipo penal estão os verbos induzir, atrair, facilitar, impedir e dificultar. No que diz respeito à indução, à atração e à facilitação, o agente delituoso age com a finalidade instigar, aliciar ou criar meios para que uma pessoa, independentemente do sexo, venha a se prostituir ou se permitir ser explorada sexualmente de outra forma. No que tange aos verbos impedir e dificultar, a conduta do agente tem o objetivo de criar obstáculos para que determinada pessoa abandone a vida de prostituição ou exploração sexual.	2
Sujeitos	**Sujeito ativo:** pode ser qualquer pessoa. Entretanto, se o agente é ascendente, padrasto, madrasta, irmão, enteado, cônjuge, companheiro, tutor ou curador, preceptor ou empregador da vítima, ou se assumiu, por lei ou outra forma, obrigação de cuidado, proteção ou vigilância, restará caracterizada a qualificadora definida no § 1° do presente artigo. **Sujeito passivo:** é a vítima do constrangimento, desde que seja maior de 18 anos e dotada de discernimento para a prática do ato.	3
Objetos	**Objeto jurídico:** o objeto juridicamente tutelado é a moralidade pública. **Objeto material:** é a pessoa, independentemente do seu sexo, levada ou mantida à prostituição ou outra forma de exploração sexual.	4
Elemento Subjetivo	O elemento subjetivo exigido no tipo penal é o dolo. Não há previsão para modalidade culposa.	5
Consumação e Tentativa	Nos núcleos *induzir, atrair* e *facilitar,* a consumação se dá no momento em que alguém passa a se dedicar com habitualidade ao exercício da prostituição ou outra forma de exploração sexual, ainda que não venha a atender nenhuma pessoa interessada em seus serviços. Já nas modalidades *impedir* e *dificultar*, consuma-se o delito no instante em que a vítima decide abandonar a prostituição ou outra forma de exploração sexual, mas o agente não permite ou torna mais onerosa a concretização de sua vontade. A forma tentada é perfeitamente cabível.	6
Ação Penal	A ação será pública incondicionada. Os processos que apuram esta modalidade de infração penal devem correr em segredo de justiça (art. 234 – B, CP).	7
Penas	A pena prevista para o crime de é de reclusão, de 2 (dois) a 5 (cinco) anos, e multa.	8
Classificação	**a)** **Comum** (pode ser praticado por qualquer pessoa); **b)** **Material** (a consumação exige a produção de um resultado naturalístico); **c)** De forma **livre** (a Lei não estabelece exigência para a forma de execução); **d)** **Simples** (tutela apenas um bem jurídico); **e)** **Comissivo** (em regra) ou **omissivo** (quando ocorre omissão imprópria); **f)** **Unissubjetivo** (pode haver ou não concurso de pessoas); **g)** **Instantâneo** (consuma-se de imediato) **h)** **Plurissubsistente** (a conduta pode ser fracionada, e por isso admite a tentativa); **i)** De **dano** (a consumação enseja violação ao bem jurídico, e não mera exposição a perigo); **j)** **Doloso** (não admite a modalidade culposa).	9

3. CASA DE PROSTITUIÇÃO

Art. 229. Manter, por conta própria ou de terceiro, estabelecimento em que ocorra exploração sexual, haja, ou não, intuito de lucro ou mediação direta do proprietário ou gerente:

Pena - reclusão, de 2 (dois) a 5 (cinco) anos, e multa.

3.1. Considerações Iniciais

Com o advento da Lei n. 12.014/2009, o tipo penal passou a prever como conduta delituosa a manutenção de estabelecimento em que ocorra exploração sexual, isto porque, outrora, o tipo referenciava lugar destinado a encontros libidinosos.

Assinale-se que o fato de não haver resistência da sociedade nos dias atuais à existência de casas de prostituição não exclui a ilicitude do ato, conforme entendimento dos tribunais superiores.

Conforme entendimento do Superior Tribunal de Justiça – STJ, não se aplica o princípio da adequação social aos crimes de favorecimento da prostituição ou manutenção de casa de prostituição[1].

Ademais, para a caracterização deste crime não se faz necessário que o agente tenha o intuito de obter qualquer lucro, assim como não se exige que o mesmo realize diretamente a negociação. Entretanto, quando houver cobrança de comissões por parte dos responsáveis pela casa de prostituição, deverá o agente responder também por rufianismo.

O crime de casa de prostituição é comum; doloso; de forma livre; comissivo (podendo, excepcionalmente, ser cometido via omissão imprópria, na hipótese de o agente gozar do status de garantidor); habitual; permanente; unissubjetivo; plurissubsistente.

3.2. Tipícidade Objetiva

O núcleo do tipo é o verbo "manter" (sustentar, conservar). Trata-se de conduta habitual.

3.3. Sujeitos

Sujeito ativo: qualquer pessoa, seja ela proprietária, possuidora ou gerente do estabelecimento destinado à exploração sexual.

Sujeito passivo: é a pessoa explorada sexualmente.

3.4. Objetos

Objeto jurídico: o objeto juridicamente tutelado é a dignidade sexual do indivíduo.

Objeto Material: é a pessoa explorada, independentemente do seu sexo.

1. STJ – AgRg no REsp 1508423 / MG, rel. Min. Ericson Maranho.

3.5. Elemento Subjetivo

O elemento subjetivo exigido no tipo penal é o dolo, pois se exige do agente a vontade consciente de manter estabelecimento em que ocorra a exploração sexual. O objetivo lucrativo é irrelevante.

Não há previsão para modalidade culposa.

3.6. Consumação e Tentativa

Consuma-se o crime com o início de manutenção do estabelecimento em que ocorra a exploração, não sendo necessário que ocorra qualquer prática sexual.

Tendo em vista tratar-se de crime habitual, não se faz possível a tentativa.

3.7. Ação Penal

A ação será pública incondicionada.

Os processos que apuram esta modalidade de infração penal devem correr em segredo de justiça (art. 234 - B, CP).

3.8. Penas

A pena prevista para o crime de é de reclusão, de 2 (dois) a 5 (cinco) anos. À vista disto, devemos concluir que:

a) Não é possível a transação penal (a pena máxima supera dois anos);

b) Não é possível a suspensão condicional do processo (a pena mínima não supera um ano).

3.9. Classificação

O crime pode ser classificado como:

a) **Comum** (pode ser praticado por qualquer pessoa);

b) **Formal** (a consumação não exige a produção de um resultado naturalístico);

c) De **forma livre** (a Lei não estabelece exigência para a forma de execução);

d) **Simples** (tutela apenas um bem jurídico);

e) **Comissivo** (em regra) **ou omissivo** (quando ocorre omissão imprópria);

f) **Unissubjetivo** (pode haver ou não concurso de pessoas);

g) **Instantâneo** (consuma-se de imediato)

h) **Plurissubsistente** (a conduta pode ser fracionada, e por isso admite a tentativa);

i) De **dano** (a consumação enseja violação ao bem jurídico, e não mera exposição a perigo);

j) **Habitual** (pressupõe habitualidade na conduta);

k) **Doloso** (não admite a modalidade culposa).

3.10. Quadro Sinótico

CASA DE PROSTITUIÇÃO		
Considerações Iniciais	Com o advento da Lei n. 12.014/2009, o tipo penal passou a prever como conduta delituosa a manutenção de estabelecimento em que ocorra exploração sexual. Conforme entendimento do Superior Tribunal de Justiça – STJ, não se aplica o princípio da adequação social aos crimes de favorecimento da prostituição ou manutenção de casa de prostituição. Ademais, para a caracterização deste crime não se faz necessário que o agente tenha o intuito de obter qualquer lucro, assim como não se exige que o mesmo diretamente realize a negociação.	1
Tipicidade Objetiva	O núcleo do tipo é o verbo "manter" (sustentar, conservar). Trata-se de conduta habitual.	2
Sujeitos	**Sujeito ativo:** qualquer pessoa, seja ela proprietária, possuidora ou gerente do estabelecimento destinado à exploração sexual. **Sujeito passivo:** é a pessoa explorada sexualmente.	3
Objetos	**Objeto jurídico:** o objeto juridicamente tutelado é a dignidade sexual do indivíduo. **Objeto Material:** é a pessoa explorada.	4
Elemento Subjetivo	O elemento subjetivo exigido no tipo penal é o dolo. O objetivo lucrativo é irrelevante. Não há previsão para modalidade culposa.	5
Consumação e Tentativa	Consuma-se o crime com o início de manutenção do estabelecimento em que ocorra a exploração. Não se faz possível a tentativa.	6
Ação Penal	A ação será pública incondicionada. Os processos que apuram esta modalidade de infração penal devem correr em segredo de justiça (art. 234 – B, CP).	7
Penas	A pena prevista para o crime de é de reclusão, de 2 (dois) a 5 (cinco) anos.	8
Classificação	a) **Comum** (pode ser praticado por qualquer pessoa); b) **Formal** (a consumação não exige a produção de um resultado naturalístico); c) De forma **livre** (a Lei não estabelece exigência para a forma de execução); d) **Simples** (tutela apenas um bem jurídico); e) **Comissivo** (em regra) ou **omissivo** (quando ocorre omissão imprópria); f) **Unissubjetivo** (pode haver ou não concurso de pessoas); g) **Instantâneo** (consuma-se de imediato) h) **Plurissubsistente** (a conduta pode ser fracionada, e por isso admite a tentativa); i) De **dano** (a consumação enseja violação ao bem jurídico, e não mera exposição a perigo); j) **Habitual** (pressupõe habitualidade na conduta); k) **Doloso** (não admite a modalidade culposa).	9

4. RUFIANISMO

Art. 230. Tirar proveito da prostituição alheia, participando diretamente de seus lucros ou fazendo-se sustentar, no todo ou em parte, por quem a exerça:

Pena - reclusão, de 1 (um) a 4 (quatro) anos, e multa.

§ 1° Se a vítima é menor de 18 (dezoito) e maior de 14 (catorze) anos ou se o crime é cometido por ascendente, padrasto, madrasta, irmão, enteado, cônjuge, companheiro, tutor ou curador, preceptor ou empregador da vítima, ou por quem assumiu, por lei ou outra forma, obrigação de cuidado, proteção ou vigilância:

Pena - reclusão, de 3 (três) a 6 (seis) anos, e multa.

§ 2° Se o crime é cometido mediante violência, grave ameaça, fraude ou outro meio que impeça ou dificulte a livre manifestação da vontade da vítima:

Pena - reclusão, de 2 (dois) a 8 (oito) anos, sem prejuízo da pena correspondente à violência.

4.1. Considerações Iniciais

Muito embora a prostituição em si mesma não seja ilícita, o Código Penal não tolera a atividade daqueles que vivem à custa de quem se prostitui, muito embora este seja um tema controverso na doutrina. Aos que discordam da criminalização desta conduta, argumentam no sentido de se quem lucra com a própria prostituição não comete crime algum, qual seria a legitimidade na punição do terceiro que se aproveita do adulto que exerce a prostituição, sem se valer, obviamente, de qualquer tipo de violência ou fraude? Inobstante, o que prevalece, por pressuposto, é a determinação legislativa, que, até hoje, apresenta-se imune às mencionadas controvérsias.

O agente deste crime deve tirar proveito de qualquer natureza sobre a exploração sexual da vítima. O intuito aqui não é, meramente, satisfazer a lascívia de outrem, mas sim, obter vantagem sobre aquela pessoa que se prostitui ou se permite explorar sexualmente.

Se a vítima é menor de 18 (dezoito) e maior de 14 (catorze) anos ou se o crime é cometido por ascendente, padrasto, madrasta, irmão, enteado, cônjuge, companheiro, tutor ou curador, preceptor ou empregador da vítima, ou por quem assumiu, por lei ou outra forma, obrigação de cuidado, proteção ou vigilância da mesma, restará qualificado o crime, conforme determina o §1° do artigo agora estudado.

Se o crime é cometido mediante violência, grave ameaça, fraude ou outro meio que impeça ou dificulte a livre manifestação da vontade da vítima, restará caracterizada a qualificadora prevista no §2°.

O crime de rufianismo é comum (em relação ao sujeito ativo); próprio (em relação ao sujeito passivo); doloso; material, de forma livre; comissivo (podendo ser praticado via omissão imprópria, na hipótese de o agente gozar do status de garantidor); habitual; unissubjetivo; e plurissubsistente.

4.2. Tipicidade Objetiva

A conduta consiste em tirar proveito, isto é, beneficiar-se, locupletar-se. A referida conduta recairá sobre a prostituição alheia, ou seja, os benefícios materiais obtidos a partir do ato de prostituição.

4.3. Sujeitos

Sujeito ativo: pode ser qualquer pessoa. Contudo, se o agente é ascendente, padrasto, madrasta, irmão, enteado, cônjuge, companheiro, tutor ou curador, preceptor ou empregador da vítima, ou se assumiu, por lei ou outra forma, obrigação de cuidado, proteção ou vigilância, restará caracterizada a qualificadora definida no § 1° do presente artigo.

Sujeito passivo: é a pessoa prostituída ou explorada, independentemente do seu sexo. Se a vítima for menor de 18 anos e maior de 14 anos, restará caracterizada a qualificadora definida no §1° do presente artigo.

4.4. Objetos

Objeto jurídico: o objeto juridicamente tutelado é a moralidade sexual pública.

Objeto material: é a pessoa prostituída ou explorada pelo rufião ou pela cafetina, independentemente do seu sexo.

4.5. Elemento Subjetivo

O elemento subjetivo exigido no tipo penal é o dolo, pois se exige do agente a vontade livre e consciente de, habitualmente, tirar proveito da prostituição alheia. Não há previsão para modalidade culposa.

4.6. Consumação e Tentativa

Consuma-se o crime com o efetivo proveito obtido pelo agente em decorrência da prostituição alheia. A forma tentada é perfeitamente cabível.

4.7. Ação Penal

A ação será pública incondicionada.

Os processos que apuram esta modalidade de infração penal devem correr em segredo de justiça (art. 234 – B, CP).

4.8. Penas

A pena prevista para o crime de é de reclusão, de 1 (um) a 4 (quatro) anos, e multa. À vista disto, devemos concluir que:

a) Não é possível a transação penal (a pena máxima supera dois anos);

b) É possível a suspensão condicional do processo (a pena mínima não supera um ano).

4.9. Classificação

O crime pode ser classificado como:

a) **Comum** (pode ser praticado por qualquer pessoa);

b) **Material** (a consumação exige a produção de um resultado naturalístico);

c) De **forma livre** (a Lei não estabelece exigência para a forma de execução);

d) **Simples** (tutela apenas um bem jurídico);

e) **Comissivo** (em regra) **ou omissivo** (quando ocorre omissão imprópria);

f) **Unissubjetivo** (pode haver ou não concurso de pessoas);

g) **Instantâneo** (consuma-se de imediato)

h) **Plurissubsistente** (a conduta pode ser fracionada, e por isso admite a tentativa);

i) De **dano** (a consumação enseja violação ao bem jurídico, e não mera exposição a perigo);

j) **Habitual** (conduta pressupõe habitualidade).

k) **Doloso** (não admite a modalidade culposa).

4.10. Quadro Sinótico

RUFIANISMO		
Considerações Iniciais	Muito embora a prostituição em si mesma não seja ilícita, o Código Penal não tolera a atividade daqueles que vivem à custa de quem se prostitui, muito embora este seja um tema controverso na doutrina. O agente deste crime deve tirar proveito de qualquer natureza sobre a exploração sexual da vítima. Se a vítima é menor de 18 (dezoito) e maior de 14 (catorze) anos ou se o crime é cometido por ascendente, padrasto, madrasta, irmão, enteado, cônjuge, companheiro, tutor ou curador, preceptor ou empregador da vítima, ou por quem assumiu, por lei ou outra forma, obrigação de cuidado, proteção ou vigilância da mesma, restará qualificado o crime, conforme determina o §1° do artigo agora estudado. Se o crime é cometido mediante violência, grave ameaça, fraude ou outro meio que impeça ou dificulte a livre manifestação da vontade da vítima, restará caracterizada a qualificadora prevista no §2°.	1
Tipicidade Objetiva	A conduta consiste em tirar proveito, isto é, beneficiar-se, locupletar-se. A referida conduta recairá sobre a prostituição alheia.	2
Sujeitos	**Sujeito ativo:** pode ser qualquer pessoa. Contudo, se o agente é ascendente, padrasto, madrasta, irmão, enteado, cônjuge, companheiro, tutor ou curador, preceptor ou empregador da vítima, ou se assumiu, por lei ou outra forma, obrigação de cuidado, proteção ou vigilância, restará caracterizada a qualificadora definida no § 1° do presente artigo.	3

Sujeitos	**Sujeito passivo:** é a pessoa prostituída ou explorada, independentemente do seu sexo. Se a vítima for menor de 18 anos e maior de 14 anos, restará caracterizada a qualificadora definida no §1° do presente artigo.	3
Objetos	**Objeto jurídico:** o objeto juridicamente tutelado é a moralidade sexual pública. **Objeto material:** é a pessoa prostituída ou explorada pelo rufião ou pela cafetina, independentemente do seu sexo.	4
Elemento Subjetivo	O elemento subjetivo exigido no tipo penal é o dolo. Não há previsão para modalidade culposa.	5
Consumação e Tentativa	Consuma-se o crime com o efetivo proveito obtido pelo agente em decorrência da prostituição alheia. A forma tentada é perfeitamente cabível.	6
Ação Penal	A ação será pública incondicionada. Os processos que apuram esta modalidade de infração penal devem correr em segredo de justiça (art. 234 – B, CP).	7
Penas	A pena prevista para o crime de é de reclusão, de 1 (um) a 4 (quatro) anos, e multa.	8
Classificação	**a)** **Comum** (pode ser praticado por qualquer pessoa); **b)** **Material** (a consumação exige a produção de um resultado naturalístico); **c)** De forma **livre** (a Lei não estabelece exigência para a forma de execução); **d)** **Simples** (tutela apenas um bem jurídico); **e)** **Comissivo** (em regra) ou omissivo (quando ocorre omissão imprópria); **f)** **Unissubjetivo** (pode haver ou não concurso de pessoas); **g)** **Instantâneo** (consuma-se de imediato) **h)** **Plurissubsistente** (a conduta pode ser fracionada, e por isso admite a tentativa); **i)** De **dano** (a consumação enseja violação ao bem jurídico, e não mera exposição a perigo); **j)** **Habitual** (conduta pressupõe habitualidade). **k)** **Doloso** (não admite a modalidade culposa).	9

5. TRÁFICO INTERNACIONAL DE PESSOA PARA FIM DE EXPLORAÇÃO SEXUAL

Art. 231. Revogado pela Lei n. 13.344 de 2016.

Art. 231-A. Revogado pela Lei n. 13.344 de 2016.

Art. 232. Revogado pela Lei n° 12.015, de 2009.

6. PROMOÇÃO DE MIGRAÇÃO ILEGAL

> **Art. 232-A.** Promover, por qualquer meio, com o fim de obter vantagem econômica, a entrada ilegal de estrangeiro em território nacional ou de brasileiro em país estrangeiro:
>
> Pena - reclusão, de 2 (dois) a 5 (cinco) anos, e multa.
>
> §1° Na mesma pena incorre quem promover, por qualquer meio, com o fim de obter vantagem econômica, a saída de estrangeiro do território nacional para ingressar ilegalmente em país estrangeiro.
>
> § 2° A pena é aumentada de 1/6 (um sexto) a 1/3 (um terço) se:
>
> I - o crime é cometido com violência; ou
>
> II - a vítima é submetida a condição desumana ou degradante.
>
> § 3° A pena prevista para o crime será aplicada sem prejuízo das correspondentes às infrações conexas.

6.1. Considerações Iniciais

Trata-se de inserção recente no Código Penal, promovida pela Lei n. 13.445/2017, conhecida como Lei de Migração. O referido normativo revogou expressamente o Estatuto do Estrangeiro.

Compreendemos que merece ser consignada uma crítica ao legislador, que estranhamente inseriu no título que trata dos crimes contra a dignidade sexual uma conduta que, em verdade, atinge a Administração Pública.

No núcleo do tipo penal está o verbo promover, que implica na execução de algum ato a fim de facilitar a entrada ilegal de estrangeiro em território nacional ou de brasileiro em país estrangeiro. Ademais, também caracteriza este crime a promoção da saída de estrangeiro do território nacional para ingressar ilegalmente em país estrangeiro.

Atente-se que para a caracterização do presente crime o agente deve ter a finalidade de obter vantagem econômica, não restando caracterizado o presente crime se o auxílio se der por amizade ou qualquer outra finalidade que não se econômica.

Ademais, incidirá aumento de pena de um sexto a um terço se o crime for cometido com violência ou grave ameaça, bem como se a vítima for submetida à condição desumana ou degradante.

Outro ponto que merece ser consignado é o que se compreende por **território nacional**, tido como toda área compreendida entre as fronteiras nacionais, onde o Estado exerce sua soberania, aí incluídos o solo, os rios, os lagos, as baías, o mar territorial e o espaço aéreo sobre o território e o mar territorial (Lei n. 8.617/93 e Lei n. 7.565/86).

Atente-se, todavia, que o Código Penal, em seu art. 5º, que deve ser considerada **extensão do território nacional** as embarcações e aeronaves brasileiras, de natureza pública, a serviço do governo brasileiro onde quer que se encontrem, bem como as aeronaves e embarcações brasileiras, mercantes ou de propriedade privada, que se achem, respectivamente, no espaço aéreo correspondente ou em alto-mar e as aeronaves ou embarcações estrangeiras de propriedade privada, achando-se aquelas em pouso no território nacional ou em voo no espaço aéreo correspondente, e estas em porto ou mar territorial do Brasil.

Registre-se que, conforme previsão do § 3º, este crime não absorve e não é absorvido por infrações conexas eventualmente cometidas. Trata-se de infração autônoma.

O crime de promoção de migração ilegal é comum; doloso; material, de forma livre; comissivo; unissubjetivo; e plurissubsistente.

6.2. Tipicidade Objetiva

A conduta consiste em promover (facilitar, viabilizar, possibilitar) e diz respeito à entrada ilegal de estrangeiros no território nacional.

6.3. Sujeitos

Sujeito ativo: pode ser qualquer pessoa. Trata-se de crime comum.

Sujeito passivo: é o Estado.

6.4. Objetos

Objeto jurídico: O objeto juridicamente tutelado é a soberania nacional, a segurança interna do país. Na conduta de promover a entrada ilegal de brasileiro em território estrangeiro e saída ilegal de estrangeiro do país, o objeto jurídico protegido é a boa relação entre nações.

Objeto material: é o estrangeiro ou brasileiro cuja migração tenha sido feita de forma irregular.

6.5. Elemento Subjetivo

O elemento subjetivo exigido no tipo penal é o dolo, tendo como finalidade específica a obtenção de vantagem econômica.

Não há previsão para modalidade culposa.

6.6. Consumação e Tentativa

O crime se consuma com a entrada ilegal do estrangeiro no território nacional ou com a entrada ilegal do brasileiro em outro país. Ademais, considerando a forma equiparada prevista no § 1º, a consumação se dará com a saída do estrangeiro do território brasileiro.

A forma tentada é perfeitamente cabível.

6.7. Ação Penal

A ação será pública incondicionada.

6.8. Penas

A pena prevista para o crime de é de reclusão, de 2 (dois) a 5 (cinco) anos, e multa. À vista disto, devemos concluir que:

a) Não é possível a transação penal (a pena máxima supera dois anos);

b) Não é possível a suspensão condicional do processo (a pena mínima supera um ano).

6.9. Classificação

O crime pode ser classificado como:

a) **Comum** (pode ser praticado por qualquer pessoa);

b) **Material** (a consumação exige a produção de um resultado naturalístico);

c) De **forma livre** (a Lei não estabelece exigência para a forma de execução);

d) **Simples** (tutela apenas um bem jurídico);

e) **Comissivo** (em regra) **ou omissivo** (quando ocorre omissão imprópria);

f) **Unissubjetivo** (pode haver ou não concurso de pessoas);

g) **Instantâneo** (consuma-se de imediato)

h) **Plurissubsistente** (a conduta pode ser fracionada, e por isso admite a tentativa);

i) De **dano** (a consumação enseja violação ao bem jurídico, e não mera exposição a perigo);

j) **Doloso** (não admite a modalidade culposa).

6.10. Quadro Sinótico

PROMOÇÃO DE MIGRAÇÃO ILEGAL		
Considerações Iniciais	Trata-se de inserção recente no Código Penal, promovida pela Lei n. 13.445/2017, conhecida como Lei de Migração. No núcleo do tipo penal está o verbo promover, que implica na execução de algum ato a fim de facilitar a entrada ilegal de estrangeiro em território nacional ou de brasileiro em país estrangeiro. Ademais, também caracteriza este crime a promoção da saída de estrangeiro do território nacional para ingressar ilegalmente em país estrangeiro. Atente-se que para a caracterização do presente crime o agente deve ter a finalidade de obter vantagem econômica, não restando caracterizado o presente crime se o auxílio se der por amizade ou qualquer outra finalidade que não se econômica.	1

Considerações Iniciais	Ademais, incidirá aumento de pena de um sexto a um terço se o crime for cometido com violência ou grave ameaça, bem como se a vítima for submetida à condição desumana ou degradante. Registre-se que, conforme previsão do § 3º, este crime não absorve e não é absorvido por infrações conexas eventualmente cometidas. Trata-se de infração autônoma.	1
Tipicidade Objetiva	A conduta consiste em promover (facilitar, viabilizar, possibilitar) e diz respeito à entrada ilegal de estrangeiros no território nacional.	2
Sujeitos	**Sujeito ativo:** pode ser qualquer pessoa. **Sujeito passivo:** é o Estado.	3
Objetos	**Objeto jurídico:** O objeto juridicamente tutelado é a soberania nacional, a segurança interna do país. **Objeto material:** é o estrangeiro ou brasileiro cuja migração tenha sido feita de forma irregular.	4
Elemento Subjetivo	O elemento subjetivo exigido no tipo penal é o dolo. Não há previsão para modalidade culposa.	5
Consumação e Tentativa	O crime se consuma com a entrada ilegal do estrangeiro no território nacional ou com a entrada ilegal do brasileiro em outro país. Ademais, considerando a forma equiparada prevista no § 1º, a consumação se dará com a saída do estrangeiro do território brasileiro. A forma tentada é perfeitamente cabível.	6
Ação Penal	A ação será pública incondicionada.	7
Penas	A pena prevista para o crime de é de reclusão, de 2 (dois) a 5 (cinco) anos, e multa.	8
Classificação	a) **Comum** (pode ser praticado por qualquer pessoa); b) **Material** (a consumação exige a produção de um resultado naturalístico); c) De forma **livre** (a Lei não estabelece exigência para a forma de execução); d) **Simples** (tutela apenas um bem jurídico); e) **Comissivo** (em regra) ou omissivo (quando ocorre omissão imprópria); f) **Unissubjetivo** (pode haver ou não concurso de pessoas); g) **Instantâneo** (consuma-se de imediato) h) **Plurissubsistente** (a conduta pode ser fracionada, e por isso admite a tentativa); i) De **dano** (a consumação enseja violação ao bem jurídico, e não mera exposição a perigo); j) **Doloso** (não admite a modalidade culposa).	9

VI

DO ULTRAJE PÚBLICO AO PUDOR

1. ATO OBSCENO

> **Art. 233.** Praticar ato obsceno em lugar público, ou aberto ou exposto ao público:
> Pena - detenção, de 3 (três) meses a 1 (um) ano, ou multa.

1.1. Considerações Iniciais

Tem-se por ato obsceno aquele que ofende o pudor dos cidadãos, causa escândalo e fere a honestidade dos que forem testemunhas.

Frise-se que o ato obsceno deve ser praticado em local aberto ou exposto ao público com a possibilidade de ser presenciado. Inexistente tal possibilidade, não haverá crime.

O crime de ato obsceno é comum; doloso; formal; de forma livre; comissivo; instantâneo; unissubjetivo; e plurissubsistente.

1.2. Tipicidade Objetiva

No núcleo do tipo penal está o verbo praticar (realizar) ato obsceno em lugar público, aberto ou exposto ao público.

1.3. Sujeitos

Sujeito ativo: qualquer pessoa. Trata-se de crime comum.

Sujeito passivo: é a coletividade e, em plano secundário, aquele que, eventualmente, tenha presenciado o ato.

1.4. Objetos

Objeto jurídico: o objeto juridicamente tutelado é o pudor público.

Objeto material: é a pessoa ou grupo de pessoas contra as quais se dirige o ato obsceno, ou, simplesmente, a coletividade.

1.5. Elemento Subjetivo

O elemento subjetivo exigido no tipo penal é o dolo, independentemente de qualquer finalidade específica.

Não há previsão para modalidade culposa.

1.6. Consumação e Tentativa

O tipo penal limita-se a descrever o comportamento ilícito, sem a previsão de qualquer resultado naturalístico. Trata-se de crime formal e de perigo. Consuma-se com a prática do ato obsceno em lugar público, aberto, ou exposto ao público, bastando, tão somente, que possa ser presenciado.

Admite-se a tentativa.

1.7. Ação Penal

A ação será pública incondicionada.

Trata-se de crime de menor potencial ofensivo, de competência, portanto, do Juizado Especial Criminal.

1.8. Penas

A pena prevista para o crime de é de detenção, de 3 (três) meses a 1 (um) ano, ou multa. À vista disto, devemos concluir que:

a) É possível a transação penal (a pena máxima não supera dois anos). Trata-se, pois, de infração penal de menor potencial ofensivo, de competência do Juizado Especial Criminal, conforme disposto na Lei n. 9.099/95.

b) É possível a suspensão condicional do processo (a pena mínima não supera um ano).

1.9. Classificação

O crime pode ser classificado como:

a) **Comum** (pode ser praticado por qualquer pessoa);

b) **Formal** (a consumação não exige a produção de um resultado naturalístico);

c) De **forma livre** (a Lei não estabelece exigência para a forma de execução);

d) **Simples** (tutela apenas um bem jurídico);

e) **Comissivo** (em regra) **ou omissivo** (quando ocorre omissão imprópria);

f) **Unissubjetivo** (pode haver ou não concurso de pessoas);

g) **Instantâneo** (consuma-se de imediato)

h) **Unissubsistente** (a conduta não pode ser fracionada) ou **Plurissubsistente** (a conduta pode ser fracionada, e por isso admite a tentativa), a depender do caso;

i) De **dano** (a consumação enseja violação ao bem jurídico, e não mera exposição a perigo);

j) **Doloso** (não admite a modalidade culposa).

1.10. Quadro Sinótico

ATO OBSCENO		
Considerações Iniciais	Tem-se por ato obsceno aquele que ofende o pudor dos cidadãos, causa escândalo e fere a honestidade dos que forem testemunhas. Frise-se que o ato obsceno deve ser praticado em local aberto ou exposto ao público com a possibilidade de ser presenciado.	1
Tipicidade Objetiva	No núcleo do tipo penal está o verbo praticar (realizar) ato obsceno em lugar público, aberto ou exposto ao público.	2
Sujeitos	**Sujeito ativo:** qualquer pessoa. Trata-se de crime comum. **Sujeito passivo:** é a coletividade e, em plano secundário, aquele que, eventualmente, tenha presenciado o ato.	3
Objetos	**Objeto jurídico:** o objeto juridicamente tutelado é o pudor público. **Objeto material:** é a pessoa ou grupo de pessoas contra as quais se dirige o ato obsceno, ou, simplesmente, a coletividade.	4
Elemento subjetivo	O elemento subjetivo exigido no tipo penal é o dolo. Não há previsão para modalidade culposa.	5
Consumação e Tentativa	Consuma-se com a prática do ato obsceno em lugar público, aberto, ou exposto ao público, bastando, tão somente, que possa ser presenciado. Admite-se a tentativa.	6
Ação Penal	A ação será pública incondicionada. Trata-se de crime de menor potencial ofensivo, de competência, portanto, do Juizado Especial Criminal.	7
Penas	A pena prevista para o crime de é de detenção, de 3 (três) meses a 1 (um) ano, ou multa.	8
Classificação	**a) Comum** (pode ser praticado por qualquer pessoa); **b) Formal** (a consumação não exige a produção de um resultado naturalístico); **c)** De forma **livre** (a Lei não estabelece exigência para a forma de execução); **d) Simples** (tutela apenas um bem jurídico); **e) Comissivo** (em regra) ou **omissivo** (quando ocorre omissão imprópria); **f) Unissubjetivo** (pode haver ou não concurso de pessoas); **g) Instantâneo** (consuma-se de imediato) **h) Unissubsistente** (a conduta não pode ser fracionada) ou **Plurissubsistente** (a conduta pode ser fracionada, e por isso admite a tentativa), a depender do caso;	9

Classificação	**i)** De **dano** (a consumação enseja violação ao bem jurídico, e não mera exposição a perigo); **j)** **Doloso** (não admite a modalidade culposa).	9

2. ESCRITO OU OBJETO OBSCENO

> **Art. 234.** Fazer, importar, exportar, adquirir ou ter sob sua guarda, para fim de comércio, de distribuição ou de exposição pública, escrito, desenho, pintura, estampa ou qualquer objeto obsceno:
>
> Pena - detenção, de 6 (seis) meses a 2 (dois) anos, ou multa.
>
> Parágrafo único. Incorre na mesma pena quem:
>
> I - vende, distribui ou expõe à venda ou ao público qualquer dos objetos referidos neste artigo;
>
> II - realiza, em lugar público ou acessível ao público, representação teatral, ou exibição cinematográfica de caráter obsceno, ou qualquer outro espetáculo, que tenha o mesmo caráter;
>
> III - realiza, em lugar público ou acessível ao público, ou pelo rádio, audição ou recitação de caráter obsceno.

2.1. Considerações Iniciais

Quando da realização das condutas previstas neste tipo (fazer, importar, exportar, adquirir, ter sob guarda), a finalidade do agente deverá ser a de comércio, de distribuição ou exposição de escrito ou ato obsceno, cujo propósito seja o de ofender a moralidade pública.

Grande parte da doutrina tem apontado que as punições constantes do parágrafo único tendem a ser mitigadas, tendo em vista o advento da Constituição Federal de 1988, que elenca entre os direitos fundamentais a liberdade de expressão da atividade intelectual, artística, científica e de comunicação, independentemente de censura ou licença; bem como em razão da evolução dos costumes da sociedade.

O crime de escrito ou objeto obsceno é comum; formal; de forma livre; comissivo (podendo ser, excepcionalmente, praticado via omissão imprópria, na hipótese de o agente gozar do status de garantidor); instantâneo (via de regra); permanente (na modalidade ter sob sua guarda); unissubjetivo; plurissubsistente.

2.2. Sujeitos

Sujeito ativo: pode ser qualquer pessoa, representando essa conduta, pois, *delicta communi*, ou seja, crime comum, não sendo necessária qualquer qualificação para o agente delituoso.

Sujeito passivo: é a coletividade e, em plano secundário, aquele que, eventualmente, tenha presenciado o ato.

2.3. Objetos

Objeto jurídico: o objeto juridicamente tutelado é o pudor público.

Objeto material: é o escrito, desenho, pintura, estampa ou qualquer objeto obsceno e, portanto, que esteja revertido de alguma sexual e atentatório ao pudor público.

2.4. Elemento Subjetivo

O elemento subjetivo exigido no tipo penal é o dolo, acrescido da finalidade específica de comércio, de distribuição ou de exposição pública.

Não há previsão para modalidade culposa.

2.5. Consumação e Tentativa

Trata-se de um crime de consumação antecipada. Consuma-se com a prática de qualquer das condutas prevista no tipo, independentemente de produção do resultado naturalístico.

A forma tentada é perfeitamente cabível.

2.6. Ação Penal

A ação é pública incondicionada.

2.7. Penas

A pena prevista para o crime de é de detenção de seis meses a dois anos, e multa. À vista disto, devemos concluir que:

a) É possível a transação penal (a pena máxima não supera dois anos). Trata-se, pois, de infração penal de menor potencial ofensivo, de competência do Juizado Especial Criminal, conforme disposto na Lei n. 9.099/95.

b) É possível a suspensão condicional do processo (a pena mínima não supera um ano).

2.8. Classificação

O crime pode ser classificado como:

a) **Comum** (pode ser praticado por qualquer pessoa);

b) **Formal** (a consumação não exige a produção de um resultado naturalístico);

c) De **forma livre** (a Lei não estabelece exigência para a forma de execução);

d) **Simples** (tutela apenas um bem jurídico);

e) **Comissivo** (em regra) **ou omissivo** (quando ocorre omissão imprópria);

f) **Unissubjetivo** (pode haver ou não concurso de pessoas);

g) **Instantâneo** (consuma-se de imediato)

h) **Plurissubsistente** (a conduta pode ser fracionada, e por isso admite a tentativa);

i) De **dano** (a consumação enseja violação ao bem jurídico, e não mera exposição a perigo);

j) **Doloso** (não admite a modalidade culposa).

2.9. Quadro Sinótico

ESCRITO OU OBJETO OBSCENO		
Considerações Iniciais	Quando da realização das condutas previstas neste tipo (fazer, importar, exportar, adquirir, ter sob guarda), a finalidade do agente deverá ser a de comércio, de distribuição ou exposição de escrito ou ato obsceno, cujo propósito seja o de ofender a moralidade pública.	1
Sujeitos	**Sujeito ativo:** pode ser qualquer pessoa. **Sujeito passivo:** é a coletividade e, em plano secundário, aquele que, eventualmente, tenha presenciado o ato.	2
Objetos	**Objeto jurídico:** o objeto juridicamente tutelado é o pudor público. **Objeto material:** é o escrito, desenho, pintura, estampa ou qualquer objeto obsceno e, portanto, que esteja revertido de alguma sexual e atentatório ao pudor público.	3
Elemento Subjetivo	O elemento subjetivo exigido no tipo penal é o dolo, acrescido da finalidade específica de comércio, de distribuição ou de exposição pública. Não há previsão para modalidade culposa.	4
Consumação e Tentativa	Consuma-se com a prática de qualquer das condutas prevista no tipo. A forma tentada é perfeitamente cabível.	5
Ação Penal	A ação é pública incondicionada.	6
Penas	A pena prevista para o crime de é de detenção de seis meses a dois anos, e multa.	7
Classificação	**a) Comum** (pode ser praticado por qualquer pessoa); **b) Formal** (a consumação não exige a produção de um resultado naturalístico); **c)** De forma **livre** (a Lei não estabelece exigência para a forma de execução); **d) Simples** (tutela apenas um bem jurídico); **e) Comissivo** (em regra) ou **omissivo** (quando ocorre omissão imprópria); **f) Unissubjetivo** (pode haver ou não concurso de pessoas); **g) Instantâneo** (consuma-se de imediato) **h) Plurissubsistente** (a conduta pode ser fracionada, e por isso admite a tentativa); **i)** De **dano** (a consumação enseja violação ao bem jurídico, e não mera exposição a perigo); **j) Doloso** (não admite a modalidade culposa).	8

VII

DISPOSIÇÕES GERAIS

(INCLUÍDO PELA LEI Nº 12.015, DE 2009)

Aumento de pena (Incluído pela Lei nº 12.015, de 2009)

Art. 234-A. Nos crimes previstos neste Título a pena é aumentada: (Incluído pela Lei nº 12.015, de 2009)

I - (VETADO); (Incluído pela Lei nº 12.015, de 2009)

II - (VETADO); (Incluído pela Lei nº 12.015, de 2009)

III - de metade a 2/3 (dois terços), se do crime resulta gravidez; (Redação dada pela Lei nº 13.718, de 2018)

IV - de 1/3 (um terço) a 2/3 (dois terços), se o agente transmite à vítima doença sexualmente transmissível de que sabe ou deveria saber ser portador, ou se a vítima é idosa ou pessoa com deficiência. (Redação dada pela Lei nº 13.718, de 2018)

No art. 234-A, CP, temos causas de aumento de pena relacionadas aos crimes sexuais. Com o advento da Lei n. 13.718/18, remanescem dois incisos contendo as majorantes. São as seguintes causas:

a) **Se do crime resulta gravidez:** neste caso, a maior reprovabilidade do agente resulta evidenciada pela concepção forçada. Pode ser que a gravidez resulte de crimes como o estupro, o estupro de vulnerável, a violação sexual mediante fraude etc. vale recordar que se a conduta criminosa for o estupro, a legislação admite que a vítima realize o aborto (art. 128, CP), e a doutrina tende a admitir que, por analogia benéfica ao réu, tal permissivo se estenderia à gravidez resultante do crime de estupro de vulnerável.

b) **Se o agente transmite à vítima doença sexualmente transmissível de que sabe ou deveria saber ser portador, ou se a vítima é idosa ou pessoa com deficiência:** no que se refere à transmissão de doença sexualmente transmissível, somente haverá a majorante quando o agente sabe ou deveria saber ser portador. Por outras palavras, não incide a causa de aumento quando a transmissão se dá de forma culposa.

Incide ainda a causa de aumento quando a vítima for pessoa idosa ou com deficiência. Vale lembrar que pessoa idosa é aquela que possui idade igual ou superior a 60 (sessenta) anos (art. 1º, Lei n. 10.741 – Estatuto do Idoso). Por sua vez, pessoa com deficiência é "aquela que tem impedimento de longo prazo de natureza física, mental, intelectual ou sensorial, o qual, em interação com uma ou mais barreiras, pode obstruir sua participação plena e efetiva na sociedade em igualdade de condições com as demais pessoas" (art. 2º., Lei n. 13.146/15 – Estatuto da Pessoa com Deficiência).

Art. 234-B. Os processos em que se apuram crimes definidos neste Título correrão em segredo de justiça. (Incluído pela Lei nº 12.015, de 2009)

Art. 234-C. (VETADO). (Incluído pela Lei nº 12.015, de 2009)

TÍTULO VII

DOS CRIMES CONTRA A FAMÍLIA

I

DOS CRIMES CONTRA O CASAMENTO

1. BIGAMIA

> **Art. 235.** Contrair alguém, sendo casado, novo casamento:
>
> Pena – reclusão, de dois a seis anos.
>
> § 1º – Aquele que, não sendo casado, contrai casamento com pessoa casada, conhecendo essa circunstância, é punido com reclusão ou detenção, de um a três anos.
>
> § 2º – Anulado por qualquer motivo o primeiro casamento, ou o outro por motivo que não a bigamia, considera-se inexistente o crime.

1.1. Considerações Iniciais

O Código Civil proíbe que pessoas já casadas venham a contrair novo matrimônio sem que se desfaça o primeiro vínculo matrimonial (art. 1.521, VI, CC). Se ocorrer este novo casamento sem o desfazimento do primeiro vínculo, não apenas estaremos diante da invalidade do segundo matrimônio, mas também restará caracterizado o crime de bigamia.

Como se vê, o crime de bigamia pressupõe que tenhamos o casamento de, ao menos, um dos cônjuges já casado. Se ambos forem casados, haverá concurso de crimes.

Conforme se depreende da regra estampada no §1º do art. 235, CP, mesmo o cônjuge que não fosse anteriormente casado poderá incorrer no crime de bigamia, desde que tivesse ciência da condição de casado do outro. Evidentemente, a ausência de consciência quanto à condição de casado descaracterizaria o dolo, impedindo, portanto, a responsabilização por este crime, que não admite a modalidade culposa.

Se houver a anulação do primeiro casamento, restará descaracterizado o crime de bigamia. E a regra faz sentido. Afinal de contas, o ato nulo não produz efeitos jurídicos, razão pela qual não se poderá afirmar que havia casamento anterior.

Ademais, dada a peculiaridade do crime de bigamia, o legislador entendeu razoável criar uma regra específica para o cômputo do prazo prescricional. Por esta razão, o início do curso do prazo prescricional neste crime somente se iniciará a partir da data em que se tornar conhecido da autoridade pública (art. 111, IV, CP).

1.2. Tipicidade Objetiva

A conduta consiste em "contrair", e recai sobre o casamento. Por outras palavras, o crime ocorre quando a pessoa casada casa-se novamente. Não há crime quando a pessoa casada, separada de fato, passa a conviver em união estável com outra pessoa. Em casos como este, não poderíamos equiparar a união estável ao casamento, para fins de incidência do crime do art. 235, sob pena de incorrermos em analogia *in malam partem.*

1.3. Sujeitos

Sujeito ativo: Na conduta descrita no *caput,* o sujeito ativo é a pessoa casada. Trata-se, portanto, de crime próprio, pois exige uma qualidade especial do agente. Na conduta descrita no § 1º, por outro lado, trata-se de crime comum, porquanto qualquer pessoa poderá praticar.

Sujeito passivo: é o Estado. Mas também são considerados sujeitos passivos o cônjuge do primeiro casamento e o contraente de boa-fé.

1.4. Objetos

Objeto jurídico: é a família e, mais particularmente, o matrimônio.

Objeto material: é o casamento.

1.5. Elemento Subjetivo

É o dolo. Não há previsão para a modalidade culposa. Também não se exige qualquer finalidade específica do agente (dolo específico).

1.6. Consumação e Tentativa

O crime se consuma no momento em que ocorre a efetiva realização do casamento. A tentativa é admissível.

1.7. Ação Penal

A ação penal é pública incondicionada.

1.8. Penas

A pena para o crime pode ser de reclusão, de dois a seis anos. Logo, podemos concluir que:

a) Não é possível a transação penal (art. 76, Lei n. 9.099/95), pois não se trata de infração penal de menor potencial ofensivo;

b) Não é possível a suspensão condicional do processo (art. 89, Lei n. 9.099/95), pois a pena mínima ultrapassa um ano.

1.9. Classificação

O crime pode ser classificado como:

a) **Próprio** (exige-se qualidade especial do sujeito ativo);
b) **Material** (a consumação exige a produção de um resultado naturalístico);
c) De **forma vinculada** (a Lei estabelece exigência para a forma de execução);
d) **Simples** (tutela apenas um bem jurídico);
e) **Comissivo** (praticado mediante ação);
f) **Unissubjetivo** (pode haver ou não concurso de pessoas);
g) **Instantâneo** (consuma-se de imediato);
h) **Plurissubsistentes** (a conduta pode ser fracionada, e por isso admite a tentativa);
i) De **dano** (a consumação enseja violação ao bem jurídico, e não mera exposição a perigo);
j) **Doloso**.

1.10. Quadro Sinótico

BIGAMIA		
Considerações Iniciais	O Código Civil proíbe que pessoas já casadas venham a contrair novo matrimônio sem que se desfaça o primeiro vínculo matrimonial (art. 1.521, VI, CC). Se ocorrer este novo casamento sem o desfazimento do primeiro vínculo, não apenas estaremos diante da invalidade do segundo matrimônio, mas também restará caracterizado o crime de bigamia. Conforme se depreende da regra estampada no §1º do art. 235, CP, mesmo o cônjuge que não fosse anteriormente casado poderá incorrer no crime de bigamia, desde que tivesse ciência da condição de casado do outro. Se houver a anulação do primeiro casamento, restará descaracterizado o crime de bigamia. O início do curso do prazo prescricional neste crime somente se iniciará a partir da data em que se tornar conhecido da autoridade pública (art. 111, IV, CP).	1
Tipicidade Objetiva	A conduta consiste em "contrair", e recai sobre o casamento. Não há crime quando a pessoa casada, separada de fato, passa a conviver em união estável com outra pessoa.	2
Sujeitos	**Sujeito ativo:** Na conduta descrita no *caput,* o sujeito ativo é a pessoa casada. Na conduta descrita no § 1º, por outro lado, trata-se de crime comum, porquanto qualquer pessoa poderá praticar. **Sujeito passivo:** é o Estado. Mas também são considerados sujeitos passivos o cônjuge do primeiro casamento e o contraente de boa-fé.	3

Objetos	**Objeto jurídico:** é a família e, mais particularmente, o matrimônio. **Objeto material:** é o casamento.	4
Elemento Subjetivo	É o dolo. Não há previsão para a modalidade culposa. Também não se exige qualquer finalidade específica do agente (dolo específico).	5
Consumação e Tentativa	O crime se consuma no momento em que ocorre a efetiva realização do casamento. A tentativa é admissível.	6
Ação Penal	A ação penal é pública incondicionada.	7
Penas	A pena para o crime pode ser de reclusão, de dois a seis anos.	8
Classificação	a) **Próprio** (exige-se qualidade especial do sujeito ativo); b) **Material** (a consumação exige a produção de um resultado naturalístico); c) De **forma vinculada** (a Lei estabelece exigência para a forma de execução); d) **Simples** (tutela apenas um bem jurídico); e) **Comissivo** (praticado mediante ação); f) **Unissubjetivo** (pode haver ou não concurso de pessoas); g) **Instantâneo** (consuma-se de imediato); h) **Plurissubsistentes** (a conduta pode ser fracionada, e por isso admite a tentativa); i) De **dano** (a consumação enseja violação ao bem jurídico, e não mera exposição a perigo); j) **Doloso**.	9

1.11. Questões de Concursos Públicos

07. (IESES - 2019 - TJ-SC - Titular de Serviços de Notas e de Registros - Remoção) É correto afirmar que a conduta de contrair alguém, sendo casado, novo casamento:

(A) Constituiu, no passado, crime de bigamia, estando atualmente revogado o tipo penal.

(B) Encontra adequação típica formal no delito de bigamia, ainda que esteja separado judicialmente.

(C) Constitui crime de bigamia, ainda que posteriormente venha a ser anulado o primeiro casamento, não servindo tal anulação posterior para fazer cessar os efeitos penais do delito já consumado.

(D) Não constitui crime de bigamia, se ambos os contraentes já estiverem separados judicialmente e souberem da condição do outro.

08. (MPE-SP - 2013 - MPE-SP - Promotor de Justiça Substituto) Sujeito, casado havia quinze anos, disse para a esposa e aos filhos que saía de casa para viver com Parceiro (indivíduo também do sexo masculino), em uma praia deserta do litoral norte do país, onde o camarada possuía uma pousada. Afirmou, na ocasião, que descobrira ser Parceiro o amor de sua vida. Dez meses depois do início dessa união homoafetiva estável (sem que Sujeito houvesse regularizado a situação da sua condição familiar anterior), foi expedida a Resolução CNJ n.º 175, de maio de 2013 - vedando às autoridades a recusa da celebração de casamento civil entre pessoas do mesmo sexo -, e Sujeito vem a aceitar o pedido de Parceiro, com ele contraindo casamento no cartório de registros civis local, em 12 de junho de 2013. Observado o teor da hipótese acima elaborada, a conduta de Sujeito

(A) será atípica porque a bigamia se encontra no Código Penal, no Capítulo dos crimes contra o casamento, pertencente ao Título dos crimes contra a família, e a hipótese de delito somente ocorreria se Sujeito casasse novamente com outra mulher, já que a união homoafetiva não é considerada entidade familiar pela jurisprudência.

(B) será atípica porquanto embora haja no art. 235 do Código Penal o termo "alguém", o alcance da palavra, que configura norma penal em branco, necessita da complementação do Código Civil, em cujo art. 1.723 descreve a "união estável entre o homem e a mulher".

(C) será típica (preenche todos os elementos do tipo penal) e a de Parceiro será atípica porque, mesmo conhecendo o estado de casado de Sujeito, ele era solteiro ao tempo da ação, circunstância que impede, por coerência, que o solteiro responda por bigamia.

(D) será típica (preenche todos os elementos do tipo incriminador) e a de Parceiro será atípica somente se este último não soubesse que o sujeito era legalmente casado quando eles contraíram as núpcias.

(E) assim como a de Parceiro são irrelevantes para o Direito Penal, que não deve se preocupar com assuntos da vida privada e da intimidade dos dois.

03. (CESPE - 2013 - TJ-BA - Titular de Serviços de Notas e de Registros - Provimento) Acerca dos dispositivos da Parte Especial do CP, assinale a opção correta.

(A) O crime de bigamia pressupõe existência válida de um primeiro casamento, devidamente legitimado pela lei civil, não se considerando, para a caracterização desse crime, a união estável.

(B) O funcionário público que, ao informar seus dados pessoais para a elaboração de compromisso de compra e venda de um imóvel, fornecer declaração falsa de estado civil com vistas a prejudicar direito de cônjuge praticará o crime de falsificação de documento público, cabendo, nesse caso, aumento de pena, pelo fato de ser o agente funcionário público.

(C) O testamento particular não se equipara, para fins penais, ao documento público, já que seu conteúdo refere-se a interesses exclusivamente privados.

(D) Servidor público que divulgue, sem justa causa, conteúdo de processo administrativo com tramitação sigilosa armazenado em banco de dados da administração pública e que, com tal divulgação, atingir a intimidade de particular diretamente envolvido na questão tratada no procedimento responderá por crime contra a honra e crime de violação de segredo profissional em relação à administração pública.

(E) Aquela que, penalmente responsável, registrar, como seu, filho recém-nascido de outra mulher, alterando formalmente seu estado civil, responderá pelo crime de supressão ou alteração de direito inerente ao estado civil de recém-nascido em concurso formal com o crime de falsidade decorrente da inscrição falsa no registro de nascimento da criança.

04. (VUNESP - 2012 - TJ-SP - Titular de Serviços de Notas e de Registros - Provimento) Em relação ao crime de bigamia, pode-se afirmar que se caracteriza quando:

I. contrai alguém, sendo casado, novo casamento;

II. contrai alguém, sendo divorciado, por sentença ainda não transitada em julgado, novo casamento;

III. contrai alguém, sendo divorciado, por sentença transitada em julgado, mas não averbada à margem do assento de casamento, novo enlace.

São corretas as afirmativas

(A) I e II, apenas.

(B) I e III, apenas.

(C) II e III, apenas.

(D) I, II e III.

05. (FUNCAB - 2013 - PC-ES - Delegado de Polícial) Túlio, em razão de seu casamento com Maria, declarou no cartório de registro de pessoas naturais que era divorciado, sendo o matrimônio com Maria consumado. Entretanto, Túlio era casado com Claudia, mas estavam separados de fato há muitos anos. Serviram como testemunhas Joana e Paulo, primos de Túlio, que tinham conhecimento do casamento e da separação de fato deste com Claudia. Assim pode-se afirmar:

I. Houve o crime de falsidade ideológica praticado por Túlio, mas que restará absorvido pelo princípio da especialidade.

II. Trata-se de crime próprio, sendo coautores Joana e Paulo, primos de Túlio.

III. A anulação do casamento de Túlio com Claudia pelo motivo da bigamia, tornaria inexistente o crime de bigamia.

IV. O objeto material desse crime é Claudia.

Indique a opção que contempla a(s) assertiva(s) correta(s).

(A) I, II, III e IV.
(B) I, II e III, apenas.
(C) II, apenas.
(D) III, apenas.
(E) IV, apenas.

GABARITO: *As respostas destes testes encontram-se no final do livro.*

2. INDUZIMENTO A ERRO ESSENCIAL E OCULTAÇÃO DE IMPEDIMENTO

Art. 236. Contrair casamento, induzindo em erro essencial o outro contraente, ou ocultando-lhe impedimento que não seja casamento anterior:

Pena – detenção, de seis meses a dois anos.

Parágrafo único. A ação penal depende de queixa do contraente enganado e não pode ser intentada senão depois de transitar em julgado a sentença que, por motivo de erro ou impedimento, anule o casamento.

2.1. Considerações Iniciais

O crime do art. 236, CP consubstancia a única modalidade de crime de ação penal privada personalíssima. Neste caso, somente a vítima do crime (cônjuge ludibriado) poderá processar criminalmente o agente.

Se a vítima falecer, o direito de queixa não passa – ao contrário do que ocorre nos demais casos de ação penal privada – ao seu cônjuge (que, neste caso, é o próprio agente do crime), ascendente, descendente ou irmão. Trata-se do único caso, previsto em nosso ordenamento jurídico, em que a morte do ofendido dá ensejo à extinção da punibilidade do agente. E isto porque, como o direito de queixa é personalíssimo, não poderá passar da pessoa do próprio ofendido.

2.2. Tipicidade Objetiva

O tipo penal traduz duas condutas distintas.

A primeira consiste em contrair matrimônio induzindo em erro essencial o outro contraente. Trata-se, então, de situação na qual o agente ludibria seu consorte, fazendo com que ele se case; este induzimento a erro essencial, significa que o agente leva o contraente a celebrar o matrimônio por desconhecer algo que, se fosse de sua ciência, faria com que repudiasse o casamento.

O Código Civil, em seu art. 1.557 estabelece que se considera erro essencial sobre a pessoa do outro cônjuge: a) o que diz respeito à sua identidade, sua honra e boa fama, sendo esse erro tal que o seu conhecimento ulterior torne insuportável a vida em comum ao cônjuge enganado; b) a ignorância de crime, anterior ao casamento, que, por sua natureza, torne insuportável a vida conjugal; c) a ignorância, anterior ao casamento, de defeito físico irremediável que não caracterize deficiência ou de moléstia grave e transmissível, por contágio ou por herança, capaz de pôr em risco a saúde do outro cônjuge ou de sua descendência.

Podemos citar como exemplo a pessoa que, foragida da polícia, assume nova identidade em outra unidade da federação, contraindo matrimônio com pessoa que sequer conhece sua verdadeira identidade. Em um caso como este, percebemos que, em verdade, o contraente ludibriado nada conhece sobre a vida do cônjuge que a ludibria. Trata-se de um erro essencial sobre a pessoa.

Na segunda conduta, o agente contrai casamento ocultando algum dos impedimentos ao casamento, desde que não seja casamento anterior. Com efeito, os impedimentos ao casamento estão enumerado no art. 1.521, de acordo com o qual: "Não podem, casar: a) os ascendentes com os descendentes, seja o parentesco natural ou civil; b) os afins em linha reta; c) o adotante com quem foi cônjuge do adotado e o adotado com quem o foi do adotante; d) os irmãos, unilaterais ou bilaterais, e demais colaterais, até o terceiro grau inclusive; e) o adotado com o filho do adotante; f) as pessoas casadas; g) o cônjuge sobrevivente com o condenado por homicídio ou tentativa de homicídio contra o seu consorte.

Como se vê, os impedimentos ao casamento são trazidos pelo Código Civil. Com isto, podemos concluir que o tipo penal em apreço cuida de norma penal em branco homogênea heteróloga (ou heterovitelina), porquanto depende de um complemento, que é dado por outra lei.

2.3. Sujeitos

Sujeito ativo: qualquer pessoa pode ser sujeito ativo deste crime.

Sujeito passivo: é o Estado e o contraente ludibriado.

2.4. Objetos

Objeto jurídico: é regularidade da constituição do casamento.

Objeto material: é o casamento.

2.5. Elemento Subjetivo

É o dolo, caracterizado pela consciência (elemento intelectivo) prévia do impedimento e a vontade (elemento volitivo) de contrair o matrimônio.

2.6. Consumação e Tentativa

A consumação ocorrerá no momento da realização do casamento.

Até seria possível imaginar a tentativa, sob o ponto de vista fático. Basta imaginar, por exemplo, que a cerimônia matrimonial se iniciou, mas foi interrompida. Contudo, a conduta neste caso não possuiria relevância jurídico-penal. É que a ação penal somente poderia ser ajuizada se tivesse ocorrido a anulação do casamento. Ora, para que se anule o casamento, é necessário, antes, que ele ocorra.

2.7. Ação Penal

A ação é de iniciativa privada personalíssima. Deste modo, se o cônjuge ludibriado falecer, o direito de propositura da queixa não passa a quem quer que seja. Por outras palavras, a morte da vítima teria o condão de extinguir a punibilidade do agente. Aliás, o único caso em nosso ordenamento jurídico de ação penal privada personalíssima, e, consequentemente, de extinção da punibilidade do agente pela morte da vítima.

Ademais, o ajuizamento da queixa depende da prévia anulação do casamento, mediante sentença judicial transitada em julgado. Antes do trânsito em julgado, não começa a fluir o prazo decadencial para o oferecimento da queixa, e nem o prazo da prescrição da pretensão punitiva.

2.8. Penas

A pena para o crime pode ser de detenção, de seis meses a dois anos. Logo, podemos concluir que:

a) É possível a transação penal (art. 76, Lei n. 9.099/95), pois se trata de infração penal de menor potencial ofensivo;

b) É possível a suspensão condicional do processo (art. 89, Lei n. 9.099/95), pois a pena mínima não ultrapassa um ano.

2.9. Classificação

O crime pode ser classificado como:

a) **Próprio** (exige-se qualidade especial do sujeito ativo);

b) **Formal** (a consumação não exige a produção de um resultado naturalístico);

c) De **forma vinculada** (a Lei estabelece exigência para a forma de execução);

d) **Simples** (tutela apenas um bem jurídico);

e) **Comissivo** (praticado mediante ação);

f) **Unissubjetivo** (pode haver ou não concurso de pessoas);

g) **Instantâneo** (consuma-se de imediato);

h) **Plurissubsistentes** (a conduta pode ser fracionada, e por isso admite a tentativa);

i) De **dano** (a consumação enseja violação ao bem jurídico, e não mera exposição a perigo);

j) **Doloso**.

2.10. Quadro Sinótico

INDUZIMENTO A ERRO ESSENCIAL E OCULTAÇÃO DE IMPEDIMENTO		
Considerações Iniciais	O crime do art. 236, CP consubstancia a única modalidade de crime de ação penal privada personalíssima. Neste caso, somente a vítima do crime (cônjuge ludibriado) poderá processar criminalmente o agente.	1
Tipicidade Objetiva	O tipo penal traduz duas condutas distintas. A primeira consiste em contrair matrimônio induzindo em erro essencial o outro contraente. Na segunda conduta, o agente contrai casamento ocultando algum dos impedimentos ao casamento, desde que não seja casamento anterior.	2
Sujeitos	**Sujeito ativo:** qualquer pessoa pode ser sujeito ativo deste crime. **Sujeito passivo:** é o Estado e o contraente ludibriado.	3
Objetos	**Objeto jurídico:** é regularidade da constituição do casamento. **Objeto material:** é o casamento.	4
Elemento Subjetivo	É o dolo, caracterizado pela consciência (elemento intelectivo) prévia do impedimento e a vontade (elemento volitivo) de contrair o matrimônio.	5
Consumação e Tentativa	A consumação ocorrerá no momento da realização do casamento. Até seria possível imaginar a tentativa, sob o ponto de vista fático. Contudo, a conduta neste caso não possuiria relevância jurídico-penal.	6
Ação Penal	A ação é de iniciativa privada personalíssima. Ademais, o ajuizamento da queixa depende da prévia anulação do casamento, mediante sentença judicial transitada em julgado. Antes do trânsito em julgado, não começa a fluir o prazo decadencial para o oferecimento da queixa, e nem o prazo da prescrição da pretensão punitiva	7
Penas	A pena para o crime pode ser de detenção, de seis meses a dois anos.	8
Classificação	**a) Próprio** (exige-se qualidade especial do sujeito ativo); **b) Formal** (a consumação não exige a produção de um resultado naturalístico); **c)** De **forma vinculada** (a Lei estabelece exigência para a forma de execução); **d) Simples** (tutela apenas um bem jurídico); **e) Comissivo** (praticado mediante ação); **f) Unissubjetivo** (pode haver ou não concurso de pessoas); **g) Instantâneo** (consuma-se de imediato); **h) Plurissubsistentes** (a conduta pode ser fracionada, e por isso admite a tentativa); **i)** De **dano** (a consumação enseja violação ao bem jurídico, e não mera exposição a perigo); **j) Doloso.**	9

3. CONHECIMENTO PRÉVIO DE IMPEDIMENTO

> **Art. 237.** Contrair casamento, conhecendo a existência de impedimento que lhe cause a nulidade absoluta:
>
> Pena - detenção, de três meses a um ano.

3.1. Considerações Iniciais

Assim como ocorre com o tipo penal anterior, o crime do art. 237, CP, depende do conhecimento dos impedimentos do casamento, que se encontram presentes no art. 1.521, CC. Trata-se, portanto, de norma penal em branco homogênea heteróloga.

Se o impedimento ao casamento for casamento anterior (art. 1.521, VI, CC), não ocorrerá o crime em comento, mas sim o de bigamia (art. 235, CP).

O crime de conhecimento prévio de impedimento é comum; doloso; comissivo; de forma vinculada; instantâneo; unissubjetivo; plurissubsistente.

3.2. Tipicidade Objetiva

A conduta consiste em "contrair", e recai sobre o casamento. Por outras palavras, o crime ocorre quando a pessoa casada casa-se novamente.

3.3. Sujeitos

Sujeito ativo: qualquer pessoa. Trata-se, pois, de crime comum.

Sujeito passivo: o Estado é sujeito passivo direto e indireto.

3.4. Objetos

Objeto jurídico: é regularidade da constituição do casamento.

Objeto material: é o casamento.

3.5. Elemento Subjetivo

É o dolo. Não há previsão para a modalidade culposa.

3.6. Consumação e Tentativa

A consumação ocorre com a efetiva celebração do casamento. A tentativa é admissível.

3.7. Ação Penal

A ação penal é pública incondicionada.

3.8. Penas

A pena para o crime pode ser de detenção, de três meses a um ano. Logo, podemos concluir que:

a) É possível a transação penal (art. 76, Lei n. 9.099/95), pois se trata de infração penal de menor potencial ofensivo;

b) É possível a suspensão condicional do processo (art. 89, Lei n. 9.099/95), pois a pena mínima não ultrapassa um ano.

3.9. Classificação

O crime pode ser classificado como:

a) **Próprio** (exige-se qualidade especial do sujeito ativo);

b) **Formal** (a consumação exige a produção de um resultado naturalístico);

c) De **forma vinculada** (a Lei estabelece exigência para a forma de execução);

d) **Simples** (tutela apenas um bem jurídico);

e) **Comissivo** (praticado mediante ação);

f) **Unissubjetivo** (pode haver ou não concurso de pessoas);

g) **Instantâneo** (consuma-se de imediato);

h) **Plurissubsistentes** (a conduta pode ser fracionada, e por isso admite a tentativa);

i) De **dano** (a consumação enseja violação ao bem jurídico, e não mera exposição a perigo);

j) **Doloso**.

3.10. Quadro Sinótico

CONHECIMENTO PRÉVIO DE IMPEDIMENTO		
Considerações Iniciais	Assim como ocorre com o tipo penal anterior, o crime do art. 237, CP, depende do conhecimento dos impedimentos do casamento, que se encontram presentes no art. 1.521, CC. Se o impedimento ao casamento for casamento anterior (art. 1.521, VI, CC), não ocorrerá o crime em comento, mas sim o de bigamia (art. 235, CP).	1
Tipicidade Objetiva	A conduta consiste em "contrair", e recai sobre o casamento. Por outras palavras, o crime ocorre quando a pessoa casada casa-se novamente.	2
Sujeitos	**Sujeito ativo:** qualquer pessoa. Trata-se, pois, de crime comum. **Sujeito passivo:** o Estado é sujeito passivo direto e indireto.	3

Objetos	**Objeto jurídico:** é regularidade da constituição do casamento. **Objeto material:** é o casamento.	4
Elemento Subjetivo	É o dolo. Não há previsão para a modalidade culposa.	5
Consumação e Tentativa	A consumação ocorre com a efetiva celebração do casamento. A tentativa é admissível.	6
Ação Penal	A ação penal é pública incondicionada.	7
Penas	A pena para o crime pode ser de detenção, de três meses a um ano.	8
Classificação	a) **Próprio** (exige-se qualidade especial do sujeito ativo); b) **Formal** (a consumação exige a produção de um resultado naturalístico); c) De **forma vinculada** (a Lei estabelece exigência para a forma de execução); d) **Simples** (tutela apenas um bem jurídico); e) **Comissivo** (praticado mediante ação); f) **Unissubjetivo** (pode haver ou não concurso de pessoas); g) **Instantâneo** (consuma-se de imediato); h) **Plurissubsistentes** (a conduta pode ser fracionada, e por isso admite a tentativa); i) De **dano** (a consumação enseja violação ao bem jurídico, e não mera exposição a perigo); j) **Doloso**.	9

4. SIMULAÇÃO DE AUTORIDADE PARA CELEBRAÇÃO DE CASAMENTO

> **Art. 238.** Atribuir-se falsamente autoridade para celebração de casamento:
> Pena – detenção, de um a três anos, se o fato não constitui crime mais grave.

4.1. Considerações Iniciais

Como regra, a autoridade competente para a celebração do casamento é o juiz de direito. A depender da lei de organização judiciária local, este juiz poderá ser aquele vinculado às varas de família, vara cível, vara de registros públicos etc. É possível, ainda, que a celebração do casamento se dê por juiz de paz.

4.2. Tipicidade Objetiva

A conduta consiste em "atribuir-se", no sentido de imputar, conferir qualidade a si mesmo. No tipo penal, a conduta diz respeito à atribuição falsa de autoridade para celebração de casamento.

4.3. Sujeitos

Sujeito ativo: qualquer pessoa. Trata-se, pois, de crime comum.

Sujeito passivo: o Estado, e também os celebrantes ludibriados.

4.4. Objetos

Objeto jurídico: é a regular constituição do casamento.

Objeto material: é o casamento

4.5. Elemento Subjetivo

É o dolo. Não se admite a modalidade culposa.

4.6. Consumação e Tentativa

Prevalece o entendimento no sentido de que o crime estará consumado quando o agente praticar qualquer dos atos relativos à celebração do casamento.

A tentativa é admissível.

4.7. Ação Penal

É de iniciativa pública incondicionada.

4.8. Penas

A pena para o crime pode ser de detenção, de um a três anos, se o fato não constituir crime mais grave. Logo, podemos concluir que:

a) Não é possível a transação penal (art. 76, Lei n. 9.099/95), pois não se trata de infração penal de menor potencial ofensivo;

b) É possível a suspensão condicional do processo (art. 89, Lei n. 9.099/95), pois a pena mínima não ultrapassa um ano.

4.9. Classificação

O crime pode ser classificado como:

a) **Comum** (não exige qualidade especial do sujeito ativo);

b) **Formal** (a consumação exige a produção de um resultado naturalístico);

c) De **forma livre** (a Lei não estabelece exigência para a forma de execução);

d) **Simples** (tutela apenas um bem jurídico);

e) **Comissivo** (praticado mediante ação);

f) **Unissubjetivo** (pode haver ou não concurso de pessoas);

g) **Instantâneo** (consuma-se de imediato);

h) **Plurissubsistentes** (a conduta pode ser fracionada, e por isso admite a tentativa);

i) De **dano** (a consumação enseja violação ao bem jurídico, e não mera exposição a perigo);

j) **Doloso.**

4.10. Quadro Sinótico

SIMULAÇÃO DE AUTORIDADE PARA CELEBRAÇÃO DE CASAMENTO		
Considerações Iniciais	Como regra, a autoridade competente para a celebração do casamento é o juiz de direito.	1
Tipicidade Objetiva	A conduta consiste em "atribuir-se", no sentido de imputar, conferir qualidade a si mesmo. No tipo penal, a conduta diz respeito à atribuição falsa de autoridade para celebração de casamento.	2
Sujeitos	**Sujeito ativo:** qualquer pessoa. Trata-se, pois, de crime comum. **Sujeito passivo:** o Estado, e também os celebrantes ludibriados.	3
Objetos	**Objeto jurídico:** é a regular constituição do casamento. **Objeto material:** é o casamento	4
Elemento Subjetivo	É o dolo. Não se admite a modalidade culposa.	5
Consumação e Tentativa	Prevalece o entendimento no sentido de que o crime estará consumado quando o agente praticar qualquer dos atos relativos à celebração do casamento. A tentativa é admissível.	6
Ação Penal	É de iniciativa pública incondicionada.	7
Penas	A pena para o crime pode ser de detenção, de um a três anos, se o fato não constituir crime mais grave.	8
Classificação	**a) Comum** (não exige qualidade especial do sujeito ativo); **b) Formal** (a consumação exige a produção de um resultado naturalístico); **c)** De forma **livre** (a Lei não estabelece exigência para a forma de execução); **d) Simples** (tutela apenas um bem jurídico); **e) Comissivo** (praticado mediante ação); **f) Unissubjetivo** (pode haver ou não concurso de pessoas); **g) Instantâneo** (consuma-se de imediato); **h) Plurissubsistentes** (a conduta pode ser fracionada, e por isso admite a tentativa); **i)** De **dano** (a consumação enseja violação ao bem jurídico, e não mera exposição a perigo); **j) Doloso.**	9

5. SIMULAÇÃO DE CASAMENTO

> **Art. 239.** Simular casamento mediante engano de outra pessoa:
>
> Pena – detenção, de um a três anos, se o fato não constitui elemento de crime mais grave.

5.1. Considerações Iniciais

Trata-se de tipo penal expressamente subsidiário, haja vista o emprego da expressão "se o fato não constitui elemento de crime mais grave". Com efeito, pode acontecer de a fraude empregada para a conduta constituir crime mais grave, como o estelionato (art. 171, CP) ou a violação sexual mediante fraude (art. 215, CP).

5.2. Tipicidade Objetiva

O núcleo do tipo é "simular", que equivale a falsear, fazer de conta etc. mas para que ocorra o crime, não basta a simulação, sendo imprescindível que ela ocorra mediante engano de outrem. Por outras palavras, o agente finge estar casando com a vítima, que acredita na fraude. Se não houver uma vítima ludibriada com a celebração, isto é, se ambos os contraentes simular o ato, não restará caracterizado este crime.

5.3. Sujeitos

Sujeito ativo: qualquer pessoa. Trata-se, pois, de crime comum.

Sujeito passivo: é o Estado, bem como a pessoa enganada.

5.4. Objetos

Objeto jurídico: é a regular constituição do casamento.

Objeto material: é o casamento

5.5. Elemento Subjetivo

É o dolo. Não se admite a modalidade culposa.

5.6. Consumação e Tentativa

A consumação do crime ocorre com a prática da simulação de qualquer dos atos que integra a celebração do casamento, desde que tenha tido o condão de ludibriar a vítima.

Admite-se a tentativa.

5.7. Ação Penal

É de iniciativa pública incondicionada.

5.8. Penas

A pena para o crime pode ser de detenção, de um a três anos. Logo, podemos concluir que:

a) Não é possível a transação penal (art. 76, Lei n. 9.099/95), pois não se trata de infração penal de menor potencial ofensivo;

b) É possível a suspensão condicional do processo (art. 89, Lei n. 9.099/95), pois a pena mínima não ultrapassa um ano.

5.9. Classificação

O crime pode ser classificado como:

a) **Comum** (não se exige qualidade especial do sujeito ativo);

b) **Formal** (a consumação exige a produção de um resultado naturalístico);

c) De **forma livre** (a Lei não estabelece exigência para a forma de execução);

d) **Simples** (tutela apenas um bem jurídico);

e) **Comissivo** (em regra);

f) **Unissubjetivo** (pode haver ou não concurso de pessoas);

g) **Instantâneo** (consuma-se de imediato);

h) **Plurissubsistentes** (a conduta pode ser fracionada, e por isso admite a tentativa);

i) De **dano** (a consumação enseja violação ao bem jurídico, e não mera exposição a perigo);

j) **Doloso.**

5.10. Quadro Sinótico

SIMULAÇÃO DE CASAMENTO		
Considerações Iniciais	Trata-se de tipo penal expressamente subsidiário, haja vista o emprego da expressão "se o fato não constitui elemento de crime mais grave".	1
Tipicidade Objetiva	O núcleo do tipo é "simular", que equivale a falsear, fazer de conta etc. mas para que ocorra o crime, não basta a simulação, sendo imprescindível que ela ocorra mediante engano de outrem.	2

Sujeitos	**Sujeito ativo:** qualquer pessoa. Trata-se, pois, de crime comum. **Sujeito passivo:** é o Estado, bem como a pessoa enganada.	3
Objetos	**Objeto jurídico:** é a regular constituição do casamento. **Objeto material:** é o casamento	4
Elemento Subjetivo	É o dolo. Não se admite a modalidade culposa.	5
Consumação e Tentativa	A consumação do crime ocorre com a prática da simulação de qualquer dos atos que integra a celebração do casamento, desde que tenha tido o condão de ludibriar a vítima. Admite-se a tentativa.	6
Ação Penal	É de iniciativa pública incondicionada.	7
Penas	A pena para o crime pode ser de detenção, de um a três anos.	8
Classificação	**a)** **Comum** (não se exige qualidade especial do sujeito ativo); **b)** **Formal** (a consumação exige a produção de um resultado naturalístico); **c)** De forma **livre** (a Lei não estabelece exigência para a forma de execução); **d)** **Simples** (tutela apenas um bem jurídico); **e)** **Comissivo** (em regra); **f)** **Unissubjetivo** (pode haver ou não concurso de pessoas); **g)** **Instantâneo** (consuma-se de imediato); **h)** **Plurissubsistentes** (a conduta pode ser fracionada, e por isso admite a tentativa); **i)** De **dano** (a consumação enseja violação ao bem jurídico, e não mera exposição a perigo); **j)** **Doloso.**	9

6. ADULTÉRIO

Art. 240. Revogado pela Lei nº 11.106, de 2005.

Adultério foi crime no Brasil até o advento da Lei n. 11.106/2005, que promoveu a "*abolitio criminis*" da conduta. a conduta continua a configurar ilícito civil, haja vista consistir em violação ao primeiro dos deveres no casamento (art. 1.566. I, Código Civil), mas sob o ponto de vista penal, trata-se de conduta atípica.

II

DOS CRIMES CONTRA O ESTADO DE FILIAÇÃO

1. REGISTRO DE NASCIMENTO INEXISTENTE

Art. 241. Promover no registro civil a inscrição de nascimento inexistente:

Pena – reclusão, de dois a seis anos.

1.1. Considerações Iniciais

A grande peculiaridade deste crime diz respeito ao início da contagem do prazo prescricional. E isto porque, consoante o disposto no art. 111. IV, CP, referida contagem somente se inicia a partir do momento em que o fato tornou-se conhecido.

1.2. Tipicidade Objetiva

A conduta consiste em promover (realizar, dar ensejo, gerar, concretizar) a inscrição no registro civil de nascimento inexistente. Os nascimentos devem ser registrados no cartório de Registro Civil de Pessoas Naturais. Quando o agente promove a inscrição em tal registro de nascimento que não ocorreu, haverá o crime.

1.3. Sujeitos

Sujeito ativo: qualquer pessoa. Trata-se, pois, de crime comum.

Sujeito passivo: é o Estado, embora possa haver, também, alguma pessoa prejudicada com a conduta.

1.4. Objetos

Objeto jurídico: é o estado de filiação.

Objeto material: é o registro realizado.

1.5. Elemento Subjetivo

É o dolo. Não se pune a modalidade culposa.

1.6. Consumação e Tentativa

O crime se consuma no exato momento em que se promove a inscrição do nascimento inexistente no registro civil.

Admite-se a tentativa.

1.7. Ação Penal

A ação penal é de iniciativa pública incondicionada.

1.8. Penas

A pena para o crime pode ser de reclusão, de dois a seis anos. Logo, podemos concluir que:

a) Não é possível a transação penal (art. 76, Lei n. 9.099/95), pois não se trata de infração penal de menor potencial ofensivo;

b) Não é possível a suspensão condicional do processo (art. 89, Lei n. 9.099/95), pois a pena mínima ultrapassa um ano.

1.9. Classificação

O crime pode ser classificado como:

a) **Comum** (não se exige qualidade especial do sujeito ativo);

b) **Material** (a consumação exige a produção de um resultado naturalístico);

c) De **forma livre** (a Lei não estabelece exigência para a forma de execução);

d) **Simples** (tutela apenas um bem jurídico);

e) **Comissivo** (praticado mediante ação) ou **omissivo impróprio** (quando o agente for garantidor);

f) **Unissubjetivo** (pode haver ou não concurso de pessoas);

g) **Instantâneo** (consuma-se de imediato);

h) **Plurissubsistentes** (a conduta pode ser fracionada, e por isso admite a tentativa);

i) De **dano** (a consumação enseja violação ao bem jurídico, e não mera exposição a perigo);

j) **Doloso**.

1.10. Quadro Sinótico

REGISTRO DE NASCIMENTO INEXISTENTE		
Considerações Iniciais	Consoante o disposto no art. 111. IV, CP, a contagem do prazo prescricional somente se inicia a partir do momento em que o fato tornou-se conhecido.	1
Tipicidade Objetiva	A conduta consiste em promover (realizar, dar ensejo, gerar, concretizar) a inscrição no registro civil de nascimento inexistente.	2
Sujeitos	**Sujeito ativo:** qualquer pessoa. Trata-se, pois, de crime comum. **Sujeito passivo:** é o Estado, embora possa haver, também, alguma pessoa prejudicada com a conduta.	3
Objetos	**Objeto jurídico:** é o estado de filiação. **Objeto material:** é o registro realizado.	4
Elemento Subjetivo	É o dolo. Não se pune a modalidade culposa.	5
Consumação e Tentativa	O crime se consuma no exato momento em que se promove a inscrição do nascimento inexistente no registro civil. Admite-se a tentativa.	6
Ação Penal	A ação penal é de iniciativa pública incondicionada.	7
Penas	A pena para o crime pode ser de reclusão, de dois a seis anos.	8
Classificação	a) **Comum** (não se exige qualidade especial do sujeito ativo); b) **Material** (a consumação exige a produção de um resultado naturalístico); c) De forma **livre** (a Lei não estabelece exigência para a forma de execução); d) **Simples** (tutela apenas um bem jurídico); e) **Comissivo** (praticado mediante ação) ou omissivo impróprio (quando o agente for garantidor); f) **Unissubjetivo** (pode haver ou não concurso de pessoas); g) **Instantâneo** (consuma-se de imediato); h) **Plurissubsistentes** (a conduta pode ser fracionada, e por isso admite a tentativa); i) De **dano** (a consumação enseja violação ao bem jurídico, e não mera exposição a perigo); j) **Doloso**.	9

2. PARTO SUPOSTO. SUPRESSÃO OU ALTERAÇÃO DE DIREITO INERENTE AO ESTADO CIVIL DE RECÉM-NASCIDO

> **Art. 242.** Dar parto alheio como próprio; registrar como seu o filho de outrem; ocultar recém-nascido ou substituí-lo, suprimindo ou alterando direito inerente ao estado civil:
>
> Pena – reclusão, de dois a seis anos.

Parágrafo único. Se o crime é praticado por motivo de reconhecida nobreza:
Pena - detenção, de um a dois anos, podendo o juiz deixar de aplicar a pena.

2.1. Considerações Iniciais

Trata-se de um tipo penal de conteúdo variado, na medida em que existe mais de uma conduta. Mais que isto, trata-se de tipo penal misto alternativo. Deste modo, a prática de mais de uma conduta, no mesmo contexto, com o mesmo objeto material, dará ensejo a apenas um crime.

2.2. Tipicidade Objetiva

As condutas são:

a) Dar parto alheio como próprio: neste caso, por razões óbvias, o sujeito ativo somente pode ser uma mulher. Em consequência, no que diz respeito a esta primeira conduta, o crime deve ser considerado como próprio, porquanto exige uma qualidade específica do agente. Trata-se da situação em que uma mulher se passa pela mãe biológica da criança.
b) Registrar como seu o filho de outrem: ao contrário da primeira conduta, aqui o agente pode ser um homem ou uma mulher. Trata-se do que já convencionou chamar, coloquialmente de "adoção à brasileira". Evidentemente, esta modalidade de adoção, na qual há uma falsidade no registro civil de documentos, não é lícita.
c) Ocultar ou substituir recém-nascido: para que ocorra o crime, é necessário que haja a supressão ou alteração do direito inerente ao estado civil.

2.3. Sujeitos

Sujeito ativo: no que concerne à conduta "dar parto alheio como próprio", o sujeito ativo somente pode ser a mulher. Trata-se, então, de crime próprio, na medida em que exige a especial qualidade do sujeito ativo. Quanto às demais condutas, qualquer um pode ser sujeito ativo (crime comum).

Sujeito passivo: é o Estado, embora possa haver, também, alguma pessoa prejudicada com a conduta.

2.4. Objetos

Objeto jurídico: é o estado de filiação.

Objeto material: é o registro ou o próprio recém-nascido.

2.5. Elemento Subjetivo

É o dolo. Não se pune a modalidade culposa.

Nas condutas consistentes em ocultar o recém-nascido ou substituí-lo, exige-se a especial finalidade no agir, consistente na supressão ou alteração do direito inerente ao estado civil.

2.6. Consumação e Tentativa

O crime se consuma com a prática de qualquer das condutas, e consequente alteração no estado de filiação.

A tentativa é admissível.

2.7. Figura Privilegiada

No parágrafo único, temos uma figura privilegiada do crime, consistente na situação na qual o crime é praticado por motivo de reconhecida nobreza. É a hipótese, por exemplo, em que o agente atua para salvar o recém-nascido.

Em casos como este, poderá haver uma pena de detenção de um a dois anos (infração de menor potencial ofensivo, de competência dos Juizados Especiais Criminais) ou, até mesmo, o perdão judicial, na medida em que se permite ao juiz deixar de aplicar a pena.

2.8. Ação Penal

A ação penal é de iniciativa pública incondicionada.

2.9. Penas

A pena para o crime pode ser de reclusão, de dois a seis anos. Logo, podemos concluir que:

a) Não é possível a transação penal (art. 76, Lei n. 9.099/95), pois não se trata de infração penal de menor potencial ofensivo;

b) Não é possível a suspensão condicional do processo (art. 89, Lei n. 9.099/95), pois a pena mínima ultrapassa um ano.

2.10. Classificação

O crime pode ser classificado como:

a) **Próprio** (exige-se qualidade especial do sujeito ativo), no núcleo "dar"; **comum** (não exige qualidade especial do agente) nas demais condutas;

b) **Material** (a consumação exige a produção de um resultado naturalístico);

c) De **forma livre** (a Lei não estabelece exigência para a forma de execução);

d) **Simples** (tutela apenas um bem jurídico);

e) **Comissivo** (praticado mediante ação) ou **omissivo impróprio** (quando o agente for garantidor);

f) **Unissubjetivo** (pode haver ou não concurso de pessoas);

g) **Instantâneo** (consuma-se de imediato) ou **permanente** (a conduta se protrai no tempo), quanto ao verbo "ocultar";

h) **Plurissubsistentes** (a conduta pode ser fracionada, e por isso admite a tentativa);

i) De **dano** (a consumação enseja violação ao bem jurídico, e não mera exposição a perigo);

j) **Doloso.**

2.11. Quadro Sinótico

PARTO SUPOSTO. SUPRESSÃO OU ALTERAÇÃO DE DIREITO INERENTE AO ESTADO CIVIL DE RECÉM-NASCIDO		
Considerações Iniciais	Trata-se de um tipo penal de conteúdo variado, na medida em que existe mais de uma conduta. Mais que isto, trata-se de tipo penal misto alternativo.	1
Tipicidade Objetiva	As condutas são: **a)** Dar parto alheio como próprio; **b)** Registrar como seu o filho de outrem (adoção à brasileira); **c)** Ocultar ou substituir recém-nascido.	2
Sujeitos	**Sujeito ativo:** no que concerne à conduta "dar parto alheio como próprio", o sujeito ativo somente pode ser a mulher. Quanto às demais condutas, qualquer um pode ser sujeito ativo (crime comum). **Sujeito passivo:** é o Estado, embora possa haver, também, alguma pessoa prejudicada com a conduta.	3
Objetos	**Objeto jurídico:** é o estado de filiação. **Objeto material:** é o registro ou o próprio recém-nascido.	4
Elemento Subjetivo	É o dolo. Não se pune a modalidade culposa. Nas condutas consistentes em ocultar o recém-nascido ou substituí-lo, exige-se a especial finalidade no agir, consistente na supressão ou alteração do direito inerente ao estado civil.	5
Consumação e Tentativa	O crime se consuma com a prática de qualquer das condutas, e consequente alteração no estado de filiação. A tentativa é admissível.	6
Figura Privilegiada	No parágrafo único, temos uma figura privilegiada do crime, consistente na situação na qual o crime é praticado por motivo de reconhecida nobreza. Em casos como este, poderá haver uma pena de detenção de um a dois anos (infração de menor potencial ofensivo, de competência dos Juizados Especiais Criminais) ou, até mesmo, o perdão judicial, na medida em que se permite ao juiz deixar de aplicar a pena.	7
Ação Penal	A ação penal é de iniciativa pública incondicionada.	8
Penas	A pena para o crime pode ser de reclusão, de dois a seis anos.	9

Classificação	**a)** **Próprio** (exige-se qualidade especial do sujeito ativo), no núcleo "dar"; comum (não exige qualidade especial do agente) nas demais condutas; **b)** **Material** (a consumação exige a produção de um resultado naturalístico); **c)** De forma **livre** (a Lei não estabelece exigência para a forma de execução); **d)** **Simples** (tutela apenas um bem jurídico); **e)** **Comissivo** (praticado mediante ação) ou **omissivo impróprio** (quando o agente for garantidor); **f)** **Unissubjetivo** (pode haver ou não concurso de pessoas); **g)** **Instantâneo** (consuma-se de imediato) ou **permanente** (a conduta se protrai no tempo), quanto ao verbo "ocultar"; **h)** **Plurissubsistentes** (a conduta pode ser fracionada, e por isso admite a tentativa); **i)** De **dano** (a consumação enseja violação ao bem jurídico, e não mera exposição a perigo); **j)** **Doloso**.	10

2.12. Questões para Treinar (sem comentários)

01. (IBADE - 2017 - PC-AC - Escrivão de Polícia Civil) O crime de registrar como seu o filho de outrem:

(A) não admite transação penal em nenhuma de suas formas.

(B) pode ser praticado através da inscrição, no registro civil, de nascimento inexistente.

(C) é classificado como uma hipótese de falsidade ideológica.

(D) tem como termo inicial do prazo prescricional a ciência da falsidade pela pessoa fraudulentamente registrada.

(E) não admite concurso de pessoas

02. (IBADE - 2017 - PC-AC - Auxiliar de Necropsia) O crime de registrar como seu o filho de outrem:

(A) não admite transação penal em nenhuma de suas formas.

(B) é classificado como uma hipótese de falsidade ideológica.

(C) tem como termo inicial do prazo prescricional a ciência da falsidade pela pessoa fraudulentamente registrada.

(D) pode ser praticado através da inscrição, no registro civil, de nascimento inexistente.

(E) não admite concurso de pessoas.

03. (IBADE - 2017 - PC-AC - Agente de Polícia Civil) O crime de registrar como seu o filho de outrem:

(A) pode ser praticado através da inscrição, no registro civil, de nascimento inexistente.

(B) não admite concurso de pessoas.

(C) não admite transação penal em nenhuma de suas formas.

(D) tem como termo inicial do prazo prescricional a ciência da falsidade pela pessoa fraudulentamente registrada.

(E) é classificado como uma hipótese de falsidade ideológica.

04. (FCC - 2013 - TJ-PE - Titular de Serviços de Notas e de Registros - Provimento) Registrar como seu o filho de outrem constitui crime cujo bem jurídico precípuo é

(A) a administração da Justiça.

(B) o patrimônio.

(C) a propriedade imaterial.

(D) a família.

(E) a Administração Pública em geral.

***GABARITO:** As respostas destes testes encontram-se no final do livro.*

3. SONEGAÇÃO DE ESTADO DE FILIAÇÃO

> **Art. 243.** Deixar em asilo de expostos ou outra instituição de assistência filho próprio ou alheio, ocultando-lhe a filiação ou atribuindo-lhe outra, com o fim de prejudicar direito inerente ao estado civil:
> Pena – reclusão, de um a cinco anos, e multa.

3.1. Tipicidade Objetiva

A conduta consiste em deixar (abandonar) em asilo de expostos ou outra instituição de assistência filho próprio ou alheio, ocultando-lhe (escondendo, sonegando) a filiação ou atribuindo-lhe (imputando, conferindo), com o fim de prejudicar direito inerente ao estado civil.

Imprescindível que se faça presente o elemento subjetivo específico, consistente na intenção de prejudicar direito inerente ao estado civil.

3.2. Sujeitos

Sujeito ativo: qualquer pessoa. Quando a conduta recai sobre filho próprio, evidentemente, sujeito ativo somente poderá ser o pai ou a mãe.

Sujeito passivo: é o Estado, embora possa haver, também, alguma pessoa prejudicada com a conduta.

3.3. Objetos

Objeto jurídico: é o estado de filiação.

Objeto material: é a pessoa (filho próprio ou alheio).

3.4. Elemento Subjetivo

É o dolo. Não se pune a modalidade culposa.

Exige-se o dolo específico, consistente na especial finalidade no agir, que diz respeito à finalidade de prejudicar direito inerente ao estado civil.

3.5. Consumação e Tentativa

O crime se consuma no exato momento em que se deixa o filho (próprio ou alheio) em asilo de expostos ou outra instituição de assistência, ocultando-lhe a filiação ou atribuindo-lhe outra. O elemento subjetivo específico, conforme já mencionamos, é a finalidade de prejudicar direito inerente ao estado civil. Por isso, não há necessidade de se concretizar o efetivo prejuízo para que haja consumação.

Admite-se a tentativa.

3.6. Ação Penal

A ação penal é de iniciativa pública.

3.7. Penas

A pena para o crime pode ser de reclusão, de um a cinco anos, e multa. Logo, podemos concluir que:

a) Não é possível a transação penal (art. 76, Lei n. 9.099/95), pois não se trata de infração penal de menor potencial ofensivo;

b) É possível a suspensão condicional do processo (art. 89, Lei n. 9.099/95), pois a pena mínima não ultrapassa um ano.

3.8. Classificação

O crime pode ser classificado como:

a) **Comum** (não exige qualidade especial do agente);

b) **Formal** (a consumação não exige a produção de um resultado naturalístico);

c) De **forma livre** (a Lei não estabelece exigência para a forma de execução);

d) **Simples** (tutela apenas um bem jurídico);

e) **Comissivo** (praticado mediante ação) ou **omissivo impróprio** (quando o agente for garantidor);

f) **Unissubjetivo** (pode haver ou não concurso de pessoas);

g) **Instantâneo** (consuma-se de imediato) ou **permanente** (a conduta se protrai no tempo), quanto ao verbo "ocultar";

h) **Plurissubsistentes** (a conduta pode ser fracionada, e por isso admite a tentativa);

i) De **dano** (a consumação enseja violação ao bem jurídico, e não mera exposição a perigo);

j) **Doloso**.

3.9. Quadro Sinótico

SONEGAÇÃO DE ESTADO DE FILIAÇÃO		
Tipicidade Objetiva	A conduta consiste em deixar (abandonar) em asilo de expostos ou outra instituição de assistência filho próprio ou alheio, ocultando-lhe (escondendo, sonegando) a filiação ou atribuindo-lhe (imputando, conferindo), com o fim de prejudicar direito inerente ao estado civil.	1

Sujeitos	**Sujeito ativo:** qualquer pessoa. Quando a conduta recai sobre filho próprio, evidentemente, sujeito ativo somente poderá ser o pai ou a mãe. **Sujeito passivo:** é o Estado, embora possa haver, também, alguma pessoa prejudicada com a conduta.	2
Objetos	**Objeto jurídico:** é o estado de filiação. **Objeto material:** é a pessoa (filho próprio ou alheio).	3
Elemento Subjetivo	É o dolo. Não se pune a modalidade culposa. Exige-se o dolo específico, consistente na especial finalidade no agir, que diz respeito à finalidade de prejudicar direito inerente ao estado civil.	4
Consumação e Tentativa	O crime se consuma no exato momento em que se deixa o filho (próprio ou alheio) em asilo de expostos ou outra instituição de assistência, ocultando-lhe a filiação ou atribuindo-lhe outra. O elemento subjetivo específico é a finalidade de prejudicar direito inerente ao estado civil. Admite-se a tentativa.	5
Ação Penal	A ação penal é de iniciativa pública.	6
Penas	A pena para o crime pode ser de reclusão, de um a cinco anos, e multa.	7
Classificação	**a) Comum** (não exige qualidade especial do agente); **b) Formal** (a consumação não exige a produção de um resultado naturalístico); **c)** De forma **livre** (a Lei não estabelece exigência para a forma de execução); **d) Simples** (tutela apenas um bem jurídico); **e) Comissivo** (praticado mediante ação) ou **omissivo impróprio** (quando o agente for garantidor); **f) Unissubjetivo** (pode haver ou não concurso de pessoas); **g) Instantâneo** (consuma-se de imediato) ou **permanente** (a conduta se protrai no tempo), quanto ao verbo "ocultar"; **h) Plurissubsistentes** (a conduta pode ser fracionada, e por isso admite a tentativa); **i)** De **dano** (a consumação enseja violação ao bem jurídico, e não mera exposição a perigo); **j) Doloso**.	8

III

DOS CRIMES CONTRA A ASSISTÊNCIA FAMILIAR

1. ABANDONO MATERIAL

> **Art. 244.** Deixar, sem justa causa, de prover a subsistência do cônjuge, ou de filho menor de 18 (dezoito) anos ou inapto para o trabalho, ou de ascendente inválido ou maior de 60 (sessenta) anos, não lhes proporcionando os recursos necessários ou faltando ao pagamento de pensão alimentícia judicialmente acordada, fixada ou majorada; deixar, sem justa causa, de socorrer descendente ou ascendente, gravemente enfermo:
>
> Pena – detenção, de 1 (um) a 4 (quatro) anos e multa, de uma a dez vezes o maior salário mínimo vigente no País.
>
> Parágrafo único. Nas mesmas penas incide quem, sendo solvente, frustra ou ilide, de qualquer modo, inclusive por abandono injustificado de emprego ou função, o pagamento de pensão alimentícia judicialmente acordada, fixada ou majorada.

1.1. Considerações Iniciais

Os pais possuem o dever jurídico de dar assistência material aos filhos. Inclusive, não custa rememorar que o inadimplemento voluntário da pensão alimentícia é a única possibilidade de prisão civil por dívidas, no nosso ordenamento jurídico, haja vista que nem mesmo a prisão civil do depositário infiel subsiste.

Mas, independentemente da possibilidade de prisão civil, temos o crime de abandono material que pode estar caracterizado quando o agente deixa, sem justa causa, de prover a subsistência do cônjuge, filho menor de 18 (dezoito) anos ou inapto para o trabalho, ascendente inválido ou maior de 60 (sessenta) anos.

1.2. Tipicidade Objetiva

A conduta consiste em "deixar de prover a subsistência, isto é, abster-se de arcar com o ônus financeiro do sustento do cônjuge, ou de filho menor de 18 (dezoito) anos ou inapto para o trabalho, ou de ascendente inválido ou maior de 60 (sessenta) anos.

A expressão "sem justa causa" é um conceito jurídico indeterminado, que exigirá uma valoração do intérprete. Podemos vislumbrar a justa causa para deixar de prover a subsistência dos familiares mencionado no tipo quando, por exemplo, o agente não possui recursos financeiros e nem fonte de renda razoável sequer para manter-se.

1.3. Sujeitos

Sujeito ativo: o crime pode ser praticado por cônjuge, ascendentes ou descendentes.

Sujeito passivo: é o cônjuge, o filho menor de 18 (dezoito) anos ou inapto para o trabalho, o ascendente inválido ou maior de 60 (sessenta) anos, bem como qualquer descendente ou ascendente, gravemente enfermo.

1.4. Objetos

Objeto jurídico: é a proteção à família.

Objeto material: são os recursos negados aos membros da família.

1.5. Elemento Subjetivo

É o dolo. Não há previsão para a modalidade culposa.

1.6. Consumação e Tentativa

O crime restará consumado quando ocorrer a omissão a que se refere o tipo penal. Não se admite a tentativa, na medida em que a conduta omissiva é unissubsistente.

1.7. Ação Penal

É pública incondicionada.

1.8. Penas

A pena para o crime pode ser de detenção de um a quatro anos, e multa. Logo, podemos concluir que:

a) Não é possível a transação penal (art. 76, Lei n. 9.099/95), pois não se trata de infração penal de menor potencial ofensivo;

b) É possível a suspensão condicional do processo (art. 89, Lei n. 9.099/95), pois a pena mínima não ultrapassa um ano.

1.9. Classificação

O crime pode ser classificado como:

a) **Próprio** (exige-se qualidade especial do sujeito ativo);
b) **Formal** (a consumação não exige a produção de um resultado naturalístico);
c) De **forma livre** (a Lei não estabelece exigência para a forma de execução);
d) **Simples** (tutela apenas um bem jurídico);
e) **Comissivo** (praticado mediante ação) ou **omissivo impróprio** (quando o agente for garantidor);
f) **Unissubjetivo** (pode haver ou não concurso de pessoas);
g) **Permanente** (a conduta se protrai no tempo);
h) **Plurissubsistentes** (a conduta pode ser fracionada, e por isso admite a tentativa);
i) De **perigo concreto** (a consumação ocorre com a mera exposição do bem jurídico a perigo);
j) **Doloso.**

1.10. Quadro Sinótico

ABANDONO MATERIAL		
Considerações Iniciais	Os pais possuem o dever jurídico de dar assistência material aos filhos. Mas, independentemente da possibilidade de prisão civil, temos o crime de abandono material que pode estar caracterizado quando o agente deixa, sem justa causa, de prover a subsistência do cônjuge, filho menor de 18 (dezoito) anos ou inapto para o trabalho, ascendente inválido ou maior de 60 (sessenta) anos.	1
Tipicidade Objetiva	A conduta consiste em "deixar de prover a subsistência, isto é, abster-se de arcar com o ônus financeiro do sustento do cônjuge, ou de filho menor de 18 (dezoito) anos ou inapto para o trabalho, ou de ascendente inválido ou maior de 60 (sessenta) anos.	2
Sujeitos	**Sujeito ativo:** o crime pode ser praticado por cônjuge, ascendentes ou descendentes. **Sujeito passivo:** é o cônjuge, o filho menor de 18 (dezoito) anos ou inapto para o trabalho, o ascendente inválido ou maior de 60 (sessenta) anos, bem como qualquer descendente ou ascendente, gravemente enfermo.	3
Objetos	**Objeto jurídico:** é a proteção à família. **Objeto material:** são os recursos negados aos membros da família.	4
Elemento Subjetivo	É o dolo. Não há previsão para a modalidade culposa.	5
Consumação e Tentativa	O crime restará consumado quando ocorrer a omissão a que se refere o tipo penal. Não se admite a tentativa.	6
Ação Penal	É pública incondicionada.	7

Penas	A pena para o crime pode ser de detenção de um a quatro anos, e multa.	8
Classificação	a) **Próprio** (exige-se qualidade especial do sujeito ativo); b) **Formal** (a consumação não exige a produção de um resultado naturalístico); c) De **forma livre** (a Lei não estabelece exigência para a forma de execução); d) **Simples** (tutela apenas um bem jurídico); e) **Comissivo** (praticado mediante ação) ou omissivo impróprio (quando o agente for garantidor); f) **Unissubjetivo** (pode haver ou não concurso de pessoas); g) **Permanente** (a conduta se protrai no tempo); h) **Plurissubsistentes** (a conduta pode ser fracionada, e por isso admite a tentativa); i) De **perigo concreto** (a consumação ocorre com a mera exposição do bem jurídico a perigo); j) **Doloso.**	9

2. ENTREGA DE FILHO MENOR A PESSOA INIDÔNEA

Art. 245. Entregar filho menor de 18 (dezoito) anos a pessoa em cuja companhia saiba ou deva saber que o menor fica moral ou materialmente em perigo:

Pena - detenção, de 1 (um) a 2 (dois) anos.

§ 1° A pena é de 1 (um) a 4 (quatro) anos de reclusão, se o agente pratica delito para obter lucro, ou se o menor é enviado para o exterior.

§ 2° Incorre, também, na pena do parágrafo anterior quem, embora excluído o perigo moral ou material, auxilia a efetivação de ato destinado ao envio de menor para o exterior, com o fito de obter lucro.

2.1. Tipicidade Objetiva

A conduta consiste em entregar o filho. Como se percebe, o crime somente pode ser praticado pelos pais, em conjunto ou isoladamente. Trata-se, portanto, de crime próprio, pois exige a presença de qualidade especial do agente. O crime estará consumado quando os pais souberem que, com a pessoa a quem o filho foi entregue, ela estará material ou moralmente exposta.

No caso da exposição material, podemos vislumbrar a situação na qual os pais, em conjunto ou isoladamente, entregam o filho a pessoa que não possui condições financeiras de cria-la ou, mesmo que possua recursos, é, sabidamente, alguém que deixará a criança à míngua. Em se tratando da exposição moral, há um maior campo de valoração da expressão, razão pela qual estamos diante de um conceito jurídico indeterminado. Será necessário que o aplicador do direito analise o caso concreto com parcimônia e razoabilidade, sob pena de se permitir que valorações subjetivas de conteúdo meramente moral ensejem a imposição da pena.

2.2. Sujeitos

Sujeito ativo: são os pais. Exige-se essa qualidade especial do agente, razão pela qual se trata de crime próprio.

Sujeito passivo: é o filho menor de 18 (dezoito) anos.

2.3. Objetos

Objeto jurídico: é a proteção à família e, em especial, aos filhos.

Objeto material: é o filho menor de 18 (dezoito) anos.

2.4. Elemento Subjetivo

É o dolo. Admite-se o dolo eventual, na modalidade "deva saber". Não há previsão para a modalidade culposa.

2.5. Consumação e Tentativa

O crime restará consumado quando ocorrer a entrega do filho menor. A tentativa é admissível.

2.6. Ação Penal

É pública incondicionada.

2.7. Qualificadoras

O crime possui duas modalidades qualificadas.

No primeiro caso, quando houver o intuito de obter lucro. Como se vê, a finalidade lucrativa constitui elemento subjetivo específico do tipo penal, isto é, especial finalidade no agir. Por esta razão, não há necessidade de efetiva obtenção de lucro para a consumação da figura qualificada, bastando que o agente atue com tal pretensão.

A segunda modalidade qualificada ocorre quando o menor é enviado ao exterior. Neste caso, a consumação da modalidade qualificada depende do efetivo envio do menor, pois não se trata de elemento subjetivo específico.

2.8. Penas

A pena para o crime pode ser de detenção de um a dois anos. Logo, podemos concluir que:

a) É possível a transação penal (art. 76, Lei n. 9.099/95), pois se trata de infração penal de menor potencial ofensivo; na modalidade qualificada, a pena máxima ultrapassa dois anos, razão pela qual não será possível a transação penal.

b) É possível a suspensão condicional do processo (art. 89, Lei n. 9.099/95), pois a pena mínima não ultrapassa um ano.

2.9. Classificação

O crime pode ser classificado como:

a) **Próprio** (exige-se qualidade especial do sujeito ativo);

b) **Material** (a consumação exige a produção de um resultado naturalístico);

c) De **forma livre** (a Lei não estabelece exigência para a forma de execução);

d) **Simples** (tutela apenas um bem jurídico);

e) **Comissivo** (praticado mediante ação) ou **omissivo impróprio** (quando o agente for garantidor);

f) **Unissubjetivo** (pode haver ou não concurso de pessoas);

g) **Instantâneo** (consuma-se de imediato);

h) **Plurissubsistentes** (a conduta pode ser fracionada, e por isso admite a tentativa);

i) De perigo **concreto** (a consumação ocorre com a mera exposição do bem jurídico a perigo);

j) **Doloso**.

2.10. Quadro Sinótico

ENTREGA DE FILHO MENOR À PESSOA INIDÔNEA		
Tipicidade Objetiva	A conduta consiste em entregar o filho. Como se percebe, o crime somente pode ser praticado pelos pais, em conjunto ou isoladamente. O crime estará consumado quando os pais souberem que, com a pessoa a quem o filho foi entregue, ela estará material ou moralmente exposta.	1
Sujeitos	**Sujeito ativo:** são os pais. Exige-se essa qualidade especial do agente, razão pela qual se trata de crime próprio. **Sujeito passivo:** é o filho menor de 18 (dezoito) anos.	2
Objetos	**Objeto jurídico:** é a proteção à família e, em especial, aos filhos. **Objeto material:** é o filho menor de 18 (dezoito) anos.	3
Elemento Subjetivo	É o dolo. Admite-se o dolo eventual, na modalidade "deva saber". Não há previsão para a modalidade culposa.	4
Consumação e Tentativa	O crime restará consumado quando ocorrer a entrega do filho menor. A tentativa é admissível.	5
Ação Penal	É pública incondicionada.	6
Penas	A pena para o crime pode ser de detenção de um a dois anos.	7

Classificação	**a) Próprio** (exige-se qualidade especial do sujeito ativo); **b) Material** (a consumação exige a produção de um resultado naturalístico); **c)** De forma **livre** (a Lei não estabelece exigência para a forma de execução); **d) Simples** (tutela apenas um bem jurídico); **e) Comissivo** (praticado mediante ação) ou omissivo impróprio (quando o agente for garantidor); **f) Unissubjetivo** (pode haver ou não concurso de pessoas); **g) Instantâneo** (consuma-se de imediato); **h) Plurissubsistentes** (a conduta pode ser fracionada, e por isso admite a tentativa); **i)** De perigo **concreto** (a consumação ocorre com a mera exposição do bem jurídico a perigo); **j) Doloso**.	8

3. ABANDONO INTELECTUAL

> **Art. 246.** Deixar, sem justa causa, de prover à instrução primária de filho em idade escolar:
>
> Pena – detenção, de quinze dias a um mês, ou multa.

3.1. Tipicidade Objetiva

O tipo penal diz respeito à conduta de deixar de prover a instrução primária do filho em idade escolar. Atualmente, esta instrução primária é denominada de ensino fundamental. A expressão "sem justa causa" é um conceito jurídico indeterminado.

Poderemos imaginar uma situação na qual a família não possui condições financeiras de arcar com o deslocamento da criança até a escola pública mais próxima, distante muitos quilômetros de sua residência.

3.2. Sujeitos

Sujeito ativo: são os pais.

Sujeito passivo: é o filho em idade escolar.

3.3. Objetos

Objeto jurídico: é o direito (fundamental) do filho à educação.

Objeto material: é a instrução primária do filho.

3.4. Elemento Subjetivo

É o dolo. Não se admite a modalidade culposa.

3.5. Consumação e Tentativa

O crime estará consumado quando se esgotar o prazo para a matrícula do filho na educação primária.

A tentativa não é admitida.

3.6. Ação Penal

É de iniciativa pública incondicionada.

3.7. Penas

A pena para o crime pode ser de detenção de quinze dias a um mês, ou multa. Logo, podemos concluir que:

a) É possível a transação penal (art. 76, Lei n. 9.099/95), pois se trata de infração penal de menor potencial ofensivo;

b) É possível a suspensão condicional do processo (art. 89, Lei n. 9.099/95), pois a pena mínima não ultrapassa um ano.

Importante consignar que a multa figura como alternativa à pena privativa de liberdade, não podendo ser aplicada cumulativamente.

3.8. Classificação

O crime pode ser classificado como:

a) **Próprio** (exige-se qualidade especial do sujeito ativo);
b) **Material** (a consumação exige a produção de um resultado naturalístico);
c) De **forma livre** (a Lei não estabelece exigência para a forma de execução);
d) **Simples** (tutela apenas um bem jurídico);
e) Omissivo (praticado mediante omissão);
f) **Unissubjetivo** (pode haver ou não concurso de pessoas);
g) Permanente (a conduta se protrai no tempo);
h) **Plurissubsistentes** (a conduta pode ser fracionada, e por isso admite a tentativa);
i) **Doloso** (não há previsão de modalidade culposa).

3.9. Quadro Sinótico

ABANDONO INTELECTUAL		
Tipicidade Objetiva	O tipo penal diz respeito à conduta de deixar de prover a instrução primária do filho em idade escolar. Atualmente, esta instrução primária é denominada de ensino fundamental.	1

Sujeitos	**Sujeito ativo:** são os pais. **Sujeito passivo:** é o filho em idade escolar.	2
Objetos	**Objeto jurídico:** é o direito (fundamental) do filho à educação. **Objeto material:** é a instrução primária do filho.	3
Elemento Subjetivo	É o dolo. Não se admite a modalidade culposa.	4
Consumação e Tentativa	O crime estará consumado quando se esgotar o prazo para a matrícula do filho na educação primária. A tentativa não é admitida.	5
Ação Penal	É de iniciativa pública incondicionada.	6
Penas	A pena para o crime pode ser de detenção de quinze dias a um mês, ou multa.	7
Classificação	**a) Próprio** (exige-se qualidade especial do sujeito ativo); **b) Material** (a consumação exige a produção de um resultado naturalístico); **c)** De forma **livre** (a Lei não estabelece exigência para a forma de execução); **d) Simples** (tutela apenas um bem jurídico); **e) Omissivo** (praticado mediante omissão); **f) Unissubjetivo** (pode haver ou não concurso de pessoas); **g) Permanente** (a conduta se protrai no tempo); **h) Plurissubsistentes** (a conduta pode ser fracionada, e por isso admite a tentativa); **i) Doloso** (não há previsão de modalidade culposa).	8

4. ABANDONO MORAL

> Art. 247. Permitir alguém que menor de dezoito anos, sujeito a seu poder ou confiado à sua guarda ou vigilância:
>
> I - frequente casa de jogo ou mal afamada, ou conviva com pessoa viciosa ou de má vida;
>
> II - frequente espetáculo capaz de pervertê-lo ou de ofender-lhe o pudor, ou participe de representação de igual natureza;
>
> III - resida ou trabalhe em casa de prostituição;
>
> IV - mendigue ou sirva a mendigo para excitar a comiseração pública:
>
> Pena - detenção, de um a três meses, ou multa.

4.1. Tipicidade Objetiva

O crime consiste em permitir que o menor de 18 (dezoito) anos realize alguma das condutas que enumera.

O inciso I: casa de jogo é local destinado à exploração de jogos de azar, conduta proibida no território nacional, e que caracteriza contravenção penal. Não se adequa a este tipo penal a frequência do menor a alguma casa na qual se realize jogo de forma lícita, como, por exemplo, casas lotéricas.

Por outro lado, casa mal afamada seria aquela que desfruta de má reputação na coletividade. A doutrina costuma citar, como exemplo, as casas de prostituição. Pessoa viciosa é aquela acometida de algum vício danoso, como o de consumo de drogas ilícitas. Pessoa de má vida é aquela que demonstra conduta destinada à prática de condutas ilícitas (ex.: traficante de drogas).

Em relação ao inciso II: podemos citar como "espetáculo capaz de perverter ou ofender o pudor os shows eróticos e pornográficos".

Quanto ao inciso III: casa de prostituição é o local destinado ao comércio sexual.

Sobre o inciso IV: mendigar é o ato de pedir esmolas e comiseração pública é o sentimento de piedade, compaixão de outras pessoas.

4.2. Sujeitos

Sujeito ativo: quem possui poder sobre o menor ou a quem foi confiada a sua guarda ou vigilância. Abrange, portanto, os pais, que possuem o poder familiar, mas também tutores e guardiães.

Sujeito Passivo: é o menor de 18 (dezoito) anos.

4.3. Objetos

Objeto jurídico: é a formação moral do menor.

Objeto material: é o menor de 18 (dezoito) anos.

4.4. Elemento Subjetivo

É o dolo. Não se admite a modalidade culposa.

No inciso IV, exige-se o dolo específico, consistente na finalidade de "excitar a comiseração pública".

4.5. Consumação e Tentativa

O crime estará consumado quando, após o permissivo o sujeito ativo, o menor passe a frequentar, residir, trabalhar ou mendigar.

Admite-se a tentativa.

4.6. Ação Penal

É pública incondicionada.

4.7. Penas

A pena para o crime pode ser de detenção de um a três meses, ou multa. Logo, podemos concluir que:

a) É possível a transação penal (art. 76, Lei n. 9.099/95), pois se trata de infração penal de menor potencial ofensivo;

b) É possível a suspensão condicional do processo (art. 89, Lei n. 9.099/95), pois a pena mínima não ultrapassa um ano.

Importante consignar que a multa figura como alternativa à pena privativa de liberdade, não podendo ser aplicada cumulativamente.

4.8. Classificação

O crime pode ser classificado como:

a) **Próprio** (exige-se qualidade especial do sujeito ativo);

b) **Material** (a consumação exige a produção de um resultado naturalístico);

c) De **forma livre** (a Lei não estabelece exigência para a forma de execução);

d) **Simples** (tutela apenas um bem jurídico);

e) **Comissivo** (praticado mediante ação) **ou omissivo** (praticado mediante omissão), a depender do caso;

f) **Unissubjetivo** (pode haver ou não concurso de pessoas);

g) **Permanente** (a conduta se protrai no tempo), nos núcleos "conviver" e "residir"; **instantâneo** (a conduta é imediata), nos "núcleos "participar" e "mendigar".

h) **Plurissubsistentes** (a conduta pode ser fracionada, e por isso admite a tentativa);

i) De **dano** (a consumação ocorre com a lesão ao bem jurídico);

j) **Doloso** (não há previsão de modalidade culposa).

4.9. Quadro Sinótico

ABANDONO MORAL		
Tipicidade Objetiva	O crime consiste em permitir que o menor de 18 (dezoito) anos realize alguma das condutas que enumera. O inciso I: casa de jogo é local destinado à exploração de jogos de azar. Por outro lado, casa mal afamada seria aquela que desfruta de má reputação na coletividade. Em relação ao inciso II: podemos citar como "espetáculo capaz de perverter ou ofender o pudor os shows eróticos e pornográficos". Quanto ao inciso III: casa de prostituição é o local destinado ao comércio sexual. Sobre o inciso IV: mendigar é o ato de pedir esmolas e comiseração pública é o sentimento de piedade, compaixão de outras pessoas.	1

Sujeitos	**Sujeito ativo:** quem possui poder sobre o menor ou a quem foi confiada a sua guarda ou vigilância. **Sujeito Passivo:** é o menor de 18 (dezoito) anos.	2
Objetos	**Objeto jurídico:** é a formação moral do menor. **Objeto material:** é o menor de 18 (dezoito) anos.	3
Elemento Subjetivo	É o dolo. Não se admite a modalidade culposa. No inciso IV, exige-se o dolo específico, consistente na finalidade de "excitar a comiseração pública".	4
Consumação e Tentativa	O crime estará consumado quando, após o permissivo o sujeito ativo, o menor passe a frequentar, residir, trabalhar ou mendigar. Admite-se a tentativa.	5
Ação Penal	É pública incondicionada.	6
Penas	A pena para o crime pode ser de detenção de um a três meses, ou multa.	7
Classificação	**a) Próprio** (exige-se qualidade especial do sujeito ativo); **b) Material** (a consumação exige a produção de um resultado naturalístico); **c)** De forma **livre** (a Lei não estabelece exigência para a forma de execução); **d) Simples** (tutela apenas um bem jurídico); **e) Comissivo** (praticado mediante ação) ou **omissivo** (praticado mediante omissão), a depender do caso; **f) Unissubjetivo** (pode haver ou não concurso de pessoas); **g) Permanente** (a conduta se protrai no tempo), nos núcleos "conviver" e "residir"; instantâneo (a conduta é imediata), nos "núcleos "participar" e "mendigar". **h) Plurissubsistentes** (a conduta pode ser fracionada, e por isso admite a tentativa); **i)** De **dano** (a consumação ocorre com a lesão ao bem jurídico); **j) Doloso** (não há previsão de modalidade culposa).	8

IV

DOS CRIMES CONTRA O PÁTRIO PODER, TUTELA CURATELA

1. INDUZIMENTO A FUGA, ENTREGA ARBITRÁRIA OU SONEGAÇÃO DE INCAPAZES

> **Art. 248.** Induzir menor de dezoito anos, ou interdito, a fugir do lugar em que se acha por determinação de quem sobre ele exerce autoridade, em virtude de lei ou de ordem judicial; confiar a outrem sem ordem do pai, do tutor ou do curador algum menor de dezoito anos ou interdito, ou deixar, sem justa causa, de entregá-lo a quem legitimamente o reclame:
> Pena – detenção, de um mês a um ano, ou multa.

1.1. Tipicidade Objetiva

O crime possui algumas condutas. São elas:

a) Induzir: significa dar a ideia. Nesta modalidade, alguém convence o menor a fugir. O crime somente se consumará se o menor efetivamente empreender fuga;

b) Entrega: o agente entrega o incapaz sem a concordância dos seus responsáveis;

c) Deixar de entregar: nesta modalidade, o crime é omissivo, pois pressupõe uma inação do agente.

1.2. Sujeitos

Sujeito ativo: qualquer pessoa.

Sujeito passivo: é a pessoa que exerce autoridade (poder familiar, tutela, guarda etc.) sobre o menor ou interdito. Secundariamente, também teríamos o próprio menor ou interdito.

1.3. Objetos

Objeto jurídico: é o poder familiar, a tutela ou curatela.

Objeto material: é o menor ou interdito.

1.4. Elemento Subjetivo

É o dolo. Não há previsão para a modalidade culposa.

1.5. Consumação e Tentativa

A consumação ocorre com o induzimento, a entrega ou a recusa na entrega. A despeito das controvérsias doutrinárias existentes, entendemos tratar-se de crime material, de modo que, no que se refere ao induzimento, o crime se consumará com a efetiva fuga do menor ou interdito.

A tentativa é admissível.

1.6. Ação Penal

É de iniciativa pública incondicionada.

1.7. Penas

A pena para o crime pode ser de detenção de um mês a um ano, ou multa. Logo, podemos concluir que:

a) É possível a transação penal (art. 76, Lei n. 9.099/95), pois se trata de infração penal de menor potencial ofensivo;

b) É possível a suspensão condicional do processo (art. 89, Lei n. 9.099/95), pois a pena mínima não ultrapassa um ano.

Importante consignar que a multa figura como alternativa à pena privativa de liberdade, não podendo ser aplicada cumulativamente.

1.8. Classificação

O crime pode ser classificado como:

a) **Comum** (não exige qualidade especial do agente);

b) **Formal** (a consumação não exige a produção de um resultado naturalístico);

c) De **forma livre** (a Lei não estabelece exigência para a forma de execução);

d) **Simples** (tutela apenas um bem jurídico);

e) **Comissivo** (nas modalidades induzir e confiar a outrem) e **omissivo próprio** (na modalidade deixar de entregar);

f) **Unissubjetivo** (pode haver ou não concurso de pessoas);

g) **Instantâneo** (no induzimento à fuga e na entrega arbitrária) ou **permanente** (na sonegação de incapazes);

h) **Plurissubsistentes** (a conduta pode ser fracionada, e por isso admite a tentativa);

i) **Doloso** (não há previsão de modalidade culposa).

1.9. Quadro Sinótico

INDUZIMENTO À FUGA, ENTREGA ARBITRÁRIA OU SONEGAÇÃO DE INCAPAZES		
Tipicidade Objetiva	O crime possui algumas condutas. São elas: **a)** Induzir: significa dar a ideia. Nesta modalidade, alguém convence o menor a fugir. O crime somente se consumará se o menor efetivamente empreender fuga; **b)** Entrega: o agente entrega o incapaz sem a concordância dos seus responsáveis; **c)** Deixar de entregar: nesta modalidade, o crime é omissivo, pois pressupõe uma inação do agente.	1
Sujeitos	**Sujeito ativo:** qualquer pessoa. **Sujeito passivo:** é a pessoa que exerce autoridade (poder familiar, tutela, guarda etc.) sobre o menor ou interdito. Secundariamente, também teríamos o próprio menor ou interdito.	2
Objetos	**Objeto jurídico:** é o poder familiar, a tutela ou curatela. **Objeto material:** é o menor ou interdito.	3
Elemento Subjetivo	É o dolo. Não há previsão para a modalidade culposa.	4
Consumação e Tentativa	A consumação ocorre com o induzimento, a entrega ou a recusa na entrega A tentativa é admissível.	5
Ação Penal	É de iniciativa pública incondicionada.	6
Penas	A pena para o crime pode ser de detenção de um mês a um ano, ou multa.	7
Classificação	**a) Comum** (não exige qualidade especial do agente); **b) Formal** (a consumação não exige a produção de um resultado naturalístico); **c)** De forma **livre** (a Lei não estabelece exigência para a forma de execução); **d) Simples** (tutela apenas um bem jurídico); **e) Comissivo** (nas modalidades induzir e confiar a outrem) e **omissivo próprio** (na modalidade deixar de entregar); **f) Unissubjetivo** (pode haver ou não concurso de pessoas); **g) Instantâneo** (no induzimento à fuga e na entrega arbitrária) ou permanente (na sonegação de incapazes); **h) Plurissubsistentes** (a conduta pode ser fracionada, e por isso admite a tentativa); **i) Doloso** (não há previsão de modalidade culposa).	8

2. SUBTRAÇÃO DE INCAPAZES

> **Art. 249.** Subtrair menor de dezoito anos ou interdito ao poder de quem o tem sob sua guarda em virtude de lei ou de ordem judicial:
>
> Pena - detenção, de dois meses a dois anos, se o fato não constitui elemento de outro crime.
>
> § 1° O fato de ser o agente pai ou tutor do menor ou curador do interdito não o exime de pena, se destituído ou temporariamente privado do pátrio poder, tutela, curatela ou guarda.
>
> § 2° No caso de restituição do menor ou do interdito, se este não sofreu maus-tratos ou privações, o juiz pode deixar de aplicar pena.

2.1. Considerações Iniciais

Na definição da pena, há uma subsidiariedade expressa, na medida em que se assevera que não haverá adequação típica ao art. 249 se a conduta constituir elemento de outro crime. Com efeito, a depender da situação, poderemos ter algum crime mais grave, como, por exemplo, a extorsão mediante sequestro (art. 159, CP).

Assinale-se que há uma hipótese de perdão judicial no dispositivo, na medida em que o juiz poderá deixar de aplicar a pena, no caso de restituição do menor ou do interdito, se este não sofreu maus-tratos ou privações (§ 2º).

2.2. Tipicidade Objetiva

A conduta consiste em subtrair (retirar) o menor de idade ou o interdito daquele que exerce algum poder sobre ele (poder familiar, tutela, guarda etc.). A consumação do crime independe da manifestação de vontade do menor, pois o seu consentimento não seria válido.

2.3. Sujeitos

Sujeito ativo: qualquer pessoa. Até mesmo o pai ou tutor podem ser sujeito ativo do crime, desde que destituído do poder familiar (em que pese o Código Penal ainda empregar a expressão mais antiga, pátrio poder), tutela, curatela ou guarda (§ 1º).

Sujeito passivo: é a pessoa que detêm a guarda do menor de 18 (dezoito) anos ou interdito em virtude de lei ou ordem judicial. Secundariamente, também teríamos o próprio menor ou interdito.

2.4. Objetos

Objeto jurídico: é o poder familiar, a tutela ou curatela.

Objeto material: é o menor ou interdito.

2.5. Elemento Subjetivo

É o dolo. Não há previsão para a modalidade culposa.

2.6. Consumação e Tentativa

A consumação ocorre com a efetiva subtração.

2.7. Ação Penal

É de iniciativa pública incondicionada.

2.8. Penas

A pena para o crime pode ser de detenção de dois meses a dois anos. Logo, podemos concluir que:

a) É possível a transação penal (art. 76, Lei n. 9.099/95), pois se trata de infração penal de menor potencial ofensivo;

b) É possível a suspensão condicional do processo (art. 89, Lei n. 9.099/95), pois a pena mínima não ultrapassa um ano.

2.9. Classificação

O crime pode ser classificado como:

a) **Comum** (não exige qualidade especial do agente);

b) **Formal** (a consumação não exige a produção de um resultado naturalístico);

c) De **forma livre** (a Lei não estabelece exigência para a forma de execução);

d) **Simples** (tutela apenas um bem jurídico);

e) **Comissivo** (praticado mediante ação);

f) **Unissubjetivo** (pode haver ou não concurso de pessoas);

g) **Instantâneo** (a conduta é imediata).

h) **Plurissubsistentes** (a conduta pode ser fracionada, e por isso admite a tentativa);

i) De **dano** (a consumação ocorre com a lesão ao bem jurídico a perigo);

j) **Doloso**.

2.10. Quadro Sinótico

SUBTRAÇÃO DE INCAPAZES		
Considerações Iniciais	Na definição da pena, há uma subsidiariedade expressa, na medida em que se assevera que não haverá adequação típica ao art. 249 se a conduta constituir elemento de outro crime. Assinale-se que há uma hipótese de perdão judicial no dispositivo, na medida em que o juiz poderá deixar de aplicar a pena, no caso de restituição do menor ou do interdito, se este não sofreu maus-tratos ou privações (§ 2º).	1
Tipicidade Objetiva	A conduta consiste em subtrair (retirar) o menor de idade ou o interdito daquele que exerce algum poder sobre ele (poder familiar, tutela, guarda etc.). A consumação do crime independe da manifestação de vontade do menor, pois o seu consentimento não seria válido.	2
Sujeitos	**Sujeito ativo:** qualquer pessoa. **Sujeito passivo:** é a pessoa que detêm a guarda do menor de 18 (dezoito) anos ou interdito em virtude de lei ou ordem judicial. Secundariamente, também teríamos o próprio menor ou interdito.	3
Objetos	**Objeto jurídico:** é o poder familiar, a tutela ou curatela. **Objeto material:** é o menor ou interdito.	4
Elemento Subjetivo	É o dolo. Não há previsão para a modalidade culposa.	5
Consumação e Tentativa	A consumação ocorre com a efetiva subtração.	6
Ação Penal	É de iniciativa pública incondicionada.	7
Penas	A pena para o crime pode ser de detenção de dois meses a dois anos.	8
Classificação	**a) Comum** (não exige qualidade especial do agente); **b) Formal** (a consumação não exige a produção de um resultado naturalístico); **c)** De forma **livre** (a Lei não estabelece exigência para a forma de execução); **d) Simples** (tutela apenas um bem jurídico); **e) Comissivo** (praticado mediante ação); **f) Unissubjetivo** (pode haver ou não concurso de pessoas); **g) Instantâneo** (a conduta é imediata). **h) Plurissubsistentes** (a conduta pode ser fracionada, e por isso admite a tentativa); **i)** De **dano** (a consumação ocorre com a lesão ao bem jurídico a perigo); **j) Doloso.**	9

TÍTULO VIII

DOS CRIMES CONTRA A INCOLUMIDADE PÚBLICA

CONSIDERAÇÕES INICIAIS

O Título VIII da parte especial do Código Penal foi reservado para tratar dos crimes contra a incolumidade pública, subdivididos em três capítulos: o primeiro nos traz os crimes de perigo comum; o segundo prevê os crimes contra a segurança dos meios de comunicação e transporte e outros serviços públicos; e o terceiro trata dos crimes contra a incolumidade pública.

Segundo o dicionário Aurélio, da língua portuguesa, *incolumidade* é isenção de perigo, indenidade, salubridade. Portanto, os tipos previstos no presente título buscam tutelar o bem-estar da coletividade.

I

DOS CRIMES DE PERIGO COMUM

1. INCÊNDIO

Art. 250. Causar incêndio, expondo a perigo a vida, a integridade física ou o patrimônio de outrem:

Pena - reclusão, de 3 (três) a 6 (seis) anos, e multa.

§ 1° As penas aumentam-se de um terço:

I - se o crime é cometido com intuito de obter vantagem pecuniária em proveito próprio ou alheio;

II - se o incêndio é:

a) em casa habitada ou destinada a habitação;

b) em edifício público ou destinado a uso público ou a obra de assistência social ou de cultura;

c) em embarcação, aeronave, comboio ou veículo de transporte coletivo;

d) em estação ferroviária ou aeródromo;

e) em estaleiro, fábrica ou oficina;

f) em depósito de explosivo, combustível ou inflamável;

g) em poço petrolífero ou galeria de mineração;

h) em lavoura, pastagem, mata ou floresta.

§2° Se culposo o incêndio, apena é de detenção, de 6 (seis) meses a 2 (dois) anos.

1.1. Considerações Iniciais

O legislador pretendeu, na descrição do tipo penal, preservar a sociedade civil de perigo de fogo, não importando para a configuração do crime o dano que possa ser ocasionado. É dizer, apenas a exposição a perigo é suficiente para a classificação do delito e imputação da pena.

O tipo ainda prevê causas majorantes da pena, circunstâncias nas quais a pena é aumentada de um terço, atentando-se para a cupidez do agente ou a maior dificuldade na contenção do fogo e, portanto, de maior perigo. No que tange ao inciso I do presente artigo, a maioria da doutrina entende pela incidência da majorante independentemente a título de que a vantagem foi recebida, seja por paga para o cometimento do delito, ou em decorrência de sua execução.

De mais a mais, o inciso II prevê aumento de pena nos casos onde o incêndio é provocado em locais onde há maior risco, cujas hipóteses são taxativas, quais sejam: **a**) em casa habitada ou destinada a habitação; **b**) em edifício público ou destinado a uso público ou a obra de assistência social ou de cultura; **c**) em embarcação, aeronave, comboio ou veículo de transporte coletivo; **d**) em estação ferroviária ou aeródromo; **e**) em estaleiro, fábrica ou oficina; **f**) em depósito de explosivo, combustível ou inflamável; **g**) em poço petrolífero ou galeria de mineração; **h**) em lavoura, pastagem, mata ou floresta.

Ainda, conforme previsão do art. 258 do Código Penal, se do presente delito, cometido dolosamente, resultar lesão corporal de natureza grave, a pena privativa de liberdade é aumentada na metade; se resultar morte, será aplicada em dobro. Sendo culposo, resultando o fato lesão corporal, a pena será aumentada na metade; se resulta a morte, aplicar-se-á a pena prevista para o homicídio culposo, aumentada em um terço.

Ademais, trata-se de crime que deixa vestígios, pelo que se exige a realização de perícia, conforme art. 173 do Código de Processo Penal.

1.2. Tipicidade Objetiva

A ação nuclear do agente delituoso é causar incêndio, que, segundo o prestigiado Dicionário Aurélio, significa fogo intenso que tem forte poder de destruição e de causar prejuízos.

1.3. Sujeitos

Sujeito ativo: pode ser qualquer pessoa, inclusive o proprietário da coisa incendiada. Percebam que a intenção primária não é proteger a *res*, mas a incolumidade pública, o que torna indiferente, pois, se o incêndio ocorre em coisa própria ou alheia.

Sujeito passivo: será o Estado, a coletividade, bem como aquele que for, efetivamente, atingido ou posto em perigo.

1.4. Objetos

Objeto jurídico: o objeto juridicamente tutelado é a incolumidade pública, uma vez que o incêndio expõe a perigo um número indeterminado de pessoas.

Objeto material: é a substância ou objeto incendiado.

1.5. Elemento Subjetivo

O elemento subjetivo exigido no tipo penal é o dolo de perigo, pois se exige do agente a vontade de gerar um risco não tolerado a terceiros. A forma culposa também é prevista.

1.6. Consumação e Tentativa

Consuma-se o crime no momento em que o fogo se alastra, gerando, desta forma, o efetivo perigo comum. Não há uma fórmula pré-determinada, é necessário que a verificação da execução do crime seja analisada de acordo com o caso concreto.

A forma tentada é perfeitamente cabível.

Registre-se que não restará configurada a tentativa, mas crime impossível, se o agente utilizar meio absolutamente inidôneo ao seu fim de provocar um incêndio, como, por exemplo, acreditar ser álcool o que, em verdade, era água.

1.7. Ação Penal

A ação penal é de iniciativa pública incondicionada e será de competência do Juizado Especial Criminal, exceto quando dele resultar lesão corporal ou morte, quando a competência será da Justiça Comum.

1.8. Outras Questões

Faz-se necessário trazermos algumas distinções, a fim de que determinadas condutas não sejam caracterizadas no crime de incêndio a despeito de serem encaixadas em previsão mais específica. Vejamos:

a) A conduta de **incendiar por inconformismo político** constitui crime inserto no art. 20 da Lei de Segurança Nacional – Lei nº 7.170/83 – e não no crime que agora estudamos;

b) Fabricar, vender, transportar ou soltar balões que possam provocar incêndios em florestas ou qualquer tipo de assentamento humano constituem **crime contra o meio ambiente**, previsto no art. 42 da Lei nº 9.605/98;

c) O art. 16, parágrafo único, III, da Lei nº 10.826/2003, previu, sem prejuízo de outras ações, o **emprego de artefato explosivo ou incendiário, sem autorização ou em desacordo com determinação legal ou complementar.** Aqui, o legislador contentou-se com o uso de tais artefatos, punindo mesmo o risco presumido, ponto que diverge do crime previsto no art. 250 do Código Penal, pois neste, como já vimos, o perigo deve ser comprovado;

d) Se a intenção do agente era matar alguém, reponde pelo crime de **homicídio** (consumado ou tentado) **qualificado pelo emprego de fogo**, em concurso formal com o crime de incêndio;

e) A caracterização do crime de incêndio absorve o **crime de dano qualificado pelo uso de substância inflamável** (art. 163, parágrafo único, II, do CP), haja vista a natureza subsidiária deste último. A provocação de incêndio em uma casa na zona rural, afastada de tudo, não caracteriza o crime de incêndio, pois não põe em risco a coletividade, mas sim o crime de dano qualificado.

1.9. Penas

A pena para o crime pode ser de reclusão, de três a seis anos, e multa. Logo, podemos concluir que:

a) Não é possível a transação penal (art. 76, Lei n. 9.099/95), pois não se trata de infração penal de menor potencial ofensivo;

b) Não é possível a suspensão condicional do processo (art. 89, Lei n. 9.099/95), pois a pena mínima ultrapassa um ano.

1.10. Classificação

O crime pode ser classificado como:

a) **Comum** (não se exige qualidade especial do sujeito ativo);

b) **Formal** (a consumação não exige a produção de um resultado naturalístico);

c) De **forma livre** (a Lei não estabelece exigência para a forma de execução);

d) **Simples** (tutela apenas um bem jurídico);

e) **Comissivo** (praticado mediante ação);

f) **Unissubjetivo** (pode haver ou não concurso de pessoas);

g) **Instantâneo** (consuma-se de imediato);

h) **Plurissubsistentes** (a conduta pode ser fracionada, e por isso admite a tentativa);

i) De **perigo** (a consumação ocorre com a mera exposição do bem jurídico a perigo);

j) **Doloso** ou **culposo.**

1.11. Quadro Sinótico

INCÊNDIO		
Considerações Iniciais	O legislador pretendeu, na descrição do tipo penal, preservar a sociedade civil de perigo de fogo, não importando para a configuração do crime o dano que possa ser ocasionado. O tipo ainda prevê causas majorantes da pena, circunstâncias nas quais a pena é aumentada de um terço, atentando-se para a cupidez do agente ou a maior dificuldade na contenção do fogo e, portanto, de maior perigo. Se do presente delito, cometido dolosamente, resultar lesão corporal de natureza grave, a pena privativa de liberdade é aumentada na metade; se resultar morte, será aplicada em dobro. Sendo culposo, resultando o fato lesão corporal, a pena será aumentada na metade; se resulta a morte, aplicar-se-á a pena prevista para o homicídio culposo, aumentada em um terço. Ademais, trata-se de crime que deixa vestígios, pelo que se exige a realização de perícia, conforme art. 173 do Código de Processo Penal.	1

Tipicidade Objetiva	A ação nuclear do agente delituoso é causar incêndio.	2
Sujeitos	**Sujeito ativo:** pode ser qualquer pessoa. **Sujeito passivo:** será o Estado, a coletividade, bem como aquele que for, efetivamente, atingido ou posto em perigo.	3
Objetos	**Objeto jurídico:** o objeto juridicamente tutelado é a incolumidade pública. **Objeto material:** é a substância ou objeto incendiado.	4
Elemento Subjetivo	O elemento subjetivo exigido no tipo penal é o dolo de perigo, pois se exige do agente a vontade de gerar um risco não tolerado a terceiros. A forma culposa também é prevista.	5
Consumação e Tentativa	Consuma-se o crime no momento em que o fogo se alastra, gerando, desta forma, o efetivo perigo comum. A forma tentada é perfeitamente cabível.	6
Ação Penal	A ação penal é de iniciativa pública incondicionada e será de competência do Juizado Especial Criminal, exceto quando dele resultar lesão corporal ou morte, quando a competência será da Justiça Comum.	7
Outras Questões	**a)** A conduta de incendiar por inconformismo político constitui crime inserto no art. 20 da Lei de Segurança Nacional – Lei nº 7.170/83 – e não no crime que agora estudamos; **b)** Fabricar, vender, transportar ou soltar balões que possam provocar incêndios em florestas ou qualquer tipo de assentamento humano constituem crime contra o meio ambiente, previsto no art. 42 da Lei nº 9.605/98; **c)** O art. 16, parágrafo único, III, da Lei nº 10.826/2003, previu, sem prejuízo de outras ações, o emprego de artefato explosivo ou incendiário, sem autorização ou em desacordo com determinação legal ou complementar; **d)** Se a intenção do agente era matar alguém, responde pelo crime de homicídio (consumado ou tentado) qualificado pelo emprego de fogo, em concurso formal com o crime de incêndio; **e)** A caracterização do crime de incêndio absorve o crime de dano qualificado pelo uso de substância inflamável (art. 163, parágrafo único, II, do CP), haja vista a natureza subsidiária deste último.	8
Penas	A pena para o crime pode ser de reclusão, de três a seis anos, e multa.	9
Classificação	**a) Comum** (não se exige qualidade especial do sujeito ativo); **b) Formal** (a consumação não exige a produção de um resultado naturalístico); **c)** De forma **livre** (a Lei não estabelece exigência para a forma de execução); **d) Simples** (tutela apenas um bem jurídico); **e) Comissivo** (praticado mediante ação); **f) Unissubjetivo** (pode haver ou não concurso de pessoas); **g) Instantâneo** (consuma-se de imediato); **h) Plurissubsistentes** (a conduta pode ser fracionada, e por isso admite a tentativa); **i)** De **perigo** (a consumação ocorre com a mera exposição do bem jurídico a perigo); **j) Doloso** ou **culposo**.	10

1.12. Questões de Concursos Públicos

09. (FGV - 2019 - Prefeitura de Salvador - BA - Agente de Fiscalização Municipal) Com relação ao crime de incêndio, analise as afirmativas a seguir.

I. Não admite a forma tentada.

II. A pena será aumentada se o crime for cometido com o intuito de obter vantagem pecuniária em proveito próprio ou alheio e se o incêndio for em casa efetivamente habitada, sendo insuficiente, porém, para o aumento da pena, a casa ser apenas destinada a habitação.

III. Se for colocado em perigo apenas patrimônio próprio, sem causar risco ao patrimônio alheio, não se caracteriza o crime de incêndio.

Está correto o que afirma em

(A) I, apenas.

(B) II, apenas.

(C) III, apenas.

(D) I e III, apenas.

(E) II e III, apenas.

02. (CESPE - 2015 - TJ-PB - Juiz Substituto) Constitui causa de aumento de pena o fato de o crime de incêndio ser praticado

(A) mediante utilização de explosivos.

(B) em situação de violência doméstica ou familiar contra a mulher

(C) em estaleiro, fábrica ou oficina.

(D) em canteiro de obras em área de grande densidade demográfica e populacional.

(E) por motivo fútil ou torpe.

03. (VUNESP - 2016 - Prefeitura de Registro - SP - Advogado) Sobre o crime de incêndio, qualificado pelo resultado morte ou lesão corporal de natureza grave, é correta a afirmação:

(A) Se doloso e resulta lesão corporal de natureza grave, a pena privativa de liberdade é aumentada de um a dois terços.

(B) Se doloso e resulta morte, a pena é aumentada de metade.

(C) Se culposo e do fato resulta lesão corporal, a pena é aumentada de dois terços.

(D) Se culposo e do fato resulta morte, aplica-se a pena cominada ao homicídio culposo, aumentada de um terço.

(E) As formas qualificadas de crime de perigo comum, dispostas no artigo 258 do Código Penal, não se aplicam ao crime de incêndio na modalidade culposa.

04. (VUNESP - 2016 - Câmara de Marília - SP - Procurador Jurídico) O tipo do art. 250 do CP prevê aumento de pena de um terço na modalidade ___________ se o incêndio é ____________.

Completa, correta e respectivamente, as lacunas:

(A) culposa... em depósito de explosivo, combustível ou inflamável

(B) culposa... em edifício público ou destinado a uso público ou a obra de assistência social ou de cultura

(C) dolosa... em lavoura, pastagem, mata ou floresta

(D) dolosa... praticado mediante paga ou promessa de recompensa, ou por outro motivo torpe

(E) dolosa... praticado para assegurar a execução, a ocultação, a impunidade ou vantagem de outro crime

GABARITO: *As respostas destes testes encontram-se no final do livro.*

1.13. Questões Discursivas com Comentários

04. (PC/BA - CONCURSO PARA DELEGADO DE POLÍCIA CIVIL DA BAHIA - 2013) Em 10/11/2012, por volta das 19h, Joaquim, preso condenado a pena privativa de liberdade, que cumpria pena disciplinar no pavilhão conhecido por seguro de determinada unidade penitenciária estadual, provocou, de forma livre e consciente, incêndio nas dependências da cela em que estava custodiado, expondo a risco a integridade física de funcionários e de outros

internos e causando danos ao patrimônio público em decorrência da danificação da cela e destruição dos bens que a guarneciam.

Considerando essa situação hipotética, indique a tipificação penal da conduta de Joaquim e esclareça se ao preso podem ser imputados o crime de dano e o de periclitação da vida e da saúde.

COMENTÁRIOS

Joaquim terá sua conduta tipificada pelo crime de incêndio, previsto no art. 250, §1°, "b", do Código Penal, cuja pena é de 3 a 6 anos de reclusão, aplicando-se, ainda o aumento previsto no §1°, "b", uma vez que o incêndio foi provocado em edifício público. Uma vez que os crimes de periclitação da vida e da saúde e dano são subsidiários, tendo aplicação somente quando não configurarem crime mais grave, não responderá Joaquim por tais crimes, tendo-se em vista que o crime de incêndio é mais grave.

2. EXPLOSÃO

Art. 251. Expor a perigo a vida, a integridade física ou o patrimônio de outrem, mediante explosão, arremesso ou simples colocação de engenho de dinamite ou de substância de efeitos análogos:

Pena - reclusão, de 3 (três) a 6 (seis) anos, e multa.

§ 1° Se a substância utilizada não é dinamite ou explosivo de efeitos análogos:

Pena - reclusão, de 1 (um) a 4 (quatro) anos, e multa.

§ 2° As penas aumentam-se de um terço, se ocorre qualquer das hipóteses previstas no§ 1°, I, do artigo anterior, ou é visada ou atingida qualquer das coisas enumeradas no n° II do mesmo parágrafo.

§ 3° No caso de culpa, se a explosão é de dinamite ou substância de efeitos análogos, a pena é de detenção, de 6 (seis) meses a 2 (dois) anos; nos demais casos, é de detenção, de 3 (três) meses a 1 (um) ano.

2.1. Considerações Iniciais

O § 1° nos traz a forma privilegiada do crime. Se a substância utilizada não é dinamite ou explosivo de efeitos análogos, a pena é reduzida para reclusão de um a quatro anos. Nesse sentido, "Se a substância utilizada pelo agente não é dinamite ou explosivo de efeitos análogos, e desde que seja de eficácia explosiva menor, como a pólvora, o crime configurado não será o descrito no caput do art. 251, mas o previsto em seu § 1°".

O tipo ainda prevê causas majorantes da pena, circunstâncias em que a pena é aumentada de um terço caso haja constatação de que havia a intenção de se obter alguma vantagem pecuniária, conforme inteligência do § 1°, I, do art. 250, ou é visada ou atingida qualquer das coisas enumeradas no inciso II do art. 250 do Código Penal.

Quanto às qualificadoras, incidem aqui as mesmas considerações do crime de Incêndio.

Registre-se, ainda, que o tipo prevê a modalidade culposa do crime de explosão, conforme se depreende do seu § 2º, quando a pena será de detenção de seis meses a dois anos.

Ainda, conforme previsão do art. 258 do Código Penal, se do presente delito, cometido dolosamente, resultar lesão corporal de natureza grave, a pena privativa de liberdade é aumentada na metade; se resultar morte, será aplicada em dobro. Sendo culposo, resultando o fato lesão corporal, a pena será aumentada na metade; se resulta a morte, aplicar-se-á a pena prevista para o homicídio culposo, aumentada em um terço.

É dispensável a efetiva explosão, sendo suficiente que a ação do agente provoque perigo concreto à incolumidade pública, o que implica em dizer, portanto, que a presunção de perigo não será capaz de caracterizar o crime de Explosão.

Tal qual o crime de Incêndio, faz-se oportuno realizar algumas distinções, a fim de que determinadas condutas não sejam caracterizadas no crime de Explosão a despeito de caracterização de conduta mais específica.

O ato de provocar a **explosão por inconformismo político** constitui crime inserto no art. 20 da Lei de Segurança Nacional – Lei nº 7.170/83- e não o crime previsto no art. 251 do Código Penal. Nesta mesma perspectiva, se a conduta acarretar **perigo à vida ou à saúde de pessoa determinada,** poderá ocorrer o delito previsto no art. 132 do mesmo Código, visto que este crime não abarca a hipótese de perigo ao patrimônio individual.

Ainda, o art. 16, parágrafo único, III, da Lei nº 10.826/2003 previu, sem prejuízo de outras ações, o **emprego de artefato explosivo ou incendiário,** sem autorização ou em desacordo com determinação legal ou complementar. Aqui, o legislador contentou-se com a presunção de risco, ponto que diverge do crime que agora estudamos, pois neste, o perigo deve ser concreto.

2.2. Tipicidade Objetiva

A ação nuclear do agente delituoso consubstancia-se em expor a perigo. Distingue-se do crime de incêndio quanto ao modus operandi, pois, aqui, a exposição pode ser mediante explosão (estourar), arremesso (lançar) ou colocação (por em determinado lugar) de engenho de dinamite ou de substância de efeitos análogos. A perícia deverá concluir se a substância é ou não explosiva.

2.3. Sujeitos

Sujeito ativo: pode ser qualquer pessoa.

Sujeito passivo: será o Estado, a coletividade, bem como aquele que for, efetivamente, atingido ou posto a perigo.

2.4. Objetos

Objeto jurídico: o objeto juridicamente tutelado é a incolumidade pública, uma vez que a *explosão* expõe a perigo um número indeterminado de pessoas.

Objeto material: é o engenho de dinamite ou substância análoga.

2.5. Elemento Subjetivo

O elemento subjetivo exigido no tipo penal é o dolo de perigo, pois se exige do agente a vontade de gerar um risco não tolerado a terceiros. A forma culposa também é prevista.

2.6. Consumação e Tentativa

Consuma-se o crime no momento em que a ação criminosa causa perigo à coletividade. A forma tentada é perfeitamente cabível.

2.7. Ação Penal

A ação penal é de iniciativa pública incondicionada. A competência é do Juizado Especial Criminal, salvo nos casos nos quais da conduta resultar lesão corporal ou morte, quando a competência será da Justiça Comum.

2.8. Penas

A pena para o crime pode ser de reclusão, de três a seis anos, e multa. Logo, podemos concluir que:

a) Não é possível a transação penal (art. 76, Lei n. 9.099/95), pois não se trata de infração penal de menor potencial ofensivo;

b) Não é possível a suspensão condicional do processo (art. 89, Lei n. 9.099/95), pois a pena mínima ultrapassa um ano.

2.9. Classificação

O crime pode ser classificado como:

a) **Comum** (não se exige qualidade especial do sujeito ativo);

b) **Formal** (a consumação não exige a produção de um resultado naturalístico);

c) De **forma vinculada** (a Lei estabelece exigência para a forma de execução);

d) **Simples** (tutela apenas um bem jurídico);

e) **Comissivo** (praticado mediante ação);

f) **Unissubjetivo** (pode haver ou não concurso de pessoas);

g) **Instantâneo** (consuma-se de imediato);

h) **Plurissubsistente**s (a conduta pode ser fracionada, e por isso admite a tentativa);

i) De **perigo** (a consumação ocorre com a mera exposição do bem jurídico a perigo);

j) **Doloso** ou **culposo.**

2.10. Quadro Sinótico

EXPLOSÃO		
Considerações Iniciais	O § 1° nos traz a forma privilegiada do crime. Se a substância utilizada não é dinamite ou explosivo de efeitos análogos, a pena é reduzida para reclusão de um a quatro anos. O tipo ainda prevê causas majorantes da pena, circunstâncias em que a pena é aumentada de um terço caso haja constatação de que havia a intenção de se obter alguma vantagem pecuniária, conforme inteligência do § 1°, I, do art. 250, ou é visada ou atingida qualquer das coisas enumeradas no inciso II do art. 250 do Código Penal. Quanto às qualificadoras, incidem aqui as mesmas considerações do crime de Incêndio. Registre-se, ainda, que o tipo prevê a modalidade culposa do crime de explosão, conforme se depreende do seu § 2º, quando a pena será de detenção de seis meses a dois anos. Ainda, conforme previsão do art. 258 do Código Penal, se do presente delito, cometido dolosamente, resultar lesão corporal de natureza grave, a pena privativa de liberdade é aumentada na metade; se resultar morte, será aplicada em dobro. Sendo culposo, resultando o fato lesão corporal, a pena será aumentada na metade; se resulta a morte, aplicar-se-á a pena prevista para o homicídio culposo, aumentada em um terço. É dispensável a efetiva explosão.	1
Tipicidade Objetiva	A ação nuclear do agente delituoso consubstancia-se em expor a perigo. Distingue-se do crime de incêndio quanto ao modus operandi, pois, aqui, a exposição pode ser mediante explosão (estourar), arremesso (lançar) ou colocação (por em determinado lugar) de engenho de dinamite ou de substância de efeitos análogos.	2
Sujeitos	**Sujeito ativo:** pode ser qualquer pessoa. **Sujeito passivo:** será o Estado, a coletividade, bem como aquele que for, efetivamente, atingido ou posto a perigo.	3
Objetos	**Objeto jurídico:** o objeto juridicamente tutelado é a incolumidade pública. **Objeto material:** é o engenho de dinamite ou substância análoga	4
Elemento Subjetivo	O elemento subjetivo exigido no tipo penal é o dolo de perigo. A forma culposa também é prevista.	5
Consumação e Tentativa	Consuma-se o crime no momento em que a ação criminosa causa perigo à coletividade. A forma tentada é perfeitamente cabível.	6
Ação Penal	A ação penal é de iniciativa pública incondicionada. A competência é do Juizado Especial Criminal, salvo nos casos nos quais da conduta resultar lesão corporal ou morte, quando a competência será da Justiça Comum.	7
Penas	A pena para o crime pode ser de reclusão, de três a seis anos, e multa.	8
Classificação	a) **Comum** (não se exige qualidade especial do sujeito ativo); b) **Formal** (a consumação não exige a produção de um resultado naturalístico);	9

Classificação	**c)** De forma **vinculada** (a Lei estabelece exigência para a forma de execução); **d) Simples** (tutela apenas um bem jurídico); **e) Comissivo** (praticado mediante ação); **f) Unissubjetivo** (pode haver ou não concurso de pessoas); **g) Instantâneo** (consuma-se de imediato); **h) Plurissubsistentes** (a conduta pode ser fracionada, e por isso admite a tentativa); **i)** De **perigo** (a consumação ocorre com a mera exposição do bem jurídico a perigo); **j) Doloso** ou **culposo**.	9

2.11. Questões de Concursos Públicos

01. (FGV - 2014 - Prefeitura de Osasco - SP - Agente Fiscal - 1ª Classe (Posturas e Abastecimento) João resolveu implodir sua casa, para construir um salão de festas. Assim, sem solicitar ou obter qualquer autorização dos órgãos públicos competentes e sem conhecimento técnico para tal, adquiriu dinamite e, mediante explosão, expôs a perigo a vida, a integridade física e o patrimônio de seus vizinhos. Sob a ótica do direito penal, afirma-se que João:

(A) não cometeu qualquer crime, por falta de tipicidade penal;

(B) não cometeu qualquer crime, pois o ilícito praticado merece reprimenda apenas na esfera cível, pela falta de dolo;

(C) cometeu crime de dano;

(D) cometeu crime de explosão;

(E) cometeu crime de incêndio.

02. (VUNESP - 2015 - CRO-SP - Advogado Junior) Figure que em consultório odontológico exista uma pequena copa, onde os dentistas e demais profissionais que ali trabalham realizam suas refeições. Imagine, ainda, que por imprudência na manutenção do fogão e respectivas mangueiras ocorra um vazamento de gás, seguido de uma explosão. Dela decorrem danos materiais de razoável monta, mas não se registra nenhum dano à incolumidade física. Independentemente de quem seja (eventual) responsável, é correto afirmar que

(A) não houve ilícito algum.

(B) apenas poderá haver responsabilização civil, uma vez que o fato é penalmente atípico.

(C) houve crime de explosão dolosa.

(D) houve crime de explosão culposa.

(E) houve crime de uso de gás tóxico ou asfixiante.

03. (FCC - 2014 - METRÔ-SP - Advogado Júnior) Quem enterra no solo bombas de dinamite, em área sujeita a reintegração de posse, comete crime de

(A) tentativa de homicídio.

(B) lesão corporal.

(C) tentativa de explosão.

(D) tentativa de lesões corporais.

(E) explosão.

04. (CESPE - 2010 - MPE-SE - Promotor de Justiça) Assinale a opção correta acerca dos crimes de perigo comum.

(A) Tratando-se de crime de explosão, se a substância utilizada não for dinamite ou explosivo de efeitos análogos, o agente será menos severamente punido.

(B) No que concerne a crime de incêndio, a intenção de obter vantagem pecuniária com a conduta constitui fato não punível, pois pertence à fase de cogitação do crime e não pode, assim, ser punida.

(C) Não se pune o incêndio culposo, a menos que o sujeito ativo possua o dever legal de evitar o perigo.

(D) Para que o crime de incêndio se consume, é necessário que haja ao menos lesão corporal leve em uma das vítimas.

(E) O crime de inundação é punido mesmo que a vida, a integridade física ou o patrimônio de outrem não sejam expostos a perigo.

***GABARITO:** As respostas destes testes encontram-se no final do livro.*

3. USO DE GÁS TÓXICO OU ASFIXIANTE

Art. 252. Expor a perigo a vida, a integridade física ou o patrimônio de outrem, usando de gás tóxico ou asfixiante:

Pena - reclusão, de 1 (um) a 4 (quatro) anos, e multa.

Modalidade Culposa

Parágrafo único. Se o crime é culposo:

Pena - detenção, de 3 (três) meses a 1 (um) ano.

3.1. Considerações Iniciais

Ainda, conforme previsão do art. 258 do Código Penal, se do presente delito, cometido dolosamente, resultar lesão corporal de natureza grave, a pena privativa de liberdade é aumentada na metade; se resultar morte, será aplicada em dobro. Sendo culposo, resultando o fato lesão corporal, a pena será aumentada na metade; se resulta a morte, aplicar-se-á a pena prevista para o homicídio culposo, aumentada em um terço.

A fim de que determinadas condutas não sejam caracterizadas no crime de uso de gás tóxico ou asfixiante, faz-se necessário traçarmos algumas distinções no que tange às condutas tipificadas em legislação mais específica.

O art. 54 da Lei n. 9.605/98 (Lei de Crimes Ambientais) pune a conduta de "**causar poluição de qualquer natureza em níveis tais que resultem ou possam resultar em danos à saúde humana, ou que provoquem a mortandade de animais ou a destruição significativa da flora**". A quem incorre nesta conduta, a pena aplicada é de reclusão, de 1 a 4 anos, e multa. Se o crime ocorrer por **lançamento de resíduos sólidos, líquidos ou gasosos, ou detritos, óleos ou substâncias oleosas em desacordo com as exigências estabelecidas em leis ou regulamentos**, a pena imputada será a de reclusão, de 1 a 5 anos. Vide também o art. 56 da Lei dos Crimes Ambientais. Ainda, se o agente **usar gás tóxico ou asfixiante com o fim de expor a perigo a vida ou a saúde de pessoa determinada**, configurar-se-á o crime de perigo individual, consoante o art. 132 do Código Penal.

O crime de uso de gás tóxico ou asfixiante é comum; doloso e culposo; comissivo ou omissivo (aquele que tinha o dever jurídico de agir, podendo fazê-lo, resolve se omitir, deixando o fogo se alastrar); instantâneo; de perigo comum e concreto; de forma vinculada; unissubjetivo; plurissubsistente.

3.2. Tipicidade Objetiva

A ação nuclear do agente delituoso consubstancia-se em expor a perigo a vida, a integridade física ou o patrimônio de outrem. Como meio de execução do crime, o agente se utiliza de gás tóxico ou asfixiante. Assinale-se, porém, que não se caracterizará o delito se a substância utilizada é de baixa toxidade, não chegando a ocorrer risco de gravame mais sério.

3.3. Sujeitos

Sujeito ativo: pode ser qualquer pessoa.

Sujeito passivo: será o Estado, a coletividade, bem como aquele que for, efetivamente, atingido ou posto a perigo.

3.4. Objetos

Objeto jurídico: o objeto juridicamente tutelado é a incolumidade pública.

Objeto material: é o gás tóxico ou asfixiante.

3.5. Elemento Subjetivo

O elemento subjetivo exigido no tipo penal é o dolo de perigo, pois se exige do agente a vontade de gerar um risco não tolerado a terceiros. A forma culposa também é prevista.

3.6. Consumação e Tentativa

Consuma-se o crime quando, após a utilização do gás tóxico ou asfixiante, houver a efetiva exposição de perigo para a vida, a integridade física ou o patrimônio de outrem, já que estamos diante de um crime de perigo concreto.

A forma tentada é perfeitamente cabível.

3.7. Ação Penal

A ação penal é de iniciativa pública incondicionada.

3.8. Penas

A pena para o crime pode ser de reclusão, de um a quatro anos, e multa. Logo, podemos concluir que:

a) Não é possível a transação penal (art. 76, Lei n. 9.099/95), pois não se trata de infração penal de menor potencial ofensivo; será, todavia, possível a transação na modalidade culposa, pois aí a pena máxima é de apenas um ano.

b) É possível a suspensão condicional do processo (art. 89, Lei n. 9.099/95), pois a pena mínima não ultrapassa um ano.

3.9. Classificação

O crime pode ser classificado como:

a) **Comum** (não se exige qualidade especial do sujeito ativo);

b) **Formal** (a consumação não exige a produção de um resultado naturalístico);

c) De **forma livre** (a Lei não estabelece exigência para a forma de execução);

d) **Simples** (tutela apenas um bem jurídico);

e) **Comissivo** (praticado mediante ação);

f) **Unissubjetivo** (pode haver ou não concurso de pessoas);

g) **Instantâneo** (consuma-se de imediato);

h) **Unissubsistente** (a conduta não pode ser fracionada) **ou Plurissubsistentes** (a conduta pode ser fracionada, e por isso admite a tentativa);

i) De **perigo** (a consumação ocorre com a mera exposição do bem jurídico a perigo);

j) **Doloso** ou **culposo.**

3.10. Quadro Sinótico

USO DE GÁS TÓXICO OU ASFIXIANTE		
Considerações Iniciais	Conforme previsão do art. 258 do Código Penal, se do presente delito, cometido dolosamente, resultar lesão corporal de natureza grave, a pena privativa de liberdade é aumentada na metade; se resultar morte, será aplicada em dobro. Sendo culposo, resultando o fato lesão corporal, a pena será aumentada na metade; se resulta a morte, aplicar-se-á a pena prevista para o homicídio culposo, aumentada em um terço. Se o agente **usar gás tóxico ou asfixiante com o fim de expor a perigo a vida ou a saúde de pessoa determinada**, configurar-se-á o crime de perigo individual, consoante o art. 132 do Código Penal.	1
Tipicidade Objetiva	A ação nuclear do agente delituoso consubstancia-se em expor a perigo a vida, a integridade física ou o patrimônio de outrem. Como meio de execução do crime, o agente se utiliza de gás tóxico ou asfixiante. Assinale-se, porém, que não se caracterizará o delito se a substância utilizada é de baixa toxidade, não chegando a ocorrer risco de gravame mais sério	2
Sujeitos	**Sujeito ativo:** pode ser qualquer pessoa. **Sujeito passivo:** será o Estado, a coletividade, bem como aquele que for, efetivamente, atingido ou posto a perigo.	3
Objetos	**Objeto jurídico:** o objeto juridicamente tutelado é a incolumidade pública. **Objeto material:** é o gás tóxico ou asfixiante.	4
Elemento Subjetivo	O elemento subjetivo exigido no tipo penal é o dolo de perigo. A forma culposa também é prevista.	5
Consumação e Tentativa	Consuma-se o crime quando, após a utilização do gás tóxico ou asfixiante, houver a efetiva exposição de perigo para a vida, a integridade física ou o patrimônio de outrem. A forma tentada é perfeitamente cabível.	6
Ação Penal	A ação penal é de iniciativa pública incondicionada.	7

Penas	A pena para o crime pode ser de reclusão, de um a quatro anos, e multa.	8
Classificação	**a)** **Comum** (não se exige qualidade especial do sujeito ativo); **b)** **Formal** (a consumação não exige a produção de um resultado naturalístico); **c)** De forma **livre** (a Lei não estabelece exigência para a forma de execução); **d)** **Simples** (tutela apenas um bem jurídico); **e)** **Comissivo** (praticado mediante ação); **f)** **Unissubjetivo** (pode haver ou não concurso de pessoas); **g)** **Instantâneo** (consuma-se de imediato); **h)** **Unissubsistente** (a conduta não pode ser fracionada) ou **Plurissubsistentes** (a conduta pode ser fracionada, e por isso admite a tentativa); **i)** De **perigo** (a consumação ocorre com a mera exposição do bem jurídico a perigo); **j)** **Doloso** ou **culposo**.	13

4. FABRICO, FORNECIMENTO, AQUISIÇÃO, POSSE OU TRANSPORTE DE EXPLOSIVOS OU GÁS TÓXICO, OU ASFIXIANTE

> **Art. 253.** Fabricar, fornecer, adquirir, possuir ou transportar, sem licença da autoridade, substância ou engenho explosivo, gás tóxico ou asfixiante, ou material destinado à sua fabricação:
>
> Pena - detenção, de 6 (seis) meses a 2 (dois) anos, e multa.

4.1. Considerações Iniciais

Ainda, conforme previsão do art. 258 do Código Penal, se do presente delito, cometido dolosamente, resultar lesão corporal de natureza grave, a pena privativa de liberdade é aumentada na metade; se resultar morte, será aplicada em dobro. Sendo culposo, resultando o fato lesão corporal, a pena será aumentada na metade; se resulta a morte, aplicar-se-á a pena prevista para o homicídio culposo, aumentada em um terço.

Faz-se necessário trazermos algumas distinções, a fim de que determinadas condutas não sejam caracterizadas no crime deste artigo a despeito ser encaixada em previsão mais específica.

Se o agente **fornece, vende ou entrega gás tóxico ou asfixiante a menor,** incorrerá no art. 242 do Estatuto da Criança e do Adolescente. Nesta mesma perspectiva, o art. 22 da Lei n° 6.453/77 pune a conduta daquele que **"possuir, adquirir, transferir, transportar, guardar ou trazer consigo material nuclear sem a necessária autorização"**. O art. 26, por seu turno, pune aquele que **"deixar de observar as normas de segurança ou de proteção relativas à instalação nuclear ou ao uso, transporte, posse e guarda de material nuclear, expondo a perigo a vida, a integridade ou o patrimônio de outrem"**.

O art. 16, parágrafo único, III, da Lei n°10.826/2003, também prevê figura semelhante: "Nas mesmas penas (reclusão, de 3 a 6 anos, e multa) incorre quem: III – **possuir, detiver,**

fabricar ou empregar artefato explosivo ou incendiário, sem autorização ou em desacordo com determinação legal ou regulamentar". Diante desse dispositivo, consignado em legislação especial, a doutrina majoritária entende pela **revogação parcial do art. 253 do Código Penal**, especificamente no que diz respeito aos núcleos fabricar e possuir substância ou engenho explosivo, devendo ser aplicado, neste caso, o inciso III, do§1°, da referida Lei.

O crime de fabrico, fornecimento, aquisição, posse ou transporte de explosivos ou gás tóxico, ou asfixiante é comum; doloso; comissivo (podendo ser praticado via omissão imprópria, na hipótese do agente gozar do status de garantidor); de forma livre; instantâneo (nos núcleos fabricar, fornecer e adquirir); permanente (no que diz respeito às condutas de possuir e transportar); de perigo comum concreto; unissubjetivo; unissubjetivo; unissubsistente ou plurissubsistente, conforme o caso concreto.

4.2. Tipicidade Objetiva

Trata-se de crime de ação múltipla uma vez que, ainda que praticada mais de uma das condutas descritas no tipo, haverá delito único, desde que dentro do mesmo contexto fático. As ações nucleares são: fabricar (construir ou manufaturar); fornecer (dar ou prover); adquirir (obter ou comprar); possuir (ter a posse de algo ou usufruir); transportar (levar de um lugar a outro ou conduzir).

4.3. Sujeitos

Sujeito ativo: pode ser qualquer pessoa, pois estamos estudando um crime comum.

Sujeito passivo: trata-se de um crime vago, portanto, o sujeito passivo será o Estado, a coletividade. É certo que pessoas determinadas podem sofrer diretamente o perigo, embora não seja indispensável identificá-las para que o agente possa ser punido.

4.4. Objetos

Objeto jurídico: o objeto juridicamente tutelado é a incolumidade pública.

Objeto material: o objeto material é a substância ou engenho explosivo, gás tóxico ou asfixiante ou material destinado à sua fabricação.

4.5. Elemento Subjetivo

O elemento subjetivo exigido no tipo penal é o dolo de perigo, pois se exige do agente a vontade de gerar um risco não tolerado a terceiros. A forma culposa também é prevista.

4.6. Consumação e Tentativa

Consuma-se o crime quando o agente fabricar, fornecer, adquirir ou transportar gás tóxico ou asfixiante, ou material destinado à sua fabricação, como também a manufatura de substância ou engenho explosivo. A doutrina majoritária entende que este crime é de perigo abstrato e, portanto, presume-se o risco a partir da simples prática de qualquer uma das condutas.

A maior parte da doutrina entende pela não admissão da tentativa. Entretanto, coadunamos com a ideia de que, embora de difícil configuração, ela é teoricamente possível.

4.7. Ação Penal

A ação penal é de iniciativa pública incondicionada, de competência do Juizado Especial Criminal.

4.8. Penas

A pena para o crime pode ser de detenção, de seis meses a dois anos, e multa. Logo, podemos concluir que:

a) É possível a transação penal (art. 76, Lei n. 9.099/95), pois se trata de infração penal de menor potencial ofensivo;

b) É possível a suspensão condicional do processo (art. 89, Lei n. 9.099/95), pois a pena mínima não ultrapassa um ano.

4.9. Classificação

O crime pode ser classificado como:

a) **Comum** (não se exige qualidade especial do sujeito ativo);

b) **Formal** (a consumação não exige a produção de um resultado naturalístico);

c) De **forma livre** (a Lei não estabelece exigência para a forma de execução);

d) **Simples** (tutela apenas um bem jurídico);

e) **Comissivo** (praticado mediante ação);

f) **Unissubjetivo** (pode haver ou não concurso de pessoas);

g) **Instantâneo** (consuma-se de imediato) ou **Permanente** (a conduta se protrai no tempo), nas condutas "possuir" e "transportar";

h) **Plurissubsistente** (a conduta pode ser fracionada, e por isso admite a tentativa) ou **unissubsistente** (a conduta não pode ser fracionada), a depender do caso;

i) De **perigo** (a consumação ocorre com a mera exposição do bem jurídico a perigo);

j) **Doloso**.

4.10. Quadro Sinótico

FABRICO, FORNECIMENTO, AQUISIÇÃO, POSSE OU TRANSPORTE DE EXPLOSIVOS OU GÁS ÓXICO, OU ASFIXIANTE		
Considerações Iniciais	Conforme previsão do art. 258 do Código Penal, se do presente delito, cometido dolosamente, resultar lesão corporal de natureza grave, a pena privativa de liberdade é aumentada na metade; se resultar morte, será aplicada em dobro. Sendo culposo, resultando o fato lesão corporal, a pena será aumentada na metade; se resulta a morte, aplicar-se-á a pena prevista para o homicídio culposo, aumentada em um terço.	1
Tipicidade Objetiva	Trata-se de crime de ação múltipla uma vez que, ainda que praticada mais de uma das condutas descritas no tipo, haverá delito único, desde que dentro do mesmo contexto fático. As ações nucleares são: fabricar (construir ou manufaturar); fornecer (dar ou prover); adquirir (obter ou comprar); possuir (ter a posse de algo ou usufruir); transportar (levar de um lugar a outro ou conduzir).	2
Sujeitos	**Sujeito ativo:** pode ser qualquer pessoa. **Sujeito passivo:** trata-se de um crime vago, portanto, o sujeito passivo será o Estado, a coletividade.	3
Objetos	**Objeto jurídico:** o objeto juridicamente tutelado é a incolumidade pública. **Objeto material:** o objeto material é a substância ou engenho explosivo, gás tóxico ou asfixiante ou material destinado à sua fabricação.	4
Elemento Subjetivo	O elemento subjetivo exigido no tipo penal é o dolo de perigo. A forma culposa também é prevista.	5
Consumação e Tentativa	Consuma-se o crime quando o agente fabricar, fornecer, adquirir ou transportar gás tóxico ou asfixiante, ou material destinado à sua fabricação, como também a manufatura de substância ou engenho explosivo. A maior parte da doutrina entende pela não admissão da tentativa. Entretanto, coadunamos com a ideia de que, embora de difícil configuração, ela é teoricamente possível.	6
Ação Penal	A ação penal é de iniciativa pública incondicionada, de competência do Juizado Especial Criminal.	7
Penas	A pena para o crime pode ser de detenção, de seis meses a dois anos, e multa	8
Classificação	**a)** **Comum** (não se exige qualidade especial do sujeito ativo); **b)** **Formal** (a consumação não exige a produção de um resultado naturalístico); **c)** De forma **livre** (a Lei não estabelece exigência para a forma de execução); **d)** **Simples** (tutela apenas um bem jurídico); **e)** **Comissivo** (praticado mediante ação); **f)** **Unissubjetivo** (pode haver ou não concurso de pessoas); **g)** **Instantâneo** (consuma-se de imediato) ou **Permanente** (a conduta se protrai no tempo), nas condutas "possuir" e "transportar"; **h)** **Plurissubsistente** (a conduta pode ser fracionada, e por isso admite a tentativa) ou **unissubsistente** (a conduta não pode ser fracionada), a depender do caso; **i)** De **perigo** (a consumação ocorre com a mera exposição do bem jurídico a perigo); **j)** **Doloso**.	9

5. INUNDAÇÃO

> **Art. 254.** Causar inundação, expondo a perigo a vida, a integridade física ou o patrimônio de outrem:
>
> Pena - reclusão, de 3 (três) a 6 (seis) anos, e multa, no caso de dolo, ou detenção, de 6 (seis) meses a 2 (dois) anos, no caso de culpa.

5.1. Considerações Iniciais

Registre-se que estamos diante de um crime de perigo concreto, pelo que o extravasamento das águas deve ser apto a causar o efetivo perigo. Se a inundação provocada não tinha essa capacidade, o agente poderá responder pelos crimes insertos no art. 161, §1°, I, usurpação de águas, ou art. 163, crime de dano.

Não se materializa a figura delituosa de inundação se não houver a característica do perigo comum, pois, no caso, o objeto específico da proteção penal é o bem jurídico da incolumidade pública, neste sentido TJSP, Ap. 19279, Rel. L. Minhoto.

Acrescente-se, ainda, que se a intenção do agente é provocar a morte de alguém, responde por homicídio qualificado (art. 121, § 2º, III, do CP), em concurso formal com o crime de inundação.

Admite-se o delito de inundação por omissão, a exemplo do funcionário encarregado pela vistoria de uma barragem que, podendo fazê-lo, deixa de reparar uma brecha nela existente, dando lugar à inundação de determinado local.

Ainda, conforme previsão do art. 258 do Código Penal, se do presente delito, cometido dolosamente, resultar lesão corporal de natureza grave, a pena privativa de liberdade é aumentada na metade; se resultar morte, será aplicada em dobro. Sendo culposo, resultando o fato lesão corporal, a pena será aumentada na metade; se resulta a morte, aplicar-se-á a pena prevista para o homicídio culposo, aumentada em um terço.

O crime de inundação é comum; doloso ou culposo; de perigo comum e concreto; de forma livre; comissivo (podendo ser pratico via omissão imprópria); instantâneo; unissubjetivo; plurissubsistente.

5.2. Tipicidade Objetiva

A ação nuclear do agente delituoso consubstancia-se em causar inundação (transbordamento das águas), conduta esta que deverá expor a perigo a vida, a integridade física ou o patrimônio de outrem.

5.3. Sujeitos

Sujeito ativo: pode ser qualquer pessoa, inclusive o proprietário do imóvel inundado.

Sujeito passivo: será o Estado, a coletividade, bem como aquele que for, efetivamente, atingido ou posto a perigo.

5.4. Objetos

Objeto jurídico: é a incolumidade pública, em razão dos grandes prejuízos físicos e patrimoniais que um grande alagamento pode causar.

Objeto material: é a água liberada em grande quantidade.

5.5. Elemento Subjetivo

O elemento subjetivo exigido no tipo penal é o dolo de perigo, pois se exige do agente a vontade de causar perigo para a coletividade. A forma culposa também é prevista.

5.6. Consumação e Tentativa

Consuma-se o crime no momento em que a coletividade é exposta ao efetivo perigo causado pela inundação.

A forma tentada é perfeitamente cabível.

5.7. Ação Penal

A ação penal é de iniciativa pública incondicionada.

5.8. Penas

A pena para o crime pode ser de reclusão, de 3 (três) a 6 (seis) anos, e multa, no caso de dolo, ou detenção, de 6 (seis) meses a 2 (dois) anos, no caso de culpa. Logo, podemos concluir que:

a) Na modalidade dolosa, não cabe transação penal ou suspensão condicional do processo.

b) Os dois institutos são cabíveis na modalidade culposa, haja vista tratar-se de infração penal de menor potencial ofensivo e a pena mínima não ultrapassar um ano.

5.9. Classificação

O crime de inundação é comum; doloso ou culposo; de perigo comum e concreto; de forma livre; comissivo (podendo ser pratico via omissão imprópria); instantâneo; unissubjetivo; plurissubsistente.

O crime pode ser classificado como:

a) **Comum** (não se exige qualidade especial do sujeito ativo);

b) **Formal** (a consumação não exige a produção de um resultado naturalístico);

c) De **forma livre** (a Lei não estabelece exigência para a forma de execução);

d) **Simples** (tutela apenas um bem jurídico);

e) **Comissivo** (praticado mediante ação);
f) **Unissubjetivo** (pode haver ou não concurso de pessoas);
g) **Instantâneo** (consuma-se de imediato);
h) **Plurissubsistente** (a conduta pode ser fracionada, e por isso admite a tentativa);
i) De **perigo** (a consumação ocorre com a mera exposição do bem jurídico a perigo);
j) **Doloso** ou **culposo**.

5.10. Quadro Sinótico

INUNDAÇÃO		
Considerações Iniciais	Registre-se que estamos diante de um crime de perigo concreto, pelo que o extravasamento das águas deve ser apto a causar o efetivo perigo. Não se materializa a figura delituosa de inundação se não houver a característica do perigo comum. Se a intenção do agente é provocar a morte de alguém, responde por homicídio qualificado (art. 121, § 2º, III, do CP), em concurso formal com o crime de inundação. Admite-se o delito de inundação por omissão. Ainda, conforme previsão do art. 258 do Código Penal, se do presente delito, cometido dolosamente, resultar lesão corporal de natureza grave, a pena privativa de liberdade é aumentada na metade; se resultar morte, será aplicada em dobro. Sendo culposo, resultando o fato lesão corporal, a pena será aumentada na metade; se resulta a morte, aplicar-se-á a pena prevista para o homicídio culposo, aumentada em um terço.	1
Tipicidade Objetiva	A ação nuclear do agente delituoso consubstancia-se em causar inundação (transbordamento das águas), conduta esta que deverá expor a perigo a vida, a integridade física ou o patrimônio de outrem.	2
Sujeitos	**Sujeito ativo:** pode ser qualquer pessoa. **Sujeito passivo:** será o Estado, a coletividade, bem como aquele que for, efetivamente, atingido ou posto a perigo.	3
Objetos	**Objeto jurídico:** é a incolumidade pública. **Objeto material:** é a água liberada em grande quantidade.	4
Elemento Subjetivo	O elemento subjetivo exigido no tipo penal é o dolo de perigo. A forma culposa também é prevista.	5
Consumação e Tentativa	Consuma-se o crime no momento em que a coletividade é exposta ao efetivo perigo causado pela inundação. A forma tentada é perfeitamente cabível.	6
Ação Penal	A ação penal é de iniciativa pública incondicionada.	7
Penas	A pena para o crime pode ser de reclusão, de 3 (três) a 6 (seis) anos, e multa, no caso de dolo, ou detenção, de 6 (seis) meses a 2 (dois) anos, no caso de culpa.	8

<table>
<tr>
<td>Classificação</td>
<td>a) Comum (não se exige qualidade especial do sujeito ativo);
b) Formal (a consumação não exige a produção de um resultado naturalístico);
c) De forma livre (a Lei não estabelece exigência para a forma de execução);
d) Simples (tutela apenas um bem jurídico);
e) Comissivo (praticado mediante ação);
f) Unissubjetivo (pode haver ou não concurso de pessoas);
g) Instantâneo (consuma-se de imediato);
h) Plurissubsistente (a conduta pode ser fracionada, e por isso admite a tentativa);
i) De perigo (a consumação ocorre com a mera exposição do bem jurídico a perigo);
j) Doloso ou culposo.</td>
<td>9</td>
</tr>
</table>

6. PERIGO DE INUNDAÇÃO

Art. 255. Remover, destruir ou inutilizar, em prédio próprio ou alheio, expondo a perigo a vida, a integridade física ou o patrimônio de outrem, obstáculo natural ou obra destinada a impedir inundação:

Pena - reclusão, de 1 (um) a 3 (três) anos, e multa.

6.1. Considerações Iniciais

O perigo de inundação deve ser concreto, comprovando-se não só a possibilidade de sua ocorrência, como também de que, da ação, advirá ameaça à incolumidade pública.

Perceba que este crime se caracteriza pela não ocorrência de inundação, uma vez que a existência dela tipifica o crime previsto no artigo anterior. Caso a inundação efetivamente sobrevenha, o agente responde pelo crime de inundação dolosa (dolo eventual).

Ainda, conforme previsão do art. 258 do Código Penal, se do presente delito, cometido dolosamente, resultar lesão corporal de natureza grave, a pena privativa de liberdade é aumentada na metade; se resultar morte, será aplicada em dobro.

O crime de perigo de inundação é comum; doloso; de forma livre; comissivo (podendo, no entanto, ser praticado via omissão imprópria na hipótese em que o agente, gozando do status de garantidor, dolosamente, não impedir o sujeito de praticar a conduta); instantâneo; de perigo comum e concreto; unissubjetivo; plurissubsistente.

6.2. Tipicidade Objetiva

A ação nuclear do agente delituoso consubstancia-se nas condutas remover (deslocar), destruir (fazer desaparecer) ou inutilizar (tornar inservível) obstáculo natural ou obra destinada a impedir inundação. Por obstáculo natural podemos compreender aqueles naturalmente inerentes ao local onde estão contidas as águas, a exemplo das margens de um rio ou de uma barragem.

6.3. Sujeitos

Sujeito ativo: pode ser qualquer pessoa, trata-se, pois, de um crime comum.

Sujeito passivo: será o Estado, a coletividade, bem como aquele que for, efetivamente, atingido ou posto a perigo.

6.4. Objetos

Objeto jurídico: O objeto juridicamente tutelado é a incolumidade pública.

Objeto material: é o obstáculo natural ou obra destinada a impedir inundação.

6.5. Elemento Subjetivo

O elemento subjetivo exigido no tipo penal é o dolo de perigo, pois se exige do agente a vontade de gerar um perigo não tolerado a terceiros. Não há previsão para a modalidade culposa.

6.6. Consumação e Tentativa

Consuma-se o crime com a efetiva remoção, destruição ou inutilização de obstáculo natural ou obre destinada a impedir inundação que, no caso concreto, traga perigo para a vida, a integridade física ou o patrimônio de outrem.

Muito embora haja controvérsia, a doutrina majoritária entende que a tentativa não é admissível, pois a própria conduta já caracteriza fase preparatória do crime de inundação. Entretanto, coadunamos com o entendimento de que é possível, uma vez que se trata de crime plurissubsistente.

6.7. Ação Penal

A ação penal é de iniciativa pública incondicionada.

6.8. Penas

A pena para o crime pode ser de reclusão, de um a três anos, e multa. Logo, podemos concluir que:

a) Não é possível a transação penal (art. 76, Lei n. 9.099/95), pois não se trata de infração penal de menor potencial ofensivo;

b) É possível a suspensão condicional do processo (art. 89, Lei n. 9.099/95), pois a pena mínima não ultrapassa um ano.

6.9. Classificação

O crime pode ser classificado como:

a) **Comum** (não se exige qualidade especial do sujeito ativo);

b) **Formal** (a consumação não exige a produção de um resultado naturalístico);

c) De **forma livre** (a Lei não estabelece exigência para a forma de execução);

d) **Simples** (tutela apenas um bem jurídico);

e) **Comissivo** (praticado mediante ação);

f) **Unissubjetivo** (pode haver ou não concurso de pessoas);

g) **Instantâneo** (consuma-se de imediato);

h) **Plurissubsistente** (a conduta pode ser fracionada, e por isso admite a tentativa) ou **unissubsistente** (a conduta não pode ser fracionada), a depender do caso;

i) De **perigo** (a consumação ocorre com a mera exposição do bem jurídico a perigo);

j) **Doloso.**

6.10. Quadro Sinótico

PERIGO DE INUNDAÇÃO		
Considerações Iniciais	O perigo de inundação deve ser concreto, comprovando-se não só a possibilidade de sua ocorrência, como também de que, da ação, advirá ameaça à incolumidade pública. Se do presente delito, cometido dolosamente, resultar lesão corporal de natureza grave, a pena privativa de liberdade é aumentada na metade; se resultar morte, será aplicada em dobro.	1
Tipicidade Objetiva	A ação nuclear do agente delituoso consubstancia-se nas condutas remover (deslocar), destruir (fazer desaparecer) ou inutilizar (tornar inservível) obstáculo natural ou obra destinada a impedir inundação. Por obstáculo natural podemos compreender aqueles naturalmente inerentes ao local onde estão contidas as águas, a exemplo das margens de um rio ou de uma barragem.	2
Sujeitos	**Sujeito ativo:** pode ser qualquer pessoa, trata-se, pois, de um crime comum. **Sujeito passivo:** será o Estado, a coletividade, bem como aquele que for, efetivamente, atingido ou posto a perigo.	3
Objetos	**Objeto jurídico:** O objeto juridicamente tutelado é a incolumidade pública. **Objeto material:** é o obstáculo natural ou obra destinada a impedir inundação.	4
Elemento Subjetivo	O elemento subjetivo exigido no tipo penal é o dolo de perigo. Não há previsão para a modalidade culposa.	5
Consumação e Tentativa	Consuma-se o crime com a efetiva remoção, destruição ou inutilização de obstáculo natural ou obra destinada a impedir inundação que, no caso concreto, traga perigo para a vida, a integridade física ou o patrimônio de outrem. A doutrina majoritária entende que a tentativa não é admissível. Entretanto, coadunamos com o entendimento de que é possível.	6

Ação Penal	A ação penal é de iniciativa pública incondicionada.	7
Penas	A pena para o crime pode ser de reclusão, de um a três anos, e multa.	8
Classificação	a) **Comum** (não se exige qualidade especial do sujeito ativo); b) **Formal** (a consumação não exige a produção de um resultado naturalístico); c) De forma **livre** (a Lei não estabelece exigência para a forma de execução); d) **Simples** (tutela apenas um bem jurídico); e) **Comissivo** (praticado mediante ação); f) **Unissubjetivo** (pode haver ou não concurso de pessoas); g) **Instantâneo** (consuma-se de imediato); h) **Plurissubsistente** (a conduta pode ser fracionada, e por isso admite a tentativa) ou **unissubsistente** (a conduta não pode ser fracionada), a depender do caso; i) De **perigo** (a consumação ocorre com a mera exposição do bem jurídico a perigo); j) **Doloso**.	9

7. DESABAMENTO OU DESMORONAMENTO

> **Art. 256.** Causar desabamento ou desmoronamento, expondo a perigo a vida, a integridade física ou o patrimônio de outrem:
>
> Pena - reclusão, de 1 (um) a 4 (quatro) anos, e multa.
>
> Modalidade Culposa
>
> Parágrafo único. Se o crime é culposo:
>
> Pena - detenção, de 6 (seis) meses a 1 (um) ano.

7.1. Considerações Iniciais

É necessária a comprovação da ocorrência de perigo concreto à incolumidade pública, pois, do contrário, poderá estar o sujeito incurso no crime previsto no art. 163 do Código Penal – crime de dano – ou mera contravenção penal prevista no art. 29 da Lei de Contravenções Penais.

Ainda, conforme previsão do art. 258 do Código Penal, se do presente delito, cometido dolosamente, resultar lesão corporal de natureza grave, a pena privativa de liberdade é aumentada na metade; se resultar morte, será aplicada em dobro. Sendo culposo, resultando o fato lesão corporal, a pena será aumentada na metade; se resulta a morte, aplicar-se-á a pena prevista para o homicídio culposo, aumentada em um terço.

O crime de desabamento ou desmoronamento é comum; doloso ou culposo; de perigo comum e concreto; de forma livre; comissivo (podendo ser pratico via omissão imprópria na hipótese de o garantidor, dolosa ou culposamente, podendo impedir o agente de cometer a conduta, não o faz); instantâneo; de perigo comum e concreto; unissubjetivo, plurissubsistente.

7.2. Tipicidade Objetiva

A ação nuclear do agente delituoso consubstancia-se na conduta de causar desabamento, que poderá ser total ou parcial, pouco importando o vulto da construção ou o seu estado ruinoso.

7.3. Sujeitos

Sujeito ativo: pode ser qualquer pessoa.

Sujeito passivo: será o Estado, a coletividade, bem como aquele que for, efetivamente, atingido ou posto a perigo. "O delito do art. 256 do CP está encartado nos denominados 'crimes de perigo comum', contra a incolumidade pública, cujo sujeito passivo é a coletividade e não determinadas pessoas". (RT 592, p. 351)

7.4. Objetos

Objeto jurídico: O objeto juridicamente tutelado é a incolumidade pública.

Objeto material: é a construção, morro, pedreira ou semelhante.

7.5. Elemento Subjetivo

O elemento subjetivo exigido no tipo penal é o dolo de perigo, pois se exige do agente a vontade de gerar um risco não tolerado a terceiros. A forma culposa também é prevista.

7.6. Consumação e Tentativa

Consuma-se o crime no momento da ocorrência do desabamento ou desmoronamento, desde que estes tenham causado perigo comum.

A forma tentada é perfeitamente cabível.

7.7. Ação Penal

A ação penal é de iniciativa pública incondicionada.

7.8. Penas

A pena para o crime pode ser de reclusão, de um a quatro anos, e multa. Logo, podemos concluir que:

a) Não é possível a transação penal (art. 76, Lei n. 9.099/95), pois se trata de infração penal de menor potencial ofensivo; ela será possível, contudo, na modalidade culposa, em que a pena máxima é de um ano de detenção.

b) É possível a suspensão condicional do processo (art. 89, Lei n. 9.099/95), pois a pena mínima não ultrapassa um ano.

7.9. Classificação

O crime pode ser classificado como:

a) **Comum** (não se exige qualidade especial do sujeito ativo);

b) **Formal** (a consumação não exige a produção de um resultado naturalístico);

c) De **forma livre** (a Lei não estabelece exigência para a forma de execução);

d) **Simples** (tutela apenas um bem jurídico);

e) **Comissivo** (praticado mediante ação);

f) **Unissubjetivo** (pode haver ou não concurso de pessoas);

g) **Instantâneo** (consuma-se de imediato);

h) **Plurissubsistente** (a conduta pode ser fracionada, e por isso admite a tentativa) ou **unissubsistente** (a conduta não pode ser fracionada), a depender do caso;

i) De **perigo** (a consumação ocorre com a mera exposição do bem jurídico a perigo);

j) **Doloso** ou **culposo**.

7.10. Quadro Sinótico

DESABAMENTO OU DESMORONAMENTO		
Considerações Iniciais	É necessária a comprovação da ocorrência de perigo concreto à incolumidade pública, pois, do contrário, poderá estar o sujeito incurso no crime previsto no art. 163 do Código Penal – crime de dano – ou mera contravenção penal prevista no art. 29 da Lei de Contravenções Penais. Se do presente delito, cometido dolosamente, resultar lesão corporal de natureza grave, a pena privativa de liberdade é aumentada na metade; se resultar morte, será aplicada em dobro. Sendo culposo, resultando o fato lesão corporal, a pena será aumentada na metade; se resulta a morte, aplicar-se-á a pena prevista para o homicídio culposo, aumentada em um terço.	1
Tipicidade Objetiva	A ação nuclear do agente delituoso consubstancia-se na conduta de causar desabamento, que poderá ser total ou parcial, pouco importando o vulto da construção ou o seu estado ruinoso.	2
Sujeitos	**Sujeito ativo:** pode ser qualquer pessoa. **Sujeito passivo:** será o Estado, a coletividade, bem como aquele que for, efetivamente, atingido ou posto a perigo.	3
Objetos	**Objeto jurídico:** O objeto juridicamente tutelado é a incolumidade pública. **Objeto material:** é a construção, morro, pedreira ou semelhante.	4
Elemento Subjetivo	O elemento subjetivo exigido no tipo penal é o dolo de perigo. A forma culposa também é prevista.	5

Consumação e Tentativa	Consuma-se o crime no momento da ocorrência do desabamento ou desmoronamento, desde que estes tenham causado perigo comum. A forma tentada é perfeitamente cabível.	6
Ação Penal	A ação penal é de iniciativa pública incondicionada.	7
Penas	A pena para o crime pode ser de reclusão, de um a quatro anos, e multa.	8
Classificação	**a)** **Comum** (não se exige qualidade especial do sujeito ativo); **b)** **Formal** (a consumação não exige a produção de um resultado naturalístico); **c)** De forma **livre** (a Lei não estabelece exigência para a forma de execução); **d)** **Simples** (tutela apenas um bem jurídico); **e)** **Comissivo** (praticado mediante ação); **f)** **Unissubjetivo** (pode haver ou não concurso de pessoas); **g)** **Instantâneo** (consuma-se de imediato); **h)** **Plurissubsistente** (a conduta pode ser fracionada, e por isso admite a tentativa) ou **unissubsistente** (a conduta não pode ser fracionada), a depender do caso; **i)** De **perigo** (a consumação ocorre com a mera exposição do bem jurídico a perigo); **j)** **Doloso** ou **culposo**.	9

8. SUBTRAÇÃO, OCULTAÇÃO OU INUTILIZAÇÃO DE MATERIAL DE SALVAMENTO

> **Art. 257.** Subtrair, ocultar ou inutilizar, por ocasião de incêndio, inundação, naufrágio, ou outro desastre ou calamidade, aparelho, material ou qualquer meio destinado a serviço de combate ao perigo, de socorro ou salvamento; ou impedir ou dificultar serviço de tal natureza:
>
> Pena - reclusão, de 2 (dois) a 5 (cinco) anos, e multa.

8.1. Considerações Iniciais

Ainda, conforme previsão do art. 258 do Código Penal, se do presente delito, cometido dolosamente, resultar lesão corporal de natureza grave, a pena privativa de liberdade é aumentada na metade; se resultar morte, será aplicada em dobro.

O crime de subtração, ocultação ou inutilização de material de salvamento é comum; doloso; de forma livre; comissivo (podendo ser pratico via omissão imprópria na hipótese de o garantidor, dolosa ou culposamente, podendo impedir o agente de cometer a conduta, não o faz); instantâneo (permanente na forma de ocultar); de perigo comum e concreto; unissubjetivo; plurissubsistente.

8.2. Tipicidade Objetiva

A ação nuclear do agente delituoso consubstancia-se nas condutas subtrair (apoderar-se), ocultar (esconder) e inutilizar (tornar imprestável) aparelho, material ou qualquer meio destinado a serviço de combate ao perigo, de socorro ou salvamento. A ação deve ser realizada por ocasião de incêndio, naufrágio, ou outro desastre ou calamidade, pois não o sendo, o crime poderá ser o de furto ou de dano.

8.3. Sujeitos

Sujeito ativo: pode ser qualquer pessoa, inclusive o proprietário do material para salvamento.

Sujeito passivo: será o Estado, a coletividade, bem como aquele que for, efetivamente, atingido ou posto a perigo.

8.4. Objetos

Objeto jurídico: O objeto juridicamente tutelado é a incolumidade pública.

Objeto material: é o aparelho, material ou qualquer meio destinado ao serviço de combate ao perigo, de socorro ou salvamento.

8.5. Elemento Subjetivo

O elemento subjetivo exigido no tipo penal é o dolo de perigo, pois se exige do agente a vontade de gerar um risco não tolerado a terceiros. Não há previsão para a modalidade culposa.

8.6. Consumação e Tentativa

Consuma-se o crime no momento em que o agente pratica qualquer das condutas previstas no tipo penal, não sendo necessária a ocorrência do resultado naturalístico, haja vista se tratar de um crime de perigo abstrato.

A forma tentada é perfeitamente cabível.

8.7. Ação Penal

A ação penal é de iniciativa pública incondicionada.

8.8. Penas

A pena para o crime pode ser de reclusão, de dois a cinco anos, e multa. Logo, podemos concluir que:

a) Não é possível a transação penal (art. 76, Lei n. 9.099/95), pois não se trata de infração penal de menor potencial ofensivo;

b) não é possível a suspensão condicional do processo (art. 89, Lei n. 9.099/95), pois a pena mínima ultrapassa um ano.

8.9. Classificação

O crime pode ser classificado como:

a) **Comum** (não se exige qualidade especial do sujeito ativo);

b) **Formal** (a consumação não exige a produção de um resultado naturalístico);

c) De **forma livre** (a Lei não estabelece exigência para a forma de execução);

d) **Simples** (tutela apenas um bem jurídico);

e) **Comissivo** (praticado mediante ação);

f) **Unissubjetivo** (pode haver ou não concurso de pessoas);

g) **Instantâneo** (consuma-se de imediato) ou **Permanente** (a conduta se protrai no tempo), na conduta "ocultar";

h) **Plurissubsistente** (a conduta pode ser fracionada, e por isso admite a tentativa) ou **unissubsistente** (a conduta não pode ser fracionada), a depender do caso;

i) De **perigo** (a consumação ocorre com a mera exposição do bem jurídico a perigo);

j) **Doloso.**

8.10. Quadro Sinótico

SUBTRAÇÃO, OCULTAÇÃO OU INUTILIZAÇÃO DE MATERIAL DE SALVAMENTO		
Considerações Iniciais	Se do presente delito, cometido dolosamente, resultar lesão corporal de natureza grave, a pena privativa de liberdade é aumentada na metade; se resultar morte, será aplicada em dobro.	1
Tipicidade Objetiva	A ação nuclear do agente delituoso consubstancia-se nas condutas subtrair (apoderar-se), ocultar (esconder) e inutilizar (tornar imprestável) aparelho, material ou qualquer meio destinado a serviço de combate ao perigo, de socorro ou salvamento. A ação deve ser realizada por ocasião de incêndio, naufrágio, ou outro desastre ou calamidade, pois não o sendo, o crime poderá ser o de furto ou de dano.	2
Sujeitos	**Sujeito ativo:** pode ser qualquer pessoa. **Sujeito passivo:** será o Estado, a coletividade, bem como aquele que for, efetivamente, atingido ou posto a perigo.	3
Objetos	**Objeto jurídico:** O objeto juridicamente tutelado é a incolumidade pública. **Objeto material:** é o aparelho, material ou qualquer meio destinado ao serviço de combate ao perigo, de socorro ou salvamento.	4
Elemento Subjetivo	O elemento subjetivo exigido no tipo penal é o dolo de perigo. Não há previsão para a modalidade culposa.	5
Consumação e Tentativa	Consuma-se o crime no momento em que o agente pratica qualquer das condutas previstas no tipo penal. A forma tentada é perfeitamente cabível.	6

Ação Penal	A ação penal é de iniciativa pública incondicionada.	7
Penas	A pena para o crime pode ser de reclusão, de dois a cinco anos, e multa.	8
Classificação	**a)** **Comum** (não se exige qualidade especial do sujeito ativo); **b)** **Formal** (a consumação não exige a produção de um resultado naturalístico); **c)** De forma **livre** (a Lei não estabelece exigência para a forma de execução); **d)** **Simples** (tutela apenas um bem jurídico); **e)** **Comissivo** (praticado mediante ação); **f)** **Unissubjetivo** (pode haver ou não concurso de pessoas); **g)** **Instantâneo** (consuma-se de imediato) ou **Permanente** (a conduta se protrai no tempo), na conduta "ocultar"; **h)** **Plurissubsistente** (a conduta pode ser fracionada, e por isso admite a tentativa) ou **unissubsistente** (a conduta não pode ser fracionada), a depender do caso; **i)** De **perigo** (a consumação ocorre com a mera exposição do bem jurídico a perigo); **j)** **Doloso**.	9

9. FORMAS QUALIFICADAS DE CRIME DE PERIGO COMUM

> **Art. 258.** Se do crime doloso de perigo comum resulta lesão corporal de natureza grave, a pena privativa de liberdade é aumentada de metade; se resulta morte, é aplicada em dobro. No caso de culpa, se do fato resulta lesão corporal, a pena aumenta-se de metade; se resulta morte, aplica-se a pena cominada ao homicídio culposo, aumentada de um terço.

9.1. Considerações

O art. 258 do Código Penal traz causas de aumento de pena aplicáveis aos crimes de perigo comum. Na primeira parte do dispositivo, temos um aumento de pena para crimes preterdolosos (dolo na conduta e culpa no resultado mais grave).

Deste modo, poderemos ter um crime de perigo comum praticado dolosamente, e, por culpa (imprudência, negligencia ou imperícia) sobrevém o resultado mais grave (lesão corporal grave ou morte da vítima).

Por sua vez, na segunda parte, temos o resultado culposo majorando a pena de um crime culposo. Ou seja, trata-se de hipótese de culpa na conduta (antecedente) e culpa no resultado (consequente).

Se da conduta praticada (dolosa ou culposa) resultar mais de um resultado mais gravoso (lesão corporal grave ou morte) não haverá que se falar em concurso de crimes.

10. DIFUSÃO DE DOENÇA OU PRAGA

Art. 259. Difundir doença ou praga que possa causar dano a floresta, plantação ou animais de utilidade econômica:

Pena - reclusão, de dois a cinco anos, e multa.

Modalidade Culposa

Parágrafo único. No caso de culpa, a pena é de detenção, de um a seis meses, ou multa.

10.1. Considerações

No que tange ao *caput*, trata-se de figura revogada pelo art. 61 da Lei n. 9.605/98 – Lei de Crimes Ambientais. O mencionado dispositivo possui a seguinte redação: "Disseminar doença ou praga ou espécies que possam causar dano à agricultura, à pecuária, à fauna, à flora ou aos ecossistemas". Para esta conduta, é cominada uma pena de "reclusão, de um a quatro anos, e multa".

A Lei de Crimes Ambientais não previu modalidade culposa, razão pela qual devemos concluir que ela já não existe como figura típica no nosso ordenamento jurídico.

II

DOS CRIMES CONTRA A SEGURANÇA DOS MEIOS DE COMUNICAÇÃO E TRANSPORTE E OUTROS SERVIÇOS PÚBLICOS

1. PERIGO DE DESASTRE FERROVIÁRIO

> **Art. 260.** Impedir ou perturbar serviço de estrada de ferro:
>
> I - destruindo, danificando ou desarranjando, total ou parcialmente, linha férrea, material rodante ou de tração, obra-de-arte ou instalação;
>
> II - colocando obstáculo na linha;
>
> III - transmitindo falso aviso acerca do movimento dos veículos ou interrompendo ou embaraçando o funcionamento de telégrafo, telefone ou radiotelegrafia;
>
> IV - praticando outro ato de que possa resultar desastre:
>
> Pena - reclusão, de 2 (dois) a 5 (cinco) anos, e multa.
>
> Desastre Ferroviário
>
> § 1° Se do fato resulta desastre:
>
> Pena - reclusão, de 4 (quatro) a 12 (doze) anos e multa.
>
> § 2° No caso de culpa, ocorrendo desastre:
>
> Pena - detenção, de 6 (seis) meses a 2 (dois) anos.
>
> § 3° Para os efeitos deste artigo, entende-se por estrada de ferro qualquer via de comunicação em que circulem veículos de tração mecânica, em trilhos ou por meio de cabo aéreo.

1.1. Considerações Iniciais

Entende-se por estrada de ferro, qualquer via de comunicação em que circulem veículos de tração mecânica, em trilhos ou por meio de cabo aéreo, consoante disposto no § 3° do artigo agora estudado. Ainda, ressalte-se que, necessariamente, o transporte deverá ser coletivo, ou seja, destinado a conduzir um número indeterminado de pessoas, já que estamos diante de um crime de perigo comum.

Os meios de execução deste delito são aqueles previstos, exemplificativamente, nos incisos do art. 260 do Código Penal, bem como qualquer outro meio capaz de impedir ou perturbar o serviço de estrada de ferro. Além disso, o artigo também prevê pena maior para os casos de ocorrência do desastre, seja dolosa ou culposamente.

Consoante art. 263, combinando com o art. 258 do Código Penal, se do desastre culposo resulta lesão, ainda que leve, a pena aumenta-se em metade e, se resulta morte, aplica-se a pena de homicídio culposo aumentada de um terço.

Demonstra-se oportuno tratarmos do **surfista ferroviário.** Há entendimentos no sentido de que os jovens que se equilibram sobre a composição do trem em andamento, não incidem no crime de perigo de desastre rodoviário, haja vista que, em verdade, expõe a perigo a própria vida, e não de terceiros. Ou seja, o elemento subjetivo, que é a vontade livre e consciente de criar situação concreta de perigo de desastre rodoviário, em verdade, não é encontrado em tal conduta.

Igualmente adequado é trazermos a distinção a seguir, a fim de que tal conduta não seja caracterizada no crime previsto no artigo agora estudado, a despeito de ser encaixada em previsão mais específica. **Se há o fim político, o art. 15 da Lei de Segurança Nacional pune a prática de sabotagem contra meios e vias de transportes.** Ainda nesta perspectiva, **caso o agente se utilize de espécies da fauna silvestre para impedir ou perturbar o serviço de estrada de ferro**, responderá também pelo crime previsto no art. 29 da Lei de Crimes Ambientai (Lei n. 9.605/98).

O crime de perigo de desastre rodoviário é comum; doloso e culposo; comissivo (podendo ser praticado via omissão imprópria, caso o agente goze do status de garantidor); de forma vinculada; instantâneo; de perigo comum e concreto; unissubjetivo; plurissubsistente.

1.2. Tipicidade Objetiva

A ação nuclear do agente delituoso consubstancia-se nas condutas impedir (obstruir) ou perturbar (atrapalhar) serviços de estrada e ferro. Cuida-se, portanto, de um tipo misto alternativo e a prática de uma ou mais condutas implica no cometimento de um único delito, desde que considerado o mesmo contexto fático.

1.3. Sujeitos

Sujeito ativo: Trata-se de um crime comum, portanto, o sujeito ativo pode ser qualquer pessoa.

Sujeito passivo: será o Estado, a coletividade, bem como aquele que for, direta e efetivamente, sofreu o dano ou a ele foi exposto.

1.4. Objetos

Objeto jurídico: o objeto juridicamente tutelado é a incolumidade pública.

Objeto material: consoante o § 3° do presente artigo, o objeto material é a linha férrea, material rodante ou de tração, obra de arte ou instalação, telégrafo, telefone ou radiotelegrafia.

1.5. Elemento Subjetivo

O elemento subjetivo exigido no tipo penal é o dolo de perigo, pois se exige do agente a vontade de gerar um risco não tolerado a terceiros, o que não quer dizer que o agente queira, efetivamente, praticar o dano, já que ele não quer causar o desastre, e sim apenas uma situação perigosa. Há previsão para a modalidade culposa.

1.6. Consumação e Tentativa

Consuma-se o crime no momento em que o agente pratica qualquer das condutas previstas no tipo penal, não sendo necessária a ocorrência do resultado naturalístico. A forma tentada é perfeitamente cabível.

1.7. Ação Penal

A ação penal é de iniciativa pública incondicionada.

1.8. Penas

A pena para o crime pode ser de reclusão, de dois a cinco anos, e multa. Logo, podemos concluir que:

a) Não é possível a transação penal (art. 76, Lei n. 9.099/95), pois não se trata de infração penal de menor potencial ofensivo;

b) Não é possível a suspensão condicional do processo (art. 89, Lei n. 9.099/95), pois a pena mínima ultrapassa um ano.

1.9. Classificação

O crime pode ser classificado como:

a) **Comum** (não se exige qualidade especial do sujeito ativo);

b) **Formal** (a consumação não exige a produção de um resultado naturalístico);

c) De **forma vinculada** (a Lei estabelece exigência para a forma de execução);

d) **Simples** (tutela apenas um bem jurídico);

e) **Comissivo** (praticado mediante ação);

f) **Unissubjetivo** (pode haver ou não concurso de pessoas);

g) **Instantâneo** (consuma-se de imediato);

h) **Plurissubsistente** (a conduta pode ser fracionada, e por isso admite a tentativa);

i) De **perigo** (a consumação ocorre com a mera exposição do bem jurídico a perigo);

j) **Doloso**.

1.10. Quadro Sinótico

PERIGO DE DESASTRE FERROVIÁRIO		
Considerações Iniciais	Entende-se por estrada de ferro, qualquer via de comunicação em que circulem veículos de tração mecânica, em trilhos ou por meio de cabo aéreo, consoante disposto no § 3° do artigo agora estudado. Ainda, ressalte-se que, necessariamente, o transporte deverá ser coletivo, ou seja, destinado a conduzir um número indeterminado de pessoas, já que estamos diante de um crime de perigo comum. Os meios de execução deste delito são aqueles previstos, exemplificativamente, nos incisos do art. 260 do Código Penal, bem como qualquer outro meio capaz de impedir ou perturbar o serviço de estrada de ferro. Além disso, o artigo também prevê pena maior para os casos de ocorrência do desastre, seja dolosa ou culposamente. Consoante art. 263, combinando com o art. 258 do Código Penal, se do desastre culposo resulta lesão, ainda que leve, a pena aumenta-se em metade e, se resulta morte, aplica-se a pena de homicídio culposo aumentada de um terço.	1
Tipicidade Objetiva	A ação nuclear do agente delituoso consubstancia-se nas condutas impedir (obstruir) ou perturbar (atrapalhar) serviços de estrada e ferro.	2
Sujeitos	**Sujeito ativo:** Trata-se de um crime comum, portanto, o sujeito ativo pode ser qualquer pessoa. **Sujeito passivo:** será o Estado, a coletividade, bem como aquele que for, direta e efetivamente, sofreu o dano ou a ele foi exposto.	3
Objetos	**Objeto jurídico:** o objeto juridicamente tutelado é a incolumidade pública. **Objeto material:** consoante o § 3° do presente artigo, o objeto material é a linha férrea, material rodante ou de tração, obra de arte ou instalação, telégrafo, telefone ou radiotelegrafia.	4
Elemento Subjetivo	O elemento subjetivo exigido no tipo penal é o dolo de perigo. Há previsão para a modalidade culposa.	5
Consumação e Tentativa	Consuma-se o crime no momento em que o agente pratica qualquer das condutas previstas no tipo penal, não sendo necessária a ocorrência do resultado naturalístico. A forma tentada é perfeitamente cabível.	6
Ação Penal	Trata-se de crime de ação penal de iniciativa pública incondicionada. Poderá a ação penal converter-se em pública condicionada à representação do ofendido, nas hipóteses do art. 182 do Código Penal, quais sejam se o sujeito passivo é cônjuge judicialmente separado; irmão; e, por fim, tio ou sobrinho, com quem o agente coabita, desde que a vítima não seja pessoa com idade igual ou superior a 60 (sessenta) anos, conforme determina o art. 183 do mesmo diploma legal.	7

Penas	A pena para o crime pode ser de reclusão, de dois a cinco anos, e multa.	8
Classificação	**a) Comum** (não se exige qualidade especial do sujeito ativo); **b) Formal** (a consumação não exige a produção de um resultado naturalístico); **c)** De forma **vinculada** (a Lei estabelece exigência para a forma de execução); **d) Simples** (tutela apenas um bem jurídico); **e) Comissivo** (praticado mediante ação); **f) Unissubjetivo** (pode haver ou não concurso de pessoas); **g) Instantâneo** (consuma-se de imediato); **h) Plurissubsistente** (a conduta pode ser fracionada, e por isso admite a tentativa); **i)** De **perigo** (a consumação ocorre com a mera exposição do bem jurídico a perigo); **j) Doloso.**	9

2. ATENTADO CONTRA A SEGURANÇA DE TRANSPORTE MARÍTIMO, FLUVIAL OU AÉREO

> **Art. 261.** Expor a perigo embarcação ou aeronave, própria ou alheia, ou praticar qualquer ato tendente a impedir ou dificultar navegação marítima, fluvial ou aérea:
>
> Pena - reclusão, de 2 (dois) a 5 (cinco) anos.
>
> Sinistro em Transporte Marítimo, Fluvial ou Aéreo
>
> § 1° Se do fato resulta naufrágio, submersão ou encalhe de embarcação ou a queda ou destruição de aeronave:
>
> Pena - reclusão, de 4 (quatro) a 12 (doze) anos.
>
> Prática do Crime com o Fim de Lucro
>
> § 2° Aplica-se, também, a pena de multa, se o agente pratica o crime com intuito de obter vantagem econômica, para si ou para outrem.
>
> Modalidade Culposa
>
> § 3° No caso de culpa, se ocorre o sinistro:
>
> Pena - detenção, de 6 (seis) meses a 2 (dois) anos.

2.1. Considerações Iniciais

Merece ser destacado que o tipo não abrangeu a chamada embarcação lacustre, isto é, aquela que se faz em lagos e lagoas. Se o crime for cometido neste ambiente, a conduta será aquela inserta no art. 262 do Código Penal, **atentado contra a segurança de outro meio de transporte.**

Entende-se por embarcação o navio, a lancha, o barco, ou qualquer outra construção destinada à navegação, que vise o transporte coletivo. Por aeronave, compreende-se o avião, o helicóptero, o balão, ou, igualmente, qualquer outro meio que vise, necessariamente, o transporte coletivo.

O § 1º prevê que se do fato resulta naufrágio, submersão ou encalhe de embarcação ou queda ou destruição de aeronave, a pena é de reclusão de quatro a doze anos. Trata-se da figura qualificada.

O § 2º prevê a aplicação da pena de multa cominada com a de reclusão, caso o agente tenha praticado o crime com intuito de obter vantagem econômica, seja para si ou para outrem.

De mais a mais, é prevista a modalidade culposa, conforme § 3º, podendo incidir causa de aumento de pena da metade, se do sinistro culposo resultar lesão; caso resulte a morte, deve ser aplicada a pena prevista para o homicídio culposo aumentada de um terço.

Ademais, consoante art. 263, combinando com o art. 258 do Código Penal, se da conduta resulta lesão grave, a pena aumenta-se em metade e, se resulta morte, é aplicada em dobro. Noutro passo, sendo culposo, se da ação resulta lesão, ainda que leve, a pena é aumentada em metade; se resulta morte, aplica-se a pena do homicídio culposo acrescido de um terço.

Registre-se, entretanto, que se a **destruição da embarcação ou aeronave ocorrer por meio de incêndio ou explosão,** o crime será aquele previsto no art. 250, § 1°, II, c, ou ar. 251, § 2°; **caso haja motivação política, o crime poderá ser o previsto no art. 15 da Lei de Segurança Nacional** (Lei n. 7.170/83); caso o agente se entregue, na prática de aviação, a acrobacias ou voos baixos, fora da zona em que a lei o permite, ou faça descer aeronave fora dos lugares destinados a esse fim, haverá a **contravenção penal de abuso na prática da aviação,** prevista no art. 35 da Lei das Contravenções Penais.

O crime de atentado contra a segurança de transporte marítimo, fluvial ou aéreo é comum; doloso e culposo; comissivo (podendo ser praticado via omissão imprópria, caso o agente goze do status de garantidor); de forma livre; instantâneo; de perigo comum e concreto; unissubjetivo; plurissubsistente.

2.2. Tipicidade Objetiva

A ação nuclear do agente delituoso consubstancia-se nas condutas expor (arriscar) a perigo embarcação ou aeronave e praticar qualquer ato que impeça ou dificulte navegação marítima, fluvial ou aérea, seja própria ou alheia.

2.3. Sujeitos

Sujeito ativo: trata-se de um crime comum, portanto, o sujeito ativo pode ser qualquer pessoa.

Sujeito passivo: será o Estado, a coletividade, bem como aquele que for, direta e efetivamente, sofreu o dano ou a ele foi exposto.

2.4. Objetos

Objeto jurídico: o objeto juridicamente tutelado é a incolumidade pública.

Objeto material: considerado o previsto no § 3º do presente artigo, o objeto material é a linha férrea, material rodante ou de tração, obra de arte ou instalação, telégrafo, telefone ou radiotelegrafia.

2.5. Elemento Subjetivo

O elemento subjetivo exigido no tipo penal é o dolo de perigo, pois se exige do agente a vontade de gerar um risco não tolerado a terceiros. É sempre necessária a ciência do agente quanto à provocação do perigo comum. Há previsão para a modalidade culposa.

2.6. Consumação e Tentativa

Consuma-se o crime no momento em que o agente pratica qualquer das condutas previstas no tipo penal, não sendo necessária a ocorrência do resultado naturalístico. A forma tentada é perfeitamente cabível.

2.7. Ação Penal

A ação penal é de iniciativa pública incondicionada.

2.8. Penas

A pena para o crime pode ser de reclusão, de dois a cinco anos, e multa. Logo, podemos concluir que:

a) Não é possível a transação penal (art. 76, Lei n. 9.099/95), pois não se trata de infração penal de menor potencial ofensivo;

b) Não é possível a suspensão condicional do processo (art. 89, Lei n. 9.099/95), pois a pena mínima ultrapassa um ano.

2.9. Classificação

O crime pode ser classificado como:

a) **Comum** (não se exige qualidade especial do sujeito ativo);

b) **Formal** (a consumação não exige a produção de um resultado naturalístico);

c) De **forma livre** (a Lei não estabelece exigência para a forma de execução);

d) **Simples** (tutela apenas um bem jurídico);

e) **Comissivo** (praticado mediante ação);

f) **Unissubjetivo** (pode haver ou não concurso de pessoas);

g) **Instantâneo** (consuma-se de imediato);

h) **Plurissubsistente** (a conduta pode ser fracionada, e por isso admite a tentativa);

i) De **perigo** (a consumação ocorre com a mera exposição do bem jurídico a perigo);

j) **Doloso**.

2.10. Quadro Sinótico

ATENTADO CONTRA A SEGURANÇA DE TRANSPORTE MARÍTIMO, FLUVIAL OU AÉREO		
Considerações Iniciais	O tipo não abrangeu a chamada embarcação lacustre, isto é, aquela que se faz em lagos e lagoas. Entende-se por embarcação o navio, a lancha, o barco, ou qualquer outra construção destinada à navegação, que vise o transporte coletivo. Por aeronave, compreende-se o avião, o helicóptero, o balão, ou, igualmente, qualquer outro meio que vise, necessariamente, o transporte coletivo. O § 1º prevê que se do fato resulta naufrágio, submersão ou encalhe de embarcação ou queda ou destruição de aeronave, a pena é de reclusão de quatro a doze anos. Trata-se da figura qualificada. O § 2º prevê a aplicação da pena de multa cominada com a de reclusão, caso o agente tenha praticado o crime com intuito de obter vantagem econômica, seja para si ou para outrem. De mais a mais, é prevista a modalidade culposa, conforme § 3º, podendo incidir causa de aumento de pena da metade, se do sinistro culposo resultar lesão; caso resulte a morte, deve ser aplicada a pena prevista para o homicídio culposo aumentada de um terço. Ademais, consoante art. 263, combinando com o art. 258 do Código Penal, se da conduta resulta lesão grave, a pena aumenta-se em metade e, se resulta morte, é aplicada em dobro. Noutro passo, sendo culposo, se da ação resulta lesão, ainda que leve, a pena é aumentada em metade; se resulta morte, aplica-se a pena do homicídio culposo acrescido de um terço.	1
Tipicidade Objetiva	A ação nuclear do agente delituoso consubstancia-se nas condutas expor (arriscar) a perigo embarcação ou aeronave e praticar qualquer ato que impeça ou dificulte navegação marítima, fluvial ou aérea, seja própria ou alheia.	2
Sujeitos	**Sujeito ativo:** trata-se de um crime comum, portanto, o sujeito ativo pode ser qualquer pessoa. **Sujeito passivo:** será o Estado, a coletividade, bem como aquele que for, direta e efetivamente, sofreu o dano ou a ele foi exposto.	3
Objetos	**Objeto jurídico:** o objeto juridicamente tutelado é a incolumidade pública. **Objeto material:** é a linha férrea, material rodante ou de tração, obra de arte ou instalação, telégrafo, telefone ou radiotelegrafia.	4
Elemento Subjetivo	O elemento subjetivo exigido no tipo penal é o dolo de perigo. É sempre necessária a ciência do agente quanto à provocação do perigo comum. Há previsão para a modalidade culposa.	5

Consumação e Tentativa	Consuma-se o crime no momento em que o agente pratica qualquer das condutas previstas no tipo penal, não sendo necessária a ocorrência do resultado naturalístico. A forma tentada é perfeitamente cabível.	6
Ação Penal	A ação penal é de iniciativa pública incondicionada.	7
Penas	A pena para o crime pode ser de reclusão, de dois a cinco anos, e multa.	8
Classificação	**a)** **Comum** (não se exige qualidade especial do sujeito ativo); **b)** **Formal** (a consumação não exige a produção de um resultado naturalístico); **c)** De forma **livre** (a Lei não estabelece exigência para a forma de execução); **d)** **Simples** (tutela apenas um bem jurídico); **e)** **Comissivo** (praticado mediante ação); **f)** **Unissubjetivo** (pode haver ou não concurso de pessoas); **g)** **Instantâneo** (consuma-se de imediato); **h)** **Plurissubsistente** (a conduta pode ser fracionada, e por isso admite a tentativa); **i)** De **perigo** (a consumação ocorre com a mera exposição do bem jurídico a perigo); **j)** **Doloso**.	9

3. ATENTADO CONTRA A SEGURANÇA DE OUTRO MEIO DE TRANSPORTE

Art. 262. Expor a perigo outro meio de transporte público, impedir-lhe ou dificultar-lhe o funcionamento:

Pena - detenção, de 1 (um) a 2 (dois) anos.

§ 1° Se do fato resulta desastre, a pena é de reclusão, de 2 (dois) a 5 (cinco) anos.

§ 2° No caso de culpa, se ocorre desastre:

Pena - detenção, de 3 (três) meses a 1 (um) ano.

3.1. Considerações Iniciais

Por transporte público devemos entender não somente aquele prestado pelo Estado, mas sim o levado a efeito no interesse da coletividade, ainda que prestado por particulares.

O § 1º prevê que se do fato resulta desastre, a pena é de reclusão de dois a cinco anos. Trata-se da figura qualificada.

De mais a mais, é prevista a modalidade culposa, conforme § 2º, quando a pena será de detenção de três meses a um ano.

Ademais, consoante art. 263, combinando com o art. 258 do Código Penal, se do desastre resulta lesão grave, a pena aumenta-se em metade e, se resulta morte, é aplicada em dobro. Noutro passo, sendo culposo, se do desastre resulta lesão, ainda que leve, a pena é aumentada em metade; se resulta morte, aplica-se a pena do homicídio culposo acrescido de um terço.

Registre-se que **caso haja motivação política, o crime poderá ser o previsto no art. 15 da Lei de Segurança Nacional** (Lei n. 7.170/83); já o ato de **impedir ou dificultar o funcionamento de instalação nuclear ou o transporte de material nuclear** configurará o crime previsto no art. 27 da Lei n. 6.358/78, que dispõe sobre a responsabilidade civil por danos nucleares e a responsabilidade criminal por atos relacionados com atividades nucleares.

O crime de atentado contra a segurança de outro meio de transporte é comum; doloso e culposo; comissivo (podendo ser praticado via omissão imprópria, caso o agente goze do status de garantidor); de forma livre; instantâneo; de perigo comum e concreto; unissubjetivo; plurissubsistente.

3.2. Tipicidade Objetiva

A ação nuclear do agente delituoso consubstancia-se na conduta de expor (arriscar) a perigo meio de transporte não abrangido nos artigos anteriores, a exemplo do transporte viário, lacustre, os realizados por meio de ascensores públicos, como acontece na cidade de Salvador, na Bahia, onde um elevador faz a comunicação entre as cidades baixa e alta etc.

Trata-se de um tipo penal misto alternativo, de modo que a realização de mais de uma conduta, no mesmo contexto, com o mesmo objeto material, dará ensejo a apenas um crime.

3.3. Sujeitos

Sujeito ativo: trata-se de um crime comum, portanto, o sujeito ativo pode ser qualquer pessoa.

Sujeito passivo: será o Estado, a coletividade, bem como aquele que for, direta e efetivamente, sofreu o dano ou a ele foi exposto.

3.4. Objetos

Objeto jurídico: o objeto juridicamente tutelado é a incolumidade pública.

Objeto material: qualquer meio de transporte público diverso de embarcação ou aeronave.

3.5. Elemento Subjetivo

O elemento subjetivo exigido no tipo penal é o dolo de perigo, pois se exige do agente a vontade de gerar um risco não tolerado a terceiros. É sempre necessária a ciência do agente quanto à provocação do perigo comum. Há previsão para a modalidade culposa.

3.6. Consumação e Tentativa

Consuma-se o crime no momento em que o agente pratica qualquer das condutas previstas no tipo penal, não sendo necessária a ocorrência do resultado naturalístico. Este, se ocorrer, ensejará a aplicação das qualificadoras previstas nos parágrafos 1° e 2° do artigo agora estudado.

A forma tentada é perfeitamente cabível.

3.7. Ação Penal

A ação penal é de iniciativa pública incondicionada.

3.8. Penas

A pena para o crime pode ser de detenção, de um a dois anos. Logo, podemos concluir que:

a) É possível a transação penal (art. 76, Lei n. 9.099/95), pois se trata de infração penal de menor potencial ofensivo;

b) É possível a suspensão condicional do processo (art. 89, Lei n. 9.099/95), pois a pena mínima não ultrapassa um ano.

3.9. Classificação

O crime pode ser classificado como:

a) **Comum** (não se exige qualidade especial do sujeito ativo);

b) **Formal** (a consumação não exige a produção de um resultado naturalístico);

c) De **forma livre** (a Lei não estabelece exigência para a forma de execução);

d) **Simples** (tutela apenas um bem jurídico);

e) **Comissivo** (praticado mediante ação);

f) **Unissubjetivo** (pode haver ou não concurso de pessoas);

g) **Instantâneo** (consuma-se de imediato);

h) **Plurissubsistente** (a conduta pode ser fracionada, e por isso admite a tentativa);

i) De **perigo** (a consumação ocorre com a mera exposição do bem jurídico a perigo);

j) **Doloso** ou **culposo.**

3.10. Quadro Sinótico

ATENTADO CONTRA A SEGURANÇA DE OUTRO MEIO DE TRANSPORTE		
Considerações Iniciais	Por transporte público devemos entender não somente aquele prestado pelo Estado, mas sim o levado a efeito no interesse da coletividade, ainda que prestado por particulares. O § 1º prevê que se do fato resulta desastre, a pena é de reclusão de dois a cinco anos. Trata-se da figura qualificada. De mais a mais, é prevista a modalidade culposa, conforme § 2º, quando a pena será de detenção de três meses a um ano. Ademais, consoante art. 263, combinando com o art. 258 do Código Penal, se do desastre resulta lesão grave, a pena aumenta-se em metade e, se resulta morte, é aplicada em dobro. Noutro passo,	1

Considerações Iniciais	sendo culposo, se do desastre resulta lesão, ainda que leve, a pena é aumentada em metade; se resulta morte, aplica-se a pena do homicídio culposo acrescido de um terço.	1
Tipicidade Objetiva	A ação nuclear do agente delituoso consubstancia-se na conduta de expor (arriscar) a perigo meio de transporte não abrangido nos artigos anteriores, a exemplo do transporte viário, lacustre, os realizados por meio de ascensores públicos. Trata-se de um tipo penal misto alternativo.	2
Sujeitos	**Sujeito ativo:** pode ser qualquer pessoa. **Sujeito passivo:** será o Estado, a coletividade, bem como aquele que for, direta e efetivamente, sofreu o dano ou a ele foi exposto.	3
Objetos	**Objeto jurídico:** o objeto juridicamente tutelado é a incolumidade pública. **Objeto material:** qualquer meio de transporte público diverso de embarcação ou aeronave.	4
Elemento Subjetivo	O elemento subjetivo exigido no tipo penal é o dolo de perigo, pois se exige do agente a vontade de gerar um risco não tolerado a terceiros. Há previsão para a modalidade culposa.	5
Consumação e Tentativa	Consuma-se o crime no momento em que o agente pratica qualquer das condutas previstas no tipo penal, não sendo necessária a ocorrência do resultado naturalístico. Este, se ocorrer, ensejará a aplicação das qualificadoras previstas nos parágrafos 1° e 2° do artigo agora estudado. A forma tentada é perfeitamente cabível.	6
Ação Penal	A ação penal é de iniciativa pública incondicionada.	7
Penas	A pena prevista para o crime de furto é de reclusão de um a quatro anos, além da multa.	8
Classificação	**a)** **Comum** (não se exige qualidade especial do sujeito ativo); **b)** **Formal** (a consumação não exige a produção de um resultado naturalístico); **c)** De forma **livre** (a Lei não estabelece exigência para a forma de execução); **d)** **Simples** (tutela apenas um bem jurídico); **e)** **Comissivo** (praticado mediante ação); **f)** **Unissubjetivo** (pode haver ou não concurso de pessoas); **g)** **Instantâneo** (consuma-se de imediato); **h)** **Plurissubsistente** (a conduta pode ser fracionada, e por isso admite a tentativa); **i)** De **perigo** (a consumação ocorre com a mera exposição do bem jurídico a perigo); **j)** **Doloso** ou **culposo**.	9

4. FORMA QUALIFICADA

Art. 263. Se de qualquer dos crimes previstos nos arts. 260 a 262, no caso de desastre ou sinistro, resulta lesão corporal ou morte, aplica-se o disposto no Art. 258.

4.1. Considerações

O art. 263 do Código Penal, ao remeter o intérprete ao disposto no art. 258 do mesmo Código, traz causas de aumento de pena aplicáveis aos crimes estampados entre os artigos 260 e 262, CP.

Vale reiterar que o art. 258 estabelece o seguinte: "Se do crime doloso de perigo comum resulta lesão corporal de natureza grave, a pena privativa de liberdade é aumentada de metade; se resulta morte, é aplicada em dobro. No caso de culpa, se do fato resulta lesão corporal, a pena aumenta-se de metade; se resulta morte, aplica-se a pena cominada ao homicídio culposo, aumentada de um terço".

Conforme comentamos, ao abordar o referido dispositivo, "o art. 258 do Código Penal traz causas de aumento de pena aplicáveis aos crimes de perigo comum. Na primeira parte do dispositivo, temos um aumento de pena para crimes preterdolosos (dolo na conduta e culpa no resultado mais grave).

Deste modo, poderemos ter um crime de perigo comum praticado dolosamente, e, por culpa (imprudência, negligencia ou imperícia) sobrevém o resultado mais grave (lesão corporal grave ou morte da vítima).

Por sua vez, na segunda parte, temos o resultado culposo majorando a pena de um crime culposo. Ou seja, trata-se de hipótese de culpa na conduta (antecedente) e culpa no resultado (consequente).

Se da conduta praticada (dolosa ou culposa) resultar mais de um resultado mais gravoso (lesão corporal grave ou morte) não haverá que se falar em concurso de crimes".

5. ARREMESSO DE PROJÉTIL

Art. 264. Arremessar projétil contra veículo, em movimento, destinado ao transporte público por terra, por água ou pelo ar:

Pena - detenção, de 1 (um) a 6 (seis) meses.

Parágrafo único. Se do fato resulta lesão corporal, a pena é de detenção, de 6 (seis) meses a 2 (dois) anos; se resulta morte, a pena é a do Art. 121, § 3°, aumentada de um terço.

5.1. Considerações Iniciais

Faz-se necessário frisar que o veículo deve estar em movimento. Se a conduta prevista neste artigo for desferida contra veículo estacionado, o crime poderá ser classificado, por exemplo, como crime de dano. Para a maioria da doutrina, o veículo parado em um congestionamento está em movimento. Nesta perspectiva, não será objeto material deste crime, tão somente, aquele veículo que esteja estacionado.

Ainda sobre o veículo, ele deverá ser destinado ao transporte que tenha natureza pública, mesmo que ele seja particular.

Conforme o parágrafo único deste artigo, se a conduta resultar lesão corporal, a pena é de detenção, de 6 (seis) meses a 2 (dois) anos; se resulta morte, a pena é a do homicídio culposo, aumentada de um terço.

Vejamos, entretanto, que se o agente, **mediante emprego de arma de fogo, disparar projéteis contra o veículo de transporte coletivo que se encontra em via pública,** o fato poderá enquadrar-se no art. 15 da Lei n. 10.826/2003, cujo teor é o seguinte: "Disparar arma de fogo ou acionar munição em local habitado ou em suas adjacências, em via pública ou em direção a ela, desde que essa conduta não tenha como finalidade a prática de outro crime"; se o agente realizar **arremesso de projétil com a intenção de matar ou lesionar pessoa determinada dentro de transporte coletivo,** o crime será o do ar. 121 ou 129 do Código Penal.

O crime de arremesso de projétil é comum; doloso e culposo; comissivo (podendo ser praticado via omissão imprópria, caso o agente goze do status de garantidor); de forma vinculada; instantâneo; de perigo comum e concreto; unissubjetivo; plurissubsistente (embora exista divergência doutrinária).

5.2. Tipicidade Objetiva

A ação nuclear do agente delituoso consubstancia-se na conduta de arremessar (lançar, atirar, jogar) projétil contra veículo em movimento, destinado a transporte público.

5.3. Sujeitos

Sujeito ativo: trata-se de um crime comum, portanto, o sujeito ativo pode ser qualquer pessoa.

Sujeito Passivo: o Estado, a coletividade, bem como aquele quer, direta e efetivamente, sofreu o dano ou a ele foi exposto.

5.4. Objetos

Objeto jurídico: o objeto juridicamente tutelado, mais uma vez, é a incolumidade pública.

Objeto material: é o projétil.

5.5. Elemento Subjetivo

O elemento subjetivo exigido no tipo penal é o dolo de perigo, pois se exige do agente a vontade de gerar um risco não tolerado a terceiros.

Não há previsão para a modalidade culposa.

5.6. Consumação e Tentativa

Consuma-se o crime no momento em que o agente pratica qualquer das condutas previstas no tipo penal, não sendo necessária a ocorrência do resultado naturalístico, haja vista o crime em questão é de perigo abstrato.

Existe controvérsia doutrinária acerca da possibilidade ou não do reconhecimento da tentativa. Não obstante, defendemos a possibilidade de a conduta ser fracionada, como no caso, por exemplo, de terceiro que impede o arremesso do projeto no exato momento que o agente iria lançá-lo. Assim, restaria admitida a tentativa.

5.7. Ação Penal

A ação penal é de iniciativa pública incondicionada.

5.8. Penas

A pena para o crime pode ser de detenção, de um a seis meses. Logo, podemos concluir que:

a) É possível a transação penal (art. 76, Lei n. 9.099/95), pois se trata de infração penal de menor potencial ofensivo;

b) É possível a suspensão condicional do processo (art. 89, Lei n. 9.099/95), pois a pena mínima não ultrapassa um ano.

5.9. Classificação

O crime pode ser classificado como:

a) **Comum** (não se exige qualidade especial do sujeito ativo);

b) **Formal** (a consumação não exige a produção de um resultado naturalístico);

c) De **forma livre** (a Lei não estabelece exigência para a forma de execução);

d) **Simples** (tutela apenas um bem jurídico);

e) **Comissivo** (praticado mediante ação);

f) **Unissubjetivo** (pode haver ou não concurso de pessoas);

g) **Instantâneo** (consuma-se de imediato);

h) **Plurissubsistente** (a conduta pode ser fracionada, e por isso admite a tentativa) ou **unissubsistente** (a conduta não pode ser fracionada);

i) De **perigo** (a consumação ocorre com a mera exposição do bem jurídico a perigo);

j) **Doloso**.

5.10. Quadro Sinótico

ARREMESSO DE PROJÉTIL		
Considerações Iniciais	O veículo deve estar em movimento. Ainda sobre o veículo, ele deverá ser destinado ao transporte que tenha natureza pública, mesmo que ele seja particular. Conforme o parágrafo único deste artigo, se a conduta resultar lesão corporal, a pena é de detenção, de 6 (seis) meses a 2 (dois) anos; se resulta morte, a pena é a do homicídio culposo, aumentada de um terço.	1
Tipicidade Objetiva	A ação nuclear do agente delituoso consubstancia-se na conduta de arremessar (lançar, atirar, jogar) projétil contra veículo em movimento, destinado a transporte público.	2
Sujeitos	**Sujeito ativo:** trata-se de um crime comum, portanto, o sujeito ativo pode ser qualquer pessoa. **Sujeito Passivo:** o Estado, a coletividade, bem como aquele quer, direta e efetivamente, sofreu o dano ou a ele foi exposto.	3
Objetos	**Objeto jurídico:** é a incolumidade pública. **Objeto material:** é o projétil.	4
Elemento Subjetivo	O elemento subjetivo exigido no tipo penal é o dolo de perigo. Não há previsão para a modalidade culposa.	5
Consumação e Tentativa	Consuma-se o crime no momento em que o agente pratica qualquer das condutas previstas no tipo penal, não sendo necessária a ocorrência do resultado naturalístico, haja vista o crime em questão é de perigo abstrato. Existe controvérsia doutrinária acerca da possibilidade ou não do reconhecimento da tentativa. Não obstante, defendemos ser possível a tentativa.	6
Ação Penal	A ação penal é de iniciativa pública incondicionada.	7
Penas	A pena para o crime pode ser de detenção, de um a seis meses.	8
Classificação	**a)** **Comum** (não se exige qualidade especial do sujeito ativo); **b)** **Formal** (a consumação não exige a produção de um resultado naturalístico); **c)** De forma **livre** (a Lei não estabelece exigência para a forma de execução); **d)** **Simples** (tutela apenas um bem jurídico); **e)** **Comissivo** (praticado mediante ação); **f)** **Unissubjetivo** (pode haver ou não concurso de pessoas); **g)** **Instantâneo** (consuma-se de imediato); **h)** **Plurissubsistente** (a conduta pode ser fracionada, e por isso admite a tentativa) ou **unissubsistente** (a conduta não pode ser fracionada); **i)** De **perigo** (a consumação ocorre com a mera exposição do bem jurídico a perigo); **j)** **Doloso**.	9

6. ATENTADO CONTRA A SEGURANÇA DE SERVIÇO DE UTILIDADE PÚBLICA

Art. 265. Atentar contra a segurança ou o funcionamento de serviço de água, luz, força ou calor, ou qualquer outro de utilidade pública:

Pena - reclusão, de 1 (um) a 5 (cinco) anos, e multa.

Parágrafo único. Aumentar-se-á a pena de um terço até a metade, se o dano ocorrer em virtude de subtração de material essencial ao funcionamento dos serviços.

6.1. Considerações Iniciais

O parágrafo único prevê aumento de pena de um terço até a metade se o dano ocorrer em virtude de subtração de material essencial ao funcionamento daqueles serviços de utilidade pública.

Com o desiderato de evitar que determinadas condutas sejam caracterizadas neste tipo penal à revelia de se amoldar em legislação específica, faz-se necessário trazermos algumas distinções. **Caso haja motivação política, o crime poderá ser o previsto no art. 15 da Lei de Segurança Nacional** (Lei n. 7.170/83); **se o agente impedir ou dificultar o funcionamento de instalação nuclear ou o transporte de material nuclear,** o fato poderá ser enquadrado no art. 27 da Lei n.6.453/77.

O crime de atentado contra a segurança de serviço de utilidade pública é comum; doloso e culposo; comissivo (podendo ser praticado via omissão imprópria, caso o agente goze do status de garantidor); de forma livre; instantâneo; de perigo comum e concreto; unissubjetivo; plurissubsistente (embora haja controvérsia doutrinária).

6.2. Tipicidade Objetiva

A ação nuclear do agente delituoso consubstancia-se na conduta atentar contra a segurança ou funcionamento de serviço de água, luz, força ou calor, ou qualquer outro serviço de utilidade pública, permitindo-se, pois, uma interpretação análoga no que tange a identificação de tais serviços

6.3. Sujeitos

Sujeito ativo: trata-se de um crime comum, portanto, o sujeito ativo pode ser qualquer pessoa.

Sujeito passivo: será o Estado, a coletividade, bem como aquele que, direta e efetivamente, sofreu o dano ou a ele foi exposto.

6.4. Objetos

Objeto jurídico: o objeto juridicamente tutelado é a incolumidade pública, especialmente os serviços de água, luz, força ou calor, ou qualquer outro de utilidade pública.

Objeto material: é o serviço de utilidade pública contra o qual é dirigida a conduta praticada pelo agente.

6.5. Elemento Subjetivo

O elemento subjetivo exigido no tipo penal é o dolo de perigo, pois se exige do agente a vontade de gerar um risco não tolerado a terceiros. É sempre necessária a ciência do agente quanto à provocação do perigo comum.

Não há previsão para a modalidade culposa.

6.6. Consumação e Tentativa

Consuma-se o crime no momento em que o agente pratica qualquer das condutas previstas no tipo penal, não sendo necessária a ocorrência do resultado naturalístico, haja vista que a maioria da doutrina classifica o presente crime como sendo de perigo abstrato. Ocorrendo o resultado, a conduta poderá ser qualificada, o que ensejará o aumento da pena, conforme previsão do parágrafo único do artigo agora estudado.

Há quem defenda que a forma tentada é inadmissível, uma vez que, como o artigo trata de um crime de atentado, a lei já pune como crime consumado o mero início da execução. Entretanto, tratando-se de um crime plurissubsistente, no qual é possível o fracionamento do *iter criminis*, pensamos que apenas a análise do caso concreto dirá sobre essa possibilidade.

6.7. Ação Penal

A ação penal é de iniciativa pública incondicionada.

6.8. Penas

A pena para o crime pode ser de reclusão, de um a cinco anos, e multa. Logo, podemos concluir que:

a) Não é possível a transação penal (art. 76, Lei n. 9.099/95), pois não se trata de infração penal de menor potencial ofensivo;

b) É possível a suspensão condicional do processo (art. 89, Lei n. 9.099/95), pois a pena mínima não ultrapassa um ano.

6.9. Classificação

O crime pode ser classificado como:

a) **Comum** (não se exige qualidade especial do sujeito ativo);

b) **Formal** (a consumação não exige a produção de um resultado naturalístico);

c) De **forma livre** (a Lei não estabelece exigência para a forma de execução);

d) **Simples** (tutela apenas um bem jurídico);

e) **Comissivo** (praticado mediante ação);

f) **Unissubjetivo** (pode haver ou não concurso de pessoas);

g) **Instantâneo** (consuma-se de imediato);

h) **Plurissubsistente** (a conduta pode ser fracionada, e por isso admite a tentativa);

i) De **perigo** (a consumação ocorre com a mera exposição do bem jurídico a perigo);

j) **Doloso**.

6.10. Quadro Sinótico

ATENTADO CONTRA A SEGURANÇA DE SERVIÇO DE UTILIDADE PÚBLICA		
Considerações Iniciais	O parágrafo único prevê aumento de pena de um terço até a metade se o dano ocorrer em virtude de subtração de material essencial ao funcionamento daqueles serviços de utilidade pública.	1
Tipicidade Objetiva	A ação nuclear do agente delituoso consubstancia-se na conduta atentar contra a segurança ou funcionamento de serviço de água, luz, força ou calor, ou qualquer outro serviço de utilidade pública.	2
Sujeitos	**Sujeito ativo:** trata-se de um crime comum, portanto, o sujeito ativo pode ser qualquer pessoa. **Sujeito passivo:** será o Estado, a coletividade, bem como aquele que, direta e efetivamente, sofreu o dano ou a ele foi exposto.	3
Objetos	**Objeto jurídico:** é a incolumidade pública, especialmente os serviços de água, luz, força ou calor, ou qualquer outro de utilidade pública. **Objeto material:** é o serviço de utilidade pública contra o qual é dirigida a conduta praticada pelo agente.	4
Elemento Subjetivo	O elemento subjetivo exigido no tipo penal é o dolo de perigo. Não há previsão para a modalidade culposa.	5
Consumação e Tentativa	Consuma-se o crime no momento em que o agente pratica qualquer das condutas previstas no tipo penal, não sendo necessária a ocorrência do resultado naturalístico. Ocorrendo o resultado, a conduta poderá ser qualificada, o que ensejará o aumento da pena, conforme previsão do parágrafo único do artigo agora estudado. Há quem defenda que a forma tentada é inadmissível, uma vez que, como o artigo trata de um crime de atentado, a lei já pune como crime consumado o mero início da execução. Entretanto, tratando-se de um crime plurissubsistente, no qual é possível o fracionamento do *iter criminis*, pensamos que apenas a análise do caso concreto dirá sobre essa possibilidade.	6
Ação Penal	A ação penal é de iniciativa pública incondicionada.	7
Penas	A pena para o crime pode ser de reclusão, de um a cinco anos, e multa.	8

Classificação	**a) Comum** (não se exige qualidade especial do sujeito ativo); **b) Formal** (a consumação não exige a produção de um resultado naturalístico); **c)** De forma **livre** (a Lei não estabelece exigência para a forma de execução); **d) Simples** (tutela apenas um bem jurídico); **e) Comissivo** (praticado mediante ação); **f) Unissubjetivo** (pode haver ou não concurso de pessoas); 9 **g) Instantâneo** (consuma-se de imediato); **h) Plurissubsistente** (a conduta pode ser fracionada, e por isso admite a tentativa); **i)** De **perigo** (a consumação ocorre com a mera exposição do bem jurídico a perigo); **j) Doloso**.

7. INTERRUPÇÃO OU PERTURBAÇÃO DE SERVIÇO TELEGRÁFICO, TELEFÔNICO, INFORMÁTICO, TELEMÁTICO OU DE INFORMAÇÃO DE UTILIDADE PÚBLICA

Art. 266. Interromper ou perturbar serviço telegráfico, radiotelegráfico ou telefônico, impedir ou dificultar-lhe o restabelecimento:

Pena - detenção, de 1 (um) a 3 (três) anos, e multa.

§ 1° Incorre na mesma pena quem interrompe serviço telemático ou de informação de utilidade pública, ou impede ou dificulta-lhe o restabelecimento.

§ 2° Aplicam-se as penas em dobro se o crime e cometido por ocasião de calamidade pública.

7.1. Considerações Iniciais

O tipo ainda prevê figuras equiparadas, determinando que incorre na mesma pena quem interrompe serviço telemático ou de informação de utilidade pública, ou impede ou dificulta-lhe o restabelecimento – são os chamados crackers.

O § 2º prevê uma causa de aumento de pena, devendo a mesma ser aplicada em dobro caso a conduta seja cometida por ocasião de calamidade pública.

Registre-se que é imprescindível que a prática das ações típicas possa vir a causar perigo a todo o sistema de telecomunicação, pois se trata de crime de perigo comum. Caso haja **impedimento de comunicação ou conversação entre duas pessoas**, o crime será do art. 151, §1°, III, do Código Penal. Ainda, **caso a motivação seja política,** o crime poderá ser aquele previsto no art. 15 da Lei de Segurança Nacional.

O crime de interrupção ou perturbação de serviço telegráfico, telefônico, informático, telemático ou de informação de utilidade pública é comum; doloso e culposo; comissivo (podendo ser praticado via omissão imprópria, caso o agente goze do status de garantidor); de forma livre; instantâneo; de perigo comum e concreto; unissubjetivo; plurissubsistente.

7.2. Tipicidade Objetiva

A ação nuclear do agente delituoso consubstancia-se nas condutas interromper ou perturbar serviço telegráfico, radiotelegráfico ou telefônico, impedindo ou dificultando o restabelecimento de tais serviços. Trata-se, pois, de um tipo penal misto.

7.3. Sujeitos

Sujeito ativo: trata-se de um crime comum, portanto, o sujeito ativo pode ser qualquer pessoa.

Sujeito passivo: o sujeito passivo será o Estado, a coletividade.

7.4. Objetos

Objeto jurídico: o objeto juridicamente tutelado é a incolumidade pública.

Objeto material: é o serviço de telegrafia, radiotelegrafia, telefonia, serviço telemático ou de informação de utilidade pública.

7.5. Elemento Subjetivo

O elemento subjetivo exigido no tipo penal é o dolo de perigo, pois se exige do agente a vontade de gerar um risco não tolerado a terceiros. É sempre necessária a ciência do agente quanto à provocação do perigo comum.

Não há previsão para a modalidade culposa.

7.6. Consumação e Tentativa

Consuma-se o crime no momento em que o agente pratica qualquer das condutas previstas no tipo penal, não sendo necessária a ocorrência do resultado naturalístico, haja vista ser este crime classificado como de perigo abstrato.

Admite-se a tentativa.

7.7. Ação Penal

A ação penal é de iniciativa pública incondicionada.

7.8. Penas

A pena para o crime pode ser de detenção, de um a três anos, e multa. Logo, podemos concluir que:

a) Não é possível a transação penal (art. 76, Lei n. 9.099/95), pois não se trata de infração penal de menor potencial ofensivo;

b) É possível a suspensão condicional do processo (art. 89, Lei n. 9.099/95), pois a pena mínima não ultrapassa um ano.

7.9. Classificação

O crime pode ser classificado como:

a) **Comum** (não se exige qualidade especial do sujeito ativo);

b) **Formal** (a consumação não exige a produção de um resultado naturalístico);

c) De **forma livre** (a Lei não estabelece exigência para a forma de execução);

d) **Simples** (tutela apenas um bem jurídico);

e) **Comissivo** (praticado mediante ação);

f) **Unissubjetivo** (pode haver ou não concurso de pessoas);

g) **Instantâneo** (consuma-se de imediato);

h) **Plurissubsistente** (a conduta pode ser fracionada, e por isso admite a tentativa);

i) De **perigo** (a consumação ocorre com a mera exposição do bem jurídico a perigo);

j) **Doloso.**

7.10. Quadro Sinótico

INTERRUPÇÃO OU PERTURBAÇÃO DE SERVIÇO TELEGRÁFICO, TELEFÔNICO, INFORMÁTICO, TELEMÁTICO OU DE INFORMAÇÃO DE UTILIDADE PÚBLICA		
Considerações Iniciais	O tipo ainda prevê figuras equiparadas, determinando que incorre na mesma pena quem interrompe serviço telemático ou de informação de utilidade pública, ou impede ou dificulta-lhe o restabelecimento – são os chamados crackers. O § 2º prevê uma causa de aumento de pena, devendo a mesma ser aplicada em dobro caso a conduta seja cometida por ocasião de calamidade pública. Registre-se que é imprescindível que a prática das ações típicas possa vir a causar perigo a todo o sistema de telecomunicação.	1
Tipicidade Objetiva	A ação nuclear do agente delituoso consubstancia-se nas condutas interromper ou perturbar serviço telegráfico, radiotelegráfico ou telefônico, impedindo ou dificultando o restabelecimento de tais serviços. Trata-se, pois, de um tipo penal misto.	2
Sujeitos	**Sujeito ativo:** o sujeito ativo pode ser qualquer pessoa. **Sujeito passivo:** o sujeito passivo será o Estado, a coletividade.	3
Objetos	**Objeto jurídico:** o objeto juridicamente tutelado é a incolumidade pública. **Objeto material:** é o serviço de telegrafia, radiotelegrafia, telefonia, serviço telemático ou de informação de utilidade pública.	4
Elemento Subjetivo	O elemento subjetivo exigido no tipo penal é o dolo de perigo, pois se exige do agente a vontade de gerar um risco não tolerado a terceiros. Não há previsão para a modalidade culposa.	5

Consumação e Tentativa	Consuma-se o crime no momento em que o agente pratica qualquer das condutas previstas no tipo penal, não sendo necessária a ocorrência do resultado naturalístico. Admite-se a tentativa.	6
Ação Penal	A ação penal é de iniciativa pública incondicionada.	7
Penas	A pena para o crime pode ser de detenção, de um a três anos, e multa.	8
Classificação	**a)** **Comum** (não se exige qualidade especial do sujeito ativo); **b)** **Formal** (a consumação não exige a produção de um resultado naturalístico); **c)** De forma **livre** (a Lei não estabelece exigência para a forma de execução); **d)** **Simples** (tutela apenas um bem jurídico); **e)** **Comissivo** (praticado mediante ação); **f)** **Unissubjetivo** (pode haver ou não concurso de pessoas); **g)** **Instantâneo** (consuma-se de imediato); **h)** **Plurissubsistente** (a conduta pode ser fracionada, e por isso admite a tentativa); **i)** De **perigo** (a consumação ocorre com a mera exposição do bem jurídico a perigo); **j)** **Doloso**.	13

III

DOS CRIMES CONTRA A INCOLUMIDADE PÚBLICA

1. EPIDEMIA

> **Art. 267.** Causar epidemia, mediante a propagação de germes patogênicos:
>
> Pena - reclusão, de 10 (dez) a 15 (quinze) anos.
>
> **§ 1°** Se do fato resulta morte, a pena é aplicada em dobro.
>
> **§ 2°** No caso de culpa, a pena é de detenção, de 1 (um) a 2 (dois) anos, ou, se resulta morte, de 2 (dois) a 4 (quatro) anos.

1.1. Considerações Iniciais

Tendo em vista a promulgação da Lei n. 8.930/1994, o delito de epidemia com resultado morte foi inserto na lei que dispôs sobre os crimes hediondos. Ademais, o artigo determinou que a pena deve ser aplicada em dobro se do fato resulta morte, bastando a ocorrência de única morte para a sua incidência.

O tipo também prevê a modalidade culposa, quando a pena é de detenção, de um a dois anos, ou, se resulta morte, de dois a quatro anos. É o que se depreende da leitura do § 2º.

Assinale-se que se a intenção do agente for **transmitir moléstia à pessoa determinada,** restará configurado o crime inserto no art. 131 do Código Penal – perigo de contágio de moléstia grave.

O crime de epidemia é comum; doloso e culposo; comissivo (podendo ser praticado via omissão imprópria, no caso do agente gozar do status de garantidor); de forma vinculada; instantâneo; de perigo comum e concreto; unissubjetivo; plurissubsistente.

1.2. Tipicidade Objetiva

A ação nuclear do agente delituoso consubstancia-se na conduta de causar (provocar) epidemia (doença que atinge grande número de pessoas), sendo a execução realizada mediante a propagação (espalhar, difundir) de germes patogênicos, que são todos os micro-organismos capazes de produzir moléstias infecciosas.

1.3. Sujeitos

Sujeito ativo: trata-se de um crime comum, portanto, o sujeito ativo pode ser qualquer pessoa.

Sujeito passivo: é o Estado, a coletividade, bem como aquele que diretamente sofreu o dano ou a ele foi exposto.

1.4. Objetos

Objeto jurídico: o objeto juridicamente tutelado é a incolumidade pública.

Objeto material: é o *germe patogênico.*

1.5. Elemento Subjetivo

O elemento subjetivo exigido no tipo penal é o dolo, consubstanciando na vontade livre de propagar germes patogênicos de forma a propagar epidemia. O tipo também prevê a modalidade culposa.

1.6. Consumação e Tentativa

Consuma-se o crime no momento em que o agente causa a epidemia, mediante a propagação de germes patogênicos, gerando, efetivamente, perigo à incolumidade pública.

A forma tentada é perfeitamente cabível.

1.7. Ação Penal

A ação penal é de iniciativa pública incondicionada.

1.8. Penas

A pena para o crime pode ser de reclusão, de dez a quinze anos. Logo, podemos concluir que:

a) Não é possível a transação penal (art. 76, Lei n. 9.099/95), pois não se trata de infração penal de menor potencial ofensivo;

b) Não é possível a suspensão condicional do processo (art. 89, Lei n. 9.099/95), pois a pena mínima ultrapassa um ano.

Em se tratando de crime na modalidade culposa, sem o resultado morte, seria possível tanto a transação penal quanto a suspensão condicional do processo, haja vista o fato de a pena ser de detenção entre um e dois anos.

1.9. Classificação

O crime pode ser classificado como:

a) **Comum** (não se exige qualidade especial do sujeito ativo);

b) **Material** (a consumação exige a produção de um resultado naturalístico);

c) De **forma vinculada** (a Lei estabelece exigência para a forma de execução);

d) **Simples** (tutela apenas um bem jurídico);

e) **Comissivo** (praticado mediante ação);

f) **Unissubjetivo** (pode haver ou não concurso de pessoas);

g) **Instantâneo** (consuma-se de imediato);

h) **Plurissubsistente** (a conduta pode ser fracionada, e por isso admite a tentativa) ou **unissubsistente** (a conduta não pode ser fracionada), a depender do caso;

i) De **perigo** (a consumação ocorre com a mera exposição do bem jurídico a perigo);

j) **Doloso** ou **culposo.**

1.10. Quadro Sinótico

EPIDEMIA		
Considerações Iniciais	Tendo em vista a promulgação da Lei n. 8.930/1994, o delito de epidemia com resultado morte foi inserto na lei que dispôs sobre os crimes hediondos. Ademais, o artigo determinou que a pena deve ser aplicada em dobro se do fato resulta morte, bastando a ocorrência de única morte para a sua incidência. O tipo também prevê a modalidade culposa, quando a pena é de detenção, de um a dois anos, ou, se resulta morte, de dois a quatro anos. É o que se depreende da leitura do § 2º.	1
Tipicidade Objetiva	A ação nuclear do agente delituoso consubstancia-se na conduta de causar (provocar) epidemia (doença que atinge grande número de pessoas), sendo a execução realizada mediante a propagação (espalhar, difundir) de germes patogênicos, que são todos os micro-organismos capazes de produzir moléstias infecciosas.	2
Sujeitos	**Sujeito ativo:** trata-se de um crime comum, portanto, o sujeito ativo pode ser qualquer pessoa. **Sujeito passivo:** é o Estado, a coletividade, bem como aquele que diretamente sofreu o dano ou a ele foi exposto.	3
Objetos	**Objeto jurídico:** o objeto juridicamente tutelado é a incolumidade pública. **Objeto material:** é o *germe patogênico*.	4
Elemento Subjetivo	O elemento subjetivo exigido no tipo penal é o dolo, consubstanciando na vontade livre de propagar germes patogênicos de forma a propagar epidemia. O tipo também prevê a modalidade culposa.	5

Consumação e Tentativa	Consuma-se o crime no momento em que o agente causa a epidemia. A forma tentada é perfeitamente cabível.	6
Ação Penal	A ação penal é de iniciativa pública incondicionada.	7
Penas	A pena para o crime pode ser de reclusão, de dez a quinze anos.	8
Classificação	**a)** **Comum** (não se exige qualidade especial do sujeito ativo); **b)** **Material** (a consumação exige a produção de um resultado naturalístico); **c)** De forma **vinculada** (a Lei estabelece exigência para a forma de execução); **d)** **Simples** (tutela apenas um bem jurídico); **e)** **Comissivo** (praticado mediante ação); **f)** **Unissubjetivo** (pode haver ou não concurso de pessoas); **g)** **Instantâneo** (consuma-se de imediato); **h)** **Plurissubsistente** (a conduta pode ser fracionada, e por isso admite a tentativa) ou **unissubsistente** (a conduta não pode ser fracionada), a depender do caso; **i)** De **perigo** (a consumação ocorre com a mera exposição do bem jurídico a perigo); **j)** **Doloso** ou **culposo**.	9

2. INFRAÇÃO DE MEDIDA SANITÁRIA PREVENTIVA

> **Art. 268.** Infringir determinação do poder público, destinada a impedir introdução ou propagação de doença contagiosa:
>
> Pena - detenção, de 1 (um) mês a 1 (um) ano, e multa.
>
> Parágrafo único. A pena é aumentada de um terço, se o agente é funcionário da incolumidade pública ou exerce a profissão de médico, farmacêutico, dentista ou enfermeiro.

2.1. Considerações Iniciais

Conforme previsão do parágrafo único do presente artigo, a pena será aumentada de um terço, se o agente é funcionário da incolumidade pública ou exerce a profissão de médico, farmacêutico, dentista ou enfermeiro.

O crime de infração de medida sanitária preventiva é comum; doloso; comissivo ou omissivo (podendo ser praticado via omissão imprópria, no caso do agente gozar do status de garantidor); de forma vinculada; instantâneo; de perigo abstrato; unissubjetivo; plurissubsistente.

2.2. Tipicidade Objetiva

A ação nuclear do agente delituoso consubstancia-se na conduta infringir (violar, transgredir) determinação do Poder Público destinada a impedir a introdução ou propagação de doença contagiosa. Trata-se de norma penal em branco, sendo necessária lei, decreto, portaria, regulamento, etc., normas que tenham o desiderato de indicar determinada doença como contagiosa.

Introdução significa o ingresso, a entrada de doença contagiosa; propagação deve ser entendida como difundir, disseminar determinada doença.

2.3. Sujeitos

Sujeito ativo: trata-se de um crime comum, portanto, o sujeito ativo pode ser qualquer pessoa. Entretanto, a pena será aumentada de um terço, se o agente é funcionário da incolumidade pública ou exerce a profissão de médico, farmacêutico, dentista ou enfermeiro.

Sujeito passivo: é o Estado, a coletividade.

2.4. Objetos

Objeto jurídico: o objeto juridicamente tutelado é a incolumidade pública.

Objeto material: é a determinação do Poder Público.

2.5. Elemento Subjetivo

O elemento subjetivo exigido no tipo penal é o dolo de perigo, pois se exige do agente a vontade de gerar um risco não tolerado a terceiros.

Não há previsão para a modalidade culposa.

2.6. Consumação e Tentativa

Consuma-se o crime com a mera infração da determinação do Poder Público, não sendo necessário que o resultado naturalístico venha a ocorrer.

A forma tentada é perfeitamente cabível.

2.7. Ação Penal

A ação penal é de iniciativa pública incondicionada.

2.8. Penas

A pena para o crime pode ser de detenção, de um mês a um ano, e multa. Logo, podemos concluir que:

a) É possível a transação penal (art. 76, Lei n. 9.099/95), pois se trata de infração penal de menor potencial ofensivo;

b) É possível a suspensão condicional do processo (art. 89, Lei n. 9.099/95), pois a pena mínima não ultrapassa um ano.

2.9. Classificação

O crime pode ser classificado como:

a) **Comum** (não se exige qualidade especial do sujeito ativo);
b) **Formal** (a consumação não exige a produção de um resultado naturalístico);
c) De **forma livre** (a Lei não estabelece exigência para a forma de execução);
d) **Simples** (tutela apenas um bem jurídico);
e) **Comissivo** (praticado mediante ação);
f) **Unissubjetivo** (pode haver ou não concurso de pessoas);
g) **Instantâneo** (consuma-se de imediato);
h) **Plurissubsistente** (a conduta pode ser fracionada, e por isso admite a tentativa);
i) De **perigo** (a consumação ocorre com a mera exposição do bem jurídico a perigo);
j) **Doloso**.

2.10. Quadro Sinótico

INFRAÇÃO DE MEDIDA SANITÁRIA PREVENTIVA		
Considerações Iniciais	Conforme previsão do parágrafo único do presente artigo, a pena será aumentada de um terço, se o agente é funcionário da incolumidade pública ou exerce a profissão de médico, farmacêutico, dentista ou enfermeiro.	1
Tipicidade Objetiva	A ação nuclear do agente delituoso consubstancia-se na conduta infringir (violar, transgredir) determinação do Poder Público destinada a impedir a introdução ou propagação de doença contagiosa. Trata-se de norma penal em branco. Introdução significa o ingresso, a entrada de doença contagiosa; propagação deve ser entendida como difundir, disseminar determinada doença.	2
Sujeitos	**Sujeito ativo:** o sujeito ativo pode ser qualquer pessoa. Entretanto, a pena será aumentada de um terço, se o agente é funcionário da incolumidade pública ou exerce a profissão de médico, farmacêutico, dentista ou enfermeiro. **Sujeito passivo:** é o Estado, a coletividade.	3
Objetos	**Objeto jurídico:** o objeto juridicamente tutelado é a incolumidade pública. **Objeto material:** é a determinação do Poder Público.	4
Elemento Subjetivo	O elemento subjetivo exigido no tipo penal é o dolo de perigo. Não há previsão para a modalidade culposa.	5
Consumação e Tentativa	Consuma-se o crime com a mera infração da determinação do Poder Público, não sendo necessário que o resultado naturalístico venha a ocorrer. A forma tentada é perfeitamente cabível.	6

Ação Penal	A ação penal é de iniciativa pública incondicionada.	7
Penas	A pena para o crime pode ser de detenção, de um mês a um ano, e multa.	8
Classificação	a) **Comum** (não se exige qualidade especial do sujeito ativo); b) **Formal** (a consumação não exige a produção de um resultado naturalístico); c) De forma **livre** (a Lei não estabelece exigência para a forma de execução); d) **Simples** (tutela apenas um bem jurídico); e) **Comissivo** (praticado mediante ação); f) **Unissubjetivo** (pode haver ou não concurso de pessoas); g) **Instantâneo** (consuma-se de imediato); h) **Plurissubsistente** (a conduta pode ser fracionada, e por isso admite a tentativa); i) De **perigo** (a consumação ocorre com a mera exposição do bem jurídico a perigo); j) **Doloso**.	9

3. OMISSÃO DE NOTIFICAÇÃO DE DOENÇA

> **Art. 269.** Deixar o médico de denunciar à autoridade pública doença cuja notificação é compulsória:
>
> Pena - detenção, de 6 (seis) meses a 2 (dois) anos, e multa.

3.1. Tipicidade Objetiva

Trata-se de crime omissivo próprio. A conduta típica consiste em deixar de comunicar à autoridade pública competente, geralmente a autoridade sanitária, doença cuja notificação é compulsória. Trata-se de norma penal em branco, pois incumbe à lei ou ato administrativo complementá-la, a exemplo da Portaria n. 1.100/96, editada pelo Ministério da Saúde, instrumento que elenca doenças cuja notificação é obrigatória.

3.2. Sujeitos

Sujeito ativo: trata-se de um crime próprio. Somente o médico pode ser autor deste delito.

Omissão de notificação de doença. Febre tifoide, imputação a farmacêutico. A denúncia à autoridade pública de doença cuja notificação é compulsória só é exigível do médico e não também do farmacêutico.

Sujeito passivo: é o Estado, a coletividade.

3.3. Objetos

Objeto jurídico: o objeto juridicamente tutelado é a incolumidade pública.

Objeto material: é a notificação compulsória.

3.4. Elemento Subjetivo

O elemento subjetivo exigido no tipo penal é o dolo de perigo, pois se exige do agente a vontade de gerar um risco não tolerado a terceiros.

Não há previsão para a modalidade culposa.

3.5. Consumação e Tentativa

Consuma-se o crime no momento em que expira o prazo fixado em lei ou ato administrativo para efetuar o comunicado ou, não havendo prazo estipulado, quando o médico pratica ato incompatível com a denúncia.

A forma tentada é inadmissível.

3.6. Ação Penal

A ação penal é de iniciativa pública incondicionada.

3.7. Penas

A pena para o crime pode ser de detenção, de seis meses a dois anos, e multa. Logo, podemos concluir que:

a) É possível a transação penal (art. 76, Lei n. 9.099/95), pois se trata de infração penal de menor potencial ofensivo;

b) É possível a suspensão condicional do processo (art. 89, Lei n. 9.099/95), pois a pena mínima não ultrapassa um ano.

3.8. Classificação

O crime pode ser classificado como:

a) **Próprio** (exige qualidade especial do sujeito ativo);

b) **Formal** (a consumação não exige a produção de um resultado naturalístico);

c) De **forma vinculada** (a Lei estabelece exigência para a forma de execução);

d) **Simples** (tutela apenas um bem jurídico);

e) **Omissivo** (praticado mediante omissão);

f) **Unissubjetivo** (pode haver ou não concurso de pessoas);

g) **Instantâneo** (consuma-se de imediato);

h) **Unissubsistente** (a conduta não pode ser fracionada, e por isso não admite a tentativa);

i) De **perigo** (a consumação ocorre com a mera exposição do bem jurídico a perigo);

j) **Doloso.**

3.9. Quadro Sinótico

OMISSÃO DE NOTIFICAÇÃO DE DOENÇA		
Tipicidade Objetiva	Trata-se de crime omissivo próprio. A conduta típica consiste em deixar de comunicar à autoridade pública competente, geralmente a autoridade sanitária, doença cuja notificação é compulsória. Trata-se de norma penal em branco.	1
Sujeitos	**Sujeito ativo:** trata-se de um crime próprio. Somente o médico pode ser autor deste delito. **Sujeito passivo:** é o Estado, a coletividade.	2
Objetos	**Objeto jurídico:** o objeto juridicamente tutelado é a incolumidade pública. **Objeto material:** é a notificação compulsória.	3
Elemento Subjetivo	O elemento subjetivo exigido no tipo penal é o dolo de perigo. Não há previsão para a modalidade culposa.	4
Consumação e Tentativa	Consuma-se o crime no momento em que expira o prazo fixado em lei ou ato administrativo para efetuar o comunicado ou, não havendo prazo estipulado, quando o médico pratica ato incompatível com a denúncia. A forma tentada é inadmissível.	5
Ação Penal	A ação penal é de iniciativa pública incondicionada.	6
Penas	A pena para o crime pode ser de detenção, de seis meses a dois anos, e multa.	7
Classificação	**a)** **Próprio** (exige qualidade especial do sujeito ativo); **b)** **Formal** (a consumação não exige a produção de um resultado naturalístico); **c)** De forma **vinculada** (a Lei estabelece exigência para a forma de execução); **d)** **Simples** (tutela apenas um bem jurídico); **e)** **Omissivo** (praticado mediante omissão); **f)** **Unissubjetivo** (pode haver ou não concurso de pessoas); **g)** **Instantâneo** (consuma-se de imediato); **h)** **Unissubsistente** (a conduta não pode ser fracionada, e por isso não admite a tentativa); **i)** De **perigo** (a consumação ocorre com a mera exposição do bem jurídico a perigo);	8

4. ENVENENAMENTO DE ÁGUA POTÁVEL OU DE SUBSTÂNCIA ALIMENTÍCIA OU MEDICINAL

Art. 270. Envenenar água potável, de uso comum ou particular, ou substância alimentícia ou medicinal destinada a consumo:

Pena - reclusão, de 10 (dez) a 15 (quinze) anos.

> § 1° Está sujeito à mesma pena quem entrega a consumo ou tem em depósito, para o fim de ser distribuída, a água ou a substância envenenada.
>
> **Modalidade Culposa**
>
> § 2° Se o crime é culposo:
>
> Pena - detenção, de 6 (seis) meses a 2 (dois) anos.

4.1. Considerações Iniciais

Ainda, conforme previsão do art. 258 do Código Penal, se do presente delito, cometido dolosamente, resultar lesão corporal de natureza grave, a pena privativa de liberdade é aumentada na metade; se resultar morte, será aplicada em dobro. Sendo culposo, resultando o fato lesão corporal, a pena será aumentada na metade; se resulta a morte, aplicar-se-á a pena prevista para o homicídio culposo, aumentada em um terço.

O crime de envenenamento de água potável ou de substância alimentícia ou medicinal é comum; doloso e culposo; comissivo (podendo ser praticado via omissão imprópria, no caso do agente gozar do status de garantidor); de forma vinculada; instantâneo; de perigo comum e concreto; unissubjetivo; plurissubsistente.

4.2. Tipicidade Objetiva

A ação nuclear do agente delituoso consubstancia-se na conduta envenenar (tornar tóxica) água potável, seja ela de uso comum ou particular. Além da água potável, o agente poderá também envenenar substância alimentícia ou medicinal destinada a consumo.

4.3. Sujeitos

Sujeito ativo: Trata-se de um crime comum, portanto, o sujeito ativo pode ser qualquer pessoa.

Sujeito Passivo: é o Estado, a coletividade.

4.4. Objetos

Objeto jurídico: o objeto juridicamente tutelado é a incolumidade pública.

Objeto material: é a água potável.

4.5. Elemento Subjetivo

O elemento subjetivo exigido no tipo penal é o dolo de perigo, pois se exige do agente a vontade de gerar um risco não tolerado a terceiros.

Há previsão para a modalidade culposa.

4.6. Consumação e Tentativa

Trata-se de crime abstrato, cujo perigo é presumido. Consuma-se o crime no momento em que o envenenamento se concretizar, independentemente de atingir alguém, ou quando a água ou substância envenenada for entregue ao consumo ou tida em depósito. Registre-se que o veneno empregado deve ser idôneo a provocar malefícios à saúde das pessoas; do contrário, estaremos diante de um crime impossível.

A forma tentada é perfeitamente cabível.

4.7. Ação Penal

A ação penal é de iniciativa pública incondicionada.

4.8. Penas

A pena para o crime pode ser de reclusão, de dez a quinze anos. Logo, podemos concluir que:

a) Não é possível a transação penal (art. 76, Lei n. 9.099/95), pois não se trata de infração penal de menor potencial ofensivo;

b) Não é possível a suspensão condicional do processo (art. 89, Lei n. 9.099/95), pois a pena mínima ultrapassa um ano.

Na modalidade culposa, seria possível a obtenção da transação penal e também da suspensão condicional do processo, pois a pena passa a ser de detenção de, de seis meses a dois anos.

4.9. Classificação

O crime pode ser classificado como:

a) **Comum** (não se exige qualidade especial do sujeito ativo);

b) **Formal** (a consumação não exige a produção de um resultado naturalístico);

c) De **forma livre** (a Lei não estabelece exigência para a forma de execução);

d) **Simples** (tutela apenas um bem jurídico);

e) **Comissivo** (praticado mediante ação);

f) **Unissubjetivo** (pode haver ou não concurso de pessoas);

g) **Instantâneo** (consuma-se de imediato) ou **Permanente** (a conduta se protrai no tempo), no caso da conduta "ter em depósito";

h) **Plurissubsistente** (a conduta pode ser fracionada, e por isso admite a tentativa) ou **unissubsistente** (a conduta não pode ser fracionada), a depender do caso;

i) De **perigo** (a consumação ocorre com a mera exposição do bem jurídico a perigo);

j) **Doloso** ou **culposo.**

4.10. Quadro Sinótico

ENVENENAMENTO DE ÁGUA POTÁVEL OU DE SUBSTÂNCIA ALIMENTÍCIA OU MEDICINAL		
Considerações Iniciais	Se do presente delito, cometido dolosamente, resultar lesão corporal de natureza grave, a pena privativa de liberdade é aumentada na metade; se resultar morte, será aplicada em dobro. Sendo culposo, resultando o fato lesão corporal, a pena será aumentada na metade; se resulta a morte, aplicar-se-á a pena prevista para o homicídio culposo, aumentada em um terço.	1
Tipicidade Objetiva	A ação nuclear do agente delituoso consubstancia-se na conduta envenenar (tornar tóxica) água potável, seja ela de uso comum ou particular. Além da água potável, o agente poderá também envenenar substância alimentícia ou medicinal destinada a consumo.	2
Sujeitos	**Sujeito ativo:** Trata-se de um crime comum, portanto, o sujeito ativo pode ser qualquer pessoa. **Sujeito Passivo:** é o Estado, a coletividade.	3
Objetos	**Objeto jurídico:** o objeto juridicamente tutelado é a incolumidade pública. **Objeto material:** é a água potável.	4
Elemento Subjetivo	O elemento subjetivo exigido no tipo penal é o dolo de perigo, pois se exige do agente a vontade de gerar um risco não tolerado a terceiros. Há previsão para a modalidade culposa.	5
Consumação e Tentativa	Trata-se de crime abstrato. Consuma-se o crime no momento em que o envenenamento se concretizar, independentemente de atingir alguém, ou quando a água ou substância envenenada for entregue ao consumo ou tida em depósito. A forma tentada é perfeitamente cabível.	6
Ação Penal	A ação penal é de iniciativa pública incondicionada	7
Penas	A pena para o crime pode ser de reclusão, de dez a quinze anos.	8
Classificação	**a)** **Comum** (não se exige qualidade especial do sujeito ativo); **b)** **Formal** (a consumação não exige a produção de um resultado naturalístico); **c)** De forma **livre** (a Lei não estabelece exigência para a forma de execução); **d)** **Simples** (tutela apenas um bem jurídico); **e)** **Comissivo** (praticado mediante ação); **f)** **Unissubjetivo** (pode haver ou não concurso de pessoas); **g)** **Instantâneo** (consuma-se de imediato) ou **Permanente** (a conduta se protrai no tempo), no caso da conduta "ter em depósito"; **h)** **Plurissubsistente** (a conduta pode ser fracionada, e por isso admite a tentativa) ou **unissubsistente** (a conduta não pode ser fracionada), a depender do caso; **i)** De **perigo** (a consumação ocorre com a mera exposição do bem jurídico a perigo); **j)** **Doloso** ou **culposo**.	13

5. CORRUPÇÃO OU POLUIÇÃO DE ÁGUA POTÁVEL

Art. 271. Corromper ou poluir água potável, de uso comum ou particular, tornando-a imprópria para consumo ou nociva à saúde:

Pena - reclusão, de 2 (dois) a 5 (cinco) anos.

Modalidade Culposa

Parágrafo único. Se o crime é culposo:

Pena - detenção, de 2 (dois) meses a 1 (um) ano.

5.1. Considerações Iniciais

O conceito de água potável não se restringe às químicas e bacteriologicamente puras, mas também àquelas que servem de algum modo à população, mesmo que tenham de passar por tratamento adequado. (TJSC, AC 96004795-6, Rel. Genésio Nolli).

Ademais, conforme previsão do art. 258 do Código Penal, se do presente delito, cometido dolosamente, resultar lesão corporal de natureza grave, a pena privativa de liberdade é aumentada na metade; se resultar morte, será aplicada em dobro. Sendo culposo, resultando o fato lesão corporal, a pena será aumentada na metade; se resulta a morte, aplicar-se-á a pena prevista para o homicídio culposo, aumentada em um terço.

Caso a poluição seja lançada sobre **água não potável** ou torne necessária a **interrupção do abastecimento de água de uma comunidade**, o crime será o previsto no art. 54 da Lei dos Crimes Ambientais – Lei n. 9.605/98.

O crime de atentado corrupção ou poluição de água potável é comum; doloso e culposo; comissivo (podendo ser praticado via omissão imprópria, no caso do agente gozar do status de garantidor); de forma livre; instantâneo; de perigo abstrato; unissubjetivo; plurissubsistente.

5.2. Tipicidade Objetiva

A ação nuclear do agente delituoso consubstancia-se nas condutas corromper, aqui entendido como estragar, infectar, e poluir, cujo significado é sujar. Cuida-se, pois, de um tipo misto alternativo.

5.3. Sujeitos

Sujeito ativo: trata-se de um crime comum, portanto, o sujeito ativo pode ser qualquer pessoa.

Sujeito passivo: é o Estado, a coletividade, bem como aquele que, direta e efetivamente, sofreu o dano ou a ele foi exposto.

5.4. Objetos

Objeto jurídico: o objeto juridicamente tutelado é a incolumidade pública, consubstanciada no caso específico, na saúde pública.

Objeto material: é a água potável corrompida ou poluída.

5.5. Elemento Subjetivo

O elemento subjetivo exigido no tipo penal é o dolo de perigo, pois se exige do agente a vontade de gerar um risco não tolerado a um número indeterminado de pessoas.

Há previsão para a modalidade culposa.

5.6. Consumação e Tentativa

Consuma-se o crime no momento em que o agente pratica qualquer das condutas previstas no tipo penal, não sendo necessária a ocorrência do resultado naturalístico.

A forma tentada é perfeitamente cabível.

5.7. Ação Penal

A ação penal é de iniciativa pública incondicionada.

5.8. Penas

A pena para o crime pode ser de reclusão, de dois a cinco anos. Logo, podemos concluir que:

a) Não é possível a transação penal (art. 76, Lei n. 9.099/95), pois não se trata de infração penal de menor potencial ofensivo;

b) Não é possível a suspensão condicional do processo (art. 89, Lei n. 9.099/95), pois a pena mínima ultrapassa um ano.

Na modalidade culposa, seria possível a obtenção da transação penal e também da suspensão condicional do processo, pois a pena passa a ser de detenção, de dois meses a um ano.

5.9. Classificação

O crime pode ser classificado como:

a) **Comum** (não se exige qualidade especial do sujeito ativo);

b) **Formal** (a consumação não exige a produção de um resultado naturalístico);

c) De **forma livre** (a Lei não estabelece exigência para a forma de execução);

d) **Simples** (tutela apenas um bem jurídico);

e) **Comissivo** (praticado mediante ação);

f) **Unissubjetivo** (pode haver ou não concurso de pessoas);

g) **Instantâneo** (consuma-se de imediato);

h) **Plurissubsistente** (a conduta pode ser fracionada, e por isso admite a tentativa) ou **unissubsistente** (a conduta não pode ser fracionada), a depender do caso;

i) De **perigo** (a consumação ocorre com a mera exposição do bem jurídico a perigo);

j) **Doloso** ou **culposo.**

5.10. Quadro Sinótico

CORRUPÇÃO OU POLUIÇÃO DE ÁGUA POTÁVEL		
Considerações Iniciais	O conceito de água potável não se restringe às químicas e bacteriologicamente puras, mas também àquelas que servem de algum modo à população, mesmo que tenham de passar por tratamento adequado. (TJSC, AC 96004795-6, Rel. Genésio Nolli). Ademais, conforme previsão do art. 258 do Código Penal, se do presente delito, cometido dolosamente, resultar lesão corporal de natureza grave, a pena privativa de liberdade é aumentada na metade; se resultar morte, será aplicada em dobro. Sendo culposo, resultando o fato lesão corporal, a pena será aumentada na metade; se resulta a morte, aplicar-se-á a pena prevista para o homicídio culposo, aumentada em um terço.	1
Tipicidade Objetiva	A ação nuclear do agente delituoso consubstancia-se nas condutas corromper, aqui entendido como estragar, infectar, e poluir, cujo significado é sujar.	2
Sujeitos	**Sujeito ativo:** trata-se de um crime comum, portanto, o sujeito ativo pode ser qualquer pessoa. **Sujeito passivo:** é o Estado, a coletividade, bem como aquele que, direta e efetivamente, sofreu o dano ou a ele foi exposto.	3
Objetos	**Objeto jurídico:** o objeto juridicamente tutelado é a incolumidade pública, consubstanciada no caso específico, na saúde pública. **Objeto material:** é a água potável corrompida ou poluída.	4
Elemento Subjetivo	O elemento subjetivo exigido no tipo penal é o dolo de perigo. **Há previsão para a modalidade culposa.**	5
Consumação e Tentativa	Consuma-se o crime no momento em que o agente pratica qualquer das condutas previstas no tipo penal, não sendo necessária a ocorrência do resultado naturalístico. A forma tentada é perfeitamente cabível.	6
Ação Penal	A ação penal é de iniciativa pública incondicionada.	7
Penas	A pena para o crime pode ser de reclusão, de dois a cinco anos.	8
Classificação	**a) Comum** (não se exige qualidade especial do sujeito ativo); **b) Formal** (a consumação não exige a produção de um resultado naturalístico); **c)** De forma **livre** (a Lei não estabelece exigência para a forma de execução); **d) Simples** (tutela apenas um bem jurídico); **e) Comissivo** (praticado mediante ação); **f) Unissubjetivo** (pode haver ou não concurso de pessoas); **g) Instantâneo** (consuma-se de imediato); **h) Plurissubsistente** (a conduta pode ser fracionada, e por isso admite a tentativa) ou **unissubsistente** (a conduta não pode ser fracionada), a depender do caso;	9

Classificação	i) De **perigo** (a consumação ocorre com a mera exposição do bem jurídico a perigo); j) **Doloso** ou **culposo**.	9

6. FALSIFICAÇÃO, CORRUPÇÃO, ADULTERAÇÃO OU ALTERAÇÃO DE SUBSTÂNCIA OU PRODUTOS ALIMENTÍCIOS

Art. 272. Corromper, adulterar, falsificar ou alterar substância ou produto alimentício destinado a consumo, tornando-o nocivo à saúde ou reduzindo-lhe o valor nutritivo:

Pena - reclusão, de 4 (quatro) a 8 (oito) anos, e multa.

§ 1°-A Incorre nas penas deste artigo quem fabrica, vende, expõe à venda, importa, tem em depósito para vender ou, de qualquer forma, distribui ou entrega a consumo a substância alimentícia ou o produto falsificado, corrompido ou adulterado.

§ 1° Está sujeito às mesmas penas quem pratica as ações previstas neste artigo em relação a bebidas, com ou sem teor alcoólico.

Modalidade Culposa

§ 2° Se o crime é culposo:

Pena - detenção, de 1 (um) a 2 (dois) anos, e multa.

6.1. Considerações Iniciais

Consoante o § 1° – A, também incorrerá na conduta escrita neste tipo quem fabrica, vende, expõe à venda, importa, tem em depósito para vender, distribui ou entrega a consumo aquela substância ou produto corrompido, adulterado, falsificado ou alterado. São as figuras equiparadas.

Por seu turno, o § 1° acrescenta bebidas com ou sem teor alcoólico no rol dos objetos materiais deste crime.

Registre-se que sem a prova da nocividade positiva ou da redução do valor nutritivo da substância ou produto alimentício, o ilícito não será configurado. Neste sentido, "Adulteração de substância alimentícia. Descaracterização – Impropriedade do produto para consumo que, por si só, não tipifica o delito – Necessidade de comprovação pericial da nocividade à saúde – Absolvição decretada por falta desse elemento típico – Inteligência do art. 272 do CP". (TJSP, RT 632, p. 282)

Ademais, conforme previsão do art. 258 do Código Penal, se do presente delito, cometido dolosamente, resultar lesão corporal de natureza grave, a pena privativa de liberdade é aumentada na metade; se resultar morte, será aplicada em dobro. Sendo culposo, resultando o fato lesão corporal, a pena será aumentada na metade; se resulta a morte, aplicar-se-á a pena prevista para o homicídio culposo, aumentada em um terço.

O crime de falsificação, corrupção, adulteração ou alteração de substância ou produtos alimentícios é comum; doloso e culposo; comissivo (podendo ser praticado via omissão imprópria, no caso do agente gozar do status de garantidor); de forma livre; instantâneo (corromper, adulterar, falsificar, alterar, fabricar, vender, importar, distribuir, entregar) e permanente (expor à venda e ter em depósito); de perigo abstrato; unissubjetivo; plurissubsistente.

6.2. Tipicidade Objetiva

A ação nuclear do agente delituoso consubstancia-se nas ações corromper (estragar), adulterar (deformar), falsificar (reproduzir imitando) e alterar (modificar) substância ou produto alimentício destinado a consumo, ou seja, aquele que tem por finalidade alimentar um número indeterminado de pessoas, tenha ele natureza líquida ou sólida.

6.3. Sujeitos

Sujeito ativo: é crime comum, portanto, o sujeito ativo pode ser qualquer pessoa.

Sujeito passivo: é o Estado, a coletividade.

6.4. Objetos

Objeto jurídico: o objeto juridicamente tutelado é a incolumidade pública, consubstanciada no caso específico, na saúde pública.

Objeto material: é a substância ou produtos alimentícios destinados ao consumo.

6.5. Elemento Subjetivo

O elemento subjetivo exigido no tipo penal é o dolo de perigo, pois se exige do agente a vontade de gerar um risco não tolerado a um número indeterminado de pessoas.

Há previsão para a modalidade culposa.

6.6. Consumação e Tentativa

Consuma-se o crime no momento em que o agente pratica qualquer das condutas previstas no tipo penal, não sendo necessária a ocorrência do resultado naturalístico.

A forma tentada é perfeitamente cabível.

6.7. Ação Penal

A ação penal é de iniciativa pública incondicionada.

6.8. Penas

A pena para o crime pode ser de reclusão, de quatro a oito anos, e multa. Logo, podemos concluir que:

a) Não é possível a transação penal (art. 76, Lei n. 9.099/95), pois não se trata de infração penal de menor potencial ofensivo;

b) Não é possível a suspensão condicional do processo (art. 89, Lei n. 9.099/95), pois a pena mínima ultrapassa um ano.

Na modalidade culposa, seria possível a obtenção da transação penal e também da suspensão condicional do processo, pois a pena passa a ser de detenção, de um a dois anos, e multa.

6.9. Classificação

O crime pode ser classificado como:

a) **Comum** (não se exige qualidade especial do sujeito ativo);
b) **Formal** (a consumação não exige a produção de um resultado naturalístico);
c) De **forma livre** (a Lei não estabelece exigência para a forma de execução);
d) **Simples** (tutela apenas um bem jurídico);
e) **Comissivo** (praticado mediante ação);
f) **Unissubjetivo** (pode haver ou não concurso de pessoas);
g) **Instantâneo** (consuma-se de imediato);
h) **Plurissubsistente** (a conduta pode ser fracionada, e por isso admite a tentativa);
i) De **perigo** (a consumação ocorre com a mera exposição do bem jurídico a perigo);
j) **Doloso** ou **culposo.**

6.10. Quadro Sinótico

FALSIFICAÇÃO, CORRUPÇÃO, ADULTERAÇÃO OU ALTERAÇÃO DE SUBSTÂNCIA OU PRODUTOS ALIMENTÍCIOS		
Considerações Iniciais	Consoante o § 1° – A, também incorrerá na conduta escrita neste tipo quem fabrica, vende, expõe à venda, importa, tem em depósito para vender, distribui ou entrega a consumo aquela substância ou produto corrompido, adulterado, falsificado ou alterado. São as figuras equiparadas. Por seu turno, o § 1° acrescenta bebidas com ou sem teor alcoólico no rol dos objetos materiais deste crime. Registre-se que sem a prova da nocividade positiva ou da redução do valor nutritivo da substância ou produto alimentício, o ilícito não será configurado. Ademais, conforme previsão do art. 258 do Código Penal, se do presente delito, cometido dolosamente, resultar lesão corporal de natureza grave, a pena privativa de liberdade é aumentada na metade; se resultar morte, será aplicada em dobro. Sendo culposo, resultando o fato lesão corporal, a pena será aumentada na metade; se resulta a morte, aplicar-se-á a pena prevista para o homicídio culposo, aumentada em um terço.	1

Tipicidade Objetiva	A ação nuclear do agente delituoso consubstancia-se nas ações corromper (estragar), adulterar (deformar), falsificar (reproduzir imitando) e alterar (modificar) substância ou produto alimentício destinado a consumo, ou seja, aquele que tem por finalidade alimentar um número indeterminado de pessoas, tenha ele natureza líquida ou sólida.	2
Sujeitos	**Sujeito ativo:** é crime comum, portanto, o sujeito ativo pode ser qualquer pessoa. **Sujeito passivo:** é o Estado, a coletividade.	3
Objetos	**Objeto jurídico:** é a incolumidade pública, consubstanciada no caso específico, na saúde pública. **Objeto material:** é a substância ou produtos alimentícios destinados ao consumo.	4
Elemento Subjetivo	O elemento subjetivo exigido no tipo penal é o dolo de perigo. Há previsão para a modalidade culposa.	5
Consumação e Tentativa	Consuma-se o crime no momento em que o agente pratica qualquer das condutas previstas no tipo penal. A forma tentada é perfeitamente cabível.	6
Ação Penal	A ação penal é de iniciativa pública incondicionada.	7
Penas	A pena para o crime pode ser de reclusão, de quatro a oito anos, e multa.	8
Classificação	**a)** **Comum** (não se exige qualidade especial do sujeito ativo); **b)** **Formal** (a consumação não exige a produção de um resultado naturalístico); **c)** De forma **livre** (a Lei não estabelece exigência para a forma de execução); **d)** **Simples** (tutela apenas um bem jurídico); **e)** **Comissivo** (praticado mediante ação); **f)** **Unissubjetivo** (pode haver ou não concurso de pessoas); **g)** **Instantâneo** (consuma-se de imediato); **h)** **Plurissubsistente** (a conduta pode ser fracionada, e por isso admite a tentativa); **i)** De **perigo** (a consumação ocorre com a mera exposição do bem jurídico a perigo); **j)** **Doloso** ou **culposo**.	9

7. FALSIFICAÇÃO, CORRUPÇÃO, ADULTERAÇÃO OU ALTERAÇÃO DE PRODUTO DESTINADO A FINS TERAPÊUTICOS OU MEDICINAIS

Art. 273. Falsificar, corromper, adulterar ou alterar produto destinado a fins terapêuticos ou medicinais:

Pena - reclusão, de 10 (dez) a 15 (quinze) anos, e multa.

§ 1° Nas mesmas penas incorre quem importa, vende, expõe à venda, tem em depósito para vender ou, de qualquer forma, distribui ou entrega a consumo o produto falsificado, corrompido, adulterado ou alterado.

§ 1°-A Incluem-se entre os produtos a que se refere este artigo os medicamentos, as matérias-primas, os insumos farmacêuticos, os cosméticos, os saneantes e os de uso em diagnóstico.

§ 1°-B Está sujeito às penas deste artigo quem pratica as ações previstas no § 1° em relação a produtos em qualquer das seguintes condições:

I - sem registro, quando exigível, no órgão de vigilância sanitária competente;

II - em desacordo com a fórmula constante do registro previsto no inciso anterior;

III - sem as características de identidade e qualidade admitidas para a sua comercialização;

IV - com redução de seu valor terapêutico ou de sua atividade;

V - de procedência ignorada;

VI - adquiridos de estabelecimento sem licença da autoridade sanitária competente.

Modalidade Culposa

§ 2° Se o crime é culposo:

Pena - detenção, de 1 (um) a 3 (três) anos, e multa.

7.1. Considerações Iniciais

Consoante o § 1°, também incorre na conduta descrita neste tipo penal quem fabrica, vende, expõe à venda, importa, tem em depósito para vender, distribui ou entrega a consumo aquele produto corrompido, adulterado, falsificado ou alterado. Trata-se de figura equiparada.

Incluem-se entre os produtos referidos no caput os medicamentos, as matérias-primas, os insumos farmacêuticos, os cosméticos, os saneantes e os de uso em diagnóstico.

O § 1°-B prevê sujeição às mesmas penas do caput determinadas condutas equiparadas, definindo que quem importa, vende, expõe à venda, tem em depósito para vender ou, de qualquer forma, distribui ou entrega a consumo produtos que, muito embora não falsificados, corrompidos, alterados ou adulterados, encontram-se nas seguintes condições: sem registro, quando exigível, no órgão de vigilância sanitária competente – trata-se de uma norma penal em branco, pois necessita de normas próprias; em desacordo com a fórmula constante do registro previsto no inciso anterior – a composição é diversa daquela que consta do registro no órgão sanitário; sem as características de identidade e qualidade admitidas para a sua comercialização; com redução de seu valor terapêutico ou de sua atividade; de procedência ignorada; adquiridos de estabelecimento sem licença da autoridade sanitária competente.

Acerca do § 1° B há crítica doutrinária no sentido de não ser necessária incidência o Direito Penal, exceto quando tratássemos de produto falsificado, já que estaria materialmente apto ao consumo. Argumenta-se no sentido de que a questão poderia ser resolvida no âmbito administrativo, respeitando-se, desta forma, o princípio da intervenção mínima, corolário do princípio da lesividade. entretanto, não, é o posicionamento que prevalece.

Ainda na perspectiva crítica, durante muito tempo foi questionada a proporcionalidade da pena, já que a pena mínima de 10 anos de reclusão, em regime inicialmente fechado, estaria deveras elevada se comparada, por exemplo, ao crime de homicídio. No referido contexto, no ano de 2015, o STJ, no julgamento do HC 239.363/PR, reconheceu a inconstitucionalidade do preceito secundário (pena em abstrato) deste dispositivo, notadamente em razão da flagrante ofensa aos princípios da proporcionalidade e da razoabilidade. Ademais, determinou que, por analogia, deveriam ser aplicadas as pens do delito de tráfico de drogas: reclusão de 5 a 15 anos.

De mais a mais, conforme previsão do art. 258 do Código Penal, se do presente delito, cometido dolosamente, resultar lesão corporal de natureza grave, a pena privativa de liberdade é aumentada na metade; se resultar morte, será aplicada em dobro. Sendo culposo, resultando o fato lesão corporal, a pena será aumentada na metade; se resulta a morte, aplicar-se-á a pena prevista para o homicídio culposo, aumentada em um terço.

Importante destacar que as condutas contidas no art. 273, *caput* e § 1º, § 1º-A e § 1º-B são consideradas **crimes hediondos**, conforme previsão do art. 1º., VII-B da Lei n. 8.072/90.

O crime de falsificação, corrupção, adulteração ou alteração de produto destinado a fins terapêuticos ou medicinais é comum; doloso e culposo; de forma livre; comissivo (podendo ser praticado via omissão imprópria, no caso do agente gozar do status de garantidor); instantâneo (permanente nas formas "expor à venda" e "ter em depósito"); de perigo comum abstrato; unissubjetivo; plurissubsistente.

7.2. Tipicidade Objetiva

A ação nuclear do agente delituoso consubstancia-se nas condutas corromper (estragar), adulterar (deformar), falsificar (reproduzir imitando) e alterar (modificar) produto destinado a fins terapêuticos ou medicinais.

7.3. Sujeitos

Sujeito ativo: trata-se de um crime comum, portanto, o sujeito ativo pode ser qualquer pessoa.

Sujeito passivo: é o Estado, a coletividade.

7.4. Objetos

Objeto jurídico: o objeto juridicamente tutelado é a incolumidade pública, aqui consubstanciada na saúde pública.

Objeto material: é o produto falsificado, corrompido, adulterado ou alterado.

7.5. Elemento Subjetivo

O elemento subjetivo exigido no tipo penal é o dolo de perigo, pois se exige do agente a vontade de gerar um risco não tolerado a terceiros.

Há previsão para a modalidade culposa.

7.6. Consumação e Tentativa

Consuma-se o crime no momento em que o agente pratica qualquer das condutas previstas no tipo penal, não sendo necessária a ocorrência do resultado naturalístico.

A forma tentada é perfeitamente cabível.

7.7. Ação Penal

A ação penal é de iniciativa pública incondicionada.

7.8. Penas

A pena para o crime pode ser de reclusão, de dez a quinze anos, e multa. Logo, podemos concluir que:

a) Não é possível a transação penal (art. 76, Lei n. 9.099/95), pois não se trata de infração penal de menor potencial ofensivo;

b) Não é possível a suspensão condicional do processo (art. 89, Lei n. 9.099/95), pois a pena mínima ultrapassa um ano.

Na modalidade culposa, seria possível a obtenção da suspensão condicional do processo, pois a pena passa a ser de detenção, de um a três anos, e multa.

7.9. Classificação

O crime pode ser classificado como:

a) **Comum** (não se exige qualidade especial do sujeito ativo);

b) **Formal** (a consumação não exige a produção de um resultado naturalístico);

c) De **forma livre** (a Lei não estabelece exigência para a forma de execução);

d) **Simples** (tutela apenas um bem jurídico);

e) **Comissivo** (praticado mediante ação);

f) **Unissubjetivo** (pode haver ou não concurso de pessoas);

g) **Instantâneo** (consuma-se de imediato) ou **Permanente** (a conduta se protrai no tempo), nas condutas "expor à venda" e "ter em depósito";

h) **Plurissubsistente** (a conduta pode ser fracionada, e por isso admite a tentativa);

i) De **perigo** (a consumação ocorre com a mera exposição do bem jurídico a perigo);

j) **Doloso** ou **culposo**.

7.10. Quadro Sinótico

FALSIFICAÇÃO, CORRUPÇÃO, ADULTERAÇÃO OU ALTERAÇÃO DE PRODUTO DESTINADO A FINS TERAPÊUTICOS OU MEDICINAIS		
Considerações Iniciais	Consoante o § 1°, também incorre na conduta descrita neste tipo penal quem fabrica, vende, expõe à venda, importa, tem em depósito para vender, distribui ou entrega a consumo aquele produto corrompido, adulterado, falsificado ou alterado. Trata-se de figura equiparada. Incluem-se entre os produtos referidos no caput os medicamentos, as matérias-primas, os insumos farmacêuticos, os cosméticos, os saneantes e os de uso em diagnóstico. O § 1°-B prevê sujeição às mesmas penas do caput determinadas condutas equiparadas, definindo que quem importa, vende, expõe à venda, tem em depósito para vender ou, de qualquer forma, distribui ou entrega a consumo produtos que, muito embora não falsificados, corrompidos, alterados ou adulterados, encontram-se nas seguintes condições: • Sem registro, quando exigível, no órgão de vigilância sanitária competente; • Em desacordo com a fórmula constante do registro previsto no inciso anterio; • Sem as características de identidade e qualidade admitidas para a sua comercialização; • Com redução de seu valor terapêutico ou de sua atividade; de procedência ignorada; • Adquiridos de estabelecimento sem licença da autoridade sanitária competente. Durante muito tempo foi questionada a proporcionalidade da pena. No ano de 2015, o STJ, no julgamento do HC 239.363/PR, reconheceu a inconstitucionalidade do preceito secundário (pena em abstrato) deste dispositivo e determinou que, por analogia, deveriam ser aplicadas as penas do delito de tráfico de drogas: reclusão de 5 a 15 anos. Conforme previsão do art. 258 do Código Penal, se do presente delito, cometido dolosamente, resultar lesão corporal de natureza grave, a pena privativa de liberdade é aumentada na metade; se resultar morte, será aplicada em dobro. Sendo culposo, resultando o fato lesão corporal, a pena será aumentada na metade; se resulta a morte, aplicar-se-á a pena prevista para o homicídio culposo, aumentada em um terço. Importante destacar que as condutas contidas no art. 273, *caput* e § 1º, § 1º-A e § 1º-B são consideradas **crimes hediondos**, conforme previsão do art. 1º., VII-B da Lei n. 8.072/90.	1
Tipicidade Objetiva	A ação nuclear do agente delituoso consubstancia-se nas condutas corromper (estragar), adulterar (deformar), falsificar (reproduzir imitando) e alterar (modificar) produto destinado a fins terapêuticos ou medicinais.	2
Sujeitos	**Sujeito ativo:** trata-se de um crime comum, portanto, o sujeito ativo pode ser qualquer pessoa. **Sujeito passivo:** é o Estado, a coletividade.	3

Objetos	**Objeto jurídico:** é a incolumidade pública, aqui consubstanciada na saúde pública. **Objeto material:** é o produto falsificado, corrompido, adulterado ou alterado.	4
Elemento Subjetivo	O elemento subjetivo exigido no tipo penal é o dolo de perigo. Há previsão para a modalidade culposa.	5
Consumação e Tentativa	Consuma-se o crime no momento em que o agente pratica qualquer das condutas previstas no tipo penal. A forma tentada é perfeitamente cabível.	6
Ação Penal	A ação penal é de iniciativa pública incondicionada.	7
Penas	A pena para o crime pode ser de reclusão, de dez a quinze anos, e multa.	8
Classificação	**a)** **Comum** (não se exige qualidade especial do sujeito ativo); **b)** **Formal** (a consumação não exige a produção de um resultado naturalístico); **c)** De forma **livre** (a Lei não estabelece exigência para a forma de execução); **d)** **Simples** (tutela apenas um bem jurídico); **e)** **Comissivo** (praticado mediante ação); **f)** **Unissubjetivo** (pode haver ou não concurso de pessoas); **g)** **Instantâneo** (consuma-se de imediato) ou **Permanente** (a conduta se protrai no tempo), nas condutas "expor à venda" e "ter em depósito"; **h)** **Plurissubsistente** (a conduta pode ser fracionada, e por isso admite a tentativa); **i)** De **perigo** (a consumação ocorre com a mera exposição do bem jurídico a perigo); **j)** **Doloso** ou **culposo**.	9

8. EMPREGO DE PROCESSO PROIBIDO OU DE SUBSTÂNCIA NÃO PERMITIDA

> **Art. 274.** Empregar, no fabrico de produto destinado a consumo, revestimento, gaseificação artificial, matéria corante, substância aromática, antisséptica, conservadora ou qualquer outra não expressamente permitida pela legislação sanitária:
>
> Pena - reclusão, de 1 (um) a 5 (cinco) anos, e multa.

8.1. Considerações Iniciais

Conforme previsão do art. 258 do Código Penal, se do presente delito resultar lesão corporal de natureza grave, a pena privativa de liberdade é aumentada na metade; se resultar morte, será aplicada em dobro.

O crime de emprego de processo proibido ou de substância não permitida é comum; doloso; de forma livre; comissivo (podendo ser praticado via omissão imprópria, no caso do agente gozar do status de garantidor); instantâneo; de perigo comum abstrato; unissubjetivo; plurissubsistente.

8.2. Tipicidade Objetiva

A ação nuclear do agente delituoso consubstancia-se na ação de empregar (utilizar, aplicar) revestimento (processo destinado a encobrir), gaseificação artificial (processo utilizado em substâncias de gênero alimentício ou medicinal que visa dissolver gases necessários à fabricação do produto), matéria corante (utilizada para da cor ao produto), substância aromática (destinada ao aperfeiçoamento do paladar ou aroma do produto), antisséptica (destinada a impedir a proliferação de matéria orgânica) e conservadora (destinada a evitar a proliferação de germes).

O Código ainda nos trouxe uma fórmula genérica, quando previu ou qualquer outra não expressamente permitida pela legislação sanitária.

Registre-se que a conduta deve ser dirigida finalisticamente à fabricação de produto destinado ao consumo. Cuida-se de uma norma penal em branco, uma vez que necessitam de complementação da legislação sanitária.

8.3. Sujeitos

Sujeito ativo: Trata-se de um crime comum, portanto, o sujeito ativo pode ser qualquer pessoa.

Sujeito passivo: é o Estado, a coletividade.

8.4. Objetos

Objeto jurídico: o objeto juridicamente tutelado é a incolumidade pública, aqui consubstanciada pela saúde pública.

Objeto material: é o produto fabricado destinado ao consumo.

8.5. Elemento Subjetivo

O elemento subjetivo exigido no tipo penal é o dolo de perigo, pois se exige do agente a vontade de gerar um risco não tolerado a terceiros.

Não há previsão de modalidade culposa.

8.6. Consumação e Tentativa

Consuma-se o crime no momento em que o agente pratica qualquer das condutas previstas no tipo penal, não sendo necessária a ocorrência do resultado naturalístico.

A forma tentada é perfeitamente cabível.

8.7. Ação Penal

A ação penal é de iniciativa pública incondicionada.

8.8. Penas

A pena para o crime pode ser de reclusão, de um a cinco anos, e multa. Logo, podemos concluir que:

a) Não é possível a transação penal (art. 76, Lei n. 9.099/95), pois não se trata de infração penal de menor potencial ofensivo;

b) É possível a suspensão condicional do processo (art. 89, Lei n. 9.099/95), pois a pena mínima não ultrapassa um ano.

8.9. Classificação

O crime pode ser classificado como:

a) **Comum** (não se exige qualidade especial do sujeito ativo);

b) **Formal** (a consumação não exige a produção de um resultado naturalístico);

c) De **forma livre** (a Lei não estabelece exigência para a forma de execução);

d) **Simples** (tutela apenas um bem jurídico);

e) **Comissivo** (praticado mediante ação);

f) **Unissubjetivo** (pode haver ou não concurso de pessoas);

g) **Instantâneo** (consuma-se de imediato);

h) **Plurissubsistente** (a conduta pode ser fracionada, e por isso admite a tentativa);

i) De **perigo** (a consumação ocorre com a mera exposição do bem jurídico a perigo);

j) **Doloso**.

8.10. Quadro Sinótico

EMPREGO DE PROCESSO PROIBIDO OU DE SUBSTÂNCIA NÃO PERMITIDA		
Considerações Iniciais	Conforme previsão do art. 258 do Código Penal, se do presente delito resultar lesão corporal de natureza grave, a pena privativa de liberdade é aumentada na metade; se resultar morte, será aplicada em dobro.	1
Tipicidade Objetiva	A ação nuclear do agente delituoso consubstancia-se na ação de empregar (utilizar, aplicar) revestimento (processo destinado a encobrir), gaseificação artificial (processo utilizado em substâncias de gênero alimentício ou medicinal que visa dissolver gases necessários à fabricação do produto), matéria corante (utilizada para da cor ao produto), substância aromática (destinada ao aperfeiçoamento do	2

Tipicidade Objetiva	paladar ou aroma do produto), antisséptica (destinada a impedir a proliferação de matéria orgânica) e conservadora (destinada a evitar a proliferação de germes). O Código ainda nos trouxe uma fórmula genérica, quando previu ou qualquer outra não expressamente permitida pela legislação sanitária. Registre-se que a conduta deve ser dirigida finalisticamente à fabricação de produto destinado ao consumo.	2
Sujeitos	**Sujeito ativo:** pode ser qualquer pessoa. **Sujeito passivo:** é o Estado, a coletividade.	3
Objetos	**Objeto jurídico:** é a incolumidade pública, aqui consubstanciada pela saúde pública. **Objeto material:** é o produto fabricado destinado ao consumo.	4
Elemento Subjetivo	O elemento subjetivo exigido no tipo penal é o dolo de perigo. Não há previsão de modalidade culposa.	5
Consumação e Tentativa	Consuma-se o crime no momento em que o agente pratica qualquer das condutas previstas no tipo penal. A forma tentada é perfeitamente cabível.	6
Ação Penal	A ação penal é de iniciativa pública incondicionada.	7
Penas	A pena para o crime pode ser de reclusão, de um a cinco anos, e multa.	8
Classificação	**a)** **Comum** (não se exige qualidade especial do sujeito ativo); **b)** **Formal** (a consumação não exige a produção de um resultado naturalístico); **c)** De forma **livre** (a Lei não estabelece exigência para a forma de execução); **d)** **Simples** (tutela apenas um bem jurídico); **e)** **Comissivo** (praticado mediante ação); **f)** **Unissubjetivo** (pode haver ou não concurso de pessoas); **g)** **Instantâneo** (consuma-se de imediato); **h)** **Plurissubsistente** (a conduta pode ser fracionada, e por isso admite a tentativa); **i)** De **perigo** (a consumação ocorre com a mera exposição do bem jurídico a perigo); **j)** **Doloso**.	13

9. INVÓLUCRO OU RECIPIENTE COM FALSA INDICAÇÃO

> **Art. 275.** Inculcar, em invólucro ou recipiente de produtos alimentícios, terapêuticos ou medicinais, a existência de substância que não se encontra em seu conteúdo ou que nele existe em quantidade menor que a mencionada:
>
> Pena - reclusão, de 1 (um) a 5 (cinco) anos, e multa.

9.1. Considerações Iniciais

Conforme previsão do art. 258 do Código Penal, se do presente delito resultar lesão corporal de natureza grave, a pena privativa de liberdade é aumentada na metade; se resultar morte, será aplicada em dobro.

O crime de invólucro ou recipiente com falsa indicação é comum; doloso; de forma vinculada; comissivo (podendo ser praticado via omissão imprópria, no caso do agente gozar do status de garantidor); instantâneo; de perigo comum abstrato; unissubjetivo; plurissubsistente.

9.2. Tipicidade Objetiva

A ação nuclear do agente delituoso consubstancia-se na conduta de inculcar (indicar, gravar, imprimir falsa indicação), em invólucro (rótulos, bulas, pacotes etc.) ou recipientes (frascos, vidros, latas, potes etc.) de produtos alimentícios, terapêuticos ou medicinais, a existência de substância que não se encontra em seu conteúdo ou que nele exista em quantidade menor que a mencionada. O crime é, portanto, praticado mediante fraude.

9.3. Sujeitos

Sujeito ativo: trata-se de um crime comum, portanto, o sujeito ativo pode ser qualquer pessoa.

Sujeito passivo: é o Estado, a coletividade.

9.4. Objetos

Objeto jurídico: o objeto juridicamente tutelado é a incolumidade pública, aqui consubstanciada na saúde pública.

Objeto material: é o invólucro ou recipiente de produtos alimentícios, terapêuticos ou medicinais.

9.5. Elemento Subjetivo

O elemento subjetivo exigido no tipo penal é o dolo de perigo, pois se exige do agente a vontade de gerar um risco não tolerado a terceiros.

Não há previsão para a modalidade culposa.

9.6. Consumação e Tentativa

Consuma-se o crime no momento em que o agente pratica a conduta prevista no tipo penal, não sendo necessária a ocorrência do resultado naturalístico.

A forma tentada é perfeitamente cabível.

9.7. Ação Penal

A ação penal é de iniciativa pública incondicionada.

9.8. Penas

A pena para o crime pode ser de reclusão, de um a cinco anos, e multa. Logo, podemos concluir que:

a) Não é possível a transação penal (art. 76, Lei n. 9.099/95), pois não se trata de infração penal de menor potencial ofensivo;

b) É possível a suspensão condicional do processo (art. 89, Lei n. 9.099/95), pois a pena mínima não ultrapassa um ano.

9.9. Classificação

O crime pode ser classificado como:

a) **Comum** (não se exige qualidade especial do sujeito ativo);

b) **Formal** (a consumação não exige a produção de um resultado naturalístico);

c) De **forma livre** (a Lei não estabelece exigência para a forma de execução);

d) **Simples** (tutela apenas um bem jurídico);

e) **Comissivo** (praticado mediante ação);

f) **Unissubjetivo** (pode haver ou não concurso de pessoas);

g) **Instantâneo** (consuma-se de imediato);

h) **Plurissubsistente** (a conduta pode ser fracionada, e por isso admite a tentativa);

i) De **perigo** (a consumação ocorre com a mera exposição do bem jurídico a perigo);

j) **Doloso**.

9.10. Quadro Sinótico

INVÓLUCRO OU RECIPIENTE COM FALSA INDICAÇÃO		
Considerações Iniciais	Conforme previsão do art. 258 do Código Penal, se do presente delito resultar lesão corporal de natureza grave, a pena privativa de liberdade é aumentada na metade; se resultar morte, será aplicada em dobro.	1
Tipicidade Objetiva	A ação nuclear do agente delituoso consubstancia-se na conduta de inculcar (indicar, gravar, imprimir falsa indicação), em invólucro (rótulos, bulas, pacotes etc.) ou recipientes (frascos, vidros, latas, potes etc.) de produtos alimentícios, terapêuticos ou medicinais, a existência de substância que não se encontra em seu conteúdo ou que nele exista em quantidade menor que a mencionada. O crime é, portanto, praticado mediante fraude.	2

Sujeitos	**Sujeito ativo:** pode ser qualquer pessoa. **Sujeito passivo:** é o Estado, a coletividade.	3
Objetos	**Objeto jurídico:** é a incolumidade pública, aqui consubstanciada na saúde pública. **Objeto material:** é o invólucro ou recipiente de produtos alimentícios, terapêuticos ou medicinais.	4
Elemento Subjetivo	O elemento subjetivo exigido no tipo penal é o dolo de perigo. Não há previsão para a modalidade culposa.	5
Consumação e Tentativa	Consuma-se o crime no momento em que o agente pratica a conduta prevista no tipo penal. A forma tentada é perfeitamente cabível.	6
Ação Penal	A ação penal é de iniciativa pública incondicionada.	7
Penas	A pena para o crime pode ser de reclusão, de um a cinco anos, e multa.	8
Classificação	a) **Comum** (não se exige qualidade especial do sujeito ativo); b) **Formal** (a consumação não exige a produção de um resultado naturalístico); c) De forma **livre** (a Lei não estabelece exigência para a forma de execução); d) **Simples** (tutela apenas um bem jurídico); e) **Comissivo** (praticado mediante ação); f) **Unissubjetivo** (pode haver ou não concurso de pessoas); g) **Instantâneo** (consuma-se de imediato); h) **Plurissubsistente** (a conduta pode ser fracionada, e por isso admite a tentativa); i) De **perigo** (a consumação ocorre com a mera exposição do bem jurídico a perigo); j) **Doloso**.	9

10. PRODUTO OU SUBSTÂNCIA NAS CONDIÇÕES DOS DOIS ARTIGOS ANTERIORES

Art. 276. Vender, expor à venda, ter em depósito para vender ou, de qualquer forma, entregar a consumo produto nas condições dos arts. 274 e 275.

Pena - reclusão, de 1 (um) a 5 (cinco) anos, e multa.

10.1. Considerações Iniciais

Conforme previsão do art. 258 do Código Penal, se do presente delito resultar lesão corporal de natureza grave, a pena privativa de liberdade é aumentada na metade; se resultar morte, será aplicada em dobro.

O crime de produto ou substância nas condições dos dois artigos anteriores é comum; doloso; de forma livre; comissivo (podendo ser praticado via omissão imprópria, no caso do agente gozar do status de garantidor); instantâneo (nas modalidades vender e entregar) e permanente (nas modalidades expor à venda e ter em depósito para vender); de perigo comum abstrato; unissubjetivo; plurissubsistente.

10.2. Tipicidade Objetiva

A ação nuclear do agente delituoso consubstancia-se nas condutas vender, expor à venda e ter em depósito para vender ou, de qualquer forma, entregar a consumo produto nas condições dos artigos anteriores. Pune-se aqui a conduta daquele que, sem praticar as ações típicas previstas nos artigos precedentes, comercializa os produtos nas condições indicadas pelos referidos dispositivos.

Trata-se de um tipo misto alternativo. Por tal razão, a prática de mais de uma conduta, no mesmo contexto, relacionada ao mesmo objeto material, dará ensejo a crime único.

10.3. Sujeitos

Sujeito ativo: trata-se de um crime comum, portanto, o sujeito ativo pode ser qualquer pessoa, não sendo necessário que o agente seja comerciante.

Sujeito passivo: é o Estado, a coletividade.

10.4. Objetos

Objeto jurídico: é a incolumidade pública, aqui com substanciada na saúde pública.

Objeto material: é o produto nas condições determinadas pelos artigos 274 e 275 do Código Penal.

10.5. Elemento Subjetivo

O elemento subjetivo exigido no tipo penal é o dolo de perigo, pois se exige do agente a vontade de gerar um risco não tolerado a terceiros.

Não há previsão para a modalidade culposa.

10.6. Consumação e Tentativa

Consuma-se o crime no momento em que o agente pratica qualquer das condutas previstas no tipo penal, não sendo necessária a ocorrência do resultado naturalístico. O crime é instantâneo nas modalidades *vender* e *entregar a consumo*; já nas modalidades *expor à venda* e *ter em depósito para vender*, o delito é permanente.

A forma tentada é perfeitamente cabível.

10.7. Ação Penal

A ação penal é de iniciativa pública incondicionada.

10.8. Penas

A pena para o crime pode ser de reclusão, de um a cinco anos, e multa. Logo, podemos concluir que:

a) Não é possível a transação penal (art. 76, Lei n. 9.099/95), pois não se trata de infração penal de menor potencial ofensivo;

b) É possível a suspensão condicional do processo (art. 89, Lei n. 9.099/95), pois a pena mínima não ultrapassa um ano.

10.9. Classificação

O crime pode ser classificado como:

a) **Comum** (não se exige qualidade especial do sujeito ativo);

b) **Formal** (a consumação não exige a produção de um resultado naturalístico);

c) De **forma livre** (a Lei não estabelece exigência para a forma de execução);

d) **Simples** (tutela apenas um bem jurídico);

e) **Comissivo** (praticado mediante ação);

f) **Unissubjetivo** (pode haver ou não concurso de pessoas);

g) **Instantâneo** (consuma-se de imediato) ou **Permanente** (a conduta se protrai no tempo), nas modalidades "expor à venda" e "ter em depósito";

h) **Plurissubsistente** (a conduta pode ser fracionada, e por isso admite a tentativa);

i) De **perigo** (a consumação ocorre com a mera exposição do bem jurídico a perigo);

j) **Doloso.**

10.10. Quadro Sinótico

PRODUTO OU SUBSTÂNCIA NAS CONDIÇÕES DOS DOIS ARTIGOS ANTERIORES		
Considerações Iniciais	Se do presente delito resultar lesão corporal de natureza grave, a pena privativa de liberdade é aumentada na metade; se resultar morte, será aplicada em dobro.	1
Tipicidade Objetiva	A ação nuclear do agente delituoso consubstancia-se nas condutas vender, expor à venda e ter em depósito para vender ou, de qualquer forma, entregar a consumo produto nas condições dos artigos anteriores. Pune-se aqui a conduta daquele que, sem praticar as ações típicas previstas nos artigos precedentes, comercializa os produtos nas condições indicadas pelos referidos dispositivos. Trata-se de um tipo misto alternativo.	2
Sujeitos	**Sujeito ativo:** pode ser qualquer pessoa. **Sujeito passivo**: é o Estado, a coletividade.	3

Objetos	**Objeto jurídico:** é a incolumidade pública, aqui com substanciada na saúde pública. **Objeto material:** é o produto nas condições determinadas pelos artigos 274 e 275 do Código Penal.	4
Elemento Subjetivo	O elemento subjetivo exigido no tipo penal é o dolo de perigo. Não há previsão para a modalidade culposa.	5
Consumação e Tentativa	Consuma-se o crime no momento em que o agente pratica qualquer das condutas previstas no tipo penal. O crime é instantâneo nas modalidades *vender* e *entregar a consumo*; já nas modalidades *expor à venda* e *ter em depósito para vender*, o delito é permanente. A forma tentada é perfeitamente cabível.	6
Ação Penal	A ação penal é de iniciativa pública incondicionada.	7
Penas	A pena para o crime pode ser de reclusão, de um a cinco anos, e multa.	8
Classificação	**a)** **Comum** (não se exige qualidade especial do sujeito ativo); **b)** **Formal** (a consumação não exige a produção de um resultado naturalístico); **c)** De forma **livre** (a Lei não estabelece exigência para a forma de execução); **d)** **Simples** (tutela apenas um bem jurídico); **e)** **Comissivo** (praticado mediante ação); **f)** **Unissubjetivo** (pode haver ou não concurso de pessoas); **g)** **Instantâneo** (consuma-se de imediato) ou **Permanente** (a conduta se protrai no tempo), nas modalidades "expor à venda" e "ter em depósito"; **h)** **Plurissubsistente** (a conduta pode ser fracionada, e por isso admite a tentativa); **i)** De **perigo** (a consumação ocorre com a mera exposição do bem jurídico a perigo); **j)** **Doloso**.	9

11. SUBSTÂNCIA DESTINADA À FALSIFICAÇÃO

> **Art. 277.** Vender, expor à venda, ter em depósito ou ceder substância destinada à falsificação de produtos alimentícios, terapêuticos ou medicinais:
>
> Pena - reclusão, de 1 (um) a 5 (cinco) anos, e multa.

11.1. Considerações Iniciais

De acordo com a previsão do art. 258 do Código Penal, se do presente delito resultar lesão corporal de natureza grave, a pena privativa de liberdade é aumentada na metade; se resultar morte, será aplicada em dobro.

O crime de substância destinada à falsificação é comum; doloso; de forma livre; comissivo (podendo ser praticado via omissão imprópria, no caso do agente gozar do status de garantidor); instantâneo (permanente nas modalidades "expor à venda" e "ter em depósito"); de perigo comum abstrato; unissubjetivo; plurissubsistente.

11.2. Tipicidade Objetiva

Trata-se de crime de ação múltipla. As ações nucleares do agente delituoso consubstanciam-se nas condutas vender, expor à venda e ter em depósito, ou ceder substância destinada à falsificação de produtos alimentícios, terapêuticos ou medicinais. Assim, o legislador, após punir a falsificação daqueles produtos, incrimina também o fato de vender, expor à venda e ter em depósito, ou ceder os sobreditos produtos.

11.3. Sujeitos

Sujeito ativo: Trata-se de um crime comum, portanto, o sujeito ativo pode ser qualquer pessoa.

Sujeito passivo: é o Estado, a coletividade.

11.4. Objetos

Objeto jurídico: o objeto juridicamente tutelado é a incolumidade pública, aqui consubstanciada na saúde pública.

Objeto material: é a substância destinada à falsificação de produtos alimentícios, terapêuticos ou medicinais.

11.5. Elemento Subjetivo

O elemento subjetivo exigido no tipo penal é o dolo de perigo, pois se exige do agente a vontade de gerar um risco não tolerado a terceiros.

Não há previsão para a modalidade culposa.

11.6. Consumação e Tentativa

Consuma-se o crime no momento em que o agente pratica qualquer das condutas previstas no tipo penal, não sendo necessária a ocorrência do resultado naturalístico.

A forma tentada é perfeitamente cabível.

11.7. Ação Penal

A ação penal é de iniciativa pública incondicionada.

11.8. Penas

A pena para o crime pode ser de reclusão, de um a cinco anos, e multa. Logo, podemos concluir que:

a) Não é possível a transação penal (art. 76, Lei n. 9.099/95), pois não se trata de infração penal de menor potencial ofensivo;

b) É possível a suspensão condicional do processo (art. 89, Lei n. 9.099/95), pois a pena mínima não ultrapassa um ano.

11.9. Classificação

O crime pode ser classificado como:

a) **Comum** (não se exige qualidade especial do sujeito ativo);

b) **Formal** (a consumação não exige a produção de um resultado naturalístico);

c) De **forma livre** (a Lei não estabelece exigência para a forma de execução);

d) **Simples** (tutela apenas um bem jurídico);

e) **Comissivo** (praticado mediante ação);

f) **Unissubjetivo** (pode haver ou não concurso de pessoas);

g) **Instantâneo** (consuma-se de imediato) ou **Permanente** (a conduta se protrai no tempo), nas modalidades "expor à venda" e "ter em depósito";

h) **Plurissubsistente** (a conduta pode ser fracionada, e por isso admite a tentativa);

i) De **perigo** (a consumação ocorre com a mera exposição do bem jurídico a perigo);

j) **Doloso.**

11.10. Quadro Sinótico

SUBSTÂNCIA DESTINADA À FALSIFICAÇÃO		
Considerações Iniciais	De acordo com a previsão do art. 258 do Código Penal, se do presente delito resultar lesão corporal de natureza grave, a pena privativa de liberdade é aumentada na metade; se resultar morte, será aplicada em dobro.	1
Tipicidade Objetiva	Trata-se de crime de ação múltipla. As ações nucleares do agente delituoso consubstanciam-se nas condutas vender, expor à venda e ter em depósito, ou ceder substância destinada à falsificação de produtos alimentícios, terapêuticos ou medicinais.	2
Sujeitos	**Sujeito ativo:** pode ser qualquer pessoa. **Sujeito passivo:** é o Estado, a coletividade.	3
Objetos	**Objeto jurídico:** é a incolumidade pública, aqui consubstanciada na saúde pública. **Objeto material:** é a substância destinada à falsificação de produtos alimentícios, terapêuticos ou medicinais.	4
Elemento Subjetivo	O elemento subjetivo exigido no tipo penal é o dolo de perigo. Não há previsão para a modalidade culposa.	5

Consumação e Tentativa	Consuma-se o crime no momento em que o agente pratica qualquer das condutas previstas no tipo penal. A forma tentada é perfeitamente cabível.	6
Ação Penal	A ação penal é de iniciativa pública incondicionada.	7
Penas	A pena para o crime pode ser de reclusão, de um a cinco anos, e multa.	8
Classificação	a) **Comum** (não se exige qualidade especial do sujeito ativo); b) **Formal** (a consumação não exige a produção de um resultado naturalístico); c) De forma **livre** (a Lei não estabelece exigência para a forma de execução); d) **Simples** (tutela apenas um bem jurídico); e) **Comissivo** (praticado mediante ação); f) **Unissubjetivo** (pode haver ou não concurso de pessoas); g) **Instantâneo** (consuma-se de imediato) ou **Permanente** (a conduta se protrai no tempo), nas modalidades "expor à venda" e "ter em depósito"; h) **Plurissubsistente** (a conduta pode ser fracionada, e por isso admite a tentativa); i) De **perigo** (a consumação ocorre com a mera exposição do bem jurídico a perigo); j) **Doloso**.	9

12. OUTRAS SUBSTÂNCIAS NOCIVAS À INCOLUMIDADE PÚBLICA

> **Art. 278.** Fabricar, vender, expor à venda, ter em depósito para vender ou, de qualquer forma, entregar a consumo coisa ou substância nociva à saúde, ainda que não destinada à alimentação ou a fim medicinal:
>
> Pena - detenção, de 1 (um) a 3 (três) anos, e multa.
>
> **Modalidade Culposa**
>
> Parágrafo único. Se o crime é culposo:
>
> Pena - detenção, de 2 (dois) meses a 1 (um) ano.

12.1. Considerações Iniciais

Conforme previsão do art. 258 do Código Penal, se do presente delito, cometido dolosamente, resultar lesão corporal de natureza grave, a pena privativa de liberdade é aumentada na metade; se resultar morte, será aplicada em dobro. Sendo culposo, resultando o fato lesão corporal, a pena será aumentada na metade; se resulta a morte, aplicar-se-á a pena prevista para o homicídio culposo, aumentada em um terço.

O crime de outras substâncias nocivas à saúde pública é comum; doloso; de forma livre; comissivo (podendo ser praticado via omissão imprópria, no caso do agente gozar do status de garantidor); instantâneo (permanente nas modalidades "expor à venda" e "ter em depósito"); de perigo abstrato; unissubjetivo; plurissubsistente.

12.2. Tipicidade Objetiva

As ações nucleares do agente delituoso consubstanciam-se nas condutas fabricar, vender, expor à venda, ter em depósito para vender ou, de qualquer forma, entrega a consumo coisa ou substância nociva à saúde.

12.3. Sujeitos

Sujeito ativo: trata-se de um crime comum, portanto, o sujeito ativo pode ser qualquer pessoa.

Sujeito passivo: é o Estado, a coletividade.

12.4. Objetos

Objeto jurídico: o objeto juridicamente tutelado é a incolumidade pública, aqui consubstanciada na saúde pública.

Objeto material: é a coisa ou substância nociva à saúde.

12.5. Elemento Subjetivo

O elemento subjetivo exigido no tipo penal é o dolo de perigo, pois se exige do agente a vontade de gerar um risco não tolerado a terceiros. Há previsão para a modalidade culposa.

12.6. Consumação e Tentativa

Consuma-se o crime no momento em que o agente pratica qualquer das condutas previstas no tipo penal, não sendo necessária a ocorrência do resultado naturalístico.

Embora de difícil configuração, já que a simples manutenção em depósito já configurará a consumação do crime, a forma tentada é possível.

12.7. Ação Penal

A ação penal é de iniciativa pública incondicionada.

12.8. Penas

A pena para o crime pode ser de detenção, de um a três anos, e multa. Logo, podemos concluir que:

a) Não é possível a transação penal (art. 76, Lei n. 9.099/95), pois não se trata de infração penal de menor potencial ofensivo;

b) É possível a suspensão condicional do processo (art. 89, Lei n. 9.099/95), pois a pena mínima não ultrapassa um ano.

Na modalidade culposa, será possível tanto a transação penal quanto a suspensão condicional do processo, porquanto a pena seria de detenção, de dois meses a um ano.

12.9. Classificação

O crime pode ser classificado como:

a) **Comum** (não se exige qualidade especial do sujeito ativo);

b) **Formal** (a consumação não exige a produção de um resultado naturalístico);

c) De **forma livre** (a Lei não estabelece exigência para a forma de execução);

d) **Simples** (tutela apenas um bem jurídico);

e) **Comissivo** (praticado mediante ação);

f) **Unissubjetivo** (pode haver ou não concurso de pessoas);

g) **Instantâneo** (consuma-se de imediato) ou **Permanente** (a conduta se protrai no tempo), nas modalidades "expor à venda" e "ter em depósito";

h) **Plurissubsistente** (a conduta pode ser fracionada, e por isso admite a tentativa);

i) De **perigo** (a consumação ocorre com a mera exposição do bem jurídico a perigo);

j) **Doloso** ou **culposo.**

12.10. Quadro Sinótico

OUTRAS SUBSTÂNCIAS NOCIVAS À INCOLUMIDADE PÚBLICA		
Considerações Iniciais	Conforme previsão do art. 258 do Código Penal, se do presente delito, cometido dolosamente, resultar lesão corporal de natureza grave, a pena privativa de liberdade é aumentada na metade; se resultar morte, será aplicada em dobro. Sendo culposo, resultando o fato lesão corporal, a pena será aumentada na metade; se resulta a morte, aplicar-se-á a pena prevista para o homicídio culposo, aumentada em um terço.	1
Tipicidade Objetiva	As ações nucleares do agente delituoso consubstanciam-se nas condutas fabricar, vender, expor à venda, ter em depósito para vender ou, de qualquer forma, entrega a consumo coisa ou substância nociva à saúde.	2
Sujeitos	**Sujeito ativo:** trata-se de um crime comum, portanto, o sujeito ativo pode ser qualquer pessoa. **Sujeito passivo:** é o Estado, a coletividade.	3
Objetos	**Objeto jurídico:** é a incolumidade pública, aqui consubstanciada na saúde pública. **Objeto material:** é a coisa ou substância nociva à saúde.	4
Elemento Subjetivo	O elemento subjetivo exigido no tipo penal é o dolo de perigo. Há previsão para a modalidade culposa.	5

Consumação e Tentativa	Consuma-se o crime no momento em que o agente pratica qualquer das condutas previstas no tipo penal. A forma tentada é possível.	6
Ação Penal	A ação penal é de iniciativa pública incondicionada.	7
Penas	A pena para o crime pode ser de detenção, de um a três anos, e multa.	8
Classificação	a) **Comum** (não se exige qualidade especial do sujeito ativo); b) **Formal** (a consumação não exige a produção de um resultado naturalístico); c) De forma **livre** (a Lei não estabelece exigência para a forma de execução); d) **Simples** (tutela apenas um bem jurídico); e) **Comissivo** (praticado mediante ação); f) **Unissubjetivo** (pode haver ou não concurso de pessoas); g) **Instantâneo** (consuma-se de imediato) ou **Permanente** (a conduta se protrai no tempo), nas modalidades "expor à venda" e "ter em depósito"; h) **Plurissubsistente** (a conduta pode ser fracionada, e por isso admite a tentativa); i) De **perigo** (a consumação ocorre com a mera exposição do bem jurídico a perigo); j) **Doloso** ou **culposo**.	9

13. SUBSTÂNCIA AVARIADA

Art. 279. Revogado pela Lei n° 8.137, de 1990.

14. MEDICAMENTO EM DESACORDO COM RECEITA MÉDICA

Art. 280. Fornecer substância medicinal em desacordo com receita médica:

Pena - detenção, de 1 (um) a 3 (três) anos, ou multa.

Modalidade Culposa

Parágrafo único. Se o crime é culposo:

Pena - detenção, de 2 (dois) meses a 1 (um) ano.

14.1. Considerações Iniciais

Registre-se, por ser oportuno, que se o farmacêutico entender que há equívoco na receita, deve agir em conformidade com o art. 25 do Regulamento do Departamento Nacional da Saúde, a saber: "Para aviar uma receita, que lhe pareça perigosa, deverá o farmacêutico consultar o médico, que a rectificará ou fará declaração expressa e escrita de que assume a responsabilidade da mesma, declaração que o pharmaceutico copiará no livro de registro do receituário e na própria receita, que ficará em seu poder".

Ademais, conforme previsão do art. 258 do Código Penal, se do presente delito, cometido dolosamente, resultar lesão corporal de natureza grave, a pena privativa de liberdade é aumentada na metade; se resultar morte, será aplicada em dobro. Sendo culposo, resultando o fato lesão corporal, a pena será aumentada na metade; se resulta a morte, aplicar-se-á a pena prevista para o homicídio culposo, aumentada em um terço.

O crime de medicamento em desacordo com receita médica é comum; doloso; de forma livre; comissivo (podendo ser praticado via omissão imprópria, no caso do agente gozar do status de garantidor); instantâneo; de perigo abstrato; unissubjetivo; plurissubsistente.

14.2. Tipicidade Objetiva

A ação nuclear do agente delituoso consubstancia-se na conduta fornecer substância medicinal em desacordo com a receita médica (portanto, precisa ter sido emitida por um médico). A configuração do crime independe se o fornecimento foi feito a título oneroso ou gratuito.

14.3. Sujeitos

Sujeito ativo: trata-se de um crime comum, portanto, o sujeito ativo pode ser qualquer pessoa, seja um farmacêutico ou qualquer outro funcionário de uma farmácia.

Sujeito passivo: é o Estado, a coletividade.

14.4. Objetos

Objeto jurídico: o objeto juridicamente tutelado é a incolumidade pública, aqui consubstanciada na saúde pública.

Objeto material: é a substância medicinal.

14.5. Elemento Subjetivo

O elemento subjetivo exigido no tipo penal é o dolo de perigo, pois se exige do agente a vontade de gerar um risco não tolerado a terceiros.

Há previsão para a modalidade culposa.

14.6. Consumação e Tentativa

Consuma-se o crime no momento em que o agente pratica a conduta descrita no tipo penal, não sendo necessária a ocorrência do resultado naturalístico.

A forma tentada é perfeitamente cabível.

14.7. Ação Penal

A ação penal é de iniciativa pública incondicionada.

14.8. Penas

A pena para o crime pode ser de detenção, de um a três anos, ou multa. Logo, podemos concluir que:

a) Não é possível a transação penal (art. 76, Lei n. 9.099/95), pois não se trata de infração penal de menor potencial ofensivo;

b) É possível a suspensão condicional do processo (art. 89, Lei n. 9.099/95), pois a pena mínima não ultrapassa um ano.

Na modalidade culposa, será possível tanto a transação penal quanto a suspensão condicional do processo, porquanto a pena seria de detenção, de dois meses a um ano.

14.9. Classificação

O crime pode ser classificado como:

a) **Comum** (não se exige qualidade especial do sujeito ativo);

b) **Formal** (a consumação não exige a produção de um resultado naturalístico);

c) De **forma livre** (a Lei não estabelece exigência para a forma de execução);

d) **Simples** (tutela apenas um bem jurídico);

e) **Comissivo** (praticado mediante ação);

f) **Unissubjetivo** (pode haver ou não concurso de pessoas);

g) **Instantâneo** (consuma-se de imediato);

h) **Plurissubsistente** (a conduta pode ser fracionada, e por isso admite a tentativa);

i) De **perigo** (a consumação ocorre com a mera exposição do bem jurídico a perigo);

j) **Doloso** ou **culposo.**

14.10. Quadro Sinótico

MEDICAMENTO EM DESACORDO COM RECEITA MÉDICA		
Considerações Iniciais	Se o farmacêutico entender que há equívoco na receita, deve agir em conformidade com o art. 25 do Regulamento do Departamento Nacional da Saúde. Ademais, conforme previsão do art. 258 do Código Penal, se do presente delito, cometido dolosamente, resultar lesão corporal de natureza grave, a pena privativa de liberdade é aumentada na metade; se resultar morte, será aplicada em dobro. Sendo culposo, resultando o fato lesão corporal, a pena será aumentada na metade; se resulta a morte, aplicar-se-á a pena prevista para o homicídio culposo, aumentada em um terço.	1

Tipicidade Objetiva	A ação nuclear do agente delituoso consubstancia-se na conduta fornecer substância medicinal em desacordo com a receita médica (portanto, precisa ter sido emitida por um médico). A configuração do crime independe se o fornecimento foi feito a título oneroso ou gratuito.	2
Sujeitos	**Sujeito ativo:** pode ser qualquer pessoa, seja um farmacêutico ou qualquer outro funcionário de uma farmácia. **Sujeito passivo:** é o Estado, a coletividade.	3
Objetos	**Objeto jurídico:** é a incolumidade pública, aqui consubstanciada na saúde pública. **Objeto material:** é a substância medicinal.	4
Elemento Subjetivo	O elemento subjetivo exigido no tipo penal é o dolo de perigo. Há previsão para a modalidade culposa.	5
Consumação e Tentativa	Consuma-se o crime no momento em que o agente pratica a conduta descrita no tipo penal. A forma tentada é perfeitamente cabível.	6
Ação Penal	A ação penal é de iniciativa pública incondicionada.	7
Penas	A pena para o crime pode ser de detenção, de um a três anos, ou multa.	8
Classificação	a) **Comum** (não se exige qualidade especial do sujeito ativo); b) **Formal** (a consumação não exige a produção de um resultado naturalístico); c) De forma **livre** (a Lei não estabelece exigência para a forma de execução); d) **Simples** (tutela apenas um bem jurídico); e) **Comissivo** (praticado mediante ação); f) **Unissubjetivo** (pode haver ou não concurso de pessoas); g) **Instantâneo** (consuma-se de imediato); h) **Plurissubsistente** (a conduta pode ser fracionada, e por isso admite a tentativa); i) **De perigo** (a consumação ocorre com a mera exposição do bem jurídico a perigo); j) **Doloso** ou **culposo**.	9

15. COMÉRCIO, POSSE OU USO DE ENTORPECENTE OU SUBSTÂNCIA QUE DETERMINE DEPENDÊNCIA FÍSICA OU PSÍQUICA

Art. 281. Revogado pela Lei n. 6.368/76.

O dispositivo foi revogado pela Lei n. 6.368/76, então legislação sobre drogas no Brasil. Atualmente, a matéria vem regulada na Lei n. 11.343/06.

16. EXERCÍCIO ILEGAL DA MEDICINA, ARTE DENTÁRIA OU FARMACÊUTICA

Art. 282. Exercer, ainda que a título gratuito, a profissão de médico, dentista ou farmacêutico, sem autorização legal ou excedendo-lhe os limites:

Pena - detenção, de 6 (seis) meses a 2 (dois) anos.

Parágrafo único. Se o crime é praticado com o fim de lucro, aplica-se também multa.

16.1. Considerações Iniciais

No que diz respeito à falta de autorização legal, o agente desempenha a profissão sem possuir o título que o habilite ou sem o registro da repartição competente. Ademais, os limites a que se refere este artigo são aqueles previstos nas leis que regulam especificamente as profissões.

Assinale-se que se a conduta for executada com finalidade lucrativa, à pena de detenção será acrescida a de multa.

De mais a mais, conforme previsão do art. 258 do Código Penal, se do presente delito resultar lesão corporal de natureza grave, a pena privativa de liberdade é aumentada na metade; se resultar morte, será aplicada em dobro.

O crime de exercício ilegal da medicina, arte dentária ou farmacêutica é comum (no que diz respeito à conduta de "exercer") e próprio (no que tange ao fato de o sujeito "exceder" os seus limites, haja vista que somente o médico, o dentista e o farmacêutico podem ser sujeitos ativos); comum no que se refere ai sujeito passivo; doloso; de forma livre; comissivo (podendo ser praticado via omissão imprópria, no caso do agente gozar do status de garantidor); instantâneo; de perigo abstrato; habitual; unissubjetivo; plurissubsistente.

16.2. Tipicidade Objetiva

A ação nuclear do agente delituoso consubstancia-se na conduta de exercer a profissão de médico, dentista ou farmacêutico, sem autorização legal ou excedendo-lhe os limites, não importando se a título oneroso ou gratuito.

16.3. Sujeitos

Sujeito ativo: pode ser qualquer pessoa, quando se refere o tipo ao exercício da profissão de médico, dentista ou farmacêutico. Todavia, necessita ser médico, dentista ou farmacêutico quando, na segunda parte, faz referência à ultrapassagem dos limites inerentes à profissão.

Assim, em síntese, trata-se de crime comum na conduta relativa à primeira parte do tipo penal, e próprio no que tange à segunda parte.,

Sujeito passivo: é o Estado, a coletividade, bem como aquele que, direta e efetivamente, sofreu o dano ou a ele foi exposto.

16.4. Objetos

Objeto jurídico: o objeto juridicamente tutelado é a incolumidade pública, aqui consubstanciada na saúde pública.

Objeto material: é a profissão de médico, dentista ou farmacêutico.

16.5. Elemento Subjetivo

O elemento subjetivo exigido no tipo penal é o dolo de exercer, ainda que a título gratuito, a profissão de médico, dentista ou farmacêutico, sem autorização legal ou excedendo-lhes os limites.

Não há previsão para a modalidade culposa.

16.6. Consumação e Tentativa

Consuma-se o crime com a reiteração dos atos, isto é, com o exercício habitual da profissão. Não basta a prática de apenas um ato. Por se tratar de um crime de perigo abstrato, ainda que o paciente venha a ser curado ou obtenha melhoras com o tratamento, o crime restará configurado.

Por se tratar de um crime habitual, a maioria doutrinária entende ser inadmissível tentativa.

16.7. Ação Penal

A ação penal é de iniciativa pública incondicionada.

16.8. Penas

A pena para o crime pode ser de reclusão, de seis meses a dois anos, e multa (se houver a finalidade lucrativa). Logo, podemos concluir que:

a) É possível a transação penal (art. 76, Lei n. 9.099/95), pois se trata de infração penal de menor potencial ofensivo;

b) É possível a suspensão condicional do processo (art. 89, Lei n. 9.099/95), pois a pena mínima não ultrapassa um ano.

16.9. Classificação

O crime pode ser classificado como:

a) **Comum** (não se exige qualidade especial do sujeito ativo) e **Próprio** (exige qualidade especial do agente);

b) **Formal** (a consumação não exige a produção de um resultado naturalístico);

c) De **forma livre** (a Lei não estabelece exigência para a forma de execução);

d) **Simples** (tutela apenas um bem jurídico);

e) **Comissivo** (praticado mediante ação);

f) **Unissubjetivo** (pode haver ou não concurso de pessoas);

g) **Habitual** (pressupõe habitualidade na conduta, para que haja a consumação);

h) **Plurissubsistente** (a conduta pode ser fracionada, e por isso admite a tentativa);

i) De **perigo** (a consumação ocorre com a mera exposição do bem jurídico a perigo);

j) **Doloso**.

16.10. Quadro Sinótico

EXERCÍCIO ILEGAL DA MEDICINA, ARTE DENTÁRIA OU FARMACÊUTICA		
Considerações Iniciais	O agente desempenha a profissão sem possuir o título que o habilite ou sem o registro da repartição competente. Assinale-se que se a conduta for executada com finalidade lucrativa, à pena de detenção será acrescida a de multa. Se do presente delito resultar lesão corporal de natureza grave, a pena privativa de liberdade é aumentada na metade; se resultar morte, será aplicada em dobro.	1
Tipicidade Objetiva	A ação nuclear do agente delituoso consubstancia-se na conduta de exercer a profissão de médico, dentista ou farmacêutico, sem autorização legal ou excedendo-lhe os limites, não importando se a título oneroso ou gratuito.	2
Sujeitos	**Sujeito ativo:** pode ser qualquer pessoa, quando se refere o tipo ao exercício da profissão de médico, dentista ou farmacêutico. Todavia, necessita ser médico, dentista ou farmacêutico quando, na segunda parte, faz referência à ultrapassagem dos limites inerentes à profissão. **Sujeito passivo:** é o Estado, a coletividade, bem como aquele que, direta e efetivamente, sofreu o dano ou a ele foi exposto.	3
Objetos	**Objeto jurídico:** é a incolumidade pública, aqui consubstanciada na saúde pública. **Objeto material:** é a profissão de médico, dentista ou farmacêutico.	4
Elemento Subjetivo	O elemento subjetivo exigido no tipo penal é o dolo de exercer, ainda que a título gratuito, a profissão de médico, dentista ou farmacêutico, sem autorização legal ou excedendo-lhes os limites. Não há previsão para a modalidade culposa.	5
Consumação e Tentativa	Consuma-se o crime com a reiteração dos atos, isto é, com o exercício habitual da profissão. Por se tratar de um crime de perigo abstrato, ainda que o paciente venha a ser curado ou obtenha melhoras com o tratamento, o crime restará configurado. Por se tratar de um crime habitual, a maioria doutrinária entende ser inadmissível tentativa.	6
Ação Penal	A ação penal é de iniciativa pública incondicionada.	7

Penas	A pena para o crime pode ser de reclusão, de seis meses a dois anos, e multa (se houver a finalidade lucrativa).	8
Classificação	**a)** **Comum** (não se exige qualidade especial do sujeito ativo) e Próprio (exige qualidade especial do agente); **b)** **Formal** (a consumação não exige a produção de um resultado naturalístico); **c)** De forma **livre** (a Lei não estabelece exigência para a forma de execução); **d)** **Simples** (tutela apenas um bem jurídico); **e)** **Comissivo** (praticado mediante ação); **f)** **Unissubjetivo** (pode haver ou não concurso de pessoas); **g)** **Habitual** (pressupõe habitualidade na conduta, para que haja a consumação); **h)** **Plurissubsistente** (a conduta pode ser fracionada, e por isso admite a tentativa); **i)** De **perigo** (a consumação ocorre com a mera exposição do bem jurídico a perigo); **j)** **Doloso**.	13

17. CHARLATANISMO

> **Art. 283.** Inculcar ou anunciar cura por meio secreto ou infalível:
> Pena - detenção, de 3 (três) meses a 1 (um) ano, e multa.

17.1. Considerações Iniciais

Conforme previsão do art. 258 do Código Penal, se do presente delito resultar lesão corporal de natureza grave, a pena privativa de liberdade é aumentada na metade; se resultar morte, será aplicada em dobro.

O crime de charlatanismo é comum; doloso; de forma livre; comissivo (podendo ser praticado via omissão imprópria, no caso do agente gozar do status de garantidor); instantâneo; de perigo abstrato; unissubjetivo; plurissubsistente.

17.2. Tipicidade Objetiva

A ação nuclear do agente delituoso consubstancia-se nas condutas de inculcar (indicar, apregoar) ou anunciar (fazer propaganda) cura por meio secreto ou infalível. A cura que se refere o tipo diz respeito a determinadas doenças para as quais não exista tratamento próprio de acordo com os conhecimentos científicos do momento, ou, mesmo já existindo, o agente propõe um tratamento alternativo, por meio secreto ou infalível.

17.3. Sujeitos

Sujeito ativo: trata-se de um crime comum, portanto, o sujeito ativo pode ser qualquer pessoa.

Sujeito passivo: é o Estado, a coletividade, bem como aquele que foi ludibriado pelo agente.

17.4. Objetos

Objeto jurídico: o objeto juridicamente tutelado é a incolumidade pública, aqui consubstanciada pela saúde pública.

Objeto material: é o anúncio da cura por meio secreto ou infalível.

17.5. Elemento Subjetivo

O elemento subjetivo exigido no tipo penal é o dolo de perigo, pois se exige do agente a vontade de ludibriar terceiros.

Não há previsão para a modalidade culposa.

17.6. Consumação e Tentativa

Consuma-se o crime com o mero ato de propor, não sendo exigível a prática reiterada do charlatanismo.

A forma tentada é perfeitamente cabível.

17.7. Ação Penal

A ação penal é de iniciativa pública incondicionada.

17.8. Penas

A pena para o crime pode ser de detenção de três meses a um ano, e multa. Logo, podemos concluir que:

a) É possível a transação penal (art. 76, Lei n. 9.099/95), pois se trata de infração penal de menor potencial ofensivo;

b) É possível a suspensão condicional do processo (art. 89, Lei n. 9.099/95), pois a pena mínima não ultrapassa um ano.

17.9. Classificação

O crime pode ser classificado como:

a) **Comum** (não se exige qualidade especial do sujeito ativo);

b) **Formal** (a consumação não exige a produção de um resultado naturalístico);

c) De **forma livre** (a Lei não estabelece exigência para a forma de execução);

d) **Simples** (tutela apenas um bem jurídico);

e) **Comissivo** (praticado mediante ação);

f) **Unissubjetivo** (pode haver ou não concurso de pessoas);

g) **Instantâneo** (consuma-se de imediato);

h) **Plurissubsistente** (a conduta pode ser fracionada, e por isso admite a tentativa);

i) De **perigo** (a consumação ocorre com a mera exposição do bem jurídico a perigo);

j) **Doloso.**

17.10. Quadro Sinótico

CHARLATANISMO		
Considerações Iniciais	Se do presente delito resultar lesão corporal de natureza grave, a pena privativa de liberdade é aumentada na metade; se resultar morte, será aplicada em dobro.	1
Tipicidade Objetiva	A ação nuclear do agente delituoso consubstancia-se nas condutas de inculcar (indicar, apregoar) ou anunciar (fazer propaganda) cura por meio secreto ou infalível.	2
Sujeitos	**Sujeito ativo:** trata-se de um crime comum, portanto, o sujeito ativo pode ser qualquer pessoa. **Sujeito passivo:** é o Estado, a coletividade, bem como aquele que foi ludibriado pelo agente.	3
Objetos	**Objeto jurídico:** é a incolumidade pública, aqui consubstanciada pela saúde pública. **Objeto material:** é o anúncio da cura por meio secreto ou infalível.	4
Elemento Subjetivo	O elemento subjetivo exigido no tipo penal é o dolo de perigo. Não há previsão para a modalidade culposa.	5
Consumação e Tentativa	Consuma-se o crime com o mero ato de propor, não sendo exigível a prática reiterada do charlatanismo. A forma tentada é perfeitamente cabível.	6
Ação Penal	A ação penal é de iniciativa pública incondicionada.	7
Penas	A pena para o crime pode ser de detenção de três meses a um ano, e multa.	8
Classificação	**a) Comum** (não se exige qualidade especial do sujeito ativo); **b) Formal** (a consumação não exige a produção de um resultado naturalístico); **c)** De forma **livre** (a Lei não estabelece exigência para a forma de execução); **d) Simples** (tutela apenas um bem jurídico); **e) Comissivo** (praticado mediante ação); **f) Unissubjetivo** (pode haver ou não concurso de pessoas); **g) Instantâne**o (consuma-se de imediato); **h) Plurissubsistente** (a conduta pode ser fracionada, e por isso admite a tentativa); **i)** De **perigo** (a consumação ocorre com a mera exposição do bem jurídico a perigo); **j) Doloso.**	9

18. CURANDEIRISMO

Art. 284. Exercer o curandeirismo:

I - prescrevendo, ministrando ou aplicando, habitualmente, qualquer substância;

II - usando gestos, palavras ou qualquer outro meio;

III - fazendo diagnósticos:

Pena - detenção, de 6 (seis) meses a 2 (dois) anos.

Parágrafo único. Se o crime é praticado mediante remuneração, o agente fica também sujeito à multa.

18.1. Considerações Iniciais

Se a conduta é executada com o desiderato de ser objetivo lucro, à pena de detenção deve ser acrescida a pena de multa.

Ademais, conforme previsão do art. 258 do Código Penal, se do presente delito resultar lesão corporal de natureza grave, a pena privativa de liberdade é aumentada na metade; se resultar morte, será aplicada em dobro.

O crime de curandeirismo é comum; doloso; de forma livre; comissivo (podendo ser praticado via omissão imprópria, no caso do agente gozar do status de garantidor); instantâneo; de perigo abstrato; habitual; unissubjetivo; plurissubsistente.

18.2. Tipicidade Objetiva

A ação nuclear do agente delituoso consubstancia-se na conduta de exercer, o que pressupõe, portanto, certa habitualidade. Os meios de exercício do curandeirismo são: a prescrição ou aplicação de qualquer substância; uso de gestos, palavras ou qualquer outro meio que simbolize um ritual; e, por fim, fazer diagnóstico, o que implica em conhecer de determinada doença através de seus sintomas.

18.3. Sujeitos

Sujeito ativo: trata-se de um crime comum, portanto, o sujeito ativo pode ser qualquer pessoa.

Sujeito passivo: é o Estado, a coletividade, bem como aquele que for objeto da "cura".

18.4. Objetos

Objeto jurídico: o objeto juridicamente tutelado é a incolumidade pública, aqui consubstanciada na saúde pública.

Objeto material: é a substância prescrita, o gesto, a palavra ou outro meio empregado e o diagnóstico realizado.

18.5. Elemento Subjetivo

O elemento subjetivo exigido no tipo penal é o dolo de perigo, não sendo exigida finalidade especial do agente. Não há previsão para a modalidade culposa.

18.6. Consumação e Tentativa

Consuma-se o crime no momento em que o agente, reiteradamente, pratica qualquer das condutas previstas no tipo penal.

Trata-se de um crime habitual, pelo que a maioria doutrinária defende ser inadmissível a tentada.

18.7. Ação Penal

A ação penal é de iniciativa pública incondicionada.

18.8. Penas

A pena para o crime pode ser de detenção, de seis meses a dois anos. Se houver finalidade lucrativa, haverá o acréscimo da pena de multa. Logo, podemos concluir que:

a) É possível a transação penal (art. 76, Lei n. 9.099/95), pois se trata de infração penal de menor potencial ofensivo;

b) É possível a suspensão condicional do processo (art. 89, Lei n. 9.099/95), pois a pena mínima não ultrapassa um ano.

18.9. Classificação

O crime pode ser classificado como:

a) **Comum** (não se exige qualidade especial do sujeito ativo);

b) **Formal** (a consumação não exige a produção de um resultado naturalístico);

c) De **forma vinculada** (a Lei estabelece exigência para a forma de execução);

d) **Simples** (tutela apenas um bem jurídico);

e) **Comissivo** (praticado mediante ação);

f) **Unissubjetivo** (pode haver ou não concurso de pessoas);

g) **Habitual** (o conduta pressupõe habitualidade);

h) **Plurissubsistente** (a conduta pode ser fracionada, e por isso admite a tentativa);

i) De **perigo** (a consumação ocorre com a mera exposição do bem jurídico a perigo);

j) **Doloso**.

18.10. Quadro Sinótico

CURANDEIRISMO		
Considerações Iniciais	Se a conduta é executada com o desiderato de ser objetivo lucro, à pena de detenção deve ser acrescida a pena de multa. Se do presente delito resultar lesão corporal de natureza grave, a pena privativa de liberdade é aumentada na metade; se resultar morte, será aplicada em dobro.	1
Tipicidade Objetiva	A ação nuclear do agente delituoso consubstancia-se na conduta de exercer, o que pressupõe, portanto, certa habitualidade. Os meios de exercício do curandeirismo são: • A prescrição ou aplicação de qualquer substância; • Uso de gestos, palavras ou qualquer outro meio que simbolize um ritual; • Fazer diagnóstico.	2
Sujeitos	**Sujeito ativo:** pode ser qualquer pessoa. **Sujeito passivo:** é o Estado, a coletividade, bem como aquele que for objeto da "cura".	3
Objetos	**Objeto jurídico:** é a incolumidade pública, aqui consubstanciada na saúde pública. **Objeto material:** é a substância prescrita, o gesto, a palavra ou outro meio empregado e o diagnóstico realizado.	4
Elemento Subjetivo	O elemento subjetivo exigido no tipo penal é o dolo de perigo. Não há previsão para a modalidade culposa.	5
Consumação e Tentativa	Consuma-se o crime no momento em que o agente, reiteradamente, pratica qualquer das condutas previstas no tipo penal. Trata-se de um crime habitual, pelo que a maioria doutrinária defende ser inadmissível a tentativa.	6
Ação Penal	A ação penal é de iniciativa pública incondicionada.	7
Penas	A pena para o crime pode ser de detenção, de seis meses a dois anos.	8
Classificação	**a) Comum** (não se exige qualidade especial do sujeito ativo); **b) Formal** (a consumação não exige a produção de um resultado naturalístico); **c)** De forma **vinculada** (a Lei estabelece exigência para a forma de execução); **d) Simples** (tutela apenas um bem jurídico); **e) Comissivo** (praticado mediante ação); **f) Unissubjetivo** (pode haver ou não concurso de pessoas); **g) Habitual** (o conduta pressupõe habitualidade); **h) Plurissubsistente** (a conduta pode ser fracionada, e por isso admite a tentativa); **i)** De **perigo** (a consumação ocorre com a mera exposição do bem jurídico a perigo); **j) Doloso**.	13

19. FORMA QUALIFICADA

> **Art. 285.** Aplica-se o disposto no Art. 258 aos crimes previstos neste Capítulo, salvo quanto ao definido no Art. 267.

De acordo com este artigo, que referencia o art. 258 também do Código Penal, se o presente delito resultar lesão corporal de natureza grave, a pena privativa de liberdade é aumentada na metade; se resulta morte, aplicada em dobro. Sendo culposo, resultando o fato lesão corporal, a pena será aumentada na metade; se resulta a morte, aplicar-se-á a pena prevista para o homicídio culposo, aumentada em um terço, majorações que representam qualificadoras da conduta.

TÍTULO IX

DOS CRIMES CONTRA A PAZ PÚBLICA

O Título IX da parte especial do Código Penal nos traz os "crimes contra a paz pública", contidos entre os artigos 286 e 289-A, CP. Os tipos penais são os seguintes:

a) Incitação ao crime (art. 286, CP);

b) Apologia de crime ou criminoso (art. 287, CP);

c) Associação criminosa (art. 288, CP);

d) Constituição de milícia privada (art. 288-A, CP).

1. INCITAÇÃO AO CRIME

> **Art. 286.** Incitar, publicamente, a prática de crime:
> Pena – detenção, de três a seis meses, ou multa.

1.1. Considerações Iniciais

Não caracteriza crime a defesa pública de mudança legislativa. Por esta razão, o STF (ADI n. 4.274-DF) reputou constitucional a chamada "marcha da maconha", cujo objetivo é defender a legalização da referida droga. Neste caso, não há um estímulo à prática de crime, mas sim a defesa de mudança legislativa, o que se mostra compatível com o regime democrático.

O crime em comento pode ser praticado de qualquer forma. Assim, de modo exemplificativo, podemos vislumbrar a incitação ao crime por meio de jornais, revistas, televisão, rádio, escritos, panfletos, redes sociais etc. A antiga Lei de Imprensa possuía dispositivo específico, mas, não custa recordar, ela foi considerada incompatível com a atual ordem constitucional, pelo STF (ADPF n. 130).

A depender do caso, podemos ter tipos penais específicos de incitação ao crime, na legislação extravagante. Citamos como exemplo o art. 23 da Lei de Segurança Nacional (Lei n. 7.170/83), art. 3º da Lei de Genocídio (Lei n. 2.889/56), art. 20, caput, da Lei de Preconceito (Lei n. 7.716/89) e art. 155 do Código Penal Militar.

O crime de incitação ao crime é simples; comum; doloso; de perigo abstrato; de forma livre; comissivo (podendo também ser cometido via omissão imprópria, na hipótese de o agente gozar do status de garantidor); instantâneo; unissubjetivo; unissubsistente e plurissubsistente, conforme o caso concreto.

1.2. Tipicidade Objetiva

A conduta consiste em incitar (instigar, estimular, reforçar a ideia, provocar) publicamente a prática de crime. Há, então, uma exigência de manifestação pública, isto é, que a incitação alcance uma quantidade expressiva de pessoas. Este número de pessoas a ser alcançado, todavia, não é definido em lei. Ademais, imprescindível que se trate de incitação à prática de crime determinado, devidamente especificado, portanto.

1.3. Sujeitos

Sujeito ativo: qualquer pessoa. Trata-se, pois, de crime comum.

Sujeito passivo: a coletividade.

1.4. Objetos

Objeto jurídico: a paz pública.

Objeto material: a prática do crime.

1.5. Elemento Subjetivo

É o dolo. Não se exige uma finalidade específica (dolo específico).

Não se admite a modalidade culposa.

1.6. Consumação e Tentativa

O crime se consuma com a mera incitação, não se exigindo que o crime incitado venha ser efetivamente praticado. Trata-se, portanto, de crime formal, pois não se exige a produção de um resultado naturalístico.

A tentativa é admissível. Exemplo: incitação pública por escrito que não chega ao destinatário.

1.7. Ação Penal

É de iniciativa pública incondicionada.

1.8. Penas

A pena para o crime pode ser de detenção, de três a seis meses, ou multa. Logo, podemos concluir que:

a) É possível a transação penal (art. 76, Lei n. 9.099/95), pois se trata de infração penal de menor potencial ofensivo;

b) É possível a suspensão condicional do processo (art. 89, Lei n. 9.099/95), pois a pena mínima não ultrapassa um ano.

Vale registrar que a pena de multa figura como sanção alternativa, e não cumulativa à privação de liberdade.

1.9. Classificação

O crime pode ser classificado como:

a) **Comum** (não se exige qualidade especial do sujeito ativo);

b) **Formal** (a consumação não exige a produção de um resultado naturalístico);

c) De **forma livre** (a Lei não estabelece exigência para a forma de execução);

d) **Simples** (tutela apenas um bem jurídico);

e) **Comissivo** (praticado mediante ação);

f) **Unissubjetivo** (pode haver ou não concurso de pessoas);

g) **Instantâneo** (consuma-se de imediato);

h) **Plurissubsistente** (a conduta pode ser fracionada, e por isso admite a tentativa) ou **Unissubsistente** (a conduta não pode ser fracionada), a depender do caso;

i) De **perigo** (a consumação ocorre com a mera exposição do bem jurídico a perigo);

j) **Doloso**.

1.10. Quadro Sinótico

INCITAÇÃO AO CRIME		
Considerações Iniciais	O crime de incitação ao crime é simples; comum; doloso; de perigo abstrato; de forma livre; comissivo (podendo também ser cometido via omissão imprópria, na hipótese de o agente gozar do status de garantidor); instantâneo; unissubjetivo; unissubsistente e plurissubsistente, conforme o caso concreto.	1
Tipicidade Objetiva	A conduta consiste em incitar (instigar, estimular, reforçar a ideia, provocar) publicamente a prática de crime. Há, então, uma exigência de manifestação pública, isto é, que a incitação alcance uma quantidade expressiva de pessoas. Ademais, imprescindível que se trate de incitação à prática de crime determinado, devidamente especificado, portanto.	2

Sujeitos	**Sujeito ativo:** qualquer pessoa. Trata-se, pois, de crime comum. **Sujeito passivo:** a coletividade.	3
Objetos	**Objeto jurídico:** a paz pública. **Objeto material:** a prática do crime.	4
Elemento Subjetivo	É o dolo. Não se exige uma finalidade específica (dolo específico). Não se admite a modalidade culposa.	5
Consumação e Tentativa	O crime se consuma com a mera incitação, não se exigindo que o crime incitado venha ser efetivamente praticado. A tentativa é admissível.	6
Ação Penal	A ação penal é de iniciativa pública incondicionada.	7
Penas	A pena para o crime pode ser de detenção, de três a seis meses, ou multa.	8
Classificação	a) **Comum** (não se exige qualidade especial do sujeito ativo); b) **Formal** (a consumação não exige a produção de um resultado naturalístico); c) De forma **livre** (a Lei não estabelece exigência para a forma de execução); d) **Simples** (tutela apenas um bem jurídico); e) **Comissivo** (praticado mediante ação); f) **Unissubjetivo** (pode haver ou não concurso de pessoas); g) **Instantâneo** (consuma-se de imediato); h) **Plurissubsistente** (a conduta pode ser fracionada, e por isso admite a tentativa) ou **Unissubsistente** (a conduta não pode ser fracionada), a depender do caso; i) De **perigo** (a consumação ocorre com a mera exposição do bem jurídico a perigo); j) **Doloso**.	9

2. APOLOGIA DE CRIME OU CRIMINOSO

> **Art. 287.** Fazer, publicamente, apologia de fato criminoso ou de autor de crime:
> Pena - detenção, de três a seis meses, ou multa.

2.1. Considerações Iniciais

Tal como ocorre com o crime de incitação (art. 286, CP), o presente crime deve ser praticado publicamente, isto é, envolvendo um número expressivo de pessoas. E isto pode ocorrer por meio da imprensa, de redes sociais etc.

O crime de apologia ao crime ou criminoso é comum; doloso; de perigo abstrato; de forma livre; comissivo (podendo também ser cometido via omissão imprópria, na hipótese de o agente gozar do status de garantidor); instantâneo; unissubjetivo; unissubsistente e plurissubsistente, conforme o caso concreto.

2.2. Tipicidade Objetiva

A conduta consiste em fazer apologia (enaltecer, exaltar etc.) de fato criminoso ou da figura do criminoso. A despeito das semelhanças com o tipo penal anterior, dele se diferencia, porque a incitação diz respeito à instigação para que se cometa o crime (refere-se a fato futuro), ao passo que a apologia diz respeito a fato criminoso já ocorrido à pessoa do criminoso (refere-se, então, a crime já praticado).

2.3. Sujeitos

Sujeito ativo: qualquer pessoa. Trata-se, pois, de crime comum.

Sujeito passivo: a coletividade.

2.4. Objetos

Objeto jurídico: é a paz pública.

Objeto material: é o fato criminoso ou o autor de crime.

2.5. Elemento Subjetivo

É o dolo. Não se admite a modalidade culposa.

2.6. Consumação e Tentativa

A consumação ocorre com a mera apologia realizada publicamente. Trata-se de crime de mera conduta, pois não há resultado material, nem mesmo como exaurimento.

Admite-se a tentativa.

2.7. Ação Penal

É de natureza pública incondicionada.

2.8. Penas

A pena para o crime pode ser de detenção, de três a seis meses, ou multa. Logo, podemos concluir que:

a) É possível a transação penal (art. 76, Lei n. 9.099/95), pois se trata de infração penal de menor potencial ofensivo;

b) É possível a suspensão condicional do processo (art. 89, Lei n. 9.099/95), pois a pena mínima não ultrapassa um ano.

Vale registrar que a pena de multa figura como sanção alternativa, e não cumulativa à privação de liberdade.

2.9. Classificação

O crime pode ser classificado como:

a) **Comum** (não se exige qualidade especial do sujeito ativo);

b) **Formal** (a consumação não exige a produção de um resultado naturalístico);

c) De **forma livre** (a Lei não estabelece exigência para a forma de execução);

d) **Simples** (tutela apenas um bem jurídico);

e) **Comissivo** (praticado mediante ação);

f) **Unissubjetivo** (pode haver ou não concurso de pessoas);

g) **Instantâneo** (consuma-se de imediato);

h) **Plurissubsistente** (a conduta pode ser fracionada, e por isso admite a tentativa) ou **Unissubsistente** (a conduta não pode ser fracionada), a depender do caso;

i) De **perigo** (a consumação ocorre com a mera exposição do bem jurídico a perigo);

j) **Doloso**.

2.10. Quadro Sinótico

APOLOGIA DE CRIME OU DE CRIMINOSO		
Considerações Iniciais	Tal como ocorre com o crime de incitação (art. 286, CP), o presente crime deve ser praticado publicamente, isto é, envolvendo um número expressivo de pessoas. O crime de apologia ao crime ou criminoso é comum; doloso; de perigo abstrato; de forma livre; comissivo (podendo também ser cometido via omissão imprópria, na hipótese de o agente gozar do status de garantidor); instantâneo; unissubjetivo; unissubsistente e plurissubsistente, conforme o caso concreto.	1
Tipicidade Objetiva	A conduta consiste em fazer apologia (enaltecer, exaltar etc.) de fato criminoso ou da figura do criminoso. A despeito das semelhanças com o tipo penal anterior, dele se diferencia, porque a incitação diz respeito à instigação para que se cometa o crime (refere-se a fato futuro), ao passo que a apologia diz respeito a fato criminoso já ocorrido à pessoa do criminoso (refere-se, então, a crime já praticado).	2
Sujeitos	**Sujeito ativo:** qualquer pessoa. **Sujeito passivo:** a coletividade.	3
Objetos	**Objeto jurídico:** é a paz pública. **Objeto material:** é o fato criminoso ou o autor de crime.	4
Elemento Subjetivo	É o dolo. Não se admite a modalidade culposa.	5
Consumação e Tentativa	A consumação ocorre com a mera apologia realizada publicamente. Trata-se de crime de mera conduta, pois não há resultado material, nem mesmo como exaurimento. Admite-se a tentativa.	6

Ação Penal	A ação penal é de iniciativa pública incondicionada.	7
Penas	A pena para o crime pode ser de detenção, de três a seis meses, ou multa.	8
Classificação	a) **Comum** (não se exige qualidade especial do sujeito ativo); b) **Formal** (a consumação não exige a produção de um resultado naturalístico); c) De forma **livre** (a Lei não estabelece exigência para a forma de execução); d) **Simples** (tutela apenas um bem jurídico); e) **Comissivo** (praticado mediante ação); f) **Unissubjetivo** (pode haver ou não concurso de pessoas); g) **Instantâneo** (consuma-se de imediato); h) **Plurissubsistente** (a conduta pode ser fracionada, e por isso admite a tentativa) ou **Unissubsistente** (a conduta não pode ser fracionada), a depender do caso; i) De **perigo** (a consumação ocorre com a mera exposição do bem jurídico a perigo); j) **Doloso**.	9

3. ASSOCIAÇÃO CRIMINOSA

> **Art. 288.** Associarem-se 3 (três) ou mais pessoas, para o fim específico de cometer crimes:
>
> Pena - reclusão, de 1 (um) a 3 (três) anos.
>
> Parágrafo único. A pena aumenta-se até a metade se a associação é armada ou se houver a participação de criança ou adolescente.

3.1. Considerações Iniciais

Até o advento da Lei n. 12.850/13, o art. 288 do Código Penal tratava do crime de "quadrilha ou bando", e exigia a participação de pelo menos quatro pessoas. A partir desta alteração legislativa, temos o crime de associação criminosa, que exige a participação mínima de três pessoas. Trata-se, portanto de um crime plurissubjetivo (crime de concurso necessário), porquanto exige a participação de mais de uma pessoa.

A caracterização do crime de associação criminosa exige permanência e estabilidade na reunião de pessoas. E é isto que a distingue do concurso de pessoas, na qual há uma reunião momentânea de criminosos. Ademais, é importante registrar que a associação criminosa é um delito autônomo em relação aos demais crimes que o grupo pretende praticar. Por esta razão, a reunião em torno do propósito delitivo independe da efetiva consumação de qualquer outro crime.

De forma exemplificativa, se três pessoas se reúnem de modo estável e decidem praticar crimes de roubo (art. 157, CP), o crime de associação criminosa já estará caracterizado. A posterior prática do(s) roubo(s) fará com que eles respondam pelos crimes em concurso material. Por outro lado, se eles se reunissem com o propósito específico de praticar apenas um crime de roubo e, posteriormente, a reunião deles se desfaz, não haverá associação criminosa, mas mero concurso de pessoas.

Ademais, assinale-se que o parágrafo único do art. 288 prevê que a pena será aumentada até a metade se a associação for armada ou se houver a participação de criança ou adolescente.

No que concerne à associação armada, prevalece o entendimento no sentido de que basta que um dos membros da associação atue armado para que a causa de aumento incida.

No que diz respeito à participação de menores, importante destacar que a sua presença será levada em consideração para a caracterização da associação criminosa. Deste modo, pode, por exemplo, haver uma associação criminosa na qual apenas um dos agentes seja maior de idade. Neste caso, este maior responderá pelo crime de associação criminosa, restando a responsabilização dos menores apenas pelo ato infracional equiparado.

O crime de associação criminosa é comum; doloso; de perigo abstrato; de forma livre; comissivo (podendo também ser cometido via omissão imprópria, na hipótese de o agente gozar do status de garantidor); permanente; unissubjetivo; unissubsistente e plurissubsistente, conforme o caso concreto.

3.2. Legislação Penal Especial

A Lei de Crimes Hediondos (Lei n. 8.072/90) dispõe em seu artigo 8º: "Será de três a seis anos de reclusão a pena prevista no art. 288 do Código Penal, quando se tratar de crimes hediondos, prática da tortura, tráfico ilícito de entorpecentes e drogas afins ou terrorismo". Como se vê, não se trata de outro crime, mas apenas de uma modalidade qualificada de associação criminosa, prevista em lei própria.

Deste modo, se a associação criminosa destina-se à prática de crimes hediondos ou equiparados, incidiria esta qualificadora. A propósito, o dispositivo transcrito foi parcialmente revogado pela atual Lei de Drogas, que prevê, como crime autônomo, a associação para o tráfico (art. 35, Lei n. 11.343/06).

Cumpre não confundir a associação criminosa (art. 288, CP) com a associação para o tráfico (art. 35, Lei n. 11.343/06), que exige a presença de apenas duas pessoas, para a prática, reiterada ou não, dos crimes previstos nos arts. 33, caput e § 1º, e 34 daquela Lei.

Ademais, a associação criminosa (art. 288, CP) também não se confunde com o crime de organização criminosa (art. art. 1º, § 1º, Lei n. 12.850/13), que possui como pressuposto a presença de quatro agentes. Ademais, a organização criminosa deve ser "estruturalmente ordenada e caracterizada pela divisão de tarefas, ainda que informalmente, com objetivo de obter, direta ou indiretamente, vantagem de qualquer natureza, mediante a prática de infrações penais cujas penas máximas sejam superiores a 4 (quatro) anos, ou que sejam de caráter transnacional".

3.3. Tipicidade Objetiva

A conduta consiste em "associarem-se" (unir-se, reunir-se, agregarem-se) três ou mais pessoas para o fim específico de cometer crimes. A conduta consistente em "associar-se" pressupõe permanência e estabilidade.

Conforme já mencionado, trata-se de crime que se consuma independentemente da prática dos crimes que se pretendia.

Ademais, no cômputo do número de pessoas para a caracterização do crime, deve-se levar em consideração os agentes impuníveis. Assim, por exemplo, se, dos três agentes, um ou dois são inimputáveis por serem menores de idade, o maior responderá pelo crime de associação criminosa.

3.4. Sujeitos

Sujeito ativo: qualquer pessoa. Vale reiterar que se trata de crime plurissubjetivo (de concurso necessário), razão pela qual é imprescindível o concurso de, ao menos, três pessoas. Neste cômputo, são considerados os agentes impuníveis.

Sujeito passivo: é a coletividade.

3.5. Objetos

Objeto jurídico: é a paz pública.

Objeto material: não há objeto material, pois as condutas recíprocas dos agentes, não recaem sobre pessoa ou coisa.

3.6. Elemento Subjetivo

É o dolo, consistente na vontade consciente de se associar. Exige-se o elemento subjetivo específico, consistente na finalidade de cometer crimes.

Não há previsão para a modalidade culposa.

3.7. Consumação e Tentativa

Ocorrerá a consumação do crime quando houver a associação de, pelo menos, três pessoas, para a prática de crimes. Importante destacar que para a caracterização do crime é imprescindível o dolo de se associar com estabilidade e permanência, e a reunião ocasional de três ou mais pessoas não se subsome ao tipo do artigo 288.

Além disso, não se pode olvidar que o crime de associação criminosa é autônomo em relação aos demais crimes, razão pela qual é possível a condenação por este crime sem que exista a condenação por qualquer outro crime. Provada a associação e o outro crime, haverá concurso material de crimes, não se podendo falar em absorção de um crime pelo outro.

Ademais, vale registrar que o crime de associação criminosa possui caráter permanente. Deste modo, enquanto perdurar a associação, perdura o crime.

Não é possível a tentativa.

3.8. Ação Penal

A ação penal é pública incondicionada.

3.9. Penas

A pena para o crime pode ser de reclusão, de um a três anos. Logo, podemos concluir que:

a) Não é possível a transação penal (art. 76, Lei n. 9.099/95), pois não se trata de infração penal de menor potencial ofensivo;

b) É possível a suspensão condicional do processo (art. 89, Lei n. 9.099/95), pois a pena mínima não ultrapassa um ano.

3.10. Classificação

O crime pode ser classificado como:

a) **Comum** (não se exige qualidade especial do sujeito ativo);

b) **Formal** (a cons umação não exige a produção de um resultado naturalístico);

c) De **forma livre** (a Lei não estabelece exigência para a forma de execução);

d) **Simples** (tutela apenas um bem jurídico);

e) **Comissivo** (praticado mediante ação);

f) **Plurissubjetivo** (pressupõe o concurso de pessoas);

g) **Permanente** (a conduta se protrai no tempo);

h) **Plurissubsistente** (a conduta pode ser fracionada, e por isso admite a tentativa);

i) De **perigo** (a consumação ocorre com a mera exposição do bem jurídico a perigo);

j) **Doloso.**

3.11. Quadro Sinótico

ASSOCIAÇÃO CRIMINOSA		
Considerações Iniciais	Até o advento da Lei n. 12.850/13, o art. 288 do Código Penal tratava do crime de "quadrilha ou bando", e exigia a participação de pelo menos quatro pessoas. A partir desta alteração legislativa, temos o crime de associação criminosa, que exige a participação mínima de três pessoas. A caracterização do crime de associação criminosa exige permanência e estabilidade na reunião de pessoas. E é isto que a distingue do concurso de pessoas, na qual há uma reunião momentânea de criminosos. Ademais, é importante registrar que a associação criminosa é um delito autônomo em relação aos demais crimes que o grupo pretende praticar. Ademais, assinale-se que o parágrafo único do art. 288 prevê que a pena será aumentada até a metade se a associação for armada ou se houver a participação de criança ou adolescente.	1

<table>
<tr><td rowspan="3">Considerações Iniciais</td><td colspan="2">No que concerne à associação armada, prevalece o entendimento no sentido de que basta que um dos membros da associação atue armado para que a causa de aumento incida.
No que diz respeito à participação de menores, importante destacar que a sua presença será levada em consideração para a caracterização da associação criminosa.</td><td>1</td></tr>
<tr><td>Legislação penal especial</td><td>A Lei de Crimes Hediondos (Lei n. 8.072/90) dispõe em seu artigo 8º: "Será de três a seis anos de reclusão a pena prevista no art. 288 do Código Penal, quando se tratar de crimes hediondos, prática da tortura, tráfico ilícito de entorpecentes e drogas afins ou terrorismo". Como se vê, não se trata de outro crime, mas apenas de uma modalidade qualificada de associação criminosa, prevista em lei própria.</td><td>1.1</td></tr>
<tr><td>Legislação penal especial</td><td>Deste modo, se a associação criminosa destina-se à prática de crimes hediondos ou equiparados, incidiria esta qualificadora. A propósito, o dispositivo transcrito foi parcialmente revogado pela atual Lei de Drogas, que prevê, como crime autônomo, a associação para o tráfico (art. 35, Lei n. 11.343/06).
Ademais, a organização criminosa deve ser "estruturalmente ordenada e caracterizada pela divisão de tarefas, ainda que informalmente, com objetivo de obter, direta ou indiretamente, vantagem de qualquer natureza, mediante a prática de infrações penais cujas penas máximas sejam superiores a 4 (quatro) anos, ou que sejam de caráter transnacional".</td><td></td></tr>
<tr><td>Tipicidade Objetiva</td><td colspan="2">A conduta consiste em "associarem-se" (unir-se, reunir-se, agregarem-se) três ou mais pessoas para o fim específico de cometer crimes. A conduta consistente em "associar-se" pressupõe permanência e estabilidade.
Ademais, no cômputo do número de pessoas para a caracterização do crime, deve-se levar em consideração os agentes impuníveis.</td><td>2</td></tr>
<tr><td>Sujeitos</td><td colspan="2">Sujeito ativo: qualquer pessoa.
Sujeito passivo: é a coletividade.</td><td>3</td></tr>
<tr><td>Objetos</td><td colspan="2">Objeto jurídico: é a paz pública.
Objeto material: não há objeto material, pois as condutas recíprocas dos agentes, não recaem sobre pessoa ou coisa.</td><td>4</td></tr>
<tr><td>Elemento Subjetivo</td><td colspan="2">É o dolo, consistente na vontade consciente de se associar. Exige-se o elemento subjetivo específico, consistente na finalidade de cometer crimes.
Não há previsão para a modalidade culposa.</td><td>5</td></tr>
</table>

Consumação e Tentativa	Ocorrerá a consumação do crime quando houver a associação de, pelo menos, três pessoas, para a prática de crimes. Importante destacar que para a caracterização do crime é imprescindível o dolo de se associar com estabilidade e permanência, e a reunião ocasional de três ou mais pessoas não se subsume ao tipo do artigo 288. Além disso, não se pode olvidar que o crime de associação criminosa é autônomo em relação aos demais crimes, razão pela qual é possível a condenação por este crime sem que exista a condenação por qualquer outro crime. Ademais, vale registrar que o crime de associação criminosa possui caráter permanente. Não é possível a tentativa.	6
Ação Penal	A ação penal é pública incondicionada.	7
Penas	A pena para o crime pode ser de reclusão, de um a três anos.	8
Classificação	a) **Comum** (não se exige qualidade especial do sujeito ativo); b) **Formal** (a cons umação não exige a produção de um resultado naturalístico);	9
Classificação	c) De forma **livre** (a Lei não estabelece exigência para a forma de execução); d) **Simples** (tutela apenas um bem jurídico); e) **Comissivo** (praticado mediante ação); f) **Plurissubjetivo** (pressupõe o concurso de pessoas); g) **Permanente** (a conduta se protrai no tempo); h) **Plurissubsistente** (a conduta pode ser fracionada, e por isso admite a tentativa); i) De **perigo** (a consumação ocorre com a mera exposição do bem jurídico a perigo); j) **Doloso**.	9

3.12. Questões de Concursos Públicos

1. **(IESES - 2019 - TJ-SC - Titular de Serviços de Notas e de Registros - Provimento - Prova Anulada) Acerca do delito de associação criminosa, do art. 288 do Código Penal, é correto afirmar:**

(A) Sua configuração exige a associação de mais de três pessoas para o fim específico de cometer crimes, consumando-se independentemente de prévia condenação de quaisquer de seus membros pela prática de quaisquer dos crimes para os quais a associação foi estabelecida.

(B) Sua configuração exige a associação de mais de três pessoas para o fim específico de cometer crimes e a condenação de ao menos um de seus membros por, no mínimo, um desses crimes para os quais a associação foi estabelecida, ainda que não se comprove a reiteração criminosa.

(C) Sua configuração exige a associação de três ou mais pessoas para o fim específico de cometer crimes e a condenação de ao menos um de seus membros por, no mínimo, um desses crimes para os quais a associação foi estabelecida, ainda que não se comprove a reiteração criminosa.

(D) Sua configuração exige a associação de três ou mais pessoas para o fim específico de cometer crimes, consumando-se independentemente de prévia condenação de quaisquer de seus membros pela prática de quaisquer dos crimes para os quais a associação foi estabelecida.

2. **(NC-UFPR - 2019 - TJ-PR - Titular de Serviços de Notas e de Registros - Provimento) "O conceito de bem jurídico é bastante recente**

no Direito Penal, apontando-se o século XIX como o ponto de partida. (RANGEL; BACILA, 2015). Bem jurídico, portanto, é um interesse relevante tutelado pelo direito. É um bem jurídico tutelado no delito de Associação Criminosa previsto no artigo 288 do Código penal:

(A) fé pública.

(B) patrimônio público.

(C) costumes.

(D) paz pública.

(E) incolumidade pública.

3. **(FCC - 2018 - DPE-MA - Defensor Público) Sobre o crime de associação criminosa é correto afirmar que**

(A) demanda a associação de 4 ou mais pessoas estruturalmente ordenada e caracterizada pela divisão de tarefas com o objetivo de praticar crimes.

(B) exige a demonstração do elemento subjetivo especial consistente no ajuste prévio entre os membros com a finalidade específica de cometer crimes indeterminados.

(C) tem caráter hediondo, a despeito de ter pena menor do que a associação para o tráfico, que não é equiparado ao hediondo.

(D) exige para sua configuração o concurso de agentes e a prática de infrações penais cujas penas máximas sejam superiores a 4 (quatro) anos.

(E) admite a colaboração premiada com redução de até 1/3 da pena, desde que ao menos um agente com cargo político seja delatado.

4. **(CESPE - 2018 - ABIN - Agente de Inteligência) Julgue o item seguinte, a respeito dos crimes contra a paz pública.**

No caso de três ou mais pessoas associarem-se com a intenção de cometer um único assalto a banco, estará configurado o crime de associação criminosa.

( ) Certo

( ) Errado

5. **(CESPE - 2017 - TRE-PE - Analista Judiciário - Área Judiciária) Antônio e mais três pessoas, todas desempregadas, reuniram-se no intuito de planejar e executar crimes de roubos armados a carros-fortes.**

Nessa situação hipotética, a conduta de Antônio

(A) não caracteriza crime de associação criminosa, pois, havendo mais de três agentes, caracteriza-se a organização criminosa, dado o princípio da especialidade.

(B) só poderá ser caracterizada como crime de organização criminosa se a pena máxima prevista pelos delitos praticados for igual ou superior a quatro anos e se estes tiverem caráter transnacional.

(C) configura crime de roubo em concurso de pessoas, em face da associação transitória dos agentes, já que não houve divisão de tarefas nem hierarquia entre eles.

(D) só poderá ser caracterizada como crime de associação criminosa se os outros agentes forem maiores de idade ou praticarem pelo menos um roubo.

(E) configura crime de associação criminosa, ainda que os agentes sejam quatro e a pena máxima prevista para a prática do crime de roubo seja superior a quatro anos.

06. **(VUNESP - 2016 - Prefeitura de Várzea Paulista - SP - Procurador) No que se refere ao crime de associação criminosa (CP, art. 288), é correto afirmar que**

(A) a pena é dobrada se a associação é armada.

(B) a pena é dobrada se houver a participação de criança ou adolescente.

(C) a figura típica apenas se perfaz se ao menos um dos crimes articulados pela associação se concretiza.

(D) se configura mediante a associação de 3 (três) ou mais pessoas para o fim específico de cometer crimes.

(E) apenas pune-se a associação criminosa urbana, pois associação criminosa estabelecida em área rural configura fato atípico.

07. **(FCC - 2015 - TJ-PI - Juiz Substituto) Segundo a nova redação do art. 288 do Código Penal, conferida pela Lei nº 12.850/13, o crime de associação criminosa**

(A) deve ter a pena aumentada até o dobro, se houver a participação de criança ou adolescente.

(B) consiste na associação de mais de três pessoas para o fim específico de cometer crimes.

(C) deve ter a pena aumentada até a metade, se houver a participação de criança ou adolescente, não retroagindo tal disposição.

(D) conduz à aplicação da pena em dobro, se a associação é armada.

(E) deve ter a pena aumentada até a metade, se a associação é armada, não retroagindo tal disposição.

08. (CESPE - 2015 - TJ-PB - Juiz Substituto) No que se refere aos crimes contra a paz pública, assinale a opção correta.

(A) A conduta de custear milícia privada para a prática de homicídios é tipificada como crime de associação criminosa.

(B) No crime de associação criminosa, incide causa de aumento de pena o fato de a associação ser armada ou haver participação de criança ou de adolescente.

(C) Constitui crime incitar terceira pessoa a praticar conduta punida pela lei como contravenção penal.

(D) Funcionário público que fizer apologia de fato criminoso praticará, na forma qualificada, delito de apologia de crime ou criminoso.

(E) O crime de associação criminosa caracteriza-se pela união de duas ou mais pessoas com o fim específico de cometer crimes.

09. (FUNCAB - 2014 - PC-RO - Delegado de Polícia Civil) De acordo com a atual redação do artigo 288 do Código Penal, o crime de "associação criminosa" estará configurado quando se associarem:

(A) 2 (duas) ou mais pessoas, para o fim específico de cometer crimes.

(B) 2 (duas) pessoas, para o fim específico de cometer crimes.

(C) de 2 (duas) a 3 (três) pessoas para o fim específico de cometer crimes, somente se disso resulte consumação do crime.

(D) 3 (três) ou mais pessoas, para o fim específico de cometer crimes.

(E) 2 (duas) pessoas, para o fim específico de cometer crimes, ainda que disso não resulte consumação do crime.

10. (FUNDEP (Gestão de Concursos) - 2014 - DPE-MG - Defensor Público) O art. 288 do Código Penal, com a redação dada pela Lei nº 12.805/2013, define o crime de associação criminosa como associarem-se 3 (três) ou mais pessoas, para o fim específico de cometer crimes.

A consumação de tal delito ocorrerá

(A) quando o grupo iniciar suas atividades criminosas.

(B) quando o grupo praticar ao menos dois delitos.

(C) quando, independentemente da prática de qualquer crime é demonstrada apenas a pretensão de habitualidade.

(D) quando o grupo, realizando os atos preparatórios de um único fato criminoso, denota *animus socii*.

***GABARITO:** As respostas destes testes encontram-se no final do livro..*

4. CONSTITUIÇÃO DE MILÍCIA PRIVADA

Art. 288-A. Constituir, organizar, integrar, manter ou custear organização paramilitar, milícia particular, grupo ou esquadrão com a finalidade de praticar qualquer dos crimes previstos neste Código:

Pena - reclusão, de 4 (quatro) a 8 (oito) anos.

4.1. Considerações Iniciais

O crime de constituição de milícia privada foi incluído no Código Penal pela Lei n. 12.720/12. Assim como o crime de associação criminosa, a constituição de milícia privada é um crime plurissubjetivo (crime de concurso necessário), razão pela qual haverá a necessidade de participação de mais de um agente.

Contudo, a lei não estabeleceu o número de pessoas para a configuração da milícia. Doutrinariamente, tem-se entendido que a milícia deve ser constituída por, pelo menos, três pessoas, tal como ocorre no crime de associação criminosa.

Milícia privada é constituída de um grupo de pessoas que se unem para a prática de crimes, a pretexto de prestarem serviço de segurança.

O crime de constituição de milícia privada é comum; doloso; de perigo comum; de forma livre; comissivo (podendo também ser cometido via omissão imprópria, na hipótese de o agente gozar do status de garantidor); permanente; unissubjetivo; unissubsistente e plurissubsistente, conforme o caso concreto.

4.2. Tipicidade Objetiva

A conduta consiste em "constituir" (criar, formar), "organizar" (gerir, gerenciar), "integrar" (fazer parte), "manter" (sustentar) ou "custear" (arcar com as despesas, financiar) a organização paramilitar, milícia particular, grupo ou esquadrão com a finalidade de praticar qualquer dos crimes previstos neste Código.

Tal como ocorre com o crime de "associação criminosa" (art. 288, CP), o crime de "constituição de milícia privada" pressupõe permanência e estabilidade. Difere do crime de associação criminosa, porém, por duas razões:

a) É mais restrito, porque consiste em grupo armado com a finalidade de praticar crimes previstos no Código Penal. já a associação criminosa pode ser constituída por grupos não armados e para a prática de crimes previstos também na legislação extravagante.

b) Não há a previsão para o número mínimo de participantes, como ocorre na associação criminosa. Deste modo, poderia haver constituição de milícia privada por duas pessoas[1].

4.3. Sujeitos

Sujeito ativo: qualquer pessoa. Trata-se, pois, de crime comum.

Sujeito passivo: a coletividade.

4.4. Objetos

Objeto jurídico: a paz pública.

Objeto material: é a organização paramilitar, milícia particular, grupo ou esquadrão.

4.5. Elemento Subjetivo

É o dolo. Exige-se o dolo específico, consistente na "finalidade de praticar qualquer dos crimes previstos neste Código". Deste modo, se a finalidade for a prática de crimes

1. Neste sentido, NUCCI, Guilherme de Souza. *Manual de direito penal. Ob cit.* p.1026.

previstos na legislação penal especial, não haverá o crime de constituição de milícia privada (art. 288-A, CP), mas sim o crime de associação criminosa (art. 288, CP).

Não há previsão para a modalidade culposa.

4.6. Consumação e Tentativa

O crime se consuma com a constituição da milícia, que pressupõe permanência e estabilidade. Assim como ocorre com o crime de associação criminosa (art. 288, CP), não há a necessidade de praticar outro crime para que o crime de milícia esteja caracterizado. Se os membros da milícia cometerem outros crimes, haverá concurso de delitos.

Não se admite a tentativa.

4.7. Ação Penal

É pública incondicionada.

4.8. Penas

A pena para o crime pode ser de reclusão, de quatro a oito anos. Logo, podemos concluir que:

a) Não é possível a transação penal (art. 76, Lei n. 9.099/95), pois não se trata de infração penal de menor potencial ofensivo;

b) Não é possível a suspensão condicional do processo (art. 89, Lei n. 9.099/95), pois a pena mínima ultrapassa um ano.

4.9. Classificação

O crime pode ser classificado como:

a) **Comum** (não se exige qualidade especial do sujeito ativo);

b) **Formal** (a cons umação não exige a produção de um resultado naturalístico);

c) De **forma livre** (a Lei não estabelece exigência para a forma de execução);

d) **Simples** (tutela apenas um bem jurídico);

e) **Comissivo** (praticado mediante ação);

f) **Plurissubjetivo** (pressupõe o concurso de pessoas);

g) **Permanente** (a conduta se protrai no tempo) ou **Habitual** (pressupõe habitualidade), nas condutas "manter" e "custear";

h) **Plurissubsistente** (a conduta pode ser fracionada, e por isso admite a tentativa);

i) De **perigo** (a consumação ocorre com a mera exposição do bem jurídico a perigo);

j) **Doloso**.

4.10. Quadro Sinótico

CONSTITUIÇÃO DE MILÍCIA PRIVADA		
Considerações Iniciais	Assim como o crime de associação criminosa, a constituição de milícia privada é um crime plurissubjetivo (crime de concurso necessário), razão pela qual haverá a necessidade de participação de mais de um agente. Milícia privada é constituída de um grupo de pessoas que se unem para a prática de crimes, a pretexto de prestarem serviço de segurança.	1
Tipicidade Objetiva	A conduta consiste em "constituir" (criar, formar), "organizar" (gerir, gerenciar), "integrar" (fazer parte), "manter" (sustentar) ou "custear" (arcar com as despesas, financiar) a organização paramilitar, milícia particular, grupo ou esquadrão com a finalidade de praticar qualquer dos crimes previstos neste Código. Tal como ocorre com o crime de "associação criminosa" (art. 288, CP), o crime de "constituição de milícia privada" pressupõe permanência e estabilidade. Não há a previsão para o número mínimo de participantes, como ocorre na associação criminosa. Deste modo, poderia haver constituição de milícia privada por duas pessoas.	2
Sujeitos	**Sujeito ativo:** qualquer pessoa. Trata-se, pois, de crime comum. **Sujeito passivo:** a coletividade.	3
Objetos	**Objeto jurídico:** a paz pública. **Objeto material:** é a organização paramilitar, milícia particular, grupo ou esquadrão.	4
Elemento Subjetivo	É o dolo. Exige-se o dolo específico, consistente na "finalidade de praticar qualquer dos crimes previstos neste Código". Não há previsão para a modalidade culposa.	5
Consumação e Tentativa	O crime se consuma com a constituição da milícia, que pressupõe permanência e estabilidade. Se os membros da milícia cometerem outros crimes, haverá concurso de delitos. Não se admite a tentativa.	6
Ação Penal	A ação penal é de iniciativa pública incondicionada.	7
Penas	A pena para o crime pode ser de reclusão, de quatro a oito anos.	8
Classificação	**a)** **Comum** (não se exige qualidade especial do sujeito ativo); **b)** **Formal** (a consumação não exige a produção de um resultado naturalístico); **c)** De forma **livre** (a Lei não estabelece exigência para a forma de execução); **d)** **Simples** (tutela apenas um bem jurídico); **e)** **Comissivo** (praticado mediante ação); **f)** **Plurissubjetivo** (pressupõe o concurso de pessoas); **g)** **Permanente** (a conduta se protrai no tempo) ou Habitual (pressupõe habitualidade), nas condutas "manter" e "custear"; **h)** **Plurissubsistente** (a conduta pode ser fracionada, e por isso admite a tentativa); **i)** De **perigo** (a consumação ocorre com a mera exposição do bem jurídico a perigo); **j)** **Doloso**.	9

TÍTULO X

DOS CRIMES CONTRA A FÉ PÚBLICA

No título x da parte especial, o código penal trata dos crimes contra a fé pública. este título é dividido nos seguintes capítulos:

a) Moeda falsa (arts. 289 a 292);

b) Da falsidade de títulos e outros papéis públicos (arts. 293 a 295);

c) Da falsidade documental (arts. 296 a 305);

d) Outras falsidades (arts. 306 a 311);

e) Das fraudes em certames de interesse público (art. 311-a).

I

DA MOEDA FALSA

1. MOEDA FALSA

> **Art. 289.** Falsificar, fabricando-a ou alterando-a, moeda metálica ou papel-moeda de curso legal no país ou no estrangeiro:
>
> Pena – reclusão, de 3 (três) a 12 (doze) anos, e multa.
>
> § 1° Nas mesmas penas incorre quem, por conta própria ou alheia, importa ou exporta, adquire, vende, troca, cede, empresta, guarda ou introduz na circulação moeda falsa.
>
> § 2° Quem, tendo recebido de boa-fé, como verdadeira, moeda falsa ou alterada, a restitui à circulação, depois de conhecer a falsidade, é punido com detenção, de 6 (seis) meses a 2 (dois) anos, e multa.
>
> § 3° É punido com reclusão, de 3 (três) a 15 (quinze) anos, e multa, o funcionário público ou diretor, gerente, ou fiscal de banco de emissão que fabrica, emite ou autoriza a fabricação ou emissão:
>
> I – de moeda com título ou peso inferior ao determinado em lei;
>
> II – de papel-moeda em quantidade superior à autorizada.
>
> § 4° Nas mesmas penas incorre quem desvia e faz circular moeda, cuja circulação não estava ainda autorizada.

1.1. Considerações Iniciais

É importante ser dito, antes de qualquer consideração acerca do delito agora estudaremos, que a fé pública é a fé na autoridade, nas coisas que trazem o cunho de fidedignidade impresso pelo Estado.

É imprescindível que a falsificação seja convincente, isto é, capaz de iludir os destinatários da moeda. A falsificação grosseira, facilmente perceptível pelo homem médio, não configurará o deleito em apreço, pois o falso grosseiro descaracteriza o delito. Neste sentido, o verbete n. 73 da súmula de jurisprudência do STJ, nos seguintes termos:

Súmula n. 73/STJ: "A utilização de papel moeda grosseiramente falsificado configura, em tese, o crime de estelionato, da competência da justiça estadual".

Outra característica necessária é a existência de má-fé por parte do agente, portanto, aquele que restitui à circulação papel-moeda do qual desconhecia a falsidade, não comete crime algum.

O § 2°prevê condutas equiparadas às previstas no caput deste artigo, sendo que somente responderá por tais condutas o agente que não tenha concorrido para a falsificação.

No que tange à arguição do princípio da insignificância em terreno de defesa de quem praticou a conduta prevista neste artigo, já entendeu o STF pelo indeferimento de habeas corpus que pretendia a aplicação de tal princípio em favor de condenado por introduzir duas notas de R$ 10,00 (dez reais) em circulação. Na espécie, a defesa sustentava atipicidade da conduta em virtude do reduzido grau de reprovabilidade da ação, bem como da inexpressiva lesão jurídica provocada.

Entretanto, para a Suprema Corte, o objeto de proteção da norma seria supraindividual, posto que engloba a credibilidade do sistema monetário e a expressão da própria soberania nacional, não havendo que se falar, portanto, em sustentação de defesa embasada em tal princípio[1].

O crime de moeda falsa é comum; doloso; de forma livre; comissivo e, excepcionalmente, comissivo por omissão (aplicação do art. 13, §2°, CP); instantâneo ou permanente (na figura "guardar"); unissubjetivo; plurissubsistente.

1.2. Tipicidade Objetiva

No núcleo do tipo está o verbo *falsificar* (imitar o que é verdadeiro, tornando-o parecido), conduta que pode ser realizada através da fabricação (confecção, criação) ou alteração (mudança, modificação, adulteração) de moeda metálica ou papel-moeda de curso legal no país ou no estrangeiro. Fabricar consiste em criar materialmente o objeto; já a alteração, consigna-se na transformação de objeto verdadeiro, modificando-lhe o valor, a fim de que ele passe a representar mais do que efetivamente vale.

Ainda no que tange à alteração, não é demais registrar que não restará configurado o delito em estudo se o agente falsifica a moeda metálica ou o papel-moeda, de modo a diminuir-lhe o seu valor. Muito embora não esteja consignado claramente na lei, é majoritária a conclusão doutrinária e jurisprudencial de que o falso numerário deve ser um meio de locupletar-se ilicitamente.

1.3. Sujeitos

Sujeito ativo: pode ser qualquer pessoa, representando esta conduta, pois, *delicta communi*, ou seja, crime comum, não sendo necessário, em regra, qualquer qualificação

1. STF, HC 97220/MG, rel. Min. Ayres Britto.

para o agente delituoso, exceto no que tange à conduta descrita no § 3º, quando ele é próprio.

Sujeito passivo: é o Estado, bem como aquele que foi diretamente prejudicado.

1.4. Objetos

Objeto jurídico: o objeto juridicamente tutelado é a fé pública.

Objeto material: é a moeda falsa (metal ou papel-moeda) sobre a qual recai qualquer das condutas aqui estudadas.

1.5. Elemento Subjetivo

O elemento subjetivo exigido no tipo é o dolo, pois se exige do agente a vontade livre e consciente de falsificar moeda. Não há previsão para modalidade culposa.

1.6. Consumação e Tentativa

Consuma-se o crime quando o agente falsifica moeda metálica ou papel moeda, não sendo necessário que o objeto do crime seja posto em circulação para que o delito reste caracterizado.

A forma tentada é perfeitamente cabível.

1.7. Ação Penal

A ação penal é de iniciativa pública incondicionada.

1.8. Pena

A pena prevista para o crime é de reclusão de três a doze anos, além da multa. Logo, podemos concluir que:

a) Não é possível a transação penal (art. 76, Lei n. 9.099/95), pois não se trata de infração penal de menor potencial ofensivo;

b) Não é possível a suspensão condicional do processo (art. 89, Lei n. 9.099/95), pois a pena mínima ultrapassa um ano.

1.9. Classificação

O crime pode ser classificado como:

a) **Comum** (pode ser praticado por qualquer pessoa);

b) **Formal** (a consumação não depende a produção de um resultado naturalístico) ou **Material** (a consumação exige a produção de um resultado naturalístico), no caso do verbo "vender";

c) De **forma livre** (a Lei não estabelece exigência para a forma de execução);

d) **Simples** (tutela apenas um bem jurídico);

e) **Comissivo** (em regra) **ou omissivo** (quando ocorre omissão imprópria);

f) **Unissubjetivo** (pode haver ou não concurso de pessoas);

g) **Instantâneo** (consuma-se de imediato) *ou* **permanente** (a conduta se protrai no tempo) no caso do núcleo "guardar";

h) **Plurissubsistentes** (a conduta pode ser fracionada, e por isso admite a tentativa);

i) **Não transeunte** (o crime deixa vestígios);

j) **Doloso.**

1.10. Quadro Sinótico

MOEDA FALSA		
Considerações Iniciais	É imprescindível que a falsificação seja convincente, isto é, capaz de iludir os destinatários da moeda. A falsificação grosseira, facilmente perceptível pelo homem médio, não configurará o deleito em apreço, pois o falso grosseiro descaracteriza o delito. Outra característica necessária é a existência de má-fé por parte do agente. O §2° prevê condutas equiparadas às previstas no caput deste artigo, sendo que somente responderá por tais condutas o agente que não tenha concorrido para a falsificação. No que tange à arguição do princípio da insignificância em terreno de defesa de quem praticou a conduta prevista neste artigo, já entendeu o STF pelo indeferimento de habeas corpus que pretendia a aplicação de tal princípio em favor de condenado.	1
Tipicidade Objetiva	No núcleo do tipo está o verbo *falsificar* (imitar o que é verdadeiro, tornando-o parecido), conduta que pode ser realizada através da fabricação (confecção, criação) ou alteração (mudança, modificação, adulteração) de moeda metálica ou papel-moeda de curso legal no país ou no estrangeiro. Ainda no que tange à alteração, não é demais registrar que não restará configurado o delito em estudo se o agente falsifica a moeda metálica ou o papel-moeda, de modo a diminuir-lhe o seu valor. Muito embora não esteja consignado claramente na lei, é majoritária a conclusão doutrinária e jurisprudencial de que o falso numerário deve ser um meio de locupletar-se ilicitamente.	2
Sujeitos	**Sujeito ativo:** pode ser qualquer pessoa, exceto no que tange à conduta descrita no § 3°, quando ele é próprio. **Sujeito passivo:** é o Estado, bem como aquele que foi diretamente prejudicado.	3
Objetos	**Objeto jurídico:** o objeto juridicamente tutelado é a fé pública. **Objeto material:** é a moeda falsa (metal ou papel-moeda) sobre a qual recai qualquer das condutas aqui estudadas.	4
Elemento Subjetivo	O elemento subjetivo exigido no tipo é o dolo, pois se exige do agente a vontade livre e consciente de falsificar moeda. Não há previsão para modalidade culposa	5

Consumação e Tentativa	Consuma-se o crime quando o agente falsifica moeda metálica ou papel moeda, não sendo necessário que o objeto do crime seja posto em circulação para que o delito reste caracterizado. A forma tentada é perfeitamente cabível.	6
Ação Penal	Trata-se de crime de ação penal de iniciativa pública incondicionada.	7
Penas	A pena prevista para o crime é de reclusão de três a doze anos, além da multa.	8
Classificação	**a)** **Comum** (pode ser praticado por qualquer pessoa); **b)** **Formal** (a consumação não depende a produção de um resultado naturalístico) ou **Material** (a consumação exige a produção de um resultado naturalístico), no caso do verbo "vender"; **c)** De forma **livre** (a Lei não estabelece exigência para a forma de execução); **d)** **Simples** (tutela apenas um bem jurídico); **e)** **Comissivo** (em regra) ou omissivo (quando ocorre omissão imprópria); **f)** **Unissubjetivo** (pode haver ou não concurso de pessoas); **g)** **Instantâneo** (consuma-se de imediato) ou **permanente** (a conduta se protrai no tempo) no caso do núcleo "guardar"; **h)** **Plurissubsistentes** (a conduta pode ser fracionada, e por isso admite a tentativa); **i)** **Não transeunte** (o crime deixa vestígios); **j)** **Doloso**.	9

1.11. Súmulas Aplicáveis

1.11.1. *STJ*

73. A utilização de papel moeda grosseiramente falsificado configura, em tese, o crime de estelionato, da competência da justiça estadual.

1.12. Questões de Concursos Públicos

01. (VUNESP - 2015 - SAEG - Advogado) Suponha que Felisberto, 25 anos, estudante de direito, pague uma compra no valor de R$ 150,00 com duas cédulas falsas de R$ 100,00, das quais conhece a falsidade, e que, dois dias após o pagamento, se arrependa, procure o dono do estabelecimento comercial e pague com moeda verdadeira. Nesse caso hipotético, pode-se afirmar que Felisberto poderá responder criminalmente por

(A) moeda falsa.

(B) moeda falsa com redução de pena em razão da desistência voluntária.

(C) moeda falsa na modalidade tentada.

(D) moeda falsa, mas fará jus à redução de pena, referente ao arrependimento posterior.

(E) moeda falsa, mas fará jus à redução de pena referente ao arrependimento eficaz.

02. (Quadrix - 2017 - CFO-DF - Procurador Jurídico) No que diz respeito a crimes contra a Administração Pública, contra a fé pública e relativos à licitação, julgue o item subsequente.

Segundo o entendimento consolidado do STJ, é aplicável o princípio da insignificância ao crime de moeda falsa, desde que o valor ou a quantidade de cédulas apreendidas seja inferior ao salário mínimo.

( ) Certo

( ) Errado

03. (CESPE - 2018 - ABIN - Oficial de Inteligência - Área 1) No que se refere aos tipos penais, julgue o próximo item.

A conduta de dolosamente adquirir dólares falsos para colocá-los em circulação por intermédio de operações cambiais tem a mesma gravidade que a conduta de falsificar papel moeda, sendo, por isso, punida com as mesmas penas deste crime.

( ) Certo

( ) Errado

04. (VUNESP - 2018 - PC-BA - Investigador de Polícia) Teodoro, 30 anos de idade, brasileiro, casado e sem antecedentes, falsificou 10 cédulas de R$ 10,00 (dez reais) com o intuito de introduzi-las em circulação, na conduta de pagar uma conta de TV a cabo atrasada. A caminho da casa lotérica, no entanto, foi abordado por policiais e, assustado, entregou as cédulas e confessou a falsificação. Considerando-se a situação hipotética, é correto afirmar que

(A) Teodoro praticou o crime de moeda falsa na modalidade tentada, pois não conseguiu consumar seu intento que era o de colocar as cédulas em circulação.

(B) tendo em vista o ínfimo valor das cédulas falsificadas, trata-se de fato atípico.

(C) Teodoro praticou o crime de moeda falsa na modalidade consumada e, se condenado, poderá receber uma pena de reclusão de 3 (três) a 12 (doze) anos, mais a imposição de multa.

(D) apesar de ter falsificado as cédulas, tendo em vista que as entregou à autoridade policial antes de introduzi-las na circulação, Teodoro poderá ter reconhecida em seu favor a figura privilegiada prevista no § 2° do art. 289 do Código Penal, que trata de figura privilegiada.

(E) por ter falsificado as cédulas visando pagar uma conta atrasada, Teodoro poderá alegar estado de necessidade e ter reconhecida a excludente de ilicitude.

05. (VUNESP - 2018 - PC-SP - Papiloscopista Policial) Sobre o crime de Moeda Falsa, previsto no Código Penal, é correto afirmar que

(A) a lei não admite a punição da conduta praticada por funcionário público.

(B) o tipo comporta a conduta de fabricar ou alterar, mediante falsificação, a moeda metálica ou papel-moeda, de curso legal no país ou no estrangeiro.

(C) a lei admite a punição da conduta, na forma culposa.

(D) a conduta típica consiste em reconhecer, como verdadeira, no exercício de função pública, moeda metálica ou papel-moeda de curso legal no estrangeiro.

(E) consiste fato atípico a conduta de quem desvia e faz circular moeda cuja circulação não estava ainda autorizada.

GABARITO: *As respostas destes testes encontram-se no final do livro..*

2. CRIMES ASSIMILADOS AO DE MOEDA FALSA

Art. 290. Formar cédula, nota ou bilhete representativo de moeda com fragmentos de cédulas, notas ou bilhetes verdadeiros; suprimir, em nota, cédula ou bilhete recolhidos, para o fim de restituí-los à circulação, sinal indicativo de sua inutilização; restituir à circulação cédula, nota ou bilhete em tais condições, ou já recolhidos para o fim de inutilização:

Pena - reclusão, de dois a oito anos, e multa.

Parágrafo único. O máximo da reclusão é elevado a doze anos e multa, se o crime é cometido por funcionário que trabalha na repartição onde o dinheiro se achava recolhido, ou nela tem fácil ingresso, em razão do cargo.

2.1. Considerações Iniciais

Os *crimes assimilados ao de moeda falsa são* comuns; dolosos; de forma livre; comissivos e, excepcionalmente, comissivos por omissão (aplicação do art. 13, §2°, CP); instantâneos ou permanentes (na figura "guardar"); unissubjetivos; plurissubsistentes.

2.2. Tipicidade Objetiva

Do núcleo do tipo extraem-se as seguintes condutas delituosas: *formar cédulas, nota ou bilhete representativo de moeda com fragmentos de cédulas, notas ou bilhetes verdadeiros; suprimir, em nota, cédula ou bilhete recolhidos, para o fim de restituí-los à circulação, sinal indicativo de sua inutilização; restituir à circulação cédula, nota ou bilhete em tais condições, ou já recolhidos para o fim de inutilização.* Temos, nos dois primeiros casos, que o falso é praticado por meio da *formação* e da *supressão*; ao passo que no último caso o delito restará configurado mediante a *restituição* dos objetos materiais à *circulação.*

2.3. Sujeitos

Sujeito ativo: pode ser qualquer pessoa, representando esta conduta, pois, *delicta communi,* ou seja, crime comum, não sendo necessária qualquer qualificação para o agente delituoso.

Entretanto, se o crime é cometido por funcionário público que trabalha na repartição onde o dinheiro se achava recolhido, ou nela tem fácil ingresso, em razão de cargo, a pena máxima será aumenta para doze anos e multa, consoante parágrafo único do presente artigo.

Sujeito passivo: é o Estado, bem como aquele que foi diretamente prejudicado.

2.4. Objetos

Objeto jurídico: o objeto juridicamente tutelado é a fé pública.

Objeto material: é a cédula, nota ou bilhete sobre os quais recai qualquer das condutas aqui estudadas.

2.5. Elemento Subjetivo

O elemento subjetivo exigido no tipo é o dolo, pois se exige do agente a vontade livre e consciente de praticar crime assimilado ao de moeda falsa. Não há previsão para modalidade culposa

2.6. Consumação e Tentativa

Consuma-se o crime quando o agente consegue, efetivamente, formar a cédula, nota ou bilhete falsificado, nos termos constantes do *caput.*

A forma tentada é perfeitamente cabível.

2.7. Ação Penal

A ação penal é de iniciativa pública incondicionada.

2.8. Pena

A pena prevista para o crime é de reclusão de dois a oito anos, além da multa. Logo, podemos concluir que:

a) Não é possível a transação penal (art. 76, Lei n. 9.099/95), pois não se trata de infração penal de menor potencial ofensivo;

b) Não é possível a suspensão condicional do processo (art. 89, Lei n. 9.099/95), pois a pena mínima ultrapassa um ano.

2.9. Classificação

O crime pode ser classificado como:

a) **Comum** (pode ser praticado por qualquer pessoa);

b) **Formal** (a consumação não depende a produção de um resultado naturalístico);

c) De **forma livre** (a Lei não estabelece exigência para a forma de execução);

d) **Simples** (tutela apenas um bem jurídico);

e) **Comissivo** (em regra) **ou omissivo** (quando ocorre omissão imprópria);

f) **Unissubjetivo** (pode haver ou não concurso de pessoas);

g) **Instantâneo** (consuma-se de imediato);

h) **Unissubsistente** (a conduta não pode ser fracionada) **ou Plurissubsistentes** (a conduta pode ser fracionada, e por isso admite a tentativa), conforme o caso;

i) **Não transeunte** (o crime deixa vestígios);

j) **Doloso.**

2.10. Quadro Sinótico

CRIMES ASSIMILADOS AO DE MOEDA FALSA		
Considerações Iniciais	Os *crimes assimilados ao de moeda falsa são* comuns; dolosos; de forma livre; comissivos e, excepcionalmente, comissivos por omissão (aplicação do art. 13, §2°, CP); instantâneos ou permanentes (na figura "guardar"); unissubjetivos; plurissubsistentes.	1
Tipicidade Objetiva	Do núcleo do tipo extraem-se as seguintes condutas delituosas: *formar cédulas, nota ou bilhete representativo de moeda com fragmentos de cédulas, notas ou bilhetes verdadeiros; suprimir, em nota, cédula ou bilhete recolhidos, para o fim de restituí-los à circulação, sinal indicativo de sua inutilização; restituir à circulação cédula, nota ou bilhete em tais condições, ou já recolhidos para o fim de inutilização.*	2

Sujeitos	**Sujeito ativo:** pode ser qualquer pessoa. Entretanto, se o crime é cometido por funcionário público que trabalha na repartição onde o dinheiro se achava recolhido, ou nela tem fácil ingresso, em razão de cargo, a pena máxima será aumenta para doze anos e multa, consoante parágrafo único do presente artigo. **Sujeito passivo:** é o Estado, bem como aquele que foi diretamente prejudicado.	3
Objetos	**Objeto jurídico:** o objeto juridicamente tutelado é a fé pública. **Objeto material:** é a cédula, nota ou bilhete sobre os quais recai qualquer das condutas aqui estudadas.	4
Elemento Subjetivo	O elemento subjetivo exigido no tipo é o dolo. Não há previsão para modalidade culposa.	5
Consumação e Tentativa	Consuma-se o crime quando o agente consegue, efetivamente, formar a cédula, nota ou bilhete falsificado, nos termos constantes do *caput*. A forma tentada é perfeitamente cabível.	6
Ação Penal	Trata-se de crime de ação penal de iniciativa pública incondicionada.	7
Penas	A pena prevista para o crime é de reclusão de dois a oito anos, além da multa.	8
Classificação	**a) Comum** (pode ser praticado por qualquer pessoa); **b) Formal** (a consumação não depende a produção de um resultado naturalístico); **c)** De forma **livre** (a Lei não estabelece exigência para a forma de execução); **d) Simples** (tutela apenas um bem jurídico); **e) Comissivo** (em regra) ou omissivo (quando ocorre omissão imprópria); **f) Unissubjetivo** (pode haver ou não concurso de pessoas); **g) Instantâneo** (consuma-se de imediato); **h) Unissubsistente** (a conduta não pode ser fracionada) ou **Plurissubsistentes** (a conduta pode ser fracionada, e por isso admite a tentativa), conforme o caso; **i) Não transeunte** (o crime deixa vestígios); **j) Doloso.**	9

3. PETRECHOS PARA FALSIFICAÇÃO DE MOEDA

Art. 291 - Fabricar, adquirir, fornecer, a título oneroso ou gratuito, possuir ou guardar maquinismo, aparelho, instrumento ou qualquer objeto especialmente destinado à falsificação de moeda:

Pena - reclusão, de 2 (dois) a 6 (seis) anos, e multa.

3.1. Considerações Iniciais

A posse de petrechos para a falsificação de moeda não é punida quando se constituiu em expediente utilizado para a consecução do crime-fim, qual seja, a fabricação de moeda, e a guarda das cédulas falsas é mera consequência da sua fabricação, não se podendo punir tais delitos como crimes autônomos, devendo responder o agente somente pela falsificação de moeda, sob pena de se apenar triplamente a mesma conduta, caracterizando inaceitável *bis in idem.*

O crime de petrechos para falsificação de moeda é comum; doloso; de forma livre; comissivo ou comissivo por omissão; instantâneo (nas modalidades "fabricar", "adquirir" e "fornecer") ou permanente (nas formas "possuir" e "guardar"); unissubjetivo; e plurissubsistente.

3.2. Tipicidade Objetiva

O tipo prevê como conduta delituosa a fabricação, a aquisição, o fornecimento, a posse ou a guarda de maquinismo, aparelho, instrumento ou qualquer objeto especialmente destinado à falsificação de moeda, não distinguindo se o agente o faz a título oneroso ou gratuito.

3.3. Sujeitos

Sujeito ativo: pode ser qualquer pessoa, representando esta conduta, pois, *delicta communi,* ou seja, crime comum, não sendo necessária qualquer qualificação para o agente delituoso.

Sujeito passivo: é o Estado.

3.4. Objetos

Objeto jurídico: o objeto juridicamente tutelado é a fé pública.

Objeto material: o objeto material é o maquinismo, aparelho, instrumento ou qualquer outro objeto especialmente destinado à falsificação de moeda.

3.5. Elemento Subjetivo

O elemento subjetivo exigido no tipo é o dolo. Não há previsão para modalidade culposa.

3.6. Consumação e Tentativa

Consuma-se o crime quando o agente pratica qualquer das ações previstas no *caput* deste artigo.

Muito embora seja objeto de divergência doutrinária, entendemos pela possibilidade de caracterização da forma tentada.

3.7. Ação Penal

A ação penal é de iniciativa pública incondicionada.

3.8. Pena

A pena prevista para o crime é de reclusão de dois a seis anos, além da multa. Logo, podemos concluir que:

a) Não é possível a transação penal (art. 76, Lei n. 9.099/95), pois não se trata de infração penal de menor potencial ofensivo;

b) Não é possível a suspensão condicional do processo (art. 89, Lei n. 9.099/95), pois a pena mínima ultrapassa um ano.

3.9. Classificação

O crime pode ser classificado como:

a) **Comum** (pode ser praticado por qualquer pessoa);
b) **Formal** (a consumação não depende a produção de um resultado naturalístico);
c) De **forma livre** (a Lei não estabelece exigência para a forma de execução);
d) **Simples** (tutela apenas um bem jurídico);
e) **Comissivo** (em regra) **ou omissivo** (quando ocorre omissão imprópria);
f) **Unissubjetivo** (pode haver ou não concurso de pessoas);
g) **Instantâneo** (consuma-se de imediato) ou **permanente** (a conduta se protrai no tempo) nos núcleos "possuir" e "guardar";
h) **Plurissubsistente** (a conduta pode ser fracionada, e por isso admite a tentativa);
i) **Não transeunte** (o crime deixa vestígios);
j) **Doloso**.

3.10. Quadro Sinótico

PETRECHOS PARA FALSIFICAÇÃO DE MOEDA		
Considerações Iniciais	A posse de petrechos para a falsificação de moeda não é punida quando se constituiu em expediente utilizado para a consecução do crime-fim, qual seja, a fabricação de moeda, e a guarda das cédulas falsas é mera consequência da sua fabricação, não se podendo punir tais delitos como crimes autônomos.	1
Tipicidade Objetiva	O tipo prevê como conduta delituosa a fabricação, a aquisição, o fornecimento, a posse ou a guarda de maquinismo, aparelho, instrumento ou qualquer objeto especialmente destinado à falsificação de moeda, não distinguindo se o agente o faz a título oneroso ou gratuito.	2
Sujeitos	**Sujeito ativo:** pode ser qualquer pessoa, representando esta conduta, pois, *delicta communi,* ou seja, crime comum, não sendo necessária qualquer qualificação para o agente delituoso. **Sujeito passivo:** é o Estado.	3

Objetos	**Objeto jurídico:** o objeto juridicamente tutelado é a fé pública. **Objeto material:** o objeto material é o maquinismo, aparelho, instrumento ou qualquer outro objeto especialmente destinado à falsificação de moeda.	4
Elemento Subjetivo	O elemento subjetivo exigido no tipo é o dolo. Não há previsão para modalidade culposa.	5
Consumação e Tentativa	Consuma-se o crime quando o agente pratica qualquer das ações previstas no *caput* deste artigo. Muito embora seja objeto de divergência doutrinária, entendemos pela possibilidade de caracterização da forma tentada.	6
Ação Penal	Trata-se de crime de ação penal de iniciativa pública incondicionada.	7
Penas	A pena prevista para o crime é de reclusão de dois a seis anos, além da multa.	8
Classificação	**a)** **Comum** (pode ser praticado por qualquer pessoa); **b)** **Formal** (a consumação não depende a produção de um resultado naturalístico); **c)** De forma **livre** (a Lei não estabelece exigência para a forma de execução); **d)** **Simples** (tutela apenas um bem jurídico); **e)** **Comissivo** (em regra) ou **omissivo** (quando ocorre omissão imprópria); **f)** **Unissubjetivo** (pode haver ou não concurso de pessoas); **g)** **Instantâneo** (consuma-se de imediato) ou **permanente** (a conduta se protrai no tempo) nos núcleos "possuir" e "guardar"; **h)** **Plurissubsistente** (a conduta pode ser fracionada, e por isso admite a tentativa); **i)** **Não transeunte** (o crime deixa vestígios); **j)** **Doloso.**	9

3.11. Questões de Concursos Públicos

01. (VUNESP - 2014 - PC-SP - Escrivão de Polícia Civil) Imagine que Pedro, ilicitamente, guarda consigo tintas, papéis e um aparelho capaz de fabricar moeda falsa. Tal conduta.

(A) configura o crime de petrechos para falsificação de moeda (CP, art. 291)

(B) configura crime assimilado ao de moeda falsa (CP, art. 290).

(C) configura o crime de moeda falsa (CP, art. 289)

(D) não configura crime algum, por ausência de previsão legal.

(E) não configura crime algum, por se tratar de mero ato preparatório.

02. (VUNESP - 2016 - Câmara de Marília - SP - Procurador Jurídico) Aquele que guarda instrumento especialmente destinado à falsificação de moeda

(A) comete crime equiparado ao crime de falsificação de moeda (CP, art. 289), mas receberá pena reduzida.

(B) comete crime equiparado ao crime de falsificação de moeda (CP, art. 289), com idêntica pena.

(C) comete crime assimilado ao crime de falsificação de moeda (CP, art. 290).

(D) comete o crime de petrechos para falsificação de moeda (CP, art. 291).

(E) não comete crime algum, por se tratar de ato preparatório.

04. (Quadrix - 2018 - CRM-PR - Advogado) Acerca dos crimes contra a fé pública e a Administração Pública, julgue o item.

Aquele que adquire objeto especialmente destinado à falsificação de moeda, sem, contudo, efetivamente produzir moeda falsa, não incorre em conduta criminosa, uma vez que praticou ato meramente preparatório.

( ) Certo

( ) Errado

GABARITO: *As respostas destes testes encontram-se no final do livro.*

4. EMISSÃO DE TÍTULO AO PORTADOR SEM PERMISSÃO LEGAL

Art. 292. Emitir, sem permissão legal, nota, bilhete, ficha, vale ou título que contenha promessa de pagamento em dinheiro ao portador ou a que falte indicação do nome da pessoa a quem deva ser pago:

Pena - detenção, de 1 (um) a 6 (seis) meses, ou multa.

Parágrafo único. Quem recebe ou utiliza como dinheiro qualquer dos documentos referidos neste artigo incorre na pena de detenção, de 15 (quinze) dias a 3 (três) meses, ou multa.

4.1. Considerações Iniciais

O crime de emissão de título ao portador sem permissão legal é comum; doloso; de forma livre; comissivo e, excepcionalmente, comissivo por omissão (aplicação do art. 13, §2°, CP); instantâneo; unissubjetivo; unissubsistente.

4.2. Tipicidade Objetiva

No núcleo do tipo está o verbo emitir (colocar em circulação), consoante a conduta prevista no caput. A execução deverá ocorrer sem a previsão legal e o objeto do crime poderá ser bilhete, ficha, vale ou título que contenha promessa de pagamento em dinheiro ao portador ou a que falte indicação do nome da pessoa a quem deva ser pago. O legislador ainda previu como conduta típica a recepção ou utilização como dinheiro de qualquer dos documentos referidos neste tipo. Temos, pois, três condutas: a emissão, a recepção e a utilização do objeto material deste crime.

4.3. Sujeitos

Sujeito ativo: pode ser qualquer pessoa, representando esta conduta, pois, *delicta communi,* ou seja, crime comum, não sendo necessária qualquer qualificação para o agente delituoso.

Sujeito passivo: é o Estado.

4.4. Objetos

Objeto jurídico: o objeto juridicamente tutelado é a fé pública.

Objeto material: é a nota, bilhete, ficha, vale ou título onde conste promessa de pagamento em dinheiro ao portador ou a que falte indicação a quem deva ser pago, emitido sem autorização legal.

4.5. Elemento Subjetivo

O elemento subjetivo exigido no tipo é o dolo, pois se exige do agente a vontade livre e consciente de realizar conduta prevista no *caput*. Não há previsão para modalidade culposa.

4.6. Consumação e Tentativa

Consuma-se o crime quando o agente, efetivamente, coloca em circulação nota, bilhete, ficha, vale ou título que contenha promessa pagamento em dinheiro ao portador ou a que falte indicação do nome da pessoa a quem deva ser pago. Restará igualmente configurado quando o agente receber quaisquer dos documentos referidos no *caput*, ou, da mesma forma, quando os utilizar.

Objeto de divergência doutrinária, entendemos que ou o agente efetivamente *emite* o título ou trata-se de um irrelevante penal. Assim, não há que se falar em cabimento de tentativa.

4.7. Ação Penal

A ação penal é de iniciativa pública incondicionada.

4.8. Pena

A pena prevista para o crime é de detenção, de um a seis anos, além da multa. Logo, podemos concluir que:

a) Não é possível a transação penal (art. 76, Lei n. 9.099/95), pois não se trata de infração penal de menor potencial ofensivo;

b) É possível a suspensão condicional do processo (art. 89, Lei n. 9.099/95), pois a pena mínima não ultrapassa um ano.

4.9. Classificação

O crime pode ser classificado como:

a) **Comum** (pode ser praticado por qualquer pessoa);

b) **Formal** (a consumação não depende a produção de um resultado naturalístico);

c) De **forma livre** (a Lei não estabelece exigência para a forma de execução);

d) **Simples** (tutela apenas um bem jurídico);

e) **Comissivo** (em regra) **ou omissivo** (quando ocorre omissão imprópria);

f) **Unissubjetivo** (pode haver ou não concurso de pessoas);

g) **Instantâneo** (consuma-se de imediato);

h) **Uniissubsistente** (a conduta não pode ser fracionada, e por isso não admite a tentativa), em que pese haver divergências doutrinárias sobre o tema;

i) **Não transeunte** (o crime deixa vestígios);

j) **Doloso.**

4.10. Quadro Sinótico

EMISSÃO DE TÍTULO AO PORTADOR SEM PERMISSÃO LEGAL		
Considerações Iniciais	O crime de emissão de título ao portador sem permissão legal é comum; doloso; de forma livre; comissivo e, excepcionalmente, comissivo por omissão (aplicação do art. 13, §2°, CP); instantâneo; unissubjetivo; unissubsistente.	1
Tipicidade Objetiva	No núcleo do tipo está o verbo emitir (colocar em circulação). A execução deverá ocorrer sem a previsão legal e o objeto do crime poderá ser bilhete, ficha, vale ou título que contenha promessa de pagamento em dinheiro ao portador ou a que falte indicação do nome da pessoa a quem deva ser pago. O legislador ainda previu como conduta típica a recepção ou utilização como dinheiro de qualquer dos documentos referidos neste tipo. **Temos, pois, três condutas: a emissão, a recepção e a utilização do objeto material deste crime**.	2
Sujeitos	**Sujeito ativo:** pode ser qualquer pessoa. **Sujeito passivo:** é o Estado.	3
Objetos	**Objeto jurídico:** o objeto juridicamente tutelado é a fé pública. **Objeto material:** é a nota, bilhete, ficha, vale ou título onde conste promessa de pagamento em dinheiro ao portador ou a que falte indicação a quem deva ser pago, emitido sem autorização legal.	4
Elemento Subjetivo	O elemento subjetivo exigido no tipo é o dolo. Não há previsão para modalidade culposa.	5
Consumação e Tentativa	Consuma-se o crime quando o agente, efetivamente, coloca em circulação nota, bilhete, ficha, vale ou título que contenha promessa pagamento em dinheiro ao portador ou a que falte indicação do nome da pessoa a quem deva ser pago. Restará igualmente configurado quando o agente receber quaisquer dos documentos referidos no *caput*, ou, da mesma forma, quando os utilizar. Não há que se falar em cabimento de tentativa.	6
Ação Penal	Trata-se de crime de ação penal de iniciativa pública incondicionada.	7
Penas	A pena prevista para o crime é de detenção, de um a seis anos, além da multa.	8

Classificação	a) **Comum** (pode ser praticado por qualquer pessoa); b) **Formal** (a consumação não depende a produção de um resultado naturalístico); c) De forma **livre** (a Lei não estabelece exigência para a forma de execução); d) **Simples** (tutela apenas um bem jurídico); e) **Comissivo** (em regra) ou **omissivo** (quando ocorre omissão imprópria); f) **Unissubjetivo** (pode haver ou não concurso de pessoas); g) **Instantâneo** (consuma-se de imediato); h) **Unissubsistente** (a conduta não pode ser fracionada, e por isso não admite a tentativa), em que pese haver divergências doutrinárias sobre o tema; i) **Não transeunte** (o crime deixa vestígios); j) **Doloso**.	9

II

DA FALSIDADE DE TÍTULOS E OUTROS PAPÉIS PÚBLICOS

1. FALSIFICAÇÃO DE PAPÉIS PÚBLICOS

Art. 293. Falsificar, fabricando-os ou alterando-os:

I - selo destinado a controle tributário, papel selado ou qualquer papel de emissão legal destinado à arrecadação de tributo;

II - papel de crédito público que não seja moeda de curso legal;

III - vale postal;

IV - cautela de penhor, caderneta de depósito de caixa econômica ou de outro estabelecimento mantido por entidade de direito público;

V - talão, recibo, guia, alvará ou qualquer outro documento relativo a arrecadação de rendas públicas ou a depósito ou caução por que o poder público seja responsável;

VI - bilhete, passe ou conhecimento de empresa de transporte administrada pela União, por Estado ou por Município:

Pena - reclusão, de 2 (dois) a 8 (oito) anos, e multa.

§ 1° Incorre na mesma pena quem:

I - usa, guarda, possui ou detém qualquer dos papéis falsificados a que se refere este artigo;

II - importa, exporta, adquire, vende, troca, cede, empresta, guarda, fornece ou restitui à circulação selo falsificado destinado a controle tributário;

III - importa, exporta, adquire, vende, expõe à venda, mantém em depósito, guarda, troca, cede, empresta, fornece, porta ou, de qualquer forma, utiliza em proveito próprio ou alheio, no exercício de atividade comercial ou industrial, produto ou mercadoria:

a) em que tenha sido aplicado selo que se destine a controle tributário, falsificado;

b) sem selo oficial, nos casos em que a legislação tributária determina a obrigatoriedade de sua aplicação.

§ 2° Suprimir, em qualquer desses papéis, quando legítimos, com o fim de torná-los novamente utilizáveis, carimbo ou sinal indicativo de sua inutilização:

Pena - reclusão, de 1 (um) a 4 (quatro) anos, e multa.

§ 3º Incorre na mesma pena quem usa, depois de alterado, qualquer dos papéis a que se refere o parágrafo anterior.

§ 4º Quem usa ou restitui à circulação, embora recibo de boa-fé, qualquer dos papéis falsificados ou alterados, a que se referem este artigo e o seu § 2º, depois de conhecer a falsidade ou alteração, incorre na pena de detenção, de 6 (seis) meses a 2 (dois) anos, ou multa.

§ 5º Equipara-se a atividade comercial, para os fins do inciso III do § 1º, qualquer forma de comércio irregular ou clandestino, inclusive o exercido em vias, praças ou outros logradouros públicos e em residências.

1.1. Considerações Iniciais

O crime de *falsificação de papéis públicos* é comum; doloso; de forma livre; comissivo ou comissivo por omissão; instantâneo (nas modalidades "fabricar", "adquirir" e "fornecer") ou permanente (nas formas "possuir" e "guardar"); unissubjetivo; unissubsistente e plurissubsistente, conforme o caso concreto.

1.2. Tipicidade Objetiva

O tipo constante no *caput* do art. 293 do Código Penal prevê como conduta criminosa a *falsificação de papéis públicos* (elencados nos incisos de I a VI), seja através da *fabricação* (criação de novo papel) seja por meio de *alteração* (modificação de papel existente). Prevê ainda como conduta típica, o uso, a guarda, a detenção, a importação, a exportação, a aquisição, a venda, o depósito, a troca, a cessão, o empréstimo, ou qualquer outra forma de utilização, seja em proveito próprio ou alheio, de quaisquer dos papéis previstos nos incisos apontados.

1.3. Sujeitos

Sujeito ativo: pode ser qualquer pessoa, representando esta conduta, pois, *delicta communi,* ou seja, crime comum. Entretanto, sendo o agente delituoso funcionário público, incidirá a majorante prevista no art. 295 do Código Penal.

Sujeito passivo: é o Estado, bem como aquele que for diretamente lesado pela conduta do agente.

1.4. Objetos

Objeto jurídico: o objeto juridicamente tutelado é a fé pública.

Objeto material: são os papéis públicos constantes deste artigo.

No que tange aos papéis mencionados no inciso I, devem todos ser destinados à arrecadação de tributos.

A previsão do inciso II diz respeito às apólices ou títulos da dívida pública, não se confundindo, pois, com a moeda em curso legal no país.

No que tange ao inciso III, prevalece o entendimento de que ele foi substituído pelo art. 36 da Lei n. 6.538/78.

Quanto ao inciso IV, o objeto material é a *cautela de penhor* e a *caderneta de poupança*, que, de acordo com a doutrina clássica, consistia no livreto onde se faziam anotações relativas às movimentações bancárias, já em desuso, e aquela é o título de crédito que, através do seu pagamento, poderá ser retirada a coisa empenhada.

Previsto no inciso V, *talão* é o documento de quitação que se destaca de adequado libreto, onde fica residualmente o denominado 'canhoto', com dizeres idênticos aos do correspondente talão; *guia* é todo escrito oficial destinado ao fim de recolhimento ou depósito de dinheiros ou valores; e *alvará* é o documento ou título expedido por autoridade administrativa ou judicial autorizando algum ato concernente à arrecadação fiscal ou ao depósito ou caução sob responsabilidade do poder público.

O presente inciso ainda se vale da aplicação da interpretação analógica, quando prevê a classificação neste delito de qualquer falsificação de outro documento relativo à arrecadação de rendas públicas ou a depósito ou caução, pelos quais o poder público seja responsável.

Por fim, o inciso VI prevê os objetos materiais do delito: o *bilhete, o passe ou o conhecimento*, todos relacionados à utilização de transporte público, sendo que o último se refere ao documento representativo de mercadoria depositada ou entregue para transporte.

1.5. Elemento Subjetivo

O elemento subjetivo exigido no tipo é o dolo, não havendo previsão para modalidade de natureza culposa.

1.6. Consumação e Tentativa

Consuma-se o crime com a falsificação, não sendo necessária a caracterização de qualquer prejuízo, haja vista estarmos diante de um crime formal.

A forma tentada é perfeitamente cabível.

1.7. Ação Penal

A ação penal é de iniciativa pública incondicionada.

1.8. Pena

A pena prevista para o crime é de reclusão de dois a oito anos, além da multa. Logo, podemos concluir que:

a) Não é possível a transação penal (art. 76, Lei n. 9.099/95), pois não se trata de infração penal de menor potencial ofensivo;

b) Não é possível a suspensão condicional do processo (art. 89, Lei n. 9.099/95), pois a pena mínima ultrapassa um ano.

1.9. Classificação

O crime pode ser classificado como:

a) **Comum** (pode ser praticado por qualquer pessoa);

b) **Formal** (a consumação não depende a produção de um resultado naturalístico);

c) De **forma livre** (a Lei não estabelece exigência para a forma de execução);

d) **Simples** (tutela apenas um bem jurídico);

e) **Comissivo** (em regra) **ou omissivo** (quando ocorre omissão imprópria);

f) **Unissubjetivo** (pode haver ou não concurso de pessoas);

g) **Instantâneo** (consuma-se de imediato) ou **permanente** (a conduta se protrai no tempo) nos núcleos "possuir" e "deter", "manter em depósito", "portar", "expor à venda" e "guardar";

h) **Plurissubsistente** (a conduta pode ser fracionada, e por isso admite a tentativa);

i) Não **transeunte** (o crime deixa vestígios);

j) **Doloso**.

1.10. Quadro Sinótico

FALSIFICAÇÃO DE PAPÉIS PÚBLICOS		
Considerações Iniciais	O crime de *falsificação de papéis públicos* é comum; doloso; de forma livre; comissivo ou comissivo por omissão; instantâneo (nas modalidades "fabricar", "adquirir" e "fornecer") ou permanente (nas formas "possuir" e "guardar"); unissubjetivo; unissubsistente e plurissubsistente, conforme o caso concreto.	1
Tipicidade Objetiva	O tipo constante no *caput* do art. 293 do Código Penal prevê como conduta criminosa a *falsificação de papéis públicos* (elencados nos incisos de I a VI), seja através da *fabricação* (criação de novo papel) seja por meio de *alteração* (modificação de papel existente). Prevê ainda como conduta típica, o uso, a guarda, a detenção, a importação, a exportação, a aquisição, a venda, o depósito, a troca, a cessão, o empréstimo, ou qualquer outra forma de utilização, seja em proveito próprio ou alheio, de quaisquer dos papéis previstos nos incisos apontados.	2
Sujeitos	**Sujeito ativo:** pode ser qualquer pessoa. Entretanto, sendo o agente delituoso funcionário público, incidirá a majorante prevista no art. 295 do Código Penal. **Sujeito passivo:** é o Estado, bem como aquele que for diretamente lesado pela conduta do agente.	3

Objetos	**Objeto jurídico:** o objeto juridicamente tutelado é a fé pública. **Objeto material:** são os papéis públicos constantes deste artigo.	4
Elemento Subjetivo	O elemento subjetivo exigido no tipo é o dolo, não havendo previsão para modalidade de natureza culposa.	5
Consumação e Tentativa	Consuma-se o crime com a falsificação. A forma tentada é perfeitamente cabível.	6
Ação Penal	Trata-se de crime de ação penal de iniciativa pública incondicionada.	7
Penas	A pena prevista para o crime é de reclusão de dois a oito anos, além da multa.	8
Classificação	a) **Comum** (pode ser praticado por qualquer pessoa); b) **Formal** (a consumação não depende a produção de um resultado naturalístico); c) De forma **livre** (a Lei não estabelece exigência para a forma de execução); d) **Simples** (tutela apenas um bem jurídico); e) **Comissivo** (em regra) ou omissivo (quando ocorre omissão imprópria); f) **Unissubjetivo** (pode haver ou não concurso de pessoas); g) **Instantâneo** (consuma-se de imediato) ou **permanente** (a conduta se protrai no tempo) nos núcleos "possuir" e "deter", "manter em depósito", "portar", "expor à venda" e "guardar"; h) **Plurissubsistente** (a conduta pode ser fracionada, e por isso admite a tentativa); i) **Não transeunte** (o crime deixa vestígios); j) **Doloso**.	9

2. PETRECHOS DE FALSIFICAÇÃO

> **Art. 294.** Fabricar, adquirir, fornecer, possuir ou guardar objeto especialmente destinado à falsificação de qualquer dos papéis referidos no artigo anterior:
>
> Pena - reclusão, de 1 (um) a 3 (três) anos, e multa.

2.1. Considerações Iniciais

No que tange à caracterização do crime, é necessária a realização da perícia para a comprovação da idoneidade dos objetos à falsificação, sendo este o único meio hábil a atestar essa característica.

O crime de *petrechos de falsificação* é comum; doloso; de forma livre; comissivo (podendo também ser praticado via omissão imprópria); instantâneo (nas modalidades "fabricar", "adquirir" e "fornecer") ou permanente (quando a conduta disser respeito a "possuir" ou "guardar"); unissubjetivo; e plurissubsistente.

2.2. Tipicidade Objetiva

Prevê o tipo como condutas típicas a fabricar (construir, fazer, confeccionar), adquirir (obter), fornecer (entregar, dar, disponibilizar), possuir (exercer a posse, poder fático sobre a coisa) ou guardar (armazenar, recolher, preservar) objeto especialmente destinado à falsificação de qualquer dos papéis referidos no artigo que trata do crime de falsificação de papéis públicos.

2.3. Sujeitos

Sujeito ativo: pode ser qualquer pessoa, representando esta conduta, pois, *delicta communi,* ou seja, crime comum. Entretanto, sendo o agente delituoso for funcionário público prevalecendo-se do cargo, incidirá a majorante prevista no art. 295 deste mesmo Código.

Sujeito passivo: é o Estado, bem como aquele que for diretamente lesado pela conduta do agente.

2.4. Objetos

Objeto jurídico: o objeto juridicamente tutelado é a fé pública.

Objeto material: é aquele destinado à falsificação dos papéis que constam no art. 293 do Código Penal.

2.5. Elemento Subjetivo

O elemento subjetivo exigido no tipo é o dolo, não havendo previsão para modalidade de natureza culposa.

2.6. Consumação e Tentativa

Consuma-se o crime com a prática de uma das condutas previstas no *caput* deste artigo.

Tendo em vista se tratar de crime material e plurissubsistente, a forma tentada é perfeitamente cabível.

2.7. Ação Penal

A ação penal é de iniciativa pública incondicionada.

2.8. Pena

A pena prevista para o crime é de reclusão de um a três anos, além da multa. Logo, podemos concluir que:

a) Não é possível a transação penal (art. 76, Lei n. 9.099/95), pois não se trata de infração penal de menor potencial ofensivo;

b) É possível a suspensão condicional do processo (art. 89, Lei n. 9.099/95), pois a pena mínima não ultrapassa um ano.

2.9. Classificação

O crime pode ser classificado como:

a) **Comum** (pode ser praticado por qualquer pessoa);

b) **Formal** (a consumação não depende a produção de um resultado naturalístico);

c) De **forma livre** (a Lei não estabelece exigência para a forma de execução);

d) **Simples** (tutela apenas um bem jurídico);

e) **Comissivo** (em regra) **ou omissivo** (quando ocorre omissão imprópria);

f) **Unissubjetivo** (pode haver ou não concurso de pessoas);

g) **Instantâneo** (consuma-se de imediato) ou **permanente** (a conduta se protrai no tempo) nos núcleos "possuir" e "guardar";

h) **Unissubsistente** (a conduta não pode ser fracionada) ou **Plurissubsistente** (a conduta pode ser fracionada, e por isso admite a tentativa), conforme o caso;

i) Não **transeunte** (o crime deixa vestígios);

j) **Doloso.**

2.10. Quadro Sinótico

PETRECHOS DE FALSIFICAÇÃO		
Considerações Iniciais	No que tange à caracterização do crime, é necessária a realização da perícia para a comprovação da idoneidade dos objetos à falsificação, sendo este o único meio hábil a atestar essa característica.	1
Tipicidade Objetiva	Prevê o tipo como condutas típicas a **fabricar** (construir, fazer, confeccionar), **adquirir** (obter), **fornecer** (entregar, dar, disponibilizar), **possuir** (exercer a posse, poder fático sobre a coisa) ou **guardar** (armazenar, recolher, preservar) objeto especialmente destinado à falsificação de qualquer dos papéis referidos no artigo que trata do crime de falsificação de papéis públicos.	2
Sujeitos	**Sujeito ativo:** pode ser qualquer pessoa. Entretanto, sendo o agente delituoso for funcionário público prevalecendo-se do cargo, incidirá a majorante prevista no art. 295 deste mesmo Código. **Sujeito passivo:** é o Estado, bem como aquele que for diretamente lesado pela conduta do agente.	3
Objetos	**Objeto jurídico:** o objeto juridicamente tutelado é a fé pública. **Objeto material:** é aquele destinado à falsificação dos papéis que constam no art. 293 do Código Penal.	4

Elemento Subjetivo	O elemento subjetivo exigido no tipo é o dolo, não havendo previsão para modalidade de natureza culposa.	5
Consumação e Tentativa	Consuma-se o crime com a prática de uma das condutas previstas no *caput* deste artigo. A forma tentada é perfeitamente cabível.	6
Ação Penal	Trata-se de crime de ação penal de iniciativa pública incondicionada.	7
Penas	A pena prevista para o crime é de reclusão de um a três anos, além da multa.	8
Classificação	**a) Comum** (pode ser praticado por qualquer pessoa); **b) Formal** (a consumação não depende a produção de um resultado naturalístico); **c)** De forma **livre** (a Lei não estabelece exigência para a forma de execução); **d) Simples** (tutela apenas um bem jurídico); **e) Comissivo** (em regra) ou **omissivo** (quando ocorre omissão imprópria); **f) Unissubjetivo** (pode haver ou não concurso de pessoas); **g) Instantâneo** (consuma-se de imediato) ou **permanente** (a conduta se protrai no tempo) nos núcleos "possuir" e "guardar"; **h) Unissubsistente** (a conduta não pode ser fracionada) ou **Plurissubsistente** (a conduta pode ser fracionada, e por isso admite a tentativa), conforme o caso; **i) Não transeunte** (o crime deixa vestígios); **j) Doloso.**	9

2.11. Majorante

> **Art. 295.** Se o agente é funcionário público, e comete o crime prevalecendo-se do cargo, aumenta-se a pena de sexta parte.

O art. 295 prevê uma majorante que deve ser aplicada aos delitos tipificados nos artigos 293 e 294. Frise-se, entretanto, que não basta a característica de funcionário público, mas que o mesmo se valha das facilidades proporcionadas pelo exercício da função pública. em se tratando de causa de aumento de pena, deverá ser valorada pelo julgador na terceira fase da dosimetria.

III

DA FALSIFICAÇÃO DOCUMENTAL

1. FALSIFICAÇÃO DE SELO OU SINAL PÚBLICO

Art. 296. Falsificar, fabricando-os ou alterando-os:

I – selo público destinado a autenticar atos oficiais da União, de Estado ou de Município;

II – selo ou sinal atribuído por lei a entidade de direito público, ou a autoridade, ou sinal público de tabelião:

Pena – reclusão, de 2 (dois) a 6 (seis) anos, e multa.

§ 1° Incorre nas mesmas penas:

I – quem faz uso do selo ou sinal falsificado;

II – quem utiliza indevidamente o selo ou sinal verdadeiro em prejuízo de outrem ou em proveito próprio ou alheio.

III – quem altera, falsifica ou faz uso indevido de marcas, logotipos, siglas ou quaisquer outros símbolos utilizados ou identificadores de órgãos ou entidades da Administração Pública.

§ 2° Se o agente é funcionário público, e comete o crime prevalecendo-se do cargo, aumenta-se a pena de sexta parte.

1.1. Considerações Iniciais

O tipo previsto no *caput* caracteriza como conduta criminosa a *falsificação de selo ou sinal público* (elencados nos incisos de I e II), seja através da *fabricação* (criação de novo selo ou sinal) seja por meio de *alteração* (modificação de selo ou sinal existente). Prevê ainda como conduta típica, o uso de selo falsificado, bem como a utilização indevida de selo ou sinal verdadeiro em prejuízo de outrem ou em proveito próprio ou alheio. Aquele que altera, falsifica ou faz uso indevido de marcas, logotipos, siglas ou quaisquer outros símbolos utilizados ou identificadores de órgãos ou entidades da Administração Pública, aqui também incorrerá, consoante o inciso III, do seu §1°.

O crime de *falsificação de selo ou sinal público* é comum; doloso; de forma livre; comissivo (podendo, também, ser praticado via omissão imprópria, no caso do agente gozar do status de garantidor); instantâneo; unissubjetivo; unissubsistente e plurissubsistente, conforme o caso concreto.

1.2. Tipicidade Objetiva

O núcleo do tipo consiste no verbo *falsificar* (imitar o que é verdadeiro, tornando-o parecido), conduta que pode ser realizada através da fabricação (confecção, criação) ou alteração (mudança, modificação, adulteração).

1.3. Sujeitos

Sujeito ativo: pode ser qualquer pessoa, representando esta conduta, pois, *delicta communi*, ou seja, crime comum. Entretanto, sendo o agente delituoso funcionário público prevalecendo-se do cargo, a pena será aumentada de sexta parte, inteligência do § 2° do presente artigo.

Sujeito passivo: é o Estado, bem como aquele que for diretamente prejudicado pela conduta do agente.

1.4. Objetos

Objeto jurídico: o objeto juridicamente tutelado é a fé pública.

Objeto material: é a é o selo ou o sinal público, sobre o qual recai a conduta do agente.

1.5. Elemento Subjetivo

O elemento subjetivo exigido no tipo é o dolo, não havendo previsão para modalidade de natureza culposa.

1.6. Consumação e Tentativa

Consuma-se o crime quando o agente, efetivamente, falsifica o selo ou sinal público, levando a efeito sua fabricação ou alteração.

A forma tentada é perfeitamente cabível.

1.7. Ação Penal

A ação penal é de iniciativa pública incondicionada.

1.8. Pena

A pena prevista para o crime é de reclusão de dois a seis anos, além da multa. Logo, podemos concluir que:

a) Não é possível a transação penal (art. 76, Lei n. 9.099/95), pois não se trata de infração penal de menor potencial ofensivo;

b) Não é possível a suspensão condicional do processo (art. 89, Lei n. 9.099/95), pois a pena mínima ultrapassa um ano.

1.9. Classificação

O crime pode ser classificado como:

a) **Comum** (pode ser praticado por qualquer pessoa);
b) **Formal** (a consumação não depende a produção de um resultado naturalístico);
c) De **forma livre** (a Lei não estabelece exigência para a forma de execução);
d) **Simples** (tutela apenas um bem jurídico);
e) **Comissivo** (em regra) **ou omissivo** (quando ocorre omissão imprópria);
f) **Unissubjetivo** (pode haver ou não concurso de pessoas);
g) **Instantâneo** (consuma-se de imediato) ou **permanente** (a conduta se protrai no tempo) nos núcleos "possuir" e "guardar";
h) **Plurissubsistente** (a conduta pode ser fracionada, e por isso admite a tentativa);
i) **Não transeunte** (o crime deixa vestígios);
j) **Doloso.**

1.10. Quadro Sinótico

FALSIFICAÇÃO DE SELO OU SINAL PÚBLICO		
Considerações Iniciais	O tipo previsto no *caput* caracteriza como conduta criminosa a *falsificação de selo ou sinal público*, seja através da *fabricação* (criação de novo selo ou sinal) seja por meio de *alteração* (modificação de selo ou sinal existente). Prevê ainda como conduta típica, o uso de selo falsificado, bem como a utilização indevida de selo ou sinal verdadeiro em prejuízo de outrem ou em proveito próprio ou alheio. Aquele que altera, falsifica ou faz uso indevido de marcas, logotipos, siglas ou quaisquer outros símbolos utilizados ou identificadores de órgãos ou entidades da Administração Pública, aqui também incorrerá, consoante o inciso III, do seu §1°.	1
Tipicidade Objetiva	O núcleo do tipo consiste no verbo falsificar (imitar o que é verdadeiro, tornando-o parecido), conduta que pode ser realizada através da fabricação (confecção, criação) ou alteração (mudança, modificação, adulteração).	2
Sujeitos	**Sujeito ativo:** pode ser qualquer pessoa. Entretanto, sendo o agente delituoso funcionário público prevalecendo-se do cargo, a pena será aumentada de sexta parte, inteligência do § 2° do presente artigo. **Sujeito passivo:** é o Estado, bem como aquele que for diretamente prejudicado pela conduta do agente.	3

Objetos	**Objeto jurídico:** o objeto juridicamente tutelado é a fé pública. **Objeto material:** é a é o selo ou o sinal público, sobre o qual recai a conduta do agente.	4
Elemento Subjetivo	O elemento subjetivo exigido no tipo é o dolo, não havendo previsão para modalidade de natureza culposa.	5
Consumação e Tentativa	Consuma-se o crime quando o agente, efetivamente, falsifica o selo ou sinal público, levando a efeito sua fabricação ou alteração. A forma tentada é perfeitamente cabível.	6
Ação Penal	Trata-se de crime de ação penal de iniciativa pública incondicionada.	7
Penas	A pena prevista para o crime é de reclusão de dois a seis anos, além da multa.	8
Classificação	a) **Comum** (pode ser praticado por qualquer pessoa); b) **Formal** (a consumação não depende a produção de um resultado naturalístico); c) De forma **livre** (a Lei não estabelece exigência para a forma de execução); d) **Simples** (tutela apenas um bem jurídico); e) **Comissivo** (em regra) ou **omissivo** (quando ocorre omissão imprópria); f) **Unissubjetivo** (pode haver ou não concurso de pessoas); g) **Instantâneo** (consuma-se de imediato) ou **permanente** (a conduta se protrai no tempo) nos núcleos "possuir" e "guardar"; h) **Plurissubsistente** (a conduta pode ser fracionada, e por isso admite a tentativa); i) **Não transeunte** (o crime deixa vestígios); j) **Doloso.**	13

2. FALSIFICAÇÃO DE DOCUMENTO PÚBLICO

Art. 297. Falsificar, no todo ou em parte, documento público, ou alterar documento público verdadeiro:

Pena - reclusão, de 2 (dois) a 6 (seis) anos, e multa.

§ 1º Se o agente é funcionário público, e comete o crime prevalecendo-se do cargo, aumenta-se a pena de sexta parte.

§ 2º Para os efeitos penais, equiparam-se a documento público o emanado de entidade paraestatal, o título ao portador ou transmissível por endosso, as ações de sociedade comercial, os livros mercantis e o testamento particular.

§ 3º Nas mesmas penas incorre quem insere ou faz inserir:

I - na folha de pagamento ou em documento de informações que seja destinado a fazer prova perante a previdência social, pessoa que não possua a qualidade de segurado obrigatório;

II - na Carteira de Trabalho e Previdência Social do empregado ou em documento que deva produzir efeito perante a previdência social, declaração falsa ou diversa da que deveria ter sido escrita;

> III - em documento contábil ou em qualquer outro documento relacionado com as obrigações da empresa perante a previdência social, declaração falsa ou diversa da que deveria ter constado.
>
> § 4° Nas mesmas penas incorre quem omite, nos documentos mencionados no § 3°, nome do segurado e seus dados pessoais, a remuneração, a vigência do contrato de trabalho ou de prestação de serviços.

2.1. Considerações Iniciais

Documento público é aquele produzido por servidor público, no exercício de sua função, e de acordo com a legislação que lhe é pertinente, sendo o conceito de documento particular, por pressuposto, encontrado por exclusão.

O legislador também se preocupou em abranger os documentos emitidos pelas *entidades paraestatais,* assim compreendidas todas as pessoas jurídicas que tenham vínculo institucional com a uma pessoa federativa. Estariam enquadradas, portanto, as pessoas da administração indireta (autarquias, fundações públicas, sociedades de economia mista e empresas públicas) e os serviços sociais autônomos.

Com o advento da Lei n. 9.983/2000, o legislador passou a se preocupar também com a previdência social. Ocorre que isto implicou em uma alteração da natureza da *falsidade* constante do art. 297, antes considerada apenas formalmente. Agora, o tipo foi transformado em uma figura híbrida, pois prevê também em seus parágrafos, a falsidade de cunho ideológico.

De mais a mais, se a falsidade gerada na Carteira de Trabalho e Previdência Social disser respeito ou produzir prejuízo no cenário dos direitos trabalhistas do empregado, aplicar-se-á o art. 49 da CLT. Noutro passo, se a referida falsidade voltar-se ao contexto da Previdência Social, aplicar-se-á o disposto no artigo agora estudado.

Título ao portador ou transmissível por endosso é, por exemplo, o cheque, a nota promissória, a letra de câmbio etc.

Por se tratar de crime que deixa vestígios, é necessária a realização de exame de corpo de delito, conforme inteligência do art. 158, Código de Processo Penal.

Registre-se que a *falsificação grosseira*, aquela incapaz de iludir um número indeterminado de pessoas, não implicará no crime previsto neste artigo, sem prejuízo, entretanto, de configurar o crime de estelionato, ainda que a vantagem ilícita tenha advindo de um documento grosseiramente falsificado.

Se o falso é utilizado exclusivamente para a prática de um estelionato e não pode mais ser empregado em outra conduta, o agente deverá responder apenas pelo crime de estelionato (art. 171, CP). Este é o entendimento do STJ, corporificado no verbete de n. 17 da súmula de sua jurisprudência, que possui a seguinte redação:

> **Súmula 17.** Quando o falso exaure o estelionato, sem mais potencialidade lesiva, é por esse absorvido.

Este entendimento sumulado pelo STJ é alvo de uma série de críticas, sobretudo porque permite que o estelionato venha a absorver o crime de falsificação que pode ter pena maior, como é o caso do crime em apreço.

O crime de *falsificação de documento público* é comum; doloso; de forma livre (*caput*) e de forma vinculada (§§ 3º e 4º); comissivo ou omissivo (próprio (§ 4º do mesmo artigo) ou impróprio (na hipótese do agente gozar do status de garantidor)); instantâneo; unissubjetivo; plurissubsistente.

2.2. Tipicidade Objetiva

No núcleo do tipo estão as condutas *falsificar* (criar, confeccionar, produzir) e *alterar* (modificar, adulterar) documento público. Aqui, as condutas dantes descritas têm a mesma conotação do crime anterior: falsifica-se criando documento que antes não existia e altera-se modificando documento verdadeiro já existente.

2.3. Sujeitos

Sujeito ativo: pode ser qualquer pessoa, representando esta conduta, pois, *delicta communi,* ou seja, crime comum, não sendo necessária qualquer qualificação para o agente delituoso. Entretanto, se o agente é funcionário público, e comete o crime prevalecendo-se do cargo, a pena será aumentada até a sexta parte, inteligência do §1° do presente artigo.

Sujeito passivo: é o Estado, bem como aquele que for diretamente lesado.

2.4. Objetos

Objeto jurídico: o objeto juridicamente tutelado é a fé pública.

Objeto material: é o documento público falsificado, total ou parcialmente, ou documento público verdadeiro que fora alterado pelo agente delituoso.

2.5. Elemento Subjetivo

O elemento subjetivo exigido no tipo é o dolo, pois se exige do agente a vontade livre e consciente de falsificar documento público.

Não há previsão para modalidade culposa.

2.6. Consumação e Tentativa

Consuma-se o crime quando a vítima pratica efetivamente qualquer das condutas previstas nos incisos do artigo em estudo, não sendo necessário que venha a utilizar o documento falsificado. (STJ, HC 57599/PR, Rel. Min. Félix Fischer)

A forma tentada é perfeitamente cabível.

2.7. Ação Penal

A ação penal é de iniciativa pública incondicionada.

2.8. Pena

A pena prevista para o crime é de reclusão de dois a seis anos, além da multa. Logo, podemos concluir que:

a) Não é possível a transação penal (art. 76, Lei n. 9.099/95), pois não se trata de infração penal de menor potencial ofensivo;

b) Não é possível a suspensão condicional do processo (art. 89, Lei n. 9.099/95), pois a pena mínima ultrapassa um ano.

2.9. Classificação

O crime pode ser classificado como:

a) **Comum** (pode ser praticado por qualquer pessoa);

b) **Formal** (a consumação não depende a produção de um resultado naturalístico);

c) De **forma livre** (a Lei não estabelece exigência para a forma de execução);

d) **Simples** (tutela apenas um bem jurídico);

e) **Comissivo** (em regra) **ou omissivo** (quando ocorre omissão imprópria);

f) **Unissubjetivo** (pode haver ou não concurso de pessoas);

g) **Instantâneo** (consuma-se de imediato);

h) **Plurissubsistente** (a conduta pode ser fracionada, e por isso admite a tentativa);

i) Não **transeunte** (o crime deixa vestígios);

j) **Doloso**.

2.10. Quadro Sinótico

FALSIFICAÇÃO DE DOCUMENTO PÚBLICO		
Considerações Iniciais	Documento público é aquele produzido por servidor público, no exercício de sua função, e de acordo com a legislação que lhe é pertinente. Estariam enquadradas, portanto, as pessoas da administração indireta (autarquias, fundações públicas, sociedades de economia mista e empresas públicas) e os serviços sociais autônomos. Agora, o tipo prevê também em seus parágrafos, a falsidade de cunho ideológico.	1

Considerações Iniciais	Título ao portador ou transmissível por endosso é, por exemplo, o cheque, a nota promissória, a letra de câmbio etc. Por se tratar de crime que deixa vestígios, é necessária a realização de exame de corpo de delito, conforme inteligência do art. 158, Código de Processo Penal. Registre-se que a *falsificação grosseira* não implicará no crime previsto neste artigo. Se o falso é utilizado exclusivamente para a prática de um estelionato e não pode mais ser empregado em outra conduta, o agente deverá responder apenas pelo crime de estelionato (art. 171, CP). Este é o entendimento do STJ, corporificado no verbete de n. 17 da súmula de sua jurisprudência.	1
Tipicidade Objetiva	No núcleo do tipo estão as condutas *falsificar* (criar, confeccionar, produzir) e *alterar* (modificar, adulterar) documento público.	2
Sujeitos	**Sujeito ativo:** pode ser qualquer pessoa. Entretanto, se o agente é funcionário público, e comete o crime prevalecendo-se do cargo, a pena será aumentada até a sexta parte. **Sujeito passivo:** é o Estado, bem como aquele que for diretamente lesado.	3
Objetos	**Objeto jurídico:** o objeto juridicamente tutelado é a fé pública. **Objeto material:** é o documento público falsificado, total ou parcialmente, ou documento público verdadeiro que fora alterado pelo agente delituoso.	4
Elemento Subjetivo	O elemento subjetivo exigido no tipo é o dolo. Não há previsão para modalidade culposa.	5
Consumação e Tentativa	Consuma-se o crime quando a vítima pratica efetivamente qualquer das condutas previstas nos incisos do artigo em estudo, não sendo necessário que venha a utilizar o documento falsificado. A forma tentada é perfeitamente cabível.	6
Ação Penal	Trata-se de crime de ação penal de iniciativa pública incondicionada.	7
Penas	A pena prevista para o crime é de reclusão de dois a seis anos, além da multa.	8
Classificação	**a)** **Comum** (pode ser praticado por qualquer pessoa); **b)** **Formal** (a consumação não depende a produção de um resultado naturalístico); **c)** De forma **livre** (a Lei não estabelece exigência para a forma de execução); **d)** **Simples** (tutela apenas um bem jurídico); **e)** **Comissivo** (em regra) ou **omissivo** (quando ocorre omissão imprópria); **f)** **Unissubjetivo** (pode haver ou não concurso de pessoas); **g)** **Instantâneo** (consuma-se de imediato); **h)** **Plurissubsistente** (a conduta pode ser fracionada, e por isso admite a tentativa); **i)** **Não transeunte** (o crime deixa vestígios); **j)** **Doloso**.	9

2.11. Súmulas Aplicáveis

2.11.1. *STJ*

17. Quando o falso exaure o estelionato, sem mais potencialidade lesiva, é por esse absorvido.

2.12. Questões de Concursos Públicos

01. (FCC - 2011 - TCE-SP - Procurador) No crime de falsificação de documento público,

(A) ser o agente funcionário público é causa de aumento da pena, ainda que não se tenha prevalecido do cargo.

(B) a forma do documento é verdadeira, mas seu conteúdo é falso.

(C) o objeto material pode ser testamento particular.

(D) a falsificação deve ser integral, não se punindo a meramente parcial.

(E) não basta para a tipificação da infração a alteração de documento público verdadeiro.

02. (CAIP-IMES - 2012 - Câmara Municipal de São Caetano do Sul - SP - Procurador) Configura crime de falsificação de documento público:

(A) falsificar, fabricando ou alterando, selo destinado a controle tributário, papel selado ou qualquer papel de emissão legal destinado à arrecadação de tributo.

(B) falsificar, fabricando-a ou alterando-a, moeda metálica ou papel-moeda de curso legal no país ou no estrangeiro.

(C) emitir, sem permissão legal, nota, bilhete, ficha, vale ou título que contenha promessa de pagamento em dinheiro ao portador.

(D) falsificar, no todo ou em parte, documento emanado de entidade paraestatal, o título ao portador ou transmissível por endosso, as ações de sociedade comercial, os livros mercantis e o testamento particular.

03. (FCC - 2012 - TRT - 4ª REGIÃO (RS) - Juiz do Trabalho - Prova TIPO 4) Incorre nas penas cominadas ao delito de falsificação de documento público quem:

(A) deixa de lançar mensalmente nos títulos próprios da contabilidade da empresa as quantias descontadas dos segurados ou as devidas pelo empregador ou pelo tomador de serviços.

(B) insere, em documento contábil ou em qualquer outro documento relacionado com as obrigações da empresa perante a previdência social, declaração falsa ou diversa da que deveria ter constado.

(C) omite, total ou parcialmente, receitas ou lucros auferidos, remunerações pagas ou creditadas e demais fatos geradores de contribuições sociais previdenciárias.

(D) omite de folha de pagamento da empresa ou de documentos de informações previstos pela legislação previdenciária segurados empregado, empresário, trabalhador avulso ou trabalhador autônomo ou a este equiparado que lhe prestem serviços.

(E) insere, em documento particular, declaração falsa ou diversa da que devia ser escrita, com o fim de prejudicar direito, criar obrigação ou alterar verdade sobre fato juridicamente relevante.

04. (FCC - 2014 - TJ-AP - Analista Judiciário - Área Judiciária - Execução de Mandados) Com relação ao crime de falsificação de documento público, é INCORRETO afirmar:

(A) Equipara-se a documento público o emanado de entidade paraestatal, o título ao portador ou transmissível por endosso, as ações de sociedade comercial, os livros mercantis e o testamento particular.

(B) Se o sujeito ativo for funcionário público e comete o crime prevalecendo-se do cargo, aumenta-se a pena de sexta parte.

(C) A pena é de reclusão, de dois a seis anos, e multa.

(D) Incorre na mesma pena desse crime aquele que insere ou faz inserir na Carteira de Trabalho e Previdência Social do empregado ou em documento que deva produzir efeito perante a Previdência Social, declaração falsa ou diversa da que deveria ter sido escrita.

(E) Incorre na mesma pena desse crime aquele que insere ou faz inserir na folha de pagamento, ou em documento de informações que seja destinado a fazer prova perante a Previdência Social, pessoa que possua a qualidade de segurado obrigatório.

05. **(FUNCAB - 2016 - CODESA - Guarda Portuário) Apagar mecanicamente o nome que consta em uma carteira de identidade verdadeira e substituí-lo por nome falso, caso a falsificação não seja grosseira, caracteriza crime de:**

(A) falsificação de documento público (art. 297 do CP).

(B) falsificação de documento particular (art. 298 do CP).

(C) falsidade ideológica sobre documento particular (art. 299 do CP).

(D) falsidade ideológica sobre documento público (art. 299 do CP).

(E) falsa identidade (art. 307 do CP).

06. **(FUNCAB - 2016 - PC-PA - Delegado de Policia Civil - Reaplicação) Etevaldo, depois de ingressar na posse de uma carteira de habilitação pertencente a outrem, aproveitando-se de sua semelhança fisionômica para com o titular do documento, adultera o nome ali constante, substituindo-o pelo seu. Considerando que a adulteração não era perceptível ictu oculi e que o autor pretendia utilizar o documento para conduzir irregularmente veículo automotor, é correto afirmar que Etevaldo cometeu crime de:**

(A) falsificação de documento publico.

(B) uso de documento de identidade alheia.

(C) falsa identidade.

(D) uso de documento falso, na forma tentada.

(E) falsidade ideológica documento publico.

GABARITO: As respostas destes testes encontram-se no final do livro...

3. FALSIFICAÇÃO DE DOCUMENTO PARTICULAR

Art. 298. Falsificar, no todo ou em parte, documento particular ou alterar documento particular verdadeiro:

Pena - reclusão, de 1 (um) a 5 (cinco) anos, e multa.

3.1. Considerações Iniciais

Como já foi visto, o conceito de documento particular se dá por exclusão: será particular aquele que não for público, sendo este o documento produzido por funcionário público, no exercício de sua função e legitimado para o ato. Registre-se, portanto, que o documento emitido por funcionário público sem competência para tanto, poderá equiparar-se ao particular.

Não diferente do tipo previsto no artigo anterior, em todos os crimes que envolvam a fé pública, a falsificação deve ser apta a iludir, sendo que a comprovação deve ocorrer por meio de exame de corpo e delito. De igual modo, para fins penais, as características do documento são as mesmas descritas anteriormente.

O crime de *falsificação de documento particular* é comum; doloso; de forma livre; comissivo (podendo, também, ser praticado via omissão imprópria, na hipótese do agente gozar do status de garantidor); instantâneo; unissubjetivo; plurissubsistente, conforme o caso concreto.

3.2. Tipicidade Objetiva

No núcleo do tipo estão as condutas *falsificar* (criar) e *alterar* (modificar) documento particular. Aqui, as condutas dantes descritas têm a mesma conotação do crime anterior: falsifica-se criando documento que antes não existia e altera-se modificando documento verdadeiro já existente. A distinção aqui está no objeto material: lá, o documento é público; aqui, o documento é particular.

3.3. Sujeitos

Sujeito ativo: pode ser qualquer pessoa, representando esta conduta, pois, *delicta communi*, ou seja, crime comum, não sendo necessária qualquer qualificação para o agente delituoso.

Sujeito passivo: é o Estado, bem como aquele que for diretamente lesado.

3.4. Objetos

Objeto jurídico: o objeto juridicamente tutelado é a fé pública.

Objeto material: é o documento público falsificado, total ou parcialmente, ou documento público verdadeiro que fora alterado pelo agente delituoso.

3.5. Elemento Subjetivo

O elemento subjetivo exigido no tipo é o dolo, pois se exige do agente a vontade livre e consciente de falsificar documento público.

Não há previsão para modalidade culposa.

3.6. Consumação e Tentativa

Consuma-se o crime quando a vítima pratica efetivamente qualquer das condutas previstas nos incisos do artigo em estudo, não sendo necessário que venha a utilizar o documento falsificado.

Admite-se tentativa.

A simples falsificação material de um falso, por si só, não constitui todo processo executório do crime porque parte integrante e elementar do processo é o uso ou tentativa de uso de documento, do que resulta o dano real ou eventual, ou seja, a possibilidade de causar dano. (TJSC, AC 27063, Rel. José Roberge, 0002628)

3.7. Ação Penal

A ação penal é de iniciativa pública incondicionada.

3.8. Pena

A pena prevista para o crime é de reclusão de um a cinco anos, além da multa. Logo, podemos concluir que:

a) Não é possível a transação penal (art. 76, Lei n. 9.099/95), pois não se trata de infração penal de menor potencial ofensivo;

b) É possível a suspensão condicional do processo (art. 89, Lei n. 9.099/95), pois a pena mínima não ultrapassa um ano.

3.9. Classificação

O crime pode ser classificado como:

a) **Comum** (pode ser praticado por qualquer pessoa);

b) **Formal** (a consumação não depende a produção de um resultado naturalístico);

c) De **forma livre** (a Lei não estabelece exigência para a forma de execução);

d) **Simples** (tutela apenas um bem jurídico);

e) **Comissivo** (em regra) **ou omissivo** (quando ocorre omissão imprópria);

f) **Unissubjetivo** (pode haver ou não concurso de pessoas);

g) **Instantâneo** (consuma-se de imediato);

h) **Plurissubsistente** (a conduta pode ser fracionada, e por isso admite a tentativa);

i) Não **transeunte** (o crime deixa vestígios);

j) **Doloso.**

3.10. Quadro Sinótico

FALSIFICAÇÃO DE DOCUMENTO PARTICULAR		
Considerações Iniciais	O conceito de documento particular se dá por exclusão: será particular aquele que não for público, sendo este o documento produzido por funcionário público, no exercício de sua função e legitimado para o ato. Registre-se, portanto, que o documento emitido por funcionário público sem competência para tanto, poderá equiparar-se ao particular. Não diferente do tipo previsto no artigo anterior, em todos os crimes que envolvam a fé pública, a falsificação deve ser apta a iludir, sendo que a comprovação deve ocorrer por meio de exame de corpo e delito.	1
Tipicidade Objetiva	No núcleo do tipo estão as condutas *falsificar* (criar) e *alterar* (modificar) documento particular.	2
Sujeitos	**Sujeito ativo:** pode ser qualquer pessoa, representando esta conduta. **Sujeito passivo:** é o Estado, bem como aquele que for diretamente lesado.	3

Objetos	**Objeto jurídico:** o objeto juridicamente tutelado é a fé pública. **Objeto material:** é o documento público falsificado, total ou parcialmente, ou documento público verdadeiro que fora alterado pelo agente delituoso.	4
Elemento Subjetivo	O elemento subjetivo exigido no tipo é o dolo. Não há previsão para modalidade culposa.	5
Consumação e Tentativa	Consuma-se o crime quando a vítima pratica efetivamente qualquer das condutas previstas nos incisos do artigo em estudo, não sendo necessário que venha a utilizar o documento falsificado. Admite-se tentativa.	6
Ação Penal	Trata-se de crime de ação penal de iniciativa pública incondicionada.	7
Penas	A pena prevista para o crime é de reclusão de um a cinco anos, além da multa.	8
Classificação	**a) Comum** (pode ser praticado por qualquer pessoa); **b) Formal** (a consumação não depende a produção de um resultado naturalístico); **c)** De forma **livre** (a Lei não estabelece exigência para a forma de execução); **d) Simples** (tutela apenas um bem jurídico); **e) Comissivo** (em regra) ou **omissivo** (quando ocorre omissão imprópria); **f) Unissubjetivo** (pode haver ou não concurso de pessoas); **g) Instantâneo** (consuma-se de imediato); **h) Plurissubsistente** (a conduta pode ser fracionada, e por isso admite a tentativa); **i) Não transeunte** (o crime deixa vestígios); **j) Doloso**.	9

3.11. Questões de Concursos Públicos

01. (CESPE - 2018 - TCE-PB - Auditor de Contas Públicas - Demais Áreas) A clonagem de cartão de crédito constitui o delito denominado

(A) falsidade de documento público.

(B) falsidade de documento particular.

(C) conduta atípica, que só será punível a partir do uso do cartão clonado em fraude posterior.

(D) adulteração de peça filatélica, em razão da similaridade com o cartão de crédito.

(E) falsidade ideológica.

02. (CESPE - 2018 - SEFAZ-RS - Assistente Administrativo Fazendário) Caracteriza crime de falsificação de documento particular a

(A) falsificação de testamento particular.

(B) alteração de cartão de crédito verdadeiro.

(C) fabricação de papel destinado à arrecadação de tributos.

(D) adulteração de título ao portador ou transmissível por endosso.

(E) inserção de declaração falsa em documento particular, para prejudicar direito.

03. (CESPE - 2016 - TRT - 8ª Região (PA e AP) - Analista judiciário - Oficial de Justiça Avaliador) Caracteriza falsificação de documento particular a alteração de

(A) testamento particular.

(B) ações de sociedade comercial.

(C) título ao portador ou transmissível por endosso.

(D) nota fiscal.

(E) livros mercantis.

04. (FUNDATEC - 2018 - PC-RS - Escrivão e de Inspetor de Polícia - Tarde) Em relação à falsificação de documento particular e à falsidade ideológica, assinale a alternativa correta.

(A) Reza o Código Penal que a falsificação do documento particular consiste em falsificar, no todo ou em parte, documento particular ou alterar documento particular verdadeiro.

(B) Fotocópias sem autenticação, documentos impressos sem assinatura ou documentos anônimos podem ser considerados documentos particulares para efeito do crime de falsificação de documento particular.

(C) O objeto material da falsidade ideológica é tão somente o documento público.

(D) Reza o Código Penal que se o agente é funcionário público e comete o crime de falsidade ideológica, prevalecendo-se do cargo, ou se a falsificação ou alteração é de assentamento de registro civil, a pena será aplicada em quádruplo.

(E) O momento consumativo da falsidade ideológica se dá com a efetiva concretização de prejuízo material para o Estado ou para o particular.

05. (CS-UFG - 2016 - Prefeitura de Goiânia - GO - Auditor de Tributos - Grupo 2) Aquele que falsifica, no todo ou em parte, cartão de crédito ou débito de banco público, enquadra-se no crime de

(A) petrechos de falsificação.

(B) falsificação de documento particular.

(C) falsificação de documento público.

(D)falsidade ideológica.

06. (FUNCAB - 2016 - PC-PA - Delegado de Policia Civil - Reaplicação) Etevaldo, depois de ingressar na posse de uma carteira de habilitação pertencente a outrem, aproveitando-se de sua semelhança fisionômica para com o titular do documento, adultera o nome ali constante, substituindo-o pelo seu. Considerando que a adulteração não era perceptível *ictu oculi* e que o autor pretendia utilizar o documento para conduzir irregularmente veículo automotor, é correto afirmar que Etevaldo cometeu crime de:

(A) falsificação de documento público.

(B) uso de documento de identidade alheia.

(C) falsa identidade.

(D) uso de documento falso, na forma tentada.

(E) falsidade ideológica documento público.

GABARITO: *As respostas destes testes encontram-se no final do livro..*

4. FALSIDADE IDEOLÓGICA

Art. 299. Omitir, em documento público ou particular, declaração que dele devia constar, ou nele inserir ou fazer inserir declaração falsa ou diversa da que devia ser escrita, com o fim de prejudicar direito, criar obrigação ou alterar a verdade sobre fato juridicamente relevante:

Pena - reclusão, de 1 (um) a 5 (cinco) anos, e multa, se o documento é público, e reclusão de 1 (um) a 3 (três) anos, e multa, se o documento é particular.

Parágrafo único. Se o agente é funcionário público, e comete o crime prevalecendo-se do cargo, ou se a falsificação ou alteração é de assentamento de registro civil, aumenta-se a pena de sexta parte.

4.1. Considerações Iniciais

Diferente das falsidades estudadas nos artigos anteriores, aqui ela é de cunho ideológico. Portanto, o documento, em si, é perfeito; a ideia nele inserida, no entanto, é que é falsa, como por exemplo, a inserção de falsa declaração em carteira de trabalho.

Tal como ocorre na falsidade material praticada grosseiramente, que deixa de configurar crime em virtude da ausência de potencialidade de dano, quando a falsidade ideológica for sabidamente inverossímil, restará afastado o delito previsto neste artigo.

Seguindo o mesmo raciocínio de equiparação, recorde-se:

> **Súmula 17.** Quando o falso exaure o estelionato, sem mais potencialidade lesiva, é por esse absorvido.

Noutro passo, diversamente da falsidade material, na ideológica não cabe exame pericial.

No que diz respeito ao concurso com outros delitos, devem ser consideradas as ponderações acerca disto feitas quando do estudo do artigo 297.

Se a falsificação ocorrer em Carteira de Trabalho e Previdência Social, deverá ser aplicada a legislação específica, com as penas previstas no presente artigo, *vide* art. 49 da CLT.

Ademais, se a falsificação é feita em assentamento de registro civil – escrituração correspondente ao registro civil das pessoas naturais e ao registro civil das pessoas jurídicas – a pena será aumentada de um sexto.

O crime de *falsidade ideológica* é comum; doloso; de forma livre; comissivo na modalidade *inserir* e omissivo próprio na modalidade *omitir* (podendo, ainda, ser cometido via omissão imprópria, quando o agente gozar do status de garantidor); unissubjetivo; plurissubsistente.

Ademais, trata-se de crime instantâneo. Por esta razão, o STJ já decidiu que "na falsidade ideológica, o termo inicial da contagem do prazo da prescrição da pretensão punitiva é o momento da consumação do delito e não o da eventual reiteração de seus efeitos"[1].

4.2. Tipicidade Objetiva

No núcleo do tipo estão as condutas *omitir* declaração que deveria constar em documento público ou particular e *inserir* declaração falsa ou diversa da que deveria nele constar. Registre-se que tais condutas devem ter o desiderato de prejudicar direito, criar obrigação ou alterar a verdade sobre fato juridicamente relevante.

4.3. Sujeitos

Sujeito ativo: pode ser qualquer pessoa, representando esta conduta, pois, *delicta communi,* ou seja, crime comum, não sendo necessária qualquer qualificação para o agente delituoso. Entretanto, se o agente é funcionário público, e comete o crime prevalecendo-se do cargo, a pena será aumentada até a sexta parte, consoante parágrafo único do presente artigo.

Sujeito passivo: é o Estado, bem como aquele que for diretamente lesado.

1. STJ, RvCr 5.233-DF, Rel. Min. Reynaldo Soares da Fonseca, Terceira Seção, por unanimidade, julgado em 13/05/2020, DJe 25/05/2020.

4.4. Objetos

Objeto jurídico: o objeto juridicamente tutelado é a fé pública.

Objeto material: é o documento, público ou particular, no qual o agente omitiu declaração que nele fazia constar, ou nele inseriu ou fez inserir declaração falsa ou diversa daquela que deveria ser escrita, com o fim de prejudicar direito, criar obrigação ou alterar a verdade sobre o fato juridicamente relevante.

4.5. Elemento Subjetivo

O elemento subjetivo exigido no tipo é o dolo, pois se exige do agente a vontade livre e consciente de agir de acordo com uma das ações nucleares típicas, exigindo-se, ainda, o propósito de lesar direito, criar obrigação ou alterar a veracidade sobre o fato juridicamente relevante. Não há previsão para modalidade culposa.

4.6. Consumação e Tentativa

Consuma-se o crime, no que tange à sua primeira modalidade, quando o agente confecciona o documento (público ou particular) sem a declaração que dele deveria constar, em virtude de uma omissão dolosa. Na segunda modalidade, a consumação ocorre quando o agente insere ou faz inserir no documento, declaração falsa ou diversa da que deveria ser escrita.

Admite-se tentativa.

4.7. Ação Penal

A ação penal é de iniciativa pública incondicionada.

4.8. Pena

A pena prevista para o crime é de reclusão de um a cinco anos, além da multa. Logo, podemos concluir que:

a) Não é possível a transação penal (art. 76, Lei n. 9.099/95), pois não se trata de infração penal de menor potencial ofensivo;

b) É possível a suspensão condicional do processo (art. 89, Lei n. 9.099/95), pois a pena mínima não ultrapassa um ano.

4.9. Classificação

O crime pode ser classificado como:

a) **Comum** (pode ser praticado por qualquer pessoa);

b) **Formal** (a consumação não depende a produção de um resultado naturalístico);

c) De **forma livre** (a Lei não estabelece exigência para a forma de execução);

d) **Simples** (tutela apenas um bem jurídico);

e) **Comissivo** (em regra) **ou omissivo**, a depender do caso;

f) **Unissubjetivo** (pode haver ou não concurso de pessoas);

g) **Instantâneo** (consuma-se de imediato);

h) **Plurissubsistente** (a conduta pode ser fracionada, e por isso admite a tentativa);

i) Não **transeunte** (o crime deixa vestígios);

j) **Doloso**.

4.10. Quadro Sinótico

FALSIDADE IDEOLÓGICA		
Considerações Iniciais	Diferente das falsidades estudadas nos artigos anteriores, aqui ela é de cunho ideológico. Portanto, o documento, em si, é perfeito; a ideia nele inserida, no entanto, é que é falsa. Quando a falsidade ideológica for sabidamente inverossímil, restará afastado o delito previsto neste artigo. Diversamente da falsidade material, na ideológica não cabe exame pericial. Ademais, se a falsificação é feita em assentamento de registro civil – escrituração correspondente ao registro civil das pessoas naturais e ao registro civil das pessoas jurídicas – a pena será aumentada de um sexto.	1
Tipicidade Objetiva	No núcleo do tipo estão as condutas *omitir* declaração que deveria constar em documento público ou particular e *inserir* declaração falsa ou diversa da que deveria nele constar. Registre-se que tais condutas devem ter o desiderato de prejudicar direito, criar obrigação ou alterar a verdade sobre fato juridicamente relevante.	2
Sujeitos	**Sujeito ativo:** pode ser qualquer pessoa. Entretanto, se o agente é funcionário público, e comete o crime prevalecendo-se do cargo, a pena será aumentada até a sexta parte. **Sujeito passivo:** é o Estado, bem como aquele que for diretamente lesado.	3
Objetos	**Objeto jurídico:** o objeto juridicamente tutelado é a fé pública. **Objeto material:** é o documento, público ou particular, no qual o agente omitiu declaração que nele fazia constar, ou nele inseriu ou fez inserir declaração falsa ou diversa daquela que deveria ser escrita, com o fim de prejudicar direito, criar obrigação ou alterar a verdade sobre o fato juridicamente relevante.	4
Elemento Subjetivo	O elemento subjetivo exigido no tipo é o dolo. Não há previsão para modalidade culposa.	5

Consumação e Tentativa	Consuma-se o crime, no que tange à sua primeira modalidade, quando o agente confecciona o documento (público ou particular) sem a declaração que dele deveria constar, em virtude de uma omissão dolosa. Na segunda modalidade, a consumação ocorre quando o agente insere ou faz inserir no documento, declaração falsa ou diversa da que deveria ser escrita. Admite-se tentativa.	6
Ação Penal	Trata-se de crime de ação penal de iniciativa pública incondicionada.	7
Penas	A pena prevista para o crime é de reclusão de um a cinco anos, além da multa.	8
Classificação	a) **Comum** (pode ser praticado por qualquer pessoa); b) **Formal** (a consumação não depende a produção de um resultado naturalístico); c) De forma **livre** (a Lei não estabelece exigência para a forma de execução); d) **Simples** (tutela apenas um bem jurídico); e) **Comissivo** (em regra) ou omissivo, a depender do caso; f) **Unissubjetivo** (pode haver ou não concurso de pessoas); g) **Instantâneo** (consuma-se de imediato); h) **Plurissubsistente** (a conduta pode ser fracionada, e por isso admite a tentativa); i) **Não transeunte** (o crime deixa vestígios); j) **Doloso**.	9

4.11. Súmulas Aplicáveis

4.11.1. *STJ*

17. Quando o falso exaure o estelionato, sem mais potencialidade lesiva, é por esse absorvido.

4.12. Questões de Concursos Públicos

01. (FCC - 2018 - Câmara Legislativa do Distrito Federal - Procurador Legislativo) Pratica o crime de falsidade ideológica aquele que

(A) faz uso de carteira nacional de habilitação falsa em abordagem policial para evitar multa administrativa.

(B) altera ou falsifica documento particular verdadeiro e o utiliza no Brasil ou no exterior.

(C) atesta falsamente, em razão de função pública, fato que habilite alguém a obter cargo público.

(D) atribui-se falsa identidade para obter vantagem, em proveito próprio ou alheio, ou para causar dano a outrem.

(E) omite, em documento particular, declaração que dele devia constar com o fim de criar uma obrigação.

02. (CESPE - 2017 - TRE-PE - Analista Judiciário - Área Judiciária) Caracteriza crime de falsidade ideológica a conduta consistente em

(A) omitir que está empregado ao preencher cadastro público para obtenção de benefício social.

(B) trocar a foto do documento de identificação por outra, própria, mais recente.

(C) fingir que é outra pessoa para obter algum benefício, como o ingresso em evento privado.

(D) utilizar o título de eleitor do irmão que se encontre em viagem para votar em seu lugar.

(E) alterar por conta própria o nome que consta na carteira nacional de habilitação.

03. (CESPE - 2018 - ABIN - Agente de Inteligência) No que se refere aos crimes contra a fé pública, julgue o item seguinte.

O crime de falsidade ideológica é considerado crime próprio, admitindo-se a modalidade tentada por ação e por omissão.

( ) Certo

( ) Errado

04. (FCC - 2018 - DPE-AP - Defensor Público) Sobre o crime de falsidade ideológica:

(A) É atípica, em tese, a conduta daquele que faz inserir, em documento público, declaração falsa acerca do verdadeiro condutor de veículo envolvido em sinistro de trânsito uma vez que integrante do direito à ampla defesa.

(B) É necessária a realização de perícia, uma vez que, a exemplo do que ocorre com a falsidade documental, a alteração é no conteúdo do documento.

(C) O documento para fins de falsidade ideológica deve ser uma peça que tenha possibilidade de produzir prova de um determinado fato, ainda que para tanto sejam necessárias outras verificações.

(D) É crime material, como todo falso, não sendo suficiente para sua consumação a mera potencialidade lesiva.

(E) É atípica a conduta de fazer afirmações possivelmente falsas, em ação judicial, com base em documentos também tidos por adulterados (instrumentos procuratórios com assinaturas falsas e comprovantes de residência adulterados), uma vez que a Constituição Federal assegura a todos o acesso à justiça.

05. (CESPE - 2016 - TCE-PA - Auditor de Controle Externo - Procuradoria) No que concerne aos crimes em espécie, julgue o item seguinte.

Particular que apresentar em seu trabalho atestado médico falso, com assinatura e carimbo de médico inexistente, responderá pelo crime de falsidade ideológica, na modalidade do uso.

( ) Certo

( ) Errado

***GABARITO:** As respostas destes testes encontram-se no final do livro..*

5. FALSO RECONHECIMENTO DE FIRMA OU LETRA

Art. 300. Reconhecer, como verdadeira, no exercício de função pública, firma ou letra que o não seja:

Pena - reclusão, de 1 (um) a 5 (cinco) anos, e multa, se o documento é público; e de 1 (um) a 3 (três) anos, e multa, se o documento é particular.

5.1. Considerações Iniciais

A conduta aqui descrita diz respeito ao reconhecimento de veracidade, no exercício de função pública, de firma ou letra que verídica não seja. Tem-se como *firma* a assinatura manuscrita de alguém e *letra* é o sinal gráfico, representativo de vocábulos da linguagem escrita.

Esse reconhecimento deve ser feito por funcionário que esteja no *exercício de função pública*. Portanto, se o agente, embora funcionário público, estiver afastado de suas funções, ou não possuir atribuições para o ato, não restará configurado o delito em estudo, podendo, se for o caso, ser aplicado o art. 299 deste mesmo diploma.

O crime de *falso reconhecimento de firma ou letra* é próprio; *doloso*; de forma livre; comissivo (podendo, ainda, ser praticado via omissão imprópria, quando o agente gozar do status de garantidor); instantâneo; unissubjetivo; plurissubsistente.

5.2. Sujeitos

Sujeito ativo: o funcionário, no exercício de sua função pública.

Sujeito passivo: é o Estado, bem como aquele que for diretamente lesado.

5.3. Objetos

Objeto jurídico: o objeto juridicamente tutelado é a fé pública.

Objeto material: é a firma ou letra reconhecida falsamente pelo agente.

5.4. Elemento Subjetivo

O falso reconhecimento de firma ou letra só é punível a título de dolo, o que implica na ciência da falsidade. Não incrimina o Código Penal a falsidade culposa, ficando esta na esfera do ilícito civil, dando lugar apenas a indenização por perdas e danos.

5.5. Consumação e Tentativa

Consuma-se o crime quando o agente reconhece como verdadeira firma ou letra sabidamente falsa.

A forma tentada é perfeitamente cabível.

5.6. Ação Penal

A ação penal é de iniciativa pública incondicionada.

5.7. Pena

A pena prevista para o crime é de reclusão de um a cinco anos, além da multa (ou de um a três anos e multa, se o documento for particular). Logo, podemos concluir que:

a) Não é possível a transação penal (art. 76, Lei n. 9.099/95), pois não se trata de infração penal de menor potencial ofensivo;

b) É possível a suspensão condicional do processo (art. 89, Lei n. 9.099/95), pois a pena mínima não ultrapassa um ano.

5.8. Classificação

O crime pode ser classificado como:

a) **Próprio** (exige qualidade especial do sujeito ativo);

b) **Formal** (a consumação não depende a produção de um resultado naturalístico);

c) De **forma vinculada** (a Lei estabelece exigência para a forma de execução);

d) **Simples** (tutela apenas um bem jurídico);

e) **Comissivo** (em regra) **ou omissivo** (quando ocorre omissão imprópria);

f) **Unissubjetivo** (pode haver ou não concurso de pessoas);

g) **Instantâneo** (consuma-se de imediato);

h) **Unissubsistente** (a conduta não pode ser fracionada, e por isso admite a tentativa);

i) Não **transeunte** (o crime deixa vestígios);

j) **Doloso.**

5.9. Quadro Sinótico

FALSO RECONHECIMENTO DE FIRMA OU LETRA		
Considerações Iniciais	A conduta aqui descrita diz respeito ao reconhecimento de veracidade, no exercício de função pública, de firma ou letra que verídica não seja. Esse reconhecimento deve ser feito por funcionário que esteja no *exercício de função pública.*	1
Sujeitos	**Sujeito ativo:** o funcionário, no exercício de sua função pública. **Sujeito passivo:** é o Estado, bem como aquele que for diretamente lesado.	3
Objetos	**Objeto jurídico:** o objeto juridicamente tutelado é a fé pública. **Objeto material:** é a firma ou letra reconhecida falsamente pelo agente.	4
Elemento Subjetivo	O falso reconhecimento de firma ou letra só é punível a título de dolo, o que implica na ciência da falsidade. Não incrimina o Código Penal a falsidade culposa.	5
Consumação e Tentativa	Consuma-se o crime quando o agente reconhece como verdadeira firma ou letra sabidamente falsa. A forma tentada é perfeitamente cabível.	6
Ação Penal	Trata-se de crime de ação penal de iniciativa pública incondicionada.	7
Penas	A pena prevista para o crime é de reclusão de um a cinco anos, além da multa (ou de um a três anos e multa, se o documento for particular).	8

Classificação	a) **Próprio** (exige qualidade especial do sujeito ativo); b) **Formal** (a consumação não depende a produção de um resultado naturalístico); c) De forma **vinculada** (a Lei estabelece exigência para a forma de execução); d) **Simples** (tutela apenas um bem jurídico); e) **Comissivo** (em regra) ou **omissivo** (quando ocorre omissão imprópria); f) **Unissubjetivo** (pode haver ou não concurso de pessoas); g) **Instantâneo** (consuma-se de imediato); h) **Unissubsistente** (a conduta não pode ser fracionada, e por isso admite a tentativa); i) **Não transeunte** (o crime deixa vestígios); j) **Doloso**.	9

6. CERTIDÃO OU ATESTADO IDEOLOGICAMENTE FALSO

Art. 301. Atestar ou certificar falsamente, em razão de função pública, fato ou circunstância que habilite alguém a obter cargo público, isenção de ônus ou de serviço de caráter público, ou qualquer outra vantagem:

Pena - detenção, de 2 (dois) meses a 1 (um) ano.

Falsidade material de atestado ou certidão

§ 1° Falsificar, no todo ou em parte, atestado ou certidão, ou alterar o teor de certidão ou de atestado verdadeiro, para prova de fato ou circunstância que habilite alguém a obter cargo público, isenção de ônus ou de serviço de caráter público, ou qualquer outra vantagem:

Pena - detenção, de 3 (três) meses a 2 (dois) anos.

§ 2° Se o crime é praticado com o fim de lucro, aplica-se, além da pena privativa de liberdade, a de multa.

6.1. Considerações Iniciais

Entende-se por *atestado* o documento que contém o testemunho do signatário a respeito de um fato qualquer. O funcionário público expede atestado a respeito de fatos cujo conhecimento lhe advém de observação direta e pessoal, procedida no exercício de suas atribuições. No que tange à *certidão*, trata-se de instrumento pelo qual o funcionário, no exercício de sua função, e fundado em documento guardado pelo Estado, afirma a veracidade do fato comprovado por esse documento, ou, em outra hipótese, transcreve o seu teor, total ou parcialmente.

Na inteligência do § 2° do presente artigo, se o crime é praticado com o intuito de lucro, a pena privativa de liberdade será somada a pena de multa.

O crime de *certidão ou atestado ideologicamente falso* é próprio (no que diz respeito ao *caput*) e comum (quanto ao §1º); doloso; de forma livre; comissivo (podendo, ainda, ser praticado via omissão imprópria, quando o agente gozar do status de garantidor); instantâneo; unissubjetivo; plurissubsistente.

6.2. Tipicidade Objetiva

No núcleo do tipo estão as condutas *atestar* (afirmar por escrito) e *certificar* (dar certeza de algo) fato ou circunstância que habilite alguém a obter cargo público, isenção de ônus ou de serviço de caráter público ou qualquer outra vantagem. A conduta típica deverá ser executada por quem ocupa função pública e atua em razão dela.

6.3. Sujeitos

Sujeito ativo: será o funcionário que pratica o delito em razão da sua atividade, conforme se depreende da leitura do *caput*. Entretanto, no que tange à conduta descrita no parágrafo 1º, poderá o agente ser qualquer pessoa.

Sujeito passivo: é o Estado, bem como aquele que for diretamente lesado pela conduta do agente delituoso.

6.4. Objetos

Objeto jurídico: o objeto juridicamente tutelado é a fé pública.

Objeto material: é o atestado ou a certidão falsificada.

6.5. Elemento Subjetivo

O elemento subjetivo exigido no tipo é o dolo, não havendo previsão para modalidade culposa. Havendo intuito de lucro, a pena será cumulada com multa, consoante o §2° do presente artigo.

6.6. Consumação e Tentativa

Consuma-se o crime quando o documento falso é criado, não sendo necessário que ele venha a ser utilizado. Basta, portanto, que tenha essa potencialidade lesiva.

A forma tentada é perfeitamente cabível.

6.7. Ação Penal

A ação penal é de iniciativa pública incondicionada.

6.8. Pena

A pena prevista para o crime é de detenção de dois meses a um ano. Logo, podemos concluir que:

a) É possível a transação penal (art. 76, Lei n. 9.099/95), pois se trata de infração penal de menor potencial ofensivo;

b) É possível a suspensão condicional do processo (art. 89, Lei n. 9.099/95), pois a pena mínima não ultrapassa um ano.

6.9. Classificação

O crime pode ser classificado como:

a) **Próprio** (exige qualidade especial do sujeito ativo) ou **Comum** (pode ser praticado por qualquer pessoa), na forma qualificada;

b) **Formal** (a consumação não depende a produção de um resultado naturalístico);

c) De **forma livre** (a Lei não estabelece exigência para a forma de execução);

d) **Simples** (tutela apenas um bem jurídico);

e) **Comissivo** (em regra) **ou omissivo** (quando ocorre omissão imprópria);

f) **Unissubjetivo** (pode haver ou não concurso de pessoas);

g) **Instantâneo** (consuma-se de imediato);

h) **Plurissubsistente** (a conduta pode ser fracionada, e por isso admite a tentativa);

i) Não **transeunte** (o crime deixa vestígios);

j) **Doloso.**

6.10. Quadro Sinótico

CERTIDÃO OU ATESTADO IDEOLOGICAMENTE FALSO		
Considerações Iniciais	Entende-se por *atestado* o documento que contém o testemunho do signatário a respeito de um fato qualquer. No que tange à *certidão*, trata-se de instrumento pelo qual o funcionário, no exercício de sua função, e fundado em documento guardado pelo Estado, afirma a veracidade do fato comprovado por esse documento, ou, em outra hipótese, transcreve o seu teor, total ou parcialmente.	1
Tipicidade Objetiva	No núcleo do tipo estão as condutas *atestar* (afirmar por escrito) e *certificar* (dar certeza de algo) fato ou circunstância que habilite alguém a obter cargo público, isenção de ônus ou de serviço de caráter público ou qualquer outra vantagem. A conduta típica deverá ser executada por quem ocupa função pública e atua em razão dela.	2
Sujeitos	**Sujeito ativo:** será o funcionário que pratica o delito em razão da sua atividade. Entretanto, no que tange à conduta descrita no parágrafo 1º, poderá o agente ser qualquer pessoa. **Sujeito passivo:** é o Estado, bem como aquele que for diretamente lesado pela conduta do agente delituoso.	3
Objetos	**Objeto jurídico:** o objeto juridicamente tutelado é a fé pública. **Objeto material:** é o atestado ou a certidão falsificada.	4
Elemento Subjetivo	O elemento subjetivo exigido no tipo é o dolo, não havendo previsão para modalidade culposa. Havendo intuito de lucro, a pena será cumulada com multa, consoante o §2° do presente artigo.	5

Consumação e Tentativa	Consuma-se o crime quando o documento falso é criado. A forma tentada é perfeitamente cabível.	6
Ação Penal	Trata-se de crime de ação penal de iniciativa pública incondicionada.	7
Penas	A pena prevista para o crime é de detenção de dois meses a um ano.	8
Classificação	a) **Próprio** (exige qualidade especial do sujeito ativo) ou **Comum** (pode ser praticado por qualquer pessoa), na forma qualificada; b) **Formal** (a consumação não depende a produção de um resultado naturalístico); c) De forma **livre** (a Lei não estabelece exigência para a forma de execução); d) **Simples** (tutela apenas um bem jurídico); e) **Comissivo** (em regra) ou **omissivo** (quando ocorre omissão imprópria); f) **Unissubjetivo** (pode haver ou não concurso de pessoas); g) **Instantâneo** (consuma-se de imediato); h) **Plurissubsistente** (a conduta pode ser fracionada, e por isso admite a tentativa); i) **Não transeunte** (o crime deixa vestígios); j) **Doloso**.	9

7. FALSIDADE DE ATESTADO MÉDICO

> **Art. 302.** Dar o médico, no exercício da sua profissão, atestado falso:
>
> Pena - detenção, de 1 (um) mês a 1 (um) ano.
>
> Parágrafo único. Se o crime é cometido com o fim de lucro, aplica-se também multa.

7.1. Considerações Iniciais

Para que ocorra a infração penal, o médico deve, por óbvio, fornecer atestado que diga respeito ao exercício de sua profissão.

O crime de *falsidade de atestado médico* é próprio; doloso; de forma livre; comissivo (podendo, ainda, ser praticado via omissão imprópria, no caso do agente gozar do status de garantidor); instantâneo; unissubjetivo; plurissubsistente.

7.2. Tipicidade Objetiva

No núcleo do tipo está conduta *dar* (fornecer, entregar) atestado médico falso. *Atestado* é o documento que contém a afirmação ou a declaração acerca de algo assistido, como já foi visto no estudo do artigo anterior.

7.3. Sujeitos

Sujeito ativo: será o médico que emitir falsamente o atestado. Trata-se, pois, de um crime próprio.

Sujeito passivo: é o Estado, bem como aquele que for diretamente prejudicado com o comportamento praticado pelo sujeito ativo.

7.4. Objetos

Objeto jurídico: objeto juridicamente tutelado é a fé pública.

Objeto material: é o atestado médico falso.

7.5. Elemento Subjetivo

O elemento subjetivo exigido no tipo é o dolo, não havendo previsão para modalidade culposa.

7.6. Consumação e Tentativa

Consuma-se o crime com a efetiva entrega do atestado falso, independentemente de ser ele utilizado.

A forma tentada é perfeitamente cabível.

7.7. Ação Penal

A ação penal é de iniciativa pública incondicionada.

7.8. Pena

A pena prevista para o crime é de detenção de um mês a um ano. Logo, podemos concluir que:

a) É possível a transação penal (art. 76, Lei n. 9.099/95), pois se trata de infração penal de menor potencial ofensivo;

b) É possível a suspensão condicional do processo (art. 89, Lei n. 9.099/95), pois a pena mínima não ultrapassa um ano.

7.9. Classificação

O crime pode ser classificado como:

a) **Próprio** (exige qualidade especial do agente);

b) **Formal** (a consumação não depende a produção de um resultado naturalístico);

c) De **forma livre** (a Lei não estabelece exigência para a forma de execução);

d) **Simples** (tutela apenas um bem jurídico);

e) **Comissivo** (em regra);

f) **Unissubjetivo** (pode haver ou não concurso de pessoas);

g) **Instantâneo** (consuma-se de imediato);

h) **Plurissubsistente** (a conduta pode ser fracionada, e por isso admite a tentativa);

i) **Doloso**.

7.10. Quadro Sinótico

FALSIDADE DE ATESTADO MÉDICO		
Considerações Iniciais	Para que ocorra a infração penal, o médico deve, por óbvio, fornecer atestado que diga respeito ao exercício de sua profissão.	1
Tipicidade Objetiva	No núcleo do tipo está conduta *dar* (fornecer, entregar) atestado médico falso. *Atestado* é o documento que contém a afirmação ou a declaração acerca de algo assistido, como já foi visto no estudo do artigo anterior.	2
Sujeitos	**Sujeito ativo:** será o médico que emitir falsamente o atestado. **Sujeito passivo:** é o Estado, bem como aquele que for diretamente prejudicado com o comportamento praticado pelo sujeito ativo.	3
Objetos	**Objeto jurídico:** objeto juridicamente tutelado é a fé pública. **Objeto material:** é o atestado médico falso.	4
Elemento Subjetivo	O elemento subjetivo exigido no tipo é o dolo, não havendo previsão para modalidade culposa.	5
Consumação e Tentativa	Consuma-se o crime com a efetiva entrega do atestado falso, independentemente de ser ele utilizado. A forma tentada é perfeitamente cabível.	6
Ação Penal	Trata-se de crime de ação penal de iniciativa pública incondicionada.	7
Penas	A pena prevista para o crime é de detenção de um mês a um ano.	8
Classificação	**a) Próprio** (exige qualidade especial do agente); **b) Formal** (a consumação não depende a produção de um resultado naturalístico); **c)** De forma **livre** (a Lei não estabelece exigência para a forma de execução); **d) Simples** (tutela apenas um bem jurídico); **e) Comissivo** (em regra); **f) Unissubjetivo** (pode haver ou não concurso de pessoas); **g) Instantâneo** (consuma-se de imediato); **h) Plurissubsistente** (a conduta pode ser fracionada, e por isso admite a tentativa); **i) Doloso**.	9

8. REPRODUÇÃO OU ADULTERAÇÃO DE SELO OU PEÇA FILATÉLICA

Art. 303. Substituído pelo art. 39 da Lei 6.538/78.

9. USO DE DOCUMENTO FALSO

Art. 304. Fazer uso de qualquer dos papéis falsificados ou alterados, a que se referem os arts. 297 a 302:

Pena - a cominada à falsificação ou à alteração.

9.1. Considerações Iniciais

Com o art. 304 o legislador pretendeu punir o desdobramento normal do crime de falso. Registre-se, entretanto, que no concurso entre a falsificação e o uso de documento falso, entendeu o STF "que o uso de documento falso, pelo próprio autor da falsificação, configura um crime só, o de falsificação". (HC 84.533-MG, Rel. Celso de Mello).

Há discussão na doutrina acerca da configuração do crime na hipótese em que a exibição do documento não parte do agente, mas de solicitação, revista pessoal ou exigência da autoridade. Entende acertadamente o STJ que: "Reiterada é a jurisprudência dessa corte do STF no sentido de que há crime de uso de documento falso ainda quando o agente o exibe para a sua identificação em virtude de exigência por parte de autoridade policial" (STJ, Resp. 193.210-DF. Rel. José Arnaldo da Fonseca). Esse também é o entendimento da doutrina majoritária. Ora, portar tal documento já implica em seu uso.

O crime de *uso de documento falso* é comum; doloso; de forma livre; comissivo (podendo, ainda, ser praticado via omissão imprópria, no caso do agente gozar do status de garantidor); instantâneo; unissubjetivo; unissubsistente e plurissubsistente (conforme o caso concreto).

9.2. Tipicidade Objetiva

No núcleo do tipo está a conduta *fazer uso*, que significa empregar, utilizar ou aplicar. O objeto material são os papéis constantes nos arts. 297 a 302 do presente diploma legal, cujo conteúdo já foi estudado anteriormente. Registre-se que o agente deve utilizar tais papéis como se verdadeiros fossem.

9.3. Sujeitos

Sujeito ativo: pode ser qualquer pessoa, representando esta conduta, pois, *delicta communi*, ou seja, crime comum, não sendo necessária qualquer qualificação para o agente delituoso.

Sujeito passivo: é o Estado, bem como aquele que for diretamente lesado pela conduta descrita neste tipo.

9.4. Objetos

Objeto jurídico: o objeto juridicamente tutelado é a fé pública.

Objeto material: o objeto material é qualquer dos papéis falsificados ou alterados, a que se referem os arts. 297 a 302.

9.5. Elemento Subjetivo

O elemento subjetivo exigido no tipo é o dolo, não havendo previsão para modalidade culposa.

9.6. Consumação e Tentativa

Consuma-se o crime quando o agente efetivamente utiliza qualquer dos papéis falsificados ou alterados, a que se referem os arts. 297 a 302 do Código Penal.

Muito embora haja entendimentos contrários e seja de difícil constatação, entendemos que a forma tentada deste delito é possível.

9.7. Ação Penal

A ação penal é de iniciativa pública incondicionada.

9.8. Pena

A pena prevista para o crime de uso de documento falso é aquela cominada ao respectivo crime de falsificação. Deste modo, se o agente usar um documento público falsificado, a pena para o crime será aquela correspondente à falsificação de documento público (art. 297, CP). Por outro lado, se o documento for ideologicamente falsificado, a pena será aquela do crime de falsidade ideológica (art. 299, CP). Por esta razão, no que tange à pena para o crime de uso de documento falso, remetemos os leitores aos comentários realizados nos respectivos tipos penais.

9.9. Classificação

O crime pode ser classificado como:

a) **Comum** (não exige qualidade especial do agente);

b) **Formal** (a consumação não depende a produção de um resultado naturalístico);

c) De **forma livre** (a Lei não estabelece exigência para a forma de execução);

d) **Simples** (tutela apenas um bem jurídico);

e) **Comissivo** (em regra);

f) **Unissubjetivo** (pode haver ou não concurso de pessoas);

g) **Instantâneo** (consuma-se de imediato);

h) **Plurissubsistente** (a conduta pode ser fracionada, e por isso admite a tentativa) ou **unissubsistente** (a conduta não pode ser fracionada);

i) Doloso.

9.10. Quadro Sinótico

USO DE DOCUMENTO FALSO		
Considerações Iniciais	No concurso entre a falsificação e o uso de documento falso, entendeu o STF "que o uso de documento falso, pelo próprio autor da falsificação, configura um crime só, o de falsificação". (HC 84.533-MG, Rel. Celso de Mello). Há discussão na doutrina acerca da configuração do crime na hipótese em que a exibição do documento não parte do agente, mas de solicitação, revista pessoal ou exigência da autoridade. Entretanto, para o STJ e a doutrina majoritária, portar o documento falso já implica em seu uso.	1
Tipicidade Objetiva	No núcleo do tipo está a conduta *fazer uso*, que significa empregar, utilizar ou aplicar. Registre-se que o agente deve utilizar tais papéis como se verdadeiros fossem.	2
Sujeitos	**Sujeito ativo:** pode ser qualquer pessoa. **Sujeito passivo:** é o Estado, bem como aquele que for diretamente lesado pela conduta descrita neste tipo.	3
Objetos	**Objeto jurídico:** o objeto juridicamente tutelado é a fé pública. **Objeto material:** o objeto material é qualquer dos papéis falsificados ou alterados, a que se referem os arts. 297 a 302.	4
Elemento Subjetivo	O elemento subjetivo exigido no tipo é o dolo, não havendo previsão para modalidade culposa.	5
Consumação e Tentativa	Consuma-se o crime quando o agente efetivamente utiliza qualquer dos papéis falsificados ou alterados, a que se referem os arts. 297 a 302 do Código Penal. Muito embora haja entendimentos contrários e seja de difícil constatação, entendemos que a forma tentada deste delito é possível.	6
Ação Penal	Trata-se de crime de ação penal de iniciativa pública incondicionada.	7
Penas	A pena prevista para o crime de uso de documento falso é aquela cominada ao respectivo crime de falsificação. Deste modo, se o agente usar um documento público falsificado, a pena para o crime será aquela correspondente à falsificação de documento público (art. 297, CP). Por outro lado, se o documento for ideologicamente falsificado, a pena será aquela do crime de falsidade ideológica (art. 299, CP).	8

Classificação	a) **Comum** (não exige qualidade especial do agente); b) **Formal** (a consumação não depende a produção de um resultado naturalístico); c) De forma **livre** (a Lei não estabelece exigência para a forma de execução); d) **Simples** (tutela apenas um bem jurídico); e) **Comissivo** (em regra); f) **Unissubjetivo** (pode haver ou não concurso de pessoas); g) **Instantâneo** (consuma-se de imediato); h) **Plurissubsistente** (a conduta pode ser fracionada, e por isso admite a tentativa) ou **unissubsistente** (a conduta não pode ser fracionada); i) **Doloso**.	9

10. SUPRESSÃO DE DOCUMENTO

> **Art. 305.** Destruir, suprimir ou ocultar, em benefício próprio ou de outrem, ou em prejuízo alheio, documento público ou particular verdadeiro, de que não podia dispor:
>
> Pena - reclusão, de 2 (dois) a 6 (seis) anos, e multa, se o documento é público, e reclusão, de 1 (um) a 5 (cinco) anos, e multa, se o documento é particular.

10.1. Considerações Iniciais

Há entendimentos no sentido da necessidade de que o documento seja insubstituível em seu valor probatório. Nesta perspectiva, sendo destruída cópia autenticada de documento, não há de ser caracterizado o presente delito, pois, considerando que exista, o original poderá ocupar-lhe o lugar.

O crime de *supressão de documento* é comum; doloso; de forma livre; comissivo (podendo, ainda, ser praticado via omissão imprópria, no caso do agente gozar do status de garantidor); instantâneo (nas modalidades destruir e suprimir) e permanente (na modalidade ocultar); unissubjetivo; unissubsistente e plurissubsistente (conforme o caso concreto).

10.2. Tipicidade Objetiva

No núcleo do tipo estão as condutas *destruir* (eliminar), *suprimir* (extinguir) *ou ocultar* (sonegar), em benefício próprio ou de outrem, ou em prejuízo alheio, documento público ou particular verdadeiro, de que não podia dispor. Para fins penais, as características exigidas ao documento são as mesmas já abordadas.

Registre-se que, conforme se depreende da leitura descrita no tipo, não é necessário que seja gerado benefício próprio ou alheio, bastando para a caracterização do crime que um prejuízo seja causado.

10.3. Sujeitos

Sujeito ativo: pode ser qualquer pessoa, representando esta conduta, pois, *delicta communi,* ou seja, crime comum, não sendo necessária qualquer qualificação para o agente delituoso.

Sujeito passivo: é o Estado, bem como aquele que for diretamente lesado pela conduta delituosa.

10.4. Objetos

Objeto jurídico: o objeto juridicamente tutelado é a fé pública.

Objeto material: o objeto material é o documento público ou particular verdadeiro, de que não poderia dispor o agente.

10.5. Elemento Subjetivo

O elemento subjetivo exigido no tipo é o dolo, não havendo previsão para modalidade culposa.

10.6. Consumação e Tentativa

Consuma-se o crime quando o agente pratica uma das condutas previstas no tipo, independentemente da obtenção ou não de qualquer benefício para si ou para outrem, ou prejuízo alheio.

A forma tentada é perfeitamente cabível.

10.7. Ação Penal

A ação penal é de iniciativa pública incondicionada.

10.8. Pena

A pena prevista para o crime é de reclusão de dois a seis anos ou de um a cinco anos, se o documento for particular. Em qualquer dos dois casos, a pena privativa de liberdade será acrescida da pena de multa. Logo, podemos concluir que:

a) Não é possível a transação penal (art. 76, Lei n. 9.099/95), pois não se trata de infração penal de menor potencial ofensivo;

b) Quando se tratar de documento particular, será possível a suspensão condicional do processo (art. 89, Lei n. 9.099/95), pois a pena mínima não ultrapassa um ano.

10.9. Classificação

O crime pode ser classificado como:

a) **Comum** (pode ser praticado por qualquer pessoa);

b) **Formal** (a consumação não depende a produção de um resultado naturalístico);

c) De **forma livre** (a Lei não estabelece exigência para a forma de execução);

d) **Simples** (tutela apenas um bem jurídico);

e) **Comissivo** (em regra);

f) **Unissubjetivo** (pode haver ou não concurso de pessoas);

g) **Instantâneo** (consuma-se de imediato) ou **permanente** (a conduta se protrai no tempo), no núcleo "ocultar";

h) **Plurissubsistente** (a conduta pode ser fracionada, e por isso admite a tentativa);

i) **Doloso**.

10.10. Quadro Sinótico

SUPRESSÃO DE DOCUMENTO		
Considerações Iniciais	Há entendimentos no sentido da necessidade de que o documento seja insubstituível em seu valor probatório. Nesta perspectiva, sendo destruída cópia autenticada de documento, não há de ser caracterizado o presente delito, pois, considerando que exista, o original poderá ocupar-lhe o lugar.	1
Tipicidade Objetiva	No núcleo do tipo estão as condutas *destruir* (eliminar), *suprimir* (extinguir) *ou ocultar* (sonegar), em benefício próprio ou de outrem, ou em prejuízo alheio, documento público ou particular verdadeiro, de que não podia dispor. Registre-se que, conforme se depreende da leitura descrita no tipo, não é necessário que seja gerado benefício próprio ou alheio, bastando para a caracterização do crime que um prejuízo seja causado.	2
Sujeitos	**Sujeito ativo:** pode ser qualquer pessoa. **Sujeito passivo:** é o Estado, bem como aquele que for diretamente lesado pela conduta delituosa.	3
Objetos	**Objeto jurídico:** o objeto juridicamente tutelado é a fé pública. **Objeto material:** o objeto material é o documento público ou particular verdadeiro, de que não poderia dispor o agente.	4
Elemento Subjetivo	O elemento subjetivo exigido no tipo é o dolo, não havendo previsão para modalidade culposa.	5
Consumação e Tentativa	Consuma-se o crime quando o agente pratica uma das condutas previstas no tipo. A forma tentada é perfeitamente cabível.	6
Ação Penal	Trata-se de crime de ação penal de iniciativa pública incondicionada.	7
Penas	A pena prevista para o crime é de reclusão de dois a seis anos ou de um a cinco anos, se o documento for particular. Em qualquer dos dois casos, a pena privativa de liberdade será acrescida da pena de multa.	8

Classificação	a) **Comum** (pode ser praticado por qualquer pessoa); b) **Formal** (a consumação não depende a produção de um resultado naturalístico); c) De forma **livre** (a Lei não estabelece exigência para a forma de execução); d) **Simples** (tutela apenas um bem jurídico); e) **Comissivo** (em regra); f) **Unissubjetivo** (pode haver ou não concurso de pessoas); g) **Instantâneo** (consuma-se de imediato) ou **permanente** (a conduta se protrai no tempo), no núcleo "ocultar"; h) **Plurissubsistente** (a conduta pode ser fracionada, e por isso admite a tentativa); i) **Doloso**.	9

10.11. Questões de Concursos Públicos

01. (VUNESP - 2016 - Prefeitura de Sertãozinho - SP - Procurador Municipal) Sobre os crimes contra a fé pública, assinale a alternativa correta.

(A) Aquele que falsifica documento público e em seguida o utiliza responde pela falsificação e pelo uso, em concurso material.

(B) Considere que o agente, consultando os autos do processo-crime no qual figura como réu, ao se deparar com provas inequívocas de materialidade e autoria, as retire do processo e destrua. Responderá pelo crime de supressão de documento.

(C) Aquele que adultera sinal identificador de veículo automotor responde por crime previsto no art. 311 do Código Penal. O mesmo artigo determina que se o agente cometer o crime no exercício da função pública, a pena será aumentada de metade.

(D) Aquele que figura como "testa de ferro", permitindo o uso de seu nome como possuidor de ação, título ou valor pertencentes a estrangeiro, em relação a quem a posse é proibida por lei, pratica crime punido com reclusão e multa.

(E) Se o crime de falsidade de atestado médico for praticado com o fim de lucro, a pena será aumentada de 1/3.

02. (VUNESP - 2016 - MPE-SP - Oficial de Promotoria I) Com relação à figura do art. 305 do CP ("supressão de documento"), é correto afirmar que

(A) o crime apenas se configura se o sujeito ativo não pode dispor do documento.

(B) a pena é exatamente a mesma, tanto com relação ao documento público como com relação ao documento particular.

(C) o tipo penal pune a conduta de "suprimir documento", mas não a de "destruir documento".

(D) o tipo penal pune a conduta de "suprimir documento", mas não a de "ocultar documento".

(E) é punida com pena privativa de liberdade, na modalidade detenção, e multa.

03. (VUNESP - 2018 - TJ-SP - Escrevente Técnico Judiciário (Interior)) A respeito dos crimes previstos nos artigos 293 a 305 do Código Penal, assinale a alternativa correta.

(A) A falsificação de livros mercantis caracteriza o crime de falsificação de documento particular (art. 298 do CP).

(B) O crime de falsidade ideológica (art. 299 do CP), em documento público, é próprio de funcionário público.

(C) No crime de falsidade de atestado médico (art. 302 do CP), independentemente da finalidade de lucro do agente, além da pena privativa de liberdade, aplica-se multa.

(D) O crime de supressão de documento (art. 305 do CP), para se caracterizar, exige que o documento seja verdadeiro.

(E) O crime de falsificação de documento público (art. 297 do CP) é próprio de funcionário público.

04. (CESPE - 2013 - PC-BA - Investigador de Polícia) Julgue o próximo item, relativo a crimes contra a fé pública.

Considere que Silas, maior, capaz, ao examinar os autos do inquérito policial no qual figure como investigado pela prática de estelionato,

encontre os documentos originais colhidos pela autoridade, nos quais seja demonstrada a materialidade do delito investigado, e os destrua. Nessa situação, em razão desse ato, Silas responderá pelo crime de supressão de documento

( ) Certo

( ) Errado

05. **(ADVISE - 2013 - Prefeitura de Exu - PE - Professor - 1 ao 5 Ano Ensino Fundamental) Destruir, suprimir ou ocultar, em benefício próprio ou de outrem, ou em prejuízo alheio, documento público ou particular verdadeiro, de que não podia dispor, se refere ao crime de:**

(A) Supressão de documento;

(B) Falsificação de documentos;

(C) Reclusão de documentos;

(D) Usurpação de documentos;

(E) Ameaça à documentos.

GABARITO: *As respostas destes testes encontram-se no final do livro.*

IV

DE OUTRAS FALSIDADES

1. FALSIFICAÇÃO DO SINAL EMPREGADO NO CONTRASTE DE METAL PRECIOSO OU NA FISCALIZAÇÃO ALFANDEGÁRIA, OU PARA OUTROS FINS

Art. 306. Falsificar, fabricando-o ou alterando-o, marca ou sinal empregado pelo poder público no contraste de metal precioso ou na fiscalização alfandegária, ou usar marca ou sinal dessa natureza, falsificado por outrem:

Pena - reclusão, de 2 (dois) a 6 (seis) anos, e multa.

Parágrafo único. Se a marca ou sinal falsificado é o que usa a autoridade pública para o fim de fiscalização sanitária, ou para autenticar ou encerrar determinados objetos, ou comprovar o cumprimento de formalidade legal:

Pena - reclusão ou detenção, de 1 (um) a 3 (três) anos, e multa.

1.1. Considerações Iniciais

Caso o agente falsifique ou use marca ou sinal referente à fiscalização sanitária ou para a autenticação ou encerramento de determinados objetos, responderá pelo tipo privilegiado, inteligência do parágrafo único do presente artigo.

O crime de *falsificação do sinal empregado no contraste de metal precioso ou na fiscalização alfandegária, ou para outros fins* é comum; doloso; de forma livre; comissivo (podendo ser praticado via omissão imprópria, no caso do agente gozar do status de garantidor); instantâneo; unissubjetivo; unissubsistente e plurissubsistente, conforme o caso concreto.

1.2. Tipicidade Objetiva

O tipo previsto no presente artigo caracteriza como conduta criminosa a *falsificação de sinal*, compreendido como a impressão simbólica destinada a autenticar a legitimidade do metal precioso, *empregado no contraste de metal precioso ou na fiscalização alfandegária*, que vem a ser a representação gráfica alfandegária utilizada pela fiscalização e controle das mercadorias. A conduta pode ser executada através da *fabricação* ou da *alteração*.

1.3. Sujeitos

Sujeito ativo: pode ser qualquer pessoa, representando esta conduta, pois, *delicta communi,* ou seja, crime comum, não sendo necessária qualquer qualificação para o agente delituoso.

Sujeito passivo: é o Estado, bem como aquele que for diretamente lesado pela conduta do agente delituoso.

1.4. Objetos

Objeto jurídico: o objeto juridicamente tutelado é a fé pública.

Objeto material: é a marca ou sinal empregado pelo poder público no contraste de metal precioso ou na falsificação alfandegária.

1.5. Elemento Subjetivo

O elemento subjetivo exigido no tipo é o dolo, não havendo previsão para modalidade culposa.

1.6. Consumação e Tentativa

Consuma-se o crime com a falsificação ou uso do objeto material deste crime.

A forma tentada é admitida.

1.7. Ação Penal

A ação penal é de iniciativa pública incondicionada.

1.8. Pena

A pena prevista para o crime é de reclusão de dois a seis anos, e multa. Logo, podemos concluir que:

a) Não é possível a transação penal (art. 76, Lei n. 9.099/95), pois não se trata de infração penal de menor potencial ofensivo;

b) Não é possível a suspensão condicional do processo (art. 89, Lei n. 9.099/95), pois a pena mínima ultrapassa um ano.

1.9. Classificação

O crime pode ser classificado como:

a) **Comum** (qualquer pessoa pode ser sujeito ativo);

b) **Formal** (a consumação não depende a produção de um resultado naturalístico);

c) De **forma livre** (a Lei não estabelece exigência para a forma de execução);

d) **Simples** (tutela apenas um bem jurídico);

e) **Comissivo** (em regra);

f) **Unissubjetivo** (pode haver ou não concurso de pessoas);

g) **Instantâneo** (consuma-se de imediato);

h) **Plurissubsistente** (a conduta pode ser fracionada, e por isso admite a tentativa) ou **unissubsistente** (a conduta não pode ser fracionada);

i) **Doloso.**

1.10. Quadro Sinótico

FALSIFICAÇÃO DO SINAL EMPREGADO NO CONTRASTE DE METAL PRECIOSO OU NA FISCALIZAÇÃO ALFANDEGÁRIA, OU PARA OUTROS FINS		
Considerações Iniciais	Caso o agente falsifique ou use marca ou sinal referente à fiscalização sanitária ou para a autenticação ou encerramento de determinados objetos, responderá pelo tipo privilegiado, inteligência do parágrafo único do presente artigo.	1
Tipicidade Objetiva	O tipo previsto no presente artigo caracteriza como conduta criminosa a *falsificação de sinal*, compreendido como a *impressão simbólica destinada a autenticar a legitimidade do metal precioso,* empregado no contraste de metal precioso ou na fiscalização alfandegária, que vem a ser a representação gráfica alfandegária utilizada pela fiscalização e controle das mercadorias. A conduta pode ser executada através da *fabricação* ou da *alteração*.	2
Sujeitos	**Sujeito ativo:** pode ser qualquer pessoa. **Sujeito passivo:** é o Estado, bem como aquele que for diretamente lesado pela conduta do agente delituoso.	3
Objetos	**Objeto jurídico:** o objeto juridicamente tutelado é a fé pública. **Objeto material:** é a marca ou sinal empregado pelo poder público no contraste de metal precioso ou na falsificação alfandegária.	4
Elemento Subjetivo	O elemento subjetivo exigido no tipo é o dolo, não havendo previsão para modalidade culposa.	5
Consumação e Tentativa	Consuma-se o crime com a falsificação ou uso do objeto material deste crime. A forma tentada é admitida.	6
Ação Penal	Trata-se de crime de ação penal de iniciativa pública incondicionada.	7
Penas	A pena prevista para o crime é de reclusão de dois a seis anos, e multa.	8

Classificação	a) **Comum** (qualquer pessoa pode ser sujeito ativo); b) **Formal** (a consumação não depende a produção de um resultado naturalístico); c) De forma **livre** (a Lei não estabelece exigência para a forma de execução); d) **Simples** (tutela apenas um bem jurídico); e) **Comissivo** (em regra); f) **Unissubjetivo** (pode haver ou não concurso de pessoas); g) **Instantâneo** (consuma-se de imediato); h) **Plurissubsistente** (a conduta pode ser fracionada, e por isso admite a tentativa) ou **unissubsistente** (a conduta não pode ser fracionada); i) **Doloso**.	9

2. FALSA IDENTIDADE

> **Art. 307.** Atribuir-se ou atribuir a terceiro falsa identidade para obter vantagem, em proveito próprio ou alheio, ou para causar dano a outrem:
>
> Pena - detenção, de 3 (três) meses a 1 (um) ano, ou multa, se o fato não constitui elemento de crime mais grave.

2.1. Considerações Iniciais

A doutrina majoritária entende por *identidade* o conjunto dos seguintes dados: o nome, a idade, o estado civil, a filiação, o sexo, entre outros dados que permitam reconhecer a pessoa tal qual como ela é.

Assinale-se que é infração penal a conduta do agente de se atribuir falsa identidade com o fim de fugir da ação policial, mesmo que ele esteja buscando evitar o cerceamento de sua liberdade.

Ademais, a lei ressalva que a punição somente ocorrerá se a falsa identidade não constitui elemento para crime mais grave, tratando-se, pois, de delito subsidiário, como ocorre, por exemplo, quando o sujeito se atribui falsa identidade para praticar um estelionato.

Por derradeiro, se o desiderato do agente não for nenhum dos que estão descritos no tipo (obter vantagem em proveito próprio ou alheio, ou para causar prejuízo a outrem), restará configurada a contravenção penal prevista no art. 68 do Decreto-lei n. 3.688/41, a despeito da classificação no art. 307 do Código Penal.

O crime de *falsa identidade* é comum; doloso; de forma livre; comissivo (podendo ser praticado via omissão imprópria, no caso do agente gozar do status de garantidor); instantâneo; unissubjetivo; unissubsistente e plurissubsistente, conforme o caso concreto.

2.2. Tipicidade Objetiva

No núcleo do tipo estão as condutas *atribuir-se* (imputar, considerar responsável) *ou atribuir* a terceiro falsa identidade, cuja finalidade é a obtenção de vantagem, seja em proveito próprio ou alheio; bastando, entretanto, que a conduta cause dano a outrem. Restará configurado o crime em estudo, mesmo que não seja obtida qualquer vantagem sobre a conduta criminosa.

2.3. Sujeitos

Sujeito ativo: pode ser qualquer pessoa, representando esta conduta, pois, *delicta communi,* ou seja, crime comum, não sendo necessária qualquer qualificação para o agente delituoso.

Sujeito passivo: é o Estado, bem como aquele que for diretamente lesado pela conduta do agente delituoso.

2.4. Objetos

Objeto jurídico: o objeto juridicamente tutelado é a fé pública.

Objeto material: Não há objeto material.

2.5. Elemento Subjetivo

O elemento subjetivo exigido no tipo é o dolo, não havendo previsão para modalidade culposa.

A falsa identidade para ser tipificada deve conter a vontade livre e consciente de atribuir-se identidade diversa e, por isso, presente o dolo direto de enganar, de ocultar a real identidade, sonegando-se à aplicação da lei penal. Quando o meio aplicado não é eficaz, carece a conduta de tipicidade.

2.6. Consumação e Tentativa

Consuma-se o crime quando o agente pratica uma das condutas previstas no tipo, não sendo necessária a obtenção de vantagem, em proveito próprio ou alheio, ou que cause dando a outrem.

A forma tentada é cabível.

2.7. Ação Penal

A ação penal é de iniciativa pública incondicionada.

2.8. Pena

A pena prevista para o crime é de detenção de três meses a um ano, ou multa, se o crime não constitui elementar de crime mais grave. Logo, podemos concluir que:

a) É possível a transação penal (art. 76, Lei n. 9.099/95), pois se trata de infração penal de menor potencial ofensivo;

b) É possível a suspensão condicional do processo (art. 89, Lei n. 9.099/95), pois a pena mínima não ultrapassa um ano.

2.9. Classificação

O crime pode ser classificado como:

a) **Comum** (qualquer pessoa pode ser sujeito ativo);

b) **Formal** (a consumação não depende a produção de um resultado naturalístico);

c) De **forma livre** (a Lei não estabelece exigência para a forma de execução);

d) **Simples** (tutela apenas um bem jurídico);

e) **Comissivo** (em regra);

f) **Unissubjetivo** (pode haver ou não concurso de pessoas);

g) **Instantâneo** (consuma-se de imediato);

h) **Plurissubsistente** (a conduta pode ser fracionada, e por isso admite a tentativa);

i) **Doloso**.

2.10. Quadro Sinótico

FALSA IDENTIDADE		
Considerações Iniciais	A doutrina majoritária entende por *identidade* o conjunto dos seguintes dados: o nome, a idade, o estado civil, a filiação, o sexo, entre outros dados que permitam reconhecer a pessoa tal qual como ela é. Assinale-se que é infração penal a conduta do agente de se atribuir falsa identidade com o fim de fugir da ação policial, mesmo que ele esteja buscando evitar o cerceamento de sua liberdade. Ademais, a lei ressalva que a punição somente ocorrerá se a falsa identidade não constitui elemento para crime mais grave.	1
Tipicidade Objetiva	No núcleo do tipo estão as condutas *atribuir-se* (imputar, considerar responsável) *ou atribuir* a terceiro falsa identidade, cuja finalidade é a obtenção de vantagem, seja em proveito próprio ou alheio; bastando, entretanto, que a conduta cause dano a outrem. Restará configurado o crime em estudo, mesmo que não seja obtida qualquer vantagem sobre a conduta criminosa.	2
Sujeitos	**Sujeito ativo:** pode ser qualquer pessoa. **Sujeito passivo:** é o Estado, bem como aquele que for diretamente lesado pela conduta do agente delituoso.	3
Objetos	**Objeto jurídico:** o objeto juridicamente tutelado é a fé pública. **Objeto material:** Não há objeto material.	4
Elemento Subjetivo	O elemento subjetivo exigido no tipo é o dolo, não havendo previsão para modalidade culposa.	5

Consumação e Tentativa	Consuma-se o crime quando o agente pratica uma das condutas previstas no tipo, não sendo necessária a obtenção de vantagem, em proveito próprio ou alheio, ou que cause dando a outrem. A forma tentada é cabível.	6
Ação Penal	Trata-se de crime de ação penal de iniciativa pública incondicionada.	7
Penas	A pena prevista para o crime é de detenção de três meses a um ano, ou multa, se o crime não constitui elementar de crime mais grave.	8
Classificação	a) **Comum** (qualquer pessoa pode ser sujeito ativo); b) **Formal** (a consumação não depende a produção de um resultado naturalístico); c) De forma **livre** (a Lei não estabelece exigência para a forma de execução); d) **Simples** (tutela apenas um bem jurídico); e) **Comissivo** (em regra); f) **Unissubjetivo** (pode haver ou não concurso de pessoas); g) **Instantâneo** (consuma-se de imediato); h) **Plurissubsistente** (a conduta pode ser fracionada, e por isso admite a tentativa); i) **Doloso**.	9

2.11. Súmulas

2.11.1. *STJ*

522. A conduta de atribuir-se falsa identidade perante autoridade policial é típica ainda que em situação de alegada autodefesa.

2.12. Questões de Concursos Públicos

01. **(FCC - 2016 - Prefeitura de Teresina - PI - Auditor Fiscal da Receita Municipal) O crime de falsa identidade**

(A) é punido com pena de reclusão de 1 a 4 anos.

(B) só se consuma com a obtenção de vantagem ilícita.

(C) não admite tentativa.

(D) pode ser cometido na forma culposa.

(E) pode ser cometido por qualquer pessoa.

02. **(Quadrix - 2017 - CFO-DF - Procurador Jurídico) No que diz respeito a crimes contra a Administração Pública, contra a fé pública e relativos à licitação, julgue o item subsequente.**

Suponha-se que Pedro tenha atribuído falsa identidade perante a autoridade policial, em situação de autodefesa, para evitar que fosse preso. Nessa situação, é correto afirmar que Pedro tenha praticado crime de falsa identidade.

( ) Certo

( ) Errado

03. **(MPE-SP - 2017 - MPE-SP - Promotor de Justiça Substituto) A conduta do acusado que, ao ser preso por prática de crime contra o patrimônio, se atribui falsa identidade, constitui**

(A) contravenção penal relativa à recusa de fornecimento de dados à autoridade.

(B) fato atípico, porém antijurídico.

(C) crime de falsa identidade.

(D) fato impunível, pois tal conduta é amparada pelo exercício do direito de defesa.

(E) circunstância agravante do crime de roubo.

04. (CESPE - 2016 - TCE-SC - Auditor Fiscal de Controle Externo - Direito) Em relação ao direito penal, julgue o item a seguir.

De acordo com o STJ, a conduta do agente que se atribui falsa identidade perante autoridade policial é típica, ainda que em situação de alegada autodefesa.

( ) Certo

( ) Errado

GABARITO: *As respostas destes testes encontram-se no final do livro.*

2.13. Questões Discursivas com Comentários

05. (TJ/RJ - XLVII CONCURSO PARA INGRESSO NA MAGISTRATURA DE CARREIRA DO ESTADO DO RIO DE JANEIRO - 2016) Em 22 de março de 2016 o diretor da unidade prisional sabedor que estava para ser decidido o pedido de progressão de regime de Taurus, que em setembro de 2015 cumpriu um sexto da pena no regime semi-aberto, informou ao juiz que o mesmo, que sempre teve comportamento exemplar, saiu para trabalhar extramuros no dia 05 de agosto de 2015 e só voltou quatro horas depois do horário determinado pelo juiz, o que considerou evasão e por isso o mantém até hoje isolado dos demais, sem sair da unidade, aguardando a determinação judicial para instaurar o procedimento administrativo visando a apuração deste fato, até porque durante a evasão Taurus praticou o crime de falsa identidade ao ser abordado pelo delegado de polícia em uma blitz ocasional, o que só foi descoberto três semanas após.

O Ministério Público opinou desfavoravelmente a progressão do regime ao argumento de que o cometimento da falta e do crime interrompem a contagem do prazo e requereu a regressão cautelar para o regime fechado.

A defesa rebateu alegando que não se trata de interrupção do prazo, mas, na pior das hipóteses, de suspensão, assim, porque o retorno se deu no mesmo dia o requisito temporal está preenchido e, em relação ao crime, na blitz, que foi o motivo do atraso, para que não soubessem que é um detento atribuiu-se identidade falsa, em situação clara de autodefesa, o que é atípico, e não para obter qualquer proveito ou causar dano a outrem, tanto que até hoje não foi denunciado, ademais, considerar o fato sem o trânsito em julgado viola o princípio da presunção de inocência, reiterando, portanto, o pedido de progressão. Decida os pedidos.

COMENTÁRIOS

A súmula 522 do STJ assim dispõe: "A conduta de atribuir-se falsa identidade perante autoridade policial é típica ainda que em situação de alegada autodefesa". Ademais, para a concessão da progressão do regime semiaberto ao aberto é exigido, segundo os Arts. 112, 113 e 114 da Lei de Execuções Penais, o preenchimento dos seguintes requisitos: cumprimento de 1/6 da pena e bom comportamento carcerário; aceitação do programa e das condições impostas pelo Magistrado; estar o condenado trabalhando ou possuir condições de fazê-lo imediatamente, ou se apresentar fundados indícios de que irá ajustar-se ao novo regime.

Entretanto, *in casu*, tais requisitos não restaram configurados. Ora, a prática do crime de falsa identidade cometido pelo agente constitui falta grave, provocando a interrupção da contagem do prazo para progressão de regime de cumprimento de pena de acordo com a súmula 534 do STJ. Sendo assim, foi reiniciado novo período aquisitivo a partir da data do cometimento da infração penal.

3. USO DE DOCUMENTO DE IDENTIDADE ALHEIA

Art. 308. Usar, como próprio, passaporte, título de eleitor, caderneta de reservista ou qualquer documento de identidade alheia ou ceder a outrem, para que dele se utilize, documento dessa natureza, próprio ou de terceiro:

Pena - detenção, de 4 (quatro) meses a 2 (dois) anos, e multa, se o fato não constitui elemento de crime mais grave.

3.1. Considerações Iniciais

A mesma observação feita no que tange à subsidiariedade do delito previsto no art. 307 aplica-se ao presente tipo. Dito de outra forma, se o uso da identidade alheia ocorrer como elementar de outro crime, será por este absorvido.

Assinale-se, ainda, que ao contrário do que dispõe o artigo anterior, não se exige do agente finalidade especial impulsionando sua conduta.

O crime de *uso de documento de identidade alheia* é comum; doloso; de forma livre; comissivo (podendo ser praticado via omissão imprópria, no caso do agente gozar do status de garantidor); instantâneo; unissubjetivo; unissubsistente e plurissubsistente, conforme o caso concreto.

3.2. Tipicidade Objetiva

No núcleo do tipo estão as condutas *usar* (utilizar, fazer uso), *como próprio,* e *ceder* (fornecer, entregar, disponibilizar) *a outrem, para que dele se utilize,* os seguintes objetos: passaporte, título de eleitor, caderneta de reservista ou outro documento de identidade alheia – todos verdadeiros, pois se falsos, o crime será o do art. 304 do Código Penal.

3.3. Sujeitos

Sujeito ativo: pode ser qualquer pessoa, representando esta conduta, pois, *delicta communi,* ou seja, crime comum, não sendo necessária qualquer qualificação para o agente delituoso.

Sujeito passivo: é o Estado, bem como aquele que for diretamente lesado pela conduta do agente.

3.4. Objetos

Objeto jurídico: o objeto juridicamente tutelado é a fé pública.

Objeto material: o objeto material é o passaporte, título de eleitor, caderneta de reservista ou qualquer outro documento de identidade alheia, utilizado pelo agente como próprio.

3.5. Elemento Subjetivo

O elemento subjetivo exigido no tipo é o dolo, não havendo previsão para modalidade culposa.

3.6. Consumação e Tentativa

No que tange à primeira parte do artigo, consuma-se o crime com a efetiva utilização do documento, não caracterizado o simples porte, portanto, a consumação do crime. No que diz respeito à segunda parte do artigo, consumado estará o delito quando o agente cede a outrem qualquer dos documentos mencionados pelo tipo, não havendo necessidade de que o sujeito que recebeu o documento, efetivamente o utilize.

A forma tentada é cabível.

3.7. Ação Penal

A ação penal é de iniciativa pública incondicionada.

3.8. Pena

A pena prevista para o crime é de detenção de quatro meses a dois anos, e multa, se o crime não constitui elementar de crime mais grave. Logo, podemos concluir que:

a) É possível a transação penal (art. 76, Lei n. 9.099/95), pois se trata de infração penal de menor potencial ofensivo;

b) É possível a suspensão condicional do processo (art. 89, Lei n. 9.099/95), pois a pena mínima não ultrapassa um ano.

3.9. Classificação

O crime pode ser classificado como:

a) **Comum** (qualquer pessoa pode ser sujeito ativo);

b) **Formal** (a consumação não depende a produção de um resultado naturalístico);

c) De **forma livre** (a Lei não estabelece exigência para a forma de execução);

d) **Simples** (tutela apenas um bem jurídico);

e) **Comissivo** (em regra);

f) **Unissubjetivo** (pode haver ou não concurso de pessoas);

g) **Instantâneo** (consuma-se de imediato);

h) **Plurissubsistente** (a conduta pode ser fracionada, e por isso admite a tentativa) ou **unissubsistente** (a conduta não pode ser fracionada);

i) **Doloso.**

3.10. Quadro Sinótico

USO DE DOCUMENTO DE IDENTIDADE ALHEIA		
Considerações Iniciais	Se o uso da identidade alheia ocorrer como elementar de outro crime, será por este absorvido. Assinale-se, ainda, que ao contrário do que dispõe o artigo anterior, não se exige do agente finalidade especial impulsionando sua conduta.	1
Tipicidade Objetiva	No núcleo do tipo estão as condutas *usar* (utilizar, fazer uso), *como próprio,* e *ceder* (fornecer, entregar, disponibilizar) *a outrem, para que dele se utilize*, os seguintes objetos: passaporte, título de eleitor, caderneta de reservista ou outro documento de identidade alheia – todos verdadeiros.	2
Sujeitos	**Sujeito ativo:** pode ser qualquer pessoa. **Sujeito passivo:** é o Estado, bem como aquele que for diretamente lesado pela conduta do agente.	3
Objetos	**Objeto jurídico:** o objeto juridicamente tutelado é a fé pública. **Objeto material:** o objeto material é o passaporte, título de eleitor, caderneta de reservista ou qualquer outro documento de identidade alheia, utilizado pelo agente como próprio.	4
Elemento Subjetivo	O elemento subjetivo exigido no tipo é o dolo, não havendo previsão para modalidade culposa.	5
Consumação e Tentativa	No que tange à primeira parte do artigo, consuma-se o crime com a efetiva utilização do documento, não caracterizado o simples porte, portanto, a consumação do crime. No que diz respeito à segunda parte do artigo, consumado estará o delito quando o agente cede a outrem qualquer dos documentos mencionados pelo tipo, não havendo necessidade de que o sujeito que recebeu o documento, efetivamente o utilize. A forma tentada é cabível.	6
Ação Penal	Trata-se de crime de ação penal de iniciativa pública incondicionada.	7
Penas	A pena prevista para o crime é de detenção de quatro meses a dois anos, e multa, se o crime não constitui elementar de crime mais grave.	8
Classificação	**a) Comum** (qualquer pessoa pode ser sujeito ativo); **b) Formal** (a consumação não depende a produção de um resultado naturalístico); **c)** De forma **livre (**a Lei não estabelece exigência para a forma de execução); **d) Simples** (tutela apenas um bem jurídico); **e) Comissivo** (em regra); **f) Unissubjetivo** (pode haver ou não concurso de pessoas); **g) Instantâneo** (consuma-se de imediato); **h) Plurissubsistente** (a conduta pode ser fracionada, e por isso admite a tentativa) ou **unissubsistente** (a conduta não pode ser fracionada); **i) Doloso**.	9

4. FRAUDE DE LEI SOBRE ESTRANGEIRO

> **Art. 309.** Usar o estrangeiro, para entrar ou permanecer no território nacional, nome que não é o seu:
>
> Pena - detenção, de 1 (um) a 3 (três) anos, e multa.
>
> Parágrafo único. Atribuir a estrangeiro falsa qualidade para promover-lhe a entrada em território nacional:
>
> Pena - reclusão, de 1 (um) a 4 (quatro) anos, e multa.

4.1. Considerações Iniciais

O crime de *fraude de lei sobre estrangeiro* é próprio na modalidade fundamental e comum na modalidade qualificada; doloso; de forma vinculada; comissivo (podendo ser praticado via omissão imprópria, no caso do agente gozar do status de garantidor); instantâneo; unissubjetivo; unissubsistente e plurissubsistente, conforme o caso concreto.

4.2. Tipicidade Objetiva

No tipo estão descritas as condutas *usar* (utilizar, fazer uso) o estrangeiro nome falso, com o intuito de entrar ou permanecer em território nacional; ou, ainda, *atribuir* a estrangeiro falsa qualidade para promover-lhe a entrada em território nacional.

4.3. Sujeitos

Sujeito ativo: no que diz respeito à modalidade fundamental, somente o estrangeiro pode figurar como agente delituoso. Já no que tange à conduta descrita no parágrafo único, cuida-se de crime comum, podendo o agente ser qualquer pessoa.

Sujeito passivo: o sujeito passivo é o Estado.

4.4. Objetos

Objeto jurídico: o objeto juridicamente tutelado é a fé pública.

Objeto material: não há objeto material.

4.5. Elemento Subjetivo

O elemento subjetivo exigido no tipo é o dolo, não havendo previsão para modalidade culposa.

4.6. Consumação e Tentativa

Acerca da conduta prevista no *caput,* consuma-se o crime quando o estrangeiro, efetivamente, usa um nome que não é seu, com a finalidade de entrar ou permanecer em território nacional, não havendo necessidade de que consiga o resultado naturalístico. Com relação à modalidade prevista no parágrafo único, o delito resta consumado quando o agente imputa a estrangeiro falsa qualidade com o objetivo de promover-lhe entrada em território nacional, mesmo que tal objetivo não seja alcançado.

Admite-se a tentativa.

4.7. Ação Penal

A ação penal é de iniciativa pública incondicionada.

4.8. Pena

A pena prevista para o crime é de detenção de um a três anos, e multa. Na figura do parágrafo único, a pena é de reclusão de um a quatro anos, e multa. Logo, podemos concluir que:

a) Não é possível a transação penal (art. 76, Lei n. 9.099/95), pois não se trata de infração penal de menor potencial ofensivo;

b) É possível a suspensão condicional do processo (art. 89, Lei n. 9.099/95), pois a pena mínima não ultrapassa um ano.

4.9. Classificação

O crime pode ser classificado como:

a) **Próprio** (exige qualidade especial do agente), na conduta do *caput* e **Comum** (qualquer pessoa pode ser sujeito ativo), na conduta do parágrafo único;

b) **Formal** (a consumação não depende a produção de um resultado naturalístico);

c) De **forma livre** (a Lei não estabelece exigência para a forma de execução);

d) **Simples** (tutela apenas um bem jurídico);

e) **Comissivo** (em regra);

f) **Unissubjetivo** (pode haver ou não concurso de pessoas);

g) **Instantâneo** (consuma-se de imediato);

h) **Plurissubsistente** (a conduta pode ser fracionada, e por isso admite a tentativa) ou **unissubsistente** (a conduta não pode ser fracionada);

i) **Doloso**.

4.10. Quadro Sinótico

FRAUDE DE LEI SOBRE ESTRANGEIRO		
Considerações Iniciais	O crime de *fraude de lei sobre estrangeiro* é próprio na modalidade fundamental e comum na modalidade qualificada; doloso; de forma vinculada; comissivo (podendo ser praticado via omissão imprópria, no caso do agente gozar do status de garantidor); instantâneo; unissubjetivo; unissubsistente e plurissubsistente, conforme o caso concreto.	1
Tipicidade Objetiva	No tipo estão descritas as condutas *usar* (utilizar, fazer uso) o estrangeiro nome falso, com o intuito de entrar ou permanecer em território nacional; ou, ainda, *atribuir* a estrangeiro falsa qualidade para promover-lhe a entrada em território nacional.	2
Sujeitos	**Sujeito ativo:** no que diz respeito à modalidade fundamental, somente o estrangeiro pode figurar como agente delituoso. Já no que tange à conduta descrita no parágrafo único, pode o agente ser qualquer pessoa. **Sujeito passivo:** o sujeito passivo é o Estado.	3
Objetos	**Objeto jurídico:** o objeto juridicamente tutelado é a fé pública. **Objeto material:** não há objeto material.	4
Elemento Subjetivo	O elemento subjetivo exigido no tipo é o dolo, não havendo previsão para modalidade culposa.	5
Consumação e Tentativa	Acerca da conduta prevista no *caput,* consuma-se o crime quando o estrangeiro, efetivamente, usa um nome que não é seu, com a finalidade de entrar ou permanecer em território nacional, não havendo necessidade de que consiga o resultado naturalístico. Com relação à modalidade prevista no parágrafo único, o delito resta consumado quando o agente imputa a estrangeiro falsa qualidade com o objetivo de promover-lhe entrada em território nacional, mesmo que tal objetivo não seja alcançado. Admite-se a tentativa.	6
Ação Penal	Trata-se de crime de ação penal de iniciativa pública incondicionada.	7
Penas	A pena prevista para o crime é de detenção de um a três anos, e multa. Na figura do parágrafo único, a pena é de reclusão de um a quatro anos, e multa.	8
Classificação	**a)** **Próprio** (exige qualidade especial do agente), na conduta do caput e **Comum** (qualquer pessoa pode ser sujeito ativo), na conduta do parágrafo único; **b)** **Formal** (a consumação não depende a produção de um resultado naturalístico); **c)** De forma **livre** (a Lei não estabelece exigência para a forma de execução); **d)** **Simples** (tutela apenas um bem jurídico); **e)** **Comissivo** (em regra); **f)** **Unissubjetivo** (pode haver ou não concurso de pessoas); **g)** **Instantâneo** (consuma-se de imediato); **h)** **Plurissubsistente** (a conduta pode ser fracionada, e por isso admite a tentativa) ou **unissubsistente** (a conduta não pode ser fracionada); **i)** **Doloso**.	13

5. FALSIDADE EM PREJUÍZO DA NACIONALIZAÇÃO DE SOCIEDADE

Art. 310. Prestar-se a figurar como proprietário ou possuidor de ação, título ou valor pertencente a estrangeiro, nos casos em que a este é vedada por lei a propriedade ou a posse de tais bens:

Pena - detenção, de 6 (seis) meses a 3 (três) anos, e multa.

5.1. Considerações Iniciais

No tipo está descrita a conduta de brasileiro que serve de "testa de ferro", ou "homem de palha" ao estrangeiro, assumindo a qualidade de proprietário ou possuidor de ação, título ou valor que, em verdade, pertencem a estrangeiro, considerando a propriedade ou posse a este vedada por lei.

O crime de *falsidade em prejuízo da nacionalização de sociedade* é comum; doloso; de forma livre; comissivo (podendo ser praticado via omissão imprópria, no caso do agente gozar do status de garantidor); instantâneo; unissubjetivo; plurissubsistente.

5.2. Tipicidade Objetiva

O núcleo do tipo é o verbo prestar-se, empregado no sentido de estar disponível, prontificar-se.

5.3. Sujeitos

Sujeito ativo: o sujeito ativo pode ser qualquer pessoa, representando esta conduta, pois, *delicta communi,* ou seja, crime comum, não sendo necessária qualquer qualificação para o agente delituoso.

Sujeito passivo: é o Estado.

5.4. Objetos

Objeto jurídico: o objeto juridicamente tutelado é a fé pública.

Objeto material: o objeto material é a ação, título ou valor pertencente a estrangeiro, dos quais o agente simula ser proprietário ou possuidor.

5.5. Elemento Subjetivo

O elemento subjetivo exigido no tipo é o dolo, não havendo previsão para modalidade culposa.

5.6. Consumação e Tentativa

Consuma-se o crime quando se dá a efetiva substituição do verdadeiro possuidor ou proprietário, isto é, quando o "homem de palha" passa a ter ou possuir aparentemente os valores que não lhe pertencem.

A forma tentada é cabível.

5.7. Ação Penal

A ação penal é de iniciativa pública incondicionada.

5.8. Pena

A pena prevista para o crime é de detenção de seis meses a três anos, e multa. Logo, podemos concluir que:

a) Não é possível a transação penal (art. 76, Lei n. 9.099/95), pois não se trata de infração penal de menor potencial ofensivo;

b) É possível a suspensão condicional do processo (art. 89, Lei n. 9.099/95), pois a pena mínima não ultrapassa um ano.

5.9. Classificação

O crime pode ser classificado como:

a) **Comum** (qualquer pessoa pode ser sujeito ativo);

b) **Formal** (a consumação não depende a produção de um resultado naturalístico);

c) De **forma livre** (a Lei não estabelece exigência para a forma de execução);

d) **Simples** (tutela apenas um bem jurídico);

e) **Comissivo** (em regra);

f) **Unissubjetivo** (pode haver ou não concurso de pessoas);

g) **Instantâneo** (consuma-se de imediato);

h) **Plurissubsistente** (a conduta pode ser fracionada, e por isso admite a tentativa) ou **unissubsistente** (a conduta não pode ser fracionada);

i) **Doloso**.

5.10. Quadro Sinótico

FALSIDADE EM PREJUÍZO DA NACIONALIZAÇÃO DE SOCIEDADE		
Considerações Iniciais	No tipo está descrita a conduta de brasileiro que serve de "testa de ferro", ou "homem de palha" ao estrangeiro, assumindo a qualidade de proprietário ou possuidor de ação, título ou valor que, em verdade, pertencem a estrangeiro, considerando a propriedade ou posse a este vedada por lei.	1
Tipicidade Objetiva	O núcleo do tipo é o verbo prestar-se, empregado no sentido de estar disponível, prontificar-se.	2
Sujeitos	**Sujeito ativo:** o sujeito ativo pode ser qualquer pessoa. **Sujeito passivo:** é o Estado.	3
Objetos	**Objeto jurídico:** o objeto juridicamente tutelado é a fé pública. **Objeto material:** o objeto material é a ação, título ou valor pertencente a estrangeiro, dos quais o agente simula ser proprietário ou possuidor.	4

Elemento Subjetivo	O elemento subjetivo exigido no tipo é o dolo, não havendo previsão para modalidade culposa.	5
Consumação e Tentativa	Consuma-se o crime quando se dá a efetiva substituição do verdadeiro possuidor ou proprietário, isto é, quando o "homem de palha" passa a ter ou possuir aparentemente os valores que não lhe pertencem. A forma tentada é cabível.	6
Ação Penal	Trata-se de crime de ação penal de iniciativa pública incondicionada.	7
Penas	A pena prevista para o crime é de detenção de seis meses a três anos, e multa.	8
Classificação	a) **Comum** (qualquer pessoa pode ser sujeito ativo); b) **Formal** (a consumação não depende a produção de um resultado naturalístico); c) De forma **livre** (a Lei não estabelece exigência para a forma de execução); d) **Simples** (tutela apenas um bem jurídico); e) **Comissivo** (em regra); f) **Unissubjetivo** (pode haver ou não concurso de pessoas); g) **Instantâneo** (consuma-se de imediato); h) **Plurissubsistente** (a conduta pode ser fracionada, e por isso admite a tentativa) ou **unissubsistente** (a conduta não pode ser fracionada); i) **Doloso**.	9

6. ADULTERAÇÃO DE SINAL IDENTIFICADOR DE VEÍCULO AUTOMOTOR

Art. 311. Adulterar ou remarcar número de chassi ou qualquer sinal identificador de veículo automotor, de seu componente ou equipamento:

Pena - reclusão, de 3 (três) a 6 (seis) anos, e multa.

§ 1° Se o agente comete o crime no exercício da função pública ou em razão dela, a pena é aumentada de um terço.

§ 2° Incorre nas mesmas penas o funcionário público que contribui para o licenciamento ou registro do veículo remarcado ou adulterado, fornecendo indevidamente material ou informação oficial.

6.1. Considerações Iniciais

O STJ entende que "O agente que substitui as placas originais de veículo automotor por placas de outro veículo enquadra-se na conduta prevista no art. 311 do Código Penal, tendo em vista a adulteração dos sinais identificadores"[1].

1. STJ, Resp. 799.565-SP, rel. Min. Laurita Vaz.

Ademais, o §1°do tipo agora estudado, ainda prevê causa de aumento de um terço da pena se o agente é funcionário público, desde que exercendo sua função ou dela se valendo.

O crime de *adulteração de sinal identificador de veículo automotor* é comum; doloso; de forma livre; comissivo (podendo ser praticado via omissão imprópria, no caso do agente gozar do status de garantidor); instantâneo; unissubjetivo; plurissubsistente.

6.2. Tipicidade Objetiva

No tipo estão descritas as condutas *adulterar* (modificar) ou *remarcar* (marcar de novo) número de chassi (estrutura que descreve os elementos que integram o veículo) ou qualquer sinal identificador (qualquer registro que sirva como elemento individualizador), do veículo automotor (veículo motorizado que serve como transporte viário de pessoas) de seu componente (portas, vidros etc.) ou equipamento (iluminação das placas etc.).

6.3. Sujeitos

Sujeito ativo: o sujeito ativo pode ser qualquer pessoa, representando esta conduta, pois, *delicta communi,* ou seja, crime comum, não sendo necessária qualquer qualificação para o agente delituoso. Entretanto, se o agente é funcionário público, e comete o crime prevalecendo-se do cargo, a pena será aumentada até a sexta parte, inteligência do § 1° do presente artigo.

Sujeito passivo: o sujeito passivo é o Estado, bem como aquele que for diretamente lesado pela conduta delituosa.

6.4. Objetos

Objeto jurídico: o objeto juridicamente tutelado é a fé pública.

Objeto material: o objeto material é o número do chassi ou qualquer sinal identificador de veículo automotor, de seu componente ou equipamento.

6.5. Elemento Subjetivo

O elemento subjetivo exigido no tipo é o dolo, não havendo previsão para modalidade culposa.

6.6. Consumação e Tentativa

Consuma-se o crime quando o agente, efetivamente, adultera ou remarca o número do chassi ou qualquer sinal identificador de veículo automotor, de seu componente, ou equipamento.

A forma tentada é cabível.

6.7. Ação Penal

A ação penal é de iniciativa pública incondicionada.

6.8. Pena

A pena prevista para o crime é de reclusão de três a seis anos, e multa. Logo, podemos concluir que:

a) Não é possível a transação penal (art. 76, Lei n. 9.099/95), pois se trata de infração penal de menor potencial ofensivo;

b) Não é possível a suspensão condicional do processo (art. 89, Lei n. 9.099/95), pois a pena mínima não ultrapassa um ano.

6.9. Classificação

O crime pode ser classificado como:

a) **Comum** (qualquer pessoa pode ser sujeito ativo), na conduta no *caput* e **próprio** (exige qualidade especial do agente), nas condutas dos parágrafos;

b) **Formal** (a consumação não depende a produção de um resultado naturalístico);

c) De **forma livre** (a Lei não estabelece exigência para a forma de execução);

d) **Simples** (tutela apenas um bem jurídico);

e) **Comissivo** (em regra);

f) **Unissubjetivo** (pode haver ou não concurso de pessoas);

g) **Instantâneo** (consuma-se de imediato);

h) **Plurissubsistente** (a conduta pode ser fracionada, e por isso admite a tentativa);

i) **Doloso**.

6.10. Quadro Sinótico

ADULTERAÇÃO DE SINAL IDENTIFICADOR DE VEÍCULO AUTOMOTOR		
Considerações Iniciais	O STJ entende que "O agente que substitui as placas originais de veículo automotor por placas de outro veículo enquadra-se na conduta prevista no art. 311 do Código Penal, tendo em vista a adulteração dos sinais identificadores"[2]. Ademais, o §1°do tipo, ainda prevê causa de aumento de um terço da pena se o agente é funcionário público, desde que exercendo sua função ou dela se valendo.	1
Tipicidade Objetiva	No tipo estão descritas as condutas *adulterar* (modificar) ou *remarcar* (marcar de novo) número de chassi (estrutura que descreve os elementos que integram o veículo) ou qualquer sinal identificador (qualquer registro que sirva como elemento individualizador), do veículo automotor (veículo motorizado que serve como transporte viário de pessoas) de seu componente (portas, vidros etc.) ou equipamento (iluminação das placas etc.).	2

2. STJ, Resp. 799.565-SP, rel. Min. Laurita Vaz.

Sujeitos	**Sujeito ativo:** o sujeito ativo pode ser qualquer pessoa. Entretanto, se o agente é funcionário público, e comete o crime prevalecendo-se do cargo, a pena será aumentada até a sexta parte. **Sujeito passivo:** o sujeito passivo é o Estado, bem como aquele que for diretamente lesado pela conduta delituosa.	3
Objetos	**Objeto jurídico:** o objeto juridicamente tutelado é a fé pública. **Objeto material:** o objeto material é o número do chassi ou qualquer sinal identificador de veículo automotor, de seu componente ou equipamento.	4
Elemento Subjetivo	O elemento subjetivo exigido no tipo é o dolo, não havendo previsão para modalidade culposa.	5
Consumação e Tentativa	Consuma-se o crime quando o agente, efetivamente, adultera ou remarca o número do chassi ou qualquer sinal identificador de veículo automotor, de seu componente, ou equipamento. A forma tentada é cabível.	6
Ação Penal	Trata-se de crime de ação penal de iniciativa pública incondicionada.	7
Penas	A pena prevista para o crime é de reclusão de três a seis anos, e multa.	8
Classificação	a) **Comum** (qualquer pessoa pode ser sujeito ativo), na conduta no caput e **próprio** (exige qualidade especial do agente), nas condutas dos parágrafos; b) **Formal** (a consumação não depende a produção de um resultado naturalístico); c) De forma **livre** (a Lei não estabelece exigência para a forma de execução); d) **Simples** (tutela apenas um bem jurídico); e) **Comissivo** (em regra); f) **Unissubjetivo** (pode haver ou não concurso de pessoas); g) **Instantâneo** (consuma-se de imediato); h) **Plurissubsistente** (a conduta pode ser fracionada, e por isso admite a tentativa); i) **Doloso**.	9

V

DAS FRAUDES EM CERTAMES DE INTERESSE PÚBLICO

1. FRAUDES EM CERTAME DE INTERESSE PÚBLICO

> **Art. 311-A.** Utilizar ou divulgar, indevidamente, com o fim de beneficiar a si ou a outrem, ou de comprometer a credibilidade do certame, conteúdo sigiloso de:
>
> I - concurso público;
>
> II - avaliação ou exames públicos;
>
> III - processo seletivo para ingresso no ensino superior;
>
> IV - exame ou processo seletivo previstos em lei:
>
> Pena - reclusão, de 1(um) a 4 (quatro) anos, e multa.
>
> §1° Nas mesmas penas incorre quem permite ou facilita, por qualquer meio, o acesso de pessoas não autorizadas às informações mencionadas do caput.
>
> §2° Se da ação ou omissão resulta dano à administração pública:
>
> Pena - reclusão, se 2(dois) a 6 (seis) anos, e multa.
>
> §3° Aumenta-se a pena de 1/3 (um terço) se o fato é cometido por funcionário público.

1.1. Considerações Iniciais

O art. 311-A foi inserido na parte especial do Código Penal pela Lei n. 12.550/2011. Com advento desta modificação, a "cola eletrônica", antes entendida pelo STF como fato atípico, por não se amoldar, com perfeição, na figura do estelionato – em face do princípio da reserva legal e da proibição de aplicação da *analogia in malam partem* – agora passa a ser conduta típica inserta no art. 311-A do Código Penal. (Informativo STF n° 453).

O crime de *fraudes em certame de interesse público* é comum; doloso; comissivo (e também omissivo impróprio, desde que o agente seja garantidor), omissivo (nas condutas "permitir" e "facilitar", pois podem ser praticadas negativamente); de forma livre; instantâneo; unissubjetivo; plurissubsistente.

1.2. Tipicidade Objetiva

Inserido pela Lei n. 12.550/2011, no núcleo do tipo estão descritas as condutas *utilizar* ou *divulgar* indevidamente, com o fim de beneficiar a si ou a outrem, ou de comprometer a credibilidade do certame, conteúdo sigiloso de concurso público, avaliação ou exames públicos, processo seletivo para ingresso no ensino superior ou exame ou processo seletivo previstos em lei.

O artigo ainda prevê como condutas típicas a *permissão* ou *facilitação*, por qualquer meio, do acesso de pessoas não autorizadas às informações mencionadas anteriormente.

1.3. Sujeitos

Sujeito ativo: o sujeito ativo pode ser qualquer pessoa, representando esta conduta, pois, *delicta communi,* ou seja, crime comum, não sendo necessária qualquer qualificação para o agente delituoso. Entretanto, se o agente é funcionário público, e comete o crime prevalecendo-se do cargo, a pena será aumentada até a sexta parte, inteligência do § 3° do presente artigo.

Sujeito passivo: o sujeito passivo é o Estado, bem como aquele que for diretamente lesado pela conduta delituosa.

1.4. Objetos

Objeto jurídico: o objeto juridicamente tutelado é a fé pública.

Objeto material: o objeto material é o conteúdo sigiloso do certame.

1.5. Elemento Subjetivo

O elemento subjetivo exigido no tipo é o dolo, não havendo previsão para modalidade culposa.

1.6. Consumação e Tentativa

Consuma-se o crime com a realização da conduta descrita no tipo, sem a exigência do resultado naturalístico. Este, se ocorrer, o crime restará qualificado pelo seu resultado, devendo a pena ser elevada, consoante disposto no §2°do presente artigo.

A forma tentada é cabível.

1.7. Ação Penal

A ação penal é de iniciativa pública incondicionada.

1.8. Pena

A pena prevista para o crime é de reclusão de um a quatro anos, e multa. Logo, podemos concluir que:

a) Não é possível a transação penal (art. 76, Lei n. 9.099/95), pois se trata de infração penal de menor potencial ofensivo;

b) É possível a suspensão condicional do processo (art. 89, Lei n. 9.099/95), pois a pena mínima não ultrapassa um ano.

1.9. Classificação

O crime pode ser classificado como:

a) **Comum** (qualquer pessoa pode ser sujeito ativo);

b) **Formal** (a consumação não depende a produção de um resultado naturalístico);

c) De **forma livre** (a Lei não estabelece exigência para a forma de execução);

d) **Simples** (tutela apenas um bem jurídico);

e) **Comissivo** (consuma-se mediante uma ação) ou **omissivo** (consuma-se mediante uma omissão), a depender do caso;

f) **Unissubjetivo** (pode haver ou não concurso de pessoas);

g) **Instantâneo** (consuma-se de imediato);

h) **Plurissubsistente** (a conduta pode ser fracionada, e por isso admite a tentativa);

i) **Doloso.**

1.10. Quadro Sinótico

FRAUDES EM CERTAME DE INTERESSE PÚBLICO		
Considerações Iniciais	O art. 311-A foi inserido na parte especial do Código Penal pela Lei n. 12.550/2011.	1
Tipicidade Objetiva	Inserido pela Lei n. 12.550/2011, no núcleo do tipo estão descritas as condutas *utilizar* ou *divulgar* indevidamente, com o fim de beneficiar a si ou a outrem, ou de comprometer a credibilidade do certame, conteúdo sigiloso de concurso público, avaliação ou exames públicos, processo seletivo para ingresso no ensino superior ou exame ou processo seletivo previstos em lei. O artigo ainda prevê como condutas típicas a *permissão* ou *facilitação*, por qualquer meio, do acesso de pessoas não autorizadas às informações mencionadas anteriormente.	2
Sujeitos	**Sujeito ativo:** o sujeito ativo pode ser qualquer pessoa. Entretanto, se o agente é funcionário público, e comete o crime prevalecendo-se do cargo, a pena será aumentada até a sexta parte. **Sujeito passivo:** o sujeito passivo é o Estado, bem como aquele que for diretamente lesado pela conduta delituosa.	3
Objetos	**Objeto jurídico:** o objeto juridicamente tutelado é a fé pública. **Objeto material:** o objeto material é o conteúdo sigiloso do certame.	4

Elemento Subjetivo	O elemento subjetivo exigido no tipo é o dolo, não havendo previsão para modalidade culposa.	5
Consumação e Tentativa	Consuma-se o crime com a realização da conduta descrita no tipo, sem a exigência do resultado naturalístico. Este, se ocorrer, o crime restará qualificado pelo seu resultado, devendo a pena ser elevada, consoante disposto no §2°do presente artigo. A forma tentada é cabível.	6
Ação Penal	Trata-se de crime de ação penal de iniciativa pública incondicionada.	7
Penas	A pena prevista para o crime é de reclusão de um a quatro anos, e multa.	8
Classificação	**a)** **Comum** (qualquer pessoa pode ser sujeito ativo); **b)** **Formal** (a consumação não depende a produção de um resultado naturalístico); **c)** De forma **livre** (a Lei não estabelece exigência para a forma de execução); **d)** **Simples** (tutela apenas um bem jurídico); **e)** **Comissivo** (consuma-se mediante uma ação) ou **omissivo** (consuma-se mediante uma omissão), a depender do caso; **f)** **Unissubjetivo** (pode haver ou não concurso de pessoas); **g)** **Instantâneo** (consuma-se de imediato); **h)** **Plurissubsistente** (a conduta pode ser fracionada, e por isso admite a tentativa); **i)** **Doloso**.	9

TÍTULO XI

DOS CRIMES CONTRA A ADMINISTRAÇÃO PÚBLICA

O Título XI, último da parte especial do Código Penal, traz os crimes contra a Administração Pública. Este título é dividido em cinco capítulos:

a) Dos crimes praticados por funcionário público contra a administração em geral;

b) Dos crimes praticados por particular contra a administração em geral;

c) Dos crimes praticados por particular contra a administração pública estrangeira;

d) Dos crimes contra a Administração da Justiça;

e) Dos crimes contra as finanças públicas.

I

DOS CRIMES PRATICADOS POR FUNCIONÁRIO PÚBLICO CONTRA A ADMINISTRAÇÃO EM GERAL

1. CONSIDERAÇÕES INICIAIS

Os crimes praticados pela administração pública em geral, dividem-se entre crimes praticados por funcionário público (funcionais) e crimes praticados por particulares.

Os crimes funcionais são crimes próprios, pois exigem a qualidade especial do agente. Não basta ostentar a qualidade de funcionário público, é necessário que o agente se valha desta condição para a prática do crime.

Os crimes funcionais podem ser:

a) **Próprios:** são os crimes que não possuem figura típica equivalente quando praticados por particulares. Por outras palavras, são condutas que, não podem ser praticadas por particulares ou podem ser praticadas, mas constituem fato atípico. Ex.: prevaricação (art. 319, CP).

b) **Impróprios:** são aqueles que encontram figura típica equiparada quando praticados por particulares. Assim, a conduta que caracteriza o peculato (art. 312, CP), quando praticada por um particular, dará ensejo a um crime de furto (art. 155, CP) ou a um crime de apropriação indébita (art. 168, CP).

2. CONCEITO DE FUNCIONÁRIO PÚBLICO

Muito embora a expressão funcionário público esteja em desuso em outros ramos do Direito, ainda é utilizada pela legislação penal. Esta expressão constitui um elemento normativo do tipo. Vale lembrar que os elementos normativos do tipo são aqueles que dependem de uma valoração social ou jurídica. A expressão funcionário público depende de uma valoração jurídica, na medida em que a própria lei define o funcionário público.

O conceito válido para o Direito Penal está no art. 327 do Código, nos seguintes termos:

> "**Funcionário público**
>
> Art. 327 – Considera-se funcionário público, para os efeitos penais, quem, embora transitoriamente ou sem remuneração, exerce cargo, emprego ou função pública.
>
> § 1º – Equipara-se a funcionário público quem exerce cargo, emprego ou função em entidade paraestatal, e quem trabalha para empresa prestadora de serviço contratada ou conveniada para a execução de atividade típica da Administração Pública.
>
> § 2º – A pena será aumentada da terça parte quando os autores dos crimes previstos neste Capítulo forem ocupantes de cargos em comissão ou de função de direção ou assessoramento de órgão da administração direta, sociedade de economia mista, empresa pública ou fundação instituída pelo poder público".

Conforme se depreende da acurada leitura do dispositivo transcrito, temos a definição de funcionário público para efeitos penais (*caput*), a definição do equiparado a funcionário público para efeitos penais (§ 1º) e uma causa de aumento de pena para os crimes praticados por funcionários públicos (§ 2º).

A definição contida no *caput* é abrangente, englobando:

a) Servidores públicos: aqueles que exercem cargos efetivos na Administração Pública.

b) Empregados públicos: possuem vínculo de emprego, regidos pela Consolidação das Leis do Trabalho (CLT).

c) Servidores que exercem cargos em comissão: cargos de livre nomeação e exoneração, providos sem a necessidade de concurso público.

d) Demais exercentes de função pública: podemos citar exemplos de servidores temporários, contratados para atender situação emergencial; exercentes de mandatos eletivos; pessoas que exercem função pública transitória ou sem remuneração.

Neste último caso, podemos citar o exemplo dos jurados, no Tribunal do Júri, e dos mesários, na Justiça Eleitoral. Nestes dois casos, temos cidadãos que são convocados para exercer funções públicas transitórias – perduram apenas durante o julgamento, no caso do Júri, ou durante os dias de eleição, no caso dos mesários – e sem qualquer tipo de remuneração – embora possa haver a percepção de alguma verba de natureza indenizatória, e não remuneratória, como ocorre com os jurados que auferem uma quantia para custear as despesas com alimentação durante o dia de trabalho.

A definição de funcionário público para fins penais abrange também os particulares em colaboração com o Estado. Neste caso, temos pessoas naturais que exercem atividade pública em caráter privado, como ocorre com os notários e oficiais de registro, regidos pela Lei n. 8.935/94. Ainda se enquadram na definição de funcionário público os defensores dativos, nomeados pelo juiz para assumir a defesa de réus em processos penais[1].

A definição de funcionário público compreende as três esferas de poder: federal, estadual/distrital e municipal.

Como se vê, a definição de funcionário público para efeitos penais é bastante abrangente. Tal constatação nos conduz a concluir que o nosso Código adotou um conceito unitário

1. STJ, HC 264.459/SP, rel. Min. Reynaldo Soares da Fonseca, Quinta Turma, julgado em 10/03/2016.

de "funcionário público". Importante destacar que, em que pese o conceito de funcionário público ser bastante abrangente, ele não abarca os que exercem *múnus* público, como os tutores, curadores, inventariantes judiciais etc.

2.1. Equiparado a funcionário público

O primeiro parágrafo do artigo 327, CP cria a figura do "**equiparado a funcionário público** para efeitos penais".

Depreende-se desta definição que a acepção da expressão "funcionário público", para fins de Direito Penal é bastante ampla, abrangendo a Administração Pública direta e indireta. Por isto, equipara-se a funcionário público, por exemplo, o empregado de sociedade de economia mista[2], empresa pública e, até mesmo, funcionário de empresas privadas concessionárias de serviços públicos.

Não é equiparado a funcionário público, todavia, o funcionário de empresa contratada ou conveniada com o poder público para o desempenho de atividade que não seja típica da Administração. Imagine-se, por exemplo, que uma Prefeitura contrata uma empresa para realizar um evento comemorativo do aniversário do Município. O funcionário da referida empresa não é equiparado a funcionário público, para fins penais, porquanto o contrato com o poder público não diz respeito a atividades típicas da Administração.

Mas, sob esta perspectiva, seria equiparado a funcionário público, por exemplo, o médico que atende em um hospital particular que mantém convênio com o Sistema Único de Saúde (SUS). Importante destacar, porém, que a extensão da definição de equiparado a funcionário público aos funcionários de empresas contratadas ou conveniadas com o poder público para o desempenho de atividades típicas da Administração só se faz possível para os casos ocorridos após o advento da Lei n. 9.983/2000, que alterou a redação do art. 327, CP[3].

Na expressão "entidade paraestatal", contida no § 1º do art. 327, CP estão abrangidas as entidades da Administração Pública indireta (autarquias, fundações públicas, empresas públicas e sociedades de economia mista) e também entidades privadas que colaboram com o Estado, tais como as organizações sociais[4].

2.2. Funcionário público e autoridade pública

A Lei n. 4.898/65 (antiga Lei de Abuso de Autoridade) estabelecia uma definição de autoridade pública. Conforme o art. 5º da mencionada Lei: "Art. 5º Considera-se autoridade, para os efeitos desta lei, quem exerce cargo, emprego ou função pública, de natureza civil, ou militar, ainda que transitoriamente e sem remuneração".

O conceito de autoridade empregado pela antiga Lei de Abuso de Autoridade e o conceito de funcionário público utilizado pelo Código Penal se aproximam em muito. É

2. STJ, REsp 212.940/MG, Rel. Min. Felix Fischer.
3. STJ, REsp 1.067653/PR, Rel. Min. Jorge Mussi.
4. STJ, AgRg no AREsp 857.179/DF, rel. Min. Maria Thereza de Assis Moura, Sexta Turma, julgado em 20/09/2016, DJe 01/02/2017.

verdade que o Código Penal não faz alusão ao funcionário militar, o que ocorre na Lei de Abuso de Autoridade. Tal previsão, todavia, é de somenos importância, na medida em que o militar exerce cargo público da mesma forma. Ademais, para as figuras típicas existentes no Código Penal, há crimes similares contemplados no Código Penal Militar.

Ocorre, porém, que a antiga Lei de Abuso de autoridade não fazia menção à figura do equiparado a funcionário público, como o Código Penal. Aliás, o Código também não fazia qualquer referência a esta figura, até o advento da Lei n. 9.983/2000. O fato é que o equiparado a funcionário público pode praticar os crimes funcionais previstos no CP, mas não o abuso de autoridade, na medida em que esta definição não se estendia à Lei n. 4.898/65.

Afinal de contas, tratava-se de lei especial, que não é revogada ou alterada tacitamente por lei geral. Ademais, não se pode admitir, em sede de Direito Penal, uma analogia *in malam partem*, e considerar o equiparado a funcionário público como autoridade, sem que haja menção legislativa expressa nesse sentido, desembocaria, efetivamente, nessa malfadada analogia.

Com o advento da atual Lei de Abuso de Autoridade (Lei n. 13.869/2019), o seu art. 2º trouxe a seguinte definição de autoridade pública:

> "Art. 2º É sujeito ativo do crime de abuso de autoridade qualquer agente público, servidor ou não, da administração direta, indireta ou fundacional de qualquer dos Poderes da União, dos Estados, do Distrito Federal, dos Municípios e de Território, compreendendo, mas não se limitando a:
>
> I - servidores públicos e militares ou pessoas a eles equiparadas;
>
> II - membros do Poder Legislativo;
>
> III - membros do Poder Executivo;
>
> IV - membros do Poder Judiciário;
>
> V - membros do Ministério Público;
>
> VI - membros dos tribunais ou conselhos de contas.
>
> Parágrafo único. Reputa-se agente público, para os efeitos desta Lei, todo aquele que exerce, ainda que transitoriamente ou sem remuneração, por eleição, nomeação, designação, contratação ou qualquer outra forma de investidura ou vínculo, mandato, cargo, emprego ou função em órgão ou entidade abrangidos pelo caput deste artigo".

Como se vê, a atual Lei continua a não aludir àqueles que são tratados como "equiparados a funcionários públicos" pelo Código Penal, razão pela qual as considerações acerca da impossibilidade de analogia *in malam partem* subsistem.

2.3. Crimes funcionais praticados por particulares

Não se pode deixar de anotar que o crime pode ser praticado por particular, desde que esteja agindo em coautoria ou participação com o funcionário público, e conheça esta condição de funcionário do seu comparsa. Isto ocorre por força do art. 30 do Código Penal, que permite que esta condição pessoal (ser funcionário público) se comunique ao comparsa, pois é uma elementar do crime de peculato.

Com efeito, convém recordar que, consoante o art. 30 do Código Penal: "Não se comunicam as circunstâncias e as condições de caráter pessoal, salvo quando elementares do crime". Sendo certo que a condição de funcionário público é uma condição pessoal que constitui elementar dos crimes funcionais, devemos concluir que os particulares que agirem em coautoria ou participação com os funcionários públicos responderão como se também o fossem, isto é, as condições pessoais do seu comparsa se comunicam a eles.

Podemos vislumbrar o seguinte exemplo:

"A", funcionário público, ingressa na repartição pública em que exerce suas funções, valendo-se da facilidade que seu cargo lhe confere. Não apenas ingressa no recinto laboral, como ainda consegue fazer com que seu amigo "B", que não é funcionário público, ingresse. Assim, "A" e "B", em coautoria, subtraem bens da repartição pública.

No exemplo mencionado, não há dúvidas de que "A", funcionário público, deverá responder pelo crime de peculato-furto (art. 312, § 1º, CP). A dúvida é: "B", particular, será responsabilizado também pelo crime de peculato (crime cujo sujeito ativo é funcionário público) ou deve ser responsabilizado pelo crime de furto (art. 155, CP)? Como vimos, por força da regra do art. 30, CP, "B" também será responsabilizado por furto, pois esta condição pessoal de "A" a ele se comunica.

Todavia, vale reiterar que esta comunicabilidade somente se faz presente se a condição de funcionário do comparsa houver ingressado na esfera de conhecimento do agente que não ostenta esta condição. No exemplo acima, "B" somente responderia pelo peculato se tivesse conhecimento da condição de funcionário público de "A". Se não soubesse que ele era funcionário, "B" responderá apenas pelo crime de furto (art. 155, CP).

2.4. Causa de aumento de pena nos crimes funcionais

O art. 327, 2º, CP contem uma causa de aumento de pena para os funcionários públicos que forem ocupantes de cargos em comissão ou de função de direção ou assessoramento de órgão da administração direta, sociedade de economia mista, empresa pública ou fundação instituída pelo poder público.

A causa de aumento de pena se justifica, ante a maior reprovabilidade da conduta daqueles que ocupam os cargos ou exercem as funções de destaque, geralmente com hierarquia e atribuições de mando. A partir da leitura do dispositivo legal, percebemos que houve uma omissão legislativa no que diz respeito aos funcionários públicos ocupantes de cargos em comissão ou de função de direção ou assessoramento de autarquias.

Questão interessante diz respeito a saber se a mencionada causa de aumento de pena também se aplica aos agentes políticos que exercem mandato eletivo, como prefeitos municipais e governadores dos Estados. No âmbito do Supremo Tribunal Federal, há reiterados precedentes no sentido que a majorante aplica-se, sim, aos agentes políticos que exercem mandatos eletivos, cumulando funções políticas e administrativas[5].

Em se tratando de causa de aumento de pena, deverá incidir na terceira fase da dosimetria da pena, podendo, inclusive, exasperar a pena para além do máximo previsto no tipo penal.

5. STF, RHC 110.513, rel. Min. Joaquim Barbosa, Segunda Turma, DJe 18/06/2012.

3. PROCEDIMENTO

Existe um procedimento especial previsto na nossa legislação para os crimes funcionais. Esta previsão consta dos artigos 513 a 518 do Código de Processo Penal. O art. 513, CPP inicia o tratamento do procedimento especial aplicável aos funcionários públicos que cometam **infrações funcionais afiançáveis.** A grande peculiaridade deste procedimento reside na necessidade de notificação do réu para responder a denúncia, antes do seu recebimento.

Deve-se destacar, de antemão, que há uma impropriedade terminológica no Código, quando se refere a "crimes de responsabilidade". Estes, não são crimes propriamente ditos, mas infrações de cunho político-administrativo, que podem ensejar a perda da função pública, a inabilitação para o exercício de cargo e a suspensão de direitos políticos, mas não a pena privativa de liberdade. Estes "crimes", disciplinados pela Constituição Federal, em seu artigo 85, X, estão definidos na Lei n. 1.079/50 e, no caso dos prefeitos municipais, no Decreto-lei n. 201/67.

O procedimento disciplinado pelo CPP diz respeito a crimes comuns praticados por funcionários públicos não detentores de foro por prerrogativa de função. Podemos chegar, facilmente, a esta conclusão, na medida em que se faz menção a crimes "cujo processo e julgamento competirão aos juízes de direito". Na expressão "juízes de direito", própria da Justiça Estadual, devemos compreender, também, os juízes federais de primeiro grau.

A peculiaridade deste procedimento reside na possibilidade de notificação prévia do denunciado ou querelado para apresentar resposta preliminar. Com isto, permite-se ao funcionário público defender-se mesmo antes de o juiz decidir se recebe ou rejeita a peça acusatória.

O procedimento é aplicável aos crimes afiançáveis. A partir da Lei n. 12.403/11, são inafiançáveis apenas aqueles crimes que assim já eram considerados pela Constituição, a saber: racismo, crimes hediondos e equiparados (tráfico de entorpecentes, terrorismo e tortura) e crimes cometidos por grupos armados, civis ou militares, contra a ordem constitucional e o Estado Democrático (art. 323, CPP, supra). Desta forma, atualmente, todos os crimes funcionais são afiançáveis.

Por este procedimento, o juiz, antes de receber a denúncia ou queixa, deve notificar o funcionário público para que se manifeste por escrito, no prazo de quinze dias. Deve-se destacar que esta prerrogativa é para o funcionário público. Assim, o corréu que não exerça função pública não foi contemplado.

A jurisprudência do STF é firme no sentido de que o "procedimento previsto no art. 513 e seguintes do CPP reserva-se aos casos em que são imputados ao réu apenas crimes tipicamente funcionais"[6]. Assim, se o funcionário público for denunciado por crimes funcionais e não funcionais, não há porque se aplicar o procedimento especial.

Já o STJ sumulou o entendimento no sentido de que se a peça acusatória estiver lastreada por inquérito policial, a notificação para apresentação de defesa preliminar é dispensável. Neste sentido:

> ***Súmula n. 330/STJ:*** *"É desnecessária a resposta preliminar de que trata o artigo 514 do Código de Processo Penal, na ação penal instruída por inquérito policial".*

6. STF, HC 95969/SP, rel. Min. Ricardo Lewandowski.

Com a devida vênia, a tese não merece prosperar. A notificação para apresentação de defesa preliminar constitui legítimo exercício do direito de defesa. Não se pode conceber a hipótese de o inquérito policial – procedimento administrativo de cunho inquisitivo em que não há obediência ao contraditório – suprir esta oportunidade de exercício do direito de defesa.

Este o entendimento do STF que, repudiando o teor da súmula n. 330 do STJ, ressalta que: "a circunstância de a denúncia estar embasada em elementos de informação colhidos em inquérito policial não dispensa a obrigatoriedade, nos crimes afiançáveis, da defesa preliminar de que trata o art. 514 do CPP"[7].

4. PRINCÍPIO DA INSIGNIFICÂNCIA

Para o Superior Tribunal de Justiça, não há que se falar na incidência do princípio da insignificância nesse tipo de crime, pois as condutas atingem a moralidade administrativa[8]. Neste sentido, inclusive, o verbete sumular n. 599, nos seguintes termos:

> **Súmula n. 599/STJ:** "O princípio da insignificância é inaplicável aos crimes contra a administração pública".

Por outro lado, o STF tem admitido a possibilidade de insignificância em crimes contra a Administração Pública[9]. Em sede doutrinária, é o entendimento que tem prevalecido.

Com efeito, podemos vislumbrar situações em que a insignificância resta flagrante. Basta imaginar a hipótese em que um funcionário público, valendo-se de sua função, subtrai uma caneta esferográfica da repartição pública. Em um caso como este, temos, formalmente, crime de peculato-furto (art. 312, § 1º, CP). Sob o ponto de vista da tipicidade material, devemos reconhecer que não há que se falar em crime, dada a bagatela da conduta. E isso não se refere apenas ao bem que fora subtraído, mas também ao próprio prestígio do poder público, que não é lesionado de forma agressiva com tal conduta.

Não é demasiado reiterar que, em casos como este e tantos outros, falar em insignificância exclui a tipicidade penal, mas não importa em ausência de responsabilidade em outras esferas. Desse modo, o funcionário público do nosso exemplo poderia muito bem ser responsabilizado na seara administrativa.

Nesse aspecto, importante mencionar que o STJ também não tem admitido a insignificância nos atos de improbidade administrativa[10] – que não constituem infração penal, mas sim ilícitos administrativos.

Por outro lado, importa destacar que tanto o STF quanto o STJ admitem a incidência do princípio da insignificância ao crime de descaminho, que se encontra no catálogo dos

7. STF, HC 96058/SP, rel. Min. Eros Grau.
8. STJ, AgRg no REsp 1.511.985/PR, rel. Min. Felix Fischer, Quinta Turma, julgado em 20.08.2015, DJe 01.09.2015.
9. STF, HC 112.388/SP, rel. Min. Ricardo Lewandowski, julgado em 21.08.2012.
10. STJ, REsp 1.074.090/RS, rel. Min. Luiz Fux, Primeira Turma, julgado em 17.11.2009, DJe 02.12.2009.

crimes contra a Administração Pública[11]. Para tanto, os tribunais têm empregado os mesmos critérios utilizados para aferir a insignificância nos crimes contra a ordem tributária.

5. QUADRO SINÓTICO

DOS CRIMES PRATICADOS POR FUNCIONÁRIO PÚBLICO CONTRA A ADMINISTRAÇÃO EM GERAL		
Considerações Iniciais	Os crimes praticados pela administração pública em geral, dividem-se entre crimes praticados por funcionário público (funcionais) e crimes praticados por particulares. Os crimes funcionais são crimes próprios, pois exigem a qualidade especial do agente. Não basta ostentar a qualidade de funcionário público, é necessário que o agente se valha desta condição para a prática do crime. Os crimes funcionais podem ser: **a) Próprios:** são os crimes que não possuem figura típica equivalente quando praticados por particulares; **b) Impróprios:** são aqueles que encontram figura típica equiparada quando praticados por particulares.	1
Conceito de funcionário público	A expressão funcionário público depende de uma valoração jurídica. O conceito válido para o Direito Penal está no art. 327 do Código Penal. Conforme se depreende da leitura do dispositivo, temos a definição de funcionário público para efeitos penais (caput), a definição do equiparado a funcionário público para efeitos penais (§ 1º) e uma causa de aumento de pena para os crimes praticados por funcionários públicos (§ 2º). A definição contida no caput é abrangente, englobando:  	2

11. No âmbito do STJ, REsp 1.112.748/TO, rel. Min. Felix Fischer, Terceira Seção, julgado em 09.09.2009, DJe 13.10.2009. No STF, HC 126.746 AgR/PR, rel. Min. Roberto Barroso, Primeira Turma, julgado em 14.04.2015.

Conceito de funcionário público		A definição de funcionário público para fins penais abrange também os particulares em colaboração com o Estado. A definição de funcionário público compreende as três esferas de poder: federal, estadual/distrital e municipal. Em que pese o conceito de funcionário público ser bastante abrangente, ele não abarca os que exercem múnus público, como os tutores, curadores, inventariantes judiciais etc.	
	Equiparado a funcionário público	A acepção da expressão "funcionário público", para fins de Direito Penal é bastante ampla, abrangendo a Administração Pública direta e indireta. Não é equiparado a funcionário público, todavia, o funcionário de empresa contratada ou conveniada com o poder público para o desempenho de atividade que não seja típica da Administração.	2.1
	Equiparado a funcionário público	Na expressão "entidade paraestatal", contida no § 1º do art. 327, CP estão abrangidas as entidades da Administração Pública indireta (autarquias, fundações públicas, empresas públicas e sociedades de economia mista) e também entidades privadas que colaboram com o Estado, tais como as organizações sociais[12].	2.1
	Funcionário público e autoridade pública	O conceito de autoridade empregado pela Lei de Abuso de Autoridade e o conceito de funcionário público utilizado pelo Código Penal se aproximam em muito. É verdade que o Código Penal não faz alusão ao funcionário militar, o que ocorre na Lei de Abuso de Autoridade. Ocorre, porém, que a Lei de Abuso de autoridade não faz menção à figura do equiparado a funcionário público, como o Código Penal. O fato é que o equiparado a funcionário público pode praticar os crimes funcionais previstos no CP, mas não o abuso de autoridade, na medida em que esta definição não se estende à Lei n. 13.869/2019.	2.2
	Crimes funcionais praticados por particulares	O crime pode ser praticado por particular, desde que esteja agindo em coautoria ou participação com o funcionário público, e conheça esta condição de funcionário do seu comparsa.	2.3
	Causas de aumento de pena nos crimes funcionais	O art. 327, 2º, CP contém uma causa de aumento de pena para os funcionários públicos que forem ocupantes de cargos	2.4

12. STJ, AgRg no AREsp 857.179/DF, rel. Min. Maria Thereza de Assis Moura, Sexta Turma, julgado em 20/09/2016, DJe 01/02/2017.

Conceito de funcionário público	**Causas de aumento de pena nos crimes funcionais**	em comissão ou de função de direção ou assessoramento de órgão da administração direta, sociedade de economia mista, empresa pública ou fundação instituída pelo poder público. A causa de aumento de pena se justifica, ante a maior reprovabilidade da conduta daqueles que ocupam os cargos ou exercem as funções de destaque, geralmente com hierarquia e atribuições de mando. A partir da leitura do dispositivo legal, percebemos que houve uma omissão legislativa no que diz respeito aos funcionários públicos ocupantes de cargos em comissão ou de função de direção ou assessoramento de autarquias.	2.4
	Causas de aumento de pena nos crimes funcionais	No âmbito do Supremo Tribunal Federal, há reiterados precedentes no sentido que a majorante aplica-se, sim, aos agentes políticos que exercem mandatos eletivos, cumulando funções políticas e administrativas[13].	2.4
Procedimento	Existe um procedimento especial previsto na nossa legislação para os crimes funcionais. Esta previsão consta dos artigos 513 a 518 do Código de Processo Penal. O art. 513, CPP inicia o tratamento do procedimento especial aplicável aos funcionários públicos que cometam **infrações funcionais afiançáveis.** O procedimento disciplinado pelo CPP diz respeito a crimes comuns praticados por funcionários públicos não detentores de foro por prerrogativa de função. A peculiaridade deste procedimento reside na possibilidade de notificação prévia do denunciado ou querelado para apresentar resposta preliminar. O procedimento é aplicável aos crimes afiançáveis. Atualmente, todos os crimes funcionais são afiançáveis. Por este procedimento, o juiz, antes de receber a denúncia ou queixa, deve notificar o funcionário público para que se manifeste por escrito, no prazo de quinze dias. A jurisprudência do STF é firme no sentido de que o "procedimento previsto no art. 513 e seguintes do CPP reserva-se aos casos em que são imputados ao réu apenas crimes tipicamente funcionais"[14]. Já o STJ sumulou o entendimento no sentido de que se a peça acusatória estiver lastreada por inquérito policial, a notificação para apresentação de defesa preliminar é dispensável. Com a devida vênia, a tese não merece prosperar. Este o entendimento do STF que, repudiando o teor da súmula n. 330 do STJ, ressalta que: "a circunstância de a denúncia estar embasada em		3

13. STF, RHC 110.513, rel. Min. Joaquim Barbosa, Segunda Turma, DJe 18/06/2012.
14. STF, HC 95969/SP, rel. Min. Ricardo Lewandowski.

Procedimento	elementos de informação colhidos em inquérito policial não dispensa a obrigatoriedade, nos crimes afiançáveis, da defesa preliminar de que trata o art. 514 do CPP"[15].	3
Princípio da insignificância	Para o Superior Tribunal de Justiça, não há que se falar na incidência do princípio da insignificância nesse tipo de crime, pois as condutas atingem a moralidade administrativa[16]. Neste sentido, inclusive, o verbete sumular n. 599/STJ. Por outro lado, o STF tem admitido a possibilidade de insignificância em crimes contra a Administração Pública[17]. Em sede doutrinária, é o entendimento que tem prevalecido.	4
Princípio da insignificância	Nesse aspecto, importante mencionar que o STJ também não tem admitido a insignificância nos atos de improbidade administrativa[18] – que não constituem infração penal, mas sim ilícitos administrativos. Por outro lado, importa destacar que tanto o STF quanto o STJ admitem a incidência do princípio da insignificância ao crime de descaminho, que se encontra no catálogo dos crimes contra a Administração Pública[19]. Para tanto, os tribunais têm empregado os mesmos critérios utilizados para aferir a insignificância nos crimes contra a ordem tributária.	4

6. SÚMULAS APLICÁVEIS

6.1. STJ

330. É desnecessária a resposta preliminar de que trata o artigo 514 do Código de Processo Penal, na ação penal instruída por inquérito policial.

599. O princípio da insignificância é inaplicável aos crimes contra a administração pública.

7. QUESTÕES PARA TREINAR (SEM COMENTÁRIOS):

01. (CESPE - 2018 - SEFAZ-RS - Técnico Tributário da Receita Estadual - Prova 2) Para efeitos penais, o conceito de funcionário público

(A) engloba somente os empregados públicos regidos pela CLT das empresas públicas.

(B) abrange empregado de empresa prestadora de serviço público contratada pelo poder público.

(C) não abrange aquele que exerce função pública de forma transitória.

(D) não abrange aquele que exerce função pública de forma gratuita, sem remuneração.

(E) não abrange ocupante de cargo eletivo.

02. (MPE-MS - 2013 - MPE-MS - Promotor de Justiça) Para fins penais, é correto afirmar que o conceito de funcionário público:

(A) Não abrange aquele que trabalha para uma empresa particular que mantém convênio com o Poder Público, e para este presta serviço.

---

15. STF, HC 96058/SP, rel. Min. Eros Grau.
16. STJ, AgRg no REsp 1.511.985/PR, rel. Min. Felix Fischer, Quinta Turma, julgado em 20.08.2015, DJe 01.09.2015.
17. STF, HC 112.388/SP, rel. Min. Ricardo Lewandowski, julgado em 21.08.2012.
18. STJ, REsp 1.074.090/RS, rel. Min. Luiz Fux, Primeira Turma, julgado em 17.11.2009, DJe 02.12.2009.
19. No âmbito do STJ, REsp 1.112.748/TO, rel. Min. Felix Fischer, Terceira Seção, julgado em 09.09.2009, DJe 13.10.2009. No STF, HC 126.746 AgR/PR, rel. Min. Roberto Barroso, Primeira Turma, julgado em 14.04.2015.

(B) Não atinge os titulares e os auxiliares do tabelionato, conforme previsão da Constituição Federal.

(C) Não atinge quem trabalha para empresa prestadora de serviço contratada pela administração pública.

(D) Não abrange quem exerce cargo, emprego ou função pública, ainda que transitoriamente ou sem remuneração.

(E) Não abrange o funcionário comissionado.

03. **(VUNESP - 2019 - IPREMM - SP - Procurador Jurídico) No que concerne ao conceito de funcionário público e equiparados, para fins penais (CP, art. 327), é correto afirmar que**

(A) a falta de remuneração impede a caracterização do indivíduo como funcionário.

(B) a transitoriedade da função pública afasta a possibilidade de caracterização do indivíduo como funcionário.

(C) aquele que trabalha para empresa prestadora de serviço contratada para a execução de atividade típica da Administração Pública é equiparado a funcionário.

(D) por ausência de expressa previsão legal, aquele que exerce cargo em entidade paraestatal não é considerado funcionário.

(E) o funcionário que trabalha em função de direção em fundação instituída pelo poder público, ao cometer crime contra a Administração, terá a pena aumentada de metade.

04. **(FGV - 2016 - MPE-RJ - Analista do Ministério Público - Administrativa) O conceito de funcionário público para fins penais não se confunde com o conceito para outros ramos do Direito. Em sendo crime próprio praticado por funcionário público contra a Administração, aplica-se o artigo 327 do Código Penal, que apresenta um conceito amplo de funcionário público para efeitos penais. Por outro lado, o artigo respeita o princípio da legalidade, disciplinando expressamente em que ocasiões determinado indivíduo será considerado funcionário público para fins de definição do sujeito ativo de crimes próprios. Sobre o tema ora tratado e de acordo com o dispositivo acima mencionado, é correto afirmar que:**

(A) exige-se o requisito da permanência para que seja reconhecida a condição de funcionário público no campo penal;

(B) somente pode ser considerado funcionário público aquele que recebe qualquer tipo de remuneração no exercício de cargo, emprego ou função pública;

(C) aquele que exerce cargo em autarquias, entidades paraestatais ou fundações públicas, não é considerado funcionário público para efeitos penais;

(D) o perito judicial não é considerado funcionário público para efeitos penais, já que apenas exerce a função transitoriamente;

(E) é equiparado a funcionário público, para efeitos penais, aquele que trabalha para empresa contratada para a execução de atividade típica da Administração Pública.

05. **(ISAE - 2011 - AL-AM - Procurador) Relativamente ao conceito de funcionário público existente no Código Penal, analise as afirmativas a seguir.**

I. Somente considera-se funcionário público, para os efeitos penais, quem exerce cargo, emprego ou função pública com remuneração.

II. Equipara-se a funcionário público quem exerce cargo, emprego ou função em entidade paraestatal.

III. Equipara-se a funcionário público quem trabalha para empresa prestadora de serviço contratada ou conveniada para a execução de atividade típica da Administração Pública.

Assinale:

(A) se somente a afirmativa I estiver correta.

(B) se somente a afirmativa II estiver correta.

(C) se somente a afirmativa III estiver correta.

(D) se somente as afirmativas II e III estiverem corretas.

(E) se todas as afirmativas estiverem corretas.

GABARITO: *As respostas destes testes encontram-se no final do livro.*

8. PECULATO

Art. 312 - Apropriar-se o funcionário público de dinheiro, valor ou qualquer outro bem móvel, público ou particular, de que tem a posse em razão do cargo, ou desviá-lo, em proveito próprio ou alheio:

Pena - reclusão, de 2 (dois) a 12 (doze) anos, e multa.

§ 1° - Aplica-se a mesma pena, se o funcionário público, embora não tendo a posse do dinheiro, valor ou bem, o subtrai, ou concorre para que seja subtraído, em proveito próprio ou alheio, valendo-se de facilidade que lhe proporciona a qualidade de funcionário.

Peculato Culposo

§ 2° - Se o funcionário concorre culposamente para o crime de outrem:

Pena - detenção, de 3 (três) meses a 1 (um) ano.

§ 3° - No caso do parágrafo anterior, a reparação do dano, se precede à sentença irrecorrível, extingue a punibilidade; se lhe é posterior, reduz de metade a pena imposta.

8.1. Considerações Iniciais

A doutrina costuma dividir este crime em: a) peculato-apropriação (art. 312, *caput*, primeira parte); b) peculato-desvio (art. 312, *caput*, segunda parte); c) peculato-furto (art. 312, §1º); d) peculato culposo (art. 312, § 2º.).

Como se percebe, no peculato, o funcionário público apropria-se (peculato-apropriação), desvia (peculato desvia) ou subtrai (peculato-furto) dinheiro, valor ou outro bem móvel, público ou particular.

Relevante notar que a natureza do dinheiro, valor ou bem (público ou particular) é indiferente para a caracterização do crime. O que diferencia o peculato de crimes como a apropriação indébita (art. 168, CP) ou furto (art. 155, CP) não é a natureza do bem envolvido, mas sim a condição de funcionário público. Por outras palavras, o que caracteriza o crime de peculato é o sujeito ativo, e não o objeto material.

Vale dizer que o peculato de uso, tal qual o furto nesta mesma modalidade, também é atípico[20]. Assim, se o funcionário público, por exemplo, utiliza um computador portátil do poder público, de que tem a posse em razão do cargo, em proveito pessoal, restituindo-o intacto, não haverá que se falar em crime. Inobstante, casos como este podem constituir ilícitos administrativos e, portanto, devem ser punidos na seara administrativa.

Importante salientar, contudo, que o Decreto-Lei n. 201/67, que trata dos crimes de responsabilidade praticados por prefeito municipal, prevê, em seu art. 1º. II, a conduta consistente em "utilizar-se, indevidamente, em proveito próprio ou alheio, de bens, rendas

20. STJ, HC 94.168, rel. Min. Jane Silva (convocada).

ou serviços públicos". Por outras palavras, podemos concluir que o peculato de uso será conduta típica se praticada por prefeito municipal e seus coautores e partícipes, pois incidiria o regramento do Decreto-Lei n. 201. Para os demais agentes públicos, o peculato de uso será conduta atípica, podendo incidir, apenas, sanções extrapenais.

Acerca da classificação, o crime de *peculato* é simples, próprio, material, de dano, de forma livre, comissivo (regra) ou omissivo; instantâneo (regra); unissubjetivo ou plurissubjetivo (no peculato furto em que qualquer funcionário concorre para a subtração do bem) e plurissubsistente.

8.2. Tipicidade Objetiva

As condutas previstas no tipo penal são:

a) **Apropriar-se:** apossar-se, tornar-se proprietário, tomar para si, haver como seu, haver para si. Esta conduta pressupõe quer o agente tenha a posse da coisa.

b) **Desviar:** desviar o destino, a rota, desencaminhar, alterar o trajeto. A título de exemplo, o STJ já entendeu que "configura o crime de peculato-desvio o fomento econômico de candidatura à reeleição por Governador de Estado com o patrimônio de empresas estatais"[21]. Ainda no âmbito do STJ, já se entendeu que "o administrador que desconta valores da folha de pagamento dos servidores públicos para quitação de empréstimo consignado e não os repassa a instituição financeira pratica peculato-desvio, sendo desnecessária a demonstração de obtenção de proveito próprio ou alheio, bastando a mera vontade de realizar o núcleo do tipo"[22].

c) **Subtrair:** retirar, tomar.

As condutas podem recair sobre bens públicos ou particulares, pois o que caracteriza o peculato é a condição do sujeito ativo (funcionário público no exercício ou em razão da função), e não a natureza do objeto material.

8.3. Sujeitos

Sujeito ativo: é o funcionário público. Trata-se, portanto, de crime próprio, vale dizer, de crime que exige uma qualidade especial do agente. Acerca da conceituação de funcionário público, passemos a algumas considerações.

Muito embora em desuso em outros ramos do Direito, a expressão funcionário público ainda é utilizada pela legislação penal e tal expressão constitui um elemento normativo do tipo.

Vale lembrar que os elementos normativos do tipo são aqueles que dependem de uma valoração social ou jurídica. A expressão funcionário público depende de uma valoração jurídica, na medida em que a própria lei define o funcionário público.

21. STJ, REsp 1.776.680-MG, Rel. Min. Jorge Mussi, Quinta Turma, por unanimidade, julgado em 11/02/2020, DJe 21/02/2020.
22. STJ, APn 814-DF, Rel. Min. Mauro Campbell Marques, Rel. Acd. Min. João Otávio de Noronha, Corte Especial, por maioria, julgado em 06/11/2019, DJe 04/02/2020.

O conceito válido para o Direito Penal está no art. 327, *caput*, do Código Penal, nos seguintes termos:

> **"Art. 327 – Considera-se funcionário público, para os efeitos penais, quem, embora transitoriamente ou sem remuneração, exerce cargo, emprego ou função pública".**

Além desta definição, o primeiro parágrafo do mesmo artigo cria a figura do equiparado a funcionário público, destacando que:

> "§ 1º – Equipara-se a funcionário público quem exerce cargo, emprego ou função em entidade paraestatal, e quem trabalha para empresa prestadora de serviço contratada ou conveniada para a execução de atividade típica da Administração Pública".

Depreende-se destas definições que a acepção da expressão "funcionário público", para fins de Direito Penal é bastante ampla, abrangendo a Administração Pública direta e indireta. Por isto, equipara-se a funcionário público, por exemplo, o empregado de sociedade de economia mista[23], empresa pública e, até mesmo, funcionário de empresas privadas concessionárias de serviços públicos. Também neste sentido, o § 2º do mesmo artigo:

> "A pena será aumentada da terça parte quando os autores dos crimes previstos neste Capítulo forem ocupantes de cargos em comissão ou de função de direção ou assessoramento de órgão da administração direta, sociedade de economia mista, empresa pública ou fundação instituída pelo poder público".

Não é equiparado a funcionário público, todavia, o funcionário de empresa contratada ou conveniada com o poder público para o desempenho de atividade que não seja típica da Administração. Imagine-se, por exemplo, que uma Prefeitura contrata uma empresa para realizar um evento comemorativo do aniversário do Município. O funcionário da referida empresa não é equiparado a funcionário público para fins penais, porquanto o contrato com o poder público não diz respeito a atividades típicas da Administração.

Mas, sob esta perspectiva, seria equiparado a funcionário público, por exemplo, o médico que atende em um hospital particular que mantém convênio com o Sistema p/ único de Saúde (SUS). Importante destacar, porém, que a extensão da definição de equiparado a funcionário público aos funcionários de empresas contratadas ou conveniadas com o poder público para o desempenho de atividades típicas da Administração só se faz possível para os casos ocorridos após o advento da Lei n.º 9.983/2000, que alterou a redação do art. 327, CP (STJ, REsp 1.067653/PR, Rel. Min. Jorge Mussi).

Imperioso ressaltar ser imprescindível que o funcionário público esteja atuando no exercício da função pública ou em razão dela. Com efeito, se o funcionário público não se enquadra em uma destas duas situações, é considerado particular.

O prefeito municipal não responde não responde pelos crimes de peculato-apropriação ou peculato desvio previstos no Código, pois há previsão específica para sua conduta

23. STJ – REsp. 212940/MG, rel. Min. Feliz Fischer.

no art. 1º, I, Decreto-Lei n. 201/67 (Lei de crimes de responsabilidade dos prefeitos municipais). Contudo, o prefeito responde pelo crime de peculato-furto previsto no art. 312, CP.

Sujeito passivo: O sujeito passivo direto é o Estado, titular do bem jurídico Administração Pública. De forma secundária, admite-se também como sujeito passivo o particular, proprietário do bem, objeto ou valor.

8.4. Objetos

Objeto jurídico: o bem jurídico tutelado no crime de peculato é a Administração Pública, em seu aspecto patrimonial e moral. Secundariamente, tutela-se, também, o patrimônio do particular.

Objeto material: é o dinheiro, bem ou valor, público ou particular, sobre o qual vai recair a conduta criminosa.

8.5. Elemento Subjetivo

É o dolo, a vontade livre e consciente de praticar as condutas descritas no tipo penal (apropriar-se, desviar, subtrair). Há referência, ainda, ao elemento subjetivo do tipo, quando se faz menção à expressão "proveito próprio ou alheio".

O §2º, prevê, ainda, a modalidade culposa da conduta.

O peculato também poderá ser realizado na modalidade culposa. Isto ocorrerá quando o funcionário público, por negligência, imprudência ou imperícia contribui para o crime de outrem. Podemos imaginar, por exemplo, o caso em que um funcionário público, por negligência, deixa aberta a porta do almoxarifado da repartição, permitindo que outra pessoa ingresse no recinto e subtraia bens.

É imprescindível que, da conduta culposa do funcionário público ocorra um crime praticado por outra pessoa. Caso contrário, o funcionário negligente terá praticado fato atípico.

A grande particularidade do crime de peculato culposo é a consequência decorrente da reparação do dano ou restituição da coisa. Se esta reparação ou restituição ocorrer até a sentença irrecorrível haverá a extinção da punibilidade do agente; se ocorrer após a sentença condenatória irrecorrível, isto é, em fase de execução da pena, haverá a sua redução pela metade.

Para logo se vê que o tratamento dado à reparação do dano ou restituição da coisa em caso de peculato culposo é muito mais benéfica do que aquele que é conferido ao peculato doloso. Neste, é possível aplicar-se o instituto do arrependimento posterior, causa de diminuição de pena prevista na parte geral (art. 16, CP). Assim, se a reparação do dano ou restituição da coisa ocorrer até o recebimento da denúncia ou queixa, haverá a diminuição da pena, de um a dois terços. Se a reparação ou restituição ocorrer em momento posterior ao recebimento da denúncia ou queixa, é caso de se aplicar a atenuante prevista no art. 65, III, *b*, CP.

8.6. Consumação e Tentativa

a) Peculato-apropriação: a consumação ocorre no momento em que o agente passa a agir com o *animus rem sibi habendi*, isto é, com a intenção de se tornar proprietário do bem[24]. É imprescindível que a posse do bem tenha sido adquirida de forma legítima, pois se já existia a intenção prévia de se apoderar do bem, estaremos diante de um estelionato. Ademais, se a posse foi adquirida mediante o emprego de violência ou grave ameaça, não haverá que se falar em peculato, mas sim em roubo (art. 157, CP) ou extorsão (art. 158, CP).

b) Peculato-desvio: a consumação ocorre no momento do desvio, ainda que outro seja o momento da efetiva obtenção do proveito[25] e que sequer obtenha a vantagem indevida[26].

c) Peculato-furto: a consumação ocorre no momento em que se efetiva a subtração. Importa destacar que, em se tratando do crime de furto, de todo similar à presente conduta, a jurisprudência consolidou-se no sentido de que a consumação independe da obtenção da posse mansa e pacífica por parte do agente.

É possível falar em tentativa no crime de peculato, porquanto se trata de crime plurissubsistente.

8.7. Ação Penal

A ação penal é pública incondicionada.

A súmula n. 147/STJ assevera que compete à Justiça Federal processar e julgar o crime praticado contra funcionário público federal, no exercício da sua função ou em razão dela.

8.8. Pena

A pena prevista para o crime é de reclusão de dois a doze anos, além da multa. Logo, podemos concluir que:

a) Não é possível a transação penal (art. 76, Lei n. 9.099/95), pois não se trata de infração penal de menor potencial ofensivo;

b) Não é possível a suspensão condicional do processo (art. 89, Lei n. 9.099/95), pois a pena mínima ultrapassa um ano.

8.9. Classificação

O crime pode ser classificado como:

a) **Próprio** (exige qualidade especial do agente);

---

24. Em sua "jurisprudência em teses", o STJ fez consignar que a consumação do crime de peculato-apropriação ocorre com a inversão da posse da coisa. Em verdade, a posse do bem já se encontrava com o funcionário público antes da consumação. O que ocorre, no momento consumativo, é a mudança da forma de possui, pois o peculatário passa a agir com *animus domini*, intenção de apropriar da coisa.

25. STJ, HC 37202/RJ, Rel. Min. Gilson Dipp.

26. STJ, RHC 36.755/AP, rel. Min. Jorge Mussi, julgado em 16/12/2004.

b) **Material** (a consumação exige a produção de um resultado naturalístico);

c) De **forma livre** (a Lei não estabelece exigência para a forma de execução);

d) **Simples** (tutela apenas um bem jurídico);

e) **Comissivo** (em regra);

f) **Unissubjetivo** (pode haver ou não concurso de pessoas);

g) **Instantâneo** (consuma-se de imediato);

h) **Plurissubsistente** (a conduta pode ser fracionada, e por isso admite a tentativa);

i) **Doloso** ou **culposo**.

8.10. Quadro Sinótico

PECULATO		
Considerações Iniciais	A doutrina costuma dividir este crime em: a) peculato-apropriação (art. 312, *caput,* primeira parte); b) peculato-desvio (art. 312, *caput*, segunda parte); c) peculato-furto (art. 312, §1º); d) peculato culposo (art. 312, § 2º.). Como se percebe, no peculato, o funcionário público apropria-se (peculato-apropriação), desvia (peculato desvia) ou subtrai (peculato-furto) dinheiro, valor ou outro bem móvel, público ou particular. Relevante notar que a natureza do dinheiro, valor ou bem (público ou particular) é indiferente para a caracterização do crime. O que diferencia o peculato de crimes como a apropriação indébita (art. 168, CP) ou furto (art. 155, CP) não é a natureza do bem envolvido, mas sim a condição de funcionário público. Vale dizer que o peculato de uso, tal qual o furto nesta mesma modalidade, também é atípico[27]. Relevante salientar, contudo, que o Decreto-Lei n. 201/67, que trata dos crimes de responsabilidade praticados por prefeito municipal, prevê, em seu art. 1º. II, a conduta consistente em "utilizar-se, indevidamente, em proveito próprio ou alheio, de bens, rendas ou serviços públicos".	1
Tipicidade Objetiva	As condutas previstas no tipo penal são: **a) Apropriar-se**: Esta conduta pressupõe quer o agente tenha a posse da coisa. **b) Desviar:** desviar o destino, a rota, desencaminhar, alterar o trajeto. **c) Subtrair:** retirar, tomar. As condutas podem recair sobre bens públicos ou particulares, pois o que caracteriza o peculato é a condição do sujeito ativo (funcionário público no exercício ou em razão da função), e não a natureza do objeto material.	2

27. STJ, HC 94.168, Rel. Min. Jane Silva (convocada).

Sujeitos	**Sujeito ativo:** é o funcionário público. **Sujeito passivo:** O sujeito passivo direto é o Estado, titular do bem jurídico Administração Pública. De forma secundária, admite-se também como sujeito passivo o particular, proprietário do bem, objeto ou valor.	3
Objetos	**Objeto jurídico:** o bem jurídico tutelado no crime de peculato é a Administração Pública, em seu aspecto patrimonial e moral. Secundariamente, tutela-se, também, o patrimônio do particular. **Objeto material:** é o dinheiro, bem ou valor, público ou particular, sobre o qual vai recair a conduta criminosa.	4
Elemento Subjetivo	É o dolo, a vontade livre e consciente de praticar as condutas descritas no tipo penal (apropriar-se, desviar, subtrair). Há referência, ainda, ao elemento subjetivo do tipo, quando se faz menção à expressão "proveito próprio ou alheio". O §2º, prevê, ainda, a modalidade culposa da conduta. É imprescindível que, da conduta culposa do funcionário público ocorra um crime praticado por outra pessoa. Caso contrário, o funcionário negligente terá praticado fato atípico. A grande particularidade do crime de peculato culposo é a consequência decorrente da reparação do dano ou restituição da coisa. Se esta reparação ou restituição ocorrer até a sentença irrecorrível haverá a extinção da punibilidade do agente; se ocorrer após a sentença condenatória irrecorrível, isto é, em fase de execução da pena, haverá a sua redução pela metade. Neste, é possível aplicar-se o instituto do arrependimento posterior, causa de diminuição de pena prevista na parte geral (art. 16, CP). Assim, se a reparação do dano ou restituição da coisa ocorrer até o recebimento da denúncia ou queixa, haverá a diminuição da pena, de um a dois terços. Se a reparação ou restituição ocorrer em momento posterior ao recebimento da denúncia ou queixa, é caso de se aplicar a atenuante prevista no art. 65, III, *b*, CP.	5
Consumação e Tentativa	**a)** Peculato-apropriação: a consumação ocorre no momento em que o agente passa a agir com o *animus rem sibi habendi*, isto é, com a intenção de se tornar proprietário do bem. É imprescindível que a posse do bem tenha sido adquirida de forma legítima, pois se já existia a intenção prévia de se apoderar do bem, estaremos diante de um estelionato. Ademais, se a posse foi adquirida mediante o emprego de violência ou grave ameaça, não haverá que se falar em peculato, mas sim em roubo (art. 157, CP) ou extorsão (art. 158, CP).	6
Consumação e Tentativa	**b)** Peculato-desvio: a consumação ocorre no momento do desvio, ainda que outro seja o momento da efetiva obtenção do proveito (STJ, HC 37202/RJ, Rel. Min. Gilson Dipp). **c)** Peculato-furto: a consumação ocorre no momento em que se efetiva a subtração. É possível falar em tentativa no crime de peculato, porquanto se trata de crime plurissubsistente.	6
Ação Penal	A ação penal é pública incondicionada. A súmula n. 147/STJ assevera que compete à Justiça Federal processar e julgar o crime praticado contra funcionário público federal, no exercício da sua função ou em razão dela.	7

Penas	A pena prevista para o crime é de reclusão de dois a doze anos, além da multa.	8
Classificação	a) **Próprio** (exige qualidade especial do agente); b) **Material** (a consumação exige a produção de um resultado naturalístico); c) De forma **livre** (a Lei não estabelece exigência para a forma de execução); d) **Simples** (tutela apenas um bem jurídico); e) **Comissivo** (em regra); f) **Unissubjetivo** (pode haver ou não concurso de pessoas); g) **Instantâneo** (consuma-se de imediato); h) **Plurissubsistente** (a conduta pode ser fracionada, e por isso admite a tentativa); i) **Doloso** ou **culposo**.	9

8.11. Súmulas Aplicáveis

8.11.1. *STJ*

147. Compete à Justiça Federal processar e julgar os crimes praticados contra funcionário público federal, quando relacionados com o exercício da função.

8.12. Questões de Concursos Públicos

01. **(FCC - 2017 - TRE-PR - Analista Judiciário - Área Judiciária) Augusto, diretor de uma repartição pública, por estar distraído, esquece a porta do cofre ali existente destrancada. Alexandre, outro funcionário público que ali trabalha, valendo-se da facilidade de acesso ao local em razão de seu cargo, percebe o ocorrido e subtrai bens particulares que ali estavam guardados. De acordo com esta situação,**

(A) Augusto e Alexandre responderão pelo crime de peculato-furto em concurso de agentes.

(B) Augusto cometeu o crime de furto culposo, enquanto Alexandre praticou o crime de furto qualificado, considerando que os bens subtraídos do cofre eram particulares.

(C) Augusto praticou o crime de peculato culposo, ao passo que Alexandre responderá pelo crime de peculato mediante erro de outrem.

(D) Augusto cometeu o crime de peculato culposo e Alexandre praticou o crime de peculato-furto.

(E) Augusto não cometeu crime algum, em razão da ausência de dolo. Alexandre responderá pela prática de peculato-apropriação.

02. **(FAURGS - 2017 - TJ-RS - Técnico Judiciário) O funcionário público que, valendo-se da facilidade que lhe proporciona a sua qualidade de funcionário, embora não tendo a posse do dinheiro, valor ou bem, o subtrai, em proveito próprio ou alheio, pratica o crime de**

(A) peculato-a propriação.

(B) peculato-furto.

(C) peculato culposo.

(D) peculato mediante erro de outrem.

(E) corrupção passiva.

03. **(CESPE - 2018 - MPU - Analista do MPU - Direito) Com relação aos crimes em espécie, julgue o item que se segue, considerando o entendimento firmado pelos tribunais superiores e a doutrina majoritária.**

No crime de peculato, o proveito a que se refere o tipo penal pode ser tanto material quanto moral, consumando-se o delito mesmo que a vantagem auferida pelo agente não seja de natureza econômica.

( ) Certo

( ) Errado

04. (CESPE - 2016 - TCE-PR - Analista de Controle - Jurídica) No que se refere ao crime de peculato, assinale a opção correta com base na jurisprudência do Superior Tribunal de Justiça (STJ).

(A) A reparação do dano pelo funcionário público antes do recebimento da denúncia exclui a configuração do crime de peculato doloso.

(B) A qualidade de funcionário público do sujeito ativo é elementar do crime de peculato, a qual não se comunica a coautores e partícipes estranhos ao serviço público.

(C) A circunstância de o sujeito ativo ser funcionário público ocupante de cargo de elevada responsabilidade justifica a majoração da pena-base aplicada em decorrência da condenação pela prática do crime de peculato.

(D) A consumação do crime de peculato-apropriação ocorre com a posse mansa e pacífica do objeto material pelo funcionário público.

(E) A consumação do crime de peculato-desvio ocorre no momento em que o funcionário público obtém a vantagem indevida com o desvio do dinheiro, ou outro bem móvel, em proveito próprio ou de terceiro.

05. (CESPE - 2016 - PC-GO - Escrivão de Polícia Substituto) Com referência à tipificação das diversas modalidades de crimes e ao processamento desses crimes, assinale a opção correta.

(A) Configura-se o peculato na modalidade de desvio quando o servidor público, consciente e voluntariamente, desvia, em proveito próprio ou de terceiro, verba que detém em razão do cargo que ocupa na sua repartição.

(B) Não constitui causa especial de aumento de pena a prática de lesões corporais contra cônjuge ou companheiro(a) de policial civil ou militar em razão dessa condição.

(C) O assassinato da esposa ou companheira será classificado como feminicídio apenas quando for praticado no ambiente doméstico e familiar, sujeitando o infrator à pena de doze a trinta anos de reclusão.

(D) Consoante a jurisprudência do Supremo Tribunal Federal, reputa-se tentado o latrocínio quando há a morte da vítima, mas o agente não logra obter a subtração da res furtiva pretendida por circunstâncias alheias à sua vontade.

(E) O crime de estupro de vulnerável constitui ação penal pública condicionada à representação da pessoa ofendida, que deve estar assistida pelo seu representante legal.

06. (FCC - 2016 - SEGEP-MA - Técnico da Receita Estadual - Arrecadação e Fiscalização de Mercadorias em Trânsito - Conhecimentos Gerais) Praticado o peculato culposo, fica extinta a punibilidade do funcionário público que repara o dano antes

(A) do oferecimento da denúncia.

(B) da sentença irrecorrível.

(C) da conclusão da investigação penal.

(D) de ser exonerado do serviço público.

(E) da conclusão do processo administrativo disciplinar.

07. (FCC - 2016 - AL-MS - Agente de Polícia Legislativo) Josué, funcionário público, após cometer crime de peculato culposo, é denunciado pelo Ministério Público e regularmente processado pela Justiça Pública. Após a regular instrução do feito, Josué é condenado a cumprir pena de seis meses de detenção em regime inicial aberto pelo Magistrado de Primeiro Grau. Josué, inconformado, interpôs o recurso cabível. Durante o trâmite do recurso, Josué, arrependido, repara integralmente o dano causado à Administração pública. Neste caso, Josué

(A) terá sua pena reduzida em metade.

(B) terá a sua punibilidade extinta.

(C) terá sua pena reduzida em um terço.

(D) não terá direito a qualquer benefício, pois a reparação ocorreu após a sentença de primeiro grau.

(E) terá sua pena reduzida de dois terços.

08. (CESPE - 2018 - ABIN - Agente de Inteligência) Acerca dos crimes contra a administração pública, julgue o item a seguir.

O crime de peculato pode ser praticado por quem exerce emprego público, ainda que sua atividade seja transitória ou sem remuneração.

( ) Certo

( ) Errado

09. (CESPE - 2018 - EMAP - Analista Portuário - Área Jurídica) Julgue o item seguinte, a respeito dos crimes contra a administração pública.

Constitui crime de peculato na modalidade de desvio a aplicação de recurso para o alcance de finalidade diversa da prevista em lei, ainda que tal aplicação atenda ao interesse público.

( ) Certo

( ) Errado

10. **(CESPE - 2017 - TRE-BA - Analista Judiciário - Área Judiciária) No exercício de suas atribuições, um funcionário público prestava atendimento a um cidadão quando necessitou buscar, no interior da repartição, um documento para concluir um procedimento. Por descuido do funcionário, um laptop da instituição, que estava sendo utilizado por ele, ficou desvigiado, às vistas do cidadão que recebia o atendimento. Quando o funcionário retornou, não encontrou o cidadão e observou que o laptop havia sumido. Posteriormente, as investigações policiais concluíram que aquele cidadão havia furtado o laptop, que não foi recuperado.**

Nesse caso, o funcionário público

(A) não praticou crime, uma vez que não anuiu à conduta delituosa.

(B) foi partícipe do crime de furto praticado e, por isso, será condenado às penas cominadas para esse crime, na medida de sua culpabilidade.

(C) praticou peculato culposo, podendo a punibilidade ser extinta caso ele repare o dano ao órgão até o trânsito em julgado da sentença penal condenatória.

(D) cometeu crime de peculato-furto, pois concorreu para a realização do furto, podendo ser reconhecida a atipicidade do fato pelo princípio da insignificância.

(E) responderá por peculato impróprio desde que o cidadão seja condenado por furto.

GABARITO: As respostas destes testes encontram-se no final do livro..

8.13. Questões Discursivas com Comentários

06. **(OAB - 19º EXAME DE ORDEM UNIFICADO - 2016 - ADAPTADA) Sabendo que Vanessa, uma vizinha com quem nunca tinha conversado, praticava diversos furtos no bairro em que morava, João resolve convidá-la para juntos subtraírem R$ 1.000,00 de um cartório do Tribunal de Justiça, não contando para ela, contudo, que era funcionário público e nem que exercia suas funções nesse cartório. Praticam, então, o delito, e Vanessa fica surpresa com a facilidade que tiveram para chegar ao cofre do cartório. Descoberto o fato pelas câmeras de segurança, são os dois agentes denunciados, em 10 de março de 2015, pela prática do crime de peculato. João foi notificado e citado pessoalmente, enquanto Vanessa foi notificada e citada por edital, pois não foi localizada em sua residência.**

A família de Vanessa constituiu advogado e o processo prosseguiu, mas dele a ré não tomou conhecimento. Foi decretada a revelia de Vanessa, que não compareceu aos atos processuais. Ao final, os acusados foram condenados pela prática do crime previsto no Art. 312 do Código Penal à pena de 02 anos de reclusão. Ocorre que, na verdade, Vanessa estava presa naquela mesma Comarca, desde 05 de março de 2015, em razão de prisão preventiva decretada em outros dois processos.

Ao ser intimada da sentença, ela procura você na condição de advogado(a). Considerando a hipótese narrada, responda aos itens a seguir.

No mérito, foi Vanessa corretamente condenada pela prática do crime de peculato? Justifique.

COMENTÁRIOS

Ora, conforme o Art. 18, § único do Código Penal, para que seja configurado o delito é necessário que o agente tenha agido com dolo ou culpa. *In casu*, a condição de funcionário público do coautor não se inseriu na esfera de voluntariedade e consciência da acusada antes da incidência do ato, o que torna o fato impunível. Ademais, trata-se de crime próprio. Sendo assim, seria atípica a conduta de Vanessa em relação ao peculato, podendo incidir, entretanto, a imputação por furto.

9. PECULATO MEDIANTE ERRO DE OUTREM

> **Art. 313** - Apropriar-se de dinheiro ou qualquer utilidade que, no exercício do cargo, recebeu por erro de outrem:
>
> Pena - reclusão, de um a quatro anos, e multa.

9.1. Considerações Iniciais

Como a própria terminologia do tipo penal indica, o crime pressupõe que o agente – funcionário público no exercício da função ou em razão dela – valha-se do erro de outra pessoa. Por esta razão, este crime é chamado, doutrinariamente, de peculato-estelionato.

Acerca da classificação, o crime de *peculato mediante erro de outrem* é simples, próprio, material, de dano, de forma livre, comissivo (regra); instantâneo; unissubjetivo e plurissubsistente.

9.2. Tipicidade Objetiva

A conduta prevista no tipo penal é "**apropriar-se**" (apossar-se, tornar-se proprietário, tomar para si, haver como seu, haver para si).

9.3. Sujeitos

Sujeito ativo: é o funcionário público, no exercício da função ou em razão dela. Trata-se, portanto, de crime próprio, vale dizer, de crime que exige uma qualidade especial do agente. Admite-se que o crime seja praticado por particular, conquanto o seja em coautoria ou participação com o funcionário público (art. 30, CP).

Sujeito passivo: O sujeito passivo direto é o Estado, titular do bem jurídico Administração Pública. De forma secundária, admite-se também como sujeito passivo a pessoa vítima da fraude.

9.4. Objetos

Objeto jurídico: O bem jurídico tutelado no crime de peculato é a Administração Pública, em seu aspecto patrimonial e moral.

Objeto material: é o dinheiro ou a utilidade, pois são as coisas sobre as quais pode recair a conduta do agente.

9.5. Elemento Subjetivo

É o dolo, consistente na vontade livre e consciente de se apoderar do dinheiro ou utilidade que recebeu por erro de outrem. Deve haver a consciência do erro em que incorre a pessoa que entrega o dinheiro ou vantagem ao agente.

9.6. Consumação e Tentativa

Ocorre a consumação no momento em que o funcionário público, ciente do erro da outra pessoa, apodera-se do dinheiro ou utilidade, portando-se como proprietário. É possível a tentativa.

9.7. Ação Penal

A ação penal é pública incondicionada.

9.8. Pena

A pena prevista para o crime é de reclusão de um a quatro anos, além da multa. Logo, podemos concluir que:

a) Não é possível a transação penal (art. 76, Lei n. 9.099/95), pois não se trata de infração penal de menor potencial ofensivo;

b) É possível a suspensão condicional do processo (art. 89, Lei n. 9.099/95), pois a pena mínima não ultrapassa um ano.

9.9. Classificação

O crime pode ser classificado como:

a) **Próprio** (exige qualidade especial do agente);

b) **Material** (a consumação exige a produção de um resultado naturalístico);

c) De **forma livre** (a Lei não estabelece exigência para a forma de execução);

d) **Simples** (tutela apenas um bem jurídico);

e) **Comissivo** (em regra);

f) **Unissubjetivo** (pode haver ou não concurso de pessoas);

g) **Instantâneo** (consuma-se de imediato);

h) **Plurissubsistente** (a conduta pode ser fracionada, e por isso admite a tentativa);

i) **Doloso**.

9.10. Quadro Sinótico

PECULATO MEDIANTE ERRO DE OUTREM		
Considerações Iniciais	Como a própria terminologia do tipo penal indica, o crime pressupõe que o agente – funcionário público no exercício da função ou em razão dela – valha-se do erro de outra pessoa. Por esta razão, este crime é chamado, doutrinariamente, de peculato-estelionato.	1

Tipicidade Objetiva	A conduta prevista no tipo penal é "**apropriar-se**" (apossar-se, tornar-se proprietário, tomar para si, haver como seu, haver para si).	2
Sujeitos	**Sujeito ativo:** é o funcionário público, no exercício da função ou em razão dela. Admite-se que o crime seja praticado por particular, conquanto o seja em coautoria ou participação com o funcionário público (art. 30, CP). **Sujeito passivo:** O sujeito passivo direto é o Estado, titular do bem jurídico Administração Pública. De forma secundária, admite-se também como sujeito passivo a pessoa vítima da fraude.	3
Objetos	**Objeto jurídico:** O bem jurídico tutelado no crime de peculato é a Administração Pública, em seu aspecto patrimonial e moral. **Objeto material:** é o dinheiro ou a utilidade.	4
Elemento Subjetivo	É o dolo, consistente na vontade livre e consciente de se apoderar do dinheiro ou utilidade que recebeu por erro de outrem. Deve haver a consciência do erro em que incorre a pessoa que entrega o dinheiro ou vantagem ao agente.	5
Consumação e Tentativa	Ocorre a consumação no momento em que o funcionário público, ciente do erro da outra pessoa, apodera-se do dinheiro ou utilidade, portando-se como proprietário. É possível a tentativa.	6
Ação Penal	A ação penal é de iniciativa pública incondicionada.	7
Pena	A pena prevista para o crime é de reclusão de um a quatro anos, além da multa.	8
Classificação	a) **Próprio** (exige qualidade especial do agente); b) **Material** (a consumação exige a produção de um resultado naturalístico); c) De forma **livre** (a Lei não estabelece exigência para a forma de execução); d) **Simples** (tutela apenas um bem jurídico); e) **Comissivo** (em regra); f) **Unissubjetivo** (pode haver ou não concurso de pessoas); g) **Instantâneo** (consuma-se de imediato); h) **Plurissubsistente** (a conduta pode ser fracionada, e por isso admite a tentativa); i) **Doloso**.	9

10. INSERÇÃO DE DADOS FALSOS EM SISTEMAS DE INFORMAÇÕES

Art. 313-A – Inserir ou facilitar, o funcionário autorizado, a inserção de dados falsos, alterar ou excluir indevidamente dados corretos nos sistemas informatizados ou bancos de dados da Administração Pública com o fim de obter vantagem indevida para si ou para outrem ou para causar dano:

Pena – reclusão, de 2 (dois) a 12 (doze) anos, e multa.

10.1. Considerações Iniciais

O artigo 313-A foi inserido no Código Penal pela Lei n. 9.983/2000 como mais uma modalidade de peculato, razão pela qual podemos reconhecê-lo como *peculato eletrônico* – pelo modo com o qual é realizada a conduta.

Acerca da classificação, o crime de *inserção de dados falsos no sistema de informações* é simples, próprio, formal, de dano, de forma livre, comissivo (regra); instantâneo; unissubjetivo e plurissubsistente.

10.2. Tipicidade Objetiva

Os núcleos do tipo penal são constituídos dos verbos "inserir" (introduzir, incluir, colocar), "facilitar" (permitir, viabilizar, dar ensejo), "alterar" (mudar, modificar) ou "excluir" (retirar, remover, eliminar).

10.3. Sujeitos

Sujeito ativo: somente o funcionário público autorizado pode figurar como sujeito ativo de delito de inserção de dados falsos em sistemas de informações. É necessário, portanto, que, além dessa qualificação própria de funcionário público, ele seja autorizado a atuar com os sistemas informatizados do poder público; isto significa que o sujeito, além de funcionário público, possui senha de acesso a uma área restrita, ou poder de comando em determinados setores que os outros funcionários públicos não possuem e tampouco o público em geral.

O terceiro ou o funcionário público não autorizado podem atuar em concurso com o funcionário público autorizado. Dessa forma, responderão todos pela mesma infração penal, a teor do que dispõe o artigo 30 do Código Penal, pois, neste caso, a condição pessoal de funcionário público autorizado vai se comunicar aos coautores ou partícipes.

Sujeito passivo: o sujeito passivo direto é o Estado. Secundariamente, admite-se, também, na condição de sujeito passivo, qualquer prejudicado, seja pessoa física ou jurídica.

10.4. Objetos

Objeto jurídico: levando em consideração que todas as atividades da Administração Pública são pautadas pelo princípio da legalidade e que dela decorre a segurança jurídica de seus atos, vale dizer que, no que se refere a este crime, a objetividade jurídica é a segurança e a proteção de suas informações, mais precisamente as informações informatizadas que só devem ser modificadas nas formas e limites legais.

Objeto material: o objeto material deste delito são os dados constantes dos bancos de dados.

10.5. Elemento Subjetivo

O elemento subjetivo do tipo penal é o dolo. É necessária a presença da vontade de inserir, facilitar, alterar ou excluir.

Exige-se, de igual sorte, o elemento subjetivo específico do tipo que consiste em obter vantagem indevida para si ou para outrem, ou para causar dano, apenas.

10.6. Consumação e Tentativa

Consuma-se o delito quando há alteração ou modificação no sistema de informações da Administração Pública, seja por meio de atuação direta (do funcionário público autorizado), seja por meio da facilitação a terceiros, com a finalidade de obter vantagem indevida para si ou para outrem, ou apenas para causar dano.

A tentativa é admissível.

10.7. Ação Penal

A ação penal é de iniciativa pública incondicionada.

10.8. Pena

A pena prevista para o crime é de reclusão de dois a doze anos, além da multa. Logo, podemos concluir que:

a) Não é possível a transação penal (art. 76, Lei n. 9.099/95), pois não se trata de infração penal de menor potencial ofensivo;

b) Não é possível a suspensão condicional do processo (art. 89, Lei n. 9.099/95), pois a pena mínima ultrapassa um ano.

10.9. Classificação

O crime pode ser classificado como:

a) **Próprio** (exige qualidade especial do agente);

b) **Formal** (a consumação dispensa a produção de um resultado naturalístico);

c) De **forma livre** (a Lei não estabelece exigência para a forma de execução);

d) **Simples** (tutela apenas um bem jurídico);

e) **Comissivo** (em regra);

f) **Unissubjetivo** (pode haver ou não concurso de pessoas);

g) **Instantâneo** (consuma-se de imediato);

h) **Plurissubsistente** (a conduta pode ser fracionada, e por isso admite a tentativa);

i) **Doloso**.

10.10. Quadro Sinótico

INSERÇÃO DE DADOS FALSOS EM SISTEMAS DE INFORMAÇÕES		
Considerações Iniciais	O artigo 313-A foi inserido no Código Penal pela Lei n. 9.983/2000 como mais uma modalidade de peculato, razão pela qual podemos reconhecê-lo como *peculato eletrônico* – pelo modo com o qual é realizada a conduta.	1
Tipicidade Objetiva	Os núcleos do tipo penal são constituídos dos verbos "inserir" (introduzir, incluir, colocar), "facilitar" (permitir, viabilizar, dar ensejo), "alterar" (mudar, modificar) ou "excluir" (retirar, remover, eliminar).	2
Sujeitos	**Sujeito ativo:** somente o funcionário público autorizado pode figurar como sujeito ativo de delito de inserção de dados falsos em sistemas de informações. É necessário, portanto, que, além dessa qualificação própria de funcionário público, ele seja autorizado a atuar com os sistemas informatizados do poder público; isto significa que o sujeito, além de funcionário público, possui senha de acesso a uma área restrita, ou poder de comando em determinados setores que os outros funcionários públicos não possuem e tampouco o público em geral.	3
Sujeitos	O terceiro ou o funcionário público não autorizado podem atuar em concurso com o funcionário público autorizado. **Sujeito passivo:** o sujeito passivo direto é o Estado. Secundariamente, admite-se, também, na condição de sujeito passivo, qualquer prejudicado, seja pessoa física ou jurídica.	3
Objetos	**Objeto jurídico:** é a segurança e a proteção de suas informações, mais precisamente as informações informatizadas que só devem ser modificadas nas formas e limites legais. **Objeto material:** são os dados constantes dos bancos de dados.	4
Elemento Subjetivo	O elemento subjetivo do tipo penal é o dolo. Exige-se, de igual sorte, o elemento subjetivo específico do tipo que consiste em obter vantagem indevida para si ou para outrem, ou para causar dano, apenas.	5
Consumação e Tentativa	Consuma-se o delito quando há alteração ou modificação no sistema de informações da Administração Pública, seja por meio de atuação direta (do funcionário público autorizado), seja por meio da facilitação a terceiros, com a finalidade de obter vantagem indevida para si ou para outrem, ou apenas para causar dano. A tentativa é admissível.	6
Ação Penal	A ação penal é de iniciativa pública incondicionada.	7
Penas	A pena prevista para o crime é de reclusão de dois a doze anos, além da multa.	8

Classificação	a) **Próprio** (exige qualidade especial do agente); b) **Formal** (a consumação dispensa a produção de um resultado naturalístico); c) De forma **livre** (a Lei não estabelece exigência para a forma de execução); d) **Simples** (tutela apenas um bem jurídico); e) **Comissivo** (em regra); f) **Unissubjetivo** (pode haver ou não concurso de pessoas); g) **Instantâneo** (consuma-se de imediato); h) **Plurissubsistente** (a conduta pode ser fracionada, e por isso admite a tentativa); i) **Doloso**.	9

11. MODIFICAÇÃO OU ALTERAÇÃO NÃO AUTORIZADA NO SISTEMA DE INFORMAÇÃO

> **Art. 313-B** - Modificar ou alterar, o funcionário, sistema de informações ou programa de informática sem autorização ou solicitação de autoridade competente:
>
> *Pena* - detenção, de 3 (três) meses a 2 (dois) anos, e multa.
>
> Parágrafo único. As penas são aumentadas de um terço até a metade se da modificação ou alteração resulta dano para a Administração Pública ou para o administrado.

11.1. Considerações Iniciais

O artigo 313-B do CP também foi introduzido pela Lei n. 9.983/2000.

Diferentemente do que ocorre no crime tipificado no artigo 313-A, no crime em comento não há a necessidade de o funcionário público ser autorizado a atuar nos sistemas informatizados da Administração Pública.

Acerca da classificação, o crime de *modificação ou alteração não autorizada de sistema de informações* é simples, próprio, formal, de dano, de forma livre, comissivo (regra); instantâneo; unissubjetivo e plurissubsistente.

11.2. Tipicidade Objetiva

Os núcleos do tipo penal são os verbos "modificar" e "alterar". A rigor, os verbos possuem o mesmo significado, sendo despiciendo tentar encontrar distinções significativas entre eles. Ambos exprimem a ideia de mudança. Na conduta típica, o agente promove mudanças nos sistemas de informação ou programas de informática.

11.3. Sujeitos

Sujeito ativo: somente o funcionário público pode ser sujeito ativo do delito. Trata-se de crime próprio, portanto.

Sujeito passivo: o sujeito passivo é o Estado, bem como (secundariamente) todo terceiro prejudicado – seja pessoa física ou jurídica.

11.4. Objetos

Objeto jurídico: o objeto juridicamente protegido é a própria Administração Pública, em razão da incolumidade dos seus sistemas de informação e programas de informática.

Objeto material: como objeto material da conduta, temos o sistema de informações – aqui entendido como o que opera através de banco de dados e os programas de informática, que seria o próprio *software*.

11.5. Elemento Subjetivo

O dolo é o elemento subjetivo exigido pelo tipo penal. Não há previsão de modalidade culposa.

11.6. Consumação e Tentativa

O delito é consumado quando o agente modifica ou altera – parcial ou totalmente, vale dizer – o sistema de informações da Administração Pública.

A tentativa é possível.

11.7. Ação Penal

A ação penal é de iniciativa pública incondicionada.

11.8. Pena

A pena prevista para o crime é de detenção de três meses a dois anos, além da multa. Logo, podemos concluir que:

a) É possível a transação penal (art. 76, Lei n. 9.099/95), pois se trata de infração penal de menor potencial ofensivo;

b) É possível a suspensão condicional do processo (art. 89, Lei n. 9.099/95), pois a pena mínima não ultrapassa um ano.

11.9. Classificação

O crime pode ser classificado como:

a) **Próprio** (exige qualidade especial do agente);

b) **Formal** (a consumação dispensa a produção de um resultado naturalístico);

c) De **forma livre** (a Lei não estabelece exigência para a forma de execução);

d) **Simples** (tutela apenas um bem jurídico);

e) **Comissivo** (em regra);

f) **Unissubjetivo** (pode haver ou não concurso de pessoas);

g) **Instantâneo** (consuma-se de imediato);

h) **Plurissubsistente** (a conduta pode ser fracionada, e por isso admite a tentativa);

i) **Doloso.**

11.10. QUADRO SINÓTICO

MODIFICAÇÃO OU ALTERAÇÃO NÃO AUTORIZADA NO SISTEMA DE INFORMAÇÃO		
Considerações Iniciais	O artigo 313-B do CP também foi introduzido pela Lei n. 9.983/2000. No crime em comento não há a necessidade de o funcionário público ser autorizado a atuar nos sistemas informatizados da Administração Pública.	1
Tipicidade Objetiva	Os núcleos do tipo penal são os verbos "modificar" e "alterar". Ambos exprimem a ideia de mudança. Na conduta típica, o agente promove mudanças nos sistemas de informação ou programas de informática.	2
Sujeitos	**Sujeito ativo:** somente o funcionário público pode ser sujeito ativo do delito. **Sujeito passivo:** o sujeito passivo é o Estado, bem como (secundariamente) todo terceiro prejudicado – seja pessoa física ou jurídica.	3
Objetos	**Objeto jurídico:** o objeto juridicamente protegido é a própria Administração Pública, em razão da incolumidade dos seus sistemas de informação e programas de informática. **Objeto material:** como objeto material da conduta, temos o sistema de informações – aqui entendido como o que opera através de banco de dados e os programas de informática, que seria o próprio *software*.	4
Elemento Subjetivo	O dolo é o elemento subjetivo exigido pelo tipo penal. Não há previsão de modalidade culposa.	5
Consumação e Tentativa	O delito é consumado quando o agente modifica ou altera – parcial ou totalmente, vale dizer – o sistema de informações da Administração Pública. A tentativa é possível.	6
Ação Penal	A ação penal é de iniciativa pública incondicionada.	7
Pena	A pena prevista para o crime é de detenção de três meses a dois anos, além da multa.	8
Classificação	**a)** **Próprio** (exige qualidade especial do agente); **b)** **Formal** (a consumação dispensa a produção de um resultado naturalístico); **c)** De forma **livre** (a Lei não estabelece exigência para a forma de execução);	9

Classificação	d) **Simples** (tutela apenas um bem jurídico); e) **Comissivo** (em regra); f) **Unissubjetivo** (pode haver ou não concurso de pessoas); g) **Instantâneo** (consuma-se de imediato); h) **Plurissubsistente** (a conduta pode ser fracionada, e por isso admite a tentativa); i) **Doloso**.	9

12. EXTRAVIO, SONEGAÇÃO OU INUTILIZAÇÃO DE LIVRO OU DOCUMENTO

Art. 314 - Extraviar livro oficial ou qualquer documento, de que tem a guarda em razão do cargo; sonegá-lo ou inutilizá-lo, total ou parcialmente:

Pena - reclusão, de um a quatro anos, se o fato não constitui crime mais grave.

12.1. Considerações Iniciais

As condutas descritas no tipo têm como objeto livro oficial ou documento. O documento pode ser tanto público como particular, bastando somente que a sua existência seja alvo de interesse administrativo, a exemplo das provas escritas de concursos públicos, pareceres, etc.

A conduta exige, ainda, que o agente tenha a atribuição de guarda desses livros e documentos, ou seja, seja o funcionário público encarregado.

Consistindo o fato em crime mais grave, será este do artigo 314 do Código Penal, puramente subsidiário, como explicitado em "se o fato não constitui crime mais grave".

Acerca da classificação, o crime de *extravio, sonegação ou inutilização de livro ou documento* é simples, próprio, formal, de dano, de forma livre, comissivo (regra); instantâneo; unissubjetivo e plurissubsistente.

12.2. Tipicidade Objetiva

O núcleo do tipo penal corresponde ao verbo "extraviar" (impedir que chegue ao destino).

12.3. Sujeitos

Sujeito ativo: o sujeito ativo é o funcionário público no exercício do cargo, pois se trata de crime próprio. Admite-se a participação de terceiro não qualificado. Se, todavia, for praticado por agente fiscal, incorrerá o agente na conduta tipificada no art. 3, I da Lei n. 8.137/90 – extraviar livro ou processo fiscal.

Sujeito passivo: o sujeito passivo é o Estado. O particular, seja pessoa física ou jurídica, também podem ocupar o polo passivo, se o objeto material do qual o Estado tinha a posse lhe pertencerem.

12.4. Objetos

Objeto jurídico: o objeto jurídico protegido é a Administração Pública.

Objeto material: o objeto material é o livro oficial ou o documento.

12.5. Elemento Subjetivo

O dolo é o elemento subjetivo exigido pelo tipo penal. Os núcleos extraviar e inutilizar indicam um comportamento comissivo do agente, enquanto o verbo sonegar, pressupõe uma omissão própria.

12.6. Consumação e Tentativa

No particular deste crime, devemos analisar cada um dos núcleos:

a) **Extraviar:** delito permanente e plurissubsistente. Admite-se a tentativa.

b) **Sonegar:** delito também permanente. O funcionário possui o dever de apresentar o livro ou documento e deixa de fazê-lo; por esta razão não se admite a tentativa.

c) **Inutilizar:** crime plurissubsistente, portanto, admite-se a tentativa. Por sua vez, é crime instantâneo, tendo que seus efeitos eventualmente podem ser permanentes.

12.7. Ação Penal

A ação penal é pública e incondicionada.

12.8. Pena

A pena prevista para o crime é de reclusão de um a quatro anos, se o fato não constitui crime mais grave. Logo, podemos concluir que:

a) Não é possível a transação penal (art. 76, Lei n. 9.099/95), pois não se trata de infração penal de menor potencial ofensivo;

b) É possível a suspensão condicional do processo (art. 89, Lei n. 9.099/95), pois a pena mínima não ultrapassa um ano.

12.9. Classificação

O crime pode ser classificado como:

a) **Próprio** (exige qualidade especial do agente);

b) **Formal** (a consumação dispensa a produção de um resultado naturalístico);

c) De **forma livre** (a Lei não estabelece exigência para a forma de execução);

d) **Simples** (tutela apenas um bem jurídico);

e) **Comissivo** (em regra);

f) **Unissubjetivo** (pode haver ou não concurso de pessoas);

g) **Instantâneo** (consuma-se de imediato);

h) **Plurissubsistente** (a conduta pode ser fracionada, e por isso admite a tentativa) ou **unissubsistente** (a conduta não pode ser fracionada), a depender do caso;

i) **Doloso**.

12.10. Quadro Sinótico

EXTRAVIO, SONEGAÇÃO OU INUTILIZAÇÃO DE LIVRO OU DOCUMENTO		
Considerações Iniciais	As condutas descritas no tipo têm como objeto livro oficial ou documento. O documento pode ser tanto público como particular, bastando somente que a sua existência seja alvo de interesse administrativo, a exemplo das provas escritas de concursos públicos, pareceres, etc. A conduta exige, ainda, que o agente tenha a atribuição de guarda desses livros e documentos, ou seja, seja o funcionário público encarregado. Consistindo o fato em crime mais grave, será este puramente subsidiário.	1
Tipicidade Objetiva	O núcleo do tipo penal corresponde ao verbo "extraviar" (impedir que chegue ao destino).	2
Sujeitos	**Sujeito ativo:** o sujeito ativo é o funcionário público no exercício do cargo. Admite-se a participação de terceiro não qualificado. Se, todavia, for praticado por agente fiscal, incorrerá o agente na conduta tipificada no art. 3, I da Lei n. 8.137/90 – extraviar livro ou processo fiscal. **Sujeito passivo:** o sujeito passivo é o Estado. O particular, seja pessoa física ou jurídica, também podem ocupar o polo passivo, se o objeto material do qual o Estado tinha a posse lhe pertencerem.	3
Objetos	**Objeto jurídico:** o objeto jurídico protegido é a Administração Pública. **Objeto material:** o objeto material é o livro oficial ou o documento.	4
Elemento Subjetivo	O dolo é o elemento subjetivo exigido pelo tipo penal. Os núcleos extraviar e inutilizar indicam um comportamento comissivo do agente, enquanto o verbo sonegar, pressupõe uma omissão própria.	5
Consumação e Tentativa	**a)** Extraviar: Admite-se a tentativa. **b)** Sonegar: O funcionário possui o dever de apresentar o livro ou documento e deixa de fazê-lo; por esta razão não se admite a tentativa. **c)** Inutilizar: admite-se a tentativa. Por sua vez, é crime instantâneo, tendo que seus efeitos eventualmente podem ser permanentes.	6

Ação Penal	A ação penal é de iniciativa pública incondicionada.	7
Pena	A pena prevista para o crime é de reclusão de um a quatro anos, se o fato não constitui crime mais grave.	8
Classificação	**a) Próprio** (exige qualidade especial do agente); **b) Formal** (a consumação dispensa a produção de um resultado naturalístico); **c)** De forma **livre** (a Lei não estabelece exigência para a forma de execução); **d) Simples** (tutela apenas um bem jurídico); **e) Comissivo** (em regra); **f) Unissubjetivo** (pode haver ou não concurso de pessoas); **g) Instantâneo** (consuma-se de imediato); **h) Plurissubsistente** (a conduta pode ser fracionada, e por isso admite a tentativa) ou **unissubsistente** (a conduta não pode ser fracionada), a depender do caso; **i) Doloso**.	9

13. EMPREGO IRREGULAR DE VERBAS OU RENDAS PÚBLICAS

Art.315 - Dar às verbas ou rendas públicas aplicação diversa da estabelecida em lei:
Pena - detenção, de um a três meses, ou multa.

13.1. Considerações Iniciais

A conduta descrita no tipo se refere a dar destinação diversa da prevista legalmente às rendas e verbas públicas, ou seja, utilizar ou empregar de forma indevida.

Acerca da classificação, o crime de *emprego irregular de verbas ou rendas públicas* é simples, próprio, material, de dano, de forma livre, comissivo (regra); instantâneo; unissubjetivo e plurissubsistente.

13.2. Tipicidade Objetiva

O núcleo do tipo penal é o verbo "dar" (empregar, usar, utilizar).

13.3. Sujeitos

Sujeito ativo: o sujeito ativo é o funcionário público, sendo, portanto, crime próprio. Mas o funcionário público que possua a atribuição de gerir ou administrar verbas ou rendas públicas, a exemplo dos ministros de Estado.

Sujeito passivo: o sujeito passivo é o Estado, bem como todo terceiro prejudicado – seja pessoa física ou jurídica.

13.4. Objetos

Objeto jurídico: o objeto juridicamente tutelado diz respeito à conduta da Administração pública no tocante a aplicação das verbas e rendas públicas.

Objeto material: as rendas ou verbas públicas. Verbas públicas, aqui entendidas como o custo da realização de determinado serviço público e rendas públicas, o dinheiro recebido pela Fazenda Pública.

13.5. Elemento Subjetivo

O dolo é o elemento subjetivo exigido pelo tipo penal.

13.6. Consumação e Tentativa

Consuma-se com o efetivo emprego irregular das verbas e rendas públicas, ou seja, quando empregados de forma diversa de sua destinação legal.

É admitida a tentativa.

13.7. Ação Penal

A ação penal é pública incondicionada.

13.8. Pena

A pena prevista para o crime é de detenção de um a três meses, ou multa. Logo, podemos concluir que:

a) É possível a transação penal (art. 76, Lei n. 9.099/95), pois se trata de infração penal de menor potencial ofensivo;

b) É possível a suspensão condicional do processo (art. 89, Lei n. 9.099/95), pois a pena mínima não ultrapassa um ano.

13.9. Classificação

O crime pode ser classificado como:

a) **Próprio** (exige qualidade especial do agente);

b) **Material** (a consumação exige a produção de um resultado naturalístico);

c) De **forma livre** (a Lei não estabelece exigência para a forma de execução);

d) **Simples** (tutela apenas um bem jurídico);

e) **Comissivo** (em regra);

f) **Unissubjetivo** (pode haver ou não concurso de pessoas);

g) **Instantâneo** (consuma-se de imediato);

h) **Plurissubsistente** (a conduta pode ser fracionada, e por isso admite a tentativa);

i) **Doloso.**

13.10. Quadro Sinótico

EMPREGO IRREGULAR DE VERBAS OU RENDAS PÚBLICAS		
Considerações Iniciais	A conduta descrita no tipo se refere a dar destinação diversa da prevista legalmente às rendas e verbas públicas, ou seja, utilizar ou empregar de forma indevida.	1
Tipicidade Objetiva	O núcleo do tipo penal é o verbo "dar" (empregar, usar, utilizar).	2
Sujeitos	**Sujeito ativo:** o sujeito ativo é o funcionário público que possua a atribuição de gerir ou administrar verbas ou rendas públicas, a exemplo dos ministros de Estado. **Sujeito passivo:** o sujeito passivo é o Estado, bem como todo terceiro prejudicado.	3
Objetos	**Objeto jurídico:** o objeto juridicamente tutelado diz respeito à conduta da Administração pública no tocante a aplicação das verbas e rendas públicas. **Objeto material:** as rendas ou verbas públicas. Verbas públicas, aqui entendidas como o custo da realização de determinado serviço público e rendas públicas, o dinheiro recebido pela Fazenda Pública.	4
Elemento Subjetivo	O dolo é o elemento subjetivo exigido pelo tipo penal.	5
Consumação e Tentativa	Consuma-se com o efetivo emprego irregular das verbas e rendas públicas, ou seja, quando empregados de forma diversa de sua destinação legal. É admitida a tentativa.	6
Ação Penal	A ação penal é de iniciativa pública incondicionada.	7
Pena	A pena prevista para o crime é de detenção de um a três meses, ou multa.	8
Classificação	**a) Próprio** (exige qualidade especial do agente); **b) Material** (a consumação exige a produção de um resultado naturalístico); **c)** De forma **livre** (a Lei não estabelece exigência para a forma de execução); **d) Simples** (tutela apenas um bem jurídico); **e) Comissivo** (em regra); **f) Unissubjetivo** (pode haver ou não concurso de pessoas); **g) Instantâneo** (consuma-se de imediato); **h) Plurissubsistente** (a conduta pode ser fracionada, e por isso admite a tentativa); **i) Doloso**.	9

14. CONCUSSÃO

> **Art.316** - Exigir, para si ou para outrem, direta ou indiretamente, ainda que fora da função ou antes de assumi-la, mas em razão dela, vantagem indevida:
>
> Pena - reclusão, de dois a doze anos, e multa.

14.1. Considerações Iniciais

O crime de concussão ocorre quando o funcionário público faz a exigência da vantagem indevida. E isto o diferencia da corrupção passiva, na qual um dos núcleos é o verbo "solicitar". Nestes crimes, costuma vigorar certa celeuma em torno da delimitação do que seria a conduta consistente no solicitar e no exigir. Teoricamente, não há maiores problemas, na medida em que a exigência denota ordem, imposição, ao passo que a solicitação denota rogativa, pedido. Na prática, porém, não raras vezes, há uma linha muito tênue entre a solicitação e a exigência.

Com o advento da Lei n. 13.964, publicada no dia 24 de dezembro de 2019 (e 30 dias de *vacatio legis*), a pena máxima do crime de concussão deixou de ser oito anos e passou a ser de doze anos. Esta alteração legislativa corrigiu uma distorção que afrontava o princípio da proporcionalidade há muitos anos.

E isto porque desde o advento da Lei n. 10.763/2003, a pena máxima dos crimes de corrupção ativa e passiva haviam sido exasperadas de oito para doze anos. Com isto, tínhamos que, por exemplo, o funcionário público em razão da função que solicitasse a vantagem indevida cometeria o crime de corrupção passiva (art. 317, CP) e poderia ser punido com pena máxima de doze anos. Por outro lado, se se entendesse que esse funcionário exigiu a vantagem indevida, o crime seria de concussão e a pena máxima seria de oito anos. Por outras palavras, "solicitar" era considerada uma conduta muito mais grave do que o "exigir".

Com a alteração promovida pela Lei n. 13.964/19 (que consagra o chamado "pacote anticrime"), a pena máxima da concussão se iguala à pena máxima dos crimes de corrupção ativa (art. 333, CP) e passiva (art. 317, CP).

14.2. Tipicidade Objetiva

O núcleo do tipo penal é o verbo "exigir" (demandar de forma imperativa, ordenar).

14.3. Sujeitos

Sujeito ativo: o sujeito ativo é o funcionário público.

Sujeito passivo: é o Estado. Podemos ter o particular como sujeito passivo secundário.

14.4. Objetos

Objeto jurídico: administração Pública.

Objeto material: objeto material é a vantagem indevida. A vantagem indevida pode ser de qualquer natureza (patrimonial, financeira, sexual, título honorífico, favor político etc).

14.5. Elemento Subjetivo

Elemento subjetivo é o dolo.

Não se admite a modalidade culposa.

14.6. Consumação e Tentativa

O crime estará consumado com a mera exigência, independentemente da efetiva obtenção da vantagem indevida. O recebimento da vantagem será mero exaurimento[28].

A tentativa é possível quando a conduta puder ser fracionada (crime plurissubsistente). Ex.: quando a exigência é feita por escrito.

14.7. Ação Penal

É de iniciativa pública incondicionada.

14.8. Pena

A pena prevista para o crime é de reclusão de dois a doze anos, além da multa. Logo, podemos concluir que:

a) Não é possível a transação penal (art. 76, Lei n. 9.099/95), pois não se trata de infração penal de menor potencial ofensivo;

b) Não é possível a suspensão condicional do processo (art. 89, Lei n. 9.099/95), pois a pena mínima ultrapassa um ano.

14.9. Classificação

O crime pode ser classificado como:

a) **Próprio** (exige qualidade especial do agente);

b) **Formal** (a consumação dispensa a produção de um resultado naturalístico);

c) De **forma livre** (a Lei não estabelece exigência para a forma de execução);

d) **Simples** (tutela apenas um bem jurídico);

e) **Comissivo** (em regra);

f) **Unissubjetivo** (pode haver ou não concurso de pessoas);

28. STJ, APn 825/DF, rel. Min. Herman Benjamin, Corte Especial, julgado em 02/12/2015.

g) **Instantâneo** (consuma-se de imediato);

h) **Plurissubsistente** (a conduta pode ser fracionada, e por isso admite a tentativa) ou **unissubsistente** (a conduta não pode ser fracionada), a depender do caso;

i) **Doloso.**

14.10. Quadro Sinótico

CONCUSSÃO		
Considerações Iniciais	O crime de concussão ocorre quando o funcionário público faz a exigência da vantagem indevida. E isto o diferencia da corrupção passiva, na qual um dos núcleos é o verbo "solicitar". Nestes crimes, costuma vigorar certa celeuma em torno da delimitação do que seria a conduta consistente no solicitar e no exigir. Teoricamente, não há maiores problemas, na medida em que a exigência denota ordem, imposição, ao passo que a solicitação denota rogativa, pedido. Na prática, porém, não raras vezes, há uma linha muito tênue entre a solicitação e a exigência. Com o advento da Lei n. 13.964, publicada no dia 24 de dezembro de 2019 (e 30 dias de *vacatio legis*), a pena máxima do crime de concussão deixou de ser oito anos e passou a ser de doze anos, se igualando à pena máxima dos crimes de corrupção ativa (art. 333, CP) e passiva (art. 317, CP).	1
Tipicidade Objetiva	O núcleo do tipo penal é o verbo "exigir" (demandar de forma imperativa, ordenar).	2
Sujeitos	**Sujeito ativo:** o sujeito ativo é o funcionário público. **Sujeito passivo:** é o Estado. Podemos ter o particular como sujeito passivo secundário.	3
Objetos	**Objeto jurídico:** administração Pública. **Objeto material:** objeto material é a vantagem indevida, seja ela de qualquer natureza.	4
Elemento Subjetivo	Elemento subjetivo é o dolo. Não se admite a modalidade culposa.	5
Consumação e Tentativa	O crime estará consumado com a mera exigência, independentemente da efetiva obtenção da vantagem indevida. A tentativa é possível quando a conduta puder ser fracionada.	6
Ação Penal	A ação penal é de iniciativa pública incondicionada.	7
Pena	A pena prevista para o crime é de reclusão de dois a doze anos, além da multa.	8
Classificação	**a) Próprio** (exige qualidade especial do agente); **b) Formal** (a consumação dispensa a produção de um resultado naturalístico); **c)** De forma **livre** (a Lei não estabelece exigência para a forma de execução); **d) Simples** (tutela apenas um bem jurídico);	9

Classificação	e) **Comissivo** (em regra); f) **Unissubjetivo** (pode haver ou não concurso de pessoas); g) **Instantâneo** (consuma-se de imediato); h) **Plurissubsistente** (a conduta pode ser fracionada, e por isso 9 admite a tentativa) ou **unissubsistente** (a conduta não pode ser fracionada), a depender do caso; i) **Doloso**.

14.11. Questões de Concursos Públicos

01. **(FCC - 2018 - TRT - 2ª REGIÃO (SP) - Técnico Judiciário - Segurança) Arquimedes, funcionário público, estando em gozo de férias, exigiu de Peterson a quantia de R$ 50.000,00 para não devassar a escrituração de sua empresa e autuá-lo por sonegação de impostos, quando reassumir seu cargo de fiscal de rendas. Arquimedes**

(A) cometeu crime de corrupção passiva.

(B) cometeu crime de corrupção ativa.

(C) cometeu crime de concussão.

(D) cometeu crime de prevaricação.

(E) não cometeu nenhum delito porque estava em gozo de férias.

02. **(CONSULPLAN - 2017 - TJ-MG - Titular de Serviços de Notas e de Registros - Provimento - 2017) Determinado médico particular, contratado por hospital privado, conveniado ao SUS, exigiu honorários de R$ 100,00 (cem reais) de um paciente pela consulta. Nesse sentido, assinale a alternativa correta:**

(A) A conduta do médico se subsume à do crime de excesso de exação.

(B) A conduta em análise é típica do delito de peculato.

(C) A narrativa traduz a conduta típica do crime de concussão.

(D) O médico cometeu o crime de extorsão.

03. **(IESES - 2017 - CRA-SC - Advogado) Dos crimes contra a administração pública, conforme dispõe o artigo 316 do Código Penal Brasileiro, podemos definir a concussão:**

(A) Retardar ou deixar de praticar, indevidamente, ato de ofício, ou praticá-lo contra disposição expressa de lei, para satisfazer interesse ou sentimento pessoal.

(B) Exigir, para si ou para outrem, direta ou indiretamente, ainda que fora da função ou antes de assumi-la, mas em razão dela, vantagem indevida.

(C) Facilitar, com infração de dever funcional, a prática de contrabando ou descaminho.

(D) Solicitar ou receber, para si ou para outrem, direta ou indiretamente, ainda que fora da função ou antes de assumi-la, mas em razão dela, vantagem indevida, ou aceitar promessa de tal vantagem.

04. **(CESPE - 2018 - SEFAZ-RS - Técnico Tributário da Receita Estadual - Prova 2) O crime de concussão**

(A) consuma-se somente com a obtenção da vantagem ilícita.

(B) admite modalidade culposa.

(C) admite tentativa.

(D) é crime comum.

(E) é crime permanente.

05. **(CESPE - 2019 - TJ-SC - Juiz Substituto) Joaquim, fiscal de vigilância sanitária de determinado município brasileiro, estava licenciado do seu cargo público quando exigiu de Paulo determinada vantagem econômica indevida para si, em função do seu cargo público, a fim de evitar a ação da fiscalização no estabelecimento comercial de Paulo.**

Nessa situação hipotética, Joaquim praticou o delito de

(A) constrangimento ilegal.

(B) extorsão.

(C) corrupção passiva.

(D) concussão.

(E) excesso de exação.

06. **(FGV - 2018 - TJ-AL - Técnico Judiciário - Área Judiciária) Ronaldo, que exercia função pública apenas temporariamente, sem receber remuneração, exige R$ 1.000,00 para dar prioridade na prática de ato de ofício que era de sua responsabilidade. Apesar da exigência, o fato vem a ser descoberto antes do pagamento da**

vantagem indevida e antes mesmo da prática com prioridade do ato de ofício.

Diante da descoberta dos fatos nos termos narrados, a conduta de Ronaldo configura:

(A) corrupção passiva, devendo a pena ser aplicada considerando a modalidade tentada do delito;

(B) concussão, devendo a pena ser aplicada considerando a modalidade consumada do delito;

(C) corrupção passiva, devendo a pena ser aplicada considerando a modalidade consumada do delito;

(D) concussão, devendo a pena ser aplicada considerando a modalidade tentada do delito;

(E) atipicidade em relação aos crimes contra a Administração Pública, tendo em vista que o agente não pode ser considerado funcionário público para fins penais.

07. **(FGV - 2018 - TJ-SC - Analista Administrativo) Zeca, funcionário público do Tribunal de Justiça, em dificuldades financeiras, para satisfazer um interesse pessoal de comprar um aparelho de telefonia celular novo, exige R$1.500,00 de parte em processo judicial para apresentar manifestação favorável a ela. A parte, porém, inconformada com a conduta do funcionário, de imediato informa o fato ao juiz de direito titular da Vara vinculada ao seu processo.**

A conduta de Zeca configura crime de:

(A) prevaricação, na forma consumada;

(B) corrupção passiva, na forma tentada;

(C) corrupção passiva, na forma consumada;

(D) concussão, na forma consumada;

(E) concussão, na forma tentada.

08. **(NC-UFPR - 2017 - UFPR - Técnico em Mecânica) De acordo com o Código Penal e a interpretação dos tribunais, a exigência ou solicitação de quantia de dinheiro para "furar a fila" de atendimento no Sistema Único de Saúde configura o crime de:**

(A) concussão.

(B) corrupção ativa.

(C) corrupção passiva.

(D) peculato.

(E) extorsão.

09. **(CESPE - 2017 - TCE-PE - Auditor de Controle Externo - Auditoria de Contas Públicas) No que se refere aos crimes praticados por funcionário público contra a administração em geral, julgue o seguinte item.**

O vereador que, em razão do seu cargo, solicitar parte do salário de seus assessores em benefício próprio praticará o crime de concussão.

( ) Certo

( ) Errado

10. **(MPE-SP - 2017 - MPE-SP - Promotor de Justiça Substituto) A conduta do funcionário público que, fora do exercício de sua função, mas em razão dela, exige o pagamento de uma verba indevida, alegando a necessidade de uma "taxa de urgência" para a aprovação de uma obra que sabe irregular, configura o crime de**

(A) estelionato.

(B) excesso de exação.

(C) peculato.

(D) corrupção passiva.

(E) concussão.

GABARITO: *As respostas destes testes encontram-se no final do livro..*

15. EXCESSO DE EXAÇÃO

§ 1º - Se o funcionário exige tributo ou contribuição social que sabe ou deveria saber indevido, ou, quando devido, emprega na cobrança meio vexatório ou gravoso, que a lei não autoriza:

Pena - reclusão, de 3 (três) a 8 (oito) anos, e multa.

§ 2º - Se o funcionário desvia, em proveito próprio ou de outrem, o que recebeu indevidamente para recolher aos cofres públicos:

Pena - reclusão, de dois a doze anos, e multa.

15.1. Considerações Iniciais

Como se vê, no crime de excesso de exação temos um funcionário público vinculado à administração fazendária, encarregado da cobrança de tributos. Contudo, nesta conduta criminosa, o agente não exige, solicita, recebe ou aceita promessa de vantagem indevida, tampouco possui o dolo específico de deixar de lançar ou cobrar o tributo, ou cobrá-los parcialmente.

Contudo, o funcionário público cobra um tributo sabidamente indevido ou, embora devido, emprega na cobrança meio vexatório ou gravoso não autorizado em lei. Nesta última hipótese, podemos imaginar que o sujeito faz inscrever, na frente da sede da pessoa jurídica a informação de que ela é devedora de tributos.

15.2. Tipicidade Objetiva

O núcleo do tipo penal é o verbo "exigir" (demandar de forma imperativa, ordenar).

15.3. Sujeitos

Sujeito ativo: o sujeito ativo é o funcionário público.

Sujeito passivo: é o Estado. Podemos ter o particular (contribuinte) como sujeito passivo secundário.

15.4. Objetos

Objeto jurídico: administração Pública.

Objeto material: é o tributo. Muito embora o tipo penal empregue a expressão "tributo ou contribuição social", devemos recordar que as contribuições são, também elas, modalidades de tributo.

15.5. Elemento Subjetivo

Elemento subjetivo é o dolo.

Não se admite a modalidade culposa.

15.6. Consumação e Tentativa

O crime se consuma no momento em que o funcionário público faz a exigência ou cobrança indevida. A tentativa é possível quando a conduta puder ser fracionada (crime plurissubsistente). Ex.: quando a exigência é feita por escrito.

Quando da exigência, o crime é formal, pois se consuma independentemente de haver o efetivo recolhimento do tributo.

15.7. Ação Penal

É de iniciativa pública incondicionada.

15.8. Pena

A pena prevista para o crime é de reclusão de três a oito anos, além da multa. Logo, podemos concluir que:

a) Não é possível a transação penal (art. 76, Lei n. 9.099/95), pois não se trata de infração penal de menor potencial ofensivo;

b) Não é possível a suspensão condicional do processo (art. 89, Lei n. 9.099/95), pois a pena mínima ultrapassa um ano.

15.9. Classificação

O crime pode ser classificado como:

a) **Próprio** (exige qualidade especial do agente);

b) **Material** (a consumação exige a produção de um resultado naturalístico) ou **formal** (a consumação independe da produção do resultado material), a depender do caso;

c) De **forma livre** (a Lei não estabelece exigência para a forma de execução);

d) **Simples** (tutela apenas um bem jurídico);

e) **Comissivo** (em regra);

f) **Unissubjetivo** (pode haver ou não concurso de pessoas);

g) **Instantâneo** (consuma-se de imediato);

h) **Plurissubsistente** (a conduta pode ser fracionada, e por isso admite a tentativa) ou **unissubsistente** (a conduta não pode ser fracionada), a depender do caso;

i) **Doloso.**

15.10. Quadro Sinótico

EXCESSO DE EXAÇÃO		
Considerações Iniciais	No crime de excesso de exação temos um funcionário público vinculado à administração fazendária, encarregado da cobrança de tributos. Contudo, nesta conduta criminosa, o funcionário público cobra um tributo sabidamente indevido ou, embora devido, emprega na cobrança meio vexatório ou gravoso não autorizado em lei.	1
Tipicidade Objetiva	O núcleo do tipo penal é o verbo "exigir" (demandar de forma imperativa, ordenar).	2
Sujeitos	**Sujeito ativo:** o sujeito ativo é o funcionário público. **Sujeito passivo:** é o Estado. Podemos ter o particular (contribuinte) como sujeito passivo secundário.	3

Objetos	**Objeto jurídico:** administração Pública. **Objeto material:** é o tributo.	4
Elemento Subjetivo	Elemento subjetivo é o dolo. Não se admite a modalidade culposa.	5
Consumação e Tentativa	O crime se consuma no momento em que o funcionário público faz a exigência ou cobrança indevida. A tentativa é possível quando a conduta puder ser fracionada (crime plurissubsistente). Quando da exigência, o crime é formal, pois se consuma independentemente de haver o efetivo recolhimento do tributo.	6
Ação Penal	A ação penal é de iniciativa pública incondicionada.	7
Pena	A pena prevista para o crime é de reclusão de três a oito anos, além da multa.	8
Classificação	**a)** **Próprio** (exige qualidade especial do agente); **b)** **Material** (a consumação exige a produção de um resultado naturalístico) ou formal (a consumação independe da produção do resultado material), a depender do caso; **c)** De forma **livre** (a Lei não estabelece exigência para a forma de execução); **d)** **Simples** (tutela apenas um bem jurídico); **e)** **Comissivo** (em regra); **f)** **Unissubjetivo** (pode haver ou não concurso de pessoas); **g)** **Instantâneo** (consuma-se de imediato); **h)** **Plurissubsistente** (a conduta pode ser fracionada, e por isso admite a tentativa) ou **unissubsistente** (a conduta não pode ser fracionada), a depender do caso; **i)** **Doloso**.	9

16. CORRUPÇÃO PASSIVA

> **Art.317** - Solicitar ou receber, para si ou para outrem, direta ou indiretamente, ainda que fora da função ou antes de assumi-la, mas em razão dela, vantagem indevida, ou aceitar promessa de tal vantagem:
>
> Pena - reclusão, de 2 (dois) a 12 (doze) anos, e multa.
>
> § 1° - A pena é aumentada de um terço, se, em consequência da vantagem ou promessa, o funcionário retarda ou deixa de praticar qualquer ato de ofício ou o pratica infringindo dever funcional.
>
> § 2° - Se o funcionário pratica, deixa de praticar ou retarda ato de ofício, com infração de dever funcional, cedendo a pedido ou influência de outrem:
>
> Pena - detenção, de três meses a um ano, ou multa.

16.1. Considerações Iniciais

A distinção fundamental entre os crimes de corrupção ativa e passiva reside na figura do sujeito ativo. Com efeito, no crime de corrupção ativa, a conduta é perpetrada por particular, ao passo que no crime de corrupção passiva o agente é um funcionário público, que atua em razão de sua função.

Por outro lado, também não podemos confundir o crime de corrupção passiva com a concussão. Ambos são crimes funcionais, mas a distinção reside na conduta, pois este se consuma mediante a exigência do agente, ao passo que aquele pressupõe que o funcionário público venha a solicitar, receber ou aceitar a promessa da vantagem indevida.

Acerca da classificação, o crime de *corrupção passiva* é simples, próprio, formal, de dano, de forma livre, comissivo ou omissivo; instantâneo; unissubjetivo e unissubsistente ou plurissubsistente.

16.2. Tipicidade Objetiva

Os núcleos do tipo penal são os verbos "solicitar" (pedir, requerer, demandar), "receber" (obter, adquirir) e "aceitar" promessa (manifestar anência em recebimento futuro). As condutas recaem sobre vantagem indevida, que pode ser de qualquer natureza, tais como um título honorífico, uma vantagem política ou um favor sexual. Não se adstringe, portanto, às vantagens de cunho pecuniário.

16.3. Sujeitos

Sujeito ativo: o funcionário público.

Sujeito passivo: é o Estado. Podemos ter o particular como sujeito passivo secundário.

16.4. Objetos

Objeto jurídico: a Administração Pública.

Objeto material: é a vantagem indevida. A vantagem indevida pode ser de qualquer natureza (patrimonial, financeira, sexual, título honorífico, favor político[29] etc).

16.5. Elemento Subjetivo

Elemento subjetivo é o dolo.

Não se admite a modalidade culposa.

16.6. Consumação e Tentativa

O crime estará consumado quando o agente efetivamente solicitar, receber ou aceitar a promessa da vantagem indevida. Não há a necessidade de praticar qualquer ato funcional posterior ou anterior, para que ocorra a consumação do crime.

Demais disso, importante chamar a atenção para o fato de que a conduta consistente em receber a vantagem indevida somente será considerada consumação do crime se não

29. O STF já decidiu que "é plenamente viável a configuração do delito de corrupção passiva quando a vantagem indevida é solicitada, recebida ou aceita pelo agente público, em troca da manifestação da força política que este detém para a condução ou sustentação de determinado agente em cargo que demanda tal apoio" (AP 1002/DF, rel. Min. Edson Fachin, julgamento em 9.6.2020).

vier antecedida da realização de algum dos outros verbos do tipo. Deste modo, o funcionário público que solicita a vantagem indevida, por exemplo, já consumou o crime. Em casos como este, o posterior recebimento da vantagem não caracteriza consumação de novo crime, mas sim exaurimento do crime que já se havia consumado.

Como se vê, nas modalidades "solicitar" e "aceitar promessa", o crime de corrupção passiva é formal, consumando-se independentemente da efetiva obtenção da vantagem indevida[30]. Por outro lado, na modalidade "receber", o crime ´material, exigindo a produção deste resultado naturalístico.

A tentativa é possível. Basta imaginar o exemplo em que o agente solicita a vantagem por escrito.

16.7. Ação Penal

É de iniciativa pública incondicionada.

16.8. Pena

A pena prevista para o crime é de reclusão de dois a doze anos, além da multa. Logo, podemos concluir que:

a) Não é possível a transação penal (art. 76, Lei n. 9.099/95), pois não se trata de infração penal de menor potencial ofensivo;

b) Não é possível a suspensão condicional do processo (art. 89, Lei n. 9.099/95), pois a pena mínima ultrapassa um ano.

16.9. Classificação

O crime pode ser classificado como:

a) **Próprio** (exige qualidade especial do agente);

b) **Forml** (a consumação dispensa a produção de um resultado naturalístico);

c) De **forma livre** (a Lei não estabelece exigência para a forma de execução);

d) **Simples** (tutela apenas um bem jurídico);

e) **Comissivo** (em regra);

f) **Unissubjetivo** (pode haver ou não concurso de pessoas);

g) **Instantâneo** (consuma-se de imediato);

h) **Plurissubsistente** (a conduta pode ser fracionada, e por isso admite a tentativa) ou **unissubsistente** (a conduta não pode ser fracionada), a depender do caso;

i) **Doloso**.

30. STJ, APn 675/GO, rel. Min. Nancy Andrigui, Corte Especial, julgado em 18/11/2015.

16.10. Quadro Sinótico

CORRUPÇÃO PASSIVA		
Considerações Iniciais	No crime de corrupção ativa, a conduta é perpetrada por particular, ao passo que no crime de corrupção passiva o agente é um funcionário público, que atua em razão de sua função. Por outro lado, também não podemos confundir o crime de corrupção passiva com a concussão. Ambos são crimes funcionais, mas a distinção reside na conduta, pois este se consuma mediante a exigência do agente, ao passo que aquele pressupõe que o funcionário público venha a solicitar, receber ou aceitar a promessa da vantagem indevida.	1
Tipicidade Objetiva	Os núcleos do tipo penal são os verbos "solicitar" (pedir, requerer, demandar), "receber" (obter, adquirir) e "aceitar" promessa (manifestar anência em recebimento futuro). As condutas recaem sobre vantagem indevida, que pode ser de qualquer natureza, tais como um título honorífico, uma vantagem política ou um favor sexual. Não se adstringe, portanto, às vantagens de cunho pecuniário.	2
Sujeitos	**Sujeito ativo:** o funcionário público. **Sujeito passivo:** é o Estado. Podemos ter o particular como sujeito passivo secundário.	3
Objetos	**Objeto jurídico:** a Administração Pública. **Objeto material:** é a vantagem indevida, que pode ser de qualquer natureza.	4
Elemento Subjetivo	Elemento subjetivo é o dolo. Não se admite a modalidade culposa.	5
Consumação e Tentativa	O crime estará consumado quando o agente efetivamente solicitar, receber ou aceitar a promessa da vantagem indevida. Demais disso, importante chamar a atenção para o fato de que a conduta consistente em receber a vantagem indevida somente será considerada consumação do crime se não vier antecedida da realização de algum dos outros verbos do tipo. A tentativa é possível.	6
Ação Penal	A ação penal é de iniciativa pública incondicionada.	7
Pena	A pena prevista para o crime é de reclusão de dois a doze anos, além da multa.	8
Classificação	**a)** **Próprio** (exige qualidade especial do agente); **b)** **Formal** (a consumação dispensa a produção de um resultado naturalístico); **c)** De forma **livre** (a Lei não estabelece exigência para a forma de execução); **d)** **Simples** (tutela apenas um bem jurídico); **e)** **Comissivo** (em regra); **f)** **Unissubjetivo** (pode haver ou não concurso de pessoas); **g)** **Instantâneo** (consuma-se de imediato); **h)** **Plurissubsistente** (a conduta pode ser fracionada, e por isso admite a tentativa) ou **unissubsistente** (a conduta não pode ser fracionada), a depender do caso; **i)** **Doloso**.	9

16.11. Questões de Concursos Públicos

01. (FMP Concursos - 2017 - MPE-RO - Promotor de Justiça Substituto) Em relação ao crime de corrupção, assinale a alternativa CORRETA.

(A) De acordo com a jurisprudência do Supremo Tribunal Federal, é dispensável a prática do ato de ofício pelo agente público para a caracterização do crime de corrupção passiva.

(B) O bem jurídico tutelado é dúplice: a probidade na Administração Pública e a ordem socioeconômica.

(C) A doutrina e a jurisprudência entendem que a bilateralidade entre corrupção ativa e corrupção passiva é imprescindível.

(D) Há tipificação autônoma da corrupção entre particulares no ordenamento jurídico brasileiro.

(E) A consumação do crime de corrupção passiva ocorre com o recebimento da vantagem indevida.

02. (FGV - 2017 - MPE-BA - Assistente Técnico - Administrativo) Promotor de Justiça deflagrou ação penal pública incondicionada em desfavor do Policial Civil João, porque no dia, horário e local descritos na denúncia, João recebeu de Almir, para si, diretamente, em razão de sua função de escrivão de polícia, vantagem indevida consistente em cinco mil reais. Em consequência daquela vantagem, o denunciado deixou de praticar ato de ofício, por ter paralisado investigação, pois não cumpriu diligências determinadas pelo Delegado em inquérito policial que apura a prática, em tese, de crime por Almir.

No caso em tela, de acordo com o Código Penal, o escrivão de polícia João praticou o delito de:

(A) corrupção passiva, com causa de aumento;

(B) corrupção ativa, com causa de aumento;

(C) concussão qualificada;

(D) peculato qualificado;

(E) condescendência criminosa qualificada.

03. (VUNESP - 2018 - Prefeitura de Bauru - SP - Procurador Jurídico) Servidor Municipal, que trabalha como fiscal de posturas públicas, durante fiscalização de rotina, encontra sérias irregularidades na construção de condomínio vertical (prédio residencial de apartamentos). Ao conversar com o construtor e proprietário do imóvel, o servidor ouve dele sugestão de "fechar os olhos" para as irregularidades e receber em troca um apartamento, mas apenas quando o prédio for concluído. O servidor aceita a proposta e não toma qualquer providência quanto às irregularidades. Ainda antes da entrega do apartamento é revelada a "combinação". É correto afirmar que o servidor

(A) não praticou crime algum, pois o fato criminoso apenas se consumará com o recebimento do apartamento.

(B) não praticou crime algum, pois se trata de crime impossível, na modalidade impropriedade absoluta do meio.

(C) praticou corrupção passiva.

(D) praticou corrupção passiva, na modalidade tentada.

(E) é coautor em crime de corrupção ativa.

04. (FUNCERN - 2018 - Prefeitura de Sítio Novo - RN - Guarda Municipal) O crime de corrupção passiva, segundo o Código Penal Brasileiro, consiste em

(A) retardar ou deixar de praticar, indevidamente, ato de ofício, ou praticá-lo contra disposição expressa de lei, para satisfazer interesse ou sentimento pessoal.

(B) oferecer ou prometer vantagem indevida a funcionário público, para determiná-lo a praticar, omitir ou retardar ato de ofício.

(C) solicitar ou receber, para si ou para outrem, direta ou indiretamente, ainda que fora da função ou antes de assumi-la, mas em razão dela, vantagem indevida, ou aceitar promessa de tal vantagem.

(D) solicitar, exigir, cobrar ou obter, para si ou para outrem, vantagem ou promessa de vantagem, a pretexto de influir em ato praticado por funcionário público no exercício da função.

05. (CESPE - 2017 - TCE-PE - Auditor de Controle Externo - Auditoria de Contas Públicas) No que se refere aos crimes praticados por funcionário público contra a administração em geral, julgue o seguinte item.

Praticará o crime de corrupção passiva o médico — seja ele servidor público ou não — que, em atendimento pelo Sistema Único de Saúde, exigir do segurado quantia em dinheiro para a realização de consulta.

( ) Certo

( ) Errado

06. (IBADE - 2017 - PC-AC - Delegado de Polícia Civil) Setembrino, oficial de Justiça, recebe ligação de um amigo, o qual solicita a protelação do cumprimento de certa decisão judicial. A fim de atender ao pedido do amigo, o funcionário público retarda o ato de ofício. Nesse contexto, é correto dizer que Setembrino cometeu:

(A) mero ato de improbidade administrativa

(B) desobediência.

(C) corrupção passiva majorada

(D) corrupção passiva privilegiada

(E) Prevaricação

07. (VUNESP - 2018 - PC-SP - Agente Policial) Assinale a alternativa correta.

(A) O furto possui modalidade culposa.

(B) Dar às verbas ou rendas públicas aplicação diversa da estabelecida em lei não é considerado crime.

(C) A calúnia é crime apenado com reclusão.

(D) O atentado violento ao pudor é apenado com reclusão.

(E) A corrupção passiva é crime apenado com reclusão e multa.

08. (COPS-UEL - 2018 - PC-PR - Escrivão de Polícia) A respeito dos crimes contra a administração pública e contra o patrimônio, assinale a alternativa correta.

(A) No crime de falso testemunho ou falsa perícia, o agente terá direito à redução da pena de um sexto a dois terços, se porventura se retratar ou declarar a verdade antes da sentença no processo em que ocorreu o ilícito.

(B) O agente policial que, valendo-se de facilidade propiciada pelo cargo público, concorre para que terceira pessoa subtraia diversos computadores do distrito policial responderá pelo crime de furto qualificado pelo concurso de duas ou mais pessoas.

(C) O agente que pratica delito patrimonial contra o próprio irmão, tio ou sobrinho ficará isento de pena, desde que o crime tenha sido cometido sem violência ou grave ameaça à pessoa, que a vítima não tenha idade igual ou superior a 60 anos e que o autor e a vítima do delito coabitem a mesma residência.

(D) Dar causa à instauração de investigação policial, comunicando à autoridade a ocorrência de crime ou de contravenção que sabe não se ter verificado, sem contudo imputar o fato a uma pessoa determinada, constitui delito de denunciação caluniosa.

(E) É possível o agente cometer crime de corrupção passiva mesmo antes de assumir a função pública, desde que a solicitação ou o recebimento da vantagem indevida tenha ocorrido em razão da referida função.

09. (FCC - 2017 - TRE-PR - Analista Judiciário - Área Judiciária) Renato, fiscal da prefeitura, flagra Rogério, pessoa que até então não conhecia, cometendo determinada irregularidade. Ao abordá-lo, deixa, contudo, de aplicar-lhe a devida multa em razão de insistentes pedidos de Rogério. Renato, com sua conduta

(A) cometeu o crime de prevaricação.

(B) praticou o crime de corrupção passiva privilegiada.

(C) não praticou qualquer crime.

(D) cometeu o crime de condescendência criminosa.

(E) praticou o crime de desobediência.

10. (IBADE - 2017 - SEJUDH - MT - Agente Penitenciário - Masculino/Feminino) Se o funcionário público pratica, deixa de praticar ou retarda ato de ofício, com infração de dever funcional, cedendo a pedido ou influência de outrem, incorre na prática do crime de:

(A) condescendência criminosa.

(B) peculato.

(C) concussão.

(D) prevaricação.

(E) corrupção passiva privilegiada.

GABARITO: As respostas destes testes encontram-se no final do livro..

17. FACILITAÇÃO DE CONTRABANDO OU DESCAMINHO

> **Art.318** - Facilitar, com infração de dever funcional, a prática de contrabando ou descaminho (art. 334):
>
> Pena - reclusão, de 3 (três) a 8 (oito) anos, e multa.

17.1. Considerações Iniciais

A conduta descrita é dirigida no sentido de facilitar – remover obstáculos – a prática do delito.

O contrabando é o ato de importar ou exportar mercadorias que são em todo ou parte ilegais. O descaminho, por sua vez, se faz com mercadorias que são lícitas, ou seja, permitidas e a fraude consiste na vontade de evitar o pagamento de tributos.

Acerca da classificação, o crime de *facilitação de contrabando ou descaminho* é pluriofensivo, próprio, formal, de dano, de forma livre, comissivo ou omissivo; instantâneo; unissubjetivo e unissubsistente ou plurissubsistente.

17.2. Tipicidade Objetiva

O núcleo do tipo penal é o verbo "facilitar" (permitir, viabilizar).

17.3. Sujeitos

Sujeito ativo: em se tratando de crime próprio, o delito tipificado somente pode ser praticado por funcionário público, com infração do dever funcional, pois a ele cabia impedir a ocorrência do contrabando ou descaminho.

Note que além de ser funcionário público, é preciso possuir o agente essa qualificação funcional.

Sujeito passivo: o sujeito passivo é o Estado.

17.4. Objetos

Objeto jurídico: o objeto juridicamente tutelado pelo tipo é Administração Pública e toda a coletividade quando os produtos objetos do delito, forem nocivos à saúde, à moral ou à ordem pública.

Objeto material: o objeto material são os produtos contrabandeados ou os tributos não pagos.

17.5. Elemento Subjetivo

O dolo é o elemento subjetivo exigido na conduta descrita.

17.6. Consumação e Tentativa

A consumação é atestada quando o agente (funcionário público), de alguma forma facilita a ocorrência do contrabando ou descaminho. Seja ele fazendo ou deixando de fazer alguma coisa a qual estava obrigado.

A tentativa só será permitida se for possível fracionar o *iter criminis*.

17.7. Ação Penal

A ação penal é de iniciativa pública e incondicionada.

17.8. Pena

A pena prevista para o crime é de reclusão de três a oito anos, além da multa. Logo, podemos concluir que:

a) Não é possível a transação penal (art. 76, Lei n. 9.099/95), pois não se trata de infração penal de menor potencial ofensivo;

b) Não é possível a suspensão condicional do processo (art. 89, Lei n. 9.099/95), pois a pena mínima ultrapassa um ano.

17.9. Classificação

O crime pode ser classificado como:

a) **Próprio** (exige qualidade especial do agente);

b) **Formal** (a consumação dispensa a produção de um resultado naturalístico);

c) De **forma livre** (a Lei não estabelece exigência para a forma de execução);

d) **Simples** (tutela apenas um bem jurídico);

e) **Comissivo** (em regra);

f) **Unissubjetivo** (pode haver ou não concurso de pessoas);

g) **Instantâneo** (consuma-se de imediato);

h) **Unissubsistente** (a conduta pode ser fracionada) ou **Plurissubsistente** (a conduta pode ser fracionada, e por isso admite a tentativa), a depender do caso;

i) **Doloso**.

17.10. Quadro Sinótico

FACILITAÇÃO DE CONTRABANDO OU DESCAMINHO		
Considerações Iniciais	A conduta descrita é dirigida no sentido de facilitar – remover obstáculos – a prática do delito. O contrabando é o ato de importar ou exportar mercadorias que são em todo ou parte ilegais. O descaminho, por sua vez, se faz com mercadorias que são lícitas, ou seja, permitidas e a fraude consiste na vontade de evitar o pagamento de tributos.	1
Tipicidade Objetiva	O núcleo do tipo penal é o verbo "facilitar" (permitir, viabilizar).	2
Sujeitos	**Sujeito ativo:** o delito tipificado somente pode ser praticado por funcionário público, com infração do dever funcional, pois a ele cabia impedir a ocorrência do contrabando ou descaminho. Note que além de ser funcionário público, é preciso possuir o agente essa qualificação funcional. **Sujeito passivo:** o sujeito passivo é o Estado.	3
Objetos	**Objeto jurídico:** o objeto juridicamente tutelado pelo tipo é Administração Pública e toda a coletividade quando os produtos objetos do delito, forem nocivos à saúde, à moral ou à ordem pública. **Objeto material:** o objeto material são os produtos contrabandeados ou os tributos não pagos.	4
Elemento Subjetivo	O dolo é o elemento subjetivo exigido na conduta descrita.	5
Consumação e Tentativa	A consumação é atestada quando o agente (funcionário público), de alguma forma facilita a ocorrência do contrabando ou descaminho. A tentativa só será permitida se for possível fracionar o *iter criminis.*	6
Ação Penal	A ação penal é de iniciativa pública incondicionada.	7
Penas	A pena prevista para o crime é de reclusão de três a oito anos, além da multa.	8
Classificação	**a) Próprio** (exige qualidade especial do agente); **b) Formal** (a consumação dispensa a produção de um resultado naturalístico); **c)** De forma **livre** (a Lei não estabelece exigência para a forma de execução); **d) Simples** (tutela apenas um bem jurídico); **e) Comissivo** (em regra); **f) Unissubjetivo** (pode haver ou não concurso de pessoas); **g) Instantâneo** (consuma-se de imediato); **h) Unissubsistente** (a conduta pode ser fracionada) ou **Plurissubsistente** (a conduta pode ser fracionada, e por isso admite a tentativa), a depender do caso; **i) Doloso**.	9

18. PREVARICAÇÃO

Art. 319 - Retardar ou deixar de praticar, indevidamente, ato de ofício, ou praticá-lo contra disposição expressa de lei, para satisfazer interesse ou sentimento pessoal:

Pena - detenção, de três meses a um ano, e multa.

18.1. Considerações Iniciais

Para que se configure o delito em estudo, o comportamento do funcionário público deve ser no sentido de postergar para além do necessário ou até mesmo deixar de praticar ato de ofício, omitindo-se, dolosamente, ou ainda, praticá-lo contra disposição expressa da lei.

Esse comportamento deve ser baseado no sentimento de se beneficiar, satisfazendo interesses pessoais e esse interesse ou sentimento pessoal pode ser de qualquer espécie, pouco importando para a configuração do delito.

Em contrapartida, se o funcionário público é apenas preguiçoso e se prolonga nas execuções dos seus atos funcionais, não pratica ele o crime de prevaricação.

A diferença entre o crime de prevaricação e o crime de corrupção passiva, reside no fato de o agente, no crime de corrupção passiva, ele age ou deixa de agir para receber vantagem indevida, enquanto na prevaricação a sua motivação é pessoal.

Acerca da classificação, o crime de *prevaricação* é simples, de mão própria, formal, de dano, de forma livre, comissivo ou omissivo; instantâneo; unissubjetivo e unissubsistente.

18.2. Tipicidade Objetiva

Os núcleos do tipo penal são os verbos "retardar" (procrastinar, adiar) e e "deixar de praticar" (não fazer, não realizar, omitir-se).

18.3. Sujeitos

Sujeito ativo: o sujeito ativo é o funcionário público, porém, admite-se a participação de terceiros.

Sujeito passivo: o sujeito passivo é o Estado, bem como o terceiro prejudicado – seja pessoa física ou jurídica.

18.4. Objetos

Objeto jurídico: o objeto jurídico é o próprio interesse da Administração Pública.

Objeto material: o objeto material é o ato de ofício que fora retardado, deixado de ser praticado ou praticado em desconformidade com as disposições legais.

18.5. Elemento Subjetivo

O dolo é o elemento subjetivo exigido para o tipo penal, ou seja, o agende deve ter a consciência de que se omite ou pratica ato contrariando expressa disposição legal por livre e espontânea vontade, movido pelo seu sentimento pessoal. Exige-se o dolo específico, consistente na finalidade específica de satisfazer o interesse ou sentimento pessoal.

18.6. Consumação e Tentativa

O delito se consuma quando o funcionário público estende para além do necessário, de forma indevida, a prática de determinado ato. Pode se consumar, por outro lado, quando o agente deixa de praticá-lo, quando estava obrigado a fazê-lo. Por fim, pode se consumar, quando o agente pratica o ato de forma a contrariar dispositivo expresso de lei.

Em todas as situações é imperioso que o agente haja com o animus de satisfazer interesse pessoal, seja movido pelo sentimento pessoal.

18.7. Ação Penal

A ação penal é pública incondicionada.

18.8. Pena

A pena prevista para o crime é de detenção de três meses a um ano, além da multa. Logo, podemos concluir que:

a) É possível a transação penal (art. 76, Lei n. 9.099/95), pois se trata de infração penal de menor potencial ofensivo;

b) É possível a suspensão condicional do processo (art. 89, Lei n. 9.099/95), pois a pena mínima não ultrapassa um ano.

18.9. Classificação

O crime pode ser classificado como:

a) **Próprio** (exige qualidade especial do agente);

b) **Formal** (a consumação dispensa a produção de um resultado naturalístico);

c) De **forma livre** (a Lei não estabelece exigência para a forma de execução);

d) **Simples** (tutela apenas um bem jurídico);

e) **Comissivo** ou **omissivo**;

f) **Unissubjetivo** (pode haver ou não concurso de pessoas);

g) **Instantâneo** (consuma-se de imediato);

h) **Unissubsistente** (a conduta não pode ser fracionada) ou **Plurissubsistente** (a conduta pode ser fracionada, e por isso admite a tentativa);

i) **Doloso**.

18.10. Quadro Sinótico

PREVARICAÇÃO		
Considerações Iniciais	Para que se configure o delito em estudo, o comportamento do funcionário público deve ser no sentido de postergar para além do necessário ou até mesmo deixar de praticar ato de ofício, omitindo-se, dolosamente, ou ainda, praticá-lo contra disposição expressa da lei. Esse comportamento deve ser baseado no sentimento de se beneficiar, satisfazendo interesses pessoais e esse interesse ou sentimento pessoal pode ser de qualquer espécie, pouco importando para a configuração do delito. Em contrapartida, se o funcionário público é apenas preguiçoso e se prolonga nas execuções dos seus atos funcionais, não pratica ele o crime de prevaricação.	1
Tipicidade Objetiva	Os núcleos do tipo penal são os verbos "retardar" (procrastinar, adiar) e e "deixar de praticar" (não fazer, não realizar, omitir-se).	2
Sujeitos	**Sujeito ativo:** o sujeito ativo é o funcionário público, porém, admite-se a participação de terceiros. **Sujeito passivo:** o sujeito passivo é o Estado, bem como o terceiro prejudicado – seja pessoa física ou jurídica.	3
Objetos	**Objeto jurídico:** o objeto jurídico é o próprio interesse da Administração Pública. **Objeto material:** o objeto material é o ato de ofício que fora retardado, deixado de ser praticado ou praticado em desconformidade com as disposições legais.	4
Elemento Subjetivo	O dolo é o elemento subjetivo exigido para o tipo penal, ou seja, o agente deve ter a consciência de que se omite ou pratica ato contrariando expressa disposição legal por livre e espontânea vontade, movido pelo seu sentimento pessoal. Exige-se o dolo específico, consistente na finalidade específica de sdatisfazer o interesse ou sentimento pessoal.	5
Consumação e Tentativa	O delito se consuma quando o funcionário público estende para além do necessário, de forma indevida, a prática de determinado ato. Pode se consumar, por outro lado, quando o agente deixa de praticá-lo, quando estava obrigado a fazê-lo. Por fim, pode se consumar, quando o agente pratica o ato de forma a contrariar dispositivo expresso de lei. Em todas as situações é imperioso que o agente haja com o *animus* de satisfazer interesse pessoal, seja movido pelo sentimento pessoal.	6
Ação Penal	A ação penal é de iniciativa pública incondicionada.	7
Pena	A pena prevista para o crime é de detenção de três meses a um ano, além da multa.	8
Classificação	**a)** **Próprio** (exige qualidade especial do agente); **b)** **Formal** (a consumação dispensa a produção de um resultado naturalístico); **c)** De forma **livre** (a Lei não estabelece exigência para a forma de execução);	9

Classificação	d) **Simples** (tutela apenas um bem jurídico); e) **Comissivo** ou **omissivo**; f) **Unissubjetivo** (pode haver ou não concurso de pessoas); g) **Instantâneo** (consuma-se de imediato); h) **Unissubsistente** (a conduta não pode ser fracionada) ou **Plurissubsistente** (a conduta pode ser fracionada, e por isso admite a tentativa); i) **Doloso**.	9

18.11. Questões de Concursos Públicos

01. (FUNDATEC - 2018 - PC-RS - Delegado de Polícia - Bloco II) Em atenção aos crimes praticados contra a Administração Pública, assinale a alternativa correta.

(A) Prefeito Municipal que é flagrado usando, indevidamente, o veículo oficial da prefeitura para passear com familiares, não responde, na esfera criminal, por faltar a sua conduta, o ânimo de assenhoramento definitivo, indispensável para a configuração do crime de peculato.

(B) Recente entendimento do Superior Tribunal de Justiça fixou o entendimento de que é aplicável o princípio da insignificância aos crimes contra a Administração Pública, o que muda o entendimento da jurisprudência em relação ao crime de descaminho.

(C) Médico de hospital privado, conveniado ao Sistema Único de Saúde, que constrange filho do paciente a entregar-lhe determinada quantia em dinheiro, sob pena de não realizar cirurgia, não pratica o crime de concussão.

(D) No crime de peculato culposo, previsto no artigo 312, parágrafo 3° do Código Penal, o arrependimento posterior não pode dar causa à extinção da punibilidade do agente.

(E) Não pratica o crime de prevaricação o Delegado de Polícia que, por ocasião da elaboração do relatório final do Inquérito Policial, deixa de indiciar alguém, com base no entendimento de que a conduta praticada e posta sob sua análise é atípica materialmente.

02. (FEPESE - 2017 - PC-SC - Agente de Polícia Civil) De acordo com o Código Penal, pratica crime de prevaricação o agente público que:

(A) facilitar, com infração de dever funcional, a prática de contrabando ou descaminho.

(B) praticar violência, no exercício de função ou a pretexto de exercê-la.

(C) deixar de praticar ou retardar ato de ofício, com infração de dever funcional, cedendo a pedido ou influência de outrem.

(D) deixar de cumprir seu dever de vedar ao preso o acesso a aparelho telefônico, de rádio ou similar, que permita a comunicação com outros presos ou com o ambiente externo.

(E) por indulgência, deixar de responsabilizar subordinado que cometeu infração no exercício do cargo ou, quando lhe falte competência, não levar o fato ao conhecimento da autoridade competente.

03. (Quadrix - 2018 - CRM-PR - Advogado) Acerca dos crimes contra a fé pública e a Administração Pública, julgue o item.

O crime de prevaricação, previsto no artigo 319 do Código Penal, é classificado como crime funcional impróprio, pois somente pode ser praticado por quem ostente a qualidade de funcionário público.

( ) Certo

( ) Errado

04. (VUNESP - 2018 - MPE-SP - Analista Jurídico do Ministério Público) A respeito dos Crimes contra a Administração Pública, previstos no Código Penal, assinale a assertiva correta.

(A) Mévio, vendedor, ao oferecer vantagem econômica a Tício, gerente de compras de rede de supermercado, para que seus produtos fossem adquiridos, pratica o crime de corrupção ativa, previsto no art. 333, do CP.

(B) Caio, funcionário público, por vingança, ao retardar, indevidamente, a expedição de certidão de interesse de Tício, seu desafeto, a fim de o prejudicar, pratica crime de prevaricação, previsto no art. 319, do CP.

(C) Tícia, funcionária pública, ao furtar a carteira da colega, também funcionária pública, pratica o crime de peculato-furto, previsto no parágrafo 1°, do art. 312, do CP.

(D) Mévia, ao se opor à apreensão ilegal de seu filho menor pela Polícia Militar, pratica o crime de resistência, definido no art. 329, do CP.

(E) Semprônio, ao se recusar a assinar o mandado de citação de ação de execução, perante o oficial de justiça, pratica o crime de desobediência, previsto no art. 330, do CP.

05. (FAUEL - 2017 - Câmara de Maria Helena - PR - Advogado) Analise o tipo penal a seguir: "Retardar ou deixar de praticar, indevidamente, ato de ofício, ou praticá-lo contra disposição expressa de lei, para satisfazer interesse ou sentimento pessoal". O tipo penal acima diz respeito a qual crime contra a administração pública?

(A) Concussão.

(B) Prevaricação.

(C) Peculato.

(D) Corrupção passiva.

GABARITO: *As respostas destes testes encontram-se no final do livro..*

19. PREVARICAÇÃO IMPRÓPRIA

Art.319 - A - Deixar o Diretor de Penitenciária e/ou agente público, de cumprir seu dever de vedar ao preso o acesso a aparelho telefônico, de rádio ou similar, que permita a comunicação com outros presos ou com o ambiente externo:

Pena: detenção, de 3 (três) meses a 1 (um) ano.

19.1. Considerações Iniciais

Acrescentado pela Lei n. 11.466/07, o artigo 319-A descreve a omissão por parte daquele que tinha o dever de vedar acesso ao preso a aparelhos telefônicos e similares.

Não é vedado ao preso se comunicar através de aparelhos telefônicos; ele pode fazê-lo, desde que devidamente autorizado pela autoridade administrativa, para isso se valendo dos telefones públicos instalados no ambiente prisional.

Acerca da classificação, o crime de *prevaricação imprópria* é simples, próprio, formal, de dano, de forma livre, omissivo, instantâneo, unissubjetivo e unissubsistente.

19.2. Tipicidade Objetiva

O núcleo do tipo penal é o verbo "deixar", expressão que, no tipo penal, possui o sentido de "omitir-se", "não fazer".

19.3. Sujeitos

Sujeito ativo: o sujeito ativo é o agente público, entendido como todo aquele que em exercício tenha o dever de vedar, impedir que o preso se coloque em contato com aparelhos telefônicos e similares (rádios, *walkie-talkies*, etc). O sujeito ativo pode ser ainda o próprio Diretor do estabelecimento.

Sujeito passivo: o sujeito passivo é o Estado.

19.4. Objetos

Objeto jurídico: o objeto jurídico é a Administração Pública.

Objeto material: o objeto material é o aparelho telefônico ou similar.

19.5. Elemento Subjetivo

O dolo é o elemento subjetivo do tipo penal, uma vez que se exige do agente ou diretor do estabelecimento prisional a conduta conscientemente permissiva, uma vez que seu dever era o de fazer justamente o contrário.

19.6. Consumação e Tentativa

O delito se consuma no momento em que o diretor ou o agente, dolosamente, permite ou nada faz para proibir que o preso tenha acesso aos aparelhos telefônicos ou similares dos quais não poderia se valer. Não se exige que o preso efetivamente se utilize do aparelho.

Não se admite tentativa, pois a conduta é omissiva.

19.7. Ação Penal

A ação penal é pública incondicionada.

19.8. Pena

A pena prevista para o crime é de detenção de três meses a um ano. Logo, podemos concluir que:

a) É possível a transação penal (art. 76, Lei n. 9.099/95), pois se trata de infração penal de menor potencial ofensivo;

b) É possível a suspensão condicional do processo (art. 89, Lei n. 9.099/95), pois a pena mínima não ultrapassa um ano.

19.9. Classificação

O crime pode ser classificado como:

a) **Próprio** (exige qualidade especial do agente);

b) **Formal** (a consumação dispensa a produção de um resultado naturalístico);

c) De **forma livre** (a Lei não estabelece exigência para a forma de execução);

d) **Simples** (tutela apenas um bem jurídico);

e) **Omissivo** (em regra);

f) **Unissubjetivo** (pode haver ou não concurso de pessoas);

g) **Instantâneo** (consuma-se de imediato);

h) **Unissubsistente** (a conduta não pode ser fracionada);

i) **Doloso**.

19.10. Quadro Sinótico

PREVARICAÇÃO IMPRÓPRIA		
Considerações Iniciais	Acrescentado pela Lei n. 11.466/07, o artigo 319-A descreve a omissão por parte daquele que tinha o dever de vedar acesso ao preso a aparelhos telefônicos e similares.	1
Tipicidade Objetiva	O núcleo do tipo penal é o verbo "deixar", expressão que, no tipo penal, possui o sentido de "omitir-se", "não fazer".	2
Sujeitos	**Sujeito ativo:** o sujeito ativo é o agente público, entendido como todo aquele que em exercício tenha o dever de vedar, impedir que o preso se coloque em contato com aparelhos telefônicos e similares (rádios, *walkie-talkies*, etc). O sujeito ativo pode ser ainda o próprio Diretor do estabelecimento. **Sujeito passivo:** o sujeito passivo é o Estado.	3
Objetos	**Objeto jurídico:** o objeto jurídico é a Administração Pública. **Objeto material:** o objeto material é o aparelho telefônico ou similar.	4
Elemento Subjetivo	O dolo é o elemento subjetivo do tipo penal, uma vez que exige-se do agente ou diretor do estabelecimento prisional a conduta conscientemente permissiva, tendo em vista que seu dever era o de fazer justamente o contrário.	5
Consumação e Tentativa	O delito se consuma no momento em que o diretor ou o agente, dolosamente, permite ou nada faz para proibir que o preso tenha acesso aos aparelhos telefônicos ou similares dos quais não poderia se valer. Não se exige que o preso efetivamente se utilize do aparelho. Não se admite tentativa, pois a conduta é omissiva.	6
Ação Penal	A ação penal é de iniciativa pública incondicionada.	7
Penas	A pena prevista para o crime é de detenção de três meses a um ano.	8
Classificação	**a) Próprio** (exige qualidade especial do agente); **b) Formal** (a consumação dispensa a produção de um resultado naturalístico); **c)** De forma **livre** (a Lei não estabelece exigência para a forma de execução); **d) Simples** (tutela apenas um bem jurídico); **e) Omissivo** (em regra); **f) Unissubjetivo** (pode haver ou não concurso de pessoas); **g) Instantâneo** (consuma-se de imediato); **h) Unissubsistente** (a conduta não pode ser fracionada); **i) Doloso**.	9

20. CONDESCENDÊNCIA CRIMINOSA

Art.320 - Deixar o funcionário, por indulgência, de responsabilizar subordinado que cometeu infração no exercício do cargo ou, quando lhe falte competência, não levar o fato ao conhecimento da autoridade competente:

Pena - detenção, de quinze dias a um mês, ou multa.

20.1. Considerações Iniciais

A descrição do tipo penal *condescendência criminosa* prevê dois aspectos dessa modalidade delitiva, qual sejam: a primeira, quando um funcionário, por indulgência deixa de responsabilizar subordinado; logo percebemos que a primeira característica deste tipo penal é, além da relação hierárquica existente entre eles há o sentimento de não querer responsabilizar, ou seja, por clemência ou tolerância não o faz.

A segunda característica seria a falta de comunicação, por parte deste funcionário hierarquicamente superior ao saber de conduta infratora praticada por outro funcionário, a autoridade competente para punir a infração por não ter ele mesmo competência para responsabilizar o agente infrator.

Vale salientar que o elemento indulgência subsume a conduta ao tipo, pois sem esse sentimento por parte do funcionário, poderia ele incorrer no crime de prevaricação.

Acerca da classificação, o crime de *condescendência criminosa* é simples, próprio, formal, de dano, de forma livre, comissivo ou omissivo; instantâneo; unissubjetivo e unissubsistente.

20.2. Tipicidade Objetiva

O núcleo do tipo penal é o verbo "deixar", expressão que, no tipo penal, possui o sentido de "omitir-se", "não fazer".

20.3. Sujeitos

Sujeito ativo: tratando-se de crime próprio, só funcionário público pode praticá-lo. Deve o mesmo ser hierarquicamente superior ao outro que comete a infração.

Sujeito passivo: o sujeito passivo é o Estado.

20.4. Objetos

Objeto jurídico: a Administração Pública é o bem juridicamente tutelado, pois estando os funcionários públicos sujeitos às normas e princípios que os orientam e disciplinam, é devida a responsabilização de seus atos infracionais por parte de seus superiores.

Objeto material: não há.

20.5. Elemento Subjetivo

O dolo é o elemento subjetivo exigido no tipo penal, ou seja, a vontade consciente de praticar a conduta. É imprescindível, ainda, que a conduta contenha o elemento subjetivo tolerância, ou seja, *por indulgência*.

20.6. Consumação e Tentativa

O delito em tela se consuma quando o agente (funcionário público) hierarquicamente superior, diante de infração praticado por outro funcionário público deixa, por clemência, por indulgência de responsabilizá-lo, ou deixa de comunicar a autoridade superior que tenha competência para promover a responsabilização.

A tentativa não é admitida.

20.7. Ação Penal

A ação penal é pública incondicionada.

20.8. Pena

A pena prevista para o crime é de detenção de quinze dias a um mês, ou multa. Logo, podemos concluir que:

a) É possível a transação penal (art. 76, Lei n. 9.099/95), pois se trata de infração penal de menor potencial ofensivo;

b) É possível a suspensão condicional do processo (art. 89, Lei n. 9.099/95), pois a pena mínima não ultrapassa um ano.

20.9. Classificação

O crime pode ser classificado como:

a) **Próprio** (exige qualidade especial do agente);

b) **Formal** (a consumação dispensa a produção de um resultado naturalístico);

c) De **forma livre** (a Lei não estabelece exigência para a forma de execução);

d) **Simples** (tutela apenas um bem jurídico);

e) **Omissivo**;

f) **Unissubjetivo** (pode haver ou não concurso de pessoas);

g) **Instantâneo** (consuma-se de imediato);

h) **Unissubsistente** (a conduta não pode ser fracionada);

i) **Doloso**.

20.10. Quadro Sinótico

CONDESCENDÊNCIA CRIMINOSA		
Considerações Iniciais	A descrição do tipo penal *condescendência criminosa* prevê dois aspectos dessa modalidade delitiva, qual sejam: a primeira, quando um funcionário, por indulgência deixa de responsabilizar subordinado; logo percebemos que a primeira característica deste tipo penal é, além da relação hierárquica existente entre eles há o sentimento de não querer responsabilizar, ou seja, por clemência ou tolerância não o faz. A segunda característica seria a falta de comunicação, por parte deste funcionário hierarquicamente superior ao saber de conduta infratora praticada por outro funcionário, a autoridade competente para punir a infração por não ter ele mesmo competência para responsabilizar o agente infrator.	1
Tipicidade Objetiva	O núcleo do tipo penal é o verbo "deixar", expressão que, no tipo penal, possui o sentido de "omitir-se", "não fazer".	2
Sujeitos	**Sujeito ativo:** tratando-se de crime próprio, só funcionário público pode praticá-lo. Deve o mesmo ser hierarquicamente superior ao outro que comete a infração. **Sujeito passivo:** o sujeito passivo é o Estado.	3
Objetos	**Objeto jurídico:** a Administração Pública é o bem juridicamente tutelado, pois estando os funcionários públicos sujeitos às normas e princípios que os orientam e disciplinam, é devida a responsabilização de seus atos infracionais por parte de seus superiores. **Objeto material:** não há.	4
Elemento Subjetivo	O dolo é o elemento subjetivo exigido no tipo penal, ou seja, a vontade consciente de praticar a conduta. É imprescindível, ainda, que a conduta contenha o elemento subjetivo tolerância, ou seja, *por indulgência*.	5
Consumação e Tentativa	O delito em tela se consuma quando o agente (funcionário público) hierarquicamente superior, diante de infração praticado por outro funcionário público deixa, por clemência, por indulgência de responsabilizá-lo, ou deixa de comunicar a autoridade superior que tenha competência para promover a responsabilização. A tentativa não é admitida.	6
Ação Penal	A ação penal é de iniciativa pública incondicionada.	7
Penas	A pena prevista para o crime é de detenção de quinze dias a um mês, ou multa.	8
Classificação	**a)** **Próprio** (exige qualidade especial do agente); **b)** **Formal** (a consumação dispensa a produção de um resultado naturalístico); **c)** De forma **livre** (a Lei não estabelece exigência para a forma de execução); **d)** **Simples** (tutela apenas um bem jurídico); **e)** **Omissivo**; **f)** **Unissubjetivo** (pode haver ou não concurso de pessoas); **g)** **Instantâneo** (consuma-se de imediato); **h)** **Unissubsistente** (a conduta não pode ser fracionada); **i)** **Doloso**.	9

20.11. Questões de Concursos Públicos

01. **(IBADE - 2018 - Prefeitura de Ji-Paraná - RO - Contador) Deixar o funcionário, por indulgência, de responsabilizar subordinado que cometeu infração no exercício do cargo ou, quando lhe falte competência, não levar o fato ao conhecimento da autoridade competente, incorrerá na prática do crime de:**
    - **(A)** advocacia administrativa.
    - **(B)** prevaricação.
    - **(C)** corrupção passiva privilegiada.
    - **(D)** condescendência criminosa.
    - **(E)** concussão.

02. **(Quadrix - 2017 - CFO-DF - Procurador Jurídico) No que diz respeito a crimes contra a Administração Pública, contra a fé pública e relativos à licitação, julgue o item subsequente.**

    Considere-se que o funcionário público Roberto, por indulgência, tenha deixado de responsabilizar subordinado seu que cometeu infração no exercício do cargo. Ainda assim, a infração foi descoberta e seu subordinado punido. Nessa situação, é correto afirmar que Roberto poderá ser responsabilizado por infração administrativa, mas não por prática de crime.
    - ( ) Certo
    - ( ) Errado

03. **(FCC - 2018 - SEFAZ-SC - Auditor-Fiscal da Receita Estadual - Auditoria e Fiscalização (Prova 1)) Patrícia, servidora pública chefe de determinada repartição, ao notar que seu subordinado Bruno, também servidor público, praticou uma infração no exercício do cargo, deixa de responsabilizá-lo por indulgência. Patrícia, com seu comportamento, praticou, em tese, o crime de**
    - **(A)** condescendência criminosa.
    - **(B)** prevaricação.
    - **(C)** tergiversação.
    - **(D)** exploração de prestígio.
    - **(E)** concussão.

04. **(FCC - 2018 - MPE-PE - Analista Ministerial - Área Auditoria) Djalma, funcionário público, não poderia, por falta de competência, responsabilizar Heloísa, sua subordinada, por infração por ela praticada no exercício do cargo e por ele vista, sendo que, por indulgência, Djalma não levou o fato ao conhecimento de mais ninguém. Nesse caso, uma vez descoberta por outros meios a existência do fato narrado, de acordo com o Código Penal, considerando apenas as informações fornecidas, Djalma**
    - **(A)** não responderá por nenhum crime, pois ele não tinha competência para responsabilizá-la.
    - **(B)** responderá pelo crime de condescendência criminosa, para o qual é prevista a pena de detenção de quinze dias a um mês, ou multa.
    - **(C)** responderá pelo crime de prevaricação, para o qual é prevista a pena de quinze dias a um mês e multa.
    - **(D)** responderá pelo crime de condescendência criminosa, devendo a pena ser aumentada de um terço em razão de não ter levado o fato ao conhecimento da autoridade competente por indulgência.
    - **(E)** responderá pelo crime de prevaricação, devendo a pena ser aumentada de um terço em razão de não ter levado o fato ao conhecimento da autoridade competente por indulgência.

05. **(FAUEL - 2017 - Câmara de Maria Helena - PR - Advogado) Acerca dos crimes contra a administração pública, analise o caso abaixo e assinale a alternativa que indica corretamente o crime praticado por João:**

    "Imagine-se que João e Ana são servidores públicos, sendo Ana subordinada a João. Após anos trabalhando juntos, João e Ana começam a namorar. João percebe que em determinada situação Ana aceitou um presente de um contribuinte para agilizar a tramitação de um processo de interesse do contribuinte, tendo o presente sido dado em segredo para Ana especialmente para esse fim. Ao descobrir o que aconteceu, João chamou Ana para conversar, mas ao perceber que Ana havia adorado o presente, por indulgência, não lhe deu qualquer advertência e nem lhe chamou a atenção, recomendando apenas que não aceitasse mais outros presentes, deixando passar apenas desta vez".
    - **(A)** Peculato.
    - **(B)** Corrupção passiva.
    - **(C)** Excesso de exação.
    - **(D)** Condescendência criminosa.

    R-D

GABARITO: *As respostas destes testes encontram-se no final do livro..*

21. ADVOCACIA ADMINISTRATIVA

Art.321 - Patrocinar, direta ou indiretamente, interesse privado perante a administração pública, valendo-se da qualidade de funcionário:

Pena - detenção, de um a três meses, ou multa.

Parágrafo único - Se o interesse é ilegítimo:

Pena - detenção, de três meses a um ano, além da multa.

21.1. Introdução

A Lei n. 8.112/90 proíbe o funcionário público de atuar como procurador, salvo em casos relacionados a benefícios assistenciais e previdenciários para o cônjuge/companheiro e parentes até o segundo grau.

Esse patrocínio descrito no tipo penal, diz respeito a conduta do funcionário público que se vale de sua posição ou função para defender interesse privado em face da Administração Pública, seja pessoalmente (diretamente) ou por interposta pessoa (indiretamente), ou seja quando o agente pratica atos concretos que importem na defesa da causa do particular.

Sendo o interesse do agente ilegítimo, o crime se qualifica, por se tratar de conduta com maior grau de reprovabilidade.

Se este interesse se der em relação a Administração Fazendária, incorrerá no crime previsto na Lei 8.137/90 e se estiver relacionado com Licitação Pública, a Lei que trata é a 8.666/93.

Acerca da classificação, o crime de *advocacia administrativa* é simples, próprio, formal, de dano, de forma livre, comissivo ou omissivo; instantâneo; unissubjetivo e unissubsistente ou plurissubsistente.

21.2. Tipicidade Objetiva

O núcleo do tipo penal é o verbo "patrocinar", expressão que, no tipo penal, possui o sentido de "defender", "proteger", "sustentar".

21.3. Sujeitos

Sujeito ativo: o sujeito ativo é o funcionário público, portanto, se trata de crime próprio.

Sujeito passivo: o sujeito passivo é o Estado, bem como qualquer terceiro – pessoa física ou jurídica – que tenha sido prejudicada pela conduta praticada pelo sujeito ativo.

21.4. Objetos

Objeto jurídico: a Administração Pública é o objeto jurídico descrito no tipo, no que diz respeito à moralidade administrativa.

Objeto material: não há objeto material.

21.5. Elemento Subjetivo

O dolo é o elemento subjetivo exigido no tipo penal, uma vez que o agente escolhe patrocinar interesse particular em face da Administração Pública.

21.6. Consumação e Tentativa

O crime se consuma quando o agente pratica qualquer ato que importe na defesa, patrocínio de interesse privado perante a Administração Pública. É possível a tentativa.

21.7. Ação Penal

A ação penal é pública incondicionada.

21.8. Pena

A pena prevista para o crime é de detenção de um a três meses, ou multa. Logo, podemos concluir que:

a) É possível a transação penal (art. 76, Lei n. 9.099/95), pois se trata de infração penal de menor potencial ofensivo;

b) É possível a suspensão condicional do processo (art. 89, Lei n. 9.099/95), pois a pena mínima não ultrapassa um ano.

21.9. Classificação

O crime pode ser classificado como:

a) **Próprio** (exige qualidade especial do agente);

b) **Formal** (a consumação dispensa a produção de um resultado naturalístico);

c) De **forma livre** (a Lei não estabelece exigência para a forma de execução);

d) **Simples** (tutela apenas um bem jurídico);

e) **Comissivo**;

f) **Unissubjetivo** (pode haver ou não concurso de pessoas);

g) **Instantâneo** (consuma-se de imediato);

h) **Plurissubsistente** (a conduta pode ser fracionada);

i) **Doloso**.

21.10. Quadro Sinótico

ADVOCACIA ADMINISTRATIVA		
Considerações Iniciais	A Lei n. 8.112/90 proíbe o funcionário público de atuar como procurador, salvo em casos relacionados a benefícios assistenciais e previdenciários para o cônjuge/companheiro e parentes até o segundo grau. Esse patrocínio descrito no tipo penal, diz respeito a conduta do funcionário público que se vale de sua posição ou função para defender interesse privado em face da Administração Pública, seja pessoalmente (diretamente) ou por interposta pessoa (indiretamente), ou seja quando o agente pratica atos concretos que importem na defesa da causa do particular. Sendo o interesse do agente ilegítimo, o crime se qualifica, por se tratar de conduta com maior grau de reprovabilidade.	1
Tipicidade Objetiva	O núcleo do tipo penal é o verbo "patrocinar", expressão que, no tipo penal, possui o sentido de "defender", "proteger", "sustentar".	2
Sujeitos	**Sujeito ativo:** o sujeito ativo é o funcionário público, portanto, se trata de crime próprio. **Sujeito passivo:** o sujeito passivo é o Estado, bem como qualquer terceiro – pessoa física ou jurídica – que tenha sido prejudicada pela conduta praticada pelo sujeito ativo.	3
Objetos	**Objeto jurídico:** a Administração Pública é o objeto jurídico descrito no tipo, no que diz respeito à moralidade administrativa. **Objeto material:** não há objeto material.	4
Elemento Subjetivo	O dolo é o elemento subjetivo exigido no tipo penal, uma vez que o agente escolhe patrocinar interesse particular em face da Administração Pública.	5
Consumação e Tentativa	O crime se consuma quando o agente pratica qualquer ato que importe na defesa, patrocínio de interesse privado perante a Administração Pública. É possível a tentativa.	6
Ação Penal	A ação penal é de iniciativa pública incondicionada.	7
Pena	A pena prevista para o crime é de detenção de um a três meses, ou multa.	8
Classificação	**a)** **Próprio** (exige qualidade especial do agente); **b)** **Formal** (a consumação dispensa a produção de um resultado naturalístico); **c)** De forma **livre** (a Lei não estabelece exigência para a forma de execução); **d)** **Simples** (tutela apenas um bem jurídico); **e)** **Comissivo**; **f)** **Unissubjetivo** (pode haver ou não concurso de pessoas); **g)** **Instantâneo** (consuma-se de imediato); **h)** **Plurissubsistente** (a conduta pode ser fracionada); **i)** **Doloso**.	9

21.11. Questões de Concursos Públicos

01. (CESPE - 2018 - EMAP - Analista Portuário - Área Jurídica) Julgue o item seguinte, a respeito dos crimes contra a administração pública.

Funcionário público que utilizar o cargo para exercer defesa de interesse privado lícito e alheio perante a administração pública, ainda que se valendo de pessoa interposta, cometerá o crime de advocacia administrativa.

( ) Certo

( ) Errado

02. (FCC - 2018 - Câmara Legislativa do Distrito Federal - Procurador) O crime de advocacia administrativa

(A) ocorre com o exercício da advocacia na seara administrativa por quem é expressamente impedido pelo Estatuto da OAB.

(B) ocorre com o patrocínio, ainda que indireto, de interesse privado perante a Administração Pública, valendo-se da qualidade de funcionário.

(C) exige como sujeito ativo específico o advogado e um ato de corrupção ativa frente à Administração Pública.

(D) é configurado quando o advogado ou procurador trai dever funcional e prejudica a Administração Pública em juízo.

(E) é praticado por particular contra a Administração Pública em geral e punido com pena de reclusão.

03. (CONSULPLAN - 2017 - TJ-MG - Titular de Serviços de Notas e de Registros - Provimento) O agente da polícia civil denominado "A" dirigiu-se à 32ª Delegacia de Polícia e, valendo-se da sua qualidade de funcionário público, tentou favorecer pessoa acusada de tentativa de homicídio, pedindo ao agente responsável pela oitiva que ajudasse o detido a sair daquela situação. Assim colocada a questão, assinale a alternativa que corresponda ao delito cometido pelo agente "A":

(A) Condescendência criminosa.

(B) Tráfico de influência.

(C) Advocacia administrativa.

(D) Exploração de prestígio.

04. (FEPESE - 2017 - PC-SC - Escrivão de Polícia Civil) De acordo com o Código Penal, o agente que se valendo da condição de servidor público patrocinar, direta ou indiretamente, interesse privado perante a administração pública, pratica o crime de:

(A) peculato.

(B) concussão.

(C) patrocínio infiel.

(D) excesso de exação.

(E) advocacia administrativa.

05. (IBADE - 2018 - Prefeitura de João Pessoa - PB - Agente de Controle Urbano) João, Agente de Controle Urbano do Município de João Pessoa, patrocinou, indiretamente, interesse de José, seu amigo de infância, perante a Administração Pública Municipal, valendo-se da qualidade de funcionário público e influência no órgão. A conduta de João é considerada:

(A) atípica, não constituindo crime.

(B) crime de corrupção ativa.

(C) crime de corrupção passiva.

(D) crime de tráfico de influência.

(E) crime de advocacia administrativa.

***GABARITO:** As respostas destes testes encontram-se no final do livro..*

22. VIOLÊNCIA ARBITRÁRIA

Art.322 - Praticar violência, no exercício de função ou a pretexto de exercê-la:
Pena - detenção, de seis meses a três anos, além da pena correspondente à violência.

22.1. Considerações Iniciais

Com o advento da Lei n. 4.898/65 (antiga Lei de Abuso de Autoridade, revogada pela Lei n. 13.869/19) os casos de abuso de autoridade foram regulados com o direito de representação e o processo de responsabilidade administrativa, o que levou parte da doutrina a entender que o referido artigo do Código Penal havia sido revogado.

Consoante entendimento do STF, não há que se falar em revogação, uma vez que a finalidade da Lei é diversa da pretendida pelo artigo (RE 73914/SP, Min. Osvaldo Trigueiro).

A autoridade não está proibida de agir c de forma veemente, chegando em algumas situações a ser violenta, como casos de estrito cumprimento do dever legal ou legítima defesa; o que se proíbe é o abuso dessa conduta.

Vale registrar que, majoritariamente, a doutrina é pela revogação tácita do dispositivo. Com o advento da atual Lei de Abuso de Autoridade, foram previstos alguns tipos penais que punem a autoridade pública pelo emprego da violência, o que reforça a tese da revogação do art. 322, CP

Acerca da classificação, o crime de violência arbitrária é pluriofensivo, próprio, material, de dano, de forma livre, comissivo; instantâneo; unissubjetivo e plurissubsistente.

22.2. Tipicidade Objetiva

O núcleo do tipo penal é o verbo "praticar", expressão que, no tipo penal, possui o sentido de "realizar", "fazer", "promover".

22.3. Sujeitos

Sujeito ativo: o sujeito ativo do tipo penal é o funcionário público, pois se trata de crime próprio.

Sujeito passivo: o sujeito passivo é o Estado, ou o terceiro – pessoa física ou jurídica – que tenha sido lesado pela conduta do sujeito passivo.

22.4. Objetos

Objeto jurídico: tutela-se a Administração Pública, no que concerne o desempenho adequado de seus funcionários na atribuição de suas funções.

Objeto material: o objeto materialmente tutelado é a integridade física da pessoa e sua liberdade, contra a qual é praticado o ato de violência.

22.5. Elemento Subjetivo

O dolo é o elemento subjetivo exigido para a conduta penal e a consciência de que sua conduta é ilícita e ilegítima.

22.6. Consumação e Tentativa

O crime se consuma quando o agende, de forma exagerada, pratica o ato de violência contra a vítima em razão da função ou a pretexto de exercê-la.

A tentativa é admitida.

22.7. Ação Penal

A ação penal é pública incondicionada.

22.8. Pena

A pena prevista para o crime é de detenção de seis meses a três anos, além da pena correspondente à violência. Logo, podemos concluir que:

a) Não é possível a transação penal (art. 76, Lei n. 9.099/95), pois não se trata de infração penal de menor potencial ofensivo;

b) É possível a suspensão condicional do processo (art. 89, Lei n. 9.099/95), pois a pena mínima não ultrapassa um ano.

22.9. Classificação

O crime pode ser classificado como:

a) **Próprio** (exige qualidade especial do agente);

b) **Material** (a consumação exige a produção de um resultado naturalístico);

c) De **forma livre** (a Lei não estabelece exigência para a forma de execução);

d) **Simples** (tutela apenas um bem jurídico);

e) **Comissivo**;

f) **Unissubjetivo** (pode haver ou não concurso de pessoas);

g) **Instantâneo** (consuma-se de imediato);

h) **Plurissubsistente** (a conduta pode ser fracionada);

i) **Doloso**.

22.10. Quadro Sinótico

VIOLÊNCIA ARBITRÁRIA		
Considerações Iniciais	A autoridade não está proibida de agir de forma veemente, chegando em algumas situações a ser violenta, como casos de estrito cumprimento do dever legal ou legítima defesa; o que se proíbe é o abuso dessa conduta. Vale registrar que, majoritariamente, a doutrina é pela revogação tácita do dispositivo. Com o advento da atual Lei de Abuso de Autoridade, foram previstos alguns tipos penais que punem a autoridade pública pelo emprego da violência, o que reforça a tese da revogação do art. 322, CP.	1
Tipicidade Objetiva	O núcleo do tipo penal é o verbo "praticar", expressão que, no tipo penal, possui o sentido de "realizar", "fazer", "promover".	2
Sujeitos	**Sujeito ativo:** o sujeito ativo do tipo penal é o funcionário público, pois se trata de crime próprio. **Sujeito passivo:** o sujeito passivo é o Estado, ou o terceiro – pessoa física ou jurídica – que tenha sido lesado pela conduta do sujeito passivo.	3
Objetos	**Objeto jurídico:** tutela-se a Administração Pública, no que concerne o desempenho adequado de seus funcionários na atribuição de suas funções. **Objeto material:** o objeto materialmente tutelado é a integridade física da pessoa e sua liberdade, contra a qual é praticado o ato de violência.	4
Elemento Subjetivo	O dolo é o elemento subjetivo exigido para a conduta penal e a consciência de que sua conduta é ilícita e ilegítima.	5
Consumação e Tentativa	O crime se consuma quando o agende, de forma exagerada, pratica o ato de violência contra a vítima em razão da função ou a pretexto de exercê-la. A tentativa é admitida.	6
Ação Penal	A ação penal é de iniciativa pública incondicionada.	7
Pena	A pena prevista para o crime é de detenção de seis meses a três anos, além da pena correspondente à violência.	8
Classificação	**a) Próprio** (exige qualidade especial do agente); **b) Material** (a consumação exige a produção de um resultado naturalístico); **c)** De forma **livre** (a Lei não estabelece exigência para a forma de execução); **d) Simples** (tutela apenas um bem jurídico); **e) Comissivo**; **f) Unissubjetivo** (pode haver ou não concurso de pessoas); **g) Instantâneo** (consuma-se de imediato); **h) Plurissubsistente** (a conduta pode ser fracionada); **i) Doloso**.	9

23. ABANDONO DE FUNÇÃO

> **Art. 323** - Abandonar cargo público, fora dos casos permitidos em lei:
>
> Pena - detenção, de quinze dias a um mês, ou multa.
>
> § 1° - Se do fato resulta prejuízo público:
>
> Pena - detenção, de três meses a um ano, e multa.
>
> § 2° - Se o fato ocorre em lugar compreendido na faixa de fronteira.
>
> Pena - detenção, de um a três anos, e multa.

23.1. Considerações Iniciais

A conduta descrita diz respeito ao abandono de cargo e não função, isto porque em alguns casos estará presente o funcionário a quem incumbe assumir o cargo na ausência do ocupante; cargo é o espaço na Administração Pública criado mediante lei e ocupado por um funcionário público. A todo cargo corresponde uma função e nem toda função pública possui cargo – como é o caso dos servidores contratados temporariamente em regime de urgência regidos sob a CLT. Portanto, não se pode aplicar ao crime o conceito de funcionário público por extensão.

Desse modo, o abandono do cargo deve se dar por tempo juridicamente relevante a ponto de criar um potencial prejuízo a Administração Pública.

Acerca da classificação, o crime de *abandono de função* é simples, de mão própria, de perigo concreto, de forma livre, omissivo próprio; instantâneo; unissubjetivo e unissubsistente.

23.2. Tipicidade Objetiva

O núcleo do tipo penal é o verbo "abandonar" (deixar, largar). A conduta diz respeito ao cargo público.

23.3. Sujeitos

Sujeito ativo: o sujeito ativo é o funcionário público, pois se trata de crime próprio.

Sujeito passivo: o sujeito passivo é o Estado.

23.4. Objetos

Objeto jurídico: a Administração Pública é o bem juridicamente tutelado.

Objeto material: parte da doutrina entende não haver, enquanto a outra parte aponta o cargo abandonado como sendo o objeto material do tipo penal.

23.5. Elemento Subjetivo

O dolo é o elemento subjetivo exigido no tipo penal, uma vez que é necessário que o abandono do agente não seja legalmente permitido e que essa situação gere para a Administração Pública uma possibilidade concreta de dano.

23.6. Consumação e Tentativa

O delito se consuma quando o agente efetivamente abandona o cargo – ou por mero afastamento ou pela sua falta de apresentação no devido momento – e esse abandono seja por tempo suficiente para gerar uma situação de perigo ou lesão para a Administração Pública.

A tentativa é admitida, embora de difícil ocorrência.

23.7. Ação Penal

A ação penal é pública incondicionada.

23.8. Pena

A pena prevista para o crime é de detenção de quinze dias a um mês, ou multa. Logo, podemos concluir que:

a) É possível a transação penal (art. 76, Lei n. 9.099/95), pois se trata de infração penal de menor potencial ofensivo; na qualificadora do § 2º, não caberia a transação penal, pois a pena supera dois anos.

b) É possível a suspensão condicional do processo (art. 89, Lei n. 9.099/95), pois a pena mínima não ultrapassa um ano.

23.9. Classificação

O crime pode ser classificado como:

a) **Próprio** (exige qualidade especial do agente);

b) **Formal** (a consumação dispensa a produção de um resultado naturalístico);

c) De **forma livre** (a Lei não estabelece exigência para a forma de execução);

d) **Simples** (tutela apenas um bem jurídico);

e) **Omissivo**;

f) **Unissubjetivo** (pode haver ou não concurso de pessoas);

g) **Instantâneo** (consuma-se de imediato);

h) **Unissubsistente** (a conduta não pode ser fracionada);

i) **Doloso**.

23.10. Quadro Sinótico

ABANDONO DE FUNÇÃO		
Considerações Iniciais	A conduta descrita diz respeito ao abandono de cargo e não função, isto porque em alguns casos estará presente o funcionário a quem incumbe assumir o cargo na ausência do ocupante. Desse modo, o abandono do cargo deve se dar por tempo juridicamente relevante a ponto de criar um potencial prejuízo a Administração Pública.	1
Tipicidade Objetiva	O núcleo do tipo penal é o verbo "abandonar" (deixar, largar). A conduta diz respeito ao cargo público.	2
Sujeitos	**Sujeito ativo:** o sujeito ativo é o funcionário público, pois se trata de crime próprio. **Sujeito passivo:** o sujeito passivo é o Estado.	3
Objetos	**Objeto jurídico:** a Administração Pública é o bem juridicamente tutelado. **Objeto material:** parte da doutrina entende não haver, enquanto a outra parte aponta o cargo abandonado como sendo o objeto material do tipo penal.	4
Elemento Subjetivo	O dolo é o elemento subjetivo exigido no tipo penal, uma vez que é necessário que o abandono do agente não seja legalmente permitido e que essa situação gere para a Administração Pública uma possibilidade concreta de dano.	5
Consumação e Tentativa	O delito se consuma quando o agente efetivamente abandona o cargo – ou por mero afastamento ou pela sua falta de apresentação no devido momento – e esse abandono seja por tempo suficiente para gerar uma situação de perigo ou lesão para a Administração Pública. A tentativa é admitida, embora de difícil ocorrência.	6
Ação Penal	A ação penal é de iniciativa pública incondicionada.	7
Penas	A pena prevista para o crime é de detenção de quinze dias a um mês, ou multa.	8
Classificação	a) **Próprio** (exige qualidade especial do agente); b) **Formal** (a consumação dispensa a produção de um resultado naturalístico); c) De forma **livre** (a Lei não estabelece exigência para a forma de execução); d) **Simples** (tutela apenas um bem jurídico); e) **Omissivo**; f) **Unissubjetivo** (pode haver ou não concurso de pessoas); g) **Instantâneo** (consuma-se de imediato); h) **Unissubsistent**e (a conduta não pode ser fracionada); i) **Doloso**.	9

24. EXERCÍCIO FUNCIONAL ILEGALMENTE ANTECIPADO OU PROLONGADO

Art.324 - Entrar no exercício de função pública antes de satisfeitas as exigências legais, ou continuar a exercê-la, sem autorização, depois de saber oficialmente que foi exonerado, removido, substituído ou suspenso:

Pena - detenção, de quinze dias a um mês, ou multa.

24.1. Considerações Iniciais

O delito em comento é praticado quando o agente desempenha as funções inerentes ao seu cargo antes de exigidas as condições legais, bastando para tanto que tenha sido nomeado para que adquira a qualidade de funcionário público; condições estas que se encontram nos estatutos dos funcionários públicos, ou que continua a desempenhar, sem autorização para fazê-lo.

Em um primeiro momento, o agente desempenha suas funções antes de satisfazer determinados requisitos legais; noutro momento, satisfeitos esses requisitos e investido no cargo, por evento posterior, como o caso de exoneração, remoção, substituição ou suspensão, continua ele a exercer os atos típicos de sua função como se não estivesse impedido.

Acerca da classificação, o crime de *exercício funcional ilegalmente antecipado ou prolongado* é simples, de mão própria, formal, de dano, de forma livre, comissivo, instantâneo, unissubjetivo e plurissubsistente.

24.2. Tipicidade Objetiva

O núcleo do tipo penal é o verbo "deixar", expressão que, no tipo penal, possui o sentido de "iniciar", "começar", "principiar".

24.3. Sujeitos

Sujeito ativo: o sujeito ativo é o funcionário público e se trata de crime próprio.

Sujeito passivo: o Estado é o sujeito passivo.

24.4. Objetos

Objeto jurídico: a Administração Pública é o objeto juridicamente tutelado.

Objeto material: a função pública usurpada pelo agente.

24.5. Elemento Subjetivo

O dolo é o elemento subjetivo exigido no tipo penal, mormente em relação a vontade consciente do agente em entrar no exercício de suas funções antes de preenchidas as devidas condições legais; no segundo momento, o elemento subjetivo diz respeito ao dolo em permanecer exercendo as atribuições de suas funções quando oficialmente souber de seu impedimento, seja por conta de exoneração, remoção, substituição ou suspensão. É necessária a consciência da irregularidade de sua conduta.

24.6. Consumação e Tentativa

Consuma-se o crime quando o funcionário público pratica ato sem estar devidamente investido no cargo ou função, ou seja, antes de exigidas as condições legais ou permanece em exercício, sem autorização.

A tentativa é admitida.

24.7. Ação Penal

A ação penal é publica incondicionada.

24.8. Pena

A pena prevista para o crime é de detenção de quinze dias a um mês, ou multa. Logo, podemos concluir que:

a) É possível a transação penal (art. 76, Lei n. 9.099/95), pois se trata de infração penal de menor potencial ofensivo;

b) É possível a suspensão condicional do processo (art. 89, Lei n. 9.099/95), pois a pena mínima não ultrapassa um ano.

24.9. Classificação

O crime pode ser classificado como:

a) **Próprio** (exige qualidade especial do agente);

b) **Formal** (a consumação dispensa a produção de um resultado naturalístico);

c) De **forma livre** (a Lei não estabelece exigência para a forma de execução);

d) **Simples** (tutela apenas um bem jurídico);

e) **Comissivo**;

f) **Unissubjetivo** (pode haver ou não concurso de pessoas);

g) **Instantâneo** (consuma-se de imediato);

h) **Plurissubsistente** (a conduta não pode ser fracionada);

i) **Doloso**.

24.10. Quadro Sinótico

EXERCÍCIO FUNCIONAL ILEGALMENTE ANTECIPADO OU PROLONGADO		
Considerações Iniciais	O delito em comento é praticado quando o agente desempenha as funções inerentes ao seu cargo antes de exigidas as condições legais, bastando para tanto que tenha sido nomeado para que adquira a qualidade de funcionário público; condições estas que se encontram nos estatutos dos funcionários públicos, ou que continua a desempenhar, sem autorização para fazê-lo.	1
Tipicidade Objetiva	O núcleo do tipo penal é o verbo "deixar", expressão que, no tipo penal, possui o sentido de "iniciar", "começar", "principiar".	2
Sujeitos	**Sujeito ativo:** o sujeito ativo é o funcionário público e se trata de crime próprio. **Sujeito passivo:** o Estado é o sujeito passivo.	3
Objetos	**Objeto jurídico:** a Administração Pública é o objeto juridicamente tutelado. **Objeto material:** a função pública usurpada pelo agente.	4
Elemento Subjetivo	O dolo é o elemento subjetivo exigido no tipo penal. É necessária a consciência da irregularidade de sua conduta.	5
Consumação e Tentativa	Consuma-se o crime quando o funcionário público pratica ato sem estar devidamente investido no cargo ou função, ou seja, antes de exigidas as condições legais ou permanece em exercício, sem autorização. A tentativa é admitida.	6
Ação Penal	A ação penal é de iniciativa pública incondicionada.	7
Penas	A pena prevista para o crime é de detenção de quinze dias a um mês, ou multa.	8
Classificação	**Próprio** (exige qualidade especial do agente); **Formal** (a consumação dispensa a produção de um resultado naturalístico); **De forma livre** (a Lei não estabelece exigência para a forma de execução); **Simples** (tutela apenas um bem jurídico); **Comissivo**; **Unissubjetivo** (pode haver ou não concurso de pessoas); **Instantâneo** (consuma-se de imediato); **Plurissubsistente** (a conduta não pode ser fracionada); **Doloso.**	9

25. VIOLAÇÃO DE SIGILO PROFISSIONAL

> **Art.325** – Revelar fato de que tem ciência em razão de cargo e que deva permanecer em segredo, ou facilitar-lhe a revelação:
>
> Pena – detenção, de seis meses a dois anos, ou multa, se o fato não constitui crime mais grave.
>
> § 1° Nas mesmas penas deste artigo incorre quem:

I - permite ou facilita, mediante atribuição, fornecimento e empréstimo de senha ou qualquer outra forma, o acesso de pessoas não autorizadas a sistemas de informações ou banco de dados da Administração Pública;

II - se utiliza, indevidamente, do acesso restrito.

§ 2° Se da ação ou omissão resulta dano à Administração Pública ou a outrem:

Pena - reclusão, de 2 (dois) a 6 (seis) anos, e multa.

25.1. Considerações Iniciais

Muito embora vigore em nosso ordenamento o Princípio da Publicidade da atividade administrativa, há casos em que a inviolabilidade do sigilo da Administração Pública é tutelado, visando preservar o seu regular funcionamento. Logo, pratica o ato o funcionário público que pessoalmente, em razão do cargo, revela o fato que deveria ser mantido em sigilo, como aquele que facilita sua revelação.

Acerca da classificação, o crime de *violação de sigilo profissional* é simples, de mão própria, formal, de perigo concreto (*caput* e § 1º) ou de dano (§ 2º), de forma livre, comissivo, instantâneo, unissubjetivo e unissubsistente ou plurissubsistente.

25.2. Tipicidade Objetiva

O núcleo do tipo penal é o verbo "revelar", expressão que, no tipo penal, possui o sentido de "dar conhecimento, publicidade", "divulgar".

25.3. Sujeitos

Sujeito ativo: o sujeito ativo é o funcionário público, tratando-se, pois de crime próprio. É importante lembrar, que se o fato for revelado pelo funcionário após ele ter deixado em definitivo a função pública, não incorrerá no crime em apreço. Porém, ao funcionário aposentado ou posto em disponibilidade, a norma o alcança.

Sujeito passivo: o sujeito passivo é o Estado, o titular do sigilo ou o terceiro prejudicado, seja ele pessoa física ou jurídica.

25.4. Objetos

Objeto jurídico: o objeto juridicamente tutelado é a própria Administração Pública.

Objeto material: o objeto material é o sigilo da Administração Pública, ou seja o sigilo funcional.

25.5. Elemento Subjetivo

O elemento subjetivo é o dolo, ou seja, a vontade do funcionário em revelar o segredo da Administração ou facilitar-lhe a revelação. Não previsão dessa modalidade culposa, pois implica em o funcionário saber que a informação é sigilosa e querer revelá-la.

25.6. Consumação e Tentativa

Consuma-se o delito com a revelação da informação que deveria estar posta em segredo, isto é, quando o agente revela a pelo menos uma pessoa do fato de que tem ciência ser segredo em razão do cargo que ocupa ou que facilite que esta informação seja revelada.

Admite-se a tentativa na revelação ou facilitação de revelação do segrego em sua forma escrita.

25.7. Ação Penal

A ação penal é pública incondicionada.

25.8. Pena

A pena prevista para o crime é de detenção de seis meses a dois anos, ou multa. Logo, podemos concluir que:

a) É possível a transação penal (art. 76, Lei n. 9.099/95), pois se trata de infração penal de menor potencial ofensivo;

b) É possível a suspensão condicional do processo (art. 89, Lei n. 9.099/95), pois a pena mínima não ultrapassa um ano.

25.9. Classificação

O crime pode ser classificado como:

a) **Próprio** (exige qualidade especial do agente);

b) **Formal** (a consumação dispensa a produção de um resultado naturalístico);

c) De **forma livre** (a Lei não estabelece exigência para a forma de execução);

d) **Simples** (tutela apenas um bem jurídico);

e) **Comissivo**;

f) **Unissubjetivo** (pode haver ou não concurso de pessoas);

g) **Instantâneo** (consuma-se de imediato);

h) **Unissubsistente** (a conduta não pode ser fracionada) ou **plurissubsistente** (a conduta pode ser fracionada), a depender do caso;

i) **Doloso**.

25.10. Quadro Sinótico

VIOLAÇÃO DE SIGILO PROFISSIONAL		
Considerações Iniciais	Pratica o ato o funcionário público que pessoalmente, em razão do cargo, revela o fato que deveria ser mantido em sigilo, como aquele que facilita sua revelação.	1
Tipicidade Objetiva	O núcleo do tipo penal é o verbo "revelar", expressão que, no tipo penal, possui o sentido de "dar conhecimento, publicidade", "divulgar".	2
Sujeitos	**Sujeito ativo:** o sujeito ativo é o funcionário público. **Sujeito passivo:** o sujeito passivo é o Estado, o titular do sigilo ou o terceiro prejudicado, seja ele pessoa física ou jurídica.	3
Objetos	**Objeto jurídico:** o objeto juridicamente tutelado é a própria Administração Pública. **Objeto material:** o objeto material é o sigilo da Administração Pública, ou seja, o sigilo funcional.	4
Elemento Subjetivo	O elemento subjetivo é o dolo. Não há previsão dessa modalidade culposa.	5
Consumação e Tentativa	Consuma-se o delito com a revelação da informação que deveria estar posta em segredo. Admite-se a tentativa na revelação ou facilitação de revelação do segrego em sua forma escrita.	6
Ação Penal	A ação penal é de iniciativa pública incondicionada.	7
Penas	A pena prevista para o crime é de detenção de seis meses a dois anos, ou multa.	8
Classificação	a) **Próprio** (exige qualidade especial do agente); b) **Formal** (a consumação dispensa a produção de um resultado naturalístico); c) De forma **livre** (a Lei não estabelece exigência para a forma de execução); d) **Simples** (tutela apenas um bem jurídico); e) **Comissivo**; f) **Unissubjetivo** (pode haver ou não concurso de pessoas); g) **Instantâneo** (consuma-se de imediato); h) **Unissubsistente** (a conduta não pode ser fracionada) ou **plurissubsistente** (a conduta pode ser fracionada), a depender do caso; i) **Doloso**.	9

26. VIOLAÇÃO DO SIGILO DE PROPOSTA DE CONCORRÊNCIA

> Art. 326 - Devassar o sigilo de proposta de concorrência pública, ou proporcionar a terceiro o ensejo de devassa-lo:
>
> Pena - Detenção, de três meses a um ano, e multa.

Este artigo foi tacitamente revogado pelo art. 94 da Lei de Licitações (Lei n. 8.666/93).

Art. 327 - Considera-se funcionário público, para os efeitos penais, quem, embora transitoriamente ou sem remuneração, exerce cargo, emprego ou função pública.

Parágrafo único. Equipara-se a funcionário público quem exerce cargo, emprego ou função em entidade paraestatal. § 1° - Equipara-se a funcionário público quem exerce cargo, emprego ou função em entidade paraestatal.

§ 1° - Equipara-se a funcionário público quem exerce cargo, emprego ou função em entidade paraestatal, e quem trabalha para empresa prestadora de serviço contratada ou conveniada para a execução de atividade típica da Administração Pública.

§ 2° - A pena será aumentada da terça parte quando os autores dos crimes previstos neste Capítulo forem ocupantes de cargos em comissão ou de função de direção ou assessoramento de órgão da administração direta, sociedade de economia mista, empresa pública ou fundação instituída pelo poder público.

Este artigo traz a definição de funcionário público e equiparado a funcionário público, que comentamos ao tratarmos do crime de peculato. Em seu segundo parágrafo, traz uma causa de aumento de pena para os agentes que forem ocupantes de cargos em comissão ou de função de direção ou assessoramento de órgão da administração direta, sociedade de economia mista, empresa pública ou fundação instituída pelo poder público.

II

DOS CRIMES PRATICADOS PARTICULAR CONTRA A ADMINISTRAÇÃO EM GERAL

USURPAÇÃO DA FUNÇÃO PÚBLICA

> **Art.328** – Usurpar o exercício de função pública:
> Pena – detenção, de três meses a dois anos, e multa.
> Parágrafo único – Se do fato o agente aufere vantagem:
> Pena – reclusão, de dois a cinco anos, e multa.

1. CONSIDERAÇÕES INICIAIS

O tipo penal presente no artigo estudado diz respeito ao agente que se faz passar por funcionário público devidamente investido para a prática de atos relacionados a sua função; função esta que é própria da Administração.

Acerca da classificação, o crime de *usurpação de função pública* é simples, comum, formal, de dano, de forma livre, comissivo, instantâneo, unissubjetivo e plurissubsistente.

2. TIPICIDADE OBJETIVA

O núcleo do tipo penal é o verbo "usurpar", expressão que, no tipo penal, possui o sentido de "passar a exercer sem que faça jus a tanto". Por outras palavras, o agente passa a exercer a função pública de forma indevida.

3. SUJEITOS

Sujeito ativo: o sujeito ativo é qualquer pessoa.

Sujeito passivo: o sujeito passivo é o Estado ou qualquer terceiro – pessoa física ou jurídica – que tenha sido prejudicada pela conduta praticada pelo agente.

4. OBJETOS

Objeto jurídico: o objeto juridicamente tutelado é a Administração Pública.

Objeto material: o objeto material é a função pública que foi usurpada pelo agente que pratica o ato delituoso.

5. ELEMENTO SUBJETIVO

O elemento subjetivo é o dolo, pois sabendo o agente se tratar de função própria da Administração se coloca na qualidade de funcionário público regularmente investido e pratica atos de ofício que são inerentes à função usurpada.

6. CONSUMAÇÃO E TENTATIVA

Consuma-se o crime quando o agente pratica, efetivamente, ato de ofício. Se o agente apenas finge ser funcionário público e nada faz, o crime não se caracteriza nem se consuma; é necessária a prática do ato de ofício próprio da função usurpada.

A tentativa é admissível.

7. AÇÃO PENAL

A ação penal é de iniciativa pública incondicionada.

8. PENA

A pena prevista para o crime é de detenção de três meses a dois anos, e multa. Logo, podemos concluir que:

a) É possível a transação penal (art. 76, Lei n. 9.099/95), pois se trata de infração penal de menor potencial ofensivo;

b) É possível a suspensão condicional do processo (art. 89, Lei n. 9.099/95), pois a pena mínima não ultrapassa um ano.

Na hipótese do Parágrafo único, a pena passa a ser de reclusão de dois a cinco anos, e multa. Por esta razão não caberá transação penal e nem suspensão condicional do processo.

9. CLASSIFICAÇÃO

O crime pode ser classificado como:

a) **Comum** (não exige qualidade especial do agente);

b) **Formal** (a consumação dispensa a produção de um resultado naturalístico);

c) De **forma livre** (a Lei não estabelece exigência para a forma de execução);

d) **Simples** (tutela apenas um bem jurídico);

e) **Comissivo**;

f) **Unissubjetivo** (pode haver ou não concurso de pessoas);

g) **Instantâneo** (consuma-se de imediato);
h) **Plurissubsistente** (a conduta pode ser fracionada);
i) **Doloso**.

10. QUADRO SINÓTICO

USURPAÇÃO DA FUNÇÃO PÚBLICA		
Considerações Iniciais	O tipo penal presente no artigo estudado diz respeito ao agente que se faz passar por funcionário público devidamente investido para a prática de atos relacionados a sua função; função esta que é própria da Administração.	**1**
Tipicidade Objetiva	O núcleo do tipo penal é o verbo "usurpar", expressão que, no tipo penal, possui o sentido de "passar a exercer sem que faça jus a tanto". Por outras palavras, o agente passa a exercer a função pública de forma indevida.	**2**
Sujeitos	**Sujeito ativo:** o sujeito ativo é qualquer pessoa. **Sujeito passivo:** o sujeito passivo é o Estado ou qualquer terceiro – pessoa física ou jurídica – que tenha sido prejudicada pela conduta praticada pelo agente.	**3**
Objetos	**Objeto jurídico:** o objeto juridicamente tutelado é a Administração Pública. **Objeto material:** o objeto material é a função pública que foi usurpada pelo agente que pratica o ato delituoso.	**4**
Elemento Subjetivo	O elemento subjetivo é o dolo, pois sabendo o agente se tratar de função própria da Administração se coloca na qualidade de funcionário público regularmente investido e pratica atos de ofício que são inerentes à função usurpada.	**5**
Consumação e Tentativa	Consuma-se o crime quando o agente pratica, efetivamente, ato de ofício. Se o agente apenas finge ser funcionário público e nada faz, o crime não se caracteriza nem se consuma; é necessária a prática do ato de ofício próprio da função usurpada. A tentativa é admissível.	**6**
Ação Penal	A ação penal é de iniciativa pública incondicionada.	**7**
Penas	A pena prevista para o crime é de detenção de três meses a dois anos, e multa.	**8**
Classificação	**a) Comum** (não exige qualidade especial do agente); **b) Formal** (a consumação dispensa a produção de um resultado naturalístico); **c)** De forma **livre** (a Lei não estabelece exigência para a forma de execução); **d) Simples** (tutela apenas um bem jurídico); **e) Comissivo**; **f) Unissubjetivo** (pode haver ou não concurso de pessoas); **g) Instantâneo** (consuma-se de imediato); **h) Plurissubsistente** (a conduta pode ser fracionada); **i) Doloso**.	**9**

11. RESISTÊNCIA

> Art.329 - Opor-se à execução de ato legal, mediante violência ou ameaça a funcionário competente para executá-lo ou a quem lhe esteja prestando auxílio:
>
> Pena - detenção, de dois meses a dois anos.
>
> § 1° - Se o ato, em razão da resistência, não se executa:
>
> Pena - reclusão, de um a três anos.
>
> § 2° - As penas deste artigo são aplicáveis sem prejuízo das correspondentes à violência.

11.1. Considerações Iniciais

O delito de "resistência" se configura quando o agente, mediante atos violentos – força física – ou a ameaça. Importa dizer que esta resistência deve ser *ativa,* ou seja, o agende deve se valer de força física para resistir, se opor a um ato legal e se dirigir contra o funcionário ou autoridade pública (incluindo, também, quem o auxilia) competente para a execução da medida legal. Não sendo o ato legal a resistência não poderá ser considerada crime.

Note que o ato de violência deve ser perpetrado contra a pessoa e não contra a coisa (ex.: atirar uma pedra na viatura), a fim de evitar que seja o ato cumprido.

Acerca da classificação, o crime de *resistência* é pluriofensivo, comum, formal, ou material (na forma qualificada), de dano, de forma livre, comissivo, instantâneo, unissubjetivo e unissubsistente ou plurissubsistente.

11.2. Tipicidade Objetiva

O núcleo do tipo penal é o verbo "opor-se", expressão que, no tipo penal, possui o sentido de "criar obstáculo, dificuldade", "tentar evitar".

11.3. Sujeitos

Sujeito ativo: o sujeito ativo é qualquer pessoa que se oponha à execução do ato, incluindo-se aqui, o terceiro ao qual o ato não seja diretamente dirigido.

Sujeito passivo: o sujeito passivo é o Estado na pessoa da autoridade pública, funcionário público ou terceiro que o auxilie.

11.4. Objetos

Objeto jurídico: a Administração Pública é o bem juridicamente tutelado, pois visa resguardar a autoridade pública e a fiel execução de seus atos.

Objeto material: o objeto material é a pessoa contra o qual o ato foi praticado, ou seja, o funcionário/autoridade público bem como o terceiro que o auxilia.

11.5. Elemento Subjetivo

O dolo é o elemento subjetivo exigido, pois tendo o agente a consciência da legalidade do ato, livremente opta por se utilizar de atos de violência ou ameaça para impedir a execução da medida.

Em se tratando de resistência por motivo de embriaguez, a doutrina considera três possibilidades de exclusão do crime:

a. Primeira: consoante o art. 28, II,CP a embriaguez não exclui o elemento subjetivo do crime, logo, o agente embriagado comete o crime de resistência.(Mirabete)

b. Segunda: A embriaguez excluirá o elemento subjetivo do crime (o dolo) quando o agente estiver inteiramente dominado pela substância alcoólica, ou seja, quando sua capacidade volitiva for diminuída. (Damásio de Jesus)

c. Terceira: A embriaguez excluirá o elemento subjetivo do crime qualquer que seja a sua intensidade.

11.6. Consumação e Tentativa

Consuma-se o delito em estudo quando o agente se opõe a execução da medida legal, não precisando que o ato seja efetivamente obstado. A tentativa é admitida.

11.7. Ação Penal

A ação penal é de iniciativa pública incondicionada.

11.8. Pena

A pena prevista para o crime é de detenção de dois meses a dois anos. Logo, podemos concluir que:

a) É possível a transação penal (art. 76, Lei n. 9.099/95), pois se trata de infração penal de menor potencial ofensivo;

b) É possível a suspensão condicional do processo (art. 89, Lei n. 9.099/95), pois a pena mínima não ultrapassa um ano.

Na hipótese do § 1º, a pena passa a ser de reclusão de um a três anos. Por esta razão não caberá transação penal, embora caiba a suspensão condicional do processo.

11.9. Classificação

O crime pode ser classificado como:

a) **Comum** (não exige qualidade especial do agente);

b) **Formal** (a consumação dispensa a produção de um resultado naturalístico);

c) De **forma livre** (a Lei não estabelece exigência para a forma de execução);
d) **Simples** (tutela apenas um bem jurídico);
e) **Comissivo**;
f) **Unissubjetivo** (pode haver ou não concurso de pessoas);
g) **Instantâneo** (consuma-se de imediato);
h) **Plurissubsistente** (a conduta pode ser fracionada);
i) **Doloso**.

11.10. Quadro Sinótico

RESISTÊNCIA		
Considerações Iniciais	O delito de "resistência" se configura quando o agente, mediante atos violentos – força física – ou a ameaça. Não sendo o ato legal a resistência não poderá ser considerada crime. Note que o ato de violência deve ser perpetrado contra a pessoa e não contra a coisa (ex.: atirar uma pedra na viatura), a fim de evitar que seja o ato cumprido.	1
Tipicidade Objetiva	O núcleo do tipo penal é o verbo "opor-se", expressão que, no tipo penal, possui o sentido de "criar obstáculo, dificuldade", "tentar evitar".	2
Sujeitos	**Sujeito ativo:** o sujeito ativo é qualquer pessoa que se oponha à execução do ato, incluindo-se aqui, o terceiro ao qual o ato não seja diretamente dirigido. **Sujeito passivo:** o sujeito passivo é o Estado na pessoa da autoridade pública, funcionário público ou terceiro que o auxilie.	3
Objetos	**Objeto jurídico:** a Administração Pública é o bem juridicamente tutelado, pois visa resguardar a autoridade pública e a fiel execução de seus atos. **Objeto material:** o objeto material é a pessoa contra o qual o ato foi praticado, ou seja, o funcionário/autoridade público bem como o terceiro que o auxilia.	4
Elemento Subjetivo	O dolo é o elemento subjetivo exigido. Em se tratando de resistência por motivo de embriaguez, a doutrina considera três possibilidades de exclusão do crime: **a.** Primeira: consoante o art. 28, II,CP a embriaguez não exclui o elemento subjetivo do crime, logo, o agente embriagado comete o crime de resistência.(Mirabete) **b.** Segunda: A embriaguez excluirá o elemento subjetivo do crime (o dolo) quando o agente estiver inteiramente dominado pela substância alcoólica, ou seja, quando sua capacidade volitiva for diminuída. (Damásio de Jesus) **c.** Terceira: A embriaguez excluirá o elemento subjetivo do crime qualquer que seja a sua intensidade.	5
Consumação e Tentativa	Consuma-se o delito em estudo quando o agente se opõe a execução da medida legal, não precisando que o ato seja efetivamente obstado. A tentativa é admitida.	6

Ação Penal	A ação penal é de iniciativa pública incondicionada.	7
Penas	A pena prevista para o crime é de detenção de dois meses a dois anos	8
Classificação	**a) Comum** (não exige qualidade especial do agente); **b) Formal** (a consumação dispensa a produção de um resultado naturalístico); **c)** De forma **livre** (a Lei não estabelece exigência para a forma de execução); **d) Simples** (tutela apenas um bem jurídico); **e) Comissivo**; **f) Unissubjetivo** (pode haver ou não concurso de pessoas); **g) Instantâneo** (consuma-se de imediato); **h) Plurissubsistente** (a conduta pode ser fracionada); **i) Doloso**.	9

12. DESOBEDIÊNCIA

> **Art.330** - Desobedecer a ordem legal de funcionário público:
>
> Pena - detenção, de quinze dias a seis meses, e multa.

12.1. Considerações Iniciais

O crime de desobediência se configura quando o agente se recusa a cumprir uma ordem legalmente emanada da autoridade pública, ou seja, quando o agente não quer se submeter a uma obrigação legal. Não se trata de uma solicitação não atendida e sim de uma imposição legal, uma ordem legal, uma determinação legal, seja fazendo ou deixando de fazer alguma coisa imposta por lei.

Acerca da classificação, o crime de *desobediência* é simples, comum, formal, de dano, de forma livre, comissivo, instantâneo, unissubjetivo e unissubsistente ou plurissubsistente.

12.2. Tipicidade Objetiva

O núcleo do tipo penal é o verbo "desobedecer", expressão que, no tipo penal, possui o sentido de "não cumprir", "não observar", "não acatar".

O STF já teve a oportunidade de reconhecer a tipicidade da conduta de réu que se negou a entregar a oficial de justiça um veículo automotor cuja busca e apreensão havia sido determinada judicialmente[1].

---

1. STF, HC 169417/SP, rel. orig. Min. Marco Aurélio, red. p/ o ac. Min. Alexandre de Moraes, julgamento em 28.4.2020.

12.3. Sujeitos

Sujeito ativo: o sujeito ativo poderá ser qualquer pessoa.

Sujeito passivo: o sujeito passivo é o Estado e subsidiariamente a pessoa do funcionário/autoridade pública.

12.4. Objetos

Objeto jurídico: a Administração Pública é o objeto juridicamente protegido pela norma.

Objeto material: há divergência doutrinária. Parte da doutrina entende não haver objeto material e parte entende ser a própria ordem emanada da autoridade pública.

12.5. Elemento Subjetivo

O dolo é o elemento subjetivo exigido no tipo penal, pois é necessário que o agente consciente da ordem ser legal queira desobedecê-la mesmo assim, fazendo ou deixando de fazer algo, ou seja, de forma comissiva ou omissiva.

No tocante à embriaguez, a doutrina entende a exclusão do elemento subjetivo da mesma forma do crime de Resistência.

12.6. Consumação e Tentativa

O delito poderá ser consumado em sua forma comissiva – o agente faz algo – ou em sua forma omissiva – o agente deixa de fazer algo. Será consumado em sua forma comissiva quando a ordem legal impuser uma obrigação de não fazer e o agente, descumprindo-a, faz o que era vedado.

Por outro lado, será consumado em sua forma omissiva quando a ordem legal contiver uma obrigação de fazer e o agente, não faz. Neste caso, atenta-se para o prazo contido na ordem legal e em silente sobre prazo, se utiliza o critério da razoabilidade jurídica a fim de caracterizar a consumação do crime em sua forma omissiva.

A tentativa é admitida.

12.7. Ação Penal

A ação penal é de iniciativa pública incondicionada.

12.8. Pena

A pena prevista para o crime é de detenção de quinze dias a seis meses, e multa. Logo, podemos concluir que:

a) É possível a transação penal (art. 76, Lei n. 9.099/95), pois se trata de infração penal de menor potencial ofensivo;

b) É possível a suspensão condicional do processo (art. 89, Lei n. 9.099/95), pois a pena mínima não ultrapassa um ano.

12.9. Classificação

O crime pode ser classificado como:

a) **Comum** (não exige qualidade especial do agente);

b) **Formal** (a consumação dispensa a produção de um resultado naturalístico);

c) De **forma livre** (a Lei não estabelece exigência para a forma de execução);

d) **Simples** (tutela apenas um bem jurídico);

e) **Comissivo** ou omissivo;

f) **Unissubjetivo** (pode haver ou não concurso de pessoas);

g) **Instantâneo** (consuma-se de imediato);

h) **Plurissubsistente** (a conduta pode ser fracionada) ou **unissubsistente** (a conduta não pode ser fracionada), a depender do caso;

i) **Doloso**.

12.10. Quadro Sinótico

DESOBEDIÊNCIA		
Considerações Iniciais	O crime de desobediência se configura quando o agente se recusa a cumprir uma ordem legalmente emanada da autoridade pública.	1
Tipicidade Objetiva	A O núcleo do tipo penal é o verbo "desobedecer", expressão que, no tipo penal, possui o sentido de "não cumprir", "não observar", "não acatar".	2
Sujeitos	**Sujeito ativo:** o sujeito ativo poderá ser qualquer pessoa. **Sujeito passivo:** o sujeito passivo é o Estado e subsidiariamente a pessoa do funcionário/autoridade pública.	3
Objetos	**Objeto jurídico:** a Administração Pública é o objeto juridicamente protegido pela norma. **Objeto material:** há divergência doutrinária. Parte da doutrina entende não haver objeto material e parte entende ser a própria ordem emanada da autoridade pública.	4
Elemento Subjetivo	O dolo é o elemento subjetivo exigido no tipo penal, pois é necessário que o agente consciente da ordem ser legal queira desobedecê-la mesmo assim, fazendo ou deixando de fazer algo, ou seja, de forma comissiva ou omissiva. No tocante à embriaguez, a doutrina entende a exclusão do elemento subjetivo da mesma forma do crime de Resistência.	5
Consumação e Tentativa	O delito poderá ser consumado em sua forma comissiva ou em sua forma omissiva. A tentativa é admitida.	6

Ação Penal	A ação penal é de iniciativa pública incondicionada.	7
Penas	A pena prevista para o crime é de detenção de quinze dias a seis meses, e multa.	8
Classificação	**a) Comum** (não exige qualidade especial do agente); **b) Formal** (a consumação dispensa a produção de um resultado naturalístico); **c)** De forma **livre** (a Lei não estabelece exigência para a forma de execução); **d) Simples** (tutela apenas um bem jurídico); **e) Comissivo** ou **omissivo**; **f) Unissubjetivo** (pode haver ou não concurso de pessoas); **g) Instantâneo** (consuma-se de imediato); **h) Plurissubsistente** (a conduta pode ser fracionada) ou **unissubsistente** (a conduta não pode ser fracionada), a depender do caso; **i) Doloso**.	9

12.11. Questões de Concursos Públicos

01. (FEPESE - 2018 - PGE-SC - Procurador do Estado) Considere a seguinte ementa:

"HABEAS CORPUS. DESOBEDIÊNCIA DE ORDEM JUDICIAL. INSTAURAÇÃO DE TERMO CIRCUNSTANCIADO CONTRA A PESSOA DO PROCURADOR DO ESTADO PELO INADIMPLEMENTO DE OBRIGAÇÃO DO ENTE ESTATAL. AUSÊNCIA DE JUSTA CAUSA FLAGRANTE. TRANCAMENTO DO TERMO CIRCUNSTANCIADO QUE SE IMPÕE. ORDEM CONCEDIDA. (TJSC, Habeas Corpus (Criminal) n. 4011631-16.2018.8.24.0900, de Taió, rel. Des. José Everaldo Silva, Quarta Câmara Criminal, j. 14-06-2018)".

Assinale a alternativa que corresponde corretamente à pena do crime de desobediência:

(A) detenção, de dez dias a seis meses, e multa.

(B) detenção, de dez dias a seis meses, ou multa.

(C) detenção, de quinze dias a seis meses, e multa.

(D) reclusão, de dez dias a seis meses, e multa.

(E) reclusão, de um mês a um ano.

02. (FCC - 2017 - TRF - 5ª REGIÃO - Técnico Judiciário - Segurança e Transporte) José desatendeu ordem ilegal de funcionário Público e deixou o local em que tal ordem lhe fora dada. A conduta de José

(A) caracterizou o delito de desacato.

(B) caracterizou o delito de resistência no tipo legal fundamental.

(C) configurou o crime de desobediência.

(D) não tipificou os crimes de desobediência, desacato ou resistência.

(E) configurou o crime de resistência na forma agravada.

03. (FAUEL - 2017 - Prev São José - PR - Advogado) Acerca dos crimes praticados contra a Administração Pública, assinale a alternativa INCORRETA.

(A) Funcionário público pode ser sujeito ativo do crime de desacato, vez que se trata de crime comum.

(B) O delito de tráfico de influência é crime formal, de consumação antecipada, de modo que a obtenção da vantagem configura-se como mero exaurimento do crime.

(C) Pratica o crime de desobediência aquele que se opõe à execução de ato legal, mediante violência ou ameaça a funcionário competente para executá- lo ou a quem lhe esteja prestando auxílio.

(D) A discordância ou mesmo a indignação com a demora ou a ineficiência da prestação de serviço público, expressa verbalmente diante de funcionário público, não configura, por si só, o crime de desacato.

(E) Aquele que importar ou exportar mercadoria proibida pratica o delito de contrabando.

04. (CESPE - 2019 - SEFAZ-RS - Auditor Fiscal da Receita Estadual - Bloco I) O proprietário de estabelecimento comercial que impeça o acesso de auditor fiscal da SEFAZ, regularmente identificado e com atribuição para dar início à ação fiscal, pratica

(A) desacato.

(B) resistência.

(C) desobediência.

(D) crime contra a ordem tributária.

(E) conduta penalmente atípica, considerada mera infração administrativa.

***GABARITO:** As respostas destes testes encontram-se no final do livro..*

13. DESACATO

Art.331 - Desacatar funcionário público no exercício da função ou em razão dela:
Pena - detenção, de seis meses a dois anos, ou multa.

13.1. Considerações Iniciais

O delito de desacato se dá em face do funcionário público em razão de sua função ou no exercício dela. Ocorre por vias de fato, agressões verbais, gestos obscenos ou quaisquer outras formas que sinalizem verdadeiro desrespeito, humilhação, ofensa e desprestígio ao funcionário público.

É necessário que ocorra no exercício da função, ou seja, quando estiver o funcionário desempenhando suas funções ao ser afrontado ou em razão dessas funções, quando mesmo fora do exercício lhe seja faltado o devido respeito. Importante também, que o agente e o funcionário estejam pelo menos num mesmo ambiente, não se admitindo a configuração do delito quando as agressões forem proferidas por cartas ou telefone.

O Supremo Tribunal Federal, no julgamento da ADPF n. 496, no ano de 2020, reconheceu a constitucionalidade do crime de desacato. A arguição de descumprimento de preceito fundamental (ADPF) havia sido ajuizada pelo Conselho Federal da Ordem dos Advogados do Brasil (OAB), e questionava a constitucionalidade do art. 331 do Código Penal. De acordo com o que alegava, o tipo penal era excessivamente vago, e era muitas vezes utilizado para coibir a liberdade de expressão dos cidadãos. Por maioria de votos, o STF negou provimento ao pedido da OAB, reconhecendo a constitucionalidade do crime.

Acerca da classificação, o crime de *desacato* é simples, comum, formal, de dano, de forma livre, comissivo, instantâneo, unissubjetivo e unissubsistente ou plurissubsistente.

13.2. Tipicidade Objetiva

O núcleo do tipo penal é o verbo "desacatar", expressão que, no tipo penal, possui o sentido de "menoscabar", "menosprezar", "humilhar", "desrespeitar".

13.3. Sujeitos

Sujeito ativo: o sujeito ativo do crime de desacato é qualquer pessoa, pois se trata de crime comum.

Em relação ao funcionário público ser sujeito ativo do crime de Desacato, a doutrina entende que:

a. O funcionário público poderá ser sujeito ativo do crime de desacato quando o sujeito passivo for hierarquicamente superior a ele;

b. O funcionário público pode ser sujeito ativo em qualquer hipótese, pois ao praticar o crime ele se iguala ao particular, ou seja, perde a qualidade de funcionário publico. Entende-se ser esta a posição majoritária da doutrina. E;

c. O funcionário público não pode ser sujeito ativo do crime de desacato, salvo se for despido dessa qualidade ou estiver fora do exercício de suas funções.

Sujeito passivo: o sujeito passivo é o Estado, secundariamente o funcionário público.

13.4. Objetos

Objeto jurídico: a administração Pública é o objeto juridicamente tutelado pelo tipo penal.

Objeto material: o objeto material é o funcionário publico, quem no exercício de sua função ou em razão dela foi desacatado.

13.5. Elemento Subjetivo

O elemento subjetivo é o dolo, pois se exige o querer ofender e humilhar, desprestigiando, dessa forma, o funcionário público, ou seja, é a intenção ofensiva.

O crime de "desacato" em razão de embriaguez, consoante entendimento majoritário da doutrina, a exemplo de Nélson Hungria, será excluído, pois para estar configurado o delito é necessário o agente agir com dolo especifico, ou seja, querer humilhar o funcionário público, o que não seria compatível com o estado de embriaguez.

Outra parte da doutrina entende que a embriaguez, por força do art. 28,II do CP não exclui o delito em tela e, por fim, há uma outra parte da doutrina que entende que o elemento subjetivo do crime será excluído se a embriaguez excluir o estado volitivo do agente, defendida por Damásio de Jesus.

13.6. Consumação e Tentativa

O crime de Desacato se consuma no momento em que os atos são praticados ou expressões proferidas que indiquem menoscabo por parte do agente em relação a Administração Pública, na figura do funcionário público.

Por se tratar de crime monossubsistente, não será admitida a sua forma tentada em virtude de não se conseguir fracionar o *iter criminis*.

13.7. Ação Penal

A ação penal é de iniciativa pública incondicionada.

13.8. Pena

A pena prevista para o crime é de detenção de seis meses a dois anos, ou multa. Logo, podemos concluir que:

a) É possível a transação penal (art. 76, Lei n. 9.099/95), pois se trata de infração penal de menor potencial ofensivo;

b) É possível a suspensão condicional do processo (art. 89, Lei n. 9.099/95), pois a pena mínima não ultrapassa um ano.

13.9. Classificação

O crime pode ser classificado como:

a) **Comum** (não exige qualidade especial do agente);
b) **Formal** (a consumação dispensa a produção de um resultado naturalístico);
c) De **forma livre** (a Lei não estabelece exigência para a forma de execução);
d) **Simples** (tutela apenas um bem jurídico);
e) **Comissivo**;
f) **Unissubjetivo** (pode haver ou não concurso de pessoas);
g) **Instantâneo** (consuma-se de imediato);
h) **Plurissubsistente** (a conduta pode ser fracionada) ou **unissubsistente** (a conduta não pode ser fracionada), a depender do caso;
i) **Doloso**.

13.10. Quadro Sinótico

DESACATO		
Considerações Iniciais	O delito de desacato se dá em face do funcionário público em razão de sua função ou no exercício dela. Ocorre por vias de fato, agressões verbais, gestos obscenos ou quaisquer outras formas que sinalizem verdadeiro desrespeito, humilhação, ofensa e desprestígio ao funcionário público. Importante também, que o agente e o funcionário estejam pelo menos num mesmo ambiente, não se admitindo a configuração do delito quando as agressões forem proferidas por cartas ou telefone.	1
Tipicidade Objetiva	O núcleo do tipo penal é o verbo "desacatar", expressão que, no tipo penal, possui o sentido de "menoscabar", "menosprezar", "humilhar", "desrespeitar".	2

Sujeitos	**Sujeito ativo:** é qualquer pessoa. Em relação ao funcionário público ser sujeito ativo do crime de Desacato, a doutrina entende que: **a.** O funcionário público poderá ser sujeito ativo do crime de desacato quando o sujeito passivo for hierarquicamente superior a ele; **b.** O funcionário público pode ser sujeito ativo em qualquer hipótese, pois ao praticar o crime ele se iguala ao particular, ou seja, perde a qualidade de funcionário publico. Entende-se ser esta a posição majoritária da doutrina. E; **c.** O funcionário público não pode ser sujeito ativo do crime de desacato, salvo se for despido dessa qualidade ou estiver fora do exercício de suas funções. **Sujeito passivo**: o sujeito passivo é o Estado, secundariamente o funcionário público.	3
Objetos	**Objeto jurídico:** a administração Pública é o objeto juridicamente tutelado pelo tipo penal. **Objeto material:** o objeto material é o funcionário publico, quem no exercício de sua função ou em razão dela foi desacatado.	4
Elemento Subjetivo	O elemento subjetivo é o dolo. O crime de "desacato" em razão de embriaguez, consoante entendimento majoritário da doutrina, a exemplo de Nélson Hungria, será excluído, pois para estar configurado o delito é necessário o agente agir com dolo especifico, ou seja, querer humilhar o funcionário público, o que não seria compatível com o estado de embriaguez. Outra parte da doutrina entende que a embriaguez, por força do art. 28,II do CP não exclui o delito em tela e, por fim, há uma outra parte da doutrina que entende que o elemento subjetivo do crime será excluído se a embriaguez excluir o estado volitivo do agente, defendida por Damásio de Jesus.	5
Consumação e Tentativa	O crime de Desacato se consuma no momento em que os atos são praticados ou expressões proferidas que indiquem menoscabo por parte do agente em relação a Administração Pública, na figura do funcionário público. Não será admitida a sua forma tentada.	6
Ação Penal	A ação penal é de iniciativa pública incondicionada.	7
Penas	A pena prevista para o crime é de detenção de seis meses a dois anos, ou multa.	8
Classificação	**a) Comum** (não exige qualidade especial do agente); **b) Formal** (a consumação dispensa a produção de um resultado naturalístico); **c)** De forma **livre** (a Lei não estabelece exigência para a forma de execução); **d) Simples** (tutela apenas um bem jurídico); **e) Comissivo**; **f) Unissubjetivo** (pode haver ou não concurso de pessoas); **g) Instantâneo** (consuma-se de imediato); **h) Plurissubsistente** (a conduta pode ser fracionada) ou **unissubsistente** (a conduta não pode ser fracionada), a depender do caso; **i) Doloso**.	9

14. TRÁFICO DE INFLUÊNCIA

Art.332-Solicitar, exigir, cobrar ou obter, para si ou para outrem, vantagem ou promessa de vantagem, a pretexto de influir em ato praticado por funcionário público no exercício da função:

Pena - reclusão, de 2 (dois) a 5 (cinco) anos, e multa.

Parágrafo único - A pena é aumentada da metade, se o agente alega ou insinua que a vantagem é também destinada ao funcionário.

14.1. Considerações Iniciais

Este crime caracteriza a chamada "venda de fumaça", porquanto o agente "vende" uma facilidade aparente, que não existe de fato. Ele negocia um prestígio com a autoridade pública que não possui, fazendo com que o agente público passe como se seu comparsa fosse. Para que exista o referido o crime, imprescindível que a autoridade pública não possua qualquer envolvimento na atividade criminosa. Se assim não for, estaremos diante de algum crime funcional (corrupção passiva, por exemplo), e o agente público e o particular figurarão como coautores.

14.2. Tipicidade Objetiva

Os núcleos do tipo são os verbos:

Solicitar: requerer, pedir, demandar;

Exigir: demandar com imperatividade;

Cobrar: demandar o cumprimento;

Obter: adquirir.

14.3. Sujeitos

Sujeito ativo: pode ser qualquer pessoa.

Sujeito passivo: é o Estado. O funcionário que aceita a promessa, se desloca do âmbito de sujeito passivo, para se tornar sujeito ativo do crime de corrupção passiva.

14.4. Objetos

Objeto jurídico: o objeto juridicamente tutelado é a Administração Pública. Justamente por estar sendo tutelado o bom e regular funcionamento da Administração, a jurisprudência tem entendido pela não aplicação do Princípio da Insignificância relativo ao crime de corrupção ativa, por não se entender possível mensurar economicamente o bem tutelado.

Objeto material: o objeto material é a vantagem.

14.5. Elemento Subjetivo

O elemento subjetivo é o dolo. Não há previsão de modalidade culposa.

14.6. Consumação e Tentativa

Consuma-se o crime com a realização de qualquer das condutas descritas no tipo penal, independentemente da produção de resultado material. Destarte, não importa se houve efetivo prejuízo para a administração pública ou, sequer, se o agente efetivamente recebeu a vantagem.

É admitida a tentativa.

14.7. Ação Penal

A ação penal é de iniciativa pública incondicionada.

14.8. Pena

A pena prevista para o crime é de detenção de dois a cinco anos, e multa. Logo, podemos concluir que:

a) Não é possível a transação penal (art. 76, Lei n. 9.099/95), pois não se trata de infração penal de menor potencial ofensivo;

b) Não é possível a suspensão condicional do processo (art. 89, Lei n. 9.099/95), pois a pena mínima ultrapassa um ano.

14.9. Classificação

O crime pode ser classificado como:

a) **Comum** (não exige qualidade especial do agente);

b) **Formal** (a consumação dispensa a produção de um resultado naturalístico);

c) De **forma livre** (a Lei não estabelece exigência para a forma de execução);

d) **Simples** (tutela apenas um bem jurídico);

e) **Comissivo**;

f) **Unissubjetivo** (pode haver ou não concurso de pessoas);

g) **Instantâneo** (consuma-se de imediato);

h) **Plurissubsistente** (a conduta pode ser fracionada) ou **unissubsisnte** (a conduta não pode ser fracionada), a depender do caso;

i) **Doloso**.

14.10. Quadro Sinótico

TRÁFICO DE INFLUÊNCIA		
Considerações Iniciais	Este crime caracteriza a chamada "venda de fumaça", porquanto o agente "vende" uma facilidade aparente, que não existe de fato. Ele negocia um prestígio com a autoridade pública que não possui, fazendo com que o agente público passe como se seu comparsa fosse. Para que exista o referido o crime, imprescindível que a autoridade pública não possua qualquer envolvimento na atividade criminosa.	1
Tipicidade Objetiva	Os núcleos do tipo são os verbos: Solicitar: requerer, pedir, demandar; Exigir: demandar com imperatividade; Cobrar: demandar o cumprimento; Obter: adquirir.	2
Sujeitos	**Sujeito ativo:** pode ser qualquer pessoa. **Sujeito passivo:** é o Estado. O funcionário que aceita a promessa, se desloca do âmbito de sujeito passivo, para se tornar sujeito ativo do crime de corrupção passiva.	3
Objetos	**Objeto jurídico:** o objeto juridicamente tutelado é a Administração Pública. **Objeto material:** o objeto material é a vantagem.	4
Elemento Subjetivo	O elemento subjetivo é o dolo. Não há previsão de modalidade culposa.	5
Consumação e Tentativa	Consuma-se o crime com a realização de qualquer das condutas descritas no tipo penal, independentemente da produção de resultado material. É admitida a tentativa.	6
Ação Penal	A ação penal é de iniciativa pública incondicionada.	7
Penas	A pena prevista para o crime é de detenção de dois a cinco anos, e multa.	8
Classificação	**Comum** (não exige qualidade especial do agente); **Formal** (a consumação dispensa a produção de um resultado naturalístico); **De forma livre** (a Lei não estabelece exigência para a forma de execução); **Simples** (tutela apenas um bem jurídico); **Comissivo**; **Unissubjetivo** (pode haver ou não concurso de pessoas); **Instantâneo** (consuma-se de imediato); **Plurissubsistente** (a conduta pode ser fracionada) ou **unissubsisnte** (a conduta não pode ser fracionada), a depender do caso; **Doloso.**	9

14.11. Questões de Concursos Públicos

01. (CESPE – 2018 – PC-MA – Escrivão de Polícia Civil) Adão, alegando ter poder de persuasão sobre seu primo, delegado de polícia que presidia inquérito policial em que Cláudio estava sendo investigado, solicitou deste determinada quantia de dinheiro, a pretexto

de repassá-la ao delegado, para impedir o indiciamento de Cláudio pela prática de estupro.

Nessa situação hipotética, a conduta de Adão configurou o crime de

(A) corrupção passiva privilegiada.

(B) advocacia administrativa.

(C) tráfico de influência.

(D) exploração de prestígio.

(E) corrupção passiva.

02. **(VUNESP - 2018 - PC-SP - Delegado de Polícia) Historicamente, a expressão *venditio fumi* é identificada com o crime de**

(A) tráfico de influência (CP, art. 332).

(B) contrabando (CP, art. 334).

(C) usurpação de função pública (CP, art. 328).

(D) estelionato (CP, art. 171).

(E) falsificação de moeda (CP, art. 289).

03. **(PGR - 2015 - PGR - Procurador da República) QUANTO AO TRÁFICO DE INFLUÊNCIA, ASSINALE A ALTERNATIVA CORRETA:**

(A) A capacidade para influenciar o funcionário público e irrelevante;

(B) A pena é aumentada de metade se o funcionário público cede a influência de outrem;

(C) Sujeito ativo e qualquer pessoa, inclusive um funcionário público;

(D) É crime menos grave do que o de exploração de prestígio.

04. **(VUNESP - 2017 - Câmara de Cotia - SP - Procurador Legislativo) De acordo com o Código Penal Brasileiro, é correto afirmar, sobre os crimes praticados por particulares contra a Administração Pública, que**

(A) o crime de usurpação de função pública somente se caracteriza se o agente usurpador obtém vantagem enquanto na função.

(B) o crime de resistência caracteriza-se pela oposição à execução de ato, ainda que ilegal, mediante violência ou grave ameaça, a funcionário competente para executá-lo ou a quem lhe esteja prestando auxílio.

(C) o crime de tráfico de influência caracteriza-se independentemente de o agente influir em ato praticado por funcionário público no exercício da função.

(D) no crime de sonegação de contribuição previdenciária, é extinta a punibilidade se o agente, espontaneamente, declara e confessa as contribuições e presta as informações devidas, antes do início da ação penal.

(E) a reinserção no território brasileiro de mercadoria destinada à exportação, em tese, caracteriza o crime de descaminho.

05. **(FCC - 2016 - SEGEP-MA - Técnico da Receita Estadual - Tecnologia da Informação - Conhecimentos Gerais) O particular que exige vantagem a pretexto de influir em ato praticado por funcionário público no exercício da função, pratica o crime de**

(A) concussão.

(B) advocacia administrativa.

(C) usurpação de função pública.

(D) tráfico de influência.

(E) corrupção.

GABARITO: *As respostas destes testes encontram-se no final do livro..*

15. CORRUPÇÃO ATIVA

Art.333 - Oferecer ou prometer vantagem indevida a funcionário público, para determiná-lo a praticar, omitir ou retardar ato de ofício:

Pena - reclusão, de 2 (dois) a 12 (doze) anos, e multa.

Parágrafo único - A pena é aumentada de um terço, se, em razão da vantagem ou promessa, o funcionário retarda ou omite ato de ofício, ou o pratica infringindo dever funcional.

15.1. Considerações Iniciais

O crime de corrupção ativa ocorre quando a promessa é feita diretamente ao funcionário público, mesmo que por intermédio de outrem, que no caso seria coautor; proposta/promessa essa que lhe é indevida, com o objetivo claro de impedir, fazê-lo praticar ou retardar ato de ofício. Logo, a promessa é feita antes de praticado o ato de ofício – atribuído as suas funções – por parte do funcionário perante a Administração Pública. Note que qualquer coisa pode ser oferecida ou prometida, desde que seja indevida.

Acerca da classificação, o crime de *corrupção ativa* é simples, comum, formal, de dano, de forma livre, comissivo, instantâneo, unissubjetivo e unissubsistente ou plurissubsistente.

15.2. Tipicidade Objetiva

Os núcleos do tipo penal são os verbos "oferecer" (propor, ofertar) ou "prometer" (comprometer-se, obrigar-se a algo).

15.3. Sujeitos

Sujeito ativo: o sujeito ativo do crime de Corrupção Ativa pode ser qualquer pessoa, à exceção do menor, conquanto inimputável, porém, se o funcionário aceita a oferta, incorrerá ele no tipo penal corrupção passiva.

Sujeito passivo: o sujeito passivo é o Estado. O funcionário que aceita a promessa, se desloca do âmbito de sujeito passivo, para se tornar sujeito ativo do crime de Corrupção Passiva.

15.4. Objetos

Objeto jurídico: o objeto juridicamente tutelado é a Administração Pública. Justamente por estar sendo tutelado o bom e regular funcionamento da Administração, a jurisprudência tem entendido pela não aplicação do Princípio da Insignificância relativo ao crime de corrupção ativa, por não se entender possível mensurar economicamente o bem tutelado.

Objeto material: o objeto material é a vantagem indevida.

15.5. Elemento Subjetivo

O elemento subjetivo é o dolo, pois o agente está consciente e ciente de que o que está oferecendo/prometendo se trata de vantagem indevida, que se trata de funcionário público e que o faz para compelir o funcionário a praticar, retardar ou omitir ato de oficio.

15.6. Consumação e Tentativa

Consuma-se o crime quando o agente pratica qualquer dos comportamentos previstos, ou seja, em se tratando de crime formal basta que o agente proceda ao oferecimento ou promessa da vantagem, não importando se o funcionário público aceitou e praticou quaisquer dos atos referidos no artigo[2].

Não é admitida a tentativa.

15.7. Ação Penal

A ação penal é de iniciativa pública incondicionada.

15.8. Pena

A pena prevista para o crime é de reclusão de dois a doze anos, e multa. Logo, podemos concluir que:

a) Não é possível a transação penal (art. 76, Lei n. 9.099/95), pois não se trata de infração penal de menor potencial ofensivo;

b) Não é possível a suspensão condicional do processo (art. 89, Lei n. 9.099/95), pois a pena mínima ultrapassa um ano.

15.9. Classificação

O crime pode ser classificado como:

a) **Comum** (não exige qualidade especial do agente);

b) **Formal** (a consumação dispensa a produção de um resultado naturalístico);

c) De **forma livre** (a Lei não estabelece exigência para a forma de execução);

d) **Simples** (tutela apenas um bem jurídico);

e) **Comissivo**;

f) **Unissubjetivo** (pode haver ou não concurso de pessoas);

g) **Instantâneo** (consuma-se de imediato);

h) **Plurissubsistente** (a conduta pode ser fracionada) ou **unissubsistente** (a conduta não pode ser fracionada), a depender do caso;

i) **Doloso.**

2. STJ, RHC 47432/SP, rel. Min. Feliz Fischer, Quinta Turma, julgado em 16/12/2014.

15.10. Quadro Sinótico

CORRUPÇÃO ATIVA		
Considerações Iniciais	O crime de corrupção ativa ocorre quando a promessa é feita diretamente ao funcionário público, mesmo que por intermédio de outrem, que no caso seria coautor; proposta/promessa essa que lhe é indevida, com o objetivo claro de impedir, fazê-lo praticar ou retardar ato de ofício. Note que qualquer coisa pode ser oferecida ou prometida, desde que seja indevida.	1
Tipicidade Objetiva	Os núcleos do tipo penal são os verbos "oferecer" (propor, ofertar) ou "prometer" (comprometer-se, obrigar-se a algo).	2
Sujeitos	**Sujeito ativo:** o sujeito ativo do crime de Corrupção Ativa pode ser qualquer pessoa, à exceção do menor, conquanto inimputável, porém, se o funcionário aceita a oferta, incorrerá ele no tipo penal corrupção passiva. **Sujeito passivo:** o sujeito passivo é o Estado. O funcionário que aceita a promessa, se desloca do âmbito de sujeito passivo, para se tornar sujeito ativo do crime de Corrupção Passiva.	3
Objetos	**Objeto jurídico:** o objeto juridicamente tutelado é a Administração Pública. **Objeto material:** o objeto material é a vantagem indevida.	4
Elemento Subjetivo	O elemento subjetivo é o dolo.	5
Consumação e Tentativa	Consuma-se o crime quando o agente pratica qualquer dos comportamentos previstos, ou seja, em se tratando de crime formal basta que o agente proceda ao oferecimento ou promessa da vantagem, não importando se o funcionário público aceitou e praticou quaisquer dos atos referidos no artigo. Não é admitida a tentativa.	6
Ação Penal	A ação penal é de iniciativa pública incondicionada.	7
Penas	A pena prevista para o crime é de reclusão de dois a doze anos, e multa.	8
Classificação	**a) Comum** (não exige qualidade especial do agente); **b) Formal** (a consumação dispensa a produção de um resultado naturalístico); **c)** De forma **livre** (a Lei não estabelece exigência para a forma de execução); **d) Simples** (tutela apenas um bem jurídico); **e) Comissivo**; **f) Unissubjetivo** (pode haver ou não concurso de pessoas); **g) Instantâneo** (consuma-se de imediato); **h) Plurissubsistente** (a conduta pode ser fracionada) ou **unissubsistente** (a conduta não pode ser fracionada), a depender do caso; **i) Doloso**.	9

15.11. Questões de Concursos Públicos

01. (FCC - 2015 - TCM-GO - Auditor Conselheiro Substituto) José ofereceu R$ 1.000,00 para João, Oficial de Justiça, deixar de citá-lo numa ação cível. João aceitou a oferta, mas José deixou de honrá-la. Nesse caso, José responderá por corrupção ativa

(A) consumada e João por corrupção ativa tentada.

(B) tentada e João por prevaricação.

(C) tentada e João por corrupção ativa consumada.

(D) consumada e João por corrupção passiva consumada.

(E) tentada e João por corrupção ativa tentada.

02. (CESPE - 2015 - TRE-RS - Analista Judiciário - Judiciária) Mário, chefe e advogado do escritório onde Caio trabalhava como estagiário, mandou-o oferecer a José, servidor de uma serventia judicial, o valor de R$ 1.000 em espécie, para que José não juntasse aos autos de um processo petição protocolada pela parte adversa. José aceitou a oferta, deixou de juntar a peça processual aos autos, mas a propina, que deveria ser paga posteriormente, não foi paga.

No que se refere à situação hipotética apresentada, assinale a opção correta.

(A) Mário cometeu o crime de corrupção ativa na modalidade tentada e José, o crime de corrupção passiva consumada, sendo Caio isento de pena nesse caso.

(B) Caio e Mário cometeram o crime de corrupção ativa e José, o crime de corrupção passiva, todos na modalidade consumada.

(C) Caio e Mário cometeram o crime de corrupção ativa, mas a conduta de José não é considerada crime.

(D) Caio e Mário cometeram o crime de corrupção passiva na modalidade tentada e José, o de corrupção ativa, também na modalidade tentada.

(E) Mário cometeu o crime de corrupção ativa e José, o crime de corrupção passiva, ambos na modalidade consumada, não tendo Caio cometido nenhum crime, uma vez que agiu em obediência hierárquica.

03. (CESPE - 2016 - TCE-PR - Analista de Controle - Jurídica) À luz da jurisprudência do STJ, assinale a opção correta, no que se refere aos crimes contra administração pública.

(A) O crime de corrupção ativa se consuma com a realização da promessa ou apenas com a oferta de vantagem indevida.

(B) O crime de concussão se consuma com o recebimento das vantagens exigidas indevidamente, sendo mero exaurimento a utilização de tais vantagens.

(C) O funcionário público que se utiliza de violência ou grave ameaça para obter vantagem indevida em razão de sua função comete o crime de concussão.

(D) Em razão da incidência do princípio da bilateralidade nos crimes de corrupção passiva e ativa, a comprovação de um deles pressupõe a do outro.

(E) Para a configuração do crime de corrupção passiva, é prescindível a existência de nexo de causalidade entre a conduta do funcionário público e a realização de ato funcional de sua competência.

04. (PGR - 2015 - PGR - Procurador da República) NO TEMA DE CORRUPÇÃO ATIVA A ALTERNATIVA CORRETA E:

(A) Pouco importa se o ato a ser praticado pelo funcionário publico seja legal ou ilegal;

(B) A tentativa ocorrera se, por circunstancias alheias a vontade do agente, nao chegar ao conhecimento do funcionário;

(C) Tentativa ocorrera se o funcionário nao retardar ou omitir ato de oficio ou nao pratica-lo infringindo dever funcional;

(D) Incide o aumento mesmo se, por causa da promessa, o funcionário praticar o ato de acordo com as normas incidentes.

05. (UTFPR - 2017 - UTFPR - Assistente em Administração) Assinale a alternativa que indica o crime praticado por particular contra a administração em geral, previsto no Código Penal, que se caracteriza por oferecer ou prometer vantagem indevida a funcionário público, para determiná-lo a praticar, omitir ou retardar ato de ofício.

(A) Tráfico de influência.

(B) Corrupção ativa.

(C) Usurpação de função pública.

(D) Desobediência.

(E) Sonegação fiscal.

GABARITO: As respostas destes testes encontram-se no final do livro..

16. DESCAMINHO

Art. 334. Iludir, no todo ou em parte, o pagamento de direito ou imposto devido pela entrada, pela saída ou pelo consumo de mercadoria.

Pena - reclusão, de 1 (um) a 4 (quatro) anos.

§ 1° Incorre na mesma pena quem:

I - pratica navegação de cabotagem, fora dos casos permitidos em lei;

II - pratica fato assimilado, em lei especial, a descaminho;

III - vende, expõe à venda, mantém em depósito ou, de qualquer forma, utiliza em proveito próprio ou alheio, no exercício de atividade comercial ou industrial, mercadoria de procedência estrangeira que introduziu clandestinamente no País ou importou fraudulentamente ou que sabe ser produto de introdução clandestina no território nacional ou de importação fraudulenta por parte de outrem;

IV - adquire, recebe ou oculta, em proveito próprio ou alheio, no exercício de atividade comercial ou industrial, mercadoria de procedência estrangeira, desacompanhada de documentação legal ou acompanhada de documentos que sabe serem falsos.

§ 2° Equipara-se às atividades comerciais, para os efeitos deste artigo, qualquer forma de comércio irregular ou clandestino de mercadorias estrangeiras, inclusive o exercido em residências.

§ 3° A pena aplica-se em dobro se o crime de descaminho é praticado em transporte aéreo, marítimo ou fluvial.

16.1. Considerações Iniciais

Até o advento da Lei n. 13.008/2014, o art. 334 trazia dois crimes distintos: contrabando e descaminho. Andou bem o legislador quando, em 2014, promoveu a alteração legislativa, reservando o art. 334 para tratar do crime de descaminho e criando o art. 334-A, para tratar do crime de contrabando.

O crime de contrabando consiste em importar ou exportar produtos ou mercadorias ilícitas, se tratando, portanto de crime próprio. O descaminho, por sua vez, consiste na importação ou exportação mercadorias lícitas sem o recolhimento do tributo respectivo. Importa, portanto, em crime que atenta diretamente contra o erário público, enquanto no crime de contrabando não há interesse fiscal.

Esta é uma das razões pelas quais admite-se a incidência do princípio da insignificância para o crime de descaminho, mas não se pode falar a mesma coisa quando nos referimos ao crime de contrabando.

Acerca da classificação, o crime de *descaminho* é simples, comum, material, de forma livre, comissivo, instantâneo, unissubjetivo e plurissubsistente.

16.2. Tipicidade Objetiva

O núcleo do tipo penal é o verbos "iludir" (enganar, frustrar, fraudar).

16.3. Sujeitos

Sujeito ativo: o sujeito ativo do crime é qualquer pessoa.

Sujeito passivo: o sujeito passivo é o Estado.

16.4. Objetos

Objeto jurídico: o objeto juridicamente tutelado pelo tipo penal é a Administração Pública.

Objeto material: no crime de descaminho o objeto material é o tributo gerado pela sua entrada ou saída no país.

16.5. Elemento Subjetivo

O elemento subjetivo exigido no tipo penal é o dolo. No crime de descaminho, o dolo está presente quando o agente muito embora saiba ser permitida a circulação de determinados bens no país, age conscientemente de forma a burlar a fiscalização tributária.

Não se admite a modalidade culposa.

16.6. Consumação e Tentativa

No crime de descaminho, a consumação ocorre quando da liberação do produto ou mercadoria dos postos de fiscalização; a manobra feita pelo agente surte efeito no sentido de "enganar" a fiscalização e, dessa forma, os tributos não são cobrados, pois a conduta típica deste crime é a de iludir.

A tentativa é admitida.

16.7. Ação Penal

A ação penal é de iniciativa pública e incondicionada.

16.8. Pena

A pena prevista para o crime é de reclusão de um a quatro anos. Logo, podemos concluir que:

a) Não é possível a transação penal (art. 76, Lei n. 9.099/95), pois não se trata de infração penal de menor potencial ofensivo;

b) É possível a suspensão condicional do processo (art. 89, Lei n. 9.099/95), pois a pena mínima não ultrapassa um ano.

16.9. Classificação

O crime pode ser classificado como:

a) **Comum** (não exige qualidade especial do agente);

b) **Formal** (a consumação dispensa a produção de um resultado naturalístico);

c) De **forma livre** (a Lei não estabelece exigência para a forma de execução);

d) **Simples** (tutela apenas um bem jurídico);

e) **Comissivo**;

f) **Unissubjetivo** (pode haver ou não concurso de pessoas);

g) **Instantâneo** (consuma-se de imediato);

h) **Plurissubsistente** (a conduta pode ser fracionada) ou **unissubsistente** (a conduta pode ser fracionada);

i) **Doloso**.

16.10. Quadro Sinótico

DESCAMINHO		
Considerações Iniciais	Até o advento da Lei n. 13.008/2014, o art. 334 trazia dois crimes distintos: contrabando e descaminho. Andou bem o legislador quando, em 2014, promoveu a alteração legislativa, reservando o art. 334 para tratar do crime de descaminho e criando o art. 334-A, para tratar do crime de contrabando. O descaminho consiste na importação ou exportação mercadorias lícitas sem o recolhimento do tributo respectivo. Importa, portanto, em crime que atenta diretamente contra o erário público. Admite-se a incidência do princípio da insignificância para o crime de descaminho.	1
Tipicidade Objetiva	O núcleo do tipo penal é o verbos "iludir" (enganar, frustrar, fraudar).	2
Sujeitos	**Sujeito ativo:** o sujeito ativo do crime é qualquer pessoa. **Sujeito passivo:** o sujeito passivo é o Estado.	3
Objetos	**Objeto jurídico:** o objeto juridicamente tutelado pelo tipo penal é a Administração Pública. **Objeto material:** no crime de descaminho o objeto material é o tributo gerado pela sua entrada ou saída no país.	4
Elemento Subjetivo	O elemento subjetivo exigido no tipo penal é o dolo. Não se admite a modalidade culposa.	5
Consumação e Tentativa	No crime de descaminho, a consumação ocorre quando da liberação do produto ou mercadoria dos postos de fiscalização; a manobra feita pelo agente surte efeito no sentido de "enganar" a fiscalização e, dessa forma, os tributos não são cobrados, pois a conduta típica deste crime é a de iludir. A tentativa é admitida.	6
Ação Penal	A ação penal é de iniciativa pública incondicionada.	7
Penas	A pena prevista para o crime é de reclusão de um a quatro anos.	8

Classificação	a) **Comum** (não exige qualidade especial do agente); b) **Formal** (a consumação dispensa a produção de um resultado naturalístico); c) De forma **livre** (a Lei não estabelece exigência para a forma de execução); d) **Simples** (tutela apenas um bem jurídico); e) **Comissivo**; f) **Unissubjetivo** (pode haver ou não concurso de pessoas); g) **Instantâneo** (consuma-se de imediato); h) **Plurissubsistente** (a conduta pode ser fracionada) ou **unissubsistente** (a conduta pode ser fracionada); i) **Doloso**.	9

16.11. Questões de Concursos Públicos

01. (COSEAC - 2017 - UFF - Assistente em Administração) O crime de descaminho, praticado por particular contra a administração pública, é caracterizado pelo ato de:

(A) retardar ou deixar de praticar, indevidamente, ato de ofício, ou praticá-lo contra disposição expressa de lei, para satisfazer interesse ou sentimento pessoal.

(B) solicitar, exigir, cobrar ou obter, para si ou para outrem, vantagem ou promessa de vantagem, a pretexto de influir em ato praticado por funcionário público no exercício da função.

(C) iludir, no todo ou em parte, o pagamento de direito ou imposto devido pela entrada, pela saída ou pelo consumo de mercadoria.

(D) exigir, para si ou para outrem, direta ou indiretamente, ainda que fora da função ou antes de assumi-la, mas em razão dela, vantagem indevida.

(E) usurpar o exercício de função pública.

02. (CESPE - 2018 - EMAP - Analista Portuário - Área Jurídica) Julgue o item seguinte, a respeito dos crimes contra a administração pública.

Em razão do princípio da proteção da coisa pública, o tipo penal que prevê o crime de descaminho não permite a aplicação do princípio da insignificância.

( ) Certo

( ) Errado

03. (CESPE - 2015 - TCE-RN - Auditor) A respeito dos crimes contra a administração pública e do crime de responsabilidade de prefeitos e vereadores, julgue o próximo item.

Segundo o entendimento do STJ, é desnecessária a constituição definitiva do crédito tributário por processo administrativo-fiscal para a configuração do crime de descaminho.

( ) Certo

( ) Errado

04. (FCC - 2017 - TRF - 5ª REGIÃO - Técnico Judiciário - Segurança e Transporte) O particular que atenta contra a Administração em Geral, com a característica de iludir, no todo ou em parte, o pagamento de direito ou imposto devido pela entrada, pela saída ou pelo consumo de mercadoria no país, comete, segundo o Código Penal, o crime de

(A) fraude de concorrência.

(B) contrabando.

(C) descaminho.

(D) sonegação de contribuição previdenciária.

(E) impedimento de concorrência.

05. (FUNIVERSA - 2015 - SEAP-DF - Agente de Atividades Penitenciárias) Segundo entendimento do STJ, do STF e da doutrina dominante acerca do direito penal, julgue o item subsequente.

O indivíduo que iluda, em parte, o pagamento de imposto devido pela entrada de mercadoria no país pratica o delito de descaminho.

( ) Certo

( ) Errado

06. (VUNESP - 2016 - Câmara de Marília - SP - Procurador Jurídico) A conduta de iludir, no todo ou em parte, o pagamento de direito

ou imposto devido pela entrada, pela saída ou pelo consumo de mercadoria constitui

(A) crime de contrabando.

(B) crime de descaminho.

(C) crime de sonegação de contribuição previdenciária.

(D) mero ilícito fiscal-aduaneiro, sem repercussão na esfera penal.

(E) mero ilícito fiscal-tributário que sujeita a respectiva mercadoria a perdimento, sem repercussão na esfera penal.

07. **(CESPE - 2019 - PRF - Policial Rodoviário Federal) Em uma rodovia federal, próxima à fronteira do Brasil com o Paraguai, um caminhão foi parado e vistoriado por policiais rodoviários federais. Além do motorista e de um passageiro, o veículo transportava, ilegalmente, grande quantidade de mercadoria lícita de procedência estrangeira, mas sem o pagamento dos devidos impostos de importação. O motorista, penalmente imputável e proprietário do caminhão, admitiu a propriedade dos produtos. O passageiro, que se identificou como servidor público alfandegário lotado no posto de fiscalização fronteiriço pelo qual o veículo havia passado para adentrar no território nacional, alegou desconhecer a existência dos produtos no caminhão e que apenas pegou carona com o motorista.**

Tendo como referência essa situação hipotética, julgue o item a seguir.

A conduta do motorista configura crime de descaminho em sua forma consumada, ainda que não tenha havido constituição definitiva do crédito tributário e a ocorrência de efetivo prejuízo ao erário.

( ) Certo

( ) Errado

GABARITO: *As respostas destes testes encontram-se no final do livro..*

17. CONTRABANDO

Art. 334-A - Importar ou exportar mercadoria proibida:

Pena - reclusão, de 2 (dois) a 5 (cinco) anos.

§ 1° Incorre na mesma pena quem:

I - pratica fato assimilado, em lei especial, a contrabando;

II - importa ou exporta clandestinamente mercadoria que dependa de registro, análise ou autorização de órgão público competente;

III - reinsere no território nacional mercadoria brasileira destinada à exportação;

IV - vende, expõe à venda, mantém em depósito ou, de qualquer forma, utiliza em proveito próprio ou alheio, no exercício de atividade comercial ou industrial, mercadoria proibida pela lei brasileira;

V - adquire, recebe ou oculta, em proveito próprio ou alheio, no exercício de atividade comercial ou industrial, mercadoria proibida pela lei brasileira.

§ 2° - Equipara-se às atividades comerciais, para os efeitos deste artigo, qualquer forma de comércio irregular ou clandestino de mercadorias estrangeiras, inclusive o exercido em residências.

§ 3° A pena aplica-se em dobro se o crime de contrabando é praticado em transporte aéreo, marítimo ou fluvial.

17.1. Considerações Iniciais

Ao comentarmos o tipo penal anterior, tecemos algumas considerações em torno do crime de contrabando. É relevante reiterar que, neste crime, não tributo envolvido. E isto porque a conduta recai sobre mercadoria proibida. Ora, não se pode tributar a mercadoria proibida. Por esta razão, a conduta por si constitui crime.

Evidentemente, não teremos crime de contrabando se houver a previsão de crime específico. Deste modo, evidentemente, importar ou exportar dorgas ou armas possuem tipificação própria. Mas podemos citar como exemplo de contrabando a importação ou exportação de mercadoria falsificada.

Acerca da classificação, o crime de *contrabando* é simples, comum (ou próprio, a depender da modalidade da conduta), material, de forma livre, comissivo, instantâneo, unissubjetivo e plurissubsistente.

17.2. Tipicidade Objetiva

Os núcleos do tipo penal são os verbos "importar" (trazer para dentro do território nacional) e "exportar" (enviar para fora do território nacional).

17.3. Sujeitos

Sujeito ativo: o sujeito ativo do crime é qualquer pessoa.

Sujeito passivo: o sujeito passivo é o Estado.

17.4. Objetos

Objeto jurídico: o objeto juridicamente tutelado pelo tipo penal é a Administração Pública.

Objeto material: o objeto material no crime de contrabando é a mercadoria/produto ilícita, importada ou exportada.

17.5. Elemento Subjetivo

O elemento subjetivo exigido no tipo penal é o dolo, pois o agente em relação ao crime de contrabando tem a consciência da natureza ilícita da mercadoria ou produto e age de forma a importá-lo ou exportá-lo.

17.6. Consumação e tentativa

Em relação ao crime de contrabando, há a consumação no momento da entrada ou saída da mercadoria ou produto no país.

A tentativa é admitida.

17.7. Ação penal

A ação penal é de iniciativa pública e incondicionada.

17.8. Pena

A pena prevista para o crime é de reclusão de dois a cinco anos.

a) Não é possível a transação penal (art. 76, Lei n. 9.099/95), pois não se trata de infração penal de menor potencial ofensivo;

b) Não é possível a suspensão condicional do processo (art. 89, Lei n. 9.099/95), pois a pena mínima ultrapassa um ano.

17.9. Classificação

O crime pode ser classificado como:

a) **Comum** (não exige qualidade especial do agente) ou **próprio** (exige qualidade especial do agente), a depender do caso;

b) **Formal** (a consumação dispensa a produção de um resultado naturalístico);

c) De **forma livre** (a Lei não estabelece exigência para a forma de execução);

d) **Simples** (tutela apenas um bem jurídico);

e) **Comissivo**;

f) **Unissubjetivo** (pode haver ou não concurso de pessoas);

g) **Instantâneo** (consuma-se de imediato);

h) **Plurissubsistente** (a conduta pode ser fracionada);

i) **Doloso**.

17.10. Quadro sinótico

CONTRABANDO		
Considerações Iniciais	Neste crime, não há tributo envolvido. E isto porque a conduta recai sobre mercadoria proibida. Ora, não se pode tributar a mercadoria proibida. Por esta razão, a conduta por si constitui crime.	1
Tipicidade Objetiva	Os núcleos do tipo penal são os verbos "importar" (trazer para dentro do território nacional) e "exportar" (enviar para fora do território nacional).	2
Sujeitos	**Sujeito ativo:** o sujeito ativo do crime é qualquer pessoa. **Sujeito passivo:** o sujeito passivo é o Estado.	3
Objetos	**Objeto jurídico:** o objeto juridicamente tutelado pelo tipo penal é a Administração Pública. **Objeto material:** o objeto material no crime de contrabando é a mercadoria/produto ilícita, importada ou exportada.	4

Elemento Subjetivo	O elemento subjetivo exigido no tipo penal é o dolo, pois o agente em relação ao crime de contrabando tem a consciência da natureza ilícita da mercadoria ou produto e age de forma a importá-lo ou exportá-lo.	5
Consumação e Tentativa	Em relação ao crime de contrabando, há a consumação no momento da entrada ou saída da mercadoria ou produto no país. A tentativa é admitida.	6
Ação Penal	A ação penal é de iniciativa pública incondicionada.	7
Penas	A pena prevista para o crime é de reclusão de dois a cinco anos.	8
Classificação	a) **Comum** (não exige qualidade especial do agente) ou próprio (exige qualidade especial do agente), a depender do caso; b) **Formal** (a consumação dispensa a produção de um resultado naturalístico); c) De forma **livre** (a Lei não estabelece exigência para a forma de execução); d) **Simples** (tutela apenas um bem jurídico); e) **Comissivo**; f) **Unissubjetivo** (pode haver ou não concurso de pessoas); g) **Instantâneo** (consuma-se de imediato); h) **Plurissubsistente** (a conduta pode ser fracionada); i) **Doloso**.	9

17.11. Questões De Concursos Públicos

01. **(CESPE - 2017 - TRF - 1ª REGIÃO - Analista Judiciário - Área Judiciária) O canadense Michael, após cumprir pena no Brasil por tráfico internacional de drogas, teve decretada sua expulsão do país. No entanto, quando foi determinada a execução da medida compulsória de sua retirada, Michael não foi localizado, permanecendo no Brasil. No ano seguinte ao ato executório, ele foi detido em região de fronteira, em território brasileiro, com mercadoria nacional, destinada à exportação.**

Com referência a essa situação hipotética, julgue o item a seguir.

A conduta de Michael, quando capturado na região de fronteira, configura crime de contrabando.

( ) Certo

( ) Errado

02. **(NC-UFPR - 2017 - UFPR - Auxiliar em Administração) Em relação aos crimes de contrabando e descaminho, assinale a alternativa correta.**

(A) Contrabando e descaminho se referem a um mesmo delito, sendo tratados como sinônimos pela legislação.

(B) Há contrabando exclusivamente quando a mercadoria exportada ou importada é proibida.

(C) A reinserção, em território nacional, de mercadoria brasileira destinada à exportação configura hipótese de descaminho.

(D) Se praticados em transporte aéreo, marítimo ou fluvial, as penas referentes aos crimes de contrabando e descaminho podem ser substituídas por penas restritivas de direitos ou multa.

(E) O comércio irregular exercido em residências não pode ser considerado contrabando ou descaminho, porque está ausente a atividade de exportação ou importação.

03. **(CESPE - 2018 - Polícia Federal - Escrivão de Polícia Federal) João integra uma organização criminosa que, além de contrabandear e armazenar, vende, clandestinamente, cigarros de origem estrangeira nas ruas de determinada cidade brasileira.**

A partir dessa situação hipotética, julgue o item subsequente.

O crime de contrabando, como o praticado por João e sua organização criminosa, foi tipificado no Código Penal brasileiro em decorrência do princípio da continuidade normativo-típica.

( ) Certo

( ) Errado

04. **(CESPE - 2018 - Polícia Federal - Escrivão de Polícia Federal) João integra uma organização criminosa que, além de contrabandear e armazenar, vende, clandestinamente, cigarros de origem estrangeira nas ruas de determinada cidade brasileira.**

A partir dessa situação hipotética, julgue o item subsequente.

Considere que João e sua organização criminosa utilizem transporte marítimo clandestino para fazer ingressarem no território brasileiro os cigarros contrabandeados. Nessa situação, a pena pelo crime de contrabando será aumentada pela metade.

( ) Certo

( ) Errado

***GABARITO:** As respostas destes testes encontram-se no final do livro.*

18. IMPEDIMENTO, PERTURBAÇÃO OU FRAUDE DE CONCORRÊNCIA

Art.335 - Impedir, perturbar ou fraudar concorrência pública ou venda em hasta pública, promovida pela administração federal, estadual ou municipal, ou por entidade paraestatal; afastar ou procurar afastar concorrente ou licitante, por meio de violência, grave ameaça, fraude ou oferecimento de vantagem:

Pena - detenção, de seis meses a dois anos, ou multa, além da pena correspondente à violência.

Parágrafo único - Incorre na mesma pena quem se abstém de concorrer ou licitar, em razão da vantagem oferecida.

Com o advento da Lei n. 8.666/93 – Lei de Licitações, que regulamentou o art. 37, XXI da CF, o art. 335 do CP foi revogado, sendo que a adequação da conduta vai depender do momento em que foi praticado o ato.

19. INUTILIZAÇÃO DE EDITAL OU DE SINAL

Art.336 - Rasgar ou, de qualquer forma, inutilizar ou conspurcar edital afixado por ordem de funcionário público; violar ou inutilizar selo ou sinal empregado, por determinação legal ou por ordem de funcionário público, para identificar ou cerrar qualquer objeto:

Pena - detenção, de um mês a um ano, ou multa.

19.1. Considerações Iniciais

O tipo penal previsto no art. 336 do CP transcreve num primeiro momento a inutilização do edital afixado por funcionário público. O edital pode ser de qualquer natureza, a exemplo de edital de concurso público. A conduta do agente é no sentido de conspurcar o edital e consequentemente demonstrar o seu desprezo em relação a Administração Pública, que se utiliza desse meio de publicidade.

Num segundo momento a violação/inutilização de sinal ou selo empregado por funcionário público consiste na conduta do agente que devassa sinal ou selo empregado por funcionário público competente para o ato; os selos e sinais aqui entendidos como os lacres, fitas de isolamento utilizados pela polícia, etc.

Acerca da classificação, o crime de *inutilização de selo ou sinal* é simples, comum, material, de dano, de forma livre, comissivo, instantâneo, unissubjetivo e plurissubsistente.

19.2. Tipicidade Objetiva

Os núcleos do tipo são os verbos:

19.3. Sujeitos

Sujeito ativo: o sujeito ativo pode ser qualquer pessoa.

Sujeito passivo: o sujeito passivo é o Estado.

19.4. Objetos

Objeto jurídico: o objeto juridicamente tutelado é a Administração Pública.

Objeto material: o objeto material é o edital ou o selo ou sinal inutilizado pelo agente público competente para cerrar ou identificar qualquer objeto.

19.5. Elemento Subjetivo

O elemento subjetivo exigido no tipo penal é o dolo, pois o agente sabendo ter sido o edital afixado por funcionário público, ou o sinal ou selo ter sido empregado por determinação legal ou por ordem de funcionário público, agir deliberadamente de forma a inutilizá-los.

19.6. Consumação e Tentativa

Consuma-se o crime em relação à inutilização de edital afixado por funcionário público no momento em que o agente rasga e inutiliza o edital. No caso do selo ou sinal empregado por determinação legal ou por ordem de funcionário público o crime se consuma no momento em que o agente viola o lacre, ou inutiliza o sinal usado para identificar ou cerrar qualquer objeto sem que seja necessário, para esta configuração, que o agente tenha o conhecimento do conteúdo ou do objeto que fora lacrado, sinalizado ou cerrado.

Por se tratar de crime plurissubsistente é admitida a tentativa.

19.7. Ação Penal

A ação penal é de iniciativa pública incondicionada.

19.8. Pena

A pena prevista para o crime é de detenção de seis meses a dois anos. Logo, podemos concluir que:

a) É possível a transação penal (art. 76, Lei n. 9.099/95), pois se trata de infração penal de menor potencial ofensivo;

b) É possível a suspensão condicional do processo (art. 89, Lei n. 9.099/95), pois a pena mínima não ultrapassa um ano.

19.9. Classificação

O crime pode ser classificado como:

a) **Comum** (não exige qualidade especial do agente);

b) **Formal** (a consumação dispensa a produção de um resultado naturalístico);

c) De **forma livre** (a Lei não estabelece exigência para a forma de execução);

d) **Simples** (tutela apenas um bem jurídico);

e) **Comissivo**;

f) **Unissubjetivo** (pode haver ou não concurso de pessoas);

g) **Instantâneo** (consuma-se de imediato);

h) **Plurissubsistente** (a conduta pode ser fracionada);

i) **Doloso**.

19.10. Quadro Sinótico

INUTILIZAÇÃO DE EDITAL OU DE SINAL		
Considerações Iniciais	O tipo penal previsto no art. 336 do CP transcreve num primeiro momento a inutilização do edital afixado por funcionário público. O edital pode ser de qualquer natureza, a exemplo de edital de concurso público. A conduta do agente é no sentido de conspurcar o edital e consequentemente demonstrar o seu desprezo em relação a Administração Pública, que se utiliza desse meio de publicidade. Num segundo momento a violação/inutilização de sinal ou selo empregado por funcionário público consiste na conduta do agente que devassa sinal ou selo empregado por funcionário público competente para o ato.	1

Tipicidade Objetiva	Os núcleos do tipo são os verbos: **a)** Rasgar: destruir em pedaços; **b)** Inutilizar: tornar inútil, destruir; **c)** Conspurcar: macular.	2
Sujeitos	**Sujeito ativo:** o sujeito ativo pode ser qualquer pessoa. **Sujeito passivo: o sujeito passivo é o Estado.**	3
Objetos	**Objeto jurídico:** o objeto juridicamente tutelado é a Administração Pública. **Objeto material:** o objeto material é o edital ou o selo ou sinal inutilizado pelo agente público competente para cerrar ou identificar qualquer objeto.	4
Elemento Subjetivo	O elemento subjetivo exigido no tipo penal é o dolo, pois o agente sabendo ter sido o edital afixado por funcionário público, ou o sinal ou selo ter sido empregado por determinação legal ou por ordem de funcionário público, agir deliberadamente de forma a inutilizá-los.	5
Consumação e Tentativa	Consuma-se o crime em relação à inutilização de edital afixado por funcionário público no momento em que o agente rasga e inutiliza o edital. No caso do selo ou sinal empregado por determinação legal ou por ordem de funcionário público o crime se consuma no momento em que o agente viola o lacre, ou inutiliza o sinal usado para identificar ou cerrar qualquer objeto sem que seja necessário, para esta configuração, que o agente tenha o conhecimento do conteúdo ou do objeto que fora lacrado, sinalizado ou cerrado. É admitida a tentativa.	6
Ação Penal	A ação penal é de iniciativa pública incondicionada.	7
Penas	A pena prevista para o crime é de detenção de seis meses a dois anos.	8
Classificação	**Comum** (não exige qualidade especial do agente); **Formal** (a consumação dispensa a produção de um resultado naturalístico); **De forma livre** (a Lei não estabelece exigência para a forma de execução); **Simples** (tutela apenas um bem jurídico); **Comissivo;** **Unissubjetivo** (pode haver ou não concurso de pessoas); **Instantâneo** (consuma-se de imediato); **Plurissubsistente** (a conduta pode ser fracionada); **Doloso.**	9

20. SUBTRAÇÃO OU INUTILIZAÇÃO DE LIVRO OU DOCUMENTO

> **Art.337** - Subtrair, ou inutilizar, total ou parcialmente, livro oficial, processo ou documento confiado à custódia de funcionário, em razão de ofício, ou de particular em serviço público:
>
> Pena - reclusão, de dois a cinco anos, se o fato não constitui crime mais grave.

20.1. Considerações Iniciais

O art. 337 do CP traz em seu bojo a referência a livro, documento ou processo. O livro oficial é aquele que possui destinação certa, uma finalidade, como os usados para registros; o documento é todo o escrito que tenha natureza pública ou te mesmo privada; e o processo é um conjunto de atos de qualquer natureza.

Logo, a conduta do agente é pela subtração ou inutilização de livro oficial, processo ou documento confiado à custódia de funcionário, em razão de ofício – em razão do cargo ocupado – ou de particular em serviço público – particular que se encontrava no exercício do serviço público.

Acerca da classificação, o crime de *subtração ou inutilização de livro ou documento* é simples, comum, material, de dano, de forma livre, comissivo, instantâneo, unissubjetivo e plurissubsistente.

20.2. Tipicidade Objetiva

Os núcleos do tipo são os verbos:

a) Subtrair: tomar,. retirar;

b) Inutilizar: tornar inútil, destruir.

20.3. Sujeitos

Sujeito ativo: o sujeito ativo pode ser qualquer pessoa.

Sujeito passivo: o sujeito passivo é o Estado, ou terceiro prejudicado, seja pessoa física ou jurídica, pela conduta delitiva do agente.

20.4. Objetos

Objeto jurídico: o objeto juridicamente tutelado é a Administração Pública.

Objeto material: o objeto material é o livro oficial, o processo ou documento confiado à custódia de funcionário, em razão de ofício, ou de particular em serviço público.

20.5. Elemento Subjetivo

O elemento subjetivo exigido pelo tipo penal é o dolo, pois o agente age com a intenção de tornar inútil, o documento, o livro oficial ou o processo que estava sob a custódia do funcionário em razão do cargo por ele ocupado ou pelo particular em serviço público; ou pela subtração, pela vontade em tirar da esfera de posse e disponibilidade do funcionário esses mesmos objetos.

20.6. Consumação e Tentativa

Consuma-se o crime quando o agente retira esses objetos da esfera de disponibilidade do funcionário, se imitindo na posse de forma tranquila – pois a subtração aqui se equipara a do crime de furto – ou quando os inutiliza, mesmo que parcialmente.

A tentativa é admitida.

20.7. Ação Penal

A ação penal é de iniciativa pública incondicionada.

20.8. Pena

A pena prevista para o crime é de reclusão de dois a cinco anos, se o fato não constituir crime mais grave. Logo, podemos concluir que:

a) Não é possível a transação penal (art. 76, Lei n. 9.099/95), pois não se trata de infração penal de menor potencial ofensivo;

b) Não é possível a suspensão condicional do processo (art. 89, Lei n. 9.099/95), pois a pena mínima ultrapassa um ano.

20.9. Classificação

O crime pode ser classificado como:

a) **Comum** (não exige qualidade especial do agente);

b) **Formal** (a consumação dispensa a produção de um resultado naturalístico);

c) De **forma livre** (a Lei não estabelece exigência para a forma de execução);

d) **Simples** (tutela apenas um bem jurídico);

e) **Comissivo**;

f) **Unissubjetivo** (pode haver ou não concurso de pessoas);

g) **Instantâneo** (consuma-se de imediato);

h) **Plurissubsistente** (a conduta pode ser fracionada);

i) **Doloso**.

20.10. Quadro Sinótico

SUBTRAÇÃO OU INUTILIZAÇÃO DE LIVRO OU DOCUMENTO		
Considerações Iniciais	A conduta do agente é pela subtração ou inutilização de livro oficial, processo ou documento confiado à custódia de funcionário, em razão de ofício – em razão do cargo ocupado – ou de particular em serviço público – particular que se encontrava no exercício do serviço público.	1
Tipicidade Objetiva	Os núcleos do tipo são os verbos: **a)** Subtrair: tomar,. retirar; **b)** Inutilizar: tornar inútil, destruir.	2
Sujeitos	**Sujeito ativo:** o sujeito ativo pode ser qualquer pessoa. **Sujeito passivo:** o sujeito passivo é o Estado, ou terceiro prejudicado, seja pessoa física ou jurídica, pela conduta delitiva do agente.	3

Objetos	**Objeto jurídico:** o objeto juridicamente tutelado é a Administração Pública. **Objeto material:** o objeto material é o livro oficial, o processo ou documento confiado à custódia de funcionário, em razão de ofício, ou de particular em serviço público.	4
Elemento Subjetivo	O elemento subjetivo exigido pelo tipo penal é o dolo.	5
Consumação e Tentativa	Consuma-se o crime quando o agente retira esses objetos da esfera de disponibilidade do funcionário, se imitindo na posse de forma tranquila – pois a subtração aqui se equipara a do crime de furto – ou quando os inutiliza, mesmo que parcialmente. A tentativa é admitida.	6
Ação Penal	A ação penal é de iniciativa pública incondicionada.	7
Penas	A pena prevista para o crime é de reclusão de dois a cinco anos, se o fato não constituir crime mais grave.	8
Classificação	**a) Comum** (não exige qualidade especial do agente); **b) Formal** (a consumação dispensa a produção de um resultado naturalístico); **c)** De forma **livre** (a Lei não estabelece exigência para a forma de execução); **d) Simples** (tutela apenas um bem jurídico); **e) Comissivo**; **f) Unissubjetivo** (pode haver ou não concurso de pessoas); **g) Instantâneo** (consuma-se de imediato); **h) Plurissubsistente** (a conduta pode ser fracionada); **i) Doloso**.	9

21. SONEGAÇÃO DE CONTRIBUIÇÃO PREVIDENCIÁRIA

Art.337 - A - Suprimir ou reduzir contribuição social previdenciária e qualquer acessório, mediante as seguintes condutas:

I - omitir de folha de pagamento da empresa ou de documento de informações previsto pela legislação previdenciária segurados empregado, empresário, trabalhador avulso ou trabalhador autônomo ou a este equiparado que lhe prestem serviços;

II - deixar de lançar mensalmente nos títulos próprios da contabilidade da empresa as quantias descontadas dos segurados ou as devidas pelo empregador ou pelo tomador de serviços;

III - omitir, total ou parcialmente, receitas ou lucros auferidos, remunerações pagas ou creditadas e demais fatos geradores de contribuições sociais previdenciárias:

Pena - reclusão, de 2 (dois) a 5 (cinco) anos, e multa.

§ 1° É extinta a punibilidade se o agente, espontaneamente, declara e confessa as contribuições, importâncias ou valores e presta as informações devidas à previdência social, na forma definida em lei ou regulamento, antes do início da ação fiscal.

§ 2° É facultado ao juiz deixar de aplicar a pena ou aplicar somente a de multa se o agente for primário e de bons antecedentes, desde que:

I - (Vetado)

II - o valor das contribuições devidas, inclusive acessórios, seja igual ou inferior àquele estabelecido pela previdência social, administrativamente, como sendo o mínimo para o ajuizamento de suas execuções fiscais.

§ 3° Se o empregador não é pessoa jurídica e sua folha de pagamento mensal não ultrapassa R$ 1.510,00 (um mil, quinhentos e dez reais), o juiz poderá reduzir a pena de um terço até a metade ou aplicar apenas a de multa.

§ 4° O valor a que se refere o parágrafo anterior será reajustado nas mesmas datas e nos mesmos índices do reajuste dos benefícios da previdência social.

21.1. Considerações Iniciais

A Lei n. 9.983/2000 introduziu o artigo 337 – A ao CP revogando o que dispunha o art. 95 da Lei n. 8.212/91. O artigo do CP em comento revela que o agente que omite de folha de pagamento, deixa de lançar mensalmente nos títulos próprios ou omite total ou parcialmente os lucros auferidos, incorre na prática delituosa do 337 – A, que tem por finalidade deixar de pagar contribuição social previdenciária ou reduzir o pagamento para valor inferior ao devido, ou de seus acessórios por meio de uma das condutas descritas no tipo.

A Lei n. 10.684/2003, a qual instituiu o PAES, prevê em seu art. 9º a suspensão da prescrição com o parcelamento do débito ao qual se refere o art. 337 – A; logo, feito o parcelamento do débito tributário fica a prescrição suspensa e tão logo seja quitada a última parcela, a punibilidade será extinta ou se feito o pagamento em sua forma integral, de imediato se extingue a punibilidade.

Infere-se, porém, que este pagamento seja feito a qualquer tempo, pois não há qualquer referência a lapso temporal; é também o entendimento acolhido pela jurisprudência do STF.

Dessa forma, de acordo com o art. 9º da Lei 10.684/2003, se o agente realizar o pagamento integral do débito, ainda que se tenha iniciado a ação fiscal e esteja em grau recursal, terá extinta a punibilidade. Em contrapartida, o §1º do art. 337 – A do CP não exige que o pagamento seja feito, exige somente que o agente declare e confesse o seu débito.

Acerca da classificação, o crime de *sonegação de contribuição previdenciária* é comum, material, doloso, de forma vinculada, omissivo, instantâneo, unissubjetivo e unissubsistente.

21.2. Tipicidade Objetiva

Os núcleos do tipo são os verbos "reduzir" (diminuir) e "suprimir" (eliminar).

21.3. Sujeitos

Sujeito ativo: o sujeito ativo é a pessoa, o particular que ocupa cargo administrativo ou técnico-contábil-financeiro responsável pelo lançamento das informações necessárias relacionadas com a Previdência Social.

Sujeito passivo: o sujeito passivo é o Estado, representado aqui pela Previdência Social.

21.4. Objetos

Objeto jurídico: o objeto juridicamente tutelado pelo tipo penal é a Previdência Social e o seu patrimônio.

Objeto material: não há objeto material.

21.5. Elemento Subjetivo

O elemento subjetivo exigido pelo tipo penal é o dolo, encontrado na conduta do agente que diante da vontade de suprimir ou reduzir contribuição previdenciária, ou seus acessórios, devida pratica uma das condutas descritas em um dos três incisos do artigo.

21.6. Consumação e Tentativa

Consuma-se o crime previsto neste artigo quando o agente praticando uma das condutas descritas no tipo suprime ou reduz contribuição previdenciária, ou de seus acessórios, devida. Logo, a consumação se dá quando da entrega dos relatórios ou guia de informações ao órgão previdenciário feitas as omissões de dados relevantes.

A tentativa é admitida.

21.7. Ação Penal

A ação penal é de iniciativa pública incondicionada.

21.8. Pena

A pena prevista para o crime é de reclusão de dois a cinco anos, e multa. Logo, podemos concluir que:

a) Não é possível a transação penal (art. 76, Lei n. 9.099/95), pois não se trata de infração penal de menor potencial ofensivo;

b) Não é possível a suspensão condicional do processo (art. 89, Lei n. 9.099/95), pois a pena mínima ultrapassa um ano.

21.9. Classificação

O crime pode ser classificado como:

a) **Comum** (não exige qualidade especial do agente);

b) **Formal** (a consumação dispensa a produção de um resultado naturalístico);

c) De **forma livre** (a Lei não estabelece exigência para a forma de execução);

d) **Simples** (tutela apenas um bem jurídico);

e) **Comissivo**;

f) **Unissubjetivo** (pode haver ou não concurso de pessoas);

g) **Instantâneo** (consuma-se de imediato);

h) **Plurissubsistente** (a conduta pode ser fracionada);

i) **Doloso.**

21.10. Quadro Sinótico

SONEGAÇÃO DE CONTRIBUIÇÃO PREVIDENCIÁRIA		
Considerações Iniciais	O artigo em comento revela que o agente que omite de folha de pagamento, deixa de lançar mensalmente nos títulos próprios ou omite total ou parcialmente os lucros auferidos, incorre na prática delituosa do 337 – A, que tem por finalidade deixar de pagar contribuição social previdenciária ou reduzir o pagamento para valor inferior ao devido, ou de seus acessórios por meio de uma das condutas descritas no tipo. De acordo com o art. 9º da Lei 10.684/2003, se o agente realizar o pagamento integral do débito, ainda que se tenha iniciado a ação fiscal e esteja em grau recursal, terá extinta a punibilidade. Em contrapartida, o §1º do art. 337 – A do CP não exige que o pagamento seja feito, exige somente que o agente declare e confesse o seu débito.	1
Tipicidade Objetiva	Os núcleos do tipo são os verbos "reduzir" (diminuir) e "suprimir" (eliminar).	2
Sujeitos	**Sujeito ativo:** o sujeito ativo é a pessoa, o particular que ocupa cargo administrativo ou técnico-contábil-financeiro responsável pelo lançamento das informações necessárias relacionadas com a Previdência Social. **Sujeito passivo:** o sujeito passivo é o Estado, representado aqui pela Previdência Social.	3
Objetos	**Objeto jurídico:** o objeto juridicamente tutelado pelo tipo penal é a Previdência Social e o seu patrimônio. **Objeto material:** não há objeto material.	4
Elemento Subjetivo	O elemento subjetivo exigido pelo tipo penal é o dolo.	5
Consumação e Tentativa	Consuma-se o crime previsto neste artigo quando o agente praticando uma das condutas descritas no tipo suprime ou reduz contribuição previdenciária, ou de seus acessórios, devida. Logo, a consumação se dá quando da entrega dos relatórios ou guia de informações ao órgão previdenciário feitas as omissões de dados relevantes. A tentativa é admitida.	6
Ação Penal	A ação penal é de iniciativa pública incondicionada.	7
Penas	A pena prevista para o crime é de reclusão de dois a cinco anos, e multa.	8

Classificação	**Comum** (não exige qualidade especial do agente); **Formal** (a consumação dispensa a produção de um resultado naturalístico); **De forma livre** (a Lei não estabelece exigência para a forma de execução); **Simples** (tutela apenas um bem jurídico); **Comissivo**; **Unissubjetivo** (pode haver ou não concurso de pessoas); **Instantâneo** (consuma-se de imediato); **Plurissubsistente** (a conduta pode ser fracionada); **Doloso.**	9

II-A

DOS CRIMES PRATICADOS POR PARTICULAR CONTRA A ADMINISTRAÇÃO PÚBLICA ESTRANGEIRA

1. CONSIDERAÇÕES GERAIS

Considera-se funcionário público estrangeiro, para efeitos penais, quem, ainda que transitoriamente ou sem remuneração, exerce cargo, emprego ou função pública em entidades estatais ou em representações diplomáticas de país estrangeiro.

Depreende-se do conceito encontrado no art. 337-D que o dispositivo não alcança os profissionais de empresas privadas estrangeiras, ainda que em exercício de representação de Estado estrangeiro. De igual modo, não equipara a pessoa física vinculada a empresa privada internacional, ainda que realize atividades típicas de entidades internacionais.

2. CORRUPÇÃO ATIVA EM TRANSAÇÃO COMERCIAL INTERNACIONAL

Art.337 - B - Prometer, oferecer ou dar, direta ou indiretamente, vantagem indevida a funcionário público estrangeiro, ou a terceira pessoa, para determiná-lo a praticar, omitir ou retardar ato de ofício relacionado à transação comercial internacional:

Pena - reclusão, de 1 (um) a 8 (oito) anos, e multa.

Parágrafo único. A pena é aumentada de 1/3 (um terço), se, em razão da vantagem ou promessa, o funcionário público estrangeiro retarda ou omite o ato de ofício, ou o pratica infringindo dever funcional.

2.1. Considerações Iniciais

O tipo penal previsto no artigo em estudo foi inserido pela Lei 10.467/2002 e de forma semelhante ao crime previsto no art. 333 do CP, o agente promete ou oferece vantagem indevida a funcionário público estrangeiro, adicionado o núcleo *dar.* Outra diferença, é que além do funcionário público, pode figurar no polo passivo terceira pessoa; isto ocorre por força da Convenção sobre combate a corrupção de funcionários públicos estrangeiros em transações comerciais internacionais.

Logo, o tipo penal prevê a conduta do agente como forma de convencer, determinar funcionário público estrangeiro a praticar, retardar ou omitir ato de ofício relacionado à transação comercial internacional, ou terceiro, que muito embora não esteja vinculado à Administração, pode nela influir.

Acerca da classificação, o crime de *corrupção ativa em transação comercial internacional* é comum, material ("dar") ou formal ("oferecer" e "prometer"), doloso, de forma livre, instantâneo, unissubjetivo, unissubsistente ou plurissubsistente.

2.2. Tipicidade Objetiva

Os núcleos do tipo são os verbos "prometer" (comprometer, obrigar-se a algo), "oferecer" (ofertar, disponibilizar, propor) e "dar" (entregar, fornecer). As condutas recaem sobre vantagem indevida, que pode ser de qualquer natureza, e não necessariamente de cunho patrimonial.

2.3. Sujeitos

Sujeito ativo: o sujeito ativo pode ser qualquer pessoa.

Sujeito passivo: o sujeito passivo é o Estado, bem como terceiro prejudicado, seja pessoa física ou jurídica.

2.4. Objetos

Objeto jurídico: o objeto juridicamente tutelado é a Administração Pública estrangeira.

Objeto material: o objeto material é a vantagem indevida.

2.5. Elemento Subjetivo

O elemento subjetivo exigido no tipo penal é o dolo, pois importa na vontade do agente em querer de algum modo prejudicar a Administração, relacionado à transação comercial internacional.

2.6. Consumação e Tentativa

A consumação é reconhecida no momento em que o agente oferece, promete ou dá vantagem indevida (direta ou indiretamente; neste caso por interposta pessoa) ao funcionário público estrangeiro ou terceira pessoa, com o objetivo de estimulá-lo a praticar determinado ato de ofício que importe num fim prejudicial à Administração Pública, não havendo necessidade, portanto, que o funcionário efetivamente pratique o ato de ofício desejado pelo agente. Restará configurado ainda que o funcionário recuse a oferta.

A tentativa é admitida.

2.7. Ação Penal

A ação penal é de iniciativa pública incondicionada.

2.8. Pena

A pena prevista para o crime é de reclusão de um a oito anos, e multa. Logo, podemos concluir que:

a) Não é possível a transação penal (art. 76, Lei n. 9.099/95), pois não se trata de infração penal de menor potencial ofensivo;

b) É possível a suspensão condicional do processo (art. 89, Lei n. 9.099/95), pois a pena mínima não ultrapassa um ano.

2.9. Classificação

O crime pode ser classificado como:

a) **Comum** (não exige qualidade especial do agente);

b) **Formal** (a consumação dispensa a produção de um resultado naturalístico);

c) De **forma livre** (a Lei não estabelece exigência para a forma de execução);

d) **Simples** (tutela apenas um bem jurídico);

e) **Comissivo**;

f) **Unissubjetivo** (pode haver ou não concurso de pessoas);

g) **Instantâneo** (consuma-se de imediato);

h) **Plurissubsistente** (a conduta pode ser fracionada) ou **unissubsistente** (a conduta não pode ser fracionada);

i) **Doloso**.

2.10. Quadro Sinótico

CORRUPÇÃO ATIVA EM TRANSAÇÃO COMERCIAL INTERNACIONAL		
Considerações Iniciais	De forma semelhante ao crime previsto no art. 333 do CP, o agente promete ou oferece vantagem indevida a funcionário público estrangeiro, adicionado o núcleo *dar.* Outra diferença, é que além do funcionário público, pode figurar no polo passivo terceira pessoa.	1

Considerações Iniciais	Logo, o tipo penal prevê a conduta do agente como forma de convencer, determinar funcionário público estrangeiro a praticar, retardar ou omitir ato de ofício relacionado à transação comercial internacional, ou terceiro, que muito embora não esteja vinculado à Administração, pode nela influir.	1
Tipicidade Objetiva	Os núcleos do tipo são os verbos "prometer" (comprometer, obrigar-se a algo), "oferecer" (ofertar, disponibilizar, propor) e "dar" (entregar, fornecer). As condutas recaem sobre vantagem indevida, que pode ser de qualquer natureza, e não necessariamente de cunho patrimonial.	2
Sujeitos	**Sujeito ativo:** o sujeito ativo pode ser qualquer pessoa. **Sujeito passivo:** o sujeito passivo é o Estado, bem como terceiro prejudicado, seja pessoa física ou jurídica.	3
Objetos	**Objeto jurídico:** o objeto juridicamente tutelado é a Administração Pública estrangeira. **Objeto material:** o objeto material é a vantagem indevida.	4
Elemento Subjetivo	O elemento subjetivo exigido no tipo penal é o dolo.	5
Consumação e Tentativa	A consumação é reconhecida no momento em que o agente oferece, promete ou dá vantagem indevida (direta ou indiretamente; neste caso por interposta pessoa) ao funcionário público estrangeiro ou terceira pessoa, com o objetivo de estimulá-lo a praticar determinado ato de ofício que importe num fim prejudicial à Administração Pública, não havendo necessidade, portanto, que o funcionário efetivamente pratique o ato de ofício desejado pelo agente. Restará configurado ainda que o funcionário recuse a oferta. A tentativa é admitida.	6
Ação Penal	A ação penal é de iniciativa pública incondicionada.	7
Penas	A pena prevista para o crime é de reclusão de um a oito anos, e multa.	8
Classificação	**a) Comum** (não exige qualidade especial do agente); **b) Formal** (a consumação dispensa a produção de um resultado naturalístico); **c) De forma livre** (a Lei não estabelece exigência para a forma de execução); **d) Simples** (tutela apenas um bem jurídico); **e) Comissivo**; **f) Unissubjetivo** (pode haver ou não concurso de pessoas); **g) Instantâneo** (consuma-se de imediato); **h) Plurissubsistente** (a conduta pode ser fracionada) ou **unissubsistente** (a conduta não pode ser fracionada); **i) Doloso.**	9

3. TRÁFICO DE INFLUÊNCIA EM TRANSAÇÃO COMERCIAL INTERNACIONAL

> **Art.337 - C** - Solicitar, exigir, cobrar ou obter, para si ou para outrem, direta ou indiretamente, vantagem ou promessa de vantagem a pretexto de influir em ato praticado por funcionário público estrangeiro no exercício de suas funções, relacionado a transação comercial internacional:
>
> Pena - reclusão, de 2 (dois) a 5 (cinco) anos, e multa.
>
> Parágrafo único. A pena é aumentada da metade, se o agente alega ou insinua que a vantagem é também destinada a funcionário estrangeiro.

3.1. Considerações Iniciais

O delito em comento enumera os núcleos solicitar, exigir, cobrar ou obter, que são comportamentos destinados à obtenção de vantagem ou promessa de vantagem para si ou para outrem. Uma vez mais, não há a necessidade de que o agente tenha recebido a vantagem por ele solicitada, exigida ou cobrada. Possui a finalidade de tão somente influenciar o funcionário em razão de suas funções relacionada a transação comercial internacional.

Acerca da classificação, o crime de *tráfico de influência em transação comercial internacional* é simples, comum, material ("obter") ou formal ("solicitar", "exigir" e "cobrar"), de dano, de forma livre, comissivo, instantâneo, unissubjetivo e plurissubsistente.

3.2. Tipicidade Objetiva

Os núcleos do tipo são os verbos "solicitar" (requerer, demandar), "exigir" (demandar de forma imperativa), "cobrar" (exigir o cumprimento) ou "obter" (adquirir, haver).

3.3. Sujeitos

Sujeito ativo: o sujeito ativo pode ser qualquer pessoa.

Sujeito passivo: o sujeito passivo é o Estado ou terceiro prejudicado, seja pessoa física ou jurídica.

3.4. Objetos

Objeto jurídico: o objeto juridicamente tutelado é a Administração Pública estrangeira.

Objeto material: o objeto material é a vantagem pretendida pelo agente.

3.5. Elemento Subjetivo

O elemento subjetivo exigido pelo tipo penal é o dolo, pois o agente demonstra livre e conscientemente a vontade de querer obter para si ou para outrem vantagem ou promessa de vantagem relacionada a transações comerciais internacionais, mediante adoção de quaisquer das condutas descritas no tipo.

3.6. Consumação e Tentativa

No tocante a consumação, parte da doutrina entende ser constatada no momento em que o agente solicita, cobra ou exige, pois se trata de crime formal. Esta é a posição adotada por Greco.

Em contrapartida, há quem defenda, a exemplo de Edgard Noronha, que a consumação ocorre no momento em que o agente obtém a vantagem indevida ou ela lhe é prometida.

Dependendo da posição adotada, a tentativa é possível.

3.7. Ação Penal

A ação penal é de iniciativa pública incondicionada.

3.8. Pena

A pena prevista para o crime é de reclusão, de dois a cinco anos, e multa. Logo, podemos concluir que:

a) Não é possível a transação penal (art. 76, Lei n. 9.099/95), pois não se trata de infração penal de menor potencial ofensivo;

b) Não é possível a suspensão condicional do processo (art. 89, Lei n. 9.099/95), pois a pena mínima ultrapassa um ano.

3.9. Classificação

O crime pode ser classificado como:

a) **Comum** (não exige qualidade especial do agente);

b) **Formal** (a consumação dispensa a produção de um resultado naturalístico);

c) De **forma livre** (a Lei não estabelece exigência para a forma de execução);

d) **Simples** (tutela apenas um bem jurídico);

e) **Comissivo**;

f) **Unissubjetivo** (pode haver ou não concurso de pessoas);

g) **Instantâneo** (consuma-se de imediato);

h) **Plurissubsistente** (a conduta pode ser fracionada) ou **unissubsisbtente** (a conduta pode ser fracionada), a depender do caso;

i) **Doloso**.

3.10. Quadro Sinótico

TRÁFICO DE INFLUÊNCIA EM TRANSAÇÃO COMERCIAL INTERNACIONAL		
Considerações Iniciais	O delito em comento enumera os núcleos solicitar, exigir, cobrar ou obter, que são comportamentos destinados à obtenção de vantagem ou promessa de vantagem para si ou para outrem. Possui a finalidade de tão somente influenciar o funcionário em razão de suas funções relacionada a transação comercial internacional.	1
Tipicidade Objetiva	Os núcleos do tipo são os verbos "solicitar" (requerer, demandar), "exigir" (demandar de forma imperativa), "cobrar" (exigir o cumprimento) ou "obter" (adquirir, haver).	2
Sujeitos	**Sujeito ativo:** o sujeito ativo pode ser qualquer pessoa. **Sujeito passivo:** o sujeito passivo é o Estado ou terceiro prejudicado, seja pessoa física ou jurídica.	3
Objetos	**Objeto jurídico:** o objeto juridicamente tutelado é a Administração Pública estrangeira. **Objeto material:** o objeto material é a vantagem pretendida pelo agente.	4
Elemento Subjetivo	O elemento subjetivo exigido pelo tipo penal é o dolo, pois o agente demonstra livre e conscientemente a vontade de querer obter para si ou para outrem vantagem ou promessa de vantagem relacionada a transações comerciais internacionais, mediante adoção de quaisquer das condutas descritas no tipo.	5
Consumação e Tentativa	No tocante a consumação, parte da doutrina entende ser constatada no momento em que o agente solicita, cobra ou exige, pois se trata de crime formal. Esta é a posição adotada por Greco. Em contrapartida, há quem defenda, a exemplo de Edgard Noronha, que a consumação ocorre no momento em que o agente obtém a vantagem indevida ou ela lhe é prometida. Dependendo da posição adotada, a tentativa é possível.	6
Ação Penal	A ação penal é de iniciativa pública incondicionada.	7
Penas	A pena prevista para o crime é de reclusão, de dois a cinco anos, e multa.	8
Classificação	**a) Comum** (não exige qualidade especial do agente); **b) Formal** (a consumação dispensa a produção de um resultado naturalístico); **c)** De forma **livre** (a Lei não estabelece exigência para a forma de execução); **d) Simples** (tutela apenas um bem jurídico); **e) Comissivo**; **f) Unissubjetivo** (pode haver ou não concurso de pessoas); **g) Instantâneo** (consuma-se de imediato); **h) Plurissubsistente** (a conduta pode ser fracionada) ou **unissubsistente** (a conduta pode ser fracionada), a depender do caso; **i) Doloso**.	9

Art.337 - D - Considera-se funcionário público estrangeiro, para os efeitos penais, quem, ainda que transitoriamente ou sem remuneração, exerce cargo, emprego ou função pública em entidades estatais ou em representações diplomáticas de país estrangeiro.

Parágrafo único. Equipara-se a funcionário público estrangeiro quem exerce cargo, emprego ou função em empresas controladas, diretamente ou indiretamente, pelo Poder Público de país estrangeiro ou em organizações públicas internacionais.

II-B

DOS CRIMES EM LICITAÇÕES E CONTRATOS ADMINISTRATIVOS

A atual Lei de Licitações é a de número 8.666, de 1993. No final de 2020, foi aprovado no Congresso Nacional um projeto de lei que consubstancia uma nova Lei de Licitações. Até o momento do fechamento desta edição, referido projeto ainda não havia sido sancionado pelo Presidente da República, de modo que ainda temos, apenas, um projeto de lei.

Mas, precisamos definir qual a relevância deste fato para um livro de Direito Penal: parte especial. Com efeito, a Lei n. 8.666 traz um catálogo de crimes relacionados às licitações e contrato, de modo que este tipo de crime consta da legislação penal extravagante, e não da parte especial do Código Penal.

Contudo, com a nova Lei de Licitações – caso seja sancionada da forma como aprovada no congresso Nacional – haverá a inclusão no Título XI (Crimes contra a Administração Pública) do Código Penal do CAPÍTULO II-B, que versará sobre "CRIMES EM LICITAÇÕES E CONTRATOS ADMINISTRATIVOS".

Por outras palavras, o tema relativo aos crimes envolvendo licitações e contratos deixará de ser do âmbito da legislação penal especial e passará a integrar o Direito Penal parte especial. Esta a razão pela qual reservamos um espaço ao final da presente obra para algumas considerações breves e iniciais sobre tais crimes.

É necessário fazermos duas observações importantes:

a) Reiterar que no momento do fechamento desta edição a Lei não foi sancionada. Deste modo, pode ser que ocorram vetos parciais ou até mesmo um veto total à parte criminal do projeto de lei.

b) O projeto de lei prevê uma *vacatio legis* de dois anos, de modo que, mesmo após a sanção do projeto, levará um bom tempo para que entre em vigor as mudanças doravante comentadas.

Feitas tais ressalvas, e sendo certo que tais alterações não devem ser objeto de implementação prática por agora, passemos às primeiras considerações sobre os tipos penais previstos no projeto da nova Lei de Licitações.

Art. 178. O Título XI da Parte Especial do Decreto-Lei nº 2.848, de 7 de dezembro de 1940 (Código Penal), passa a vigorar acrescido do seguinte Capítulo II-B:
"CAPÍTULO II-B DOS CRIMES EM LICITAÇÕES E CONTRATOS ADMINISTRATIVOS

1. CONTRATAÇÃO DIRETA ILEGAL

Art. 337-E Admitir, possibilitar ou dar causa à contratação direta fora das hipóteses previstas em lei:
Pena - reclusão, de 4 (quatro) a 8 (oito) anos, e multa.

1.1. Sujeitos

Sujeito ativo: o funcionário público que possui atribuições para a contratação direta, presentando o poder público. Aplica-se, ao caso, a definição de funcionário público contida no art. 327, CP.

Como se vê, trata-se de crime próprio, porquanto exige uma qualidade especial do agente.

Sujeito passivo: é o Estado, titular do bem jurídico administração pública, que se pretende tutelar.

1.2. Objetos

Objeto jurídico: é a administração pública.

Objeto material: é a contratação direta realizada pelo funcionário público.

1.3. Elementos subjetivo

É o dolo. Não se exige qualquer elemento subjetivo específico (especial finalidade no agir). Deste modo, não importa saber quais as finalidades almejadas pelo agente, quando da efetivação da contratação direta.

Não há previsão para este crime na modalidade culposa.

1.4. Consumação e tentativa

O crime se consuma com a realização de qualquer das condutas descritas no *caput*, independentemente da produção de qualquer resultado posterior. Deste modo, não importa saber se a contratação produziu efetivo prejuízo à administração pública.

1.5. Ação penal

A ação penal é pública incondicionada.

1.6. Penas

O crime possui pena prevista de reclusão, de 4 (quatro) a 8 (oito) anos, e multa.

Pela pena em abstrato, percebemos que:

a) Não se trata de infração de menor potencial ofensivo, e, portanto, não cabe a transação penal.

b) A pena mínima supera um ano, e, portanto, não cabe a suspensão condicional do processo (*sursis* processual).

c) A pena mínima não é inferior a quatro ano, e, portanto, não cabe o acordo de não persecução penal (ANPP).

2. FRUSTRAÇÃO DO CARÁTER COMPETITIVO DE LICITAÇÃO

> **Art. 337-F.** Frustrar ou fraudar, com o intuito de obter para si ou para outrem vantagem decorrente da adjudicação do objeto da licitação, o caráter competitivo do processo licitatório:
>
> Pena – reclusão, de 4 (quatro) anos a 8 (oito) anos, e multa.

2.1. Sujeitos

Sujeito ativo: qualquer pessoa. A conduta pode ser praticada pelo licitante, pelo funcionário público que pretenda outorgar o objeto do contrato a algum licitante ou mesmo a alguém que não participa diretamente do procedimento licitatório, mas nele pretende intervir, com o intuito de conferir vantagem para si ou para outrem.

Sujeito passivo: é o Estado, titular do bem jurídico administração pública, que se pretende tutelar.

2.2. Objetos

Objeto jurídico: é a administração pública.

Objeto material: é o procedimento licitatório, cujo caráter competitivo é atingido.

2.3. Elementos subjetivo

É o dolo. Exige-se o elemento subjetivo específico (especial finalidade no agir), consistente na pretensão de obter vantagem para si ou para outrem. A referida vantagem não é, necessariamente, de caráter patrimonial, mas deve ser decorrente da adjudicação do objeto da licitação.

Não há previsão para este crime na modalidade culposa.

2.4. Consumação e tentativa

O crime se consuma com a realização de qualquer das condutas descritas no *caput*, independentemente da produção de qualquer resultado posterior. Assim, quando o agente frustra ou frauda o caráter competitivo da licitação, o crime estará consumado. Evidentemente, o agente precisa agir com o elemento subjetivo específico, consistente na pretensão de obter vantagem para si ou para outrem. Mas a efetiva obtenção da vantagem não é imprescindível para que ocorra a consumação.

A tentativa é admitida.

2.5. Ação penal

A ação penal é pública incondicionada.

2.6. Penas

O crime possui pena prevista de reclusão, de 4 (quatro) a 8 (oito) anos, e multa.

Pela pena em abstrato, percebemos que:

a) Não se trata de infração de menor potencial ofensivo, e, portanto, não cabe a transação penal.

b) A pena mínima supera um ano, e, portanto, não cabe a suspensão condicional do processo (*sursis* processual).

d) A pena mínima não é inferior a quatro ano, e, portanto, não cabe o acordo de não persecução penal (ANPP).

3. PATROCÍNIO DE CONTRATAÇÃO INDEVIDA

> Art. 337-G Patrocinar, direta ou indiretamente, interesse privado perante a Administração Pública, dando causa à instauração de licitação ou à celebração de contrato cuja invalidação vier a ser decretada pelo Poder Judiciário:
>
> Pena - reclusão, de 6 (seis) meses a 3 (três) anos, e multa.

3.1. Sujeitos

Sujeito ativo: é o funcionário público. Trata-se, portanto, de crime próprio.

Sujeito passivo: é o Estado (administração direta ou indireta).

3.2. Objetos

Objeto jurídico: é a administração pública.

Objeto material: não há.

3.3. Elementos subjetivo

É o dolo. Exige-se o elemento subjetivo específico, consistente em dar causa à instauração de licitação ou à celebração de contrato

Não se admite a modalidade culposa.

3.4. Consumação e tentativa

O crime se consuma com a realização da conduta descrita no tipo penal.

Mas é importante salientar que o tipo penal possui "condições de punibilidade", de modo que somente poderemos falar na possibilidade de se punir o agente se elas se encontrarem presentes. As condições de punibilidade são:

a) Efetiva instauração da licitação ou celebração do contrato administrativo.

b) Invalidação da licitação ou do contrato administrativo pelo Poder Judiciário.

3.5. Ação penal

É pública incondicionada.

3.6. Penas

O crime possui pena prevista de reclusão, de 6 (seis) meses a 3 (três) anos, e multa.

Pela pena em abstrato, percebemos que:

a) Não se trata de infração de menor potencial ofensivo, e, portanto, não cabe a transação penal.

b) A pena mínima não supera um ano, e, portanto, cabe a suspensão condicional do processo (*sursis* processual).

c) A pena mínima é inferior a quatro ano, e, portanto, não cabe o acordo de não persecução penal (ANPP).

4. MODIFICAÇÃO OU PAGAMENTO IRREGULAR EM CONTRATO ADMINISTRATIVO

> **Art. 337-H.** Admitir, possibilitar ou dar causa a qualquer modificação ou vantagem, inclusive prorrogação contratual, em favor do contratado, durante a execução dos contratos celebrados com a Administração Pública, sem autorização em lei, no edital

da licitação ou nos respectivos instrumentos contratuais, ou, ainda, pagar fatura com preterição da ordem cronológica de sua exigibilidade:

Pena - reclusão, de 4 (quatro) anos a 8 (oito) anos, e multa.

4.1. Sujeitos

Sujeito ativo: é o funcionário público. Trata-se, portanto, de crime próprio.

Sujeito passivo: é o Estado (administração direta ou indireta).

4.2. Objetos

Objeto jurídico: é a administração pública.

Objeto material: é o contrato administrativo ou a fatura paga.

4.3. Elementos subjetivo

É o dolo. Não se exige o elemento subjetivo específico.

Não se admite a modalidade culposa.

4.4. Consumação e tentativa

O crime se consuma com a efetiva prática das condutas descritas no tipo, independentemente da produção de qualquer resultado posterior (como o efetivo prejuízo à administração pública, por exemplo). A modalidade tentada é admitida.

4.5. Ação penal

A ação penal é pública incondicionada.

4.6. Penas

O crime possui pena prevista de reclusão, de 4 (quatro) a 8 (oito) anos, e multa.

Pela pena em abstrato, percebemos que:

a) Não se trata de infração de menor potencial ofensivo, e, portanto, não cabe a transação penal.

b) A pena mínima supera um ano, e, portanto, não cabe a suspensão condicional do processo (*sursis* processual).

c) A pena mínima não é inferior a quatro ano, e, portanto, não cabe o acordo de não persecução penal (ANPP).

5. PERTURBAÇÃO DE PROCESSO LICITATÓRIO

> **Art. 337-I.** Impedir, perturbar ou fraudar a realização de qualquer ato de processo licitatório:
>
> Pena – detenção, de 6 (seis) meses a 3 (três) anos, e multa.

5.1. Sujeitos

Sujeito ativo: qualquer pessoa. Trata-se, portanto, de crime comum.

Sujeito passivo: é o Estado (administração direta ou indireta).

5.2. Objetos

Objeto jurídico: é a administração pública.

Objeto material: é o processo licitatório.

5.3. Elementos subjetivo

É o dolo. Não se exige o elemento subjetivo específico.

Não se admite a modalidade culposa.

5.4. Consumação e tentativa

O crime se consuma com a realização das condutas descritas no tipo penal, independentemente da produção de qualquer resultado posterior. O crime consiste, portanto, em impedir (obstaculizar, inviabilizar), perturbar (tumultuar, prejudicar) ou fraudar (promover fraude, ludibriar, enganar) o processo licitatório.

5.5. Ação penal

A ação penal é pública incondicionada.

5.6. Penas

O crime em estudo tem pena prevista de detenção, de 6 (seis) meses a 3 (três) anos, e multa.

Pela pena em abstrato, percebemos que:

a) Não se trata de infração de menor potencial ofensivo, e, portanto, não cabe a transação penal.

b) A pena mínima não supera um ano, e, portanto, cabe a suspensão condicional do processo (*sursis* processual).

c) A pena mínima é inferior a quatro ano, e, portanto, cabe o acordo de não persecução penal (ANPP).

6. VIOLAÇÃO DE SIGILO EM LICITAÇÃO

> **Art. 337-J.** Devassar o sigilo de proposta apresentada em processo licitatório ou proporcionar a terceiro o ensejo de devassá-lo:
>
> Pena - detenção, de 2 (dois) anos a 3 (três) anos, e multa.

6.1. Sujeitos

Sujeito ativo: qualquer pessoa. Embora, como regra, as propostas somente devam ser acessadas por funcionários públicos, que, portanto, seriam as pessoas que poderiam praticar o crime, nada impede, no caso concreto, que um particular tenha acesso aos documentos e devasse o sigilo das propostas. Trata-se, portanto, de crime comum.

Sujeito passivo: é o Estado (administração direta ou indireta).

6.2. Objetos

Objeto jurídico: é a administração pública.

Objeto material: é a proposta apresentada em processo licitatório.

6.3. Elementos subjetivo

É o dolo. Não se exige-se o elemento subjetivo específico.

Não se admite a modalidade culposa.

6.4. Consumação e tentativa

O crime se consuma com a realização das condutas descritas no tipo penal, independentemente da produção de qualquer resultado posterior. O crime consiste em devassar (violar, desrespeitar, descumprir, inobservar) o sigilo das propostas apresentadas em procedimento licitatório.

6.5. Ação penal

A ação penal é pública incondicionada.

6.6. Penas

O crime em estudo tem pena prevista de detenção, de 2 (dois) a 3 (três) anos, e multa.

Pela pena em abstrato, percebemos que:

a) Não se trata de infração de menor potencial ofensivo, e, portanto, não cabe a transação penal.

b) A pena mínima supera um ano, e, portanto, não cabe a suspensão condicional do processo (*sursis* processual).

c) A pena mínima é inferior a quatro ano, e, portanto, cabe o acordo de não persecução penal (ANPP).

7. AFASTAMENTO DE LICITANTE

> **Art. 337-K.** Afastar ou tentar afastar licitante por meio de violência, grave ameaça, fraude ou oferecimento de vantagem de qualquer tipo:
>
> Pena – reclusão, de 3 (três) anos a 5 (cinco) anos, e multa, além da pena correspondente à violência.
>
> Parágrafo único. Incorre na mesma pena quem se abstém ou desiste de licitar em razão de vantagem oferecida.

7.1. Sujeitos

Sujeito ativo: qualquer pessoa. Trata-se, portanto, de crime comum.

Sujeito passivo: é o Estado (administração direta ou indireta). Também o será a pessoa vítima da violência, da ameaça ou da fraude.

7.2. Objetos

Objeto jurídico: é a administração pública.

Objeto material: é a pessoa do licitante.

7.3. Elementos subjetivo

É o dolo. Não se exige elemento subjetivo específico.

Não se admite a modalidade culposa.

7.4. Consumação e tentativa

O crime se consuma quando o agente afasta ou tenta afastar o licitante, por meio de violência (física, real), grave ameaça (violência moral), fraude (enganar, ludibriar, levar a erro) ou oferecimento de vantagem de qualquer tipo.

Trata-se de um crime de atentado ou de empreendimento, na medida em que considera consumado o crime tanto na hipótese de afastamento quanto na hipótese de mera tentativa de afastamento. Ou seja, consumação e tentativa das condutas são punidas da mesma forma.

7.5. Ação penal

A ação penal é pública incondicionada.

7.6. Penas

O crime em estudo tem pena prevista de reclusão de 3 (três) a 5 (cinco) anos, e multa, além da pena correspondente à violência.

Pela pena em abstrato, percebemos que:

a) Não se trata de infração de menor potencial ofensivo, e, portanto, não cabe a transação penal.

b) A pena mínima supera um ano, e, portanto, não cabe a suspensão condicional do processo (*sursis* processual).

c) A pena mínima é inferior a quatro ano, mas o crime é praticado mediante violência ou grave ameaça, o que inviabiliza o acordo de não persecução penal (ANPP).

8. FRAUDE EM LICITAÇÃO OU CONTRATO

> **Art. 337-L.** Fraudar, em prejuízo da Administração Pública, licitação ou contrato dela decorrente, mediante:
>
> I - entrega de mercadoria ou prestação de serviços com qualidade ou em quantidade diversas das previstas no edital ou nos instrumentos contratuais;
>
> II - fornecimento, como verdadeira ou perfeita, de mercadoria falsificada, deteriorada, inservível para consumo ou com prazo de validade vencido;
>
> III - entrega de uma mercadoria por outra;
>
> IV - alteração da substância, qualidade ou quantidade da mercadoria ou do serviço fornecido;
>
> V - qualquer meio fraudulento que torne injustamente mais onerosa para a Administração Pública a proposta ou a execução do contrato.
>
> Pena - reclusão, de 4 (quatro) anos a 8 (oito) anos, e multa.

8.1. Sujeitos

Sujeito ativo: qualquer pessoa. Trata-se, portanto, de crime comum.

Sujeito passivo: é o Estado (administração direta ou indireta).

8.2. Objetos

Objeto jurídico: é a administração pública.

Objeto material: a licitação ou o contrato fraudados em prejuízo da administração pública.

8.3. Elementos subjetivo

É o dolo. Não se admite a modalidade culposa.

8.4. Consumação e tentativa

O crime se consuma com a fraude à licitação, por meio das condutas descritas nos incisos do tipo penal.

8.5. Ação penal

A ação penal é pública incondicionada.

8.6. Penas

O crime possui pena prevista de reclusão, de 4 (quatro) a 8 (oito) anos, e multa.

Pela pena em abstrato, percebemos que:

a) Não se trata de infração de menor potencial ofensivo, e, portanto, não cabe a transação penal.

b) A pena mínima supera um ano, e, portanto, não cabe a suspensão condicional do processo (*sursis* processual).

c) A pena mínima não é inferior a quatro ano, e, portanto, não cabe o acordo de não persecução penal (ANPP).

9. CONTRATAÇÃO INIDÔNEA

> Art. 337-M Admitir à licitação empresa ou profissional declarado inidôneo:
>
> Pena - reclusão, de 1 (um) ano a 3 (três) anos, e multa.
>
> § 1° Celebrar contrato com empresa ou profissional declarado inidôneo: Pena - reclusão, de 3 (três) anos a 6 (seis) anos, e multa.
>
> § 2° Incide na mesma pena do caput deste artigo aquele que, declarado inidôneo, venha a participar de licitação e, na mesma pena do § 1° deste artigo, aquele que, declarado inidôneo, venha a contratar com a Administração Pública.

9.1. Sujeitos

Sujeito ativo: nas condutas do *caput* e do §1º, é o funcionário público responsável pela concretização da licitação ou pela celebração do contrato administrativo. Nas condutas do § 2º, será o particular que participar da licitação ou que venha a contratar com a administração pública.

Sujeito passivo: o Estado.

9.2. Objetos

Objeto jurídico: é a administração pública.

Objeto material: é a empresa ou profissional admitidos à licitação ou contratados.

9.3. Elementos subjetivo

É o dolo. Não se exige o elemento subjetivo específico.

Não se admite a modalidade culposa.

9.4. Consumação e tentativa

O crime se consuma com a prática das condutas, independentemente da efetiva produção de resultado naturalístico posterior. É admissível a tentativa.

9.5. Ação penal

A ação penal é pública incondicionada.

9.6. Penas

O crime possui pena prevista de reclusão, de 1 (um) a 3 (três) anos, e multa.

Pela pena em abstrato, percebemos que:

a) Não se trata de infração de menor potencial ofensivo, e, portanto, não cabe a transação penal.

b) A pena mínima não supera um ano, e, portanto, cabe a suspensão condicional do processo (*sursis* processual).

c) A pena mínima é inferior a quatro ano, e, portanto, não cabe o acordo de não persecução penal (ANPP).

10. IMPEDIMENTO INDEVIDO

Art. 337-N. Obstar, impedir ou dificultar injustamente a inscrição de qualquer interessado nos registros cadastrais ou promover indevidamente a alteração, a suspensão ou o cancelamento de registro do inscrito:

Pena – reclusão, de 6 (seis) meses a 2 (dois) anos, e multa.

10.1. Sujeitos

Sujeito ativo: o funcionário público responsável pela inscrição ou manutenção dos registros cadastrais.

Sujeito passivo: o Estado

10.2. Objetos

Objeto jurídico: é a administração pública.

Objeto material: os registro cadastrais.

10.3. Elementos subjetivo

É o dolo. Não se exige o elemento subjetivo específico.

Não se admite a modalidade culposa.

10.4. Consumação e tentativa

O crime se consuma com a prática das condutas, independentemente da efetiva produção de resultado naturalístico posterior. É admissível a tentativa.

10.5. Ação penal

A ação penal é de natureza pública incondicionada.

10.6. Penas

O crime possui pena prevista de reclusão, de 6 (seis) meses a 2 (dois) anos, e multa.

Pela pena em abstrato, percebemos que:

a) É infração de menor potencial ofensivo, e, portanto, cabe a transação penal.

b) A pena mínima não supera um ano, e, portanto, cabe a suspensão condicional do processo (*sursis* processual).

c) A pena mínima é inferior a quatro ano, e, portanto, cabe o acordo de não persecução penal (ANPP).

11. OMISSÃO GRAVE DE DADO OU DE INFORMAÇÃO POR PROJETISTA

> **Art. 337-O.** Omitir, modificar ou entregar à Administração Pública levantamento cadastral ou condição de contorno em relevante dissonância com a realidade, em frustração ao caráter competitivo da licitação ou em detrimento da seleção da proposta mais vantajosa para a Administração Pública, em contratação para a elaboração de projeto básico, projeto executivo ou anteprojeto, em diálogo competitivo ou em procedimento de manifestação de interesse.
>
> Pena - reclusão, de 6 (seis) meses a 3 (três) anos, e multa.
>
> § 1° Consideram-se condição de contorno as informações e os levantamentos suficientes e necessários para a definição da solução de projeto e dos respectivos preços pelo licitante, incluídos sondagens, topografia, estudos de demanda, condições ambientais e demais elementos ambientais impactantes, considerados requisitos mínimos ou obrigatórios em normas técnicas que orientam a elaboração de projetos.
>
> § 2° Se o crime é praticado com o fim de obter benefício, direto ou indireto, próprio ou de outrem, aplica-se em dobro a pena prevista no caput deste artigo.

11.1. Sujeitos

Sujeito ativo: qualquer pessoa. Trata-se, portanto, de crime comum, pois não se exige qualidade especial do agente.

Sujeitos passivo: é o Estado.

11.2. Objetos

Objeto jurídico: a administração pública.

Objeto material: o levantamento cadastral ou a condição de contorno.

11.3. Elementos subjetivo

É o dolo.

Não se admite a modalidade culposa.

11.4. Consumação e tentativa

O crime se consuma com a prática das condutas, independentemente da efetiva produção de resultado naturalísitico posterior. É admissível a tentativa.

11.5. Ação penal

A ação penal é pública incondicionada.

11.6. Penas

O crime possui pena prevista de reclusão, de 6 (seis) meses a 3 (três) anos, e multa.

Pela pena em abstrato, percebemos que:

a) Não é infração de menor potencial ofensivo, e, portanto, não cabe a transação penal.

b) A pena mínima não supera um ano, e, portanto, cabe a suspensão condicional do processo (*sursis* processual).

c) A pena mínima é inferior a quatro ano, e, portanto, cabe o acordo de não persecução penal (ANPP).

> **Art. 337-P** A pena de multa cominada aos crimes previstos neste Capítulo seguirá a metodologia de cálculo prevista neste Código e não poderá ser inferior a 2% (dois por cento) do valor do contrato licitado ou celebrado com contratação direta."

A metodologia de cálculo prevista no Código Penal utiliza o critério do dia-multa, em uma valoração bifásica. Deste modo, cabe ao julgador, em um primeiro momento, estabelecer o quantitativo de dias-multa, em patamares que variam de 10 (dez) a 360 (trezentos e sessenta). Neste primeiro momento, não se leva em consideração a capacidade econômica do condenado.

Em uma segunda fase, o juiz irá estabelecer o valor de cada dia-multa, considerando a situação econômica do condenado. Cada dia-multa poderá variar entre um trigésimo do salário mínimo e cinco salários mínimos. Ademais, se o juiz entender que, mesmo fixando o valor no patamar o montante for insuficiente para estabelecer a reprovabilidade da conduta, poderá elevá-lo ao triplo.

A particularidade para os crimes relacionados a licitações e contratos é a regra de acordo com a qual o valor final estabelecido na pena de multa não poderá ser inferior a 2% (dois por cento) do valor do contrato licitado ou celebrado com contratação direta. Com isto, uma vez alcançado o valor definitivo da pena de multa, após a valoração dos critérios mencionados, se tal valor estiver aquém do montante de 2% previsto, caberá ao juiz fazer uma adequação da perna de multa, para que se chegue a este limite mínimo.

III

DOS CRIMES CONTRA A ADMINISTRAÇÃO DA JUSTIÇA

1. REINGRESSO DE ESTRANGEIRO EXPULSO

> **Art.338** – Reingressar no território nacional o estrangeiro que dele foi expulso:
> Pena – reclusão, de um a quatro anos, sem prejuízo de nova expulsão após o cumprimento da pena.

1.1. Considerações Iniciais

O tipo penal descreve a conduta do estrangeiro que expulso do território nacional, retorna sem que lhe seja permitido, ou seja, reingressa. No caso de o estrangeiro ser expulso e não deixar o território nacional, se recusar a sair, o crime não restaria tipificado, pois é necessário que ele saia e retorne, para que o reingresso se configure.

Acerca da classificação, o crime de *reingresso de estrangeiro expulso* é simples, de mão própria, material, de dano, de forma livre, comissivo, instantâneo ou permanente (divergência doutrinária), unissubjetivo e plurissubsistente.

1.2. Tipicidade Objetiva

O núcleo do tipo é o verbo "reingressar" (voltar, retornar, ingressar novamente). A conduta é praticada por um estrangeiro anteriormente expulso do país.

1.3. Sujeitos

Sujeito ativo: o sujeito ativo é o estrangeiro expulso do território nacional, pois se trata de crime próprio.

Sujeito passivo: o sujeito passivo é o Estado.

1.4. Objetos

Objeto jurídico: o objeto juridicamente tutelado é a Administração Pública.

Objeto material: não há objeto material.

1.5. Elemento Subjetivo

O elemento subjetivo exigido no tipo penal é o dolo, pois o agente age querendo reingressar no território do país que o expulsou.

1.6. Consumação e Tentativa

O crime se consuma no momento do reingresso. É crime de efeitos permanentes, ou seja, enquanto não cessar o reingresso, estará o agente em flagrante delito.

A tentativa é admitida.

1.7. Ação Penal

A ação penal é de iniciativa pública incondicionada.

1.8. Pena

A pena prevista para o crime é de reclusão de um a quatro anos. Logo, podemos concluir que:

a) Não é possível a transação penal (art. 76, Lei n. 9.099/95), pois não se trata de infração penal de menor potencial ofensivo;

b) É possível a suspensão condicional do processo (art. 89, Lei n. 9.099/95), pois a pena mínima não ultrapassa um ano.

1.9. Classificação

O crime pode ser classificado como:

a) De **mão própria** (não admite coautoria);

b) **Formal** (a consumação dispensa a produção de um resultado naturalístico);

c) De **forma livre** (a Lei não estabelece exigência para a forma de execução);

d) **Simples** (tutela apenas um bem jurídico);

e) **Comissivo**;

f) **Unissubjetivo** (pode haver ou não concurso de pessoas);

g) **Instantâneo** (consuma-se de imediato);

h) **Plurissubsistente** (a conduta pode ser fracionada);

i) **Doloso**.

1.10. Quadro Sinótico

REINGRESSO DE ESTRANGEIRO EXPULSO		
Considerações Iniciais	O tipo penal descreve a conduta do estrangeiro que expulso do território nacional, retorna sem que lhe seja permitido, ou seja, reingressa.	1
Tipicidade Objetiva	O núcleo do tipo é o verbo "reingressar" (voltar, retornar, ingressar novamente). A conduta é praticada por um estrangeiro anteriormente expulso do país.	2
Sujeitos	**Sujeito ativo:** o sujeito ativo é o estrangeiro expulso do território nacional. **Sujeito passivo:** o sujeito passivo é o Estado.	3
Objetos	**Objeto jurídico:** o objeto juridicamente tutelado é a Administração Pública. **Objeto material:** não há objeto material.	4
Elemento Subjetivo	O elemento subjetivo exigido no tipo penal é o dolo.	5
Consumação e Tentativa	O crime se consuma no momento do reingresso. É crime de efeitos permanentes, ou seja, enquanto não cessar o reingresso, estará o agente em flagrante delito. A tentativa é admitida.	6
Ação Penal	A ação penal é de iniciativa pública incondicionada.	7
Penas	A pena prevista para o crime é de reclusão de um a quatro anos.	8
Classificação	**De mão própria** (não admite coautoria); **Formal** (a consumação dispensa a produção de um resultado naturalístico); **De forma livre** (a Lei não estabelece exigência para a forma de execução); **Simples** (tutela apenas um bem jurídico); **Comissivo**; **Unissubjetivo** (pode haver ou não concurso de pessoas); **Instantâneo** (consuma-se de imediato); **Plurissubsistente** (a conduta pode ser fracionada); **Doloso.**	9

2. DENUNCIAÇÃO CALUNIOSA

Art.339 – Dar causa à instauração de inquérito policial, de procedimento investigatório criminal, de processo judicial, de processo administrativo disciplinar, de inquérito civil ou de ação de improbidade administrativa contra alguém, imputando-lhe crime, infração ético-disciplinar ou ato ímprobo de que o sabe inocente: (Redação dada pela Lei nº 14.110, de 2020)

Pena – reclusão, de dois a oito anos, e multa.

§ 1º - A pena é aumentada de sexta parte, se o agente se serve de anonimato ou de nome suposto.

§ 2º - A pena é diminuída de metade, se a imputação é de prática de contravenção.

2.1. Considerações Iniciais

A despeito de algumas semelhanças, o crime de denunciação caluniosa não se confunde com o crime de calúnia. Em primeiro lugar, vale recordar que a calúnia é um crime contra a honra, enquanto a denunciação caluniosa é crime contra a administração da justiça. Além disto, a denunciação caluniosa enseja a instauração de uma investigação (inquérito policial, inquérito civil ou procedimento investigatório criminal) ou de um processo (judicial, administrativo disciplinar ou ação de improbidade administrativa), o que não ocorre no crime de calúnia. Por fim, a denunciação caluniosa é compatível com a imputação de fato não definido como crime (contravenção, infração ético-disciplinar ou ato ímprobo), o que não ocorre na calúnia.

Este tipo penal sofreu mudanças. Promovidas pela Lei n. 14.110, de 18 de dezembro de 2020. Antes da entrada em vigor desta Lei, o tipo penal mencionava a instauração de "investigação policial". Com a alteração, passou-se a configurar a denunciação caluniosa com a instauração do inquérito policial (instrumento de investigação da autoridade policial) ou o procedimento investigatório criminal (PIC), instrumento de investigação conduzido pelo próprio Ministério Público. Na mesma linha, o art. 339, CP deixou de utilizar a expressão "investigação administrativa", substituindo-a pelo processo administrativo disciplinar (PAD).

As adaptações terminológicas mencionadas foram bastante salutares. Por outro lado, a alteração legislativa manteve uma redundância, consistente na menção à instauração de "processo judicial" e "ação de improbidade administrativa". Não há qualquer dúvida de que a ação de improbidade é espécie de processo judicial.

No que concerne às imputações que ensejam a caracterização do crime, antes da Lei n. 14.110, somente se falaria em denunciação caluniosa se a imputação dissesse respeito a crime (*caput*) ou contravenção penal (§ 2º). A partir da sua entrada em vigor, também haverá denunciação caluniosa quando da imputação de infração ético-disciplinar ou ato ímprobo.

Acerca da classificação, o crime de *denunciação caluniosa* é pluriofensivo, comum e eventualmente próprio, material, de dano, de forma livre, comissivo, instantâneo, unissubjetivo e plurissubsistente.

2.2. Tipicidade Objetiva

O núcleo do tipo é constituído do verbo "dar", aqui empregado no sentido de permitir, viabilizar, possibilitar, ensejar.

2.3. Sujeitos

Sujeito ativo: o sujeito ativo pode ser qualquer pessoa.

Sujeito passivo: o sujeito passivo é o Estado ou o terceiro prejudicado, seja pessoa física ou jurídica.

2.4. Objetos

Objeto jurídico: o objeto juridicamente tutelado é a Administração Pública.

Objeto material: o objeto material é a pessoa que foi vítima de imputação falsa de crime.

2.5. Elemento Subjetivo

O elemento subjetivo exigido no tipo penal é o dolo, pois o agente tem o conhecimento sobre a inocência da vítima e age de forma a denunciá-la falsamente por crime, ou seja, o agente age com dolo direto e quer o resultado.

2.6. Consumação e Tentativa

O delito previsto se consuma quando da instauração de alguns dos procedimentos investigativos, ainda que preliminares, ou com a abertura de ação penal contra a vítima.

A tentativa é admitida.

2.7. Ação Penal

A ação penal é de iniciativa pública incondicionada.

2.8. Pena

A pena prevista para o crime é de reclusão de dois a oito anos, e multa. Logo, podemos concluir que:

a) Não é possível a transação penal (art. 76, Lei n. 9.099/95), pois não se trata de infração penal de menor potencial ofensivo;

b) Não é possível a suspensão condicional do processo (art. 89, Lei n. 9.099/95), pois a pena mínima ultrapassa um ano.

2.9. Classificação

O crime pode ser classificado como:

a) **Comum** (não exige qualidade especial do agente);

b) **Formal** (a consumação dispensa a produção de um resultado naturalístico);

c) De **forma livre** (a Lei não estabelece exigência para a forma de execução);

d) **Simples** (tutela apenas um bem jurídico);

e) **Comissivo**;

f) **Unissubjetivo** (pode haver ou não concurso de pessoas);

g) **Instantâneo** (consuma-se de imediato);

h) **Plurissubsistente** (a conduta pode ser fracionada);

i) **Doloso**.

2.10. Quadro Sinótico

DENUNCIAÇÃO CALUNIOSA		
Considerações Iniciais	A despeito de algumas semelhanças, o crime de denunciação caluniosa não se confunde com o crime de calúnia. Em primeiro lugar, vale recordar que a calúnia é um crime contra a honra, enquanto a denunciação caluniosa é crime contra a administração da justiça. Além disto, a denunciação caluniosa enseja a instauração de uma investigação (inquérito policial, inquérito civil ou procedimento investigatório criminal) ou de um processo (judicial, administrativo disciplinar ou ação de improbidade administrativa), o que não ocorre no crime de calúnia.	1
Tipicidade Objetiva	O núcleo do tipo é constituído do verbo "dar", aqui empregado no sentido de permitir, viabilizar, possibilitar, ensejar.	2
Sujeitos	**Sujeito ativo:** o sujeito ativo pode ser qualquer pessoa. **Sujeito passivo:** o sujeito passivo é o Estado ou o terceiro prejudicado, seja pessoa física ou jurídica.	3
Objetos	**Objeto jurídico:** o objeto juridicamente tutelado é a Administração Pública. **Objeto material:** o objeto material é a pessoa que foi vítima de imputação falsa de crime.	4
Elemento Subjetivo	O elemento subjetivo exigido no tipo penal é o dolo.	5
Consumação e Tentativa	O delito previsto se consuma quando da instauração de alguns dos procedimentos investigativos, ainda que preliminares, ou com a abertura de ação penal contra a vítima. A tentativa é admitida.	6
Ação Penal	A ação penal é de iniciativa pública incondicionada.	7
Penas	A pena prevista para o crime é de reclusão de dois a oito anos, e multa.	8
Classificação	**Comum** (não exige qualidade especial do agente); **Formal** (a consumação dispensa a produção de um resultado naturalístico); **De forma livre** (a Lei não estabelece exigência para a forma de execução); **Simples** (tutela apenas um bem jurídico); **Comissivo**; **Unissubjetivo** (pode haver ou não concurso de pessoas); **Instantâneo** (consuma-se de imediato); **Plurissubsistente** (a conduta pode ser fracionada); **Doloso.**	9

2.11. Questões de Concursos Públicos

01. (PGR - 2015 - PGR - Procurador da República) SOBRE DENUNCIAÇÃO CALUNIOSA ASSINALE A ALTERNATIVA CORRETA:

(A) A jurisprudência do STF é no sentido de que a configuração do tipo incriminador em causa exige dolo direto quanto ao conhecimento, por parte do(a) acusado(a), da inocência do representado(a), de modo que a presença de dolo eventual é insuficiente;

(B) O art. 19 da Lei n 8.429, de 1992,é incompatível com a redação do art. 339 do

Cód. Penal determinada pela Lei n 10.028, de 2000;

(C) Denúncia anonima e denúncia apócrifa são sinônimos;

(D) A denunciação caluniosa admite exceção da verdade.

02. (FCC - 2015 - TRE-SE - Analista Judiciário - Área Judiciária) Xisto, Vereador de um determinado município do Estado de Sergipe, com o escopo de vingar-se do seu desafeto Tácito, também Vereador do mesmo município, faz uma denúncia escrita de crime eleitoral perante a Autoridade Policial contra Tácito, sabendo da inocência deste, apresentando-se como Moisés para não ser identificado. O Inquérito Policial é instaurado pela Autoridade Policial. Neste caso Xisto cometeu crime de

(A) denunciação caluniosa com pena de 2 a 8 anos, aumentada de um terço.

(B) comunicação falsa de crime, com pena de 1 a 6 meses de detenção e multa, aumentada de um terço.

(C) denunciação caluniosa com pena de 2 a 8 anos e multa, aumentada da sexta parte.

(D) comunicação falsa de crime, com pena de 1 a 6 meses de detenção e multa, sem qualquer majoração.

(E) denunciação caluniosa, com pena de 2 a 8 anos, sem qualquer majoração.

03. (PGR - 2017 - PGR - Procurador da República) ASSINALE A ALTERNATIVA INCORRETA: APLICÁVEL EM TESE O ARTIGO 339 DO CÓDIGO PENAL (DENUNCIAÇÃO CALUNIOSA):

(A) ao advogado, mesmo no exercício do mandato;

(B) se imputado fato determinado que configure crime ou contravenção;

(C) ao colaborador que imputar falsamente a prática de infração penal a pessoa que sabe ser inocente;

(D) se presente o dolo indireto de dar causa à instauração de investigação policial, de processo judicial, investigação administrativa, inquérito civil ou ação de improbidade administrativa contra alguém.

04. (VUNESP - 2017 - TJ-SP - Escrevente Técnico Judiciário) A conduta de "dar causa à instauração de investigação policial, de processo judicial, instauração de investigação administrativa, inquérito civil ou ação de improbidade administrativa contra alguém, imputando-lhe crime de que o sabe inocente" configura

(A) denunciação caluniosa.

(B) condescendência criminosa.

(C) falso testemunho.

(D) comunicação falsa de crime.

(E) fraude processual.

05. (FCC - 2017 - TRE-SP - Analista Judiciário - Área Administrativa) Ricardo reside na cidade de São Paulo e acaba testemunhando, da janela de sua residência, o furto de um veículo que estava estacionado na via pública, defronte ao seu imóvel, praticado por dois agentes. Para se vingar do seu desafeto e vizinho Rodolfo e sabendo de sua inocência, Ricardo apresenta uma denúncia anônima à Polícia noticiando que Rodolfo foi um dos autores do referido crime de furto. A autoridade policial determina a instauração de inquérito policial para apuração da autoria delitiva em relação a Rodolfo. Nesse caso hipotético, Ricardo cometeu crime de

(A) denunciação caluniosa, com pena prevista de reclusão de dois a oito anos e multa, aumentada de sexta parte, pois serviu-se de anonimato.

(B) comunicação falsa de crime, com pena prevista de detenção de um a seis meses ou multa, aumentada de sexta parte, pois serviu-se de anonimato.

(C) denunciação caluniosa, com pena prevista de reclusão de dois a oito anos e multa, sem qualquer majoração.

(D) comunicação falsa de crime, com pena prevista de detenção de um a seis meses ou multa sem qualquer majoração.

(E) falso testemunho.

GABARITO: As respostas destes testes encontram-se no final do livro..

3. COMUNICAÇÃO FALSA DE CRIME OU CONTRAVENÇÃO

> **Art.340** - Provocar a ação de autoridade, comunicando-lhe a ocorrência de crime ou de contravenção que sabe não se ter verificado:
>
> Pena - detenção, de um a seis meses, ou multa.

3.1. Considerações Iniciais

O crime se consuma com a provocação da ação da autoridade. Não é necessário, portanto, que haja a instauração formal de uma investigação. O crime ocorre, por exemplo, naquelas situações em que o agente efetua ligação telefônica para o serviço de atendimento da polícia, para "passar trote", informando a prática de crime que sabe não ter ocorrido.

Acerca da classificação, o crime de *comunicação falsa de crime ou de contravenção* é simples, comum, de dano, de forma livre, comissivo, instantâneo, unissubjetivo e plurissubsistente.

3.2. Tipicidade Objetiva

O núcleo do tipo penal é o verbo "provocar" (deflagrar, ensejar, dar causa, possibilitar).

3.3. Sujeitos

Sujeito ativo: qualquer pessoa.

Sujeito passivo: é o Estado.

3.4. Objetos

Objeto jurídico: a administração da justiça.

Objeto material: não há.

3.5. Elemento Subjetivo

É o dolo.

Não se admite a modalidade culposa.

3.6. Consumação e Tentativa

O crime de consuma no momento da efetiva comunicação falsa, independentemente de qualquer outro resultado material.

É possível a tentativa.

3.7. Ação Penal

É de iniciativa pública incondicionada.

3.8. Pena

A pena prevista para o crime é de detenção de um a seis, ou multa. Logo, podemos concluir que:

a) É possível a transação penal (art. 76, Lei n. 9.099/95), pois se trata de infração penal de menor potencial ofensivo;

b) É possível a suspensão condicional do processo (art. 89, Lei n. 9.099/95), pois a pena mínima não ultrapassa um ano.

3.9. Classificação

O crime pode ser classificado como:

a) **Comum** (não exige qualidade especial do agente);

b) **Formal** (a consumação dispensa a produção de um resultado naturalístico);

c) De **forma livre** (a Lei não estabelece exigência para a forma de execução);

d) **Simples** (tutela apenas um bem jurídico);

e) **Comissivo**;

f) **Unissubjetivo** (pode haver ou não concurso de pessoas);

g) **Instantâneo** (consuma-se de imediato);

h) **Plurissubsistente** (a conduta pode ser fracionada);

i) **Doloso**.

3.10. Quadro Sinótico

COMUNICAÇÃO FALSA DE CRIME OU CONTRAVENÇÃO		
Considerações Iniciais	O crime se consuma com a provocação da ação da autoridade.	1
Tipicidade Objetiva	O núcleo do tipo penal é o verbo "provocar" (deflagrar, ensejar, dar causa, possibilitar).	2
Sujeitos	**Sujeito ativo:** qualquer pessoa. **Sujeito passivo:** é o Estado.	3
Objetos	**Objeto jurídico:** a administração da justiça. **Objeto material:** não há.	4

Elemento Subjetivo	É o dolo. Não se admite a modalidade culposa.	5
Consumação e Tentativa	O crime de consuma no momento da efetiva comunicação falsa, independentemente de qualquer outro resultado material. É possível a tentativa.	6
Ação Penal	A ação penal é de iniciativa pública incondicionada.	7
Penas	A pena prevista para o crime é de detenção de um a seis, ou multa.	8
Classificação	**Comum** (não exige qualidade especial do agente); **Formal** (a consumação dispensa a produção de um resultado naturalístico); **De forma livre** (a Lei não estabelece exigência para a forma de execução); **Simples** (tutela apenas um bem jurídico); **Comissivo;** **Unissubjetivo** (pode haver ou não concurso de pessoas); **Instantâneo** (consuma-se de imediato); **Plurissubsistente** (a conduta pode ser fracionada); **Doloso.**	9

4. AUTOACUSAÇÃO FALSA

Art.341 - Acusar-se, perante a autoridade, de crime inexistente ou praticado por outrem:

Pena - detenção, de três meses a dois anos, ou multa.

4.1. Considerações Iniciais

O crime ocorre quando o agente imputa a si próprio a prática de crime que não ocorreu ou que, se ocorreu, foi praticado por alguma outra pessoa. Pode acontecer este crime quando, por exemplo, o agente imputa a si a prática de crime para beneficiar alguém. É o exemplo em que a pessoa confessa a prática de um crime que foi praticado pelo seu filho.

Pode acontecer, ainda, de o agente confessar o crime para se livrar de alguma outra imputação. Exemplo: o agente cometeu o crime de homicídio, mas confessa a prática de um crime de furto, no mesmo dia e hora. Neste caso, o agente confessa a prática de um crime que não ocorreu, como forma de se ver livre da acusação de um crime mais grave.

Pode acontecer, ainda, situação na qual o sujeito é coagido a confessar crime que não cometeu. Neste caso, evidentemente, não será responsabilizado penalmente, pois, embora tenha praticado o fato típico e ilícito, será beneficiado por uma causa de exclusão da culpabilidade (coação moral irresistível, art. 22, CP).

Acerca da classificação, o crime de *autoacusação falsa* é simples, comum, formal, de dano, de forma livre, comissivo, instantâneo, unissubjetivo, unissubsistente ou plurissubsistente.

4.2. Tipicidade Objetiva

O núcleo do tipo é o verbo acusar (imputar, incrimnar). No caso do tipo penal, a conduta do agente recai sobre ele próprio, pois há uma autoincriminação. Essa a razão pela qual não há objeto material neste crime, pois referido objeto pode se confundir com a pessoa da vítima, mas jamais com a pessoa do próprio agente.

4.3. Sujeitos

Sujeito ativo: qualquer pessoa.

Sujeito passivo: é o Estado.

4.4. Objetos

Objeto jurídico: a administração da justiça.

Objeto material: não há.

4.5. Elemento Subjetivo

É o dolo. Não se admite a modalidade culposa.

4.6. Consumação e Tentativa

O crime se consuma no momento da autoacusação perante a autoridade.

É possível a tentativa.

4.7. Ação Penal

É de iniciativa pública incondicionada.

4.8. Pena

A pena prevista para o crime é de detenção de três meses a dois anos. Logo, podemos concluir que:

a) É possível a transação penal (art. 76, Lei n. 9.099/95), pois se trata de infração penal de menor potencial ofensivo;

b) É possível a suspensão condicional do processo (art. 89, Lei n. 9.099/95), pois a pena mínima não ultrapassa um ano.

4.9. Classificação

O crime pode ser classificado como:

a) **Comum** (não exige qualidade especial do agente);
b) **Formal** (a consumação dispensa a produção de um resultado naturalístico);
c) De **forma livre** (a Lei não estabelece exigência para a forma de execução);
d) **Simples** (tutela apenas um bem jurídico);
e) **Comissivo**;
f) **Unissubjetivo** (pode haver ou não concurso de pessoas);
g) **Instantâneo** (consuma-se de imediato);
h) **Plurissubsistente** (a conduta pode ser fracionada);
i) **Doloso**.

4.10. Quadro Sinótico

AUTOACUSAÇÃO FALSA		
Considerações Iniciais	O crime ocorre quando o agente imputa a si próprio a prática de crime que não ocorreu ou que, se ocorreu, foi praticado por alguma outra pessoa.	1
Tipicidade Objetiva	O núcleo do tipo é o verbo acusar (imputar, incrimnar). No caso do tipo penal, a conduta do agente recai sobre ele próprio, pois há uma autoincriminação. Essa a razão pela qual não há objeto material neste crime, pois referido objeto pode se confundir com a pessoa da vítima, mas jamais com a pessoa do próprio agente.	2
Sujeitos	**Sujeito ativo:** qualquer pessoa. **Sujeito passivo:** é o Estado.	3
Objetos	**Objeto jurídico:** a administração da justiça. **Objeto material:** não há.	4
Elemento Subjetivo	É o dolo. Não se admite a modalidade culposa.	5
Consumação e Tentativa	O crime se consuma no momento da autoacusação perante a autoridade. É possível a tentativa.	6
Ação Penal	A ação penal é de iniciativa pública incondicionada.	7
Penas	A pena prevista para o crime é de detenção de três meses a dois anos.	8
Classificação	**Comum** (não exige qualidade especial do agente); **Formal** (a consumação dispensa a produção de um resultado naturalístico); **De forma livre** (a Lei não estabelece exigência para a forma de execução); **Simples** (tutela apenas um bem jurídico); **Comissivo**; **Unissubjetivo** (pode haver ou não concurso de pessoas); **Instantâneo** (consuma-se de imediato); **Plurissubsistente** (a conduta pode ser fracionada); **Doloso.**	9

5. FALSO TESTEMUNHO OU FALSA PERÍCIA

Art. 342. Fazer afirmação falsa, ou negar ou calar a verdade como testemunha, perito, contador, tradutor ou intérprete em processo judicial, ou administrativo, inquérito policial, ou em juízo arbitral:

Pena - reclusão, de um a três anos, e multa.

Pena - reclusão, de 2 (dois) a 4 (quatro) anos, e multa.

§ 1° - Se o crime é cometido com o fim de obter prova destinada a produzir efeito em processo penal:

Pena - reclusão, de 2 (dois) a 6 (seis) anos, e multa.

§ 2° - As penas aumentam-se de um terço, se o crime é praticado mediante suborno.

§ 3° - O fato deixa de ser punível, se, antes da sentença, o agente se retrata ou declara a verdade.

§ 1° As penas aumentam-se de um sexto a um terço, se o crime é praticado mediante suborno ou se cometido com o fim de obter prova destinada a produzir efeito em processo penal, ou em processo civil em que for parte entidade da administração pública direta ou indireta.

§ 2° O fato deixa de ser punível se, antes da sentença no processo em que ocorreu o ilícito, o agente se retrata ou declara a verdade.

5.1. Considerações Iniciais

No tipo penal do art. 342, temos os crimes de falso testemunho e de falsa perícia. No primeiro, temos condutas que somente poderão ser praticados pela testemunha, ao passo que, no segundo, teremos crime praticado pelo perito, tradutor, contador ou intérprete.

Para a doutrina majoritária, são crimes de mão própria, de modo que não admitem coautoria. Vale recordar que os crimes de mão própria, embora não admitam a coautoria, admitem a participação. Por esta razão, se alguém induzir, instigar ou prestar auxílio a quaisquer das condutas descritas no tipo penal, poderá ser por elas responsabilizado, a título de participação.

É muito importante atentar para esta questão, pois, a jurisprudência do STF possui precedente reconhecendo a possibilidade de se condenar alguém que induziu outra pessoa a mentir em juízo como coautor (e não apenas partícipe) do crime de falso testemunho. Por esta razãop, percebemos que o STF trata o crime em apreço como crime próprio, e não crime de mão própria, haja vista o fato de admitir a coautoria.

Acerca da classificação, o crime de *falso testemunho ou falsa perícia* é simples, de mão própria, formal, de dano, de forma livre, comissivo ou omissivo, instantâneo, unissubjetivo, unissubsistente ou plurissubsistente.

5.2. Tipicidade Objetiva

Os núcleos do tipo penal são os verbos "fazer" (realizar, promover), "negar" (não reconhecer, recusar, refutar) ou "calar" (silenciar, não falar). O "fazer" diz respeito a afirmações falsas; por outro lado, o negar ou calar diz respeito à verdade. Como se percebe, o crime pode ser consumar de forma comissiva ou omissiva. Com efeito, ao contrário do que muitos imaginam, omitir também caracteriza o crime de falso testemunho ou falsa perícia.

5.3. Sujeitos

Sujeito ativo: é a testemunha, o perito, o contador, tradutor ou intérprete. Trata-se, portanto, de crime próprio, pois exige qualidade especial do agente.

Sujeito passivo: é o Estado.

5.4. Objetos

Objeto jurídico: é a administração da justiça.

Objeto material: é a afirmação, o laudo falso, o cálculo ou a tradução.

5.5. Elemento Subjetivo

É o dolo. Não se admite a modalidade culposa.

5.6. Consumação e Tentativa

O crime estará consumado com a prática de qualquer das condutas descritas no tipo penal, independentemente da realização de qualquer outro resultado.

A tentativa é admitida.

5.7. Ação Penal

É de natureza pública incondicionada.

5.8. Pena

A pena prevista para o crime é de reclusão de um a três anos, e multa. Logo, podemos concluir que:

a) Não é possível a transação penal (art. 76, Lei n. 9.099/95), pois não se trata de infração penal de menor potencial ofensivo;

b) É possível a suspensão condicional do processo (art. 89, Lei n. 9.099/95), pois a pena mínima não ultrapassa um ano.

5.9. Classificação

O crime pode ser classificado como:

a) De **mão própria** (não admite a coautoria);

b) **Formal** (a consumação dispensa a produção de um resultado naturalístico);

c) De **forma livre** (a Lei não estabelece exigência para a forma de execução);

d) **Simples** (tutela apenas um bem jurídico);

e) **Comissivo** ou **omissivo**;

f) **Unissubjetivo** (pode haver ou não concurso de pessoas);

g) **Instantâneo** (consuma-se de imediato);

h) **Unissubsistente** (a conduta não pode ser fracionada);

i) **Doloso.**

5.10. Quadro Sinótico

FALSO TESTEMUNHO OU FALSA PERÍCIA		
Considerações Iniciais	No tipo penal do art. 342, temos os crimes de falso testemunho e de falsa perícia. No primeiro, temos condutas que somente poderão ser praticados pela testemunha, ao passo que, no segundo, teremos crime praticado pelo perito, tradutor, contador ou intérprete. Para a doutrina majoritária, são crimes de mão própria, de modo que não admitem coautoria. Vale recordar que os crimes de mão própria, embora não admitam a coautoria, admitem a participação. O STF trata o crime em apreço como crime próprio, e não crime de mão própria, haja vista o fato de admitir a coautoria.	1
Tipicidade Objetiva	Os núcleos do tipo penal são os verbos "fazer" (realizar, promover), "negar" (não reconhecer, recusar, refutar) ou "calar" (silenciar, não falar). O "fazer" diz respeito a afirmações falsas; por outro lado, o negar ou calar diz respeito à verdade. Como se percebe, o crime pode ser consumar de forma comissiva ou omissiva.	2
Sujeitos	**Sujeito ativo:** é a testemunha, o perito, o contador, tradutor ou intérprete. Trata-se, portanto, de crime próprio, pois exige qualidade especial do agente. **Sujeito passivo:** é o Estado.	3
Objetos	**Objeto jurídico:** é a administração da justiça. **Objeto material:** é a afirmação, o laudo falso, o cálculo ou a tradução.	4
Elemento Subjetivo	É o dolo. Não se admite a modalidade culposa.	5
Consumação e Tentativa	O crime estará consumado com a prática de qualquer das condutas descritas no tipo penal, independentemente da realização de qualquer outro resultado. A tentativa é admitida.	6
Ação Penal	A ação penal é de iniciativa pública incondicionada.	7
Penas	A pena prevista para o crime é de reclusão de um a três anos, e multa.	8

Classificação	a) De **mão própria** (não admite a coautoria); b) **Formal** (a consumação dispensa a produção de um resultado naturalístico); c) De forma **livre** (a Lei não estabelece exigência para a forma de execução); d) **Simples** (tutela apenas um bem jurídico); e) **Comissivo** ou **omissivo**; f) **Unissubjetivo** (pode haver ou não concurso de pessoas); g) **Instantâneo** (consuma-se de imediato); h) **Unissubsistente** (a conduta não pode ser fracionada); i) **Doloso**.	9

5.11. Questões de Concursos Públicos

01. **(FCC - 2017 - TRE-SP - Analista Judiciário - Área Judiciária) O Delegado de Polícia de um determinado município paulista recebe a notícia de um crime de roubo que vitimou Alfredo, que teve seu veículo subtraído por um agente mediante grave ameaça, com emprego de arma de fogo. Durante o trâmite do Inquérito Policial apura-se que Joaquim foi o autor do crime, o qual tem a sua prisão preventiva decretada. Ainda na fase policial Fabíola, a pedido de Joaquim, comparece na Delegacia de Polícia para prestar depoimento e alega que Joaquim, seu amigo, estava em sua companhia no momento do crime. Encerrado o Inquérito Policial o Ministério Público denuncia Joaquim pelo crime de roubo, denúncia esta recebida pelo Magistrado competente. Fabíola não é encontrada para prestar depoimento em juízo sob o crivo do contraditório, mesmo arrolada pela Defesa de Joaquim. Ao final do processo Joaquim é condenado pelo crime de roubo em primeira instância e, posteriormente, é instaurada ação penal contra Fabíola por crime de falso testemunho. Durante o trâmite do recurso interposto por Joaquim contra a sentença que o condenou por crime de roubo, e da ação penal instaurada por falso testemunho contra Fabíola, esta resolve se retratar, afirmando que Joaquim não estava com ela no dia do crime. No caso hipotético apresentado, na esteira do Código Penal, Fabíola**

(A) não cometeu crime de falso testemunho, pois prestou depoimento falso apenas durante o trâmite do Inquérito Policial.

(B) será regularmente processada pelo crime de falso testemunho e estará sujeita à pena cominada ao delito, sem qualquer causa de redução de pena.

(C) não poderá ser punida por crime de falso testemunho, pois se retratou antes da sentença proferida nos autos da ação penal instaurada por falto testemunho.

(D) será regularmente processada pelo crime de falso testemunho e estará sujeita à pena cominada ao delito no Código Penal, reduzida de 1/3.

(E) será regularmente processada pelo crime de falso testemunho e estará sujeita à pena cominada ao delito no Código Penal, reduzida de 1/6.

02. **(TRF - 4ª REGIÃO - 2016 - TRF - 4ª REGIÃO - Juiz Federal Substituto) Assinale a alternativa INCORRETA.**

(A) Segundo orientação do Supremo Tribunal Federal, nos limites da circunscrição do Município e havendo pertinência com o exercício do mandato, os vereadores são imunes judicialmente por suas palavras, suas opiniões e seus votos. Não obstante, a ausência de controle judicial não imuniza completamente as manifestações dos parlamentares, que podem ser repreendidas pelo Legislativo.

(B) É dispensável o exame antropológico destinado a aferir o grau de integração do silvícola na sociedade se o juiz afirma sua imputabilidade plena com fundamento na avaliação do grau de escolaridade e da fluência na língua portuguesa ou em outros elementos de convicção.

(C) A instauração do incidente de insanidade mental pressupõe a configuração de dúvida razoável sobre a própria imputabilidade criminal do acusado, ou seja, não é de ser deferido apenas porque apresentado pela defesa.

(D) A imunidade conferida ao advogado que instruiu a testemunha a prestar depoimento inverídico nos autos de ação judicial obsta sua responsabilização penal como autor intelectual ou partícipe no crime de falso testemunho.

(E) Segundo o Código Penal Brasileiro, se o fato é cometido sob coação irresistível ou em estrita obediência à ordem, não manifestamente ilegal, de superior hierárquico, só é punível o autor da coação ou da ordem.

03. **(FCC - 2018 - ALESE - Analista Legislativo - Apoio Jurídico) Sobre o crime de falso testemunho ou falsa perícia, o Código Penal, em seu artigo 342, prevê que**

(A) é fato atípico fazer afirmação falsa em juízo arbitral.

(B) é fato atípico fazer afirmação falsa em inquérito penal.

(C) as penas são aumentadas de um sexto a um terço, se o crime é praticado mediante suborno ou se cometido com o fim de obter prova destinada a produzir efeito em processo penal, ou em processo civil em que for parte entidade da Administração pública direta ou indireta.

(D) o fato deixa de ser típico se, antes da sentença no processo em que ocorreu o ilícito, o agente se retrata ou declara a verdade.

(E) é fato atípico fazer afirmação falsa em processo administrativo.

04. **(FCC - 2018 - DPE-AM - Defensor Público) A retratação do agente torna o fato impunível no crime de**

(A) injúria, se realizada antes da sentença de maneira cabal.

(B) falsidade ideológica, se realizada até o recebimento da denúncia.

(C) sonegação de contribuição previdenciária, realizada a qualquer tempo.

(D) ameaça, se realizada até o oferecimento da denúncia.

(E) falso testemunho ou falsa perícia, se realizada antes da sentença no processo em que ocorreu o ilícito.

05. **(VUNESP - 2015 - TJ-SP - Juiz Substituto) No crime de falso testemunho ou falsa perícia,**

(A) a conduta é tipificada quando realizada apenas em processo penal.

(B) incide-se no crime quando a afirmação falsa é feita em juízo arbitral.

(C) a pena aumenta da metade se o crime é praticado mediante suborno.

(D) a retratação do agente, antes da sentença em que ocorreu o falso testemunho, é causa de diminuição de pena.

GABARITO: *As respostas destes testes encontram-se no final do livro..*

6. CORRUPÇÃO ATIVA DE TESTEMUNHA OU PERITO

Art. 343 - Dar, oferecer ou prometer dinheiro ou qualquer outra vantagem a testemunha, perito, contador, tradutor ou intérprete, para fazer afirmação falsa, negar ou calar a verdade em depoimento, perícia, cálculos, tradução ou interpretação:

Pena - reclusão, de três a quatro anos, e multa.

Parágrafo único. As penas aumentam-se de um sexto a um terço, se o crime é cometido com o fim de obter prova destinada a produzir efeito em processo penal ou em processo civil em que for parte entidade da administração pública direta ou indireta.

6.1. Considerações Iniciais

Trata-se do crime de suborno a testemunha, contador, tradutor, perito ou intérprete. O entendimento dominante é no sentido de que a expressão "qualquer outra vantagem" deve ser interpretada no sentido de vantagem de conteúdo patrimonial, haja vista o fato de o tipo penal iniciar a afirmação referindo-se a dinheiro. Assim, "dinheiro" é a fórmula exemplificativa e a expressão "qualquer outra vantagem" é a fórmula genérica.

Acerca da classificação, o crime de *corrupção ativa de testemunha ou perito* é simples, comum, formal, de dano, de forma livre, comissivo, instantâneo, unissubjetivo, unissubsistente ou plurissubsistente.

6.2. Tipicidade Objetiva

Os núcleos do tipo são os verbos "dar" (entregar, disponibilizar), "oferecer" (ofertar, propor) e "prometer" (comprometer-se, obrigar-se a algo).

6.3. Sujeitos

Sujeito ativo: qualquer pessoa.

Sujeito passivo: é o Estado. Secundariamente, pode haver um particular como sujeito passivo.

6.4. Objetos

Objeto jurídico: é a administração da justiça.

Objeto material: é a testemunha, perito, tradutor, contador ou intérprete.

6.5. Elemento Subjetivo

É o dolo.

Não se admite a modalidade culposa.

6.6. Consumação e Tentativa

Ocorre a consumação com a prática de qualquer das condutas descritas no tipo penal.

É possível a tentativa.

6.7. Ação Penal

É de iniciativa pública incondicionada.

6.8. Pena

A pena prevista para o crime é de detenção de três a quatro anos, e multa. Logo, podemos concluir que:

a) Não é possível a transação penal (art. 76, Lei n. 9.099/95), pois não se trata de infração penal de menor potencial ofensivo;

b) Não é possível a suspensão condicional do processo (art. 89, Lei n. 9.099/95), pois a pena mínima ultrapassa um ano.

6.9. Classificação

O crime pode ser classificado como:

a) **Comum** (não exige qualidade especial do agente);

b) **Formal** (a consumação dispensa a produção de um resultado naturalístico);

c) De **forma livre** (a Lei não estabelece exigência para a forma de execução);

d) **Simples** (tutela apenas um bem jurídico);

e) **Comissivo**;

f) **Unissubjetivo** (pode haver ou não concurso de pessoas);

g) **Instantâneo** (consuma-se de imediato);

h) **Plurissubsistente** (a conduta pode ser fracionada) ou **unissubsistente** (a conduta pode ser fracionada);

i) **Doloso**.

6.10. Quadro Sinótico

CORRUPÇÃO ATIVA DE TESTEMUNHA OU PERITO		
Considerações Iniciais	Trata-se do crime de suborno a testemunha, contador, tradutor, perito ou intérprete. O entendimento dominante é no sentido de que a expressão "qualquer outra vantagem" deve ser interpretada no sentido de vantagem de conteúdo patrimonial, haja vista o fato de o tipo penal iniciar a afirmação referindo-se a dinheiro.	1
Tipicidade Objetiva	Os núcleos do tipo são os verbos "dar" (entregar, disponibilizar), "oferecer" (ofertar, propor) e "prometer" (comprometer-se, obrigar-se a algo).	2
Sujeitos	**Sujeito ativo:** qualquer pessoa. **Sujeito passivo:** é o Estado. Secundariamente, pode haver um particular como sujeito passivo.	3
Objetos	**Objeto jurídico:** é a administração da justiça. **Objeto material:** é a testemunha, perito, tradutor, contador ou intérprete.	4
Elemento Subjetivo	É o dolo. Não se admite a modalidade culposa.	5
Consumação e Tentativa	Ocorre a consumação com a prática de qualquer das condutas descritas no tipo penal. É possível a tentativa.	6

Ação Penal	A ação penal é de iniciativa pública incondicionada.	7
Penas	A pena prevista para o crime é de detenção de três a quatro anos, e multa.	8
Classificação	**a) Comum** (não exige qualidade especial do agente); **b) Formal** (a consumação dispensa a produção de um resultado naturalístico); **c) De forma livre** (a Lei não estabelece exigência para a forma de execução); **d) Simples** (tutela apenas um bem jurídico); **e) Comissivo**; **f) Unissubjetivo** (pode haver ou não concurso de pessoas); **g) Instantâneo** (consuma-se de imediato); **h) Plurissubsistente** (a conduta pode ser fracionada) ou **unissubsistente** (a conduta pode ser fracionada); **i) Doloso.**	9

7. COAÇÃO NO CURSO DO PROCESSO

> Art. 344 - Usar de violência ou grave ameaça, com o fim de favorecer interesse próprio ou alheio, contra autoridade, parte, ou qualquer outra pessoa que funciona ou é chamada a intervir em processo judicial, policial ou administrativo, ou em juízo arbitral.
>
> Pena - reclusão, de um a quatro anos, e multa, além da pena correspondente à violência.

7.1. Considerações Iniciais

A leitura do art. 344 leva a crer na existência de um "processo policial", o que, evidentemente, não existe. O dispositivo em apreço refere-se, em verdade, ao inquérito policial, que é procedimento (e não processo) administrativo.

Acerca da classificação, o crime de *coação no curso do processo* é pluriofensivo, comum, formal, de dano, de forma livre, comissivo, instantâneo, unissubjetivo, unissubsistente ou plurissubsistente.

7.2. Tipicidade Objetiva

O núcleo do tipo é o verbo "usar" (empregar, utilizar, servir-se, fazer uso). A conduta recai sobre a violência (física) ou grave ameaça (violência moral, promessa de mal grave e injusto).

7.3. Sujeitos

Sujeito ativo: qualquer pessoa.

Sujeito passivo: é o Estado. Secundariamente, figura como sujeito passivo a pessoa que sofreu a violência ou a grave ameaça.

7.4. Objetos

Objeto jurídico: é a administração da justiça.

Objeto material: é a pessoa que sofre a coação.

7.5. Elemento Subjetivo

É o dolo. Exige-se o dolo específico, consistente na vontade de favorecer interesse próprio ou alheio.

Não se admite a modalidade culposa.

7.6. Consumação e Tentativa

O crime se consuma com o efetivo emprego da violência ou ameaça ainda que não haja o real prejuízo ao Estado ou o atendimento às finalidades pretendidas pelo agente.

A tentativa é admissível.

7.7. Ação Penal

É de iniciativa pública incondicionada.

7.8. Pena

A pena prevista para o crime é de reclusão de um a quatro anos, além da pena correspondente à violência. Logo, podemos concluir que:

a) Não é possível a transação penal (art. 76, Lei n. 9.099/95), pois não se trata de infração penal de menor potencial ofensivo;

b) É possível a suspensão condicional do processo (art. 89, Lei n. 9.099/95), pois a pena mínima não ultrapassa um ano.

7.9. Classificação

O crime pode ser classificado como:

a) **Comum** (não exige qualidade especial do agente);

b) **Formal** (a consumação dispensa a produção de um resultado naturalístico);

c) De **forma livre** (a Lei não estabelece exigência para a forma de execução);

d) **Simples** (tutela apenas um bem jurídico);

e) **Comissivo**;

f) **Unissubjetivo** (pode haver ou não concurso de pessoas);

g) **Instantâneo** (consuma-se de imediato);

h) **Plurissubsistente** (a conduta pode ser fracionada);

i) **Doloso**.

7.10. Quadro Sinótico

COAÇÃO NO CURSO DO PROCESSO		
Considerações Iniciais	A leitura do art. 344 leva a crer na existência de um "processo policial", o que, evidentemente, não existe. O dispositivo em apreço refere-se, em verdade, ao inquérito policial, que é procedimento (e não processo) administrativo.	1
Tipicidade Objetiva	O núcleo do tipo é o verbo "usar" (empregar, utilizar, servir-se, fazer uso). A conduta recai sobre a violência (física) ou grave ameaça (violência moral, promessa de mal grave e injusto).	2
Sujeitos	**Sujeito ativo:** qualquer pessoa. **Sujeito passivo:** é o Estado. Secundariamente, figura como sujeito passivo a pessoa que sofreu a violência ou a grave ameaça.	3
Objetos	**Objeto jurídico:** é a administração da justiça. **Objeto material:** é a pessoa que sofre a coação.	4
Elemento Subjetivo	É o dolo. Exige-se o dolo específico, consistente na vontade de favorecer interesse próprio ou alheio. Não se admite a modalidade culposa.	5
Consumação e Tentativa	O crime se consuma com o efetivo emprego da violência ou ameaça ainda que não haja o real prejuízo ao Estado ou o atendimento às finalidades pretendidas pelo agente. A tentativa é admissível.	6
Ação Penal	A ação penal é de iniciativa pública incondicionada.	7
Penas	A pena prevista para o crime é de reclusão de um a quatro anos, além da pena correspondente à violência.	8
Classificação	**a)** **Comum** (não exige qualidade especial do agente); **b)** **Formal** (a consumação dispensa a produção de um resultado naturalístico); **c)** De forma **livre** (a Lei não estabelece exigência para a forma de execução); **d)** **Simples** (tutela apenas um bem jurídico); **e)** **Comissivo**; **f)** **Unissubjetivo** (pode haver ou não concurso de pessoas); **g)** **Instantâneo** (consuma-se de imediato); **h)** **Plurissubsistente** (a conduta pode ser fracionada); **i)** **Doloso**.	9

8. EXERCÍCIO ARBITRÁRIO DAS PRÓPRIAS RAZÕES

Art. 345 - Fazer justiça pelas próprias mãos, para satisfazer pretensão, embora legítima, salvo quando a lei o permite:

Pena - detenção, de quinze dias a um mês, ou multa, além da pena correspondente à violência.

Parágrafo único - Se não há emprego de violência, somente se procede mediante queixa.

8.1. Considerações Iniciais

O crime ocorre quando o agente pretende obter direito que lhe é devido, mas sem empregar os meios colocados à disposição pelo ordenamento jurídico para tanto. É o exemplo em que alguém, pretendendo reaver algo que emprestou a um conhecido, invade a sua residência para retomar seu bem.

Acerca da classificação, o crime de *exercício arbitrário das próprias razões* é simples, comum, formal ou material, de dano, de forma livre, comissivo, instantâneo, unissubjetivo e plurissubsistente.

8.2. Tipicidade Objetiva

O núcleo do tipo é o verbo "fazer" (promover, realizar, concretizar). a conduta recai sobre a "justiça com a próprias mãos, levando a crer que o agente atua para satisfazer pretensão legítima, mas valendo-se de meios que não são lícitos.

8.3. Sujeitos

Sujeito ativo: qualquer pessoa.

Sujeito passivo: é o Estado. Secundariamente, figura como sujeito passivo o particular.

8.4. Objetos

Objeto jurídico: é a administração da justiça.

Objeto material: é a pessoa ou coisa, a depender da forma como realizada a conduta do agente.

8.5. Elemento Subjetivo

É o dolo. Exige-se o dolo específico, consistente na vontade de satisfazer pretensão legítima.

Não se admite a modalidade culposa.

8.6. Consumação e Tentativa

O crime se consuma com a prática da conduta, independentemente da efetiva satisfação da pretensão.

A tentativa é admissível.

8.7. Ação Penal

É de iniciativa pública incondicionada se houver emprego de violência. Se não houver violência, trata-se de crime de ação penal de iniciativa privada.

8.8. Pena

A pena prevista para o crime é de detenção de quinze dias a um mês, ou multa, além da pena correspondente à violência. Logo, podemos concluir que:

a) É possível a transação penal (art. 76, Lei n. 9.099/95), pois se trata de infração penal de menor potencial ofensivo;

b) É possível a suspensão condicional do processo (art. 89, Lei n. 9.099/95), pois a pena mínima não ultrapassa um ano.

8.9. Classificação

O crime pode ser classificado como:

a) **Comum** (não exige qualidade especial do agente);
b) **Formal** (a consumação dispensa a produção de um resultado naturalístico);
c) De **forma livre** (a Lei não estabelece exigência para a forma de execução);
d) **Simples** (tutela apenas um bem jurídico);
e) **Comissivo**;
f) **Unissubjetivo** (pode haver ou não concurso de pessoas);
g) **Instantâneo** (consuma-se de imediato);
h) **Plurissubsistente** (a conduta pode ser fracionada);
i) **Doloso.**

8.10. Quadro Sinótico

EXERCÍCIO ARBITRÁRIO DAS PRÓPRIAS RAZÕES		
Considerações Iniciais	O crime ocorre quando o agente pretende obter direito que lhe é devido, mas sem empregar os meios colocados à disposição pelo ordenamento jurídico para tanto. É o exemplo em que alguém, pretendendo reaver algo que emprestou a um conhecido, invade a sua residência para retomar seu bem.	1
Tipicidade Objetiva	O núcleo do tipo é o verbo "fazer" (promover, realizar, concretizar). a conduta recai sobre a "justiça com a próprias mãos, levando a crer que o agente atua para satisfazer pretensão legítima, mas valendo-se de meios que não são lícitos.	2
Sujeitos	**Sujeito ativo:** qualquer pessoa. **Sujeito passivo:** é o Estado. Secundariamente, figura como sujeito passivo o particular.	3
Objetos	**Objeto jurídico:** é a administração da justiça. **Objeto material:** é a pessoa ou coisa, a depender da forma como realizada a conduta do agente.	4

Elemento Subjetivo	É o dolo. Exige-se o dolo específico, consistente na vontade de satisfazer pretensão legítima. **Não se admite a modalidade culposa.**	5
Consumação e Tentativa	O crime se consuma com a prática da conduta, independentemente da efetiva satisfação da pretensão. A tentativa é admissível.	6
Ação Penal	É de iniciativa pública incondicionada se houver emprego de violência. Se não houver violência, trata-se de crime de ação penal de iniciativa privada.	7
Penas	A pena prevista para o crime é de detenção de quinze dias a um mês, ou multa, além da pena correspondente à violência.	8
Classificação	**a) Comum** (não exige qualidade especial do agente); **b) Formal** (a consumação dispensa a produção de um resultado naturalístico); **c)** De forma **livre** (a Lei não estabelece exigência para a forma de execução); **d) Simples** (tutela apenas um bem jurídico); **e) Comissivo**; **f) Unissubjetivo** (pode haver ou não concurso de pessoas); **g) Instantâneo** (consuma-se de imediato); **h) Plurissubsistente** (a conduta pode ser fracionada); **i) Doloso**.	9

9. SUBTRAÇÃO OU DANO DE COISA PRÓPRIA EM PODER DE TERCEIRO

> **Art. 346** – Tirar, suprimir, destruir ou danificar coisa própria, que se acha em poder de terceiro por determinação judicial ou convenção:
>
> Pena – detenção, de seis meses a dois anos, e multa.

9.1. Considerações Iniciais

Trata-se de uma modalidade específica de dano, que recai sobre coisa própria. Não existe crime quando a conduta é autolesiva, ou seja, quando atinge, apenas, bem jurídico do próprio agente. No caso em tela, a conduta é tipificada por conta da existência de determinação judicial ou convenção que é violada pelo agente.

Esta, inclusive, a razão pela qual se trata de crime contra a administração da justiça, e não crime contra o patrimônio. Com efeito, não haveria que se falar em crime contra o patrimônio, porqaunto o patrimônio lesado é do próprio agente que realiza as condutas.

O crime de *subtração ou dano de coisa própria em poder de terceiro* é pluriofensivo, próprio, material, de dano, de forma livre, comissivo, instantâneo, unissubjetivo e plurissubsistente.

9.2. Tipicidade Objetiva

Os núcleos do tipo são os verbos "tirar" (retirar, arrancar, subtrair), "suprimir" (eliminar), "destruir" (aniquilar) e "danificar" (deteriorar, produzir dano).

9.3. Sujeitos

Sujeito ativo: é o proprietário da coisa.

Sujeito passivo: é o Estado. Secundariamente, figura como sujeito passivo o particular.

9.4. Objetos

Objeto jurídico: é a administração da justiça.

Objeto material: é a coisa tirada, suprimida, destruída ou danificada.

9.5. Elemento Subjetivo

É o dolo. Não se exige o dolo específico.

Não se admite a modalidade culposa.

9.6. Consumação e Tentativa

O crime se consuma com a prática de qualquer das condutas descritas no tipo penal.

A tentativa é admissível.

9.7. Ação Penal

É de iniciativa pública incondicionada.

9.8. Pena

A pena prevista para o crime é de detenção de seis meses a dois anos, e multa. Logo, podemos concluir que:

a) É possível a transação penal (art. 76, Lei n. 9.099/95), pois se trata de infração penal de menor potencial ofensivo;

b) É possível a suspensão condicional do processo (art. 89, Lei n. 9.099/95), pois a pena mínima não ultrapassa um ano.

9.9. Classificação

O crime pode ser classificado como:

a) **Comum** (não exige qualidade especial do agente);

b) **Material** (a consumação exige a produção de um resultado naturalístico);

c) De **forma livre** (a Lei não estabelece exigência para a forma de execução);

d) **Simples** (tutela apenas um bem jurídico);

e) **Comissivo**;

f) **Unissubjetivo** (pode haver ou não concurso de pessoas);

g) **Instantâneo** (consuma-se de imediato);

h) **Plurissubsistente** (a conduta pode ser fracionada);

i) **Doloso**.

9.10. Quadro Sinótico

SUBTRAÇÃO OU DANO DE COISA PRÓPRIA EM PODER DE TERCEIRO		
Considerações Iniciais	Trata-se de uma modalidade específica de dano, que recai sobre coisa própria. Não existe crime quando a conduta é autolesiva, ou seja, quando atinge, apenas, bem jurídico do próprio agente. No caso em tela, a conduta é tipificada por conta da existência de determinação judicial ou convenção que é violada pelo agente.	1
Tipicidade Objetiva	Os núcleos do tipo são os verbos "tirar" (retirar, arrancar, subtrair), "suprimir" (eliminar), "destruir" (aniquilar) e "danificar" (deteriorar, produzir dano).	2
Sujeitos	**Sujeito ativo:** é o proprietário da coisa. **Sujeito passivo:** é o Estado. Secundariamente, figura como sujeito passivo o particular.	3
Objetos	**Objeto jurídico:** é a administração da justiça. **Objeto material:** é a coisa tirada, suprimida, destruída ou danificada.	4
Elemento Subjetivo	É o dolo. Não se exige o dolo específico. Não se admite a modalidade culposa.	5
Consumação e Tentativa	O crime se consuma com a prática de qualquer das condutas descritas no tipo penal. A tentativa é admissível.	6
Ação Penal	A ação penal é de iniciativa pública incondicionada.	7
Penas	A pena prevista para o crime é de detenção de seis meses a dois anos, e multa.	8
Classificação	**a) Comum** (não exige qualidade especial do agente); **b) Material** (a consumação exige a produção de um resultado naturalístico); **c)** De forma **livre** (a Lei não estabelece exigência para a forma de execução); **d) Simples** (tutela apenas um bem jurídico); **e) Comissivo**; **f) Unissubjetivo** (pode haver ou não concurso de pessoas); **g) Instantâneo** (consuma-se de imediato); **h) Plurissubsistente** (a conduta pode ser fracionada); **i) Doloso**.	9

10. FRAUDE PROCESSUAL

> **Art. 347** - Inovar artificiosamente, na pendência de processo civil ou administrativo, o estado de lugar, de coisa ou de pessoa, com o fim de induzir a erro o juiz ou o perito:
>
> Pena - detenção, de três meses a dois anos, e multa.
>
> Parágrafo único - Se a inovação se destina a produzir efeito em processo penal, ainda que não iniciado, as penas aplicam-se em dobro.

10.1. Considerações Iniciais

O tipo penal confere tratamento distinto ao momento de instauração do processo. Deste modo, no *caput* do art. 347, CP, vemos que a consumação do crime pressupõe que o processo civil ou administrativo se encontre em andamento. Por outro lado, em se tratando de processo penal, o crime restará consumado, ainda que ele não tenha se instaurado.

Acerca da classificação, o crime de *fraude processual* é simples, comum, formal, de dano, de forma livre, comissivo, instantâneo, unissubjetivo e plurissubsistente.

10.2. Tipicidade Objetiva

O núcleo do tipo é o verbo "inovar" (promover novidade). A inovação, no tipo penal deve ser promovida "artificiosamente", isto é, mediante ardil, artifício, fraude. Exige-se, ainda, o elemento subjetivo específico, a especial finalidade no agir, consistente na pretensão de induzir a erro o juiz ou o perito.

10.3. Sujeitos

Sujeito ativo: qualquer pessoa.

Sujeito passivo: é o Estado. Secundariamente, figura como sujeito passivo o particular.

10.4. Objetos

Objeto jurídico: é a administração da justiça.

Objeto material: é a pessoa ou coisa, a depender da forma como realizada a conduta do agente.

10.5. Elemento Subjetivo

É o dolo. Exige-se o dolo específico, consistente na vontade de induzir a erro o juiz ou o perito.

Não se admite a modalidade culposa.

10.6. Consumação e Tentativa

O crime se consuma com a prática da conduta, independentemente do efetivo induzimento a erro do juiz ou do perito.

A tentativa é admissível.

10.7. Ação Penal

É de iniciativa pública incondicionada.

10.8. Pena

A pena prevista para o crime é de detenção de três meses a dois anos, e multa. Logo, podemos concluir que:

a) É possível a transação penal (art. 76, Lei n. 9.099/95), pois se trata de infração penal de menor potencial ofensivo;

b) É possível a suspensão condicional do processo (art. 89, Lei n. 9.099/95), pois a pena mínima não ultrapassa um ano.

10.9. Classificação

O crime pode ser classificado como:

a) **Comum** (não exige qualidade especial do agente);

b) **Formal** (a consumação dispensa a produção de um resultado naturalístico);

c) De **forma livre** (a Lei não estabelece exigência para a forma de execução);

d) **Simples** (tutela apenas um bem jurídico);

e) **Comissivo**;

f) **Unissubjetivo** (pode haver ou não concurso de pessoas);

g) **Instantâneo** (consuma-se de imediato);

h) **Plurissubsistente** (a conduta pode ser fracionada);

i) **Doloso**.

10.10. Quadro Sinótico

FRAUDE PROCESSUAL		
Considerações Iniciais	O tipo penal confere tratamento distinto ao momento de instauração do processo. Deste modo, no *caput* do art. 347, CP, vemos que a consumação do crime pressupõe que o processo civil ou administrativo se encontre em andamento. Por outro lado, em se tratando de processo penal, o crime restará consumado, ainda que ele não tenha se instaurado.	1

Tipicidade Objetiva	O núcleo do tipo é o verbo "inovar" (promover novidade). A inovação, no tipo penal deve ser promovida "artificiosamente", isto é, mediante ardil, artifício, fraude. Exige-se, ainda, o elemento subjetivo específico, a especial finalidade no agir, consistente na pretensão de induzir a erro o juiz ou o perito.	2
Sujeitos	**Sujeito ativo:** qualquer pessoa. **Sujeito passivo:** é o Estado. Secundariamente, figura como sujeito passivo o particular.	3
Objetos	**Objeto jurídico:** é a administração da justiça. **Objeto material:** é a pessoa ou coisa, a depender da forma como realizada a conduta do agente.	4
Elemento Subjetivo	É o dolo. Exige-se o dolo específico, consistente na vontade de induzir a erro o juiz ou o perito. Não se admite a modalidade culposa.	5
Consumação e Tentativa	O crime se consuma com a prática da conduta, independentemente do efetivo induzimento a erro do juiz ou do perito. A tentativa é admissível.	6
Ação Penal	A ação penal é de iniciativa pública incondicionada.	7
Penas	A pena prevista para o crime é de detenção de três meses a dois anos, e multa.	8
Classificação	**a)** Comum (não exige qualidade especial do agente); **b)** Formal (a consumação dispensa a produção de um resultado naturalístico); **c)** **De forma livre** (a Lei não estabelece exigência para a forma de execução); **d)** Simples (tutela apenas um bem jurídico); **e)** Comissivo; **f)** Unissubjetivo (pode haver ou não concurso de pessoas); **g)** Instantâneo (consuma-se de imediato); **h)** Plurissubsistente (a conduta pode ser fracionada); **i)** Doloso.	9

10.11. Questões de Concursos Públicos

01. (CESPE - 2017 - TRF - 1ª REGIÃO - Analista Judiciário - Área Judiciária) No que se refere aos crimes contra a administração da justiça, julgue o item seguinte.

O crime de fraude processual, que consiste na inovação artificiosa do estado de lugar, de coisa ou de pessoa, com o objetivo de induzir o julgador a erro, tem incidência em demandas que tramitam junto a juízo arbitral.

( ) Certo

( ) Errado

02. (VUNESP - 2019 - Câmara de Piracicaba - SP - Advogado) Sobre os crimes contra a Administração Pública (arts. 312 a 359-H, do Código Penal), assinale a alternativa correta.

(A) A conduta de extraviar livro oficial de que se tem a guarda em razão do cargo caracteriza o crime de corrupção passiva.

(B) A conduta de patrocinar interesse privado perante a Administração Pública, valendo-se da qualidade de funcionário público, caracteriza o crime de tráfico de influência.

(C) A conduta de desobedecer ordem, ainda que ilegal, de funcionário público caracteriza o crime de desobediência.

(D) Importar mercadoria proibida caracteriza o crime de descaminho.

(E) Inovar artificialmente em processo administrativo o estado de lugar, com o fim de induzir a erro o juiz, caracteriza crime de fraude processual.

03. (INSTITUTO AOCP – 2019 – PC-ES – Escrivão de Polícia) O sujeito que inova artificiosamente, na pendência de processo civil ou administrativo, o estado de lugar, de coisa ou de pessoa, com o fim de induzir a erro o juiz ou o perito, ou, ainda, se a inovação se destina a produzir efeito em processo penal, ainda que não iniciado, responderá pelo crime de

(A) favorecimento pessoal.

(B) fraude processual.

(C) favorecimento real.

(D) coação no curso do processo.

(E) patrocínio infiel.

04. (CESPE – 2018 – ABIN – Agente de Inteligência) Acerca dos crimes contra a administração pública, julgue o item a seguir.

Situação hipotética: Com o intuito de prejudicar a candidatura de Flávio, seu concorrente eleitoral, Alberto procurou uma delegacia de polícia e imputou falsamente a Flávio os crimes de corrupção passiva e lavagem de dinheiro. Reduzida a termo essas declarações, a autoridade policial instaurou inquérito policial para apurar os delitos. Assertiva: Nessa situação, Alberto responderá pelo crime de fraude processual.

( ) Certo

( ) Errado

GABARITO: As respostas destes testes encontram-se no final do livro...

11. FAVORECIMENTO PESSOAL

Art. 348 – Auxiliar a subtrair-se à ação de autoridade pública autor de crime a que é cominada pena de reclusão:

Pena – detenção, de um a seis meses, e multa.

§ 1° – Se ao crime não é cominada pena de reclusão:

Pena – detenção, de quinze dias a três meses, e multa.

§ 2° – Se quem presta o auxílio é ascendente, descendente, cônjuge ou irmão do criminoso, fica isento de pena.

11.1. Considerações Iniciais

O crime ocorre quando, por exemplo, o agente auxilia um amigo ou conhecido a fugir da polícia, dando-lhe guarida em sua própria residência. Se a conduta disser respeito a ascendente, descendente, cônjuge ou irmão do criminoso haverá uma isenção de pena. Como se vê, o Estado não exige do cidadão que delate seus familiares mais próximos.

Acerca da classificação, o crime de *favorecimento pessoal* é simples, comum, material, de dano, de forma livre, comissivo, instantâneo, unissubjetivo e plurissubsistente.

11.2. Tipicidade Objetiva

Os núcleos do tipo encontram-se na expressão "auxiliar a subtrair-se", que significa facilitar a fuga, ajudar a esconder-se etc.

11.3. Sujeitos

Sujeito ativo: qualquer pessoa.

Sujeito passivo: é o Estado.

11.4. Objetos

Objeto jurídico: é a administração da justiça.

Objeto material: não há.

11.5. Elemento Subjetivo

É o dolo. O dolo específico consiste na vontade de ludibriar a autoridade pública.

Não se admite a modalidade culposa.

11.6. Consumação e Tentativa

O crime se consuma com a prática da conduta, descrita no tipo penal, independentemente da produção de qualquer resultado.

A tentativa é admissível.

11.7. Ação Penal

É de iniciativa pública incondicionada.

11.8. Pena

A pena prevista para o crime é de detenção de um a seis meses, e multa. Logo, podemos concluir que:

a) É possível a transação penal (art. 76, Lei n. 9.099/95), pois se trata de infração penal de menor potencial ofensivo;

b) É possível a suspensão condicional do processo (art. 89, Lei n. 9.099/95), pois a pena mínima não ultrapassa um ano.

Na hipótese do § 1º, a pena passa a ser de detenção de quinze dias a três meses, e multa, razão pela qual continua a ser possível tanto a transação penal quanto a suspensão condicional do processo.

11.9. Classificação

O crime pode ser classificado como:

a) **Comum** (não exige qualidade especial do agente);

b) **Material** (a consumação exige a produção de um resultado naturalístico);

c) De **forma livre** (a Lei não estabelece exigência para a forma de execução);

d) **Simples** (tutela apenas um bem jurídico);

e) **Comissivo**;

f) **Unissubjetivo** (pode haver ou não concurso de pessoas);

g) **Instantâneo** (consuma-se de imediato);

h) **Plurissubsistente** (a conduta pode ser fracionada);

i) **Doloso**.

11.10. Quadro Sinótico

FAVORECIMENTO PESSOAL		
Considerações Iniciais	O crime ocorre quando, por exemplo, o agente auxilia um amigo ou conhecido a fugir da polícia, dando-lhe guarida em sua própria residência. Se a conduta disser respeito a ascendente, descendente, cônjuge ou irmão do criminoso haverá uma isenção de pena. Como se vê, o Estado não exige do cidadão que delate seus familiares mais próximos.	1
Tipicidade Objetiva	Os núcleos do tipo encontram-se na expressão "auxiliar a subtrair-se", que significa facilitar a fuga, ajudar a esconder-se etc.	2
Sujeitos	**Sujeito ativo:** qualquer pessoa. **Sujeito passivo:** é o Estado.	3
Objetos	**Objeto jurídico:** é a administração da justiça. **Objeto material:** não há.	4
Elemento Subjetivo	É o dolo. O dolo específico consiste na vontade de ludibriar a autoridade pública. Não se admite a modalidade culposa.	5
Consumação e Tentativa	O crime se consuma com a prática da conduta, descrita no tipo penal, independentemente da produção de qualquer resultado. A tentativa é admissível.	6
Ação Penal	A ação penal é de iniciativa pública incondicionada.	7
Penas	A pena prevista para o crime é de detenção de um a seis meses, e multa.	8
Classificação	**a) Comum** (não exige qualidade especial do agente); **b) Material** (a consumação exige a produção de um resultado naturalístico); **c)** De forma **livre** (a Lei não estabelece exigência para a forma de execução); **d) Simples** (tutela apenas um bem jurídico);	9

Classificação	e) Comissivo; f) **Unissubjetivo** (pode haver ou não concurso de pessoas); g) **Instantâneo** (consuma-se de imediato); h) **Plurissubsistente** (a conduta pode ser fracionada); i) **Doloso**.	9

12. FAVORECIMENTO REAL

> **Art. 349** - Prestar a criminoso, fora dos casos de coautoria ou de receptação, auxílio destinado a tornar seguro o proveito do crime:
>
> Pena - detenção, de um a seis meses, e multa.

12.1. Considerações Iniciais

Diversamente do que ocorrendo tipo penal anterior, o favorecimento real recai – como, aliás, o próprio nome indica – sobre a coisa (o proveito do crime) e não sobre a pessoa (criminoso). É o exemplo em que "A", logo após praticar um furto, procura seu amigo "B" e lhe pede para que esconda a *res furtiva* em sua casa. Se "B" fizer conforme solicitado, praticará o crime de favorecimento real.

Se o agente tiver participação na conduta antecedente, responderá pelo respectivo crime, e não pelo favorecimento real. Assim, se, no exemplo do parágrafo anterior, se "B" fosse o mentor do crime de furto, seria responsabilizado por este crime, e o fato de esconder o bem subtraído seria um *post factum* impunível.

Acerca da classificação, o crime de *favorecimento real* é pluriofensivo, comum, formal, de dano, de forma livre, comissivo, instantâneo, unissubjetivo e plurissubsistente.

12.2. Tipicidade Objetiva

O núcleo do tipo penal é o verbo "prestar" e diz respeito ao auxílio, significando ajudar.

12.3. Sujeitos

Sujeito ativo: qualquer pessoa.

Sujeito passivo: é o Estado.

12.4. Objetos

Objeto jurídico: é a administração da justiça.

Objeto material: é o proveito do crime.

12.5. Elemento Subjetivo

É o dolo. É a vontade de tornar seguro o proveito do crime.

Não se admite a modalidade culposa.

12.6. Consumação e Tentativa

O crime se consuma com a prática da conduta, descrita no tipo penal, independentemente da produção de qualquer resultado.

A tentativa é admissível.

12.7. Ação Penal

É de iniciativa pública incondicionada.

12.8. Pena

A pena prevista para o crime é de detenção de um a seis meses, e multa. Logo, podemos concluir que:

a) É possível a transação penal (art. 76, Lei n. 9.099/95), pois se trata de infração penal de menor potencial ofensivo;

b) É possível a suspensão condicional do processo (art. 89, Lei n. 9.099/95), pois a pena mínima não ultrapassa um ano.

12.9. Classificação

O crime pode ser classificado como:

a) **Comum** (não exige qualidade especial do agente);

b) **Formal** (a consumação dispensa a produção de um resultado naturalístico);

c) De **forma livre** (a Lei não estabelece exigência para a forma de execução);

d) **Simples** (tutela apenas um bem jurídico);

e) **Comissivo**;

f) **Unissubjetivo** (pode haver ou não concurso de pessoas);

g) **Instantâneo** (consuma-se de imediato);

h) **Plurissubsistente** (a conduta pode ser fracionada);

i) **Doloso**.

12.10. Quadro Sinótico

FAVORECIMENTO REAL		
Considerações Iniciais	O favorecimento real recai – como, aliás, o próprio nome indica – sobre a coisa (o proveito do crime) e não sobre a pessoa (criminoso). Se o agente tiver participação na conduta antecedente, responderá pelo respectivo crime, e não pelo favorecimento real.	1
Tipicidade Objetiva	O núcleo do tipo penal é o verbo "prestar" e diz respeito ao auxílio, significando ajudar.	2
Sujeitos	**Sujeito ativo:** qualquer pessoa. **Sujeito passivo:** é o Estado.	3
Objetos	**Objeto jurídico:** é a administração da justiça. **Objeto material:** é o proveito do crime.	4
Elemento Subjetivo	É o dolo. É a vontade de tornar seguro o proveito do crime. Não se admite a modalidade culposa.	5
Consumação e Tentativa	O crime se consuma com a prática da conduta, descrita no tipo penal, independentemente da produção de qualquer resultado. A tentativa é admissível.	6
Ação Penal	A ação penal é de iniciativa pública incondicionada.	7
Penas	A pena prevista para o crime é de detenção de um a seis meses, e multa.	8
Classificação	**a)** **Comum** (não exige qualidade especial do agente); **b)** **Formal** (a consumação dispensa a produção de um resultado naturalístico); **c)** De forma **livre** (a Lei não estabelece exigência para a forma de execução); **d)** **Simples** (tutela apenas um bem jurídico); **e)** **Comissivo**; **f)** **Unissubjetivo** (pode haver ou não concurso de pessoas); **g)** **Instantâneo** (consuma-se de imediato); **h)** **Plurissubsistente** (a conduta pode ser fracionada); **i)** **Doloso**.	9

13. FAVORECIMENTO REAL IMPRÓPRIO

> Art. 349-A. Ingressar, promover, intermediar, auxiliar ou facilitar a entrada de aparelho telefônico de comunicação móvel, de rádio ou similar, sem autorização legal, em estabelecimento prisional.
>
> Pena: detenção, de 3 (três) meses a 1 (um) ano.

13.1. Considerações Iniciais

O crime de *favorecimento real impróprio* é simples, comum, formal, de dano, de forma livre, comissivo, instantâneo, unissubjetivo ("ingressar") ou plurissubjetivo (demais núcleos) e plurissubsistente.

13.2. Tipicidade Objetiva

Os núcleos do tipo penal são "ingressar" (entrar, adentrar, promover a entrada), promover (favorecer, propiciar), intermediar (servir de elo), auxiliar (ajudar) e facilitar (viabilizar, tornar mais fácil).

13.3. Sujeitos

Sujeito ativo: qualquer pessoa.

Sujeito passivo: é o Estado.

13.4. Objetos

Objeto jurídico: é a administração da justiça.

Objeto material: é o aparelho telefônico de comunicação móvel, de rádio ou similar.

13.5. Elemento Subjetivo

É o dolo.

Não se admite a modalidade culposa.

13.6. Consumação e Tentativa

O crime se consuma com a prática das condutas descritas no tipo penal, independentemente da produção de qualquer resultado.

A tentativa é admissível.

13.7. Ação Penal

É de iniciativa pública incondicionada.

13.8. Pena

A pena prevista para o crime é de detenção de três meses a um ano. Logo, podemos concluir que:

a) É possível a transação penal (art. 76, Lei n. 9.099/95), pois se trata de infração penal de menor potencial ofensivo;

b) É possível a suspensão condicional do processo (art. 89, Lei n. 9.099/95), pois a pena mínima não ultrapassa um ano.

13.9. Classificação

O crime pode ser classificado como:

a) **Comum** (não exige qualidade especial do agente);

b) **Formal** (a consumação dispensa a produção de um resultado naturalístico);

c) De **forma livre** (a Lei não estabelece exigência para a forma de execução);

d) **Simples** (tutela apenas um bem jurídico);

e) **Comissivo**;

f) **Unissubjetivo** (pode haver ou não concurso de pessoas);

g) **Instantâneo** (consuma-se de imediato);

h) **Plurissubsistente** (a conduta pode ser fracionada);

i) Doloso.

13.10. Quadro Sinótico

FAVORECIMENTO REAL IMPRÓPRIO		
Considerações Iniciais	O crime de *favorecimento real impróprio* é simples, comum, formal, de dano, de forma livre, comissivo, instantâneo, unissubjetivo ("ingressar") ou plurissubjetivo (demais núcleos) e plurissubsistente.	1
Tipicidade Objetiva	Os núcleos do tipo penal são "ingressar" (entrar, adentrar, promover a entrada), promover (favorecer, propiciar), intermediar (servir de elo), auxiliar (ajudar) e facilitar (viabilizar, tornar mais fácil).	2
Sujeitos	**Sujeito ativo:** qualquer pessoa. **Sujeito passivo:** é o Estado.	3
Objetos	**Objeto jurídico:** é a administração da justiça. **Objeto material:** é o aparelho telefônico de comunicação móvel, de rádio ou similar.	4
Elemento Subjetivo	É o dolo. Não se admite a modalidade culposa.	5
Consumação e Tentativa	O crime se consuma com a prática das condutas descritas no tipo penal, independentemente da produção de qualquer resultado. A tentativa é admissível.	6
Ação Penal	A ação penal é de iniciativa pública incondicionada.	7
Penas	A pena prevista para o crime é de detenção de três meses a um ano.	8
Classificação	**a) Comum** (não exige qualidade especial do agente); **b) Formal** (a consumação dispensa a produção de um resultado naturalístico); **c)** De forma **livre** (a Lei não estabelece exigência para a forma de execução); **d) Simples** (tutela apenas um bem jurídico);	9

Classificação	e) **Comissivo**; f) **Unissubjetivo** (pode haver ou não concurso de pessoas); g) **Instantâneo** (consuma-se de imediato); h) **Plurissubsistente** (a conduta pode ser fracionada); i) **Doloso**.	9

14. EXERCÍCIO ARBITRÁRIO OU ABUSO DE PODER

Art. 350 - Ordenar ou executar medida privativa de liberdade individual, sem as formalidades legais ou com abuso de poder:

Pena - detenção, de um mês a um ano.

Parágrafo único - Na mesma pena incorre o funcionário que:

I - ilegalmente recebe e recolhe alguém a prisão, ou a estabelecimento destinado a execução de pena privativa de liberdade ou de medida de segurança;

II - prolonga a execução de pena ou de medida de segurança, deixando de expedir em tempo oportuno ou de executar imediatamente a ordem de liberdade;

III - submete pessoa que está sob sua guarda ou custódia a vexame ou a constrangimento não autorizado em lei;

IV - efetua, com abuso de poder, qualquer diligência.

Já se entendia que este dispositivo tinha sido tacitamente revogado pela antiga Lei de Abuso de Autoridade (Lei n. 4.898/65). De todo modo, a atual Lei de Abuso de Autoridade (Lei n. 13.869/19) promoveu a revogação expressa do art. 350, CP.

15. FUGA DE PESSOA PRESA OU SUBMETIDA A MEDIDA DE SEGURANÇA

Art. 351 - Promover ou facilitar a fuga de pessoa legalmente presa ou submetida a medida de segurança detentiva:

Pena - detenção, de seis meses a dois anos.

§ 1° - Se o crime é praticado a mão armada, ou por mais de uma pessoa, ou mediante arrombamento, a pena é de reclusão, de dois a seis anos.

§ 2° - Se há emprego de violência contra pessoa, aplica-se também a pena correspondente à violência.

§ 3° - A pena é de reclusão, de um a quatro anos, se o crime é praticado por pessoa sob cuja custódia ou guarda está o preso ou o internado.

§ 4° - No caso de culpa do funcionário incumbido da custódia ou guarda, aplica-se a pena de detenção, de três meses a um ano, ou multa.

15.1. Considerações Iniciais

Para que ocorra o crime, é necessário promover ou facilitar a fuga de pessoa que se encontre legalmente presa. Deste modo, não há crime em caso de privação ilegal à liberdade. Em se tratando de prisão legal, importante recordar que referida prisão pode ser uma pena (prisão definitiva) ou uma prisão de natureza cautelar (preventiva, temporária ou flagrante). Ademais, o preso pode se encontrar no próprio estabelecimento penal ou fora dele (quando, por exemplo, se encontra na viatura policial).

Também ocorre o crime quando a pessoa se encontra sob medida de segurança detentiva, isto é, a medida de internação em hospital de custódia e tratamento psiquiátrico.

Acerca da classificação, o crime de *fuga de pessoa presa ou submetida a medida de segurança* é simples, comum, material, de dano, de forma livre, comissivo, instantâneo, unissubjetivo e plurissubsistente.

15.2. Tipicidade Objetiva

Os núcleos do tipo penal são promover (favorecer, propiciar) e facilitar (viabilizar, tornar mais fácil).

15.3. Sujeitos

Sujeito ativo: qualquer pessoa.

Sujeito passivo: é o Estado.

15.4. Objetos

Objeto jurídico: é a administração da justiça.

Objeto material: é a pessoa fugitiva.

15.5. Elemento Subjetivo

É o dolo ou a culpa.

15.6. Consumação e Tentativa

O crime se consuma com a prática das condutas descritas no tipo penal, independentemente da produção de qualquer resultado.

A tentativa é admissível.

15.7. Ação Penal

É de iniciativa pública incondicionada.

15.8. Pena

A pena prevista para o crime é de detenção de seis meses a dois anos. Logo, podemos concluir que:

a) É possível a transação penal (art. 76, Lei n. 9.099/95), pois se trata de infração penal de menor potencial ofensivo;

b) É possível a suspensão condicional do processo (art. 89, Lei n. 9.099/95), pois a pena mínima não ultrapassa um ano.

15.9. Classificação

O crime pode ser classificado como:

a) **Comum** (não exige qualidade especial do agente);

b) **Material** (a consumação exige a produção de um resultado naturalístico);

c) De **forma livre** (a Lei não estabelece exigência para a forma de execução);

d) **Simples** (tutela apenas um bem jurídico);

e) **Comissivo**;

f) **Unissubjetivo** (pode haver ou não concurso de pessoas);

g) **Instantâneo** (consuma-se de imediato);

h) **Plurissubsistente** (a conduta pode ser fracionada);

i) **Doloso**.

15.10. Quadro Sinótico

FUGA DE PESSOA PRESA OU SUBMETIDA A MEDIDA DE SEGURANÇA		
Considerações Iniciais	Para que ocorra o crime, é necessário promover ou facilitar a fuga de pessoa que se encontre legalmente presa. Em se tratando de prisão legal, importante recordar que referida prisão pode ser uma pena (prisão definitiva) ou uma prisão de natureza cautelar (preventiva, temporária ou flagrante). Ademais, o preso pode se encontrar no próprio estabelecimento penal ou fora dele (quando, por exemplo, se encontra na viatura policial). Também ocorre o crime quando a pessoa se encontra sob medida de segurança detentiva, isto é, a medida de internação em hospital de custódia e tratamento psiquiátrico.	1
Tipicidade Objetiva	Os núcleos do tipo penal são promover (favorecer, propiciar) e facilitar (viabilizar, tornar mais fácil).	2
Sujeitos	**Sujeito ativo:** qualquer pessoa. **Sujeito passivo:** é o Estado.	3

Objetos	**Objeto jurídico:** é a administração da justiça. **Objeto material:** é a pessoa fugitiva.	4
Elemento Subjetivo	É o dolo ou a culpa.	5
Consumação e Tentativa	O crime se consuma com a prática das condutas descritas no tipo penal, independentemente da produção de qualquer resultado. A tentativa é admissível.	6
Ação Penal	A ação penal é de iniciativa pública incondicionada.	7
Penas	A pena prevista para o crime é de detenção de seis meses a dois anos.	8
Classificação	a) **Comum** (não exige qualidade especial do agente); b) **Material** (a consumação exige a produção de um resultado naturalístico); c) De forma **livre** (a Lei não estabelece exigência para a forma de execução); d) **Simples** (tutela apenas um bem jurídico); e) **Comissivo**; f) **Unissubjetivo** (pode haver ou não concurso de pessoas); g) **Instantâneo** (consuma-se de imediato); h) **Plurissubsistente** (a conduta pode ser fracionada); i) **Doloso**.	9

16. EVASÃO MEDIANTE VIOLÊNCIA CONTRA A PESSOA

> **Art. 352** - Evadir-se ou tentar evadir-se o preso ou o indivíduo submetido a medida de segurança detentiva, usando de violência contra a pessoa:
>
> Pena - detenção, de três meses a um ano, além da pena correspondente à violência.

16.1. Considerações Iniciais

Trata-se de modalidade de crime de atentado (ou crime de empreendimento), ou seja, as penas da modalidade consumada equiparam-se à modalidade tentada. E isto porque a tentativa já se encontra prevista no próprio tipo penal, de modo que tentar a conduta já consuma o crime.

Acerca da classificação, o crime de *evasão mediante violência contra pessoa* é pluriofensivo, próprio, material, de dano, de forma livre, comissivo, instantâneo, unissubjetivo e plurissubsistente.

16.2. Tipicidade Objetiva

Os núcleos do tipo penal são "evadir-se" e "tentar evadir-se", correspondendo à fuga do estabelecimento penal. Somente haverá o crime se o agente empregar violência contra pessoa (agente público, outros detentos, visitantes etc).

16.3. Sujeitos

Sujeito ativo: qualquer pessoa.

Sujeito passivo: é o Estado. Secundariamente, será a pessoa contra quem a violência foi empregada.

16.4. Objetos

Objeto jurídico: é a administração da justiça.

Objeto material: é a pessoa agredida.

16.5. Elemento Subjetivo

É o dolo.

Não se admite a modalidade culposa.

16.6. Consumação e Tentativa

O crime se consuma no momento em que o agente emprega a violência, objetivando a fuga.

A tentativa é inadmissível, pois se trata de crime de atentado (de empreendimento).

16.7. Ação Penal

É de iniciativa pública incondicionada.

16.8. Pena

A pena prevista para o crime é de detenção de três meses a um ano, além da pena correspondente à violência. Logo, podemos concluir que:

a) É possível a transação penal (art. 76, Lei n. 9.099/95), pois se trata de infração penal de menor potencial ofensivo;

b) É possível a suspensão condicional do processo (art. 89, Lei n. 9.099/95), pois a pena mínima não ultrapassa um ano.

16.9. Classificação

O crime pode ser classificado como:

a) **Próprio** (exige qualidade especial do agente);

b) **Material** (a consumação exige a produção de um resultado naturalístico);

c) De **forma livre** (a Lei não estabelece exigência para a forma de execução);

d) **Simples** (tutela apenas um bem jurídico);

e) **Comissivo**;

f) **Unissubjetivo** (pode haver ou não concurso de pessoas);

g) **Instantâneo** (consuma-se de imediato);

h) **Plurissubsistente** (a conduta pode ser fracionada);

i) **Doloso**.

16.10. Quadro Sinótico

EVASÃO MEDIANTE VIOLÊNCIA CONTRA A PESSOA		
Considerações Iniciais	Trata-se de modalidade de crime de atentado (ou crime de empreendimento), ou seja, as penas da modalidade consumada equiparam-se à modalidade tentada.	1
Tipicidade Objetiva	Os núcleos do tipo penal são "evadir-se" e "tentar evadir-se", correspondendo à fuga do estabelecimento penal. Somente haverá o crime se o agente empregar violência contra pessoa (agente público, outros detentos, visitantes etc).	2
Sujeitos	**Sujeito ativo:** qualquer pessoa. **Sujeito passivo:** é o Estado. Secundariamente, será a pessoa contra quem a violência foi empregada.	3
Objetos	**Objeto jurídico:** é a administração da justiça. **Objeto material:** é a pessoa agredida.	4
Elemento Subjetivo	É o dolo. Não se admite a modalidade culposa.	5
Consumação e Tentativa	O crime se consuma no momento em que o agente emprega a violência, objetivando a fuga. A tentativa é inadmissível.	6
Ação Penal	A ação penal é de iniciativa pública incondicionada.	7
Penas	A pena prevista para o crime é de detenção de três meses a um ano, além da pena correspondente à violência.	8
Classificação	**a) Próprio** (exige qualidade especial do agente); **b) Material** (a consumação exige a produção de um resultado naturalístico); **c)** De forma **livre** (a Lei não estabelece exigência para a forma de execução); **d) Simples** (tutela apenas um bem jurídico); **e) Comissivo**; **f) Unissubjetivo** (pode haver ou não concurso de pessoas); **g) Instantâneo** (consuma-se de imediato); **h) Plurissubsistente** (a conduta pode ser fracionada); **i) Doloso**.	9

17. ARREBATAMENTO DE PRESO

Art. 353 - Arrebatar preso, a fim de maltratá-lo, do poder de quem o tenha sob custódia ou guarda:

Pena - reclusão, de um a quatro anos, além da pena correspondente à violência.

17.1. Considerações Iniciais

O tipo penal pressupõe a verificação do elemento subjetivo específico, consistente na finalidade de maltratar o preso. Se não existir tal finalidade, poderemos estar diante de algum outro crime, mas não o arrebatamento de preso.

Acerca da classificação, o crime de *arrebatamento de preso* é simples, comum, formal, de dano, de forma livre, comissivo, instantâneo, unissubjetivo e plurissubsistente.

17.2. Tipicidade Objetiva

O núcleo do tipo penal é o verbo "arrebatar" (retirar de forma violenta). A conduta recai sobre o preso, vale dizer, a pessoa que está cumprindo pena privativa de liberdade, prisão cautelar (flagrante, preventiva ou temporária) ou prisão extrapenal (prisão civil ou disciplinar militar). Para que o crime ocorra, imprescindível que o agente possua a finalidade específica de maltratar o preso.

17.3. Sujeitos

Sujeito ativo: qualquer pessoa.

Sujeito passivo: é o Estado. Secundariamente, será o preso.

17.4. Objetos

Objeto jurídico: é a administração da justiça.

Objeto material: é o preso.

17.5. Elemento Subjetivo

É o dolo. Exige-se o dolo específico, consistente na finalidade de maltratar o preso.

Não se admite a modalidade culposa.

17.6. Consumação e Tentativa

O crime se consuma no momento em que há o efetivo arrebatamento do preso, independentemente de o agente conseguir, efetivamente maltratá-lo. Trata-se, pois, de crime formal.

A tentativa é admissível.

17.7. Ação penal

É de iniciativa pública incondicionada.

17.8. Pena

A pena prevista para o crime é de reclusão de um a quatro anos, além da pena correspondente à violência. Logo, podemos concluir que:

a) Não é possível a transação penal (art. 76, Lei n. 9.099/95), pois não se trata de infração penal de menor potencial ofensivo;

b) É possível a suspensão condicional do processo (art. 89, Lei n. 9.099/95), pois a pena mínima não ultrapassa um ano.

17.9. Classificação

O crime pode ser classificado como:

a) **Comum** (não exige qualidade especial do agente);

b) **Formal** (a consumação dispensa a produção de um resultado naturalístico);

c) De **forma livre** (a Lei não estabelece exigência para a forma de execução);

d) **Simples** (tutela apenas um bem jurídico);

e) **Comissivo**;

f) **Unissubjetivo** (pode haver ou não concurso de pessoas);

g) **Instantâneo** (consuma-se de imediato);

h) **Plurissubsistente** (a conduta pode ser fracionada);

i) **Doloso**.

17.10. Quadro Sinótico

ARREBATAMENTO DE PRESO		
Considerações Iniciais	O tipo penal pressupõe a verificação do elemento subjetivo específico, consistente na finalidade de maltratar o preso.	1
Tipicidade Objetiva	O núcleo do tipo penal é o verbo "arrebatar" (retirar de forma violenta). A conduta recai sobre o preso, vale dizer, a pessoa que está cumprindo pena privativa de liberdade, prisão cautelar (flagrante, preventiva ou temporária) ou prisão extrapenal (prisão civil ou disciplinar militar). Para que o crime ocorra, imprescindível que o agente possua a finalidade específica de maltratar o preso.	2
Sujeitos	**Sujeito ativo:** qualquer pessoa. **Sujeito passivo:** é o Estado. Secundariamente, será o preso.	3

Objetos	**Objeto jurídico:** é a administração da justiça. **Objeto material:** é o preso.	4
Elemento Subjetivo	É o dolo. Exige-se o dolo específico, consistente na finalidade de maltratar o preso. Não se admite a modalidade culposa.	5
Consumação e Tentativa	O crime se consuma no momento em que há o efetivo arrebatamento do preso, independentemente de o agente conseguir, efetivamente maltratá-lo. Trata-se, pois, de crime formal. A tentativa é admissível.	6
Ação Penal	A ação penal é de iniciativa pública incondicionada.	7
Penas	A pena prevista para o crime é de reclusão de um a quatro anos, além da pena correspondente à violência.	8
Classificação	a) **Comum** (não exige qualidade especial do agente); b) **Formal** (a consumação dispensa a produção de um resultado naturalístico); c) De forma **livre** (a Lei não estabelece exigência para a forma de execução); d) **Simples** (tutela apenas um bem jurídico); e) **Comissivo**; f) **Unissubjetivo** (pode haver ou não concurso de pessoas); g) **Instantâneo** (consuma-se de imediato); h) **Plurissubsistent**e (a conduta pode ser fracionada); i) **Doloso**.	9

18. MOTIM DE PRESOS

> **Art. 354** - Amotinarem-se presos, perturbando a ordem ou disciplina da prisão:
> Pena - detenção, de seis meses a dois anos, além da pena correspondente à violência.

18.1. Considerações Iniciais

Amotinar-se significa provocar uma revolta, um alvoroço, uma rebelião. Trata-se de crime plurissubjetivo, pois, a toda evidência, pressupõe o concurso de mais de uma pessoa. Somente os presos (definitivos ou provisórios) podem cometer o referido crime.

Acerca da classificação, o crime de *motim de presos* é simples, próprio, material, de dano, de forma livre, comissivo, permanente, plurissubjetivo e plurissubsistente.

18.2. Tipicidade Objetiva

O núcleo do tipo penal é o verbo "amotinar-se" (promover motim, reunião destinada a produzir desordem, violência). Haverá o referido crime quando presos – seja a prisão penal, cautelar ou extrapenal – perturbarem, com o seu motim, a ordem ou disciplina da prisão.

18.3. Sujeitos

Sujeito ativo: as pessoas presas.

Sujeito passivo: é o Estado.

18.4. Objetos

Objeto jurídico: é a administração da justiça.

Objeto material: não há.

18.5. Elemento Subjetivo

É o dolo.

Não se admite a modalidade culposa.

18.6. Consumação e Tentativa

O crime se consuma com o motim dos presos, que produz a perturbação da ordem ou disciplina da prisão.

A tentativa é admissível.

18.7. Ação Penal

É de iniciativa pública incondicionada.

18.8. Pena

A pena prevista para o crime é de detenção de seis meses a dois anos, além da pena correspondente à violência. Logo, podemos concluir que:

a) É possível a transação penal (art. 76, Lei n. 9.099/95), pois se trata de infração penal de menor potencial ofensivo;

b) É possível a suspensão condicional do processo (art. 89, Lei n. 9.099/95), pois a pena mínima não ultrapassa um ano.

18.9. Classificação

O crime pode ser classificado como:

a) **Próprio** (exige qualidade especial do agente);

b) **Material** (a consumação exige a produção de um resultado naturalístico);

c) De **forma livre** (a Lei não estabelece exigência para a forma de execução);

d) **Simples** (tutela apenas um bem jurídico);

e) **Comissivo**;

f) **Plurissubjetivo** (haverá concurso de pessoas);

g) **Instantâneo** (consuma-se de imediato);

h) **Plurissubsistente** (a conduta pode ser fracionada);

i) **Doloso**.

18.10. Quadro Sinótico

MOTIM DE PRESOS		
Considerações Iniciais	Amotinar-se significa provocar uma revolta, um alvoroço, uma rebelião.	1
Tipicidade Objetiva	O núcleo do tipo penal é o verbo "amotinar-se" (promover motim, reunião destinada a produzir desordem, violência). Haverá o referido crime quando presos – seja a prisão penal, cautelar ou extrapenal – perturbarem, com o seu motim, a ordem ou disciplina da prisão.	2
Sujeitos	**Sujeito ativo:** as pessoas presas. **Sujeito passivo:** é o Estado.	3
Objetos	**Sujeito ativo:** as pessoas presas. **Sujeito passivo:** é o Estado.	4
Elemento Subjetivo	É o dolo. Não se admite a modalidade culposa.	5
Consumação e Tentativa	O crime se consuma com o motim dos presos, que produz a perturbação da ordem ou disciplina da prisão. A tentativa é admissível.	6
Ação Penal	É de iniciativa pública incondicionada.	7
Pena	A pena prevista para o crime é de detenção de seis meses a dois anos, além da pena correspondente à violência.	8
Classificação	**a) Próprio** (exige qualidade especial do agente); **b) Material** (a consumação exige a produção de um resultado naturalístico); **c)** De forma **livre** (a Lei não estabelece exigência para a forma de execução); **d) Simples** (tutela apenas um bem jurídico); **e) Comissivo**; **f) Plurissubjetivo** (haverá concurso de pessoas); **g) Instantâneo** (consuma-se de imediato); **h) Plurissubsistente** (a conduta pode ser fracionada); **i) Doloso**.	9

19. PATROCÍNIO INFIEL

Art. 355 – Trair, na qualidade de advogado ou procurador, o dever profissional, prejudicando interesse, cujo patrocínio, em juízo, lhe é confiado:

Pena - detenção, de seis meses a três anos, e multa.

Patrocínio simultâneo ou tergiversação

Parágrafo único - Incorre na pena deste artigo o advogado ou procurador judicial que defende na mesma causa, simultânea ou sucessivamente, partes contrárias.

19.1. Considerações Iniciais

A conduta consiste em trair, isto é, violar a confiança depositada por outrem. No caso do tipo penal em apreço, a traição é praticada pelo advogado (profissional bacharel em Direito regularmente inscrito nos quadros da Ordem dos Advogados do Brasil) ou procurador (mandatário, isto é, alguém a quem foram delegados poderes de representação em juízo).

No patrocínio infiel, conduta constante do parágrafo único do artigo em comento, o advogado ou procurador patrocina interesses conflitantes na mesma causa.

Acerca da classificação, o crime de *patrocínio infiel* é pluriofensivo, próprio, material, de dano, de forma livre, comissivo ou omissivo, instantâneo, unissubjetivo e plurissubsistente.

19.2. Tipicidade Objetiva

O núcleo do tipo é verbo "trair" (faltar com o dever de lealdade, ludibriar, enganar, abusar da confiança).

19.3. Sujeitos

Sujeito ativo: é o advogado ou procurador.

Sujeito passivo: é o Estado. Secundariamente, também será aquele que foi prejudicado pelo advogado ou procurador.

19.4. Objetos

Objeto jurídico: é a administração da justiça.

Objeto material: É a pessoa que teve o interesse prejudicado.

19.5. Elemento Subjetivo

É o dolo.

Não se admite a modalidade culposa.

19.6. Consumação e Tentativa

A consumação ocorre quando há o prejuízo posterior à traição.

19.7. Ação Penal

É pública incondicionada.

19.8. Pena

A pena prevista para o crime é de detenção de seis meses a três anos, e multa. Logo, podemos concluir que:

a) Não é possível a transação penal (art. 76, Lei n. 9.099/95), pois não se trata de infração penal de menor potencial ofensivo;

b) É possível a suspensão condicional do processo (art. 89, Lei n. 9.099/95), pois a pena mínima não ultrapassa um ano.

19.9. Classificação

O crime pode ser classificado como:

a) **Próprio** (exige qualidade especial do agente);

b) **Material** (a consumação exige a produção de um resultado naturalístico);

c) De **forma livre** (a Lei não estabelece exigência para a forma de execução);

d) **Pluriofensivo** (tutela mais de um bem jurídico);

e) **Comissivo** ou omissivo;

f) **Unissubjetivo** (pode haver ou não concurso de pessoas);

g) **Instantâneo** (consuma-se de imediato);

h) **Plurissubsistente** (a conduta pode ser fracionada);

i) **Doloso.**

19.10. Quadro Sinótico

PATROCÍNIO INFIEL		
Considerações Iniciais	No patrocínio infiel, conduta constante do parágrafo único do artigo em comento, o advogado ou procurador patrocina interesses conflitantes na mesma causa.	**1**
Tipicidade Objetiva	O núcleo do tipo é verbo "trair" (faltar com o dever de lealdade, ludibriar, enganar, abusar da confiança).	**2**
Sujeitos	**Sujeito ativo:** é o advogado ou procurador. **Sujeito passivo:** é o Estado. Secundariamente, também será aquele que foi prejudicado pelo advogado ou procurador.	**3**
Objetos	**Objeto jurídico:** é a administração da justiça. **Objeto material:** É a pessoa que teve o interesse prejudicado.	**4**
Elemento Subjetivo	É o dolo. Não se admite a modalidade culposa.	**5**
Consumação e Tentativa	A consumação ocorre quando há o prejuízo posterior à traição.	**6**

Ação Penal	A ação penal é de iniciativa pública incondicionada.	**7**
Penas	A pena prevista para o crime é de detenção de seis meses a três anos, e multa.	**8**
Classificação	**a) Próprio** (exige qualidade especial do agente); **b) Material** (a consumação exige a produção de um resultado naturalístico); **c) De forma livre** (a Lei não estabelece exigência para a forma de execução); **d) Pluriofensivo** (tutela mais de um bem jurídico); **e) Comissivo ou omissivo**; **f) Unissubjetivo** (pode haver ou não concurso de pessoas); **g) Instantâneo** (consuma-se de imediato); **h) Plurissubsistente** (a conduta pode ser fracionada); **i) Doloso.**	**9**

20. SONEGAÇÃO DE PAPEL OU OBJETO DE VALOR PROBATÓRIO

Art. 356 - Inutilizar, total ou parcialmente, ou deixar de restituir autos, documento ou objeto de valor probatório, que recebeu na qualidade de advogado ou procurador:

Pena - detenção, de seis meses a três anos, e multa.

20.1. Considerações Iniciais

No tipo penal, há duas condutas distintas. Na primeira, de caráter comissivo, o agente inutiliza os autos, documento ou objeto de valor probatório. Na segunda, de natureza omissiva, apenas deixa de restituir.

Acerca da classificação, o crime de *sonegação de papel ou objeto de valor probatório* é simples, próprio, material, de dano, de forma livre, comissivo ("inutilizar") ou omissivo ("deixar de restituir"), instantâneo ("inutilizar") e permanente ("deixar de restituir"), unissubjetivo, unissubsistente ("deixar de restituir") ou plurissubsistente ("inutilizar").

20.2. Tipicidade Objetiva

Os núcleos do tipo penal são os verbos "inutilizar" (tornar inútil, destruir) e "deixar de restituir"(não promover a devolução).

20.3. Sujeitos

Sujeito ativo: o advogado ou procurador. Trata-se de crime próprio.

Sujeito passivo: o Estado.

20.4. Objetos

Objeto jurídico: a administração da justiça.

Objeto material: os autos, documento ou objeto de valor probatório.

20.5. Elemento Subjetivo

É o dolo. Não se admite a modalidade culposa.

20.6. Consumação e Tentativa

O crime se consuma com a realização das condutas descritas no tipo penal.

É possível a tentativa na modalidade "inutilizar", pois, neste caso, a conduta pode ser fracionada.

20.7. Ação Penal

É pública incondicionada.

20.8. Pena

A pena prevista para o crime é de detenção de seis meses a três anos, e multa. Logo, podemos concluir que:

a) Não é possível a transação penal (art. 76, Lei n. 9.099/95), pois não se trata de infração penal de menor potencial ofensivo;

b) É possível a suspensão condicional do processo (art. 89, Lei n. 9.099/95), pois a pena mínima não ultrapassa um ano.

20.9. Classificação

O crime pode ser classificado como:

a) **Próprio** (exige qualidade especial do agente);

b) **Material** (a consumação exige a produção de um resultado naturalístico);

c) De **forma livre** (a Lei não estabelece exigência para a forma de execução);

d) **Simples** (tutela apenas um bem jurídico);

e) **Comissivo** (na conduta "inutilizar") ou **omissivo** (na conduta "deixar de restituir");

f) **Unissubjetivo** (pode haver ou não concurso de pessoas);

g) **Instantâneo** (na conduta "inutilizar") e **permanente** (na conduta "deixar de restituir");

h) **Unissubsistente** (na conduta "deixar de restituir") ou **plurissubsistente** (na conduta "inutilizar");

i) **Doloso**.

20.10. Nótico

SONEGAÇÃO DE PAPEL OU DE VALOR PROBATÓRIO		
Considerações Iniciais	No tipo penal, há duas condutas distintas. Na primeira, de caráter comissivo, o agente inutiliza os autos, documento ou objeto de valor probatório. Na segunda, de natureza omissiva, apenas deixa de restituir.	1
Tipicidade Objetiva	Os núcleos do tipo penal são os verbos "inutilizar" (tornar inútil, destruir) e "deixar de restituir"(não promover a devolução).	2
Sujeitos	**Sujeito ativo:** o advogado ou procurador. Trata-se de crime próprio. **Sujeito passivo:** o Estado.	3
Objetos	**Objeto jurídico:** a administração da justiça. **Objeto material:** os autos, documento ou objeto de valor probatório.	4
Elemento Subjetivo	É o dolo. Não se admite a modalidade culposa.	5
Consumação e Tentativa	O crime se consuma com a realização das condutas descritas no tipo penal. É possível a tentativa na modalidade "inutilizar", pois, neste caso, a conduta pode ser fracionada.	6
Ação Penal	A ação penal é de iniciativa pública incondicionada.	7
Penas	A pena prevista para o crime é de detenção de seis meses a três anos, e multa.	8
Classificação	**a) Próprio** (exige qualidade especial do agente); **b) Material** (a consumação exige a produção de um resultado naturalístico); De forma **livre** (a Lei não estabelece exigência para a forma de execução); **c) Simples** (tutela apenas um bem jurídico); **d) Comissivo** (na conduta "inutilizar") ou **omissivo** (na conduta "deixar de restituir"); **e) Unissubjetivo** (pode haver ou não concurso de pessoas); **f) Instantâneo** (na conduta "inutilizar") e **permanente** (na conduta "deixar de restituir"); **g) Unissubsistente** (na conduta "deixar de restituir") ou **plurissubsistente** (na conduta "inutilizar"); **h) Doloso.**	9

21. EXPLORAÇÃO DE PRESTÍGIO

Art. 357 - Solicitar ou receber dinheiro ou qualquer outra utilidade, a pretexto de influir em juiz, jurado, órgão do Ministério Público, funcionário de justiça, perito, tradutor, intérprete ou testemunha.

Pena - reclusão, de um a cinco anos, e multa.

Parágrafo único - As penas aumentam-se de um terço, se o agente alega ou insinua que o dinheiro ou utilidade também se destina a qualquer das pessoas referidas neste artigo.

21.1. Considerações Iniciais

A conduta é extremamente similar àquela consistente no tráfico de influência. Difere, todavia, na medida em que ocorre a pretexto de influir em juiz, jurado, órgão do Ministério Público, funcionário de justiça, perito, tradutor, intérprete ou testemunha.

Acerca da classificação, o crime de *exploração de prestígio* é simples, comum, formal ("solicitar") e material ("receber"), de dano, de forma livre, comissivo, instantâneo, unissubjetivo, unissubsistente (na solicitação verbal) ou plurissubsistente (demais casos).

21.2. Tipicidade Objetiva

Os núcleos do tipo penal são os verbos "solicitar" (requerer, demandar) e "receber" (obter, adquirir).

21.3. Sujeitos

Sujeito ativo: qualquer pessoa.

Sujeito passivo: O Estado

21.4. Objetos

Objeto jurídico: administração da justiça.

Objeto material: dinheiro ou qualquer outra utilidade.

21.5. Elemento Subjetivo

É o dolo.

Não há previsão para a modalidade culposa.

21.6. Consumação e Tentativa

Na modalidade solicitar, trata-se de crime formal, que se consuma com a mera solicitação, independentemente do efetivo recebimento do dinheiro ou utilidade. Na modalidade receber, trata-se de crime material, consumando-se com o efetivo recebimento.

A tentativa é admitida.

21.7. Ação Penal

Pública incondicionada.

21.8. Pena

A pena prevista para o crime é de reclusão de um a cinco anos, e multa. Logo, podemos concluir que:

a) Não é possível a transação penal (art. 76, Lei n. 9.099/95), pois não se trata de infração penal de menor potencial ofensivo;

b) É possível a suspensão condicional do processo (art. 89, Lei n. 9.099/95), pois a pena mínima não ultrapassa um ano.

21.9. Classificação

O crime pode ser classificado como:

a) **Comum** (não exige qualidade especial do agente);

b) **Formal** (a consumação exige a produção de um resultado naturalístico);

c) De **forma livre** (a Lei não estabelece exigência para a forma de execução);

d) **Simples** (tutela apenas um bem jurídico);

e) **Comissivo**;

f) **Unissubjetivo** (pode haver ou não concurso de pessoas);

g) **Instantâneo**;

h) **Unissubsistente** ou **plurissubsistente**;

i) **Doloso**.

21.10. Quadro Sinótico

EXPLORAÇÃO DE PRESTÍGIO		
Considerações Iniciais	Ocorre a pretexto de influir em juiz, jurado, órgão do Ministério Público, funcionário de justiça, perito, tradutor, intérprete ou testemunha.	1
Tipicidade Objetiva	Os núcleos do tipo penal são os verbos "solicitar" (requerer, demandar) e "receber" (obter, adquirir).	2
Sujeitos	**Sujeito ativo:** qualquer pessoa. **Sujeito passivo:** O Estado	3
Objetos	**Objeto jurídico:** administração da justiça. **Objeto material:** dinheiro ou qualquer outra utilidade.	4
Elemento Subjetivo	É o dolo. Não há previsão para a modalidade culposa.	5
Consumação e Tentativa	Na modalidade solicitar, trata-se de crime formal, que se consuma com a mera solicitação, independentemente do efetivo recebimento do dinheiro ou utilidade. Na modalidade receber, trata-se de crime material, consumando-se com o efetivo recebimento. A tentativa é admitida.	6
Ação Penal	A ação penal é de iniciativa pública incondicionada.	7
Penas	A pena prevista para o crime é de reclusão de um a cinco anos, e multa.	8

Classificação	a) **Comum** (não exige qualidade especial do agente); b) **Formal** (a consumação exige a produção de um resultado naturalístico); c) **De forma livre** (a Lei não estabelece exigência para a forma de execução); d) **Simples** (tutela apenas um bem jurídico); e) **Comissivo**; f) **Unissubjetivo** (pode haver ou não concurso de pessoas); g) **Instantâneo**; h) **Unissubsistente** ou **plurissubsistente**; i) **Doloso.**	9

22. VIOLÊNCIA OU FRAUDE EM ARREMATAÇÃO JUDICIAL

> **Art. 358** - Impedir, perturbar ou fraudar arrematação judicial; afastar ou procurar afastar concorrente ou licitante, por meio de violência, grave ameaça, fraude ou oferecimento de vantagem:
>
> Pena - detenção, de dois meses a um ano, ou multa, além da pena correspondente à violência.

22.1. Considerações Iniciais

A primeira conduta presente no tipo penal diz respeito a impedir (obstar), perturbar (atrapalhar, tumultuar) ou fraudar (enganar, ludibriar) arrematação judicial (alienação onerosa em hasta pública, conduzida pelo Poder Judiciário). A segunda conduta diz respeito a afastar ou procurar afastar concorrente no processo licitatório, empregando violência (física), grave ameaça (violência moral), fraude ou oferecimento de vantagem.

Acerca da classificação, o crime de *violência ou fraude em arrematação judicial* é simples, comum, material (na primeira conduta típica) ou formal (na segunda modalidade descrita), de dano, de forma livre, comissivo, instantâneo, unissubjetivo e plurissubsistente.

22.2. Tipicidade Objetiva

Os núcleos do tipo penal são os verbos "impedir" (obstar, criar óbice, impossibilitar), "perturbar" (atrapalhar, provocar embaraço) e "fraudar" (enganar, ludibriar).

22.3. Sujeitos

Sujeito ativo: qualquer pessoa

Sujeito passivo: é o Estado.

22.4. Objetos

Objeto jurídico: administração da justiça

Objeto material: é o concorrente ou licitante.

22.5. Elemento Subjetivo

É o dolo. Não se admite a modalidade culposa.

22.6. Consumação e Tentativa

O crime se consuma com a realização de qualquer das condutas descritas no tipo penal. É possível a tentativa.

22.7. Ação Penal

Pública incondicionada.

22.8. Pena

A pena prevista para o crime é de detenção de dois meses a um ano, ou multa, além da pena correspondente à violência. Logo, podemos concluir que:

a) É possível a transação penal (art. 76, Lei n. 9.099/95), pois se trata de infração penal de menor potencial ofensivo;

b) É possível a suspensão condicional do processo (art. 89, Lei n. 9.099/95), pois a pena mínima não ultrapassa um ano.

Vale registrar que a pena de multa é alternativa, e não cumulativa.

22.9. Classificação

O crime pode ser classificado como:

a) **Comum** (não exige qualidade especial do agente);

b) **Material** (na primeira conduta típica) ou **formal** (na segunda modalidade descrita);

c) De **forma livre** (a Lei não estabelece exigência para a forma de execução);

d) **Simples** (tutela apenas um bem jurídico);

e) **Comissivo**;

f) **Unissubjetivo** (pode haver ou não concurso de pessoas);

g) **Instantâneo**;

h) **Plurissubsistente** (a conduta pode ser fracionada);

i) **Doloso**.

22.10. Quadro Sinótico

VIOLÊNCIA OU FRAUDE EM ARREMATAÇÃO JUDICIAL		
Considerações Iniciais	A primeira conduta presente no tipo penal diz respeito a impedir (obstar), perturbar (atrapalhar, tumultuar) ou fraudar (enganar, ludibriar) arrematação judicial (alienação onerosa em hasta pública, conduzida pelo Poder Judiciário). A segunda conduta diz respeito a afastar ou procurar afastar concorrente no processo licitatório, empregando violência (física), grave ameaça (violência moral), fraude ou oferecimento de vantagem.	1
Tipicidade Objetiva	Os núcleos do tipo penal são os verbos "impedir" (obstar, criar óbice, impossibilitar), "perturbar" (atrapalhar, provocar embaraço) e "fraudar" (enganar, ludibriar).	2
Sujeitos	**Sujeito ativo:** qualquer pessoa **Sujeito passivo:** é o Estado.	3
Objetos	**Objeto jurídico:** administração da justiça **Objeto material:** é o concorrente ou licitante.	4
Elemento Subjetivo	É o dolo. Não se admite a modalidade culposa.	5
Consumação e Tentativa	O crime se consuma com a realização de qualquer das condutas descritas no tipo penal. É possível a tentativa.	6
Ação Penal	A ação penal é de iniciativa pública incondicionada.	7
Penas	A pena prevista para o crime é de detenção de dois meses a um ano, ou multa, além da pena correspondente à violência.	8
Classificação	a) **Comum** (não exige qualidade especial do agente); b) **Material** (na primeira conduta típica) ou **formal** (na segunda modalidade descrita); c) **De forma livre** (a Lei não estabelece exigência para a forma de execução); d) **Simples** (tutela apenas um bem jurídico); e) **Comissivo**; f) **Unissubjetivo** (pode haver ou não concurso de pessoas); g) **Instantâneo**; h) **Plurissubsistente** (a conduta pode ser fracionada); i) **Doloso.**	9

23. DESOBEDIÊNCIA A DECISÃO JUDICIAL SOBRE PERDA OU SUSPENSÃO DE DIREITO

> **Art. 359** - Exercer função, atividade, direito, autoridade ou múnus, de que foi suspenso ou privado por decisão judicial:
>
> Pena - detenção, de três meses a dois anos, ou multa.

23.1. Considerações Iniciais

Trata-se de modalidade específica de crime de desobediência. Somente haverá a prática da presente conduta se a referida desobediência disser respeito a decisão judicial.

Acerca da classificação, o crime de *desobediência a decisão judicial sobre perda ou suspensão de direito* é simples, próprio, formal, de dano, de forma livre, comissivo, instantâneo, unissubjetivo e plurissubsistente.

23.2. Tipicidade Objetiva

O núcleo do tipo penal é o verbo "exercer" (desempenhar de forma habitual).

23.3. Sujeitos

Sujeito ativo: aquele que teve sua função, atividade, direito, autoridade ou múnus suspenso ou privado por decisão judicial.

Sujeito passivo: o Estado.

23.4. Objetos

Objeto jurídico: administração da justiça.

Objeto material: não há.

23.5. Elemento Subjetivo

É o dolo.

Não há previsão para a modalidade culposa.

23.6. Consumação e Tentativa

O crime se consuma com o exercício da função, atividade, direito, autoridade ou múnus.

A tentativa é admissível.

23.7. Ação Penal

Pública incondicionada.

23.8. Pena

A pena prevista para o crime é de detenção de três meses a dois anos, ou multa. Logo, podemos concluir que:

a) É possível a transação penal (art. 76, Lei n. 9.099/95), pois se trata de infração penal de menor potencial ofensivo;

b) É possível a suspensão condicional do processo (art. 89, Lei n. 9.099/95), pois a pena mínima não ultrapassa um ano.

Vale registrar que a pena de multa é alternativa, e não cumulativa.

23.9. Classificação

O crime pode ser classificado como:

a) **Próprio** (exige qualidade especial do agente);

b) **Formal** (a consumação dispensa a produção de resultado naturalístico);

c) De **forma livre** (a Lei não estabelece exigência para a forma de execução);

d) **Simples** (tutela apenas um bem jurídico);

e) **Comissivo**;

f) **Unissubjetivo** (pode haver ou não concurso de pessoas);

g) **Instantâneo**;

h) **Plurissubsistente** (a conduta pode ser fracionada);

i) **Doloso**.

23.10. Quadro Sinótico

DESOBEDIÊNCIA A DECISÃO JUDICIAL SOBRE PERDA OU SUSPENSÃO DE DIREITO		
Considerações Iniciais	Somente haverá a prática da presente conduta se a referida desobediência disser respeito a decisão judicial.	1
Tipicidade Objetiva	O núcleo do tipo penal é o verbo "exercer" (desempenhar de forma habitual).	2
Sujeitos	**Sujeito ativo:** aquele que teve sua função, atividade, direito, autoridade ou múnus suspenso ou privado por decisão judicial. **Sujeito passivo:** o Estado.	3
Objetos	**Objeto jurídico:** administração da justiça. **Objeto material:** não há.	4
Elemento Subjetivo	É o dolo. Não há previsão para a modalidade culposa.	5
Consumação e Tentativa	O crime se consuma com o exercício da função, atividade, direito, autoridade ou múnus. A tentativa é admissível.	6

Ação Penal	A ação penal é de iniciativa pública incondicionada.	7
Penas	A pena prevista para o crime é de detenção de três meses a dois anos, ou multa.	8
Classificação	a) **Próprio** (exige qualidade especial do agente); b) **Formal** (a consumação dispensa a produção de resultado naturalístico); c) **De forma livre** (a Lei não estabelece exigência para a forma de execução); d) **Simples** (tutela apenas um bem jurídico); e) **Comissivo**; f) **Unissubjetivo** (pode haver ou não concurso de pessoas); g) **Instantâneo**; h) **Plurissubsistente** (a conduta pode ser fracionada); i) **Doloso.**	9

IV

DOS CRIMES CONTRA AS FINANÇAS PÚBLICAS

A Lei n. 10.028, de 2000, inseriu o capítulo IV no Título IX do código Penal, que trata dos crimes contra as finanças públicas. A pretensão do legislador foi tipificar de modo mais claro condutas perpetradas por gestores públicos encarregados da administração dos recursos. Indubitavelmente, o legislador penal envidou esforços para concretizar alguns preceitos da Lei de Responsabilidade Fiscal (Lei complementar n. 101/2000).

Os tipos penais relacionados às finanças públicas possuem algumas características em comum, como o fato de serem próprios, isto é, exigirem uma qualidade especial do agente. Com efeito, os crimes mencionados abaixo somente podem ser praticados por funcionários públicos encarregados de determinadas atividades, vinculadas às finanças públicas.

Importa mencionar que a Lei n. 10.028/2000 também promoveu alterações legislativas em outros diplomas, tais como a Lei n. 1.079/50 (Lei que define os crimes de responsabilidade) e o Decreto-Lei n. 201/67 (Lei que trata, entre outros temas, dos crimes de responsabilidade praticados por prefeitos municipais). Por esta razão, algumas condutas previstas nos últimos artigos do Código Penal possuem, por exemplo, figura típica similar aplicável especificamente aos prefeitos municipais (e seus coautores e partícipes), por força do princípio da especialidade.

1. CONTRATAÇÃO DE OPERAÇÃO DE CRÉDITO

Art. 359-A. Ordenar, autorizar ou realizar operação de crédito, interno ou externo, sem prévia autorização legislativa:

Pena – reclusão, de 1 (um) a 2 (dois) anos.

Parágrafo único. Incide na mesma pena quem ordena, autoriza ou realiza operação de crédito, interno ou externo:

I – com inobservância de limite, condição ou montante estabelecido em lei ou em resolução do Senado Federal;

II – quando o montante da dívida consolidada ultrapassa o limite máximo autorizado por lei.

1.1. Tipicidade Objetiva

As condutas consistem em "ordenar" (determinar, impor, mandar), "autorizar" (permitir, facultar, viabilizar) ou "realizar" (concretizar, efetivar). As condutas recaem sobre operação de crédito (interno ou externo) que, conforme definição do art. 29, III da Lei Complementar n. 101/2005 (Lei de Responsabilidade Fiscal), consiste em: "compromisso financeiro assumido em razão de mútuo, abertura de crédito, emissão e aceite de título, aquisição financiada de bens, recebimento antecipado de valores provenientes da venda a termo de bens e serviços, arrendamento mercantil e outras operações assemelhadas, inclusive com o uso de derivativos financeiros". Somente ocorrerá o crime quando a operação de crédito:

a) Não vier antecedida de autorização legislativa (*caput*).

b) Ocorrer com inobservância de limite, condição ou montante estabelecido em lei ou em resolução do Senado Federal (parágrafo único, I).

c) Quando o montante da dívida consolidada ultrapassa o limite máximo autorizado por lei.

A Lei de Responsabilidade Fiscal estabelece, em seu art. 29, algumas definições. No que se refere à dívida pública consolidada, consta do seu inciso I: é o "montante total, apurado sem duplicidade, das obrigações financeiras do ente da Federação, assumidas em virtude de leis, contratos, convênios ou tratados e da realização de operações de crédito, para amortização em prazo superior a dize meses". E o conceito é complementado pelo § 3º do mesmo artigo, nos seguintes termos: "Também integram a dívida pública consolidada as operações de crédito de prazo inferior a doze meses cujas receitas tenham constado do orçamento".

Ainda no que tange aos limites previstos no tipo penal, o art. 30, § 4º da Lei de Responsabilidade Fiscal assevera que: "para fins de verificação do atendimento do limite, a apuração do montante da dívida consolidada será efetuada ao final de cada quadrimestre".

1.2. Sujeitos

Sujeito ativo: o funcionário público responsável por ordenar, autorizar ou realizar da operação de crédito.

Sujeito passivo: o Estado.

1.3. Objetos

Objeto jurídico: as finanças públicas.

Objeto material: a operação de crédito.

1.4. Elemento Subjetivo

É o dolo, consistente na vontade consciente de praticar as condutas. Não se exige o elemento subjetivo específico (especial finalidade no agir).

Não há previsão para a modalidade culposa.

1.5. Consumação e Tentativa

O crime estará consumado com a realização das condutas contidas no tipo. Não se exige a produção de um prejuízo financeiro para o Estado.

Admite-se a tentativa.

1.6. Ação Penal

A ação penal é pública incondicionada.

1.7. Pena

A pena prevista para o crime é de reclusão de um a dois anos. Logo, podemos concluir que:

a) É possível a transação penal (art. 76, Lei n. 9.099/95), pois se trata de infração penal de menor potencial ofensivo;

b) É possível a suspensão condicional do processo (art. 89, Lei n. 9.099/95), pois a pena mínima não ultrapassa um ano.

1.8. Classificação

O crime pode ser classificado como:

a) **Próprio** (exige qualidade especial do agente);

b) **Formal** (a consumação dispensa a produção de resultado naturalístico);

c) De **forma vinculada** (a Lei estabelece exigência para a forma de execução);

d) **Simples** (tutela apenas um bem jurídico);

e) **Comissivo**;

f) **Unissubjetivo** (pode haver ou não concurso de pessoas);

g) **Instantâneo**;

h) **Plurissubsistente** (a conduta pode ser fracionada) ou **unissubsistente** (a conduta não pode ser fracionada);

i) De **perigo**;

j) **Doloso**.

1.9. Quadro Sinótico

CONTRATAÇÃO DE OPERAÇÃO DE CRÉDITO		
Tipicidade Objetiva	As condutas consistem em "ordenar" (determinar, impor, mandar), "autorizar" (oermitir, facultar, viabilizar) ou "realizar" (concretizar, efetivar). As condutas recaem sobre operação de crédito (interno ou externo) que, conforme definição do art. 29, III da Lei Complementar n. 101/2005 (Lei de Responsabilidade Fiscal), consiste em: "compromisso financeiro assumido em razão de mútuo, abertura de crédito, emissão e aceite de título, aquisição financiada de bens, recebimento antecipado de valores provenientes da venda a termo de bens e serviços, arrendamento mercantil e outras operações assemelhadas, inclusive com o uso de derivativos financeiros". Somente ocorrerá o crime quando a operação de crédito: **a)** Não vier antecedida de autorização legislativa (caput). **b)** Ocorrer com inobservância de limite, condição ou montante estabelecido em lei ou em resolução do Senado Federal (parágrafo único, I). **c)** Quando o montante da dívida consolidada ultrapassa o limite máximo autorizado por lei.	1
Sujeitos	**Sujeito ativo:** o funcionário público responsável por ordenar, autorizar ou realizar da operação de crédito. **Sujeito passivo:** o Estado.	2
Objetos	**Objeto jurídico:** as finanças públicas. **Objeto material:** a operação de crédito.	3
Elemento Subjetivo	É o dolo. Não se exige o elemento subjetivo específico (especial finalidade no agir). Não há previsão para a modalidade culposa.	4
Consumação e Tentativa	O crime estará consumado com a realização das condutas contidas no tipo. Não se exige a produção de um prejuízo financeiro para o Estado. Admite-se a tentativa.	5
Ação Penal	A ação penal é de iniciativa pública incondicionada.	6
Penas	A pena prevista para o crime é de reclusão de um a dois anos.	7
Classificação	**a)** **Próprio** (exige qualidade especial do agente); **b)** **Formal** (a consumação dispensa a produção de resultado naturalístico); **c)** De forma **vinculada** (a Lei estabelece exigência para a forma de execução); **d)** **Simples** (tutela apenas um bem jurídico); **e)** **Comissivo**; **f)** **Unissubjetivo** (pode haver ou não concurso de pessoas); **g)** **Instantâneo**; **h)** **Plurissubsistente** (a conduta pode ser fracionada) ou **unissubsistente** (a conduta não pode ser fracionada); **i)** De **perigo**; **j)** **Doloso**.	8

1.10. Questões de Concursos Públicos

01. (FCC - 2015 - SEFAZ-PI - Auditor Fiscal da Fazenda Estadual - Conhecimentos Gerais) Com relação ao crime de contratação de operação de crédito (art. 359-A do CP), é correto afirmar:

(A) Incide na mesma pena do referido crime aquele que ordenar, autorizar ou realizar operação de crédito, interno ou externo, quando o montante da dívida consolidada excede o limite mínimo autorizado por lei.

(B) Incide na mesma pena do referido crime aquele que ordenar, autorizar ou realizar operação de crédito, interno ou externo, com inobservância de limite, condição ou montante estabelecido em lei ou em resolução do Senado Federal.

(C) Comete o crime aquele que ordena, autoriza ou realiza operação de crédito, interno ou externo, ainda que com prévia au- torização legislativa.

(D) Comete o crime aquele que ordena ou autoriza operação de crédito, interno ou externo, ainda que com prévia autorização legislativa.

(E) A pena é de detenção de 1 (um) a 2 (dois) anos.

02. (FCC - 2016 - Prefeitura de Campinas - SP - Procurador) A contratação, em nome do Município, de operação de crédito sem autorização legislativa constitui crime contra

(A) a ordem tributária.

(B) a ordem econômica.

(C) as finanças públicas.

(D) a economia popular.

(E) o patrimônio público.

03. (Prefeitura do Rio de Janeiro - RJ - 2015 - CGM - RJ - Auxiliar de Controladoria) De acordo com o expressamente disposto no Código Penal, quem ordena, autoriza ou realiza operação de crédito, interno ou externo, com inobservância de limite, condição ou montante estabelecido em lei ou em resolução do Senado Federal, incide na mesma pena do crime de:

(A) ordenação de despesa não autorizada

(B) assunção de obrigação no último ano do mandato ou legislatura

(C) contratação de operação de crédito

(D) aumento de despesa total com pessoal no último ano do mandato ou legislatura

04. (VUNESP - 2017 - Câmara de Cotia - SP - Procurador Legislativo) A respeito dos crimes contra as finanças públicas, previstos no Código Penal Brasileiro, assinale a alternativa correta.

(A) São crimes próprios, pois só podem ser praticados por agentes públicos responsáveis pelas finanças públicas dos entes e órgãos públicos respectivos, não se admitindo coautoria ou participação.

(B) O crime de ordenar, autorizar ou realizar operação de crédito, com inobservância de limite estabelecido em lei ou resolução do Senado Federal, é norma penal em branco.

(C) O crime de contratação de operação de crédito sem prévia autorização legislativa é de ação penal pública condicionada à representação do presidente da casa legislativa desrespeitada.

(D) O não cancelamento de restos a pagar é crime de omissão imprópria.

(E) São puníveis a título de culpa.

05. (FGV - 2015 - TCM-SP - Agente de Fiscalização - Ciências Contábeis) O princípio da transparência fiscal traz a ideia de que toda atividade financeira deve se desenvolver com clareza e transparência, como forma de legitimação do Estado Social e Democrático de Direito. Visando dar aplicabilidade a esse princípio, a Lei nº 10.028/2000 introduziu os artigos 359-A até 359-H no Código Penal, trazendo os chamados Crimes contra as Finanças Públicas. Sobre o tema, é correto afirmar que o crime de:

(A) "contratação de operação de crédito" é classificado pela doutrina como tipo misto alternativo;

(B) "assunção de obrigação no último ano do mandato ou legislatura" proíbe que seja ordenada assunção de obrigação durante todo o último ano do mandato, se esta não puder ser paga no mesmo exercício financeiro;

(C) "ordenação de despesa não autorizada" é classificado pela doutrina como norma penal em preto;

(D) "prestação de garantia graciosa" é classificado pela doutrina como crime impróprio, já que o sujeito ativo não possui qualquer especial característica;

(E) "não cancelamento de restos a pagar" é classificado pela doutrina como modalidade de crime comissivo impróprio.

***GABARITO:** As respostas destes testes encontram-se no final do livro.*

2. INSCRIÇÃO DE DESPESAS NÃO EMPENHADAS EM RESTOS A PAGAR

Art. 359-B. Ordenar ou autorizar a inscrição em restos a pagar, de despesa que não tenha sido previamente empenhada ou que exceda limite estabelecido em lei:

Pena - detenção, de 6 (seis) meses a 2 (dois) anos.

Conforme art. 42 da Lei de Responsabilidade Fiscal: "É vedado ao titular de Poder ou órgão referido no art. 20, nos últimos dois quadrimestres do seu mandato, contrair obrigação de despesa que não possa ser cumprida integralmente dentro dele, ou que tenha parcelas a serem pagas no exercício seguinte sem que haja suficiente disponibilidade de caixa para este efeito.

Parágrafo único. Na determinação da disponibilidade de caixa serão considerados os encargos e despesas compromissadas a pagar até o final do exercício."

2.1. Tipicidade Objetiva

As condutas consistem em "ordenar" (determinar, impor, mandar) ou "autorizar" (permitir, facultar, viabilizar).

A Lei n. 4.320/64, que trata das normas gerais sobre Direito Financeiro, estabelece, em seu art. 36, que "consideram-se Restos a Pagar as despesas empenhadas mas não pagas até o dia 31 de dezembro distinguindo-se as processadas das não processadas". Por seu turno, a Lei de Responsabilidade Fiscal estatui em seu art. 42 que "É vedado ao titular de Poder ou órgão referido no art. 20, nos últimos dois quadrimestres do seu mandato, contrair obrigação de despesa que não possa ser cumprida integralmente dentro dele, ou que tenha parcelas a serem pagas no exercício seguinte sem que haja suficiente disponibilidade de caixa para este efeito".

2.2. Sujeitos

Sujeito ativo: o funcionário público responsável por ordenar ou autorizar a inscrição em restos a pagar.

Sujeito passivo: o Estado.

2.3. Objetos

Objeto jurídico: as finanças públicas.

Objeto material: a despesa (não empenhada ou que exceda o limite estabelecido em lei).

2.4. Elemento Subjetivo

É o dolo, consistente na vontade consciente de praticar as condutas. Não se exige o elemento subjetivo específico (especial finalidade no agir).

Não há previsão para a modalidade culposa.

2.5. Consumação e Tentativa

O crime estará consumado com a realização das condutas contidas no tipo. Não se exige a produção de um prejuízo financeiro para o Estado.

Admite-se a tentativa.

2.6. Ação Penal

A ação penal é pública incondicionada.

2.7. Pena

A pena prevista para o crime é de detenção de seis meses a dois anos. Logo, podemos concluir que:

a) É possível a transação penal (art. 76, Lei n. 9.099/95), pois se trata de infração penal de menor potencial ofensivo;

b) É possível a suspensão condicional do processo (art. 89, Lei n. 9.099/95), pois a pena mínima não ultrapassa um ano.

2.8. Classificação

O crime pode ser classificado como:

a) **Próprio** (exige qualidade especial do agente);

b) **Formal** (a consumação dispensa a produção de resultado naturalístico);

c) De **forma vinculada** (a Lei estabelece exigência para a forma de execução);

d) **Simples** (tutela apenas um bem jurídico);

e) **Comissivo**;

f) **Unissubjetivo** (pode haver ou não concurso de pessoas);

g) **Instantâneo**;

h) **Plurissubsistente** (a conduta pode ser fracionada) ou **unissubsistente** (a conduta não pode ser fracionada);

i) De **perigo**;

j) **Doloso**.

2.9. Quadro Sinótico

INSCRIÇÃO DE DESPESAS NÃO EMPENHADAS EM RESTO A PAGAR		
Tipicidade Objetiva	As condutas consistem em "ordenar" (determinar, impor, mandar) ou "autorizar" (permitir, facultar, viabilizar). A Lei n. 4.320/64, que trata das normas gerais sobre Direito Financeiro, estabelece, em seu art. 36, que "consideram-se Restos a Pagar as despesas empenhadas mas não pagas até o dia 31 de dezembro distinguindo-se as processadas das não processadas". Por seu turno, a Lei de Responsabilidade Fiscal estatui em seu art. 42 que "É vedado ao titular de Poder ou órgão referido no art. 20, nos últimos dois quadrimestres do seu mandato, contrair obrigação de despesa que não possa ser cumprida integralmente dentro dele, ou que tenha parcelas a serem pagas no exercício seguinte sem que haja suficiente disponibilidade de caixa para este efeito".	1
Sujeitos	**Sujeito ativo:** o funcionário público responsável por ordenar ou autorizar a inscrição em restos a pagar. **Sujeito passivo:** o Estado.	2
Objetos	**Objeto jurídico:** as finanças públicas. **Objeto material:** a despesa (não empenhada ou que exceda o limite estabelecido em lei).	3
Elemento Subjetivo	É o dolo. Não se exige o elemento subjetivo específico (especial finalidade no agir). Não há previsão para a modalidade culposa.	4
Consumação e Tentativa	O crime estará consumado com a realização das condutas contidas no tipo. Admite-se a tentativa.	5
Ação Penal	A ação penal é de iniciativa pública incondicionada.	6
Penas	A pena prevista para o crime é de detenção de seis meses a dois anos.	7
Classificação	a) **Próprio** (exige qualidade especial do agente); b) **Formal** (a consumação dispensa a produção de resultado naturalístico); c) De forma **vinculada** (a Lei estabelece exigência para a forma de execução); d) **Simples** (tutela apenas um bem jurídico); e) **Comissivo**; f) **Unissubjetivo** (pode haver ou não concurso de pessoas); g) **Instantâneo**; h) **Plurissubsistente** (a conduta pode ser fracionada) ou **unissubsistente** (a conduta não pode ser fracionada); i) De **perigo;** j) **Doloso**.	8

3. ASSUNÇÃO DE OBRIGAÇÃO NO ÚLTIMO ANO DO MANDATO OU LEGISLATURA

> **Art. 359-C.** Ordenar ou autorizar a assunção de obrigação, nos dois últimos quadrimestres do último ano do mandato ou legislatura, cuja despesa não possa ser paga no mesmo exercício financeiro ou, caso reste parcela a ser paga no exercício seguinte, que não tenha contrapartida suficiente de disponibilidade de caixa:
>
> Pena - reclusão, de 1 (um) a 4 (quatro) anos.

3.1. Tipicidade Objetiva

As condutas consistem em "ordenar" (determinar, impor, mandar) ou "autorizar" (permitir, facultar, viabilizar).

O crime ocorrerá quando o agente público ordenar ou autorizar a assunção de obrigação

a) Nos dois últimos quadrimestres do último ano do mandato ou legislatura cuja despesa não possa ser paga no mesmo exercício financeiro:

b) Nos dois últimos quadrimestres caso reste parcela a ser paga no exercício seguinte.

Como se percebe o objetivo do tipo penal é evitar que o gestor sacrifique as finanças públicas, comprometendo a atuação dos seus sucessores.

3.2. Sujeitos

Sujeito ativo: o funcionário público responsável por ordenar ou autorizar a assunção de obrigação.

Sujeito passivo: o Estado.

3.3. Objetos

Objeto jurídico: as finanças públicas.

Objeto material: a obrigação.

3.4. Elemento Subjetivo

É o dolo, consistente na vontade consciente de praticar as condutas. Não se exige o elemento subjetivo específico (especial finalidade no agir).

Não há previsão para a modalidade culposa.

3.5. Consumação e Tentativa

O crime estará consumado com a realização das condutas contidas no tipo. Não se exige a produção de um prejuízo financeiro para o Estado.

Admite-se a tentativa.

3.6. Ação Penal

A ação penal é pública incondicionada.

3.7. Pena

A pena prevista para o crime é de reclusão de um a quatro anos. Logo, podemos concluir que:

a) Não é possível a transação penal (art. 76, Lei n. 9.099/95), pois se trata de infração penal de menor potencial ofensivo;

b) É possível a suspensão condicional do processo (art. 89, Lei n. 9.099/95), pois a pena mínima não ultrapassa um ano.

3.8. Classificação

O crime pode ser classificado como:

a) **Próprio** (exige qualidade especial do agente);

b) **Formal** (a consumação dispensa a produção de resultado naturalístico);

c) De **forma vinculada** (a Lei estabelece exigência para a forma de execução);

d) **Simples** (tutela apenas um bem jurídico);

e) **Comissivo**;

f) **Unissubjetivo** (pode haver ou não concurso de pessoas);

g) **Instantâneo**;

h) **Plurissubsistente** (a conduta pode ser fracionada) ou **unissubsistente** (a conduta não pode ser fracionada);

i) De **perigo**;

j) **Doloso.**

3.9. Quadro Sinótico

ASSUNÇÃO DE OBRIGAÇÃO NO ÚLTIMO ANO DO MANDATO OU LEGISLATURA		
Tipicidade Objetiva	As condutas consistem em "ordenar" (determinar, impor, mandar) ou "autorizar" (permitir, facultar, viabilizar). O crime ocorrerá quando o agente público ordenar ou autorizar a assunção de obrigação **a)** Nos dois últimos quadrimestres do último ano do mandato ou legislatura cuja despesa não possa ser paga no mesmo exercício financeiro: **b)** Nos dois últimos quadrimestres caso reste parcela a ser paga no exercício seguinte.	1

Sujeitos	**Sujeito ativo:** o funcionário público responsável por ordenar ou autorizar a assunção de obrigação. **Sujeito passivo:** o Estado.	2
Objetos	**Objeto jurídico:** as finanças públicas. **Objeto material:** a obrigação.	3
Elemento Subjetivo	É o dolo. Não se exige o elemento subjetivo específico (especial finalidade no agir). Não há previsão para a modalidade culposa.	4
Consumação e Tentativa	O crime estará consumado com a realização das condutas contidas no tipo. Admite-se a tentativa.	5
Ação Penal	A ação penal é de iniciativa pública incondicionada.	6
Penas	A pena prevista para o crime é de reclusão de um a quatro anos.	7
Classificação	**a) Próprio** (exige qualidade especial do agente); **b) Formal** (a consumação dispensa a produção de resultado naturalístico); **c)** De forma **vinculada** (a Lei estabelece exigência para a forma de execução); **d) Simples** (tutela apenas um bem jurídico); **e) Comissivo**; **f) Unissubjetivo** (pode haver ou não concurso de pessoas); **g)** Instantâneo; **h) Plurissubsistente** (a conduta pode ser fracionada) ou **unissubsistente** (a conduta não pode ser fracionada); **i)** De **perigo**; **j) Doloso**.	8

4. ORDENAÇÃO DE DESPESA NÃO AUTORIZADA

Art. 359-D. Ordenar despesa não autorizada por lei:

Pena – reclusão, de 1 (um) a 4 (quatro) anos.

4.1. Tipicidade Objetiva

A conduta consiste em "ordenar" (determinar, impor, mandar), e diz respeito a despesa não autorizada por lei. Trata-se de norma penal em branco, porquanto é imprescindível conhecer o teor da lei que estabelecerá as despesas autorizadas.

4.2. Sujeitos

Sujeito ativo: o funcionário público responsável por ordenar a despesa.

Sujeito passivo: o Estado.

4.3. Objetos

Objeto jurídico: as finanças públicas.

Objeto material: a despesa ordenada.

4.4. Elemento Subjetivo

É o dolo, consistente na vontade consciente de praticar as condutas. Não se exige o elemento subjetivo específico (especial finalidade no agir).

Não há previsão para a modalidade culposa.

4.5. Consumação e Tentativa

O crime estará consumado com a realização da conduta contida no tipo. Não se exige a produção de um prejuízo financeiro para o Estado.

Admite-se a tentativa.

4.6. Ação Penal

A ação penal é pública incondicionada.

4.7. Pena

A pena prevista para o crime é de reclusão de um a quatro anos. Logo, podemos concluir que:

a) Não é possível a transação penal (art. 76, Lei n. 9.099/95), pois se trata de infração penal de menor potencial ofensivo;

b) É possível a suspensão condicional do processo (art. 89, Lei n. 9.099/95), pois a pena mínima não ultrapassa um ano.

4.8. Classificação

O crime pode ser classificado como:

a) **Próprio** (exige qualidade especial do agente);

b) **Formal** (a consumação dispensa a produção de resultado naturalístico);

c) De **forma vinculada** (a Lei estabelece exigência para a forma de execução);

d) **Simples** (tutela apenas um bem jurídico);

e) **Comissivo**;

f) **Unissubjetivo** (pode haver ou não concurso de pessoas);

g) **Instantâneo**;

h) **Plurissubsistente** (a conduta pode ser fracionada) ou **unissubsistente** (a conduta não pode ser fracionada);

i) De **perigo**;

j) **Doloso**.

4.9. Quadro Sinótico

ORDENAÇÃO DE DESPESA NÃO AUTORIZADA		
Tipicidade Objetiva	A conduta consiste em "ordenar" (determinar, impor, mandar), e diz respeito a despesa não autorizada por lei. Trata-se de norma penal em branco.	1
Sujeitos	**Sujeito ativo:** o funcionário público responsável por ordenar a despesa. **Sujeito passivo:** o Estado.	2
Objetos	**Objeto jurídico:** as finanças públicas. **Objeto material:** a despesa ordenada.	3
Elemento Subjetivo	É o dolo. Não se exige o elemento subjetivo específico (especial finalidade no agir). Não há previsão para a modalidade culposa.	4
Consumação e Tentativa	O crime estará consumado com a realização da conduta contida no tipo. Não se exige a produção de um prejuízo financeiro para o Estado. Admite-se a tentativa.	5
Ação Penal	A ação penal é de iniciativa pública incondicionada.	6
Penas	A pena prevista para o crime é de reclusão de um a quatro anos.	7
Classificação	**a)** **Próprio** (exige qualidade especial do agente); **b)** **Formal** (a consumação dispensa a produção de resultado naturalístico); **c)** De forma **vinculada** (a Lei estabelece exigência para a forma de execução); **d)** **Simples** (tutela apenas um bem jurídico); **e)** **Comissivo**; **f)** **Unissubjetivo** (pode haver ou não concurso de pessoas); **g)** **Instantâneo**; **h)** **Plurissubsistente** (a conduta pode ser fracionada) ou **unissubsistente** (a conduta não pode ser fracionada); **i)** De **perigo**; **j)** **Doloso**.	8

5. PRESTAÇÃO DE GARANTIA GRACIOSA

> **Art. 359-E.** Prestar garantia em operação de crédito sem que tenha sido constituída contragarantia em valor igual ou superior ao valor da garantia prestada, na forma da lei:
>
> Pena - detenção, de 3 (três) meses a 1 (um) ano.

5.1. Tipicidade Objetiva

O núcleo do tipo é o verbo "prestar", e diz respeito à garantia, no sentido de firmar compromisso, garantir, afiançar. A garantia, por seu lado, corresponde à operação de crédito, que, conforme definição do art. 29, III da Lei Complementar n. 101/2005 (Lei de Responsabilidade Fiscal), consiste em: "compromisso financeiro assumido em razão de mútuo, abertura de crédito, emissão e aceite de título, aquisição financiada de bens, recebimento antecipado de valores provenientes da venda a termo de bens e serviços, arrendamento mercantil e outras operações assemelhadas, inclusive com o uso de derivativos financeiros".

O crime ocorre quando o agente público presta a garantia em operação de crédito sem que tenha havido contragarantia em valor igual ou superior, o que pode ocasionar dano às finanças públicas.

5.2. Sujeitos

Sujeito ativo: o funcionário público responsável por prestar a garantia em operação de crédito.

Sujeito passivo: o Estado.

5.3. Objetos

Objeto jurídico: as finanças públicas.

Objeto material: a operação de crédito.

5.4. Elemento Subjetivo

É o dolo, consistente na vontade consciente de praticar as condutas. Não se exige o elemento subjetivo específico (especial finalidade no agir).

Não há previsão para a modalidade culposa.

5.5. Consumação e Tentativa

O crime estará consumado com a realização da conduta contida no tipo. Não se exige a produção de um prejuízo financeiro para o Estado.

Admite-se a tentativa.

5.6. Ação Penal

A ação penal é pública incondicionada.

5.7. Pena

A pena prevista para o crime é de detenção de três meses a um ano. Logo, podemos concluir que:

a) É possível a transação penal (art. 76, Lei n. 9.099/95), pois se trata de infração penal de menor potencial ofensivo;

b) É possível a suspensão condicional do processo (art. 89, Lei n. 9.099/95), pois a pena mínima não ultrapassa um ano.

5.8. Classificação

O crime pode ser classificado como:

a) **Próprio** (exige qualidade especial do agente);

b) **Formal** (a consumação dispensa a produção de resultado naturalístico);

c) De **forma vinculada** (a Lei estabelece exigência para a forma de execução);

d) **Simples** (tutela apenas um bem jurídico);

e) **Comissivo**;

f) **Unissubjetivo** (pode haver ou não concurso de pessoas);

g) **Instantâneo**;

h) **Plurissubsistente** (a conduta pode ser fracionada) ou **unissubsistente** (a conduta não pode ser fracionada);

i) De **perigo**;

5.9. Quadro Sinótico

PRESTAÇÃO DE GARANTIA GRACIOSA		
Tipicidade Objetiva	O núcleo do tipo é o verbo "prestar", e diz respeito à garantia, no sentido de firmar compromisso, garantir, afiançar. O crime ocorre quando o agente público presta a garantia em operação de crédito sem que tenha havido contragarantia em valor igual ou superior, o que pode ocasionar dano às finanças públicas.	1
Sujeitos	**Sujeito ativo:** o funcionário público responsável por prestar a garantia em operação de crédito. **Sujeito passivo:** o Estado.	2

Objetos	**Objeto jurídico:** as finanças públicas. **Objeto material:** a operação de crédito.	3
Elemento Subjetivo	É o dolo. Não se exige o elemento subjetivo específico (especial finalidade no agir). Não há previsão para a modalidade culposa.	4
Consumação e Tentativa	O crime estará consumado com a realização da conduta contida no tipo. Não se exige a produção de um prejuízo financeiro para o Estado. Admite-se a tentativa.	5
Ação Penal	A ação penal é de iniciativa pública incondicionada.	6
Pena	A pena prevista para o crime é de detenção de três meses a um ano.	7
Classificação	a) **Próprio** (exige qualidade especial do agente); b) **Formal** (a consumação dispensa a produção de resultado naturalístico); c) De forma **vinculada** (a Lei estabelece exigência para a forma de execução); d) **Simples** (tutela apenas um bem jurídico); e) **Comissivo**; f) **Unissubjetivo** (pode haver ou não concurso de pessoas); g) **Instantâneo**; h) **Plurissubsistente** (a conduta pode ser fracionada) ou **unissubsistente** (a conduta não pode ser fracionada); i) De **perigo**;	8

6. NÃO CANCELAMENTO DE RESTOS A PAGAR

> **Art. 359-F.** Deixar de ordenar, de autorizar ou de promover o cancelamento do montante de restos a pagar inscrito em valor superior ao permitido em lei:
>
> Pena - detenção, de 6 (seis) meses a 2 (dois) anos.

6.1. Tipicidade Objetiva

As condutas dizem respeito a "deixar de" (não fazer, abster-se) "ordenar" (determinar, impor, mandar), "autorizar" (permitir, facultar, viabilizar) ou "promover" (ensejar, dar causa). As condutas omissivas dizem respeito ao cancelamento do montante de restos a pagar inscrito em valor superior ao permitido em lei.

A Lei n. 4.320/64, que trata das normas gerais sobre Direito Financeiro, estabelece, em seu art. 36, que "consideram-se Restos a Pagar as despesas empenhadas mas não pagas até o dia 31 de dezembro distinguindo-se as processadas das não processadas".

6.2. Sujeitos

Sujeito ativo: o funcionário público responsável por ordenar, autorizar ou promover o cancelamento do montante de restos a pagar inscrito em valor superior ao permitido em lei.

Sujeito passivo: o Estado.

6.3. Objetos

Objeto jurídico: as finanças públicas.

Objeto material: a inscrição de restos a pagar

6.4. Elemento Subjetivo

É o dolo, consistente na vontade consciente de praticar as condutas. Não se exige o elemento subjetivo específico (especial finalidade no agir).

Não há previsão para a modalidade culposa.

6.5. Consumação e Tentativa

O crime estará consumado com a realização da conduta omissiva contida no tipo. Não se exige a produção de um prejuízo financeiro para o Estado.

Não se admite a tentativa, haja vista tratar-se de crime omissivo próprio, unissubsistente.

6.6. Ação Penal

A ação penal é pública incondicionada.

6.7. Pena

A pena prevista para o crime é de detenção de seis meses a dois anos. Logo, podemos concluir que:

a) É possível a transação penal (art. 76, Lei n. 9.099/95), pois se trata de infração penal de menor potencial ofensivo;

b) É possível a suspensão condicional do processo (art. 89, Lei n. 9.099/95), pois a pena mínima não ultrapassa um ano.

6.8. Classificação

O crime pode ser classificado como:

a) **Próprio** (exige qualidade especial do agente);

b) **Formal** (a consumação dispensa a produção de resultado naturalístico);

c) De **forma vinculada** (a Lei estabelece exigência para a forma de execução);

d) **Simples** (tutela apenas um bem jurídico);

e) **Omissivo**;

f) **Unissubjetivo** (pode haver ou não concurso de pessoas);

g) **Instantâneo**;

h) **Unissubsistente** (a conduta não pode ser fracionada);

i) De **perigo**;

j) **Doloso**.

6.9. Quadro Sinótico

NÃO CANCELAMENTO DE RESTOS A PAGAR		
Tipicidade Objetiva	As condutas dizem respeito a "deixar de" (não fazer, abster-se) "ordenar" (determinar, impor, mandar), "autorizar" (permitir, facultar, viabilizar) ou "promover" (ensejar, dar causa). As condutas omissivas dizem respeito ao cancelamento do montante de restos a pagar inscrito em valos superior ao permitido em lei.	1
Sujeitos	**Sujeito ativo:** o funcionário público responsável por ordenar, autorizar ou promover o cancelamento do montante de restos a pagar inscrito em valor superior ao permitido em lei. **Sujeito passivo:** o Estado.	2
Objetos	**Objeto jurídico:** as finanças públicas. **Objeto material:** a inscrição de restos a pagar.	3
Elemento Subjetivo	É o dolo. Não se exige o elemento subjetivo específico (especial finalidade no agir). Não há previsão para a modalidade culposa.	4
Consumação e Tentativa	O crime estará consumado com a realização da conduta omissiva contida no tipo. Não se exige a produção de um prejuízo financeiro para o Estado. Não se admite a tentativa.	5
Ação Penal	A ação penal é de iniciativa pública incondicionada.	6
Penas	A pena prevista para o crime é de detenção de seis meses a dois anos.	7
Classificação	a) **Próprio** (exige qualidade especial do agente); b) **Formal** (a consumação dispensa a produção de resultado naturalístico); c) **De forma vinculada** (a Lei estabelece exigência para a forma de execução); d) **Simples** (tutela apenas um bem jurídico); e) **Omissivo**; f) **Unissubjetivo** (pode haver ou não concurso de pessoas); g) **Instantâneo**; h) **Unissubsistente** (a conduta não pode ser fracionada); i) **De perigo;** j) **Doloso.**	8

7. AUMENTO DE DESPESA TOTAL COM PESSOAL NO ÚLTIMO ANO DO MANDATO OU LEGISLATURA

> **Art. 359-G.** Ordenar, autorizar ou executar ato que acarrete aumento de despesa total com pessoal, nos cento e oitenta dias anteriores ao final do mandato ou da legislatura:
>
> Pena – reclusão, de 1 (um) a 4 (quatro) anos.

7.1. Tipicidade Objetiva

As condutas dizem respeito a "ordenar" (determinar, impor, mandar), "autorizar" (permitir, facultar, viabilizar) ou "executar" (fazer, concretizar, realizar). As condutas dizem respeito a ato que acarrete aumento de despesa total com pessoal, o que poderia dificultar ou inviabilizar os mandatos subsequentes.

7.2. Sujeitos

Sujeito ativo: o funcionário público exercente de mandato, responsável por ordenar, autorizar ou executar ato que acarrete aumento de despesa total com pessoal.

Sujeito passivo: o Estado.

7.3. Objetos

Objeto jurídico: as finanças públicas.

Objeto material: o ato que enseja o aumento de despesa com pessoal.

7.4. Elemento Subjetivo

É o dolo, consistente na vontade consciente de praticar as condutas. Não se exige o elemento subjetivo específico (especial finalidade no agir).

Não há previsão para a modalidade culposa.

7.5. Consumação e Tentativa

O crime estará consumado com a realização da conduta contida no tipo. Não se exige a produção de um prejuízo financeiro para o Estado.

Admite-se a tentativa.

7.6. Ação Penal

A ação penal é pública incondicionada.

7.7. Pena

A pena prevista para o crime é de reclusão de um a quatro anos. Logo, podemos concluir que:

a) Não é possível a transação penal (art. 76, Lei n. 9.099/95), pois não se trata de infração penal de menor potencial ofensivo;

b) É possível a suspensão condicional do processo (art. 89, Lei n. 9.099/95), pois a pena mínima não ultrapassa um ano.

7.8. Classificação

O crime pode ser classificado como:

a) **Próprio** (exige qualidade especial do agente);

b) **Formal** (a consumação dispensa a produção de resultado naturalístico);

c) De **forma vinculada** (a Lei estabelece exigência para a forma de execução);

d) **Simples** (tutela apenas um bem jurídico);

e) **Comissivo**;

f) **Unissubjetivo** (pode haver ou não concurso de pessoas);

g) **Instantâneo**;

h) **Plurissubsistente** (a conduta pode ser fracionada) ou **unissubsistente** (a conduta não pode ser fracionada);

i) De **perigo**;

j) **Doloso**.

7.9. Quadro Sinótico

AUMENTO DE DESPESA TOTAL COM PESSOAL NO ÚLTIMO ANO DO MANDATO OU LEGISLATURA		
Tipicidade Objetiva	As condutas dizem respeito a "ordenar" (determinar, impor, mandar), "autorizar" (permitir, facultar, viabilizar) ou "executar" (fazer, concretizar, realizar). As condutas dizem respeito a ato que acarrete aumento de despesa total com pessoal, o que poderia dificultar ou inviabilizar os mandatos subsequentes.	1
Sujeitos	**Sujeito ativo:** o funcionário público exercente de mandato, responsável por ordenar, autorizar ou executar ato que acarrete aumento de despesa total com pessoal. **Sujeito passivo:** o Estado.	2
Objetos	**Objeto jurídico:** as finanças públicas. **Objeto material:** o ato que enseja o aumento de despesa com pessoal.	3
Elemento Subjetivo	É o dolo. Não se exige o elemento subjetivo específico (especial finalidade no agir). Não há previsão para a modalidade culposa.	4
Consumação e Tentativa	O crime estará consumado com a realização da conduta contida no tipo. Admite-se a tentativa.	5
Ação Penal	A ação penal é de iniciativa pública incondicionada.	6
Penas	A pena prevista para o crime é de reclusão de um a quatro anos.	7

Classificação	a) **Próprio** (exige qualidade especial do agente); b) **Formal** (a consumação dispensa a produção de resultado naturalístico); c) **De forma vinculada** (a Lei estabelece exigência para a forma de execução); d) **Simples** (tutela apenas um bem jurídico); e) **Comissivo**; 8 f) **Unissubjetivo** (pode haver ou não concurso de pessoas); g) **Instantâneo**; h) **Plurissubsistente** (a conduta pode ser fracionada) ou **unissubsistente** (a conduta não pode ser fracionada); i) **De perigo;** j) **Doloso.**

8. OFERTA PÚBLICA OU COLOCAÇÃO DE TÍTULOS NO MERCADO

Art. 359-H. Ordenar, autorizar ou promover a oferta pública ou a colocação no mercado financeiro de títulos da dívida pública sem que tenham sido criados por lei ou sem que estejam registrados em sistema centralizado de liquidação e de custódia:

Pena – reclusão, de 1 (um) a 4 (quatro) anos.

8.1. Tipicidade Objetiva

As condutas dizem respeito a "ordenar" (determinar, impor, mandar), "autorizar" (permitir, facultar, viabilizar) ou "promover" (ensejar, dar causa). As condutas recaem sobre a oferta pública ou a colocação no mercado financeiro de títulos da dívida pública sem que tenham sido criados por lei ou sem que estejam registrados em sistema centralizado de liquidação e de custódia.

Os títulos constituem a dívida pública mobiliária que, conforme definição do art. 29, II da Lei de Responsabilidade Fiscal é a "dívida pública representada por títulos emitidos pela União, inclusive os do Banco Central do Brasil, Estados e Municípios".

8.2. Sujeitos

Sujeito ativo: o funcionário público responsável por ordenar, autorizar ou promover a oferta pública ou a colocação no mercado financeiro de títulos da dívida pública.

Sujeito passivo: o Estado.

8.3. Objetos

Objeto jurídico: as finanças públicas.

Objeto material: os títulos da dívida pública.

8.4. Elemento Subjetivo

É o dolo, consistente na vontade consciente de praticar as condutas. Não se exige o elemento subjetivo específico (especial finalidade no agir).

Não há previsão para a modalidade culposa.

8.5. Consumação e Tentativa

O crime estará consumado com a realização da conduta contida no tipo. Não se exige a produção de um prejuízo financeiro para o Estado.

Admite-se a tentativa.

8.6. Ação Penal

A ação penal é pública incondicionada.

8.7. Pena

A pena prevista para o crime é de reclusão de um a quatro anos. Logo, podemos concluir que:

a) Não é possível a transação penal (art. 76, Lei n. 9.099/95), pois não se trata de infração penal de menor potencial ofensivo;

b) É possível a suspensão condicional do processo (art. 89, Lei n. 9.099/95), pois a pena mínima não ultrapassa um ano.

8.8. Classificação

O crime pode ser classificado como:

a) **Próprio** (exige qualidade especial do agente);

b) **Formal** (a consumação dispensa a produção de resultado naturalístico);

c) De **forma vinculada** (a Lei estabelece exigência para a forma de execução);

d) **Simples** (tutela apenas um bem jurídico);

e) **Comissivo**;

f) **Unissubjetivo** (pode haver ou não concurso de pessoas);

g) **Instantâneo**;

h) **Plurissubsistente** (a conduta pode ser fracionada) ou **unissubsistente** (a conduta não pode ser fracionada);

i) De **perigo**;

j) **Doloso**.

8.9. Quadro Sinótico

OFERTA PÚBLICA OU COLOCAÇÃO DE TÍTULOS NO MERCADO		
Tipicidade Objetiva	As condutas dizem respeito a "ordenar" (determinar, impor, mandar), "autorizar" (permitir, facultar, viabilizar) ou "promover" (ensejar, dar causa). As condutas recaem sobre a oferta pública ou a colocação no mercado financeiro de títulos da dívida pública sem que tenham sido criados por lei ou sem que estejam registrados em sistema centralizado de liquidação e de custódia.	1
Sujeitos	**Sujeito ativo:** o funcionário público responsável por ordenar, autorizar ou promover a oferta pública ou a colocação no mercado financeiro de títulos da dívida pública. **Sujeito passivo:** o Estado.	2
Objetos	**Objeto jurídico:** as finanças públicas. **Objeto material:** os títulos da dívida pública.	3
Elemento Subjetivo	É o dolo. Não se exige o elemento subjetivo específico (especial finalidade no agir). Não há previsão para a modalidade culposa.	4
Consumação e Tentativa	O crime estará consumado com a realização da conduta contida no tipo. Não se exige a produção de um prejuízo financeiro para o Estado. Admite-se a tentativa.	5
Ação Penal	A ação penal é de iniciativa pública incondicionada.	6
Pena	A pena prevista para o crime é de reclusão de um a quatro anos.	7
Classificação	**a) Próprio** (exige qualidade especial do agente); **b) Formal** (a consumação dispensa a produção de resultado naturalístico); **c) De forma vinculada** (a Lei estabelece exigência para a forma de execução); **d) Simples** (tutela apenas um bem jurídico); **e) Comissivo**; **f) Unissubjetivo** (pode haver ou não concurso de pessoas); **g) Instantâneo**; **h) Plurissubsistente** (a conduta pode ser fracionada) ou **unissubsistente** (a conduta não pode ser fracionada); **i) De perigo;** **j) Doloso.**	8

GABARITOS

Parte Especial

HOMICÍDIO

GABARITO ANOTADO

01 – C

Vide: ➢ Item 11: "Homicídio Qualificado".

02 – C

Vide: ➢ Item 11: "Homicídio Qualificado".

03 – D

Vide: ➢ Item 17.9: "Homicídio, eutanásia e institutos correlatos (distanásia, ortotanásia e mistanásia)".

04 – C

Vide: ➢ Item 12: "Homicídio qualificado – privilegiado", Item 11: "Homicídio Qualificado".

05 – B

Vide: ➢ Item 8: "Consumação e tentativa".

06 – D

Vide: ➢ Item 11: "Homicídio Qualificado".

07 – A

Vide: ➢ Item 11: "Homicídio Qualificado".

08 – D

Vide: ➢ Item 10: "Homicídio Privilegiado".

09 – B

Vide: ➢ Item 11: "Homicídio Qualificado".

10 – B

Vide: ➢ Item 17: "Homicídio Culposo".

QUESTÕES PARA TREINAR (SEM COMENTÁRIOS).

01	02	03	04	05
E	A	B	E	D

INDUZIMENTO, INSTIGAÇÃO OU AUXÍLIO A SUICÍDIO

GABARITO ANOTADO

01 - C

Vide: ➢ Item 1: "Considerações Iniciais".

02 - D

Vide: ➢ Item 8: "Aumento de Pena".

03 - E

Vide: ➢ Item 6: "Consumação e tentativa".

04 - D

Vide: ➢ Item 8: "Aumento de Pena".

05 - A

Vide: ➢ Item 8: "Aumento de Pena".

06 - C

Vide: ➢ Item 6: "Consumação e tentativa".

07 - E

Vide: Item 3: "Sujeitos".

08 - A

Vide: ➢ Item 8: "Aumento de Pena".

09 - D

Vide: ➢ Item 8: "Aumento de Pena"; Item 6: "Consumação e tentativa".

10 - D

Vide: ➢ Item 6: "Consumação e tentativa".

QUESTÕES PARA TREINAR (SEM COMENTÁRIOS)

01	02	03	04
E	E	A	B

INFANTICÍDIO

GABARITO ANOTADO

01 - D

Vide: ➢ Item 5: "Elemento Subjetivo".

02 - D

Vide: ➢ Item 1: "Considerações Iniciais".

03 - E

Vide: ➢ Item 1: "Considerações Iniciais".

04 - E

Vide: ➢ Item 1: "Considerações Iniciais".

05 - A

Vide: ➢ Item 5: "Elemento Subjetivo".

06 - B

Vide: ➢ Item 5: "Elemento Subjetivo".

07 - A

Vide: ➢ Item 8: "Estado Puerperal".

ABORTO

GABARITO ANOTADO

01 - D

Vide: ➢ Item 4: "Objetos".

02 - A

Vide: ➢ Item 8: "Crimes de Aborto em espécie".

03 - B

Vide: ➢ Item 6: "Consumação e tentativa".

04 - C

Vide: ➢ Item 12: "Penas".

05 - E

Vide: ➢ Item 8: "Crimes de Aborto em espécie".

06 - B

Vide: ➢ Item 10: "Aborto Permitido".

07 - A

Vide: ➢ Item 10: "Aborto Permitido".

08 - B

Vide: ➢ Item 2: "Tipicidade Objetiva".

09 - A

Vide: ➢ Item 5: "Elemento Subjetivo".

10 - C

Vide: ➢ Item 10: "Aborto Permitido".

QUESTÕES PARA TREINAR (SEM COMENTÁRIOS)

01	02	03	04	05
B	B	A	B	E

LESÃO CORPORAL

GABARITO ANOTADO

01 - C

Vide: ➢ Item 9.2.3: "Lesão corporal de natureza gravíssima: art. 129, §2°, CP".

02 - D

Vide: ➢ Item 10.3: "Lesão corporal culposa e perdão judicial (art. 129, §8°, CP)".

03 - E

Vide: ➢ Item 10: "Lesão Corporal Culposa (art. 129, §6°, CP)".

04 - D

Vide: ➢ Item 10.1: "Lesão corporal culposa e causa de aumento de pena (art. 129, §7°, CP)".

05 - E

Vide: ➢ Item 9.2.2: "Lesão corporal de natureza grave (em sentido estrito): art. 129, §1°, CP".

06 - C

Vide: ➢ Item 6: "Elemento Subjetivo".

07 - C

Vide: ➢ Item 9.2.2: "Lesão corporal de natureza grave (em sentido estrito): art. 129, §1°, CP".

08 - B

Vide: ➢ Item 10: "Lesão Corporal Culposa (art. 129, §6°, CP)".

09 - E

Vide: ➢ Item 9.5: "Lesão Corporal leve e substituição da pena (art. 129, § 5°, CP)".

10 - C

Vide: ➢ Item 9.3: "Lesão Corporal seguida de morte (Art. 129, §3° CP)".

QUESTÕES PARA TREINAR (SEM COMENTÁRIOS)

01	02	03	04	05
C	D	E	D	B

PERIGO DE CONTÁGIO VENÉREO

GABARITO ANOTADO

01 - B

Vide: ➢ Item 6: "Consumação e tentativa".

02 - C

Vide: ➢ Item 6: "Consumação e tentativa".

03 - D

Vide: ➢ Item 5: "Elemento Subjetivo".

PERIGO PARA A VIDA OU SAÚDE DE OUTREM

GABARITO ANOTADO

01 - C

Vide: ➢ Item 8: "Causa de aumento de Pena".

ABANDONO DE INCAPAZ

GABARITO ANOTADO

01 - C

Vide: ➢ Item 1: "Considerações Iniciais".

02 - D

Vide: ➢ Item 5: "Elemento Subjetivo".

03 - D

Vide: ➢ Item 5: "Elemento Subjetivo".

EXPOSIÇÃO OU ABANDONO DE RECÉM - NASCIDO

GABARITO ANOTADO

01 - E

Vide: ➢ Item 6: "Consumação e Tentativa".

02 - A

Vide: ➢ Item 3: "Sujeitos".

OMISSÃO DE SOCORRO

GABARITO ANOTADO

01 - E

Vide: ➢ Item 6: "Consumação e Tentativa".

02 - E

Vide: ➢ Item 1: "Considerações Iniciais".

03 - C

Vide: ➢ Item 6: "Consumação e Tentativa".

03 - C

Vide: ➢ Item 1: "Considerações Iniciais".

CONDICIONAMENTO DE ATENDIMENTO MÉDICO-EMERGENCIAL HOSPITALAR

GABARITO ANOTADO

01 - E

Vide: ➢ Item 2: "Tipicidade Objetiva".

02 - B

Vide: ➢ Item 2: "Tipicidade Objetiva".

MAUS-TRATOS

GABARITO ANOTADO

01 - D

Vide: ➢ Item 9: "Causas de Aumento de Pena".

RIXA

GABARITO ANOTADO

01 - C

Vide: ➢ Item 1: "Considerações Iniciais".

02 - B

Vide: ➢ Item 10: "Classificação".

03 - E

Vide: ➢ Item 5: "Elemento Subjetivo".

04 - C

Vide: ➢ Item 6: "Consumação e Tentativa".

05 - C

Vide: ➢ Item 8: "Qualificadoras".

CALÚNIA

GABARITO ANOTADO

01 - E

Vide: ➢ Item 5: "Elemento Subjetivo".

02 - A

Vide: ➢ Item 1: "Considerações Iniciais"; Item 8: "Exceção da Verdade".

03 - C

Vide: ➢ Item 1: "Considerações Iniciais".

04 - D

Vide: ➢ Item 1: "Considerações Iniciais".

05 - C

Vide: ➢ Item 8: "Exceção da Verdade".

QUESTÕES PARA TREINAR (SEM COMENTÁRIOS)

01	02	03
D	D	D

DIFAMAÇÃO

GABARITO ANOTADO

01 - C

Vide: ➢ Item 8: "Exceção da Verdade".

02 - C

Vide: ➢ Item 8: "Exceção da Verdade".

03 - B

Vide: ➢ Item 8: "Exceção da Verdade".

04 - C

Vide: ➢ Item 1: "Considerações Iniciais".

05 - A

Vide: ➢ Item 8: "Exceção da Verdade"

QUESTÕES PARA TREINAR (SEM COMENTÁRIOS)

01	02	03	04
E	E	B	B

INJÚRIA

GABARITO ANOTADO

01 - D

Vide: ➢ Item 1: "Considerações Iniciais".

02 - A

Vide: ➢ Item 7: "Consumação e tentativa".

03 - C

Vide: ➢ Item 1: "Considerações Iniciais".

04 - A

Vide: ➢ Item 10.2: "Injúria preconceituosa (art. 140, §3°, CP)".

05 - E

Vide: ➢ Item 10.1: "Injúria Real (art. 140, §2°, CP)".

06 - B

Vide: ➢ Item 1: "Considerações Iniciais".

07 - C

Vide: ➢ Item 7: "Consumação e tentativa".

08 - A

Vide: ➢ Item 10.2: "Injúria preconceituosa (art. 140, §3°, CP)".

09 - E

Vide: ➢ Item 10.2: "Injúria preconceituosa (art. 140, §3°, CP)".

QUESTÕES PARA TREINAR (SEM COMENTÁRIOS)

01	02	03	04	05
D	E	C	B	B

CONSTRANGIMENTO ILEGAL

GABARITO ANOTADO

01 - D

Vide: ➢ Item 1: "Considerações Iniciais".

02 - E

Vide: ➢ Item 6: "Consumação e tentativa".

03 - B

Vide: ➢ Item 1: "Considerações Iniciais".

04 - C

Vide: ➢ Item 10: "Causas de Exclusão do Crime".

05 - D

Vide: ➢ Item 1: "Considerações Iniciais".

06 - D

Vide: ➢ Item 1: "Considerações Iniciais".

07 - D

Vide:
- Item 3: "Sujeitos";
- Item 5: "Elemento Subjetivo".

08 - D

Vide:
- Item 9: "Cúmulo Material".

09 - C

Vide:
- Item 8: "Causas de aumento de pena".

07 - A

Vide: Item 5: "Elemento Subjetivo".

AMEAÇA

GABARITO ANOTADO

01 - A

Vide:
- Item 1: "Considerações Iniciais".

02 - C

Vide:
- Item 7: "Ação Penal".

03 - B

Vide:
- Item 1: "Considerações Iniciais".

04 - D

Vide:
- Item 1: "Considerações Iniciais".

SEQUESTRO E CÁRCERE PRIVADO

GABARITO ANOTADO

01 - C

Vide:
- Item 8: "Qualificadoras".

02 - C

Vide:
- Item 11: "Classificação".

03 - B

Vide:
- Item 11: "Classificação".

04 - E

Vide:
- Item 11: "Classificação";
- Item 8: "Qualificadoras".

05 - E

Vide:
- Item 5: "Elemento Subjetivo".

06 - C

Vide:
- Item 2: "Tipicidade Objetiva";
- Item 3: "Sujeitos".

07 - A

Vide:
- Item 5: "Elemento Subjetivo";
- Item 6: "Consumação e Tentativa".

08 - C

Vide:
- Item 1: "Considerações Iniciais".

REDUÇÃO A CONDIÇÃO ANÁLOGA À DE ESCRAVO

GABARITO ANOTADO

01 - D

Vide: ➢ Item 1: "Considerações Iniciais".

02 - A

Vide: ➢ Item 7: "Consumação e tentativa".

03 - C

Vide: ➢ Item 1: "Considerações Iniciais".

04 - A

Vide: ➢ Item 10.2: "Injúria preconceituosa (art. 140, §3°, CP)".

05 - E

Vide: ➢ Item 10.1: "Injúria Real (art. 140, §2°, CP)".

06 - B

Vide: ➢ Item 1: "Considerações Iniciais".

QUESTÕES PARA TREINAR (SEM COMENTÁRIOS)

01	02	03	04	05	06
D	E	E	B	B	D

TRÁFICO DE PESSOAS

GABARITO ANOTADO

01 - C

Vide: ➢ Item 2: "Tipicidade Objetiva".

02 - D

Vide: ➢ Item 12: "Classificação".

03 - B

Vide: ➢ Item 2: "Tipicidade Objetiva".

04 - C

Vide: ➢ Item 2: "Tipicidade Objetiva".

05 - C

Vide: ➢ Item 1: "Considerações Iniciais".

VIOLAÇÃO DE DOMICÍLIO

GABARITO ANOTADO

01 - A

Vide: ➢ Item 2: "Tipicidade Objetiva".

02 - C

Vide: ➢ Item 9: "Causas de aumento de pena".

03 -C

Vide: ➢ Item 13: "Classificação".

04 - E

Vide: Item 11: "Elemento Normativo".

INVASÃO DE DISPOSITIVO INFORMÁTICO

GABARITO ANOTADO

01 - E

Vide: ➢ Item 7: "Ação Penal".

02 - B

Vide: ➢ Item 9: "Qualificadoras";
➢ Item 12: "Classificação".

03 - D

Vide: ➢ Item 4: "Objetos".

04 - D

Vide: ➢ Item 7: "Ação Penal".

05 - C

Vide: ➢ Item 11: "Penas".

06 - C

Vide: ➢ Item 2: "Tipicidade Objetiva".

07 - B

Vide: Item 2: "Tipicidade Objetiva".

FURTO

GABARITO ANOTADO

01 - E

Vide: ➢ Item 6: "Consumação e Tentativa".

02 - E

Vide: ➢ Item 2: "Tipicidade Objetiva".

03 - C

Vide: ➢ Item 4: "Objeto".

04 - B

Vide: ➢ Item 10.1: "Furto Qualificado-privilegiado".

05 - E

Vide: ➢ Item 2: "Tipicidade Objetiva".

06 - E

Vide: ➢ Item 6: "Consumação e tentativa".

07 - C

Vide: ➢ Item 8: "Causa de Aumento de Pena".

08 - A

Vide: ➢ Item 7: "Ação Penal".

09 - A

Vide: ➢ Item 6: "Consumação e tentativa".
➢ Item 10.1: "Furto Qualificado-Privilegiado".

10 - C

Vide: ➢ Item 6: "Consumação e tentativa".

QUESTÕES PARA TREINAR (SEM COMENTÁRIOS)

01	02	03	04	05
D	C	A	D	E

ROUBO

GABARITO ANOTADO

01 - A

Vide: ➢ Item 9: "Qualificadoras".

02 - C

Vide: ➢ Item 9: "Qualificadoras".

03 - E

Vide: ➢ Item 6: "Consumação e tentativa".

04 - D

Vide: ➢ Item 8: "Causas de aumento de pena".

05 - A

Vide: ➢ Item 8: "Causas de aumento de pena".

06 - E

Vide: ➢ Item 8: "Causas de aumento de pena".

07 - E

Vide: ➢ Item 6: "Consumação e tentativa".

08 - C

Vide: ➢ Item 8: "Causas de aumento de pena".

09 - A

Vide: ➢ Item 8: "Causas de aumento de pena".

10 - A

Vide: ➢ Item 9: "Qualificadoras".

QUESTÕES PARA TREINAR (SEM COMENTÁRIOS)

01	02	03	04	05
C	C	A	C	D

EXTORSÃO MEDIANTE SEQUESTRO

GABARITO ANOTADO

01 - A

Vide: ➢ Item 8: "Qualificadoras".

02 - E

Vide: ➢ Item 9: "Delação Premiada e causa de diminuição de pena".

03 - B

Vide: ➢ Item 1: "Considerações Iniciais".
➢ Item 6: "Consumação e tentativa".

04 - E

Vide: ➢ Item 8: "Qualificadoras".

05 - D

Vide: ➢ Item 9: "Delação Premiada e causa de diminuição de pena".

06 - A

Vide: Item 9: "Delação Premiada e causa de diminuição de pena".

DANO

GABARITO ANOTADO

01 - E

Vide: ➢ Item 8: "Qualificadoras".

02 - B

Vide: ➢ Item 4: "Objetos".

03 - E

Vide: ➢ Item 8: "Qualificadoras".

04 - E

Vide: ➢ Item 8: "Qualificadoras".

05 - E

Vide: ➢ Item 5: "Elemento Subjetivo".

APROPRIAÇÃO INDÉBITA

GABARITO ANOTADO

01 - D

Vide: ➢ Item 2: "Tipicidade Objetiva".

02 - C

Vide: ➢ Item 4: "Objetos".

03 - D

Vide: ➢ Item 2: "Tipicidade objetiva".

APROPRIAÇÃO INDÉBITA PREVIDENCIÁRIA

GABARITO ANOTADO

01 - C

Vide: ➢ Item 1: "Considerações Iniciais".

02 - C

Vide: ➢ Item 1: "Considerações Iniciais".

03 - D

Vide: ➢ Item 9: "Classificação".

04 - A

Vide: Item 1: "Considerações Iniciais".

ESTELIONATO

GABARITO ANOTADO

01 - E

Vide: ➢ Item 2: "Tipicidade objetiva".

02 - C

Vide: ➢ Item 2: "Tipicidade objetiva".

03 - B

Vide: ➢ Item 2: "Tipicidade objetiva".

RECEPTAÇÃO

GABARITO ANOTADO

01 - C

Vide: ➢ Item 8: "Qualificadora".

02 - C

Vide: ➢ Item 6: "Consumação e tentativa".

03 - B

Vide: ➢ Item 8: "Qualificadora".

04 - E

Vide: ➢ Item 2: "Tipicidade objetiva".

05 - A

Vide: ➢ Item 5: "Elemento Subjetivo".

06 - A

Vide: ➢ Item 2: "Tipicidade Objetiva".

07 - C

Vide: ➢ Item 2: "Tipicidade Objetiva".
➢ Item 5: "Elemento Subjetivo".

08 - C

Vide: ➢ Item 10: "Perdão judicial".

09 - D

Vide: ➢ Item 5: "Elemento Subjetivo".

10 - A

Vide: ➢ Item 5: "Elemento Subjetivo".
➢ Item 6: "Consumação e tentativa".

VIOLAÇÃO DE DIREITO AUTORAL

QUESTÕES PARA TREINAR (SEM COMENTÁRIOS)

01	02	03
D	A	C

ATENTADO CONTRA A LIBERDADE DE TRABALHO

QUESTÕES PARA TREINAR (SEM COMENTÁRIOS)

01	02	03	04
A	E	E	C

ATENTADO CONTRA A LIBERDADE DE CONTRATO E BOICOTAGEM VIOLENTA

QUESTÕES PARA TREINAR (SEM COMENTÁRIOS)

01	02	03
E	A	B

PARALISAÇÃO DE TRABALHO, SEGUIDA DE VIOLÊNCIA OU PERTURBAÇÃO DA ORDEM

GABARITO ANOTADO

01 - C

Vide: ➢ Item 2: "Tipicidade objetiva".

02 - A

Vide: ➢ Item 3: "Sujeitos".

03 - B

Vide: ➢ Item 5: "Elemento subjetivo".

04 - C

Vide: ➢ Item 5: "Elemento subjetivo".

05 - B

Vide: ➢ Item 3: "Sujeitos".

INVASÃO DE ESTABELECIMENTO INDUSTRIAL, COMERCIAL OU AGRÍCOLA, SABOTAGEM

GABARITO ANOTADO

01 - D

Vide: ➢ Item 6: "Consumação e Tentativa".

02 - C

Vide: ➢ Item 6: "Consumação e Tentativa".

03 - A

Vide: ➢ Item 2: "Tipicidade Objetiva".

04 - D

Vide: ➢ Item 2: "Tipicidade Objetiva".
➢ Item 6: "Consumação e tentativa".

FRUSTRAÇÃO DE DIREITO ASSEGURADO POR LEI TRABALHISTA

GABARITO ANOTADO

01 - B

Vide: ➢ Item 3: "Sujeitos".

02 - D

Vide: ➢ Item 9: "Classificação".

03 - D

Vide: ➢ Item 3: "Sujeitos".

04 - A

Vide: Item 2: "Tipicidade Objetiva".

ALICIAMENTO PARA O FIM DE EMIGRAÇÃO

GABARITO ANOTADO

01 - A

Vide: ➢ Item 1: "Considerações Iniciais".

02 - C

Vide: ➢ Item 4: "Objetos".

03 - A

Vide: Item 2: "Tipicidade objetiva".

ALICIAMENTO DE TRABALHADORES DE UM LOCAL PARA OUTRO DO TERRITÓRIO NACIONAL

GABARITO ANOTADO

01 - D

Vide: ➢ Item 2: "Tipicidade objetiva".

02 - C

Vide: ➢ Item 6: "Consumação e tentativa".

03 - D

Vide: ➢ Item 8: "Pena".

04 - C

Vide: Item 2: "Tipicidade objetiva".

ULTRAJE A CULTO E IMPEDIMENTO OU PERTURBAÇÃO DE ATO A ELE RELATIVO

GABARITO ANOTADO

01 - A

Vide: ➢ Item 2: "Tipicidade objetiva".

02 - C

Vide: ➢ Item 2: "Tipicidade objetiva".

IMPEDIMENTO OU PERTURBAÇÃO DE CERIMÔNIA FUNERÁRIA

GABARITO ANOTADO

01 - D

Vide: ➢ Item 1: "Considerações Iniciais".

02 - C

Vide: ➢ Item 5: "Elemento subjetivo".

DESTRUIÇÃO, SUBTRAÇÃO OU OCULTAÇÃO DE CADÁVER

GABARITO ANOTADO

01 - C

Vide: ➢ Item 2: "Tipicidade objetiva".

02 - D

Vide: ➢ Item 3: "Sujeitos".

VILIPÊNDIO A CADÁVER

GABARITO ANOTADO

01 - B

Vide: ➢ Item 1: "Considerações Iniciais".
➢ Item 8: "Penas".

02 - A

Vide: ➢ Item 2: "Tipicidade Objetiva".

03 - A

Vide: Item 2: "Tipicidade Objetiva".

ESTUPRO

GABARITO ANOTADO

01 - E

Vide: ➢ Item 2: "Tipicidade Objetiva".

02 - B

Vide: ➢ Item 2: "Tipicidade Objetiva".
➢ Item 1: "Considerações Iniciais".

03 - A

Vide: ➢ Item 6: "Consumação e Tentativa".

04 - C

Vide: ➢ Item 2: "Tipicidade Objetiva".

05 - E

Vide: ➢ Item 7: "Ação Penal".

06 - D

Vide: ➢ Item 2: "Tipicidade Objetiva".

07 - A

Vide: ➢ Item 1: "Considerações Iniciais".

08 - C

Vide: Item 3: "Sujeitos".

ESTUPRO DE VULNERÁVEL

GABARITO ANOTADO

01 - D

Vide: ➢ Item 2: "Tipicidade Objetiva".

02 - C

Vide: ➢ Item 3: "Sujeitos".

03 - D

Vide: ➢ Item 2: "Tipicidade Objetiva".

04 - A

Vide: ➢ Item 1: "Considerações Iniciais".

05 - C

Vide: ➢ Item 2: "Tipicidade Objetiva".

06 - A

Vide: ➢ Item 1: "Considerações Iniciais".

07 - C

Vide: ➢ Item 2: "Tipicidade Objetiva".

08 - C

Vide: ➢ Item 7: "Ação Penal".

09 - A

Vide: ➢ Item 2: "Tipicidade Objetiva".
➢ Item 9: "Classificação".

10 - C

Vide: Item 2: "Tipicidade Objetiva".

BIGAMIA

GABARITO ANOTADO

01 - B

Vide: ➢ Item 1: "Considerações Iniciais".

02 - D

Vide: ➢ Item 1: "Considerações Iniciais".

03 - A

Vide: ➢ Item 1: "Considerações Iniciais".

04 - A

Vide: ➢ Item 1: "Considerações Iniciais".

05 - C

Vide: ➢ Item 9: "Classificação".

PARTO SUPOSTO. SUPRESSÃO OU ALTERAÇÃO DE DIREITO INERENTE AO ESTADO CIVIL DE RECÉM-NASCIDO

QUESTÕES PARA TREINAR (SEM COMENTÁRIOS)

01	02	03	04
C	B	E	D

INCÊNDIO

GABARITO ANOTADO

01 - C

Vide: ➢ Item 6: "Consumação e Tentativa".
➢ Item 1: "Considerações Iniciais".
➢ Item 4: "Objetos".

02 - C

Vide: ➢ Item 1: "Considerações Iniciais".

03 - D

Vide: ➢ Item 1: "Considerações Iniciais".

04 - C

Vide: ➢ Item 1: "Considerações Iniciais".

EXPLOSÃO

GABARITO ANOTADO

01 - D

Vide: ➢ Item 2: "Tipicidade Objetiva".

02 - D

Vide: ➢ Item 5: "Elemento Subjetivo".

03 - E

Vide: ➢ Item 2: "Tipicidade Objetiva".
➢ Item 1: "Considerações Iniciais".

04 - A

Vide: ➢ Item 1: "Considerações Iniciais".

ASSOCIAÇÃO CRIMINOSA

GABARITO ANOTADO

01 - D

Vide: ➢ Item 6: “Consumação e tentativa”.

02 - D

Vide: ➢ Item 4: “Objetos”.

03 - B

Vide: ➢ Item 3: “Elemento Subjetivo”.

04 - E

Vide: ➢ Item 1: “Considerações Iniciais”.

05 - E

Vide: ➢ Item 6: “Consumação e tentativa”.

06 - D

Vide: ➢ Item 6: “Consumação e tentativa”.

07 - C

Vide: ➢ Item 1: “Considerações Iniciais”.

08 - B

Vide: ➢ Item 1: “Considerações Iniciais”.

09 - D

Vide: ➢ Item 6: “Consumação e tentativa”.

10 - C

Vide: Item 1: “Considerações Iniciais”.

MOEDA FALSA

GABARITO ANOTADO

01 - A

Vide: ➢ Item 6: “Consumação e Tentativa”.

02 - E

Vide: ➢ Item 1: “Considerações Iniciais”.

03 - C

Vide: ➢ Item 2: “Tipicidade Objetiva”.

04 - C

Vide: ➢ Item 6: “Consumação e tentativa”.

05 - B

Vide: Item 2: “Tipicidade Objetiva”.

PETRECHOS PARA FALSIFICAÇÃO DE MOEDA

GABARITO ANOTADO

01 - A

Vide: ➢ Item 2: “Tipicidade Objetiva”.

02 - D

Vide: ➢ Item 2: "Tipicidade Objetiva".

03 - E

Vide: Item 2: "Tipicidade Objetiva".

FALSIFICAÇÃO DE DOCUMENTO PÚBLICO

GABARITO ANOTADO

01 - C

Vide: ➢ Item 4: "Objetos".

02 - D

Vide: ➢ Item 1: "Considerações Iniciais".

03 - B

Vide: ➢ Item 2: "Tipicidade Objetiva".

04 - E

Vide: ➢ Item 2: "Tipicidade Objetiva".

05 - A

Vide: ➢ Item 6: "Consumação e tentativa".

06 - A

Vide: ➢ Item 2: "Tipicidade Objetiva".

FALSIFICAÇÃO DE DOCUMENTO PARTICULAR

GABARITO ANOTADO

01 - B

Vide: ➢ Item 4: "Objetos".

02 - B

Vide: ➢ Item 2: "Tipicidade Objetiva".

03 - D

Vide: ➢ Item 4: "Objeto".

04 - A

Vide: ➢ Item 2: "Tipicidade Objetiva".

05 - B

Vide: ➢ Item 2: "Tipicidade Objetiva".

06 - A

Vide: Item 2: "Tipicidade Objetiva".

FALSIDADE IDEOLÓGICA

GABARITO ANOTADO

01 - E

Vide: ➢ Item 2: "Tipicidade Objetiva".

02 - A

Vide: ➢ Item 2: "Tipicidade Objetiva".

03 - E

Vide: ➢ Item 9: "Classificação".

04 - E

Vide: ➢ Item 2: "Tipicidade Objetiva".

05 - E

Vide: ➢ Item 2: "Tipicidade Objetiva".

USO DE DOCUMENTO FALSO

GABARITO ANOTADO

01 - C

Vide: ➢ Item 2: "Tipicidade Objetiva".

02 - C

Vide: ➢ Item 8: "Penas".

03 - A

Vide: ➢ Item 1: "Considerações Iniciais".
➢ Item 9: "Classificação".

04 - B

Vide: ➢ Item 2: "Tipicidade Objetiva".

SUPRESSÃO DE DOCUMENTO

GABARITO ANOTADO

01 - B

Vide: ➢ Item 2: "Tipicidade Objetiva".

02 - A

Vide: ➢ Item 4: "Objetos".

03 - D

Vide: ➢ Item 1: "Considerações Iniciais".

04 - C

Vide: ➢ Item 2: "Tipicidade Objetiva".

05 - A

Vide: ➢ Item 2: "Tipicidade Objetiva".

FALSA IDENTIDADE

GABARITO ANOTADO

01 - E

Vide: ➢ Item 3: "Sujeitos".

02 - C

Vide: ➢ Item 1: "Considerações Iniciais".

03 - C

Vide: ➢ Item 1: "Considerações Iniciais".

04 - C

Vide: Item 1: "Considerações Iniciais".

CONCEITO DE FUNCIONÁRIO PÚBLICO

QUESTÕES PARA TREINAR

01	02	03	04	05
B	C	C	E	D

PECULATO

GABARITO ANOTADO

01 - D

Vide: ➢ Item 1: "Considerações Iniciais".
➢ Item 5: "Elemento Subjetivo".
➢ Item 6: "Consumação e tentativa".

02 - B

Vide: ➢ Item 1: "Considerações Iniciais".
➢ Item 5: "Elemento Subjetivo".
➢ Item 6: "Consumação e tentativa".

03 - C

Vide: ➢ Item 4: "Objetos".

04 - C

Vide: ➢ Item 1: "Considerações Iniciais".

05 - A

Vide: ➢ Item 6: "Consumação e tentativa".

06 - B

Vide: ➢ Item 5: "Elemento Subjetivo".

07 - B

Vide: ➢ Item 5: "Elemento Subjetivo".

08 - C

Vide: ➢ Item 3: "Sujeitos".

09 - E

Vide: ➢ Item 1: "Considerações Iniciais".
➢ Item 6: "Consumação e tentativa".

10 - C

Vide: ➢ Item 5: "Elemento Subjetivo".

CONCUSSÃO

GABARITO ANOTADO

01 - C

Vide: ➢ Item 2: "Tipicidade objetiva".

02 - C

Vide: ➢ Item 2: "Tipicidade objetiva".

03 - B

Vide: ➢ Item 2: "Tipicidade objetiva".

04 - C

Vide: ➢ Item 6: "Consumação e tentativa".

05 - D

Vide: ➢ Item 2: "Tipicidade objetiva".

06 - E

Vide: ➢ Item 2: "Tipicidade objetiva".

07 - D

Vide: ➢ Item 6: "Consumação e tentativa".

08 - A

Vide: ➢ Item 2: "Tipicidade objetiva".

09 - E

Vide: ➢ Item 2: "Tipicidade objetiva".

10 - E

Vide: ➢ Item 2: "Tipicidade objetiva".

CORRUPÇÃO PASSIVA

GABARITO ANOTADO

01 - A

Vide: ➢ Item 11: "Informativos recentes".

02 - A

Vide: ➢ Item 1: "Considerações Iniciais".

03 - C

Vide: ➢ Item 2: "Tipicidade objetiva".

04 - C

Vide: ➢ Item 2: "Tipicidade objetiva".

05 - E

Vide: ➢ Item 2: "Tipicidade objetiva".

06 - D

Vide: ➢ Item 1: "Considerações iniciais".

07 - E

Vide: ➢ Item 8: "Pena".

08 - E

Vide: ➢ Item 2: "Tipicidade objetiva".

09 - B

Vide: ➢ Item 1: "Considerações iniciais".

10 - E

Vide: ➢ Item 1: "Considerações iniciais".

PREVARICAÇÃO

GABARITO ANOTADO

01 - E

Vide: ➢ Item 5: "Elemento subjetivo".

02 - D

Vide: ➢ Item 1: "Considerações iniciais".
➢ Item 2: "Tipicidade objetiva".

03 - E

Vide: ➢ Item 9: "Classificação".
➢ Item 3: "Sujeitos".

04 - B

Vide: ➢ Item 1: "Considerações iniciais".
➢ Item 2: "Tipicidade objetiva".

05 - B

Vide: ➢ Item 1: "Considerações iniciais".
➢ Item 2: "Tipicidade objetiva".

CONDESCENDÊNCIA CRIMINOSA

GABARITO ANOTADO

01 - D

Vide: ➢ Item 1: "Considerações Iniciais".
➢ Item 2: "Tipicidade objetiva".

02 - E

Vide: ➢ Item 1: "Considerações Iniciais".
➢ Item 2: "Tipicidade objetiva".

03 - A

Vide: ➢ Item 1: "Considerações Iniciais".
➢ Item 2: "Tipicidade objetiva".

04 - B

Vide: ➢ Item 1: "Considerações Iniciais".
➢ Item 8: "Penas".

05 - D

Vide: ➢ Item 1: "Considerações Iniciais".
➢ Item 2: "Tipicidade objetiva".

ADVOCACIA ADMINISTRATIVA

GABARITO ANOTADO

01 - C

Vide: ➢ Item 2: "Tipicidade objetiva".

02 - B

Vide: ➢ Item 1: "Considerações iniciais".

03 - C

Vide: ➢ Item 1: "Considerações iniciais".

04 - E

Vide: ➢ Item 1: "Considerações iniciais".

05 - E

Vide: ➢ Item 1: "Considerações iniciais".

DESOBEDIÊNCIA

GABARITO ANOTADO

01 - C

Vide: ➢ Item 8: "Penas".

02 - D

Vide: ➢ Item 1: "Considerações Iniciais".

03 - C

Vide: ➢ Item 2: "Tipicidade objetiva".

04 - C

Vide: ➢ Item 2: "Tipicidade objetiva".

TRÁFICO DE INFLUÊNCIA

GABARITO ANOTADO

01 - C

Vide: ➢ Item 1: "Considerações iniciais".

02 - A

Vide: ➢ Item 1: "Considerações iniciais".

03 - C

Vide: ➢ Item 3: "Sujeitos".

04 - C

Vide: ➢ Item 6: "Consumação e tentativa".

05 - D

Vide: Item 2: "Tipicidade objetiva".

CORRUPÇÃO ATIVA

GABARITO ANOTADO

01 - D

Vide: ➢ Item 6: "Consumação e tentativa".

02 - B

Vide: ➢ Item 6: "Consumação e tentativa".

03 - A

Vide: ➢ Item 6: "Consumação e tentativa".

04 - B

Vide: ➢ Item 6: "Consumação e tentativa".

05 - B

Vide: Item 2: "Tipicidade objetiva".

DESCAMINHO

GABARITO ANOTADO

01 - C

Vide: ➢ Item 2: "Tipicidade objetiva".

02 - E

Vide: ➢ Item 1: "Considerações iniciais".

03 - C

Vide: ➢ Item 6: "Consumação e tentativa".

04 - C

Vide: ➢ Item 2: "Tipicidade objetiva".

05 - C

Vide: ➢ Item 2: "Tipicidade objetiva".

06 - B

Vide: ➢ Item 2: "Tipicidade objetiva".

07 - C

Vide: Item 6: "Consumação e tentativa".

CONTRABANDO

GABARITO ANOTADO

01 - C

Vide: ➢ Item 2: "Tipicidade objetiva".

02 - B

Vide: ➢ Item 1: "Considerações iniciais".

03 - C

Vide: ➢ Item 1: "Considerações iniciais".

04 - E

Vide: Item 8: "Penas".

DENUNCIAÇÃO CALUNIOSA

GABARITO ANOTADO

01 - A

Vide: ➢ Item 5: "Elemento subjetivo".

02 - C

Vide: ➢ Item 8: "Pena".

03 - C

Vide: ➢ Item 2: "Tipicidade objetiva".

04 - A

Vide: ➢ Item 2: "Tipicidade objetiva".

05 - A

Vide: Item 8: "Pena".

FALSO TESTEMUNHO OU FALSA PERÍCIA

GABARITO ANOTADO

01 - B

Vide: ➢ Item 2: "Tipicidade objetiva".

02 - D

Vide: ➢ Item 1: "Considerações iniciais".

03 - C

Vide: ➢ Item 1: "Considerações iniciais".

04 - E

Vide: ➢ Item 1: "Considerações iniciais".

05 - B

Vide: Item 1: "Considerações iniciais".

FRAUDE PROCESSUAL

GABARITO ANOTADO

01 - E

Vide: ➢ Item 2: "Tipicidade objetiva".

02 - E

Vide: ➢ Item 2: "Tipicidade objetiva".

03 - B

Vide: ➢ Item 2: "Tipicidade objetiva".

04 - E

Vide: ➢ Item 2: "Tipicidade objetiva".

CONTRATAÇÃO DE OPERAÇÃO DE CRÉDITO

GABARITO ANOTADO

01 - B

Vide: ➢ Item 1: “Tipicidade objetiva”.
➢ Item 7: “Pena”.

02 - C

Vide: ➢ Item 3: “Objetos”.

03 - C

Vide: ➢ Item 1: “Tipicidade objetiva”.

04 - B

Vide: ➢ Item 1: “Tipicidade objetiva”.

05 - A

Vide: ➢ Item 8: “Classificação”.

REFERÊNCIAS

AGUADO CORREA, Teresa. *El principio de proporcionalidad en derecho penal.* Madri: Edersa, 1999.

ALEXY, Robert. *Teoria dos direitos fundamentais.* Tradução de Virgílio Afonso da Silva. São Paulo: Malheiros, 2008.

ALMEIDA, Débora de Souza de; ARAÚJO, Fábio Roque; GOMES, Luiz Flávio; CUNHA, Rogério Sanches; PINTO, Ronaldo Batista. *Terrorismo: aspectos criminológicos, político-criminais e comentários à Lei 13.260/2016.* Salvador: Juspodivm, 2016.

AMADO, Frederico Augusto Di trindade. *Crimes ambientais.* São Paulo: Método, 2011.

AMELUNG, Knut. Contribución a la crítica del sistema jurídico-penal de orientación político-criminal de Roxin. In: SCHÜNEMANN, Bernd. *El Sistema modern del derecho penal – questiones fundamentales: estúdios en honor de Claus Roxin en su 50º. Aniversario.* Traducción: Jesús-Maria Silva Sánchez. Madrid: Tecnos, 1991.

ANDREUCCI, Ricardo Antonio. *Legislação penal especial.* 10. ed. São Paulo: Saraiva, 2015.

ANITUA, Gabriel Ignácio. *Histórias dos pensamentos criminológicos.* Tradução de Sergio Lamarão. Rio de Janeiro: Revan: Instituto Carioca de Criminologia, 2008.

ANTÓN, Tomas S. Vives. Neurociencia e determinismo reducionista: una aproximación crítica. In: CRESPO, Eduardo Demetrio (Director); CALATAYUD, Manuel Maroto (coordinador). *Neurociências y derecho penal: nuevas perspectivas en el ámbito de la culpabilidad y tratamiento jurídico-penal de la peligrosidad.* Madrid: Edisofer S.L.; Montevideo: B de F, 2013.

ARAÚJO, Fábio Roque da Silva. A instrumentalidade constitucional do processo penal: aproximação a uma leitura garantista. In: *Revista Baiana de Direito*, v. 02, p. 37-64, 2008.

ARAÚJO, Fábio Roque da Silva. Medida provisória em matéria penal: para além da EC 32/01. In: *Juris Plenum*, v. 28, p. 45-50, 2009.

ARAÚJO, Fabio Roque da Silva. O princípio da proporcionalidade aplicado ao direito penal: fundamentação constitucional da legitimação e limitação do poder de punir. In: Revista dos Tribunais (São Paulo), v. 882, p. 339-377, 2009.

ARAÚJO, Fábio Roque. *O princípio da proporcionalidade referido ao legislador penal.* Salvador: Juspodivm, 2011.

ARAÚJO, Fábio Roque; CUNHA, Rogério Sanches. *Crimes federais.* 4. ed. Salvador: Juspodivm, 2016.

ARAÚJO, Fábio Roque; TÁVORA, Nestor. *Código de processo penal para concursos.* 6. ed. Salvador: Juspodivm, 2015.

ARAÚJO, Fábio Roque; TÁVORA, Nestor. *Lei de drogas.* 3. ed. Salvador: Juspodivm, 2016.

ARAUJO, Fábio Roque; COSTA, Klaus Negri. *Processo Penal Didático.* Salvador: Juspodivm, 2018.

ARAÚJO, Fábio Roque; COSTA, Klaus Negri. *Processo Penal Didático.* 2ª Ed. Salvador: Juspodivm, 2019

ARISTÓTELES. *Ética a Nicômaco*. Tradução de Leonell Vallandro e Gerd Bornheim, da versão inglesa de W. D. Ross. São Paulo: Victor Civita, 1984.

AVENA, Norberto. *Processo penal esquematizado*. 8. ed. São Paulo: Método, 2016.

ÁVILA, Humberto. *Teoria dos princípios:* da definição à aplicação dos princípios jurídicos. 5. ed. São Paulo: Malheiros, 2006.

AZEVEDO, Jackson C., *Reforma e "contra" reforma penal no Brasil*. Florianópolis: OAB/SC, 1999.

AZEVEDO, Marcelo André; SALIM, Alexandre. *Direito penal*: parte geral. 5. ed. Salvador: Juspodivm, 2015.

BACIGALUPO, Enrique. *Manual de derecho penal*. Santa Fé de Bogotá: Temis, 1996.

BADARÓ, Gustavo Henrique. *Processo penal*. 4. ed. São Paulo: Revista dos Tribunais, 2016.

BAIGÚN, David. *La responsabilidad penal de las personas jurídicas*. Buenos Aires: Depalma, 2000.

BALESTRA, Carlos Fontán. *Derecho penal*: introdución y parte general. Actualizado por Guilhermo A. C. Ledesma. Buenos Aires: Abeledo Perrot, 1998.

BAQUEIRO, Fernanda Ravazzano Lopres. *Execução penal e o mito da ressocialização: disfunções da pena privativa de liberdade*. Curitiba: Juruá, 2017.

BARATTA, Alessandro. Integración-Prevención: una "nueva" fundamentación de la pena dentro de la teoría sistémica. In: *Revista Doctrina Penal*, año 8, n. 29, 1985, Buenos Aires, Argentina, p. 9-26.

BARATTA, Alessandro. *Criminologia crítica e crítica do direito penal*: introdução à sociologia do direito penal. Tradução de Juarez Cirino dos Santos. 3. ed. Rio de Janeiro: Revan: Instituto Carioca de Criminologia, 2002.

BARATTA, Alessandro. *Criminologia crítica y crítica del derecho penal*: introducción a la sociologia jurídico-penal. Traducción: Álvaro Búnster. Buenos Aires: Siglo XXI Editores, 2004.

BARROS, Flavio Augusto Monteiro de. *Direito penal*: parte geral. 7. ed. São Paulo: Saraiva, 2009. v. I.

BARROS, Flávio Augusto Monteiro de. *Direito penal: parte especial. v. 2*. 2. ed. São Paulo: Saraiva, 2009.

BARROS, Suzana de Toledo. *O princípio da proporcionalidade e o controle das leis restritivas de direitos fundamentais*. Brasília: Brasília Jurídica, 1996.

BARROSO, Luis Roberto. *Interpretação e aplicação da constituição*. 6. ed. São Paulo: Saraiva, 2004.

BATISTA, Nilo. *Introdução crítica ao direito penal brasileiro*. Rio de Janeiro: Revan, 10. ed., 2005.

BECCARIA, Cesare. *Dos delitos e das penas*. Tradução de José Cretella Júnior e Agnes Cretella. 2. ed. São Paulo: Revista dos Tribunais, 1999.

BELING Ernst von. *Esquema de derecho penal*: la doctrina del delito-tipo. Tradução de Sebastian Sóler. Buenos Aires: Libreria El Foro, 2002.

BENJAMIN, Herman. Constitucionalização do meio ambiente e ecologização da constituição brasileira. In: CANOTILHO, José Gomes; MORATO LEITE, José Rubens. (Orgs.) *Direito constitucional ambiental brasileiro*. São Paulo: Saraiva, 2007.

BENTHAM, Jeremy. *Teoria das penas legais*. São Paulo: Edijur, 2002.

BIANCHINI, Alice. *Pressupostos materiais mínimos da tutela penal*. São Paulo: Revista dos Tribunais, 2002.

BITENCOURT, Cezar Roberto. *Falência da pena de prisão*: causas e alternativas. 3. ed. Saraiva: São Paulo, 2004.

BITENCOURT, Cezar Roberto. *Tratado de direito penal*: parte geral. 16. ed. São Paulo: Saraiva, 2011. v. I.

BITENCOURT, Cezar Roberto. *Tratado de direito penal*: parte geral. 10. ed. São Paulo: Saraiva, 2006. v. I.

BITENCOURT, Cezar Roberto. *Tratado de direito penal*: parte geral. 13. ed. São Paulo: Saraiva, 2008, v. I.

BITENCOURT, Cezar Roberto. *Tratado de direito penal*: parte geral. 14. ed. São Paulo: Saraiva, 2009, v. I.

BITENCOURT, Cézar Roberto. *Tratado de Direito Penal: parte especial, v. 2.* 15. ed. São Paulo: Saraiva, 2015.

BOBBIO, Norberto. *Direita e esquerda*: razões e significados de uma distinção política. 2. ed. Tradução de Marco Aurélio Nogueira. São Paulo: Unesp, 2001.

BOBBIO, Norberto; MATTEUCCI, Nicola; PASQUINO, Gianfranco. *Dicionário de política.* Tradução de Carmen C. Varríale et. al. 13. ed. Brasília: UnB, 2008. v. I.

BRANDÃO, Cláudio. Culpabilidade: sua análise na dogmática e no Direito Penal brasileiro. In: *Revista da associação brasileira de professores de ciências penais.* Ano 1. jul-dez. 2004. São Paulo: Revista dos Tribunais, 2004.

BRANDÃO, Cláudio. *Curso de direito penal*: parte geral. Rio de Janeiro: Forense, 2008.

BRANDÃO, Cláudio. *Teoria jurídica do crime.* 2. ed., Rio de Janeiro: Forense, 2003.

BRUNO, Aníbal. *Das penas.* Rio de Janeiro: Editora Rio, 1976.

BRUNO, Aníbal. *Direito penal*: parte geral. Atualizado por Raphael Cirigliano Filho. 5. ed., Rio de Janeiro: Forense, 2005. Tomo I.

BUSATO, Paulo César. *Apontamentos sobre o dilema da culpabilidade penal.* Disponível em: <http://www.revistaliberdades.org.br/site/outrasEdicoes/outrasEdicoesExibir.php?rcon_id=94#_ftn81>. Acesso em: 30 nov. 2013.

BUSATO, Paulo César. *Direito penal*: parte geral. São Paulo: Atlas, 2013.

BUSATO, Paulo César. *Direito Penal: parte especial I.* São Paulo: Atlas, 2014.

BUSTOS RAMIRES, Juan (coord.). *Prevención e teoria de la pena.* Santiago de Chile: Editorial jurídica conesur, 1995.

CALDERÓN, José Adolfo Reyes Calderón. *Tratado de criminología.* 4. ed. México: Cárdenas Velascop, 2007.

CAMARGO, Chaves, A. L. *Culpabilidade e reprovação pessoal.* São Paulo: Sugestões literárias, 1994.

CANNARIS, Claus Wilhelm. *Pensamento sistemático e conceito de sistema na ciência do direito.* Lisboa: Fundação Calouste Gulbenkian, 1989.

CANOTILHO, José Gomes; MORATO LEITE, José Rubens. (Orgs.) *Direito constitucional ambiental brasileiro.* São Paulo: Saraiva, 2007.

CAPEZ, Fernando. *Curso de direito penal*: parte geral. 12. ed. São Paulo: Saraiva, 2008. v. I.

CAPEZ, Fernando. *Curso de direito penal: legislação penal especial. v. 4.* São Paulo: Saraiva, 2010.

CARNELUTTI, Francesco. *Lições sobre o processo penal.* Tradução de Francisco José Galvão Bruno. Campinas: Bookseller, 2004. Tomo I.

CARRARA, Francesco. *Programa do curso de direito criminal.* Tradução de Ricardo Rodrigues Gama. Campinas: LZN Editora, 2002. v. I.

CARVALHO, Amilton Bueno de; CARVALHO, Salo de. *Aplicação da pena e garantismo.* 4. ed. Rio de Janeiro: Lumen Juris, 2008.

CARVALHO, Edward; COUTINHO, Jacinto. Teoria das janelas quebradas: e se a pedra vem de dentro? In: *Revista de Estudos Criminais*, Porto Alegre, Nota Dez/ITEC, n. 11.

CARVALHO, Érika Mendes de. *Punibilidade e direito.* São Paulo: Revista dos Tribunais, 2008.

CARVALHO, Matheus. *Manual de direito administrativo.* 4. ed. Salvador: Juspodivm, 2017.

CARVALHO, Salo de. *Antimanual de criminologia.* Rio de Janeiro: Lumen Juris, 2008.

CARVALHO, Salo de. *A política criminal de drogas no Brasil.* Rio de Janeiro: Lumen Juris, 2007.

CASABONA, Carlos Romeo. Consideraciones jurídicas sobre los procedimentos experimentales de mejora ("*enhancement*") en Neurociencias. In: CRESPO, Eduardo Demetrio (Director); CALATAYUD, Manuel Maroto (coordinador). *Neurociências y derecho penal: nuevas perspectivas en el ámbito de la culpabilidad y tratamiento jurídico-penal de la peligrosidad.* Madrid: Edisofer S.L.; Montevideo: B de F, 2013, p.161-184.

CERQUEIRA, Marina. *Neurociências e culpabilidade.* São Paulo: Empório do Direito, 2016.

CHAUÍ, Marilena. *Convite à filosofia.* 13. ed. São Paulo: Ática, 2006.

CHRISTIE, Nils. *A indústria do controle do crime.* A caminhos dos Gulag´s em estilo ocidental. Tradução de Luis Leiria. Rio de Janeiro: Forense, 1998.

CHRISTIE, Nils. El control de las drogas como um avancehacia condiciones totalitárias. In: HULSMAN, Louk et al. *Criminologia crítica y el control social: 1. el poder punitivo del Estado.* Rosário: Editorial Juris, 1993.

CHRISTIE, Nils. *Los limites del dolor.* Traducción de Mariluz Caso. México: Fondo de cultura econômica, 1984.

CIRINO DOS SANTOS, Juarez. *A criminologia radical.* 2. ed. Curitiba: ICPC: Lumen Juris, 2006.

CIRINO DOS SANTOS, Juarez. *Direito penal: parte geral.* 3 ed. Curitiba: ICPC; Lumen Juris, 2008.

CIRINO DOS SANTOS, Juarez. *Direito penal: parte geral.* 7.ed. Florianópolis: Empório do Direito, 2017.

CIRINO DOS SANTOS, Juarez. *Privatizações de presídios.* Disponível em: <http://www.cirino.com.br/artigos/jcs/privatizacoes_presidios.pdf>. Acesso em: 13 dez. 2013.

CLASTRES, Pierre. *A sociedade contra o Estado: pesquisas de antropologia política.* Tradução de Theo Santiago. São Paulo: Cosac Naify, 2003.

COELHO, Yuri Carneiro. *Bem jurídico-penal.* Belo Horizonte: Mandamentos, 2003.

COELHO, Yuri Carneiro. *Curso de direito penal didático.* São Paulo: Atlas 2014.

CONDE, Francisco Muñoz. *Introduccion al derecho penal.* 2. ed. Buenos Aires: B de F, 2001.

CONDE, Francisco Muñoz. *La objeción de consciência en derecho penal.* Disponível em: <http://instituto-economico.blogspot.com.br/2012/07/munoz-conde-la-objecion-de-conciencia.html>. Acesso em 07 dez. 2013.

CORDEIRO, Menezes A. Introdução. In: CANNARIS, Claus Wilhelm. *Pensamento sistemático e conceito de sistema na ciência do direito.* Lisboa: Fundação Calouste Gulbenkian, 1989.

CORREA JÚNIOR, Alceu; SHECAIRA, Sérgio Salomão. *Teoria da pena*: finalidades, direito positivo, jurisprudência e outros estudos de ciência criminal. São Paulo: Revista dos Tribunais, 2002.

COSTA JÚNIOR. Paulo José da. *Curso de direito penal.* 10. ed, São Paulo: Saraiva, 2009.

COSTA JÚNIOR. Paulo José da. *Nexo causal.* 4. ed. São Paulo: Revista dos Tribunais, 2007.

COULANGES, Fustel. *A cidade antiga.* 2. ed. Tradução de Jean Melville. São Paulo: Martin Claret, 2001.

CRESPO, Eduardo Demetrio (Director); CALATAYUD, Manuel Maroto (coordinador). *Neurociências y derecho penal: nuevas perspectivas en el ámbito de la culpabilidad y tratamiento jurídico-penal de la peligrosidad.* Madrid: Edisofer S.L.; Montevideo: B de F, 2013.

CRESPO, Eduardo Demetrio. "Compatibilismo humanista": una propuesta de conciliación entre Neurociencias e Derecho Penal. In: CRESPO, Eduardo Demetrio (Director); CALATAYUD, Manuel Maroto (coordinador). *Neurociências y derecho penal: nuevas perspectivas en el ámbito de la culpabilidad y tratamiento jurídico-penal de la peligrosidad.* Madrid: Edisofer S.L.; Montevideo: B de F, 2013, p.17-42.

CUNHA, Rogério Sanches. *Manual de direito penal*: parte geral. 3. ed. Salvador: Juspodivm, 2015.

CUNHA, Rogério Sanches. *Manual de direito penal*: parte geral. 4. ed. Salvador: Juspodivm, 2016.

CUNHA, Rogério Sanches. *Manual de direito penal*: parte geral. 5. ed. Salvador: Juspodivm, 2017.

CUNHA, Rogério Sanches. *Manual de Direito Penal: parte especial.* 10. Ed. Salvador Juspodivm, 2018.

DALLARI, Dalmo de Abreu. *Elementos de teoria geral do Estado.* 25. ed. São Paulo: Saraiva, 2005.

DIAS, Jorge de Figueiredo. *Direito penal*: parte geral: questões fundamentais: a doutrina geral do crime. São Paulo: Revista dos Tribunais, 2007. Tomo I.

DOHNA, Graf zu Alexander. *La estructura de la teoria del delito.* Traducción de La cuarta edición alemana por Carlos Fontán Balestra co La colaboración de Eduardo Friker. Buenos Aires: Librería El Foro.

DWORKIN, Ronald. *Taking rights seriously.* Massachussets: Harvard University Press, 1978.

ESTEFAM, André. *Direito penal*: parte geral. 5. ed. São Paulo: Saraiva, 2017.

FALCIONI, Maria Beatriz. *Imputabilidade.* Buenos Aires: Abeledo Perrot, 1987.

FELDENS, Luciano. *A constituição penal*: a dupla face da proporcionalidade no controle de normas penais. Porto Alegre: Livraria do Advogado, 2005.

FERNANDEZ, Gonzalo D. Culpabilidad normativa y exigibilidad. In: FREUDENTHAL, Berthold. *Culpabilidad y reproche en el derecho penal.* Tradução de José Luiz Guzman Dalbora. Buenos Airers: B de F, 2003.

FERRAJOLI, Luigi. *Direito e razão*: teoria do garantismo penal. Tradução: Ana Paula Zomer Sica et. al. 2. ed. São Paulo: Revista dos Tribunais

FERRAJOLI, Luigi. *El derecho penal mínimo.* In: BUSTOS RAMIRES, Juan (coord.). *Prevención e teoria de la pena.* Santiago de Chile: Editorial jurídica conesur, 1995.

FERRARI, Eduardo Reale. *Medida de segurança e direito penal no Estado democrático de Direito.* São Paulo: Revista dos Tribunais, 2001.

FERRI, Enrico. *Princípios de direito criminal:* o criminoso e o crime. Tradução de Luis Lemos D´Oliveira. Campinas: Russell Editores, 2003.

FEUERBACH, Paul Johann Anselm Ritter von. *Tratado de derecho penal común vigente em Alemania.* Traducción al castellano de la 14. edición alemana: Eugênio R. Zaffaroni e Irmã Hagemeier. Buenos Aires, Hamurabi S.R.I., 1989.

FIORE, Carlo. *Diritto penale*: parte generale. Torino: UTET, 2000. v. I.

FIORETTI, Júlio. *Legítima defesa*: estudo de criminologia. Tradução de Fernando Bragança. Belo Horizonte: Líder, 2002.

FOUCAULT, Michel. *Em defesa da sociedade*: curso no Collège de France (1975-1976). Tradução de Maria Ermantina Galvão. São Paulo: Martins Fontes, 1999.

FOUCAULT, Michel. *Vigiar e punir*: nascimento da prisão. Tradução de Raquel Ramalhete. 32. ed. Petrópolis: Vozes, 1987.

FRAGOSO, Heleno Cláudio. *Lições de direito penal*: parte geral. 2. ed. Rio de Janeiro: Forense, 1991.

FRANCO, Alberto Silva Franco. Prefácio. In: ZAFFARONI, Eugênio Raul; PIERANGELI, José Henrique. *Manual de direito penal brasileiro:* parte geral. 5. ed. São Paulo: Revista dos Tribunais, 2004.

FRANCO, Alberto Silva. *Crimes hediondos*. 4. ed. São Paulo: Revista dos Tribunais, 2000.

FRANK, Reinhart. *Sobre la estructura del concepto de la culpabilidade*. 2. Reimp. Buenos Aires: B de F, 2002.

FREUDENTHAL, Berthold. *Culpabilidad y reproche en el derecho penal*. Tradução de José Luiz Guzman Dalbora. Buenos Airers: B de F, 2003.

FRSICH, Wolfgang. Sobre el futuro del derecho penal de la culpabilidad. Traducción: Bernardo José Feijoo Sanchez. In: SÁNCHEZ, Bernardo José Feijoo (Editor). *Derecho penal de la culpabilidad y neurociencias*. Pamplona: Editorial Aranzadi, 2012.

FÜHRER, Maximiliano Roberto Ernesto. *História do direito penal (crime natural e crime de plástico)*. São Paulo: Malheiros, 2005.

GAGLIANO, Pablo Stolze; PAMPLONA FILHO, Rodolfo. *Novo curso de direito civil*: parte geral. 19. ed. São Paulo: Saraiva, 2017. v. I.

GALVÃO, Fernando. *Direito penal*: parte geral. 5. ed. São Paulo: Saraiva, 2013.

GARCIA, Basileu. *Instituições de direito penal*. São Paulo: Saraiva, 2008. v. I. Tomo II.

GOLD, Stephen Jay. *A falsa medida do homem*. Tradução de Valter Siqueira. São Paulo: Martins Fontes, 1991.

GOLDSCHMIDT, James. *La concepción normativa de la culpabilidad*. Buenos Aires: B de F, 2002.

GOMES, Geder Luiz Rocha: *A substituição da prisão*. Alternativas penais: legitimidade e adequação. Salvador: Juspodivm, 2008.

GOMES, Luiz Flávio. *Direito penal do inimigo (ou inimigos do direito penal)*. São Paulo: Notícias Forenses, 2004.

GOMES, Luiz Flávio. *Direito processual penal*. São Paulo: Revista dos Tribunais, 2005.

GOMES, Luiz Flávio. Histórica mesa redonda sobre o direito penal do inimigo. In: *Jus Navigandi*, Teresina, ano 11, n. 1564, 13 out. 2007. Disponível em: <http://jus2.uol.com.br/doutrina/texto.asp?id=10541>. Acesso em: 13 nov. 2013.

GOMES, Luiz Flávio. *Lei de drogas comentada artigo por artigo*: Lei 11.343, de 23/08/2006. 3. ed. São Paulo: Revista dos Tribunais, 2008.

GOMES, Luiz Flávio; CUNHA, Rogério Sanches. *Legislação criminal especial*. São Paulo: Revista dos Tribunais, 2009.

GOMES, Luiz Flavio; MOLINA, Antonio García-Pablos de. *Direito penal*: parte geral. São Paulo: Revista dos Tribunais, 2007. v. II.

GOMES, Luiz Flávio; MOLINA, Antonio García-Pablos de. *Direito penal*: introdução e princípios fundamentais. São Paulo: Revista dos Tribunais, 2007. v. I.

GOMES, Luiz Flavio; MOLINA, Antonio García-Pablos de; BIANCHINI, Alice. *Direito Penal.* São Paulo: Revista dos Tribunais, 2007. v. I.

GOMES, Mariângela Gama de Magalhães. *O princípio da proporcionalidade no direito penal.* São Paulo: Revista dos Tribunais, 2003.

GONÇALVES, Victor Eduardo Rios. *Direito Penal Esquematizado: parte especial.* 8.ed. São Paulo: Saraiva, 2018.

GONZAGA, João Bernardino. *O direito penal indígena*: à época do descobrimento do Brasil. São Paulo: Max Limonad, 1971.

GORDILHO, Heron José de Santana. *Direito ambiental pós-moderno.* Curitiba: Juruá, 2009.

GORDILHO, Heron José de Santana. O futuro do direito penal ambiental: legalidade e tipicidade na lei de crimes ambientais. In: GORDILHO, Heron José de Santana. *Direito ambiental pós-moderno.* Curitiba: Juruá, 2009.

GRACÍA MARTÍN, Luis. *Prolegômenos para a luta pela modernização e expansão do direito penal e para a crítica do discurso de resistência.* Tradução de Érika Mendes de Carvalho. Porto Alegre: Sergio Antonio Fabris Ed., 2005.

GRAU, Eros Roberto. *Ensaio e discurso sobre a interpretação/aplicação do direito.* 3. ed. São Paulo: Malheiros, 2005.

GRECO, Luís. *Cumplicidade através de ações neutras*: a imputação objetiva na participação. Rio de Janeiro: Renovar, 2004.

GRECO, Luís. *Dolo sem vontade.* Disponível em: <https://pt.scribd.com/doc/214585860/LUIS-GRECO-Dolo-Sem-Vontade>. Acesso em: 13 dez. 2013.

GRECO, Luís. Introdução à dogmática funcionalista do delito – Em comemoração aos trinta anos de "Política criminal e sistema jurídico-penal" de Roxin. In: *Revista Brasileira de Ciências Criminais*, São Paulo, v. 8, n. 32, p. 120-163, out./dez. 2000.

GRECO, Luís. Sobre o chamado direito penal do inimigo. In: *Revista da Faculdade de Direito de Campos*, Ano VI, n. 07 – Dezembro de 2005.

GRECO, Luís. Tem futuro o conceito de ação? In: GRECO, Luis; LOBATO, Danilo (coord.). *Temas de direito penal*: parte geral. Rio de Janeiro: Renovar, 2008.

GRECO, Luís. *Um panorama da teoria da imputação objetiva.* Rio de Janeiro: Lumen Juris, 2007.

GRECO, Luis; LOBATO, Danilo (coord.). *Temas de direito penal*: parte geral. Rio de Janeiro: Renovar, 2008.

GRECO, Rogério. *Código penal comentado.* 5. ed. Niterói: Impetus, 2011.

GRECO, Rogério. *Curso de direito penal*: parte especial. 5. ed. Niterói: Impetus, 2008. v. II.

GRECO, Rogério. *Curso de direito penal*: parte geral. 13. ed. Niterói: Impetus, 2011. v. I.

GRECO, Rogério. *Curso de Direito Penal: parte geral.* 14. ed. Niterói: Impetus, 2012. v. I.

GRECO, Rogério. Curso de direito penal: parte geral. 2. ed. Niterói: Impetus, 2003, v. 1.

HABERMAS, Jurgen. *?Como és posible la legitimidade por vía de legalidade?*. Tradução de Manuel Jimenez Redondo. Disponível em: <http://www.cervantesvirtual.com/descargaPdf/cmo-es-posible-la-legitimidad-por-va-legalidad-0/>. Acesso em: 13 dez. 2013.

HABIB, Gabriel. *Leis penais especiais:* volume único. 9. ed. Salvador: Juspodivm, 2017.

HASSEMER, Winfried. História das ideias penais na Alemanha do pós-guerra. Tradução de Carlos Eduardo Vasconcelos. In: *Revista brasileira de ciências criminais.* n. 6, 1994.

HASSEMER, Winfried. Neurociências e culpabilidade em Direito Penal. Tradução de Helena Regina Lobo da Costa. In: *Revista Brasileira de Ciências Criminais. v.100*, São Paulo: Revista dos Tribunais, jan/fev 2013.

HASSEMER, Winfried. *Persona, mundo y responsabilidad: bases para una teoría de la imputación em derecho pena.* Traducción: Francisco Muñoz Conde y Maria del Mar Díaz Pita. Santa Fé de Bogotá: Temis, 1999.

HASSEMER, Winfried. *Por qué no debe suprimirse el derecho penal.* Cidade do México: Institutos Nacionales de Ciencias Penales, 2003.

HEGEL, G. W. F. *Filosofía del derecho.* Tradução de Angélica Mendonza de Montero. Buenos Aires: Editorial Claridad, 1968.

HIRECHE, Gamil Föppel El (Org.). *Novos desafios do Direito Penal no terceiro milênio*: estudos em homenagem ao prof. Fernando Santana. Rio de Janeiro: Lumen Juris, 2008.

HIRECHE, Gamil Föppel El. *A função da pena na visão de Claus Roxin.* Rio de Janeiro: Forense, 2004.

HIRSCH, Hans-Joachim. Acerca de la actual discusión alemana sobre libertad de voluntad y Derecho Penal. Traducción: Eduardo Demetrio Crespo. In: CRESPO, Eduardo Demetrio (Director); CALATAYUD, Manuel Maroto (coordinador). *Neurociências y derecho penal: nuevas perspectivas en el ámbito de la culpabilidad y tratamiento jurídico-penal de la peligrosidad.* Madrid: Edisofer S.L.; Montevideo: B de F, 2013, p.43-56.

HULSMAN, Louk et al. *Criminologia crítica y el control social: 1. el poder punitivo del Estado.* Rosário: Editorial Juris, 1993.

HULSMAN, Louk. *Alternativas à justiça criminal.* In: PASSETTI, Edson (coord.). *Curso livre de abolicionismo penal.* Rio de Janeiro: Revan, 2004.

HULSMAN, Louk. El enfoque abolicionista: políticas criminales alternativas. In: HULSMAN, Louk et al. *Criminologia crítica y el control social:* 1. el poder punitivo del Estado. Rosário: Editorial Juris, 1993.

HULSMAN, Louk; DE CELIS, Jacqueline Bernat. *Sistema penal y seguridad ciudadana:* hacia uma alternativa. Traducción: Sérgio Politoff. Barcelona: Ariel, 1984.

HUNGRIA, Nelson. *Comentário ao Código Penal.* Rio de Janeiro: Forense, 1978. v. I. Tomo II.

HUNGRIA, Nelson. *Comentários do Código Penal. Volume V*, 3.ed. Rio de Janeiro, Forense, 1955.

JAKOBS, Günther. *A imputação objetiva no direito penal.* 3. ed. Tradução de André Luis Callegari. São Paulo: Revista dos Tribunais, 2010.

JAKOBS, Günther. *Culpabilidad en derecho penal*: dos cuestiones fundamentales. Traducción: Manuel Cancio Meliá y Marcelo A. Sancinetti. Bogotá: Universidad Externado de Colômbia, 2003.

JAKOBS, Günther. Culpabilidad jurídico-penal y libre albedrio. Traducción: Manuel Cancio Meliá. In: SÁNCHEZ, Bernardo José Feijoo (Editor). *Derecho penal de la culpabilidad y neurociencias.* Pamplona: Editorial Aranzadi, 2012, p.197-213.

JAKOBS, Günther. Individuo e persona. Sobre la imputación jurídico-penal y los resultados de la moderna investigación neurológica. In: SÁNCHEZ, Bernardo José Feijoo (Editor). *Derecho penal de la culpabilidad y neurociencias.* Pamplona: Editorial Aranzadi, 2012, p. 169-196.

JAKOBS, Günther. *Sobre la normativización de la dogmática jurídico-penal.* Traducición: Manuel Cancio Melliá y Bernardo Feijóo Sanchez. Madrid: Civitas Ediciones, 2003.

JAKOBS, Günther. *Sobre la teoría de la pena.* Tradução de Manuel Cancio Meliá. Bogotá: Universidad Externado de Colômbia, 1998.

JAKOBS, Günther. *Tratado de direito penal*: teoria do injusto penal e culpabilidade. Tradução de Gercélia Batista de Oliveira Mendes e Geraldo de Carvalho. Belo Horizonte: Del Rey, 2009.

JAKOBS, Günther; MELIÁ, Manuel Cancio. *Direito penal do inimigo*: noções e críticas. Tradução de André Luis Callegari e Nereu José Giacomolli. Porto Alegre: Livraria do Advogado, 2005.

JESCHECK, Hans Heinrich. Evolución del concepto jurídico penal de culpabilidade en Alemania y Austria. In: *Revista Electrónica de Ciencia Penal y Criminología.* n.5, 2003, p.1-19. Disponível em: <http://criminet.ugr.es-recpc>. Acesso em: 13 out. 2010.

JESUS, Damásio Evangelista de. *Direito penal*: parte geral. 30. ed. São Paulo: Saraiva, 2009. v. I.

JESUS, Damásio Evangelista de. *Direito penal*: parte geral. 34. ed. São Paulo: Saraiva, 2010. v. I.

JESUS, Damásio Evangelista de. *Direito penal*: parte geral. 35. ed. São Paulo: Saraiva, 2013. v. I.

JESUS, Damásio E. *Direito Penal: parte especial. Vol. II.* 31. ed. São Paulo: Saraiva, 2011, v. II.

JUNQUEIRA, Gustavo; VANZOLINI, Patrícia. *Manual de direito penal*: parte geral. 3. ed. São Paulo: Saraiva.

KALIL, José Arthur di Spirito. *Do crime impossível.* Rio de Janeiro: Lumen Juris, 2007.

KANT, Immanuel. *A Metafísica dos costumes.* Tradução de Edson Bini. Bauru: EDPRO, 2003.

KEMMERICH, Clóvis Juarez. *O direito processual da Idade Média.* Porto Alegre: Sérgio Antônio Fabris Editor, 2006.

LEVORIN, Marco Polo. *Princípio da legalidade na medida de segurança*: determinação do limite máximo de duração da internação. São Paulo: Juarez de Oliveira, 2003.

LIBET, Benjamin. *Do we have free will?* Disponível em: <http://www.centenary.edu/attachments/philosophy/aizawa/courses/intros2009/libetjcs1999.pdf>. Acesso em: 13 nov. 2013.

LIMA, Renato Brasileiro de. *Curso de processo penal.* Niterói: Impetus, 2013.

LIMA, Renato Brasileiro de. *Legislação especial criminal comentada.* 2. ed. Salvador: Juspodivm, 2014.

LISZT, Franz Von. *A ideia do fim no direito penal.* Tradução de Hiltomar Martins Oliveira. São Paulo: Rideel, 2005.

LISZT, Franz Von. *Tratado de derecho penal.* Florida: Valletta Ediciones, 2007.

LISZT, Franz von. *Tratado de direito penal alemão.* Tradução de José Hygino Duarte Pereira. Rio de Janeiro: F. Briguiet e C. Editores, 1899. v. I.

LOBATO, Danilo. Da evolução dogmática da culpabilidade. In: GRECO, Luis; LOBATO, Danilo (coord.). *Temas de direito penal: parte geral.* Rio de Janeiro: Renovar, 2008.

LOEBENFELDER, Carlos Künsemüller. *Culpabilidad y pena.* Santiago: Editorial Jurídica de Chile, 2001.

LOMBROSO, Cesare. *Hypnotisme e spiritism.* Traduction: Charles Rossigneux. Paris: Ernst Flammarion Editeur, 1920.

LOMBROSO, Cesare. *O homem delinquente.* Tradução de Sebastião José Roque. São Paulo: Ícone, 2007.

LOPES JÚNIOR. Aury. *Introdução crítica ao Processo Penal.* 4 ed. Rio de Janeiro: Lumen Juris. 2006.

LOPES, JÚNIOR. Aury. *Direito processual penal.* 13. ed. São Paulo: Saraiva, 2016.

LUISI, Luiz. *O tipo penal, a teoria finalista e a nova legislação penal.* Porto Alegre: Sergio Antônio Fabris, 1987.

LUISI, Luiz. *Os princípios constitucionais penais.* 2. ed. Porto Alegre: Sergio Antônio Fabris, 2003.

LUZ, Ilana Martins. *Compliance e omissão imprópria.* Belo Horizonte: D´Plácido, 2018.

MACHADO NETO, A. L. *Sociologia jurídica.* 6. ed. São Paulo: Saraiva, 1987.

MACHADO, Fábio Guedes de Paula. *Culpabilidade no direito penal.* São Paulo: Quartier Latin, 2010.

MACIEL, Silvio. Meio Ambiente. Lei 9.605, 12.02.1998. In: GOMES, Luiz Flávio; CUNHA, Rogério Sanches. *Legislação criminal especial.* São Paulo: Revista dos Tribunais, 2009.

MAGALHÃES NORONHA, Edgar. *Direito penal.* Atualizado por Adalberto J.Q.T. de Camargo Aranha. 33. ed. São Paulo: Saraiva, 1998. v. I.

MAGALHÃES NORONHA, Edgar. *Direito penal*: parte geral. 4. ed. Saraiva: São Paulo, 1967. v. I.

MANZANO, Mercedes Pérez. *Culpabilidad y prevención*: las teorias de la prevención general positiva en la fundamentación de la imputación subjetiva y de la pena. Madrid: Universidad Autónoma de Madrid, 1990.

MANZANO, Mercedes Pérez. El tiempo de la conciencia y la libertad de decisión: bases para una reflexión sobre Neurociencia y responsabilidade penal. In: CRESPO, Eduardo Demetrio (Director); CALATAYUD, Manuel Maroto (coordinador). *Neurociências y derecho penal: nuevas perspectivas en el ámbito de la culpabilidad y tratamiento jurídico-penal de la peligrosidad.* Madrid: Edisofer S.L.; Montevideo: B de F, 2013, p.105-136.

MANZILLI NETO, Ranieri. *Os caminhos do sistema penal.* Rio de Janeiro: Revan, 2007.

MARCÃO, Renato. *Lei de execução penal anotada e interpretada.* 3. ed. Rio de Janeiro: Lumen Juris, 2009.

MARINHO, Alexandre Araripe; FREITAS, André Guilherme Tavares de. *Manual de direito penal*: parte geral. Rio de Janeiro: Lumen Juris, 2009.

MARTINELLI, João Paulo Orsini; BEM, Leonardo Schmitt de. *Lições fundamentais de direito penal.* 2. ed. São Paulo: Saraiva, 2017.

MARTINSON, Robert. What works? Questions and answers about reform prison. In: *The Public Interest.* n. 35 (Primavera). 1974, p.22-54.

MASSON, Cléber. *Direito penal esquematizado*: parte geral. 10. ed. São Paulo: Método, 2016. v. I.

MASSON, Cléber. *Direito penal esquematizado*: parte geral. 2. ed. São Paulo: Método, 2009. v. I.

MASSON, Cléber. *Direito penal esquematizado*: parte geral. 9. ed. São Paulo: Método, 2015. v. I.

MASSON, Cléber. *Direito Penal Esquematizado: parte especial, vol. II,* 7. Ed. São Paulo: Método, 2015.

MATHIESEN, Thomas. A caminho do século XXI: abolição, um sonho impossível? In: PASSETTI, Edson, SILVA, Roberto Baptista Dias da (Org.). *Conversações abolicionistas.* São Paulo: IBCCRIM: PEPG de Ciências Sociais da PUC-SP, 1997. (Monografias, 4).

PASSOS, Thaís Bandeira Oliveira. *A neosseletividade do sistema penal: a lei de lavagem de capitais como uma demonstração da vulnerabilidade do criminoso do colarinho branco: uma aproximação entre a dogmática e os aspectos criminológicos.* Salvador: Faculdade Baiana de Direito, 2017.

MELIÁ, Manuel Cancio. Psicopatía y derecho penal: algunas consideraciones introductorias. In: SÁNCHEZ, Bernardo José Feijoo (Editor). *Derecho penal de la culpabilidad y neurociencias.* Pamplona: Editorial Aranzadi, 2012.

MELLO, Sebástian Borges de Albuquerque. *O conceito material de culpabilidade*: o fundamento da imposição da pena a um indivíduo concreto em face da dignidade da pessoa humana. Salvador: Juspodivm, 2010.

MELOSSI, Dario; PAVARINI, Massimo. *Cárcere e fábrica*: as origens do sistema penitenciário (século XVI-XIX). Tradução de Sérgio Lamarão. Rio de Janeiro: Revan: Instituto Carioca de Criminologia, 2006.

MERKEL, Reinhard. Nuevas intervenciones en el cérebro. Mejora de la condición mental humana y límites del Derecho Penal. In: CRESPO, Eduardo Demetrio (Director); CALATAYUD, Manuel Maroto (coordinador). *Neurociências y derecho penal: nuevas perspectivas en el ámbito de la culpabilidad y tratamiento jurídico-penal de la peligrosidad.* Madrid: Edisofer S.L.; Montevideo: B de F, 2013.

MEZGER, Edmund. *Derecho penal*: parte general. Buenos Aires: Editorial Bibliográfica Argentina, 1958.

MINAHIM, Maria Auxiliadora de Almeida. *Direito Penal e Biotecnologia.* São Paulo: Revista dos Tribunais, 2005. Coleção: Ciência do Direito Penal Contemporânea. v. 8.

MINAHIM, Maria Auxiliadora de Almeida. Pena e sofrimento. In: *Revista do programa de pós-graduação em Direito da Universidade Federal da Bahia.* n. 17, p.17-29.

MIR PUIG, Santiago. *Funcion de la pena y teoria del delito en el Estado social y democratico de derecho.* 2. ed. Barcelona: Bosch, 1982.

MIR PUIG, Santiago. Función fundamentadora y función limitadora de la prevención general positiva. In: BUSTOS RAMIRES, Juan (coord.). *Prevención e teoria de la pena.* Santiago de Chile: Editorial jurídica conesur, 1995.

MIR, José Cerezo. El delito como acción culpable. In: *Anuario de derecho penal y ciências penales.* Madrid: Ministerio de Justicia (Centro de Publicaciones) y Boletin Oficial del Estado, 1996.

MOLINA, Antônio García-Pablos de; GOMES, Luiz Flávio. *Criminologia*: introdução a seus fundamentos teóricos: introdução às bases criminológicas da Lei 9.099/95 – Lei dos Juizados Especiais Federais. Tradução de Luiz Flávio Gomes, Wellbin Morote Garcia e Davi Tangerino. 6. ed. São Paulo: Revista dos Tribunais, 2008.

MOLINA, Antonio García-Pablos de; GOMES, Luiz Flavio. *Direito penal*: parte geral. São Paulo: Revista dos Tribunais, 2007. v. II.

MOMMSEN, Teodoro. *Derecho Penal romano.* Bogotá: Temis, 1999.

MONTESQUIEU, Charles de Secondat. *O espírito das leis.* Tradução de Jean Melville. São Paulo: Martin Claret, 2002.

MOREIRA, Rômulo de Andrade. O regime disciplinar diferenciado – uma crítica à luz da constituição Federal. In: *Estudos de direito processual penal*: temas atuais. São Paulo: BH Editora e Distribuidora de Livros, 2006.

MOREIRA ALVES, José Carlos. Direito Romano, 18.ed Rio de Janeiro : Forense, 2017.

MUÑOZ CONDE, Francisco. *Introducción al derecho penal.* 2. ed. Montevideo-Buenos Aires: B de F, 2001.

MUÑOZ CONDE, Francisco; HASSEMER, Winfried, *Introdução à criminologia.* Tradução de Cíntia Toledo Miranda Chaves. Rio de Janeiro: Lumen Juris, 2008.

NAUCKE, Wolfgang; HASSEMER, Winfried; LUDERSSEN, Klaus. *Principales problemas de la prevención general.* Traducción por el Dr. Gustavo Eduardo Aboso y la Prof. Tea Low. Montevideo--Buenos Aires: B de F, 2004.

NINA RODRIGUES, Raimundo. *Os africanos no Brasil.* Disponível em: <http://www.do.ufgd.edu.br/mariojunior/arquivos/RODRIGUES_Os_africanos_no_Brasil.pdf>. Acesso em: 13 nov. 2013.

NORONHA, E. Magalhães. *Direito penal*: introdução e parte geral. 4. ed. São Paulo: Saraiva, 1967. v. I.

NORONHA, E. Magalhães. *Direito penal*: introdução e parte geral. 33. ed. São Paulo: Saraiva, 1998. v. I.

NUCCI, Guilherme de Souza. *Curso de direito penal*: parte geral. Rio de Janeiro: Forense, 2017.

NUCCI, Guilherme de Souza. *Individualização da pena.* 2. ed. São Paulo: Revista dos Tribunais, 2007.

NUCCI, Guilherme de Souza. *Leis penais e processuais penais comentadas.* 6. ed. São Paulo: Revista dos Tribunais, 2012. v. II.

NUCCI, Guilherme de Souza. *Manual de direito penal.* 13. ed. Rio de Janeiro: Forense, 2017.

NUCCI, Guilherme de Souza. *Manual de direito penal.* 6. ed. São Paulo: Revista dos Tribunais, 2009.

OLIVÉ, Juan Carlos Ferré; PAZ, Miguel Ángel Nuñez; OLIVEIRA, William Terra de; BRITO, Alexis Couto de. *Direito penal brasileiro*: parte geral: princípios fundamentais e sistema. 2. ed. São Paulo: Saraiva, 2017.

OLIVEIRA, Eugênio Pacelli de; CALLEGARI, André. *Manual de direito penal*: parte geral. São Paulo: Atlas, 2015.

OLIVEIRA, Eugênio Pacelli. Apresentação. In: JAKOBS, Günther. *Tratado de direito penal: teoria do injusto penal e culpabilidade.* Tradução de Gercélia Batista de Oliveira Mendes e Geraldo de Carvalho. Belo Horizonte: Del Rey, 2009.

OLIVEIRA, Eugênio Pacelli. *Processo e hermenêutica na tutela dos direitos fundamentais.* 2. ed. Rio de Janeiro: Lumen Juris, 2009.

ORDEIG, Enrique Gimbernat. *¿Tiene un futuro la dogmatica juridicopenal?*. Disponível em: <http://new.pensamientopenal.com.ar/01092009/doctrina03.pdf>. Acesso em: 10 dez. 2013.

PACHECO, Vilmar. *A crise da culpabilidade.* Porto Alegre: Verbo Jurídico, 2009.

PASSETTI, Edson (coord.). *Curso livre de abolicionismo penal.* Rio de Janeiro: Revan, 2004.

PASSETTI, Edson, SILVA, Roberto Baptista Dias da (Org.). *Conversações abolicionistas.* São Paulo: IBCCRIM: PEPG de Ciências Sociais da PUC-SP, 1997. (Monografias, 4).

PASSETTI, Edson. *A atualidade do abolicionismo penal.* In: PASSETTI, Edson (coord.). *Curso livre de abolicionismo penal.* Rio de Janeiro: Revan, 2004.

PEDRO, Manuel José Miranda. Algumas notas sobre a imputação objetiva no Direito Penal Português – mais Roxin, menos Jakobs. In: GRECO, Luis; LOBATO, Danilo (coord.). *Temas de direito penal*: parte geral. Rio de Janeiro: Renovar, 2008.

PEÑA, Diego Manuel Luzón. Libertad, culpabilidade y neurociências. In: CRESPO, Eduardo Demetrio (Director); CALATAYUD, Manuel Maroto (coordinador). *Neurociências y derecho penal: nuevas perspectivas en el ámbito de la culpabilidad y tratamiento jurídico-penal de la peligrosidad.* Madrid: Edisofer S.L.; Montevideo: B de F, 2013. p. 341-402.

PIACESI, Débora da Cunha. Funcionalismo roxiniano e e fins da pena. In: GRECO, Luis; LOBATO, Danilo. *Temas de direito penal*: parte geral. Rio de Janeiro: Renovar, 2008.

PIERANGELI, José Henrique. *O consentimento do ofendido da teoria do delito.* 3. ed. São Paulo: Revista dos Tribunais, 2001.

PORTUGAL, Daniela Carvalho. Hermenêutica e o Direito Penal: a aplicação do entendimento jurisprudencial benéfico no tempo e a modulação de efeitos na superação do precedente em matéria penal. DIREITO UNIFACS, v. 150, p. 01-39, 2012.

PRADO, Alessandra Rapassi Mascarenhas. *Proteção penal do meio ambiente*: fundamentos. São Paulo: Atlas, 2000.

PRADO, Geraldo. *Sistema acusatório*: a conformidade constitucional das leis processuais penais. 4. ed., Rio de Janeiro: Lumen Juris, 2006.

PRADO, Luis Régis. *Curso de direito penal brasileiro*: parte geral. 10. ed. São Paulo: Revista dos Tribunais, 2010. v. I.

PRADO, Luis Régis. *Curso de direito penal brasileiro*: parte geral. 5. ed. São Paulo: Revista dos Tribunais, 2005. v. I.

PRADO, Luis Régis. *Curso de direito penal brasileiro*: parte geral. 2. ed. São Paulo: Revista dos Tribunais, 2000. v. I.

PRADO, Luis Régis. *Direito Penal Econômico*. São Paulo: Revista dos Tribunais, 2004.

PRADO, Luis Régis; CARVALHO, Érika Mendes de. *Teorias da imputação objetiva do resultado*: uma aproximação crítica a seus fundamentos. 2.ed. São Paulo: Revista dos Tribunais, 2006.

PRADO, Luiz Régis. Prefácio. In: WELZEL, Hans. *O novo sistema jurídico-penal: uma introdução à doutrina da ação finalista*. Tradução de Luiz Régis Prado. 2. ed. São Paulo: Revista dos Tribunais, 2009.

PROUDHON, Pierre-Joseph. *Qu´est que la propriété?* ou recherches sur le principe du droit et du gouvernement. Paris, Rivière, 1926.

PUGLIESE, Urbano Félix. *Uma nova visão do princípio da intervenção mínima no Direito Penal*. Salvador: Òmnira, 2011.

PUIG, Santiago Mir. *El derecho penal en el Estado social y democrático de derecho*. Barcelona: Editorial Ariel, 1994.

PULIDO, Carlos Bernal. *El principio de proporcionalidad y los derechos fundamentales*. 3. ed., Madrid: Centro de Estúdios Políticos y Constitucionales, 2007.

QUEIROZ, Paulo de Souza. *Curso de direito penal*: parte geral. 10. ed. Salvador: Juspodivm. v. I.

QUEIROZ, Paulo de Souza. *Direito penal*: parte geral. 3. ed. São Paulo: Saraiva, 2006.

QUEIROZ, Paulo de Souza. *Direito Penal: parte geral*. 4. ed. Rio de Janeiro: Lumen Juris, 2008.

REALE JÚNIOR, Miguel. *Instituições de direito penal*: parte geral. 4. ed, Rio de Janeiro: Forense, 2012.

RIGHI, Esteban. *La culpabilidad en matéria penal*. Buenos Aires: AdHoc, 2003.

ROBLES PLANAS, Ricardo. *Estudos de dogmática jurídico-penal: fundamentos, teoria do delito e direito penal econômico*. A doutrina da inexigibilidade. Tradução de Oliveiros Guanais. Coleção Ciência Criminal Contemporânea – Coordenador: Cláudio Brandão. Belo Horizonte: D´Plácido, 2016.

ROCHA, Lincoln Magalhães. *Contribuição à teoria do conflito aparente de normas*. Disponível em: <http://www.revistajustitia.com.br/revistas/z17364.pdf.>. Acesso em 13 dez. 2013.

RODRIGUES, Cristiano. *Temas controvertidos de direito penal*. Rio de Janeiro: Lumen Juris, 2009.

ROIG, Rodrigo Duque Estrada. *Execução penal*: teoria crítica. 3. ed. São Paulo: Saraiva, 2017.

ROUSSEAU, Jean-Jacques. *Discours sur l'origine et les fondements de l'inegalite parmi les hommes*. Paris: Gf Flamarion, 1992.

ROUSSEAU, Jean-Jacques. *Du contrat social*. Paris: Éditions Sociales, 1955.

ROXIN, Claus. *A proteção de bens jurídicos como função do Direito Penal*. Tradução de André Luis Callegari e Nereu José Giacomolli. Porto Alegre: Livraria do Advogado, 2006.

ROXIN, Claus. Autoria mediata por meio do domínio da organização. Tradução de José Danilo Tavares Lobato. In: GRECO, Luís; LOBATO, Danilo. *Temas de direito penal*: parte geral. Rio de Janeiro: Renovar, 2008.

ROXIN, Claus. *Culpabilidad y prevención en derecho penal*. Tradução de Francesco Muñoz Conde. Madrid: Reus, 1981.

ROXIN, Claus. *Derecho penal*: parte general. Fundamentos. La estructura de la teoria del delito. Tradução de Diego Manuel Luzón Pena, Miguel Diaz y Garcia Conlledo e Javier de Vicente Remesal. Madrid: Civitas, 1997. Tomo I.

ROXIN, Claus. *Estudos de direito penal*. Tradução de Luís Greco. Rio de Janeiro: Renovar. 2006.

ROXIN, Claus. *Politica criminal y sistema del derecho penal*. Traducción: Francisco Muñoz Conde. Buenos Aires: Editorial Hammurabi, 2002.

ROXIN, Claus. *Problemas fundamentais de direito penal*. Tradução de Ana Paula dos Santos Luís Natscheradetz et. al. 3.ed. Lisboa: Veja, 1998.

ROXIN, Claus. *Que comportamentos pode o Estado proibir sob a ameaça de pena?* Sobre a legitimação das proibições penais. In: ROXIN. Claus. *Estudos de direito penal*. Tradução de Luís Greco. Rio de Janeiro: Renovar. 2006.

RUBIA, Francisco. J. Neurociência y libertad. In: CRESPO, Eduardo Demetrio (Director); CALATAYUD, Manuel Maroto (coordinador). *Neurociências y derecho penal: nuevas perspectivas en el ámbito de la culpabilidad y tratamiento jurídico-penal de la peligrosidad*. Madrid: Edisofer S.L.; Montevideo: B de F, 2013.

RUSCHE, Georg; KIRCHHEIMER, Otto. *Punição e estrutura social*. 2. ed. Tradução de Gizlene Neder. Rio de Janeiro: Revan: Instituto carioca de criminologia, 2004.

SÁNCHEZ, Bernardo José Feijoo (Editor). *Derecho penal de la culpabilidad y neurociencias*. Pamplona: Editorial Aranzadi, 2012.

SANCHEZ, Bernardo José Feijoo. Derecho penal de la culpabilidad y neurociências. In: SÁNCHEZ, Bernardo José Feijoo (Editor). *Derecho penal de la culpabilidad y neurociencias*.Pamplona: Editorial Aranzadi, 2012, p.215-251. Ainda sobre o tema, SÁNCHEZ, Bernardo José Feijoo. Derecho penal y neurociências. ?Una relación tormentosa? In: SÁNCHEZ, Bernardo José Feijoo (Editor). *Derecho penal de la culpabilidad y neurociencias*.Pamplona: Editorial Aranzadi, 2012, p.71-153.

SÁNCHEZ, Jesús-Maria Silva. Introducción. In: SCHÜNEMANN, Bernd. *El Sistema modern del derecho penal*: questiones fundamentales: estúdios en honor de Claus Roxin en su 50º. Aniversario. Traducción: Jesús-Maria Silva Sánchez. Madrid: Tecnos, 1991, p.13.

SANTANA, Selma. *A culpa temerária*: contributo para uma construção no direito brasileiro. São Paulo: Revista dos Tribunais, 2005.

SANTANA, Selma Pereira; SANTOS, Isabela Santana dos. Ressocialização: o desafio da desestigmatização do egresso na contemporaneidade. In: *Constitucionalismo contemporâneo: cidadania e justiça*. GORCZEVSKI, Clóvis; LEAL, Mônia Clarissa Hennig (org.). Curitiba: Multideia, 2016, p.109-133.

SANTOS, Juarez Cirino dos. *Direito penal*: parte geral. 7. ed. Florianópolis: Empório do Direito, 2017.

SANTOS, Juarez Cirino. *Direito penal*: parte geral. 3. ed. Curitiba: ICPC, 2008.

SARLET, Ingo Wolfgang. *A eficácia dos direitos fundamentais*. 5. ed. Porto Alegre: Livraria do Advogado, 2005.

SCARPA, Antônio Osvaldo. Responsabilidade penal da pessoa jurídica. In: HIRECHE, Gamil Föppel El (Org.). *Novos desafios do Direito Penal no terceiro milênio*: estudos em homenagem ao prof. Fernando Santana. Rio de Janeiro: Lumen Juris, 2008.

SCHMIDT, Eberhard. *Los fundamentos teóricos e constitucionales del derecho procesal penal*. Traduccion castellana de José Manuel Nuñez. Buenos Aires: Lerner, 2006.

SCHÜNEMANN, Bernd. *El Sistema modern del derecho penal – questiones fundamentales: estúdios en honor de Claus Roxin en su 50º. Aniversario*. Traducción: Jesús-Maria Silva Sánchez. Madrid: Tecnos, 1991.

SHECAIRA, Sérgio Salomão. *Responsabilidade penal da pessoa jurídica*. 3. ed. Rio de Janeiro: Elsevier, 2011.

SHECAIRA, Sérgio Salomão. *Responsabilidade penal da pessoa jurídica*. São Paulo: Saraiva, 1999.

SILVA SANCHEZ, Jesús-Maria. *La expansión del derecho penal*: aspectos de la política criminal en las sociedades postindustriales. 2. ed., Madrid: Civitas, 2001.

SILVA, Davi André Costa. *Manual de direito penal*: parte geral. 4. ed. Porto Alegre: Verbo Jurídico, 2016.

SILVA, Luciano Ferreira Dornelas Faipher Vieira da. *Boas práticas no combate ao tráfico de pessoas*. Goiânia: Kelps, 2017.

SILVA, Virgílio Afonso. O proporcional e o razoável. In: *Revista dos Tribunais*, v. 798, abr. 2002, p. 23-50.

SOLER, Sebastián. *Derecho penal argentino*. Atualizador: Guillermo Fierro. Buenos Aires: Tea, 1992. v. II.

THONISSEN. *Le droit pénal de la republique athénienne*. Bruxelas: Bruylant-Christophe, 1875.

TOLEDO, Francisco de Assis. *Princípios básicos de direito penal*. 5. ed. São Paulo: Saraiva, 1994.

VIANA, Agnaldo. *Direito penal*: teoria geral do fato punível e das sanções penais. Curitiba: Juruá, 2008.

WACQUANT, Loïc. *As prisões da miséria*. Tradução de André Telles. Rio de Janeiro: Jorge Zahar Ed., 2001.

WACQUANT, Loïc. *Punir os Pobres*: a nova gestão da miséria nos Estados Unidos. 2. ed. Rio de Janeiro: Revan, 2003.

WELZEL, Hans. *El nuevo sistema del derecho penal*: introducción a la doctrina de la acción finalista. Traducción y notas: José Cerezo Mir. 4. ed. Buenos Aires: B de F, 2004.

WELZEL, Hans. *O novo sistema jurídico-penal: uma introdução à doutrina da ação finalista*. Tradução de Luiz Régis Prado. 2. ed. São Paulo: Revista dos Tribunais, 2009.

WELZEL, Hans. *Teoria de la acción finalista*. Buenos Aires: Astrea, 1951.

WILSON, James Q.; KELLING, George L. *Broken windows*: the police and neighborhood safety. Disponível em: <http://www.manhattan-institute.org/pdf/_atlantic_monthly-broken_windows.pdf>. Acesso em: 13 fev. 2013.

ZAFFARONI, Eugenio Raúl. *Criminologia*: aproximación desde un márgen. Bogotá: Temis, 1988. v. I.

ZAFFARONI, Eugenio Raúl. *Culpabilidade por la vulnerabilidad*. Disponível em: <http://www.abogadosrosario.com/noticias/leer/306-culpabilidad-por-vulnerabilidad-por-eugenio-zaffaroni.html>. Acesso em: 25 nov. 2013.

ZAFFARONI, Eugenio Raúl. *Em busca das penas perdidas*: a perda da legitimidade do sistema penal. Tradução de Vânia Romano Pedrosa e Amir Lopez da Conceição. 5. ed. Rio de Janeiro: Revan, 2001.

ZAFFARONI, Eugénio Raúl. *Hacía un realismo jurídico penal marginal.* Caracas: Monte Ávila Latinoamericana, 1992.

ZAFFARONI, Eugenio Raúl. *O inimigo no Direito Penal.* Tradução de Sérgio Lamarão. 2. ed. Rio de Janeiro: Revan, 2007.

ZAFFARONI, Eugênio Raúl. *Tratado de derecho penal*: parte general. Buenos Aires: EDIAR, 1987. Tomo II.

ZAFFARONI, Eugenio Raúl; ALAGIA, Alejandro; SLOKAR, Alejandro. *Derecho penal*: parte general. 2. ed. Buenos Aires: EDIAR, 2002.

ZAFFARONI, Eugenio Raúl; ALAGIA, Alejandro; SLOKAR, Alejandro; BATISTA, Nilo. *Direito penal brasileiro*: teoria geral do direito penal. 4.ed. Rio de Janeiro: Revan, 2011. v. I.

ZAFFARONI, Eugênio Raul; PIERANGELI, José Henrique. *Manual de direito penal brasileiro:* parte geral. 5. ed. São Paulo: Revista dos Tribunais, 2004.

ZAFFARONI, Eugénio Raúl; SLOKAR, Alejandro; ALADIA, Alejandro; BATISTA, Nilo. *Direito penal brasileiro.* Rio de Janeiro: Revan, 2017. Tomo II.

EDITORA JusPODIVM
www.editorajuspodivm.com.br

Impressão e Acabamento
PlenaPrint
Indústria Gráfica